World Book 245
Plutarchos
BIOI PARALLELOI

플루타르크영웅전Ⅲ

플루타르코스/박현태 옮김

동서문화사

디자인 : 동서랑 미술팀

플루타르크영웅전 I II III
차례

플루타르코스 영웅전 III

플루타르코스 영웅전 I

플루타르코스 영웅전Ⅱ

포키온(PHOCION)

　웅변가 데마데스는 안티파트로스와 마케도니아 사람들에게 나라를 팔아 아테나이 전권을 장악하고는, 아테나이 명예를 떨어뜨리는 말을 서슴지 않았다. 그러면서도 뻔뻔스럽게 자신이 정권을 잡은 것은 나라가 망한 뒤였다며 변명을 했다. 이런 데마데스의 파렴치한 말과 행동은, 어쩌면 포키온이 정권을 잡는 데 결정적 구실을 했다고 보는 게 옳을 것이다. 데마데스는 나라를 망하게 만든 장본인이었으며, 그의 정치나 생활은 이루 다 말할 수 없을 만큼 오만과 교만으로 가득 찼었다. 안티파트로스는 늙은 데마데스를 평가하기를, 혓바닥과 배를 빼면 무엇에도 쓸모없는 존재이며, 제물로 쓰려고 잡아놓은 짐승과 다를 바 없는 인간이라고 말했다.

　이와 달리 포키온은 생활과 정치, 어느 쪽으로도 미덕을 나타냈던 사람이다. 하지만 안타깝게도 그는 헬라스의 슬픈 운명 때문에 자신이 이룬 업적에 비해 올바른 평가를 받지 못했다.

　　운이 다하면 지난날 분별력도 사라져서
　　이젠 우리 것이 아니랍니다.

　그러나 우리는 소포클레스의 이 말대로, 미덕이 사라질 수도 있는 것이라 여겨서는 안 된다. 운이란 예측할 수 없는 것이어서 때때로 선한 사람들에게 나쁜 영향을 끼쳐, 그들이 마땅히 받아야 할 명예 대신에 오해와 억울한 비난과 부당한 대가를 안겨주기도 한다. 그래서 사람들은 선한 이가 지닌 미덕마저 의심할 때가 있다.

나날이 발전하는 민주 사회에서도 선한 사람을 모욕할 때가 많다. 하지만 이런 상황이 뒤바뀔 때도 있다. 심한 재난에 시달리면 민중은 거칠어지고 조급해져 쉽게 분노를 일으키고는 한다. 이런 민중들은 올바른 정책을 내놓아도 쉽게 반발하므로 그들 앞에서 마음 놓고 정책을 설명하기조차 어려운 처지가 된다.

또한 잘못을 지적하면 그들은 나라의 불행을 자신들에게 뒤집어씌운다면서 성을 내고, 진심 어린 충고를 하면 자신들을 무시하고 업신여긴다. 마치 상처를 소독하면 아프고 쑤시는 것처럼, 진심에서 우러나온 현명하고 올바른 충고라 하더라도 달콤하고 부드러운 말이 아니면 곧바로 노여움을 드러낸다.

어느 시인이 입에 단 것은 거슬리지 않는다고 말했다. 그러므로 사람들에게 충고할 때에도, 이 시인 말처럼 언제나 달콤하고 부드러운 말씨를 골라 써야 한다. 눈에 병이 생기면 강한 빛을 피하며 어두운 그늘을 찾듯이, 불행에 빠진 사회는 아무리 절실한 충고라 할지라도 강하고 직선적이면 듣는 사람이 거부감을 나타낸다. 따라서 민주 사회를 다스리는 정치가의 자리는 늘 불안하고 위태롭기 마련이다. 국민 뜻만 좇으려 하면 그들과 함께 나라를 망치게 되며, 국민을 올바로 이끌어가려 하면 그들 손에 희생될 가능성이 크기 때문이다.

천문학자들 말에 따르면, 해는 다른 별들과 똑같은 궤도를 따라 움직이지 않는다. 그렇다고 해서 그 반대 길을 따라 움직이는 것도 아니다. 해는 비스듬한 곡선을 따라 옮겨다니며, 수많은 별들 사이를 균형 있게 돌아다닌다. 그래서 모든 별들이 제자리를 지킬 수 있으며 세상의 조화가 이루어지는 것이다.

이 원리는 정치에도 그대로 적용된다. 통치자 정책이 모든 면에서 민중 생각과 어긋난다면 그 통치자는 민중으로부터 지지를 받을 수 없을 뿐만 아니라, 가혹하고 고집불통이라는 원망을 듣게 될 것이다. 반대로, 통치자가 민중 비위를 맞추려 그들 잘못까지 눈감아 준다면 위험하고 파멸적인 결과를 불러오리라. 그러므로 나라가 발전하려면 지배자의 뛰어난 안목과 설득력을 두루 갖춘 양보도 중요하지만, 무엇보다 민중의 지혜와 순종이 필요하다. 때로는 민중을 위해 물러나고, 때로는 그들의 순종을 받아내며, 옳은 정책이라면 강력하게 추진하는 힘도 필요하다는 것이다. 이렇게 한다면 강압적인 방법을 쓰지 않아도 민중이 그 지도자를 따르고, 그의 정책을 뒷받침해 줄 것이다.

이처럼 훌륭한 지도자는 꿋꿋하고 단호한 태도를 보여야 하는 동시에, 너그럽고 따뜻한 모습도 지녀야 하므로 그만큼 더 힘이 든다. 그러나 이런 자질을 잘 갖춘다면 가장 진실되고 숭고한 조화가 이루어져 신이 세상을 지배하듯 폭력이 아닌 부드러운 설득으로 모든 일을 이끌어 갈 수 있을 것이다.

지금까지 이야기한 것들은 소(小)카토에게도 그대로 들어맞는다. 그는 민중의 마음을 잘 헤아려서 부드럽게 다스릴 줄 몰랐으므로 국민의 관심과 사랑을 얻지 못했다. 사실 카토가 민중에게서 큰 인기를 얻어 출세한 것은 아니었다. 그는 집정관으로 있으면서도 민중의 지지를 받지 못했다. 그래서 키케로는 카토가 집정관 자리에서 쫓겨난 것은, 로물루스가 세운 썩은 나라에 살면서도 플라톤의 이상적인 나라를 꿈꾸었기 때문이라 말했다. 제철이 아닌데도 이미 익은 과일이 있을 때, 사람들은 호기심에 쳐다만 볼 뿐 따먹으려 하지는 않는다. 카토의 경우도 이와 마찬가지이다. 그는 사치와 타락으로 썩어가는 사회에 살면서도 높은 미덕을 잃지 않았기에 많은 사람들에게 존경을 받았다. 그러나 그의 정책은 그즈음 사회와 너무나 동떨어져 있었기에 민심을 얻지 못했으며, 그로 인해 그 가치가 제대로 발휘될 수 없었던 것이다.

카토가 정치를 시작했던 그때는, 포키온 시대처럼 완전히 파멸의 길을 걷던 때는 아니었다. 물론 카토 시대도 성난 파도가 날뛰고 있는 바다와 같았다. 그러나 카토는 용감하게 키를 잡았고, 자기보다 권력이 강한 자들을 도와 나라의 불행을 극복할 수 있었다. 그는 맡은 시대를 끝까지 다스리지는 못했지만, 사람들로부터 책임을 추궁받지는 않았다. 또한 용기와 미덕을 발휘해 나라의 운명이 파멸까지 가는 것을 막았으므로 제국의 멸망은 그로부터 오랜 시간이 흐른 뒤에야 일어났던 것이다.

여기서 카토와 비교할 사람으로 포키온을 선택한 까닭은, 둘이 모두 선량한 사람들이며 위대한 정치가였다는 단순한 이유에서만은 아니다. 사람은 똑같은 성격과 같은 업적을 가지고 있다 해도 언제나 차이점이 존재하기 때문이다. 알키비아데스와 에파메이논다스의 용맹에도 차이가 있고, 테미스토클레스와 아리스티데스의 생각에도 차이가 있으며, 누마 폼필리우스와 아게실라우스의 정의로움도 서로 종류가 다르다.

그러나 포키온과 카토는 성격이나 행동에서 매우 많이 닮아, 오히려 그 차이

점을 가리기 어려울 정도이다. 바로 너그러움이나 따뜻함, 엄격함, 무모할 정도의 대담함, 그리고 조심성까지 아주 많은 부분이 닮아 있다. 그 둘은 모두 남의 일은 걱정하면서도 자기 자신을 돌보는 일에는 관심이 없었고, 비열하거나 수치스러운 일을 몹시 싫어해 늘 행동을 조심했으며, 정의를 위해 많은 힘을 쏟았다. 그러므로 두 사람의 차이점을 찾고자 한다면 매우 예리한 눈으로 보아야 한다.

카토 전기에서도 말했듯이 그는 훌륭한 집안 출신이었다. 그렇다고 해서 포키온이 미천한 가문에서 태어났다는 것은 아니다. 만일 포키온이 이도메네우스 말처럼 천민 출신이었다면, 심한 욕설을 퍼붓기 좋아하는 히페레이데스의 아들 글라우키푸스가 이 사실을 곱씹었을 터이다. 게다가 아카데메이아에 들어갈 수도 없었을 것이며, 그곳에서 플라톤과 크세노크라테스의 제자가 되어 철학과 예술을 공부할 수도 없었을 것이다.

아테나이 사람들은 포키온이 어떤 일에 웃거나 눈물을 흘리는 것을 본 적이 없다고 했는데, 그만큼 그가 단정하고 엄격한 성품을 지니고 있었음을 잘 알 수 있다. 그리고 역사가 두리스 말에 따르면, 포키온은 공중목욕탕에 간 적이 한 번도 없었으며, 거리를 걸을 때는 아무리 추워도 손을 외투 주머니에 넣고 다니는 일이 없었다고 한다. 그리고 전쟁터에서도 견디기 힘들 만큼 춥지 않으면 언제나 가벼운 옷차림을 하고 다녔다고 전해진다. 그래서 어쩌다가 포키온이 외투를 입으면, 병사들은 오늘 날씨가 엄청 춥다며 농담을 하기도 했다.

포키온은 본디 인정 많고 따뜻한 성격을 지녔으나 그의 얼굴 표정이 지나치게 엄숙해 모두들 쉽게 다가서기 어려워했으며, 친구가 아니면 감히 말도 붙이지 못했다.

언젠가 카레스 장군이 포키온을 보더니 얼굴이 너무 험악하게 생겼다고 말했다. 이 말을 듣고 아테나이 사람들이 한바탕 웃어대자, 포키온은 그들에게 이렇게 말했다.

"그렇지만 내 험악한 얼굴이 사람들에게 해를 끼친 적은 없습니다. 오히려 다른 사람들이 웃는 얼굴로 나라를 망쳤다고 말해야 옳지요."

이렇듯 포키온이 하는 말은 늘 교훈을 담고 있었으며, 깊은 뜻이 있었다. 또한 그 같은 엄격함과 간결함에는 조금도 꾸밈이 없었다. 철학자는 깊은 뜻이 담긴 말을 해야 하며 이것을 모두 내뱉어서는 안 된다 말했던 제논의 이야기처럼, 포키온의 연설은 가장 간결하면서도 매우 깊은 뜻을 담고 있었다. 그렇기 때문에 스페투스의 폴리에우크투스라는 사람은 더없이 훌륭한 웅변가는 데마데스이며, 그 누구보다 힘찬 웅변가는 포키온이라 말했다. 금화는 크기가 작더라도 본질적으로 커다란 가치를 지니고 있듯이, 포키온의 연설은 짧지만 무척 중요한 의미를 담고 있었던 것이다.

언젠가 청중이 많이 모인 공회당에서 포키온이 뭔가 골똘히 생각하며 연단 근처를 거닐고 있었다. 그를 지켜보던 친구가 물었다.

"이봐, 포키온. 무슨 생각을 그렇게 깊이 하나?"

그러자 포키온이 이렇게 대답했다.

"어떻게 하면 연설을 더 짧게 줄일 수 있을까 생각하고 있었네."

다른 웅변가들 연설은 그다지 신경 쓰지 않던 데마데스도, 포키온이 연단에 서면 왠지 엄숙해져서 옆 사람에게 이렇게 속삭이곤 했다.

"저 사람이 또 내 연설을 엉망으로 만들겠군."

그러나 이는 아마도 포키온 웅변에 대해서라기보다 그 친화력에 대해 평한 말이라 해야 옳을 것이다. 같은 말 한 마디나 손짓 하나라도 덕 있는 사람의 것은, 그렇지 않은 수천 명의 웅변보다 큰 힘을 가지고 있기 때문이다.

포키온은 젊었을 때 카브리아스 장군을 매우 존경했다. 그래서 그는 카브리아스 장군을 따라다니며 많은 전투 경험을 쌓았고, 때로는 장군의 성급하고 변덕스러운 성격을 진지하게 지적해 주기도 했다. 카브리아스 장군은 평소에는 행동이 느린 편이었지만, 일단 전투가 시작되면 매우 흥분해서 아주 용감한 병사들보다 더 과감하게 위험 속으로 뛰어들었다. 바로 이런 성격 때문에 카브리아스 장군은 키오스 섬에 가장 먼저 상륙하려다가 맨 먼저 전사하고 말았던 것이다.

포키온은 이와 달리 용맹스러운 데다가 조심성까지 갖췄다. 그래서 그는 카브리아스 장군이 결단을 못 내리고 망설일 때에는 옆에서 격려해 주었으며, 너무 급하게 서두르면 이를 진정시키면서 훌륭한 보좌관이 되어주었다. 그래서 친절하고 인정 많았던 카브리아스는 포키온을 무척 아꼈으며, 그를 믿고 중요한 일들을 많이 맡겼다. 이처럼 카브리아스는 힘들고 어려운 모든 전투에서 포키온이 지휘하도록 했다. 그리하여 포키온 이름이 헬라스 전체에 널리 알려지게 된다.

특히 낙소스 해전은 그의 명성을 더욱 드높인 계기가 되었다. 이 해전에서 포키온은 왼쪽 날개를 맡았는데 그곳에서 전투가 불같이 맹렬하게 벌어졌으며, 전투의 승패도 왼쪽 날개에 달려 있었다. 포키온은 훌륭하게 군대를 지휘함으로써 승리를 거두는 데 큰 몫을 하고 자신의 위력을 떨쳤다. 이는 아테나이가 적에게 점령당한 이래 스스로의 힘으로 싸워 얻은 맨 처음 승리였다. 낙소스 해전 승리로 아테나이 사람들은 카브리아스 장군의 공로를 높이 샀으며, 포키온 또한 훌륭한 군인이라고 칭찬했다.

이 승리는 때마침 엘레우시스 신에게 바치는 제사 기간 때 거둔 것이었다. 그래서 그 뒤부터 해마다 보에드로미온 달, 즉 9월 16일이 되면 카브리아스는 시민들에게 술을 나누어 주며 신들에게 제사를 드림으로써 이 승리를 기념했다.

전쟁이 끝나자 카브리아스는 포키온에게 배를 20척 내주고, 여러 섬을 돌아다니며 전쟁에 든 비용을 원조받아 오라고 했다. 그러자 포키온은 섬 주민들과 싸우기 위해 가는 것이라면 배 20척으로는 부족하지만 우호국으로 생각하고 가는 것이라면 한 척으로도 충분하다고 말했다. 이렇게 해서 그는 배 한 척만을 가지고 여러 섬을 돌아다녔다. 그는 가는 섬마다 공손하고 친절한 태도로 그곳 지도자들을 만나 자신이 찾아온 이유를 밝혔다. 이렇게 해서 그는 여러 동맹국으로부터 많은 군수물자를 얻어 아테나이로 돌아올 수 있었다.

포키온은 카브리아스가 살아 있을 때에는 그를 존경했고, 그가 죽은 뒤에는 그의 가족들을 정성껏 돌보아 주었다. 특히 카브리아스의 아들인 크테시푸스를 훌륭한 사람으로 키우기 위해 온갖 정성을 다 기울였다. 그런데 크테시푸스는 어리석고 둔했으며 망나니였다. 포키온은 이런 사실을 잘 알면서도 그를 포기하지 않았으며, 그의 어리석음과 잘못된 행동을 고치려 노력했다. 그런데 이 젊은이가 어느 전투에서 쓸데없는 것에 대해 묻거나 지나친 간섭을 하며 마치 장군이나 된 것처럼 무례하게 굴었다. 그러자 포키온도 더는 참지 못하고 소리를 질렀다.

"카브리아스 장군님! 당신 아들은 이렇게도 저를 못살게 굽니다. 하지만 그럼에도 제가 이렇게 잘 참는 걸 보면 장군님께서 제게 베풀어 주신 우정을 얼마나 고마워하는지 아시겠지요."

그즈음 나랏일을 하고 있던 사람들은 정치든 군사든 마구잡이로 저마다 관직을 맡고 있었는데, 남의 밥그릇은 건드리지 않는다는 듯 나랏일이 엉망이 되어도 서로 모른 척 눈감아 주고 있었다. 에우불루스·아리스토폰·데마데스·리쿠르고스·히페레이데스는 시민들을 교활하게 이용해 자신들 이익을 챙기기에 바빴고, 디오페이테스·메네스테우스·레오스테네스·카레스 등은 전쟁이나 지휘권을 이용해 출세할 생각만 했다. 이를 지켜보던 포키온은 페리클레스, 아리스티데스, 솔론 등이 올바른 정책을 써서 군사와 정치 그 어느 것도 뒤떨어지지 않던 시절로 되돌아가길 바랐다. 이때 포키온 눈에 비친 정치가들은 아르킬로코스 말을 빌린다면,

아레스 칼도 두려워하지 않고
무사이 아름다움도 싫어하지 않는

서로 목적은 달라도 같은 이념을 가진 사람들이었다. 뿐만 아니라 그는, 아테나이를 지키는 수호신이 전쟁과 정치를 모두 다스리는 여신이라는 사실을 잊지 않았다.

그러므로 포키온은 늘 국민들에게 나라의 안정과 평화가 매우 중요함을 강조했다. 그래서 그는 누구보다 많이 장군 자리에 오른 사람이었지만, 한 번도 스스로 장군이 되려 애쓴 적은 없었다. 그러나 민중이 원하면 그는 피하지 않고 기꺼이 싸움터로 나갔다.

여러 역사가들 기록에 따르면, 포키온은 자그마치 45번이나 아테나이군 총사령관으로 선출되었다고 한다. 그러나 그는 오직 한 번도 장군이 되고 싶어서 선거장에 스스로 나서거나 사람을 보낸 일이 없었다. 그래서 곧잘 자신도 알지 못하는 사이에 지휘관으로 선출되어 있었다.

그러므로 그를 시기하던 사람들은, 시민들 뜻을 거스르고 그들의 환심을 살 만한 말을 전혀 하지 않는 포키온이 절대적인 지지를 받는 사실에 의문을 가지고 있었다. 사실 아테나이 사람들은 평화로울 때에는 정치가들 달콤한 말에 넘어가곤 했다. 그러나 나라에 중대한 일이 생기면 옳고 그름을 분별할 줄 아는, 엄격하고 현명한 사람을 지도자로 뽑았다.

포키온은 어리석은 무리들 말을 무턱대고 따르는 사람이 아니었다. 한번은 델포이에서 받은 신탁을 시민들 앞에서 발표한 적이 있었다. 거기에는 아테나

이 사람들이 모두 한마음인데 오로지 한 사람만이 반대한다는 내용이 적혀 있었다. 그때 포키온이 조용히 일어나더니, 그 한 사람이 바로 자신이며 자신은 이 정책에 반대한다고 외쳤다. 그러자 사람들은 우레와 같은 박수를 보냈다. 이것을 본 포키온이 곁에 있던 친구들을 돌아보며 물었다.

"아니, 지금 내가 나도 모르게 바보 같은 말을 했소?"

포키온은 자신이 지금 한 말이 혹시 사람들에게 아첨으로 들려 박수를 받은 것이 아닌가 염려스러웠던 것이다.

언젠가 시민들이 축제를 열기 위해 기부금을 모으고 있을 때였다. 다른 사람들은 모두 관례대로 돈을 얼마씩 기부했지만, 포키온은 여러 차례 부탁을 받고도 계속 거절했다. 그래도 자꾸만 기부를 하라고 조르자, 포키온은 돈놀이를 하던 칼리클레스를 가리키며 이렇게 말했다.

"그런 돈은 부자들에게나 내라고 하시오. 나는 이 사람에게 진 빚도 아직 갚지 못하고 있는데 기부할 돈이 어디 있겠소?"

시민들이 너무 심하다면서 포키온에게 야유를 퍼붓자, 그는 다음 같은 이야기를 들려주었다.

"어떤 겁쟁이가 전쟁터에 나가게 되었소. 그런데 전쟁터로 가던 길에 까마귀 울음소리를 듣더니, 무기를 내려놓고는 그 자리에 앉아버리지 않겠소? 울음소리가 그치자 이 겁쟁이는 다시 무기를 집어 들고 전쟁터로 나아갔다오. 그런데 얼마 안 가서 다시 까마귀 울음소리가 들려오자 또 서버렸지요. 그러고는 '어디 이놈들! 지칠 때까지 실컷 울어라. 하지만 나는 결코 네 밥이 되지 않을 것이다' 말했다오."

이는 기부금을 내라며 졸라대는 시민들을 까마귀에 비유해서 한 이야기였다.

또 한번은 아테나이 시민들이 포키온에게 장군이 되어 적을 무찔러 달라했는데, 그는 적당한 때가 아니라며 그 요구를 거절했다. 그러자 시민들은 화를 내며 그를 소심한 겁쟁이라고 비난했다. 포키온은 다음처럼 지혜롭게 말했다.

"여러분이 무슨 말을 한다고 해서 갑자기 용감해질 내가 아니오. 그리고 여러분도 내 말을 듣고 움츠러들 사람들이 아니잖소. 그러니 이런 말싸움은 그만둡시다."

언젠가 나라 살림이 궁핍해졌을 때였다. 시민들이 포키온을 마구 공격하며 공금을 쓴 명세표를 내보이라고 따졌다. 그러자 포키온이 말했다.

"그러지요. 첫째, 여러분이 안전하게 된 것이오. 그걸 모르셨소?"

휴전이 되어 평화가 찾아오자, 전쟁 중에는 비겁하게 굴던 시민들이 포키온 때문에 승리의 기회를 아깝게 놓쳤다며 떠들어댔다. 그러자 포키온은 이들에게 이렇게 한마디 했다.

"여러분을 잘 이해하는 장군을 가졌으니 참 다행스러운 일이오. 만일 그렇지 않았다면 여러분은 이미 망했을 것이오."

국경 문제 때문에 보이오티아와 다투게 되었을 때 그는 협상으로 해결을 보자고 했다. 그러나 시민들이 전쟁을 벌이자며 우겼으므로 그는 이렇게 말했다.

"보이오티아 사람들과는 무기로 싸우지 말고 말로 싸우시오. 말로 싸우면 여러분이 이기겠지만 무기로 싸우면 지고 맙니다."

포키온이 시민들을 설득하려 했지만 도무지 말을 들으려 하지 않았다. 그러자 그는 이렇게 말했다.

"여러분이 원한다면 나는 하고 싶지 않은 일도 할 것이오. 그러나 내가 하고 싶지 않은 말을 하게 만들 수는 없을 것이오."

그를 반대하는 웅변가들 가운데 데마데스라는 사람이 있었다. 하루는 그가 포키온에게 말했다.

"포키온! 아테나이 시민들이 화가 나면 언젠가는 당신을 죽일지도 모릅니다."

그러자 포키온은 이렇게 대답했다.

"아마 그럴 거요. 그러나 화가 가라앉고 맑은 정신으로 돌아오면 그때는 아마 당신 차례일 거요."

폴리에우크투스라는 사람이 시민들에게, 필리포스 왕과 반드시 전쟁을 해야 한다며 주장할 때였다. 그는 살이 많이 찐 사람이라 연설하는 동안에도 계속 땀을 흘리고 숨을 헐떡였으며, 연거푸 물을 마셔댔다. 이것을 본 포키온은 이렇게 말했다.

"어떻게 이런 사람 말을 믿고 전쟁을 결정할 수 있겠소? 이 사람이 갑옷과 방패를 갖추고 전쟁터에 나가면 어떻게 적과 싸울 수 있겠소? 미리 생각해 둔 것을 말하는데도 저리 헐떡거리니 말이오."

리쿠르고스가 민회에 나와 포키온의 지난 행동을 비난하고 있을 때였다. 포키온이 알렉산드로스 요구를 받아들여 아테나이 시민 10명을 넘겨주려 했다며 리쿠르고스가 공격하자, 포키온은 별일 아니라는 듯 대꾸했다.

"내가 좋은 제안을 내놓으면 모두 반대하기에 거꾸로 말해본 거였소."

알키비아데스는 수염을 길게 기르고 스파르타식 낡은 망토를 걸치고 늘 엄숙한 얼굴을 하고 다녔다. 그래서 사람들은 그를 가리켜 '스파르타인'이라 불렀다. 그런데 언젠가 민회에서 여러 사람으로부터 공격을 당한 포키온은 자신에게 유리한 말을 해줄 것이라 믿고 알키비아데스를 증인으로 내세웠다. 하지만 알키비아데스는 뜻밖에도 뒷일을 염려해 시민들 편을 들었다. 그러자 화가 난 포키온이 알키비아데스 수염을 잡아당기며 소리 질렀다.

"알키비아데스! 내가 당신 수염을 깎아주겠소."

아리스토게이톤이라는 사람은 대단한 험담가였다. 그런데 시민들 앞에서는 늘 전쟁을 주장하던 그가, 막상 군 입대자 명단에 등록하러 올 때에는 다리에 붕대를 친친 감고 지팡이를 짚으며 절룩절룩 걸어나오는 것이었다. 이를 본 포키온이 서기를 보고 말했다.

"그의 이름 밑에 절름발이, 그리고 정신병자라 적어두게."

이처럼 모든 일을 가혹하고 엄격하게 처리하는 포키온이 왜 '선량한 사람'이라 불렸는지는 알 수 없는 일이다. 하지만 이는 어렵기는 해도 불가능한 일은 아니다. 사람에 따라 포도주가 달콤하기도 하고 쓰기도 하기 때문이다. 마찬가지로 포도주를 처음 맛볼 때는 기분 좋게 느끼지만 뒤에는 불쾌해지며, 몸에 해롭다는 것을 깨닫게 되는 경우도 있다.

히페레이데스는 아테나이 사람들에게 이런 말을 했다.

"시민 여러분! 내 말이 심한가 아닌가를 따지기 전에 그 말이 여러분에게 이롭다는 사실을 알아주기 바라오."

이 말은 민중이 미워하고 비난하는 것은 탐욕으로 다른 사람에게 해를 입히는 사람들이지, 권력을 이용해 자신들의 교만과 야망과 분노를 시민에게 보이는 사람은 아니라는 뜻이었다.

포키온은 사사로운 감정으로 다른 사람에게 해를 끼친 일은 없었다. 그는 누군가를 원수로 여긴 일도 없었으며, 나라와 민중을 위해서라면 어떤 것과도 타협하지 않았다. 뿐만 아니라 평생 동안 누구에게나 친절함을 보였고, 적에게도 신중하고 너그러운 태도를 보였으며, 어려운 일을 당한 사람이 있으면 그 대상이 자신의 적이라 할지라도 망설이지 않고 도와주었다.

한번은 평판이 몹시 나쁜 사람이 도움을 요청해 포키온이 그를 변호해 준 일이 있었다. 나중에 친구가 이 일을 나무라자 포키온은 너그러운 표정으로, 죄가 없는 사람은 변호인이 필요 없는 법이라고 말했다.

감옥에 갇혀 있던 아리스토게이톤이 포키온을 만나고 싶어하자 포키온은 그를 만나러 가려 했다. 그러나 친구들이 자꾸 말리자 그는 이렇게 이야기했다. "제발 말리지 말게. 아리스토게이톤을 만날 장소로 감옥보다 더 좋은 곳이 어디 있겠나?"

아테나이 동맹국이나 섬에 사는 주민들은 자신들 지방에 총독으로 주둔하는 군인들을 마치 적처럼 여겼다. 그래서 주민들은 성을 지키면서, 총독 일행이 항구에도 들어오지 못하게 했다. 그리고 가족과 가축, 노예들을 다른 도시로 피란시키는 소동까지 일으켰다. 하지만 포키온이 총독으로 올 때면, 주민들은 배를 타고 멀리까지 마중 나와 화환을 씌워주고 반갑게 맞아들였다.

필리포스 왕은 에우보이아를 손에 넣기 위해 군대를 몰래 상륙시키고, 그곳 정치가들을 매수해 여러 도시들을 장악하고 있었다. 그때 에레트리아의 플루타르쿠스가 아테나이로 사람을 보내, 마케도니아 군대로부터 섬을 구해달라고 요청했다. 그러자 아테나이는 포키온에게 적은 병력을 내주며 그 섬으로 가라고 명령했다. 포키온이 가면 그곳 주민들이 모두 힘을 합쳐 싸울 것이라 여겼기 때문이다.

하지만 포키온이 도착했을 때에는 이미 섬 전체가 썩을 대로 썩었고, 배신자들이 이곳저곳에 들끓었다. 필리포스가 뿌린 뇌물이 그 나라 애국심까지 좀먹었으므로, 포키온과 그의 군대는 매우 위험한 상황에 놓이게 되었다. 그러나 포키온은 깊은 계곡 하나를 사이에 두고 타미나이 시가 바라보이는 나지막한 언덕에 진을 쳤다. 그때는 이미 많은 병사들이 겁에 질려 본국으로 달아난 상태였고, 가장 믿음직하고 용기 있는 병사들만 그의 곁에 남아 있었다.

이를 본 포키온은 지휘관들에게 규율은 지키지 않고 말만 많은 탈영병들은 신경 쓰지 말라고 지시했다. 그런 자들은 남아 있어봤자 명령에 복종하지 않으므로 전혀 쓸모가 없으며, 오히려 전투에 방해가 될 뿐이라는 것이다. 또한 자신들이 아테나이로 돌아가면, 그들은 스스로 행동이 부끄러워서라도 차마 자신들을 비난하지는 못하리라 말했다.

적이 공격을 시작하자 포키온은 병사들에게 가만히 있으라 명령한 뒤 신에게 제사를 지냈다. 하지만 이 제사는 불길한 징조 때문이었는지, 아니면 시간을 끌어 적군을 더 가까이 오게 하려는 작전이었는지 몰라도 시간이 오래 걸렸다. 이를 지켜보던 플루타르쿠스는 포키온이 겁을 먹고 싸움을 피하려는 것으로 생각해 용병들을 이끌고 공격해 왔다. 하지만 자기 선봉 부대들이 무참하게 패하자 맨 먼저 달아났다.

이런 상황을 모르고 있던 플루타르쿠스군은 아테나이 진지로 쳐들어왔다. 이때 제사를 끝마친 아테나이군이 용맹스럽게 적에게 달려들었다. 갑작스러운 공격에 놀란 적들은 달아나기에 바빴고, 아테나이군은 그들을 참호 안까지 뒤쫓아가서 무찔렀다. 그러는 동안 포키온은 보병들에게 진지를 지키라 명령한 다음, 정예부대를 가다듬어 전투를 벌였다. 그의 부하들 모두가 열심히 싸웠으며, 그 가운데에서도 키네아스의 아들 탈루스와 폴리메데스의 아들 글라우쿠스가 가장 큰 공을 세웠다. 클레오파네스도 큰 공을 세웠는데, 그는 흩어졌던 기병대를 다시 모아 포키온을 구함으로써 보병 부대의 승리를 완전히 굳혔다.

포키온은 에레트리아에서 플루타르쿠스를 내쫓고, 이 섬에서 가장 폭이 좁고 전투하기에 유리한 자레트라 요새를 점령했다. 또한 그는 포로가 된 헬라스 사람들을 모두 풀어주었는데, 아테나이에 데리고 가면 정치가들이 시민들을 부추겨 그들을 학대할까봐 걱정했기 때문이다.

포키온이 아테나이로 돌아오자 동맹국들은 그의 정의와 덕을 이용하지 못한 것을 곧 후회했고, 아테나이 사람들도 그의 용기와 경험을 이용하지 못한 것을 땅을 치며 후회했다. 그것은 포키온 뒤를 이어 총사령관이 된 몰로수스 때문이었다. 몰로수스는 작전이 매우 서툴렀으므로, 패전을 거듭해 자기 자신까지 적의 포로가 되었던 것이다.

그 뒤 필리포스 왕은 자신의 야망을 더욱 굳혀, 모든 군대를 이끌고 헬레스폰투스로 쳐들어왔다. 그는 페린투스와 비잔티움을 차지한 뒤 케르소네소스까지 한꺼번에 손에 넣을 속셈이었다. 아테나이 사람들은 이 도시들을 구하기 위해 군대를 모집했고, 정치가들도 이를 적극적으로 도와 카레스를 총사령관에 임명했다. 하지만 막상 카레스가 전쟁터에 닿자, 그곳 사람들은 그를 의심해 성문도 열어주지 않았다. 그리하여 그는 전투는커녕 아무 일도 할 수 없었으며, 이렇다 할 어떠한 공적도 세우지 못했다. 그는 그저 아테나이 동맹국들로부터 전쟁 비용을 거두어들였을 뿐, 적들의 웃음거리가 되고 말았다. 아테나이 사람들은 정치가들이 선동하는 연실을 듣고 비잔티움에 군대를 보낸 일을 후회했다. 이때 포키온은 자리에서 일어나 시민들에게 우리 군대를 믿지 못하는 동맹국을 비난할 것이 아니라, 그들로부터 신임을 얻지 못하는 우리 장군들의 잘못을 탓해야 한다고 말한 뒤 이렇게 쏘아붙였다.

"그 장군들은 우리가 보낸 원군이 아니면 살길이 없는 사람들로부터도 믿음을 얻지 못하고 있습니다."

이 말을 들은 아테나이 시민들은 크게 감동해 자신들 잘못을 뉘우쳤다. 그리고 포키온에게 군대를 지휘해 헬레스폰투스에 있는 동맹국들을 구하라고 했다. 이 결정은 다른 동맹국들은 물론이고, 특히 비잔티움으로서는 아주 잘된 일이었다. 왜냐하면 포키온의 명성이 이미 비잔티움에 널리 알려져 있었고, 더욱이 아카데메이아에서 함께 공부했던 레온이라는 친구가 비잔티움 지도자로 있었기 때문이다. 그러므로 비잔티움 사람들은 성문을 활짝 열고 기쁘게 아테나이군사들을 맞아들였다. 포키온 병사들도 비잔티움 사람들 믿음에 어긋나지 않으려고 예의 바르게 행동했으며, 힘들고 어려운 상황이 닥쳐도 온 힘을 다해 용감히 싸웠다.

마침내 필리포스 왕은 헬레스폰투스에서 쫓겨나 멸시를 받으며 달아나게 되었다. 포키온은 적 군함 여러 척을 붙잡고, 마케도니아군이 차지했던 여러 도시들을 되찾았다. 그는 적 해안에 상륙해 공격을 계속했는데, 끝까지 맞서는 적들과 싸우다 그만 부상을 입고는 아테나이로 돌아왔다.

이때 메가라 사람들이 아테나이인들에게 원조를 해달라고 비밀리에 부탁했다. 포키온은 보이오티아 사람들이 이 일을 알면 도중에 길을 막을까봐 걱정스러웠으므로, 이른 새벽부터 회의를 소집했다. 그러고는 메가라 사람들에게서 온 청원서를 보이며 투표로 결정하게 했다. 마침내 메가라의 요청을 받아들이기로 결정되자, 포키온은 군대를 이끌고 메가라로 진군했다. 메가라 사람들은 환호성을 지르며 아테나이 군대를 맞이했다. 포키온은 그곳에 이르자마자 니사이아 요새로 나아가, 시에서 항구까지 두 갈래 기나긴 벽을 쌓아 적이 육지에서 습격해 올 수 없게 만들어 버렸다. 메가라인들은 아테나이 사람들에게 의지하며 운명을 온전히 맡기게 되었다.

포키온이 여러 섬을 돌아다니고 있을 때, 상황이 위급해진 아테나이에서는 다른 사람을 장군으로 임명했다. 아테나이로 돌아온 포키온은 필리포스와 평화 조약을 맺으라며 시민들을 설득했다. 그즈음 필리포스도 전쟁의 위험을 걱정해 휴전할 기미를 보였던 것이다. 이때 법정에 자주 드나드는 어떤 사람이, 포키온 제안에 반대하고 나서며 그에게 비난을 퍼부었다.

"여보시오 포키온! 이미 무기를 손에 들고 싸우려는 아테나이 사람들에게 휴전하라고 말하는 겁니까?"

"그렇소. 전쟁을 멈추시오. 전쟁하는 동안에는 내가 여러분을 다스릴 것이고, 평화로울 때에는 여러분이 나를 지배한다는 것을 잘 알고 있으니 하는 말이오."

포키온은 이렇게 대답했으나, 그의 주장은 받아들여지지 않고 데마데스의 제안이 통과되었다. 데마데스는 아테나이에서 되도록 멀리 떨어진 곳에서 전쟁을 치르자고 주장했던 것이다. 이 결과에 대해 포키온이 침착하게 이야기했다.

"여러분! 어디에서 전쟁할까 고민하지 말고, 어떻게 하면 전쟁에서 이길까 생각하시오. 승리하면 전쟁은 멀리 물러가지만, 패배한다면 우리 코앞까지 닥쳐올 것이오."

전쟁이 아테나이 패배로 끝나자, 아테나이 선동가들은 카리데무스를 사령관 자리에 앉히려는 공작을 꾸몄다. 그러나 뜻있는 시민들은 모두 아레오파고스 재판소로 몰려가, 포키온에게 정치를 맡겨야 한다며 눈물로 호소했다. 이 청원이 받아들여져 포키온이 정치를 맡게 되었는데, 그는 끝내는 필리포스와 휴전해야 되리라 생각하고 있었다.

데마데스가 아테나이도 헬라스 다른 나라들과 보조를 맞추어 휴전하자고 제안했지만, 포키온은 필리포스가 헬라스를 손안에 넣은 뒤에 어떻게 행동할 것인지를 알기 전에는 그렇게 할 수 없다며 반대했다. 하지만 사태가 너무 위급했기에 포키온의 의견은 받아들여지지 않았다. 그러나 뒤에 필리포스의 요구대로 휴전해 군함과 기병을 바치게 되었을 때, 아테나이인들은 마케도니아와의 휴전을 몹시 후회했다. 이를 본 포키온은 다음처럼 외쳤다.

"내가 데마데스 의견에 반대했던 까닭은 이런 일이 일어날 것을 걱정했기 때문입니다. 그러나 이제 와서 한탄만 하고 있을 게 아니라 지혜롭게 이 상황을 헤쳐나가야 합니다. 우리 조상들은 다른 나라를 지배한 적도 있었고, 지배당한 적도 있었습니다. 하지만 그분들은 늘 명예롭게 행동했으며, 이 나라와 헬라스 전체를 구하셨습니다. 우리 모두 이 사실을 잊어서는 안 됩니다."

뒷날 필리포스가 죽었다는 소식이 전해지자 아테나이 시민들은 몹시 기뻐하며 축제를 열려고 했으나 포키온은 이에 반대했다. 카이로네이아에서 아테나이군을 무찔렀던 사람들 가운데 하나가 줄었을 뿐인데 이렇게 별일 아닌 것으로 뛸 듯이 기뻐한다면 참으로 한심한 노릇이라는 것이었다.

얼마 뒤에 알렉산드로스가 테바이를 침공하자, 데마데스는 그에 대해 비난을 퍼부었다. 그러자 포키온은 호메로스 시구로 응수했다.

어리석은 자여,
어찌 그리 무모하게도 장군 화를 치미게 하는가?

그러고는 이렇게 덧붙였다.

"지금 알렉산드로스는 야망에 불타고 있어서 모든 것을 다 정복하려 들고 있소. 그런 그를 왜 건드리려 하는 거요? 이웃 나라에 다가온 저 불씨를 우리 나라에까지 끌어들이려는 이유가 뭐요? 하지만 내가 있는 한 우리나라가 망하는 일은 절대 없을 거요."

알렉산드로스는 테바이를 점령하고 나서 데마데스, 리쿠르고스, 히페레이데스, 카리데무스를 넘겨달라고 아테나이에 요구했다. 그러자 민회에 모인 군중이 포키온에게 어떻게 하면 좋을지 의견을 말해보라고 했다. 포키온은 사랑하는 친구를 옆에 세우고 이렇게 말했다.

"우리 모두가 일을 이 지경으로 만들었습니다. 이제는 알렉산드로스가 내 사랑하는 친구 니코클레스를 넘겨달라 해도 거절할 수 없는 형편입니다. 만일 내 생명을 던져서 여러분을 구할 수만 있다면 그것은 가장 큰 행복일 것입니다. 아테나이 시민 여러분! 나는 테바이에서 피란 오는 사람들을 보며 가슴이 아팠습니다. 그러나 이제는 테바이의 운명을 그만 슬퍼하고, 더는 전쟁이 일어나지 않도록 노력해야 할 때입니다."

시민들은 포키온 말을 따르기로 마음먹었다. 하지만 알렉산드로스는 사절단이 전달한 결의문을 읽더니 그것을 바닥에 내동댕이치며 그들 말을 들으려고도 하지 않았다. 그러나 포키온이 직접 찾아가자 알렉산드로스는 그의 요청을 들어주었다. 알렉산드로스는 늘 신하들로부터, 아버지인 필리포스 왕이 포키온을 칭찬하고 존중했다는 이야기를 들어왔기 때문이다. 그는 자신의 정책에 대해 포키온과 여러 이야기를 나누었다. 포키온은 알렉산드로스에게 만일 세상의 평화를 원한다면 전쟁을 멈추어야 하고, 명예를 얻고자 한다면 전쟁을 하되 헬라스가 아닌 야만족들과 하라며 충고했다. 이처럼 포키온은 알렉산드로스 성격과 야망에 맞는 이야기를 함으로써 그의 마음을 다독여 주었다. 그러므로 알렉산드로스는 만일 자신에게 무슨 일이 생긴다면 헬라스를 이끌어 갈 나라는 아테나이일 것이라며, 아테나이인들에게 정치를 잘 살펴달라고 부탁했다. 그리고 포키온을 친구이자 귀한 손님으로서 정중하게 대우했다.

역사가 두리스에 따르면, 그 뒤 알렉산드로스는 다리우스를 제압해 위대한 대왕이라는 칭호를 받게 되자 편지를 쓸 때면 그 누구에게도 첫머리에 인사말을 쓰지 않았다고 한다. 그러나 포키온과, 자신의 본국을 맡긴 안티파트로스에게 보내는 편지에는 반드시 인사말을 썼다고 한다. 이 이야기는 카레스 책에도 실려 있다.

또한 알렉산드로스는 포키온에게 무척 너그럽고 친절한 태도를 보였다고 한다. 한번은 알렉산드로스가 포키온에게 100탈란톤을 보낸 적이 있었는데, 포키온은 돈을 가져온 이들에게 아테나이에는 수많은 사람들이 있는데 왜 하필이면 자신에게 이 돈을 가져왔는지 물었다. 그러자 사신들 가운데 우두머리가 이렇게 대답했다.

"알렉산드로스 대왕께서는 오로지 장군만을 명예롭고 뛰어난 사람으로 인정하셨기 때문입니다."

그러자 포키온이 말했다.

"그러면 앞으로도 내가 계속 그렇게 인정받을 수 있도록 도와주는 셈치고 이 돈을 도로 가져가시오."

사신들은 포키온을 따라 그의 집에 갔다가 너무나 검소한 살림을 보고 깜짝 놀랐다. 안에서는 부인이 직접 빵을 만들었고, 포키온은 제 손으로 우물을 길어 손님들이 발 씻을 물을 떠다주었다. 그러자 사신들은 알렉산드로스 대왕의 친구가 이처럼 가난하게 사는 것은 부끄러운 일이라며, 그 돈을 꼭 받아달라고 부탁했다. 때마침 누더기를 입은 초라한 노인이 지나갔다. 포키온은 그 노인을 가리키며 자신이 저 노인보다 불쌍하다고 생각하는지 물었다. 사절단은 제발 그런 말은 하지 말라며 간청했다. 그러자 포키온이 말했다.

"저 노인은 나보다 더 가난하지만 그다지 부족한 것을 모르고 살고 있소. 내가 만일 이 돈을 쓰지 않으면 가지고 있다고 해서 무슨 소용이 있겠소? 그리고 내가 이 돈을 쓰게 된다면, 그것은 나와 알렉산드로스 대왕의 명예를 더럽히는 일이 될 것이오."

이렇게 해서 포키온은 끝내 그 돈을 돌려보냄으로써, 그 돈을 받지 않은 사람이 돈을 보낸 사람보다 더 부자라는 사실을 헬라스 사람들에게 보여주었다.

알렉산드로스는 포키온의 이러한 행동을 불쾌하게 여겨 자신의 친절을 거절하는 사람은 친구도 아니라는 내용의 편지를 써 보냈다. 그러자 포키온은 자신을 친구로 생각한다면 돈 대신에, 궤변학자인 에케크라테스와 임브로스 사람인 아테노도루스, 로도스 사람인 데마라투스와 스파르톤을 석방해 달라며 간청했다. 이들은 사르디스 감옥에 갇혀 있던 사람들이었다.

알렉산드로스는 곧바로 이들을 풀어주었다. 그리고 크라테루스를 마케도니아로 보낼 때, 포키온을 만나면 아시아에 있는 네 도시 가운데 하나를 가지라고 전해달라 했다. 그러면서 덧붙여 말하기를, 만약 이번에도 자신의 마음을 저버린다면 정말로 화를 내겠다고 했다. 하지만 포키온은 지난번과 마찬가지로 알렉산드로스 호의를 정중하게 거절했다. 얼마 뒤 알렉산드로스는 세상을 떠났다. 포키온이 살던 집은 지금도 멜리타에 남아 있는데, 동판이 몇 개 걸려 있는 것을 빼고는 아무런 장식물도 없는 초라한 집이다.

포키온의 첫 번째 아내는 조각가 케피소도투스의 누이였다는 사실 말고는 그다지 알려진 바가 없다. 두 번째 아내는 포키온의 가난한 생활을 잘 견뎌낸 훌륭한 인품으로 아테나이에서도 이름이 높았다. 언젠가 아테나이 시민들이 새로운 연극을 구경하고 있을 때였다. 여왕 역을 맡은 배우가 화려한 옷을 입은 시녀들을 많이 나오게 해달라고 요구했다. 그러나 이 요구가 받아들여지지 않자 그 배우는 무대에 올라가려 하지 않았다. 그러자 연출을 맡은 멜란티우스가 여배우를 매우 꾸짖었다.

"저기에 포키온 부인이 앉아 계신 것도 보이지 않느냐? 저런 분도 시녀 하나만 데리고 다니신다. 너는 여성 관객들에게 허영심만 잔뜩 채워줄 작정이냐?"

연출자 목소리가 어찌나 컸던지 극장 안이 쩌렁쩌렁 울렸다. 그의 말소리를 들고 관객들이 동의하는 듯 크게 소리내어 박수를 쳤다.

또 언젠가는 이오니아에서 온 여인이 포키온 부인을 찾아와 자신의 보석 목걸이를 자랑한 적이 있었다. 그때 포키온 부인은 이렇게 말했다.

"나의 보석은 지금까지 20년 동안 아테나이의 장군으로 계신 포키온뿐입니다."

포키온에게는 포쿠스라는 아들이 있었는데, 한번은 그 아들이 아테나 대제전에 참가하겠다고 했다. 그러자 포키온은 높이뛰기 경기에만 참가하라며 허락해 주었다. 이는 승리를 바라기보다는, 방탕한 생활에 젖어 있는 아들이 잠시라도 규칙적인 생활을 할 수 있게 하려는 것이었다. 그런데 아들이 이 경기에서 우승하자 친구들은 승리를 축하하는 잔치를 열어주었다. 포키온은 아들에게 오직 한 사람 초대에만 응하게 했다. 그런데 그 잔치에 가보니 어찌나 호화로운지, 손님들이 발을 씻는 물에도 포도주와 향수가 섞여 있었다. 이를 본 포키온은 아들을 크게 나무랐다.

"포쿠스, 네 친구가 이렇게 헛돈을 쓰고 있는데도 왜 말리지 않았느냐? 모처럼 얻은 승리의 영광을 이 일 때문에 망쳐버렸구나."

포키온은 아테나이 생활 방식이 아들에게 나쁜 영향을 끼치는 것을 보고, 아들을 스파르타에 보내 그곳 젊은이들과 함께 훈련받게 했다. 이에 아테나이 사람들은 포키온이 자기 나라 교육제도를 무시했다고 생각해 무척 감정이 상했다. 데마데스도 이 같은 포키온의 행동을 비난했다.

"포키온! 아예 아테나이가 스파르타식 제도를 다 받아들이게 하면 어떻겠소? 승낙만 하신다면 내가 다음 민회에 나가서 이 내용으로 만든 법안이 통과되도록 힘써보겠소."

그러자 포키온이 말했다.

"여보시오. 향수 냄새를 풍기며 값비싼 옷을 걸치고 다니는 당신이, 스파르타식의 검소한 식사와 리쿠르고스 제도를 권한다는 게 말이 되오?"

알렉산드로스가 아테나이로 편지를 보내와 군함을 보내라고 했을 때, 의원들이 포키온에게 의견을 물었다. 포키온은 거침없이 말했다.

"여러분! 우리는 알렉산드로스를 정복하기 위해 무기를 들거나 아니면 그와 사이좋게 지내거나, 둘 가운데 하나를 선택해야 합니다."

이때 풋내기 정치가인 피테아스가 가장 먼저 연설하려고 나서자, 포키온은 그의 무례한 태도를 이렇게 경고했다.

"여보게, 자네는 민중이 새로 사들인 종이니 얼마 동안 입을 다물고 있는 게 좋겠네."

알렉산드로스가 아시아에 있었을 때, 바빌론의 하르팔루스가 많은 돈을 가지고 아테나이로 도망쳐 왔다. 그러자 아테나이 정치가들은 그에게서 돈을 얻으려 앞다투어 아부했다. 하르팔루스는 그들에게 돈을 조금씩 나누어 주더니, 포키온에게는 700탈란톤이나 되는 돈을 바쳤다. 그러고는 자기 자신과 재산을 보호해 달라고 요청했다. 그러자 포키온이 화를 벌컥 내며 대답하기를, 앞으로 또 아테나이 사람들을 돈으로 꾀었다가는 반드시 후회하게 될 거라고 했다. 이 말을 들은 하르팔루스는 잠잠해졌다.

그 뒤 아테나이에서는 하르팔루스의 처리 문제를 논의하는 민회가 열렸다. 그러자 뇌물을 받았던 사람들은 그 사실이 알려질 것이 두려워 그를 없애야 한다고 주장했다. 하지만 포키온은 아테나이에 손해가 되지 않는 범위 내에서 하르팔루스를 도와주려 노력했다. 이를 알게 된 하르팔루스는 포키온에게 더욱 가까이 다가갈 작정으로 여러 뇌물을 보냈다. 그러나 포키온은 어떤 뇌물에도 흔들리지 않았다. 마침내 하르팔루스는 포키온의 사위인 카리클레스와 손을 잡았고, 카리클레스는 사람들에게 나쁜 평을 듣게 되었다.

하르팔루스는 피티오니케라는 여인에게서 자식을 얻었는데, 아내가 그만 죽고 말았다. 그래서 그는 많은 돈을 들여 크고 화려한 무덤을 만들기로 작정하고 카리클레스에게 이 일을 맡겼다. 사람들은 이 일 때문에 카리클레스를 더욱 욕하게 되었다. 그 무덤은 아테나이에서 엘레우시스로 가는 길에 있는 헤르메스 신전 안에 오늘날까지도 남아 있다. 하르팔루스는 카리클레스에게 30탈란톤이라는 큰돈을 주고 공사를 맡겼는데, 그처럼 엄청난 돈에 비해 무덤은 너무나 초라했다. 끝내 카리클레스가 그 장례 비용을 가로챘던 것이다.

하지만 하르팔루스가 죽고 나자 카리클레스와 포키온은 그의 딸을 정성껏 길렀다. 얼마 뒤 카리클레스가 하르팔루스 재산을 가로챘다는 혐의로 재판을 받게 되었을 때, 그가 포키온에게 변호를 해달라 부탁했지만 포키온은 한마디로 딱 잘라 거절했다.

"카리클레스! 내가 자네를 사위로 삼았던 것은 자네가 올바른 사람이라 생각했기 때문이지, 이런 일을 해주려 그랬던 게 아니라네."

알렉산드로스가 죽었다는 소식을 아테나이에 가장 먼저 전한 사람은 히파르쿠스의 아들인 아스클레피아데스였다. 데마데스는 그 말을 믿지 말라면서, 만일 알렉산드로스가 정말 죽었다면 세상은 벌써 시체 썩는 냄새로 진동했으리라고 시민들에게 말했다. 그러나 시민들은 이 소식을 듣고 너무나 기쁜 나머지 금방이라도 소동을 일으킬 것 같았다. 많은 사람들이 시내 한복판으로 달려나와 알렉산드로스가 죽었다고 외치며 기뻐 날뛰었다. 이를 본 포키온은 시민들에게 진정하라고 외쳤다.

"여러분! 제 말을 좀 들으십시오. 그가 오늘 죽었다면 내일도 죽은 사람이며 모레도 죽은 사람입니다. 그러니 이제 우리가 앞으로 해야 할 행동에 대해 차분히 생각해 봅시다."

레오스테네스가 헬라스의 자유를 되찾기 위해 아테나이를 전쟁으로 몰아넣었을 때였다. 그는 자기 의견에 반대하는 포키온을 비웃으며, 그렇게 오랫동안 장군으로 있으면서 국가에 준 혜택이 무엇이냐고 물었다. 그러자 포키온이 쏘아붙였다.

"적지 않은 일을 했지요. 적어도 나는 아테나이 사람들이 자기 나라에서 자신의 무덤에 묻힐 수 있게 해주었으니 말이오."

레오스테네스가 민회에서 연설하는 것을 듣고 있던 포키온은 이런 말을 했다.

"여보게, 젊은이! 자네 연설은 하늘을 찌를 듯 키는 크나 열매를 맺지 못하는 사이프러스 나무 같구려."

히페레이데스가 일어나서, 그러면 전쟁은 대체 언제 하느냐고 포키온에게 물었다. 그러자 포키온은 이렇게 대답했다.

"젊은이들이 군사훈련에 불평하지 않고, 부자들이 전쟁을 위해 기꺼이 세금을 내며, 정치가들이 공금을 도둑질하는 짓을 그치는 때가 좋겠소."

그 뒤 시민들은 레오스테네스가 훈련시킨 군대를 보고, 포키온에게 이제는 전쟁을 해도 되지 않느냐며 물었다. 그러나 포키온은 단호하게 말했다.

"단거리 경주는 괜찮겠지요. 그러나 전쟁이 장거리 경주처럼 오랫동안 이어진다면 아무래도 걱정스럽군요. 우리는 더 이상 지원해 줄 돈도, 배도, 병사도 없으니 말이오."

포키온의 말은 곧 현실로 나타났다. 레오스테네스는 전투에 나서자마자 보이오티아군을 물리치고, 안티파트로스를 라미아 성안으로 몰아넣는 빛나는 승리를 거두었다. 아테나이 사람들은 승리의 소식을 듣고 무척 기뻐하며 신에게 감사 제사를 지냈다. 어떤 사람이 포키온에게, 그 공을 당신이 세우지 못해서 분하지 않으냐고 물었다. 그러자 포키온이 대답했다.

"물론 그렇지요. 하지만 역시 전쟁은 하지 말아야 했소."

그 뒤에도 승리의 소식이 계속 들려왔으나, 포키온은 걱정스러운 얼굴로 말했다.

"이 불안한 승리가 언제까지 이어질 수 있을까?"

얼마 뒤 레오스테네스가 전사하자, 포키온 반대파들은 그가 장군이 된다면 분명히 전쟁을 그만둘 것이라며 몹시 걱정했다. 그래서 그들은 포키온이 사령관이 되지 못하도록 음모를 꾸몄다. 그들은 이름이 알려지지 않은 사람 하나를 사서 민회에서 포키온의 친구라 말하게 하고는, 다음 같은 말을 하도록 시켰다.

"여러분이 정말 포키온을 아낀다면 그를 싸움터에 나가게 해서는 안 됩니다. 만일 포키온마저 잃는다면, 우리가 어디에서 또다시 그처럼 위대한 지도자를 구할 수 있겠습니까? 그러니 포키온 대신 안티필루스를 사령관으로 선출합시다."

시민들이 이 말에 찬성의 뜻을 나타내자 포키온은 이렇게 말했다.

"나는 이자를 한 번도 본 일이 없소. 하지만 오늘부터 당신을 친구로 생각하겠소. 나에게 유리한 제안을 해주었으니 말이오."

아테나이인들이 보이오티아를 정복하려 했을 때 포키온은 처음부터 반대하고 나섰다. 그러자 그의 친구가, 늘 그렇게 시민들 의견에 반대만 일삼는다면 언젠가는 그들 손에 죽을지도 모른다며 충고했다. 그러자 포키온은 친구에게 이렇게 말했다.

"나라를 위한 정책을 시민들에게 권유하다가 죽음을 맞는다면, 그것은 내 잘못이 아니라 시민들 잘못이네. 하지만 만약 해로운 일을 권했다가 죽음을 당한다면 내 잘못이 되는 거겠지."

그런데도 시민들은 전쟁에 대한 집념을 포기하지 않고 자기들을 지휘해 전쟁터에 나가달라며 포키온에게 졸라댔다. 그러자 포키온은 포고령을 내려, 60세가 되지 않은 아테나이 남자들은 모두 5일분 식량을 준비해 자신을 따라 보이오티아로 곧바로 출정하라고 했다. 이 말에 시민들 사이에서 큰 소동이 벌어졌다. 포키온은 그들에게 자기가 내린 명령의 이유를 설명했다.

"놀랄 것 없소이다. 80세가 된 내가 여러분을 이끌고 싸움터로 나가지 않습니까?"

이렇게 해서 그는 전쟁을 하자고 날뛰던 시민들 마음을 잠시 가라앉힐 수 있었다.

얼마 뒤 미키온이 수많은 마케도니아군과 용병들을 이끌고 람누스를 갑자기 공격해 해안 지방을 약탈하고, 주변 국가들을 침략했다. 포키온은 아테나이 군대를 거느리고 전쟁터로 갔다. 그런데 많은 사람들이 포키온에게 달려오더니 저쪽 산을 공격하자, 기병대를 저쪽으로 출정시키자, 이쪽에서 적과 결전을 벌이자는 등 저마다 의견을 내놓으면서 귀찮게 굴었다. 그러자 포키온이 말했다.

"이것 참, 우리 아테나이군은 왜 이렇게 장군만 많고 병사는 없는지 모르겠군."

이윽고 전투가 시작되자 한 병사가 용맹스럽게 적진으로 달려갔다. 그러나 그는 적을 만나자마자 무서워서 도로 달려들어 왔다. 이를 본 포키온은 그 병사를 불러 세우더니 이렇게 말했다.

"하루에 두 번이나 제자리를 버리다니, 어찌 그렇게 부끄러운 짓을 저질렀느냐? 처음에는 내가 지시한 자리를 버리고, 나중에는 네 스스로 차지한 자리를 버렸으니 말이다."

포키온은 미키온 장군을 비롯해 많은 적을 쓰러뜨리고 큰 승리를 거두었다. 그 뒤 헬라스 군대는 아시아로부터 마케도니아 군대를 이끌고 달려온 레온나투스군과 테살리아에서 싸우게 되었다. 안티필루스가 보병을 맡고 테살리아 사람 메논이 기병대를 지휘했다. 그들은 레온나투스를 죽이고 그의 부대를 완전히 쳐부수었다.

그리고 얼마 뒤 크라테루스가 대군을 이끌고 아시아에서 건너와 크란논에서 큰 싸움이 벌어졌다. 이 싸움에서 헬라스군은 크라테루스에게 졌으나, 다행히 전사자 수가 많지 않았고 손해도 그리 크지 않았다. 그러나 헬라스군 장군들이 경험이 적고 젊다 보니 병사들 군기를 제대로 잡지 못했다. 게다가 안티파트로스가 헬라스 각 도시마다 뇌물을 써서 군대를 해산하게 했으므로, 헬라스군 전선은 곧 무너졌고, 그들의 자유 또한 적에게 빼앗기고 말았다.

안티파트로스는 이 여세를 몰아 아테나이를 공격하려 했다. 이 소식을 들은 데마데스와 히페레이데스는 재빨리 아테나이에서 달아나고 말았다. 한편 법에 어긋나는 법안을 냈다가 일곱 번이나 유죄판결을 받았던 데마데스는, 아테나이에 갚아야 할 벌금을 한 푼도 갖지 못하고 있었다. 그래서 그는 연설할 자격은 물론 투표권마저 빼앗긴 상태였다. 그런데 이처럼 나라가 혼란한 때를 틈타, 데마데스는 아예 법을 무시하고 나서서 안티파트로스에게 화평을 제의하는 연설을 했다. 그러나 시민들은 그의 의견을 들은 척도 하지 않고, 포키온에게 가서 어떻게 하면 좋겠느냐고 물었다. 포키온은 이렇게 말했다.

"여러분이 처음부터 나를 이렇게 믿었더라면, 오늘날 이런 문제로 고민하게 되지는 않았을 것이오."

그런데 투표를 한 결과, 뜻밖에도 데마데스 결의안이 통과되었다. 그래서 포키온은 다른 대표들과 함께, 아티카를 공격할 준비를 하던 안티파트로스를 찾아 테바이로 갔다. 포키온의 첫 번째 협상은 군대를 진격시키지 말고 그곳에 머물며 아테나이와 휴전하자는 것이었다. 옆에서 이 제안을 듣던 크라테루스가 말했다.

"그건 말도 안 되오. 지금 당신이 우리에게 하는 말은, 결국 이곳에 있으면서 우방국가들과 동맹국들에게 해를 끼치라는 뜻이나 마찬가지요. 적 나라를 정복할 수도 있는 우리가 뭐가 아쉬워서 그런 제안을 받아들이겠소."

그러나 안티파트로스는 포키온 손을 잡으며 이렇게 말했다.

"포키온 장군 말대로 하겠소."

하지만 그는 그 밖의 조건은 들어줄 수 없다고 덧붙였다. 지난날 안티파트로스가 라미아에서 포위당했을 때 아테나이 장군인 레오스테네스가 내건 것과 똑같은, 조건 없는 항복을 제시한 것이었다.

포키온은 아테나이로 돌아와 안티파트로스와의 협상 내용을 알렸다. 이 이야기를 들은 아테나이 시민들은 이제 별도리가 없음을 알고, 그 조건을 받아들이기로 결정했다. 그래서 시민들은 포키온과 크세노크라테스 등을 다시 테바이에 보냈다. 크세노크라테스는 덕과 지식을 두루 갖춘 인물로 이름이 나 있었다. 그러므로 시민들은 아무리 거만하고 거친 사람일지라도 그를 보면 존경심과 두려움을 가지게 될 것이라 생각해 사절로 보냈던 것이다.

그러나 그들의 짐작은 완전히 빗나가고 말았다. 왜냐하면 안티파트로스는 착한 사람을 이해하기는커녕 도리어 그런 사람을 싫어했기 때문이다. 그래서 안티파트로스는 다른 사절들과는 악수를 나누며 반갑게 맞아들였지만, 크세노크라테스에게는 인사조차 하지 않았다. 또한 안티파트로스는 크세노크라테스가 이야기하는 도중에 자꾸만 참견하며 말을 막았다. 그러므로 크세노크라테스는 오래 이야기를 할 수 없었다.

하지만 포키온이 이야기를 꺼내자 안티파트로스는 귀를 기울였다. 그러면서 아테나이와 휴전은 하겠지만, 대신에 다음 조건들을 받아들여야 한다고 말했다.

첫째, 데마데스와 히페레이데스를 자신에게 넘겨줄 것.

둘째, 아테나이 정치체제를 허락하되 시민들 재산 정도에 따라 선거권을 결정할 것.

셋째, 마케도니아 군대가 무니키아에 주둔하는 것을 인정할 것.

넷째, 전쟁 비용을 일부 배상할 것.

사절단은 안티파트로스가 내세운 조건들을 받아들이기로 했으나, 크세노크라테스만은 반대했다.

"안티파트로스가 우리를 노예로 생각한다면 적당한 조건일지 모르지만, 자유인으로 생각한다면 너무나 지나친 조건이오."

포키온은 네 가지 조건 가운데 무니키아에 마케도니아 군대를 주둔시키는 조건만은 없애달라고 부탁했다. 그러자 안티파트로스가 대답했다.

"포키온 장군, 나는 장군이 원하는 것은 무엇이든 들어주고 싶소. 그러나 장군이나 나를 다 함께 망치게 하는 일은 할 수 없소."

하지만 이 일에 대해 다른 역사가들은 다음 같이 전하기도 한다. 그때 안티파트로스가 포키온에게, 아테나이에 마케도니아 군대를 주둔시키지 않아도 시민들이 반란을 일으키지 않게 할 자신이 있느냐 물었다고 한다. 이에 포키온은 얼른 대답하지 못했다. 그러자 칼리메돈이라는 자가 벌떡 일어나더니 이렇게 말했다.

"안티파트로스 장군, 이 사람이 이렇게 쓸데없는 소리를 하는데도 그냥 듣고 계시는 이유가 뭡니까?"

이렇게 해서 마침내 마케도니아 수비대가 아테나이로 들어오게 되었다는 것이다. 그때 수비대장이었던 메닐루스 장군은 정의롭고 인정이 많았으며, 포키온과도 가까운 사이였다. 그러나 마케도니아 군대를 아테나이에 주둔시킨 것은 안티파트로스가 자신의 세력을 뽐내기 위한 것이었지, 실제로는 그다지 필요도 없는 일이었다는 이야기도 있다.

마케도니아 군대가 아테나이에 도착한 날은 공교롭게도 보에드로미온 달 20일이어서 대축제가 열리고 있었다. 군대가 들어서자 아테나이 시민들은 분노에 휩싸였다. 시민들이 이아쿠스의 초상을 받들고, 줄을 지어 엘레우시스로 가고 있을 때 마침 마케도니아 군대가 들이닥쳤던 것이다. 군대 때문에 신성해야 할 예식이 완전히 엉망이 되자, 시민들은 성대하게 행사를 치르던 옛날을 떠올리며 깊은 설움에 잠겼다. 아테나이가 번영의 길을 달리고 있던 때에는 신성한 대축제가 적국을 공포에 떨게 할 만큼 굉장했는데, 이제는 헬라스가 멸망해도 신들은 아무렇지도 않다는 듯 바라만 보고 있는 것 같아서 시민들은 불안했다. 그렇지 않다면 어째서 가장 신성해야 할 제사가 모욕을 당하고, 마땅히 가장 즐거워야 할 이 축제가 민족의 슬픈 운명을 뼈저리게 느끼도록 만드는가.

몇 년 전 도도나로부터, 아르테미스 신전이 적의 손에 넘어가지 않도록 잘 지키라는 신탁이 아테나이에 내려왔다. 이 행사에서 신을 모실 때 가마를 덮는 헝겊을 진홍색으로 물들이려 했는데, 이상하게도 색깔이 제대로 나오지 않고 상여를 멜 때 쓰는 헝겊처럼 빛바랜 황색으로 물들어 버렸다. 또한 이 제사에 참가할 예정이던 어떤 사람이 칸타루스 항구에서 돼지를 씻고 있었는데, 갑자기 상어가 나타나 돼지의 뒷다리와 엉덩이 아랫부분을 몽땅 물어뜯어 삼켰다. 이것은 아테나이가 위쪽 도시만 남고 아래쪽은 잃게 될 것이라는 징조였다.

시내로 들어온 마케도니아군의 사령관 메닐루스는 되도록 아테나이 시민들에게 피해를 주지 않으려고 마음을 썼다. 그러나 새로운 법에 따라, 재산이 부족해서 시민권을 빼앗긴 사람만 해도 1만 2000명이나 되었다. 이렇게 시민권을 빼앗긴 채 아테나이에 남아 있던 사람들은 심한 학대를 받았다. 그리고 그런 이유로 아테나이를 떠나 트라키아로 간 사람들에게 안티파트로스가 땅을 나누어 주기는 했지만 만족할 정도는 못 되었으며, 게다가 식민지 노예나 추방자들처럼 심한 멸시를 받아야 했다.

칼라우리아에서 데마테스가 죽고 클레오나이에서 히페레이데스가 죽자, 아테나이 시민들은 필리포스와 알렉산드로스가 마케도니아를 다스리던 시절을 더욱 그리워하게 되었다.

그 뒤 마케도니아의 안티고노스 왕이 살해되고, 그를 죽인 무리들이 새로운 정복자가 되어 민중을 억압하고 있을 때였다. 프리기아에서 한 농부가 땅을 파헤치는 것을 보고, 그 옆을 지나가던 사람이 무엇을 하느냐고 물었다.

"안티고노스 왕을 찾으려고요."

농부는 한숨 섞인 목소리로 말했다. 이 이야기에서도 알 수 있듯이, 그즈음 아테나이 사람들은 필리포스나 알렉산드로스 대왕 같은 어진 왕들을 그리워하며 안티파트로스를 증오했다. 안티파트로스는 스스로 평민이라고 말하며 검소한 옷을 입고 소박한 식사를 했지만, 실제로는 아테나이 시민들을 괴롭히며 폭군 노릇을 톡톡히 하고 있었다.

포키온은 안티파트로스를 찾아가서 추방당한 사람들을 헬라스로 불러들일 수 있게 해달라고 애원했다. 그래서 케라우니아 산맥과 타이나루스 너머로 쫓겨났던 사람들이 펠로폰네소스에 들어와 살 수 있게 되었다. 이렇게 이동해 온 무리에는 아첨꾼 아그노니데스도 있었다.

포키온은 아테나이 정치를 안정시키며 법대로 공정하고 조용히 처리하도록 힘썼고, 지혜롭고 어진 사람들이 공직에 많이 나갈 수 있도록 도와주었다. 그리고 출세를 위해 설치는 사람들에게는 관직 대신 차라리 농사에나 힘쓰라고 충고했다. 또한 포키온은, 크세노크라테스가 외국인 세금을 내고 있는 것을 보고, 새 제도에 따른 시민권을 주려고 했다. 그러자 크세노크라테스는 자신이 마케도니아에까지 가면서 반대했던 이 제도의 혜택을 받고 싶지 않다면서, 포키온의 제안을 거절했다.

마케도니아군 수비대장인 메닐루스가 포키온에게 많은 돈을 주려고 했다. 그러나 포키온은 이 돈을 거절하면서 자신은 메닐루스가 알렉산드로스보다 더 훌륭하다고 생각하지 않는데 어떻게 지난날 알렉산드로스의 돈을 거절했던 자신이 이제 와서 메닐루스의 돈을 받을 수 있겠느냐고 말했다. 그러자 메닐루스는 그 돈을 포키온의 아들 포쿠스가 받도록 허락해 달라고 청했다. 이에 포키온이 말했다.

"포쿠스가 만일 나쁜 버릇을 고쳐 아낄 줄 아는 사람이 된다면 이 아비의 재산으로도 넉넉할 것이오. 그러나 지금의 버릇을 못 고치고 계속 낭비만 일삼는다면 아무리 돈이 많아도 부족할 거요."

한번은 안티파트로스가 포키온에게 어떤 그릇된 일을 시키려고 하자 포키온은 화를 내며 말했다.

"그건 정말 못하겠소. 나는 당신의 친구이면서 앞잡이가 될 수는 없으니 말이오."

안티파트로스는 늘 아테나이에 두 친구, 포키온과 데마데스가 있다고 말했다. 포키온은 어떤 방법을 써도 뇌물을 받지 않는 사람이고, 데마데스는 뇌물을 아무리 많이 받아도 언제나 부족하게 생각하는 사람이라고 했다.

사실 포키온은 아테나이 장군을 여러 번 지내고 왕들과도 친구처럼 가까이 지냈지만 늘 가난하게 살았고, 또 그것을 자랑으로 여겼다. 하지만 데마데스는 법에 어긋나는 짓을 해서라도 자신이 부자라는 것을 자랑하고 싶어했다. 예를 들면 다음 같은 일도 있었다. 그즈음 아테나이에서는 외국인을 연극이나 합창단에 참가시킬 수 없었다. 만약 이것을 어기면 한 사람마다 1000드라크메의 벌금을 물어야 했다. 그런데 데마데스는 외국인 100명을 합창단에서 공연하게 하고 한 사람마다 1000드라크메의 벌금을 물어서, 자기가 얼마나 엄청난 부자인지를 과시했다. 또한 자기 아들 데메아스가 결혼할 때에는 이런 이야기를 했다.

"애야, 나는 네 어머니와 이웃집에서도 모를 만큼 초라한 결혼식을 올렸단다. 하지만 네 결혼식에는 왕들을 손님으로 초청하마."

아테나이 시민들은 어느 날 포키온을 찾아가서 무니키아에 있는 마케도니아 군대가 철수하도록 안티파트로스에게 요청해 달라고 말했다. 그러나 포키온은 이 부탁을 거절했다. 아마도 그들의 요구가 받아들여지지 않을 거라고 생각했거나, 아니면 마케도니아 군대가 무서워서라도 아테나이 시민들이 질서를 잘 지킬 것이라고 생각했을 것이다. 그 대신에 포키온은 안티파트로스에게 부탁해, 아테나이가 전쟁 비용을 배상하기로 한 날짜를 무기한 연기시켰다.

그러자 시민들이 이번에는 데마데스를 찾아가서 마케도니아군의 철수를 부탁해 달라고 했다. 데마데스는 시민들의 말을 받아들여 아들과 함께 마케도니아로 떠났는데, 이것은 마치 신의 손이 그를 이끌어 준 것 같았다. 마케도니아에서는 안티파트로스가 병으로 누워 있었으므로 카산드로스가 모든 권력을 잡고 있었다. 그런데 바로 이 카산드로스가, 데마데스가 안티고노스에게 보낸 편지를 손에 넣게 되었다. 그 편지는 어서 이곳으로 와서, 썩은 새끼줄에 묶여 있는 헬라스와 마케도니아를 해방시켜 달라는 내용이었다. 격노한 카산드로스는 데마데스 일행이 도착하자마자 그들을 체포했다. 그리고 아버지가 보는 앞에서 아들을 죽여 데마데스의 옷을 아들의 피로 물들였다. 그런 다음 데마데스에게, 은혜를 원수로 갚는 배반자라고 욕을 한 뒤 그를 사형시켰다.

안티파트로스는 죽기 바로 전에 폴리스페르콘을 총사령관으로, 카산드로스를 기병대 사령관으로 임명했다. 하지만 카산드로스는 곧장 폴리스페르콘에 대한 음모를 꾸미기 시작했다. 안티파트로스가 죽자 카산드로스는 그 소문이 퍼지기 앞서, 먼저 니카노르를 서둘러 아테나이로 보냈다. 그러고는 메닐루스를 수비대 대장직에서 쫓아내고, 니카노르를 그 자리에 앉혀 무니키아를 다스리게 했다. 이처럼 카산드로스의 음모가 모두 마무리된 다음에야 안티파트로스가 죽었다는 소식을 들은 아테나이 사람들은 모두들 포키온을 비난했다. 그들은 포키온이 이런 사실을 미리 알고 있었으면서도, 니카노르의 미움을 받을까봐 잠자코 있었다고 비난했던 것이다. 하지만 포키온은 그런 터무니없는 말들을 못 들은 체 흘려버렸다. 그러고는 니카노르를 만나서, 아테나이 시민들이 잘 지낼 수 있도록 여러 운동경기를 열어보라며, 아테나이 사람들의 관심을 얻어내는 방법을 귀띔해 주었다.

한편 마케도니아 왕의 섭정을 맡은 폴리스페르콘은 카산드로스 세력을 꺾으려고 다음 같은 편지를 아테나이에 보냈다.

"대왕께서 아테나이의 민주정치를 좋게 보시니, 아테나이 시민들은 조상들의 관습과 제도에 따라 스스로 자유를 누리기 바랍니다."

그러나 이 편지에는 포키온 세력을 꺾은 뒤 아테나이를 손에 넣으려는, 폴리스페르콘의 속셈이 숨어 있었다. 폴리스페르콘은 포키온이 시민들의 지지를 받고 있는 동안에는 자신의 목적을 결코 이룰 수 없으리라 믿었다. 그러므로 포키온을 무너뜨릴 수 있는 가장 확실한 방법은, 지난날 아테나이 시민권을 빼앗기고 해외로 쫓겨난 사람들을 다시 불러들이고 선동가들과 고발자들로 하여금 포키온을 공격하게 만드는 일이라 생각했던 것이다.

아테나이 사람들은 이 사건의 속사정을 알게 되자 모두 흥분하기 시작했다. 니카노르는 이 문제를 시민들과 의논하기 위해, 아테나이의 항구도시 페이라이우스에서 민회를 열었다. 니카노르는 포키온을 믿고 혼자서 대회장에 나갔다. 그런데 그가 페이라이우스에 도착하자, 그 지방 수비대장인 데르킬루스가 그를 잡으려고 했다. 이것을 미리 눈치챈 니카노르는 재빨리 그곳을 빠져나왔다. 그러고는 서둘러 방어 태세를 갖추고, 자신이 받은 모욕을 앙갚음하기로 마음먹었다.

이 사건이 있은 뒤 시민들은 포키온이 니카노르를 달아나 버리게 했다고 비난을 퍼부었다. 그러자 포키온은 자신은 니카노르가 우리에게 해를 끼치지 않으리라는 것을 믿고 있으며, 만약 자신의 생각이 틀리다고 해도 피해는 자기 홀로 감당할 것이고, 이런 자신의 믿음을 결코 후회하지 않을 것이라고 대답했다. 포키온의 이런 생각과 말은 너그러운 감정임에 틀림없다. 하지만 아무리 곱씹어 보아도 한 나라 최고 통치자이자 군대 총사령관으로서 나라의 안전을 위태롭게 만든 것은 시민들에 대한 신성한 임무를 저버린 일이라 하지 않을 수 없다. 만약 포키온이 아테나이가 전쟁의 불길에 휩쓸릴까봐 두려워서 니카노르를 잡지 않았다거나, 또는 믿음과 정의 때문에 니카노르를 놓아주었다고 해도 그것은 적절한 변명이 되지 못한다.

포키온은 너무나 친절하게 니카노르를 정의롭고 곧은 사람으로 믿었던 듯하다. 그런 이유로 포키온은 니카노르가 페이라이우스를 공격하기 위해 마케도니아군을 살라미스에 상륙시키고, 그곳 지도자들을 자기편으로 매수했다는 사실을 보고받았을 때에도 이 사실을 믿지 않았다. 뿐만 아니라 람프트라 사람인 필로멜루스가 민회에 나와서, 아테나이 시민들은 무기를 들고 포키온을 따르자는 결의를 통과시켰을 때에도 그는 가만히 앉아 있기만 했다. 니카노르는 무니키아에서 군대를 이끌고 나와 페이라이우스 주위에 진지를 구축했다.

포키온은 일이 이렇게 된 다음에야 비로소 아테나이인들을 지휘해 니카노르를 공격하려고 했다. 그러나 이미 사람들의 입에서 불평과 비난의 소리가 터져나오고 있었으므로, 포키온의 명령을 따르는 사람이 없었다. 그때 폴리스페르콘의 아들 알렉산드로스가 군대를 이끌고 아테나이로 들어와, 니카노르를 치러 왔다고 말했다. 하지만 그것은 핑계일 뿐, 사실은 혼란을 틈타 아테나이를 점령하려는 속셈이었다. 게다가 추방되었거나 시민권을 빼앗겼던 사람들이 이들을 따라 들어와 불법적인 민회를 열고는, 포키온의 지위를 빼앗아 다른 사람에게 주고 말았다. 만약 니카노르와 알렉산드로스가 성 밖에서 몰래 만나 비밀 협의를 하는 것이 들키지 않았더라면, 아테나이는 완전히 멸망했으리라.

포키온(PHOCION) 1361

그런데 협잡꾼인 아그노니데스가 포키온과 그 일파를 반역죄로 고발했다. 그러자 카리클레스와 칼리메돈은 겁이 나서 달아났고, 포키온과 그의 지지자들은 폴리스페르콘에게 도움을 청하기 위해 마케도니아로 떠났다. 폴리스페르콘의 친구이자, 평소에 포키온을 존경하던 플라타이아의 솔론과 코린토스의 데이나르쿠스도 이들을 따라 마케도니아로 갔다. 그러나 마케도니아로 가던 길에 데이나르쿠스가 그만 병에 걸려, 일행은 엘라테아라는 곳에서 잠시 머물게 되었다. 그사이에 아그노니데스가 음모를 꾸미며, 포키온을 반역죄로 고발할 사절단을 폴리스페르콘에게 보내자는 결의를 통과시켰다. 이렇게 해서 양쪽에서 보낸 두 사절단이 폴리스페르콘 앞에 도착했다.

폴리스페르콘은 아크루리움 산기슭, 지금은 갈라테라고 부르는 곳에 있는 작은 마을 파리게스에 왕을 모시고 머물러 있었다. 폴리스페르콘은 금빛 찬란한 천개 밑에 왕좌를 마련하고 신하들을 참석하게 했다. 그러고는 데이나르쿠스를 잡아서 사형시키고, 아테나이에서 도착한 두 사절단에게 하고 싶은 말을 하라고 했다. 두 사절단은 서로 욕설과 비난을 퍼부으며 큰 소란을 일으켰다. 그러자 아그노니데스는 왕에게 이렇게 말했다.

"저희들을 모두 한 상자에 집어넣은 다음에 아테나이에 보내서, 그곳에서 재판받게 해주십시오."

왕은 이 말을 듣고 껄껄 웃었으며, 그 자리에 있던 마케도니아 사람들을 비롯한 외국인들은 두 사절단의 이야기를 다 들어보겠으니 차례대로 말하라고 했다. 그러나 그들은 결코 공평하게 이야기를 들어주지 않았다. 폴리스페르콘은 포키온이 하는 말을 여러 번 막았고, 포키온은 지팡이로 땅을 두드리며 더이상 아무 말도 안 하겠다고 입을 다물었다. 헤게몬이라는 사람이 이에 대해 너무 치우친 행동이라고 따지자, 폴리스페르콘은 화를 내며 소리를 질렀다.

"아니, 대왕님 앞에서 나를 모함하려는 것이냐?"

그때 왕이 벌떡 일어나더니 창으로 헤게몬을 찌르려고 했다. 폴리스페르콘이 이를 막았지만 회의는 멈추어졌다.

포키온과 그 일행은 감옥에 갇혔다. 멀리서 이것을 지켜보던 포키온의 친구들은 망토로 얼굴을 가리고 재빨리 몸을 피했다. 그리고 감옥에 갇혔던 사람들은 클레이투스의 지시에 따라 아테나이로 보내졌다. 말로는 아테나이에서 재판을 받게 한다는 것이었지만, 이미 사형이 결정된 상태였다. 이들이 케라메이쿠스를 지나 아테나이 시내로 들어가는 장면은 참으로 비참했다. 그들은 수레에 실려 곧장 아테나이의 법정으로 끌려갔는데, 클레이투스는 민회가 열릴 때까지 그들을 계속 가두어 두었다.

클레이투스는 왕이 보낸 편지를 많은 시민들 앞에서 읽은 다음, 호송되어 온 죄인들을 끌어냈다. 왕의 편지에는 호송시킨 자들은 틀림없는 반역자들이지만 아테나이는 자유와 독립을 가지고 있으니 도시의 법률에 따라 이들을 재판하라는 내용이 적혀 있었다.

먼 곳에서 끌려나온 포키온을 본 그의 친구들은 얼굴을 가리고 그곳을 빠져나갔고, 점잖은 시민들은 포키온의 모습이 애처로워 눈물을 흘렸다. 그때 어떤 용기 있는 사람이 일어나서, 아테나이인들이 이처럼 중요한 재판을 할 수 있도록 왕께서 허락했으니 노예나 외국인들은 모두 퇴장시키자고 제안했다. 그즈음 민회에서는 노예나 외국인은 물론, 시민권을 빼앗긴 사람까지 누구나 참석해서 발언할 수 있었다. 그러나 어리석은 군중은 이 제안에 반대하며 소리쳤다.

"시민들을 미워하는 독재자를 타도하자!"

이렇게 되자 포키온의 친구들도 감히 입을 열 수가 없었다. 이때 포키온이 발언권을 얻고는 시민들에게 물었다.

"여러분! 여러분은 우리를 공정하게 처벌하려는 겁니까, 아니면 부당한 처벌을 하려는 겁니까?"

"물론 공정하게 처벌하려는 것이다."

누군가 이렇게 대답하자 포키온은 다시 말을 이었다.

"본인들의 해명도 듣지 않고 처벌한다면 그것이 공정한지 아닌지를 어떻게 압니까?"

그러나 아무도 포키온의 말에 귀를 기울이지 않았다. 그는 한 걸음 더 앞으로 나갔다.

"나는 내 잘못을 인정합니다. 그리고 내가 한 정치적인 행동이 사형을 선고받을 만큼 큰 죄라는 것도 알고 있습니다. 그러나 아테나이 시민 여러분! 여러분은 왜 죄 없는 이 사람들까지 죽이려고 합니까?"

그러자 시민들이 소리쳤다.

"당신의 친구들이기 때문이다!"

포키온은 아무 말도 하지 못하고 뒤로 물러났다.

아그노니데스가 결의문을 읽었다. 시민들에게는 손을 들어서 무죄인지 유죄인지를 표현해 달라고 말했다. 그리고 만일 유죄로 결정되면 사형이 선고될 것이라고 덧붙여 말했다. 그때 어떤 사람이 사형을 시키되 그냥 죽이지 말고 고문을 해서 죽이자며, 고문 도구와 사형집행인을 불러오자고 말했다. 클레이투스가 얼굴을 찌푸리며 너무 잔인하다는 생각을 나타내자, 아그노니데스가 이렇게 말했다.

"시민 여러분! 반역자인 칼리메돈을 잡으면 그렇게 하기로 하고 이번에는 그러지 맙시다."

그의 말이 끝나자 어떤 시민이 말했다.

"아그노니데스의 뜻을 받아들이기로 합시다. 만일 포키온을 고문한다면 당신들은 어김없이 비난을 받게 될 것입니다."

사형이 결정된 사람은 포키온, 니코클레스, 토디푸스, 헤게몬, 피토클레스였다. 또한 그 자리에 있지는 않았지만 사형을 언도받은 사람은 데메트리우스, 칼리메돈, 카리클레스 등이었다.

민회가 끝나자 사형이 결정된 사람들은 감옥으로 끌려갔다. 그들은 친구와 가족들의 팔을 붙들고 비통한 얼굴로 눈물을 흘리며 걸어갔다. 그러나 포키온만은 장군처럼 당당하게 걸어가자 시민들이 모두 놀라며 감탄했다. 포키온의 적들은 그를 뒤따라가며 욕설을 퍼부어댔고, 심지어 그의 얼굴에 침을 뱉는 자도 있었다. 그러자 포키온은 관리들을 돌아보며 이렇게 부탁했다.

"이놈의 버릇을 좀 고쳐주시오."

감옥에 도착한 토디푸스는, 자신은 포키온과 함께 죽을 사람이 아니라면서 한탄했다. 그러자 포키온이 물었다.

"당신은 나와 함께 죽는 게 그렇게도 못마땅하오?"

포키온의 친구 하나가 아들에게 남길 말이 없느냐고 물었을 때, 포키온은 이렇게 대답했다.

"아테나이 시민들을 원망하지 말라고 전해주시오."

포키온과 가장 친했던 니코클레스가 자신이 먼저 독약을 마시게 해달라고 하자, 포키온은 이렇게 이야기했다.

"참으로 괴로운 부탁이로군. 그러나 내가 평생 동안 자네 소원을 한 번도 거절한 적이 없으니 이번에도 들어주겠네."

그런데 다른 사람들이 독약을 모두 마시고 나자 포키온이 먹을 독약이 남지 않았다. 감옥을 지키는 관리들은 12드라크메를 내야 독약을 만들어 주겠다고 했다. 포키온은 친구를 불러 옥리에게 돈을 좀 주라고 부탁하며, 아테나이에서는 죽는 데도 돈이 든다고 한탄했다.

포키온이 세상을 떠난 것은 모우니키온 달 19일이었다. 이날은 마침 제우스의 제삿날이어서 사람들의 행렬이 지나갔는데 어떤 사람은 머리에 썼던 화관을 벗어던졌고, 어떤 사람은 감옥 문을 물끄러미 바라보며 눈물을 뚝뚝 흘렸다. 그리고 악의와 증오로 마음이 완전히 굳지 않은 사람들이나 인정이 조금이라도 남아 있는 사람들은, 하필이면 신성한 제삿날에 사형을 집행해 행사를 모독했다고 마구 화를 냈다.

그러나 포키온의 적들은 그를 죽인 일만으로 만족할 수 없었는지, 그의 시신을 아테나이 땅에 묻지 못하도록 명령을 내렸다. 그리고 어느 누구도 포키온을 화장시킬 장작을 내주어서는 안 된다고 선포했다. 결국 돈을 받고 이런 일을 하는 코노피온이라는 사람이, 시신을 메고 엘레우시스를 지나 이웃 나라인 메가라에 가서 화장을 해주었다. 시녀들을 데리고 메가라까지 따라갔던 포키온 부인은 그곳에 빈 무덤을 만들고, 유골을 품속에 몰래 숨긴 뒤 밤을 틈타 집으로 돌아왔다. 그리고 포키온의 유골을 벽난로 옆에 묻고는 이렇게 말했다.

"축복받은 벽난로야! 착하고 용감했던 분의 재를 너에게 맡기니 부디 잘 지켜다오. 그리고 아테나이 시민들이 제정신으로 돌아오면, 그때 조상들의 무덤으로 고이 옮겨갈 수 있게 해다오."

세월이 흐르고 나서야 아테나이 시민들은 자신들이 얼마나 어질고 위대한 보호자를 잃었는지 깨닫게 되었다. 그들은 늦게나마 포키온의 동상을 세우고 그 명예에 걸맞게 다시 장례식을 치러주었다. 그리고 포키온을 고발했던 아그노니데스를 잡아들여 사형시켰다. 달아나던 에피쿠루스와 데모필루스는 포키온의 아들인 포쿠스에게 죽임을 당했다. 마침내 포쿠스는 아버지 원수를 갚게 되었다.

하지만 전하는 바에 따르면, 포키온의 아들 포쿠스는 훌륭한 성품과는 거리가 멀었다고 한다. 그는 한때 창녀에게 빠졌었다. 그즈음 '무신론자'로 알려진 테오도루스가 리케이온에서 이렇게 강의했다.

"만약 갇혀 있는 남자친구를 위해 몸값을 내주는 일이 고귀한 일이라면, 여자친구의 몸값을 내주는 것 또한 마찬가지이다. 그리고 만일 사랑하는 남자를 자유롭게 놓아주는 게 옳다면, 사랑하는 여자를 위해서도 마땅히 똑같이 해주어야 한다."

이 논리를 들은 포쿠스는 자신의 열정에 대해 기쁨을 느꼈고, 곧장 자기 정부에게로 달려가서 그 철학자의 명령대로 그녀를 자유롭게 해주었다고 한다.

헬라스 사람들은 포키온의 죽음을 보면서 소크라테스의 죽음을 떠올렸다. 둘의 죽음은 모두 아테나이의 잘못으로 빚어진 비극이었음을 깨달았기 때문이다.

소(小)카토(CATO THE YOUNGER)

카토 집안 명예와 영광은 소(小)카토의 증조부인 마르쿠스 카토로부터 비롯되었다. 카토의 증조부가 로마에서 위대한 신망과 권위를 가졌다는 것은 이미 그의 전기에서 밝혀두었다. 소카토는 어렸을 때 부모를 여의었다. 고아가 된 그는 동생 카이피오, 누이 포르키아와 함께 살았다. 카토에게는 어머니와 의붓아버지 사이에서 태어난 세르빌리아라는 누이도 있었다. 이 4남매는 외삼촌 리비우스 드루수스 아래서 자라났다. 드루수스는 그즈음 웅변가로 이름이 나 있었으며, 규범적이고 매우 기품 있게 행동하는 사람이었다. 그는 그때 로마 정부에서 아주 중요한 자리에 있었다.

사람들이 전하는 말에 따르면, 카토는 어렸을 때부터 말이나 행동이나 표정 등에서 감정에 흔들리지 않는 굳건한 기질을 보였다고 한다. 그는 어린아이답지 않게 의지가 굳었으며, 한 번 마음먹은 일은 끝까지 해내고야 마는 단호한 성격이었다. 아첨하는 사람에게는 무뚝뚝하게 대했고, 협박하는 자에게는 더욱 강하게 버티며 결코 용서하지 않았다. 그는 어지간해서 잘 웃지 않았고, 화를 내는 일도 드물었다. 그러나 화가 나면 쉽게 풀지 않았다.

카토는 공부할 때 이해하는 시간은 비록 오래 걸렸지만, 배운 것은 누구보다 오랫동안 기억했다. 천재가 이해력이 빠르다면, 노력과 수고로 배우는 사람은 오래 기억하는 법이다. 달구어진 쇠로 머리에 낙인을 찍듯이, 한번 받아들인 지식은 오래도록 기억에 남아 있는 셈이다.

카토는 본디 고집이 세어서 그를 이해시키는 일은 매우 힘들었다. 그렇기 때문에 공부를 하는 데도 어려움이 많았는지 모른다. 왜냐하면 공부라는 것은 남의 말을 잘 이해하는 데서 시작되는 것이므로, 남의 말에 대한 저항이 적어야 빨리 깨달을 수 있기 때문이다. 그래서 어린 사람이 나이 든 사람보다, 건강한 사람이 병든 사람보다 일반적으로 이해가 더 빠른 것이다. 다시 말해서 의심이 적은 사람일수록 새로운 것에 대한 이해가 더 빠르다.

어쨌든 카토는 스승 말에 언제나 고분고분했으며, 무엇이든지 시키는 대로 열심히 따랐다. 다만 모든 일에 대해서 늘 이유를 묻고, 그 일을 해야 하는 까닭을 알아내지 않고는 못 배겼다. 카토의 스승인 사르페돈은 교양이 높고 너그러운 사람이었다. 그는 제자들에게 무턱대고 매를 먼저 드는 일이 없었으며, 언제나 이치를 따져 타이르곤 했다.

그가 아직 어렸을 때였다. 그즈음 로마의 동맹국들은 로마의 시민권을 얻으려고 일을 꾸미며 사절단을 보냈다. 그 대표자 가운데 폼파이디우스 실로라는 사람이 있었다. 그는 이름난 장군이었는데, 카토의 외삼촌인 드루수스와 가까운 사이로 한동안 그의 집에서 머물렀다. 그는 이 집에 살면서 함께 있던 카토 형제들과도 자연스럽게 가까워졌다. 어느 날 폼파이디우스가 아이들을 부르더니 이렇게 말했다.

"얘들아! 너희들이 내 일을 좀 도와주지 않겠니? 너희 외삼촌에게 부탁해서 우리가 시민권을 받을 수 있게 말을 좀 해주렴."

카토의 동생인 카이피오는 그러겠다고 금방 고개를 끄덕거렸다. 그러나 카토는 아무 대답 없이 매서운 눈초리로 폼파이디우스를 노려보았다. 그러자 그가 카토에게 말했다.

"너는 왜 말이 없니? 네 동생처럼 너도 우리를 좀 도와주려무나."

그러나 여전히 카토는 아무 말이 없었다. 무겁게 입을 꽉 다물고 폼파이디우스를 노려보는 것을 보면 싫다는 뜻이 분명했다. 그러자 폼파이디우스는 카토를 번쩍 들어올리더니 몸을 반쯤 창 밖으로 내놓고 흔들면서, 말을 안 들으면 그대로 내던져버리겠다고 위협했다. 그래도 카토가 말이 없자, 폼파이디우스는 그를 내려놓으며 곁에 있는 친구에게 이렇게 말했다.

"이 애가 아직 어리다는 것이 이탈리아로서는 얼마나 다행스러운 일인지 모르겠네. 만일 이 녀석이 지금 어른이라면, 우리는 아마 로마에서 단 한 표의 찬성도 얻지 못할 걸세."

언젠가 친척 누이 하나가 카토의 형제들을 생일에 초대한 일이 있었다. 그때 초대를 받은 아이들이 모두 한 방에 모여 재판 놀이를 했다. 그런데 이 놀이에서 귀엽게 생긴 어린아이 하나가 유죄판결을 받아 감옥에 끌려갔는데, 이 아이가 카토의 이름을 불러대며 살려달라고 애원했다. 바깥에서 이 소리를 들은 카토는 무슨 일인가 싶어 곧장 달려왔다. 문 안쪽에서 힘센 아이들이 감옥을 지키느라 버텼지만, 카토는 문을 밀고 들어가 죄인으로 갇힌 그 아이를 구해냈다. 그리고는 화를 내며 친구들과 함께 집으로 돌아갔다.

카토는 커가면서 또래들 사이에서 이름을 날렸는데, 여기에 다음 같은 이야기 하나를 소개한다. 술라가 트로이라고 부르는 기마전을 열기 위해 여러 가문의 귀한 아들들을 불러 모았다. 그들은 두 편으로 나누어 서로 대장 한 명씩을 뽑았다. 그중 한쪽의 대장은 술라의 아내 메텔라 아들이었는데 소년들은 그 아이를 마음에 들어했다. 다른 한쪽의 대장은 폼페이우스의 조카인 섹스투스가 뽑혔는데, 소년들은 그 아이를 대장으로 삼으려고 하지 않았다. 술라가 그럼 누구를 대장으로 두고 싶으냐 묻자 아이들은 모두 입을 모아 외쳤다.

"카토요."

그러자 섹스투스도 카토가 더 훌륭하다면 기꺼이 그에게 자리를 양보하겠다며 물러났다.

술라는 카토의 가족들과 가깝게 지내는 사이로, 이따금 아이들을 불러서 같이 이야기를 나누기도 했다. 이것은 그즈음 술라가 큰 권력을 쥐고 있었다는 사실에 비추어 볼 때, 다른 사람들에게는 쉽게 베풀지 않는 특별한 대우였다. 그래서 카토의 스승인 사르페돈은, 아이들의 장래나 안전을 위해서도 좋은 일이라 여겨 이따금씩 카토를 데리고 술라의 집을 찾곤 했다. 그런데 술라의 집에는 늘 많은 사람들이 갇혀 있었는데 고문을 당하는 일도 예사였으므로, 마치 형장 같은 느낌을 주었다. 이때 열네 살이었던 소년 카토는 술라의 집에서 명사들이 죽어 나가는 것을 엿보고는 스승에게 묻기를, 왜 사람들은 괴롭힘을 당하면서도 아무도 술라를 죽이려고 하지 않는 건지 물었다.

사르페돈이 이렇게 대답했다.

"그를 미워하지만 모두들 그를 두려워하기 때문이란다."

"그렇다면 제게 칼을 주십시오. 제 손으로 그를 죽여 불쌍한 사람들을 구하겠습니다."

사르페돈은 이 말을 듣고 깜짝 놀랐다. 게다가 카토의 얼굴에서 불길처럼 타오르는 분노와 결의를 읽고는 그에게서 눈길을 거둘 수 없었다.

카토가 어렸을 때 어떤 사람이 그에게 누구를 가장 많이 사랑하는지 물었다. 카토는 이 말이 끝나자마자 '동생'이라고 대답했다. 그 사람이 다시 그다음으로 사랑하는 사람은 누구냐고 물었다. 이번에도 카토는 '동생'이라고 대답했다. 다시 그 질문을 할 때에도 카토의 대답은 역시 '동생'이었다. 카토가 이렇게 같은 말만 되풀이하자 그 사람은 더는 묻지 않았다고 한다.

나이를 먹을수록 동생에 대한 카토의 사랑은 더욱 깊어만 갔다. 카토가 스무 살쯤 되자 그는 카이피오가 없으면 밥도 먹지 않고 밖에 나가지도 않았으며 공회당에도 가지 않았다. 그러나 카토는 동생이 값비싼 향수와 향유를 쓰는 것을 마음에 들어하지 않았다. 사실 카토는 모든 면에서 검소하고 엄격한 생활을 하고 있었다. 카이피오도 검소하다는 칭찬을 들었지만, 이것은 다른 사람들의 생활과 견주었을 때의 일이었다. 그는 이런 말을 했다.

"만일 카토의 생활과 비교한다면 내 생활은 시피우스와 다름없소."

시피우스는 그 시절 매우 사치스러운 생활을 하기로 유명한 사람이었다.

카토는 아폴로 신의 제사를 맡은 제관이 되어 다른 집으로 나가서 살게 되었다. 그는 아버지의 유산 가운데에서 120탈란톤만 자기 몫으로 가지고 나갔으며, 전에 못지않게 검소한 생활을 이어갔다. 카토는 티루스 사람인 안티파트로스라는 스토아 철학자와 가까이 지내면서, 특히 도덕과 정치 이론에 대한 연구에 몰두했다. 그는 온 힘을 다해 수양과 미덕을 쌓았고, 특히 정의감을 확고히 하는 데 철저했다. 또한 카토는 자신의 정치적 견해를 유지하기 위해서는 적절한 준비가 필요하다고 생각해 웅변술과 토론술을 익혔다. 그러나 친구들 앞에서는 그런 기술을 쓰지 않았다. 누군가가 카토에게 그의 침묵하는 태도를 비난하자 그는 이렇게 대답했다.

"내 생활에 대해서만은 비난하지 않기를 바랍니다. 하지만 말을 하는 것이 말을 안 하는 것보다 더 좋다고 생각되는 때가 오면 말문을 열 것입니다."

포르키아라고 불리는 바실리카는 카토의 증조부가 세워서 공적으로 쓰도록 기부한 건물이었다. 이곳에서는 호민관들이 일상적인 사무를 보았는데, 건물 안에 있는 기둥 하나가 거추장스러워 이것을 없애거나 다른 곳으로 옮기기로 결정했다. 이를 계기로 카토는 공회당에서 처음으로 연설을 하게 되었다. 카토는 호민관들의 의견에 반대하는 연설을 해서 시민들로부터 박수갈채를 받았다. 그의 웅변은 세련되지 않았으며 서투른 면이 있었지만, 처음부터 끝까지 진실하면서도 시원스러웠고 풍부한 내용으로 가득했다. 그의 힘찬 연설은 청중의 마음을 끌어모았다. 그의 준엄한 성격이 그의 말 속에 그대로 스며 있어 사람들의 눈과 마음을 집중시켰다. 그의 힘찬 목소리는 장내에 가득 퍼져나갔으며, 긴 시간을 연설했는데도 전혀 지쳐 보이지 않았다.

그날 웅변으로 승리를 거둔 카토는 다시 침묵하며 수련의 길로 들어섰다. 그는 강도 높은 운동으로 몸을 단련시키고, 아무리 무덥거나 추워도 모자를 쓰지 않았으며, 계절을 가리지 않고 늘 맨발로 다녔다. 여행을 갈 때에도 친구들은 말을 탔지만 카토는 걸어다녔는데, 그러면서도 친구들에게 다가가 이야기를 나눌 만큼 걸음이 매우 빨랐다. 그는 병이 났을 때에도 무던하게 고통을 잘 이겨냈다. 열이 심하게 오를 때에는 아무도 자기 곁에 오지 못하게 하고, 혼자 병마와 싸우며 몸이 완전히 나을 때까지 견디었다.

저녁으로 먹을 음식을 선택하기 위해 주사위를 던질 때마다 카토가 지면 친구들은 그에게 좋아하는 음식을 먹으라고 권했다. 하지만 카토는 베누스의 결정에 대해 왈가왈부해서는 안 된다고 딱 잘라 말했다. 카토는 저녁 식사 뒤에 술 한 잔을 마시고 집으로 돌아갔다. 그러다가 그는 갈수록 술을 많이 마시게 되었다. 카토는 하루 종일 공무에 시달린 탓에 밤에는 철학자들과 포도주를 마시며 지식욕을 채우고는 했다. 그래서 멤미우스라는 사람이 카토가 밤마다 술만 마신다고 하자 키케로가 이렇게 말했다.

"당신은 카토가 낮에는 언제나 도박판을 벌인다는 말을 빠뜨렸소."

카토가 낮에 도박판을 벌이지 않는다는 사실은 모든 사람이 알고 있었다. 이 말은 카토가 낮에 도박판을 벌이지 않는 것처럼, 밤에 아무 일 없이 술을 마시는 것이 아니라는 뜻이었다.

카토는 시민들 생활과 풍속이 너무 문란해서 큰 개혁을 해야겠다고 결심했다. 그래서 그는 세상 사람들 풍속과 정반대로 생활하려고 애썼다. 예를 들어 그즈음에는 밝은 자주색 윗옷이 유행했는데, 카토는 언제나 검은색 옷만 입고 다녔다. 또 아침을 먹은 뒤에 겉옷을 제대로 입지 않고 신발도 신지 않은 채 외출하기도 했다. 그러나 이런 행동은 세상 사람들의 관심을 끌기 위해 꾸민 것이 아니었다. 참으로 부끄러운 일은 수치로 생각하되, 그렇지 않은 일에 대해서는 거리낌이 없어야 한다는 것을 익히기 위한 것이었다.

카토는 사촌으로부터 100탈란톤 만큼의 토지를 받았는데, 이것을 모두 돈으로 바꾸어서 친구들에게 이자도 없이 빌려주었다. 때로는 자신의 땅과 노예를 담보로, 친구들이 돈을 대출받도록 도와주기도 했다.

세월이 흘러 카토가 결혼할 나이가 되었을 때였다. 여자라고는 전혀 모르던 그가 레피다와 약혼을 했다. 레피다는 메텔루스 스키피오와 약혼했다가, 스키피오가 마음을 바꿔 파혼했던 적이 있었다. 그런데 막상 레피다가 카토와 결혼하려고 하자, 갑자기 생각이 달라진 스키피오는 온갖 수단을 동원해 그녀와 결혼했다. 카토는 몹시 화가 나서 이 일을 법정에 호소하려고 했지만 친구들이 말리는 바람에 그만두었다. 그 대신 그는 스키피오를 풍자하는 시를 써서 분을 풀었다. 이 시는 아르킬로코스처럼 신랄하기는 했지만, 그렇게 유치하거나 제멋대로인 것은 아니었다. 그 뒤 카토는 소라누스의 딸 아틸리아와 결혼했다. 아틸리아는 카토의 첫 번째 아내이긴 했지만 유일한 여자는 아니었다. 스키피오의 친구인 라일리우스는 그의 긴 일생 동안 자기 아내 한 여자밖에 모르는 더없는 행운을 누렸으나 카토는 그렇지 못했다.

노예 전쟁이 일어났을 때였다. 이 전쟁은 주모자의 이름을 따서 스파르타쿠스 전쟁이라고 불렀는데, 로마에서는 겔리우스를 사령관으로 앞세워 그들을 치러 나갔다. 카토는 군단장으로 있던 동생 카이피오를 위해 의용병으로 출정했다. 그런데 겔리우스의 지휘가 신통치 않아서 카토는 자신의 열의와 기량을 보일 기회를 쉽게 얻을 수 없었다. 카토는 무질서로 뒤범벅된 로마 병사들 속에서도 기회가 올 때마다 뛰어난 용기와 지혜를 보여, 증조부인 카토에 뒤지지 않는 인물이라는 칭찬을 받았다. 사령관 겔리우스가 카토의 공을 칭찬하며 큰 상을 내리려고 했다. 그러나 카토는 자신은 그럴 만한 공을 세우지 못했다며 상을 거절했다. 이 일로 사람들은 그를 이상한 사람이라고 생각했다.

그즈음 로마에는 선거에 대한 새로운 법이 공포되었는데, 공직에 출마하는 사람은 선거운동을 할 때 시민의 이름을 알려주는 사람들을 데리고 다닐 수 없었다. 그러나 군단장 선거가 있을 때 이 법을 지킨 사람은 오로지 카토뿐이었다. 그는 이 법을 지키기 위해 사람들의 이름을 하나하나 외워두었다가 유권자들을 만나면 그의 이름을 부르며 반갑게 인사를 건넸다. 사람들은 카토의 이런 태도를 칭찬하기는 했지만, 마음 한편으로는 그를 몹시 시기하기도 했다. 카토의 뛰어난 점을 인정하는 만큼, 자기들의 능력이 형편없다는 사실이 매우 못마땅했기 때문이다.

군단장으로 선출된 카토는, 총사령관으로 있는 루브리우스 장군과 합류하기 위해 마케도니아로 파견되었다. 카토가 마케도니아로 떠나기 위해 집을 나설 때 아내 아틸리아는 몹시 걱정하며 눈물을 흘렸다. 그러자 카토의 친구인 무나티우스가 그녀를 위로하며 말했다.

"부인, 걱정 마십시오. 제가 부인을 대신해 그를 잘 돌보겠습니다."

그러자 곁에 있던 카토가 말했다.

"정말 꼭 그렇게 해주어야 하네."

그날 저녁 숙소에서 여장을 푼 카토는 저녁 식사가 끝나자, 무나티우스에게로 갔다.

"자, 무나티우스, 아틸리아에게 말했던 것처럼 나를 잘 부탁하네. 이제 밤낮으로 내 곁을 떠나지 말게나."

그러고는 자기 방에 침대를 두 개 들여놓고 무나티우스를 거기서 함께 자도록 했다. 이렇게 해서 카토는 무나티우스와 늘 한방에서 지내며 오히려 그를 꼼짝 못하게 감시하며 놀렸다.

카토와 함께 갔던 이들은 노예 15명, 자유민 2명, 친구 4명이었다. 그런데 일행은 모두 말을 타고 갔지만, 카토는 말의 속도에 발걸음 맞추어 걸으며 그들과 이야기를 나누었다.

마케도니아에 도착하자, 루브리우스 장군은 군단 하나를 카토에게 맡겼다. 카토는 자신의 용맹성을 내세우는 것은 지휘관다운 행동이 아니라고 생각해 부하들을 자신과 같은 사람으로 만들려고 노력했다. 그는 한 사람씩 따로따로 지도하며 저마다에 합당한 상벌을 내림으로써 훈육에 성공했다. 병사들은 온순하면서도 용맹스러웠고, 용감하면서도 정의로웠으며, 적에 대해서는 무섭고 아군에 대해서는 자상했다.

그러자 카토는 많은 사람들에게서 존경과 사랑을 받게 되었으며, 모든 병사들이 그를 믿고 따르게 되었다. 카토는 부하들에게 무슨 일이든 명령을 내리면 자기도 함께 그 일을 거들었다. 옷차림이나 식사에 있어서도 장교라기보다 오히려 병사에 가까운 몸가짐을 하려 애썼다. 그러면서도 그가 가진 훌륭한 성품과 높은 기상과 풍부한 지식은 다른 어느 지휘관도 따를 수 없었기에, 많은 이들에게 존경을 받았다. 진정한 용기란 지휘관에 대한 사랑과 존경에 의해서만 만들어지는 것이며, 아무리 능력이 뛰어난 지휘관이라고 해도 그 사람에게 사랑이 없다면 그 지휘관을 존중할 뿐이지 본받으려 하지는 않을 것이다.

아테노도루스 코르딜리온이라고 하는, 스토아 철학에 높은 지식을 지닌 사람이 페르가몬에 살고 있었다. 그는 나이가 아주 많았는데, 여러 군주나 세력가들이 가까이하려고 아무리 애를 써도 늘 실패하고 말았다. 카토는 선물이나 편지를 보내는 것으로는 아테노도루스를 이해시킬 수 없다는 사실을 깨달았다. 그래서 두 달 동안의 법정 휴가를 얻어서 아테노도루스를 찾아 아시아로 떠났다. 마침내 카토는 아테노도루스의 생각을 바꾸어 자신의 병영까지 데리고 오는 데 성공했다. 폼페이우스는 많은 왕국을 정복했고 루쿨루스는 큰 승리를 거두었지만, 카토는 이 대철학자를 데리고 돌아오는 자신이야말로 그 어느 장군보다도 뛰어난 업적을 거둔 것으로 생각하며 몹시 기뻐했다.

카토가 복무 중일 때였다. 동생 카이피오가 아시아로 가다가 트라키아의 아이누스라는 곳에서 갑자기 병에 걸리고 말았다. 이 소식은 곧 카토에게 전해졌다. 그러나 동생이 있는 곳으로 바로 달려가기에는 파도가 몹시 거세었고, 그렇게 거센 파도를 버티어 낼 큰 배도 급하게 구할 수가 없었다. 그래서 카토는 작은 배에 친구 2명과 노예 3명을 태우고 서둘러 테살로니카로 갔다. 도중에 물에 빠져 죽을 뻔하기도 했지만 가까스로 목적지에 닿을 수 있었다. 하지만 안타깝게도 동생 카이피오는 이미 숨을 거둔 뒤였다.

아무리 위대한 철학을 지닌 카토라 해도 이 엄청난 슬픔을 감출 수는 없었다. 그는 동생의 시신을 끌어안고 오열했다. 카토는 동생의 장례식을 위해 엄청난 돈을 썼다. 값비싼 향수를 뿌리고 값진 옷을 입혀서 화장시키고, 8탈란톤인 트라키아 대리석을 사서 아이누스 광장에 기념비를 세웠다. 카토의 이런 면을 보면, 카토는 위대한 철학자라기보다 동생에 대한 사랑이 깊은 형이었다고 평가하는 편이 더 적당하리라. 이 일로 몹시 애통해하고 지나치게 감정에 휩싸인 카토의 모습을 보고 사람들은 그가 그동안 보였던 침착성과 매우 대조된다고 흠을 잡았다. 그러나 그것은 카토에게 얼마나 깊은 사랑과 따뜻한 마음이 있는지를 모르기 때문에 하는 말이었다.

장례식 때 여러 도시의 군주들은 많은 예물을 보냄으로써 카이피오에 대한 명복을 빌었다. 하지만 카토는 값진 예물을 모두 돌려보내고 향수와 장신구들만 받았으며, 거기에 대해서도 장례가 끝난 뒤 하나하나 값을 알아내어 보내주었다. 그 뒤 카이피오의 유산은, 카토와 카이피오의 어린 딸이 나누게 되었다. 이때 카토는 장례비를 계산에 넣지 않았다. 그는 늘 이렇게 일을 공정하게 처리했으며 동생에 대한 사랑도 남달랐다. 그럼에도 카토가 동생의 시신과 함께 태워버린 금을 찾으려고 시체를 태운 재를 체로 쳤다는 이야기가 전해져 내려온다. 이러한 사실을 기록해 퍼뜨린 사람은, 자신만은 칼뿐만 아니라 펜으로도 어떤 일에서든지 책임이 없으며 면제되리라고 생각한 듯하다.

카토가 임기를 마치고 군대에서 떠나게 되었을 때, 병사들은 그를 끌어안으며 진심으로 눈물을 흘렸다. 그리고 카토의 발밑에 자신들의 옷을 깔고 그 위를 밟고 지나가게 하고는 그의 손에 입을 맞추었다. 이것은 그즈음 로마 사람들이 한 번도 해 본 적이 없는 최고의 존경심을 내보인 행동이었다.

카토는 정치에 나서기 전에 아시아 여러 나라들을 돌아보며 그 지방 세력과 풍습을 익히기로 했다. 또한 자신의 아버지와 오랫동안 친분이 두터웠던, 갈라티아의 데이오타루스 왕의 간절한 초대도 거절할 수 없어 가기로 했다. 카토는 이때 다음 같은 방법으로 여행을 계획하고 그대로 실행했다. 그는 새벽에 요리사들을 먼저 출발시켜서, 밤에 자신이 숙박할 곳으로 보냈다. 요리사들은 사람들의 눈에 띄지 않게 시내로 들어가서, 아무에게도 폐를 끼치지 않도록 여관으로 들어가 카토를 맞을 준비를 했다. 그리고 만약 여관이 없으면 관청에 찾아가서 그날 카토가 묵을 곳을 부탁하고, 그들의 대접을 불평 없이 받아들였다.

카토가 거느린 하인들도 자기 주인의 뜻을 알아 카토의 이름을 들먹거리며 거만하게 구는 법이 없었다. 그렇기 때문에 어떤 지방의 관리는 그들의 말을 무시해 카토가 목적지에 닿을 때까지 아무 준비도 갖추지 못하는 때가 많았다. 게다가 카토가 막상 모습을 나타냈을 때에도 허름한 옷차림 때문에 사람들은 카토를 더욱 하찮게 대하기도 했다. 카토가 아무 말 없이 짐수레 위에 앉아 있는 모습은 한눈에 보아도 시원찮은 신분으로 비쳤기 때문이다. 그럴 때면 참을성 많은 카토도 그들을 불러 이런 말을 하곤 했다.

"어리석은 사람들아, 그렇게 냉대하지 마시오. 이곳을 찾아오는 여행자들이 모두 나 같지는 않을 거요. 만약 모든 사람들을 그런 눈으로 대했다가는 당신들이 아끼는 물건들을 모두 무력으로 빼앗기게 될 거요."

어느 날 카토가 시리아에 닿았을 때에는 아주 우스운 일이 벌어졌다. 그가 안티오케이아에 들어서고 있을 때였는데, 수많은 사람들이 성문 밖에 나와 길 양편에 죽 늘어서 있는 모습이 보였다. 한쪽에는 긴 망토를 걸친 젊은이들이 서 있었고, 다른 한쪽에는 새 옷을 입고 나온 아이들이 옹기종기 모여 서서 카토를 환영하고 있었다. 그리고 흰옷에 화관을 쓴 제관과 관리들도 보였다. 카토는 이 광경을 보고 틀림없이 자기를 환영하는 것이라고 믿었다. 그래서 그는 미리 성안에 들어간 일행들이 환영 행사를 막지 못한 것을 노여워하면서, 일행들을 모두 말에서 내리게 한 다음 함께 걸어 들어갔다.

카토가 성문에 다다르자 이 행사를 지휘하는 것으로 보이는 한 노인이 손에 지팡이와 화환을 들고 그에게 다가왔다. 그러고는 카토에게 인사도 하지 않고, 데메트리우스 일행과는 어디서 헤어졌으며 언제쯤 이곳에 오겠느냐고 물었다. 카토는 이 뜻밖의 질문에 놀라움을 감출 수가 없었다. 데메트리우스는 폼페이우스의 노예였다. 온 세계가 폼페이우스를 우러러보고 있을 때여서, 주인이 폼페이우스라는 이유 때문에 데메트리우스에게마저 이처럼 크고 화려한 환영 행사를 벌여주었다. 카토 일행은 너무 어이가 없어서 웃음을 터뜨리며 군중 곁을 지나갔다. 카토는 이렇게 한탄했다.

"아! 참으로 한심스러운 도시로구나."

그러나 카토를 알아보지 못하고 큰 실례를 범한 이 도시는 폼페이우스에 의해 큰 수치를 당했다. 카토는 에페수스에서 그즈음 가장 큰 군대를 지휘하던 폼페이우스에게 인사를 하러 가게 되었다. 그때 폼페이우스는 카토를 보자 마치 상관이 오기라도 한 것처럼 벌떡 일어나더니, 그를 향해 걸어와 반가운 얼굴로 오른손을 내밀어 악수를 청하며 따뜻하게 맞았다. 그리고 카토가 머무는 동안에 정성을 다해 대접했고, 그가 돌아간 다음에는 그의 미덕을 높이 칭송했다. 이를 본 사람들은 카토를 새로운 눈으로 우러러보게 되었다. 그 일로 카토를 얕보던 사람들도 마침내 그의 미덕을 깨닫게 되었으며, 온화하고 위대한 카토의 정신에 새롭게 감탄했다.

물론 폼페이우스가 카토를 그토록 정중하게 대접한 것도 애정이라기보다는 경외심 때문이었음을 엿볼 수 있다. 왜냐하면 폼페이우스는 카토가 머물던 동안에는 그를 정중하게 대접하고 칭송도 아끼지 않았지만, 카토가 막상 떠나려하자 조금도 서운해하지 않았다는 말이 있었기 때문이다. 폼페이우스는 다른 젊은이들이 찾아오면 그들 곁에 있으려 하고 오래 붙잡아 두려고 했지만, 카토에 대해서만은 그런 부탁을 하지 않았으며 마치 카토가 있음으로써 자신의 힘이 약해진다고 생각한 듯이 그가 떠나는 것을 기뻐했다. 하지만 로마로 돌아가는 사람들 가운데 폼페이우스가 자신의 아내와 아이들을 소개한 이는 카토뿐이었다.

아무튼 이런 일이 있은 뒤부터, 카토가 여행길에 거쳐가는 도시들은 모두 앞을 다투어서 카토에게 존경의 마음을 표현했다. 그들은 카토를 환영하는 뜻에서 여러 행사를 벌이기도 했는데, 그러자 카토는 지난날 쿠리오가 말한 대로 되지 않을까 두려워하여 친구들에게 자신을 잘 감시해 달라고 부탁했다. 카토와 가깝게 지내던 친구인 쿠리오는 카토의 검소함과 엄격함을 못마땅해했다. 그런데 그가, 카토가 군대를 떠날 즈음 아시아를 돌아볼 생각이 없는지 물었고, 카토가 그렇게 하고 싶다고 대답하자 이렇게 말했던 것이다.

"좋은 생각일세. 틀림없이 여행에서 돌아올 때쯤에는 자네의 성격도 많이 밝아지고 한결 부드러워질 테니까."

갈라티아의 데이오타루스 왕은 나이가 많이 들었기에, 자식과 가족의 보호를 부탁하려고 카토를 초청했다. 카토가 도착하자 데이오타루스는 온갖 선물을 주며 간청했다. 그러나 그가 지나치게 애원하자 카토는 귀찮은 생각이 들었다. 그래서 카토는 다음 날 새벽에 말없이 그곳을 떠나버렸다. 하룻길을 달려 페시누스에 도착하고 보니, 더욱 많은 선물들과 함께 데이오타루스의 편지가 카토를 기다리고 있었다. 테이오타루스는 편지로 카토에게 선물을 부디 받아달라고 간절히 청하면서, 만약 자기 소원을 들어줄 수 없다면 친구들에게라도 나누어 주라고 했다. 그들은 카토의 친구라는 사실만으로도 상을 받아야 하는데, 지금은 카토가 상을 내릴 형편이 못 되는 것 같다고 덧붙였다.

카토는 이것을 받아들일 수 없었지만, 친구들 가운데에는 기꺼이 선물을 받겠다고 하면서 카토가 지나치게 엄격한 것이 아니냐고 불평하는 사람도 있었다. 이에 카토는 선물을 받으려면 무슨 핑계든지 댈 수 있지만, 자기 친구라면 카토 자신이 정당하고 올바른 방법으로 얻은 것만을 나누어 가져야 할 것이라고 하면서 선물을 모두 데이오타루스에게 돌려보냈다.

카토가 브룬디시움으로 가는 배를 탈 때, 그의 친구들이 동생의 뼛가루는 다른 배에 실으라고 권했다. 그러나 카토는 그것을 내놓으니 차라리 자신의 목숨을 내놓겠다고 말했다. 전하는 말에 따르면, 다른 배들은 안전하게 지나간 지점을 카토가 탄 배는 위험하게 지나갔다고 한다.

로마로 돌아온 카토는, 집에서 나이 많은 철학자 아테노도루스와 철학을 논하거나 공회당에 나가 친구들을 도와주며 시간을 보냈다. 그는 이미 재무관으로 나설 때가 되었지만 출마하지 않았다. 먼저 그는 이 관직에 대한 모든 법규들을 연구하고, 경험이 많은 사람들에게 의문점을 물어가며 그 직책에 대해 풍부한 지식을 쌓았다. 그런 다음 재무관이 되자 재무 담당 관리들에 대한 대개혁을 단행했다. 관리들은 장부와 법규를 아주 오래 다루어 경험이 풍부한 사람도 많았는데, 해마다 새로 임명되는 재무관들은 재무관리들의 가르침을 일일이 받아야 할 만큼 경험이 짧고 직무에 대해서도 아는 것이 매우 적었다. 그렇기 때문에 재무관리들은 상관인 재무관의 말에 복종하지 않았고, 자신들이 마치 실제적인 권력을 가진 상관인 것처럼 건방지게 굴었다.

카토는 이름뿐인 상관이 아니라 직무에 대해 충분한 지식과 이해를 가진, 권위 있는 재무관이 되었다. 그는 재무관리들이 그들의 본디 직급에 맞는 일을 하도록 만들었으며, 관리들을 직접 감독하며 부정을 밝혀내고 실수를 바로잡았다. 그러자 간사하고 파렴치한 재무관리들은 다른 재무관들에게 달라붙어 카토에 맞서기 시작했다. 몹시 화가 난 카토는 주동자를 찾아내어 상속세에 대한 부정을 들추어 낸 뒤 파면시킨 다음, 사기 혐의로 고소해 재판을 받게 했다.

그런데 하필이면 감찰관인 루타티우스 카툴루스가 이 재판을 맡게 되어 고발당한 자를 변호하고 나섰다. 카툴루스는 감찰관이라는 높은 지위로 대단한 권세를 누리고 있었을 뿐만 아니라, 인격이나 지식에 있어서도 로마의 어느 누구보다 뛰어난 인물이었다. 더구나 그는 일생 동안 카토와 지극한 우정을 나누며 서로의 생활 태도를 존경하고 있었다.

카툴루스는 공정한 재판으로는 자기가 변호한 자를 석방시킬 수 없다는 것을 잘 알고 있었다. 그래서 그는 카토에게 그 사람을 풀어달라고 여러 번 귀찮을 만큼 부탁했다. 카토가 그의 청을 딱 잘라 거절했지만 카툴루스는 사뭇 끈질기게 간청해 왔다. 그러자 카토는 이렇게 말했다.

"카툴루스! 부끄럽지도 않소? 모든 사람들의 잘잘못을 판단하는 감찰관이 관직을 팔아 불명예를 사다니 그런 수치가 어디 있소?"

이 말을 들은 카툴루스는 뭔가 할 말이 있는 사람처럼 카토를 한참 바라보았다. 그러나 노여움 때문이었는지 부끄러움 때문이었는지, 끝내 아무 말도 하지 않고 조용히 돌아갔다. 하지만 그 재무관리는 무죄로 풀려났다.

본디 투표 결과는 무죄가 되려면 한 표가 더 있어야 했다. 그런데 카토의 동료인 마르쿠스 롤리우스가 병이 나서 재판에 나오지 못한 걸 알고는, 카툴루스는 롤리우스에게 사람을 보내어 제발 피고인을 구해달라고 하소연했다. 롤리우스는 카툴루스가 보낸 가마를 타고 법정에 나와 부탁받은 대로 무죄표를 던졌다. 이렇게 해서 그 재무관리는 롤리우스의 한 표 때문에 무죄가 될 수 있었던 것이다. 그 일을 안 카토는 그 재무관리에게 일을 주지 않았으며, 마땅히 봉급도 주지 않았다. 롤리우스가 던진 무죄표를 전혀 인정하지 않았던 것이다.

카토는 이런 식으로 재무관리들을 길들여서 자신의 생각대로 일을 공정하게 처리했다. 이렇게 되자 재무성은 원로원에 맞먹는 큰 신망을 얻게 되었고, 많은 사람들은 카토가 재무관의 지위를 집정관의 지위로 끌어올렸다고 이야기했다. 카토는 오래된 장부들을 모두 다시 조사해 국가에 빚을 진 사람이 매우 많으며 국가도 여러 시민들에게 빚을 지고 있다는 사실을 알아냈다. 그래서 카토는 받을 것은 정확하게 받아내고 주어야 할 것은 곧바로 갚아주어, 이 같은 폐단을 깨끗하게 정리했다. 이렇게 되자 지금까지 국가의 재산을 자기 것으로 챙겨 부당이득을 취했던 사람들은 모두 돈을 갚아야 했고, 나라에서 한 푼도 받지 못할 것이라고 단념했던 사람들은 고스란히 돈을 돌려받았다. 그러자 민중은 카토를 더욱 존경하게 되었다.

카토는 원로원의 서류 가운데 격식을 갖추지 않은 것들과 거짓으로 꾸민 명세서들이 많다는 것을 알아내어, 이러한 잘못된 관행을 모조리 뿌리뽑았다. 때로는 그런 서류가 어떻게 원로원의 재가를 얻었는지 의심스러워서, 아무리 많은 증인들이 증언해도 믿지 않고 집정관을 불러 사실을 확인하기도 했다.

그즈음 로마에는, 술라가 '추방 명령'을 내렸을 때 처형 대상에 오른 사람들을 죽이고 1만 2000드라크메씩 돈을 받아먹은 무리들이 설치고 다녔다. 사람들은 모두 그들을 흉악한 놈들이라며 미워했지만, 아무도 그들에게 복수하려 하지 않았다. 그러나 카토는 부정한 방법으로 공금을 가로챘다는 혐의로 그들을 조사하여 그때 받았던 돈을 모두 물어내라고 요구했다. 그리고 신을 두려워할 줄 모르는 파렴치한 자들이라며 맹렬히 공격하고는, 청부 살인을 서슴지 않은 그들의 죄를 인정해 살인죄를 추가했다. 그 뒤 그들은 죄에 걸맞는 심한 벌

소(小)카토(CATO THE YOUNGER) 1379

을 받았다. 이렇게 되자 시민들은 과거의 독재정치가 이제야 끝을 맺었으며, 그 원흉이었던 술라도 벌을 받게 된 것이라고 기뻐했다.

이처럼 카토가 자신의 직무에 충실한 것을 보고 시민들은 칭찬을 아끼지 않았다. 그는 누구보다도 일찍 출근하고 가장 늦게 퇴근했으며, 민회나 원로원 모임에는 한 번도 빠진 일이 없었다.

카토는 어떤 개인에게 국가에 대한 부채나 세금을 면제해 주거나, 특권을 주려는 자들을 엄중하게 감시했다. 이렇게 되자 나랏돈을 탐내던 사기꾼들은 얼씬도 하지 않게 되었고, 시민들에게 부담을 주지 않고도 국가의 재산이 넉넉해질 수 있었다.

카토의 동료들은 처음에는 카토에 대해 불만을 드러내며 나쁜 감정을 가지기도 했다. 그러나 이런 오해들은 시간이 흐르면서 조금씩 풀렸고, 나중에는 모두들 카토의 일처리 방식을 지지했다. 왜냐하면 카토는 공금을 함부로 쓰거나 부정한 방법으로 돈을 빼내는 것을 막아내면서, 그로 인해 날아드는 비난의 화살은 모두 자기가 맞았기 때문이다. 다시 말해서 동료나 부하들이 친구들을 위해 공금을 빌려줄 수 없어서 난처한 처지에 놓였을 때에는, 카토가 반대했으므로 할 수 없다고 말하게 하여 모든 비난의 책임을 자기에게 돌리도록 했던 것이다.

카토가 재무관 임기를 끝내는 날, 로마 시민 대부분이 거리로 나와 카토를 집까지 바래다주었다. 그런데 그가 집으로 돌아가는 길에 다음 같은 소식을 듣게 되었다. 재무성에 있던 마르켈루스에게 권력 있는 친구들이 몰려와서, 무슨 수단을 써서라도 공금을 내놓으라고 협박하고 있다는 것이었다. 마르켈루스는 어릴 때부터 카토와 함께 자란 친구였으며, 카토 아래서 일을 하는 동안에는 어느 누구보다 훌륭하게 일을 처리했다. 그러나 그는 자기주장이 확고하지 못하고, 다른 사람의 말을 거절하지 못하는 결점이 있었다. 카토는 그 소식을 듣자 발길을 돌려 재무성으로 돌아갔다. 마르켈루스가 그들의 부탁을 거절하지 못해 이미 그 돈을 내주기 위한 결재까지 마친 뒤였다. 그러자 카토는 그 서류를 빼앗아 사람들이 보는 앞에서 찢어버렸다. 그러고는 마르켈루스를 데리고 나와 집까지 함께 가주었다. 이런 일이 있었지만, 마르켈루스는 그 뒤에도 카토와 변함없는 우정을 나누었다.

카토는 재무관에서 물러난 뒤에도 국고에 대한 감시를 그치지 않았다. 그는 노예를 시켜 날마다 지출 내역들을 베껴 오게 했다. 그리고 술라 시대부터 자신이 재무관을 지냈을 때까지의 장부를 5탈란톤이나 주고 사들여서 언제나 몸에 지니고 다녔다.

카토는 원로원에도 가장 먼저 출근하고 맨 나중에 퇴근했다. 그리고 다른 의원들이 하나둘 모이는 동안에는 조용히 앉아서 책을 읽었다. 그는 원로원에서 회의를 하는 동안에는 한 번도 자리를 뜨는 일이 없었다.

폼페이우스 일파가 때로는 달래고 때로는 협박하는 등 온갖 수단을 써서 카토를 자신들의 부정한 계획에 끌어들이려고 했으나, 카토는 그들의 의견에 끝내 찬성하지 않았다. 그러자 그들은 카토가 원로원에 나오지 못하게 하려고, 카토의 친구들 사이에 불화를 일으켜서 그로 하여금 친구들을 위해 법정에 나가도록 일을 꾸몄다. 카토는 그들의 간사한 계략을 알아차리고는, 원로원에 회의가 있는 날에는 절대로 개인적인 일에 끼어들지 않겠다는 말을 공개적으로 했다.

본디 카토가 정치에 뛰어들게 된 것은 부귀와 명예를 얻기 위해서도 아니고, 순간적인 충동이나 우연한 기회 때문도 아니었다. 그는 국민과 나라를 위해 봉사하는 것은 마땅한 임무이며 자연스러운 일이라고 생각했다. 그는 이런 목적으로 친구들을 각 지방마다 배치해 두고, 그 지방의 포고령이나 판결문 또는 중요한 사건들에 대한 모든 정보를 수집했다.

그즈음 선동적인 연설가로 클로디우스라는 사람이 있었는데, 그는 자신의 정치적인 목적 때문에 시민들 앞에서 여러 제관들을 비난한 적이 있었다. 그때 클로디우스는 키케로의 아내 테렌티아의 여동생인 파비아를 비방해 위험한 지경에 이르게 했다. 이런 사실을 알게 된 카토는 클로디우스에 맞서 단호한 투쟁을 펼쳐서 마침내 그의 죄를 드러내어 그가 스스로 로마를 떠나게 했다. 이 사건이 끝난 뒤 키케로는 카토에게 감사의 말을 전했다. 그러자 카토는 키케로에게, 자신이 하는 모든 일은 오직 나라를 위한 것이므로 자신에게 고마워하지 말고 나라에 감사를 드리라고 말했다. 이리하여 카토의 명성은 하늘 높은 줄 모르고 치솟았다. 그래서 변호사들은 피고인에게 불리한 증언을 하는 사람이 단 한 명일 때에는, 재판관에게 이 증인이 만일 카토라고 할지라도 어떻게 오로지 한 사람의 증언을 믿을 수 있겠느냐고 말하곤 했다. 그리고 누군가가 전혀 믿을 수 없는 일을 우겨댈 때에는, 카토가 한 말일지라도 그 일은 믿을 수가

소(小)카토(CATO THE YOUNGER) 1381

없다며 비유를 들어 이야기했다. 이렇듯 많은 사람들이 흔히 대화를 나누다가도 카토의 이름을 들먹일 정도였다.

언젠가는 원로원에서 방탕하고 사치스러운 사람이 검약과 절제에 대한 연설을 하자, 암나이우스라는 사람이 일어나서 이렇게 말했다.

"아니, 그게 말이 된다고 생각하시오? 크라수스처럼 마음껏 먹고 루쿨루스처럼 으리으리한 집에 살면서 어떻게 카토처럼 말을 한단 말이오?"

이처럼 생활은 형편없으면서, 말로만 위엄 있고 엄격한 사람들은 카토와 비교되어 비웃음을 샀다.

그 뒤 카토 친구들이 카토에게 호민관에 출마하라고 권유했다. 그러나 카토는 그처럼 엄청난 권력은 독약과 같으므로, 함부로 쓸 것이 아니라 필요한 순간을 위해 남겨두어야 한다고 말했다. 그러고는 책과 철학자들을 벗삼아 루카니아로 떠났다. 그는 그 지방에 땅과 별장을 가지고 있었다. 카토 일행은 루카니아로 가는 길에, 많은 수레에 짐을 잔뜩 싣고 지나가는 긴 행렬을 보았다. 그들은 메텔루스 네포스 일행으로, 호민관에 출마하기 위해 로마로 가는 길이었다. 카토는 그들의 이야기를 듣고 잠시 생각하더니 자신의 일행을 로마로 되돌렸다. 함께 가던 일행이 이상하게 여기자 카토는 이렇게 말했다.

"저 메텔루스라는 자는 몹시 위험한 사람이오. 그런데 지금 그 사람이 폼페이우스의 후원을 얻어 로마로 들어가고 있소. 저 사람은 분명히 정치에 뛰어들자마자 난리를 일으켜 나라를 혼란스럽게 할 것이오. 그런데 어떻게 내가 한가롭게 별장이나 찾을 수 있겠소? 당장 저 사람을 꺾어놓거나, 아니면 자유를 위해 싸우다가 명예롭게 죽는 것을 택하겠소."

카토가 로마에 도착한 것은 저녁때였다. 그는 날이 밝기를 기다려 공회당으로 나가서, 메텔루스와 맞서 싸우기 위해 호민관에 출마했다. 호민관은 어떤 일을 실행하는 것보다는 사무를 감시하는 쪽에 더 권한이 있었다. 왜냐하면 다른 호민관들이 모두 찬성해도 단 한 사람이 반대하면, 어떤 안건도 통과되지 않았기 때문이다. 카토는 이 점을 잘 알고 있어서 서둘러 호민관에 출마했던 것이다.

처음에는 카토를 후원하는 사람이 많지 않았다. 그러나 그의 뜻을 알게 된, 선량한 시민들과 뜻있는 인사들이 카토를 적극적으로 돕기 위해 발벗고 나섰다. 왜냐하면 그들은 카토가 나라를 위해서 출마한 것이고, 또 그가 얼마나 양심적인 사람인지를 너무나도 잘 알고 있었으며, 그가 쉽게 당선될 수 있을 때에는 가만히 있다가 이제 와서 출마한 것은 오직 시민의 자유와 정부를 지켜주기 위한 일일 뿐만 아니라 그것을 위해서는 어떤 위험도 두려워하지 않는다는 것을 훤히 알고 있었기 때문이다.

그래서 카토는 시민들의 열광적인 지지를 얻었으며, 홍수처럼 밀어닥치는 사람들 때문에 겨우 공회당으로 나갈 수 있을 정도였다. 이렇게 해서 그는 메텔루스를 비롯한 몇몇 사람들과 함께 호민관으로 당선되었다. 10명의 호민관 가운데 한 사람이 된 카토는, 집정관 선거가 뇌물로 더럽혀진 것을 보고 연설할 때마다 민중을 질책했다. 그리고 만약 금품을 주고받은 자가 있으면, 그 사람의 지위가 무엇이든 가리지 않고 모두 고발해 버리겠다고 단호하게 선언했다. 그러나 그는 실라누스만은 이 원칙에서 제외했는데, 실라누스는 카토의 누이 세르빌리아의 남편이었기 때문이다. 그렇지만 뇌물을 써서 실라누스와 함께 집정관으로 당선되었던 무레나는 고발했다.

그즈음 로마에는 원고가 부당한 방법을 준비하지 못하도록, 피고가 원고에게 감시인을 붙일 수 있도록 보장하는 법률이 있었다. 이 법에 따라 무레나는 카토에게 감시인을 붙였다. 감시인은 카토를 줄곧 미행하며 그의 행동을 낱낱이 살폈지만, 그 행동이 정의롭고 공명정대하여 결코 흠잡을 데가 없었다. 감시인은 카토의 고상한 태도와 위대한 정신에 매우 감동해, 그를 완전히 믿고 존경하게 되었다. 그래서 그는 아침마다 카토를 찾아가 그날의 재판에 대해서 어떤 조치를 마련할 생각인지 물어보고, 만일 카토가 생각해 놓은 것이 없다고 말하면 두 말 않고 자기 일을 보기 위해 돌아갔다.

재판날이 되자 무레나의 변호를 맡은 집정관 키케로는, 카토가 그들과 친했으므로 스토아 철학자들의 모순된 논리를 익살스럽게 비평했다. 그러자 재판관들까지도 키케로의 말에 웃음을 터뜨렸다. 그가 말을 마치자 카토는 빙긋 웃으며 이렇게 말했다.

"우리는 무척 유쾌한 집정관을 모시고 있군요."

재판에서 무레나는 무죄로 풀려났다. 그러나 무레나는 그 일이 있은 뒤에도 카토에 대해서 나쁜 감정을 품지 않았다. 무레나는 집정관으로 있는 동안 중요한 일이 있을 때마다 카토의 의견을 물었으며, 언제나 카토에 대한 예의와 존경을 나타냈다. 이것은 무레나가 분별력 있는 사람이어서 그렇기도 하지만, 그보다 먼저 카토의 행동이 언제나 정의롭고 선량했기 때문이다. 카토는 법정이나 원로원에서 정의를 위해서 일할 때는 더할 나위 없이 엄격했으나, 일이 끝나고 개인적으로 만나면 누구에게나 너그럽고 다정했다.

카토는 호민관으로 취임하기 전에 그즈음 집정관이던 키케로를 도와 카틸리나의 음모를 파헤쳤는데, 이것은 그의 가장 영광스러운 공적 가운데 하나가 되었다. 폭동과 전쟁을 일으켜 로마를 전복할 계획이었던 카틸리나는, 키케로에 의해 유죄임이 증명되자 로마에서 달아났다. 그러나 카틸리나와 같은 뜻을 품었던 렌툴루스와 케테구스 등은 카틸리나를 비겁한 자라고 비난하면서도, 로마를 내란의 소용돌이에 계속 휘말리게 하는 한편 다른 나라의 군대까지 끌어들여 로마를 전복시킬 음모를 꾸미고 있었다.

하지만 이들의 음모는 키케로에게 모조리 들통나서 바로 원로원으로 넘겨졌다. 법정에서 가장 먼저 일어난 실라누스는 음모자들에게 마땅히 극형을 내려야 한다고 주장했다. 그다음에 일어선 사람들도 거의 실라누스 의견에 동의했다. 다음으로 카이사르가 발언할 차례가 되어 일어섰다. 그는 본디 뛰어난 웅변가였으며, 나라 안의 소요를 자기 목적을 이루기 위한 발판으로 이용하는 사람이었다. 그래서 그는 이 사건도 더욱 소란스럽게 만들고 싶어했다. 카이사르는 재판도 거치지 않고 사람을 죽인다는 것은 잘못된 일이라고 하면서, 일단 그들을 감옥에 가두었다가 뒷날 법에 의해 처벌하자고 주장했다.

이런 의견이 나오자 의원들은 민중의 반대가 두려워 겁을 먹고 금방 자신들의 의견을 바꾸었으며, 맨 처음에 의견을 내놓았던 실라누스도 변명을 늘어놓아 가며 자신의 주장을 뒤엎었다. 실라누스는 자기가 주장했던 것도 사형을 시키자는 것이 아니라 일단 감금해 두자는 뜻이었다며, 로마인으로서 그보다 더 무거운 벌은 있을 수 없다고 덧붙였다. 이렇게 모든 의원의 의견이 카이사르의 뜻으로 무턱대고 기울자 화가 난 카토가 자리를 박차고 일어났다. 그러고는 의견을 바꾼 실라누스를 비난하고 카이사르에게 공격의 화살을 돌렸다. 카이사르는 공화국을 뒤엎으려는 계획을 세우고 민중의 인기를 얻으려 하는 자이며, 지금 원로원을 불안하게 만들고 있지만 사실 겁을 먹어야 하는 사람은 바로 카이사르 자신이며 그는 의심을 받지 않고 이 자리를 떠날 수 있는 것만으로도 다행스러워 해야 할 것이라고 말했다. 또한 카이사르가 뻔뻔스럽게도 국가의 적을 공공연하게 변호하고 나서는 것으로 보아, 그에게서는 겨우 파멸의 위기를 넘긴 조국을 걱정하는 마음이라고는 도무지 찾아볼 수 없다고 주장했다. 그리고 카이사르가 동정을 쏟고 있는 사람들은 이 세상에 태어나지 말았어야 할 인간들이니, 그들을 하루빨리 죽여서 국가를 엄청난 유혈과 위험으로부터 구해내야 한다고 했다.

카토의 연설 가운데 이것만이 유일하게 오늘날까지 남아 있다. 집정관 키케로가 간단한 기호로 많은 글자를 적을 수 있는 속기사들을 훈련시켜, 미리 원로원 곳곳에 배치해 둔 덕분이었다. 그즈음 로마에는 오늘날의 속기사라는 직업이 없었다. 바로 이때부터 어느 정도 틀을 갖춘 속기사들이 나타나기 시작했던 것으로 보인다.

어쨌든 카토의 연설로 인해 원로원은 다시 한 번 의견을 뒤바꾸어, 마침내 반역자들에게 사형을 내리기로 결정했다.

카토의 성격이 잘 드러난 이야기 하나가 있다. 카토와 카이사르가 한창 열띤 논쟁을 벌이고 있을 때였다. 밖에서 작은 쪽지 하나가 카이사르에게 조심스럽게 전달되었다. 카토는 그 쪽지가 반란자들로부터 전해진 것이라는 의심을 품고, 다른 의원들도 모두 수상하게 여기고 있으니 그 편지를 읽으라고 요구했다. 그러자 카이사르가 쪽지를 곁에 있던 카토에게 건네주었다. 그런데 그것은 카이사르의 유혹에 빠진, 카토의 누이 세르빌리아가 보낸 연애 편지였다. 카토는 쪽지를 카이사르에게 내던지면서 말했다.

"어이 술고래, 이거 가져가시오."

그러고는 연설을 계속했다.

카토 집안의 여자들은 한결같이 불행한 삶을 살았다. 그의 누이는 카이사르와의 관계로 나쁜 소문이 떠돌았었는데, 뒷날 로마에서 가장 유명한 인물이었던 루쿨루스와 결혼해 아들까지 낳고 살았지만 또다시 좋지 못한 행실 때문에 이혼을 당했다. 더욱 카토를 부끄럽게 했던 것은 카토도 아틸리아라는 여자와 결혼해서 자식을 둘이나 두었지만, 아내의 행실 나빠서 이혼했다는 사실이었다.

그 뒤 카토는 필리푸스의 딸인 마르키아와 재혼했다. 마르키아는 정숙한 여자였지만 그녀 또한 사람들 입에 자주 오르내렸다. 마치 한 편의 연극 같은 카토의 삶 가운데에는 이처럼 몇 마디 말로 쉽게 설명할 수 없는 어둡고 복잡한 면이 있었다.

카토의 친구이자 친밀한 동료였던 무나티우스가 한 말이므로 틀림없다면서 트라세아가 전하는 이야기에 따르면, 다음 같은 일이 있었다고 한다. 카토에게는 친구들과 그를 숭배하는 사람들이 많았는데, 그 가운데 화려한 명성과 정직한 도덕성을 갖춘 퀸투스 호르텐시우스라는 자가 있었다. 그는 카토와 친구로 지내는 것에 만족하지 않고 어떻게든 친족 관계를 맺고 싶어했다. 그래서 그는 카토에게, 비불루스의 아내가 되어 두 아이까지 낳은 자기 딸 포르키아를 주겠다고 했다. 만약 그렇게 된다면 포르키아는 카토에게 훌륭한 자식을 낳아줄 수 있을 것이라고 말했다.

"세상 사람들의 눈에는 이상하게 보일지 모르지만, 자연의 이치에 비추어 본다면 이것보다 좋은 일은 없습니다. 한창때인 여자의 출산 능력을 내버려 두는 것은 옳지 않은 일입니다. 만약 여러 훌륭한 사람들의 자식을 낳게 한다면 가문의 미덕은 그만큼 더 커질 것이고, 그 자손들을 통해 여러 가문의 혈통이 건강하게 이어질 것입니다. 만약에 비불루스가 아내와 헤어지고 싶어하지 않는다면, 아이 하나만 낳은 뒤에 비불루스에게 돌려보내면 될 것입니다. 그러면 제 가문과 비불루스와 카토 가문의 인연은 더욱 긴밀해질 것입니다."

호르텐시우스의 말을 다 들은 카토는 호르텐시우스에게 호감을 가지고 있으며 두 집안의 결합에 대해서 좋게 생각하지만, 이미 다른 남자의 아내가 되어 있는 여자와 결혼하라는 말은 아무리 생각해도 이해하기 어려운 제안이라고 대답했다. 그러자 호르텐시우스가 이번에는 카토의 아내를 자신에게 달라고 했다. 카토의 아내는 아직 젊어서 충분히 아이를 낳을 수 있었고, 카토는 아이를 더 이상 가질 필요가 없다고 생각했던 것이다. 호르텐시우스는 카토의 아내가 임신 중이라는 사실을 알고 있었으면서도 이런 말을 했다. 그러나 카토는 호르텐시우스가 너무나 간곡하게 부탁하는 것을 보고 더 이상 요구를 거절하지 못했다. 그래서 그는 마르키아의 아버지인 필리푸스와 의논해 보겠다고 대답했다.

호르텐시우스와 카토는 필리푸스를 찾아갔다. 필리푸스는 카토와 호르텐시우스 두 사람이 이미 뜻을 모았다 여기고 그들이 보는 앞에서 호르텐시우스와 마르키아의 결혼을 흔쾌히 허락했다. 카토도 두 남녀의 결합을 적극적으로 도와주었다. 이 일은 뒷날 일어난 것이지만 여자에 대한 이야기가 나왔으므로 지금 다루는 것이 편하리라 생각해 말해둔 것이다.

한편 카이사르는 렌툴루스와 반란자들이 사형당하고 자기 자신도 원로원에서 심한 공격을 받게 되자, 시민들로부터 도움을 얻어야겠다고 생각했다. 그래서 그는 타락한 무리를 선동해 자신의 세력을 쌓아가기로 마음먹었다.

카토는 사태가 위험해지는 것을 보고 원로원을 설득해 가난한 시민들에게 구호 식량을 나누어 주었다. 그것은 돈으로 계산하면 1년에 약 1250탈란톤이었다. 이런 정책을 쓰자 카이사르 세력은 눈에 띄게 줄어들었다. 그런데 메텔루스는 불순한 무리들을 모아 또 하나의 법안을 준비하기 시작했다. 그것은 폼페이우스에게 군대를 이끌고 돌아와 로마를 지키게 하자는 제안이었다. 그들은 겉으로 카틸리나의 음모가 완전히 사라지지 않았다는 이유를 내세웠지만, 사실 폼페이우스에게 실질적인 권력을 장악하게 하려는 목적이 숨겨져 있었다.

원로원에서 이 문제에 대해 회의를 열었다. 그때 카토는 여느 때와 달리 온화한 태도로 자신의 의견을 조리 있게 말했다. 그러고는 자신을 낮추며, 메텔루스 집안은 옛날부터 귀족이었던 뛰어난 가문이라는 칭찬까지 했다. 메텔루스는 카토가 자신에게 굴복한 것으로 생각하고 더욱 오만한 말투로 카토를 비난했다. 또한 교만하고 위협적인 말로 원로원을 무시하면서, 어떤 일이 있어도 자신의 의견을 통과시키겠다는 강력한 태도를 보였다.

그런 메텔루스를 보자 카토도 더 이상 참을 수가 없었다. 카토는 메텔루스에게 날카로운 공격을 퍼붓기 시작했다. 그는 자기가 살아 있는 한 폼페이우스가 군대를 끌고 로마에 들어오는 것은 결코 용서할 수 없다고 선언했다. 그러자 원로원 의원들은 카토와 메텔루스 두 사람 모두 제정신이 아니라고 판단했다. 메텔루스는 나라를 지키려다가 오히려 모든 것을 파괴와 혼란으로 몰아넣는 광기를 가졌고, 카토는 명예와 정의를 위하는 게 지나쳐서 광분의 상태에 휩싸인 것이라 생각했던 것이다.

드디어 이 법안에 시민들이 투표하는 날이 다가왔다. 메텔루스는 무장한 사람들, 외국인, 검투사, 노예 등을 비롯해 폼페이우스를 지지하는 사람들을 모두 몰고 나와 공회당을 뒤덮었다. 집정관이었던 카이사르도 그들을 지원하고 나섰다. 중요한 위치에 있던 정치인들은 모두 카토처럼 분노를 느꼈지만, 그렇다고 해서 누구 하나 앞장서서 나서는 사람은 없었다. 그들은 카토를 도와 맞설 용기는 내지 못하고 차라리 괴로움을 감수하겠다는 비굴한 태도를 보였다.

카토의 친구들은 결말이 나지 않는 회의로 꼬박 밤을 새웠고, 그의 아내와 누이들은 탄식하며 눈물을 흘렸다. 그러나 카토는 두려움은커녕 오히려 확신에 찬 얼굴로 주위 사람들과 유쾌하게 이야기를 나누었다. 그는 여느 때처럼 저녁 식사를 하고, 다음 날 아침이 되어 동료인 미누키우스 테르무스가 깨울 때까지 깊은 잠을 잤다. 그리고 일어나자마자 그와 함께 집을 나서 공회당으로 갔다. 그들을 따라오는 사람은 그다지 없었고, 만나는 사람마다 모두 조심하라는 말을 건넸다.

카토는 걸음을 멈추고 주위를 둘러보았다. 카스토르와 폴룩스 신전은 전해 들었던 것처럼 무장한 군인들로 빙 둘러싸여 있었다. 계단에는 수많은 검투사들이 버티고 서 있었으며, 그 위에는 메텔루스와 카이사르가 나란히 자리를 잡고 앉아 있었다. 이 광경을 바라보던 카토가 친구를 돌아보며 이렇게 말했다.

"법이 무섭다는 것조차 모르는 저 파렴치한 놈들을 좀 보게. 무기라고는 아무것도 없는 사람 하나를 상대하려고, 저렇게 많은 군대를 이끌고 나왔군."

카토는 테르무스와 함께 앞으로 걸어갔다. 계단 위에 버티고 있던 검투사들이 길을 조금 터주어서 가까스로 두 사람만 신전으로 올라갈 수 있도록 했다. 그러고는 다른 사람은 아무도 올라가지 못하게 가로막았다. 카토는 무나티우스와 잠시 몇 마디 말을 나눈 뒤, 메텔루스와 카이사르가 서로 의견을 나누지 못하도록 둘 사이에 끼여 앉았다. 카이사르와 메텔루스는 몹시 당황해 어쩔 줄을 몰라 했다.

정의파 시민들은 카토의 통쾌하고 대담한 행동에 놀라 앞으로 마구 밀고 나오더니, 자유를 지키기 위해 싸우는 사람들을 결코 저버려서는 안 된다고 부르짖었다.

이윽고 서기가 법안을 들고 나왔다. 그러나 카토가 읽지 못하게 막아서자 메텔루스가 그것을 재빨리 빼앗아 읽으려고 했다. 카토가 다시 그 서류를 빼앗았지만, 메텔루스는 이미 그 법안을 달달 외우고 있는 듯 기억나는 대로 바로 암송하려고 했다. 그러자 테르무스가 얼른 메텔루스의 입을 손으로 막았다. 메텔루스는 이들이 끝까지 맞설 것이며, 시민들도 그들을 거들 낌새임을 알아차렸다. 그래서 서둘러 집으로 사람을 보내어 무장한 무리들을 불러오게 했다. 무장한 무리들이 한꺼번에 함성을 지르며 위협적으로 달려오자 모여 있던 시민들은 어느새 뿔뿔이 달아나 버렸다. 그러나 카토는 끝까지 남아 돌과 나무토막이 날아와도 꼼짝하지 않았다. 그때 마침, 언젠가 카토가 고발하여 재판을 받은 적이 있던 무레나가 급히 달려왔다. 무레나는 카토에게 먼저 몸을 피하자고 설득한 뒤 카스토르와 폴룩스 신전 안으로 카토를 데리고 들어갔다.

메텔루스가 연단에서 내려다보니 반대파가 모두 다 쫓겨난 것처럼 보였다. 자신의 뜻을 쉽게 이룰 수 있으리라 여긴 그는 군대를 돌려보내고, 늘 하던 대로 법안을 통과시키려고 했다. 그러자 흩어져 있던 반대파들이 갑자기 나타나더니 소리를 지르며 밀려들었다. 이를 본 메텔루스는 반대파들이 군대를 데리고 몰려온 줄로 착각하고 달아났다.

카토가 다시 나와서 자기편 사람들의 용기를 크게 칭찬했다. 시민들은 메텔루스를 파면하겠다고 고래고래 소리 질렀다. 원로원도 서둘러 회의를 소집해 카토를 지지하기로 하고, 메텔루스가 내놓은 법안은 내란을 일으킬 위험이 있다고 규정하여 거부하기로 결정했다.

그러나 메텔루스는 이런 일을 당하고도 끝까지 뜻을 굽히지 않았다. 그는 자기를 따르는 무리들이 카토를 두려워한다는 것을 알고 서둘러 공회당으로 달려갔다. 그리고 사람들을 불러 모은 다음 카토에 대해 모질고 야비한 비난을 퍼붓기 시작했다. 자신은 폼페이우스에 대한 음모자들 때문에 핍박을 받고 로마를 떠나지만, 그런 위대한 사람에게 모욕을 준 로마는 틀림없이 뉘우칠 날이 올 거라고 말했다. 그 뒤 메텔루스는 아시아로 떠났다. 폼페이우스에게 자기가 당한 일들을 보고하기 위해서였다.

카토는 이 위험한 호민관을 몰아내어 나라를 구하고, 또 메텔루스와 싸워 승리함으로써 폼페이우스 세력도 꺾었기에 굉장한 칭송을 받았다. 그러나 카토가 더욱 존경받게 된 것은, 원로원이 메텔루스의 호민관 직위를 박탈하려고 할 때 결사적으로 반대하고 나선 점이었다. 대부분의 사람들은 패배한 사람을 짓밟지 않은 카토의 행동을 너그럽고 어진 일이라고 여겼다. 그리고 지각 있는 사람은, 폼페이우스의 분노를 자극하지 않은 카토의 정책을 지혜롭고 현명한 일이었다고 칭송했다.

얼마 뒤 아시아 전쟁에 나갔던 루쿨루스가 돌아왔는데, 그는 폼페이우스에게 승리의 영광을 모두 빼앗기다시피 했다. 루쿨루스가 돌아오자 카이우스 멤미우스는 시민들을 선동해, 그가 개선식도 올리지 못하게 만들었다. 이것은 멤미우스가 루쿨루스에 개인적인 원한이 있었기 때문이 아니라, 폼페이우스의 환심을 사기 위한 수단이었다.

카토는 누이인 세르빌리아와 결혼한 루쿨루스를 모함하는 것은 부끄러운 일이라고 생각했기에, 멤미우스와 맞서게 되었다. 이 때문에 그는 권력을 남용해 독재를 하려는 것이라는 오해를 받아, 시민들로부터 심한 반발을 샀다. 그러나 카토는 끝까지 자기 생각을 굽히지 않았다. 이렇게 해서 루쿨루스는 비로소 개선식을 올릴 수 있었다. 이 일로 루쿨루스는 카토와 더욱 가까워졌으며, 카토를 폼페이우스의 세력으로부터 자신을 보호해 주는 굳건한 방패처럼 느꼈다.

그러는 동안 폼페이우스가 아시아에서 큰 영광을 안고 로마로 돌아왔다. 시민들은 그를 열렬히 환영했는데, 폼페이우스는 그런 시민들의 반응을 보고 자기가 내세우는 일이라면 그들이 무엇이든지 다 들어줄 것이라고 굳게 믿게 되었다. 그래서 폼페이우스는 앞서 원로원으로 사람을 보내, 집정관 후보로 나선 피소를 도울 수 있을 때까지 선거일을 늦춰달라고 요청했다.

원로원 의원들은 대부분 이 요청을 받아들이려는 눈치였다. 그러나 카토는 그들과는 다른 의견이었다. 선거일을 연기하는 것은 그다지 큰 문제가 아니었지만, 폼페이우스의 지나친 기대와 계획을 꺾기 위해서는 그의 요청에 반대하는 수밖에 없다는 것을 알았다. 그래서 카토는 원로원을 움직여 이 요구를 거절하게 했다. 폼페이우스는 이 소식을 듣고 적지 않은 불안을 느꼈다. 그리고 카토의 협조 없이는 도저히 자신의 뜻을 이룰 수 없다는 것을 깨닫게 되었다. 그래서 폼페이우스는 카토의 친구인 무나티우스를 중간에 세웠다. 그러고는 카토의 두 조카딸 가운데 나이가 많은 조카딸은 자기 아내로, 또 나이가 어린 조카딸은 자기 며느리로 달라고 했다. 그러나 달리 전해오는 이야기에 따르면, 카토의 조카딸이 아니라 카토의 딸들에게 청혼한 것이라 한다.

무나티우스는 카토, 카토의 아내, 카토의 누이들 앞에서 폼페이우스의 이런 요청을 전달했다. 여자들은 그토록 위대한 인물과 인연을 맺게 된 것을 무척 기뻐했다. 그러나 카토는 생각할 필요도 없다는 듯 그 자리에서 이렇게 대답했다.

"무나티우스, 어서 가서 폼페이우스에게 전하게. 안방으로 들어와서 카토를 잡으려 해서는 안 된다고 말일세. 만일 폼페이우스가 정당하고 떳떳한 행동으로 나와 사귀고자 한다면 나도 대환영이네. 그리고 그렇게 된다면 친족이 되는 것보다 더 탄탄한 친분을 가질 수 있을 걸세. 그러나 폼페이우스에게 여자를 인질로 잡히고 나라에 해를 끼치는 짓은 절대로 하고 싶지 않네."

이 말을 들은 카토 집안의 여자들은 무척 실망했다. 그리고 그의 친구들도 너무 지나치고 무례한 말을 했다고 카토를 비난했다.

그러나 그 뒤 폼페이우스는 자기 친구를 집정관에 당선시키려고, 뇌물을 써서 시민들의 표를 거리낌 없이 매수했다. 심지어 자기 집 앞마당에까지 사람을 불러 돈을 건네줄 정도였다. 카토는 집안 여자들에게, 자신이 만약 폼페이우스의 제안을 받아들였다면 분명히 이런 일에 휘말려 망신을 당했을 거라고 말했다. 그제야 여자들은 카토가 혼담을 거절했던 일이 참으로 옳은 판단이었음을 깨달았다. 하지만 그다음에 일어난 일들을 본다면, 카토가 폼페이우스의 청혼을 받아들이지 않은 일은 큰 잘못이었다. 왜냐하면 폼페이우스가 카토 대신 카이사르 집안과 인연을 맺어 세력을 키웠으므로 로마는 거의 멸망할 위기에 처했기 때문이다. 게다가 그 일로 로마의 공화정치 체제도 완전히 무너지고 말았다. 카토가 폼페이우스의 작은 잘못을 두려워할 것이 아니라, 그가 다른 세력과 한통속이 되어 크나큰 잘못을 저지를 가능성까지 생각했다면 이런 재난은 일어나지 않았으리라. 그러나 이 일은 한참 뒤에 벌어졌다.

루쿨루스와 폼페이우스는 폰투스 지방에서 서로 자기가 실시한 법령을 존속시키기 위해 거칠게 대립했다. 이 일에서 루쿨루스가 억울한 처지에 놓여 있었으므로 카토는 그의 편을 들었다. 루쿨루스에게 진 폼페이우스는 자기 세력이 밀리는 것을 눈치채고, 군인들에게 땅을 나누어 주기 위한 법안을 내놓음으로써 표를 끌어모으려고 했다.

하지만 카토가 이 법안마저 막아버리자 폼페이우스는 극단적인 선동가로 꼽히던 클로디우스와 손을 잡았다. 폼페이우스는 카이사르도 자기편으로 끌어들였는데, 이렇게 된 데에는 카토의 잘못도 있었다. 이베리아의 총독으로 있다가 임기를 마치고 돌아온 카이사르는, 개선식을 치르는 동시에 집정관으로 뽑히고 싶어했다. 그러나 그즈음 로마의 법률에 따르면 관직에 입후보하는 자는 로마에 있어야 했고, 개선식을 원하는 자는 로마 바깥에 있어야 했으므로 그는 둘 가운데 하나를 포기해야 하는 형편이었다. 카이사르는 교묘하게 머리를 써서, 자기는 성 밖에 있으면서 친구들이 대신 선거운동을 할 수 있게 해달라고 원로원에 요청했다. 원로원 의원들은 대부분 이 요청에 찬성의 뜻을 나타냈다. 그러나 오로지 한 사람, 카토만은 이 요청에 반대하고 나섰다. 그러고는 카이사르의 제안이 통과될 듯한 낌새를 보이자 원로원을 상대로 잠시도 쉬지 않고 온 종일 연설을 해 그의 계획을 좌절시켰다. 일이 이렇게 틀어지자 카이사르는 개선식을 단념하고 로마로 들어왔다. 그리고 폼페이우스와 손을 잡고 집정관 후보로 나섰다. 카이사르가 집정관에 당선되자 그는 은혜를 갚는 뜻에서 자신의 딸 율리아를 폼페이우스와 결혼시키고, 그와 더욱 굳건한 관계를 맺었다. 그래서 그들 가운데 한 사람이 가난한 사람들에게 땅을 나누어 주자는 법안을 내놓자, 다른 한 사람이 그것을 적극적으로 찬성하고 나섰다. 그러나 루쿨루스와 키케로와 그들의 친구들은, 다른 집정관인 비불루스와 협력해 이 법안을 강력히 반대했다.

카토는 폼페이우스와 카이사르가 결탁한 것은 틀림없이 어떤 음모를 꾀하는 것이라 여기며, 그들 의견에 누구보다 적극적으로 맞섰다. 그는 시민들 앞에서, 자신은 사람들에게 땅을 나누어 주는 것 자체는 결코 반대하지 않는다고 밝혔다. 그가 염려하는 것은 그들이 이것을 미끼로 삼아 시민들 환심을 사려는 것이며, 그렇게 해서 마침내 그들이 이루려고 하는 목적이 두렵다고 말했다.

원로원 의원들은 이 말을 듣고 모두 카토의 의견에 따르기로 했다. 그리고 원로원 의원이 아닌 다른 사람들도 카이사르의 무모한 정책이 걱정스러워, 원로원과 카토의 의견을 지지하고 나섰다. 왜냐하면 카이사르는 집정관 자리에 앉아 있으면서도, 시민들에게 아첨하는 어리석은 호민관들의 술수를 그대로 쓰고 있었기 때문이다.

이렇게 되자 카이사르파들은 정상적인 방법으로는 도저히 뜻을 이룰 수 없음을 알고, 폭력을 쓰기로 마음먹었다. 그들은 먼저 공화당으로 가는 길목에서 집정관 비불루스를 기다리고 있다가 불쑥 나타나 그의 머리에 똥을 한 바가지 뒤집어씌웠다. 그런 다음 수행원들을 습격해 그들이 들었던 창을 부러뜨리고, 화살을 쏘아 여러 사람들을 다치게 했다.

법안에 반대하던 원로원 의원들은 이 소식을 듣고는 모두 겁을 내며, 앞을 다투어 공회당 밖으로 달아났다. 맨 마지막까지 남아 있던 카토는 힘없이 공회당을 걸어나가며 반드시 복수하겠다고 부르짖었다.

이렇게 해서 카이사르파는 토지 분배에 대한 법안을 뜻대로 통과시켰다. 그뿐 아니라 원로원에 대해 이 법률을 지지하고, 이를 제안했던 사람들을 보호하겠다는 선서를 하라고 선언했다. 그러면서 선서를 거부하는 자는 엄중한 처벌을 받을 것이라고 덧붙였다. 그리하여 원로원 의원들은 모두 위협에 못 이겨 어쩔 수 없이 선서를 했다. 그들은 옛날에 메텔루스가 선서를 거부하다가 끝내 이탈리아에서 쫓겨났던 사건을 기억했던 것이다. 카토는 이런 법률에 선서하고 싶은 생각이 조금도 없었다. 그의 친구와 친지들이 눈물로 애원하며 선서를 하라고 간청했지만 소용이 없었다. 그럼에도 카토의 마음을 움직여 선서를 하게 만든 사람은 웅변가 키케로였다. 그는 민중이 결의한 일에 반대하는 건 어리석은 짓이라 말했다. 이미 결정이 났고 다시 어떻게 해볼 수 없게 되었는데도 계속 고집을 부리며 자신의 생명을 위태롭게 만드는 것은 분별을 잃은 미친 짓이라 했다. 많은 잘못들 가운데에서도 가장 큰 잘못은 나라를 생각지 않고 스스로를 저버리는 것이며, 나라의 이익을 위해서 그리고 나라를 파멸로 몰아가려는 무리들을 꺾기 위해 모든 정신을 집중해야 한다고 설득했다. 그리고 목숨을 헛되이 버리는 것은, 나라를 위해 싸우는 것이 괴로워 달아나버리는 행동과 다를 바 없다고 나무랐다. 카토에게는 로마가 필요 없을지 모르지만 로마나 카토의 친구들은 모두 그를 필요로 하고 있으며 특히 누구보다 자신이 카토를 절실히 필요로 한다며 힘주어 말했다. 클로디우스가 호민관의 세력을 이용해 자신을 제거하려고 음흉한 공작을 꾸미고 있다는 말을 덧붙였다.

카토는 키케로의 진심어린 설득을 받아들였다. 그는 본심은 아니었지만, 마침내 원로원으로 나아가서 선서하겠다는 뜻을 밝혔다.

카이사르는 자신의 계획이 성공을 거두자 더욱 자신만만해져서, 이번에는 캄파니아 지방의 모든 땅을 가난한 사람들에게 나누어 주기 위한 새 법안을 제안했다. 아무도 이 제안에 반대하는 사람이 없었으나 이번에도 카토가 반대하고 나섰다. 그러자 카이사르는 연단 위에 있는 카토를 끌어내려 감옥에 가두라고 명령했다. 카토는 감옥으로 끌려가면서도 이 법안을 규탄하며, 그런 제안을 내놓은 자를 몰아내야 한다고 고래고래 소리를 질렀다. 원로원 의원들과 선량한 시민들은 그런 카토를 뒤따르며 침묵으로써 울분을 나타냈다.

카이사르는 시민들이 아무 말도 하지 않지만 모두 분노를 느끼고 있음을 알 수 있었다. 카이사르는 어쩌면 카토가 자기에게 굴복해 애원할지도 모른다는 기대를 걸고, 그가 감옥으로 끌려가는 것을 바라보고만 있었다. 그러나 카토의 굳은 의지를 알아차리고 자신의 행동이 부끄러워진 카이사르는 호민관 하나를 부르더니 카토를 풀어주라고 지시했다.

카이사르 일파는 4개 군단을 거느리고 일리리쿰과 갈리아 지방 모두를 5년 동안 통치하기로 결의했다. 그리고 본디 귀족이었지만 평민의 양자로 들어가, 신분을 평민으로 바꾼 푸블리우스 클로디우스를 호민관으로 당선시켰다. 그가 원로원을 몰아내겠다고 약속했기 때문이었다. 또 카이사르 일파는 카이사르의 장인인 피소와, 폼페이우스의 손발처럼 살다시피 하여 그의 하찮은 습관까지도 다 알고 있는 아울루스 가비니우스를 클로디우스와 나란히 집정관으로 세웠다.

카이사르와 그 일당은 이처럼 불법적인 수단을 써서 권력을 장악하고, 사적인 특혜와 강압을 고루 섞어 민중을 마음껏 비웃었다. 그러나 그들은 여전히 카토를 두려워하고 있었다. 카토를 몰아내긴 했지만, 수치스럽고 폭력적인 방법을 써서 가까스로 승리를 거둔 것이었으므로 몹시 불안하기도 했던 것이다.

클로디우스는 카토가 로마에 머물러 있는 동안에는 원로원을 추방할 수 없음을 알았다. 그래서 그는 원로원을 로마에서 몰아낼 방법을 궁리하다가 좋은 생각이 떠올라 계획을 세웠다. 그는 집무실에 들어서자마자 카토를 부르더니, 자신은 그를 로마에서 가장 고결한 인품을 지닌 사람으로 생각하고 있으며, 이 말이 진심이라는 것은 행동으로 얼마든지 증명할 수 있다고 말했다. 키프로스에 가서 프톨레마이오스에 대한 일을 맡고 싶어하는 사람들이 많지만 자기 판단으로는 그 일을 잘 처리할 사람은 카토뿐이고, 그래서 그 영광을 카토에게 기꺼이 안겨주고자 한다는 것이었다. 하지만 이 말을 들은 카토는 버럭 화를 내면서, 그 일은 괜스레 자신을 잡으려는 목적으로 꾸민 함정이지 결코 영광이 아니라고 소리쳤다.

그러자 클로디우스가 갑자기 차가운 표정으로 말했다.

"싫다, 그거요? 그러나 이미 결정됐으니 마음에 들지 않아도 가야 할 거요."

그러고는 곧 민회를 소집해 카토를 키프로스로 파견하는 결의를 통과시켰다. 카토가 로마를 떠날 때 클로디우스는 배나 군대도 마련해 주지 않고, 달랑 심부름꾼 두 명만 붙여주었다. 그런데 그 심부름꾼들도 하나는 좀도둑에다 뱃속들이 악당이었고, 다른 하나는 클로디우스의 하인이었다. 뿐만 아니라 클로디우스는 그 일만으로는 성이 차지 않은 듯, 비잔티움으로 가서 망명자들을 모두 돌려보내라는 명령을 내렸다. 이것은 자기가 호민관으로 있는 동안 카토를 멀리 떨어뜨려 놓아서 다시는 로마로 돌아오지 못하게 하려는 속셈이었다.

자신의 의지와 달리 억지로 로마를 떠나게 된 카토는 원로원에 간곡한 말을 남겼다. 날이 갈수록 나라는 더 큰 시련을 당하게 되리라 여겨지니, 그 누구도 무리하게 저항하다가 희생당하지 말고, 조용히 때를 기다렸다가 다시 나라를 구하라는 부탁이었다. 그리고 자신의 친구인 카니디우스를 키프로스의 프톨레마이오스에게 보내, 싸우지 않고 항복하면 로마는 프톨레마이오스를 파포스의 제관으로 삼아 부귀와 명예를 안겨주겠다는 뜻을 전했다. 그리고 나서 카토는 로도스 섬에 머물며 키프로스로부터 답이 오기를 기다렸다.

그때 아이귑토스 왕인 프톨레마이오스는 내분으로 알렉산드리아를 떠나, 카이사르와 폼페이우스의 군대를 빌려 다시 왕위에 오르기 위해 로마로 가고 있었다. 프톨레마이오스는 카토를 만나기 위해 사람을 보냈다. 자기가 부르기만 하면 그가 분명히 자기에게 올 것이라 여겼던 것이다. 그러나 그때 카토는 배앓이로 고생하고 있었으므로, 만나고 싶으면 왕이 직접 와야겠다는 답을 보냈다.

하지만 프톨레마이오스가 도착했음에도 카토는 자리에서 일어나지도 않고, 마치 평범한 사람이 찾아온 듯이 맞아들였다. 프톨레마이오스는 그의 옷차림이 초라할 만큼 소박한 것을 보고 적지 않게 놀랐다. 게다가 카토가 나랏일에 대해 이야기하는 것을 듣고는, 그가 얼마나 생각이 깊고 지혜로우며 솔직한 사람인지를 깊이 알게 되어 더욱 놀라워했다.

카토는 프톨레마이오스에게 아마 이제까지 너무 행복해서 그게 얼마나 큰 행복이었는지를 잘 모르고 있었던 것 같다고 비난했다. 그러면서 아이귑토스 모두를 은으로 만들어 주더라도 만족하지 못할, 부패한 로마인을 찾아간다는 것은 굴욕과 고생을 스스로 끌어안는 것이나 다름없으므로 서둘러 아이귑토스로 돌아가 화해하라고 충고했다. 그리고 만일 그럴 생각이 있다면, 비록 힘은 없지만 자신이 함께 따라가 중재를 돕겠다고 말했다.

이 말을 들은 프톨레마이오스는 그제야 제정신이 돌아온 듯했다. 그는 카토의 마음이 진실하고 현명하다는 사실을 깨닫고, 그의 충고를 따르기로 결심했다. 그러나 프톨레마이오스는 측근들 설득에 또다시 마음이 바뀌어 끝내 로마로 갔다. 하지만 어느 고관의 집을 찾아갔다가 문 앞에서 쫓겨나게 되자, 비로소 카토의 말이 현명한 사람의 충고 정도가 아니라 신의 계시였다고 생각하게 되었다. 그리고는 카토의 충고를 따르지 않은 자신의 실수를 몹시 후회하며 괴로워하다가 마지막에는 독약을 마시고 스스로 목숨을 끊고 말았다.

　이 일은 카토에게 뜻하지 않은 행운을 가져다주었다. 프톨레마이오스가 엄청난 재산을 남겼다는 보고를 받은 카토는, 사뭇 미덥지 않은 카니디우스 대신 조카인 브루투스를 키프로스로 보냈다. 그리고 자신은 본디 계획대로 비잔티움으로 가서 그곳 사람들과 망명자들을 화해시킨 다음, 곧바로 키프로스로 떠났다. 키프로스에는 프톨레마이오스가 남긴 온갖 보물들, 값비싼 그릇, 가구, 자줏빛 염료들이 마치 산처럼 쌓여 있었다. 카토는 이것들을 모두 돈으로 바꾸고자 했다. 그는 일을 정확하게 처리하고 되도록 많은 값을 받기 위해, 물건을 파는 자리에 반드시 참여해 치밀하게 계산했다. 그는 시장의 상인들은 물론 사무원, 경매인, 물건을 사는 사람, 그리고 친구들까지도 믿지 않아 직접 물건을 살 사람을 만나서 값을 흥정했다. 이렇게 되자 친구들은 카토의 행동에 몹시 분노했다. 특히 가장 가까운 친구였던 무나티우스는 더 이상 카토를 만나려 하지 않았다. 그래서 카이사르는 뒷날 카토에 대한 책을 쓸 때 이 일을 가장 많이 화제로 삼아 몹시 공격했다.

　그러나 무나티우스의 말에 따르면, 두 사람 사이가 나빠진 것은 카토가 무나티우스를 의심해서가 아니라, 오히려 카토가 그에게 무관심하게 대하고 카니디우스를 더 믿었기 때문이라고 한다. 무나티우스도 카토에 대해 책을 썼는데, 트라세아의 책보다 더 믿을 만하다. 그 책에서 무나티우스는 다음처럼 말했다. 무나티우스는 다른 사람들보다 조금 늦게 키프로스에 도착했는데, 도착하고 보니 숙소가 변변치 않았다. 그래서 그는 카토를 찾아갔지만, 카토는 카니디우스와 이야기하느라 무나티우스를 만나주지 않았다. 뒤에 무나티우스가 카토에게 이 일에 대해 지나가는 말로 불평하자, 카토는 차가운 말투로 테오프라투스의 말처럼 지나친 사랑은 증오로 변하기 쉬운 법이라고 쏘아붙였다.

　"자네는 나를 지나치게 사랑한 나머지 내가 자네를 덜 사랑한다고 오해하고 있군그래. 그러나 내가 카니디우스에게 일을 맡긴 건 그 사람이 가장 먼저 여기에 도착했고, 그동안 나를 도와 성실하게 일했기 때문이라네."

　이 이야기는 단둘이 있을 때 한 말이었는데, 나중에 카토는 이 일을 카니디우스에게 말했다. 뒷날 그 사실을 알게 된 무나티우스는 카토와 함께라면 식사조차 하지 않으려 했고, 공적으로 의견을 물어도 시원하게 대답하지 않았다. 그러자 카토는 명령을 어긴 부하를 처벌하는 로마 관례에 따라, 그의 재산을 몰수하겠다고 협박했다. 그러나 무나티우스는 로마로 가버렸으며, 그 뒤로도 오랫동안 카토에 대한 원망을 품고 있었다.

뒷날 카토가 로마로 돌아왔을 때 그의 아내 마르키아가 우연인 것처럼 일을 꾸며, 카토와 무나티우스가 바르카스라는 사람의 집에 함께 초대를 받게 했다. 가장 늦게 도착한 카토가, 자기는 어느 자리에 앉으면 좋겠느냐고 주인인 바르카스에게 물었다.

"어디든 앉고 싶은 자리에 앉으십시오."

카토는 이리저리 둘러보다가 무나티우스 옆에 앉았다. 그러나 식사가 다 끝날 때까지 그는 무나티우스에게 그 이상의 친밀감은 보이지 않았다.

그 뒤 카토는 마르키아의 권유를 받아들여, 무나티우스에게 만나고 싶다는 편지를 보냈다. 편지를 받은 무나티우스는 아침 일찍 카토를 찾아갔다. 무나티우스는 다른 손님들이 다 돌아갈 때까지 남아서 마르키아와 이야기를 나누었다. 마침내 늦게 나타난 카토는 무나티우스와 끌어안으며 반가워했다. 이렇게 해서 둘은 오랜 오해를 풀고 화해하게 되었다.

내가 이처럼 사사로운 이야기를 자세하게 쓰는 까닭은, 한 개인의 성품은 어떤 위대한 업적보다 이런 일들에서 더 잘 드러난다고 생각하기 때문이다.

한편 카토는 프톨레마이오스 왕의 재산을 팔아 7000탈란톤에 가까운 은화를 마련했다. 그는 항해 중에 혹시라도 무슨 재난이 일어날까봐 돈궤 여러 개를 마련해, 상자마다 2탈란톤 500드라크메씩 나누어 담았다. 그리고 이 돈궤들을 저마다 긴 밧줄에 묶어 그 끝에 커다란 코르크를 동여맸다. 만약 배가 부서져 바다에 가라앉더라도 코르크는 물 위에 떠오르므로, 상자의 위치를 쉽게 알아낼 수 있게 하려는 것이었다. 이렇게 해서 이 은화들은 로마까지 안전하게 운반되었다.

카토는 자신이 처리한 일들을 낱낱이 기록한 책을 두 권 만들었지만, 안타깝게도 모두 잃어버렸다. 두 권 가운데 하나는 자유민인 필라르기로스에게 맡겼는데, 그가 탄 배가 켄크레아이 항구를 떠나 항해하다가 바다 한가운데에서 가라앉고 말았다. 그 사고로 배와 책, 화물들을 모두 잃었다. 다른 한 권은 카토 자신이 코르키라 섬까지 가지고 와서 천막 안에 두었지만, 그곳에 있던 뱃사람들이 지핀 불이 천막에 옮겨 붙는 바람에 그것마저 모조리 타버리고 말았다.

하지만 프톨레마이오스의 신하 몇몇이 카토의 성실성을 증명해 정적들의 모함을 막을 수 있었다. 그러나 카토가 그 책을 펴냈던 진짜 이유는 자신의 성실함을 보여주려는 게 아니라, 이렇게 일을 정확하게 처리해야 한다는 본을 보이기 위해 만든 것이었다. 그래서 그는 두 권의 책을 잃은 것을 더욱 안타까워했다.

카토가 배를 타고 온다는 소식이 로마에 전해지자, 고관과 제관, 원로원 의원과 많은 시민들이 강가로 나와 카토를 마중했다. 강의 양쪽 언덕은 사람들물결로 발 디딜 틈도 없이 빼곡했다. 카토의 입성은 어떤 개선식에도 뒤지지 않을 만큼 훌륭했다.

그러나 카토는 두 집정관과 법무관들의 모습을 보고도 배를 멈추지 않았으며, 배에서 내리지도 않았다. 카토는 6열의 노를 가진 훌륭한 배를 타고 있었는데, 거침없이 강을 거슬러 올라가더니 배를 부두에 댔다. 이 모습을 보고 많은사람들은 카토가 너무 건방지다고 여겼다. 하지만 배에서 은화가 든 돈궤를 옮겨 가는 광경을 보자, 사람들은 그 엄청난 양에 놀라고 말았다. 이 일로 원로원은 카토의 업적을 인정해 특임 법무관으로 임명했다. 이는 공적인 행사에서 자줏빛 단을 두른 긴 웃옷을 입을 수 있는 영광스러운 자격이었다. 그러나 카토는 모든 영예를 거절하면서 대신 프톨레마이오스의 신하인 니키아스가 매우성실하고 부지런한 사람이니 그에게 자유를 주라고 원로원에 요청했다.

그해 집정관은 카토의 장인인 필리푸스였으므로 카토는 혜택을 입고 있었다. 또 그곳에는 다른 집정관이 한 사람 더 있었는데 그도 카토를 소중히 여겼으며, 카토의 미덕을 존경했다.

한편 클로디우스에 의해 쫓겨나 망명 생활을 하던 키케로가 다시 돌아와, 민중에게 지지를 받고 있었다. 키케로는 클로디우스가 없는 틈을 타서, 카피톨리움에 올라가 클로디우스의 호민관 재직 기록을 없앴다. 이 문제로 원로원 회의가 열리자, 클로디우스는 키케로의 잘못을 고발했다. 이 일에 대해 키케로는 법정에서, 클로디우스는 옳지 않은 방법으로 호민관이 되었으므로 그가 호민관으로 있는 동안 한 일은 모두 무효라며 반박했다. 이때 카토가 키케로의 말을가로막으며 끼어들었다. 카토 자신도 클로디우스가 한 일에 대해 찬성하거나옳다고 여기는 것은 아니지만 만일 그가 호민관으로 있을 때 한 일을 모두 없던 일로 만든다면, 자신이 키프로스에 가서 한 일까지 모두 무효가 되어버린다고 말했다. 자신을 키프로스에 보낸 사람이 불법으로 호민관이 된 것이라면 자신이 그곳에 간 것도 법에 어긋나는 일이기 때문이라는 것이다. 그러면서 덧붙이기를, 귀족이었던 사람이 평민의 양자가 되어 신분을 바꾸는 것은 법에서도 허락하는 일이기 때문에 클로디우스가 호민관이 된 것은 불법이 아니라고 했다. 그리고 만약 그가 부정한 방법으로 정치를 했다면 그에 대한 책임을 따질 일이지, 그의 공직 경력까지 없던 일로 만들 수는 없다고 말했다.

키케로는 카토가 클로디우스를 옹호하고 나서자 무척 화를 냈고 그와의 인연을 끊었다. 그러나 뒷날 그들은 다시 화해했다.

이런 일이 있은 뒤 폼페이우스와 크라수스는 알프스를 넘어온 카이사르와 협정을 맺고, 다음 같은 계획을 세웠다. 이 둘이 카이사르의 협력으로 다시 집정관이 되면 카이사르의 임기를 5년 동안 더 유임시키며, 그에게 군자금을 대준다는 내용이었다. 사실 이런 협약은 제국을 마음대로 나누어 가지자는 불순한 음모로, 역적이나 다름없는 행위였다.

그해에 집정관으로 입후보한 사람들 가운데에는 고결한 인품을 갖춘 이름난 사람들도 많았다. 그러나 그들은 폼페이우스와 크라수스가 함께 출마해 선거운동을 벌이자 지레 겁을 먹고 출마를 단념했다. 오로지 카토의 누이 포르키아의 남편인 루키우스 도미티우스만이 끝까지 포기하지 않고 남아 있었다. 그는 카토의 격려를 받고 용기를 내어 버티고 있었던 것이다. 카토는 도미티우스에게 절대로 출마를 포기하지 말라고 하면서, 이번 경쟁은 집정관이 되는 게 아니라 로마의 자유를 구한다는 데 진정한 목적이 있다고 말했다.

올바른 생각을 가진 사람들 사이에서는, 폼페이우스와 크라수스가 나란히 집정관이 되지 못하도록 막아야 한다는 여론이 일었다. 만약 두 사람이 손을 잡는다면 그 권력은 도저히 막을 수 없을 만큼 커질 터이고, 그렇게 되면 그들이 어떤 불법적인 횡포를 저지를지 모를 일이었다. 이는 틀림없이 나라에 매우 위험한 일이므로, 적어도 한 사람은 떨어뜨려야 한다며 수군거렸다.

이런 이유로 그들은 도미티우스를 격려했다. 그리고 겉으로 드러내지 않았지만 많은 시민들이 그를 말없이 지지했다.

폼페이우스와 크라수스는 이 일을 무척 염려했다. 그래서 그들은 도미티우스 일행이 새벽에 횃불을 들고 선거장인 군신의 신전에 들어가는 때를 기다렸다가 기습했다. 뜻밖의 공격을 받은 도미티우스 일행 가운데 횃불을 든 사람이 죽었으며, 많은 이들이 다쳤다. 그리고 카토와 도미티우스만을 남겨둔 채 모두 뿔뿔이 흩어져 달아났다. 팔을 다친 카토는 도미티우스를 붙잡고 목숨이 붙어 있는 한 이 싸움을 절대 포기해서는 안 된다며 거듭 부탁했다. 이런 만행을 일삼는 놈들이 정권을 잡는다면 앞으로 이 나라가 어떻게 되겠느냐며 어서 힘을 내 일어서라고 격려했다.

그러나 기가 꺾인 도미티우스는 집으로 도망쳐 버렸고 이렇게 해서 폼페이우스와 크라수스는 계획대로 나란히 집정관에 당선되었다. 하지만 카토는 그들을 두려워하지 않고 다시 법무관에 출마했다. 그들과 당당하게 맞서 싸우려면 공적인 지위가 꼭 필요하다고 여겼기 때문이다.

이 일 때문에 폼페이우스와 크라수스는 새로운 걱정거리를 안게 되었다. 아무리 법무관의 직위라 해도, 그것을 카토가 갖게 된다면 집정관 못지않은 권위를 얻게 되리라는 것은 불을 보듯 뻔한 일이었다. 그래서 그들은 여러 의원들에게 미리 알리지도 않고 갑자기 원로원 회의를 소집해, 자기들의 제안을 통과시켰다. 그때까지 법에는 새로 법무관이 뽑혔을 때, 선거운동을 하는 동안에 금품을 제공한 일이 있으면 그를 고발할 수 있는 일정한 기간이 있었고, 혐의가 있는 법무관은 그 기간이 지나간 뒤에야 직무를 시작할 수 있었다. 그런데 그들은 이 법률을 고쳐서, 법무관으로 당선되자마자 직무를 보도록 만들었다.

폼페이우스와 크라수스는 이런 방법으로 자신들이 마음대로 활개를 칠 수 있도록 터전을 만든 다음, 자신들의 심복과 부하들을 법무관 후보로 내세웠다. 그러고는 시민들에게 돈을 뿌리며 표를 사들였다. 그러나 이렇게까지 비열한 방법을 썼음에도 카토의 높은 덕과 명성을 당해낼 수는 없었다. 왜냐하면 시민들은 자신들이 돈을 써서라도 카토에게 법무관이 되어달라고 매달리고 싶은 심정이었기 때문이다. 그렇기에 돈을 받고 그를 배신한다는 것은 꿈에도 있을 수 없는 일이라고 생각했다.

이렇게 해서 카토는 로마의 세 부족 가운데 첫 번째 부족의 지지로 승리를 거두었다. 그러자 폼페이우스는 치지도 않은 천둥이 쳤다면서 선거를 중단시키고 해산을 명령했다. 로마에서는 천둥이 치면 나쁜 징조로 생각해 의결을 하지 않는 관습이 있었기 때문이다. 다음 투표에서도 폼페이우스의 무리들은 돈을 물 쓰듯 썼으며, 폭력까지 동원해 선량한 시민들을 선거장에서 몰아냈다. 그러고는 마침내 바티니우스를 법무관으로 당선시켰다. 돈에 눈이 어두워져 부정투표를 한 사람들은 모두 허둥지둥 집으로 도망쳤다.

호민관 한 사람이 울분을 참지 못하는 시민들을 모아 회의를 열었다. 그러자 카토는 마치 신의 계시라도 받은 듯 이 나라에 닥쳐올 모든 재앙들에 대해 예언하면서, 시민들에게 폼페이우스와 크라수스가 악랄한 흉계를 꾸미고 있으니 부디 나라를 위해 그들에게서 감시의 눈길을 거두지 말라고 충고했다. 그들이 아무에게도 방해받지 않고 이 나라를 차지하기 위해 자신이 법무관에 당선되지 못하도록 막았다는 것이었다.

연설을 마친 카토는, 새로 당선된 법무관을 따라간 시민들보다 더 많은 시민들에게 둘러싸여 집으로 돌아갔다.

그 뒤 카이우스 트레보니우스가 법안을 하나 제안했다. 두 집정관에게 저마다 이베리아와 리비아, 시리아와 아이귑토스를 맡기고 필요하다면 그들 마음대로 전쟁도 할 수 있도록 하자는 내용이었다. 이 법안이 제출되었을 때 거의 모든 사람들이 보이지 않는 힘에 눌려 그 누구도 반대할 생각조차 하지 못한 채 잠자코 있었다.

카토는 이 법안을 투표에 부치기 전에 연단에 올라가 발언할 기회를 달라고 요구했다. 심한 말싸움 끝에 카토는 가까스로 두 시간의 연설을 허락받았다. 그는 시민들을 꾸짖기도 하고 깨우치기도 하면서 조리 있게 이야기했다. 그러나 카토에게 주어진 시간이 생각보다 짧았으므로, 그가 앞으로 닥칠 일들을 염려하며 열변을 토하는 동안 그에게 주어졌던 두 시간이 어느새 훌쩍 지나가 버렸다. 경비병 한 사람이 급히 연단으로 뛰어올라가 카토의 연설을 중단시키고 그를 강제로 끌어내렸다. 하지만 카토는 경비병에게 끌려 내려가는 순간까지 커다란 소리로 연설을 계속했고 많은 사람들이 그의 이야기에 귀 기울이며 고개를 끄덕였다.

경비병은 카토를 문 밖으로 밀어냈다. 카토는 경비병이 저만큼 물러나자 후다닥 다시 연단으로 뛰어올라가 시민들에게 들고일어나라며 호소했다. 끌어내리면 올라가고, 또 끌어내리면 또 올라가기를 여러 번 되풀이하자 트레보니우스는 화가 나서 그를 감옥에 가두고 명령했다. 그러자 시민들은 감옥으로 끌려가는 카토의 뒤를 따르면서까지 그의 이야기에 귀를 기울였다.

시민들이 가세하는 것을 보자 트레보니우스는 덜컥 겁이 났다. 그래서 그는 카토를 풀어주고 연설을 계속하도록 허락했다. 이렇게 해서 그날은 카토의 연설로 하루가 모두 지나갔다.

　그러나 이 일이 있은 뒤에도 여전히 비겁하고 돈에 눈이 먼 시민들은 협박이나 뇌물에 넘어가 버렸다. 폼페이우스 무리들은 호민관 아퀼리우스를 원로원에 가두고 무장한 병사들에게 지키도록 했으며, '천둥이 울린다' 외치면서 카토를 공회당에서 쫓아냈다. 이 소동으로 많은 사람이 다쳤으며 몇몇이 죽기까지 했지만, 폼페이우스 무리들은 아랑곳하지 않고 자신들만을 위한 법안을 강제로 통과시켰다. 그러자 많은 시민들이 울분을 참지 못하고 우르르 몰려가 폼페이우스의 동상을 쓰러뜨리려고 했다. 그때 카토가 달려가 시민들의 행동을 말렸다. 다시 카이사르의 영지와 군대에 대한 새로운 법안이 제출되었다. 카토는 이 일을 시민들에게 호소하지 않고 곧바로 폼페이우스를 찾아갔다. 그는 폼페이우스에게 말하기를, 지금 당장은 모르겠지만 얼마 지나지 않아 그의 어깨에 놓인 카이사르가 무거운 짐이 될 거라고 경고했다. 그때는 폼페이우스가 이러지도 저러지도 못하는 상황이 되어 마침내는 카이사르를 어깨에 올린 채로 공화정 위에 쓰러지고 말 것이라 주장했다. 그러고 나면 자신의 충고가 떠오를 거라고도 했다. 그러면서 자신의 충고는 명예롭고 정당할 뿐만 아니라 폼페이우스를 위해서도 유익한 것이라고 덧붙였다.

　폼페이우스는 이런 경고를 여러 번 들었으나 카이사르의 세력이 그렇게까지 커지리라고는 예상하지 못했고, 또한 자기의 행운과 권세를 지나치게 믿고 있었으므로 카토의 이런 충고가 귀에 들어오지 않았다.

　카토는 다음 해에 법무관에 당선되었다. 그러나 카토는 그 직위에 명예와 신뢰를 더하기는커녕, 오히려 자신의 독특한 기질 때문에 위신을 떨어뜨렸다. 그는 맨발에다 겉옷도 입지 않은 채 재판소로 나가기 일쑤였으며, 그런 예의 없는 차림새로 중대한 재판을 서슴없이 진행했다.

　카토가 아침 식사 뒤에 술 냄새를 풍기며 정무를 보았다는 이야기도 떠돌았다. 하지만 그런 악평은 사실이 아니었다. 그즈음 시민들은 나쁜 습관에 길들여져 뇌물을 받는 일이 많았고, 그렇게 돈에 팔린 이들은 그 값어치만큼 카토에 대한 나쁜 헛소문을 만들어 마구 퍼뜨려 주었다. 카토는 제국을 좀먹는 이런 악습들을 뿌리뽑기 위해 원로원을 설득하는 등 갖은 애를 썼다. 그는 관직에 있는 사람은 아무런 고발이 없었다 해도 재판소에 나가서 선거에 부정이 없었음을 선서하도록 하는 법령을 통과시켰다. 그러나 선거에 출마하는 사람들은 모두 이 법령을 못마땅하게 여겼으며, 게다가 뇌물을 받은 사람들은 이 법안을 더욱 탐탁지 않게 생각했다.

어느 날 카토가 재판소로 나가고 있을 때였다. 많은 군중이 카토에게로 몰려와 사나운 욕설을 퍼부으며 돌을 던지는 소동이 일어났다. 이 때문에 재판소에 있던 사람들이 달아나고, 카토는 사람들에게 밀리다가 겨우겨우 연단 난간을 붙들고 위로 올라갈 수 있었다. 그러한 상황에도 카토는 당당한 모습으로 연단에 서서 위엄 있는 태도로 시민들을 나무랐으며, 시민들은 그의 태도에 압도되어 질서를 되찾았다. 뒷날 원로원이 이 일을 들먹이며 카토를 높이 평가하자 그는 오히려 이렇게 비아냥거렸다.

"나는 여러분에게 칭찬을 들을 이유가 조금도 없습니다. 여러분은 위험에 빠진 법무관을 내버려 두었고 도와줄 생각조차 하지 않았으니까요."

이 사건으로써 공직에 출마하려던 사람들은 모두 곤란한 처지에 놓였다. 뇌물을 쓰기도 두렵고, 그렇다고 안 쓰자니 떨어질 것이 뻔했기 때문이다. 그래서 그들은 모두 한곳에 모여, 저마다 12만 5000드라크메씩 내놓으며 공명정대한 선거운동을 벌이기로 약속했다. 만약 이 약속을 어기는 사람이 있으면 이 돈을 돌려받지 못한다는 조건을 덧붙였다. 그들은 이 협정의 감독관으로 카토를 세웠으며, 그에게 돈을 들고 가서 협정서에 모두 서명했다. 그러나 카토는 돈을 받지 않았으며, 그 대신 입후보자가 약속을 어겼을 때에는 보증인들이 돈을 내겠다는 각서만 받았다.

선거일이 되자 카토는 선거를 관리하는 호민관들과 나란히 앉아 투표 진행을 감독하고 있었다. 그런데 협정을 맺은 사람 가운데 하나가 약속을 어기고 부정을 저지르는 것을 보고는 곧바로 그의 보증인에게 그 사람이 낸 돈을 나머지 입후보자들에게 나누어 주라고 명령했다. 그러자 다른 입후보자들은 카토의 공정함을 칭찬하면서, 부정을 밝혀낸 것만으로도 충분하니 돈은 받지 않겠다고 했다.

이 일은 카토에게 더 큰 명성을 안겨주었지만, 한편으로는 많은 사람들의 시기와 질투를 가져오게 되었다. 마치 원로원과 재판소의 권력이 카토 한 사람에게 집중된 것처럼 비쳐졌기 때문이었다.

모든 미덕 가운데에서도 으뜸은 정의로움이다. 세상 사람들은 흔히 용감한 사람을 존경하고 지혜로운 사람에게 감탄하지만, 정의로운 사람에게는 그것 말고도 사랑과 믿음이 더해진다. 사람들은 뻔뻔한 사람을 두려워하고, 영악한 사람을 믿지 않는다. 용기와 지혜는 타고나는 성품에 속하지만, 정의는 그 사람의 의지로 만들어진다. 그러므로 자기 의지로 정의를 선택한 사람은, 부정한 것은 결코 받아들일 수 없는 죄악이라 생각하며 혐오하는 법이다.

사람들은 카토의 행동이 자신들을 나무라고 억누르는 것이라 여겼으며, 더 큰 시기심으로 카토를 대했다. 특히 폼페이우스는 카토의 명성은 곧 자신의 파멸을 뜻한다고 생각해, 언제나 그의 행동에 반대하고 나섰다. 선동가 클로디우스도 그런 사람들 가운데 하나였다. 그는 폼페이우스와 다시 손잡고, 카토를 비방하고 공격하는 일에 언제나 앞장섰다. 카토가 키프로스에서 발견한 많은 보물을 자기 재산으로 만들었으며, 카토가 폼페이우스를 그토록 미워하는 까닭은 폼페이우스가 그의 딸과의 결혼을 거절했기 때문이라고 주장한 것이다.

카토는 이 말에 대해 자신은 단 한 필의 말도, 단 한 명의 병사도 없이 키프로스로 갔으나 폼페이우스가 많은 전쟁에서 승리한 뒤에 가져온 것보다 더 많은 보물을 가지고 돌아왔으며, 또한 폼페이우스와 인연을 맺는 일은 생각조차 해보지 않았다고 반박했다. 카토는 그 이유가 폼페이우스가 훌륭하지 않아서가 아니라 자신과 의견이 다르기 때문이라 말했다. 카토가 말을 이었다.

"내가 법무관에서 물러난 뒤, 많은 사람들이 내게 다스릴 땅을 주겠다고 했을 때에도 나는 그 자리에서 망설임 없이 사양했소. 그러나 폼페이우스는 이미 여러 곳에 땅을 가지고 있고, 다른 사람들에게도 자기 마음대로 그들이 다스릴 땅을 나누어 주었소. 또 폼페이우스는 시민들이 원하지도 않았는데도 갈리아 지방에 병사 6000명을 보내 카이사르에게 주었고, 이 일에 대해서는 여러분의 의견을 조금도 물어보지 않았소. 이처럼 많은 군대와 무기와 말을 마치 자기 것처럼 함부로 주고받았단 말이오. 또한 장군과 총독의 직위에 있으면서도 군대와 속주를 다른 사람에게 맡기고, 자기는 로마에 머물러 선거에 소란을 일으키고 있소. 이런 여러 사실들로 미루어 볼 때, 그는 이 나라를 무질서한 상태로 몰아넣어 전제군주가 되려는 공작을 꾸미고 있는 것이 분명하오."

카토에게는 마르쿠스 파보니우스라는 친구가 있었는데, 그는 카토를 절대적으로 믿고 따랐다. 파보니우스에게 카토의 말 한 마디는 마치 독한 포도주처럼 강력한 효과를 나타냈다. 카토의 사상에 완전히 도취된 그는 거의 광적으로 폼페이우스를 공격했다.

파보니우스는 조영관에 입후보했지만 거의 낙선할 처지에 놓여 있었다. 그때 같은 사람의 글씨체로 쓰인 무더기 표를 발견한 카토가 이를 호민관에게 알려 개표를 중지시켰고, 그 일이 있은 뒤 파보니우스는 조영관에 당선되었다. 카토는 파보니우스의 직무를 여러모로 도와주었다. 그는 극장에서 벌어지는 여러 행사의 관계자에게 금관 대신 올림피아 경기에서처럼 월계관을 쓰게 했다. 또 사치스러운 물건 대신에 헬라스 사람에게는 순무, 상추, 무, 파슬리 등을 주었고, 로마인에게는 포도주 항아리, 돼지고기, 무화과, 박, 땔나무 등을 선물했다.

어떤 사람들은 이렇게 검소한 카토를 비웃기도 했으며, 어떤 이들은 카토의 세심함에 존경을 감추지 않았다. 파보니우스는 군중과 섞여 앉아 카토에게 박수를 보내며, 자신의 권한을 모두 카토에게 맡긴 것을 기쁘게 여겼다.

그때 다른 극장에서는 파보니우스의 동료인 쿠리오가 성대한 행사를 벌이고 있었다. 그러나 사람들은 그 호화로운 행사에는 많이 가지 않았으며, 파보니우스가 구경꾼처럼 앉아 있고 카토가 주관하는 행사장으로 몰려들었다. 카토가 이런 방법을 쓴 것은 즐거움을 위한 행사에 엄청난 돈과 노력을 들이는 일을 비웃고, 적은 비용과 소박한 상으로도 얼마든지 사람들이 유쾌하게 즐길 수 있음을 보여주려는 것이었다.

얼마 뒤 스키피오, 힙사이우스, 밀로가 집정관 후보로 나섰다. 그런데 경쟁이 너무나 치열해, 돈으로 표를 매수하는 정도의 방법으로는 도저히 당선이 될 수 없을 정도였다. 그래서 이들은 폭력과 살인까지 저지르며 전쟁이라도 일으킬 듯한 기세를 보였다. 그러자 사람들은 폼페이우스에게 선거를 관리하게 하자는 제안을 내놓았다. 카토는 처음에는 그 제안에 반대하고 나섰다. 폼페이우스는 나라의 법을 보호할 것이 아니라, 오히려 그가 법의 보호를 구해야 한다는 것이었다.

그러나 세 파의 군대가 날마다 공회당을 점령해 혼란 상태가 오랫동안 이어져 소란은 멈출 낌새를 보이지 않았다. 카토는 극단적 상황으로 치닫는 것보다는 폼페이우스에게 이 일을 맡기는 편이 낫겠다 여겨 원로원의 제안에 동의했다. 커다란 혼란을 막기 위해서는 차라리 작은 혼란을 허용하는 편이 나으리라 생각한 것이다. 이런 정파 싸움이 난리를 불러오기 전에, 스스로 군주제를 실시하는 편이 현명하리라는 판단에서 나온 결과였다.

카토의 친구 비불루스는 폼페이우스를 단독 집정관으로 내세우자는 제안을 내놓았다. 그러면 폼페이우스는 이 사태를 수습하거나 독재를 실시할 텐데, 그렇더라도 시민들은 가장 훌륭한 사람의 독재를 받게 될 것이라고 말했다. 카토는 자리에서 일어나 이 제안에 찬성했다. 카토의 예상을 뒤엎는 행동에 모두들 놀랐다. 그는 정부가 없는 것보다는 어떠한 형태로든지 정부가 들어서는 것이 더 바람직하다고 덧붙여 말했다. 또한 자신은 폼페이우스가 맡은 바 임무를 훌륭하게 완수할 것임을 믿는다고 강조했다.

단독 집정관이 된 폼페이우스는 카토를 자신의 별장으로 초대했다. 카토가 도착하자 그는 정답게 손을 잡으며 기쁘게 맞아들였다. 그리고 자기에게 베풀어 준 카토의 은혜에 대해 감사의 말을 전하며 앞으로도 나랏일에 많은 도움을 달라는 말까지 건넸다. 그러자 카토는 자신이 지금까지 폼페이우스에 대해 한 말이 그를 미워해서가 아니었듯이, 이번에 자신이 한 말도 폼페이우스의 호의를 얻으려고 한 것이 아니며, 자신이 한 모든 일은 오직 나라를 위하는 마음에서 나온 것이었다고 말했다. 그러면서 공적인 문제에 있어서는 폼페이우스가 아무 말 하지 않아도 언제나 자신의 의견을 말하겠노라 했다.

카토는 자신이 한 말을 그대로 실천에 옮겼다. 폼페이우스가 금권 선거를 한 사람들을 조사해 엄격한 처벌을 내리자는 새 법률을 제안했을 때였다. 카토는 이미 지난 일을 들추어 낼 것이 아니라 앞으로 닥칠 일을 생각해야 한다고 충고했다. 지난 일을 따져서 거슬러 올라가다 보면 끝이 없기 때문이라는 것이었다. 또한 이 법은 새로 만들어지는 것이므로, 그때에는 있지도 않았던 법을 어겼다고 처벌을 하는 것은 불합리한 일이라고 했다.

한번은 많은 유명 인사들이 재판을 받은 일이 있었는데, 그들 가운데에는 폼페이우스의 친구와 친지들도 끼여 있었다. 폼페이우스는 그들을 보호해 주려고 했다. 그러자 카토가 폼페이우스를 날카롭게 공격해, 그로 하여금 더는 그런 일을 못하도록 만들었다.

폼페이우스는 피고인을 변호하는 글을 제출하지 못하도록 법을 만들어 놓고도, 정작 자신은 무나티우스 플랑쿠스가 재판을 받을 때 그를 위한 글을 써서 법원에 제출한 일이 있었다. 그때 재판관이던 카토는 귀까지 막으며 폼페이우스의 말을 듣지 않았다. 플랑쿠스는 카토에게 항의했지만 끝내 유죄판결을 받았다.

그래서 피고인들은 카토가 재판을 맡는 것을 몹시 싫어했다. 그렇다고 해서 카토를 제외시켜 달라고 요구할 수도 없었다. 왜냐하면 그렇게 했다가는 부정을 스스로 인정한다는 의심을 받게 될 게 뻔했으며, 그렇게 유죄판결을 받은 사람도 많았기 때문이었다. 또 어떤 사람들은 카토를 꺼리다가 상대로부터 더 심한 공격을 받는 일도 더러 있었다.

그즈음 카이사르는 갈리아에 계속 머물러 있었다. 그러나 그는 선물이나 돈을 써서 로마에서 세력을 키우고 있었다. 위험이 눈앞에 다가온 것을 깨달은 폼페이우스는 그제야 카토의 충고를 떠올렸지만 카이사르에 대해 아무런 대책도 세우지 못한 채 시간만 보내고 있었다. 이것을 보고 참다 못한 카토는 자신이 직접 집정관에 입후보했다. 카이사르의 군대를 빼앗거나 그의 음흉한 계획을 폭로해야 한다는 생각에서였다. 그러나 그때 카토와 함께 집정관에 출마한 사람들도 신망이나 권위에서 카토에게 뒤지지 않는 인물들이었다.

그 가운데 하나인 술피키우스는 카토의 후광으로 자라다시피 한 사람이었으므로 그가 카토와 경쟁을 하는 것은 은혜나 의리를 저버린 행동이라 할 수 있었다. 그러나 카토는 이를 조금도 불쾌하게 생각하지 않았으며 사람들에게 거리낌없이 말했다.

"아니, 도대체 뭐가 잘못됐다는 거요? 자기가 가장 소중하게 생각하는 것을 다른 사람에게 양보하지 않는 것은 매우 마땅한 일이오."

카토는 다음 같은 법안을 원로원에 제출해 통과시켰다. 모든 입후보자의 선거운동원들은 절대 선거 연설을 할 수 없고, 후보자가 유권자들 앞에서 직접 연설하는 것만 허락한다는 내용이었다. 그런데 카토는 이 법률 때문에 시민들로부터 원성을 샀다. 시민들 입장에서는 뇌물을 받을 기회를 잃었을 뿐만 아니라 돈을 준 사람들에게 보답할 길도 막혀버렸기 때문이었다.

카토는 유권자들에게 연설을 할 때에도 표에는 그다지 신경 쓰지 않고, 자기 위엄을 유지하는 데 노력을 기울였다. 그는 유권자들에게 입후보자다운 인사를 하지 않았으며, 친구들이 인기를 모으는 방법을 쓰는 일도 허락하지 않았다. 그리하여 카토는 선거에서 떨어지고 말았다.

선거에서 지면, 본인은 물론 친구나 친척들도 부끄러워하며 한동안 슬픔에 잠기는 일이 보통이었다. 그러나 카토는 조금도 부끄러워하지 않고 오히려 태연한 모습을 보여주었다. 그는 늘 하던 대로 몸에 향유를 바르고 광장에 나가 공놀이를 했으며, 아침 식사를 한 다음에는 겉옷도 입지 않은 채 맨발로 공회당에 나가 사람들과 함께 산책을 했다.

웅변가 키케로는 오늘 이 나라는 카토 같은 사람을 필요로 하는데도 그는 겸손한 태도로 시민들에게 다가가 표를 얻고자 하지 않았고, 법무관에는 두 번이나 출마했으면서도 집정관은 한 번만에 포기하고 말았다며 비난을 퍼부었다.

카토는 그 말에 이렇게 대꾸했다. 자신이 법무관에 출마했다가 떨어진 것은 유권자들의 진정한 뜻이 아니라 저들이 저지른 폭력과 사악함 때문이었으나, 집정관에 떨어진 것은 선거가 공정하게 치러졌음에도 시민들이 자신의 태도를 못마땅하게 여겼기 때문이라는 것이다. 그러므로 같은 태도를 취하면 같은 대접을 받는다는 사실을 알면서도 다시 입후보한다는 것은 현명하지 못한 일이라 생각한다고 말했다.

그때 카이사르는 위험을 무릅쓰고 싸움을 일삼는 나라들을 공격해 큰 전과를 올리고 있었다. 그런데 그가 휴전 조약을 깨뜨리고 게르마니아를 습격해 30만 명이나 죽였다는 소식이 들려왔다. 그러자 카이사르의 친구들은, 신께 감사의 제사를 올리고 승리의 잔치를 베풀자며 원로원에 제안했다. 그러나 카토는 기습을 당한 사람들에게 카이사르를 넘겨주어 그가 죗값을 치르도록 해서, 그들의 저주가 로마에 내리지 않게 해야 한다고 주장했다. 그러고는 이렇게 덧붙였다.

"물론 신들에게는 제사를 드려야 합니다. 카이사르 장군이 저지른 미친 짓들 때문에 우리가 벌을 받지 않도록 신들께 용서를 빌어야 하니까요."

그러자 카이사르는 카토를 비난하는 글을 써서 원로원으로 보냈다. 그 편지가 낭독되자 카토는 자리에서 벌떡 일어섰다. 그러고는 화를 내지도 않고 차분한 표정으로, 조리 있게 이야기를 시작했다. 카토는 카이사르의 공격은 단순히 사람을 모욕하려는 유치한 행동이라고 지적하며 카르사르의 모든 정치적 행동들을 처음부터 낱낱이 따져 그가 품었던 모든 음모들을 밝혀냈다. 그러면서도 카토는 적을 대하는 태도가 아니라, 마치 함께 음모에 가담했던 사람처럼 차근차근 이야기를 끌어갔다. 그리고 마지막에 지금 로마가 두려워해야 할 상대는 브리타니아나 갈리아인들이 아니라 바로 카이사르라는 것을 조금만 더 깊이 생각해 보면 알게 되리라고 덧붙였다. 원로원 의원들은 카토의 말을 듣고 많은 것을 깨달았으며, 카이사르에 대한 분노를 느꼈다. 이렇게 되자 카이사르는, 괜히 편지를 써서 카토에게 여러 사실을 폭로할 기회를 주었다며 후회했다. 원로원은 별다른 조치는 취하지 않고, 다만 카이사르를 불러들이고 그의 후임을 보내자는 데 의견을 모았다. 그러자 카이사르의 지지자들은, 폼페이우스가 속주와 군대를 내놓지 않는 이상 카이사르에게만 그것을 강요할 수는 없다고 주장했다.

그들의 이야기를 듣고 카토는 이제 자신이 예언했던 일이 그대로 일어났다는 것을 알 수 있으리라면서, 지금 카이사르는 군대의 힘으로 원로원을 누르려 하는데, 이는 기만과 강압으로 빼앗은 권력을 이용해 이 나라를 제압하려는 것이라고 외쳤다. 그러나 원로원 밖에 있는 시민들은 여전히 카이사르를 찬양하며, 그가 정권을 잡게 될 날만 기다리고 있었다. 원로원도 카토의 제안에 마음으로만 찬성할 뿐 아무런 조치도 취할 수 없었다.

카이사르가 아리미눔을 정복하고서 군대를 끌고 로마로 온다는 소식이 전해지자, 시민들은 모두 카토를 찾아갔다. 이런 일이 일어날 것을 미리 알고, 카이사르의 속마음까지 꿰뚫어 보았던 사람은 오직 카토뿐이었기 때문이다. 카토는 폼페이우스는 물론 모든 시민들이 자기만 바라보고 있자 그들을 향해 이렇게 말했다.

"여러분! 만약 여러분이 나를 믿고 내 충고를 받아들였더라면 여러분은 지금 단 한 사람을 이토록 두려워하지 않아도 되었을 뿐더러, 단 한 사람에게 모든 희망을 걸지 않아도 되었을 겁니다."

카토는 모든 일을 폼페이우스에게 맡기라고 원로원에 요청하며, 재난을 일으킨 사람이 다른 누구보다도 그것을 잘 마무리할 수 있을 거라 말했다. 그러나 충분한 병력도 없고 동원할 인원도 많지 않은 것을 본 폼페이우스는 로마를 떠나버렸으며 카토도 그를 따라가기로 결심했다. 카토는 작은아들은 브루티움에 있는 무나티우스에게 맡기고, 큰아들만 데리고 길을 떠났다. 그런데 집과 딸들을 돌볼 사람이 필요했다. 카토는 생각 끝에 헤어졌던 마르키아를 다시 아내로 맞아들였다. 마르키아의 남편 호르텐시우스는 이미 죽고 없었는데, 그녀는 많은 유산을 상속받아 혼자 살고 있었던 것이다. 뒷날 카이사르는 카토를 공격할 때마다 이 일을 자주 들먹거렸다. 카토가 돈 때문에 헤어졌던 아내를 다시 맞아들였다고 비난을 퍼부은 것이었다.

"카토가 정말로 아내가 필요했다면 왜 다른 사람에게 주었겠습니까? 그리고 만약 아내만 필요하고 돈은 필요 없었다면 왜 다시 그 여자를 맞아들였겠습니까? 이건 카토가 처음부터 돈 때문에 아내를 미끼로 호르텐시우스를 끌어들일 속셈이 있었다는 이야깁니다. 카토는 마르키아가 유산을 물려받을 때까지 일부러 기다렸던 겁니다."

이 말에 대한 답은 에우리피데스의 시에서 찾을 수 있을 것이다.

> 알 수 없는 일에 대해 말하자면,
> 그 최고는 분명히 헤라클레스의 비겁함이리라.

카토의 탐욕을 고발하는 것은 헤라클레스를 겁쟁이라고 비난하는 것과 마찬가지이다. 어쨌든 카토는 마르키아를 다시 아내로 맞아들여 집과 딸들을 맡겼다. 그리고 자신은 폼페이우스를 따라 길을 떠났다. 카토는 그날부터 머리카락도 수염도 깎지 않았으며, 월계관을 쓰는 일도 없었다. 그는 세상을 떠나는 날까지 자기편이 이기거나 지거나 상관없이, 늘 조국의 불행만을 슬퍼하며 울분과 비애로 나날을 보냈다.

카토는 시킬리아를 다스릴 책임을 맡아 시라쿠사로 갔다. 그런데 그곳에서 아시니우스 폴리오가 적군과 함께 메세니아에 왔다는 소식을 들었다. 카토는 그에게 사람을 보내, 저쪽 편에 가담한 까닭을 물어보았다. 그러자 오히려 폴리오는 국가가 지금 혼란에 빠진 이유가 뭐냐고 되물었다.

폼페이우스가 이탈리아를 벗어나 디라키움에 가 있다는 소식이 들리자, 카토는 신의 뜻은 도저히 알 수 없다면서 한탄했다. 폼페이우스는 의리에 어긋나거나 그릇된 일을 할 때마다 언제나 승리를 거두었는데, 이제 국가의 자유를 지키려고 하니까 신이 저버렸다는 것이었다.

카토는 폴리오가 거느린 군사들은 자신의 힘으로도 시킬리아에서 쫓아낼 수 있었다. 하지만 그의 지원군이 끊임없이 시킬리아로 들이닥치고 있었으므로, 카토는 섬 전체를 전쟁의 불길 속에 몰아넣고 싶지 않았다. 그래서 그는 시라쿠사 사람들에게, 어느 쪽이든 이기는 쪽과 협력해 자신들의 안정을 지키라고 당부하고는 그 섬을 떠났다.

폼페이우스를 찾아간 카토는 전쟁을 막으라고 권유했다. 누가 이기든 제국은 고통을 겪을 것이고, 그 자체로 파멸을 가져올 것이 불을 보듯 뻔한 일이었기 때문이다. 카토는 로마에 복종하는 도시들은 약탈하지 못하게 막았으며, 전쟁터가 아닌 곳에서 로마 사람들이 죽임을 당하지 않도록 폼페이우스를 설득했다. 이처럼 온건한 정책을 펴자 카토는 큰 명성을 얻었으며, 많은 사람들이 폼페이우스 쪽에 가담하기 시작했다.

그 뒤 카토는 아시아에서 배와 군대를 모으고 있는 사람들을 돕기 위해, 누이 세르빌리아와 그녀의 어린 아들을 데리고 그곳으로 갔다. 세르빌리아는 루쿨루스와 결혼했다가 남편이 죽은 뒤에는 늘 카토를 따라다니고 있었다. 그녀가 카토의 검소한 생활을 본받자, 예전에 사람들의 입에 오르내리던 나쁜 소문들이 하나둘 덮어지기 시작했다. 그러나 카이사르는 세르빌리아의 일까지 문제삼아 카토에 대한 험담을 마구 만들어 냈다.

막상 카토가 아시아로 가보니 그의 도움은 그다지 필요하지 않았다. 그래서 카토는 로도스 사람들을 설득해 폼페이우스 편으로 만든 다음, 그곳에 누이 세르빌리아와 아이를 남겨두고 폼페이우스에게 돌아왔다. 폼페이우스는 대규모의 육군과 해군을 준비해 놓고 있었다.

그런데 이때 폼페이우스의 본심이 드러나고야 말았다. 처음에 그는 해군을 카토에게 맡기려고 생각했다. 폼페이우스는 전투함만 해도 500척이나 가지고 있었고, 그 밖의 배들까지 합하면 그 수는 참으로 엄청났다. 그러나 폼페이우스는 카토와의 약속을 깨뜨리고 비불루스를 해군 사령관으로 임명했다. 모든 압제로부터 자유를 되찾는 것이 카토의 최종 목표인 카토에게 그런 역할을 맡겼다가는 카이사르를 이기는 바로 그날, 자신의 군대를 그에게 모두 빼앗기리라는 생각이 문득 들었던 것이다. 한편 카토는 폼페이우스의 이런 속마음을 알면서도 전과 다름없이 그를 도와주었다.

디라키움에서 전투를 시작하기 전 병사들의 사기를 북돋우기 위해 폼페이우스를 비롯한 여러 장군들이 차례로 병사들 앞에서 격려의 연설을 했다. 그러나 정작 병사들은 그들의 말에 별로 귀를 기울이지 않고 듣는 둥 마는 둥 반응 없이 가만히 있기만 했다. 끝으로 카토가 나왔다. 그는 자신의 철학을 담아 자유와 덕성, 죽음과 명예 등에 대해 열변을 토했다. 그리고 마지막에는 신을 부르면서, 나라를 위해 결전을 벌이려는 이 병사들을 굽어살펴 주기를 기원했다.

카토의 연설이 끝나자 병사들은 한꺼번에 함성을 질렀다. 이에 희망을 얻은 다른 장군들도 병사들을 이끌고 적에게 힘차게 돌진했다. 그날 전투에서 폼페이우스군은 카이사르군을 크게 무찔렀다. 그러나 카이사르의 수호신은, 폼페이우스의 조심성을 이용해 그가 완전한 승리를 거두지 못하도록 방해했다. 이 일에 대해서는 폼페이우스 편에 기록해 두었다.

다른 사람들이 모두 승리를 기뻐하며 들떠 있을 때 카토는 홀로 눈물을 흘렸다. 권력에 사로잡힌 사람들 때문에 용감한 로마인들끼리 서로 죽이는, 이 비참한 광경을 보아야 하는 나라의 비운을 안타까워한 것이다.

폼페이우스는 카이사르를 뒤쫓아 테살리아로 가기 위해 서둘러 진지를 철수했다. 그는 디라키움에 많은 무기와 군량, 가족과 친지들을 남겨두고는 카토에게 그들을 보호하는 임무를 맡겼다. 그러나 카토에게 준 병력이라고는 겨우 15개 보병대에 지나지 않았다. 이것은 폼페이우스가 카토의 인간성을 굳게 믿는 한편 그의 정의로움을 매우 두려워했기 때문이다. 폼페이우스는 만약 자신이 패하더라도 자기 곁에 끝까지 남아 있을 사람이 카토임을 알고 있었지만, 승리를 거두었을 때 자신이 마음대로 일을 처리하지 못하게 가로막을 사람 또한 카토라는 것을 너무나도 잘 알고 있었다. 그래서 그는 카토 말고도 다른 사람에게 많은 병사들을 맡겨 함께 디라키움에 남겨두었다.

파르살루스 전투에서 폼페이우스가 졌다는 소식을 들은 카토는, 만약 폼페이우스가 전사했다면 자신이 거느리고 있는 군대를 모두 이탈리아로 보낸 다음 자신은 될 수 있는 한 폭정이 미치지 않는 먼 곳에 가서 살아가겠노라 결심했다. 또 만일 폼페이우스가 살아 있다면 어떻게 해서든지 군대를 잘 지켜서 그에게 돌려주겠노라 마음먹었다. 이런 생각으로 카토는 해군이 있는 케르키라로 건너갔다. 그리고 자신의 군대를 키케로에게 맡기려고 했다. 자신은 법무관을 지냈을 뿐이지만 키케로는 집정관을 지냈기 때문이다. 그러나 키케로는 카토의 청을 거절하고 이탈리아로 떠났다. 이를 본 폼페이우스의 아들은 몹시 화를 내면서, 위험을 피해 달아나는 사람에게는 벌을 주어야 마땅하다고 주장했다. 하지만 카토는 그를 잘 타일러서 키케로와 다른 사람들의 목숨을 구해주었다.

카토는 파르살루스 전투에서 패배한 폼페이우스가 분명히 아이귑토스나 리비아 쪽으로 도망쳤으리라 생각했다. 그래서 그와 합류하기 위해 출항을 서두르는 한편, 더 이상 함께하고 싶지 않은 사람들은 모두 자유롭게 떠나라고 말했다. 리비아 해안에 닿은 카토는 폼페이우스의 작은아들 섹스투스를 만나게 되었다. 섹스투스는 폼페이우스가 이미 아이컵토스에서 숨을 거두었다는 소식을 전해주었고, 이 소식을 들은 병사들은 모두 슬픔에 잠겼다. 병사들은 폼페이우스가 죽었으니 이제 카토만이 자신들의 지휘관이 될 수 있다고 말했다.

카토는 나라를 구하기 위해 여기까지 따라오며 충성을 다한 군대를 끝내 저버릴 수가 없었으므로, 그들을 이끌고 키레네로 떠났다. 그곳 주민들은 며칠 전 라비에누스군이 왔을 때는 성문을 굳게 닫았었으나, 카토의 군대가 다다르자 그들을 반갑게 맞이했다. 그곳에서 카토는 폼페이우스의 장인인 스키피오가 유바 왕의 보호를 받고 있으며, 폼페이우스가 리비아 총독으로 임명했던 아티우스 바루스도 군대를 끌고 합류해 있다는 소식을 들었다. 그리하여 카토는 그들과 합세하기 위해 겨울이었음에도 행군을 시작했다. 카토의 군대는 많은 당나귀들을 구해 물을 담은 자루를 싣고, 많은 마차를 끌며, 프실리라고 부르는 야만인들을 데리고 길을 떠났다. 야만인들에게는 신기한 재주가 있었다. 그들은 카토 일행이 독사에게 물렸을 때 물린 곳을 입으로 빨아 독을 빼주었으며, 독사들을 음악으로 마취시켜 죽이는 방법을 알고 있었다.

그들은 7일 동안 계속해서 나아갔다. 카토는 늘 행렬의 앞에서 걸어갔다. 그는 파르살루스 전투 소식을 들은 뒤로는 식사도 꼿꼿이 앉아서 했으며, 잠을 잘 때 말고는 눕는 일도 없었다. 리비아에서 겨울을 보낸 뒤 군대를 이끌고 그곳을 벗어났을 때 카토의 병사는 1만 명쯤이었다. 그때 스키피오와 바루스는 사이가 나빠져서 서로 유바 왕에게 아첨하며 다투고 있었다. 그래서 왕은 자기 나라가 매우 부강하다 여기고, 몹시 오만하고 사나운 태도를 보였다.

카토가 유바 왕을 처음 만나러 갔을 때, 유바 왕은 스키피오와 카토를 양쪽에 앉히고 그 사이에 자기 자리를 마련해 놓았다. 그러자 카토는 자신의 자리를 반대편으로 옮겨 스키피오가 가운데 자리가 되게 했다. 스키피오는 카토의 정적으로, 그를 비방하는 글도 여러 번 썼지만, 카토는 개인적인 감정을 떠나 로마인의 명예를 살려주고 싶었던 것이다.

그러나 몇몇 어리석은 사람들은 이 일은 생각하지 않은 채, 카토가 시킬리아에서 철학에 대한 존경으로 필로스트라투스와 산책한 일을 끄집어 내며 그를 비난하기도 한다. 어쨌든 카토는 이렇게 해서 스키피오와 바루스를 마치 부하처럼 여기던 유바의 코를 납작하게 만들고, 지혜롭게 스키피오와 바루스를 화해시켰다. 모든 병사들이 카토가 사령관이 되어주기를 바랐으며, 스키피오와 바루스도 카토에게 사령관직을 맡으라며 양보했다. 하지만 카토는 법을 지키기 위해 전쟁을 하면서 법을 어길 수는 없다며 정중하게 거절했다. 지금 이 자리에 속주 총독이 있는데도 자신이 사령관이 된다는 것은 있을 수 없는 일이며, 더구나 많은 사람들이 '리비아에서는 스키피오라는 이름을 가진 사람만이 승리한다' 믿고 있다고 말했다.

그러나 스키피오는 사령관 자리에 오르자, 유바 왕의 부추김에 넘어가 우티카 주민들을 모두 없애려고 했다. 그들이 카이사르를 도우려 했다는 것이었다. 카토는 군사 회의에 나가 이 일을 강력히 반대했다. 그는 신의 이름을 부르며 맹세까지 하여 가까스로 주민들의 목숨을 구해냈다.

그 뒤 카토는 주민들의 요청과 스키피오의 부탁으로 우티카를 다스리게 되었다. 그곳 주민들이 자발적으로나 혹은 강요에 못 이겨서 카이사르에게 협조하는 일이 없도록 하기 위해서였다. 본디 이 도시는 지형 조건이 매우 좋아 방어에 유리했다. 카토는 이곳에 강력한 진지를 만들고, 도시 둘레에 깊은 참호를 파서 더욱 굳건하게 만들었으며, 성안에는 많은 식량을 비축했다. 또 우티카 젊은이들에게 무기를 주어 성벽을 지키게 하고, 다른 주민들은 시내에서만 살게 했다. 그리고 이곳 주민들에게 피해를 끼치거나 모욕을 주는 일이 없도록 로마인들을 단단히 단속했다. 카토는 많은 무기와 군자금을 우군 진영에 보내며 우티카를 주요 보급지로 삼았다.

그런 다음 카토는 전에 폼페이우스에게 했던 것처럼 스키피오에게도 충고했다. 전투 경험이 풍부한 적과의 싸움은 되도록 피해야 하며, 모든 세력은 시간이 지남에 따라 차츰 약해지는 법이니, 전쟁으로 단련된 그들을 상대로 위험한 싸움을 벌이지 말고 때를 기다리라고 했다. 시간을 끌수록 우군에게 유리해진다는 것이었다.

그러나 스키피오는 지나친 자신감에 휩싸여 고집을 부리면서 카토의 의견을 거부했다. 오히려 그에게 편지를 보내 비겁함을 나무라고, 다른 장군들이 좋은 기회를 얻었을 때 방해하지나 말고 조용히 참호 속에나 누워 있으라며 함부로 지껄였다. 카토는 편지를 읽고 곧 답장을 보내, 자기가 이끌고 온 병사들과 이탈리아로 가서 카이사르의 주의를 분산시키겠다고 했다. 그는 스키피오에게 사령관직을 양보한 자신의 판단에 대해 크게 후회했다. 스키피오에게는 전쟁을 제대로 치를 수 있는 훌륭한 작전이 없는 것 같았고, 만약 승리를 거둔다고 해도 틀림없이 로마에 돌아가서 이 승리를 자신의 권력을 키우는 일에 악용할 것이라 생각되었기 때문이다.

그래서 카토는 동료들 앞에서 이 전쟁에 나선 장군들은 모두 경험이 부족하고 혈기만 왕성해서 앞으로 닥칠 일이 걱정된다고 했다. 그리고 다행히 운이 따라 카이사르를 이긴다면, 자신은 스키피오의 잔인함을 피해 로마에서 멀리 떠날 생각이라며, 지금까지 사람들을 몇 번씩이나 무서운 위험에 빠뜨렸던 그가 앞으로도 무슨 짓을 저지를지 모르므로 불안하다고 했다.

애석하게도 그 일은 카토의 예상보다 더 나쁘게 진행되었다. 어느 날 부대를 이탈한 지 사흘이 되었다는 병사 하나가 카토에게 도착했다. 그 병사는, 타프수스에서 큰 전투가 벌어져 우군이 전멸당하고 진영까지 카이사르에게 빼앗겼으며, 스키피오와 유바는 부하 몇 명과 함께 가까스로 달아났다는 소식을 전했다. 전쟁이 한창인 때였고 게다가 한밤에 이런 소식이 전해지자 시민들은 공포에 질려 큰 소동을 일으켰다. 그러나 카토가 나타나 이것은 지나치게 부풀려진 보고이며 그렇게까지 상황이 나쁜 것은 아니라고 그들을 달래자 공포와 소란은 얼마쯤 진정되었다.

다음 날 아침 카토는 300명으로 조직된 평의회를 소집했다. 그들은 리비아에 건너와 장사나 대금업을 하는 로마인들이었는데, 원로원 의원과 그 아들들도 끼여 있었다. 회의는 유피테르 신전에서 열렸는데, 사람들이 모두 모일 때까지 카토는 마치 아무 일도 없었던 것처럼 침착하게 책을 읽으며 신전 근처를 서성거렸다. 그 책은 무기와 군량미 등을 기록한 장부였다. 평의원들이 모두 모이자 카토가 먼저 입을 열었다. 그는 지금까지 평의원들이 보여준 용기와 충성심, 협조에 대해 찬사를 보냈다. 이어서 그는 그들에게 저마다 살길을 찾아 달아나고 싶을지도 모르지만 뜻대로 되지는 않을 거라고 말했다. 하지만 반대로 모두가 한마음으로 힘을 모아 싸운다면 카이사르는 결코 그들을 깔보지 못할 것이며, 끝내 카이사르에게 항복해야 할 상황이 온다 하더라도 너그럽게 그들을 받아줄 것이라고 했다. 그러므로 절대로 흩어져서는 안 된다는 것이다.

카토는 평의원들에게 이 문제에 대해 충분히 의논한 뒤 결정하라고 했다. 그리고 자신은 그들의 결정에 조금도 반대하지 않을 것이며 바꾸려 하지도 않겠다고 약속했다. 만일 그들이 운명에 복종하는 것이 옳다고 생각한다면 어쩔 수 없이 선택한 것이므로 나무라지 않겠다고 말했다. 하지만 그들이 위험을 무릅쓰고라도 자유를 지키기 위해 싸우겠다면 자신은 찬성하는 정도를 넘어서 그들의 용기를 존경하게 될 것이며, 조국의 운명이 걸린 그 전쟁에 카토 자신도 그들의 동료이자 지휘관으로서 끝까지 온 힘을 다하겠다고 말했다. 또한 자신이 말한 조국이란 우티카나 아드루메툼이 아니라, 로마를 일컫는 것이라고 했다. 그들의 조국은 역사적으로 이보다 더한 어려움도 겪어왔으며, 그때마다 조상들이 용감히 일어나 끝내는 승리를 거두었다는 것이다.

카토는 계속해서 그들의 안전에 도움이 되는 몇 가지 상황들을 이야기했다. "우리의 적은 여러 곳에서 위협을 당하고 있습니다. 이베리아에서는 반란이 일어나 폼페이우스 2세에게 세력이 넘어갔으며, 로마는 처음 당하는 속박을 견디기 어려워하고 있습니다. 그러니 상황이 조금만 달라지면 그들은 언제든지 들고일어날 것입니다. 더욱이 위험이란 것은 피하고 달아난다고 해서 없어지는 것이 아닙니다. 그 예를 우리의 적들에게서 찾을 수 있습니다. 그들은 악행을 저지르기 위해 목숨까지도 아까워하지 않으나 우리처럼 행복한 결과를 기대할 수는 없습니다. 우리가 승리해 얻는 것은 가장 행복한 삶이고, 패배해서 얻는 것은 영광스러운 죽음이기 때문입니다. 그러므로 여러분은 이 문제에 대해 깊이 생각한 뒤 결정을 내려야 합니다."

카토는 연설을 마친 다음, 지금까지 자신들이 보여준 용기를 살펴서 가장 지혜로운 결정을 내리게 해달라고 신에게 기도드렸다.

연설을 들은 사람들은 카토의 용감하고 너그러운 태도에 감동했다. 그리고 자신들이 처한 위험을 잊고, 카토가 이 어려움을 헤쳐나갈 수 있는 훌륭한 지휘관이라는 칭찬을 아끼지 않았다. 반드시 싸워야 한다는 신념을 갖게 된 그들은 모든 것을 운명에 맡기기로 하고, 자신들의 무기와 재산을 뜻대로 써달라고 카토에게 간청했다. 그리고 카토 같은 훌륭한 사람을 배반하고 살아남는 것보다 차라리 그와 함께 용감하게 싸우다가 죽는 편이 훨씬 더 명예롭다고 여겼다.

그때 의원 가운데 한 사람이 노예들을 해방시켜 전투에 동원하자는 의견을 내놓았다. 의원들 대부분은 그 의견에 찬성했지만, 카토는 법과 정의에 모두 어긋나는 일이라며 반대했다. 그러나 만약 누군가가 자발적으로 노예들에게 자유를 준다면, 군무에 마땅한 자들은 군대에 편입시키자고 했다. 많은 사람들이 그 의견에 따르겠다고 하자, 카토는 그들의 이름을 기록하도록 명령하고는 회의를 마쳤다.

얼마 뒤 유바와 스키피오로부터 편지가 날아왔다. 몇몇 병사들과 함께 산속에 숨어 있던 유바는 어떤 결정이 내려졌는지를 먼저 물어왔다. 만일 카토가 우티카를 떠났다면 기다리고 있겠으며, 포위당했다면 달려와서 합류하겠다는 내용이었다. 스키피오 또한 유바와 같은 생각으로 우티카에서 그리 멀지 않은 곳에 배를 정박시키고는, 카토의 답이 오기를 기다리고 있다는 편지를 보냈다.

카토는 평의원 300명이 어떤 결정을 내릴 때까지 기다리며 답장을 쓰지 않고, 편지를 가져왔던 사람들을 잠시 머무르도록 했다. 그러나 평의원들 대부분은 장사나 대금업을 하는 사람들인지라 재산이 거의 노예였으므로 카토의 말을 잊어버리고 있었다. 불에 가까이 가면 금방 뜨거워지지만 불에서 멀어지면 금세 식어버리는 몸처럼, 카토의 연설을 들었을 때에는 열정이 뜨거웠으나 자기들끼리 있게 되자 곧 냉정해진 것이었다. 그래서 카토나 정의에 대한 생각들보다는 카이사르에 대한 두려움이 더 강하게 그들을 지배하고 말았다. 그들은 이런 이야기를 나누었다.

"우리는 도대체 누구이며, 누구에게 고개를 숙이지 않으려고 이렇게 하는 것입니까? 그는 바로 로마의 모든 권력을 한 손에 쥔 카이사르입니다. 우리 가운데 스키피오나 폼페이우스나 카토 같은 사람은 아무도 없습니다. 세상 사람들이 모두 두려움에 떨고 있는데 우리가 무슨 수로 로마의 자유를 지킨단 말입니까? 카토와 폼페이우스가 힘을 합치고도 나라를 빼앗겼는데, 우리가 우티카에서 카이사르와 싸워 이긴다는 게 말이나 됩니까? 그런데도 카이사르에게 맞서서 노예들을 해방시켜야 할까요? 카이사르는 기꺼워하지 않을 것입니다. 우리 힘이 어느 정도인지 스스로 판단하고 분수에 넘치는 생각을 해서는 안 됩니다. 어서 카이사르에게 사람을 보내 너그러운 처분을 내려달라고 부탁이나 합시다."

카토는 그들의 갑작스러운 변심을 재빨리 눈치챘지만 그런 기색을 드러내지는 않았다. 그리고 스키피오와 유바에게, 우티카에는 올 생각도 하지 말라는 편지를 써 보냈다.

그런데 지난번 전투에서 살아남은 많은 기병들이 카토에게 대표 세 사람을 보냈다. 그들 가운데 몇몇은 유바 왕에게 가려 했고, 몇몇은 카토를 따르려 했으며, 나머지는 위험하다는 이유로 우티카로 돌아오기 싫어했다. 이 연락을 받은 카토는 마르쿠스 루브리우스를 불렀다. 그러고는 300명의 평의회에 참석해 노예들을 해방시키려 하는 사람들의 이름을 적되, 결코 그 일을 강요하지는 말라고 당부했다. 그런 뒤에 그는 원로원 의원들과 함께 우티카 성을 빠져나갔다. 기병대의 주요 지휘관들과 만난 자리에서 카토는 이렇게 많은 로마 원로원 의원들을 저버리지 말고, 유바 왕을 섬기는 대신 변변치 못하지만 자신을 사령관으로 맞아달라고 부탁했다. 그리고 성은 어떤 공격에도 절대 무너지지 않을 뿐만 아니라, 몇 년이라도 버틸 만한 식량과 물자를 갖추고 있으니 모두의 안전을 위해 성으로 들어가라고 말했다. 원로원 의원들도 그들에게 눈물을 흘리며 간청했다.

기병대 지휘관들이 의논을 하겠다며 부하들이 있는 곳으로 갔다. 카토와 원로원 의원들은 둑 위에 앉아 그들의 결정을 기다리고 있었다. 그때 성에 남아 있던 루브리우스가 소리치며 달려왔다. 그는 300명 평의원들이 모두 카토를 배신했으며, 시민들이 폭동을 일으키도록 부추기고 있다는 소식을 전해왔다. 카토 일행은 모두 깊은 절망에 빠져 비탄의 눈물을 흘렸다. 그러나 카토는 그들을 위로하면서 잠시만 더 기다려 달라고 간청했다.

이윽고 기병대 지휘관들이 회의를 끝내고 그들이 내린 결정을 전했는데, 카토 일행이 기다리던 내용은 아니었다. 그들은 유바에게 돈을 받는 군대가 되고 싶지는 않다면서, 카토를 사령관으로 모시는 한 카이사르도 겁나지 않는다고 했다. 그러나 우티카 사람들은 카르타고인의 후손들로서 배신을 밥 먹듯이 하는 놈들이기 때문에 그들과 함께 성을 지키는 것은 위험하다고 말했다. 우티카인들이 지금은 잠자코 있지만 카이사르군이 나타나면 자신들을 배반하고 그들에게 붙을 것이 분명하므로 우티카인들을 모두 죽이거나 성에서 몰아낸 뒤, 적군도 야만인들도 없는 평화로운 땅으로 만들어야만 카토 일행과 합류할 수 있다는 것이었다.

카토는 그들의 계획이 잔인하기 이를 데 없다고 생각했지만, 그럼에도 300명의 평의원들과 상의를 해보겠다고 조심스럽게 대답했다.

카토가 성으로 들어오자, 그전까지는 그래도 카토를 존경하는 마음에서 무슨 핑계를 내세워 우물거리던 평의원들도 이제는 아예 대놓고 불평을 늘어놓았다. 의원들은 싸울 힘도 없는 자기들에게 전쟁을 강요한다며, 절대로 카이사르와는 싸우지 않겠다고 했다. 어떤 자들은 카이사르군이 올 때까지 원로원 의원들을 달아나지 못하게 붙잡아 두자는 말까지 했다. 하지만 카토는 이 말을 듣지 못했는지 아무런 대답도 하지 않았다. 사실 카토는 귀가 잘 들리지 않았다고 한다.

그런데 그때 마침 기병대가 떠나고 있다는 보고가 들어왔다. 카토는 300명의 평의원들이 원로원 의원들에게 무슨 짓을 할지 걱정스러워서 친구 몇 명을 데리고 서둘러 그들을 쫓아갔다. 기병대는 이미 멀리까지 가 있었으므로 카토 일행은 허둥지둥 말을 타고 뒤를 쫓았다. 기병대는 카토가 달려오는 것을 보고 매우 반가워하며 자기들과 함께 그의 목숨이라도 지키자고 권유했다. 그러나 그는 원로원 의원들을 위해서라도 가지 말라고 사정하며 눈물까지 흘렸다. 카토는 두 손으로 기병대들이 탄 말 머리를 돌려세우기도 하고, 그들의 팔을 잡아 끌어당기기도 했다. 마침내 기병들은 그런 카토의 열성을 보고 마음을 돌려, 하루만 더 기다렸다가 원로원 의원들을 데리고 떠나기로 했다.

카토는 기병대와 함께 우티카로 돌아왔다. 그리고 그들에게 성문과 진영을 지키게 했다. 일이 이렇게 되자 300명의 평의원들은 자신들이 배신한 일로 어떤 화를 입게 될까봐 걱정되었다. 그래서 그들은 카토에게 사람을 보내, 다시 자기들에게 돌아와 달라고 간절하게 빌었다. 하지만 원로원 의원들이 카토를 둘러싸고, 자신들의 은인이자 지도자인 그를 반역자들에게 보낼 수는 없다며 막아섰다.

아마 이때처럼 카토의 드높은 정신이 돋보였던 적은 없을 것이다. 이 일로 우티카인들은 카토가 모든 일에서 언제나 공명정대한 사람이라는 것을 알고, 그를 깊이 존경하게 되었다. 카토는 이미 죽음을 각오하고 있었지만, 오로지 다른 사람들의 안전을 위해 이처럼 고생과 수고를 아끼지 않고 있었다. 물론 그는 이 생각을 밖으로 드러내지 않았으나, 그가 자살을 결심하고 있다는 것은 누구나 다 눈치채고 있었다.

카토는 원로원 의원들을 진정시킨 뒤 혼자서 300명의 평의원들을 만나러 갔다. 그들은 카토를 뜨겁게 맞이하며, 앞으로는 자신들을 믿고 무슨 일이든지 시켜만 달라고 했다. 그러고는 자신들은 카토처럼 높은 뜻을 지니지 못한 소인배들이라서 미련을 버리지 못하고 죄를 저질렀으니, 한 번만 용서해 달라고 빌었다. 그들은 카이사르에게 대표를 보내 항복하기로 결정했지만 이 결정은 어느 누구보다 카토를 위한 것이며, 만일 카이사르가 이 제의를 거절한다면 자기들의 목숨을 보장한다고 해도 받아들이지 않겠다고 말했다. 그때는 자기들도 목숨을 걸고 싸울 결심이 되어 있다는 것이었다.

카토는 그들의 뜻에 감사 인사를 한 다음, 그들이 내린 결정대로 어서 대표를 보내 항복의 뜻을 전달하는 것이 좋겠다고 말했다. 그러나 자신을 위해서는 어떠한 요청도 하지 말라고 당부했다. 정복당한 자와 죄를 지은 자만이 용서를 비는 법인데 자신은 평생 정복당하거나 죄를 지은 일이 없다는 것이었다. 명예와 정의로 보면 카이사르는 나라를 등지는 행동들을 해왔으며, 지금은 그전에 했던 그릇된 행동까지 모두 드러났으므로, 오히려 카이사르가 자신에게 정복당한 사람이라 말했다. 그러니 카이사르는 지금 유죄선고를 받고 있는 것이나 다름없다고 주장했다.

카토는 이야기를 끝내고 회의장을 떠났다. 그때 카이사르가 모든 군대를 이끌고 쳐들어온다는 소식이 들리자 그는 이렇게 탄식했다.

"아하! 카이사르가 우리를 사나이라 생각하고 상대하려는 모양이군."

카토는 원로원 의원들에게 더는 늦추지 말고 기병대와 함께 우티카를 떠나라고 재촉했다. 그러고는 바다로 나 있는 문 하나만 남기고 모든 성문을 닫았다. 그는 떠나는 사람들에게 배와 돈을 비롯한 물자들을 내주었다.

그때 마르쿠스 옥타비우스가 2개 군단을 이끌고 우티카 부근에 와서 진을 쳤다. 그러고는 카토에게 사람을 보내 총지휘권을 넘겨달라고 했다. 카토는 아무런 답도 않고 동료들에게 이렇게 말했다.

"나라가 이 지경이 된 것도 이상한 일은 아닌 것 같소. 이 파멸 지경에서도 아직까지 감투싸움을 하자고 하니 말이오."

이때 기병대가 떠나면서 시민들의 재산을 함부로 약탈하고 있다는 보고가 들어왔다. 정신없이 달려나간 카토는 맨 처음 만난 병사에게서 그가 약탈한 물건을 빼앗았다. 이것을 본 다른 병사들은 가지고 있던 물건들을 모두 땅에 내려놓고, 부끄러워 고개를 숙인 채 달아났다.

카토는 우티카인들을 한곳에 불러모아, 카이사르가 오면 평의원들에 대해 나쁘게 말해 그들이 벌받게 만드는 일이 없도록 하고, 서로 힘을 모아 안정을 지키라고 부탁했다. 그런 다음 그는 부두로 나가서 배에 타고 있던 사람들을 보살피고, 친구들과 일일이 끌어안으면서 작별 인사를 했다. 그는 아는 사람들을 볼 때마다 어서 떠나라고 했는데, 자기 아들에게는 피란하라는 말을 하지 않았다.

아버지 곁을 떠나라고 권유하는 것은 도리가 아니라고 여겼던 것이다.

이들 가운데 스타틸리우스라는 젊은이가 있었다. 그는 지조가 강한 사람으로 카토를 무척 존경했으며, 정의를 위해서는 죽음조차 두려워하지 않았다. 스타틸리우스는 카이사르를 미워하는 것으로 유명했으므로 카토가 그에게 피신할 것을 권유했다. 그러나 스타틸리우스가 전혀 말을 듣지 않자 카토는 스토아학파 철학자 아폴로니데스와 소요학파 철학자 데미트리우스에게 그를 부탁했다.

"이 고집스러운 젊은이를 잘 타일러서, 어떻게 하는 것이 과연 자신을 위해 좋은 일인가를 깨닫게 해주시오."

그러고는 그날 밤과 그다음 날을 피란 가는 사람들을 도우면서 보냈다.

카이사르의 친척인 루키우스 카이사르는 평의원 대표 자격으로 카이사르에게 가게 되었다. 그는 카토를 찾아와 어떻게 해야 모든 사람들을 구할 수 있겠느냐고 물었다. 그러고는 이렇게 덧붙였다.

"선생님을 위해 카이사르 손에 입맞추고 그의 앞에 엎드려 용서를 비는 일은, 저에게는 커다란 영광이 될 것입니다."

그러나 카토는 단호하게 거절했다.

"카이사르에게 용서를 빌면서까지 살고 싶다면 마땅히 내가 직접 그에게 갈 것이오. 하지만 나는 폭군에게서 은혜를 입고 싶지는 않소. 자기가 살리고 죽일 권한이 없는 목숨들을, 마치 정당한 주인이라도 되는 듯이 구는 것 자체가 이미 도리에 어긋난 일이오. 그러니 평의원들을 위해 어떻게 말해야 좋을지나 생각해 봅시다."

루키우스와 협의를 마친 카토는 그에게 아들과 친구들을 소개하고 헤어졌다. 집으로 돌아온 카토는 아들과 친구들을 불러놓고 여러 이야기를 했다. 특히 그는 아들에게 절대로 정치에 끼어들지 말라고 당부했다. 그리고 혼란한 세상에서 소신 있게 행동하는 것은 불가능하며, 불이익을 당하지 않으려 보면 불명예스러운 이름을 남기게 되기 때문이라고 설명했다.

저녁이 되자 카토는 목욕을 하러 갔다. 그런데 목욕 중에 문득 스타틸리우스 생각이 나서 아폴로니데스에게 소리쳤다.

"아폴로니데스! 스타틸리우스라는 고집스러운 젊은이는 떠났소? 그런데 인사도 없이 간 거요?"

"천만에요. 아무리 타일러도 소용이 없었습니다. 여기 남아서 당신이 하는 대로 따르겠답니다."

"그래요? 그럼 어디 두고 봅시다."

이렇게 말하는 카토의 얼굴에 미소가 떠올랐다.

목욕을 마친 카토는 여느 때처럼 많은 사람들과 함께 식사를 했는데, 역시 꼿꼿이 앉은 자세였다. 그는 파르살루스 전투에서 진 다음부터 늘 이런 자세로 식사를 했으며, 잠잘 때 말고는 눕는 일도 없었다. 그날 저녁 카토는 피란을 떠나지 않고 남아 있는 친구들과 우티카의 명사들과 함께 식사를 했다.

식사가 끝나자 술자리가 벌어져, 사람들은 모두 즐거운 이야기를 주고받았다. 그런데 곧 철학에 대한 이야기가 이어지더니 '역설'이라 불리는 스토아학파의 독특한 정치에 대해 토론이 벌어졌다. '착한 사람만이 자유로우며 악한 사람은 모두 노예이다'라는 구절이 토론의 중심 화제가 되었는데, 소요학파 철학자들이 그것은 틀린 말이라 주장했고, 카토는 그들의 말을 반박하고 나섰다. 사람들은 카토의 행동을 보면서 그가 스스로 목숨을 끊을 각오가 되어 있음을 짐작했다. 그래서 그들은 카토의 말이 끝나자 모두 잠잠해졌고, 장내에는 무겁고 침울한 기운이 감돌았다.

분위기를 눈치챈 카토는 그들의 기분을 돌리고 의혹도 풀기 위해 얼른 화제를 바꾸었다. 배를 타고 피란 간 이들과 물도 없는 사막으로 간 사람들의 일에 관심을 보이며, 카토는 그들이 겪을 문제들에 대해 이야기했다.

술자리가 모두 끝나고 카토는 친구들과 함께 평소처럼 산책을 나갔다. 산책에서 돌아온 카토는 침실로 들어갔는데 평소와는 달리 아들과 친구들을 하나하나 포옹하며 인사했다. 사람들은 이것이 혹시 마지막 인사가 아닌가 의심하지 않을 수 없었다. 이윽고 인사를 마친 카토는 침대로 가서 영혼에 대한 문제를 다룬 플라톤의 《대화편》을 읽기 시작했다. 책을 거의 다 읽어갈 때쯤 문득 고개를 들어보니 늘 침대 옆에 두었던 자기 칼이 보이지 않았다. 그의 아들이 식사 중에 몰래 감추었던 것이다. 카토는 다시 책으로 눈을 돌렸다.

잠시 책을 읽던 카토는 칼이 당장 필요한 것은 아니지만 없어졌으니 찾는 것이라며, 노예에게 칼을 가져오라고 일렀다. 그러나 노예는 나가더니 칼도 가져오지 않았을 뿐더러 소식조차 없었다. 책을 다 읽을 때까지 누구도 칼을 가져오지 않자 노예들을 모두 불러 칼을 어떻게 했느냐고 목소리를 높여 물었다.

하지만 결과는 마찬가지였다.

카토는 몹시 화가 나서 한 노예를 주먹으로 때렸다. 하도 세게 때려서 그의 주먹에도 상처가 났다. 카토의 노여움은 차츰 더해져서, 아들과 노예들이 칼 한 자루도 없이 자기를 적에게 넘겨주려 한다며 소리를 질러댔다. 그러자 아들 이 카토의 친구들과 함께 울면서 달려들어와 무릎을 꿇고 애원했다. 카토는 노 여움이 채 가시지 않은 얼굴로 자리를 박차고 일어나더니 큰 소리로 말했다.

"내가 지금까지 정신을 잃고 그릇된 판단을 한 적이 있었느냐? 만일 내가 그 랬다면 너희들이 나를 일깨워 주어야 하지 않느냐? 나를 어떻게 대하는 것이 옳다고 충고해 주는 놈도 하나 없단 말이냐? 도대체 왜 내 생각을 가로막고 내 무기를 함부로 빼앗느냐? 왜 네 아비를 사슬에 묶어서, 카이사르가 와도 내 몸 하나 막지 못하게 하느냔 말이다. 내가 스스로 목숨을 끊겠다면 칼이 없어서 못할 것 같으냐? 마음만 먹으면 숨을 잠시 동안 멈추어도 되고, 벽에 머리를 부딪쳐도 된다."

이 말을 듣고 아들은 다른 사람들과 함께 울면서 방을 나갔다. 방에는 데메 트리우스와 아폴로니데스만이 남아 있었다. 그러자 카토가 부드러운 투로 그 들에게 이야기했다.

"두 사람도 나를 죽지 못하게 하려는 생각이오? 그것이 아니면 제아무리 카 토라 해도 살길이 막혔을 때에는 적에게 빌어서라도 살아야 하며, 그것이 결코 비겁하거나 부끄러운 일이 아니라고 설득하려는 것이오? 지금까지 믿어왔던 모 든 신념을 버리고 카이사르의 은혜로 더 지혜롭게 살 수 있다면, 나에게 그 새 로운 철학을 강의해 보시오. 만약 그렇다면 나도 그러고 싶소. 아직 나 자신에 대해 어떻게 하겠다는 뚜렷한 결심이 선 것은 아니오. 그러나 만약 결심한다면 나는 내가 믿는 대로 행동할 것이니, 두 사람도 내가 그렇게 하도록 도와주시 오. 나는 지금까지 당신들의 철학이 가르쳐 준 신조에 따라 행동해 왔고, 지금 도 그건 마찬가지요. 그리고 앞으로도 당신들의 의견을 물어볼 것이오. 그러니 그때까지는 조용히 물러나서 기다려 주시오. 그리고 내 아들에게, 내가 수긍할 수 없는 일을 내게 시키지 말라고 이야기해 주시오."

데메트리우스와 아폴로니데스는 아무 말도 하지 못한 채 울면서 방을 나갔 다. 그런 다음 어린 소년을 시켜 칼을 들여보냈다. 카토는 칼을 뽑아보고 칼날 이 상하지 않은 것을 확인했다.

"이제야 내 목숨을 내가 쥐게 되었구나."

카토는 이렇게 말하며 칼을 곁에 놓고 다시 책을 읽기 시작했다. 그때 그는 그 책을 두 번이나 읽었다고 한다. 얼마 뒤 깊이 잠든 카토는 밖에까지 들릴 만큼 큰 소리로 코를 골았다.

한밤에 잠에서 깬 그는 노예 출신의 자유인 두 사람을 불렀다. 한 사람은 주치의인 클레안테스였고 다른 한 사람은 공무를 돕는 부타스였다. 카토는 먼저 부타스를 부두로 보내며, 자기 친구들이 모두 떠났는지 보고 오라고 했다. 그런 다음에 아까 노예를 때릴 때 다친 손을 치료받았다. 그러자 사람들은 이제 카토가 자살을 단념했다고 생각하며 무척 기뻐했다.

얼마 뒤 부두에 나갔던 부타스가 돌아와 모두 떠나고 크라수스만 남아 있는데, 그도 곧 떠날 채비를 하고 있다고 보고하면서 바다에 풍랑이 몹시 심하다고 알렸다.

카토는 거친 바다에서 고생하고 있을 사람들을 생각하며 가슴 아파했다. 그래서 부타스를 다시 부두로 보내, 혹시 되돌아와서 도움을 청하는 사람이 있으면 자기에게 알리라고 지시했다. 잠시 뒤에 부타스가 돌아와 부두가 조용해졌다는 보고를 했다. 그러자 카토는 문을 닫으라 말하고, 그때부터 푹 자려는 듯이 침대에 가서 누웠다.

그러나 카토는 부타스가 나가자마자 칼을 뽑아 자신의 배를 찔렀다. 그런데 손에 입은 상처 때문에 세게 찌르지 못해 바로 죽지 못하고 신음했다. 그러다가 그만 침대에서 떨어지며 작은 탁자를 쓰러뜨렸다. 이 소리를 듣고 방으로 달려온 하인들이 급히 카토의 아들과 친구들을 불렀다. 카토는 아직 숨이 끊어지지 않은 채 그들을 보았다. 모두 놀라서 어쩔 줄 모르고 있을 때 의사가 달려와 밖으로 나온 창자를 밀어넣었다. 아직 창자가 상하지 않았으므로 의사는 상처를 꿰매려고 했다. 그러나 의식을 되찾은 카토는 의사를 밀치고, 두 손으로 자기 창자를 도로 끄집어 내더니 곧 숨을 거두었다.

카토의 집안 사람들이 이 소식을 듣기도 전에 300명의 평의원들은 벌써 그의 집 문 앞에 와 있었으며, 우티카인들도 달려왔다. 그들은 카토가 자신들의 은인이고 구세주였으며, 오직 단 한 사람의 자유인이며 승리자였다고 입을 모아 칭송했다.

그때 카이사르가 성으로 들어오고 있다는 소식이 들려왔다. 그러나 그들은 정복자인 카이사르를 두려워하지 않았고, 그에게 잘 보일 생각도 없었다. 그들은 서로의 소란과 싸움을 그치고 모든 영광을 카토에게 바쳤다. 그러고는 카토의 시체를 아름답게 꾸미고, 성대한 행렬을 만들어 바다 가까이에 묻어주었다. 그곳에는 지금도 한 손에 칼을 들고 있는 카토 동상이 서 있다. 그들은 카토의 장례를 모두 마친 뒤에야 자신들과 도시를 구할 방법을 찾기 시작했다.

카이사르는 카토가 우티카에 남아 있던 로마인들을 모두 피란시킨 뒤, 아들과 몇몇 친구들과 함께 태평스럽게 지내고 있다는 이야기를 들었다. 하지만 카토의 의도를 알 수 없었으므로, 숙고한 끝에 직접 군대를 이끌고 성으로 들어온 것이었다. 그는 카토의 자결 소식을 듣고 이렇게 말했다고 한다.

"카토, 당신이 내게 생명을 맡기기 싫어했던 것처럼, 나도 당신이 죽는 것을 그만큼 싫어했소."

만일 카토가 카이사르에게 목숨을 맡겼더라면, 카토의 명예가 더럽혀지기보다는 오히려 카이사르의 영광을 빛나게 했을 것이다. 물론 일이 어떻게 되었을지는 모르는 것이지만, 카이사르는 너그러운 편이었으므로 아마 예상과 다르지 않았으리라.

카토는 이렇게 해서 48세로 세상을 떠났다. 그의 아들은 카이사르로부터 아무런 피해도 입지 않았지만, 여자에게 빠져 가산을 탕진했다고 전해진다.

카토의 아들은 카파도키아에서 왕족인 마르파다테스의 집에 손님으로 묵은 일이 있었는데, 그 집 부인은 소문난 미인이었다. 아들은 그곳에 수상할 만큼 오래 머물렀으므로 이에 대해 많은 풍자시가 떠돌았다. 예를 들면 다음 같은 노래였다.

내일은 그믐날이니
이제 카토는 떠나가리라.

그리고 이런 노래도 있다.

포르키우스와 마르파다테스는 진정한 친구들이니
하나의 영혼으로 둘이 족하다 하네.

마르파다테스의 아내 이름이 프시케(영혼이 맑은 뜻)였다.

　누구나 카토의 위대함을 인정하네.
　그는 분명 왕가의 프시케를 가졌구나.

　그러나 카토의 아들은 이 모든 오점을 명예로운 죽음으로 깨끗이 씻어버렸다. 그는 필리피 전투에서 카이사르와 안토니우스의 군대를 상대로 조국의 자유를 위해 끝까지 맞서 싸웠다. 전선이 무너져 모두 달아날 때에도 그는 마지막까지 병사들을 격려하고, 밀려오는 적들에게 호령하며 싸우다가 죽음을 맞았다.
　카토의 딸도 지조와 기백에서 카토 집안의 사람으로서 조금도 손색이 없었다. 그녀는 카이사르를 암살한 브루투스의 아내가 되어 그 암살 음모에 직접 가담했다. 그녀가 이름난 가문의 자손답게 일생을 마쳤음은 이미 브루투스의 전기에서 말한 바 있다.
　카토와 행동을 함께하겠다던 스타틸리우스라는 젊은이는 카토를 따라 스스로 목숨을 끊으려고 했지만 두 철학자들이 말리는 바람에 뜻을 이루지 못했다. 그 뒤 스타틸리우스는 브루투스를 충실히 도왔으며, 필리피 전투에서 용감하게 싸우다가 죽었다.

아기스(AGIS)

　헤라 여신을 껴안는다는 것이 그만 구름을 껴안는 바람에 켄타우로스족을 낳았다는 신화의 주인공이 바로 익시온이다. 그래서 익시온은 지나친 야심을 가진 대표적 인물로 손꼽히곤 한다. 그의 야심은 허황된 이상을 목표로 삼아, 끝내 이렇다 할 성과를 거두지 못했기 때문이다. 그런 사람들의 행동은 순간적인 충동에 물들어 격렬하므로 소포클레스의 비극에 나오는 양치기의 신세 한탄을 떠올리게 한다.

　　마땅한 주인으로 태어난 우리가 이놈들에게 이끌려 다니고
　　말도 못 하는 이 짐승의 명령에 우리는 복종한다.

　이 시는 민중의 지도자라는, 허울 좋은 이름을 얻기 위해 어리석은 군중의 비위나 맞추는 정치가들을 빗대어 쓴 글이다. 배의 이물에 서 있는 사람이 앞에 무엇이 닥쳐오는지 가장 먼저 보았음에도, 키잡이의 명령대로 움직여야만 하는 것과 마찬가지이다. 인기만 탐내는 정치가는, 비록 왕이라 불리더라도 사실은 민중의 노예나 다름없다. 참으로 지혜롭고 완전한 미덕을 갖춘 사람이라면 민중의 믿음을 얻으며 정치하는 일에 만족할 뿐, 그 이상의 인기를 욕심내지 않는다.
　그러나 출세에 야망을 건 젊은이라면, 눈부신 활동을 펼쳐서 영광과 이름

을 널리 떨치는 일도 그리 나쁘지 않으리라는 테오프라스투스의 말처럼, 젊은
이의 마음속에 싹트는 미덕의 봉오리는 칭찬을 받으면 받을수록 더욱 잘 자라
나서 큰일을 이루기 때문이다. 하지만 권력을 지나치게 탐내는 일은 어떤 경우
에도 위험하며 특히 정치가일 때는 완전한 파멸의 원인이 되기도 한다. 정권을
잡은 사람이 이 병에 걸리면 무엇이 옳고 그른지 판단을 하지 못하므로, 권력
을 위한 일이면 무엇이든 가리지 않고 하게 되기 때문이다. 그리하여 마침내는
권력에 눈이 먼 미치광이가 되고 만다.

포키온은 그릇된 일을 부탁하는 안티파트로스 왕에게 이렇게 답했다.

"나는 당신의 친구이면서 동시에 아첨꾼이 될 수는 없소."

정치가들도 민중에게, 여러분을 통치하면서 여러분에게 복종할 수는 없다고
말해야 마땅할 것이다.

어느 나라에서는 뱀에 대한 우화와 같은 일이 가끔 일어나곤 한다. 그 우화
는 이런 내용이다. 어느 날 뱀의 꼬리가 뱀의 머리에게 반란을 일으켰다. 늘 머
리를 따라다니는 일에 불만을 품은 꼬리가, 이제는 자기가 앞장서겠다고 말한
것이다. 그런데 꼬리가 앞장서서 가다가 험한 길로 빠지는 바람에 머리를 크게
다쳤다. 앞을 보지 못하고, 소리도 듣지 못하는 안내자에게 끌려갔기 때문에
일어난 불행이었다.

어리석은 군중이 원하는 대로 움직이는 정치가의 불행한 운명을 우리는 수
없이 보아왔다. 군중은 스스로 무질서를 억제하거나 혼란에서 벗어날 수 없기
때문이다. 대중에게서 얻은 영광을 말할 때 내 마음속에 떠오르는 것은 티베리
우스와 가이우스 그라쿠스의 삶이다. 그들 형제는 고귀한 집안에서 태어나 좋
은 교육을 받으며 자랐다. 그들은 앞날이 기대되는 정치 생활을 시작했지만, 명
예를 탐냈다기보다는 오히려 명예를 잃을까봐 지나치게 두려워하다가 파멸을
맞았다.

두 사람은 처음에 민중으로부터 열렬한 사랑을 받았다. 그들은 민중을 위한
새로운 법과 정책을 만들어서 자신들이 누리는 명예에 보답하려 했다. 마치 명
예와 보답을 놓고 경쟁이라도 하는 듯했다. 민중은 그들에게 더 많은 사랑을
보냈고, 두 정치가는 새로운 방법으로 은혜를 갚기 위해 노력을 아끼지 않았
다. 마침내 그들은 명예를 유지하기 위해서라도 경쟁을 멈출 수 없는 처지가 되
고 말았다. 이런 사실들은 그들의 전기를 읽어보면 쉽게 깨달을 수 있다. 여기

서는 스파르타의 지도자이며 왕인 아기스와 클레오메네스를 그들과 비교해 보자. 그라쿠스 형제와 마찬가지로, 이 두 왕도 향락과 기득권을 빼앗기지 않으려는 부자와 권력자들로부터 많은 시기를 받았다. 두 왕은 형제 사이는 아니었으나, 그들이 세운 정책이나 목적은 형제처럼 닮은 부분이 많았다.

스파르타에 재물을 가지려는 욕망이 스며들면서, 국민들의 마음속에는 탐욕과 비굴함이 싹트고 사치와 방종과 무질서도 생겨났다. 스파르타는 명예를 잃어버린 채 아기스와 레오니다스, 두 왕이 다스리는 시대로 접어들었다. 아기스는 에우리폰티다이 왕가에서 에우다미다스의 아들로 태어났다. 아기스의 6대조는 아시아를 정벌해, 헬라스에서 가장 위대한 인물로 평가받는 아게실라우스 왕이다. 아게실라우스에게는 아르키다모스라는 아들이 하나 있었는데, 아르키다모스는 이탈리아의 만두리아 전투에서 메사피아 사람들과 싸우다가 안타깝게도 전사하고 말았다. 그래서 아르키다모스의 맏아들인 아기스가 아버지의 왕위를 물려받았다. 그런데 그 아기스는 메갈로폴리스 근처에서 일어난 전투에서 안티파트로스와 싸우다가 죽었다. 아기스에게는 아들이 없었으므로 동생인 에우다미다스가 왕위를 이어받았다. 그다음에는 에우다미다스의 아들인 아르키다모스가 왕위를 계승했고, 아르키다모스의 아들인 에우다미다스가 그 뒤를 이었다. 이 에우다미다스의 아들이 이 이야기의 주인공인 아기스 왕이다.

한편 레오니다스는 또 다른 왕가인 아기아다이 집안에서 태어났으며, 아버지는 클레오니무스이다. 그는 플라타이아 전투에서 마르도니우스를 무찔렀던 파우사니아스의 8대손이다. 파우사니아스의 아들인 플레이스토아낙스가 그 뒤를 이어 왕이 되었는데, 그에게는 파우사니아스라는 아들이 있었다. 파우사니아스는 왕위에 오르지 못하고 추방당해 테게아에서 평민으로 살았고, 대신 그의 맏아들인 아게시폴리스가 왕위에 올랐다. 그리고 아게시폴리스가 죽자 그의 동생인 클레옴브로투스가 왕위를 이어받았다.

클레옴브로투스에게는 아들이 둘 있었는데, 큰아들인 아게시폴리스는 잠시 왕위에 있다가 자손을 남기지 못하고 죽었으므로 둘째 아들인 클레오메네스가 왕위에 올랐다. 클레오메네스도 두 아들, 아크로타투스와 클레오니무스를 두었는데 큰아들인 아크로타투스는 아버지보다 먼저 죽었고, 아레우스라는 아들을 남겼다. 아레우스가 왕위를 이어받았으나 코린토스 전투에서 죽자, 그의 아들인 아크로타투스가 왕이 되었다. 아크로타투스는 메갈로폴리스 부근에서 참주 아리스토데무스와 싸우다가, 임신 중인 왕비를 남기고 전사했다. 왕비는 얼마 뒤에 아들을 낳았다. 그리하여 클레오니무스의 아들인 레오니다스가 이 유복자의 후견인이 되었으나, 이 어린 왕이 그만 일찍 죽는 바람에 레오니다스가 왕위를 이어받았다.

레오니다스는 스파르타에는 참으로 어울리지 않는 왕이었다. 스파르타는 전통적인 엄격함과 검소한 생활을 버린 지 오래였으나, 레오니다스의 사치는 사람들이 보기에도 지나칠 정도였다. 레오니다스는 셀레우쿠스 왕의 추종자였기 때문에 그 궁전에서 오래 살았다. 그래서 그곳 페르시아 군주들의 교만한 태도를 좋게 된 것이었다. 당연히 헬라스인들과의 감정은 나빠질 수밖에 없었다. 그들은 법을 존중해야 하는 스파르타의 왕으로서 예를 갖추지 못하는 행동은 도저히 받아들여질 수 없다고 생각했다.

한편 마음이 어질고 기품이 있는 아기스는 레오니다스와는 비교도 되지 않을 만큼 모든 면에서 훌륭했다. 그뿐만 아니라 아기스는 아게실라우스 대왕 이래로 가장 뛰어난 왕이었다. 그는 스파르타에서 가장 부유했던 어머니 아게시스트라타와, 할머니 아르키다미아의 손에서 매우 풍족하게 자랐다. 그러나 그는 스무 살이 되기 전에 모든 쾌락과 사치를 버렸다. 스파르타의 전통대로 소박한 옷을 입고 간소한 식사를 했으며, 훈련도 옛날 라코니아풍을 그대로 지켰다. 또한 그는 친구들에게 늘 말하기를, 자신이 왕이 되려는 것은 스파르타 전통인 소박하고 절제된 생활 방식과 엄격한 훈련을 따르기 위해서라고 했다.

라케다이몬 사람들의 생활이 타락하게 된 것은 아테나이를 정복한 뒤 금과 은이 들어오면서부터였다. 하지만 리쿠르고스가 정했던 호구 수는 그대로였고, 재산과 토지를 그 아들에게 물려주어야 한다는 법률도 남아 있었다. 이렇게 해서 옛날에 평등하게 나누었던 토지들이 그대로 상속되었으며, 이런 관습 덕분에 나라의 질서가 그런대로 이어지고 있었다.

그러나 이 법률도 끝내는 허물어지고 말았다. 에포로스 가운데 한 명이었던 에피타데우스는 막강한 영향력을 지닌 고집불통이었는데, 성격 또한 매우 거칠었다. 어느 날 에피타데우스는 아들과 심하게 다툰 뒤에 괴상한 법률을 제안했다. 소유자가 살아 있을 때나 죽은 뒤에도 유언을 통해 집과 땅을 본인이 원하는 사람에게 줄 수 있도록 하자는 것이었다. 그는 오직 아들에 대한 미움 때문에 이 법률을 제안했지만, 탐욕에 사로잡힌 사람들은 이것을 곧바로 통과시켰다. 이로써 리쿠르고스가 만들었던 훌륭한 제도는 무너지고 말았다. 그리하여 권력을 쥔 사람들이 정당한 상속권을 가진 사람들에게서 땅을 빼앗는 일이 많아졌다. 나라의 재산은 몇몇 권력자들에게 몰렸고, 대부분의 사람들은 가난에 허덕이게 되었다. 나라는 갈수록 부패했으며, 시민들은 부자와 권력자들을 증오하기 시작했다.

전통적인 스파르타 가구 수는 겨우 700호 정도였고, 그 가운데 상속 가능한 토지를 가진 집은 100호 정도였다. 나머지 사람들은 재산과 함께 명예까지 박탈당했으므로 전쟁이 일어나도 열심히 싸우지 않았으며, 그저 집에 틀어박혀 세상이 뒤집힐 어떤 기회가 오기만 기다렸다.

그래서 아기스는 토지를 재분배해 나라를 평등하게 만드는 것이야말로 영광스러운 업적이라고 여기게 되었다. 그는 이 문제에 대해 일반의 여론을 물었다. 젊은이들은 마치 시합에 나갈 준비를 마친 선수처럼 열정적으로 아기스를 지지했으나, 이미 나쁜 습성에 물든 노인들은 리쿠르고스식의 엄격한 생활 방식으로 돌아가는 것을 겁내면서 반대했다. 그들은 아기스가 현재의 상태를 개탄하며 스파르타의 옛 영광을 찬양하자 심한 비난을 퍼부었다.

그러나 아기스의 계획은 리비스의 아들 리산드로스, 에크파네스의 아들 만드로클레이다스, 아게실라우스의 지지를 얻었다. 이들은 아기스의 계획에 열렬히 찬성하고, 그를 격려하면서 적극적인 협조를 약속했다. 이들 가운데 리산드로스는 그즈음 스파르타에서 가장 영향력 있는 사람이었으며, 만드로클레이다스는 헬라스에서 가장 뛰어난 정략가로 알려져 있었던 만큼, 치밀하게 계획을 세워서 과감하게 행동으로 옮기는 사람이었다.

아게실라우스는 아기스의 외삼촌으로 뛰어난 웅변가였다. 그러나 그는 욕심이 많고 의지가 굳지 못한 결점이 있었다. 그가 이 일에 참여하게 된 것은 그의 아들인 히포메돈의 설득 때문이었다고 한다. 히포메돈은 큰 전공을 세워서 젊은이들 사이에서 이름을 떨쳤던 인물이다. 그런데 사실 아게실라우스에게는 그럴 만한 속사정이 있었다. 그는 많은 빚을 지고 있어서, 개혁을 통해 그 부채를 벗으려는 속셈이었던 것이다.

아기스는 이처럼 강력한 인물들의 지지를 얻게 되자 이번에는 자신의 어머니를 끌어들이려고 했다. 아기스의 어머니는 친구들과 추종자들뿐 아니라 그녀에게 돈을 빌린 사람들도 많았고, 공적인 일에서도 큰 몫을 하고 있었기 때문이다.

아기스의 계획을 처음 들었을 때 어머니는 깜짝 놀랐다. 그러고는 불가능한 일일뿐더러 별 소득도 없는 일이니 그만두라고 충고하며 그를 타일렀다. 그러자 아게실라우스가 나서서, 이 계획은 훌륭한 것이며 집안은 물론 모든 사람들에게도 큰 이익이 된다며 누이를 설득했다. 어린 왕도 자신의 영광스러운 소망을, 그녀의 재산을 잃게 되는 것 때문에 외면하지는 말아달라고 애원했다. 재산으로만 놓고 본다면 아기스 왕 자신은 다른 나라 왕들과는 도저히 비교도 할 수 없다고 말했다. 페르시아 총독들의 신하들, 그리고 셀레우쿠스 왕이나 프톨레마이오스 왕의 노예들이 스파르타의 모든 왕들 재산을 합친 것보다 더 많은 재산을 가지고 있기 때문이라는 것이다. 하지만 만약 재산과 쾌락이 아니라 검소한 생활과 참된 미덕으로 견주어 본다면 자신은 그들을 충분히 이길 수 있고, 만일 자신이 옛 스파르타 국민이 누렸던 평등을 되찾아 준다면 진정 위대한 왕으로 존경받게 될 거라 말했다.

이렇게 해서 젊은 왕은 어머니뿐만 아니라 할머니의 마음까지 완전히 사로잡았다. 그들은 아기스의 야망에 대해 무척 들떠 있었는데, 마치 하늘에서 계시라도 받은 듯했다. 그의 어머니는 틈날 때마다 아기스를 격려했으며, 자기 친구들을 불러 그를 돕게 했고, 다른 여인들에게도 그들의 뜻을 설명해 주었다. 그녀는 본디 라케다이몬 남자들이 여자들 뜻에 따르는 경향이 있다는 걸 잘 알고 있었다.

그러나 이런 풍습은 오히려 아기스의 계획에 큰 장애물이 되었다. 라케다이몬에서 재산은 거의 여자들 손에 있었는데, 여자들은 사치를 좋아했으므로 재산으로부터 나오는 모든 힘을 빼앗기지 않으려 했기 때문이다.

그래서 여자들은 레오니다스를 찾아갔다. 그는 나이가 많고 경험도 풍부하니, 성급하게 날뛰는 젊은 왕의 계획을 멈추게 해달라고 부탁하려는 것이었다. 레오니다스도 아기스의 계획을 못마땅하게 여기고 있었지만, 개혁을 원하는 사람들의 노여움을 살까봐 섣불리 반대 의사를 드러낼 수 없었다. 그래서 그는 몰래 일을 꾸미며 아기스의 계획을 방해하기로 했다. 레오니다스는 주요 관리들을 만나거나 회의에 나갈 때마다 아기스에 대한 비난을 늘어놓았다. 아기스가 부자들의 재산을 가난한 사람들에게 나누어 주려는 것은, 스파르타 시민을 위한 것이 아니라 권력을 거머쥐기 위함이며, 폭군이 호위병을 사 모으려는 수작으로밖에 보이지 않는다고 말했다.

그러나 이런 공작에도 불구하고 아기스는 리산드로스를 에포로스로 선출했으며 그를 통해 다음과 같은 법안을 제출했다.

'모든 부채는 무효로 하며 모든 토지를 분배하되, 펠레네 계곡과 타이게투스 산 사이, 말레아와 셀라시아 사이의 땅을 4500구획으로, 그 밖의 땅을 1만 5000구획으로 나눈다. 나중에 말한 1만 5000구의 땅은 군무를 할 수 있는 지방민들에게 나누어 주고, 먼저 말한 4500구의 땅은 순수 혈통인 스파르타인에게 나누어 준다. 또한 외국인으로서 자유 시민 교육을 받았거나 그 밖의 조건을 따져서 자격을 갖춘 자들을 스파르타 시민으로 만든다. 모든 스파르타인들을 15개 반으로 나누되, 각 반은 200명 또는 400명으로 편성해 훈련과 식사를 공동으로 하게 한다.'

이 법안이 제출되자 원로원에서는 많은 사람들이 반대했다. 그러자 리산드로스는 민회를 열어 이 법안을 지지해 달라 호소했고, 만드로클레이다스와 아게실라우스도 열변을 토했다. 몇몇 부자들의 이기심과 탐욕을 만족시키기 위해 스파르타의 영광을 되찾을 수 있는 길을 막아서는 안 된다는 것이다. 또한 스파르타가 탐욕으로 망하게 될 거라던 오랜 신탁을 잊지 말라고 당부하며 최근에 내려온 파시파에 신전의 새로운 신탁도 다시 한 번 생각해야 한다고 말했다.

옛날부터 탈라마이에 있던 파시파에 신전과 그곳에서 받은 신탁은 특별히 신성하게 여겨져 왔다. 어떤 사람은 파시파에는 아틀라스의 딸로, 유피테르와의 사이에서 암몬을 낳았다고 말한다. 또 어떤 사람은 프리아모스의 딸인 카산드라가 이곳에서 죽었으며, 그녀가 모든 사람의 신탁을 알고 있어서 파시파에라 불렸다고 한다. 파시파에는 헬라스 말로 '만인의 신탁을 말해주는 자'라는 뜻이다. 필라르쿠스 말에 따르면 파시파에는 아미클라스의 딸인 다프네로, 아폴론으로부터 달아나다가 월계수로 변했는데 아폴론이 그녀를 기리는 마음으로 앞일을 내다볼 수 있는 힘을 주었다고 한다.

어쨌든 그때 파시파에 신전에서 내려진 신탁은, 스파르타인이 리쿠르고스가 정한 법대로 평등하게 살아야 한다는 내용이었다.

연설이 끝난 다음 아기스가 나오더니 몇 마디 말을 한 뒤에 선언하기를, 자신은 시민들의 이익을 위해 제출된 새 법안을 적극적으로 지지할 뿐만 아니라 자신이 가지고 있는 농토와 목장 등의 사유재산과 함께 600탈란톤의 돈을 내놓겠다고 했다. 그리고 그의 어머니와 친구들을 비롯해, 스파르타에서 많은 재산을 가진 사람들도 모두 그렇게 할 것이라 믿는다고 덧붙였다.

사람들은 모두 이 젊은 왕의 너그러움에 놀라며 300년 만에 왕다운 왕이 나왔다고 기뻐했다. 그러나 또 다른 왕인 레오니다스는 더욱 적극적으로 아기스의 주장에 반대하고 나섰다. 아기스가 하는 대로 내버려 두었다가는 재산을 잃는 것은 물론이고, 명예마저 그에게 빼앗길 것이라 여겼기 때문이다. 레오니다스는 아기스에게, 리쿠르고스가 과연 공정한 사람이며 애국자였다고 생각하느냐고 질문했다. 아기스가 그렇다고 대답하자 그는 이렇게 반박했다.

"그러면 리쿠르고스가 모든 빚을 무효로 하고 외국인들에게까지 시민권을 주었을 거라고 생각합니까? 그분은 나라의 번영을 위해 외국인을 몰아내야 한다고 주장했던 사람입니다."

그러자 아기스는 레오니다스 왕은 다른 나라에서 오래 살았고, 페르시아 궁정에서 아내를 얻어 아들까지 낳았으니 당연히 리쿠르고스의 법을 잘 모를 거라고 말했다. 그러면서 리쿠르고스는 돈을 비롯한 모든 채무와 채권을 스파르타에서 없앴으며, 그가 외국인을 몰아낸 것은 그들을 싫어해서가 아니라, 사치하는 나쁜 습관이 이 나라에 물들까 염려되어서였다고 설명했다. 테르판드로스, 탈레스, 페레키데스 등도 외국인이었지만 그들을 내쫓지 않은 것은 그들이 리쿠르고스의 제도를 찬양하고 널리 알렸기 때문이라고 했다.

아기스의 말은 계속 이어졌다.

"전하께서 칭찬하시던 에크프레푸스가 에포로스로 있을 때, 그는 프리니스의 악기에서 2줄을 도끼로 끊은 일이 있었지요. 또 누군가가 그것을 본떠 티모테우스의 하프 줄을 끊자 전하께서는 그것을 칭찬하셨습니다. 그런데 왜 이제 와서 사치와 허영을 끊으려는 이를 나무라시는 겁니까? 그들은 단순히 악기의 줄을 끊은 것이 아니라 그 줄을 끊음으로써, 조화와 질서를 어지럽히는 사치와 허영을 사람들이 경계하도록 했던 것입니다."

이렇게 되자 평민들은 아기스를 따랐으며, 부자들은 레오니다스 편을 들었다. 부자들은 자신들의 이익을 저버리지 말라고 레오니다스에게 간청했다. 그들은 원로회를 움직여 마침내 아기스의 법안을 단 한 표 차이로 부결시켰다.

이에 에포로스였던 리산드로스는 복수를 결심하고 레오니다스에 대한 고발장을 썼다. 이 고발장의 근거가 된 것은 옛 법률이었다. 그 가운데 하나는 헤라클레스의 자손은 외국 사람과 결혼해 자식을 낳아서는 안 된다는 것이고, 다른 하나는 외국에서 살기 위해 스파르타를 떠나는 자는 사형시킨다는 것이었다. 이 법으로 레오니다스를 처벌하겠다 선언한 리산드로스는 다른 에포로스와 함께 하늘의 계시가 나타나기를 기다렸다.

이 의식은 에포로스가 일정한 시기에 올리는 것으로 다음과 같이 진행되었다. 에포로스는 9년에 한 번씩, 구름 한 점 없이 맑은 밤을 골라 함께 모여서 하늘을 쳐다본다. 만일 이때 별이 떨어지면, 왕이 신을 모독하는 죄를 지은 것이므로 왕은 델포나 올림피아에서 신탁이 내려올 때까지 모든 권한을 박탈당한다.

리산드로스는 별이 떨어지는 것을 보았다고 주장하며 레오니다스를 재판에 부쳤다. 법정에 나온 증인이 이야기하기를, 레오니다스는 셀레우쿠스의 신하가 바친 아시아 여자와 결혼해 아이를 둘이나 낳았는데, 뒷날 그 아내와 헤어져 스파르타로 돌아왔으며, 그때 왕위를 물려받을 왕자가 없어서 레오니다스가 왕이 된 것이라고 했다.

리산드로스는 거기에서 멈추지 않고, 레오니다스의 사위인 클레옴브로투스 또한 왕족임을 이용해 그를 부추겨 왕위를 주장하게 만들었다. 이렇게 되자 레오니다스는 재판의 결과가 두려워 아테나 신전의 청동궁에 들어가 숨어 있었다. 그러자 그의 딸도 남편 클레옴브로투스를 버리고 아버지를 따라 그곳으로 들어갔다. 재판하는 날이 되었지만 레오니다스는 법정에 나오지 않았다. 마침내 그는 왕위를 빼앗겼으며 대신 클레옴브로투스가 왕위에 올랐다.

그로부터 얼마 뒤에 리산드로스의 에포로스 임기가 끝났다. 새로 뽑힌 에포로스는 레오니다스를 옹호하며, 불법적으로 채무를 무효화시키고 토지를 새로 배분했다는 혐의로 리산드로스와 만드로클레이다스를 고발했다. 생명의 위협을 느낀 두 사람은 아기스와 클레옴브로투스를 찾아가, 두 왕의 안전과 이익을 위해서라도 함께 행동해 에포로스의 결의를 막아야 한다고 설득했다.

스파르타 법에 따르면, 에포로스는 두 왕의 의견이 갈라졌을 경우 더 옳다고 판단되는 한편을 지지할 수 있었다. 그들은 두 왕이 불화를 일으켰을 때에만 권력을 휘두를 수 있었으며, 그렇지 않을 때에는 절대로 간섭할 수 없었다.

또한 왕이 서로의 의견을 인정하지 않았을 때에는 양편을 조정하고 중재할 수 있지만, 두 왕의 의견이 같을 때에는 입을 열 수 없었다. 그렇기 때문에 리산드로스와 만드로클레이다스는 두 왕 모두에게 그런 호소를 했던 것이다.

아기스와 클레옴브로투스는 이들의 의견을 받아들여 측근들과 함께 공회당으로 갔다. 그러고는 에포로스는 모두 몰아내고 아게실라우스 등을 새로운 에포로스로 선출했다. 그런 다음 많은 젊은이들을 무장시킨 뒤 정치범들을 풀어주었으며, 개혁에 반대하는 자들을 모두 사형시키겠다고 협박했다. 그러나 실제로는 아무도 죽이지 않았으며, 오히려 적에게 은혜를 베풀기까지 했다. 그런 예로 다음 같은 이야기가 있다.

아게실라우스는 부하들을 시켜 테게아로 달아나는 레오니다스를 죽이려고 했다. 하지만 이 계획을 미리 눈치챈 아기스는 믿을 만한 사람들을 레오니다스에게 보내, 그가 무사히 테게아로 도망갈 수 있게 도와주었다.

개혁은 한동안 순조롭게 진행되었으나, 아게실라우스의 욕심 때문에 이 훌륭한 계획은 그만 허물어지고 말았다. 아게실라우스는 가장 넓고 좋은 땅을 가지고 있었으면서도 빚이 많았다. 그는 빚을 갚지 않아도 된다는 것 때문에 이 계획에 가담했지만, 자신의 땅을 내놓을 생각은 털끝만큼도 없었다. 그래서 그는 아기스에게 두 가지 일을 동시에 시행한다면 자칫 소란이 일어날 것이니, 먼저 빚을 무효로 만든 다음에 부자들에게 땅을 내놓게 하자고 말했다.

리산드로스를 비롯해 많은 사람들이 이 간사한 꾀에 넘어가고 말았다. 그들은 '클라리아'라 불리던 채권과 차용증서들을 모두 공회당에 가져오게 한 뒤, 그것을 한곳에 쌓아놓고 불을 질렀다. 돈에 대한 모든 문서가 재로 변했고, 이것을 지켜보던 부자들은 억울한 마음을 누르며 돌아가야 했다. 그러나 아게실라우스는 이처럼 깨끗하고 아름다운 불은 처음 본다며 기쁨을 감추지 못했다.

그리고 나서 시민들은 토지를 나누어 달라고 왕들에게 요구했다. 그러나 아게실라우스는 이리저리 핑계를 대며 자꾸 시간을 미루었다. 그러던 차에 아기스가 군대를 지휘해 출정해야 할 일이 생겼다. 스파르타와 동맹을 맺은 아카이아가 도움을 요청했던 것이다. 아이톨리아군이 메가라 땅을 거쳐 펠로폰네소스에 침입해 오고 있었으므로, 아카이아의 아라토스 장군이 도움을 청해온 것이었다. 아라토스의 구원 요청을 받은 에포로스는 아기스에게 군대를 주면서 출정 명령을 내렸다.

아기스는 자신을 따르는 병사들을 보고 마음이 무척 흐뭇했다. 그들은 모두 가난한 집 자식들이었지만, 무거운 빚에서 벗어난 데다가 땅을 받으리라는 희망 때문에 모두 혈기가 넘쳤다. 그들은 행군할 때에도 질서를 잘 지켰으며, 펠레폰네소스의 민간인들에게도 아무런 해를 끼치지 않았다. 그래서 각 도시 사람들은 이들에 대한 칭찬을 조금도 아끼지 않았다.

그들은 가장 젊은 듯 보이는 대장의 군대가 그토록 질서 정연한 것을 보고는, 그 옛날 아게실라우스나 리산드로스 또는 레오니다스 같은 명장들이 있을 때에는 스파르타의 군대가 얼마나 훌륭했겠느냐는 이야기를 했다. 그들은 또한 병사들과 똑같은 옷에 똑같은 무기를 지닌 아기스에 대한 칭찬으로 입에 침이 마를 새가 없었다. 그러나 부자들은 이런 개혁의 물결이 밀어닥치는 것을 매우 두려워했다.

아기스는 코린토스에서 아라토스의 군대와 합세한 뒤 작전 계획에 대해 의논했다. 계속 앞으로 나가는 것이 옳은지 아닌지가 주된 의제였다. 아기스는 더 진격하기를 주장했지만, 자기주장을 무조건 내세우지는 않았다. 적과 싸워서 적이 펠레폰네소스 반도를 통과하는 것을 막아야 했으나, 그는 아라토스의 의견을 받아들이겠다고 말했다. 단순히 아라토스가 나이도 많고 전쟁 경험도 풍부하기 때문만은 아니었다. 그보다는 자신은 동맹국인 아카이아군을 도와주려고 온 것이지 군대를 지휘하러 온 것은 아니었기 때문이다.

시노페의 역사가 바톤은 그때 아라토스가 전쟁을 하자고 했는데도 아기스가 반대했다고 전하지만, 이것은 잘못된 기록으로 보인다. 이런 주장을 하는 사람은 아라토스가 쓴 글을 읽지 않았음에 틀림없다. 왜냐하면 아라토스는 마침 막 가을걷이할 때인데 싸움을 벌이면 한 해 농사를 망치게 되니, 차라리 적을 그냥 통과시키는 편이 나았다고 적었기 때문이다.

그래서 아라토스는 아기스 군대에 감사하다는 말을 전하고, 그들을 본국으로 돌려보냈다.

아기스가 부하들의 존경을 받으며 스파르타에 돌아와 보니 나라는 큰 혼란에 빠져 있었다. 에포로스 자리에 있던 아게실라우스는 온갖 수치스러운 방법을 다 써가며 돈을 긁어모으고 있었다. 특히 그는 필요하지도 않은 윤달을 만들어서 13월의 세금까지 억지로 받아먹었다. 또 자기가 피해를 준 사람들의 보복이 두려워 언제나 호위병을 데리고 다녔다. 게다가 자신의 권세만 믿고 클레옴브로투스 왕까지 드러내 놓고 업신여길 정도였다. 그러나 아기스 왕에게는 그러지 않았는데, 이는 왕을 존경해서가 아니라 그가 오로지 친척이었기 때문이다.

아게실라우스는 다음 해까지 에포로스 자리를 내놓지 않겠다는 욕심을 공공연히 드러냈다. 이렇게 되자 그를 미워하던 사람들은 더 늦기 전에 위험을 무릅쓰기로 결심했다. 그들은 마침내 테게아에 있는 레오니다스를 데려와 다시 왕위에 앉혔다. 시민들도 아게실라우스가 땅을 나누어 주겠다는 약속을 지키지 않은 데 몹시 분노하고 있었기에, 모두 이 일을 지지했다. 아게실라우스는 아들인 히포메돈이 평소에 덕을 쌓아 시민들의 사랑을 얻은 덕분에 큰 화를 피할 수 있었다. 히포메돈은 위험에 빠진 아버지를 민중의 손에서 구해내어 나라 밖으로 무사히 달아나게 해주었던 것이다. 이런 소란이 이어지는 동안 아기스는 아테나 신전의 청동궁에, 클레옴브로투스는 포세이돈의 신전에 저마다 몸을 숨겼다.

레오니다스는 사위인 클레옴브로투스에게 더 화가 났다. 그는 아기스가 있는 신전은 그냥 지나치고, 클레옴브로투스가 있는 신전으로 병사들을 이끌고 들어갔다. 그러고는 사위이면서도 적과 손잡고 자기 왕좌를 빼앗은 뒤에 자신을 나라 밖으로 쫓아낸 일에 대해 분노하며 꾸짖었다. 그러나 클레옴브로투스는 아무 말 없이 앉아 있기만 했다. 거기에는 클레옴브로투스의 아내이며 레오니다스의 딸인 킬로니스도 함께 있었다. 그녀는 예전에 아버지가 위험한 처지에 놓이자 분노하여, 남편인 클레옴브로투스가 자기 아버지의 왕위를 빼앗을 때 남편과의 인연을 끊고서 아버지를 따라 신전에 숨어 있었다. 그녀는 아버지와 함께 그의 불행을 가슴 아파했고, 그 뒤 나라 밖으로 떠나 여기저기 떠돌면서도 아버지를 위로하고 자기 남편에게 맞서왔다.

그러나 그녀는 이제 뒤바뀐 운명을 좇아, 불행한 처지에 놓인 남편 곁에 있었다. 두 자식과 함께 남편을 끌어안고 있는 그녀의 모습은 보는 사람의 가슴을 뭉클하게 했다. 킬로니스는 초라한 옷과 헝클어진 머리카락을 가리키며 레오니다스에게 애원했다.

"아버지! 제가 지금 이런 꼴로 앉아 있는 것은 결코 클레옴브로투스가 가엾어서가 아닙니다. 저는 오랜 세월 아버지와 함께 타국을 돌아다니며 온갖 설움을 겪었던 탓에 이제는 이런 모습이 익숙해졌습니다. 그런데 아버지가 승리를 거두어 다시 스파르타의 왕좌에 앉으셔도 제가 이런 꼴로 있어야 되겠습니까? 아니면 왕녀답게 좋은 옷을 입고는 제 남편이 아버지께 죽임을 당하는 모습을 구경하고 있어야 되겠습니까? 클레옴브로투스의 아내와 아이들의 눈물로도 아버지의 용서를 얻지 못한다면, 남편은 아버지가 주시려는 벌보다 더 큰 벌을 받게 됩니다. 사랑하는 아내가 스스로 목숨을 끊는 광경을 두 눈으로 지켜보아야 한단 말입니다. 남편의 마음도 아버지의 마음도 움직이지 못한다면, 제가 무슨 낯으로 세상 여자들을 쳐다볼 수 있겠습니까? 저는 아무래도 딸이나 아내로서 제 살붙이들과 함께 고생하라는 운명을 타고났나 봅니다. 남편을 버리고 아버지를 따라간 여자가 무슨 변명을 할 수 있겠습니까? 그러나 아버지! 왕좌를 위해 사위와 자식을 돌보지 않는 분이, 어째서 똑같은 죄를 저지른 이 사람을 용서치 못하십니까?"

이야기를 마친 킬로니스는 눈물 어린 붉은 눈으로 사람들을 둘러보았다. 레오니다스는 신하들과 의논하기 위해 잠시 자리를 뜨더니 얼마 뒤에 돌아왔다. 그리고 클레옴브로투스에게 이 나라를 떠나라 명령하고는, 딸에게 그녀를 사랑하기에 남편을 살려달라는 청을 들어준 것이니 자신을 버리지 말고 곁에 있어달라고 말했다.

그러나 킬로니스는 레오니다스의 애원을 듣지 않았다. 그녀는 제단 앞으로 가서 무릎을 꿇고 기도를 올린 다음 남편을 따라 떠났다. 클레옴브로투스가 헛된 야망에 완전히 눈먼 사람이 아니었다면, 훌륭한 아내와 함께 추방당하는 일을 아내가 없는 왕국을 갖는 것보다 더 기쁘게 여겼으리라.

레오니다스는 클레옴브로투스를 추방하고 에포로스는 새로 뽑은 뒤 아기스를 어떻게 잡아야 할지 고민했다. 그는 아기스에게, 신전에 숨어 있지 말고 자기와 함께 나라를 다스리자고 제안했다. 나이가 젊고 야망이 큰 데다가 아게실라우스의 술수에 말려들어 저지른 일이니, 사람들도 너그럽게 용서해 줄 것이라며 그를 설득하기도 했다. 하지만 그 속셈을 알아차린 아기스는 신전에서 나오지 않았으며, 마침내 레오니다스도 포기하고 그곳을 떠났다.

암파레스, 다모카레스, 아르케실라우스는 가끔 신전으로 와서 아기스와 이야기를 나누다가 돌아갔다. 그리고 얼마 뒤에 아기스는 이들과 함께 가까운 목욕탕에도 다녀올 만큼 가까워졌다. 신전을 찾아오는 사람은 이 셋뿐이었다. 그런데 그 가운데 암파레스는 아기스의 어머니인 아게시스트라타에게서 값진 옷과 그릇을 빌려간 일이 있었는데, 그것들을 돌려주기 싫어서 아기스와 그의 어머니를 죽여야겠다는 마음을 먹게 되었다. 그러다가 암파레스는 레오니다스가 음모를 꾸미는 것을 보고 그 일에 적극적으로 가담했다. 암파레스는 그때 에포로스였으므로, 다른 에포로스도 이 음모에 협조하게 만들었다. 그들은 아기스가 목욕할 때에만 신전에서 나온다는 사실을 알고, 그때 그를 잡기로 계획을 세웠다.

며칠 뒤 아기스가 목욕하러 나오는 것을 본 음모자들은 반갑게 인사하며 친한 젊은이들끼리 곧잘 그러하듯 농담을 주고받았다. 길이 갈라져 감옥으로 가는 길 모퉁이에 다다랐을 때, 암파레스가 아기스를 붙잡고 말했다.

"아기스, 에포로스가 심문할 것이 있으니 같이 좀 가야겠소."

키가 크고 억세게 생긴 다모카레스가 윗옷을 벗어서 아기스의 목을 감고 끌어당기자 숨어 있던 패거리들이 뛰어나와 아기스의 등을 밀었다. 주위에는 아기스를 도와줄 사람이 아무도 없었으므로 그는 곧 감옥까지 끌려갔다. 한편 레오니다스는 병사들을 이끌고 오더니 감옥을 완전히 포위했다.

그리하여 에포로스가 감옥으로 모여들고 원로원도 소집되었다. 원로원 의원들은 그럴 뜻이 없었지만, 레오니다스는 재판하는 흉내라도 내야겠다고 마음을 먹어 그들을 모이게 했던 것이다. 아기스는 그들의 배신이 어이없는 듯 말없이 쓴웃음만 지었다. 암파레스가 아기스에게, 이제 그가 저지른 짓에 대한 벌을 톡톡히 받게 될 테니 그렇게 가만히 있지 말고 차라리 눈물을 흘리는 편이 더 어울릴 거라고 말했다.

한 에포로스는 아기스에게 변명할 기회를 주려는 것처럼, 자유의사로 한 일인지 아니면 아게실라우스와 리산드로스의 강요 때문에 한 일인지 굳이 이유를 대라며 다그쳤다. 아기스는 누구의 강요 때문에 한 일이 아니라 리쿠르고스를 존경했기에 오로지 그의 제도를 부활시키려 했을 뿐이라고 대답했다.

그러자 에포로스는 자신이 한 일들을 후회하지 않느냐고 물었다. 아기스는 자신은 영광스러운 일을 계획했으므로 아무 후회도 없으며, 어떤 벌도 두렵지 않다고 말했다. 에포로스는 아기스에게 사형을 선고하더니 그를 데카스로 끌고 가라고 명령했다. 데카스는 죄수들을 교살시키는 방의 이름이었다. 그러나 형리들은 아무도 그에게 손을 대지 않았으며, 감시하던 병사들도 왕에게 손을 대는 것을 거절했다. 그러자 다모카레스는 그들에게 눈을 부라리며 욕설을 퍼부었다. 그래도 그들이 꼼짝달싹하지 않자, 다모카레스는 직접 아기스를 끌고 데카스로 갔다.

아기스 왕이 잡혔다는 소식을 들은 시민들은 모두 손에 횃불을 들고 감옥으로 몰려들었다. 그들 가운데에는 아기스의 어머니와 할머니도 있었는데, 시민들은 스파르타 왕은 사람들이 보는 앞에서 공정한 재판을 받아야 한다고 외쳤다. 그러나 이것은 오히려 아기스의 죽음을 재촉하는 결과를 낳았다. 아기스의 정적들은 사람들이 더 모였다가는 그가 구출될지도 모른다고 생각해 일을 서둘렀던 것이다.

사형장으로 끌려가던 아기스는 한 형리가 슬피 우는 것을 보고 이렇게 말했다.

"여보게, 나 때문에 울지는 말게. 사악한 자들의 무법 행위로 죄 없이 죽는 내 처지가, 적어도 놈들의 가엾은 신세보다는 나으니 말일세."

말을 마친 아기스는 조금도 망설이지 않고 올가미에 목을 걸었다.

아기스가 숨을 거두자 암파레스는 감옥 문을 나갔다. 그를 본 아게시스트라타는 아직도 아들의 친구인 줄만 알고 도움을 청했다. 암파레스는 그녀를 조용히 일으켜 세우며, 이제 아기스는 아무런 고생도 하지 않을 테니 걱정 말라고 했다. 그리고 소원이라면 직접 들어가서 만나봐도 좋다고 허락했다.

그러자 아게시스트라타는 자기 어머니도 함께 들어가게 해달라고 부탁했다. 암파레스는 그러라고 하더니 두 여자를 데리고 감옥 안으로 들어가 문을 닫았다. 암파레스는 먼저 아기스의 할머니인 아르키다미아를 사형장으로 데리고 들어갔다. 그녀는 나이가 많았으며 나라 안 여자들로부터 큰 존경을 받고 있었다.

암파레스는 아르키다미아를 죽이고 나서 아게시스트라타를 불렀다. 그녀가 들어갔을 때, 방 안에는 아기스의 시신과 함께 어머니의 시신이 올가미에 묶인 채 형틀에 매달려 있었다. 아게시스트라타는 형리들의 도움을 받아 어머니의 시신을 형틀에서 내려 아들 곁에 뉘었다. 그러고는 무릎을 꿇고 앉아 아들의 시신을 바로잡더니 죽은 아들의 얼굴에 입을 맞추며 말했다.

"내 아들아! 인간을 너무나 착하게 대하고 원수까지 용서해 준 죄로 너와 우리는 파멸을 맞았구나."

그러자 문 옆에 서서 이 말을 엿듣고 있던 암파레스가 안으로 들어와 그녀에게 화를 내며 소리쳤다.

"아들을 그렇게 칭찬하니 당신에게도 똑같은 상을 드리지."

아게시스트라타는 조용히 일어나 스스로 올가미에 목을 걸고는 마지막으로 이렇게 말했다.

"이것이 스파르타를 위해 좋은 일이 되기 바라오."

이 슬픈 소식이 온 시내에 퍼지고 세 구의 시신이 감옥에서 나오자, 사람들은 끔찍한 공포에 몸을 떨며 그들의 죽음을 가슴 아파했다. 그리고 슬픔은 곧 레오니다스와 암파레스에 대한 크나큰 원한으로 바뀌었다. 그 옛날 도리아인이 펠로폰네소스에 들어와 스파르타를 세운 이래, 이처럼 잔인하고 끔찍한 일은 처음이었다. 전쟁터에서 만난 적들도 스파르타 왕에 대해서는 존경심을 가지고 있어서 감히 해를 끼치지 못했던 것이다.

라케다이몬 사람들과 다른 헬라스 나라들 사이에 있었던 많은 전쟁에서 스파르타의 왕이 전사했던 것은, 마케도니아의 필리포스까지 더듬어 보아도 레우크트라 전투 때 창에 맞아 전사한 클레옴브로투스밖에 없었다. 메세니아 사람들은 스파르타의 테오폼푸스 왕이 아리스토메네스에게 죽임을 당했다고 전하고 있다. 그러나 스파르타 사람들은 그때 왕이 전사한 것이 아니라 단지 가벼운 부상을 입었을 뿐이었다고 주장한다.

아무튼 라케다이몬 왕으로서 에포로스에게 죽임을 당한 것은 아기스가 처음이었다. 그가 사형을 당한 까닭은 젊고 혈기 왕성한 나이에 스파르타의 영광을 되살리려 했기 때문이다. 만약 아기스에게 잘못이 있다면, 너그럽고 온화한 성품 때문에 레오니다스의 목숨을 구해주었으며, 남의 말을 너무 잘 믿었던 것이다. 그리고 그가 죽은 것은 정적에 의해서라기보다 친구들에 의해서였다 말할 수 있으므로, 그릇됨을 따진다면 못난 그의 친구들을 탓해야 하리라.

클레오메네스(CLEOMENES)

아기스가 죽자, 그의 동생 아르키다모스는 레오니다스가 손을 뻗어오기 전에 재빨리 다른 나라로 달아나 목숨을 구할 수 있었다. 그러나 레오니다스는 갓난아기가 딸린 아기스의 아내 아기아티스를 강제로 끌고와 자기 아들 클레오메네스와 결혼시켜 버렸다. 클레오메네스가 아직 결혼할 나이가 아니었음에도 아기아티스가 다른 사람에게 시집가지 못하도록 하기 위해 그랬던 것이다. 길리푸스의 딸로서 그녀가 물려받은 엄청난 재산을 탐낸 것은 물론, 그즈음 온 헬라스에서 가장 아름답고 고결한 성품을 지닌 그녀를 다른 사람에게 빼앗길까봐 걱정했기 때문이다. 아기아티스는 이 결혼을 피하기 위해 온갖 수단을 다 썼다고 한다. 그녀는 클레오메네스와 결혼한 뒤에도 시아버지 레오니다스를 여전히 미워했지만, 나이 어린 새 남편에게는 훌륭하고 다정한 아내가 되었다. 클레오메네스도 아내를 몹시 사랑했다. 그는 아기아티스가 전남편을 잊지 못하는 것을 보고, 자기도 어느새 아기스에게 호감을 갖게 되었다. 그는 때때로 아내에게 아기스에 대해 묻기도 했고, 그녀가 들려주는 아기스의 계획과 포부에 열심히 귀를 기울였다.

클레오메네스는 본디 높은 정신과 너그러운 성품을 타고났으며 아기스처럼 절도 있는 생활을 했다. 그러나 아기스와 같이 신중하거나 온화하지는 않았다. 그의 마음에는 언제나 뜨거운 정열이 끓어넘쳐 자신이 옳다고 생각할 때는 과격하다 싶을 만큼 그 일에 온 힘을 쏟았다. 그는 다른 사람들을 순순히 복종케 하는 능력을 매우 중요하게 여겼다. 하지만 자기 뜻을 거스르는 사람들은 강제로 굴복시켜서라도 더 나은 쪽으로 이끌고 가는 게 더욱더 명예로운 일이라고 생각했다.

이러한 기질을 지녔기에 그는 그 무렵 스파르타 정세에 실망을 금치 못했다. 시민들은 너나 할 것 없이 사치와 안락에 젖어 있었고, 왕은 아무도 자기를 귀찮게 하지 않기를 원했다. 게다가 사치와 향락에 빠져 비난과 충고조차 허락지 않으며 모든 일을 방치하고 있었다. 아기스가 살해되고 나자, 젊은이들을 훈련시켜 규율을 세우고 신체를 단련하는 일은 모두 사라졌으며, 과거의 절제와 인내, 평등에 대해 말하는 것 자체가 국가에 대한 하나의 반역 행위가 되었다.

클레오메네스는 소년시절 스파이루스에게서 철학을 배웠다. 흑해 근처 보리스테네스 사람인 스파이루스는 스파르타로 건너와 젊은이들을 가르치고 있었다. 그는 키티움의 학자 제논이 키운 수제자 가운데 하나였다. 스파이루스는 클레오메네스의 남자다운 기상을 칭찬하며 그에게 원대한 포부를 가지라고 격려했던 것 같다.

옛 영웅 레오니다스는 티르타이우스라는 시인을 어떻게 생각하느냐는 물음에 이렇게 답했다고 한다.

"젊은이들 기상을 높이는 데 꼭 알맞은 사람입니다."

참으로 티르타이우스 시를 읽고 용기를 얻은 군사들은 어떠한 위험도 무릅쓰고 용감하게 싸웠다. 이렇게 스토아 철학은 불같은 기질을 지닌 사람에게는 위험한 화약이 되지만, 침착하고 온화한 사람에게는 무엇보다 훌륭한 효과를 발휘한다.

레오니다스가 죽고 클레오메네스가 왕위에 오르자, 스파르타는 온통 혼란에 빠져 있었다. 모든 시민들이 타락하고, 부자들은 나랏일에는 관심도 없이 자신들 쾌락과 재물만 챙겼다. 가난한 사람들은 집 안에 틀어박혀 신세 한탄만 할 뿐, 전쟁이 나도 싸울 의욕이 없었다. 아이들은 훈련을 받거나 훌륭한 스파르타인이 되겠다는 희망도 없이 버려져 있었다. 왕은 이름뿐이고, 실질적인 권력은 에포로스가 모두 장악하고 있었다.

정치 개혁을 단행하리라 생각한 클레오메네스는 친구인 크세나레스의 마음을 떠보았다. 그는 아기스가 어떤 왕이었으며, 계획을 이루기 위해 어떤 방법으로 어떤 사람들의 도움을 얻었는지 물었다. 처음에는 크세나레스도 기꺼이 말해주었으나, 클레오메네스가 지나친 관심을 내보이며 아기스 개혁에 감탄해 자꾸 이야기해 달라고 요구하자 제정신이 아니라고 화를 내면서 절교를 선언했다. 그러나 그는 클레오메네스와 사이가 틀어진 까닭을 누구에게도 털어놓지 않고, 그저 클레오메네스 자신이 잘 알고 있을 거라고만 말했다. 한편 클레오메네스는 다른 사람들도 모두 크세나레스처럼 반대하리라 짐작했다. 그래서 그는 누구에게도 말하지 않고 모든 일을 혼자 계획해 나갔다.

전쟁이 일어나면 아무래도 평화로울 때보다 개혁을 단행하기가 쉬우리라 생각한 그는, 마침 아카이아가 그런 기회를 만들어 주자 스파르타를 전쟁의 소용돌이로 몰아넣었다. 그즈음 아카이아에서 가장 세력이 컸던 사람은 아라토스였는데, 그는 펠로폰네소스 반도 모두를 통일하리라는 포부를 가지고 있었다. 수많은 전투와 오랜 정치 생활 속에서도 그 꿈을 이루는 것이 그의 유일한 목표였다. 그것만이 바깥의 적들로부터 아카이아를 지킬 수 있는 길이라 여긴 것이다.

이 제안에 대해 펠로폰네소스의 거의 모든 나라들이 찬성하며 동맹에 가입했다. 그러나 라케다이몬인들과 엘리스 사람들, 그리고 라케다이몬 세력 아래 있던 아르카디아인들은 이 동맹에 들지 않았다. 그래서 아라토스는 레오니다스 왕이 죽자 아르카디아를 공격해 주민들 재산을 마구 빼앗았다. 이렇게 함으로써 젊고 경험이 부족한 클레오메네스를 모욕했던 것이다.

에포로스는 클레오메네스를 보내 벨비나 근처에 아테나 신전을 기습하게 했다. 그곳은 라코니아 땅으로 들어오는 길목이었고, 메갈로폴리스인들이 자기네 땅이라 주장하며 영토 분쟁을 일으키는 곳이기도 했다. 클레오메네스는 그곳으로 가서 영지를 점령하고 방어진지를 구축했다.

아라토스는 이들을 내버려 둔 채 테게아와 오르코메누스를 공격하기 위해 한밤에 군대를 이동시켰다. 그는 두 도시 주민 몇 사람과 내통해 그들의 도움으로 두 도시를 손에 넣으려 했다. 하지만 그들이 갑자기 겁을 먹는 바람에 이 계획은 실패로 끝났다. 아라토스는 하는 수 없이 군대를 이끌고 물러나며 자기 계획이 탄로난 것은 아니기를 바랐다. 이에 클레오메네스는 아라토스에게 편지를 보내 간밤에 어디로 진군했는지 친구로서 알고 싶다는 말로 비웃었다.

아라토스는 클레오메네스가 벨비나에 진지를 구축한다는 소문이 있어 그것을 말리러 그곳에 갔었다고 답했다. 클레오메네스는 다시, 아라토스와 논쟁을 벌일 생각은 조금도 없으며, 오직 한 가지 궁금한 것이 있으니 웬만하면 알려 달라면서 이렇게 물었다.

"그런데 당신은 뭐 하러 사다리와 횃불을 갖고 다니십니까?"

아라토스는 그 익살맞은 농담에 그만 웃음을 터뜨리고는 클레오메네스란 젊은이는 도대체 어떤 인물이냐고 물었다. 그 말에 스파르타에서 망명해 온 다모카레스가 이야기했다.

"라케다이몬 사람들과 싸울 생각이시라면 이 어린 독수리의 발톱이 자라기 전에 서둘러 해치우셔야 할 겁니다."

그 일이 있고 얼마 뒤, 클레오메네스는 몇몇 기병과 보병 300명을 이끌고 아르카디아에 진을 쳤다. 그런데 전쟁을 싫어하는 에포로스가 그에게 빨리 귀국하라는 명령을 내렸다. 하지만 클레오메네스가 군대를 이끌고 철수하자 아라토스가 곧 카피아이를 점령했으므로 에포로스는 클레오메네스를 다시 전쟁터로 돌려보냈다.

이 전투에서 클레오메네스는 메티드리움을 점령하고 아르고스 영토를 빼앗았다. 아카이아군은 클레오메네스를 막기 위해 아리스토마쿠스를 총사령관으로 보병 2만 명과 기병 1000기를 내보냈다. 클레오메네스는 팔란티움 근처에서 이들을 맞아 싸우려고 했다. 그러나 클레오메네스를 두려워한 아라토스는 아리스토마쿠스에게 싸우지 말고 철수하라는 명령을 내렸다. 하지만 그때 스파르타 병사는 5000도 채 되지 않아 아라토스는 아카이아 사람들에게 심한 비난을 들었으며, 스파르타군으로부터도 조롱과 경멸을 받았다.

이번 승리로 용기를 얻은 클레오메네스는 시민들 앞에서, 옛날 어느 왕이 한 말을 인용해 대담한 연설을 했다. 지금까지 스파르타군은 적이 얼마나 되느냐고 묻지 않고 적이 어디 있느냐고만 물었는데, 이제는 그것조차도 물을 필요가 없게 되었다고 한 것이다.

그 뒤 아카이아군이 엘리스를 공격하려 하자, 클레오메네스는 엘리스를 도우러 그곳으로 가다가 리카이움 산 근처에서 퇴각하는 아카이아군과 맞닥뜨렸다. 그는 아카이아군을 공격해 크게 무찌르고 수많은 적군들을 사로잡았다. 들판 곳곳에 적군들 시체가 나뒹굴었다. 그러자 이 전투에서 아라토스 장군도 전사했다는 소문이 온 헬라스로 퍼져나갔다.

그러나 아라토스는 자신의 처지를 최대한 이용하는 지혜를 보였다. 그는 클레오메네스와의 전투에서 패배한 바로 뒤, 아무도 예상하지 못할 때 만티네아를 공격해 점령한 다음 그곳에 강력한 수비대를 주둔시켰다. 그리하여 전세가 뒤바뀌자 스파르타 사람들은 완전히 사기가 떨어져 클레오메네스의 전쟁 계획을 반대했다. 클레오메네스는 메세니아로 망명해 있던 아기스의 동생 아르키다모스를 불러들이려고 온갖 애를 썼다. 아르키다모스는 클레오메네스와 집안이 달랐지만, 왕위에 오를 자격이 있었다.

클레오메네스는 그렇게 왕권을 확립해 예전 위치로 돌려놓으면 에포로스의 세력을 견제할 수 있으리라 여겼다. 그러나 아기스 암살에 가담했던 무리는 이 계획을 알고, 아르키다모스가 돌아오는 것을 못마땅하게 여겼다. 그가 돌아와서 자기들에게 아기스의 죽음에 대한 책임을 물을까봐 두려웠던 것이다. 그래서 아르키다모스가 널리 알리지 않고 조용하게 스파르타로 돌아온다는 소식을 듣자 그를 환영하러 나온 척하며 함께 스파르타로 돌아오다가 아르키다모스를 암살해 버렸다.

필라르쿠스가 생각한 대로, 과연 클레오메네스가 이 계획에 반대했는지 아니면 측근들 설득에 넘어가서 암살 계획을 알고도 내버려 두었는지는 알 수 없다. 어쨌든 그의 측근들은 클레오메네스에게 압박을 가해 암살을 승낙하게 했다는 이유로 심한 비난을 받았다.

그래도 국가 개혁에 대한 클레오메네스의 야망은 변함이 없었다. 그는 에포로스에게 뇌물을 주며 자기를 전쟁터에 내보내 달라고 요구했다. 마침내 그는 어머니 크라테시클레아의 도움으로 여러 사람들의 환심을 살 수 있었다. 이처럼 그의 어머니는 어떠한 희생을 치르더라도 아들이 품은 뜻을 밀어주고 싶었다. 그녀는 사실 결혼할 마음이 없었으나 오직 아들을 위해 스파르타에서 가장 돈이 많고 영향력도 큰 사람을 남편으로 맞았다.

클레오메네스는 이제야 온전하게 자기가 지휘하는 군대를 이끌고 진격해 메갈로폴리스에 속한 레우크트라를 손에 넣었다. 아라토스를 사령관으로 한 아카이아군이 곧바로 반격해 오자, 도시를 에워싸고 있는 성벽 아래에서 치열한 전투가 벌어졌다. 클레오메네스 군대는 이 전투에서 조금 타격을 받았다.

전투가 시작되기 전, 아라토스는 아카이아 병사들에게 적을 추격하되 깊은 개울은 건너지 말라고 명령했다. 그러나 메갈로폴리스 사람인 리디아데스는 이 명령을 어긴 채 기병대를 이끌고 달아나는 적을 무작정 뒤쫓았다. 정신없이 달리다 보니 어느 틈에 성벽과 물길로 가로막힌 곳에 이르게 되어 리디아데스 군대는 큰 혼란에 빠지고 말았다.

이렇게 상황이 유리하게 펼쳐지자 클레오메네스는 타렌툼군과 크레테군에 공격 명령을 내렸다. 리디아데스는 이들을 상대로 용감하게 싸우다 전사했으며, 그의 군대는 끝내 참패하고 말았다. 이에 사기를 되찾은 스파르타군은 산이 떠나갈 듯 함성을 지르며 아카이아군을 공격해 완전히 무찔렀다.

적의 시체를 모두 넘겨준 클레오메네스는, 리디아데스 시신에 자줏빛 예복을 입히고 머리에 월계관을 씌워 메갈로폴리스로 호송하게 했다. 리디아데스는 메갈로폴리스 참주였으나 스스로 권력을 포기하고 시민들에게 자유를 돌려준 다음 아카이아와 동맹을 맺은 사람이었다.

클레오메네스는 이 빛나는 승리로 더욱 의기양양해진 나머지, 자신에게 모든 것을 맡겨만 준다면 아카이아군은 머지않아 스파르타군의 상대가 되지 않으리라 장담했다. 그리고 어머니의 새 남편인 메기스토노우스에게, 국가를 위해 마땅히 에포로스의 권력을 약화시키고 그들의 재산을 공공자금으로 전환해야 할 때이며, 그래야만 비로소 스파르타는 예전의 평등한 사회로 돌아가서 헬라스 패권을 되찾을 수 있을 거라고 말했다.

메기스토노우스는 그의 의견에 찬성하고는, 곧 친구 가운데 두세 명을 설득하기 시작했다. 그 무렵 에포로스 가운데 한 사람이 파시파에 신전에서 잠을 자다가 이상한 꿈을 꾸었다. 꿈속에서 주변을 둘러보니 에포로스가 앉아 사무를 보는 곳이었는데 의자가 하나만 남고 나머지는 다 사라지고 없었다. 그가 하도 이상해서 넋을 놓고 있는데 신전에서 갑자기 목소리가 들려왔다.

"이렇게 하는 것이 스파르타를 위해 가장 좋을 것이다."

클레오메네스는 그 꿈 이야기를 듣고 처음에는 자신의 계획을 눈치채고 속을 떠보기 위해 거짓말을 하는 것이 아닌가 해서 기분이 좋지 않았다. 그러나 그 사람이 정말 그런 꿈을 꾸었음을 안 클레오메네스는 흡족한 마음으로 다시 자신감을 얻었다.

그리하여 클레오메네스는 자신의 계획에 가장 반대할 것 같은 사람들을 이끌고 가서, 아카이아군과 동맹을 맺은 헤라이아와 알사이아를 공격했다. 그리고 오르코메누스에 식량을 보내주고 만티네아 맞은편에 진을 쳤다. 그렇게 군대를 이리저리 끌고 다니며 고생을 시키자 지칠 대로 지친 사람들은 견디다 못해 아르카디아에 남겠다고 자청했다. 클레오메네스는 그들을 남겨둔 채 자신은 용병들을 이끌고 스파르타로 돌아갔다. 그는 돌아가는 길에 믿을 만한 사람에게만 자신의 계획을 이야기하고, 에포로스가 저녁을 먹고 있을 때 기습하기 위해 진군 속도를 늦췄다.

시가지에 이르러 클레오메네스는 군사령관인 자신이 보내는 전령이라는 핑계로 에우리클레이다스를 에포로스가 모여서 식사하고 있는 공동 식당에 들여보냈다. 곧이어 테루키온과 포이비스가 군인 몇 명을 이끌고 그 뒤를 따랐다. 그 둘은 어릴 때부터 클레오메네스와 함께 자랐으며, 스파르타에서는 그런 사람을 '모타케스'라 불렀다.

에우리클레이다스가 에포로스에게 클레오메네스의 전갈을 전하는 동안, 나머지는 일제히 칼을 뽑아들고 뛰어들어 에포로스을 내리쳤다. 그때 에포로스의 우두머리인 아길라이우스는 칼을 맞고 죽은 것처럼 쓰러져 있다가, 몰래 일어나 그 방을 빠져나갔다. 그는 사람들 눈에 띄지 않게 기어서 공포의 신을 모신 작은 신전 안으로 피신했다. 그 신전은 평소에는 문이 닫혀 있었는데 그때는 어찌된 일인지 열려 있었다. 신전에 들어간 그는 문을 닫고 다시 죽은 듯이 마룻바닥에 엎드려 있었다. 나머지 에포로스 4명은 모두 살해당했으며, 그들을 구하러 달려온 사람들도 10명 넘게 죽었다. 그러나 소동을 일으키지 않고 가만히 있는 사람은 해치지 않았고 시내에서 달아난 자들도 내버려 두었으며, 다음날 신전에서 나온 아길라이우스도 목숨을 건졌다.

본디 라케다이몬 사람들은 '공포'뿐만 아니라 '죽음'과 '웃음', 그 밖의 다른 감정의 신을 모시는 신전을 두었다. 그들이 '공포'를 숭배하는 것은 그 초자연적인 힘을 두려워해서가 아니라 공포로 법과 질서가 유지된다고 믿기 때문이었다. 그래서 아리스토텔레스 책을 보면, 에포로스는 관직에 취임할 때 사람들 앞에서 '모든 시민은 수염을 깎고 법을 잘 지켜라. 그러면 법은 어느 누구에게도 가혹하지 않을 것이다' 선언했다고 한다. 이렇게 수염을 깎으라고 한 것은 젊은이들에게 아주 하찮은 명령에도 복종하는 버릇을 들이려는 데 그 목적이 있었으리라.

옛날 사람들에게 용기란, 단순히 두려움을 모르는 것이 아닌, 수치와 불명예를 두려워할 줄 아는 것이었던 듯하다. 법을 가장 두려워하는 사람이 전쟁에서 가장 용감하게 싸우며, 정당한 비난을 두려워하는 사람일수록 위험을 두려워하지 않기 때문이다. 그렇기에 이런 속담은 진리라 할 수 있다.

존경에는 언제나 공포가 뒤따른다.

호메로스 시에는, 헬레네가 프리아모스에 대해 노래한 다음 대목이 있다.

사랑하는 아버지시여,
모든 사람들이 당신을 두려워하고 또한 존경할 것입니다.

또 헬라스 군대가 복종하는 모습은 이렇게 노래했다.

침묵 속에, 지배력을 가진 자를 두려워하는 사람들.

흔히 사람들은 두려움을 느끼게 하는 인물을 존경하는 법이다. 그래서 스파르타 사람들이 에포로스 공동 식당 옆에 공포의 신전을 세운 것도 따지고 보면 그들을 왕 못지않게 존경했기 때문이다.

이튿날 아침 클레오메네스는 나라 밖으로 추방할 80명의 명단을 공개하고, 에포로스 의자를 하나만 남기고 모두 없애버렸다. 자신이 하나 남은 의자에 앉아 몸소 시민들 이야기를 들을 생각이었다. 그리고 민회를 열어 요즈음 자기 행동들을 정당화했다.

"리쿠르고스가 두 왕과 원로원을 결합시킨 이래 스파르타 정치는 오랫동안 그러한 형태를 유지해 왔고 다른 관직은 전혀 필요하지 않았소. 그런데 메세네와 오랜 전쟁을 벌이면서 왕들은 늘 전쟁터에 나가 있어야 했으므로 정치에 관여할 시간이 없어서, 친구들을 지명해 자기 대신 시민들 소송을 처리하도록 위임했고, 그들을 에포로스라 불렀소. 따라서 이들도 처음에는 왕의 신하답게 처신했지만 갈수록 그 권력이 마치 자기 것인 양 행세하면서 마침내 새로운 권력을 굳히게 된 것이오. 이를 뒷받침하는 증거로 아직까지 지켜지고 있는 관습을 하나 들 수 있는데, 에포로스가 왕을 불러들일 때 왕은 두 번까지 이에 응하지 않다가 세 번째에서야 일어나서 에포로스를 만나러 가는 관습이 바로 그것이오.

에포로스 세력이 오늘날처럼 커진 것은 아스테로푸스 때부터인데, 그는 에포로스 제도가 만들어지고도 한참 뒤에 태어난 사람이오. 만일 그들이 자기들 분수를 적당히 지켰더라면 이렇게까지 할 필요가 없었을 것이오. 그러나 일확천금을 벌듯이 권력을 얻은 자들은, 한 왕은 내쫓고 다른 왕은 재판도 하지 않고 함부로 죽이며, 나라 기초를 뒤엎으려 했소. 심지어 이 스파르타 땅에서 가장 훌륭한 개혁을 추진하려는 사람들을 협박한 것은 결코 용서할 수 없는 일이오.

우리 스파르타에는 두 가지 폐단이 있는데, 첫째는 사치와 향락 그리고 부채나 고리대금업 등 다른 나라에서 들어온 폐단이고, 둘째는 그보다 더 오랜 역사를 가진 빈부격차요. 이러한 해악을 무력을 동원하지 않고도 없앨 수 있다면 나는 아마 이 세상에서 가장 행복한 왕일 것이오. 용한 의사처럼 국민들에게 어떠한 고통도 주지 않고 나라의 병을 고칠 수 있다면 얼마나 좋겠소. 그러나 이번에 어쩔 수 없이 무기를 써야 했던 것은 그 옛날 리쿠르고스의 전례를 따른 것이오. 리쿠르고스는 왕도 고관도 아닌 한낱 평민일 뿐이었으나, 왕국을 손에 넣을 생각으로 무기를 들고 공회당에 나타났고, 카릴라우스 왕은 겁을 먹고 신전으로 달아나 버렸소. 그러나 본디 선량한 애국자였던 왕은 리쿠르고스 제안을 흔쾌히 받아들이고 그의 개혁도 승인했소. 바로 그 리쿠르고스의 행동을 통해, 공포와 무력 없이는 개혁을 이루기 어렵다는 사실을 잘 알 수 있을 것이오. 그리고 리쿠르고스는 무력을 쓸 때도 절도를 지켜, 스파르타의 행복을 가로막는 요소들을 없애는 데 그쳤소.

이제부터 나는 모든 토지를 공동재산으로 하고 모든 부채를 무효로 하겠소. 그리고 나라 안에 거주하는 외국인들 가운데 용감한 자들을 가려 뽑아 스파르타 시민권을 주고, 그들에게 무기를 주어 스파르타를 위해 싸우게 하겠소. 그동안 아이톨리아와 일리리아가 우리나라 병력이 적다는 것을 알고 툭하면 국경지대를 침범했는데, 앞으로는 절대로 그런 일이 없게 할 것이오."

그러고 나서 클레오메네스는 자기의 모든 재산을 국가 소유로 내놓았다. 클레오메네스의 의붓아버지 메기스토노우스와 그의 친구들도 저마다 재산을 내놓았고 심지어 시민들까지도 이를 따랐다. 그리하여 모든 땅은 평등하게 재분배되었다. 클레오메네스는 추방당한 사람들에게도 땅을 나누어 주면서 나라가 안정되면 다시 돌아와 예전처럼 살 수 있게 해주겠다고 약속했다. 그리고 외국인들 가운데서 우수하고 유망한 사람들을 뽑아 스파르타 시민권을 주고 군대를 조직했으니, 그 인원이 4000명에 이르렀다.

그는 병사들에게 지금까지 써오던 짧은 투창 대신 긴 창을 양손으로 잡고 쓰는 법을 훈련시켰다. 방패에는 손잡이 대신 끈을 달도록 했다. 그리고 젊은이들 '교육'과 '훈련'에 대해 여러 사람에게 자문을 받았는데, 특히 그즈음 스파르타에 와 있던 스파이루스에게서 많은 도움을 얻었다. 얼마 되지 않아 신체단련장과 공동 식당은 지난날 엄숙하고 질서 있는 분위기를 되찾았다. 마지못해 따르는 사람들도 없지 않았으나 대부분의 시민들은 자발적으로 검소한 스파르타식 생활로 돌아갔다.

클레오메네스는 독재정치를 한다는 비난을 듣지 않으려고 동생 에우클레이다스를 또 다른 왕으로 임명했다. 스파르타 역사상 처음이자 마지막으로 한 집안에서 두 사람이 함께 왕위에 오른 셈이었다.

아라토스가 이끄는 아카이아군은, 클레오메네스가 이처럼 대대적인 개혁을 실천하자 스파르타가 엄청난 혼란에 빠졌으리라 여기고, 그동안은 클레오메네스가 스파르타군을 나라 밖으로 끌고 나오는 일이 없을 거라 생각했다. 하지만 클레오메네스는 오히려 이런 때일수록 스파르타군의 왕성한 전투력을 적에게 보여주는 것이 현명할 뿐만 아니라, 자기 계획에도 유리하리라 판단했다. 그래서 메갈로폴리스 영토에 쳐들어가 이리저리 휩쓸고 다니면서 많은 전리품을 거두어들였다. 그러다가 메세니아에 갔다가 돌아오는 연극단을 붙잡아 적 영토에 극장을 세우고는, 하루에 40므나를 주고 온종일 그들의 연극을 구경하며 보냈다.

클레오메네스가 그런 일을 벌인 것은 오락을 좋아하거나 오락이 필요해서가 아니라, 자신이 그만큼 적을 무시하고 얕잡아 보고 있음을 보여줌으로써 상대가 자기에 비해 얼마나 열등한 존재인지 증명하고 싶었기 때문이다. 그즈음 헬라스와 다른 나라들의 군대는 연극배우, 마술사, 무용수들과 가수들을 데리고 다녔는데, 오로지 스파르타군만은 그러한 방종하고 타락한 오락이 아예 없었다.

젊은 병사들은 쉴 새 없이 무술을 연마했으며 선임 병사들이 그들을 지도했다. 휴식시간에는 재담과 라코니아식 문답놀이를 하며 피로를 풀었다. 그런 식의 교육이 얼마나 효과적인지에 대해서는 이미 리쿠르고스 전기에서 자세히 이야기했다.

클레오메네스는 모든 일에 스스로 모범을 보임으로써 다른 사람들도 그렇게 하도록 이끌었다. 그의 생활은 절제 그 자체였고, 일반 민중에 비해 격이 높고 사치스럽거나 허세를 부리는 일도 전혀 없었다. 이러한 면은 그가 헬라스 전체를 목표로 세운 웅대한 계획을 실현해 나가는 데 매우 유리하게 작용했다. 그 즈음 다른 왕들 궁전에 가본 사람들은 그 엄청난 부와 호화로운 가구, 수많은 신하들을 보고 놀라기보다는, 교만한 왕들이 어느 누구도 감히 가까이 오지 못하게 하면서 자기 발아래 굽실거리게 하는 데에 심한 불쾌감을 느꼈다. 그러나 클레오메네스는 모든 면에서 참으로 왕다운 풍모가 넘쳤다. 그는 자줏빛 예복을 입는 일도 없었고, 침대에 눕거나 가마를 타지도 않았으며, 전령이나 문지기나 시종들에 둘러싸여 있지도 않았다. 왕을 만나기 위한 절차는 흔히 까다롭기 마련이지만, 클레오메네스는 자신을 만나고자 하는 사람이 찾아오면 입고 있던 옷 그대로 나가서, 손을 잡으며 반겨주었다. 그리고 마주 앉아 친절하고 용기를 북돋워주는 어조로 이야기를 나누었다. 사람들은 그의 매력에 빠지고 완전히 사로잡혀서, 진정한 헤라클레스의 후손은 오직 클레오메네스 한 사람뿐이라고 말했다.

그는 식사도 언제나 평범한 식탁에서 라코니아식으로 간소하게 해결했다. 다른 나라에서 온 사절이나 그 밖에 외국 손님들을 대접할 때는 푹신한 긴 의자를 두 개 더 내놓고 음식도 조금 나은 것으로 준비했다. 그렇다고 특별한 향료를 넣은 음식이나 과자 따위를 더 내놓은 것은 아니었다. 다만 음식이 좀 더 푸짐하고 포도주가 더 많은 정도였다.

그런 그도 어느 친구가 외국 손님을 대접하며 스파르타 공동 식사 때 먹는 보리빵과 검은 수프를 낸 것을 보고 나무란 적이 있었다. 그는 이 나라 풍습에 익숙하지 않은 외국 손님에게 너무 엄격하게 스파르타식을 강요하는 것은 바람직하지 않다고 했다.

식탁을 치우고 나면 작은 술상이 나오는데, 그 위에는 포도주를 가득 채운 놋쇠 술단지 하나와 1파인트 은그릇 두 개, 작은 은술잔이 몇 개 놓여 있어 저마다 자기 양대로 술을 마셨다. 손님에게 억지로 술을 권하는 일은 없었다.

물론 술자리에 음악은 없었고 음악을 청하는 사람도 없었다. 그것은 왕 자신이 천천히 술을 마시며 이야기도 하고 질문도 하면서 손님들을 즐겁게 해주였기 때문이다. 대화 분위기는 지나치게 엄숙하거나 거북할 만큼 딱딱하지는 않았지만 그렇다고 무례하거나 천박하지도 않았다. 다른 왕들은 곧잘 예물이나 선물로 사람들 환심을 사려고 했으나 클레오메네스는 그것을 어설프고도 나쁜 행동이라고 여겼다.

그는 대화를 나누면서 상대에게 호감을 주어 그의 마음을 사로잡고 움직이는 것이 무엇보다 진정 왕다운 행동이라 생각했다. 클레오메네스는 그 까닭을 이렇게 설명했다. 친구와 고용인 사이에는 차이점이 하나 있는데, 친구를 얻는 데는 인격과 대화가 필요하지만, 고용인을 얻는 데는 돈이 필요하다는 것이었다.

그에게 맨 처음 원조를 청한 것은 만티네아 사람들이었다. 클레오메네스는 그들의 청을 받아들여 군대를 이끌고 깊은 밤에 그 도시에 닿았다. 그리고 만티네아인들을 도와 그곳에 주둔하고 있던 아카이아군을 몰아냈다. 그러자 사람들은 클레오메네스에게 자기들 도시를 보호해 달라고 요청했다. 클레오메네스는 그 도시의 정부와 법률을 회복시키고 자치를 허락한 뒤 그날로 테게아를 향해 나아갔다. 그는 빠른 속도로 아르카디아를 멀리 돌아서 아카이아의 페라이를 공격했다.

클레오메네스는 아라토스를 전쟁터로 끌어낼 작정이었으나, 만약 아라토스가 전쟁을 피한다 해도 적이 자기 나라를 함부로 약탈하도록 내버려 둔다는 비난은 피할 수 없을 터였다. 그때 아카이아군 사령관은 히페르바타스였으나 실권은 모두 아라토스가 장악하고 있었다. 아라토스는 아카이아 전군을 이끌고 나와 헤카톰바이온 신전 가까이에 있는 디마이에 진을 쳤다.

클레오메네스가 병사를 이끌고 이곳에 도착해 보니, 공교롭게도 스파르타와 적대 관계에 있는 도시 디마이와 아카이아군 사이에 진을 쳐야 하는 불리한 상황이었다. 이렇게 되자 클레오메네스는 대담하게 아카이아군에게 돌격했다. 그리하여 적의 밀집대형을 깨뜨리고 수많은 적들을 죽이거나 사로잡았다. 클레오메네스는 곧이어 랑곤으로 진격해 그곳을 점령하고 있던 아카이아군까지 몰아내고 그 도시를 엘리스 사람들에게 돌려주었다.

아카이아 군대가 이렇게 완전히 무너지고 나자 지금까지 2년마다 사령관을 지냈던 아라토스는 그 자리에서 물러났고, 사람들이 찾아와 아무리 간청하고 설득해도 뜻을 굽히지 않았다. 하지만 이처럼 한창 풍랑에 시달리고 있을 때

배의 키를 다른 사람에게 넘겨준 것은 분명 잘못된 행동이었다.

클레오메네스도 처음에는 아카이아에 특사를 보내 공정하고 무난한 조건을 제시했지만, 나중에는 다른 사절을 보내 자기에게 총사령관직을 맡겨주면 더이상 무리한 조건을 제시하지 않고 포로와 점령지를 모두 돌려주겠다고 약속했다.

아카이아 사람들은 그 제안을 기꺼이 받아들이고 레르나에서 협상하자며 그를 초대했다. 그때 클레오메네스는 서둘러 진군하다가 물을 잘못 마신 탓에 피를 많이 토하고 나서는 목소리가 전혀 나오지 않게 되어 더 이상 행군을 계속할 수 없었다. 클레오메네스는 중요한 포로 몇 명을 아카이아로 돌려보내고 회의는 뒤로 미룬 채 라케다이몬으로 돌아왔다.

이 일이, 겨우 재난에서 조금씩 벗어나 오만하고 탐욕스러운 마케도니아 사람들의 손아귀에서 빠져나갈 기운을 보이기 시작했던 헬라스를 파멸로 이끌게 된다.

아라토스는 클레오메네스가 두려웠는지, 아니면 뜻밖에 나타나 성공을 거둔 이 젊은이에게 질투를 느꼈는지 모르지만, 33년 동안이나 아카이아군을 지휘한 자기가 그 모든 영광과 권력을 애송이에게 물려주는 걸로도 모자라 그토록 오랫동안 기반을 다져온 정부 권좌 또한 그의 손에 넘어가게 놔두는 것은 치욕이라 여긴 듯하다. 어쨌든 아라토스는 아카이아군이 클레오메네스와 휴전협정을 맺지 못하도록 가로막았다. 그러나 아카이아 사람들은 그의 말을 귀담아 듣지 않았다. 그들은 클레오메네스의 대담함을 두려워하며, 라케다이몬이 펠로폰네소스 반도 지도자 자리를 주장하는 것은 마땅한 일이라 여겼다. 이렇게 되자 아라토스는 마지막 수단을 동원했는데, 이는 그때까지 용맹을 떨쳤던 그답지 않은 행동이었다. 이 일로 그는 끝내 자신의 명성에 먹칠을 했으며, 헬라스 시민이 될 자격도 없는 사람이라는 비난마저 듣게 되었다.

아라토스는 안티고노스를 헬라스로 불러들여 펠로폰네소스 반도를 마케도니아 사람들로 가득 채웠다. 아라토스 자신이 젊었을 때 코린토스에서 몰아냈던 바로 그 마케도니아군을 자기 나라에 끌어들인 것이다. 사실 아라토스와 마케도니아 사이에는 옛날부터 끊임없이 시기와 갈등이 있었다. 그 가운데 특히 안티고노스와 가장 험악한 사이였는데, 이는 아직도 남아 있는 아라토스 회고록에서 안티고노스가 저질렀을 법한 모든 범죄행위를 들어 그를 비난한 것을 보아도 잘 알 수 있다.

아라토스는 그 회고록에서, 마케도니아 주둔군을 내쫓고 아테나이의 자유를 되찾기 위해 엄청난 손해를 감수했으며 온갖 위험을 다 겪어야 했다고 말했다. 그런데도 나중에는 바로 그 적을 나라 안에 불러들였으니, 무기를 든 적을 자기 집 안방에 들인 것이나 마찬가지였다.

아라토스는, 헤라클레스의 후손이자 스파르타 왕인 클레오메네스가 트리타이아와 시키온의 지도자가 되는 것을 차마 그냥 보고 있을 수가 없었다. 선율을 내기 위해 느슨해진 리라의 현을 팽팽하게 잡아당기듯이, 리쿠르고스 체제 아래 소박한 도리아식 생활양식으로 돌아가기 위해 나라 정치를 개혁하는 것은 아라토스에게는 매우 못마땅한 일이었다.

그는 스파르타 사람의 검소한 옷차림과 보리빵을 싫어했지만, 그보다 더 싫었던 것은 클레오메네스가 부자들 재산을 모두 거둬들여 가난한 사람들의 생활을 개선시키려 한 것이었다. 그래서 아라토스는 비열하게도 마케도니아 사람들 앞에 가서 무릎을 꿇고 아카이아 영토를 갖다바쳤다. 마케도니아 왕은 왕관을 쓰고 호화로운 비단옷을 즐겨 입었으며, 장군과 총독들도 거만하기 짝이 없었다. 아라토스는 오로지 클레오메네스 명령을 받지 않겠다는 생각만으로, 안티고노스에게 경의를 표해 제의(祭儀)를 올린 뒤, 머리에 화관을 쓰고 폐병에 걸려 쇠약해진 마케도니아 왕을 위해 찬미가를 불렀다.

내가 이런 이야기를 쓰는 것은 결코 아라토스 명예를 떨어뜨리려는 뜻이 있어서가 아니다. 사실 그도 여러 훌륭한 업적을 남긴 위대한 애국자였다. 하지만 이처럼 훌륭한 자질을 타고나서 어느 모로 보나 미덕을 갖춘 사람도 때로는 질투라는 결함 때문에 명예를 지키지 못하는 것을 보면, 인간의 약점이란 참으로 안타까운 것이 아닐 수 없다.

아카이아 사람들이 다시 아르고스에서 회의를 열자고 요청하자, 클레오메네스는 그곳으로 가려고 테게아를 떠났다. 그때는 모든 문제들이 순조롭게 풀릴 것처럼 보였다. 그러나 아라토스는 이미 이때 안티고노스와 동맹의 주요 조건들에 대해 협상을 끝낸 뒤였다. 그는 클레오메네스가 민중을 설득하거나 군대를 동원해 클레오메네스 자신의 주장을 기어이 밀어붙이지 않을까 불안했다. 그래서 볼모 300명을 보내는 대신 클레오메네스 혼자 시내에 들어오든지, 아니면 군대를 도시 밖 킬라라비움 훈련장으로 옮기고 거기서 만나자고 제안했다.

이 말을 듣자 클레오메네스는 이치에 어긋나는 일이라며 몹시 화를 냈다. 처음부터 그렇게 말해야지, 성문 앞까지 오기를 기다렸다가 지금에야 그런 말을 한다는 것은 자신을 시기해 성안에 들여놓지 않으려는 속셈이라는 이야기였다.

클레오메네스는 아카이아 사람들에게 편지를 보내 이 문제를 따지며 아라토스를 공격했다. 그러자 아라토스는 군중을 모아놓고 클레오메네스를 맹렬히 공격하는 연설을 했다. 서둘러 군대를 거두고 물러난 클레오메네스는, 나팔수를 보내 아카이아군과 싸울 것을 정식으로 선포하고, 아르고스가 아닌 아이기움을 공격하겠다고 했다. 이는 아카이아군에 방어 준비할 시간을 주지 않기 위해서였다.

아카이아인 사이에서도 소요가 일어날 기미가 보였고 몇몇 도시에서는 반란을 꾀하고 있었다. 평민들은 토지 분배와 부채 면제에 대한 기대 때문에, 지도자들은 아라토스에 대한 반감 때문에, 또 어떤 사람들은 마케도니아 군대를 펠로폰네소스로 끌어들인 데 대한 분노 때문에 저마다 소란을 일으킨 것이었다.

클레오메네스는 이러한 내분을 이용해 아카이아 땅에 쳐들어가 펠레네 시를 점령하고, 그곳에 주둔하던 아카이아인들을 몰아냈다. 그런 다음 피네우스와 펜텔레움을 손에 넣었다. 이때 아카이아군은 코린토스와 시키온 시민들도 반란을 꾀하고 있다 의심하고는, 아르고스에 머물고 있던 기병대와 용병부대를 이 두 도시에 파견해 감시하게 했다. 그리고 아카이아군은 아르고스에 가서 네메아 경기대회에 참여했다.

이 소식을 전해 들은 클레오메네스는, 많은 사람들이 경기를 구경하기 위해 모여들어 축제 분위기로 들떠 있을 때 기습하면 틀림없이 큰 혼란과 공포에 빠지리라 생각했다. 그는 밤이 깊어지자 군대를 이끌고 아르고스 성벽까지 가서 경기장 바로 위에 있는 '아스피스'라는 중요한 요새를 점령했다. 그곳은 접근하기가 매우 어렵지만 방어하기에는 안성맞춤인 곳이어서, 모든 일은 클레오메네스가 예상한 대로 진행되었다.

아르고스 시민들은 모두 겁을 집어먹고 아무도 맞서려 들지 않았다. 그들은 아르고스 시내에 스파르타군이 주둔하는 것을 찬성하고, 시민 20명을 볼모로 보내 스파르타에 복종하겠다고 약속했으며, 클레오메네스에게 군사지휘권을 넘겨주기로 했다.

이 일로 클레오메네스의 명성과 세력은 더욱더 커졌다. 오래전부터 스파르타 왕들이 온갖 방법을 동원해 아르고스를 손에 넣으려 했지만 지금까지 그 뜻을 이룬 사람은 한 명도 없었기 때문이다. 피루스 같은 명장도 아르고스 시내까지 밀고 들어가기는 했으나 끝내 점령하지 못하고 전사했으며, 그의 부하들도 수없이 목숨을 잃었다. 그러기에 사람들은 클레오메네스의 작전과 용기에 아낌없는 찬사를 보냈다.

클레오메네스가 시민들 빚을 없애주고 재산을 골고루 나누어 주는 것을 솔론과 리쿠르고스를 흉내내는 거라 비웃던 사람들도, 이제는 기꺼이 그것이 스파르타 사람을 변화시킨 원동력임을 인정하게 되었다. 그때까지 스파르타는 다른 나라들에 비해 약했으므로 아이톨리아인들이 라코니아에 침입해 노예 5만 명을 붙잡아가도 가만히 보고 있을 수밖에 없었다. 어느 나이가 지긋한 스파르타 사람이, 고맙게도 그렇게 많이 데려가 주었으니 이제 라코니아 땅은 무거운 짐을 벗어 한결 가벼워졌다고 한 말이 전해질 정도였다. 그러나 고유의 풍습을 되살려 옛날처럼 젊은이들을 훈련시킨 결과, 마치 리쿠르고스에게서 지도를 받은 듯한 용감하고 군율이 엄한 군대가 탄생한 것이다. 그리하여 마침내 스파르타는 헬라스 전체 패권을 장악하고 펠로폰네소스 반도를 다시 손에 넣어 예전 지위를 되찾았다.

아르고스가 함락되자 클레오나이와 플리우스도 동시에 항복해 왔다. 그때 아라토스는 코린토스에 머물며 스파르타와 내통한 자들을 찾아내는 데 여념이 없었다. 그런데 스파르타에 대한 온갖 소식들을 전해 들은 그는 심기가 매우 불편했다. 더욱이 코린토스 시민들마저 클레오메네스에게로 마음이 기울어져서 아카이아군을 몰아낼 움직임을 보이고 있었다. 마침내 아라토스는 시민들을 공회당에 모아놓고 자기는 그 틈에 몰래 성문으로 빠져나갔다. 그리고 미리 준비해 둔 말을 타고 시키온으로 달아나고 말았다.

코린토스 사람들은 항복하기 위해 아르고스에 있던 클레오메네스에게 급히 사람을 보냈다. 아라토스 회고록에 따르면, 그때 코린토스의 대표자들이 서로 먼저 클레오메네스에게 닿으려고 어찌나 빨리 말을 몰았던지 말들이 죄다 지쳐 쓰러져 버렸다고 한다. 아라토스 회고록에는 이런 내용도 담겨 있다. 클레오메네스는 아라토스를 달아나게 내버려 뒀다고 코린토스 사람들에게 몹시 화를 낸 뒤, 메기스토노우스를 아라토스에게 보내 큰돈을 주겠으니 아카이아군이 주둔했던 코린토스 성을 넘겨달라고 요구했다. 그때 아라토스는, 사태는 이미 자기 손을 떠났으며 이제 자기는 이 사태의 손에 끌려다닐 뿐이라고 답했다.

클레오메네스는 군대를 이끌고 아르고스를 출발해 코린토스로 가는 길에 트로이젠, 에피다우루스, 헤르미오네 등 여러 도시들에서 항복을 받아냈다. 코린토스에 도착해 성을 포위하자 아카이아군은 성을 내놓지 않으려고 완강하게 버텼다. 클레오메네스는 아라토스의 친구와 집사들을 불러 아라토스 집과 재산을 잘 관리하라고 명령했다. 그리고 메세네 사람 트리티말루스를 아라토스에게 보내 스파르타군과 아카이아군이 함께 코린토스 성을 지키자고 제안하고, 이것을 받아들이면 지금까지 아이귑토스 왕 프톨레마이오스에게서 받던 연금의 두 배를 주겠다고 했다. 그러나 아라토스는 이 제안을 모두 거절했다.

그 대신 자기 아들을 다른 사람들과 함께 안티고노스에게 볼모로 보냈으며, 아카이아 사람들을 설득해 코린토스 성을 안티고노스에게 넘겨주게 했다. 이 소식을 들은 클레오메네스는 곧바로 시키온을 점령해 버렸다. 코린토스 사람들이 아라토스의 재산을 클레오메네스에게 선물하기로 결정하자, 클레오메네스는 이를 기꺼이 받아들였다.

그러는 동안 안티고노스는 대군을 이끌고 게라네아를 지나가고 있었다. 클레오메네스는 지협을 지켜봤자 아무 소용이 없음을 깨닫고 오네아라는 산에 튼튼한 진지를 쌓기로 했다. 잘 훈련된 마케도니아군과 맞붙어 전투를 벌이는 대신, 유리한 지형을 이용해 적들을 지치게 만들 생각이었다. 클레오메네스는 이 작전으로 안티고노스군을 궁지에 몰아넣었다. 안티고노스는 식량을 충분히 준비하지 않은 데다, 요충지를 가로막고 있는 클레오메네스군을 돌파하는 일도 쉽지 않았다. 그는 어둠을 틈타 레카이움을 지나가려 했으나 실패하는 바람에 병사들만 잃었다. 사기가 높아진 클레오메네스와 병사들은 승리를 축하하며 함께 저녁 식사를 했다.

안티고노스는 커다란 위험을 무릅쓸 수밖에 없는 상황이었으므로 어찌할 바를 몰라 했다. 그는 먼저 헤라이움 고지까지 나아간 뒤, 병사들을 배에 싣고 시키온으로 이동할 계획이었다. 하지만 그러려면 시간도 많이 걸리고 준비해야 할 장비도 엄청났다. 그날 저녁, 아라토스를 지지하는 사람들이 아르고스에서 배를 타고 건너왔다. 그들은 아르고스 시민들이 곧 클레오메네스에게 반란을 일으킬 계획이니 아라토스에게 그곳으로 돌아가자고 했다. 이 반란의 주모자는 아리스토텔레스라는 사람이었는데, 그가 민중을 설득하는 것은 그리 어려운 일이 아니었다. 민중은 클레오메네스가 모든 빚을 없애주리라 믿었는데 그 기대가 어긋나자 모두 화가 나 있었던 것이다.

이 정보를 들은 아라토스는 안티고노스에게서 병사 1500명을 얻어 바다 건너 에피다우루스로 갔다. 그러나 아리스토텔레스는 그들을 기다리지 않고 시민들을 지휘해 스파르타 주둔군을 공격했다. 티목세누스도 시키온에서 아카이아군을 이끌고 와서 아리스토텔레스와 합세했다.

클레오메네스는 한밤에 이 반란 소식을 들었다. 그는 메기스토노우스를 불러 몹시 화난 목소리로, 아르고스로 가서 사태를 수습하라고 명령했다. 메기스토노우스 자신이 아르고스 사람들의 충성을 보장할 테니 혐의자들 추방을 미뤄달라고 클레오메네스를 설득했기 때문이다.

클레오메네스는 그에게 병사 2000명을 딸려 곧 출발시켰다. 그리고 자신은 안티고노스의 움직임을 살피는 동시에 코린토스 사람들을 안심시키기 위해 아르고스의 반란은 겨우 몇 사람이 일으킨 작은 소동인 것처럼 이야기했다. 그러나 메기스토노우스는 아르고스 시내에 들어서자마자 살해당했으며, 스파르타 주둔군도 더 이상 버티지 못하고 클레오메네스에게 잇따라 전령을 보내 구원병을 요청했다.

클레오메네스는 만약 아르고스가 적의 손에 넘어가면, 적군이 곧바로 요충지를 차지한 뒤 마음 놓고 라코니아를 짓밟으려 할까봐 서둘러 코린토스에서 철수해 버렸다. 게다가 병사를 하나도 남겨두지 않았기 때문에 스파르타가 포위당할 우려도 있었다. 그러자 안티고노스는 재빨리 성으로 들어가 온 시내에 수비대를 배치했다. 그리하여 코린토스는 눈 깜짝할 사이에 안티고노스 손에 넘어가고 말았다.

클레오메네스는 진군하던 길에 병사들을 모두 이끌고 아스피스로 진격해 들어가 그때까지 아카이아군에 계속 맞서고 있던 스파르타 수비대와 합류했다. 그리고 사다리를 타고 올라가 시내에 있는 고지 몇몇을 점령한 뒤, 크레테 궁수들을 시켜 시가지에 있던 적들을 모두 소탕했다.

그러나 그때 안티고노스가 밀집대형으로 정렬한 병사들을 이끌고 저쪽 산에서 내려왔고, 여기저기서 기병대가 밀물처럼 몰려왔다. 이렇게 되자 도저히 당해낼 수 없다고 생각한 클레오메네스는 병사들을 모두 불러모은 뒤, 다시 사다리를 타고 성벽을 내려가 무사히 후퇴했다. 사실 클레오메네스는 단 한 번의 원정으로 펠로폰네소스 반도를 거의 다 장악해 놀랍도록 짧은 시간 안에 막강한 권력을 손에 넣었지만, 하루아침에 그것들을 모두 잃어버린 셈이었다.

이렇게 되자 몇몇 동맹국들은 언제 그랬느냐는 듯이 그를 저버렸고, 다른 동맹국들도 잇따라 안티고노스에게 투항하고 말았다. 클레오메네스의 꿈은 그렇게 무참히 깨어지고 말았다. 남은 병사들을 이끌고 후퇴하던 그는 날이 어두워질 무렵 테게아 시에 닿아 스파르타에서 온 전령을 만났다.

전령이 전한 소식은 그때 클레오메네스가 겪고 있던 불행에 못지않은 것이었다. 바로 클레오메네스가 그토록 사랑하던 아내 아기아티스가 세상을 떠났다는 것이었다. 그는 평소에 아내를 끔찍이 사랑해 중대한 원정을 떠나서도 전세가 좋을 때는 참지 못하고 스파르타로 돌아가 아내를 만나고 올 정도였다.

그 소식을 듣고 그는 몹시 괴로워했는데, 아름답고 훌륭했던 아내의 죽음을 슬퍼하는 모습은 마치 연인을 잃은 젊은이와도 같았다. 하지만 아무리 격정에 휩싸여 있을 때라도 클레오메네스는 품위를 지켰으며, 강인한 정신은 조금도 꺾이지 않았다. 그의 목소리는 평소와 하나도 다르지 않았고 얼굴 표정과 생활 습관도 변함이 없었다. 그는 부하 장교들에게 필요한 명령을 내리고, 테게아를 막을 준비를 게을리하지 않았다. 이튿날 아침 그는 스파르타로 돌아가 어머니와 아이들과 함께 장례식을 치른 뒤 곧바로 직무에 복귀했다.

그때 아이귑토스 왕 프톨레마이오스가 그를 도와주겠다 약속하면서 그 대신 그의 어머니와 아이들을 볼모로 달라고 요구했다. 그 일을 수치스럽게 여긴 클레오메네스는 한참 동안 어머니에게 아무 말도 하지 못했다. 그는 마음을 굳게 먹고 여러 번 어머니를 찾아갔지만, 차마 입을 열지 못해 속만 끓였다. 무언가 심상치 않음을 눈치챈 어머니는 마침내 아들 친구를 불러 혹시 클레오메네스가 자기에게 무슨 할 말이 있는 게 아닌지, 왜 그토록 말을 꺼내지 못하는지 물었다. 이렇게 되자 클레오메네스도 어머니에게 사실을 털어놓지 않을 수 없었다. 이야기를 들은 클레오메네스의 어머니는 크게 웃으며 말했다.

"왕은 그까짓 일을 가지고 그토록 고민하셨단 말이오? 그러지 말고 나를 어서 배에 태워주시오. 이 늙은 몸이 조국에서 쓸모없이 시간만 보내느니, 스파르타에 도움이 될 수만 있다면 어디든지 가겠소."

그리하여 크라테시클레아는 여행을 떠날 준비를 갖추고, 병사들의 호위를 받으며 육로를 통해 타이나루스까지 갔다. 그녀는 배에 오르기 전에 아들을 데리고 포세이돈 신전에 들어갔다. 크라테시클레아는 슬픔에 빠진 아들을 끌어안고 말했다.

"용기를 내세요, 스파르타 왕이여! 우리는 밖에 있는 사람들에게 우는 모습은 말할 것도 없고 스파르타인답지 않은 모습을 보여선 절대로 안 돼요. 성공과 실패는 신의 뜻에 달려 있지만, 그 정도쯤은 우리 힘으로도 할 수 있잖아요?"

크라테시클레아는 침착한 표정으로 그렇게 말하고 나서, 어린 손자를 데리고 배에 올라 선장에게 출항을 명령했다. 그녀는 아이귑토스에 도착한 뒤 몇 가지 새로운 사실을 알게 되었다. 안티고노스가 프톨레마이오스에게 사절을 보내 평화협정을 제의했으며, 클레오메네스는 아카이아로부터 몇 차례 휴전 제의를 받았으나 어머니가 걱정된 나머지 프톨레마이오스 뜻을 알아본 뒤 행동하려고 아직 대답하지 않고 있다는 것이었다. 크라테시클레아는 곧 아들에게 편지를 보내, 스파르타 사람다운 행동을, 그리고 무엇보다 스파르타에 이익이 되는 행동을 해야 한다고 말하면서 늙은 어미와 어린 자식을 걱정해 프톨레마이오스를 겁내는 건 스파르타 왕답지 못한 행동이라고 충고해 주었다.

크라테시클레아는 불행 속에서도 이처럼 굳센 정신을 보여주었다. 안티고노스가 테게아를 점령한 뒤 오르코메누스와 만티네아를 약탈하자, 클레오메네스는 좁은 스파르타 안에 갇혀버린 셈이 되었다. 그리하여 클레오메네스는 농노들에게서 아테나이 돈으로 저마다 5므나를 받고 스파르타 자유시민권을 주는 방법으로 군비 500탈란톤을 마련했다. 그는 먼저 그 돈으로 병사 2000명을 마케도니아식으로 무장시켜 안티고노스의 '하얀 방패부대'와 싸우게 할 계획이었는데, 이는 어느 누구도 감히 생각지 못한 대단한 모험이었다.

그즈음 메갈로폴리스는 스파르타와 맞먹을 만큼 크고 강한 도시였다. 게다가 이 도시 양쪽에는 아카이아군과 안티고노스군이 저마다 진을 치고 있었다. 안티고노스가 아카이아군을 돕기 위해 펠로폰네소스 반도까지 달려온 것은 바로 이 메갈로폴리스 사람들의 공작에 의한 것이었다.

클레오메네스는 이 도시를 치려고 결심했다. 그의 놀랄 만한 빠른 속도는 그 어떤 말로도 표현할 수 없을 정도였다. 작전을 위해 그는 병사들에게 저마다 닷새분 식량을 준비시켰다. 그리고 얼핏 보기에는 아르고스로 쳐들어가는 것처럼 하다가 셀라시아 쪽으로 방향을 틀어 메갈로폴리스 영토로 번개같이 돌격했다.

로이테움에서 저녁 식사를 마친 클레오메네스는 갑자기 헬리쿠스 강변길로 들어서서 곧바로 메갈로폴리스로 나아갔다. 시내에 가까워지자 그는 판테우스에게 2개 연대를 주어 메갈로폴리스 성에서 수비가 가장 소홀하다는 이야기를 들은 성벽을 기습하라고 명령했다. 그리고 자신은 나머지 부대를 이끌고 천천히 그 뒤를 따랐다.

어렵지 않게 그곳을 발견한 판테우스는 성벽 상당 부분이 무방비 상태인 것을 알아채고는 몇 군데는 성벽을 무너뜨리고 다른 곳에는 구멍을 뚫었다. 이때 맞닥뜨린 적은 닥치는 대로 죽였다. 판테우스 부대가 한창 작전 중일 때 뒤따라온 클레오메네스 부대가 시내로 들어갔으므로, 메갈로폴리스 시민들은 이 기습에 대해서는 꿈에도 모르고 있었다. 얼마 뒤 이런 뜻밖의 사태가 일어난 것을 알게 되자, 어떤 사람들은 될수록 많은 재산을 꾸려서 재빠르게 피란을 떠나고, 더러는 무기를 들고 저항했다.

이들의 저항은 적을 무찌를 힘은 없었지만 시민들이 안전하게 피란할 수 있는 시간을 벌어주었다. 그리하여 시내에 남은 사람은 겨우 1000여 명뿐이었으며, 나머지는 모두 가족과 함께 메세네로 달아났다. 무기를 들고 저항하던 사람들도 대부분 무사했으며, 포로로 잡힌 숫자도 얼마 되지 않았다. 리산드리다스와 테아리다스도 포로로 잡혀왔는데, 이들은 메갈로폴리스에서 세력과 명성을 떨치던 자들이었다. 스파르타 병사들은 그들을 클레오메네스 앞으로 데려갔다. 리산드리다스는 멀리 클레오메네스 모습이 보이자마자 큰 소리로 외쳤다.

"스파르타 왕이시여, 왕께서는 지금까지 이루신 어떤 일보다도 더욱 왕다운 일을 하셨으니, 그 명예를 더욱더 빛낼 수 있는 기회가 바로 눈앞에 다가왔습니다."

클레오메네스는 그 말의 참뜻을 알아차리고 이렇게 말했다.

"리산드리다스, 그게 대체 무슨 말이오? 혹시 나더러 이 도시를 돌려달라는 뜻은 아니겠지요?"

"저의 뜻을 이미 알고 계시는군요. 부디 이 훌륭한 도시를 파괴하지 말아주십시오. 원컨대 메갈로폴리스 주민들에게 이 도시를 돌려주시어 그들의 구세주가 되어주십시오. 그리하여 이 도시를 믿음직스럽고 변함없는 친구와 동지들로 가득 채우십시오."

클레오메네스는 리산드리다스의 대답을 듣고 한동안 생각에 잠겼다가 말했다.

"그건 참으로 믿기 어려운 말씀이오. 그렇지만 우리 서로 이익보다는 명예를 소중히 여기며 일을 처리합시다."

클레오메네스는 두 사람에게 사자를 딸려 메세네로 보냈다. 그는 메갈로폴리스 사람들이 아카이아인들과 관계를 끊고 클레오메네스 편이 되어준다면 메갈로폴리스 시를 돌려주겠다고 제안했다. 하지만 그의 이처럼 너그러운 제안을, 필로포이멘이 반대하고 나섰다. 그는 메갈로폴리스 사람들이 아카이아와 동맹을 깨서는 안 된다고 말했다. 필로포이멘은 클레오메네스 속뜻은 메갈로폴리스를 돌려주려는 게 아니라, 도시와 시민들까지 함께 빼앗으려는 데 있다면서 클레오메네스를 헐뜯었다. 그러고는 테아리다스와 리산드리다스를 메세네에서 내쫓아 버렸다.

필로포이멘은 그의 전기에서 볼 수 있듯이 뒷날 아카이아군 사령관이 되어 헬라스에서 크게 이름을 떨친 사람이다.

이 소식을 전해 들은 클레오메네스는 몹시 화를 냈다. 그는 그때까지 메갈로폴리스 시의 하찮은 물건 하나도 약탈하지 못하게 엄중한 명령을 내려 병사들을 통제하고 있었다. 하지만 더 이상 참지 못한 그는, 메갈로폴리스에 있는 귀중품들을 비롯해 조각상과 그림들을 약탈한 뒤 모두 스파르타로 옮겼다. 그런 다음 도시 대부분을 파괴하고는 안티고노스와 아카이아군이 오기 전에 서둘러 그곳을 빠져나왔다. 그러나 아카이아군은 아이기온에서 군사회의를 열고 있었으므로 군대를 움직이지 않았다.

아라토스는 연단으로 올라가 옷자락으로 얼굴을 가린 채, 한참 동안이나 눈물을 흘렸다. 모두 놀라서 무슨 일로 그러느냐고 까닭을 묻자 그는 마침내 메갈로폴리스가 클레오메네스 손에 파괴되어 버렸다는 사실을 알렸다. 회의는 곧 중단되었다. 너무나 갑작스러운 데다 손실도 매우 커서 아카이아 사람들은 큰 충격에 빠졌다.

안티고노스는 급히 구원병을 보내려 했으나 겨울철이어서 여기저기 흩어져 휴가를 보내고 있는 병사들을 불러 모으는 일은 결코 쉽지 않았다. 안티고노스는 하는 수 없이 소집 명령을 취소한 뒤, 적은 부대만 이끌고 아르고스로 떠났다.

클레오메네스는 이 전투에서 또 하나의 훌륭한 작전을 계획했다. 그것은 얼핏 무모하기 짝이 없는 모험처럼 보였으나 폴리비우스 의견에 따르면, 경험 많고 선견지명이 뛰어난 사람이 깊이 생각해 취한 행동이었다. 그는 그 근거로, 클레오메네스는 마케도니아군이 겨울에는 여러 곳에 흩어져 있으며, 안티고노스는 측근과 적은 수의 용병만을 데리고 아르고스에서 겨울을 보낸다는 사실을 잘 알았음을 주장했다.

그러한 사정을 잘 알고 아르고스를 공격한 클레오메네스는, 안티고노스가 치욕을 참지 못해 불리한 전투에 응하거나, 아니면 감히 싸울 생각조차 못함으로써 아카이아 사람들과 분란이 일어나리라 미리 짐작한 것이다. 그의 예상은 들어맞았다. 클레오메네스가 곳곳에서 파괴와 약탈을 자행해 아르고스 전체를 잿더미로 만들어 버리자, 아르고스 사람들은 비탄과 분노를 이기지 못해 안티고노스 저택 앞으로 몰려갔다. 그리고 왕에게 결전을 벌여 적을 응징하지 못할 바에는 차라리 더 유능하고 용감한 사람에게 지휘권을 넘기라며 아우성쳤다.

그러나 안티고노스도 경험 많은 노장이었다. 그는 어리석게 자기 군대를 위험에 빠뜨리며 자기 안전까지 포기하기보다는, 차라리 다른 나라 국민들이 주는 모욕을 참는 편이 더 낫다 여기고 꿈쩍도 하지 않았다. 그사이에 군대를 이끌고 아르고스 성벽 앞까지 몰려온 클레오메네스는 아무도 가로막는 사람이 없는 가운데 마음껏 적을 모욕한 뒤 자기 나라로 돌아갔다.

얼마 뒤 클레오메네스는 안티고노스가 다시 테게아로 이동해 거기서 라코니아 영토를 침략하려 한다는 정보를 손에 넣었다. 그는 곧바로 병사들을 이끌고 안티고노스군을 피해 다른 길로 가서, 아침 일찍 아르고스 시 근처에 다다랐다. 그들은 벌판에 있는 곡식을 마구 짓밟고 돌아다녔다. 보통은 낫이나 칼로 곡식을 베어내지만 그는 긴 몽둥이로 낟알을 때려 떨어뜨렸다. 병사들은 별 힘도 들이지 않고 행군하며 마치 장난이라도 치듯이 아르고스 사람들 농작물을 모조리 망쳐놓았다. 이윽고 킬라라비스 훈련장에 닿자 병사들은 훈련장 건물에 불을 지르려고 했다. 하지만 클레오메네스는 허락하지 않았다. 지난번에 메갈로폴리스를 파괴한 것은 일시적인 격정에서 나온 것이었을 뿐, 깊이 생각하고 행동한 것은 아니었다.

안티고노스는 모든 일을 제쳐둔 채 황급히 아르고스로 돌아와, 산과 길목에 부대를 배치했다. 하지만 클레오메네스는 그게 다 무슨 소용이냐는 듯 무시하고 경멸하는 태도를 감추지 않았다. 그는 아르고스와 미케나이 사이에 위치한 헤라 신전에 사람을 보내 제사를 올릴 것처럼 신전 열쇠를 달라고 청했다. 그렇게 아르고스 사람들을 조롱하며 헤라 신전으로 간 그는 신전 문이 잠겨 있자 신전 담 아래에서 제사를 올린 뒤 플리우스로 갔다. 거기서 다시 올리기르투스로 가서 그곳을 지키고 있던 군대를 무찌르고 오르코메누스로 진군했다.

이처럼 통쾌한 작전으로 스파르타 시민들 사기를 회복시키자, 적들은 클레오메네스를 큰일을 이룰 만한 명장으로 여기고 두려워하기 시작했다. 작은 도시에 불과한 스파르타가 강대한 마케도니아와 왕실을 등에 업고 있는 펠로폰네소스의 모든 도시들을 상대로 전쟁을 거듭하면서, 적이 라코니아에 한 발짝도 들어오지 못하게 했을 뿐만 아니라, 오히려 적 땅에 쳐들어가 그토록 강대한 도시들을 빼앗은 것은 참으로 놀라운 일이 아닐 수 없었다.

돈이 싸움의 밑천이라는 속담이 있는데, 이는 무엇보다도 전쟁을 염두에 두고 한 말이었으리라. 일찍이 데마데스는 아테나이 사람들이 군자금도 없이 병사들을 배에 실어 전쟁터로 보내기로 결정했을 때, 배에는 요리사부터 먼저 태우고 나서 키잡이를 태워야 한다고 충고해 주었다.

펠로폰네소스 전쟁이 막 시작되었을 무렵 스파르타 왕이었던 아르키다모스는 동맹국들이 낼 군자금 액수를 미리 정하자는 요청에 대해, 전쟁에 들어가는 돈은 무제한이라 답했다고 한다. 제아무리 힘세고 기술 좋은 운동선수라도, 경기 시간이 길어지면 착실하게 훈련을 쌓은 선수를 당해내지 못하는 법이다. 마찬가지로 용병들 급료도 제대로 주지 못하고 시민들 필수품도 변변히 대지 못할 만큼 형편이 궁해진 클레오메네스가, 군자금을 두둑이 챙기고 전쟁을 시작한 안티고노스를 이기는 것은 불가능에 가까웠다.

그러나 시간이 지날수록 모든 일은 클레오메네스에게 유리하게 돌아갔다. 그때 안티고노스 본국의 사정이 어지러워지기 시작했기 때문이다. 그가 없는 틈을 타서 야만족들이 마케도니아에 침입해 약탈을 일삼고, 안티고노스가 클레오메네스와 결전을 벌일 즈음에는 일리리아 대군이 국경을 넘어 공격해 왔다. 마케도니아 사람들은 이 야만족들의 만행에서 벗어나기 위해 안티고노스에게 사자를 보냈다. 안티고노스 왕에게 속히 본국으로 돌아오라고 청한 그 편지가 만약 결전이 벌어지기 전에 도착했더라면, 안티고노스는 곧바로 본국으로 철수하고 아카이아 문제는 아카이아 사람들에게 맡겼으리라.

하지만 가장 중요한 사태를 한순간에 결정짓기 좋아하는 운명의 여신은 이 위급한 상황에서 아슬아슬한 시간 차이가 얼마나 중요한 것인지 참으로 잘 보여주었다. 그도 그럴 것이, 셀라시아 전투가 이제 막 끝나 클레오메네스가 군대와 도시를 모두 잃은 바로 뒤에 마케도니아 전령이 도착해 안티고노스를 찾은 것이다. 그러고 보면 클레오메네스 운명은 참으로 가엾다 하지 않을 수 없다.

왜냐하면 클레오메네스가 잇따라 전투를 늦추면서 이틀만 더 버텼더라도 결전을 피할 수 있었기 때문이다. 그랬다면 마케도니아군이 물러간 뒤, 유리한 위치에서 아카이아 사람들과 휴전협정을 맺을 수 있었으리라. 그러나 앞서 말했듯이 군자금이 모자란 클레오메네스가 믿을 것이라곤 오로지 무기뿐이었다. 폴리비우스가 전하는 바에 따르면, 그는 군대 2만 명으로 적 3만 명과 싸워야 했다고 한다.

클레오메네스는 이 전투에서 지기는 했으나 훌륭한 장군의 면모를 보여주었다. 그의 지휘를 받은 시민들은 죽음을 각오하고 용감히 싸웠고 용병들도 유감없이 투지를 발휘했다. 하지만 클레오메네스는 중무장한 마케도니아군이 밀집대형으로 색다른 전술을 써서 공격해 오자 아깝게도 패하고 말았다. 역사가 필라르쿠스는, 클레오메네스가 이 전쟁에서 참패한 것은 측근들의 배신 때문이라고 했다. 그 무렵 전투 상황은 대략 다음과 같다.

그때 안티고노스는 일리리아와 아카르나니아 부대를 눈에 띄지 않게 이동시켜, 클레오메네스 동생 에우클레이다스가 지휘하는 부대 뒤쪽에 진을 치게 했다. 그리고 자신은 나머지 군대를 모두 이끌고 들판으로 나아갔다. 이때 클레오메네스는 높은 언덕에서 안티고노스 진지를 바라보고 있었다. 그런데 이상하게도 일리리아와 아카르나니아 부대가 보이지 않자, 클레오메네스는 안티고노스가 무슨 목적인지는 모르지만 그들을 다른 곳으로 이동시켰음을 짐작했다. 클레오메네스는 곧 다모텔레스를 불렀다. 다모텔레스가 이끄는 병사들은 복병을 찾아내기 위해 특별히 뽑은 부대였으므로, 클레오메네스는 다모텔레스에게 적군이 아군 뒤쪽을 노리는 것이 아닌지 세심하게 살펴보라고 명령했다.

그러나 다모텔레스는 이미 안티고노스에게 매수되어 그의 앞잡이가 되어 있었다. 따라서 그는 클레오메네스에게 뒤쪽에는 아무 이상이 없으니 안심하라며, 앞에 있는 적에게 총력을 기울이라고 보고했다. 클레오메네스는 그 말을 믿고 안티고노스군을 향해 나아갔다.

클레오메네스가 지휘하는 스파르타군의 맹렬한 공격에 마케도니아군 밀집대형도 버티지 못하고 5스타디온쯤 후퇴했다. 그때 잠시 멈춰서서 주위를 둘러보던 클레오메네스는, 자기 동생 에우클레이다스가 이끄는 측면부대가 위급한 상황에 빠져 있는 것을 보고 자기도 모르게 소리쳤다.

"너를 잃는구나, 아우여! 너를 잃는구나. 용맹함에 있어 스파르타 젊은이들 본보기였고 스파르타 처녀들이 부르는 노래 주인공이었던 너를 말이다."

적군은 에우클레이다스 부대를 무찌르고 나자 승세를 몰아 이번에는 클레오메네스 부대에 달려들었다. 클레오메네스는 병사들이 혼란에 빠져 적군들 공격을 당해내지 못하는 것을 보고, 하는 수 없이 자신의 안전을 위해 달아났다. 이 전투에서 용병도 큰 손해를 입었으며, 스파르타 병사 6000명 가운데 겨우 200명만이 살아남았다.

그렇게 스파르타로 돌아온 클레오메네스는 만나는 시민마다 붙잡고 안티고노스를 환영하자며 설득했다. 또한 자기는 죽든 살든 스파르타에 가장 이로운 길을 선택하겠노라 말했다. 그때 부인들이 달려나와 클레오메네스와 함께 도망쳐 온 병사들 무기와 갑옷을 받아들고 마실 물을 주자 클레오메네스는 집으로 돌아갔다. 집에서는 하녀가 그를 기다리고 있었다.

클레오메네스는 아내가 죽은 뒤 메갈로폴리스 자유민이었던 이 여자를 집에 데려다 놓았다. 그녀는 전쟁터에서 돌아온 클레오메네스를 맞이해 여느 때처럼 그를 편안하게 보살펴 주었다. 그는 목이 타는 듯 말랐지만 아무것도 마시지 않았다. 그리고 금방이라도 쓰러질 듯 피곤했지만 앉지도 않고, 갑옷을 입은 채 기둥 하나를 붙잡고 팔꿈치에 이마를 얹은 자세로 잠시 휴식을 취했다. 그는 앞으로 어떻게 해야 할지 머릿속에 차근차근 계획을 세운 다음, 친구 몇 명과 함께 곧 기티움 항구로 갔다. 일행은 이럴 때를 대비해 미리 준비해 두었던 배에 올라탔다.

스파르타를 점령한 안티고노스는 시민들에게 친절하게 대했으며 스파르타 영광을 더럽히는 일은 전혀 하지 않았다. 그는 스파르타 법률과 정권이 그대로 유지되도록 허락했다. 그리고 제물을 갖추어 신들에게 제사를 지내고 사흘째 되는 날 군대를 거두어 자기 나라로 돌아갔다. 마케도니아에 큰 전쟁이 일어나 야만인들이 국토를 짓밟고 있다는 소식을 들었기 때문이다. 전부터 병을 앓고 있던 안티고노스는 폐병으로까지 악화되었으나, 본국에 돌아가서도 병상에 눕지 않았다. 그는 야만족과 싸워 그들을 물리치고 승리를 거둠으로써 조국을 구한 뒤 영광스러운 죽음을 맞이했다. 필라르쿠스가 전하는 바에 따르면, 안티고노스는 한창 전투 중에 목청이 터져라 고함을 지르다가 그만 혈관이 터져버렸다고 한다. 그러나 우리가 배운 바로는, 안티고노스는 완전히 승리를 거둔 뒤 몹시 기뻐서 이렇게 외쳤다.

"오, 영광스러운 날이여!"

그러다가 갑자기 많은 피를 토하고 쓰러져 고열에 시달리다가 죽었다고 한다. 안티고노스에 대한 이야기는 이 정도면 충분할 것 같다.

클레오메네스는 키테라 섬을 떠나 아이기알레아 섬에 잠시 머물렀다. 그는 거기서 다시 키레네로 갈 준비를 하고 있었다. 일행 가운데 테리키온이라는 강직한 친구가 있었는데, 언제나 대담하게 진실만 말하는 인물이었다. 그가 클레오메네스를 따로 불러내 이렇게 말했다.

"왕이시여, 우리는 평소 세상 사람들에게 스파르타 왕이 살아 있는 동안에는 안티고노스가 스파르타 땅을 밟는 일은 없으리라 큰소리쳐 왔습니다. 안타깝게도 전쟁터에서 죽는 영광스러운 기회를 놓쳐버린 지금, 그보다는 못하지만 명예와 영광에 있어서 그와 버금가는 다른 길이 우리 앞에 있습니다. 그런데도 이렇게 정처 없이 바다 위를 떠도는 것은, 가까이 있는 화를 피하려고 멀리 있는 화에 뛰어드는 격 아닐까요? 헤라클레스 핏줄을 이은 자가 필리포스나 알렉산드로스의 후손을 섬기는 것이 부끄러운 일이 아니라면, 이렇게 멀리까지 갈 것 없이 안티고노스에게 항복하는 것이 어떨까 합니다. 안티고노스는 프톨레마이오스보다 훨씬 훌륭한 왕이고 마케도니아 사람들이 아이귑토스인들보다는 훨씬 낫다고 생각합니다. 우리를 정복한 자에게 굴복하는 게 비겁하다는 이유로, 우리를 정복하지도 않은 자에게 굴복해야 할까요? 전하께서 안티고노스에게서 달아나 프톨레마이오스에게 고개 숙이려 하시는 것은 우리를 정복한 자는 하나가 아니라 둘이라는 것을 인정하는 게 아닙니까? 아이귑토스로 달아나려는 것은 혹시 어머니 때문인가요? 만일 그러시다면 그분을 뵙는 것 또한 어찌 부끄럽지 않을 수 있겠습니까? 어머니께서 프톨레마이오스 부인들에게, 왕에서 망명객이자 노예로 전락한 아들을 소개하게 만드시겠습니까? 우리에겐 아직 칼이 있습니다. 멀리 라코니아가 바라보이는 이곳에서 우리의 치욕스러운 설움을 끝내도록, 스파르타를 지키기 위해 싸우다가 셀라시아 전투에서 명예로운 목숨을 바친 사람들 뒤를 따릅시다. 그렇지 않으면 아이귑토스에서 빈둥거리면서 스파르타에서 새 소식은 없는지, 안티고노스가 라케다이몬 총독으로 누구를 임명했는지나 물으며 지내시겠습니까?"

테리키온 말이 끝나자 클레오메네스는 이렇게 대답했다.

"이 비겁한 친구여, 자네는 가장 쉽고 편안한 도피처인 죽음을 재촉함으로써 용감한 사람 행세를 하려는구려. 하지만 그런 도피는 이렇게 달아나는 것보다 더 꼴사나운 일이라오. 우리보다 훨씬 훌륭한 사람들도 때로는 적에게 지거나 운명에 버림받고 대중의 천대를 받았소. 그러나 고난과 불행을 견디지 못해서, 또는 세상 사람들 혹평과 비난이 두려워 자기 자신을 포기하는 사람은 결국 나약한 자신에게 굴복하는 것 아니겠소? 우리는 도피 수단으로 죽음을 택해서는 결코 안 되며, 그것은 오로지 그 자체로서 세상에 본보기가 되어야 하오. 오로지 자기 한 몸을 위해 죽고 사는 것은 비열한 행동에 지나지 않소. 그대가 지금 우리에게 권하는 그 길은 당장 우리 눈앞에 닥친 비참한 처지에서 벗어나려는 수단이지, 결코 명예로운 일도 아니고 누구에게도 이로운 일이 아니라오. 그대나 나 같은 사람이 절망에 빠져 조국의 앞날을 포기해서야 되겠소? 모든 희망이 다 사라진 뒤에는, 죽고자 하는 사람은 쉽게 그리할 수 있을 것이오."

이 말을 들은 테리키온은 아무 말도 하지 않았다. 그러나 그는 클레오메네스 일행에서 벗어날 기회를 엿보다가 마침내 바닷가에서 뒤로 처지더니 스스로 목숨을 끊고 말았다.

아이기알레아를 떠나 리비아에 상륙한 클레오메네스는 그곳에서 정중한 대접을 받은 뒤 아이귑토스 영토를 거쳐 알렉산드리아에 닿았다. 그가 처음 프톨레마이오스 왕에게 안내되었을 때는 그저 평범한 예우와 그저 그런 대접을 받았을 뿐이었다. 하지만 프톨레마이오스 왕은 그 뒤 몇 차례 클레오메네스를 만나는 동안, 차츰 그가 생각이 깊고 뛰어난 능력을 지닌 사람임을 알게 되었다. 프톨레마이오스는 클레오메네스의 스파르타식 대화에서 고상하고 소박한 아름다움을 느꼈다. 그리고 클레오메네스가 불운한 처지에도 타고난 정신을 더럽히지 않고 꿋꿋한 태도를 지키는 것을 보고, 왕의 눈치나 보며 아첨을 일삼는 자들보다 훨씬 믿음직한 친구라 여겼다. 프톨레마이오스는 이처럼 훌륭한 인물을 알아보지 못하고, 안티고노스로 하여금 클레오메네스를 파멸시키게 하여 큰 세력과 명성을 얻게 한 것을 부끄럽게 여기며 몹시 후회했다.

그 뒤로 프톨레마이오스는 온갖 방법들로 클레오메네스에게 친절과 존경을 표시했다. 그는 클레오메네스가 헬라스에 돌아갈 수 있도록 배와 돈을 주고, 그가 왕위를 되찾을 수 있도록 도움을 아끼지 않겠다 약속했다. 그리고 그에게 1년에 24탈란톤의 연금도 주었는데, 클레오메네스와 그의 친구들은 검소하고 절제된 생활을 했기에 그 일부만으로도 충분했다. 나머지 연금은 아이귑토스로 망명해 와서 사는 헬라스 사람들을 위해 유익하게 쓰였다.

그러나 프톨레마이오스 왕은 클레오메네스와 관련된 일을 마무리짓지 못한 채 세상을 떠나고 말았다. 그 뒤를 이은 젊은 왕은 방탕한 생활을 하며 여자나 즐기는 나약한 귀공자라 클레오메네스에 대한 일은 완전히 잊고 있었다. 이 왕은 날마다 술과 여자에 취해 있었으므로, 가장 바쁘고 엄숙한 시간이라 해봐야 고작 궁중에서 종교적인 제사를 올릴 때 직접 북을 두드리며 무대에 나타날 때뿐이었다.

모든 나랏일은 그의 첩인 아가토클레아와 그녀의 어머니, 그리고 포주인 오이난테스가 알아서 처리했다. 사실 처음에는 그들도 클레오메네스를 필요한 존재라 여기고 어느 정도 대우해 주었다. 왜냐하면 젊은 왕에게는 마가스라는 동생이 있었는데 그가 자기 어머니 재산을 이용해 군대에서 대단한 세력을 잡고 있었으므로, 왕은 그를 없애고 싶어했기 때문이다. 그래서 젊은 왕은 마가스를 제거할 계획을 세우고 이 비밀회의에 클레오메네스도 참석시켰다. 그런데 이 자리에서 오직 클레오메네스만이, 왕위에 있는 사람은 형제가 한 사람이라도 더 있어야 안전하고 평화롭게 국정을 운영할 수 있다면서 반대했다.

그러자 신하들 가운데 왕의 총애를 가장 많이 받고 있던 소시비우스가, 마가스가 살아 있는 동안에는 용병들에 대해 안심할 수가 없다고 반박했다. 물론 클레오메네스도 가만히 있지 않았다. 그 점에 대해서는 조금도 걱정할 필요가 없으며, 용병들 가운데는 펠로폰네소스 출신이 3000명도 더 되는데, 그들은 자신의 명령 하나로 충분히 움직일 수 있다고 자신했던 것이다.

그 자리에 있던 사람들은 그 말을 듣고 클레오메네스를 매우 영향력 있는 사람으로 우러러보게 되었다. 그러나 젊은 프톨레마이오스 왕은 나약한 성격 탓에 차츰 두려움을 느끼게 되어, 어리석은 사람들이 흔히 그렇듯이 자신의 안위를 염려해 공연히 사람들을 의심하기 시작했다.

그렇게 되자 신하들 가운데서도 클레오메네스를 의심하는 자들이 생겨났는데, 이는 클레오메네스가 용병들 사이에서 너무나 큰 세력을 가지고 있음을 두려워해서였다. 사람들은 그를 가리켜 '양떼 속 사자'라 불렀다. 클레오메네스가 아이귑토스 궁전 안에서 모든 일에 대해 조용히 감시 눈길을 늦추지 않았기 때문이다.

클레오메네스는 젊은 왕에게 함선과 군대를 달라고 요청할 생각을 아예 버리고 말았다. 그러나 이때 안티고노스가 죽고 아카이아가 아이톨리아와 전쟁을 벌이자, 펠로폰네소스 정국은 혼란에 빠져들었다. 그러자 스파르타는 클레오메네스가 귀국하기를 바란다는 기별을 보내왔다. 클레오메네스는 친구들만 데리고 스파르타로 돌아가겠다며 왕에게 허락을 청했다. 그러나 왕은 여자들에게 파묻혀 술의 신에게 바치는 제사와 연회로 밤낮을 지새느라 그의 청원에 귀를 기울이지 않았다.

그런데 재상으로서 정사를 맡고 있던 소시비우스는 이 문제를 놓고 깊이 생각했다. 클레오메네스를 억지로 아이귑토스에 붙잡아두면 위험할 뿐만 아니라 갈수록 다루기 힘들어질 것이고, 그렇다고 아이귑토스 왕궁 병폐와 약점을 낱낱이 다 알고 있는, 이 웅대한 포부를 지닌 대담무쌍한 사람을 그대로 놓아주는 것도 두려운 일이었다. 그도 그럴 것이, 클레오메네스는 선물이나 재물로 달랠 수 있는 사람이 아니었으며, 아무리 호사스럽게 대우해도 본성에 따라 뛰쳐나가 산과 들을 자유롭게 돌아다니려 했던 신령한 황소 아피스처럼, 그도 속된 쾌락에 물들지 않았기 때문이다. 또한 아킬레우스와도 비슷해 이런 말도 들었다.

　　먼 곳을 바라보며 애를 태우나니
　　집에 앉아 전쟁터 함성을 그리워하누나.

클레오메네스가 이처럼 딱한 처지에 놓여 있을 때, 니카고라스라는 메세니아 사람이 알렉산드리아에 왔다. 그때 부둣가를 거닐던 클레오메네스는 그가 배에서 내리는 것을 보고 반갑게 인사하며 무슨 일로 아이귑토스에 왔느냐고 물었다. 니카고라스는 클레오메네스에게 깍듯하게 인사한 뒤 아이귑토스 왕에게 주기 위해 훌륭한 군마를 몇 마리 가져왔다고 답했다. 그 말을 듣자 클레오메네스는 웃으며 말했다.

"차라리 귀여운 소년이나 노래 잘하는 처녀를 데려왔으면 좋았을 걸 그랬소. 왕이 가장 관심을 두는 것은 바로 그런 것들이니 말이오."

클레오메네스가 이런 말을 해도 니카고라스는 그저 웃기만 했다. 니카고라스는 클레오메네스에게 마치 친구인 양 굴었으나 실은 그에게 앙심을 품고 있었다. 예전에 클레오메네스에게 커다란 저택을 판 적이 있었는데 그 대금을 받지 못했던 것이다. 클레오메네스는 그만한 돈이 없어서 그랬거나 아니면 전쟁통에 정신이 없어서 그 돈을 치를 기회를 놓쳐버렸던 것 같다.

며칠이 지나자 니카고라스는 클레오메네스를 찾아가 자기가 판 저택에 대한 돈을 요구했다. 그리고 자기가 배에 싣고 온 물건들이 예상한 대로 잘 팔렸다면 이런 이야기로 클레오메네스를 번거롭게 하지 않았으리라 둘러댔다.

하지만 클레오메네스가 아이귑토스 왕으로부터 받은 돈은 이미 다 써버리고 한 푼도 남지 않았다고 말하자, 니카고라스는 분개하며 소시비우스를 찾아가 클레오메네스가 아이귑토스 왕을 비웃더라고 일러바쳤다. 소시비우스는 니카고라스의 밀고를 듣고 속으로 무척 기뻐했다. 그는 왕이 클레오메네스에게 더욱 격분하도록 만들려고 니카고라스를 꾀어 클레오메네스에게 불리한 편지를 쓰게 했다. 그 편지는 만일 왕이 클레오메네스에게 함선과 군대를 준다면 그는 그것을 가지고 키레네 섬을 기습할 계획을 품고 있다는 내용이었다.

니카고라스는 그 편지를 쓴 다음 곧바로 아이귑토스를 떠났다. 그로부터 나흘이 지난 뒤, 소시비우스는 그 편지를 들고 왕을 찾아갔다. 그리고 방금 그 편지를 받은 척하며 젊은 왕의 마음을 자극했다. 일이 이렇게 되자, 왕은 클레오메네스 거처를 큰 집으로 옮기고 이전과 똑같이 연금도 주었으나 외출은 일체할 수 없도록 문 앞에 경비병을 세워두고 지키게 했다.

이것만으로도 클레오메네스에게는 통탄할 일이었지만, 그 뒤에 일어난 일로 인해 그는 모든 희망이 물거품이 돼버리고 말았음을 절실하게 느꼈다. 왕이 총애하던 크리세르마스에게 프톨레마이오스라는 아들이 있었는데, 그 아들은 클레오메네스에게 늘 깍듯한 예의를 차렸다. 어느덧 두 사람은 매우 가까워져서 서로 마음을 터놓고 나랏일을 이야기하는 사이가 되었다. 하루는 클레오메네스가 그를 불러서 이야기를 나누었는데, 그가 정중하고도 은근하게 왕의 처지를 변명하는 말을 듣고 클레오메네스도 왕에 대한 오해를 풀게 되었다. 그러나 그는 돌아갈 때 클레오메네스가 뒤따라 나온 것을 모르고, 이처럼 크고 사나운 들짐승을 지키는 자들이 이렇게 경비를 소홀히 해서 되겠느냐 말하며 경비병들을 심하게 꾸짖었다.

클레오메네스는 그 말을 듣고는 프톨레마이오스 눈에 띄기 전에 집 안으로 들어가 친구들에게 그 일을 말해주었다. 이야기를 들은 친구들은 여태까지 품어왔던 모든 희망을 포기하고 말았다. 그들은 살찐 소처럼 앉아 도살되기만을 기다리느니 스파르타 사람답게 죽기로 결심하고, 젊은 왕 프톨레마이오스가 그동안 비열하고 부정한 방법으로 그들을 모욕한 일에 대해 복수하고자 거친 수단을 쓰기로 했다.

용감한 군인이자 활동가였던 안티고노스와의 협상조차 수치스럽게 여긴 클레오메네스였다. 그런 그가 이 나약한 왕이 북채를 던지고 춤을 쉬는 틈을 타서 그를 죽일 순간을 노리는 것은 참으로 고통스럽고 체면이 서지 않는 일이었다.

그들은 이렇게 결심하고 때마침 프톨레마이오스 왕이 카노포스 지방을 둘러보기 위해 떠나자, 왕이 곧 칙명을 내려 클레오메네스를 풀어주리라는 거짓 소문을 퍼뜨렸다. 그런데 아이귑토스에는 간혀 있던 사람을 풀어줄 때는 왕이 음식과 여러 선물들을 보내주는 관례가 있었다. 이 관습을 이용해 클레오메네스 친구들은 많은 물건을 준비해서 국왕이 보낸 것처럼 클레오메네스가 간혀 있는 집으로 보냈다. 여기에 경비병들도 감쪽같이 속아 넘어갔다. 클레오메네스는 신들에게 제사를 올리고 그 제물을 경비병들에게 푸짐하게 나누어 주었으며, 자신은 머리에 화관을 쓰고 친구들과 함께 성대한 잔치를 베풀었다.

전하는 이야기에 따르면, 클레오메네스는 음모에 가담한 시종 한 사람이 정부를 만나러 잠깐 나간 것을 보고는 예정보다 앞당겨 행동을 시작했다고 한다. 일이 발각될까 두려워한 것이다. 정오가 되어 경비병들이 술에 곯아떨어지자, 클레오메네스는 옷을 갈아입으며 솔기를 따서 오른쪽 어깨를 드러내고는 칼을 뽑아들고 뛰쳐나갔다.

클레오메네스 친구 13명도 똑같은 차림으로 그의 뒤를 따랐다. 그 가운데 히피타스라는 다리를 저는 사람이 있었다. 그는 처음에는 잘 따라가다가 곧 다른 사람들이 자기 때문에 걸음을 늦추고 있음을 알아차렸다. 그러자 쓸모없고 무익한 자신 때문에 큰일을 그르치지 말고 자기를 죽인 다음 서둘러 길을 가라고 부탁했다. 그때 알렉산드리아 사람 하나가 말을 타고 지나갔다. 그들은 그 말을 빼앗아 히피타스를 태우고 거리를 달려가며 시민들에게 자유를 되찾으라고 부르짖었다.

그러나 시민들의 용기는 클레오메네스의 대담한 행동을 칭찬하고 우러러보는 정도였을 뿐, 그를 따라나서서 적극적으로 도와주는 이는 하나도 없었다. 그때 마침 크리세르마스 아들 프톨레마이오스가 왕궁에서 나오자 세 사람이 달려들어 그를 죽여버렸다.

그 도시를 다스리는 관리 이름도 프톨레마이오스였는데 그자가 전차를 몰고 그곳으로 달려왔다. 클레오메네스 일행은 그를 호위하던 병사와 하인들을 쫓아내고 이 프톨레마이오스도 전차에서 끌어내려 그 자리에서 죽였다. 그다음 일행은 성으로 달려갔다. 감옥 문을 부수고 들어가 그곳에 갇혀 있는 죄수들을 풀어주어 자기편으로 만들 생각이었다. 그러나 어느새 소식을 들었는지 경비병들이 달려와 통로를 굳게 지키고 있었다. 계획이 실패로 돌아가자 클레오메네스는 일행과 함께 시가지를 휩쓸고 돌아다녔다.

하지만 시민들은 그들이 나타나면 뒷걸음질치거나 아예 달아나 버릴 뿐, 누구 하나 힘을 보태는 사람이 없었다. 이를 보고 이번 일이 성공할 가망이 도무지 없다고 판단한 클레오메네스는 동료들에게 말했다.

"남자들이 이처럼 자유를 두려워하니 여자들이 이 나라를 지배하고 있는 것도 전혀 이상할 게 없지."

그리고 이 자리에서 모두 명예롭게 죽음으로써, 클레오메네스 자신과 그들 자신이 지금까지 이루어 놓은 무공을 지키라고 말했다. 그 말이 떨어지자마자 한 젊은이가 다리를 저는 히피타스를 그의 청에 따라 죽여주었다. 그 뒤를 이어 모두 용감하게 스스로 목숨을 끊었다. 마지막으로 판테우스가 남았는데, 그는 예전에 메갈로폴리스에 가장 먼저 쳐들어간 사람이었다. 스파르타 젊은이들 가운데 외모가 가장 뛰어나고 스파르타 규율에 따라 철저하게 단련된 사람이었으므로, 클레오메네스는 그를 매우 아꼈다. 클레오메네스는 판테우스에게 자신과 일행의 죽음을 끝까지 지켜본 다음, 뒤를 따르라고 명령해 두었다. 판테우스는 모든 사람이 쓰러지고 나자 아직 숨이 끊어지지 않은 이가 있는지 확인하기 위해 한 사람 한 사람 칼로 찔러보았다.

그가 엎드려 있던 클레오메네스 발목을 찌르자 클레오메네스는 몸을 돌려 똑바로 누웠다. 판테우스는 왕에게 조용히 입을 맞추고 옆에 앉아 있다가 왕의 숨이 완전히 끊어진 뒤, 왕의 시신을 안고 자결해 그 위에 엎어졌다.

그리하여 클레오메네스는 스파르타 왕으로서 16년 동안 나라를 다스리다가 일생을 마쳤다. 이 소식은 순식간에 알렉산드리아 전역으로 퍼져나갔다. 크라테시클레아는 정신력이 강했으나, 이처럼 무참한 소식이 그녀를 사정없이 덮치자 손자들을 끌어안고 목 놓아 울었다. 그때 큰손자가 갑자기 지붕 위로 올라가더니 그곳에서 몸을 던졌다. 어린아이가 어떻게 그런 생각을 할 수 있었는지 모두들 혀를 내둘렀다. 아이는 온몸에 멍이 들었을 뿐 다행히 생명에는 지장이 없었다. 사람들이 아이를 안고 들어오자 아이는 스스로 목숨을 끊지 못한 것을 못내 분해하며 통곡했다. 이런 사실들을 알게 된 프톨레마이오스 왕은 클레오메네스 시신은 가죽을 벗긴 뒤 매달아 두고 클레오메네스의 아이들과 어머니, 그 어머니를 따르던 여자들까지 모두 죽이라고 명령했다.

그 여자들 가운데는 판테우스의 아내도 있었다. 그녀는 아름답고 단정한 부인으로, 결혼한 지 얼마 되지 않아 남편에 대한 애정이 지극할 때 이 같은 불행을 맞이한 것이었다. 판테우스가 결혼하자마자 아이귑토스로 떠나게 되었을 때, 그녀의 친정 부모는 딸이 남편과 함께 떠나는 것을 허락하지 않았다고 한다. 그리고 딸이 기어이 남편을 따라가겠다고 고집을 부리자 친정에 데려다 가두어 버렸다. 하지만 판테우스의 아내는 며칠 지나지 않아 말 한 필과 돈을 조금 마련해 한밤에 몰래 집을 빠져나갔다. 그리고 타이나루스까지 말을 타고 달려가 그곳에서 아이귑토스로 떠나는 배를 탔다. 그렇게 남편을 만나 타향에서의 고생을 행복으로 여기며 그와 함께 나누어 온 그녀였다.

병사들이 크라테시클레아를 처형장으로 끌고 갈 때, 판테우스 부인은 그녀의 손을 한 번 잡아준 뒤 옷자락을 들고 따라가며 마음을 굳게 먹으라고 위로했다. 물론 크라테시클레아는 죽음을 조금도 두려워하지 않았다. 다만 어린 손자들보다 먼저 죽여줬으면 좋겠다는 바람이 있을 뿐이었다. 그러나 형장에 다다르자 어린 손자들부터 하나하나 그녀 눈앞에서 죽임을 당했다. 자기 차례가 되었을 때 크라테시클레이는 이런 말만 되뇌었다.

"오, 아이들아, 모두 어디로 갔느냐?"

한편 판테우스 부인은 강한 여자였다. 그녀는 매우 조용하고 침착한 태도로 크라테시클레아의 옷깃을 여며주고, 다른 시신들도 그곳 사정이 허락하는 대로 예의를 갖추어 정성껏 보살펴 주었다. 그리고 사람들이 모두 죽고 나자 자신도 옷깃을 단정하게 여미고 사형집행인 말고는 아무도 가까이 오지 못하게 한 뒤, 자신의 시신에는 거적조차 필요 없으니 아무도 손을 대지 말라 하고 용감하게 죽음을 맞이했다. 이처럼 죽음 앞에서도 겸손한 정신을 잘 드러낸 그녀는 살아 있는 동안에 엄격하게 지켜온 순결을 마지막 순간까지도 온전히 지켜낸 것이다.

그녀는 스파르타 운명이 스러져 가는 무렵에 비록 여자로 태어났지만, 남자들에 비해 조금도 손색 없는 모습을 보여줌으로써, 치욕의 운명을 뛰어넘는 용기를 보여준 본보기로 남았다. 그로부터 며칠 뒤, 거리에 매달아 놓은 클레오메네스 시신을 지키던 경비병이 참으로 이상한 광경을 보았다. 커다란 뱀 한 마리가 클레오메네스 머리를 칭칭 감고 있어, 배가 고파 죽을 지경인 새들이 클레오메네스 얼굴에 달려들지 못하고 주위만 빙글빙글 돌고 있었던 것이다.

미신을 잘 믿는 왕은 이 소식을 듣고 두려움에 사로잡혔다. 자신이 아무래도 신들 총애를 받고 있는 위대한 사람을 죽여버린 게 아닌가 하는 생각이 들었다. 궁중 여인들은 모두 제사를 지내며 용서를 빌었다. 알렉산드리아 시민들도 행렬을 지어 클레오메네스 시신이 매달려 있는 곳에 가서 클레오메네스를 영웅이요, 신의 아들이라 부르며 제를 올렸다.

그 뒤 학자들이 소 사체에서는 꿀벌, 말 사체에서는 말벌, 나귀 사체에서는 딱정벌레가 나오듯이, 사람 시체에도 골수에서 나온 체액과 분비물이 엉기면 뱀이 꼬인다 말하자, 그제야 모두들 가슴을 쓸어내렸다. 옛사람들은 이런 말들을 굳게 믿었다. 그래서 모든 짐승들 가운데 영웅에게 가장 잘 어울리는 것은 뱀이라 여겼던 것이다.

티베리우스 그라쿠스(TIBERIUS GRACCHUS)

앞서 두 사람의 이야기를 마쳤으니, 이제 그들 못지않게 불행한 삶을 산 로마의 두 사람, 티베리우스와 가이우스에 대해 이야기한 뒤 그들의 삶을 아기스 및 클레오메네스의 삶과 비교해 보려 한다.

두 형제의 아버지 티베리우스 셈프로니우스 그라쿠스는 감찰관을 한 번, 집정관을 두 번 지냈으며, 개선식도 두 번이나 올린 사람이었다. 그러나 이 티베리우스 그라쿠스는 정치적 업적보다 덕행으로 더욱 유명했다. 따라서 시민들로부터 많은 존경을 받았으므로 그즈음 한니발을 쓰러뜨린 스키피오의 딸 코르넬리아와 결혼할 수 있는 영광을 얻게 되었다. 사실 그라쿠스는 스키피오와 친구 사이도 아니었고 오히려 정치적으로는 적이었다. 그럼에도 사람들은 스키피오가 죽자, 그라쿠스야말로 코르넬리아를 아내로 맞이해야 한다고 여겼던 것이다.

다음과 같은 이야기가 전해져온다. 한번은 그라쿠스가 침실에 들어가 보니 침대에 뱀이 한 쌍 도사리고 있었다. 하도 이상해서 예언자들을 찾아가서 무슨 징조냐고 물었다. 그러자 예언자들이 대답하기를, 뱀은 두 마리 다 죽여도 안 되고 그렇다고 두 마리 다 놓아줘도 안 된다고 했다. 만일 수놈을 죽이면 그라쿠스가 죽게 되고, 암놈을 죽이면 코르넬리아가 죽게 된다는 것이다.

아내를 무척 사랑했던 그라쿠스는 늙은 자기보다는 젊은 아내가 더 오래 살아야 된다 생각하고, 수놈을 죽이고 암놈은 놓아주었다. 그 뒤 얼마 되지 않아 그라쿠스는 정말로 세상을 떠났는데, 그라쿠스와 코르넬리아 사이에서 태어난 아이는 모두 12명이었다.

코르넬리아는 남편이 남긴 재산으로 착실하게 살림을 꾸려가며 자녀들도 모두 훌륭하게 가르치며 키웠다. 주위 사람들은 누구나 그녀가 현명한 주부이자 자애로운 어머니이고, 절개가 곧은 과부라는 사실을 인정했다. 그래서 세상 사람들은 그라쿠스가 이처럼 훌륭한 부인을 위해 먼저 죽겠다고 결심한 것은 과연 잘한 일이라고 생각했다.

한번은 아이귑토스 왕 프톨레마이오스가 그녀에게 자신의 왕관을 바치며 청혼했지만, 코르넬리아는 끝까지 거절하고 혼자 살았다. 코르넬리아의 자녀들은 불행히도 거의 일찍 죽었으며, 스키피오 2세와 결혼한 딸 하나와, 티베리우스와 가이우스 형제만 남았다. 이제 이 두 아들에 대해 이야기하려고 한다.

코르넬리아가 이 두 아들을 온갖 정성을 다해 키운 덕분에, 타고난 소질로 보나 성품으로 보나 이 형제는 그즈음 로마 젊은이들 가운데 으뜸이었다. 이들이 갖춘 덕은 타고난 재능과 자질 덕분이라고도 할 수 있지만, 그보다는 훌륭한 교육 덕택이 더 컸던 것 같다.

티베리우스와 가이우스 형제는 똑같이 용기와 절제를 사랑했고, 너그러운 성격, 웅변술, 그리고 넓은 도량에 있어서도 서로 닮은 점이 많았다. 하지만 그들의 행동과 일처리 방법에는 뚜렷한 차이가 있었다. 예를 들어 카스토르와 폴룩스 형제를 소재로 한 조각이나 그림을 보면 두 사람의 외모는 매우 닮았으나 서로 다른 점이 있었는데, 카스토르는 권투를 좋아하고 폴룩스는 승마를 잘하기로 유명했다. 그러므로 이야기를 펼쳐 나가기 전에, 여기서 티베리우스와 가이우스의 차이점을 살펴보는 것도 좋을 듯하다.

첫째로 성격이나 얼굴 표정, 그리고 동작에 있어서 티베리우스는 점잖고 침착한 반면, 가이우스는 활달하고 강한 편이었다. 대중 앞에서 연설을 할 때에도 마찬가지여서, 티베리우스는 처음부터 끝까지 단정하게 한자리에 서서 차분하게 연설했으나, 가이우스는 연단 위를 왔다 갔다 하면서 연설하다가 절정에 이르면 어깨에 걸친 토가를 벗어 던졌다. 이는 로마에서는 그때까지 전례가 없던 일로, 마치 클레온이 아테나이 사람으로서는 처음으로 연설하며 망토를 벗어 던지고 허벅지를 두드린 것과 비슷하다.

가이우스의 연설은 힘차고 정열적이어서 경외감마저 들게 했고, 티베리우스의 연설은 기분을 좋게 만들어서 청중의 마음속에 공감을 불러일으켰다. 그의 목소리와 말투는 순수한 데다 늘 세심한 주의를 기울였으므로 부드럽고 듣기 좋았다. 이에 비해 가이우스의 말투는 설득력 있고 생동감 넘쳤다.

한편 일상생활과 식사에 있어서도 티베리우스는 검소하고 단순한 반면, 가이우스는 다른 사람들에 비하면 절도 있고 엄격할 때도 있지만, 형 티베리우스와 비교하면 새로운 유행이나 진귀한 물건을 좋아하는 편이었다. 드루수스는 가이우스가 무게 1파운드당 1250드라크메나 하는 은으로 만든 식탁을 샀다며 그를 비난하기도 했다.

둘은 연설 방식이 달랐던 것처럼 성격도 여러모로 달랐다. 티베리우스는 온화하고 이성적인 데 비해, 가이우스는 정열적이고 성격이 거칠었다. 그는 연설을 하다가도 열정에 사로잡혀 곧잘 분별력을 잃고 목소리가 걷잡을 수 없이 높아졌다. 그러다가 급기야 이야기가 빗나가 욕설까지 튀어나오기 시작하면 그날 연설은 완전히 망쳐버리는 것이었다. 그는 자신의 과격한 성격을 고쳐보겠다며 리키니우스라는 영리한 하인을 시켜, 자신이 연설하는 동안 반주로 부는 악기를 들고 자기 뒤에 서 있게 했다. 그러다가 자신이 감정을 억누르지 못해 말투가 거칠어지거나 목소리가 커지면 부드러운 소리로 악기를 불게 했다. 가이우스는 그 소리를 듣고 곧바로 고조된 감정을 억제하고 목소리를 낮춰 조용하게 연설을 이어갔다.

두 형제는 이처럼 서로 달랐으나 적에게 맞설 때는 용감했고, 나랏일을 할 때는 정의로웠으며, 자기가 맡은 일은 부지런하고 성실하게 처리했다. 또한 사생활에서 쾌락을 절제했다는 점에서는 서로 조금도 다르지 않았다.

티베리우스는 동생보다 아홉 살 많았으므로 정치 활동을 한 시기도 그만큼 차이가 있었다. 그들의 계획이 실패로 끝나게 되는 여러 원인 가운데 가장 먼저 꼽을 수 있는 것은 바로 이 둘이 서로 다른 시기에 활동했다는 점이며, 그로써 두 사람이 힘을 합쳐 일할 기회가 없었던 것이다. 만일 그들이 같은 시기에 함께 왕성하게 활동했더라면, 그 힘이 매우 막강해 어느 누구도 그들의 세력을 꺾지 못했으리라. 그러나 그것은 나의 바람일 뿐, 이제 우리는 하는 수 없이 둘의 삶을 따로따로 살펴보는 수밖에 없으니, 먼저 형인 티베리우스에 대해 천천히 더듬어 보기로 하자.

성년이 된 티베리우스는 곧 복점관 자리에 올라 세상에 나갔다. 그것은 그의 집안이 좋아서가 아니라 젊은 사람답지 않게 덕을 갖추고 있어서 이미 이름이 널리 알려졌기 때문이다. 아피우스 클라우디우스의 행동을 보면 그 사실을 잘 알 수 있다. 집정관과 감찰관을 지냈고 그때 로마원로원 의장이었던 클라우디우스는 지위뿐만 아니라 인격으로도 로마에서 으뜸으로 손꼽히던 인물이었다. 그러한 그가 복점관들의 공식 연회석상에서 티베리우스에게 각별히 신경을 쓰더니, 넌지시 자기 딸과 결혼하지 않겠느냐고 제안한 것이다.

티베리우스가 이를 흔쾌히 승낙해 약혼이 이루어지자, 클라우디우스는 집으로 뛰어가 대문 안에 들어서자마자 큰 소리로 아내를 부르며 외쳤다.

"안티스티아, 우리 딸 클라우디아의 남편감을 정해 놓고 오는 길이오!"

그의 아내가 깜짝 놀라 이렇게 말했다.

"아니, 갑자기 왜 그렇게 서두르셨어요? 그 사람이 티베리우스 그라쿠스라도 된다면 또 모르지만요."

이것은 그라쿠스 형제의 아버지 티베리우스 그라쿠스와 스키피오 아프리카누스 사이에서 일어난 일이라고 기록한 역사가도 있다. 그러나 많은 역사가들은 내가 앞에서 말한 대로 전하고 있다. 한편 폴리비우스에 따르면 스키피오 아프리카누스가 죽은 뒤에 그의 친척들이 모여 의논을 했는데, 그가 살아 있는 동안 자기 딸의 혼처를 정해두지 않았으므로 코르넬리아의 신랑감으로 티베리우스를 골랐다고 한다.

이제 이 젊은 티베리우스는 그의 누이와 결혼한 스키피오 2세를 따라 아프리카 원정을 떠났다. 그때 스키피오와 같은 막사에서 함께 생활했던 티베리우스는 총사령관 스키피오가 높은 기상을 타고난 사람임을 알게 되었다. 티베리우스의 마음속에는 스키피오를 본받고자 하는 열망이 타올랐고, 그것은 곧바로 행동으로 나타났다. 그는 얼마 되지 않아 용기와 복종심에 있어서 다른 모든 병사들을 앞질렀다. 판니우스의 기록에 따르면, 적의 성벽에 가장 먼저 올라간 사람은 티베리우스였다고 하는데, 판니우스는 자기 자신이 그때 티베리우스 바로 뒤에서 성벽을 올라갔다고 했다. 티베리우스는 스키피오의 진영에서 생활하는 동안 모든 병사들로부터 존경과 신망을 얻었으므로 그가 군대를 떠날 때는 모두 섭섭하게 생각하며 다시 돌아올 것을 열렬하게 희망했다고 한다.

원정에서 돌아온 티베리우스는 재무관으로 임명되었다. 제비를 뽑은 결과, 그는 집정관 카이우스 만키누스의 부대에 근무하게 되어 누만티아로 출정했다.

만키누스는 나쁜 사람은 아니었으나 로마 장군들 가운데 가장 불운한 사람이었다. 만키누스의 군대가 전쟁에 지고 매우 딱한 처지에 놓였을 때, 티베리우스의 침착한 판단력과 용기는 더욱 빛이 났다. 뿐만 아니라 만키누스가 실의에 빠져 임무와 위신마저 다 내팽개쳐 버리려고 하자, 티베리우스는 그에게 남다른 존경을 나타내며 용기를 불어넣었다. 이는 참으로 훌륭한 행동이었으며 티베리우스는 뒷날 그 일로 많은 찬사를 듣게 된다.

중요한 전투에서 거듭 패한 만키누스는 한밤에 진지를 버리고 군대를 거두어 퇴각하려고 했다. 그러나 그것을 눈치챈 누만티아 사람들은 곧바로 만키누스의 진지를 점령하고 달아나는 로마군을 뒤쫓았다. 그리하여 뒤쪽에 있던 로마 병사들을 닥치는 대로 죽이면서 마침내 전군을 완전히 포위해 빠져나갈 길도 없는 곳에 몰아넣었다.

더 싸워봐야 목숨을 건질 수 없으리라 판단한 만키누스는 사자를 보내 일단 휴전한 뒤 평화조약을 맺자고 제의했다. 하지만 누만티아 사람들은 티베리우스가 대표로 오지 않으면 믿을 수 없다며, 협상을 하려거든 티베리우스를 보내라고 했다. 그것은 티베리우스가 훌륭한 인품으로 병사들 사이에 크게 이름을 떨치고 있었기 때문이기도 하지만, 사람들은 아직도 그의 아버지 티베리우스 그라쿠스를 기억하고 있었기 때문이었다. 그의 아버지 그라쿠스는 이베리아를 정벌하러 나섰을 때 많은 종족들을 굴복시켰으며, 누만티아와 휴전을 맺은 뒤에는 로마 사람들을 잘 설득해 조약을 엄격히 지켰던 것이다.

그리하여 티베리우스가 대표로 가서 적군과 협상을 하게 되었는데, 그는 상대의 조건을 기꺼이 받아들이며 자기 쪽에서도 유리한 조건을 내세웠다. 이 조약으로 그는 로마 시민 2만 명과 그 밖의 많은 노예와 종군 노동자들의 생명을 무사히 구할 수 있었다. 그러나 누만티아 사람들은 로마군 진지에서 빼앗아 간 재물은 하나도 돌려주지 않았는데, 그 속에는 티베리우스가 재무관으로서 일하며 기록한 회계장부도 들어 있었다. 그래서 그는 자기 군대가 이미 이동을 시작했는데도 서너 명의 친구를 데리고 누만티아 장군들을 찾아가 장부를 돌려달라고 간청했다. 로마로 돌아가서 군자금 사용 내역을 소상하게 밝히지 못하면 정치가들로부터 중상모략을 받을 수도 있기 때문이었다.

티베리우스에게 친절을 베풀 수 있는 좋은 기회를 얻었다 여긴 누만티아 사람들은 그를 누만티아 시내로 초대했다. 티베리우스가 선뜻 들어가지 못하고 망설이자, 그들은 티베리우스에게 다가와 그의 손을 붙잡고, 휴전이 성립되었으니 자기들을 적이 아니라 친구로 믿고 대해달라며 간곡하게 말했다.

반드시 장부를 되찾아야겠다고 생각한 티베리우스는, 자기가 누만티아 사람들을 믿지 못하는 것처럼 보이면 그들이 불쾌하게 여길까 싶어서 초대에 응하기로 했다. 그가 시내로 들어가자 누만티아 사람들은 만찬을 준비해 놓고 어서 앉아서 함께 음식을 들자고 청했다. 티베리우스가 아무리 사양해도 요지부동이었다. 누만티아 사람들은 회계장부를 돌려주며 그들이 빼앗아 온 전리품 가운데 마음에 드는 것은 무엇이든 가지라고 했다. 티베리우스는 시민들과 함께 제사를 지낼 때 쓸 향만 받고, 누만티아 사람들과 아쉬운 작별 인사를 나눈 뒤 그곳을 떠났다.

티베리우스가 로마로 돌아왔을 때, 사람들은 입을 모아 이번 전쟁은 로마에게 참으로 비굴하고 수치스러운 전쟁이었다며 비난하고 있었다. 그러나 전쟁에 참여했던 병사들의 친척과 친구들은 사람들을 끌어모아 커다란 무리를 이루어 티베리우스에게 모여들었다. 그들은 티베리우스 덕분에 많은 시민들이 목숨을 구했다며 그를 칭찬하는 한편, 이번 전쟁에서 패한 것은 오로지 만키누스 장군 때문이라고 말했다. 하지만 이번 전쟁에서 피해를 입은 사람들은, 조상들이 하던 대로 이 일과 관련된 사람들을 모두 처벌하자고 주장했다. 예전에 삼니움족과의 전쟁에서 패해 수치스러운 휴전협정을 맺었을 때, 장군들은 물론 재무관이나 호민관 할 것 없이 그 휴전에 조금이라도 관계가 있는 자는 모두 거짓 맹세와 약속 위반이라는 죄목으로 발가벗겨 적에게 넘겨준 적이 있었다.

그러나 민중은 티베리우스에게 특별한 호의를 베풀어 주었다. 투표 결과, 집정관 만키누스는 옷을 벗기고 쇠사슬에 묶어 누만티아 사람들에게 넘겨주기로 했으나, 그 밖의 모든 관계자들에게는 티베리우스의 얼굴을 봐서 책임을 묻지 않기로 한 것이다.

그때 로마에서 큰 세력을 가지고 있던 스키피오가 티베리우스를 구하도록 도와주었다는 이야기도 있다. 그럼에도 스키피오는 온갖 비난을 들어야만 했는데, 그 까닭은 그가 만키누스를 도와주지 않은 데다, 가까운 친척이자 친구인 티베리우스가 맺은 휴전협정이 잘 지켜지도록 최선을 다하지 않았다는 것이었다.

그때 정말 스키피오와 티베리우스 사이에 의견 차이가 있었다면, 티베리우스의 명예심 때문이거나 티베리우스의 주변 사람들이 농간을 부린 탓이었다. 정작 둘 사이에는 그렇게 심한 충돌은 결코 없으며 돌이킬 수 없을 만큼 사이가 틀어진 것도 아니었다. 뿐만 아니라 만약 스키피오가 가까이에서 티베리우스의 정치 활동에 관여했더라면 티베리우스가 그처럼 딱한 상황까지는 몰리지는 않았으리라 생각한다. 그러나 티베리우스가 정치에 발을 들여놓은 것은, 스키피오가 멀리 누만티아에서 전쟁을 치르고 있었을 때였다. 티베리우스가 그때 입법자로 나서게 된 경위는 이렇다.

로마 사람들은 이웃 민족을 정복해 땅을 얻게 되면, 그 일부만 공매에 부치고 나머지는 공동재산으로 사용했다. 그 땅은 시민들 가운데 특별히 형편이 어려운 사람들에게 나누어 주어 소작료만 조금 내면 경작할 수 있게 했다. 하지만 그 뒤 부자들이 더 비싼 소작료를 냄으로써, 차츰 가난한 사람들의 땅을 차지해 나가기 시작했다. 그래서 한 사람당 500유게룸이 넘는 토지를 가질 수 없도록 하는 법률이 제정되었다.

이 법이 생기자 부자들은 탐욕을 절제했으며, 가난한 사람들은 이 법률 덕분에 전과 마찬가지로 적은 소작료를 내고 다시 농사를 지을 수 있게 되었다. 그러나 시간이 조금 지나자 부자들은 다시 온갖 간교한 꾀를 짜내기 시작했다. 그들은 처음에는 다른 사람 이름을 빌려 인근 땅을 사들이더니, 마침내 버젓이 자기 이름으로 많은 땅을 갖게 되었다.

가난한 사람들은 땅을 잃게 되자, 전쟁에 나가서 싸우는 걸 꺼리게 되었으며, 자식들 교육도 소홀히 했다. 그리하여 이탈리아 전역에서 자유시민의 숫자가 급격하게 줄어들고, 외국인 노예들로 가득한 노역장이 곳곳에 생겨났다. 부자들이 외국인 노예를 고용해 가난한 시민들에게서 빼앗은 땅을 경작했던 것이다.

스키피오의 친구였던 카이우스 라일리우스가 이 폐해를 바로잡겠다고 나섰지만 권력층의 반대에 부딪치자 큰 말썽이 일어날까봐 두려워져 그만 자신의 계획을 멈추고 말았다. 그 일 덕분에 그는 라틴어로 '현명한 사람' 또는 '분별력 있는 사람'이란 뜻을 지닌 '사피엔스'라는 별칭까지 얻게 되었다. 그러나 티베리우스는 호민관으로 선출되자마자 카이우스 라일리우스가 이루지 못한 이 계획에 손을 댔다.

많은 역사가들이 말했듯이, 그가 이 일을 하는 데는 웅변가 디오파네스와 철학자 블로시우스의 충고와 격려가 큰 도움이 되었다. 디오파네스는 미틸레네에서 온 피란민이었고, 블로시우스는 쿠마이에서 온 이탈리아 사람이었다. 블로시우스는 쿠마이에 있었을 때 타르수스 사람 안티파트로스에게서 가르침을 받았는데, 안티파트로스가 뒷날 자신의 철학 강연집을 블로시우스에게 헌정하자 이를 매우 큰 영광으로 여겼다.

하지만 티베리우스가 그런 계획을 실천에 옮기게 된 것은 어머니 코르넬리아 때문이라고 보는 사람들도 있다. 코르넬리아는 때때로 두 아들을 꾸짖었는데, 그 까닭은 로마 사람들은 자기를 부를 때 여전히 스키피오의 딸이라고 하지 그라쿠스 형제의 어머니라 부르지 않는다는 것이었다. 그것은 그라쿠스 형제가 아직까지도 스키피오보다 위대하지 않기에 세상에서는 그들 형제를 대수롭지 않게 여긴다는 뜻이었다.

또 어떤 사람은, 티베리우스가 스푸리우스 포스투미우스 때문에 토지 개혁을 실행해 나갔다고 말한다. 스푸리우스 포스투미우스와 티베리우스는 동갑내기로 둘 다 대중 연설가로 이름을 떨쳤기에 서로를 경쟁 상대로 여겼던 것 같다. 그런데 티베리우스가 전쟁을 마치고 돌아와 보니, 그동안 포스투미우스의 권세와 명성이 자기보다 훨씬 더 커져서 시민들에게 깊은 존경을 받고 있었다. 티베리우스는 힘은 좀 들더라도 커다란 효과를 거둘 수 있는 일을 벌임으로써 민중의 인기도 얻고 포스투미우스의 권세도 꺾어놓아야겠다고 생각했다.

그러나 그의 동생 가이우스 그라쿠스가 남긴 기록에 다음 같은 이야기가 있었다. 누만티아를 정복하러 가던 티베리우스가 티르헤니아(투스카니) 지방을 지나갈 때였다. 들판을 보니, 자유농민이나 목축업자는 하나도 눈에 띄지 않고 외국에서 온 노예나 야만족들만 일을 하고 있었다. 그것을 본 티베리우스는 비로소 정치가로 살아갈 결심을 굳히게 되는데, 이 때문에 뒷날 티베리우스 가족은 커다란 재앙을 당하게 된다. 이처럼 티베리우스가 그러한 일을 하겠다고 단단히 결심한 것은, 실상을 보고 마음이 크게 흔들렸기 때문이었다. 사람들은 거리의 기둥과 벽, 기념비 등에 격문을 써 붙여 촉구하는 한편, 티베리우스에게는 가난한 시민들에게 땅을 돌려달라고 호소했다.

그러나 결코 티베리우스 혼자서 이에 대한 법안을 만든 것은 아니었다. 그는 그즈음 덕과 권력에 있어 가장 뛰어난 시민들에게 충고와 협조를 구했다. 대제사장 크라수스를 비롯해 집정관이자 법률관이었던 무키우스 스카이볼라, 그리고 티베리우스의 장인 아피우스 클라우디우스 같은 사람들이 그를 도와주었다. 티베리우스가 공포한 법령은 탐욕에 눈이 먼 사람들의 강력한 반발 속에 시행되었으나 그 어떤 법률보다도 공평하고 온건해 보였다. 지난날 법을 어겨가며 남의 땅을 빼앗았던 사람들은 마땅히 가혹한 벌을 받아야 했지만, 티베리우스는 그자들에게 옳지 못한 방법으로 빼앗은 토지에 대해서도 정당한 절차에 따라 보상해 줄 테니 어려운 처지에 있는 본디 주인에게 돌려주라고 했다.

티베리우스가 이처럼 너그럽게 개혁을 추진하자, 시민들도 지난 일은 묻지 않고 앞으로 그런 일이 두 번 다시 없도록 다짐을 받는 정도로 만족했다. 하지만 돈 있는 사람들이나 많은 땅을 가진 자들은 이 법에 거세게 반대하며 자기들끼리 힘을 모아 티베리우스를 몰아내려고 했다. 그래서 그들은 티베리우스가 정부를 뒤집어엎고 도시를 혼란에 빠뜨릴 목적으로 토지를 재분배하려 한다는 소문을 퍼뜨림으로써 시민들을 부추겼다.

그러나 그들의 악의적인 선전은 성공을 거두지 못했다. 티베리우스는 진실로 정의롭고 공정한 법을 만들었을 뿐만 아니라, 미심쩍어 하는 사람들에게 믿음을 줄 수 있는 뛰어난 웅변술을 가지고 있었기 때문이다. 그는 시민들을 공회당에 모아놓고 가난한 사람들을 위해 열변을 토하곤 했다.

"이탈리아에서는 들짐승들도 그들 나름대로 굴이 있어서 쉬거나 몸을 숨길 수 있습니다. 그러나 이탈리아를 위해 전쟁터에 나가 목숨을 걸고 싸운 사람들에게 주어진 것이라고는 공기와 햇빛뿐입니다. 그들은 자기 몸을 누일 방 한 칸이 없어서 가족들을 데리고 정처 없이 떠돌아다니고 있습니다."

그는 또 이런 말도 했다.

"어떤 지휘관이 병사들 앞에서, 그들의 무덤과 제단을 위해 적과 용감하게 싸워야 한다고 그들을 격려한다면 그보다 더 우스꽝스러운 잘못은 없을 것입니다. 이 많은 사람들 가운데 가족 제단이나 조상 무덤을 갖고 있는 자는 단 한 사람도 없으며, 아내와 자식들과 함께할 자기 집이나 의지할 땅 한 조각 지니고 있는 사람 또한 하나도 없기 때문입니다. 그런데도 그들은 전쟁터에 나가 용감히 싸웠고, 목숨을 잃었습니다. 그런데 따지고 보면 그것은 다른 사람의 행복과 재산을 지켜주기 위한 것입니다. 그들은 세계의 주인이라 불리면서도 실은 내 것이라고 말할 수 있는 흙 한 덩어리도 갖지 못했습니다."

이렇게 고상하고 진실한 감정을 지닌 티베리우스가 열변을 토해낼 때면 청중은 열광적으로 감동했으며, 그의 적들조차 감히 반박하지 못했다. 그래서 그들은 토론이나 논쟁은 아예 포기하고 호민관 마르쿠스 옥타비우스를 찾아갔다. 그는 성격이 차분하고 지조가 있는 젊은이로, 티베리우스와 매우 가까운 친구 사이어서 처음에는 티베리우스를 생각해 그들의 제안을 거절했다.

그러나 여러 귀족들이 돌아가면서 달라붙어 끈질기게 설득하자 마침내 옥타비우스는 티베리우스가 제안한 법률이 통과되지 못하게 막기로 결심했다. 그 무렵 호민관은 누구든지 법률안을 부결시킬 수 있는 권리를 가지고 있었고, 다른 사람들이 모두 찬성해도 한 사람만 반대하면 법률안은 통과될 수 없었다.

일이 이렇게 되자, 티베리우스는 분통이 터져서 도저히 참고 있을 수가 없었다. 그는 곧바로 이 온건한 법안을 철회하는 대신 다른 법안을 하나 제출했다. 이 새 법안은 국민들에게는 더욱 이롭고 범법자들에게는 그만큼 더 가혹한 것으로, 기존 법률을 어기고 땅을 소유한 자는 그 고장에서 아예 내쫓게 되어 있었다. 그래서 티베리우스와 옥타비우스는 날마다 이 법안을 둘러싸고 논쟁을 벌였다. 매우 열성적이고 경쟁적으로 서로 대립하면서도 그들은 감정에 치우쳐 서로를 헐뜯는 야비한 말을 하지 않았다. 이런 모습은 흥청망청 마셔대는 연회에서뿐만 아니라 야심만만한 경쟁과 열정 속에서도, 고귀한 성품을 타고난 이들과 좋은 교육을 받은 사람들은 언제나 감정을 억누르고 마음의 평정을 잃지 않는다는 것을 잘 보여주고 있다.

그러다가 옥타비우스가 법률을 어기고 많은 토지를 갖고 있다는 사실을 알게 된 티베리우스는, 옥타비우스에게 앞으로 자기 의견에 반대하지 않는다면 자기 재산이 얼마 되지는 않지만 공공의 이익을 위해 그것이라도 팔아 그의 땅값을 치러주겠다고 제안했다. 그러나 옥타비우스는 그 제안마저 거절했다.

티베리우스는 이 법안에 대한 투표 결과가 나올 때까지 모든 관리는 직무를 잠시 멈추라는 포고령을 내렸다. 그리고 사투르누스 신전의 문을 모두 굳게 잠가서, 회계 관리들이 돈을 꺼내가거나 가져다 놓지 못하게 했다. 그는 자기 명령에 따르지 않는 자는, 설령 법무관일지라도 벌금을 물리겠다며 엄포를 놓았다. 겁을 먹은 법무관들은 진행 중이던 재판을 잠시 중단했다.

상황이 이렇게 흐르자 돈 많은 지주들은 상복을 차려입은 침울한 모습으로 공회당을 왔다 갔다 하는 한편, 티베리우스를 제거할 계획을 세우고 일을 맡길 사람을 찾아보았다. 티베리우스도 그런 일을 대비해, 외출할 때는 언제나 라틴 어로 '돌로'라는, 도둑들이 쓰는 비수를 품안에 넣고 다녔다.

마침내 투표일이 되었다. 시민들이 한 표를 행사하기 위해 곳곳에서 모여들 자, 부자들이 투표함으로 쓸 항아리를 억지로 빼앗아 가버리는 바람에 큰 혼란이 일어났다. 그러나 티베리우스를 지지하는 사람들이 훨씬 더 많았다. 그들이 힘을 모아 싸우기로 결정하자 집정관 대우를 받고 있던 만리우스와 풀비우스는 티베리우스의 손을 잡고 제발 참아달라며 눈물로 호소했다.

티베리우스는 앞으로 일어날지도 모를 불행한 사태를 생각하지 않을 수 없었다. 또한 훌륭한 인격을 갖춘 두 사람을 늘 존경하고 있었기에, 자기가 앞으로 어떻게 행동해야 할지 그들의 의견을 물었다. 하지만 두 사람은 그처럼 중대한 일에 대해서는 자기들도 뭐라 함부로 말할 수 없다며, 아예 모든 것을 원로원의 결정에 맡기는 게 어떻겠느냐고 말했다. 티베리우스는 그 제안을 기꺼이 받아들이기로 했다. 그러나 막상 원로원 회의가 열리자 부자들이 또다시 들고일어나는 통에 아무런 결론도 내리지 못하고 말았다. 티베리우스는 합법적이고 정당한 방법으로는 도저히 그 법안을 통과시킬 수 없음을 깨닫고, 옥타비우스의 호민관 자격을 빼앗아 버릴 계획을 세웠다.

그는 먼저 많은 시민들 앞에서 옥타비우스의 손을 잡으며, 시민들의 뜻에 따르고 그들을 기쁘게 해주자고 다정하게 말했다. 또 이는 시민들이 겪었던 커다란 위험과 고통에 대한 작은 보상에 지나지 않으며, 오직 정당한 권리일 뿐이라고 설득했다. 그럼에도 옥타비우스가 이 제안을 받아들이지 않자, 티베리우스는 자신과 그가 서로 같은 직책과 권한을 가지고 있는 한 이처럼 중대한 사안에 대해 서로 의견이 엇갈린다면 어쩔 수 없이 싸워서라도 결론을 내야만 한다고 선언했다. 그런데 이 어려움에서 벗어날 수 있는 유일한 길은 둘 가운데 한 사람이 자리에서 물러나는 것뿐이므로, 옥타비우스가 먼저 민회를 열어 자신의 호민관 직위를 빼앗자고 제안해 투표에 부쳐달라고 요구했다. 만약 시민들이 바란다면 곧바로 그 자리에서 내려와 한 사람의 시민으로 돌아가겠다는 것이었다. 하지만 옥타비누스는 이 제안마저 거절했다. 이렇게 되자 티베리우스는 옥타비우스가 끝내 생각을 바꾸지 않겠다면 그를 호민관직에서 해임시킬 것을 시민 투표에 부치겠다고 말했다. 그러면서 그처럼 수치스럽고 불행한 일을 당하기 전에 제발 생각을 고쳐달라고 덧붙였다.

이날 집회는 그렇게 끝났다. 이튿날 시민들이 다시 모이자, 티베리우스는 연단에 올라가 또다시 옥타비우스를 설득해 보았으나 그는 끝내 받아들이지 않았다. 티베리우스는 시민들에게 옥타비우스를 물러나게 하는 게 어떨지 투표로 결정하라면서 그 일을 시민들 손에 완전히 맡겨버렸다.

그때 투표구는 부족 단위로 되어 있었는데 모두 35개였다. 그 가운데 이미 17개구가 옥타비우스의 호민관직 박탈을 찬성했으므로 이제 한 구역만 더 찬성하면 옥타비우스는 직위를 빼앗길 판이었다. 그때 티베리우스는 개표를 잠시 중단시키고 시민들 앞에서 옥타비우스를 힘껏 포옹하더니 다시 한 번 간곡하게 부탁했다. 그는 옥타비우스가 이처럼 불명예스러운 일을 당하는 것은 바라지 않으며, 자기가 그런 가혹한 짓을 했다는 말을 듣는 것도 견딜 수 없으니, 제발 그런 일이 일어나지 않게 해달라며 간곡하게 사정했다.

전하는 이야기에 따르면, 옥타비우스도 이번만큼은 마음이 조금 움직였는지 눈물을 글썽거리며 한참 동안 아무 말도 없이 그 자리에 서 있었다고 한다. 그러나 건너편에 무리지어 있던 부자들 지주들과 눈이 마주치자, 그들의 호의를 잃게 될까봐 두려웠는지 티베리우스를 똑바로 쳐다보면서 어떤 불행한 일을 당해도 좋으니 마음대로 하라고 말했다.

그리하여 옥타비우스를 호민관직에서 해임하는 법령이 끝내 통과되었다. 티베리우스는 옆에 병사들이 있는데도 자신이 전에 자유민으로 풀어준 해방 노예 한 사람을 시켜 옥타비우스를 단상에서 끌어내리라고 명령했다.

옥타비우스가 수치스럽게 해방 노예의 손에 끌려 연단에서 내려가는 모습은 비참하기 짝이 없었다. 그러자 시민들은 기다리고 있었다는 듯이 옥타비우스에게 달려들어 그를 마구 때렸다. 부자들이 곧바로 달려와서 구해주지 않았더라면 옥타비우스는 자칫 그 자리에서 목숨을 잃을 뻔했다. 충실한 하인 하나가 버티고 서서 군중으로부터 자기 주인 옥타비우스를 보호해 준 덕분에 옥타비우스는 무사히 몸을 피할 수 있었지만, 이 하인은 군중에게 잡혀 두 눈이 뽑히고 말았다. 티베리우스는 그 소동을 보고 개탄하며 사태를 수습하기 위해 급히 그곳으로 달려갔다.

마침내 토지에 대한 티베리우스의 법률안이 통과되었다. 그리하여 먼저 토지를 측량한 뒤, 토지가 골고루 나누어지는지 감시하기 위한 감시위원 3명이 임명되었다. 그 세 사람은 티베리우스와 그의 장인 아피우스 클라우디우스, 그리고 동생 가이우스 그라쿠스였다. 그때 가이우스는 로마를 떠나 스키피오 아프리카누스 원정군에서 누만티아 사람들과 싸우고 있었다.

티베리우스는 이번 개혁을 큰 저항 없이 순조롭게 처리할 수 있었다. 옥타비우스의 후임으로는 무키우스를 임명했는데, 그는 특별히 알려진 것이 없는 티베리우스의 부하였다.

티베리우스가 하는 일에 감히 반대할 사람은 없었으나 시민 가운데 권세와 부를 어느 만큼 갖춘 사람들은 이 일을 몹시 못마땅하게 여겼다. 그들은 티베리우스가 갈수록 시민들의 인기를 얻게 될 것이 두려웠으므로, 틈날 때마다 원로원에서 그를 모욕하려고 애썼다.

한번은 그가 토지를 분배할 때 쓸 천막을 공금으로 사달라고 요구하자 원로원은 이를 거절해 버렸다. 그런 물품은 공금으로 사주는 것이 관례였다. 전에는 그보다 덜 중요한 일에도 공금으로 사준 일이 많았던 것이다. 그리고 푸블리우스 나시카의 제안에 따라 티베리우스에게 하루에 겨우 9오볼로스의 수당만 지급했다. 나시카는 자신이 가진 많은 땅을 강제로 빼앗기게 되자 티베리우스를 증오하며 이렇게 드러내 놓고 분풀이를 한 것이다.

그러다가 시민들을 흥분시키는 일이 일어났다. 토지개혁이 있고 나서 얼마 안 되어 티베리우스의 친구 하나가 갑자기 죽었는데, 죽자마자 온몸에 이상한 반점이 잔뜩 생겼다. 그러자 장례식에 모여든 사람들은 그가 독살당한 것이라 숙덕거리며 더러는 고함을 질렀다. 그들은 관을 메고 화장터로 가서 장작더미 위에 올려놓고, 시신이 타는 동안 둘러서서 지켜보았다.

마침내 그가 독살된 것이 틀림없다는 증거를 발견했는데, 시신이 타들어가기 시작하자 시신에서 썩은 진물이 흘러나와 그만 불이 꺼지고 만 것이다. 다시 불을 지폈으나 장작이 타지 않아서, 시신을 다른 곳으로 옮기고 나서야 가까스로 다시 불을 붙일 수 있었다. 티베리우스는 그런 군중을 더욱 자극하기 위해 상복으로 갈아입고 자기 아이들까지 군중 앞에 데리고 나왔다. 그리고 이제 자기 자신도 어떻게 될지 알 수 없으니 아이들과 아내를 잘 돌봐달라고 호소했다.

그때 마침 필로메토르라 불리던 아탈루스 왕이 세상을 떠나자, 페르가몸 사람 에우데무스가 왕의 유서를 가지고 로마로 찾아왔다. 왕이 유서에 로마 사람들에게 자신의 재산을 물려주겠다고 했기 때문이었다. 유서를 본 티베리우스는 그것으로 시민들의 인기를 얻고자 다른 법안을 하나 내놓았다. 아탈루스 왕의 유산을 이미 토지를 분배받은 사람들에게 나누어 주어 농기구를 장만하는 등 농사에 필요한 자금으로 쓰게 하며, 아탈루스 왕이 다스리던 모든 도시에 대해 원로원은 아무 권리가 없으므로 이 문제는 민회에서 처리한다는 내용이었다.

원로원은 전보다 더욱 분노했다. 폼페이우스는 자리에서 일어나, 자신은 티베리우스 바로 이웃에 살고 있어서 페르가뭄의 에우데무스 왕의 보물들 가운데 왕관과 자줏빛 옷을 티베리우스가 받았다는 사실을 알게 되었다 말하면서, 그가 스스로 로마의 왕이 될 계획을 꾸미고 있는 게 틀림없다고 주장했다. 퀸투스 메텔루스도 자신의 아버지가 감찰관으로 있을 때는 일을 마치고 집으로 돌아올 시간이면 지나치게 술을 마시며 논다고 생각할까봐 두려워 시민들이 모두 불을 껐다고 말하면서, 그런데 지금은 가장 가난하고 대담한 시민들이 횃불로 밤을 밝히며 티베리우스를 집까지 바래다준다고 비난했다. 그다음에는, 좋은 평판이나 냉철한 행동으로 인정받지는 못했으나 묻고 답하는 기술에 있어 타의 추종을 불허하는 티투스 안니우스라는 사람이 일어나 티베리우스에게 이의를 제기했다. 호민관은 법률로 정한 신성한 직책인데, 티베리우스 자신이 동료 호민관에게 오명을 입혀 자리에서 내쫓았는지 그렇지 않았는지 정확하게 대답을 해보라며 다그쳤다.

그러자 많은 의원들이 고함을 지르며 그것은 틀림없는 사실이라고 떠들어댔다. 티베리우스는 곧 원로원을 박차고 나가 민회를 소집해 안니우스를 고발해버렸다. 안니우스는 웅변에 있어서나 인기에 있어서 도저히 티베리우스와 견줄 만한 위인이 아니었다. 그러나 그는 한 가지 꾀를 부려, 연설하기 전에 몇 가지 물을 것이 있으니 티베리우스에게 대답할 것을 요구했다. 물론 티베리우스는 그 요청을 기꺼이 승낙했다. 이윽고 장내가 조용해지자 안니우스가 입을 열었다.

"만일 당신이 내 지위를 빼앗고 내 명예를 더럽히려고 할 때, 내가 당신과 같은 직위에 있는 호민관 한 사람의 힘을 빌렸다고 합시다. 그래서 그 사람이 나를 도와준다면, 당신은 그 호민관에게 나쁜 감정을 품고 그를 파면시킬 생각이오?"

티베리우스 그라쿠스(TIBERIUS GRACCHUS) 1491

티베리우스는 평소에 매우 침착하고 말솜씨가 뛰어났지만, 이때는 당황해 아무 대답도 하지 못한 채 그저 가만히 앉아 있기만 했다고 한다.

티베리우스는 곧 민회를 해산시켰다. 시민들은 호민관을 신성하고 명예로운 직책으로 여겨 어느 누구도 그 권위를 침해할 수 없다고 생각했으므로, 티베리우스가 옥타비우스를 몰아낸 것에 대해 귀족뿐만 아니라 평민들도 무척 거부감을 느끼고 있음을 재빨리 눈치챈 것이다. 그래서 티베리우스는 시민들에게 자신의 처지를 밝히기 위해 연설을 했다. 그의 웅변이 얼마나 힘차고 지혜롭고 빈틈없는 것이었는지 엿보기 위해, 그때 한 연설 가운데 몇 구절을 여기에서 다루어 보는 것도 좋으리라.

"호민관이란 신성한 직책으로, 어느 누구도 그 권위를 함부로 침해하지 못한다는 것은 참으로 옳은 말입니다. 그것은 두말할 것도 없이, 호민관이 시민들을 보살피고 보호하는 사람이기 때문입니다. 그러나 만일 호민관이 그러한 임무를 저버리고 시민들에게 해를 끼치거나 시민들의 권리를 제한하며 투표의 기회를 빼앗는다면, 그가 스스로 한 행동이 그의 직위를 빼앗은 것입니다. 자신에게 주어진 임무를 다하지 못했기 때문입니다. 호민관이라는 직위를 이용해 멋대로 행동하는 사람들을 그냥 내버려 둔다면, 그가 끝내 카피톨리움을 무너뜨리고 무기창고에 불을 지르더라도 우리는 그 일을 막을 수가 없습니다.

그러나 사실 그런 정도라면 그는 아직 나쁜 호민관일 뿐입니다. 그런데 어떤 호민관이 시민들을 억압하고 권리마저 빼앗으려 한다면, 과연 그런 사람을 호민관이라 할 수 있겠습니까? 호민관은 집정관까지 처벌할 수 있는 커다란 권력을 가졌습니다. 그런 상황에서 시민들이 호민관에게 부여한 명예를 악용해 오히려 시민들을 해치려고 하는데도 그 호민관을 내쫓지 못한다면 그것이야말로 이치에 맞지 않는 일이 아니겠습니까? 호민관과 집정관은 바로 시민들의 손으로 뽑은 자들이기 때문입니다.

그 옛날 왕들은 많은 권력을 거머쥐고 나라의 중요한 종교적 제사까지 맡아보았으므로 매우 신성한 존재로 여겨져 왔습니다. 하지만 타르퀴니우스 왕이 왕답지 못한 행동을 저지르자 마침내 시민들은 그를 내쫓았습니다. 대대로 이어온 로마 왕권이 한 사람의 잘못으로 하루아침에 허물어지고 말았습니다. 그리고 사실 이 로마에 영원히 타오르는 성화를 지키는 저 베스타 성녀들보다 신성한 존재가 어디 있을까요? 그러나 아무리 신성한 존재라 할지라도 죄를 지었을 때는 가차없이 생매장을 당했습니다. 신을 섬김으로써 얻게 되는 신성함은 신을 모독하는 죄를 지음으로써 빼앗기는 것이 마땅하기 때문입니다.

이와 마찬가지로, 시민의 이익을 대변하기 위해 권력을 쥐게 된 호민관이 시민들에게 죄를 저지르고 공화국의 기초를 위태롭게 했을 때는, 자연히 그 신성한 권위를 잃게 되는 것입니다. 시민 과반수의 찬성표를 얻어야 호민관이 될 수 있습니다. 그렇다면 모든 시민들의 찬성으로 그 직위를 빼앗는 것 또한 어찌 법에 어긋난다 할 수 있겠습니까? 가장 신성한 것은 신에게 바쳐진 물건이지만 시민들이 그런 물건을 쓰거나 옮기는 것을 금지한 적은 한 번도 없었습니다.

그렇다면 호민관이라는 직위도 그런 물건처럼 이 사람에게서 저 사람에게로 옮겨갈 수 있는 것입니다. 호민관이란 직위가 절대적으로 신성한 것도 아니고, 또 절대로 빼앗을 수 없는 것도 아니라는 사실은, 예전에 이와 같이 높은 직위를 스스로 내놓고 물러난 사람들이 있었던 예를 보아도 충분히 알 수 있습니다."

티베리우스는 이렇게 자기 행동을 해명했다. 그의 친구들은 그를 노리는 많은 위험과 정적들의 음모가 차츰 힘을 얻을 것을 걱정해, 안전을 위해서는 티베리우스가 그 이듬해에도 호민관에 당선되어야 한다고 생각했다. 티베리우스는 그 충고를 받아들여, 시민들의 지지를 얻기 위한 새로운 법안을 제안했다.

전쟁 복무 기간을 지금보다 줄이고, 재판관의 판결에 불만이 있을 때는 민회에서 다시 심사하며, 지금까지는 원로원 의원만으로 구성되었던 법관 자리에 같은 수의 기사계급 시민들을 참가시키는 것 등이 새 법안의 내용이었다. 이와 같이 티베리우스는 여러모로 원로원의 권위를 억누르려 했는데, 그것은 나라의 이익이나 정의를 위해서라기보다 사사로운 감정과 야망 때문이었다.

그리하여 마침내 그 법안에 대해 투표하는 날이 왔다. 시민들이 아직 다 모이지 않아 반대파의 세력이 더 큰 것을 재빨리 눈치챈 티베리우스는 다른 호민관들을 공격하는 연설을 함으로써 사람들이 더 모이도록 일부러 시간을 끌었다. 그러다가 마침내 티베리우스는 대회를 해산하고 투표를 다음 날로 미루었다.

티베리우스는 사람들이 많이 모인 곳을 찾아다니며 정중한 말투로 지지를 호소했으며 이따금 눈물을 보이기도 했다. 또 어쩌면 그날 밤에 반대파 사람들

티베리우스 그라쿠스(TIBERIUS GRACCHUS) 1493

이 자기 집을 부수고 쳐들어와 자기를 죽일지 모른다는 말도 흘렸다. 이 말을 들은 많은 시민들은 티베리우스의 집 주변에 천막을 치고 밤새 지키기도 했다.

이튿날 새벽에 한 점쟁이가 로마 사람들이 길흉을 점칠 때 이용하는 새들을 바구니에 담아 가지고 왔다. 그러고는 새들에게 모이를 던져주었다. 하지만 그가 바구니를 흔들었는데도 한 마리만 밖으로 나왔다. 게다가 이 한 마리마저 모이는 건드리지도 않고, 왼쪽 날개로 깃을 치고 다리 하나를 한 번 쭉 뻗고서는 도로 바구니 속으로 들어가 버렸다. 그것을 본 티베리우스는 언젠가 있었던 또 다른 불길한 징조가 문득 떠올랐다. 그에게는 전쟁 때 쓰려고 잘 손질해서 깊이 간직해 둔 매우 좋은 투구가 하나 있었다. 그런데 언제 들어갔는지 모르게 뱀 두 마리가 그 안에 들어가 알을 낳고 새끼를 깐 것이다.

그때의 기억이 티베리우스 마음속에 몹시 꺼림칙하게 남아 있었다. 그러나 시민들이 카피톨리움에 모여 있을 거라는 생각이 들자 곧 집을 나섰다. 그런데 밖으로 나가다가 문지방을 세게 걷어차는 바람에 비틀거리다 넘어지면서 엄지발톱이 갈라지고 말았다. 피가 신발 밖으로까지 스며나올 정도였다. 또 집을 나와 얼마 가지 않아서는 왼쪽에 있는 어느 집 지붕에서 까마귀들이 싸우는 광경이 보였다. 그런데 까마귀들이 싸우는 통에 돌 하나가 굴러떨어져 바로 티베리우스의 발 옆에 떨어졌다.

그것을 보고 가장 강경하게 그를 지지하던 사람들조차 그에게 가지 말 것을 권했다. 하지만 옆에 있던 쿠마이 사람 블로시우스라는 철학자는, 티베리우스는 저 위대한 그라쿠스의 아들이자, 스키피오 아프리카누스의 외손자이며, 로마 시민들의 보호자인데 그까짓 까마귀 한 마리가 무서워서 시민의 부름에 응하지 않는다면 그보다 더 수치스럽고 비겁한 일은 없을 거라고 말했다. 티베리우스의 반대파들이 이 비겁한 행동을 알면 틀림없이 비웃을 것이었다. 뿐만 아니라 시민들에게 모이라고 해놓고 정작 티베리우스 자신은 내키지 않는다고 나타나지도 않으면 폭군이나 할 일이라고 비난할 것이라며 티베리우스를 설득했다.

바로 그때, 먼저 카피톨리움에 가 있던 친구가 보낸 전령이 도착했다. 모든 일이 생각한 대로 잘 진행되고 있으니 걱정하지 말고 오라는 내용이었다. 티베리우스가 그곳에 도착해 보니 정말 모든 일이 잘되어 가는 듯이 보였다. 티베리우스가 나타나자 군중이 환호성을 지르며 그를 반갑게 맞이했던 것이다.

티베리우스가 자리에 앉자, 사람들이 한꺼번에 모여들더니 앞다투어 그에게 인사를 건넸다. 그리고 수상한 사람은 근처에 얼씬도 하지 못하도록 엄중하게 호위해 주었다. 무키우스가 투표를 시작하기 위해 유권자들을 불러 모았다. 그때 갑자기 대회장 바깥이 시끄러워져 일이 잘 진행되지가 않았다. 티베리우스의 반대파들이 시민들을 헤치고 들어가 한가운데에 자리를 잡으려고 아우성치고 있었기 때문이다.

이렇게 혼란스러운 가운데, 원로원 의원 플라비우스 플라쿠스가 높은 곳에 올라서서 티베리우스를 바라보았다. 그러나 너무 멀어서 소리를 질러봐야 도저히 들릴 것 같지 않자, 티베리우스에게 직접 할 말이 있다는 듯이 손을 크게 흔들었다. 티베리우스는 시민들에게 플라쿠스가 이쪽으로 올 수 있도록 길을 터주라고 말했다. 그리하여 겨우 티베리우스에게 다가온 플라쿠스는, 지금 원로원 회의가 열리고 있는데 부자들은 집정관이 자기들 의견에 찬성하지 않자 티베리우스를 암살하기로 결정하고, 많은 노예와 부하들을 무장시키고 있다고 알려주었다.

그 말을 들은 티베리우스는 주변에 있는 사람들에게 이 음모에 대해 이야기했다. 그러자 시민은 옷을 걷어 올리고, 경비대가 군중을 해산시킬 때 쓰는 몽둥이들을 꺾어서 나눠 가지는 등, 적의 공격에 맞설 준비를 했다. 멀리 있던 사람들은 도대체 무슨 일인지 몰라 그저 멍하니 쳐다보고만 있었다. 아무리 소리를 질러도 그들에게는 들리지 않을 것 같자 티베리우스는 한 가지 꾀를 생각해 냈다. 그는 적에게 공격을 당할 위험에 처해 있다는 사실을 알려주기 위해 손으로 자신의 머리를 어루만졌다.

그러나 티베리우스의 몸짓을 지켜보던 반대파 사람들은 곧바로 원로원으로 달려가 티베리우스가 자기 머리를 만진 것은 시민들을 보고 자기에게 왕관을 씌워달라고 요구하는 것이 틀림없다며 중상모략을 했다. 그 소식에 원로원이 발칵 뒤집혔다. 나시카는 지체 없이 이 독재자를 처단해 공화정을 수호하라며 집정관에게 요구했다. 하지만 집정관은 자신은 결코 먼저 주먹을 휘두를 생각은 없으며, 공정한 재판을 거치지 않고는 어떠한 시민의 생명도 함부로 빼앗고 싶지 않다고 대답했다. 그렇지만 만일 시민들이 티베리우스에게 설득당하거나, 강압에 못 이겨 법에 어긋나는 결의를 한다면 그때는 가만히 있지 않을 거라고 말했다.

티베리우스 그라쿠스(TIBERIUS GRACCHUS) 1495

그러자 나시카는 자리를 박차고 일어나며 외쳤다.

"집정관까지 저렇듯 공화정의 안전을 외면하고 있으니, 법을 지키고자 하는 사람들은 모두 나를 따르시오."

말이 끝나자 나시카는 긴 옷자락을 걷어 머리 위로 깃발처럼 쳐들고 카피톨리움으로 달려갔다. 그와 뜻을 함께하는 의원들도 한 손으로 옷자락을 걷어들고, 앞에서 어물거리는 사람들을 밀치며 그를 따라 달려갔다. 그들은 시민들 가운데에서도 가장 이름난 사람들이었으므로, 사람들은 그들을 방해하기는커녕 서로 길을 비켜주느라 떠밀고 짓밟히면서 큰 소동을 벌였다. 나시카를 따르는 사람들은 저마다 집에서 갖고 온 곤봉과 지팡이를 들고 있었으며, 의원들은 시민들이 달아나며 밟아 부러뜨린 의자 다리를 무기로 집어들었다. 그리하여 그들은 티베리우스를 가로막고 선 사람이고 혼비백산해 달아나는 사람이고 할 것 없이 닥치는 대로 마구 내리쳤다. 그 바람에 죄 없는 시민들까지 곳곳에서 죽어 넘어졌지만 그들은 아랑곳하지 않고 티베리우스에게 덤벼들었다.

티베리우스는 그곳에서 급히 빠져나와 한참 달아나다가 어떤 사람에게 옷자락을 잡혔다. 그러나 사태가 워낙 급한지라 겉옷을 벗어던지고 속옷 바람으로 계속 달아났는데, 그만 땅에 쓰러져 있던 사람에게 발이 걸려 넘어지고 말았다. 그가 정신을 차려 다시 일어서려는 순간, 불행하게도 자기와 같은 호민관인 푸블리우스 사투레이우스가 의자 다리로 그의 머리를 힘껏 내리쳤다. 뒷날 루키우스 루푸스는 두 번째로 티베리우스를 내리친 사람은 바로 자기라며 자랑스럽게 떠벌리고 다녔다. 그날 맞아 죽은 사람은 300명도 넘었는데, 모두 몽둥이와 지팡이에 맞아 죽었으며, 칼을 맞아 죽은 이는 한 사람도 없었다.

로마에서 왕정이 무너진 뒤에도 여러 차례 난리가 일어났지만, 이처럼 피를 흘린 싸움으로 막을 내린 것은 이번이 처음이었다. 여태까지 벌어진 분쟁 가운데는 그 규모가 크고 심각한 문제를 다룬 것들도 많았지만, 그때마다 원로원은 시민을 두려워하고 시민들은 원로원의 권위를 존중하며 서로 평화적으로 양보해 왔다. 이번 사건도 반대파들이 무조건 티베리우스를 공격하기보다는 설득해 볼 생각을 했더라면 의외로 쉽게 뜻을 이루었을지도 모른다. 사실 그때 티베리우스를 지지하던 사람은 고작 3000명쯤이었으니, 그 정도라면 피를 흘리지 않고도 티베리우스를 굴복시킬 수 있었으리라. 그러나 부자들이 그런 공모를 꾸민 것은 그들이 늘 티베리우스에 대해 트집을 잡아왔던 여러 이유에서라기보다는, 티베리우스 개인에 대해 품어왔던 증오와 악의 때문이었던 것이 분명하다.

이는 그들이 상식을 벗어난 잔인한 행동으로 티베리우스 시신에 모욕을 준 것을 보아도 알 수 있다. 티베리우스의 동생이 그들을 찾아가 형의 시신을 넘겨주면 밤에 몰래 매장하겠다며 간곡하게 사정했지만 그들은 들은 척도 하지 않았다.

그들은 다른 사람들의 시신과 함께 티베리우스의 시신도 티베리스 강에 던져 넣었다. 뿐만 아니라 티베리우스의 친구들을 재판도 하지 않고 나라 밖으로 추방했으며, 웅변가 디오파네스를 비롯한 몇몇 사람은 잡아와서 죽였다. 그리고 카이우스 빌리우스를 독사와 구렁이가 든 통 속에 가둬 잔인하게 죽였다. 쿠마이 사람 블로시우스는 집정관의 집에 잡혀가 자신이 저지른 범죄에 대해 호된 추궁을 당했다. 그러나 그는 모든 것은 티베리우스가 시키는 대로 했을 뿐이라고 진술했다. 그 말을 듣고 나시카가 물었다.

"만약 티베리우스가 당신에게 카피톨리움에 불을 지르라고 했다면 어떻게 하겠소?"

블로시우스는, 티베리우스는 그런 명령을 내릴 사람이 아니라고 말했다. 그래도 사람들이 돌아가며 똑같은 질문을 되풀이하자, 블로시우스는 이렇게 대꾸했다.

"만약 티베리우스가 카피톨리움을 태워버리라고 명령했다면 그렇게 하는 것이 옳을 것이오. 티베리우스가 그런 명령을 내렸을 때는 그것이 민중에게 이익이 되는 것이 분명하기 때문이오."

블로시우스는 무죄로 풀려났다. 그는 그 뒤 소아시아의 아리스토니쿠스에게 가 있다가 아리스토니쿠스가 세력을 잃고 자리에서 물러나자 스스로 목숨을 끊었다.

이 사건 뒤 원로원에서는 시민들을 달래기 위해 땅을 분배해 주는 일에 반대하지 않았고, 티베리우스를 대신해 토지를 나누어 줄 위원을 뽑도록 허락했다. 그들은 티베리우스의 후임으로 푸블리우스 크라수스를 뽑았다. 크라수스는 딸을 가이우스 그라쿠스에게 시집보내 그라쿠스 집안과 인척 관계에 있는 사람이었다.

코르넬리우스 네포스가 전하는 바에 따르면, 가이우스의 아내는 푸블리우스 크라수스의 딸이 아니라 루시타니아 사람들을 정벌한 브루투스의 딸이었다고 한다. 그러나 많은 역사가들은 그녀를 푸블리우스 크라수스의 딸이라고 전한다.

한편 시민들은 티베리우스의 죽음에 분노를 품고 복수할 기회만 노리고 있었다. 이는 그들이 나시카를 재판에 회부하겠다고 들고일어난 것을 보아도 알 수 있다. 원로원은 그의 안전을 위해 그다지 할 일도 없는 소아시아에 그를 특사로 보냈다. 시민들은 어디서건 나시카가 눈에 띄기만 하면 분을 참지 못해 살인자니 독재자니 하며 마구 욕설을 퍼부었으며, 로마에서 가장 신성하고 깨끗한 곳을 호민관의 피로 더럽힌 인간이라고 고함을 지르며 비난했기 때문이다. 그러므로 최고제사장이었던 나시카는 모든 중요한 제사를 주관해야 할 의무가 있었지만 이탈리아를 떠나야만 했다. 그는 이곳저곳을 넋이 나간 사람처럼 떠돌아다니다가, 뒷날 페르가뭄 근처에서 죽고 말았다.

시민들이 나시카에게 그토록 반감을 품었던 것은, 스키피오 아프리카누스의 경우에 비한다면 전혀 이상하지 않은 일이었다. 로마 사람들이 어느 누구보다 더 존중했을 뿐만 아니라 깊이 사랑했던 스키피오 아프리카누스는, 누만티아에서 티베리우스가 죽었다는 소식을 듣고 호메로스 시 한 구절을 읊었다.

그런 짓을 하는 자는 다 그렇게 죽게 되는 법이로다.

하지만 이 한 마디로, 그는 이제까지 쌓아온 모든 명성을 하루아침에 잃을 뻔했다.

또한 뒷날 민회에서 가이우스와 풀비우스가 티베리우스의 죽음을 어떻게 생각하느냐고 묻자, 티베리우스의 정책에는 찬성하지 않는다고 대답했는데, 그 뒤로 그가 연설할 때면 군중이 소리를 지르며 그의 연설을 방해하는 수난을 겪어야 했다. 군중이 스키피오에게 이처럼 반대한 일은 처음이었다. 이에 대해 스키피오 또한 시민들을 비난하게 되는데, 그 일에 대해서는 스키피오 전기에 상세히 밝혀두었다.

가이우스 그라쿠스(GAIUS GRACCHUS)

　가이우스 그라쿠스는 공공집회에 모습을 드러내지 않고 집 안에서 조용하게 지냈다. 형의 정적들이 두려워서 그런 것이 아니었다면, 시민들 마음속에 형의 정적들에 대한 증오를 더욱 부추길 속셈이었으리라. 그러나 가이우스는 겉으로 보기에 아무런 야심도 없이 평범하게 살아가려는 것 같았을 뿐 아니라, 본디 소극적인 성격을 타고난 것처럼 보이기까지 했다. 어떤 사람들은, 그가 자기 형의 정책들을 매우 못마땅하게 여겨서 형을 변호해 줄 생각이 아예 없다고 생각했을 정도였다. 하지만 그는 형보다 아홉 살이나 어렸으므로, 형이 서른의 나이에 살해당했을 때는 아직 앳된 젊은이였다.

　그러나 얼마 지나지 않아 차츰 본디 성격이 드러나기 시작했다. 한가롭게 숨어 지내거나 나약한 모습을 보이는 것은 그의 성격과 전혀 어울리지 않았고, 음식과 술이나 돈벌이만으로 만족할 수도 없었다. 그는 많은 시간과 노력을 들여 웅변술을 공부했는데, 정치가들은 웅변술이라는 날개를 달아야 비로소 자신의 큰 뜻을 마음껏 펼칠 수 있으리라 여겼기 때문이다. 따라서 그는 한낱 이름 없는 인간으로 삶을 마칠 마음이 조금도 없었다.

　일찍이 가이우스는 베티우스라는 친구가 고발당했을 때 그 변호를 맡은 적이 있었다. 변호를 듣던 방청객들은 그의 재치 있는 변론에 반해 그저 감탄하며 넋을 놓고 있었다고 한다. 그의 연설에 비하면 다른 사람들 연설은 마치 어린아이들의 말장난처럼 유치하게 들렸다. 하지만 유력한 시민들 사이에서는 가이우스에 대한 질투와 두려움이 싹트기 시작했다. 그들은 모두 한목소리로 가이우스가 호민관이 되는 것은 반드시 막아야 한다고 말했다.

그러다가 누가 손을 쓴 것도 아닌데, 가이우스는 집정관 오레스테스 아래 재무관이 되어 사르디니아 섬으로 떠나게 되었다. 그의 정적들은 매우 기뻐했으며, 가이우스 자신도 마다하지 않았다. 그는 전쟁을 무척 좋아한 데다 웅변술만큼이나 전술 훈련에도 많은 노력을 기울였기 때문이었다. 뿐만 아니라 사실 가이우스는 그때까지만 해도 정치에 관여하거나 연단에 올라가는 사실을 꺼리고 있었다. 그래서 그는 시민과 친구들의 끈질긴 권유를 피해 로마를 떠날 수 있는 기회가 온 것을 오히려 반가워했다.

그러나 많은 사람들은 가이우스가 그의 형 티베리우스보다도 더 철저한 정치 선동가이며, 시민들의 인기도 많이 탐냈다고 한다. 하지만 이것은 사실이 아니다. 가이우스가 정계에 발을 들여놓은 것은 선택이라기보다는 어떤 필연이었던 것 같다. 웅변가 키케로가 전하기를, 가이우스는 어떤 관직도 원하지 않았으며 정치와는 아예 담을 쌓고 조용히 살려고 했는데, 하루는 그의 형이 꿈속에 나와 그의 이름을 부르며 아래와 같이 말했다고 한다.

"가이우스야, 무엇 때문에 그리 망설이느냐? 달아날 길은 없다. 우리 둘에게는 똑같은 삶과 똑같은 죽음이 운명처럼 주어져 있다. 오직 민중을 위해 봉사하다가 죽음을 맞이해야 할 운명이란 말이다."

사르디니아 섬에 닿은 가이우스는 곧 모든 면에서 자신의 진가를 발휘하기 시작했다. 적을 맞아 용감히 싸웠고, 부하들에게는 언제나 공정했으며, 지휘관에 대한 충성과 존경은 다른 어떤 젊은 장교들보다 뛰어났다. 그리고 절제와 절약과 성실성에 있어서는 자기보다 나이 많은 사람들에게 오히려 본보기가 될 정도였다. 그때 마침 사르디니아는 몹시 추운 겨울이어서 로마 장군들은 필요한 옷가지를 장병들에게 지급해 주어야 했다. 그래서 몇몇 도시들에 할당량을 정해주며 빨리 보급해 달라고 요구했다. 그러자 그 도시 시민들은 로마에 사람을 보내 제발 이러한 부담을 덜어달라고 사정했다.

로마 원로원에서는 도시들의 청원이 정당하다고 인정하면서, 일선 장군들에게 다른 방법으로 옷을 구해보라는 명령을 내렸다. 장군들이 그 방법을 찾지 못해 애를 태우는 동안 병사들은 심한 추위에 떨고 있을 수밖에 없었다. 그때 가이우스가 도시마다 몸소 찾아다니며 주민들을 설득해 그들이 자발적으로 로마군에 의복을 대주게 만들었다. 그 소식이 로마로 전해지자, 원로원은 가이우스를 더욱 두려워하게 되었다. 가이우스가 앞으로 시민을 이끌어 갈 지도자가 될 것이 확실했기 때문이다.

그 밖에도 원로원을 놀라게 하는 사건이 또 있었다. 리비아의 미킵사 왕이 로마에 사신을 보내왔는데, 가이우스 그라쿠스에게 존경의 뜻을 나타내기 위해 사르디니아에 가 있는 로마군에 식량을 전달했다는 것이었다. 이 소식을 전해 들은 원로원 의원들은 기분이 너무나 언짢은 나머지 사절단을 원로원 건물에서 내쫓아 버렸다. 그리고 사르디니아에 있는 군대를 새로운 군대와 교대시키되, 오레스테스 장군만 그대로 남게 한다는 명령을 내렸다. 그러면 오레스테스 아래 있는 재무관 가이우스도 자연히 그곳에 남아 있게 될 것이었다.

그러나 이를 재빨리 눈치채고 몹시 격분한 가이우스는 곧장 배를 타고 로마로 갔다. 가이우스가 로마에 나타나자 그의 정적들은 가이우스를 맹렬하게 공격했으며, 시민들까지 재무관이 장군을 놔둔 채 먼저 돌아온 것은 옳지 않은 행동이라고 그를 비난했다.

이 일로 고소를 당하게 된 가이우스는 자기에게도 발언할 기회를 달라고 했다. 그리고 그 기회가 주어지자 그는 여론을 완전히 뒤바꿔 놓았다. 그는 마침내 무죄로 풀려났을 뿐만 아니라, 가이우스의 변론을 들은 사람들은 누구나 그가 억울한 누명을 썼다고 여기게 되었다. 그는 재판정에서 자기 자신을 이렇게 변호했다.

"다른 사람들의 군 복무연한은 10년인데도 저는 이미 12년이나 복무했으며, 또 1년 동안 재무관으로 일하면 귀국할 수 있다고 법률로 정해져 있는데도 같은 장군 아래에서 3년이나 재무관으로 일했습니다. 그러고도 이번 전쟁에 나간 사람들 가운데 무거운 돈 자루를 메고 가서 빈 자루를 들고 돌아온 사람은 저밖에 없습니다. 다른 사람들은 사르디니아에 술통을 메고 가서 실컷 마신 뒤 그 술통에 금과 은을 가득 채워 가지고 돌아왔는데도 말입니다."

그 뒤 그의 적들은 다른 일로 다시 그를 고발했다. 프레겔라이라는 자가 동맹국들로 하여금 반란을 일으키도록 부추긴 사건이 일어났는데 거기에 가담했다는 혐의였다. 그러나 가이우스는 이번에도 모든 누명을 깨끗이 씻고 자신이 그야말로 완전 무죄임을 증명한 뒤, 곧 호민관에 입후보했다. 귀족과 부자들은 하나같이 반대했으나, 그에게 깨끗한 한 표를 던지기 위해 이탈리아 방방곡

곡으로부터 시민들의 발길은 끊임없이 이어졌다. 어찌나 많은 사람들이 모여들었는지, 로마 시내에서는 도저히 방을 구할 수가 없을 정도였다. 임시 숙소로 정한 마르스 들판'마저도 발 디딜 틈이 없었다. 그래서 어떤 사람들은 하는 수 없이 지붕 위에 올라가 가이우스를 위해 소리를 지르기도 했다. 하지만 귀족들이 가난한 사람들을 매수하여 간교한 공작을 벌였으므로, 가이우스는 예상한 대로 1위가 되지 못하고, 4위로 호민관에 당선되었다.

그러나 그가 호민관 직무를 시작하자 사람들은 누가 진짜 수석 호민관인지 분명히 알 수 있었다. 가이우스는 그 무렵 가장 뛰어난 웅변가였을 뿐만 아니라, 그때까지 형의 죽음에 대해 품고 있던 탄식이 그의 웅변을 더욱 대담하게 만들었기 때문이다.

가이우스는 틈만 나면 시민들에게 그때의 소동으로 일어난 일들을 상기시켰으며, 그런 다음 옛 조상들의 훌륭한 본보기와 비교했다. 팔리스키 사람들이 호민관 게누키우스를 모욕했을 때 그들과 싸웠던 일, 호민관이 공회당에 다닐 때 길을 피하지 않았다는 이유로 카이우스 베투리우스에게 사형을 선고한 일 등이었다. 그리고 이렇게 덧붙였다.

"그런데 어떤 자들은 바로 여러분이 보는 앞에서 나의 형 티베리우스를 잔인하게 몽둥이로 때려죽였으며, 그 시신을 질질 끌고 시내를 돌아다니다가 끝내 티베리스 강에 갖다 버렸습니다. 뿐만 아니라, 그의 친구들도 모두 잡아들여 재판도 하지 않고 죽였습니다. 하지만 우리나라의 오랜 관습으로는, 죽을 죄를 지은 사람이 재판정에 나오지 않으면 아침에 나팔수가 그 집 문 앞에 가서 나팔을 분 뒤에 데리고 갔습니다. 그러기 전에는 재판관도 함부로 판결을 내리지 않았지요. 이렇게 우리 조상들은 사람의 목숨을 소중하게 다루며 존중했습니다."

가이우스의 목소리는 매우 크고 힘이 넘쳐났다. 그는 그러한 연설로 시민들의 마음을 움직인 다음, 두 법안을 내놓았다. 하나는 시민들의 결의로 관직에서 파면된 사람은 다시는 관직에 나설 수 없다는 것이었으며, 다른 하나는 관리가 재판을 거치지 않고 마음대로 로마 시민을 추방했을 때는 시민들이 그 일을 심사할 권리가 있다는 것이었다.

두 법안 가운데, 앞의 것은 티베리우스에 의해 호민관 직위를 빼앗긴 마르쿠스 옥타비우스를 두고 정한 법이었고, 뒤의 것은 포필리우스가 법무관으로 있을 때 티베리우스의 친구들을 재판도 없이 자기 마음대로 추방시켜 버린 일을 두고 제안한 것이었다. 포필리우스는 이 법안이 통과되어 시민들의 재판을 받게 될까봐 겁이 나서 이탈리아에서 멀리 달아나 버렸다. 가이우스는 얼마 뒤 첫 번째 법안을 스스로 철회했는데, 옥타비우스를 처벌하지 말자는 어머니 코르넬리아의 부탁 때문이었다.

시민들은 매우 기뻐하며 그것을 흔쾌히 받아들였다. 평소 시민들은 코르넬리아를 깊이 존경했는데, 이는 그녀의 아버지를 봐서라기보다 그녀의 아들들 때문이었다. 그래서 시민들은 그 뒤 그녀의 동상을 만들어 세우고, 거기에 '그라쿠스 형제의 어머니 코르넬리아'라는 글귀를 새겨 넣었다. 가이우스는 정적을 공격할 때 자기 어머니의 이름을 가끔 언급했다고 한다. 이 기록을 보면 그는 말재주가 지나친 나머지 얼마쯤 예의를 벗어난 듯한 느낌도 있다.

"그대는 어찌하여 저 위대한 티베리우스의 어머니를 모욕하려 드는가?"

그리고 사내답지 못하다는 평판을 받는 사람이 가이우스 자신을 비난하고 다닐 때는 이렇게 말했다.

"당신은 무슨 낯으로 나의 어머니 코르넬리아와 자신을 비교하는 것이오? 당신이 그녀처럼 자식을 낳아본 적이 있단 말인가?"

거칠기는 하지만 그의 웅변은 거의 이런 식이었다. 이렇듯 날카롭고 예리한 말투는, 그가 남긴 원고에서도 찾아볼 수 있다.

가이우스는 시민들의 이익을 늘리고, 원로원의 세력을 억누르기 위해 다음과 같은 법안들을 제안했다. 가난한 시민들에게 공유지를 나누어 주고, 병사들에게 공금으로 군복을 대어주되 그 값을 급료에서 빼지 않으며, 17세 미만 소년에게는 군 복무를 면제해 준다. 그리고 모든 이탈리아 사람에게 로마 시민과 똑같이 선거권을 주고, 가난한 시민들에게는 이전보다 싼값에 곡식을 판매하며, 법원 규정을 고쳐 원로원의 권리를 줄인다. 이 마지막 법안을 좀 더 자세히 설명하면, 그때까지는 모든 사건에 대해 원로원 의원에게만 재판관 자격이 주어졌으므로 로마 시민은 물론이고 기사계급까지 그들을 몹시 두려워했다. 그런데 가이우스가 제안한 새로운 법안에 따르면 300명으로 이루어진 원로원에 기사계급에서 뽑은 300명을 보태 모두 600명이 함께 재판을 맡게 되는 것이었다.

가이우스는 이 법안을 통과시키기 위해 온갖 수단을 동원했다. 그때까지만 해도 정치가들은 시민들 앞에서 연설할 때 모두 원로원이나 코미티움을 바라보았다. 그러나 가이우스는 처음으로 반대쪽에 있는 시민석을 향해 열변을 토했으며, 그 뒤로도 늘 그렇게 했다고 한다. 사실 몸짓과 자세를 조금 바꿨을 뿐인 이 작은 변화는 매우 큰 의미를 나타내는 것이었다. 정치가가 연설을 할 때는 원로원이 아니라 시민에게 해야 한다는 것을 보여줌으로써, 귀족 중심의 정치를 민주적으로 바꿔놓은 셈이었다.

마침내 이 법안을 통과시킨 시민들은, 기사들 가운데에서 법관을 뽑는 일을 가이우스에게 맡겼다. 그 결과 가이우스는 마치 제왕처럼 절대적 권리를 갖게 되었으며, 아무리 원로원이라 해도 곤란하고 중대한 문제에 있어서는 가이우스의 의견을 받아들여야만 했다. 그러나 가이우스도 원로원의 명예를 손상시키는 제안은 하지 않았다. 식민지를 경영하기 위해 이베리아에 나가 있던 파비우스가 곡식을 보내왔을 때, 가이우스는 공정하고도 존경받을 만한 제안을 했다. 파비우스가 보낸 곡식을 팔아 그 돈을 이베리아 도시들에게 돌려보내고, 파비우스에 대해서는 로마 정부의 명예를 떨어뜨렸다는 죄목으로 오히려 벌을 내리자고 제안한 것이다. 이 일로 가이우스는 식민지 주민들로부터 남다른 존경과 인기를 얻게 되었다.

그 밖에도 그는 이민을 내보내고, 도로를 닦으며, 공공 곡식 창고를 세울 것을 제안했다. 그는 이 모든 일을 몸소 지휘하고 철저히 감독했다. 그토록 많은 일을 하면서도 전혀 지치지 않았으며, 사업 하나하나에 참으로 놀라운 열의와 정성을 기울였다. 그러면서도 모든 일을 매우 빠르게 처리했으므로, 마치 다른 일은 없이 오직 그 일 하나만 하고 있는 것처럼 보일 정도였다. 그러므로 가이우스를 미워하고 두려워하던 사람들도 모든 사업을 훌륭하게 이루어 나가는 그의 능력에는 감탄하지 않을 수 없었다.

그러나 사람들은 그의 훌륭한 인격에 더 큰 찬사를 보냈다. 가이우스는 언제나 토목업자나 기술자, 외국 사절단, 재판관, 군인, 학자 등 온갖 사람들에게 둘러싸여 지냈지만 결코 사람을 차별하지 않았다. 누구든 친절하고 부드럽게 대하면서도 자신의 체면을 지켰으며, 만나는 사람에 따라 적절히 태도를 맞춰주었다. 그래서 가이우스를 보고 독재적이라느니 오만하다느니 사납다느니 하는 말은 그를 시기하는 무리들이 퍼뜨린 터무니없는 모함이라는 사실이 여지없이 드러났다. 그는 연단에 올라가 대중 앞에서 연설할 때보다 평소에 하는 말과 행동을 통해 자신이 더욱 뛰어난 시민 지도자임을 보여주었다.

특히 그가 힘을 쏟은 일은 도로 건설이었다. 가이우스는 이용하기 편리하면서도 아름다운 도로를 만들고자 했다. 그래서 그의 설계에 따라 들판을 가로질러 지방으로 통하는 곧은 길을 닦게 되었다. 길의 일부는 다듬은 돌을 깔고 나머지는 작은 자갈을 깔았다. 또 계곡이나 깊은 물줄기와 만나는 곳은 쓰레기로 메우거나 다리를 놓아 도로의 높이를 고르게 맞추었으므로 보기에 매우 아름다웠다. 그리고 모든 길을 몇 마일(로마의 1마일은 헬라스의 8스타디온에 가까웠다) 단위로 나눈 뒤 돌기둥을 세워 거리를 표시했다. 또 그 돌기둥보다 좀더 가까운 간격으로 길 양쪽에 다른 모양의 디딤돌을 놓아, 쉬려고 말에서 내린 여행자가 마부의 도움 없이도 쉽게 말등에 오를 수 있도록 했다.

시민들은 그의 공을 높이 칭송하며 어떤 보답이라도 하고 싶어했다. 어느 날 대중 앞에서 연설을 하던 가이우스는 청이 하나 있는데 그것을 들어준다면 더없이 감사하지만, 만일 들어주지 않는다 해도 결코 시민들을 원망하지 않겠다고 말했다. 그 말을 들은 사람들은 그가 겸직할 마음을 먹고 자기를 집정관으로 뽑아달라는 뜻으로 받아들였다.

마침내 집정관을 뽑는 날이 다가왔다. 사람들은 가이우스가 어떻게 나오는지 큰 관심을 가지고 그를 눈여겨보았다. 그러나 가이우스는 판니우스를 마르스 들판으로 데리고 나왔으며, 그를 당선시키기 위해 지지연설을 했다. 그 연설이 큰 힘을 발휘해 판니우스는 집정관으로 뽑혔으며, 가이우스도 다시 호민관이 되었다.

그는 출마 선언이나 선거운동을 하지 않았어도 당선될 만큼, 시민들로부터 절대적인 지지를 받고 있었다. 하지만 원로원 의원들은 모두 자기 적이며 판니우스도 믿을 수 없다는 것을 깨달은 가이우스는 시민들의 인기를 끌어모을 만한 새로운 정책을 내놓았다. 타렌툼과 카푸아에 새로이 이민을 보내고, 라티움 사람들에게 로마 시민권을 주자는 것이었다.

그러나 이 정책으로 가이우스의 세력이 너무 커질까봐 두려워한 원로원은 시민들의 마음을 돌려놓기 위해 나라의 이익에 어긋나는 새로운 정책을 펴기로 했다. 원로원 대표들은 가이우스와 같은 호민관인 리비우스 드루수스를 이용할 생각으로 그를 찾아가 자기들과 힘을 합해 가이우스에게 맞서자고 제안했다. 그는 집안과 교양에 있어 로마의 어느 누구에게도 뒤지지 않는 사람으로 재산도 많았으며 웅변술도 뛰어났다.

가이우스 그라쿠스(GAIUS GRACCHUS) 1505

리비우스는 자신의 권위가 원로원이 하고자 하는 일에 도움이 될 수 있었으면 좋겠다는 뜻을 밝혔으며, 마침내는 떳떳하지도 않고 공익에 보탬이 되지도 않는 정책을 제안하기에 이르렀다. 리비우스가 비굴하게 시민들에게 아첨하며 온갖 은혜를 베풀면서까지 그들의 환심을 사고자 한 것은, 희극에서 곧잘 일어나는 것처럼 오로지 경쟁자와 겨루어 그를 이기려는 데에 그 목적이 있었다. 그러자 원로원은 단순히 가이우스의 정책에 반대하는 것이 아니라, 그를 완전히 실각시키거나 명성을 떨어뜨리려는 속셈을 드러내기 시작했다.

가이우스가 로마 시민 가운데 가장 훌륭한 사람들만으로 2개의 이민단을 만들어 내보내자고 제의하자, 원로원은 나라의 힘을 함부로 쓴다며 가이우스를 비난했다. 그러나 리비우스가 가난한 시민 3000명으로 이루어진 이민단 12개를 내보내자고 제의했을 때는 아무런 반대 없이 모두 찬성했다. 그리고 가이우스가 가난한 사람들에게 땅을 나누어 주고 해마다 적은 소작료를 받자고 했을 때도, 원로원은 오로지 인기를 얻으려는 술책이라며 반대했다. 그러고서는 그 뒤에 리비우스가 소작료도 받지 말고 이민을 보내자고 제안했을 때는 만장일치로 찬성했다.

그뿐만이 아니었다. 가이우스가 라티움 사람들에게도 로마 시민과 마찬가지로 투표권을 주자고 제안했을 때도, 원로원은 거세게 반대했다. 하지만 리비우스가 군대 근무 중이라도 로마 장교가 라티움의 사병을 채찍으로 때리는 것을 금한다는 법률을 제안했을 때는 모두 찬성했다.

리비우스는 시민들 앞에서 연설을 할 때마다, 원로원이 대중의 이익을 위해 많은 노력을 기울이고 있으며, 자기도 원로원의 뜻을 받들어 시민을 위한 법안만을 제안한다는 말을 서슴지 않았다. 그러나 그가 벌인 여러 일들이 거두어들인 성과가 있다면 오로지 원로원에 대한 시민들의 반감을 누그러뜨린 것뿐이었다.

원로원의 이름 있는 인물들은 시민들의 의심과 미움을 받고 있었는데, 그가 그러한 불평과 반감을 씻어준 것이다. 리비우스는 자기가 정계에 나와 시민의 이익을 위해 여러 좋은 정책들을 펼칠 수 있음은 오로지 원로원의 충고와 협조 덕분이라고 공언했으므로 시민들은 그 말을 믿었다.

리비우스가 시민들을 위해 정의로운 정책을 펼친다는 인상을 줄 수 있던 까닭은 그가 제안한 법안 가운데 자신의 이익을 위한 것은 하나도 없었기 때문이다. 그는 이민 도시를 개척하고 건설할 때도 다른 사람들에게 감독과 책임을 맡겼으며, 돈 문제 회계에 대해서도 일체 끼어들지 않았다. 그러나 가이우스는 그런 중대한 일일수록 모두 자기가 맡아서 처리했다.

그때 마침 가이우스의 동료 호민관인 루브리우스가, 스키피오가 파괴한 카르타고를 재건하자고 제안했다. 제비를 뽑은 결과 가이우스가 그 일을 맡게 되어 그는 배를 타고 카르타고로 떠났다.

로마에 남아 있던 리비우스는 가이우스가 없는 사이에 대중의 인기를 얻기 위해 여러 계획을 꾸몄다. 그는 특히 가이우스의 절친한 친구이자 가이우스와 함께 토지분배위원을 지냈던 풀비우스를 공격했다. 풀비우스는 소란을 일으키기 좋아하는 사람이어서 원로원의 미움을 사고 있었다. 뿐만 아니라 그는 로마 시민과 여러 동맹국 사이를 이간질하고, 이탈리아 사람들을 부추겨 반란을 일으키려 한다는 의심을 받고 있었다.

풀비우스가 성격이 침착하지 못하고 선동하기를 좋아하는 것은 사실이었지만, 그 밖에 처벌할 만한 잘못은 밝혀지지 않았다. 그러나 이 사람에 대한 미움은 친구인 가이우스에게도 영향을 미쳤으므로, 가이우스의 인기를 떨어뜨리는 가장 큰 원인이 되었다.

그즈음 스키피오 아프리카누스가 갑작스럽게 죽었는데, 그 사인에 대해서는 아무것도 알려지지 않았다. 다만 그의 전기에 적혀 있듯이, 시신에 두들겨 맞은 듯한 푸른 멍이 들어 있었을 뿐이었다. 사람들은 이 일로 풀비우스를 더욱 미워하게 되었는데, 풀비우스는 평소에도 스키피오와 사이가 나빴을 뿐만 아니라, 스키피오가 죽던 날에도 연설 도중에 스키피오를 겨냥해 욕을 퍼부었기 때문이었다. 그래서 가이우스까지 덩달아 의심을 사게 되었다.

그런데 이상한 것은 로마에서 가장 유명한 인물이 이처럼 끔찍한 일을 당했는데도 그 범죄에 대한 처벌은 물론이고 철저한 수사도 하지 않았다는 점이다. 그것은 이 살인사건에 혹시 가이우스가 연루되어 있을까봐 우려한 시민들이 수사를 반대하며 모든 재판상의 절차를 가로막았기 때문이었다. 그러나 이 일은 연대상 좀 앞서서 벌어졌던 사건이었다.

리비아로 간 가이우스는 카르타고를 헤라 여신의 축제라는 뜻과 같은 '유노니아'라 부르게 하고 그 재건에 힘을 기울였다. 그런데 그때 신들이 나쁜 일이 일어날 것을 알려주는 듯한 여러 징조들이 나타났다고 한다. 예를 들면 기수가 군기를 꼭 붙잡고 있는데 갑자기 세찬 바람이 불어와 깃대가 부러져 버리거나, 제단에 올려둔 제물이 돌풍에 날아가 시가지를 나누려고 쳐놓은 새끼줄 바깥에 가서 떨어진 일이 그랬다. 또 늑대들이 나타나 경계를 표시하려고 세워둔 말뚝들을 마구 쓰러뜨리고 사라지기도 했다.

그러나 가이우스는 이런 이상한 일에는 조금도 신경 쓰지 않고 70일 만에 모든 일을 거뜬히 끝냈다. 그때 풀비우스가 리비우스에게 고발을 당하자 가이우스는 그 일을 해결해 주기 위해 급히 로마로 돌아왔다. 그가 로마로 돌아온 데에는 또 다른 이유가 있었는데, 그것은 루키우스 오피미우스가 다시 집정관 후보로 출마했기 때문이었다.

평소 귀족을 등에 업고 원로원에서 큰 세력을 가지고 있던 루키우스 오피미우스는, 지난번 집정관 선거 때 가이우스가 판니우스를 도와 지지연설을 해주는 바람에 떨어졌다. 하지만 이번에는 그를 후원하는 단체가 있었으므로 당선될 가능성이 높았다. 만약 그가 운 좋게 당선된다면, 이미 기울어지기 시작한 가이우스의 세력을 완전히 꺾어놓으리라 내다보는 이들이 많았다. 사실 시민들 사이에서도 가이우스에 대한 존경심이 예전 같지 않았으며, 더러는 가이우스의 정책에 싫증을 느끼기도 했다. 이를 눈치채고, 시민들의 환심을 살 수 있는 새로운 정책을 제안하는 사람이 늘어났으며 원로원은 그러한 제안이라면 무조건 통과시켜 주었다.

리비아에서 돌아온 가이우스는 팔라티움 언덕 위의 집을 버리고 시장 근처에 와서 살았다. 그곳은 가난한 사람들 가운데서도 가장 가난한 사람들이 많이 모여 살았으므로, 그들과 더 가까이 지내며 인기를 다질 생각이었다. 그곳으로 이사한 뒤 그는 시민투표로 지지를 확인하기 위해, 계획했던 나머지 법안들을 제출했다. 그러자 그 법안을 지지하기 위해 방방곡곡에서 많은 사람들이 구름처럼 모여들었다.

이런 상황을 본 원로원은 집정관 판니우스를 설득해 로마 시민이 아닌 사람은 모두 로마에서 물러가라는 명령을 내리게 했다. 그리고 선거기간 동안 로마와 동맹을 맺고 있던 도시 시민들의 로마 방문을 막는 이상한 명령을 내렸다. 그러나 가이우스는 집정관을 몹시 비난한 다음, 동맹 도시에서 온 사람들이 돌아가지 않고 그대로 남아 있어도 자기가 모든 것을 협조하고 보호해 주겠다는 명령문을 발표했다.

하지만 가이우스는 그 약속을 제대로 지키지 않았다. 그는 자기 친한 친구이자 손님이었던 사람이 판니우스의 부하에게 끌려가는 것을 보고도 도와주지 않고 그냥 지나쳤다. 가이우스가 쓰러지고 있는 자신의 세력을 시험하기가 두려워서 그랬는지, 아니면 그의 말대로 폭력을 쓰려는 적들에게 기회를 주지 않으려고 그랬는지는 알 수 없다.

그 무렵 가이우스는 다음과 같은 일로 동료 호민관들과도 충돌하게 되었다. 한번은 광장에서 검투사들의 시합이 열리자 많은 사람들이 구경을 하려고 몰려들었다. 관리들은 그 기회를 이용해 돈을 좀 벌어볼 속셈으로, 그 주변에 관람석을 만들어 요금을 받기로 했다. 그것을 본 가이우스는 돈이 없는 사람들도 구경할 수 있도록 그 관람석을 허물어 버리라고 명령했지만 아무도 그 명령을 듣지 않았다. 그러자 가이우스는 시합 바로 전날 밤에 하인들을 데리고 가서 관람석을 모두 허물어 버렸고 이튿날 아침에는 장내가 말끔해져서 일반 시민들도 누구나 자유롭게 시합을 구경할 수 있었다. 시민들은 가이우스야말로 남자다운 사람이라 생각했지만 동료 호민관들은 그가 대담하고 폭력적이라며 몹시 화를 냈다.

아마도 이런 상황 때문에 가이우스는 세 번째로 도전했던 호민관 선거에서 떨어진 듯하다. 그는 가장 많은 표를 얻었지만, 동료 호민관들이 득표수를 발표할 때 불법적이고 부정한 방법으로 속였기 때문에 낙선했다. 그러나 이 점에 대해서는 확실한 증거를 잡지 못했다. 자신의 패배를 참지 못한 가이우스는 기뻐서 어쩔 줄 모르는 그의 적들에게 그 어느 때보다 더욱 거만한 태도로 비난을 퍼부었다. 그들 주위에 자신이 쳐놓은 검은 덫이 그토록 안 보이느냐 물으면서, 자신을 비웃는 그들이 더 우습다고 말했다.

가이우스의 정적들은 오피미우스를 집정관으로 당선시킨 뒤, 가이우스가 만들어 놓은 법률을 대부분 무효로 만들어 버렸다. 그리고 그가 카르타고에서 한 여러 일들에 이의를 제기하며 트집을 잡기 시작했다. 그들은 만일 가이우스가 이런 일로 화를 내고 덤벼들면 그것을 핑계삼아 그를 죽일 계획이었다. 그래서 가이우스를 자극하기 위해 가이우스가 화낼 만한 일만 찾아가면서 했다.

가이우스는 처음에는 그런 일들을 꾹 참고 견뎠다. 그러나 그 뒤 친구들, 특히 풀비우스의 충고를 듣고 다시 동지들을 모아 집정관과 맞서 싸우기로 마음먹었다. 어떤 설에 따르면, 그의 어머니 코르넬리아도 이 일에 가담했다고 한다.

가이우스 그라쿠스(GAIUS GRACCHUS) 1509

그녀는 많은 외국인들을 고용해 수확기에 일자리를 찾아 옮겨 다니는 인부처럼 꾸며 로마 시내로 들여보낸 뒤, 가이우스를 돕게 했다. 그녀가 아들에게 보낸 여러 통의 편지에도 이와 비슷한 내용이 적혀 있다. 그러나 이와 달리, 코르넬리아는 이 일을 적극 반대했다는 이야기도 전해진다.

오피미우스가 가이우스의 법률을 모두 없애기로 한 날이 되자, 두 파의 사람들은 저마다 이른 아침부터 카피톨리움에 모여들었다. 집정관이 평소처럼 희생물을 바치는 제사를 마쳤을 때, 집정관의 수행원인 퀸투스 안틸리우스가 제물로 썼던 짐승의 내장을 들고 가며 풀비우스파 사람들에게 호통을 쳤다.

"정직한 분이 지나가시도록 길을 비켜라, 이 악당들아!"

그는 이렇게 말하고 주먹을 휘두르며 그들을 협박하고 비웃었다고 한다. 어쨌든 안틸리우스는 그 자리에서 철필에 찔려 죽고 말았다. 철필은 본디 글을 쓸 때 사용하는 것이지만, 전하는 바에 따르면 안틸리우스를 찌른 철필은 이런 일에 쓰기 위해 특별히 크게 제작된 것이었다고 한다.

살인 사건이 일어나자 대회장은 순식간에 아수라장이 되고 말았다. 두 파의 우두머리들은 이 사건에 대해 저마다 다른 감정일 수밖에 없었다. 가이우스는 몹시 슬퍼하며, 적들에게 핑계를 만들어 준 동지들을 나무랐다. 그러나 고대하던 기회를 얻은 오피마우스는 몹시 기뻐하며 살인자들에게 복수하라고 군중을 향해 부르짖었다. 하지만 바로 그때 갑자기 비가 억수처럼 퍼붓기 시작했으므로, 이날의 소동은 중단되었다.

이튿날 아침 일찍 집정관 오피미우스는 원로원을 소집했다. 의원들이 한창 회의를 하고 있었을 때, 안틸리우스의 시신을 넣은 관은 공회당을 빠져나가 원로원 건물 앞에 이르렀으며, 수많은 사람들이 큰 소리로 울며 그 뒤를 따르고 있었다. 이것은 사실 오피미우스가 미리 지시한 일이었다. 하지만 그는 시치미를 뚝 뗀 채 저게 무슨 소리냐면서 크게 놀란 듯이 행동했다. 그러자 원로원 의원들은 밖으로 우르르 달려나가더니, 시민들이 한가운데 내려놓은 관을 보고 이런 무섭고 끔찍스러운 범죄를 그대로 넘겨버려서는 안 된다며 격분했다. 그러나 의원들의 그러한 태도는 오히려 시민들의 분노와 증오를 불러일으키고 말았다. 그들이 바로 이 카피톨리움에서 한창 공무를 수행하던 호민관 티베리우스 그라쿠스를 암살했을 뿐만 아니라, 그의 시신을 강물 속에 던져 넣은 일을 시민들은 똑똑히 기억하고 있었다. 그랬던 의원들이 한낱 하인에 지나지 않는 안틸리우스의 시신을 광장 한가운데 가져다 놓고 일부러 달려나와 보란 듯이 슬퍼하는 것은, 그런 행동을 통해 마지막까지 시민의 자유를 지키고 보호해 주려는 가이우스를 넘어뜨리려는 수작이라고 생각했다.

잠시 뒤 원로원으로 되돌아온 의원들은 집정관 오피미우스에게, 특별한 권한을 부여한다고 선언했다. 무슨 수를 써서든지 이 반역자들을 제압하고 나라의 안전을 도모하기 위함이라는 것이었다. 그 선언이 있자 오피미우스는 곧 원로원 의원들을 무장시킨 다음, 로마 기사들은 저마다 노예 두 사람씩을 무장시켜 이튿날 아침 모두 공회당에 모이라는 명령을 내렸다.

풀비우스도 준비를 갖춰 시민들을 집합시켰다. 그때 공회당에서 집으로 돌아가던 가이우스는, 아버지의 조상 앞에 이르자 걸음을 멈추고 한동안 말없이 바라보며 깊은 생각에 잠겼다. 그러다가 이윽고 한숨을 내쉬며 눈물을 흘린 뒤 그 자리를 떠났다.

그 광경을 보고 크게 감동한 사람들은, 이토록 존경스러운 인물을 저버리고 배신해서는 안 된다며 마음을 고쳐먹었다. 그들은 그길로 가이우스 집으로 달려가 밤새워 그를 지켰다. 사람들은 조용히 번갈아 자신의 임무를 수행하며 마치 커다란 재난을 당했을 때처럼 모여 앉아 앞날에 대한 걱정을 나누었다. 그러나 풀비우스 집을 경호하는 자들은 이와는 완전히 달랐다. 그들은 밤새도록 소란을 피우며 고함을 질러댔고, 술에 취한 채 앞으로 그들이 해야 할 일에 대해 마구 떠벌렸다. 풀비우스 자신도 그 누구보다 먼저 술에 취해서는 그 나이에 어울리지 않는 꼴사나운 말을 하며 추태를 부렸다.

날이 밝자 풀비우스의 동지들은 술에 취해 깊이 잠든 풀비우스를 흔들어 깨운 뒤, 집 안에 있는 무기들을 집어들었다. 그 무기들은 풀비우스가 집정관이었을 때 갈리아 원정에서 승리해 빼앗아 온 전리품이었다. 그들은 곧 함성을 지르며 아벤티누스 언덕 쪽으로 뛰어갔다.

주위 사람들의 충고에도 가이우스는 무장을 하지 않았으며, 민회에 나가는 것처럼 평복을 입고 있었다. 한 가지 다른 점이 있다면 작은 비수를 옷 안에 숨기고 있다는 것뿐이었다. 그가 막 문을 나서려 할 때, 그의 아내가 한쪽 팔에 어린아이를 안고 문까지 뛰어나와 가이우스의 옷소매를 붙잡으며 말했다.

"오, 가이우스! 지금 나는 당신이 호민관이나 입법관으로서 군중 앞에 연설하러 나가는 걸 배웅하는 게 아니에요. 지금 당신은 영광스러운 전쟁터로 떠나는 것도 아닙니다. 만약 당신이 전쟁터에 나가서 인간이면 누구나 꼭 한 번은 만나야 할 운명 앞에 무릎을 꿇는다면, 나는 오히려 세상 사람들의 존경과 명예 속에 슬픔을 삭이며 살아갈 수 있을 거예요. 하지만 지금 당신은 티베리우스를 살해한 무리들에게 자신을 내던지러 가는 거예요. 이렇게 무장도 하지 않고 나가는 것은, 남을 해치느니 차라리 당신이 당하겠다는 뜻이겠지요. 하지만 당신은 나라에 아무런 이익도 되지 않는 죽음을 맞으려는 것입니다. 지금은 악당들의 세상이라 힘과 무기가 곧 정의입니다. 만일 당신의 형님인 티베리우스도 누만티아에서 전사하셨더라면, 그 시신만은 관습에 따라 집으로 돌아왔을 거예요. 그러나 나는 강의 신이나 바다의 신을 찾아가 당신의 유골만은 제발 돌려달라고 무릎을 꿇고 울부짖어야 하는 운명인가 봅니다. 티베리우스를 그렇게 잃고 난 뒤로 우리가 어떻게 법이나 신을 믿을 수 있겠어요?"

가이우스는 이처럼 슬픔을 가누지 못하는 리키니아의 팔을 풀고 친구들과 함께 묵묵히 집을 나섰다. 리키니아는 그의 옷자락을 다시 한 번 잡으려다 놓치고는 그 자리에 쓰러졌다. 아무 말도 하지 못한 채 죽은 듯이 쓰러져 있는 그녀를 하인들이 부축해 그녀의 오빠 크라수스의 집으로 데려갔다.

사람들이 모두 모이자 풀비우스는 가이우스의 의견에 따라 자기 막내아들에게 카두케우스, 곧 전령의 지팡이를 들려 공회당으로 보냈다. 그 소년은 매우 귀엽게 생겼으며, 예의바른 아이였다. 귀여운 두 뺨을 앵둣빛으로 물들이고 눈에는 눈물을 글썽이며 집정관과 원로원 의원에게 공손한 말씨로 화평 조건을 제시하자 대부분의 사람들은 그 제안을 받아들이려고 했다.

그러나 오피미우스만은 끝까지 반대하며 풀비우스와 가이우스는 사람을 보내 원로원에 화평을 제의할 것이 아니라, 충실한 시민답게 법률에 무조건 굴복하고 복종함으로써 용서를 빌어야 한다고 말했다. 그리고 만일 그들이 이 조건을 받아들이지 않는다면 두 번 다시 이곳에 올 필요가 없다며 소년에게 소리쳤다.

전하는 말에 따르면, 그 말을 전해 들은 가이우스는 원로원에 가서 직접 해명하려 했으나 주위 사람들이 하나같이 말리는 바람에 그만두었다고 한다. 풀비우스는 아들을 다시 원로원으로 보내 지난번과 똑같은 말을 되풀이하게 했다. 그러나 처음부터 싸움을 벌이기로 굳게 마음먹고 있던 오피미우스는 소년을 감옥에 가두어 버렸다. 그리고 크레테 섬에서 온 활 잘 쏘는 병사들과 많은 보병들을 지휘해 풀비우스를 공격하기 시작했다.

화살이 빗발치듯 날아오자, 풀비우스파는 장담하던 것과는 달리 곳곳으로 뿔뿔이 흩어져 달아나버렸다. 풀비우스는 사람들 눈에 띄지 않는 목욕탕에 몸을 숨겼지만, 곧 들켜서 큰아들과 함께 살해당했다.

가이우스는 누구에게도 폭력을 쓰지 않았다. 그는 사태가 이렇게까지 커져버린 것을 안타까워하며 디아나 신전에 들어가 숨었다. 그는 거기서 스스로 목숨을 끊으려 했으나 그의 친구 폼포니우스와 리키니우스가 말리는 바람에 뜻을 이루지 못했다. 그들은 가이우스에게서 단도를 빼앗은 뒤 일단 몸을 피하라고 간곡하게 부탁했다. 가이우스는 여신 앞에 무릎을 꿇은 채 두 손을 쳐들며, 은혜를 잊고 배신한 로마 사람들에게 벌을 내려 그들이 영원히 노예로 남아 있게 해달라고 기도를 올렸다.

일체 죄를 묻지 않고 용서해 주겠다는 집정관의 포고령이 내리자마자, 로마 시민들 거의가 가이우스를 저버렸기 때문이다. 가이우스는 나라 밖으로 피신하려 했으나, 적들은 그들을 바짝 뒤쫓아 왔다. 가이우스 일행이 우여곡절 끝에 나무다리까지 달아났을 때, 두 친구는 가이우스에게 아무도 다리를 건너지 못하도록 다릿목을 지키겠으니 부디 몸을 피하라고 간청했다. 끝내 두 친구는 목숨을 걸고 버텼고, 적들은 두 사람을 죽이고 나서야 다리를 건널 수 있었다.

가이우스는 필로크라테스라는 하인과 단둘이 달아나게 되었다. 가이우스가 지나갈 때 시민들은 마치 육상선수를 응원하듯이 그를 격려하며 성공을 빌었으나, 정작 그를 도와주는 이는 하나도 없었다.

마침내 적은 바로 그의 목덜미를 잡을 수 있을 만큼 가까이 뒤쫓아 왔다. 가이우스는 제발 말 한 마리만 빌려달라며 사정했지만 아무도 빌려주지 않았다. 그는 하는 수 없이 '복수의 여신 숲'이라는 신령한 숲으로 몸을 숨겼다. 그리고 함께 온 노예 필로크라테스의 도움으로 그곳에서 목숨을 끊었다. 필로크라테스도 자살해 주인의 시신 위에 쓰러졌다. 그러나 다른 설에 따르면, 추격자들이 두 사람을 붙잡았으나 필로크라테스가 주인을 안고 놓지를 않아 그를 먼저 죽이고 나서야 가이우스를 죽일 수 있었다고 한다.

또 이렇게 전하는 사람도 있다. 여러 사람이 달려들어 가이우스를 죽인 뒤, 그 가운데 하나가 가이우스의 목을 베어들고 달려가다가, 오피미우스의 친구 셉티물레이우스라는 자에게 빼앗겼다고 한다. 그것은 오피미우스가 전투를 시작하기 전에 부하들에게, 누구든지 풀비우스나 가이우스의 목을 베어오면 상으로 그 목의 무게만큼 금을 주겠다고 약속했기 때문이었다. 셉티뮬레이우스는 가이우스의 머리를 창끝에 꽂아 오피미우스에게 갖다 바쳤다.

가이우스의 머리는 저울에 달아보니 무게가 17파운드나 되었다고 한다. 그러나 이 셉티뮬레이우스는 앞서 말했듯이 잔인한 성격인 데다 간악하기까지 해, 가이우스의 골수를 꺼내고 그 안에 납을 녹여 채워넣었던 것이다. 이윽고 다른 자들이 풀비우스의 머리를 가져왔다. 하지만 이들은 신분이 낮고 이름도 없는 천한 자들이었으므로, 오피미우스는 약속한 상도 주지 않은 채 이들을 쫓아버렸다.

가이우스와 풀비우스의 시신은 물론, 그때 죽은 3000명의 시신도 모두 강물 속에 던져졌다. 뿐만 아니라 그들의 재산을 전부 몰수했으며, 그들의 아내가 상복을 입는 것도 금지했다. 그들은 가이우스의 아내 리키니아에게는 더욱 가혹하게 굴어 그녀의 재산까지 모두 빼앗았다.

그들은 자신들의 잔인함에 더욱 박차를 가하듯이 풀비우스의 막내아들마저 죽여버렸다. 그 소년의 죄는, 그들과 대적하기 위해 무기를 쥐어서도 아니었으며 싸움터에 나타났기 때문도 아니었다. 오직 전투가 벌어지기 전에 평화 교섭을 하러 왔다는 게 그 이유였다. 그들은 소년을 일단 감옥에 가두었다가, 전투가 끝나자 끝내 처형하고 말았다.

그러나 무엇보다 시민들의 노여움을 산 것은 오피미우스의 행동이었다. 그는 이처럼 많은 시민들을 잔인하게 학살한 일을 큰 전공이나 세운 듯이 명예롭게 생각해 자신의 승리를 기념하는 뜻에서 '화합의 신전'을 세웠다. 그러자 그 신전에 새겨 넣은 문구 아래에 누군가가 한밤에 이런 글귀를 덧붙여 놓았다.

불화의 작품으로
화합의 신전을 세우다.

로마 집정관으로서 독재관의 권력을 가로챈 것은 오피미우스가 처음이었다. 그는 가이우스 그라쿠스와 풀비우스 플라쿠스를 비롯해 3000명의 선량한 시민들을 재판도 하지 않고 학살하는 끔찍한 일을 저질렀다. 풀비우스는 집정관을 지내고 개선식까지 올린 사람이었고, 가이우스는 인격과 덕망이 그 시대 으뜸가는 사람이었다.

그러나 오피미우스도 상습적으로 공금을 횡령해 왔음이 드러났다. 또한 누미디아의 유구르타 왕에게 사절로 다녀오자마자 누미디아에서 많은 뇌물을 받아온 혐의로 처벌을 받았으며 그때까지 쌓아온 명예를 하루아침에 잃었다. 그는 시민들에게 경멸과 모욕을 받으며 남은 삶을 보내야만 했다.

시민들은 공포에 떨며 억압받았지만, 이윽고 그라쿠스 형제를 그리워하며 존경하고 있음을 분명히 보여주었다. 그들은 그라쿠스 형제의 조상을 만들어 잘 보이는 곳에 세웠으며 두 형제가 죽은 자리를 '신성한 땅'으로 정했다. 사람들은 철마다 새로 거두어들인 과일을 들고 찾아와, 마치 신전에라도 온 것처럼 경건하게 기도드리며 예배를 올렸다.

그라쿠스 형제의 어머니 코르넬리아는 높고 굳센 의지로 두 아들을 잃은 슬픔을 견뎌냈다. 그리고 아들들이 죽임을 당한 신성한 땅은 참으로 그들이 죽을 만한 자리였다고 말했다. 그녀는 그 뒤 미세눔 근처로 이사를 가서 그곳에서 지난날과 다름없는 생활을 이어나갔다. 그녀에게는 많은 친구들이 있었고, 주위는 헬라스 사람들과 많은 학자들로 늘 북적거렸다. 뿐만 아니라 많은 왕들도 선물을 보내왔다. 그녀는 늘 많은 외국인을 반갑게 맞이하며 후하게 대접했다.

찾아오는 손님이나 함께 지내는 친구들은, 그녀가 아버지 스키피오 아프리카누스의 습관과 일상생활을 자세하게 이야기해 줄 때는 매우 흥미롭게 듣곤 했다. 그러나 가장 놀라운 것은 그녀가 두 아들에 대해 이야기할 때였다. 그녀는 마치 옛 영웅에 대해 이야기하듯이, 조금도 슬퍼하거나 눈물을 흘리지도 않고 담담하게 그들의 불행과 훌륭한 업적을 말해주었다.

코르넬리아가 이처럼 무감각해져서 개인적인 감정을 잃어버리게 된 것은 나이가 든 탓이거나, 고통의 무게를 이겨내지 못해서라고 추측하는 사람들이 있다. 하지만 그런 추측을 하는 그들 자신이야말로 무감각한 사람들이다. 그들은 고상한 천성과 훌륭한 인품, 그리고 교육이 괴로움과 슬픔을 이겨내는 데 얼마나 큰 힘이 되는지 알지 못했다. 또한 악에 맞서려 할 때면 때로는 운명이 짓누르기도 하지만, 그녀가 그러한 어려움 속에서도 떳떳하게 참아내려는 노력을 결코 포기하지 않았다는 사실 또한 알지 못한 것이다.

그라쿠스 형제와 아기스 그리고 클레오메네스의 비교

지금까지 네 사람의 삶에 대해 이야기했으므로 이제 그들을 서로 비교하면서 조금 더 살펴보도록 하겠다. 그라쿠스 형제에 대해 말하자면, 그들을 가장 미워하고 헐뜯었던 적들조차도 그 형제야말로 모든 로마 사람들 가운데 가장 높은 덕성과 훌륭한 인품을 타고났으며 뛰어난 교육을 받았다고 인정할 수밖에 없었다.

그러나 타고난 성품에서는 아기스와 클레오메네스가 그라쿠스 형제보다 더 뛰어났던 것 같다. 그들은 제대로 된 교육을 받지 못했으며 오히려 조상들이 타락시킨 환경에서 자랐음에도, 절제 있으며 검소한 생활을 함으로써 굳센 의지를 보여주었기 때문이다.

뿐만 아니라 그라쿠스 형제는 로마의 명예와 영광이 절정에 이르렀을 때 살았던 인물들이었다. 그러므로 이들이 조상들의 영광스러운 유산을 다음 세대에 이어주지 못했다면 오히려 부끄러운 일이 되었을 것이다. 이와 달리 아기스와 클레오메네스는 저마다 다른 정책을 펼친 아버지를 가졌으며 나라는 어두운 운명을 걷고 있었지만, 올바르고 명예로운 일을 하려는 그들의 뜻은 조금도 변함이 없었다.

그라쿠스 형제는 재물에 아무 욕심이 없는 청렴한 사람들이었으므로 공직에 있는 동안 한 번도 부정한 방법으로 손을 더럽힌 일이 없었다. 아기스도 남에게 뇌물을 받지 않았다는 칭찬만 듣고 만다면, 오히려 모욕당했다고 여길 만큼 깨끗한 사람이었다. 그는 600탈란톤이나 되는 재산을 시민들에게 아낌없이 나누어 주었기 때문이다. 그는 마땅하게 얻은 재산이라도 시민들보다 더 많이 가지고 있으면 절대로 안 된다고 생각했다. 아마 그는 부정한 방법으로 재산을 늘린 사람들은 돌이킬 수 없는 큰 죄를 저질렀다고 여겼으리라.

그들이 펼쳤던 정치 활동과 개혁의 형태나 크기도 많이 달랐다. 먼저 그라쿠스 형제는 도로를 건설하고 도시를 발전시키는 데 많은 노력을 기울였다. 티베리우스가 내세운 개혁은 국유지를 시민들에게 골고루 나누어 주자는 것이었으며, 가이우스가 실천한 업적은 300명의 원로원 의원에 기사계급 300명을 보태 공동으로 재판권을 행사하게 한 일이다.

아기스와 클레오메네스가 이룩한 개혁은 이와는 전혀 다른 것이었다. 플라톤의 말을 빌리면, 확고한 계획 없이 포괄적으로 이루어지는 느린 개혁은 히드라의 머리를 베는 것처럼 쓸모없는 일이다. 그래서 이 두 사람은 국가의 병폐를 완전히 없애기 위해 철저한 개혁을 실시했다. 개혁이라기보다는 부패한 정치제도를 뜯어고치고 바로잡아 본디 상태로 돌려놓았다고 말하는 편이 사실에 더 가까우리라.

또 하나 지적할 점은, 그라쿠스 형제의 개혁에 대해 로마 세력가들은 늘 지나칠 정도로 몹시 반대했다는 사실이다. 그러나 아기스가 계획하고 클레오메네스가 마무리한 목표는 리쿠르고스의 법률을 이어받은 것에 지나지 않았다. 그들은 리쿠르고스가 아폴론 신탁을 바탕으로 세운 진실하고 공정한 고대 법률을 되살리려 했던 것이다.

그라쿠스 형제의 개혁은 그들 의지와는 달리 로마를 예전보다 더 위대하게 만들어 놓지는 못했다. 하지만 클레오메네스는 스파르타를 펠레폰네소스 반도에서 으뜸가는 강대국으로 만들었으며, 가장 강력한 왕들과 패권을 겨루었다. 만일 클레오메네스의 개혁이 성공했다면 일리리아와 갈리아 군대를 헬라스에서 몰아내고 헤라클레스 후손들이 헬라스를 다스리던 지난날과 같은 영광을 되찾았을 것이다.

네 사람의 마지막 모습으로 그들의 용기를 견주어 볼 수 있다. 그라쿠스 형제는 시민들과 함께 싸웠으며, 패배해 도망치다가 죽임을 당했다. 그러나 아기스는 한 사람의 시민도 희생시키지 않으려 스스로 죽음을 택했으며, 클레오메네스는 모욕과 학대를 당했으므로 원수를 갚으려다가 끝내 뜻을 이루지 못하자 스스로 목숨을 끊었다.

다음으로 그들이 전쟁터에서 세운 공훈을 비교해 따져보자. 아기스는 갑작스레 죽었으므로 장군으로서 이렇다 할 업적을 남기지 못했다. 하지만 클레오메네스의 용맹스러운 행동은 카르타고 성벽에 사다리를 놓고 올라갔던 티베리우스만큼이나 빛나는 것이었다. 그리고 티베리우스 그라쿠스가 누만티아 사람들과 휴전을 맺어, 살길을 잃고 헤매던 2만 명의 로마 병사들을 구했다는 사실을 잊어서는 안 된다. 또 가이우스는 이탈리아와 사르디니아에서 여러 번 눈부신 활약을 펼쳤다. 그러므로 이들 형제가 그토록 빨리 세상을 떠나지만 않았다면, 그들은 로마의 어떤 장군보다도 명예롭고 위대한 업적을 이루었을 것이다.

이제 그들의 정치 생활을 견주어 보면, 아기스는 아게실라우스에게 속아서 땅을 나누어 주겠다고 한 시민들과의 약속을 지키지 못했다. 이렇듯 자신의 계획을 공약만 해놓고 실천하지 못했으므로, 그는 결단성이 부족하다고 말할 수 있겠다.

이와 달리 클레오메네스는 자신의 계획을 성급하게 결정하고 지나치게 서둘렀으므로 다른 방법이 있었음에도 폭력을 자주 썼다. 자기편으로 쉽게 끌어들일 수도 있었고, 수많은 시민들에게 그랬듯이 나라 밖으로 쫓아낼 수도 있었던 에포로스를 재판도 없이 죽였다. 정당한 이유도 없이 칼을 휘두른다면 훌륭한 의사나 현명한 정치가가 아니다. 성급하다는 것은 그만큼 기술이 부족하다는 증거이며, 더구나 정치가가 그런 행동을 할 때에는 정의롭지 못할 뿐더러 잔인하게 여겨지기 때문이다.

그라쿠스 형제는 둘 다 시민들이 피를 흘리지 않도록 애썼다. 특히 가이우스는 외적에게는 용맹스러운 모습을 보였지만, 나라 안에서 소란이 일었을 때에는 무기를 드는 것조차 꺼렸다. 그는 습격당했을 때에도 자기 생명을 지키기 위한 최소한의 방어조차 하지 않았다. 가이우스가 무장하지 않은 채 대회장에 나가고, 전투가 벌어지자 서둘러 물러난 것도 바로 그런 까닭이리라. 그러므로 그라쿠스 형제가 도망간 것은 결코 그들이 비겁해서가 아니며, 오히려 시민들을 다치지 않게 하려는 생각 때문이었음을 알 수 있다. 만일 그들이 공격받았을 때 도망가지 않았다면 적들과 싸우느라 많은 사람들이 다쳤을 테니 말이다.

티베리우스에게 던질 수 있는 가장 큰 비난거리는 동료를 호민관 지위에서 파면하고 자기가 호민관에 출마했던 일이다. 그러나 가이우스가 안틸리우스를 죽였다고 비난받은 것은 그로서는 참으로 억울한 일이다. 안틸리우스의 죽음은 가이우스 본인도 모르는 일이었으며, 오히려 그는 안틸리우스의 죽음을 가슴 아파했기 때문이다.

한편 클레오메네스는 에포로스를 함부로 죽인 일은 말할 것도 없고, 노예들에게 마구 자유를 주었으므로 사실상 독재자나 다름없었다. 비록 동생을 동료 왕으로 세우기는 했지만 두 사람 모두 같은 집안 출신이었으며, 사실 실권은 자기 혼자 쥐고 있었다. 클레오메네스는 왕가의 또 다른 사람인 아르키다모스를 망명지인 메세네로부터 불러들이기는 했지만, 아르키다모스가 암살당했어도 범인을 찾으려고 노력하지 않았다. 이 때문에 클레오메네스는 살인 사건에 가담했다는 의심까지 받게 되었다. 클레오메네스가 존경했던 리쿠르고스는 조카인 카릴라우스를 왕위에 앉히고 나서도, 혹시라도 자신 때문에 어린 조카에게 무슨 일이 생길까봐 겁을 먹고 외국으로 떠났다. 그러고는 뒷날 카릴라우스가 왕위를 이어받을 왕자를 낳은 다음에야 스파르타로 돌아왔다. 그러나 헬라스에서 리쿠르고스와 견줄 만한 사람을 찾는 것은 그저 큰 욕심이리라. 아무튼 클레오메네스는 헬라스에서 가장 큰 개혁을 실천했지만, 그만큼 법을 무시하고 진행한 일이 많았다.

아기스와 클레오메네스는 젊을 때부터 소란을 많이 일으켰고 싸움을 좋아했으며 전제적 권력자가 되는 것을 목표로 했다. 그리고 티베리우스와 가이우스는 명예와 영광을 얻으려고 지나치게 욕심을 부렸다. 그들의 이러한 욕구는 아마도 타고난 것이리라. 그러나 두 형제에게서 이것 말고 다른 비난거리를 찾기는 어려울 것이다. 다만 야망의 회오리에 휩싸인 나머지 분별력을 잃었다할 수 있겠다. 뒷날 이치에 어긋난 법안들이 마구 추진되었기 때문이다. 물론 두 형제가 세운 개혁의 목적은 매우 훌륭하고 명예로운 것이었지만 부자들은 폭력과 권세를 휘두르며 두 형제의 제안에 반대했다. 티베리우스는 자신의 목숨을 구하기 위해 싸움에 나섰으며, 가이우스는 재판이나 원로원의 결의도 없이 억울하게 죽임을 당한 형의 원한을 풀기 위해 치열한 싸움에 뛰어든 것이다.

이제까지 이야기한 것으로써 네 사람에 대한 공정한 평가를 내릴 수 있으리라 생각한다. 만일 이들에 대한 의견을 말한다면 나는 이렇게 평가하겠다. 미덕에 있어서는 티베리우스가 가장 뛰어났으며, 젊은 아기스 왕은 허물이 가장 적었다. 그리고 용기와 업적을 이야기하자면, 가이우스가 클레오메네스보다 훨씬 뒤떨어진다.

데모스테네스(DEMOSTHENES)

소시우스여! 언젠가 올림피아 제전에서 알키비아데스가 우승을 거둔 적이 있었네. 그 무렵에 그의 우승과 명예를 축하하는 시를 쓴 사람이 누구였는지 오늘날에는 알 수 없다네. 많은 사람들이 생각하는 것처럼 에우리피데스였는지, 아니면 다른 이였는지는 잘 모르지만 어쨌든 그 시인은 행복을 마음껏 누리기 위해서는 첫째로 이름난 도시에서 태어나야 한다고 노래했다네.

그러나 내 생각에는, 참된 행복이란 그 사람의 성격과 마음에 달려 있네. 다시 말해 이름 없는 산골에서 태어났건 못생긴 여자를 어머니로 두었건 아무런 상관이 없단 말일세.

그대는 저 작은 섬 케오스의 도시인 이울리스를 아는가? 또한 페이라이우스 항구 앞에 거추장스럽게 놓인 아이기나 섬을 아는가? 얼마 전 어떤 아테나이 사람은 이 섬들을 차라리 없애버리는 게 좋겠다고 말했네. 이울리스나 아이기나 섬에서 유명한 연극배우나 시인은 태어날 수 있지만, 정의롭고 지혜로우며 큰 뜻을 품은 인물은 나올 수 없다고 생각한다면 그것은 얼마나 어리석은 생각인가? 이름 없고 작은 도시에서도 위대한 사람은 얼마든지 탄생할 수 있다고 나는 생각하네.

명예와 영광을 얻기 위한 글들은 이름 없는 작은 마을에서 올바로 다듬어지기 어려울지도 모르지. 그러나 미덕은 질긴 생명력을 지닌 나무 같아서, 어느 나라나 어느 도시에서도 강한 뿌리를 내리고 튼튼하게 자라날 수 있다네. 그러므로 한 인간의 지식이나 덕이 뛰어나지 못한 것은 그가 태어난 곳이 보잘것없어서가 아니라 바로 그 자신 때문이라고 생각하네.

하지만 역사를 기록하는 사람들의 경우는 좀 다르네. 그들이 원하는 자료들 거의가 여기저기 흩어져 있거나 외국어로 기록된 경우가 많고, 또한 사료들조차 구하기가 매우 어렵기 때문이지. 그래서 유서 깊고 문화가 발달했으며 여러 곳에서 온갖 사람들이 모여드는 큰 도시에 사는 것이 좋을 걸세. 큰 도시에는 사람들이 많이 살고 있는 만큼 여러 책들을 쉽게 구할 수 있고, 따라서 역사가들의 기록에서 빠진 오래된 문서나 이야기들을 얻기가 쉽기 때문이지.

그러나 내 처지는 그렇지 못했다네. 나는 작은 도시에서 태어났으며, 이 도시가 더 작아지지 않기를 바라면서 여전히 이곳에 살고 있네. 로마나 그 밖의 이탈리아 지방들을 돌아다닐 때에도, 나는 정치에 대한 일이나 철학 강의 때문에 시간을 많이 빼앗겨서 로마 말을 배울 시간이 없었네. 그래서 내가 로마 문학을 공부하기 시작한 것은 나이가 많이 들어서였다네.

참으로 이상한 일은, 말뜻을 통해 사물을 알 수 있게 된 것보다는 경험으로 말뜻을 알게 된 경우가 더 많았다는 점일세. 아름답고 유창하게 로마 말을 하고 여러 구절을 매끄럽게 섞어가며 알맞게 사용하는 것은 문학에 뜻을 둔 사람에게는 매우 유쾌하고 흥미로운 일이 아닐 수 없네. 그러나 글을 예술적으로 자유롭게 구사하려면 많은 연습과 공부가 필요하며, 그런 이유에서라면 글을 쓰는 일은 젊을 때 시작해야 시간적으로 여유로울 걸세.

따라서 나는 데모스테네스와 키케로의 삶을 기록하는 이 책에서 그들의 성격과 인품과 정치적 활동을 중심으로 쓰려 하네. 나는 두 사람 가운데 누가 더 뛰어난 웅변가였고, 누가 더 말을 잘했는지를 대조하거나 비교하지는 않을 걸세. 만일 그런 비교를 한다면 시인 이온의 말처럼 '물을 떠난 물고기'가 되어, 데모스테네스와 키케로를 견주어 보았던 카이킬리우스의 잘못을 되풀이하게 될 테니 말일세. 그리하여 의도적이건 아니건 사람은 때때로 분수를 모르고 지나치게 일을 그르칠 때도 있는 법이지. 그렇지 않다면 '너 자신을 알라'는 명언은 만들어지지 않았을 걸세.

데모스테네스와 키케로의 성격은, 신이 똑같은 틀에 부어 찍어낸 듯이 타고난 닮은 점이 많다. 둘 모두 높은 명예욕과 자유에 대한 열망이 있었으며, 위험이나 전쟁이 닥쳤을 때는 용기가 부족했다. 그 말고도 비슷한 점들을 많이 찾아볼 수 있는데, 두 사람 모두 보잘것없는 집안에서 태어났지만 위대하고 막대한 영향력을 지닌 인물이 되었다. 또 그들은 왕이나 독재자들과 싸움을 벌였으며, 그 때문에 사랑하는 딸을 잃었다. 그리고 조국에서 추방되었다가 명예롭게 귀국했으며, 또다시 조국에서 도망치다 적에게 잡혔고, 그들의 죽음과 함께 조국의 자유도 끝나버렸다.

이처럼 닮은 삶을 살다 간 두 웅변가는 그 어디에서도 찾기 힘들다. 이토록 닮았던 까닭은 그들을 만들어 낸 자연의 조화이거나 똑같은 환경 속에 그들 운명을 던져버린 신의 장난이었는지도 모른다. 둘 가운데 먼저 태어난 데모스테네스의 이야기부터 시작하기로 한다.

그의 아버지도 데모스테네스라는 이름을 가졌다. 역사가 테오폼푸스가 전하는 말에 따르면, 아버지 데모스테네스는 아테나이의 훌륭한 시민이었으며, 칼 만드는 기술을 가진 일꾼들을 많이 부렸다고 한다. 그래서 사람들은 그를 '칼 장수'라는 별칭으로 부르기도 했다. 웅변가 아이스키네스에 따르면, 데모스테네스의 어머니는 반역죄로 추방당한 길론이라는 사람과 야만인 여자 사이에서 태어났다고 한다. 그러나 이 말이 정말 사실인지 아니면 누군가가 꾸며낸 이야기인지는 알 수 없다.

데모스테네스는 일곱 살 때 아버지를 여의고 15탈란톤에 달하는 유산을 물려받았다. 그런데 재산을 관리해 주던 사람이 데모스테네스의 재산 일부를 가로챘으며, 나머지 재산 관리에도 소홀했기 때문에 그는 선생들에게 수업료도 제대로 내지 못하곤 했다. 그가 좋은 집안에서 태어나고도 출신에 맞는 교육을 받지 못한 데에는 이런 이유가 있었다. 또한 몸이 매우 허약해서 어머니가 그를 학교에 보내려 하지 않았기 때문이기도 하다. 학교에 가면 친구들은 언제나 그를 별칭인 '바탈루스'라 부르면서 허약한 체격을 놀려댔다. 바탈루스는 힘없는 피리꾼의 이름이었는데, 데모스테네스가 살았던 시대의 희극작가였던 안티파네스는 그를 비웃는 희극을 쓰기도 했다. 또 다른 이야기에 따르면, 바탈루스는 추잡한 노래를 지은 시인 이름이었다고 한다.

데모스테네스의 또 다른 별칭은 '아르가스'였다. 어떤 시인이 이 말을 뱀이라는 뜻으로 사용한 것을 보면, 아마 그의 야만적이고 악랄한 행동 때문에 이런 별칭이 붙은 것으로 여겨진다. 그러나 다른 이야기에 따르면, 난폭한 내용의 시를 썼던 시인 아르가스 이름에서 따온 것이라고 한다. 어쨌든 이 부분에 대한 이야기는 플라톤 말대로 '이 정도에서 그치기'로 하겠다.

데모스테네스가 연설에 뜻을 품게 된 데에는 다음 같은 계기가 있었다. 언젠가 오로푸스 시에 대한 문제로 재판이 열렸을 때 연설가 칼리스트라투스가 그 변호를 맡게 되었다. 사람들은 사건 자체에도 관심이 많았지만, 그 무렵 가장 이름난 연설가가 이 재판의 변호를 맡게 되자 모두 손에 땀을 쥐고 재판을 지켜보았다.

데모스테네스는 학교 선생들과 제자들이 이 재판을 보러간다는 말을 듣고는 자기도 데려가 달라고 선생을 졸랐다. 그 선생은 법정 문지기와 조금 아는 사이였으므로 그에게 잘 부탁해 데모스테네스가 앉을 수 있는 자리를 마련했다. 아직 어린 데모스테네스는 남의 눈에 띄지 않게 숨어서 칼리스트라투스의 변론을 들었다.

그날 칼리스트라투스는 뛰어난 변론을 펼쳐서 승리를 거두었다. 재판에서 이긴 그는 군중에게 둘러싸여 위엄 있고 당당한 걸음으로 법정을 빠져나와 집으로 돌아갔다. 그 모습은 어렸던 데모스테네스에게는 매우 인상적이었다. 그러나 데모스테네스가 가장 매력을 느꼈던 것은 사람들 마음을 움직이는 연설의 힘이었다. 그때부터 데모스테네스는 다른 공부들은 그만두고, 오직 연설만 열심히 배워서 훌륭한 연설가가 되어야겠다고 마음먹었다.

그 무렵 연설을 가르치던 사람으로 이소크라테스가 있었으나 데모스테네스는 이사이우스에게 연설을 배우게 되었다. 몇몇 사람 이야기에 따르면 데모스테네스는 고아였으므로 이소크라테스에게 줄 수업료 10므나를 마련할 수 없었기 때문이라고 한다. 하지만 이소크라테스보다는 이사이우스의 날카로운 연설이 더 마음에 들었기 때문이라는 주장도 있다.

헤르미푸스가 우연히 본 어떤 책에 따르면, 데모스테네스는 플라톤의 제자였으며, 연설도 거의 플라톤에게 배웠다는 내용이 있었다고 한다. 또한 데모스테네스는 시라쿠사 사람 칼리아스를 비롯한 여러 사람들을 통해 이소크라테스와 알키다마스의 책을 빌려 독학으로 공부했다고 한다.

데모스테네스는 어른이 되자 재산을 관리하던 후견인을 횡령죄로 고발했다. 그러나 후견인들은 법률적 수단을 모두 동원하며 횡령한 돈에 대한 배상을 요리조리 계속 피했다. 데모스테네스는 역사가 투키디데스의 말처럼 '온갖 위험 속에서 일을 배워서' 아버지 재산의 일부를 되찾았다고 한다. 그가 법정에 직접 나가서 자신의 권리를 주장한 덕분이었다. 이렇게 해서 그는 연설에 대해 어느 정도의 자신감과 경험을 얻게 되었으며, 이 일을 기회로 정치에도 발을 들여놓게 되었다.

오르코메누스에 라오메돈이라는 사람이 있었는데, 그는 자신의 병을 고치려고 의사 권유대로 날마다 먼 거리를 달렸다. 이렇게 해서 병을 고쳤음은 물론 그 뒤로는 운동경기에도 참가해 뛰어난 달리기 선수가 되었다고 한다. 데모스테네스도 이 달리기 선수와 비슷한 경우였다. 처음에는 재산을 되찾기 위해 연설을 배웠지만, 점차 연설 기술을 익히게 되어 정치적인 집회에서 가장 뛰어난 연설가가 된 것이다.

데모스테네스가 처음부터 연설을 잘한 건 물론 아니다. 그가 첫 연설을 했을 때, 사람들은 그 따위 연설은 집어치우라며 욕설과 야유를 보냈다. 몹시 지루하고 짜증스러웠으며 내용에서도 논리가 부족했기 때문이었다. 게다가 목소리가 너무 작아 무슨 말인지 잘 알아들을 수 없었으며, 숨이 차서 말을 자주 멈추었기 때문에 말의 앞뒤조차 제대로 연결되지 않았다.

이 일로 몹시 실망한 데모스테네스는 정계에 뛰어들려던 생각을 아예 내려놓을까 깊이 고민하기도 했다. 그는 그런 복잡한 마음이 들 때면 곧잘 페이라이우스 항구 주위를 어슬렁거리고는 했다. 그때 트리아시아에 사는 에우노무스라는 사람을 만났는데, 그 노인은 데모스테네스를 나무랐다. 페리클레스처럼 뛰어난 웅변가의 소질을 타고난 사람이 한 번 실패했다고 좌절해서는 안 되며, 사람들 앞에 당당하게 서기 위해 부지런히 웅변을 익히면서 몸을 단련할 생각은 안 하고 그렇게 나약하고 소심해져 있어서야 되겠느냐는 꾸짖음이었다.

그 뒤 어떤 집회에 나갔는데, 그때도 청중은 데모스테네스의 연설을 들으려 하지 않았다. 몹시 마음이 상한 그는 외투를 푹 뒤집어쓴 채 집으로 돌아가다가 연극배우인 사티로스를 만났다. 그들은 평소 가까운 사이였으므로 이런저런 이야기를 나누었다. 데모스테네스는 눈물을 글썽이며 하소연하기를, 모진 고생을 하면서도 오로지 연설에만 매달렸는데 시민들은 자신의 이야기를 들으려고도 하지 않고, 주정꾼이나 뱃사람이 연단에 올라가 무식한 소리를 내뱉으면 칭찬하면서도 자신은 상대도 안 해준다고 했다. 이 말을 듣고 사티로스가 말했다.

"데모스테네스! 자네 말이 맞네. 그러면 소포클레스나 에우리피데스의 연극

가운데 긴 구절을 한번 외워보게. 내가 들어보고 잘못된 곳을 지적해 줄 테니.”

데모스테네스가 긴 연극 대사 한 구절을 읊자, 사티로스가 곧바로 똑같은 구절을 다시 외웠다. 그런데 사티로스는 필요한 대목마다 알맞은 표정과 몸짓을 섞어가며 그 구절을 외웠으므로 마치 다른 시를 읊는 것처럼 매우 아름답게 들렸다. 이를 본 데모스테네스는 같은 말이라도 몸짓과 표정에 따라 얼마나 많이 달라지는지 확실하게 느꼈다. 그리고 아무리 좋은 내용이라도 말하는 사람의 태도나 방법이 올바르지 않거나 잘 갖추어지지 않았다면 정확하게 뜻이 전달되지 않는다는 사실을 깊이 깨달았다.

그날 뒤로 데모스테네스는 지하실에 방을 꾸미고, 날마다 그 안에 들어가 연설에 필요한 표정과 몸짓과 발성을 연습했다. 그는 지하실에 내려가면 두 달이고 석 달이고 밖에 나오지 않았는데, 외출하고 싶은 마음을 다잡기 위해 일부러 머리를 절반만 깎고 절반은 그대로 두었다.

데모스테네스는 찾아오는 손님들에게서 세상 돌아가는 이야기를 들을 수 있었다. 그리고 그들이 돌아가면 지하실로 내려가 들은 이야기로 연설문을 만들었으며, 스스로 반대하는 글을 쓰며 연습하기도 했다. 그는 어떤 이야기든지 연설문으로 바꾸었으며, 자신이 했던 말과 남에게 들은 이야기들을 되풀이하고 고치면서 연설 방법을 익혔다. 그러므로 데모스테네스가 연설가로서 이름을 떨칠 수 있었음은 타고난 재주가 아닌 부단한 노력의 결과였다고 말하는 사람도 많았다.

사실 데모스테네스는 그 자리에서 바로 연설하는 법이 거의 없었으며, 민회에 나가더라도 준비한 게 없으면 사람들이 아무리 간청해도 침묵을 지켰다. 많은 연설가들은 데모스테네스의 이런 조심성을 비웃었으며, 피테아스는 데모스테네스 연설에서는 등잔불 냄새가 난다고 조롱했다. 데모스테네스가 밤늦게까지 연설 원고를 썼다는 뜻이었다. 그러자 데모스테네스는 이렇게 쏘아붙였다.

“피테아스, 내 등잔과 당신의 등잔은 밝기가 다르지 않소?”

데모스테네스는 연설문 모두를 원고로 쓰지는 않지만, 연설 내용을 미리 준비하는 것은 사실이라고 고백했다. 그리고 그렇게 꼼꼼하게 준비하는 까닭은 시민들을 사랑하고 존경하기 때문이며, 시민들이 어떻게 받아들일지 생각하지도 않고 되는 대로 말하는 것은 폭력적이고 독재적인 사람임을 드러내는 행동이라고 말했다.

데모스테네스가 연설하다 막힐 때면 데마데스가 곧장 일어나 도와주었지만, 데모스테네스는 데마데스가 말이 막혀 쩔쩔맬 때 한 번도 대신 연설을 이어준 적이 없었다. 사람들은 이런 사실을 예로 들면서 데모스테네스는 연설 실력을 타고난 게 아니며, 용기도 부족하다고 말했다.

그렇다면 데모스테네스의 정적인 아이스키네스가 데모스테네스의 연설이 대담하고 교만하다며 감탄한 것은 무슨 까닭일까? 그리고 비잔티움의 피톤이 아테나이 사람들에 대해 욕설을 소나기처럼 퍼부었을 때, 데모스테네스가 홀로 일어나 대항한 일은 어떻게 설명해야 할까? 또 다른 예로 미틸레네 사람인 라마르쿠스가 필리포스 왕과 알렉산드로스 대왕을 칭송한 글을 지어서 올림피아 제전에서 낭독했을 때의 일을 떠올려 보자. 데모스테네스는 테바이 사람과 칼키디케 사람이 헬라스를 위해 세운 공이 얼마나 크며, 그와 반대로 마케도니아에 아첨한 자들이 얼마나 큰 피해를 주었는가를 역사적 사실을 들며 증명하고 나섰다. 그러자 라마르쿠스는 흥분된 청중의 욕설에 얼굴빛이 변해 쫓겨 나갔다. 이런 사례들은 어떻게 설명할 것인가?

데모스테네스는 페리클레스의 성격에서 흔들리지 않는 굳건한 태도와 신중함을 본받았다. 그래서 작은 일로는 연설하지 않았던 것이다. 어떤 사람의 연설이 마음에 들지 않는다고 그 자리에서 반박해 이름을 떨치겠다는 욕망보다는, 함부로 연설했다가 명성을 잃지나 않을까 하는 신중함이 더 컸다고 볼 수 있겠다.

에라토스테네스나 팔레론의 데메트리우스 및 여러 희극 시인들 말에 따르면, 데모스테네스의 연설은 미리 준비한 것보다 그 자리에서 바로 한 것이 더 박력 있고 자신감 넘쳐 보였다고 한다. 에라토스테네스는 데모스테네스가 연설할 때마다 황홀경에 빠져드는 것 같았다고 했다.

"땅에, 샘물에, 그리고 넘치는 물에!"

데메트리우스에 따르면, 데모스테네스가 이렇게 외치며 민중에게 맹세하는 부분은 마치 한 편의 아름다운 시를 읊는 듯했다. 그러나 어느 시인은 데모스테네스를 아무렇게나 떠드는 장사꾼이라고 했다. 또 다른 사람은 데모스테네스가 대립되는 말을 함부로 쓴다면서 이렇게 비웃기도 했다.

데모스테네스의 말에 따르면,

'얻었다'가 아니라 '되찾은 것'이다.

안티파네스도 이와 비슷한 내용의 글을 썼는데, 할로네수스에 대한 데모스테네스의 연설을 생각하고 쓴 것이라면 조롱의 뜻이었을 것이다. 데모스테네스는 아테나이 시민들에게 그 섬을 '그냥 얻는 것'이 아니라 '도로 돌려받는 것'이라고 충고했다.

사람들은 타고난 재능만으로 따진다면 데마데스를 당할 사람이 없다고 이야기한다. 데마데스는 그때그때 생각나는 대로 연설해도, 데모스테네스가 연구하고 준비해 온 연설보다 훨씬 뛰어났다. 키오스 사람 아리스톤의 기록에 그즈음 철학자인 테오프라스투스가 이 두 연설가를 평가한 것이 남아 있다. 테오프라스투스는 데모스테네스가 어떤 연설가 부류에 속하느냐는 물음에 이렇게 답했다.

"아테나이 사람다운 연설가이다."

다시 데마데스는 어떻게 생각하느냐 묻자 다음같이 답했다.

"아테나이 사람 이상 가는 연설가이다."

그리고 이 철학자는 그 무렵 아테나이에서 유명한 정치가였던 스페투스의 폴리에우크투스의 말을 전한다. 폴리에우크투스는, 연설 그 자체로는 데모스테네스가 가장 뛰어났지만 적은 말로 많은 사람의 마음을 움직였던 포키온이야말로 그 누구보다 뛰어난 연설가라고 평가했다. 실제로 데모스테네스 자신도 포키온이 자신의 말을 반박하려고 일어설 때마다 옆에 있던 친구에게 이렇게 말했다고 한다.

"내가 한 말을 뒤엎어 버릴 사람이 또 나오는군."

그러나 이 말이 포키온의 연설에 대한 평가인지, 아니면 정직한 생활과 높은 명성으로 민중의 지지를 한 몸에 받던 포키온의 말 한 마디가 다른 사람의 천 마디 말보다 더 의미 있다는 뜻인지는 알 수 없다.

팔레론 사람 데메트리우스가 데모스테네스에게서 직접 들은 이야기에 따르면, 데모스테네스는 타고난 육체의 약점을 고치기 위해 다음 같은 방법을 썼다고 한다. 데모스테네스는 말을 자주 더듬었으며, 발음이 분명하지 않을 때가 많았다. 그래서 그는 늘 입에 조약돌을 물고 연설하고, 언덕을 달리거나 걸으면서 숨이 가빠지면 그제야 연습을 시작했다고 한다. 이런 노력 끝에 데모스테네스는 발음과 발성을 고칠 수 있었다. 또한 집에서는 거울을 바라보며 자신의 몸짓과 동작을 바로잡는 연습을 했다.

그러던 어느 날 어떤 사람이 데모스테네스를 찾아와서는 누구에게 매를 맞아 재판을 걸려고 하니 변호를 맡아달라고 부탁했다. 그러자 데모스테네스가 말했다.

"당신은 그런 봉변을 당할 분 같지 않은데요?"

그러자 그 사람이 흥분해서 큰 소리로 외쳤다.

"데모스테네스, 당신은 내가 그런 봉변을 당한 적이 없다고 말하는 거요?"

데모스테네스는 이 말을 듣고서야 대답했다.

"아! 이제 알겠군요. 당신의 그 말소리가 봉변 당했다는 사실을 알려주고 있습니다."

이처럼 데모스테네스는 청중의 마음을 사로잡기 위해서는 연설가의 목소리와 동작이 매우 중요하다고 여겼다. 그의 독특한 말투와 태도는 듣는 이의 마음을 묘하게 끌어당겼다. 하지만 팔레론의 데메트리우스처럼 교양 있는 사람들에게는 과장되고 속된 모습으로 비쳤다.

전하는 말에 따르면, 헤르미푸스가 아이시온에게 지난날의 웅변가들과 데모스테네스 시대 웅변가들에 대해 물은 적이 있다고 한다. 그때 아이시온은 지난날 웅변가들의 청중을 끌어당긴 자연스러운 태도와 고상한 말투를 칭찬하면서도 그들보다는 데모스테네스가 더 훌륭했다고 답했다. 데모스테네스가 쓴 연설문을 낭독해 보면 참으로 논리적이며 설득력이 있다는 것이다. 그렇지만 연설을 하다가 갑자기 질문이나 공격을 받으면 곧바로 거친 말이나 욕설이 튀어나온다고 했다.

예를 들자면 다음과 같다. 하루는 데마데스가 데모스테네스에게 외쳤다.

"데모스테네스, 당신이 나를 좀 가르쳐 보시오! 암퇘지도 아테나 여신을 가르칠 수 있지 않겠소?"

그러자 데모스테네스는 대답했다.

"며칠 전에 콜리투스 근처에서 매춘을 하다가 잡힌 그 아테나 여신 말이오?"

한번은 '철면피'라는 별명을 가진 도둑이, 밤늦게까지 글을 쓰는 데모스테네스를 비웃으려고 하자 데모스테네스는 이렇게 말했다.

"내가 밤늦도록 불을 켜두니 자네가 얼마나 당황스럽겠나. 아테나이 시민 여러분, 집에 도둑이 드는 것은 이상한 일이 아닙니다. 도둑은 놋쇠로 되어 있고 우리들 집은 흙벽으로 만들어졌으니까요."

이와 같은 일화는 많으나 이쯤에서 멈추고, 그 밖의 데모스테네스 성격이나 됨됨이는 그의 정치적 업적들에서 살펴보도록 하자.

데모스테네스는 포키스 전쟁 때 처음으로 정치에 발을 들여놓았다. 이 사실은 데모스테네스 자신이 말하고 있는 바이기도 하며, 필리포스를 탄핵한 그의 연설을 통해서도 짐작할 수 있다. 이 연설들 가운데 일부는 포키스 전쟁이 끝난 뒤에 발표되었으며, 초기 연설들도 포기스 전쟁과 가장 밀접하게 관련된 사건들에 대한 것이기 때문이다.

데모스테네스는 아테나이의 큰 부자인 메이디아스를 고발한 적이 있었다. 그러나 그때 서른두 살이었던 그는 아무런 힘도 명성도 없었으므로, 얼마의 돈을 받고 고소를 취하한 뒤에 메이디아스와 화해했으리라 생각된다. 데모스테네스의 성격은 '온순'과는 거리가 멀었으며, 그가 받은 모욕을 되갚아 주는 일에 있어서는 날카롭고 사나웠기 때문이다. 하지만 그토록 부자이고 말솜씨가 뛰어난 데다 친구들이 많은 메이디아스와 같은 사람을 끌어내리는 일은 데모스테네스 권력 밖의 일이었으므로, 그는 중재자들이 나서서 간청하자 양보할 수밖에 없었던 것으로 보인다. 만약 데모스테네스가 재판에서 상대를 이길 희망이 조금이라도 있었더라면 3000드라크메를 받고 화해하지는 않았으리라.

데모스테네스는 전쟁을 맞아 헬라스인들을 격려하는 연설을 하며 전장을 돌아다녔다. 그는 차츰 연설로써 이름을 날리게 되었다. 그의 연설에 대해서는 헬라스 사람뿐만 아니라 페르시아 대왕도 칭찬하며 그 내용을 인용할 정도였다. 필리포스 또한 데모스테네스를 연설가로서 존경했으며, 정적들도 데모스테네스를 만만치 않은 인물로 여겼다. 아이스키네스와 히페리데스도 데모스테네스를 공격하고 저주했을 때에조차 그런 점을 확실히 인정했다.

그러므로 나는 테오폼푸스가 무슨 까닭으로 데모스테네스를 가리켜, 의지가 없고 변덕쟁이인 데다 정책이든 정당이든 어느 하나를 오래 지지하지 않았다고 말했는지 모르겠다. 데모스테네스는 소속된 정당과 늘 행동을 같이했고, 살아 있는 동안 정치적 견해를 바꾸지 않았을 뿐더러, 오히려 절개를 지키기 위해 그의 삶을 희생하기까지 했다. 그는 데마데스와는 달랐다. 데마데스는 정치적 견해를 바꾸면서, 자신은 가끔 자기 자신이 했던 말과 어긋나기는 해도 절대로 나라의 이익에 반하지는 않는다며 변명했다. 칼리스트라투스와 정치적으로 맞섰던 멜라노푸스 또한 이따금 칼리스트라투스에게 뇌물을 받았으며, 그때마다 민중에게 이렇게 변명했다. 이와 달리 데마데스, 멜라노푸스, 니코데무스는 의지가 단단하지 않아서 정치적 견해를 바꾸거나 공약을 뒤집는 일이 종종 있었다.

또한 데마데스는 자주 정당과 정견을 바꾸었으면서도, 자신은 도시의 이익을 저버린 일이 없다며 뻔뻔스럽게 말하기도 했다. 멜라노푸스는 본디 칼리스트라투스의 의견에 반대했으나, 그에게서 뇌물을 받은 뒤로는 민중에게 이렇게 변명했다.

"칼리스트라투스는 나의 적이다. 하지만 우리 둘 모두 국가의 이익을 위해 일해야 한다"

메세네 사람 니코데무스는 처음에는 카산드로스에게 붙었다가 그 뒤 데메트리우스와 손을 잡으면서도, 사람은 늘 가장 강한 사람에게 복종하는 것이 가장 좋은 길이라 말하면서 자기 태도는 이치에 어긋나지 않다고 밝혔다. 그러나 데모스테네스는 그들과는 달리 어긋난 말과 행동을 좀처럼 하지 않았으며, 언제나 한 가지 정치적 견해를 끝까지 지켰다. 철학자 파나이티우스는, 데모스테네스는 명예로운 일을 위해서라면 어떤 일이 있어도 본디 뜻을 버리면 안 된다는 원칙을 가지고 있었다고 평했다. 그러면서 '왕관에 대하여', '아리스토텔레스에 대한 반박', '(렙티네스에 반대하여) 면세자에 대한 찬성', '필리포스 탄핵' 등의 연설을 그 예로 들었다.

이 모든 연설에서 데모스테네스는 시민들에게 가장 즐겁거나 가장 쉽거나, 또는 가장 이로운 정치적 견해를 가지라고 강요하지 않았다. 오히려 그는 자기 안전을 챙기기보다 고결하고 정의로운 행동을 해야 한다고 힘주어 말했다.

그러므로 만일 데모스테네스가 뇌물에 손을 대지 않고 전쟁에 대한 그의 용기가 그의 숭고한 원칙과 뛰어난 웅변술에 맞아떨어졌다면, 그는 모이로클레스·폴리에우크투스·히페레이데스와 같은 연설가가 아니라, 키몬·투키디데스·페리클레스를 비롯한 다른 위인들과 어깨를 나란히 할 수 있었으리라.

포키온은 데모스테네스와 같은 시대 사람이었는데 에피알테스, 아리스티데스, 키몬에 못지않은 용기와 의리로 명성을 얻고 있었다. 그러나 데모스테네스는 군사적인 용기도 부족했고, 필리포스나 마케도니아로부터는 뇌물을 받지 않았으나 수사나 에크바타나로부터 황금을 받음으로써 청렴함에 금이 가고 말았다. 조상들의 위대한 행동을 찬양하는 데는 그 누구보다 뛰어났지만 그들을 본받는 데는 서툴렀던 것이다.

하지만 포키온을 뺀다면 데모스테네스는 그 시대 누구보다도 고결한 삶을 살다 간 인물이며, 대담하고 솔직한 연설로 민중을 이끌어 간 정치가였다. 그는 때에 따라 대중의 요구에 반대하며 그들의 잘못을 날카롭게 비난했는데, 이는 그의 연설에 잘 드러난다.

테오폼푸스에 따르면, 언젠가 아테나이 시민들이 어떤 사람을 꼬집어 규탄하라고 데모스테네스에게 요구했다고 한다. 그러나 데모스테네스가 이 요구를 거절하자, 군중은 시민 말을 듣지 않는다는 이유로 그를 비난하며 소동을 일으켰다. 그러자 데모스테네스는 자리에서 일어나 말했다.

"아테나이 시민 여러분! 여러분이 바라든 바라지 않든 나의 충고를 아끼지 않겠습니다. 하지만 사실이 아닌 일로 사람을 고발할 수는 없습니다."

안티폰 사건은 이와 반대였다. 처음에 민회에서 안티폰을 무죄라고 선언했으나, 데모스테네스는 군중이 화를 내며 떠드는 속에서도 안티폰을 아레오파고스 법정까지 끌고 갔다. 그러고는 안티폰이 필리포스를 위해 무기고에 불을 지르겠다고 약속한 일을 밝혀내 끝내 사형선고를 받도록 만들었다. 또한 여사제인 테오리스가 다른 여러 죄와 더불어, 노예들에게 주인을 속이는 방법을 가르쳐 주었다는 죄상을 들추어내 사형을 받게 했다.

한편 아폴로도루스가 빚을 갚지 않았다며 티모테우스 장군을 고발했을 때, 데모스테네스는 변론을 써주어 큰 벌금형을 내리게 했다. 또한 포르미오와 스테파누스를 위해서도 변론을 대신 써주었는데, 이것은 그에게 커다란 불명예를 안겨주었다. 아폴로도루스가 승리한 변론을 포르미오에게 그대로 넘겨주어 사건에 걸맞지 않은 변론이 되었기 때문이었다. 같은 무기 가게에서 만든 칼을 주어 서로 다치게 만든 셈이다. 이 밖에도 안드로티온, 티모크라테스, 아리스토크라테스 등을 공격했다고 알려진 데모스테네스의 정치 연설 또한 다른 사람을 위해 썼던 연설문이었다. 그가 정계에 발을 들여놓기 전인 스물일곱이나 스물여덟 살 무렵에 쓰인 것으로 보이기 때문이다.

아리스토게이톤에 대한 반박 연설은 데모스테네스가 직접 했다. 또한 렙티네스에 대한 반박 연설인 '면세자에 대한 찬성' 연설은 카브리아스의 아들 크테시푸스의 부탁으로 데모스테네스가 한 일로 알려졌는데, 그가 크테시푸스의 어머니에게 관심이 있었기 때문에 그랬다는 이야기도 있다. 이런 사실은 마그네시아 사람 데메트리우스의 《동의어에 대한 이야기》에 실려 있다.

아이스키네스에 대한 '사신으로서의 욕된 비행을 비난함'이라는 연설문은, 데모스테네스가 실제로 연설을 했는지는 확실치 않다. 이도메네우스에 따르면, 이때 아이스키네스는 30표 차이로 무죄로 풀려났다고 한다. 그러나 '왕관에 대하여'에서 벌어졌던 논쟁을 살펴보면 분명하지 않은 일로 보여진다. 왜냐하면 사신으로서 저지른 비행 때문에 소송했다는 이야기가 둘의 논쟁 속에 조금도 드러나지 않았기 때문이다. 그러니 이 문제는 다른 이들의 판단에 맡기고자 한다.

전쟁이 일어나기 전에도 데모스테네스의 정치적 견해는 아무도 의심할 수 없었다. 데모스테네스는 마케도니아 사람의 행동이라면 무조건 비난하면서, 아테나이 민중을 부추기고 흥분시켜 끝까지 맞서 싸울 것을 호소했다. 필리포스 왕에게까지 데모스테네스의 이름이 알려져 그에 대한 이야기를 화제로 삼을 정도였다.

그러던 어느 날, 데모스테네스를 포함한 사절단 10명이 마케도니아로 가서 필리포스 왕을 만났다. 필리포스는 데모스테네스의 연설을 주의 깊게 들은 뒤, 그의 질문에 신중하게 생각하고는 꼭 맞는 답을 내놓았다. 그런데 필리포스는 데모스테네스의 연설을 듣고 난 뒤로 더는 그에게 관심을 보이지 않았으며, 아이스키네스와 필로크라테스 등에게만 친절하게 대했다. 그러자 이들은 필리포스를 가리켜, 누구보다도 연설을 잘하고 잘생겼으며, 끝으로 그 누구보다 술을 잘 마신다고 칭찬했다. 그런 칭찬에 대해 데모스테네스는 첫 번째는 궤변가에게 어울리는 찬사이고, 두 번째는 여자에게 맞는 말이며, 세 번째는 술고래에게나 어울리는 찬사이지 왕에게 들어맞는 것은 하나도 없다고 말하며 비웃었다.

필리포스는 평화롭고 조용하게 지내지 못하는 인물이었던 데다 데모스테네스가 아테나이 민중을 선동함으로써 마침내 전쟁이 일어났다. 데모스테네스가 첫 번째로 한 일은, 참주들 음모로 필리포스에게 넘어간 에우보이아 섬을 공격하도록 아테나이 사람들을 부추긴 것이다. 그의 부추김으로 아테나이군은 그 섬으로 건너가 마케도니아군을 몰아냈다. 그 뒤 필리포스가 비잔티움과 페린투스를 포위하자 데모스테네스는 또다시 아테나이 사람들을 설득했다. 그는 동맹전쟁 때에 이 도시들이 아테나이에게 저지른 잘못을 잊자고 말했다. 그리고 그들을 위해 구원병을 보내야 한다고 제의했으며, 이 병력은 두 도시를 구해냈다.

데모스테네스가 헬라스 곳곳을 돌아다니며 필리포스에 대한 적개심을 불러일으켰으므로 거의 모든 도시들이 반(反)필리포스 동맹으로 뭉치게 되었다. 그리하여 각 도시의 시민군을 제외하고 보병 1만 5000명과 기병 2000기가 편성되었으며, 도시들마다 용병들에게 줄 군자금을 기꺼이 내놓았다. 테오프라스투스의 말에 따르면, 이때 동맹국들은 저마다 거두어야 할 전쟁 자금 액수를 정해달라 요구했다고 한다. 그러자 아테나이 웅변가인 크로빌루스는, 전쟁은 정해진 허용량만을 먹지는 않는다고 답했다.

온 헬라스는 기대감에 들떠 있었으며, 에우보이아, 아카이아, 코린토스, 메가라, 레우카스, 코르키라 등의 도시가 동맹을 맺고 모두 함께 무기를 들었다. 그러나 데모스테네스에게는 테바이를 동맹에 끌어들어야 하는 어려운 일이 남아 있었다. 테바이는 아테나이 이웃이며, 헬라스에서 가장 강한 나라였다.

테바이는 포키스 전쟁에서 필리포스 왕으로부터 많은 원조를 받았을 뿐만 아니라, 아테나이와도 잦은 분쟁이 잇따르자 필리포스 왕과의 관계를 계속 이어갔다. 이런 이유로 테바이를 설득해 필리포스와의 사이를 떼어놓는 일은 쉽지 않았다.

필리포스는 암피사에서 승리를 거두자, 그 여세를 몰아 엘라테아를 습격하더니 포키스마저 점령해 버렸다. 이렇게 되자 아테나이 사람들은 몹시 놀라 정신을 차리지 못했다. 아무도 감히 연단에 오르지 못했으며 무슨 말을 해야 할지도 몰랐다. 하지만 데모스테네스는 시민들 앞에 나서서 테바이와 동맹을 맺어야 한다고 부르짖었다. 그는 늘 그랬듯이 시민들을 격려했으며, 어떤 환경에서도 희망을 가져야 한다고 말했다. 그 뒤 그는 사절이 되어 테바이로 건너갔다.

마르시아스가 전하는 말에 따르면, 필리포스 또한 마케도니아 사람 아민타스와 클레아르쿠스, 테살리아 사람 다오쿠스와 트라시다이우스를 테바이로 보내 데모스테네스에 맞서게 했다고 한다. 이런 상황에서 테바이 사람들은 포키스 전쟁의 비참하고 끔찍한 광경을 떠올리며 여러 번 평의회를 열었다. 어떻게 해야 할지 몰라 갈팡질팡하는 그들 앞에 데모스테네스가 나섰다. 데모스테네스의 연설은 테바이 사람들에게 용기를 일깨워 주었으며, 명예욕을 타오르게 해서 모든 상황을 잊게 만들었다.

데모스테네스에 의해 전황이 뒤바뀌자, 필리포스는 재빨리 사자를 보내 화해를 맺자는 말을 전해왔다. 아테나이 장군들뿐만 아니라 보이오티아 장군들도 데모스테네스 명령에 따랐으며, 아테나이와 테바이의 모든 회의도 그의 지도를 받았다. 그는 많은 시민들의 존경을 한 몸에 받았으며 최고의 권위를 얻었다. 이 대가는 민족을 바른 길로 이끈 사람이 마땅히 받아야 할 몫이었다고 테오폼푸스는 말한다.

이즈음 델포이의 여사제가 말한 슬픈 신탁과 신탁서에 전해오는 시빌라 무녀의 말이 사람들 입에서 입으로 옮겨다니고 있었다. 돌이켜 보면 그곳에 신이 지배하는 어떤 숙명이 아테나이 사람들의 노력에 대항하고 있었던 것으로 보인다. 사람들이 부르던 노래 가사는 헬라스의 자유가 끝나고, 헬라스 민족의 운명이 다했음을 예견하고 있었다.

테르모돈에 불붙은 운명을 건 싸움에서
멀리 떨어져 있을 수 있기를
독수리처럼 하늘에서 지켜보리라.
패한 자에게는 눈물이, 이긴 자에게는 죽음이 있으리니.

어떤 사람은 테르모돈이 내가 태어난 카이로네이아 가까이에 있는 작은 시내이며, 이 시냇물은 케피소스 강으로 흘러든다고 말했다. 그러나 오늘날 그런 이름을 가진 시내는 없다. 오로지 하이몬이란 강이 있는데 이를 가리켜 테르모돈이라 부르지 않았을까 추측해 볼 뿐이다. 하이몬은 헤라클레스 신전을 끼고 흐르며, 전쟁이 한창일 때 그곳에 헬라스 군대가 진을 쳤다. 그때 벌어진 전투로 강물은 온통 핏빛으로 변했으며 셀 수 없이 많은 시체들이 물 위를 둥둥 떠다녔다. 어떤 이유였는지 정확하지는 않지만 그때 일로 강 이름이 바뀐 게 아닐까. 테르모돈이라는 강 이름이 하이몬으로 말이다.

그런데 역사가 두리스의 말을 빌리면, 몇몇 병사들이 발견한 석상에 '테르모돈'이란 글귀가 새겨져 있었다. 병사들은 천막을 치고 주위에 참호를 파다가 그

석상을 발견했다고 한다. 그때 이 이야기와 관련해 다음과 같은 신탁도 널리
퍼졌다.

> 검은 까마귀야, 실망하지 말고
> 어서 와서 보아라.
> 테르모돈 강 주위를 떠돌다 보면
> 잔뜩 쌓인 사람 고기를 실컷 먹게 될 테니.

이 일이 사실인지 가려내기란 참으로 어려울 터이다. 오로지 데모스테네스
에 대해 전해지는 이야기만 옮겨보자면 다음과 같다.

데모스테네스는 사기가 하늘을 찌를 듯한 헬라스 대군을 거느리고 자신만
만해했다. 그는 앞서 말한 무녀들의 예언이 필리포스가 뇌물을 주고 사람을 사
서 일부러 꾸며낸 것이라고 말했다. 또한 테바이 사람들에게는 에파메이논다스
를, 아테나이 사람들에게는 페리클레스를 떠올리도록 했다. 이들 두 장군은 신
탁이나 예언에 따르는 일을 비겁한 핑계라 여겼기 때문이다. 여기까지 보면 그
는 참된 용사다운 모습이었다.

그런데 갑자기 전투가 시작되자 데모스테네스는 연설할 때와는 전혀 다르게
행동했다. 진지를 버리고 무기까지 내동댕이치며 달아났던 것이다. 데모스테네
스의 방패에는 금으로 '행운이 가득하기를'이라 새겨져 있었다 하니 정말로 한
심하기 짝이 없는 모습이었다.

한편 대승을 거둔 필리포스는 너무 기쁜 나머지 술에 취한 채 밖으로 뛰어
나가 시체가 나뒹구는 전쟁터를 이러저리 돌아다녔다는 말이 있다. 그는 비틀
거리며 아래와 같은 구절을 흥얼거렸다고 한다.

> 데모스테네스의 아들, 파이아니아의 데모스테네스.

이것은 데모스테네스의 동의로 통과된 결의문의 첫머리 말이었다. 그러나 잠
시 뒤에 정신을 차린 필리포스는 데모스테네스라는 한 연설가의 힘에 새삼 몸
서리를 쳤다. 데모스테네스는 겨우 몇 시간 만에 왕국의 운명과 필리포스 자신
의 목숨까지 내걸고 싸우게 만들었던 것이다.

데모스테네스의 명성은 어느새 페르시아 왕 귀에까지 들어가 있었다. 페르시아 왕은 해안 지방의 한 관리에게 명령해, 데모스테네스에게 돈을 보내고 그 누구보다 그를 귀하게 대접하라고 했다. 데모스테네스가 마케도니아와 맞서 싸울수록 페르시아가 안전할 수 있었기 때문이다. 이 사실은 뒷날 알렉산드로스가 사르디스에서 발견한 데모스테네스의 편지와 그에게 바친 금액을 기록한 페르시아 장교의 편지로 확인할 수 있었다.

전쟁이 끝난 바로 뒤에, 헬라스에는 큰 내란이 일어났다. 그러자 데모스테네스 반대파들은 그를 공격하고 고발할 좋은 기회를 잡게 되었다. 그렇지만 아테나이 시민들은 예전과 다름없이 데모스테네스를 존경했으므로 데모스테네스는 계속 나랏일에 참여할 수 있었다. 카이로네이아에서 전사한 사람들의 유골이 매장될 때도 아테나이 시민들은 데모스테네스에게 추도 연설을 하게 했다.

테오폼푸스는 이에 대해 아테나이 사람들은 매우 낙심했음에도 자신들의 조언자인 데모스테네스를 내내 존경하고 예의를 갖추어 대했다고 썼다. 이 일은 데모스테네스에게 불만을 품은 시민들이 없음을 보여주는 증거이다. 데모스테네스는 전사자들을 위해 추도 연설을 했지만, 그 뒤로는 늘 친구들의 이름을 차례로 빌려 민회에서 정치적 견해를 주장했다. 자신의 이름이 불운하다고 여겼기 때문이다. 그러나 필리포스가 카이로네이아 전투에서 승리를 거둔 뒤 죽음을 당하자, 데모스테네스는 다시 용기를 얻어 전장에서 맨 앞에 섰다. 앞서 말한 신탁 마지막 구절에 딱 맞는 결과였다.

패한 자에게는 눈물이, 이긴 자에게는 죽음이 있으리니.

필리포스의 죽음을 먼저 알게 된 데모스테네스는 민중에게 용기와 희망을 주고 싶었다. 그래서 그는 집회에 나가 매우 좋은 꿈을 꾸었다면서 기쁜 얼굴로 말했다. 그때 마침 사자가 달려와 필리포스의 죽음을 알렸다. 이 소식을 들은 아테나이 민중은 신에게 제사를 드리고 파우사니아스에게 금관을 주자며 소리쳤다.

이즈음 사랑하는 딸을 잃은 지 7일밖에 안 된 데모스테네스였지만, 그는 민중을 위해 화려한 옷을 입고 월계관을 머리에 쓴 채 사람들 앞에 나타났다. 그때 아이스키네스는, 자식을 사랑하지 않는 매정한 자라며 데모스테네스를 비난했다. 그러나 데모스테네스는, 눈물을 흘리는 행동만이 자식을 사랑하는 것이라 생각한다면 그것은 아이스키네스가 자신의 속됨을 드러내는 일이라고 거침없이 말했다.

어쨌든 내 생각으로는, 필리포스는 승리를 거두었음에도 아테나이 시민들을 관용과 온정으로 대했는데, 그런 군주의 죽음을 기뻐하면서 월계관을 쓰고 신에게 제사까지 지낸 것은 결코 현명하거나 명예로운 행동은 아닌 듯하다.

필리포스가 살아 있을 때에는 그를 존경하며 높이 받들고 아테나이 시민으로 인정했지만, 그가 다른 사람에게 살해되자 아테나이 사람들은 마치 자신들이 필리포스를 이긴 듯이 승리의 노래를 불렀다. 이는 신들을 화나게 할 뿐만 아니라 몹시 부끄러운 행동이었다.

한편 데모스테네스가 집안의 불행을 여인들의 눈물에 맡겨두고, 나라를 위해 최선이라 생각한 일을 하기 위해 나선 일은 칭찬해야 마땅하다. 참으로 용감한 정신을 가지고 나라를 다스리는 임무를 맡은 자는 언제나 공공의 이익을 생각해 확고한 태도를 취하고, 사사로운 슬픔이나 어려움은 공공의 복지로 위로 받으면서 지위와 품위를 스스로 지키는 것이 의무이다. 무대에서 왕이나 참주 역할을 맡은 배우가 울고 웃는 것은 결코 자기 의지에 따라서가 아니라 오로지 대본의 요구에 의한 것처럼 말이다.

의사가 시력이 약한 환자에게 밝고 강렬한 색깔 대신 초록이나 부드러운 색을 보게 하는 것처럼, 슬픔에 빠진 이를 격려하고 보다 즐거운 생각을 갖도록 돕는 것이 도리라면, 나라의 번영을 위해 힘을 쏟음으로써 불행을 이겨내는 일, 곧 공적인 기쁨 속에 사적인 슬픔이 어우러지게 하는 일보다 더 좋은 방법이 있겠는가? 많은 독자들이 아이스키네스의 연설에 영향을 받아, 나약한 동정심을 갖게 될까봐 하는 말이다.

헬라스 여러 도시들은 데모스테네스의 노력으로 다시 용기를 얻어 동맹을 맺게 되었다. 테바이 사람들은 데모스테네스에게서 무기를 받아 테바이에 남아 있던 마케도니아 수비대를 공격해 많은 적군을 물리쳤다.

데모스테네스의 권위는 민회에서 가장 높이 올라 있었다. 그는 아시아에 있는 페르시아 장군들에게 편지를 보내, 알렉산드로스를 공격하라고 부추겼다. 편지에서 데모스테네스는 알렉산드로스를 '마르기테스'라 불렀는데, 이는 호메로스 풍자시의 주인공 이름이었다.

그러나 알렉산드로스는 나라를 평정시킨 뒤 직접 군대를 이끌고 테바이 영토인 보이오티아로 쳐들어갔다. 그러자 아테나이인들은 용기를 잃었으며, 데모스테네스도 굳게 입을 다물어 버렸다. 동맹국의 도움도 받지 못하고 혼자 힘으로 싸우던 테바이 사람들은 마침내 도시를 잃고 완전히 멸망하게 되었다.

이런 사태에 이르자 무척 당황한 아테나이 시민들은 알렉산드로스에게 데모스테네스를 사절로 보내기로 뜻을 모았다. 하지만 데모스테네스는 알렉산드로스의 노여움을 풀 용기가 없었다. 그는 키타이론 산까지 갔다가 되돌아와서 자신이 맡은 사절직을 내놓았다.

역사가 이도메네우스와 두리스가 전하는 바에 따르면, 알렉산드로스는 곧바로 아테나이에 있는 10명의 웅변가를 잡아 보내라는 요구를 했다고 한다. 그런데 더욱 믿을 만한 역사가들에 따르면, 알렉산드로스는 웅변가 8명을 원했다고 한다. 바로 데모스테네스, 폴리에우크투스, 에피알테스, 리쿠르고스, 모이로클레스, 데몬, 칼리스테네스, 카리데무스이다.

알렉산드로스의 요구를 들은 데모스테네스는 그를 가리켜 '마케도니아의 사나운 늑대'라 비아냥거리면서, 자기들을 지켜준 개를 늑대에게 넘겨준 양의 우화를 아테나이 시민들에게 들려주었다. 아테나이 시민을 양떼에, 자신과 동료 연설가들을 개에, 알렉산드로스를 늑대에 빗대어 말한 것이다. 데모스테네스는 또 다음처럼 덧붙였다.

"우리를 그에게 넘겨준다면 여러분 자신을 넘겨주는 것과 다름없습니다. 여러분은 보리쌀 장수 이야기를 잘 알고 있을 것입니다. 어느 날 보리쌀 장수는 손님에게 보여줄 욕심으로 팔아야 할 보리쌀을 본보기로 가지고 다니며 많은 사람들에게 나누어 주었습니다. 그러다가 끝내는 가게에 있는 보리쌀을 모두 나누어 주게 되어버렸지요. 그것과 다를 바 없습니다. 처음에는 몇몇 사람을 요구하지만 나중에는 여러분 모두를 요구할 것입니다."

이 이야기는 카산드레아의 아리스토불루스의 기록에 실려 있다.

아테나이 시민들은 어떻게 해야 할지 막막했다. 그때 데마데스는 알렉산드로스가 요구한 웅변가들과 상의한 뒤, 저마다 5탈란톤씩 사례금을 준다면 자기 혼자서 알렉산드로스를 만나겠다고 말했다. 마침내 데마데스는 홀로 알렉산드로스를 만나러 가게 되었다. 그는 알렉산드로스가 자신에게 친절을 베푸리라 생각했는지, 아니면 고기로 배를 채운 사자로 보았는지는 모르지만, 어쨌든 알렉산드로스를 만나 그를 설득해 웅변가들을 보내라는 요구를 취소하게 한 뒤 아테나이와 평화협정을 맺도록 만들었다.

그리하여 알렉산드로스가 더는 아테나이를 간섭하지 않게 되자 데마데스 무리가 큰 세력을 잡았으며, 데모스테네스는 지위에서 물러나게 되었다. 그 뒤 스파르타의 아기스 왕이 데마데스에 반대해 일어서자 데모스테네스는 아기스 왕을 응원했다. 하지만 아테나이인들은 데모스테네스를 지지하지 않았다. 그러다가 아기스 왕이 전사하고 스파르타가 패하자, 데모스테네스는 다시 자신의 직위를 내놓을 수밖에 없었다.

이때 크테시폰이 데모스테네스에게 금관을 수여하자고 제안했던 사건에 대해, 아이스키네스가 크테시폰을 고발하는 일이 일어났다. 이 소송은 본디 카이로네이아 전투가 벌어지기 얼마 전, 즉 카이론다스가 집정관으로 있을 때 일어났다. 그러나 10년의 세월이 흐른 뒤에도 그 문제는 여전히 해결되지 않다가 아리스토폰이 집정관으로 있던 때에 다시 사람들의 관심사로 떠오른 것이다.

이는 개인적인 문제를 다룬 사건이었지만, 그 어떤 공적 사건보다 더 큰 관심을 불러일으켰다. 데모스테네스와 아이스키네스라는 두 웅변가의 열변과 재판관들의 절개 있는 행동 때문이었다. 데모스테네스에 맞서는 자들은 권력의 절정에 있었고 마케도니아의 비위를 맞추며 지지를 받고 있었음에도 재판관들은 데모스테네스 편에 다수표를 던져 무혐의로 풀려나게 했던 것이다. 재판에서 아이스키네스는 전체 표 가운데 5분의 1도 얻지 못했다. 재판이 있은 뒤 아이스키네스는 로도스 섬과 이오니아 해안 여러 도시를 옮겨다니면서 수사법을 가르치며 남은 생을 보냈다.

그로부터 얼마 뒤에 하르팔루스가 아시아로 진출한 알렉산드로스의 진지에서 도망쳐 나왔다. 알렉산드로스는 매우 사치스러웠으며, 온갖 행패를 다 부릴 만큼 성미가 사나웠다. 알렉산드로스의 부하 장교들마저 무슨 봉변을 당할까 봐 두려워하는 모습을 본 하르팔루스는 재빨리 그곳에서 달아났다.

아테나이로 돌아온 하르팔루스는 자신의 딱한 사정을 이야기하고 재산과 배와 자신에 대한 처분을 아테나이 시민들에게 맡겼다. 그의 재산을 보고 눈이 뒤집힌 웅변가들은 하르팔루스를 무조건 두둔하며 정치적 망명을 허락하고 보호해 주어야 한다며 떠들었다.

처음에 데모스테네스는 하르팔루스 때문에 전쟁이 일어날 수 있으니 쫓아버려야 한다고 잘라 말했다. 그 뒤 며칠이 지나서 데모스테네스는 하르팔루스의 재산을 살피게 되었다. 그러다가 마침 하르팔루스가 페르시아에서 가져온 금잔을 탐욕스러운 눈으로 바라보았다. 그 모습을 놓치지 않은 하르팔루스는 얼마나 무거운지 한번 들어보라며 데모스테네스를 부추겼다. 그 금잔은 뜻밖에도 매우 무거웠으므로 데모스테네스는 금잔 무게가 얼마나 되는지 물었다. 하르팔루스는 입가에 미소를 띠며 말했다.

"아마 20탈란톤은 족히 될 겁니다."

날이 어두워지자 하르팔루스는 금잔과 20탈란톤을 데모스테네스에게 보냈다. 눈치 빠른 하르팔루스는 탐을 내며 금잔에 눈독을 들이는 데모스테네스의 눈초리를 보고 그의 마음을 읽어낸 것이다.

뇌물을 받은 데모스테네스는 마침내 하르팔루스 편으로 기울어지고 말았다. 이는 도시 안으로 외국인 수비대를 받아들인 것이나 마찬가지였다.

다음 날 아침, 데모스테네스는 목에 털수건을 칭칭 감은 채 집회에 나타났다. 그리고 시민들이 발언할 것을 요구하자 목소리가 나오지 않는다는 듯이 손을 휘휘 저었다. 재치 있는 사람들은, 지난밤에 그가 걸린 것은 목감기가 아니라 금 후두염이라며 비아냥거렸다. 곧 모든 사람들이 데모스테네스가 뇌물을 받은 사실을 알게 되었다. 시민들은 데모스테네스가 자기 행동에 대해 설명할 때에도 귀를 기울이기는커녕 소리를 지르면서 비웃었다. 누군가 자리에서 일어나 말했다.

"시민 여러분! 이제 금잔을 가진 사람의 이야기를 들어볼까요?"

끝내 시민들은 하르팔루스를 아테나이에서 몰아냈다. 그리고 웅변가들이 받아 챙긴 뇌물을 찾기 위해 그들의 저택을 뒤지고 다녔다. 그러나 아르레니데스의 아들 칼리클레스의 집만은 뒤지지 않았다. 그 집은 신혼이었기에 신부에게 실례되는 일을 하지 않기 위해서였다고 테오폼푸스는 전한다.

그런데 데모스테네스는 가택수색을 거부했으며, 이 사건을 아레오파고스 법정으로 옮긴 뒤 유죄판결을 받은 사람들을 처벌하자고 제안했다. 체면이라도 유지해 보려는 생각이었다. 그는 법정에 나타나 변명을 늘어놓았지만 법정은 그에게 유죄를 선고했으며, 50탈란톤 벌금형을 내렸다. 하지만 그는 벌금을 못내서 감옥살이를 해야만 했다. 감옥 생활은 그의 몸을 쇠약하게 만들었고, 그보다 더한 수치스러움으로 더욱 괴로운 나날을 보냈다. 그러다가 끝내 관리자

데모스테네스(DEMOSTHENES) 1541

의 묵인 아래 탈출했다.

데모스테네스가 아테나이 시를 막 빠져나갔을 때였다. 그는 자신을 쫓아온 몇몇 정적들을 발견하고서 허둥지둥 몸을 숨기려 했다. 그러나 그들은 가까이 다가와서는, 여행을 떠나려면 돈이 필요할 터이니 자신들이 가져온 돈을 받아 달라며 건네주었다. 그러고는 오로지 그 돈을 주려고 뒤따라왔다는 말과 함께 용기를 잃지 말고 이 불행을 참아내라는 격려까지 덧붙였다. 그들의 말을 들은 데모스테네스는 그만 목놓아 울어버렸다.

"적까지도 나를 위로해 주는 아테나이와 같은 나라가 또 어디 있단 말인가? 아는 사람 하나 없는 남의 나라에서 내가 어찌 살아갈 수 있을까?"

이리하여 데모스테네스는 조국을 떠나 망명 생활을 하게 되었다. 그는 몹시 괴로운 심정으로 트로이젠과 아이기나를 떠돌아 다녔다. 고국의 하늘을 멍하 니 바라볼 때면 그의 눈에서 눈물이 흘러내렸다. 세상에 이름을 떨치던 힘찬 연설가의 모습은 이미 온데간데없었다.

아테나이를 떠날 때 데모스테네스는 아크로폴리스를 향해 두 손을 높이 들 고 이렇게 외쳤다.

"아테나이의 수호신 아테나 여신이여! 당신은 어찌하여 올빼미와 뱀과 사람 같은 모질고 사나운 짐승들을 좋아하십니까?"

이리저리 떠돌던 데모스테네스에게 젊은이들이 찾아와 가르침을 청했지만 그때마다 그는 정치에는 관여하지 말라고 충고했다. 정치가는 공포와 시기와 중상모략과 배척이 뒤섞인 몹쓸 생활을 해야 한다면서, 만약 정치가가 그런 삶 을 살아야 한다는 걸 미리 알았다면 자신은 차라리 죽음을 택할망정 정치가 가 되지는 않았을 거라고 했다.

데모스테네스가 망명 생활을 하는 동안 알렉산드로스는 세상을 떠났다. 그 러자 아테나이 장군인 레오스테네스를 중심으로 온 헬라스가 하나로 뭉치기 시작했다. 레오스테네스는 마케도니아의 장군 안티파트로스를 라미아 시에 가 두고 주위에 담을 쌓았는데, 이를 지켜보고 다시 용기를 얻은 헬라스 사람들 이 무장하고 세차게 일어섰던 것이다. 이때 마케도니아 편에 섰던 웅변가 피테 아스와 '게'란 별칭을 가진 칼리메돈은 안티파트로스에게로 도망쳤다. 그들은 안티파트로스의 부하 장군들 및 사절들과 합세해 헬라스 곳곳을 돌아다니며, 헬라스인들이 내란을 일으키거나 아테나이에 편들지 못하도록 방해 공작을 펼쳤다.

　이즈음 아테나이에서 몇몇 사절들이 데모스테네스를 찾아와 협력을 요청했다. 데모스테네스는 그들과 함께 여러 도시들을 돌아다니면서 마케도니아 군대를 헬라스에서 몰아내야 한다고 사람들을 부추겼다. 필라르쿠스에 따르면, 아테나이와 마케도니아의 사절들이 아르카디아에서 마주치게 되었다고 한다. 그러자 데모스테네스와 피테아스는 저마다 아테나이와 마케도니아를 위해 서로에게 노골적인 욕설을 퍼부었다. 피테아스는 어느 집에서 노새 젖을 구한다면 그 집안에 아픈 사람이 있음을 알 수 있듯이, 아테나이에서 사절이 올 정도라면 그 도시는 이미 병들었음을 알 수 있다고 말했다. 그러자 이에 질세라 데모스테네스가 그 말을 인용해 공격했다. 노새 젖이 병자를 구하듯이, 아테나이 사절을 반가이 맞아들인다면 나라를 구하게 될 것이라고 말한 것이다.

　이처럼 재치 있는 데모스테네스의 말은 곧 아테나이 시민들에게 알려졌다. 그러자 시민들은 데모스테네스를 다시 본국으로 불러들이자고 결의했다. 이 제안은 데모스테네스 사촌인 파이아니아 출신 데몬에 의해 이루어졌다. 마침내 데모스테네스가 타고 갈 배가 아이기나 항구에 닿자, 그는 배를 타고 무사히 아테나이 페이라이우스 항구에서 내렸다. 항구에는 집정관과 제관들이 모두 나와 그를 따뜻이 맞아주었다.

　마그네시아의 데메트리우스에 따르면, 데모스테네스는 지난날 알키비아데스보다 더 명예롭게 귀국하게 된 것에 대해 두 손을 높이 들어 신께 감사했다고 한다. 알키비아데스는 사람들의 압력으로 돌아왔지만 데모스테네스는 동포들의 요청에 의해 돌아온 것이었으므로 더욱 영광된 귀환이 아닐 수 없었다.

　한편 데모스테네스에게는 벌금 문제가 남아 있었는데, 법적으로 볼 때 쉽게 처리할 수 있는 게 아니었다. 그런데 시민들은 한 가지 방법을 찾아냈다. 데모스테네스에게 제우스 소테르(구세주) 희생제의 제단장직을 맡겼던 것이다. 본디 이 제단장직을 맡게 되면 그 삯으로 많은 돈을 주어야 했는데, 아테나이인들은 돈을 주는 대신에 데모스테네스의 벌금 50탈란톤을 면제해 주었다.

　그러나 헬라스는 얼마 지나지 않아 완전히 패망하고 말았다. 결국 데모스테네스가 돌아와 고국에서 기쁨을 누린 것도 잠깐이었다. 메타게이트니온 달에 크란논 전투가 있었으며, 다음 달인 보에드로미온 달에는 마케도니아 수비대가 무니키아를 침략했다. 데모스테네스도 피아네프시온 달에 죽음을 당했는데, 그때 상황을 설명하면 다음과 같다.

안티파트로스와 크라테루스가 아테나이로 쳐들어온다는 소문이 들려오자, 겁을 먹은 데모스테네스는 동료들과 함께 아무도 모르게 도망쳤다. 그러자 데마데스와 시민들은 데모스테네스 일행을 사형시키기로 의견을 모았다. 그러므로 도망친 그 일파들은 뿔뿔이 흩어져서 헬라스 여러 지방으로 피해 다녔다.

안티파트로스는 그들을 잡아들이기 위해 여러 지방으로 사람들을 보내는 한편, 정치범 잡는 사냥개라 불리던 아르키아스에게 총지휘를 맡겼다. 아르키아스는 투리이 사람인데, 유명한 배우 폴루스의 스승이며 한때는 연극배우였다고 전해진다. 헤르미푸스는 아르키아스가 웅변가인 라크리투스 제자라고 했으며, 데메트리우스는 아르키아스가 아낙시메네스의 문하에 있던 사람이라고 말했다.

어쨌든 아르키아스는 사냥개란 별칭에 걸맞게 웅변가인 히페레이데스, 마라톤 사람인 아리스토니쿠스, 팔레룸 사람 데메트리우스의 형인 히메라이우스를 아이기나의 아이쿠스 신전에서 찾아냈다. 그들은 클레오나이에 머물던 안티파트로스에게 보내져 모두 사형당했으며, 특히 웅변가 히페레이데스는 혀를 잘려 죽었다고 한다.

데모스테네스가 칼라우리아 섬의 포세이돈 신전에 숨어 있다는 정보를 얻은 아르키아스는 트라키아 병사들을 배에 태워 그곳으로 갔다. 아르키아스는 데모스테네스를 찾아내고는, 안티파트로스는 절대로 모진 벌을 내리지 않을 사람이니 걱정하지 말라며 함께 돌아가자고 그를 꾀었다. 그런데 그 전날 밤 데모스테네스는, 비극의 배역을 맡아 누가 더 좋은 연기를 하는지 아르키아스와 겨루는 꿈을 꾸었다. 꿈속에서 데모스테네스는 아르키아스보다 훨씬 멋지게 연기를 해냈지만 아르키아스의 분장과 소도구가 더 멋있었기 때문에 데모스테네스가 지고 만 이상한 꿈이었다.

데모스테네스는 지난밤 꿈을 떠올리며 아르키아스의 온갖 달콤한 말을 가만히 듣고만 있었다. 그러다가 그는 이렇게 말했다.

"아르키아스, 이제껏 자네가 하는 연극을 구경하면서 나는 한 번도 잘한다고 감탄해 본 적이 없었네. 그런데 자네가 나에게 하는 약속도 마치 그 연극처럼 느껴지는군."

이 말을 들은 아르키아스는 불끈 화를 내더니 데모스테네스를 협박하기 시작했다. 그러자 데모스테네스는 다시 이런 말을 했다.

"이제야 진짜 마케도니아 사람처럼 말하는군. 방금 전까지 당신은 연극을 하고 있었어. 집에 편지를 전하고 싶으니 잠시만 기다려 주게."

데모스테네스는 신전 안으로 들어가더니 편지를 쓸 듯 두루마리 종이 하나와 붓을 집어 들었다. 그는 무슨 말을 써야 할지 골똘히 생각하는 사람처럼 진지한 표정으로 붓대를 입에 가져갔다. 그러더니 갑자기 붓대를 깨물고, 옷자락으로 머리를 뒤집어쓰며 고꾸라졌다. 문 옆에 서 있던 병사들이 그의 모습을 보고 비겁한 놈이라며 욕을 퍼부었다.

아르키아스는 데모스테네스 곁으로 뛰어가 그의 몸을 흔들며 어서 일어나라고 재촉했다. 그리고는 안티파트로스와 화해시켜 주겠다는 말을 덧붙였다. 그러나 데모스테네스의 몸에는 이미 독이 퍼지고 있었다. 그는 머리를 들고 아르키아스를 노려보며 말했다.

"이제 자네가 비극 속의 크레온 노릇을 할 때가 되었네. 내 시체를 묻지 말고 이대로 들판에 버려주게. 포세이돈 신이시여! 숨이 다하기 전에 저는 당신의 신전에서 떠나야 합니다. 이 신성한 신전을 제 피로 더럽히고 싶지 않습니다. 그러나 안티파트로스와 그 병사들은 당신의 신전을 악의 피로 더럽히기를 서슴지 않는군요."

그 말을 끝내고 데모스테네스는 앞으로 걸어나갔다. 그러나 이미 힘이 다 빠져서 부축을 받아야만 했다. 그러다가 제단에 이르기도 전에 갑자기 쓰러지더니 신음소리를 내며 곧 숨을 거두었다.

아리스톤에 따르면, 데모스테네스는 갈대로 만든 붓대통에 미리 넣어두었던 독약을 마셨다고 전한다. 그러나 파푸스가 전하기로는 데모스테네스가 제단 옆에 쓰러지며 떨어뜨린 종이에 '데모스테네스가 안티파트로스에게'라는 글만 쓰여 있었다고 한다. 데모스테네스가 쓰러지는 모습을 본 한 병사는 그가 헝겊에 싸인 독약을 입에 털어 넣었다고 증언했다. 하지만 그 병사들은 처음에 그가 금을 삼켰다고 생각한 것이다.

뒤에 아르키아스가 데모스테네스 시중을 들던 여종을 조사한 결과, 데모스테네스는 급할 때 사용할 독약을 늘 팔찌에 숨기고 다녔다고 한다. 또 에라토스테네스도 데모스테네스는 속이 빈 팔찌 안에 언제나 독약을 넣어 가지고 다녔다고 했다.

데모스테네스 죽음에 대해서는 많은 이야기가 있으므로 여기서는 이 정도로 그치고자 한다. 하지만 데모스테네스 친척인 데모카레스의 말만큼은 남겨 놓아야겠다. 그의 의견에 따르면, 데모스테네스가 그렇게 갑작스럽고 편안하게 세상을 등진 것은 독약의 도움이 아니라 마케도니아의 잔악함을 피하도록 신들이 돌보았기 때문이라는 것이다.

데모스테네스는 피아네프시온 달 16일에 죽었다. 이날은 부인들이 여신의 신전에서 밥을 굶은 채 엄숙하게 보내는 테스모포리아 축제일이었다. 아테나이 시민들은 데모스테네스가 죽자 그에게 합당한 영광을 주었다. 그의 동상을 세우고, 프리타네움에서 그의 맏손자를 늘 특별하게 대하기로 결의했다. 더불어 동상 받침대에 아래와 같은 글을 새겼다.

　　그대의 지혜만큼 그대가 용감했더라면
　　마케도니아가 헬라스를 지배하지는 못했으리라.

이 글은 칼라우리아 섬에서 독약을 마시기 전에 데모스테네스가 직접 썼다는 이야기도 있지만 믿을 수 없는 말이다.

내가 아테나이로 가기 바로 전에 이런 일이 있었다. 한 병사가 죄를 지어 윗사람 앞에 불려가게 되었다. 그런데 그는 윗사람에게 가던 길에 데모스테네스 동상 앞을 지나다가 손에 쥐고 있던 동전을 그 동상 손에다 얹어두었다. 그런데 동상 곁에 서 있던 플라타너스 나뭇잎들이 바람에 날렸는지 아니면 그 병사가 돈을 감추기 위해 일부러 따서 덮었는지는 몰라도, 어쨌든 그 나뭇잎들이 한동안 병사의 돈을 덮고 있었다. 물론 병사가 나중에 돌아왔을 때에 그 돈은 그대로 있었다. 이 일이 널리 알려지자 어떤 문인들은 글을 지어서, 데모스테네스가 이처럼 돈을 탐내지 않는 청렴한 사람이었음을 노래했다.

한편 데모스테네스를 죽음에 이르게 한 데마데스는 오랫동안 이름을 날리지 못했다. 데모스테네스의 죽음에 대한 신의 복수가 그를 따라다녔던 것이다. 마침내 데마데스는 마케도니아에서 자신이 아첨하던 자들에 의해 더없이 슬프고 끔찍하게 죽임을 당하고 말았다.

마케도니아 정부는 처음부터 데마데스를 탐탁지 않게 여겼다. 그러다가 그가 페르디카스에게 보내는 편지를 가로채 그의 음모를 알게 되었다. 편지에는 마케도니아를 쓰러뜨려, 썩은 새끼줄에 매달려 겨우 목숨을 이어가는 헬라스를 구해달라고 적혀 있었다. 썩은 새끼줄이란 안티파트로스를 뜻하는 말이었다.

이렇게 되자 코린토스의 데이나르쿠스는 데마데스를 반역죄로 고발했다. 안티파트로스의 아들인 카산드로스는 머리끝까지 화가 치밀어 올라 데마데스의 아들을 먼저 찔러 죽인 다음에 데마데스를 사형시키라고 명령했다. 데마데스는 인간이 받을 수 있는 가장 커다란 아픔을 겪어야만 했으며, 이 사건으로 배신자는 자기 자신부터 배신하게 된다는 진리를 깨달았다. 이 말은 데모스테네스가 늘 사람들에게 하던 예언이었으나 데마데스는 믿지 않았던 것이다.

소시우스여! 이제껏 전해준 모든 이야기가 데모스테네스 삶의 전부라네.

키케로(CICERO)

키케로의 어머니 헬비아는 좋은 집안에서 태어난 매우 훌륭한 여자였다고 한다. 그러나 아버지에 대해서는 좋지 않은 이야기들이 전해온다. 어느 역사가들은 그가 옷감 물들이는 일을 하는 아버지 직업을 이어받았다 말하고, 다른 역사가들은 그의 혈통을 툴루스 아티우스에서 찾는다. 툴루스는 볼스키족 왕으로, 로마에 맞서 치열한 전쟁을 벌인 사람이었다.

키케로라는 이름을 처음 가졌던 그의 조상은 아주 비범한 인물이었던 듯하다. 자칫 놀림 받을 수도 있는 이 이름을 그 후손들이 버리지 않고, 오히려 재미있어 하며 자랑스럽게 간직해 왔기 때문이다. 키케로는 라틴어로, 들녘에 피는 '살갈퀴'라는 콩과 식물을 뜻한다. 키케로의 첫 조상은 아마도 코끝이 갈라지거나 주름이 잡혀서 이런 특별한 이름을 갖게 되었는지도 모른다.

이 전기에서 말하려는 키케로가 막 정치에 첫발을 내딛으려 할 때, 친구들은 그에게 가장 먼저 이름을 바꾸라고 충고했다. 하지만 그는 키케로라는 이름을 스카우루스나 카툴루스보다 더 명예롭게 하도록 힘쓰겠다며 대범하게 말했다.

시킬리아에 재무관으로 가 있는 동안, 키케로는 신전에 은쟁반을 만들어서 바친 적이 있었다. 그는 이 쟁반에 첫 번째와 두 번째 이름 마르쿠스와 툴리우스를 새기고, 성(姓)을 넣어야 할 맨 끝부분에는 키케로라는 글자 대신 장난스럽게도 살갈퀴 그림을 새겨넣도록 했다. 키케로 이름에 대한 이야기는 이렇다.

키케로는 로마 관리들이 신들에게 제물을 바치고 황제의 건강을 기원하는 날인 1월 3일에 태어났다. 그의 어머니는 고통 없이 키케로를 낳았다고 한다. 그런데 키케로에게 젖을 먹여 키운 유모 꿈에 어느 영혼이 나타나, 이 아기가 앞으로 로마를 위해 매우 위대한 일을 하리라는 말을 남겼다. 이런 일들은 단순히 헛된 꿈 정도로 지나쳐 버리기 마련이지만, 키케로는 곧 이 예언이 사실이라는 것을 보여주었다.

그는 학교에 갈 나이가 되면서 천재성을 드러내기 시작해, 또래 친구들 가운데 가장 뛰어난 아이가 되었다. 그래서 어떤 아버지들은 키케로를 직접 보기 위해, 그리고 소문이 자자한 키케로의 순발력과 이해력에 대해 알고자 학교를 찾아오기도 했다. 하지만 교양 없는 몇몇 아버지들은, 아이들이 존경하는 마음에서 키케로를 둘러싸고 걷는 모습을 보고는 화를 냈다.

플라톤은 학문과 지혜를 사랑하는 사람이라면 어떤 배움이나 교육도 무시하지 않아야 한다고 말했는데, 키케로야말로 바로 그런 사람이었으며 특히 시를 좋아했다. 그가 어릴 때 쓴 4보격 시 〈폰티우스 글라우쿠스〉는 오늘날까지 전해온다.

그는 자라면서 시를 짓는 일에 더욱 몰두하여 로마에서 가장 뛰어난 웅변가로서뿐만 아니라 시인으로서도 그 이름을 떨쳤다. 그 뒤로 많은 천재 시인들이 나타나면서 그의 작품들도 조금씩 잊혀갔지만, 세월이 흐르면서 언어에 많은 변화가 있었음에도 그의 수사법은 오늘까지도 남아 있다.

여느 소년들이 받는 보통 교육을 마친 다음, 키케로는 아카데메이아 학파 철학자인 필론의 가르침을 받게 되었다. 필론은 클레이토마쿠스의 제자들 가운데 가장 뛰어난 웅변가로서, 훌륭한 인품으로도 많은 존경을 받았다. 또한 키케로는 원로원 의원이며 유명한 정치가인 무키우스 아래에서 법률 지식을 쌓아갔다.

그는 마르시족과의 전쟁 때 술라 아래에서 처음 전투를 경험했다. 그러나 로마 공화국이 내란으로 분열되며 절대군주제로 바뀌게 되자, 키케로는 술라가 정권을 잡아 나라가 안정이 될 때까지 헬라스 학자들과 편지를 주고받으며 학문과 사색으로 시간을 보냈다.

술라의 해방 노예 가운데 크리소고누스라는 사람이 있었다. 그는 '추방명령'을 받고 사형당한 사람 집을 경매에서 2000드라크메에 낙찰받아 소유하게 되었다. 그러자 사형수의 아들 로스키우스는 여기에 이의를 제기하며, 이 집이 250탈란톤 가치가 있다고 주장했다. 로스키우스가 이 일을 따지고 들자 술라는 매우 화를 내며, 크리소고누스의 도움을 받아서 로스키우스를 아버지를 죽였다는 죄명으로 고발했다. 그러나 술라의 횡포가 두려워 감히 그 누구도 로스키우스를 변호하겠다고 나서지 못했다.

억울하게 누명을 쓰게 된 로스키우스는 키케로를 찾아가 도와달라고 매달렸다. 키케로의 친구들은, 명성을 얻어 정계에 발을 들여놓을 수 있는 좋은 기회라며 로스키우스를 변호해 주라고 권했다. 키케로는 기꺼이 이 사건을 맡았으며, 재판에서 이긴 뒤로 큰 명성을 얻었다. 하지만 술라의 보복이 두려웠던 그는 휴양을 핑계로 헬라스로 여행을 떠났다. 실제로 키케로는 이때 매우 야위었는데, 위가 너무 약해져서 음식을 제대로 소화하지 못해 저녁 늦게야 겨우 조금 식사를 하곤 했다.

그는 말할 때 억양에 많은 변화를 주었으며 목소리는 거칠고 안정감이 없었다. 또 연설을 하면서 건강을 해치지는 않을까 걱정될 만큼 큰 소리로 외쳐댔다.

아테나이로 건너간 키케로는 아스칼론의 안티오코스 강의를 들었다. 그는 안티오코스의 유창하고 세련된 연설에 매혹되었으나, 그의 새로운 철학 이론은 도저히 받아들일 수 없었다. 안티오코스는 신(新)아카데메이아 학파를 떠남으로써 카르네아데스 학설에서 벗어나 있었다. 키케로는 감각 이론 증명에 이끌렸는지, 아니면 클레이토마쿠스의 제자들과 필론파 학자들에게 맞서려는 의도였는지 확실치 않으나, 스토아 학파 이론을 받아들였다. 하지만 실제로는 신아카데메이아파 철학을 더 좋아했는데, 만일 정치에서 뜻을 이루지 못하면 모든 정치 논쟁과 음모에서 벗어나 아테나이로 와서 철학 연구를 하며 평화롭게 지낼 계획이었다.

그러나 얼마 지나지 않아 술라가 죽었다는 소식이 들려왔다. 로마에 있는 친구들은 그에게 어서 돌아와 정치 활동을 하라며 강하게 설득했다. 이제 그의 몸은 꾸준한 운동과 좋은 습관들로 건강해졌다. 그의 목소리도 제 소리를 찾아서 듣기에 부담이 없었으며, 사람들 마음을 움직일 수 있도록 멀리까지 잘 울려 퍼져나갔다. 게다가 로마에 있는 그의 친구들은 계속 돌아오라고 그에게 편지를 보냈다. 스승 안티코오스 또한 그에게 정치에 나서보라며 많은 격려를 아끼지 않았다. 그래서 키케로는 자신의 웅변술을 갈고닦는 한편, 널리 알려진 수사학자들을 찾아가 가르침을 받으며 필요한 역량들을 키워 나갔다.

그는 자신의 꿈들을 이루기 위해 먼저 아시아와 로도스 섬으로 갔다. 아시아에서 그는 아드라미티움의 크세노클레스, 마그네시아의 디오니시우스, 카리아의 메니푸스에게서 가르침을 받았다. 로도스 섬에서는 몰론의 아들 아폴로니우스에게 웅변술을 배우고, 포세이도니우스에게서는 철학을 배웠다.

키케로가 로도스 섬에 머물 때의 일이다. 아폴로니우스는 라틴어를 잘 이해하지 못했기에, 키케로에게 헬라스 말로 웅변을 해보라고 말했다. 키케로는 아폴로니오스가 자신의 결점을 잘 일러주리라 믿고 선뜻 그의 뜻을 따랐다. 이윽고 연설이 끝나자 청중은 모두 놀라움과 감탄으로 그에게 찬사를 퍼부었다. 하지만 아폴로니우스만은 전혀 기뻐하지 않았다. 그는 한동안 생각에 잠긴 채, 아무 말 없이 앉아 있었다. 키케로가 안절부절못하는 것을 보더니, 마침내 아폴로니우스가 이렇게 말했다.

"키케로! 나는 칭찬과 감탄 말고는 아무것도 할 말이 없네. 지금 내가 걱정하는 것은 헬라스의 운명이라네. 이제껏 우리 헬라스가 자랑할 만한 것은 학문과 웅변뿐이었는데, 이제는 그 영광마저 자네가 빼앗아 로마로 가져가 버리게 되었군."

이 일로 키케로는 또다시 큰 성공을 꿈꾸며 정계에 몸담기로 결심을 굳혔다. 그런데 신탁이 내려와 그의 이런 꿈을 다시 한 번 생각해 보게 했다. 그는 델포이에 가서 어떻게 하면 큰 영광을 얻을 수 있는지 물었는데, 무조건 사람들 의견을 따르지만 말고 자기 가슴에서 우러나오는 소리에 귀 기울이라는 신탁이 내려왔다.

키케로는 로마에 돌아와서도 매우 신중하게 행동했다. 그는 공직에 나가는 일도 잠시 미루었다. 이 때문에 사람들 사이에서 소외당하며, 로마의 낮은 계층 사람들이 자주 말하는 '헬라스 사람' 또는 '샌님'과 같은 별칭이 따라 다녔다. 하지만 그는 본디 명예를 추구하는 사람이었고, 아버지와 친구들이 옆에서 적극적으로 권했기에 법정에 나아가 다른 사람들을 변호하는 일에 앞장섰다. 이때 키케로는 깨닫지 못하는 사이에 조금씩 명성을 얻은 게 아니라 아주 빠른 시간에 갑자기, 광장에서 이름을 얻고자 힘껏 애쓰고 있는 사람들 사이에서 두드러졌다.

그도 처음 연설하기 시작했을 때에는 데모스테네스처럼 어딘지 모르게 몸짓이 어색했다고 한다. 그래서 희극 배우 로스키우스와 비극 배우 아이소푸스에게서 어떻게 몸짓을 해야 사람들을 설득할 수 있는지 가르침을 받았다.

아이소푸스에 대해서는 이런 이야기가 전한다. 어느 날 그는 아트레우스라는 역할을 맡아서 티에스테스에게 복수하려고 결심하는 장면을 연습하게 되었다고 한다. 이때 마침 자기 하인 하나가 그 옆을 우연히 지나가게 되었는데, 아이소푸스는 연기에 지나치게 몰입한 나머지, 이 하인을 지팡이로 너무 세게 때려 죽게 한 일도 있었다.

이런 사람들에게서 배운 만큼 키케로의 몸동작은 연설할 때 설득력을 높여주었다. 그는 큰 소리로 외쳐대는 웅변가들을 비웃었다. 절름발이가 자기 약점을 숨기려 말 등에 오르듯이, 이들은 사람들을 설득할 능력이 없기에 목소리만 높이는 것이라 여겼다.

키케로는 순간적인 말재주가 매우 뛰어났으므로, 법정에서 변호를 아주 잘해냈다. 하지만 때로는 정도가 너무 지나쳐서, 사람들 마음을 상하게 해 나쁜 사람이라는 비난을 듣기도 했다.

로마에 흉년이 들자, 키케로는 재무관으로 임명되어 시킬리아에 가게 되었다. 그는 가자마자 강제로 사람들에게 많은 식량을 거두어들여 로마로 보냈기에, 시킬리아인들로부터 심한 비난을 받았다. 그러나 나중에는 세심하고 공정하게 사람들을 대하며 너그럽게 일을 처리하는 것을 본 섬사람들은, 이제까지 보아온 어느 총독보다도 키케로를 따르고 존경하게 되었다.

그즈음 많은 로마 명문 자제들이 군대 규율을 어긴 죄로 문책을 당하게 되자, 키케로는 시킬리아 법무관에게 끌려나온 이들 편에서 변호를 해 무죄로 풀려나게 해주었다. 그는 이런 일들을 한 데 대해 몹시 뿌듯해하며 로마로 돌아오다가, 아주 재미있는 모험을 하게 되었다고 스스로 기록을 남겼다..

키케로는 캄파니아를 지나가다가, 다정한 친구였던 로마의 저명인사 한 사람을 만났다. 키케로는 그 친구에게 로마 시민들이 자기가 시킬리아에서 하는 일들에 대해 어떻게 생각하는지 물어보았다. 그는 틀림없이 자기를 칭찬하리라 기대했지만, 친구는 뜻밖에도 그에게 이렇게 되물었다.

"그런데 키케로, 자네는 도대체 지금까지 어디서 무엇을 하며 지냈나?"

이 말을 듣고 키케로는 매우 실망했다. 이제까지 자신이 한 일들이 로마에 닿지도 못한 채 망망대해에서처럼 사라져 버려 그곳에는 자취 하나 남기지 못했음을 뼈저리게 느낀 것이다.

이 일이 있은 뒤로 키케로는 자기가 온 마음을 다해 추구하는 명예에 이르기 위해서는 이쯤에서 만족하면 안 되며, 앞으로도 끝없이 노력해야 한다는 사실을 깨닫고, 전보다 더 자신을 낮추고 겸허해졌다. 하지만 그는 늘 청찬받고 싶어하고 명예욕도 남달리 강했으므로, 이런 성향은 그가 가장 훌륭하고 지혜로운 판단을 내리는 데 장애물이 되기도 했다.

정치 활동에 힘을 쓰기 시작하면서부터 키케로 생각에도 조금씩 변화가 생겼다. 생명 없는 도구나 기계를 다루는 장인들도 그 물건들 이름과 놓여질 장소, 사용 방법까지 꿰뚫고 있는데, 하물며 사람을 다루어야 하는 정치가가 시민들에 대해 알기를 소홀히 하는 것은 너무나 불합리한 일이라 여기게 되었다. 따라서 키케로는 널리 이름이 알려진 사람들에 대해서는 그의 이름뿐 아니라 사는 곳, 그 사람이 소유한 땅, 친구나 이웃에 대해서도 관심을 가지고 모두 기억해 두었다. 이로써 키케로는 이탈리아 어느 길을 가더라도, 친구나 아는 사람의 땅과 집들을 모두 가리키며 친숙하게 말할 수 있었다.

키케로가 가진 재산은 많지는 않았으나 생활하기에는 충분했다. 하지만 그는 변호사 일에 대한 대가를 전혀 받지 않았으므로, 사람들로부터 큰 존경과 사랑을 받았다. 무엇보다도 키케로가 크게 이름을 떨치게 된 것은, 시킬리아 법무관으로 있던 베레스를 변호해 주고 나서부터이다. 베레스는 법무관으로 있으면서 많은 부정과 압제를 저질렀다. 시킬리아 섬 주민들이 베레스를 고발했을 때 키케로는 그를 위해 변론을 해서가 아니라 오히려 변론을 하지 않음으로써 마침내 베레스는 유죄선고를 받게 되었다. 그 이야기는 이렇다.

그즈음 법무관들은 베레스를 도와주기 위해 온갖 방법으로 재판을 계속 늦추며, 변호사 변론도 들어보지 못한 채 재판 날짜를 미루고 있었다. 그러자 키케로가 자리에서 일어나 이 사건은 변론할 가치도 없다고 말하며, 곧바로 증인을 부른 다음 재판관들에게 선고를 내리라고 요구했다.

이때 키케로가 한 재치 있는 말들이 다음처럼 전해온다. 유다이아인으로 의심되는 카이킬리우스라는 해방 노예가 시킬리아 사람들을 제쳐놓고 자기가 고발자로 나오려 했다. 그러자 키케로가 그에게 이렇게 쏘아붙였다.

"유다이아인이 돼지에게 무슨 볼일이라도 있습니까?"

'베레스'는 로마어로 '수퇘지'라는 뜻도 있었다. 또 베레스가 키케로를 보고 우유부단하다고 비난하자 그는 이렇게 말했다.

"집에 가서 당신 아들 잘못부터 찾아보시지요."

베레스에게는 다 자란 아들이 있었는데, 젊은이답지 않게 의욕도 없이 거들 먹거리기나 하고 돌아다녔기에 이를 비웃은 것이다. 웅변가 호르텐시우스는 감히 드러내 놓고 베레스를 변호하지는 못했지만, 설득에 못 이겨 법정에 나와 그의 벌금을 좀 낮추어 보겠다고 했다. 그는 이에 대한 대가로 상아로 된 스핑크스를 선물받았다. 이 사실을 알고 있던 키케로가 변론하는 과정에서 말을 빙빙 돌리며 그를 비난하자, 호르텐시우스는 자신은 그런 어려운 수수께끼는 풀 수 없다고 말했다. 이 말을 듣고 키케로가 한 마디 던졌다.

"그러시다니 좀 이상하군요. 집 안에 스핑크스를 두시지 않았습니까?"

마침내 베레스는 유죄판결을 받고, 벌금 75만 드라크메를 내게 되었다. 이때 키케로는 뇌물을 받고 베레스에게 벌금을 너무 낮게 부과했다는 의심을 받기도 했다. 하지만 시킬리아 사람들은 키케로가 판결에 도움을 준 일을 매우 고맙게 생각해, 뒤에 키케로가 조영관이 되었을 때 많은 선물들을 보냈다. 키케로는 사적인 이익을 챙기는 사람이 아니었으므로, 이 물건들을 개인적으로 쓰지 않고 선물한 사람들에 대한 감사의 뜻으로 물가를 낮추는 데 썼다.

키케로는 아르피눔에 멋진 별장이 있었으며, 네아폴리스 근처와 폼페이에 농장을 갖고 있었다. 그러나 그렇게 호화로운 것은 아니었다. 그에게는 아내 테렌티아가 결혼 지참금으로 가져온 10만 데나리우스와, 자신이 유산으로 물려받은 9만 데나리우스가 있었다. 키케로는 이 재산으로 훌륭하고도 검소하게 지내며 헬라스와 로마 학자들과 어울려 살았다.

키케로는 해가 지기 전에는 거의 식사를 하지 않았다. 이는 그가 바빠서가 아니라 위가 약하기 때문이었다. 실제로 그는 건강을 위해 해야 하는 일이라면 무엇이든 엄격히 지켰다. 그는 날마다 몇 시간씩 마사지를 받고, 산책을 했다. 이처럼 건강 관리를 철저히 했으므로, 그는 많은 일들을 하면서도 피로를 극복할 수 있었다. 그는 아버지에게서 물려받은 집은 동생에게 주고, 자신은 팔라티움 언덕에 집을 짓고 살았는데, 그를 찾는 사람들이 힘들게 먼 길을 오지 않도록 하기 위함이었다. 날마다 수많은 사람들이 그를 만나기 위해 찾아왔다. 그즈음 로마에서 크게 이름을 떨치던 크라수스와 폼페이우스에게도 많은 사람들이 찾아왔었는데, 이들은 크라수스의 엄청난 재산과 폼페이우스의 막강한 군사력에 관심이 있었기 때문이다. 하지만 이들만큼 큰 명성을 떨치고 있지도 않고 많은 재산도 없는 키케로에게도 그들 못지않게 많은 사람들이 찾아왔다. 심지어 폼페이우스도 키케로에게 존경을 나타내며 정치적 도움을 구하러 찾아오곤 했다. 키케로는 폼페이우스가 거대한 권력과 명성을 얻는 데 큰 영향력을 끼쳤다.

뒤에 키케로는 사람들과 함께 법무관 후보로 나서 그 가운데 가장 먼저 임명되었다. 그는 모든 사건들을 청렴결백하게, 정의의 편에서 공명정대하게 처리했다.

언젠가 그는 리키니우스 마케르의 재판을 맡게 되었다. 이 리키니우스 마케르는 로마의 큰 세력가로 이름을 떨치던 크라수스의 지지를 받았는데, 그는 불법으로 돈을 가로챘다는 혐의를 받고 있었다. 그러나 그는 자신의 영향력과 친구들 힘을 믿고, 법정에서 무례하게 행동했다. 그는 재판관들이 선고를 내리려고 의논하는 동안 몰래 빠져나와, 집에서 급히 이발을 하고 옷을 갈아입은 다음, 마치 무죄가 확정된 사람처럼 당당히 법정으로 돌아왔다.

하지만 그가 법정 뜰에 들어섰을 때, 크라수스가 모든 재판관들이 그에게 만장일치로 유죄판결을 내렸다는 소식을 알려주었다. 리키니우스 마케르는 이 말을 듣고는 다시 집으로 돌아와 침대에 눕더니 그대로 죽어버렸다. 이 판결로 키케로는 이름을 날리며, 법정에서 부정부패에 강력히 맞서는 정의로운 사람이라는 큰 호평을 얻게 되었다.

웅변가 바티니우스는 성격이 매우 거칠었으며 법정에서 변론할 때 재판관들을 업신여기곤 했다. 그의 목은 부종으로 늘 퉁퉁 부어올라 있었다. 하루는 그가 키케로 앞에서 어떤 요청을 했다. 그런데 키케로는 일부러 시간을 끌면서 그 요구를 바로 들어주지 않았다. 그러자 바티니우스가 망설이는 키케로에게 말하기를, 자신이 법무관이라면 이 정도 요구는 무조건 받아 삼켰을 거라 했다. 이 말에 키케로는 그를 바라보며 이렇게 대답했다.

"하지만 내 목은 당신 목처럼 굵지가 않습니다."

키케로의 임기가 이틀밖에 남지 않은 어느 날, 마닐리우스가 공금을 횡령했다는 혐의를 받고 키케로 앞에 끌려나왔다. 마닐리우스는 사람들로부터 좋은 평을 받고 있었으므로, 오로지 폼페이우스의 가까운 친구라는 이유만으로 억울한 누명을 쓴 거라고 키케로는 생각했다. 마닐리우스가 심리일을 좀 미루어 달라고 하자 키케로는 오직 하루만 허락했다. 피고인의 이런 요구에 대해 관례상으로는 적어도 10일쯤 여유를 주도록 되어 있었기 때문에, 사람들은 키케로에게 크게 불평을 했다. 마침내 호민관들은 키케로를 로스트라(연단)에 불러내 해명까지 하게 했다. 그러자 키케로가 말했다.

"나는 이제까지 법률이 허락하는 한 가장 공정하고 인간적으로 피고인들의 사건을 처리해 왔습니다. 마닐리우스 사건에 있어서도 그가 기회를 놓치게 해서는 안 된다고 생각합니다. 그러나 내가 법무관으로 일할 수 있는 날짜가 하루밖에 남지 않은 사실을 고려해 하루만 늦춰준 것입니다. 이 사건 심리를 다음 법무관에게 넘기는 것은 올바른 행동이 아니라 생각합니다."

이 말은 시민들 마음을 움직였다. 사람들은 키케로에게 많은 찬사를 늘어놓으며, 그에게 이 사건을 맡아 변호해 달라고 했다. 키케로는 그즈음 해외 원정을 나가 있던 폼페이우스를 대신해 기꺼이 이 사건을 맡아 처리했다. 그는 시민들 앞에서, 과두정치를 주장하는 폼페이우스에게 반대하는 이들을 매섭게 비난했다.

아무리 이런 일들이 있었다 해도, 오로지 시민의 행복을 위한 일이라 외치며 귀족들 시민들이 하나가 되어 키케로를 집정관으로 뽑은 일은 좀처럼 이해하기 힘들다. 하지만 이처럼 평민과 귀족 두 세력이 힘을 모아 키케로를 집정관 자리에 앉힌 데에는 특별한 이유가 있었다.

술라가 실시한 개혁과 선포한 법들은 처음에는 터무니없어 보였으나, 시간이 지나며 그리 나쁘지 않은 제도로 자리잡아 갔다. 그러나 모든 사람들을 위해서가 아니라 오로지 자기 욕심을 채우기 위해 정부를 무너뜨리고 혁명을 일으키려는 자들도 있었다. 이때 폼페이우스는 폰투스와 아르메니아 왕들과 전쟁을 하기 위해 로마를 떠나 있었기에, 이런 혁명 지지자들을 누를 만한 충분한 세력이 없었다. 더구나 이 혁명 지지자들은 루키우스 카틸리나라는 사납고 대담한 인물을 지도자로 내세워 음모를 꾸몄다.

카틸리나의 여러 죄목들 가운데 가장 악랄하고 파렴치한 것은, 자기 딸을 범하고 친동생마저 살해한 일이었다. 그러나 그는 동생을 죽인 사실을 감추기 위해 술라의 힘을 빌려 자기 동생이 아직 살아 있는 것처럼 꾸민 다음, 추방명령에 따른 사형 대상자 명단에 동생 이름을 넣게 했다.

이런 지도자를 떠받들던 혁명 지지자들은 비밀 맹세로 충성을 다지며, 사람을 죽여 제물로 바친 뒤에 그 고기를 먹는 짓까지 서슴지 않았다. 카틸리나는 술과 여자로 수많은 로마 젊은이들을 꾀어 부하로 삼았는데, 자기 목적을 이루기 위해서라면 돈을 한 푼도 아끼지 않았다. 그는 또 이탈리아 중부인 토스카나 모든 지역과 알프스 남쪽 갈리아 사람들을 부추겨 대대적으로 반란을 일으키게 했다.

로마도 반란 위기에 맞닥뜨리게 되었다. 원인은 불평등한 재산 분배에 있었다. 귀족같이 높은 지위를 누리는 사람들은 향연이나 유흥 등의 놀이를 베풀어 선거운동을 하거나 큰 건축물을 짓는 데 많은 재산을 낭비했다. 이렇게 새어나간 돈은 비열한 사람들 손에 들어갔다. 이처럼 로마 제국은 조금만 건드려도 곧 무너져 내릴 듯 위태로웠다.

그러나 카틸리나는 자신의 뜻을 이루기 위해서는 가장 먼저 강력한 세력을 가져야 한다고 생각해 집정관에 출마하기로 마음먹었다. 그는 카이우스 안토니우스를 동료 집정관으로 선출시키기 위해 애썼다. 안토니우스는 좋은 의미에서든 나쁜 의미에서든 지도자로서의 자질은 없었지만, 그가 힘을 보탠다면 자기가 권력을 행사하는 데 매우 유리하리라 여겼기 때문이다.

선량하고 명예를 존중하는 대부분의 시민들은 이런 위험성을 깨닫고 키케로를 적극 추천했다. 마침내 카틸리나를 물리치고 키케로와 카이우스 안토니우스가 집정관으로 뽑혔다. 입후보자들 가운데 기사 출신은 키케로 하나뿐이고, 나머지는 모두 원로원 의원들이었다.

하지만 사람들은 카틸리나가 꾸민 음모를 깨닫지 못했다. 집정관이 된 키케로의 앞날에는 여러 커다란 장애물이 놓여 있었다. 바로 술라의 법 때문에 공직에 나갈 수 없던 사람들이 문제였다. 그들은 숫자도 매우 많았을 뿐만 아니라, 날이 갈수록 그 세력도 차츰 커져갔다. 그들은 선거에 출마하기 위해 끊임없이 술라의 전제정치를 공격하면서, 시민들 마음을 얻으려 애썼다. 물론 이들 주장은 틀림없는 진실이었고 정당한 것이었다. 하지만 시기적으로 좋지 않아 혼란에 빠진 나라를 더욱 위태롭게 만들 가능성이 있었다.

다음으로 호민관들도 같은 목적으로 법안을 제안해 정부를 난처하게 만들었다. 이들은 10인 위원회를 만들어 이 위원회에게 다음 같은 커다란 권리를 주자고 제안했다. 이탈리아와 시리아를 비롯해 폼페이우스가 새로 정복한 땅들의 모든 공유 토지 매매권, 자유재량에 따라 누구든지 재판을 통해 추방할 수 있는 권리, 식민지를 개척할 권리, 국고금을 마음대로 쓰며, 필요한 만큼 군대를 뽑아 양성할 수 있는 권리 등이었다.

많은 귀족들이 이 안을 지지했는데, 그 가운데는 키케로 동료 집정관인 안토니우스도 있었다. 그는 10인 위원회의 한 사람이 되기를 기대하며 이 법안에 찬성했다. 사실 안토니우스는 카틸리나의 음모를 잘 알고 있었지만, 자신이 지고 있는 엄청난 빚 때문에 오히려 그 음모가 성공하기를 은근히 바라고 있었다. 그러므로 나라를 걱정하는 사람들은 안토니우스에 대해 불안해했다.

이러한 불안감을 느낀 것은 키케로도 마찬가지였다. 따라서 그는 안토니우스가 그토록 바랐던 마케도니아 총독으로 부임할 수 있도록 힘썼다. 이때 키케로도 갈리아 총독으로 임명되었으나 이를 사양했다. 이런 은혜를 입게 되자 안토니우스는 마치 돈을 받고 고용된 배우처럼, 키케로가 나라의 이익을 위해 내놓는 의견들에 대해 무조건 찬성했다. 이렇게 동료 집정관을 자기 마음대로 다룰 수 있게 되자 키케로는 더욱 용기를 얻어 음모자들에 대해 조치를 취하기 시작했다. 키케로는 10인 위원회를 만들자는 원로원 법안에 대해 반대 연설을 해 그 법률을 제안한 사람들을 당혹스럽게 만들었지만, 그들은 감히 한마디도 반대하지 못하고 침묵만 지켰다.

그러나 음모자들은 다시 철저히 준비를 한 다음, 시민들을 앞세워 두 집정관에게 참석을 요구했다. 키케로는 조금도 흔들리지 않고 원로원 의원들과 함께 당당하게 그 자리에 나타났다. 결국 법안은 폐기되었고, 뿐만 아니라 그의 연설에 압도된 호민관들은 계획했던 다른 법안들마저 모두 포기했다.

이런 식으로 키케로는 웅변의 힘이 얼마나 위대하며, 정의가 웅변의 힘을 빌리게 되면 얼마나 놀라운 영향력을 발휘하는지 여실히 보여주었다. 또한 국가를 잘 이끌어 가려는 사람은 민중이 듣고 싶어하는 말만 해서는 안 되고 언제나 바른 정의를 부르짖어야 하며, 유익한 말로 설명하되 감정을 상하게 해서는 안 된다는 것을 로마 사람들에게 깨닫게 해주었다. 키케로 웅변의 호소력이 얼마나 컸는지는 그가 집정관일 때, 극장에서 한 연설에서도 알 수 있다.

로마에서는 기사계급들도 시민들과 한데 섞여 연극을 보았다. 그러나 법무관이 된 마르쿠스 오토는, 처음으로 기사들에게 특별석을 마련해 주고 시민들보다 좋은 자리에 앉게 해주었다. 시민들은 그가 자신들을 무시한다고 생각해, 오토가 극장에 들어오자 그를 모욕하기 위해 야유를 보냈다.

반대로 기사들은 박수갈채를 보내며 그를 따뜻하게 맞이했다. 그러자 극장 안은 야유와 박수 소리로 차츰 격해지더니, 나중에는 서로 욕설을 퍼붓고 비난하면서 극장 전체에 한바탕 소동이 벌어졌다.

키케로는 이 소식을 전해 듣고 극장으로 달려와, 시민들을 벨로나 신전 앞에 모아놓고 꾸짖는 연설을 했다. 그러면서도 이들의 마음이 상하지 않도록 너그럽게 말했다. 이 연설을 듣고 난 시민들은 다시 극장으로 돌아와, 기사들에 못지않은 환호를 보내며 오토에게 존경의 뜻을 나타냈다.

카틸리나 일당은 처음에는 기가 꺾여 조용히 지냈지만, 서서히 다시 힘을 모으기 시작했다. 이들은 모임을 갖고 서로 격려하며, 군대를 이끌고 돌아오는 폼페이우스가 로마에 도착하기 전에 일을 성사시키려고 서둘렀다. 카틸리나는 특히 과거에 술라를 섬겼던 병사들에게 의지했다. 군대가 해산되면서 흩어진 병사들 가운데 가장 호전적이고 사나운 무리들은 이탈리아 도시들 안에 흩어져, 나라 재물들을 약탈해 나누어 가지려는 계획을 세우고 있었다. 이들의 우두머리는 술라 밑에서 뛰어난 공을 세웠던 만리우스였는데, 그는 집정관이 되려는 카틸리나와 결탁해 그를 돕기로 했다. 마침내 선거일이 되자, 만리우스는 패거리를 이끌고 로마로 들어왔다. 이들은 카틸리나가 선거운동에 열을 올리는 동안 다들 정신없는 틈을 타서, 소란을 일으켜 키케로를 죽이려 했다. 그런데 갑자기 지진이 일고 천둥이 치면서 놀라운 환영들이 나타나 그들의 계획은 물거품으로 돌아갔다. 마치 앞으로 드러나게 될 음모와 반란들을 신께서 미리 알려주는 듯했다.

카틸리나는 귀족으로서 절대적인 세력을 갖고 있었기에 소문만으로는 그에게 죄를 물을 수 없었다. 그러나 그의 행동은 미심쩍은 데가 있었으므로, 키케로는 선거 날짜를 미루고 카틸리나를 원로원으로 불러내 소문에 대해 따져 물었다. 카틸리나는 개혁을 바라는 원로원 의원들도 많다고 생각한 데다, 자기와 뜻을 함께하는 사람들 앞에서 떳떳한 모습을 보이고 싶은 마음에서 어이없는 대답을 했다.

"몸뚱이가 두 개 있다고 합시다. 하나는 머리가 있는데 너무 말라 힘이 없고, 다른 하나는 건강하고 큰데 머리가 없습니다. 그러니 내가 그 머리가 되어주겠다는 건데, 도대체 뭐가 이상하다는 겁니까?"

여기서 말하는 두 몸뚱이는 원로원과 민중을 뜻한다. 이 말을 듣고 몹시 걱정이 된 키케로는, 선거일이 되자 갑옷을 차려입고 귀족들 호위를 받으며 집을 나섰다. 그러고는 수많은 젊은이들 보호를 받으며 선거 장소인 마르스 들판으로 나아갔다. 들판에 이르자 키케로는 어깨에 두르고 있던 윗옷을 떨어뜨려, 속에 입은 갑옷을 시민들에게 보여주었다. 곧 자신에게 큰 위험이 닥칠 것을 미리 알리려 함이었다. 깜짝 놀란 시민들은 키케로를 보호하려고 곧바로 그를 에워쌌다. 그리고 투표에서 이전 선거 때처럼 카틸리나를 물리치고, 실라누스와 무레나를 집정관으로 선출했다.

얼마 뒤 반란을 일으키기로 한 날짜가 다가오자, 카틸리나 일당은 에트루리아에 모여 군대를 만들기 시작했다. 어느 날 밤 키케로 집으로 사람들이 달려왔다. 이들은 로마에서 가장 큰 세력을 떨치고 있던 마르쿠스 크라수스, 마르쿠스 마르켈루스, 스키피오 메텔루스 등이었다. 이들은 다급하게 문을 두드리며 문지기를 깨우더니, 자기들이 찾아온 사실을 키케로에게 알리게 했다. 이들은 다음 같은 일로 그에게 달려온 것이었다.

크라수스가, 그날 저녁 식사를 마쳤을 때 문지기가 모르는 사람에게서 받은 편지 몇 통을 들고 왔다. 편지는 저마다 받는 사람의 이름이 달랐고, 한 통만이 크라수스에게 보낸 것이었다. 보낸 사람 주소와 이름은 적혀 있지 않았다. 편지는 카틸리나가 로마에서 대규모 암살을 시도하고 있으니 어서 로마를 떠나라는 내용이었다. 크라수스는 다른 편지들은 미처 뜯어보지도 못한 채 부랴부랴 키케로에게 달려온 것이다. 목숨이 위태롭다는 편지 내용이 두렵기도 했지만, 카틸리나와 친했으므로 자신이 받아왔던 몇 가지 의혹들을 해명하고 풀기 위함이었다.

키케로는 깊이 생각한 뒤에, 날이 밝자마자 원로원 회의를 소집했다. 그는 아직 뜯지 않은 편지들을 저마다 겉에 쓰인 수신인 이름대로 나누어 주고는 모든 의원들 앞에서 읽게 했다. 편지들에는 음모가 꾸며지고 있다는 내용이 똑같이 적혀 있었다. 그 무렵 법무관 대우를 받고 있던 퀸투스 아리우스는 원로원 의원들에게, 에트루리아에서 그들이 이미 군대를 편성했으며, 만리우스가 대군을 이끌고 그 지방 이곳저곳을 돌아다니며 로마에서 출동 명령이 오기만을 기다리고 있다는 소식을 전했다.

이 정보를 받은 원로원 의원들은 나라를 구하는 가장 좋은 방법으로서 두 집정관에게 국가의 모든 권한을 집중하는 결의안을 통과시켰다. 이런 일은 나라에 매우 위급한 큰일이 닥쳤을 때에만 내리는 긴급 조치였다.

이런 권한을 위임받은 키케로는 대외적인 일들은 퀸투스 메텔루스에게 모두 맡겨버리고, 자신은 로마 시내만 다스리기로 했다. 그는 외출할 때면 늘 수많은 호위병에 둘러싸여 다녔기에, 키케로가 의사당에 나갈 때면 광장은 언제나 호위병으로 가득했다. 상황이 이렇게 되자 카틸리나도 더는 두고 볼 수가 없었다. 그는 하루라도 빨리 떠나 만리우스와 군대를 합치기로 마음먹고, 먼저 마르키우스와 케테구스를 불러들였다. 그는 이들에게, 아침 일찍 키케로를 찾아가 인사를 하는 척하며 다가가 칼로 찔러 죽이라고 명령했다.

그런데 그 전날 밤 풀비아라는 귀족 부인이 키케로를 찾아와 이 위험을 알려주며, 케테구스와 마르키우스 가운데 특히 케테구스를 조심하라고 귀띔해 주었다. 암살자들은 날이 밝자마자 키케로를 찾아갔다. 문지기들이 들어가지 못하게 하자 이들은 문밖에서 무례하게 굴며 소란을 피워댔다. 이들의 행동은 이른 아침에 키케로를 찾아온 것에 대한 의혹을 더 크게 불러일으켰다.

키케로는 유피테르 스타토르 신전으로 가서 원로원 의원들을 불러 모았다. 이 신전은 팔라티움 언덕 '성스러운 길'이라 부르는 곳 어귀에 세워져 있었다. 자신의 음모를 변명하려는 듯, 카틸리나도 다른 의원들 사이로 다가와 자리에 앉았다. 하지만 원로원 의원들 가운데 어느 누구도 그 옆에 가려 하지 않았으며, 그에게서 멀찌감치 거리를 두고 앉았다. 그리고 카틸리나가 연설을 시작하자 모두가 크게 소리 지르며 방해했다.

마침내 키케로가 일어나 카틸리나에게 로마를 떠나라고 명령했다. 이렇게 되자 카틸리나는 무장한 병사 300명을 이끌고 곧바로 로마를 떠났다. 그는 마치 나라의 큰 관리라도 되는 듯 파스케스와 깃발들을 앞세우고 만리우스가 있는 곳으로 나아갔다. 그리고 그곳에서 병사 2만 명을 더 모아 여러 도시를 돌아다니며 반란을 부추겼다. 이때부터는 아주 드러내 놓고 전쟁에 들어갔으므로, 로마에서는 이들을 소탕하기 위해 안토니우스를 파견했다.

카틸리나에게 매수된 사람들 가운데 로마에 남은 무리들이 있었는데, 그들은 코르넬리우스 렌툴루스의 지휘를 받고 있었다. 그에게는 수라라는 별칭이 있었다. 수라는 본디 명문 출신이었으나 지나치게 방탕한 생활로 원로원에서 쫓겨난 사람인데, 이즈음 두 번째 법무관 직위에 있었다. 이는 원로원 의원 자격을 되찾기 전 관례적으로 따르는 일이었다.

렌툴루스는 다음 같은 계기로 수라라는 별칭을 갖게 되었다고 한다. 그는 술라 시대에 재무관으로 있으면서 많은 공금을 가로챘다. 이 일을 알고 격분한 술라는 원로원으로 그를 불러낸 다음, 계산보고서를 제출하라고 했다. 그러나 렌툴루스는 너무나 뻔뻔스러운 태도로 그다지 보고할 것도 없다고 대답했다. 그러고는 마치 어린아이가 공을 가지고 놀다가 잘못했을 때처럼 종아리를 때려달라고 말했는데, 로마어로 종아리를 '수라'라 했던 것이다. 또 언젠가 법을 어긴 죄로 추궁을 받자, 그는 재판관들을 매수해 두 표 차이로 겨우 무죄판결을 받았다. 그러자 렌툴루스는 한 표 차이로도 풀려날 수 있었는데, 한 사람에게는 괜히 뇌물을 썼다며 불평을 늘어놓았다. 수라는 바로 이런 자였다.

렌툴루스는 반란을 일으키도록 카틸리나에게 끊임없이 설득당했으며, 예언가나 점술가인 체하는 사람들도 그에게 헛된 희망을 갖도록 해 이성을 마비시켰다. 이들은 시빌라 예언집에 나온 신탁 글귀들을 그럴듯하게 해석해 가며 그를 부추겼다. 그 신탁에서는 코르넬리우스라는 이름을 가진 세 사람이 로마 군주가 된다고 했는데, 그 가운데 킨나와 술라가 이미 그런 운명을 받았으니 이제 남은 사람은 렌툴루스 하나뿐이라고 했다. 그러므로 렌툴루스는 수단과 방법을 가리지 않고 자신의 운명을 받아들여야 하며, 머뭇거리다가 카틸리나처럼 기회를 놓쳐서는 안 된다고 말했다.

렌툴루스는 이에 자극을 받아 음모를 꾸몄다. 그는 원로원 의원들을 모두 죽이고, 가능하면 많은 시민을 학살한 뒤 도시에 불을 지르기로 했다. 이즈음 폼페이우스가 로마로 돌아오고 있다는 소식이 들려왔으므로, 그는 폼페이우스의 아들은 죽이지 않고 인질로 잡아두었다가 평화협정을 맺을 때 이용하기로 했다.

렌툴루스는 사투르날리아 제사 기간에 이 거사를 실행하기로 마음먹었다. 그는 케테구스 집에 칼과 밧줄, 유황을 미리 숨겨두었다. 또 로마 시내를 100개 구역으로 나누어, 구역마다 책임자를 한 사람씩 두게 했다. 여러 곳에 동시에 불을 질러, 로마를 한꺼번에 불바다로 만들 생각이었다. 다른 사람들은 수로를 막고, 불을 끄기 위해 나온 시민들을 죽이기로 했다.

이 일들이 진행되고 있을 때, 로마에는 알로브로게스에서 온 사절 둘이 머무르고 있었다. 그 무렵 이 나라는 로마로부터 억압을 당했기에, 로마의 통치에 많은 불만을 품고 있었다. 렌툴루스 무리는 이 사절들을 음모에 끌어들여 갈리아 지방에서 반란을 일으키기로 계획했다. 그래서 알로브로게스 원로원에 편지를 보내 이 계획을 돕는 대신 그들에게 자유를 주겠다고 약속했다. 또 카틸리나에게는 노예를 해방시킨 다음 이들을 이끌고 로마로 곧장 진격해 들어오라는 편지를 보냈다. 그는 이 편지를 알로브로게스 사절들을 통해 크로톤 출신 티토스라는 사람 편에 카틸리나에게 전했다.

술과 여자를 미끼로 사람들을 끌어들여 이런 음모를 꾸미는 무분별한 무리들을, 키케로는 하나도 빠짐없이 지켜보고 있었다. 그는 정탐꾼들을 풀어 이들 뒤를 밟게 하고, 때로는 음모에 가담한 듯이 무리 속에 끼어 사태를 살펴보게 한 다음 비밀리에 연락을 취하며 놀랄 만큼 민첩하고 지혜롭게 대처해 나가고 있었다. 그러므로 키케로는 이들이 외국 사절들을 음모에 가담시키고 있다는 사실까지 낱낱이 파악하고 있었다. 그는 부하들을 한밤에 잠복시켰다가 이 크로톤 사람을 붙잡아 편지를 빼앗았다. 실제로 알로브로게스 사절들은 키케로와도 몰래 연락을 취하고 있었다.

날이 밝자 키케로는 콩코르디아 여신 신전에서 원로원 회의를 열어 렌툴루스 편지를 읽은 다음, 목격한 사람들 이야기를 들었다. 실라누스 유니우스는 케테구스가 집정관 3명과 법무관 4명을 죽이겠다고 말하는 것을 여러 사람들이 들었다고 말했다. 집정관을 지냈던 피소 또한 비슷한 증언을 했다. 법무관 카이우스 술피키우스는 케테구스 집을 뒤졌는데 숨겨둔 창과 무기, 그리고 새로 날을 간 크고 작은 많은 칼들을 찾아냈다.

원로원은 모든 사실을 거짓 없이 털어놓은 크로톤 사람을 용서하기로 결정했다. 그러나 렌툴루스는 유죄선고를 받고 법무관 자리에서 물러나야만 했다. 그는 자줏빛 단을 두른 법무관 옷을 벗고, 처지에 맞는 옷으로 갈아입었다. 렌툴루스와 그의 무리는 사슬에 묶이지는 않았지만 법무관들에게 넘겨져 감금되었다.

수많은 시민들이 날이 저물도록 돌아가지 않고 신전 주위에서 키케로가 나올 때까지 기다렸다. 사건을 자세히 들은 시민들은 그의 집 가까이 있는 친구 집까지 키케로를 안전하게 호위해 주었다. 그 집에서는 귀족 부인들이 모여 제사를 지내고 있었다. 이는 1년에 한 번씩 집정관 집에서 베스타의 성녀라 불리는 여사제들과 집정관 아내들이나 어머니들이 행하는 비밀의식이었다.

친구 집에 도착한 뒤 키케로는 몇 명 되지 않는 친구들과 함께 렌툴루스 무리에 대한 처벌 문제를 의논했다. 범죄의 심각성으로 볼 때 이들에게는 가장 엄격한 벌이 내려져야 마땅했지만 키케로는 망설이고 있었다. 그가 본디 온화하고 너그러운 사람이기도 했지만, 범인들 모두 상당한 세력가이며 명문 귀족 출신들이었으므로, 자칫 너무 가혹한 처벌을 내렸다는 비난을 받게 될까 두려웠다. 하지만 그렇다고 느슨한 처벌을 내릴 수도 없었다. 뒷날 어떤 보복을 당할지 알 수 없기 때문이다. 사형을 면하게 해주었을 때, 범인들은 고마워하기보다는 오히려 악한 마음을 품고 새로운 복수의 칼날을 갈기 마련이다. 게다가 평소 용맹스럽지 못하다며 키케로를 꾸짖던 민중에게 비겁하고 유약한 사람으로 낙인찍힐 우려도 있었다.

키케로가 이처럼 망설이는 동안, 제사를 올리던 부인들은 매우 이상한 징조를 보게 되었다. 제단에 불이 모두 꺼져 있었음에도, 타버린 숯더미 속에서 갑자기 커다란 불기둥이 치솟아 오른 것이다. 이를 보자 귀부인들은 모두 두려움에 몸을 떨었다. 하지만 베스타 성녀들은 키케로의 아내 테렌티아에게 서둘러 남편에게 가라고 말했다. 여신께서 큰 빛을 비추어 키케로를 안전하고 명예로운 길로 이끌어 주실 테니 그가 나라를 위해 마음먹은 일을 어서 시작하라고 전하라 했던 것이다.

테렌티아는 결코 유약하고 겁 많은 여인이 아니었다. 키케로 말에 따르면, 그녀는 남편과 대화를 나눌 때에도 집안일보다는 정치 문제들을 함께 의논했다고 한다. 테렌티아는 곧 키케로에게 달려가 이 놀라운 징조를 알리며, 음모자들을 엄격하게 처벌하라고 충고했다. 또 그의 동생 퀸투스와 함께 철학을 이야기하며 나라의 중요한 문제를 처리할 때마다 도움을 준 친구 푸블리우스 니기디우스도 키케로를 격려했다.

다음 날 원로원에서는 음모자 처벌 문제가 정식으로 논의되었다. 누구보다 먼저 의견을 말한 사람은 실라누스로, 그는 범인들을 감옥에 가두었다가 가장 무거운 벌을 주어야 마땅하다고 주장했다. 이어서 의원들이 차례로 의견을 말했는데, 모두 실라누스 의견에 찬성했다. 마침내 뒷날 로마 독재관이 된 카이우스 카이사르가 말할 차례가 되었다.

카이사르는 아직 젊은 나이로 이제 막 정계에서 두각을 나타내고 있었다. 그는 로마 공화정을 군주제로 개혁하겠다는 뜻을 품고, 모든 정책을 펼쳐나가고 있었다. 카이사르의 이런 계획을 다른 사람들은 모두 알아차리지 못했으나, 오로지 키케로만은 그를 매우 의심쩍게 생각하고 있었다. 어떤 역사가들은, 이때 카이사르가 결정적인 증거를 키케로에게 제공할 뻔했다고 말한다. 또 다른 이들은 키케로가 모든 정보를 가지고 있었음에도 카이사르와 그 측근 세력들이 두려워 모르는 체했다고 주장하기도 한다. 카이사르를 음모자들과 함께 고발한다 해도 그를 처벌할 수는 없다는 사실을 잘 알았기 때문이다.

자리에서 일어난 카이사르는 음모자들을 사형시켜서는 안 되며, 이들의 재산을 빼앗아 우두머리인 카틸리나를 잡을 때까지 이탈리아 어느 곳이든 키케로가 정하는 장소에 가두어야 한다고 주장했다. 너그러운 제안이었고, 또한 카이사르는 대단한 웅변가였으므로 그의 말은 사람들에게 매우 타당하고 설득력 있게 들렸다. 키케로는 자리에서 일어나 첫 번째 실라누스 의견의 장점들과 두 번째 카이사르 의견의 장점들을 모두 다루면서도 카이사르에게 적지 않은 힘을 보태주었다. 키케로의 친구들도 카이사르 의견을 받아들이는 게 키케로에게 더 유리하리라 생각해 그 의견에 찬성했다. 음모자들을 사형시키지 않으면 키케로가 비난받게 될 일도 줄어들리라 판단했던 것이다.

사람들 뜻이 이렇게 모아지자, 가장 먼저 의견을 말한 실라누스도 자신의 말을 취소할 수밖에 없었다. 그는 자신이 말했던 가장 무거운 벌은 사형이 아니라, 로마 원로원 의원에게 줄 수 있는 가장 엄한 벌인 감금형을 의미했었다고 설명했다.

하지만 오로지 한 사람, 카툴루스 루타티우스만은 카이사르 의견에 반대하고 사형을 주장했다. 이어서 카토가 일어나 루타티우스 의견을 지지하며, 카이사르에게 의혹을 제기하고는 맹렬히 비난했다. 그러자 원로원 의원들은 다시 생각을 바꾸어, 마침내 음모자들에 대한 사형 결의안을 통과시켰다.

카이사르는 자신의 너그러운 제안을 거부하고 음모자들에게 극형까지 내리는 것은 옳지 않다고 주장하며 그들 재산을 몰수하는 일에도 반대했다. 그러나 원로원 의원들이 대부분 자신의 주장을 받아들이지 않는 것을 보고는, 이번에는 호민관들에게 호소를 했다. 그러나 호민관들 또한 그의 의견을 받아들이지 않았다. 하지만 키케로는 스스로 한 발 물러나, 재산을 몰수하지 않는 데에 동의했다.

회의가 끝나자 키케로는 원로원 의원들과 함께 곧바로 음모자들에게 갔다. 음모자들은 한곳에 있지 않고 여러 법무관들이 나누어 맡아 가둬두고 있었다. 이들은 먼저 팔라티움 언덕으로 가서 렌툴루스를 끌어내어, '성스러운 길'을 지나 광장 한가운데로 들어가게 했다. 이때 로마에서 이름이 알려진 시민들이 호위하듯이 그를 에워싼 다음 끌고 다니며 사람들로 하여금 보도록 했다. 시민들은 이 모습을 보고 두려워하며 침묵을 지켰다. 젊은이들은 귀족들의 끔찍한 의식이 일어나기라도 할 것처럼 두려움과 놀라움으로 몸을 떨었다.

키케로는 광장을 지나 감옥에 이르렀다. 그는 사형집행인에게 렌툴루스를 넘겨주며 처형하도록 명령했다. 이어서 케테구스를 비롯한 다른 음모자들도 모두 차례로 끌고 나오게 하여 사형을 집행시켰다. 광장에는 음모 가담자들이 아직까지 남아서 밤이 되기만을 기다리고 있었다. 그들은 동지들이 아직 살아 있으며, 풀려날지도 모른다고 생각하고 있었다. 키케로는 이들을 보자 큰 소리로 말했다.

"그들은 살아 있었습니다."

로마 사람들은 불길한 말을 입 밖에 내기를 꺼려하여, 죽었다는 말을 이런 식으로 표현하곤 했다. 키케로는 이미 해가 기울어갈 즈음 광장을 빠져나와 집으로 발걸음을 옮겼다. 시민들은 그에게 나라를 구한 위대한 분이라 부르며 환호와 박수를 아끼지 않았다. 이들은 집집마다 문 앞에 횃불을 내걸고, 거리로 나와서 키케로에게 존경의 뜻을 나타냈다. 부인들도 귀족들의 화려한 호위를 받으며 집으로 돌아가는 키케로를 보기 위해 지붕 위에 횃불을 달아두었다.

그를 맞이하는 시민들 가운데에는 큰 전쟁에서 승리를 거두고 개선식에 참가하거나, 땅과 바다에서 로마의 세력을 크게 넓히는 데 기여한 사람들도 많았다. 그들은 키케로와 함께 집으로 돌아가며 서로 많은 이야기들을 나누었는데, 로마 시민들에게 전리품과 재물을 안겨준 것은 용감한 병사들과 지휘관들이 이룬 공로였지만, 로마를 안전하게 지킨 일은 키케로 한 사람의 공로라 말하며 그를 높이 평가했다. 음모를 미리 알아차리고 가담자들을 처벌한 것은 그리 특별한 일은 아니었으나, 그토록 큰 음모를 나라에 어떠한 불안이나 소요 사태도 일으키지 않고 막아냈다는 사실은 놀라운 일이었다.

카틸리나와 함께 음모에 가담하기 위해 모였던 사람들은 렌툴루스와 케테구스의 죽음을 전해듣고는 거의 그를 떠나 뿔뿔이 흩어져 버렸다. 카틸리나는 얼마 남지 않은 부하들을 이끌고 안토니우스에게 맞섰지만, 모두 죽음을 당하고 말았다.

키케로의 이런 정치적 성공을 비난하는 사람들도 많이 생겨났다. 이들은 새해에 법무관이 된 카이사르, 그리고 호민관이 된 메텔루스와 베스티아 등을 중심으로 모인 무리들이었다. 이들이 관직에 취임했을 때 키케로 임기는 아직 며칠 더 남아 있었다. 이들은 연단 위에 긴 의자를 높이 쌓아서 키케로가 연설하지 못하도록 막아놓고는, 퇴임 선서를 한다면 연단 위에 오르게 해주겠다고 말했다. 키케로는 이 조건을 순순히 받아들이며 연단으로 올라갔다.

키케로는 사람들이 조용해지기를 기다렸다가 선서를 했는데, 관례에 따른 퇴임 선서가 아니라 그가 손수 새로 쓴 내용이었다. 자신이 집정관으로 있는 동안 나라를 구하고 로마를 안전하게 지켰다고 말한 것이다. 시민들도 모두 그에게 동의하며 그의 말이 진실임을 확인해 주었다. 이를 보고 화가 난 카이사르와 두 호민관은 키케로를 괴롭힐 방법을 생각해 냈다. 그들은 키케로의 독재를 막아야 한다는 핑계로, 폼페이우스와 그의 군대를 서둘러 불러들이는 법안을 제안했다.

이때 호민관들 가운데 카토가 있었다는 사실은 키케로 자신이나 로마를 위해서도 너무나 다행스러운 일이었다. 어느 호민관보다도 시민들로부터 가장 많은 신뢰를 얻고 있던 카토는 카이사르의 이 계획에 충분히 맞설 수 있었다. 카토는 이들이 내놓은 여러 제안을 어렵지 않게 꺾어버렸으며, 키케로가 집정관을 하며 쌓은 공적들을 시민들 앞에서 입이 닳도록 칭송했다. 카토의 연설을 들은 시민들은 키케로에게 '나라의 아버지'라는 칭호를 붙여주었다. 이는 카토가 연설할 때 키케로를 그렇게 부른 데서 시작된 것으로, 이 칭호를 받은 사람은 로마 역사에서 키케로가 처음이었다.

이처럼 키케로는 그즈음 로마에서 절대적인 힘을 갖고 있었다. 그가 많은 사람들의 감정을 상하게 하고 비난을 받은 것은 결코 그가 무슨 나쁜 짓을 해서가 아니라 오직 자기 자신을 지나치게 자랑하고 다녔기 때문이다. 그는 원로원, 민회, 법정 등 어디서나 카틸리나나 렌툴루스 사건 같은 일들을 자기가 어떻게 해결할 수 있었는지에 대해 쉼 없이 자랑을 늘어놓았다. 그는 이렇게 떠벌리고 다니는 일에 만족하지 않고 자신의 책이나 글에도 자기 업적을 지나치게 많이 써놓았다. 그의 문장들은 참으로 수려하고 명쾌했지만, 이 지나친 자기 자랑은 숙명처럼 그에게 착 들러붙어서 언제나 사람들을 불쾌하게 만들었다.

이처럼 키케로는 명예욕도 강하고 자기 자랑도 지나쳤으나, 결코 남을 시기하지는 않았다. 그의 이런 성격은 그가 쓴 글에서도 찾아볼 수 있는데, 그는 자신을 칭찬하는 사람에게나 비난하는 사람 모두에게 늘 아낌없는 칭찬을 하는 사람이었다. 몇 가지 예를 들어보겠다.

키케로는 아리스토텔레스를 가리켜 '거침없이 흐르는 황금 물결'이라고 말했다. 플라톤의 《대화편》에 대해서는, 만일 유피테르 신이 말을 한다면 플라톤처럼 할 것이라며 칭찬을 아끼지 않았다. 또 테오프라스투스에 대해서는 자신의 '특별한 보물'이라 부르곤 했다. 언젠가 데모스테네스 연설 가운데 어떤 것을 가장 좋아하느냐는 질문에 그는, '가장 긴 것'이 좋다고 말했다. 그런데 데모스테네스를 존경하는 사람들 가운데는, 키케로가 친구에게 보낸 편지에 데모스테네스 연설은 사람들을 졸게 한다는 내용이 있다면서 그를 욕하는 이도 있었다. 그러나 자신이 가장 공들여 쓴 연설문인 안토니우스에 대한 탄핵 연설문 제목을 데모스테네스가 하던 방식을 본떠 〈필리포스를 반박함〉이라 지은 것을 보면, 키케로가 데모스테네스를 매우 존경했다는 사실을 알 수 있다.

키케로와 같은 시대를 살아가면서 웅변이나 철학으로 이름을 드높인 사람들 가운데, 키케로의 찬사를 받고 나서 그 이름을 더욱더 떨치지 못한 사람은 한 사람도 없었다. 카이사르가 정권을 쥐고 있을 때, 키케로는 카이사르를 설득해 소요학파 철학자인 크라티푸스가 로마 시민권을 얻도록 해주었다. 또한 아테나이 아레오파고스 회의를 이끌어 로마 젊은이들을 가르치고 로마의 명예를 지켜나가기 위해, 크라티푸스를 로마에 그대로 머물게 하는 정식 결의서를 제출하기도 했다.

키케로가 헤로데스와 자기 아들에게 보낸 편지들은 오늘날까지도 전해지는데, 그 가운데에는 크라티푸스에게서 철학을 배우라고 지시하는 내용도 있다. 또 웅변가 고르기아스와 비잔티움 사람 펠롭스에게 보낸 편지도 있으며, 이 두 통의 편지는 그가 헬라스어로 쓴 편지들 가운데 유일하게 화가 나서 쓴 것들이다. 고르기아스에게 보낸 편지에서는 그가 자기 아들을 꾀어내어 무절제한 생활로 방탕하게 만든다면서, 자기 아들과 가까이 지내지 말라고 충고했다. 고르기아스가 정말로 그러한 방탕아였다면 그가 이렇게 꾸짖는 것도 마땅한 일이다. 하지만 펠롭스에게 보낸 편지는 아무리 보아도 비열했다고밖에는 말할 수 없다. 비잔티움 시가 자기에게 명예를 주거나 표창을 내리기 위해 어떠한 노력도 하지 않는다며 비난한 내용이기 때문이다.

키케로가 칭찬과 명예를 얼마나 받고 싶어했는지에 대한 또 다른 예가 있는데, 그는 이렇게 함으로써 자신의 연설을 더 품격 있고 가치 있는 것이 되게 하는 데 실패했다고 말할 수 있다. 언젠가 그는 무나티우스라는 사람의 변호를 맡아 무죄로 풀려나게 해준 적이 있었다. 그런데 뒤에 무나티우스가 키케로의 친구인 사비누스를 고발하자, 키케로는 화가 나서 이성을 잃고 그에게 이렇게 소리쳤다.

"무나티우스! 자네가 그만한 자격이 있어서 무죄로 풀려난 줄 아나? 법정이 자네 잘못을 찾아내지 못한 건 내가 웅변으로 재판관들 판단을 흐리게 해 그 사건을 덮어버렸기 때문이라네."

어느 날은 연단에서 마르쿠스 크라수스에 대해 대단한 찬사를 늘어놓았는데, 시민들 마음을 움직여 큰 박수를 받은 적이 있었다. 그런데 며칠 지나지 않아 키케로는 똑같은 연단에서 크라수스를 비난했다. 그러자 크라수스가 키케로를 불러서 물었다.

"키케로! 며칠 전에 당신은 바로 이 자리에서 내 칭찬을 하지 않았소?"

이 말에 키케로는 이렇게 대답했다.

"그랬소. 연습삼아 별로 중요치 않은 주제로 내 웅변 실력을 시험해 본 거요."

언젠가 크라수스는 연단에 올라가서, 자기 조상 가운데에는 60세가 넘도록 오래 산 사람이 없다고 말했다가 며칠 뒤에는 사실이 아니라고 뒤집었다. 그러면서 그는 자신이 도대체 왜 그런 말을 했는지 모르겠다고 말했다.

그러자 키케로가 크라수스에게 대답했다.

"그야 시민들 마음을 얻으려고 그랬겠지요. 시민들은 그런 말을 듣고 기뻐하니까요."

어느 날 크라수스가 '착한 사람은 언제나 부자'라는 스토아 철학의 가르침을 높이 평가해 말하자 키케로는 또 이렇게 말했다.

"당신 말은 '현명한 사람이 모든 것을 소유한다'는 뜻이 아니었나요?"

너무 탐욕스럽다고 알려진 크라수스를 비웃는 말이었다.

크라수스 아들들 가운데 하나가 악시우스라는 남자의 얼굴을 많이 닮아서,

크라수스의 아내는 의심을 받고 있었다. 그런데 이 젊은이가 어느 날 원로원에서 연설해 대단한 박수갈채를 받자, 사람들은 키케로에게 이를 비평해 달라고 간청했다. 키케로는 헬라스어로 이렇게 말했다.

"악시우스 크라수스답군요."

시리아로 출정하게 되자 크라수스는 키케로와 적대 관계를 버리고 가까운 친구로 지내고 싶었다. 어느 날 그는 키케로를 저녁 식사에 초대하고 싶다고 정중하게 말했다. 키케로는 이 제안을 기꺼이 받아들였다. 그런데 며칠 뒤 한 친구가 키케로를 찾아와, 그즈음 키케로와 맞서고 있던 바티니우스가 그와 화해하기를 간절히 바란다는 말을 전했다. 그러자 키케로는 크라수스에 빗대어 이렇게 말했다.

"뭐라고? 바티니우스도 그토록 나와 저녁을 먹고 싶어한다고?"

키케로는 크라수스에게 늘 이런 식으로 대했다.

혹들 때문에 목이 부어 있었던 바티니우스가 연설하는 것을 보고 키케로는 그를 '부풀리는 연사'라며 비웃었다. 얼마 지나지 않아 바티니우스가 죽었다는 소문이 퍼졌는데, 나중에 사실이 아님이 밝혀졌다. 그러자 키케로는 이렇게 말했다.

"그런 거짓말을 한 놈은 벌을 받아야 마땅하다!"

카이사르가 캄파니아 땅을 자기 병사들에게 나누어 주는 법안을 제시했을 때, 원로원 의원들 거의가 이에 반대했다. 그 가운데 가장 나이 많은 루키우스 겔리우스는, 자기가 살아 있는 동안에는 절대로 이 법안을 통과시키지 않겠다고 말했다. 그러자 키케로가 이렇게 말했다.

"그렇다면 얼마간 기다리지요. 겔리우스 의원이라면 그리 오래 걸리지 않겠군요."

리비아 출신으로 의심 받던 옥타비우스라는 사람은 언젠가 키케로의 변론을 듣다가, 그의 말을 도무지 알아들을 수가 없다며 투덜거렸다. 그러자 키케로는 이렇게 말했다.

"그거 좀 이상한데요. 당신 귀에는 구멍이 뚫려 있지 않나요?"

메텔루스 네포스는, 키케로가 사람들을 변호해 구해준 일보다는 증인으로 세워 구렁텅이에 빠뜨린 일이 더 많다고 말했다. 이에 대해 키케로가 대답했다.

"마땅한 일이지요. 내게는 웅변보다 진실이 더 중요하답니다."

어느 날 한 젊은이가 자기 아버지에게 독을 바른 케이크를 주었다는 혐의로 재판을 받게 되었다. 젊은이는 무례한 태도로 키케로에게, 욕설을 퍼부어 주겠다며 협박하듯 말했다. 키케로가 젊은이에게 대답했다.

"자네의 케이크를 받아먹는 것보다는 차라리 그편이 낫겠네."

푸블리우스 섹스티우스는 키케로와 다른 몇 사람들에게 어떤 사건에 대해 변호를 요청했다. 하지만 그는 변호인들에게는 기회도 주지 않고 자기 혼자서 이야기를 다 해버렸다. 그가 무죄로 풀려날 게 거의 확실해진 상황에서 법관들이 판결을 내리려 할 즈음, 키케로가 섹스티우스에게 이렇게 말했다.

"오늘 실컷 떠들게나, 섹스티우스. 내일이면 그대는 곧 잊히고 말 테니."

푸블리우스 콘스타라는 사람은 법률가인 척 떠들고 다녔으나, 실제로는 학식도 능력도 없었다. 언젠가 키케로는 이 남자를 법정으로 불러들여 증언을 하게 했다. 그가 자꾸만 이 사건에 대해 아는 것이 아무것도 없다고 말하자 키케로가 이렇게 대답했다.

"당신은 내가 법률에 대해 묻는다고 생각하나 보군요."

메텔루스 네포스는 키케로와 말다툼을 하다가, 키케로에게 가끔 이렇게 물어보고는 했다.

"당신 아버지는 누구입니까?"

키케로는 이렇게 돌려서 말했다.

"당신 어머니께 그런 질문을 한다면 훨씬 더 난처해하실 겁니다."

그즈음 네포스의 어머니는 행실이 가장 나쁜 여자로 소문이 나 있었으며, 네포스 자신도 변덕이 몹시 심한 사람이었다. 그는 어느 날 갑자기 호민관 자리에서 물러나 폼페이우스를 찾아 시리아로 갔다가, 또 얼마 지나지 않아 다시 되돌아왔다. 그리고 자기 스승이 세상을 떠나자 지나치게 화려하게 장례식을 치르더니, 그 무덤 위에 돌로 만든 까마귀를 세웠다. 이를 보고 키케로가 말했다.

"그동안 당신이 해온 일 가운데 가장 지혜로운 판단인 것 같소. 당신 스승은 웅변이 아니라 날아다니는 재주를 가르치셨으니까요."

마르쿠스 아피우스라는 사람이 법정에서 변호를 맡게 되었는데, 친구에게서 주의 깊고 성실한 변호를 부탁받았다고 말했다. 그러자 키케로가 그에게 말했다.

"그런데 왜 당신은 친구가 부탁한 대로 훌륭한 자질들을 보여주지 않지요?"

법정에서 변론을 펼칠 때 자신과 적대 관계인 사람이나 상대 변론인에게 이처럼 날카로운 비유로 지적을 하는 것은 흔한 일이라 여길 수도 있다. 하지만 키케로는 상대에게 심한 수치와 불쾌감을 느끼게 했기 때문에 많은 사람들에게서 미움을 받았다. 그런 예들을 몇 가지 더 들어보겠다.

마르쿠스 아퀴니우스라는 사람은 사위가 둘이나 로마에서 추방당했는데, 키케로는 이 사람을 아드라스투스 왕이라 부르며 비웃었다. 또 키케로가 집정관으로 출마했을 때 감찰관으로 있던 루키우스 코타라는 사람은 술을 매우 좋아했다. 여기저기 다니며 선거운동을 하던 키케로는 목이 말라 잠시 물을 마시다가 주위에 있던 사람들에게 이렇게 말했다.

"여러분이 코타를 두려워하는 것도 놀라운 일은 아니니 나를 잘 숨겨나 주시오. 감찰관께서는 내가 술이 아니라 물을 마시는 걸 보면 크게 화를 내실 것 아니오."

어느 날 보코니우스라는 사람이 아주 못생긴 딸 셋을 데리고 걸어가고 있었는데, 이를 보고 키케로는 다음처럼 외쳐댔다.

"포이부스(아폴로) 신의 허락도 받지 않고 자손을 보다니!"

노예의 아들이라 소문난 마르쿠스 겔리우스가 원로원에서 어떤 편지들을 크고 힘찬 목소리로 읽자, 키케로는 이렇게 말했다.

"놀랄 것도 없지. 본디 자유를 외치던 목청이 큰 집안에서 나왔으니."

또 술라가 로마 독재관 자리에 있을 때, 마치 경매광고문이라도 되는 듯 많은 사람들 명단을 발표한 뒤에 곧바로 그들을 처형한 일이 있었다. 그런데 술라의 아들 파우스투스가 재산을 탕진한 뒤 많은 빚을 갚기 위해 경매광고를 내자, 키케로는 아버지가 낸 것보다는 자식이 낸 광고문이 더 낫다고 말했다.

이렇게 날카로운 풍자들을 일삼았으므로 키케로는 사람들에게서 많은 미움을 받았다. 클로디우스 일파가 키케로를 없애려는 음모를 꾸미게 된 것도 다음 같은 이유에서이다.

클로디우스는 귀족 출신 젊은이로 모험을 매우 즐겼는데, 카이사르의 아내 폼페이아와 몰래 정을 통하고 있었다. 어느 날 폼페이아는 여인들만 모여서 행하는 비밀 제사를 자기 집에서 지내고 있었다. 클로디우스는 류트 연주자처럼 꾸미고서 카이사르 집으로 몰래 들어갔다. 여인들은 남자들이 없는 가운데 제물을 올리는 일을 하고 있었다. 클로디우스는 남자들도 없는 데다가 자신은 아직 젊어서 수염이 나지 않았으므로 들키지 않고 다른 여자들과 섞여 무사히 지나갈 수 있으리라 기대했다. 그런데 카이사르 집이 너무 넓고 어두운 밤이어서 그는 들어가자마자 그만 길을 잃고 말았다.

이때 카이사르의 어머니 아우렐리아의 몸종이 우연히 클로디우스를 발견하고 누구인지 물었다. 그는 당황해 폼페이아 몸종 아브라를 만나러 왔다고 거짓말을 했다. 그러나 그의 목소리를 듣고 여자가 아님을 알아차린 몸종은 깜짝 놀라 고함을 지르며 여자들을 불러 모았다. 여인들은 재빨리 모든 문을 잠근 다음, 집 안을 샅샅이 뒤져서 클로디우스를 찾아냈다. 그는 자신을 집 안으로 들여보낸 폼페이아 몸종 방에 숨어 있었다. 이 사건이 널리 알려지자 카이사르는 폼페이아와 이혼했고, 클로디우스는 신성모독 죄로 고발되었다.

이즈음 키케로는 클로디우스와 친구 사이로 가깝게 지냈는데, 카틸리나 음모 사건 때 클로디우스가 키케로를 열심히 돕고 보호해 준 일 때문이었다. 하지만 고발당한 클로디우스가 자신은 그 시간에 로마에 있지도 않았으며, 아주 멀리 떨어진 곳에 머물고 있었다고 말하자, 키케로는 클로디우스가 어떤 문제들에 대해 상의하기 위해 그의 집에 찾아왔었다고 증언했다. 물론 이는 사실이었다.

그러나 키케로가 이렇게 증언을 한 이유는 정의를 위해서라기보다는 그의 아내 테렌티아와 평화로운 관계를 지속해 나가기 위해 스스로를 정당화한 것이었다. 테렌티아는 클로디우스의 누이 클로디아 때문에 클로디우스를 몹시 미워하고 있었다. 그녀는 클로디아가 키케로와 결혼하려고 키케로의 친구 툴루스를 끌어들이고 있다는 소문을 들었기 때문이다. 게다가 키케로가 이웃에 사는 클로디우스를 자주 찾아가며 가깝게 지낸다는 소문까지 들려오자 테렌티아는 차츰 더 키케로를 의심하게 되었다. 본디 오만한 성격으로 남편 위에서 군림하던 테렌티아는 클로디우스에게 불리한 증언을 하도록 키케로를 압박했다.

이때 키케로 말고도 많은 선량하고 분별 있는 시민들이 위증, 사기, 뇌물 수수, 부녀자 유혹 등의 죄목을 들어가며 클로디우스에게 불리한 증언들을 했다. 루쿨루스도 클로디우스 막냇누이가 자기 아내였을 때 클로디우스가 그녀를 유혹했다며 하녀를 통해 증언하게 했다. 클로디우스가 다른 두 누이인 테르티아와 클로디아에게도 비슷한 짓을 했다는 소문도 이미 나돌았다. 이때 테르티아는 마르키우스 렉스의 아내였고, 클로디아는 메텔루스 켈레르의 아내로서 '콰드란타이아'라는 별칭을 갖고 있었다. 그녀의 애인들 가운데 하나가 구리 동전을 은전이라 속여서 그녀에게 보낸 적이 있었기 때문이다. 그즈음 로마에서는 가장 값싼 구리 동전을 '콰드란스'라 불렀다. 클로디우스가 세상 사람들에게서 손가락질을 받게 된 것도 클로디아와의 관계 때문이었다.

이 같은 악평에도 시민들은 클로디우스에게 불리한 증언을 하는 사람들에게 저항했다. 겁을 먹은 법관들은 언제나 호위병들을 데리고 다니며, 투표할 때에도 누가 썼는지 제대로 알아보지 못하게 글씨를 흘려 썼다. 이런 식으로 클로디우스는 다수결 원칙에 따라 무죄로 풀려났지만, 이때 많은 액수의 뇌물이 거래되었다는 소문이 나돌았다. 그러자 카툴루스는 법관들을 만나 이렇게 말했다고 한다.

"당신들이 호위병들에 둘러싸여 다니는 것도 당연하겠군요. 당신들 돈을 뺏으려는 자가 있을지도 모르니까요."

클로디우스는 키케로에게, 법관들이 그의 증언을 조금도 믿지 않았다고 말하자 키케로도 이에 맞서 이렇게 대답했다.

"그래도 25명은 내 말을 믿고서, 당신이 죄인임을 인정했지요. 실제로 나머지 30명도 당신을 믿지 않았습니다. 그들도 당신에게서 돈을 받기 전까지는 당신을 풀어줄 생각이 전혀 없었거든요."

한편 증인으로 나온 카이사르는 클로디우스에게 불리한 증언을 하지 않았다. 또한 간통을 저지른 일 때문에 아내에게 책임을 물었다는 것도 부인했다. 다만 카이사르의 아내라면 수치스러운 일을 저질러서도 안 될뿐더러 수치스러운 소문이 떠돌게 해서도 안 되므로 아내와 이혼한 것이라 주장했다.

클로디우스는 이렇게 위기에서 벗어나 호민관 자리에까지 올랐다. 이때부터 클로디우스는 키케로를 공격하기 시작했는데, 수단과 방법을 가리지 않고 온갖 자료들을 끌어모았으며 온 세상을 키케로의 적으로 만들려고 했다. 그는 집정관들에게 크고 기름진 땅이 돌아갈 수 있도록 힘을 써서 피소에게는 마케도니아를, 가비니우스에게는 시리아를 나누어 주었다. 그리고 가난한 사람들이 좋아할 만한 법안들을 만들어 이들에게 아첨함으로써 큰 세력을 모아 자신의 정책들을 지지하도록 하고, 언제나 무장한 노예 부대로 하여금 자신을 호위하게 했다.

그즈음 로마에서는 크라수스, 폼페이우스, 카이사르가 큰 세력을 이루며, 이른바 삼두정치가 행해지고 있었다. 그 가운데 크라수스는 키케로와는 드러내 놓고 서로 맞서는 상태였고, 폼페이우스는 겉으로는 두 사람을 가까이하는 척하며 실제로는 혼자 권력을 쥐게 될 기회만을 노리고 있었다. 한편 카이사르는 군대를 이끌고 갈리아로 진격해 가고 있었다. 카틸리나 사건 뒤로 카이사르와는 친구라기보다는 서로 적대적인 사이가 되었으나, 키케로는 그를 찾아가 자신을 부사령관으로 임명해 달라고 부탁했다. 카이사르는 기꺼이 그의 부탁을 받아들였다.

그런데 클로디우스는 키케로가 호민관인 자신의 세력에서 벗어나려 함을 알아채고는, 키케로와 화해하려는 것처럼 연설을 하고 다녔다. 그는 모든 책임을 테렌티아에게 돌리고, 사령관 키케로에게는 나쁜 감정이 조금도 없으며 친구로서 조금 서운했을 뿐이라 말했다. 이 말에 넘어간 키케로는 모든 두려움을 떨어버리고, 카이사르의 부사령관 자리에서 물러나 다시 정치에 뛰어들었다.

그러자 몹시 화가 난 카이사르는 클로디우스 무리와 손잡고 키케로와 폼페이우스 사이를 갈라놓으려 했다. 그는 민회에 나아가, 키케로가 렌툴루스나 케테구스를 재판도 거치지 않고 그 동지들과 함께 사형시킨 것은 부당한 일이라고 비판했다. 키케로는 이 죄목으로 고발당했다. 생명의 위협을 느끼자 키케로는 머리를 풀어헤치고 허름한 차림으로 시민들을 찾아다니며 자신을 도와달라고 호소했다. 그때마다 클로디우스는 불량배들을 이끌고 와서 돌과 진흙을 마구 집어던지며 그를 방해했다.

이렇게 되자 기사계급 사람들도 키케로처럼 허름한 옷으로 갈아입었으며, 젊은이 2만 명이 거리로 나와 머리를 풀어헤친 채 키케로를 따르면서 시민들에게 도움을 청했다. 원로원도 회의를 열어 나라가 큰 불행을 당했을 때 하듯이 온 국민이 키케로 같은 옷차림을 하자는 결의안을 통과시키려 했다. 집정관들이 이에 반대하며 나섰고, 클로디우스는 무장한 병사들을 이끌고 와서 원로원 곳곳을 에워쌌다. 그러자 원로원 의원들 가운데 적지 않은 수가 큰 소리로 한탄하며 옷을 갈기갈기 찢어버리고는 원로원 밖으로 나갔다. 그러나 이 모습은 사람들에게 어떠한 존경이나 동정심도 불러일으키지 못했다.

이제 키케로에게 남은 것은 멀리 망명길에 오르거나 아니면 클로디우스와 칼로 직접 맞서는 방법뿐이었다. 이러한 극한상황에서 키케로는 알바누스 언덕 별장으로 물러나 의도적으로 자신을 감추며 한가로이 시간을 보내고 있던 폼페이우스에게 도움을 요청하기로 했다. 키케로는 처음에는 그의 사위 피소를 보냈고 그다음에는 직접 폼페이우스를 찾아갔다.

키케로가 찾아왔다는 소식을 들었지만 폼페이우스는 그를 만나고 싶지 않았다. 그는 키케로가 공화정 체제 아래서 자신을 위해 일하다가 여러 의심을 받으면서까지 모든 정책의 방향을 자기에게 맞추어 왔음에도, 키케로를 만나 주지 않았다. 지금 폼페이우스는 카이사르 사위가 된 데다 그의 부탁까지 받았으므로, 이전에 받았던 호의는 모두 저버리고 키케로를 피한 것이다.

이렇게 폼페이우스에게 배신당하고 쓸쓸히 혼자 남은 키케로는 결국 두 집정관을 찾아갔다. 그들 가운데 가비니우스는 아직도 키케로를 적대적으로 대했다. 그러나 그의 사위 피소는 키케로를 깍듯이 대접하며, 서두르지 말고 때를 기다렸다가 클로디우스가 일으킨 분노의 폭풍이 가라앉으면 이전처럼 다시 나라를 구하는 일에 뛰어들자고 위로했다.

이런 대답을 듣고 나서 키케로는 믿을 만한 친구들과 이 문제를 의논했다. 루쿨루스는 조금만 기다리면 승리를 거둘 수 있다며 가만히 있으라고 말했으나 다른 친구들은 잠시 몸을 피하라고 충고했다. 머지않아 클로디우스의 광기와 횡포에 지친 시민들이 키케로를 간절히 원할 때가 오리라는 생각에서였다.

키케로는 다수의 의견을 받아들여 물러나 있기로 했다. 그는 오랫동안 집에서 매우 정성껏 모셔온 미네르바 여신 조각상을 카피톨리움으로 옮긴 뒤에, '로마의 수호신 미네르바 여신께'라는 글을 새겨넣었다. 그는 자정쯤 친구가 보내준 사람들의 호위를 받으며, 루카니아를 거쳐 시킬리아로 가기 위해 걸어서 로마를 빠져나왔다.

키케로가 달아났다는 소식이 곧 알려지자 클로디우스는 이번 기회에 그를 추방시켜 버리자고 시민들에게 제안하고, 아무도 키케로에게 물과 불을 제공할 수 없다는 포고령도 내렸다. 그리고 이탈리아에서 500마일 거리 안에서는 어느 누구도 키케로를 재워 주어서는 안 된다고 선포했다. 그러나 키케로를 존경하던 수많은 시민들은 거의 이 법령을 무시하고 온 마음으로 그를 보살펴 주었다.

키케로가 루카니아의 한 도시로서, 오늘날 '비보'라고 불리며 그즈음 '히포니움'이라 불리던 곳에 이르렀을 때였다. 비비우스라는 사람은 키케로가 자기 집에 머무르는 것을 꺼리어, 다른 곳에 숙소를 마련해 두었으니 그쪽으로 가라는 연락을 보내왔다. 비비우스는 키케로가 집정관일 때, 그 아래에서 기술장관까지 지내며 온갖 은혜를 입은 사람이었다. 키케로와 친한 친구 사이였던 시킬리아 법무관 카이우스 베르길리우스도 키케로가 시킬리아에 오는 것을 거절한다는 편지를 보내왔다.

키케로는 낙담한 채 브룬디시움으로 발길을 옮겼다. 그리고 다시 디라키움으로 건너가기 위해 순풍이 불기만을 기다리고 있는데, 갑자기 역풍이 불어와 이튿날 다시 배를 띄우기로 했다. 겨우 디라키움에 이르자, 갑자기 뭍에서 지진이 일어나고 바다에서는 해일이 일었다. 이를 본 점술가들은 앞으로 큰 변화가 일어날 징조이며 키케로의 망명 생활도 이제 얼마 남지 않았다고 예언했다한다.

이에 수많은 사람들이 서둘러 키케로를 찾아와 존경의 마음을 나타냈으며, 헬라스 여러 도시들에서도 앞다투어 사절단을 보내왔다. 그러나 키케로만은 슬픔에 잠긴 채, 실연당한 사람처럼 먼 이탈리아 하늘만 하염없이 바라보았다. 그토록 오랫동안 철학적인 배움을 추구하던 사람이 그 누구도 예상하지 못했을 만큼 실의에 빠져 비관적으로 바뀌었고, 사납고 비굴한 사람이 되어 있었다.

그럼에도 키케로는 친구들이 자기를 웅변가가 아닌 철학자로 불러주기를 바랐다. 그는 철학이야말로 자기 삶의 목적이며, 웅변은 자신의 정치적 목적을 이루기 위한 수단일 뿐이라고 늘 말해왔다. 하지만 대중의 의견은 옷감에서 색을 빼내 물들이는 염색과 마찬가지로, 사람의 정신으로부터 이성을 씻어내는 힘을 가지고 있다. 그리고 정치인은 대중의 삶에 관여해 그들과 친밀하게 지내며 교류하는 과정에서 이들에게 많은 영향을 받게 된다. 이를 피하려면 외적인 일에 관여할 때 오로지 그 일 자체에만 집중하고, 그 밖의 감정들에는 흔들리지 않도록 늘 경계해야 한다.

클로디우스는 키케로를 추방한 뒤에, 곳곳에 있던 키케로의 농장과 별장들을 모두 태워버렸다. 또 로마에 있던 그의 집을 불태운 자리에는 '자유의 신전'을 세웠다. 그의 남은 재산들은 날마다 목청을 높여 경매에 붙였으나, 실제로 그 물건들을 사러 오는 사람은 없었다. 이러한 일들로 귀족들은 클로디우스를 두려워했다.

자신이 선동한 시민들이 자기편을 들어주자 클로디우스는 마침내 폼페이우스와 힘을 겨루어 보기로 했다. 그래서 폼페이우스가 여러 나라들을 정복한 뒤 취한 조치들에 대해 맹렬히 비난하기 시작했다. 폼페이우스는 전에 자기가 키케로를 푸대접했던 일들을 떠올리며 몹시 후회했다. 그래서 그는 키케로를 귀국시킬 계획을 세우고 하나하나 실행에 옮겼다. 이에 대해 클로디우스가 반대하자, 원로원은 키케로가 돌아올 때까지 어떠한 법령도 통과시키지 않으며, 회의도 열지 않겠다고 결의했다.

렌툴루스가 집정관이 되자 로마는 매우 심한 혼란에 빠졌다. 호민관들이 민회가 열린 광장에서 다치는 일도 있었는데, 키케로의 동생 퀸투스는 시체들 사이에 죽은 척하고 숨어 있다가 가까스로 살아났다. 상황이 이렇게 바뀌면서 시민들 생각도 조금씩 달라졌다.

이에 격분한 호민관 안니우스 밀론은 앞장서서 클로디우스를 소환해 폭동죄로 재판에 넘겼다. 로마와 이웃한 여러 도시들도 모두 일어나 폼페이우스를 지지하며 그에게 모여들었다. 폼페이우스는 이들을 이끌고 공회장으로 나아가 클로디우스를 내쫓았다. 그리고 시민들을 소집해 키케로를 로마로 돌아오게 하기 위한 투표를 실시했다. 시민들은 만장일치로 찬성했는데, 이런 일은 역사상 처음 있는 일이었다. 원로원도 키케로가 망명 생활을 할 수 있도록 도와준 도시들에게 감사장을 보냈다. 그리고 클로디우스가 불태운 키케로의 별장과 집을 나랏돈을 들여 다시 짓기로 결의안을 통과시켰다.

키케로는 추방된 지 16개월 만에 다시 이탈리아로 돌아왔다. 모든 도시 시민들과 모든 계층 사람들이 그를 뜨겁게 맞이했다. 시민들이 이날 얼마나 열광하며 기뻐했는지에 대해 뒷날 키케로는, 이탈리아가 자기를 두 어깨에 태워 로마까지 데려왔다고 말했다. 키케로가 추방되기 전까지는 그를 매우 적대시하던 크라수스마저도 이제는 그를 반갑게 맞이하며 화해를 청해왔다. 그런데 크라수스가 이렇게 한 것은 오로지, 키케로를 열렬히 존경하던 자기 아들 푸블리우스를 기쁘게 하기 위한 일이었다고도 전한다.

로마에 돌아오고 나서 얼마 지나지 않아, 키케로는 클로디우스가 없는 사이에 부하들과 함께 카피톨리움으로 올라갔다. 그리고 클로디우스가 호민관 자리에 있는 동안 제정한 법령들을 기록한 패들을 깨뜨렸다. 클로디우스가 이를 강력하게 비난하자, 오히려 키케로는 귀족 출신인 클로디우스가 호민관이 된 것 자체가 불법이므로 그가 한 일도 모두 무효라고 주장했다.

카토는 키케로의 행동을 매우 불쾌하게 생각하며 그에게 반대했다. 카토가 클로디우스를 지지한 것은 아니었지만, 그동안 처리한 일을 모두 무효화한다는 것은 이제까지 전례가 없는 난폭한 조처라는 주장이었다. 그렇게 하면 자신이 키프로스와 비잔티움에 가서 한 일도 모두 무효가 되기 때문이었다. 이 문제로 키케로와 카토는 서로 다른 의견을 가지고 맞서게 되었으나 이는 완전한 적대 관계는 아니었으며 다만 서로의 우정이 조금 멀어졌음을 뜻했다.

이 사건이 있은 뒤 클로디우스가 밀로에게 살해당하고, 밀론은 살인죄로 고발되면서 키케로가 그를 변호하게 되었다. 원로원은 기품과 명성으로 널리 알려진 밀론을 재판하게 되면 로마에 소요 사태가 일어날지도 모른다는 두려움에 휩싸였다. 그래서 원로원 의원들은 폼페이우스에게 이 재판을 감독하도록 맡기고, 로마의 평화와 법정의 정의를 지켜줄 것을 요청했다. 폼페이우스는 이를 받아들여 날이 밝기 전 공회장과 그 주변 구석구석에 부하들을 배치했다.

밀론은 키케로가 이 사실을 알게 되면 평소와 다른 위압적인 분위기 때문에 자신을 제대로 변호하지 못할까봐, 키케로에게 미리 공회장에 나와 재판관들이 와서 법정을 가득 채울 때까지 기다리며 안정을 취하도록 설득했다. 키케로는 전쟁만 두려워한 것이 아니라, 사람들 앞에서 연설할 때에도 언제나 긴장하고 두려워했기 때문이다. 그는 변론이 가장 정점에 이르러 열변을 토할 때에도 자주 몸을 떨었다. 언젠가 카토에게 고발당한 리키니우스 무레나를 변호할 때 키케로는 먼저 공격 연설을 해 큰 박수갈채를 받은 호르텐시우스를 꺾어버리겠다는 열망으로 밤새도록 연설을 준비했는데, 오히려 수면 부족으로 너무나 피곤해서 자신의 경쟁자보다 못한 연설을 한 적도 있었다.

밀론을 변호하기 위해 나타난 키케로는 폼페이우스가 번쩍이는 무기들로 무장한 병사들과 함께 높은 곳에 앉아 있는 것을 보고는 그만 겁에 질려서 연설을 제대로 할 수 없었다. 그는 몸을 떨면서 더듬거리며 힘겹게 연설을 이어갔다. 하지만 이를 본 사람들은 단순히 키케로가 친구를 지나치게 걱정했기 때문이라고 여겼다. 밀론은 담대한 모습으로 재판을 지켜보았다. 그는 머리를 길게 늘어뜨리는 것을 거부하고 상복도 입지 않았다. 밀론의 당당한 태도는 재판 결과에 적지 않은 영향을 끼쳐 그는 유죄판결을 받고 추방당하는 신세가 되었다.

키케로는 파르티아에서 전사한 작은(小) 크라수스의 뒤를 이어 복점관이 되었다. 곧이어 그는 추첨으로 킬리키아 총독이 되어, 보병 1만 2000명과 기병 2600기를 이끌고 그곳으로 건너갔다. 키케로는 이곳에서 카파도키아 정세를 안정시켜 아리오바르자네스 왕을 따르게 하는 임무를 무력을 쓰지 않는 평화적인 방법으로 모든 사람들이 만족할 수 있게 해결했다.

그즈음 로마군이 패배한 뒤 일어난 시리아 소요 사태에 자극을 받은 킬리키아 사람들이 반란을 꾀하고 있었다. 이를 알아차린 키케로는 유화정책으로 이들을 달래 다시 로마에 충성토록 했다. 그는 이웃나라들에서 로마로 보내던 공물을 거두어들이지 않기로 하고, 여러 지방마다 베풀던 연회들도 그만두게 하여 시민들 부담을 덜어주었다. 또 그는 사람들 존경을 받으며 학식도 풍부한 여러 인사들을 날마다 자기 돈으로 음식을 차려 그의 집에 초대했는데, 그렇게 호화롭지는 않았지만 온 마음을 다해 대접했다. 그의 집에는 문지기를 두지 않았으므로 누구나 자유롭게 드나들 수 있었는데, 그가 침대에 누워 있는 모습을 본 사람은 아무도 없었다. 그는 아침 일찍 일어나 뜰 앞을 산책하며, 인사하러 온 사람들을 친절하게 맞이했다. 그는 아랫사람이 잘못을 저질렀을 때에도 회초리로 때리거나 옷을 벗기는 일도, 화가 난다고 해서 욕설을 퍼붓거나 벌을 주는 일도 없었다. 키케로는 개인이 공금을 횡령하는 폐단들을 뜯어고쳐서 도시들마다 부담을 덜게 하고, 공금을 가로챈 개인이 변상을 하면 벌을 주지 않고 시민 권리를 그대로 유지하게 해주었다.

키케로는 전투에도 참가한 적이 있다. 그는 아마누스 산에 본거지를 둔 산적들을 모두 소탕해 대장군이라는 명예로운 칭호를 얻기도 했다. 언젠가 웅변가 카이킬리우스는 로마 극장에서 시민들을 위로하는 여흥을 베풀 수 있도록 킬리키아 표범 몇 마리를 보내달라는 편지를 보냈다. 키케로는 답장에서 이전처럼 자기 자랑을 한바탕 늘어놓고는, 평화를 되찾은 킬리키아가 무기들을 사냥하는 데에만 쓰기 때문에 표범들이 모두 카리아로 달아나 버려, 지금은 그림자조차 보이지 않는다고 썼다. 키케로는 임기를 마치고 로마로 돌아오는 길에 로도스 섬을 지나 아테나이로 갔다. 그는 이곳에서 잠시 머무르는 동안 이름난 학자와 옛 친구들을 만나면서, 헬라스가 준 몇 가지 명예를 얻고서 로마로 돌아왔다.

이즈음 로마는 여기저기서 내란의 불길이 치솟으려 하고 있었다. 원로원은 키케로를 위해 개선식을 열어주려고 했지만 키케로는 나라 안 불길을 잠재울 수만 있다면 자신은 기꺼이 카이사르의 개선 행렬을 뒤따르리라 말했다. 그는 카이사르에게 편지를 보내 여러 가지 조언을 하고, 폼페이우스를 설득하며 두 사람을 달래고 화해시키려 애썼다.

하지만 사태는 이미 돌이킬 수 없게 되었다. 곧바로 카이사르 군대가 로마에 들어오자, 폼페이우스는 저항 한 번 못해 본 채 선량한 시민들을 이끌고 달아났다. 키케로는 폼페이우스를 따라 도망치지 않았기 때문에 카이사르에게 가담했다는 의심을 받기도 했다. 실제로 키케로 자신도 여러 편지에서 누구 편에 서야 할지 모르겠다고 쓰고 있다. 폼페이우스가 싸우는 데에는 명예롭고 정당한 이유가 있으며, 위대한 연설로 민중을 사로잡은 카이사르는 자신과 나라를 구할 수 있는 훌륭한 사람이기 때문에 누구를 피해야 하는지는 알겠으나, 누구를 지지해야 할지는 몰랐던 것이다.

마침내 카이사르의 친구 트레바티우스는 카이사르 의견이 쓰인 편지를 키케로에게 보냈다. 이 편지에서 카이사르는 키케로가 자기편이 되기를 바라며, 그와 함께 미래를 계획하고 싶다고 했다. 그러나 나이가 많아 이 일에 가담하기 어렵다면 차라리 어느 편에도 들어오지 말고 헬라스로 가서 잠시 조용히 쉬면서 생각해 보는 게 어떻겠느냐고 설득하는 내용이었다. 하지만 카이사르가 직접 편지를 쓰지 않은 것에 화가 난 키케로는 자신의 정치 성향과 맞지 않는 행동은 하지 않겠다는 답장을 써서 카이사르에게 보냈다.

이윽고 카이사르가 이베리아를 정벌하기 위해 로마를 떠나자, 곧 키케로는 바다를 건너 폼페이우스를 찾아갔다. 모두가 키케로를 너그럽게 받아들였지만, 카토는 다른 사람이 없는 자리에서 키케로가 폼페이우스 편에 서기로 한 결정을 나무랐다. 처음에 스스로 선택한 정치적 노선을 버리는 것은 적절한 행동이 아니며, 누구의 편도 들지 않고 구경꾼처럼 로마에 남아 사태를 지켜보았더라면 나라와 친구들을 위해 도움이 되었을 터인데, 아무 이유도 어떤 강요도 없이 카이사르의 적이 되었고 폼페이우스와 함께 엄청난 위험을 나누어 가지게 되었다고 말했다.

이 말을 듣고 키케로는 생각을 바꾸기 시작했는데, 특히 폼페이우스가 그에게 어떠한 중책도 맡기지 않는 것을 보고 더욱 후회하게 되었다. 그러나 키케로는 이에 대해 그 누구도 탓할 처지가 아니었다. 왜냐하면 키케로 자신이 폼페이우스에게 온 것을 후회한다는 말을 하고 다녔기 때문이다. 또 그는 폼페이우스 군대의 준비가 미비하다고 지적하며 그의 전략들을 비판하고 폼페이우스 측근들을 비웃었다. 그는 매우 근엄하고 슬픈 얼굴로 진지를 돌아다녔지만 다른 사람들은 키케로 덕분에 무심코 웃음을 터뜨리곤 했다. 예를 들면 다음 같은 일이었다.

도미티우스는 본디 군인이 아니었던 어떤 사람을 지휘관으로 임명하면서, 그가 매우 정직하고 신중한 사람이라서 그런 자리를 맡긴다고 했다. 그러자 키케로가 말했다.

"그렇다면 자녀들 교육이나 맡기시지 그러셨소?"

진영 안에 있는 기술자들을 관리하던 레스보스 사람 테오파네스가, 로도스 사람들이 함대를 잃었을 때 큰 위로가 되어주어서 아낌없이 칭찬을 받았다는 이야기를 들은 키케로가 한마디 했다.

"이 얼마다 커다란 축복인가. 관리자로는 헬라스 사람이 적격이지."

카이사르의 작전이 거의 성공을 거두고 폼페이우스 군대가 포위당할 위기에 처했을 때였다. 렌툴루스가 카이사르 군대의 사기가 꺾였다는 소식을 들었다고 말했다. 이 말을 듣고 키케로가 대답했다.

"카이사르를 좋아하지 않기 때문에 그렇게 말해준 거요."

마르키우스라는 사람이 로마에서 막 도착하여, 폼페이우스 군대가 완전히 포위되었다는 소문이 로마에 퍼져 있다고 말했다. 그러자 키케로가 말했다.

"그래, 그걸 당신 두 눈으로 확인하려고 여기까지 온 거요?"

어떤 전투에서 패배한 뒤, 폼페이우스 진영에는 독수리가 일곱 마리나 남았으니 희망을 잃지 말라고 병사들을 격려하는 논니우스에게 키케로가 말했다.

"훌륭한 격려가 되겠군요. 적이 까마귀이기만 하다면야."

라비에누스가 폼페이우스는 또다시 이길 거라는 뜻을 담은 예언을 말하자, 키케로가 이렇게 반박했다.

"그런 신탁에나 의존하며 싸웠으니 진지까지 빼앗길 수밖에요."

그즈음 키케로는 병이 나서 파르살루스 전투에 나가지 못했다. 그런데 전투가 끝나고 폼페이우스가 달아나 버리자, 디라키움에서 엄청난 병력과 해군을 거느리고 있던 카토는 지위 서열에 따라 집정관이었던 키케로를 총사령관 자리에 앉히려 했다. 그러나 키케로는 지휘권을 사양했을 뿐만 아니라, 전투에도 다시는 나가지 않겠다고 선언했다. 그러자 폼페이우스 아들과 그 친구들이 키케로를 배신자라 부르며 칼을 뽑고 들이대는 바람에 그는 하마터면 목숨을 잃을 뻔했다. 다행히 카토가 나서서 이들을 말린 다음 키케로를 진지 밖으로 데리고 나갔다. 겨우 위기에서 벗어난 키케로는 브룬디시움으로 건너갔다.

키케로는 이곳에서 피신처를 마련하고, 아시아와 아이귑토스 원정으로 귀국이 늦춰지고 있는 카이사르가 돌아오기를 기다리며 지냈다. 얼마 뒤 카이사르가 타렌툼에 상륙해 브룬디시움 쪽으로 오고 있다는 소식을 들은 키케로는 그를 맞이하러 나갔다. 그는 완전히 희망을 잃은 것은 아니었지만, 전쟁에서 이기고 돌아오는 카이사르가 적이었던 자신을 수많은 사람들 앞에서 어떻게 대할지 모르는 상황에 놓이자 몹시 수치스러웠다. 그러나 키케로는 자신의 체면을 떨어뜨릴 만한 어떠한 말이나 행동도 할 필요가 없었다. 키케로가 사람들을 이끌고 앞장서서 걸어나오는 것을 보자 카이사르는 얼른 말에서 내려 그를 끌어안으며 반갑게 인사했기 때문이다. 이 둘은 몇 스타디온이나 되는 길을 함께 걸으며 한참 동안 이야기를 나누었다.

그 뒤로도 카이사르는 키케로를 늘 존중하며 매우 친절하게 대했다. 뒷날 키케로가 카토를 칭찬하는 연설문을 쓰자 카이사르는 이 글에 대한 반박문을 썼다. 하지만 이 글에서도 카이사르는 키케로의 생애와 그의 웅변에 대해 칭찬하며 그를 페리클레스나 테라메네스에 비교했다. 이때 키케로 연설문 제목은 〈카토론〉이었고, 카이사르 연설문 제목은 〈카토를 반박함〉이었다.

이런 이야기도 전한다. 카이사르를 적대시했다는 이유로 퀸투스 리가리우스가 법정에 서게 되자, 키케로가 그의 변호를 맡았다. 그러자 카이사르는 친구들에게 이렇게 말했다.

"그래, 유명한 키케로 변론을 어디 들어나 봅시다. 어차피 저 리가리우스란 놈은 악당으로 알려진 데다 우리 적이기도 하니, 사형을 면치 못할 거요."

그러나 키케로가 변론을 시작하자마자 카이사르는 그의 말에 감동받기 시작했다. 키케로의 변론이 이어지면서 사람들 얼굴빛도 차츰 연민과 동정으로 바뀌어 갔다. 그의 웅변은 이렇게 사람 마음을 바꾸는 마력이 있었다. 카이사르 마음속에서는 이제 두 감정이 서로 갈등을 일으키며 싸우고 있었다. 마침내 키케로의 변론이 파르살루스 전투에 대한 이야기에 이르자, 카이사르는 몸을 부르르 떨더니 손에 들고 있던 서류까지 떨어뜨리고 말았다. 카이사르는 키케로의 웅변에 완전히 압도되어, 마침내 리가리우스를 무죄로 풀어주었다.

이로부터 얼마 지나지 않아 로마가 공화정에서 군주제로 바뀌자 키케로는 정계에서 물러나 배움에 뜻을 둔 젊은이들에게 철학을 가르치며 조용히 지냈다. 그러나 키케로가 가르치던 젊은이들은 상류계급 출신들이었으므로, 이들과의 가까운 관계는 다시 커다란 명성과 권위를 가져다주었다. 이때 그는 철학적인 대화들을 책으로 엮어내거나, 헬라스어로 표기된 논리학 또는 물리학 용어들을 로마어로 번역하는 일을 했다.

'표상(表象)', '지각(知覺)에 의한 승인', '판단 중지', '오성적(悟性的) 파악', '원자', '불가분자', '공간' 이 단어들은 키케로가 처음 지어낸 낱말이거나 헬라스어로 된 것을 로마어로 번역한 것이라 한다. 그는 비유 같은 적절한 방법을 써가며 전문용어들을 쉽게 로마어로 바꾸었다. 또 키케로는 시 쓰는 것을 좋아해 하룻밤에 500행이나 되는 시를 쓰기도 했다고 전해진다. 이럴 때면 그는 대부분 시간을 투스쿨룸 별장에서 보냈다.

이 시절 키케로는 어느 친구에게 보낸 편지에서 자신이 라에르테스처럼 살고 있다고 말했다. 본디 농담을 잘하는 사람이었으므로 이 말 또한 농담이었는지도 모른다. 아니면 세상 돌아가는 모습에 불만을 품고, 다시 정계로 돌아가 자신의 뜻대로 바꾸어 보고 싶은 야망을 갖게 되었을지도 모른다.

키케로는 좀처럼 로마에 나타나지 않았다. 하지만 로마에 가게 될 때면 빠짐없이 카이사르를 찾아가 존경을 나타냈으며, 그에게 어떤 명예를 주자는 제안이 나올 때에는 누구보다도 앞장서서 찬성했다. 그는 늘 카이사르의 인품과 업적에 대해 기억에 남을 만한 새로운 말들을 찾아내려고 애썼다. 예컨대 카이사르가 폼페이우스 동상을 다시 세우려 했을 때의 일이다. 키케로는 카이사르를 칭송하며, 카이사르는 폼페이우스 동상을 일으켜 세우는 인간적인 행동으로 자신이 설 자리 또한 더욱 굳건히 다졌다고 말했다.

키케로가 로마 역사를 쓰려 했었다는 이야기도 전해진다. 로마 역사와 헬라스 역사를 종합해, 그동안 모아온 사건과 전설, 신화들을 함께 엮으려 했다고 한다. 그러나 키케로 자신의 의지와는 달리 여러 공적인 일들과 그의 개인적인 문제들 때문에 이 계획은 끝내 이루어지지 못했다. 개인적인 문제들은 거의 키케로 자신 때문에 생긴 일들이었다.

첫 번째 원인은 아내 테렌티아와의 이혼이었다. 전쟁 중에 그녀는 키케로에게 소홀히 하며, 그를 떠나보낼 때에도 필요한 물건조차 챙겨주지 않았다고 한다. 게다가 키케로가 로마에 돌아왔을 때에도 그를 본 체 만 체했으며, 그가 브룬디시움에 머무르는 동안에도 그를 찾아온 적이 단 한 번도 없었다. 그의 어린 딸이 아버지를 만나기 위해 홀로 먼 여행길에 오를 때에도 그녀는 딸에게 호위해 줄 사람이나 필요한 물건들조차 챙겨주지 않았다. 게다가 키케로가 없는 동안 테렌티아는 집안 살림을 몽땅 팔아버리고 큰 빚까지 졌다고 한다.

키케로는 이런 일들을 이혼 사유로 내세웠다. 하지만 테렌티아는 이런 혐의들을 모두 부인했다. 실제로 키케로는 이혼한 지 얼마 되지 않아 젊은 여자와 결혼했는데, 테렌티아가 말한 전적인 이혼 사유는 바로 이것이었다. 테렌티아는 그 여자의 아름다움에 반한 키케로가 그녀와 결혼하기 위해 자신과 이혼했다고 주장했다. 하지만 키케로의 해방 노예 티로는 자신의 글에서, 키케로가 빚을 갚으려고 돈 많은 여자와 결혼했다고 썼다. 사실 그 여자는 엄청난 재산을 가지고 있었는데, 키케로는 처음에는 오로지 후견인으로서 그녀의 재산만을 관리했었다. 그러나 수만 드라크메 빚으로 고통을 당하던 키케로는 친구와 친척들 권유로, 나이 차이가 많음에도 그녀와 결혼해 마침내 빚을 갚게 되었다고 한다.

안토니우스는 키케로의 재혼을 세차게 비난했다. 그는 키케로 연설문 〈필리포스를 반박함〉에 대해 반박하면서, 키케로가 늙도록 함께 살아온 조강지처를 버렸으며, 늘 집 안에만 처박혀서 군인답지 못한 생활을 한다고 비아냥댔다.

키케로가 재혼하고 얼마 지나지 않아, 키케로의 딸은 남편 피소가 죽자 렌툴루스와 재혼했다. 그러나 그의 딸은 불행히도 아이를 낳다가 세상을 떠났다. 많은 철학자들이 키케로를 찾아와 위로했다. 이때 키케로는 딸을 잃은 상실감이 너무나 컸다고 한다. 그는 실제로, 새로 맞아들인 아내가 딸 툴리아의 죽음을 두고 기뻐한다고 생각해 그녀와 이혼했다. 키케로의 가정생활은 이랬다.

키케로는 그즈음 카이사르 암살 음모에 조금도 가담하지 않았다. 브루투스의 가장 친한 친구 가운데 하나였고, 정계에 불만을 느꼈으며, 그 누구보다 지난날 정치체제를 그리워하고 있었음에도 말이다. 브루투스 무리는, 키케로가 본디 용기 있는 사람도 아닌 데다, 아무리 강인한 사람일지라도 겁을 먹을 만큼 나이도 많았기 때문에 그를 꺼려했다.

브루투스와 카시우스의 암살 음모가 성공해 카이사르가 살해되자, 카이사르와 그의 친구들은 복수를 꿈꾸며 모여들었다. 로마는 다시 내란의 소용돌이로 던져질 위기에 처했다. 집정관 안토니우스는 서둘러 원로원 회의를 열어 모두 한마음이 되어 평화를 이끌어 내자는 간단한 연설을 했다. 키케로도 연설을 했는데, 과거 아테나이 사람들이 그랬듯이 카이사르 암살자들을 용서하고 브루투스와 카시우스에게 영지를 내어주자고 제안했다.

그러나 이 제안은 받아들여지지 않았다. 카이사르를 동정하던 로마 시민들은 그의 시신이 광장을 지나갈 때, 칼에 찢기고 피투성이가 된 카이사르의 옷을 안토니우스가 보여주자 모두 흥분해서 들고일어났다. 시민들은 손에 횃불을 들고 거리를 돌아다니며 암살자들 집에 불을 질렀다. 그러나 암살 음모자들은 이미 목숨이 위태롭다는 사실을 눈치채고는 모두 로마를 떠난 뒤였다.

그러자 안토니우스 세력이 갑자기 커졌다. 모두들 그가 독재자가 될 것을 두려워했는데, 키케로가 특히 그랬다. 안토니우스는 차츰 이름이 알려지고 있던 키케로가 브루투스 무리와 친하게 지낸다는 사실을 알고는, 그가 로마에 머무르는 것을 매우 못마땅하게 여겼기 때문이다. 게다가 두 사람은 본디 어느 면으로 보나 비슷한 데라고는 도무지 없었기에 오랫동안 서로 미워하고 있었다. 따라서 안토니우스를 두려워하던 키케로는 마침 돌라벨라가 시리아에 가게 되자 그를 따라가기로 마음먹었다.

하지만 다음 해에 안토니우스 뒤를 이어 집정관으로 뽑힌 히르티우스와 판사는 본디 선량한 사람들로 키케로에게 존경을 나타내며, 로마에 머물러 달라고 요청했다. 이 둘은 키케로를 도와 안토니우스 세력을 무너뜨리겠다고 약속했다. 키케로는 그들 말을 전적으로 믿고 받아들일 수도, 그렇다고 전혀 믿지 않을 수도 없었다. 그래서 그는 돌라벨라를 홀로 떠나보내고, 히르티우스의 동의를 얻어서 아테나이에 가서 여름을 보낸 뒤 두 사람이 집정관 자리에 정식으로 오르면 다시 돌아오기로 하고 길을 떠났다.

그러나 여행길에서 뜻밖의 사고로 도착이 자꾸 늦어지고 있을 때, 로마로부터 새로운 소식을 듣게 되었다. 안토니우스 태도에 놀라울 만한 변화가 일어나 원로원 뜻대로 모든 정책이 순조롭게 처리되고 있으며, 키케로가 돌아와 일을 더 완벽하게 수행해 내기만을 기다린다는 소식이었다. 이에 키케로는 지나치게 걱정했던 스스로를 나무라며 로마로 돌아왔다.

로마에 도착해 첫발을 내디뎠을 때에는 그의 기대에 어긋나지 않았다. 수많은 시민들이 성문 밖으로 나와 그를 뜨겁게 맞이했으며, 성문 안에 들어가서도 키케로는 하루해가 다 저물도록 환영 인사를 받느라 바빴다.

이튿날 안토니우스는 원로원 회의를 소집하고 키케로를 불러들였다. 하지만 그는 오랜 여행으로 몸이 아픈 척하고 침대에 누워 있었다. 실제로 그는 자신에 대해 좋지 않은 소문을 들었기 때문에, 혹시 무슨 음모가 꾸며지고 있지 않을까 두려워하고 있었다. 안토니우스는 키케로가 자신을 무시한다며 화를 냈다. 그는 병사들을 보내 키케로를 데려오든지, 그의 집에 불을 지르든지 하라고 명령했다. 그러나 많은 사람들이 반대하며 안토니우스를 말렸으므로 그는 확실한 보증만 받고는 그만두었다.

이 일이 있은 뒤, 두 사람은 만나도 서로 아는 척도 하지 않고 그냥 지나치며 서로를 경계했다. 그러는 동안 작은(小) 카이사르가 아폴로니아에서 돌아와 카이사르의 유산을 물려받았다. 그런데 그 가운데 안토니우스가 맡아 관리하고 있던 2500만 드라크메 때문에 작은 카이사르와 안토니우스 사이에는 불화가 일어났다.

그러자 작은 카이사르는 자기 어머니와 결혼한 필리포스, 그리고 자기 누이와 결혼한 마르켈루스와 함께 키케로를 찾아갔다. 키케로는 자신의 웅변술을 이용해 원로원과 시민들 지지를 끌어모아 이들을 도와주기로 했다. 대신 작은 카이사르는 자신의 재산과 군대로 키케로를 보호해 주겠다고 약속했다. 이 젊은 카이사르는 죽은 아버지 병사들 대부분을 이끌고 있었다. 그런데 키케로가 작은 카이사르의 제안을 기꺼이 받아들인 데에는 또 다른 이유가 있었다고 한다.

폼페이우스와 카이사르가 모두 살아 있을 때 키케로는 이상한 꿈을 꾸었다. 꿈에서 어떤 사람이 원로원 의원들의 아들들을 카피톨리움으로 초대했는데, 유피테르 신이 젊은이들 가운데 하나를 로마 지도자로 임명하기 위해서였다. 이 소식을 전해 듣자 시민들도 모두 달려나와 신전 주위를 에워싸고 무슨 일이 일어나는지 지켜보았다. 원로원 의원 자제들은 모두 자줏빛 단을 두른 옷을 입고 조용히 앉아 있었다. 그때 갑자기 신전 문이 활짝 열렸다. 젊은이들은 한 명씩 신전 앞을 지나갔으나 아무 말도 들려오지 않았으므로 모두들 크게 실망했다. 그러다 한 젊은이가 지나갈 때 드디어 신께서 오른손을 내밀며 이렇게 말했다.

"로마 사람들이여! 이 젊은이가 너희들 왕이 되어 로마 내란을 사라지게 하리라!"

키케로는 그 젊은이 얼굴을 기억해 두려 했지만, 꿈에서 깨어나자 그가 누구였는지 도무지 떠오르질 않았다. 다음 날, 키케로는 마르스 들판으로 내려가다가 훈련을 마치고 돌아오는 젊은이들과 마주쳤다. 그런데 맨 앞에 있는 젊은이 얼굴이 꿈에서 본 그 얼굴과 똑같았다. 이상히 여긴 키케로는 그에게 아버지가 누구인지 물었다. 이 젊은이가 바로 작은 카이사르였다. 그의 아버지 옥타비우스는 지위가 높지 않았지만, 어머니 아티카는 카이사르의 조카딸이었다. 자식이 없던 카이사르가 재산과 집을 모두 이 작은 카이사르에게 물려준 것도 바로 이런 이유에서였다.

이 일이 있은 뒤로 키케로는 작은 카이사르를 언제나 살펴주었으며, 이 젊은 카이사르도 키케로를 좋아하며 잘 따랐다. 더욱 놀라운 것은 이 작은 카이사르가, 키케로가 집정관으로 있던 해에 태어났다는 사실이다.

이것이 바로 키케로가 작은 카이사르를 도와주게 된 결정적인 이유라고 한다. 하지만 실제로는 안토니우스에 대한 적개심과 더불어, 자기 세력을 키워보려는 야망이 키케로 마음을 움직인 것으로 보인다. 게다가 이 젊은이는 키케로에게 깊은 존경심을 나타내며 그를 아버지라 불렀다.

브루투스는 이 사실을 매우 못마땅하게 여겼다. 그는 아티쿠스에게 보낸 편지에서, 키케로가 안토니우스를 두려워하여 작은 카이사르 비위를 맞추는 것은 로마의 자유를 위해서가 아니라, 자신을 지켜줄 나긋나긋한 주인을 갖기 위해서라고 키케로를 비난했다. 이렇게 말하면서도 브루투스는 그즈음 아테나이에서 철학을 공부하던 키케로의 아들을 군대 지휘관으로 임명해 여러 중요한 일들을 수행하게 함으로써 훌륭한 성과를 거두었다.

이즈음 로마에서는 키케로의 권력이 절정에 이르러 그는 자신이 뜻하는 일은 무엇이든 할 수 있었다. 그는 안토니우스를 추방하고, 안토니우스에 반대하는 세력을 키웠으며, 두 집정관 히르티우스와 판사에게 군대를 주어 안토니우스를 정벌토록 했다. 또한 원로원을 움직여 작은 카이사르가 마치 나라를 보호하는 사람이나 되는 듯 법무관의 릭토르와 휘장을 갖추게 했다.

그러나 안토니우스가 전투에 패배하고 공교롭게도 두 집정관 모두 전사하자, 모든 군대가 작은 카이사르에게 몰려와 자신들을 받아들여 달라고 간청했다. 원로원은 이제 엄청난 대군을 이끌게 된 작은 카이사르를 두려워하게 되었다. 원로원 의원들은 안토니우스가 달아나 버렸으므로 군대는 필요 없다고 주장하면서, 그에게 여러 명예와 상을 주는 대신 병사들로부터 멀찌감치 떼어놓아 그의 세력을 꺾어보려 안간힘을 썼다.

이에 불안을 느낀 작은 카이사르는 키케로에게 몰래 사람을 보내, 함께 집정관 자리에 오르자고 설득했다. 이번 일에 성공하면 그는 모든 일을 키케로의 훌륭한 판단 아래 처리하게 하고, 자신은 아직 젊기 때문에 직위와 명예만을 갖겠다고 전했다. 하지만 뒤에 작은 카이사르 스스로 인정한 것처럼, 그는 군대가 흩어지면 혼자 고립될지도 모른다는 두려움으로 키케로의 야심을 교묘하게 이용해 함께 집정관 자리에 오르도록 그를 설득한 것이다.

키케로는 이처럼 늙은 나이에도 한 젊은이의 달콤한 유혹에 넘어가 버리고 말았다. 그는 사람들에게 카이사르를 지지해 달라 요청하고, 그에게 관심을 갖도록 원로원 의원들을 설득했다. 그러나 키케로의 친구들은 이 일에 대해 그를 비난했다. 야망에 눈이 멀었던 키케로가 이성을 되찾았을 때에는 이미 그 자신은 파멸로 치닫고 있었으며, 로마는 자유를 잃게 되었다. 작은 카이사르가 집정관으로 당선된 다음부터 자기 세력을 확고히 하기 위해 키케로를 저버렸기 때문이다. 작은 카이사르는 안토니우스, 레피두스와 화해한 뒤, 마치 개인 소유물처럼 이들과 권력을 나누었다. 이렇게 힘을 합친 셋은 200명 넘는 사형자 명단을 작성했다.

가장 큰 쟁점은, 키케로에 대한 처리 문제였다. 안토니우스는 누구보다 먼저 키케로를 죽이지 않으면 어떠한 협상도 하지 않겠다 주장했고, 레피두스도 이에 찬성했다. 그러나 작은 카이사르만은 이 둘의 의견에 반대했다.

셋은 보노니아 근처에서 사흘 동안이나 이 비밀스런 회의를 이어갔다. 이들이 회의를 진행한 곳은 진지에서 조금 떨어진, 강 가운데 자리잡은 작은 섬이었다. 기록에 따르면 처음 이틀 동안 작은 카이사르는 키케로를 죽일 수 없다며 강하게 자기 의견을 밀고 나갔지만, 마지막 날에는 그도 어쩔 수 없이 포기했다고 한다.

마침내 이들은 다음처럼 합의를 보았다. 작은 카이사르는 키케로를, 레피두스는 친동생 파울루스를, 안토니우스는 외삼촌 루키우스 카이사르를 없애버리기로 했다. 이들은 분노와 원한에 사로잡힌 나머지, 서로에게 인간의 도리마저 저버리게 했다. 이들은 야망에 갇혀버린 인간이 권력을 쥐게 되면 어떤 짐승도 인간보다 더 잔인할 수는 없다는 사실을 뚜렷이 보여주었다.

이런 음모가 꾸며지는 사이에, 키케로는 동생 퀸투스와 함께 그의 별장이 있는 투스쿨룸에 머물고 있었다. 마침 로마에서 사형자 명단이 만들어졌다는 소문을 듣고, 이들은 아스투라로 피신하기로 했다. 아스투라 바닷가에도 키케로의 별장이 있었다. 둘은 아스투라에서 몰래 배를 타고 마케도니아로 가기로 했다. 브루투스가 마케도니아에서 큰 세력을 이루었다는 소식이 들려왔기 때문이다. 그리하여 키케로 형제는 슬픔과 실망에 빠져 서로의 불행을 한탄하며 저마다 다른 길을 떠나게 되었다. 집에서 아무것도 가져오지 못하고 급히 몸만 빠져나온 퀸투스는 여비가 없어서 더욱 절망했다. 키케로 또한 돈이 조금밖에 없었다. 이 때문에 키케로는 서둘러 이곳을 빠져나가기로 하고, 퀸투스는 다시 집으로 돌아가 필요한 것들을 챙겨 나오기로 했다. 두 사람은 서로 끌어안고 슬픔을 위로하며 헤어졌다.

그러나 며칠 뒤 퀸투스는 노예의 배신으로, 뒤쫓아온 적들에게 잡혀 어린 아들과 함께 죽음을 당하고 말았다. 키케로는 무사히 아스투라에 닿은 뒤 배한 척을 구하여, 때마침 불어오는 순풍을 타고 곧바로 키르카이움으로 건너갈 수 있었다. 도착하자마자 선원들은 다시 서둘러 항해를 떠나자고 재촉했다. 하지만 키케로는 바다가 두려워서였는지 아니면 카이사르에 대한 희망을 아직 버리지 않아서였는지, 이곳에 내린 다음 마치 로마가 자신의 본디 목적지인 것처럼 로마 쪽으로 100스타디온쯤 조용히 걸어서 나아갔다. 하지만 곧 후회하며 아스투라 바닷가로 내려왔다.

키르카이움으로 돌아온 키케로는 자포자기하는 온갖 생각들에 잠겨 끔찍한 밤을 보냈다. 그는 작은 카이사르 집에 몰래 들어가, 그 집 제단 앞에서 스스로 목숨을 끊은 다음 귀신이 되어 자기를 배반한 자에게 복수할까 하는 생각도 했다. 하지만 들켜서 고문이라도 당할까봐 두려워 그마저도 그만두었다. 마침내 그는 하인들 뜻을 받아들여, 카피타이까지 배를 타고 가기로 결심했다.

이곳에는 키케로의 여름 별장이 있었다. 여름에 에테시아 바람(계절풍)이 불어올 때면 휴양하기에 아주 좋았다. 바닷가에는 아폴로 신전이 있었다. 그런데 키케로의 배가 육지 가까이 이르러 닻을 내리려 할 때, 수많은 까마귀들이 까악까악 울며 날아오더니 돛 활대 끝에 내려앉아 돛줄을 쪼아대기 시작했다. 이것을 보고 하인들은 나쁜 징조라고 여겼다.

하지만 키케로는 배에서 내려 별장으로 들어간 다음 쉬기 위해 침대에 누웠다. 그러나 이때에도 까마귀들이 따라와 창문 앞에서 까악까악 구슬프게 울어댔다. 이 가운데 하나가 키케로 침대 위까지 날아와 얼굴을 덮은 이불을 벗기려는 듯 부리로 쪼아댔다. 이를 본 하인들은 짐승들조차 키케로에게 조심하라고 알려주는데, 자신들은 주인이 억울하게 죽을 위기에 처했는데도 구경만 하는 것은 부끄러운 일이라며 스스로를 나무랐다. 그러고는 키케로에게 간청도 하고 힘을 쓰기도 하면서 반 강제로 그를 가마에 태워 다시 바닷가로 나아갔다.

이때 키케로를 죽이려는 자들이 병사들을 이끌고 뒤쫓아 왔다. 이들은 백인대장 헤렌니우스와, 호민관 포필리우스의 지휘를 받고 있었다. 포필리우스는 언젠가 아버지를 죽인 죄로 고발되었을 때 키케로의 변호를 받은 적이 있었다. 이들은 별장에 닿자마자 굳게 잠긴 문을 부수고 들어갔으나 키케로는 이미 그곳을 떠나고 없었다. 집 안에 남아 있는 하인들에게 물어도 모두들 키케로가 어디로 갔는지 전혀 알지 못한다고 말했다. 그런데 이때 키케로 동생 퀸투스의 해방 노예이며 키케로에게서 학문을 배운 적이 있는 필롤로구스라는 젊은이가, 키케로가 가마를 타고 숲길을 따라 바닷가로 가고 있다며 일러바쳤다.

호민관과 백인대장은 부하 몇 명을 이끌고 키케로를 앞질러서 바닷가로 달려갔다. 헤렌니우스가 뒤쫓아 오는 것을 알아차린 키케로는 가마를 멈추게 했다. 그리고 여느 때처럼 왼손으로 턱을 쓰다듬으며 자신을 죽이려고 달려오는 무리들을 바라보았다. 그의 몰골은 처참했다. 머리카락은 오랫동안 깎지 못해 지저분했고, 얼굴은 근심으로 수척해져 있었다. 헤렌니우스가 키케로를 죽일 때, 다른 사람들은 차마 똑바로 보지 못하고 고개를 돌려버렸다.

헤렌니우스는 키케로가 가마에서 얼굴을 내밀자 바로 그의 목을 쳐서 죽였는데, 이때 키케로는 64세였다. 헤렌니우스는 〈필리포스를 반박함〉이라는 글을 쓴 키케로의 손을 베어오라는 안토니우스 명령에 따라 그의 손목을 잘랐다. 〈필리포스를 반박함〉은 키케로가 안토니우스를 비난하며 쓴 글이다. 이 글은 오늘날까지 〈안토니우스를 반박함〉이 아닌 〈필리포스를 반박함〉이라 불리고 있다.

키케로의 머리와 손이 로마에 도착했을 때 안토니우스는 관리를 뽑기 위해 회의를 하고 있었다. 그는 키케로의 머리와 손을 보자마자, 이제 처형은 모두 끝났다고 외쳤다. 그러고는 이것들을 웅변가들이 연설을 하는 연단 위에 걸어 놓게 했다. 이를 본 로마 시민들은 모두 몸서리를 쳤다. 시민들은 자신들이 '키케로의 머리'가 아니라 '안토니우스의 영혼'을 바라보고 있다고 생각했다.

이런 안토니우스도 한 가지 옳은 일을 했다. 그것은 퀸투스의 해방 노예 필롤로구스를 붙잡아 퀸투스의 아내 폼포니아에게 넘겨준 것이었다. 폼포니아는 필롤로구스에게 온갖 고문을 한 뒤, 스스로 자기 살을 잘라 자기 손으로 구워 먹게 했다. 그러나 이 이야기는 몇몇 역사가들만이 전한다. 키케로의 해방 노예 티로는 필롤로구스의 배신에 대해 한 마디도 기록하지 않았다. 다음은 내가 전해들은 이야기이다.

오랜 세월이 지난 어느 날 작은 카이사르는 어린 외손자를 보러 갔다가, 키케로가 쓴 책을 열심히 읽고 있는 아이를 발견했다. 아이는 겁을 집어먹고 재빨리 책을 옷 속에 감추었다. 작은 카이사르는 그 자리에서 책을 빼앗아 훑어 보더니, 이렇게 말하고는 돌려주었다.

"애야! 이분은 뛰어난 학자이고, 나라를 위해 훌륭한 일들을 하신 분이란다."

뿐만 아니라 작은 카이사르는 안토니우스를 정벌하고 나서 마침내 집정관이 되었는데, 동료 집정관으로 키케로의 아들을 선택했다. 이 둘이 집정관으로 있는 동안 원로원은 안토니우스 동상을 쓰러뜨리고 그의 기념물들을 훼손시켰다. 그리고 안토니우스 자손들은 앞으로 마르쿠스라는 이름을 절대로 쓰지 못하도록 법령을 제정했다. 이렇게 신은 키케로 집안에 안토니우스에 대한 복수를 허락해 주었다.

데모스테네스와 키케로의 비교

데모스테네스와 키케로의 업적에서 가장 기억할 만한 일들은 역사가들을 통해 우리에게 알려진 것들로, 앞서 이야기한 대로이다. 여기서는 둘의 웅변술에 대한 차이점을 비교하지 않기로 했으나, 꼭 짚고 넘어가야 할 내용이 있어 먼저 밝히고자 한다.

데모스테네스는 뛰어난 웅변가가 되기 위해, 타고난 소질에 더해 자신이 할 수 있는 온 힘을 다했다. 그러므로 그의 웅변은 열정과 힘에 있어서 그 시대 어느 누구도 감히 따르지 못할 만큼 훌륭했다. 또 그의 말투는 어떤 이름난 웅변가보다도 웅장하고 위엄에 넘쳤으며, 논리의 정확함과 치밀함은 어떤 논리학자나 수사학자보다도 뛰어났다.

한편 키케로는 학문에 매우 깊이가 있었으며, 여러 부문에 걸쳐 폭넓은 지식을 갖고 있었다. 그는 고등교육을 받았고, 스스로도 피나는 노력을 기울여 이 분야에서는 가장 해박한 대학자가 되었다. 아카데메이아파의 여러 철학 원리들에 대해 독자적 논문과 저서를 많이 남기기도 했다. 법정이나 정치 집회 연설에서는 그가 청중에게 스스로 대학자임을 보여주려 노력한 흔적들을 엿볼 수 있다.

또한 두 사람의 기질적인 차이들도 이들의 연설에서 찾아볼 수 있다. 데모스테네스의 웅변에는 재치나 유머로서 자기를 꾸미려는 의도가 전혀 보이지 않으며, 오히려 엄청난 진지함과 신중함이 있었다. 이는 피테아스가 비웃는 등잔

냄새가 아니라, 오히려 불친절하고 빈틈없으며 신랄한 성격으로부터 스며나오는 향기였다.

이와 달리 키케로는 농담을 지나치게 좋아해서 심각한 문제들을 변론할 때에도 너무도 안 어울리는 경솔하고 경박한 어조로 다루었으며, 또 자기가 변호하는 사람에게 유리하다면 예의를 완전히 잊어버리고 자신의 체면 따위는 신경 쓰지 않았다. 예를 들어 카이킬리우스를 변호할 때 키케로는, 온갖 호화와 사치로 둘러싸인 카이킬리우스가 쾌락에 빠진 것은 불합리하지 않다고 했다. 위대한 철학자들도 인간의 가장 큰 행복은 쾌락에 있다고 주장하는데 많은 재산을 가지고도 즐길 줄 모른다면 제정신이 아니라는 것이다.

키케로는 집정관으로 있을 때, 카토에게 고발당한 무레나를 변호한 적이 있었다. 이때 키케로는 카토를 조롱하기 위해 스토아 학자들의 몇 가지 '역설'들을 비웃으며 변론을 이어갔는데, 그 자리에 있던 방청객들은 물론 법관들조차 모두 웃음을 참지 못했다. 그러자 카토가 조용히 미소를 지으면서 곁에 앉은 사람들에게 말했다.

"우리는 아주 재미있는 집정관을 모시고 있군요."

키케로는 웃음이 많고 농담을 좋아했으며 언제나 부드럽게 미소 띤 얼굴로 사람들을 대했다. 하지만 데모스테네스는 늘 우울하고 근심스러운 얼굴을 하고 있었으므로 그의 적들은 그를 예의 없고 심술궂은 사람이라 불렀다고, 데모스테네스 자신이 말한 바 있다.

데모스테네스는 스스로를 칭찬하는 데 매우 조심스러웠으며, 보다 중요한 목적을 위해서 자기 자랑을 해야 할 때도 무례하지 않으려 삼갔고 늘 겸손하게 절제했다. 하지만 키케로는 웅변할 때마다 끝없이 자화자찬을 늘어놓은 것으로 보아 그가 얼마나 명예욕에 사로잡혀 있었는지 알 수 있다. 그는 "무기는 토가에, 승리의 월계관은 혀에 양보해야 한다"고 외쳤다. 또한 자기 업적이나 행동만을 칭송한 것이 아니라 자신의 연설이나 그가 다른 사람들을 위해 썼던 연설문까지도 칭찬했다. 이것은 마치 그가 이소크라테스나 아낙시메네스 같은 웅변가들과, 로마 시민을 이끌고 개혁할 능력을 겨루기보다 누가 더 '싸움에서 예의 없고 야만적인지를 유일한 기쁨으로' 겨루는 것 같았다.

물론 정치가에게는 뛰어난 웅변 능력도 필요하다. 하지만 단순히 말로써 박수갈채를 받고자 한 일은 오히려 부끄럽게 여겨야 한다. 이런 점에서 데모스테네스가 보다 엄격하고 위대한 정신을 지녔다. 그는 웅변 능력이 단지 경험에서 나온다고 말했으며, 청중들 호의가 중요하다고 생각했다. 그래서 자기 연설력을 뽐내는 사람을 저속하고 비열하다며 비웃었다.

그 둘 모두 민중을 설득하고 지배할 수 있는 능력이 있었다. 그러므로 대군을 다스리는 장군들조차도 그들에게 도움을 요청했다. 예컨대 카레스, 레오스테네스, 디오페이테스 등은 데모스테네스의 힘을 빌렸고, 폼페이우스나 작은 카이사르는 키케로의 도움을 구했다. 이런 사실들은 작은 카이사르가 마이케나스와 아그리파에게 보낸 회상록에 잘 드러난다.

권력이나 높은 지위을 얻었을 때 하는 행동으로 우리는 그 사람의 성격을 가장 정확히 파악할 수 있다고 한다. 이 두 가지는 모든 감정을 움직이게 하고 약점들을 폭로하기 때문이다.

그러나 데모스테네스는 이러한 지위를 가져본 적이 없다. 그는 어떠한 명예도 권력도 없이, 오로지 몇 마디 말로 동맹군을 일으켜 필리포스 왕과 싸우게 했지만, 전쟁터에 나가본 일도 없기에 이런 기준으로 그를 평가하기는 어렵다. 이와 달리 키케로는 재무관으로서 시킬리아에 간 적도 있고, 카파도키아와 킬리키아에 총독으로 머무르기도 했다.

그즈음 로마에는 부에 대한 열망으로 온갖 악덕과 비리가 널리 퍼져 있었다. 특히 해외에 있는 로마 장군이나 총독들은 뒤에서 공금을 챙기는 일이 오히려 비겁하다는 듯, 아예 드러내 놓고 약탈을 일삼았다. 따라서 사람들은 뇌물을 주고받는 것은 그리 나쁜 일이 아니며, 너무 지나치지만 않다면 훌륭한 사람의 본보기라도 되는 듯 오히려 우러러보았다.

하지만 이러한 시대에 살면서도 키케로는 돈에 무관심했으며, 인간적이고 너그러운 사람이었다는 여러 증거를 남겼다. 그리고 로마 집정관 시절 카틸리나 내란을 잘 다스려 로마 시민들로부터 큰 지지를 받고 있었기 때문에 실제로 그의 권력은 최고 독재자와 다름없었지만, 이때에도 키케로는 한 사람 안에서 권력과 지혜와 정의가 뭉쳐지는 행운이 찾아온다면 그 나라의 재앙은 물러나게 된다는 플라톤의 말이 사실임을 증명해 보였다.

이와 달리 데모스테네스는 포르미온과 아폴로도로스가 어떤 사건을 두고 서로 맞섰을 때, 이 둘 모두에게서 돈을 받고 변론하는 글을 써주었다. 또 페르시아 왕으로부터 뇌물을 받았다는 혐의로 고발당한 적도 있으며, 하르팔루스에게서 재물을 받았다는 이유로 유죄판결을 받기도 했다. 이 일들이 사실이 아니라고 많은 역사가들이 말하고는 있지만, 뱃사람들을 상대로 고리대금업까지 했던 데모스테네스가 왕이 주는 돈이나 선물을 사양했으리라고는 상상하기 어렵다.

반면 앞에서도 말했듯이 키케로는 재무관으로 있을 때에는 시킬리아로부터, 또 집정관 시절에는 카파도키아 왕으로부터 많은 선물을 받았으나, 이를 모두 거절했다. 또 로마에서 쫓겨나 힘들게 망명 생활을 하면서도 친구들이 보낸 많은 돈과 재물들을 끝내 받지 않았다.

마침내 데모스테네스는 부끄럽게도, 뇌물수수죄로 나라에서 추방되었다. 그러나 키케로는 나라를 구하기 위해 나쁜 무리들을 쫓아내려다 도리어 추방당했다. 그리하여 이 사건은 그의 삶 가운데 무엇보다도 명예롭고 영광스러운 일이 되었다. 그러므로 데모스테네스가 추방당했을 때에는 아무도 그를 변호해 주지 않았으나, 키케로가 추방되자 원로원 의원들조차 모두 상복을 입고, 키케로의 귀환이 결정될 때까지 모든 일을 멈추겠다며 휴회를 선언할 정도였다.

키케로는 마케도니아에서 망명 생활을 하는 동안 아무 일도 하지 않았다. 그러나 데모스테네스가 나라를 위해 이룬 업적은 거의 망명 기간 동안 이루어졌다. 그는 아테나이 사절들을 따라 헬라스 여러 도시들을 다녔는데, 마케도니아 사절단을 헬라스에서 쫓아내기도 했다. 그는 테미스토클레스나 알키비아데스가 비슷한 상황에서 이루어 낸 일보다 훨씬 더 훌륭한 업적을 남겼다. 아테나이에 돌아온 뒤에도 데모스테네스는 계속 이 같은 일들을 하며 안티파트로스와 마케도니아에 대한 저항을 이어갔다.

그러나 키케로는 라일리우스가 비난했듯이, 로마에 돌아오자마자 곧바로 원로원 자리에 앉아, 아직 수염도 나지 않은 작은 카이사르가 법을 어기면서까지 집정관에 출마하는 것을 지켜보고만 있었다. 이에 대해 브루투스는 편지에서, 키케로가 자신들이 몰아낸 폭군보다 더 무섭고 사나운 폭군을 하나 길러 냈다며 그를 몹시 비난했다.

키케로의 죽음은 너무나 처량하고 안타까웠다. 자신이 아끼던 작은 카이사르의 배반으로 살날도 얼마 남지 않은 나이에 하인들과 이리저리 쫓겨다니다가 끝내 죽음을 당했기 때문이다.

하지만 데모스테네스는 놀랍게도 독약을 준비해 가지고 다녔다. 그는 신전도 자신을 보호해 줄 수 없음을 깨닫자 제단 앞에서 스스로 죽음을 맞이했다. 이로써 그는 자신을 에워싸고 있던 적의 무기와 병사들로부터 벗어나 영원한 안식을 구할 수 있었다. 그는 마지막까지 웃으며 스스로 목숨을 끊음으로써, 안티파트로스의 잔인함을 꾸짖었다.

데메트리우스(DEMETRIUS)

예부터 우리 인간은 예술과 육체적 감각을 비슷한 것으로 여겨왔는데, 이는 예술과 감각에 있어 온갖 반대되는 점들만 비교해 왔기 때문이라 생각한다. 그러나 인식 대상이 정해지면 그 대상에 따라 예술과 감각의 쓰임새와 목적은 서로 달라지게 된다. 감각은 흰색보다 검은색을, 쓴맛보다 단맛을, 딱딱한 것보다 부드러운 것을 선택하는 차원이 아니다. 감각은 사물에 대한 느낌을 그대로 받아들여 이성에 전달할 따름이다.

이와는 반대로 예술은 자연에 내재된 것들을 찾아낸 뒤 우리 오성을 통하여 새로운 모습으로 표현해 낸다. 예술은 특별히 좋아하는 것을 바라보며 취하고, 좋아하지 않는 것들은 거부한다. 예술의 본디 임무는 아름다운 것을 찾아내는 데 있다. 하지만 때로 예술적 감각을 통하여 좋지 않은 것을 거부하기도 한다.

의사가 병을 치료하기 위해서는 먼저 그 질병에 대해 연구해야 하듯이, 음악가는 아름다운 화음들을 만들어 내기 위해 먼저 불협화음에 대해 충분한 연구를 해야 한다. 마찬가지로 가장 완벽한 화음을 이루는 최고 예술이라 말할 수 있는 절제, 정의, 지혜 등을 분별하고 선택하기 위해서는 오로지 선과 정의 또는 좋은 수단에 대해서뿐만 아니라, 악과 불의 그리고 나쁜 수단에 대해서도 살펴보아야 한다.

그러므로 이제까지 한 번도 나쁜 짓을 저지르지 않았다는 순수한 고백만을 칭찬해서는 안 된다. 실제로 이것은 그저 단순한 진리를 말하고 있을 따름이다. 더 중요한 것은, 정의롭고 명예로우며 유용한 것과 사람들에게 해가 되고 정의롭지 못하며 부끄러운 것을 구별하는 것이다.

고대 스파르타 사람들은 제사를 지낼 때면, 술을 잔뜩 먹인 노예들을 잔치에 끌고 나와 젊은이들에게 구경시켰다 한다. 술에 취한 인간이 어떤 모습을 하고 있는지 이들에게 보여주기 위해서였다. 물론 어떤 사람들을 가르치기 위해 다른 사람들을 타락하게 만드는 것은 인간적이지도 않고 올바른 방법이라고도 말할 수 없다. 하지만 높은 지위와 권력을 누리는 사람이 부정한 방법으로 자기 이익만 구하며 뚜렷한 업적 하나 남기지 않는다면, 이런 사람들을 실제 본보기로 내세우는 것은 마땅하다고 말할 수 있으리라. 이제 이들의 삶을 이야기함으로써 많은 사람들에게 교훈을 전해주려 한다.

나는 독자들의 기분 전환을 위해 흥밋거리를 제공하거나, 내 이야기에 어떤 변화를 주기 위해 이런 글을 쓰려는 것은 아니다. 테바이 사람 이스메니아스는 제자들에게 피리 부는 법을 가르치기 위해, 피리를 올바르게 불어주고는 이렇게 말했다고 한다.

"피리는 이렇게 부는 거란다."

그런 다음 그는 잘못된 방법으로 피리를 분 뒤 이렇게 말했다.

"이렇게 불면 안 된다."

안티게니다스라는 사람은 늘, 젊은이들은 좋지 않은 음악을 먼저 들려주고 나서 다음에 훌륭한 음악을 들려주면 더 큰 기쁨을 느끼게 된다고 말했다.

이와 마찬가지로 나는 '파렴치한 악인이 저지른 일이라도 모른 체 지나가지 않는다면, 우리 인간들은 훌륭한 사람들에 대해 더 열심히 배우고 깨달으며 본받게 될 것'이라 생각한다. 그러므로 데메트리우스 폴리오르케테스와, 로마 삼두정치가의 한 사람 안토니우스 이 두 사람의 삶에 대해 이제부터 이야기해 보겠다.

위대한 철학자 플라톤은 영웅이란 미덕과 악덕을 함께 가진 사람이라고 했는데, 데메트리우스와 안토니우스는 이 말이 조금도 틀리지 않음을 우리에게 그대로 증명해 주고 있다. 이들은 여자를 좋아하여 방탕한 생활을 했으며, 전쟁에 나아가 싸우기를 즐겼고, 아낌없이 사람들에게 베풀었다. 둘 다 거만했으며 사치스런 생활을 했다. 이들이 비슷한 운명을 걸은 것 또한 그들의 성격이 비슷한 데 그 원인이 있다고 하겠다. 이들의 삶은 위대한 성공과 큰 불행의 연속이었다. 굉장한 권력을 손에 넣자마자 파멸을 겪어야 했으며, 그다음 순간 어느새 그만큼의 권력을 되찾았다. 이 둘은 죽기 전에도 같은 운명의 지배를 받아 적에게 사로잡힐 위기에 맞닥뜨렸지만 서로 다른 죽음을 맞았다.

안티고노스는 코라구스의 딸 스트라토니케와 결혼하여 두 아들을 낳았다고 한다. 이 가운데 큰아들은 작은아버지의 이름을 따서 데메트리우스라 불렀다. 작은아들은 할아버지의 이름을 따서 필리포스라 불렀는데 안타깝게도 젊은 나이에 세상을 떠났다. 이것이 일반적으로 우리에게 알려진 이야기이다. 하지만 다른 역사가들에 따르면, 데메트리우스는 안티고노스의 친아들이 아니라 실제로는 형의 아들로서 그의 조카라고 한다. 과부가 된 데메트리우스의 어머니가 시동생 안티고노스와 재혼하게 되면서 저절로 그의 아들이 되었다는 것이다.

데메트리우스는 키가 매우 컸으나, 그의 아버지 안티고노스보다는 작았다. 그의 얼굴과 몸은 너무나 아름다워서 그 어떤 화가나 조각가도 그의 실제 모습보다 더 아름답게 그를 표현해 낼 수는 없었다고 한다. 그의 얼굴 표정은 사랑스러우면서도 위엄을 갖추고 있어, 때로 두려움을 느끼게 할 만큼 사람을 압도시키는 무언가가 있었다. 그러므로 열정이 끓어오르는 청년기가 되자 위대한 영웅의 모습에 왕의 늠름함까지 더해져, 어느 누구도 그 모습을 흉내내거나 따를 수가 없었다.

그의 성격도 외모와 마찬가지로 두려움을 갖게 하면서도 사랑스러웠다. 그는 어느 누구와도 마치 오랜 친구처럼 즐겁게 대화를 나누었는데, 화려한 연회나 술자리에서 특히 그러했다. 하지만 그는 무슨 문제가 생기면 놀라운 열정과 인내심을 보였다. 전쟁에 나아가서는 부하들을 훌륭하게 지휘하며 용감하게 싸웠고, 평화로울 때에는 이들에게 맘껏 자유를 누리게 해주었다. 그는 아마도 여러 신들 가운데 특히 디오니소스를 자신이 따라야 할 본보기로 삼았던 것 같다.

데메트리우스는 아버지 안티고노스를 매우 따르고 존경했다. 이는 높은 지위와 권력을 가진 아버지에 대한 예의로서 한 행동이 아니라 마음속에서 우러나오는 존경과 감사의 마음을 담은 것이었다. 전해오는 이야기에 따르면, 언젠가 안티고노스가 사절단 몇 사람과 회담을 하고 있었다고 한다. 이때 사냥에서 돌아온 데메트리우스는 아버지에게 인사를 하고 나서 창을 든 채로 아버지 곁에 앉아 있었다. 회담이 끝나고 사절들이 물러가려 하자 안티고노스는 큰 소리로 이렇게 말했다.

"여러분, 우리 부자는 늘 이렇게 지내고 있소. 당신들 나라에 돌아가면 이 사실도 함께 보고해 주시오."

자신과 아들은 이처럼 서로에 대한 신뢰가 깊으므로, 자신의 권력과 정치적 위상도 매우 굳건함을 암시하는 말이었다. 실제로 권력에는 언제나 질투와 의심이 따라다니기 때문에, 그만큼 왕이라는 자리는 외롭고 고독한 자리이다. 그러므로 알렉산드로스 대왕의 후계자들 가운데 가장 뛰어났던 안티고노스는, 자기 아들이 늘 바로 옆에서 무기를 들고 지켜주어서, 자신은 결코 두려워할 필요가 없음을 큰 자랑으로 여겼다.

알렉산드로스 대왕의 후계자들 가운데 몇 대에 걸쳐 나쁜 짓을 저지르지 않은 집안은 오로지 이 가문밖에 없었다. 좀 더 정확히 말해, 다른 왕가들에서는 아들과 아내와 어머니를 죽이는 사건들이 수없이 많았다. 따라서 형제끼리 서로 죽이는 것쯤은, 왕위에 오르기 위해서라면 마땅히 치러야 할 과정으로 여겨지기까지 했다. 그러나 이 안티고노스 왕가에서는 필리포스가 자기 아들을 죽인 것 말고는 이런 일이 한 번도 일어나지 않았다.

이쯤해서 데메트리우스의 따뜻하고 친절한 마음을 보여주는 젊은 날 그의 행동들에 대해 말해보겠다. 이는 아리오바르자네스의 아들 미트리다테스와의 사이에 일어난 몇 가지 놀라운 일들이다. 미트리다테스는 데메트리우스와 동갑내기 친구로서, 안티고노스 왕에게 충성해 왔다. 그런데 미트리다테스는 안티고노스의 꿈 때문에 아무런 이유 없이 왕에게서 의심을 받게 되었다.

안티고노스는 꿈속에서 넓고 아름다운 벌판으로 나아가 황금빛 알곡들을 뿌리고 있었다. 그 씨앗은 땅에 떨어지자마자 황금빛 싹을 틔웠다. 그런데 잠시 뒤에 돌아보니, 누군가가 들판에 뿌려둔 곡식을 모두 거두어 가버렸다. 안티고노스는 매우 화가 나서 주위를 샅샅이 뒤졌다. 바로 이때 어디선가 황금빛 곡식들은 미트리다테스가 모두 거두어 폰투스로 가져가 버렸다는 낯선 목소리가 들려왔다.

안티고노스는 꿈에서 깨어난 뒤에도 마음이 몹시 뒤숭숭했다. 그는 아들 데메트리우스를 부른 다음, 아무에게도 말하지 않겠다는 약속을 받아내고는 꿈 이야기를 해주었다. 그러고는 아무래도 미트리다테스를 없애버려야겠다고 덧붙여 말했다.

아버지의 꿈 이야기를 들은 데메트리우스는 너무나 걱정이 되었다. 그런데 얼마 뒤 이런 줄도 모르고 미트리다테스가 그를 찾아왔다. 하지만 아버지와 약속했기 때문에 그는 아무 말도 할 수 없었다. 그래서 데메트리우스는 다른 친구들과 멀리 떨어진 조용한 곳으로 미트리다테스를 데려간 다음 창끝으로 땅바닥에 이렇게 썼다.

"도망쳐, 미트리다테스!"

미트리다테스는 그 말뜻을 재빨리 눈치채고 그날 밤 카파도키아로 달아나 버렸다. 이 일이 있은 뒤 오래 지나지 않아 안티고노스의 꿈은 현실이 되어버렸다. 미트리다테스는 이 드넓고 기름진 땅을 개척했으며, 그의 후손들은 오랫동안 폰투스의 왕으로 이 나라를 다스렸다. 이 폰투스 왕국은 8대까지 이어지다가 뒷날 로마에 정복되었다. 이 이야기를 통해 우리는 데메트리우스가 고귀하고 충실한 사람이었음을 알 수 있다.

그러나 엠페도클레스에 따르면, 세상 모든 일들이 서로 좋아하고 미워하는 감정으로부터 일어나며, 사람들 사이가 가까울수록 싸움도 더 커질 수 있다고 한다. 안티고노스는 프톨레마이오스가 키프로스 섬을 떠나 시리아로 들어간 뒤 시골 마을들을 마구 짓밟으며 도시를 공략하고 있다는 소식을 듣게 되었다. 그는 아들 데메트리우스를 보내어 프톨레마이오스를 치게 했다. 이때 데메트리우스는 겨우 스물두 살로, 혼자서 이렇게 큰 싸움을 지휘하는 것은 처음이었다.

데메트리우스는 오랜 전쟁으로 단련된 알렉산드로스 대왕에 맞서 젊은 혈기만 믿고서 무조건 나아갔다. 마침내 그는 가자 시 근처 전투에서 크게 패하여 병사 5000명을 잃고 8000명을 포로로 내어주고 말았다. 뿐만 아니라 천막과 재물, 노예들까지 모두 적군에게 빼앗겼다. 그러나 프톨레마이오스는 포로로 끌려온 장군들과 전리품을 모두 돌려보냈다. 이때 그는 전쟁은 명예와 영토를 얻기 위한 것이며 데메트리우스에게 개인적 원한은 없다는, 너그럽고 정중한 내용의 편지를 함께 보내왔다.

편지와 선물들을 받고서 데메트리우스는, 프톨레마이오스에게 진 빚을 하루빨리 갚고 그와 친구가 될 수 있게 도와달라고 기도했다. 이런 어려움에 맞닥뜨렸을 때를 보아도 데메트리우스는 첫 전투에 실패하여 낙담한 젊은이가 아니라, 오히려 오랜 경험으로 단련된 노장처럼 담대하게 행동했다. 그는 다시 일어나 흩어진 병사들을 끌어모으고 무기고를 가득 채운 뒤, 가까운 도시들과 손을 잡고 새로운 군대를 훈련시키는 데 온 힘을 기울였다.

안티고노스는 아들이 전쟁에 패했다는 소식을 듣자, 이번에는 프톨레마이오스가 어린아이와 싸워 이겼지만 다음에는 어른을 상대로 싸우게 될 것이라고 말했다. 안티고노스는 아들의 의욕을 꺾고 싶지 않아, 실수를 바로잡게 해달라는 아들의 간청을 받아들여 다시 한 번 데메트리우스를 전투에 나가도록 허락했다. 얼마 뒤 프톨레마이오스와 부하인 킬레스 장군이 데메트리우스를 뒤쫓아 대군을 이끌고 시리아로 쳐들어왔다. 프톨레마이오스는 데메트리우스가 지난번 싸움에 패배하여 아마도 용기를 잃었을 거라 짐작하고, 쉽게 시리아를 점령할 수 있으리라 여겼다. 하지만 프톨레마이오스의 예상은 완전히 빗나갔다. 오히려 데메트리우스는 적군을 급습하여, 그들을 큰 혼란에 빠뜨려 버렸다. 데메트리우스는 킬레스 장군을 비롯하여 적군 7000명을 포로로 잡고 많은 재물들을 빼앗았다.

데메트리우스는 너무나 기뻤다. 이것은 적에게서 재물을 빼앗아 전리품을 얻게 되었기 때문이 아니라, 오히려 이들에게 전리품을 돌려줄 수 있는 기회가 자신에게 주어졌기 때문이었다. 그는 프톨레마이오스에게 진 빚을 갚을 수 있게 된 데 대해 신에게 감사를 올렸다. 데메트리우스가 전리품을 되돌려 보내는 일을 자기 마음대로 결정한 것은 아니다. 그는 먼저 아버지에게 자기 생각을 글로 적어 보냈다. 안티고노스는 데메트리우스에게, 스스로 노력하여 얻은 승리의 열매이니 마음대로 하라는 답장을 보냈다. 데메트리우스는 값진 선물까지 보태어 킬레스와 다른 적장들을 프톨레마이오스에게 보냈다. 이렇게 해서 프톨레마이오스 군대는 시리아를 떠나게 되었다. 안티고노스는 승리한 아들을 만나 함께 그 기쁨을 나누기 위해 켈라이나이에서 시리아로 단숨에 달려왔다.

그 뒤 데메트리우스는 나바타이아라는 아라비아 종족을 정벌하기 위해 파견되었다. 이때 그는 물이 없는 사막지대로 잘못 발을 들여놓았다가 큰 위험에 빠지고 말았다. 하지만 데메트리우스는 온갖 어려움을 극복하고 용감하게 싸웠다. 마침내 야만족들을 모두 물리친 그는, 낙타 700마리에 수많은 전리품을 가득 싣고 돌아오게 되었다.

얼마 지나지 않아 이번에는 셀레우쿠스가 대군을 이끌고 쳐들어왔다. 그는 언젠가 안티고노스에게 바빌론 성을 빼앗겼다가 되찾았는데, 멀리 인디아 내륙 지방과 카우카수스 산맥 근처 나라들을 정벌하려는 목적으로 서둘러 원정군을 모집해 시리아로 밀고 들어온 것이다. 그러므로 메소포타미아가 텅 비어 방비가 허술하리라 짐작한 데메트리우스는, 서둘러 군대를 이끌고 에우프라테스 강을 건너 바빌로니아로 쳐들어갔다. 그는 먼저 두 성 가운데 하나를 손에 넣은 다음, 셀레우쿠스가 남겨두었던 수비대를 몰아냈다. 그러고는 자신의 군대 7000명을 주둔시켜 지키게 하고, 가까운 나라들에서 재물들을 마음대로 빼앗을 수 있도록 허락해 주었다. 그리고 자신은 다시 바다로 물러났다. 이 일로 셀레우쿠스는 오히려 자신의 왕위를 더욱 굳건히 할 수 있게 되었다. 데메트리우스가 이 전쟁에서 승리했다고는 하나, 병사들에게 약탈을 허락함으로써 자신은 이 나라에 대해 어떠한 권리도 요구하지 않는 것처럼 보였기 때문이다.

이때 데메트리우스는 할리카르나소스가 프톨레마이오스에 포위를 당하자 그를 돕기 위해 재빨리 군대를 조직해 할리카르나소스에게 보냈다. 이 싸움에서 자신감을 얻자 데메트리우스와 아버지 안티고노스는 이 기회에 헬라스 전체를 프톨레마이오스 손아귀에서 구해주자는 큰 야망을 품게 되었다. 헬라스 사람들은 이즈음 프톨레마이오스와 카산드로스에게 정복당하여 노예처럼 억눌린 삶을 살고 있었다. 왕으로서 이보다 더 고귀하고 의로운 싸움을 꾀할 수는 없으리라.

이 둘은 헬라스 사람들의 도움을 받으며 야만족들과 싸워 이겼다. 그리하여 헬라스 사람들에게 자유를 주었으며, 얻은 전리품도 모두 헬라스 사람들을 위해 썼다. 이로써 아버지와 아들은 스스로를 명예롭게 했다. 이들은 전쟁을 계획하며 먼저 아테나이부터 공격하기로 마음먹었다. 그때 안티고노스의 친구는, 아테나이는 배를 이용하면 헬라스 어디든지 닿을 수 있는 세계 출입문 같은 곳이기 때문에 만일 아테나이를 손에 넣게 되면 절대로 적에게 다시 내어주어서는 안 된다고 충고했다.

하지만 안티고노스는 시민들이 보내는 지지야말로 가장 안전한 출입문이 되어준다면서, 아테나이는 온 세상이 지켜보는 감시탑이므로 자신은 올바른 정치를 베풀어 모든 인류에게 등대처럼 빛을 밝혀주겠다고 말했다.

마침내 데메트리우스는 전쟁 자금 5000탈란톤을 마련하여 함대 250척을 이끌고 아테나이로 떠났다. 이즈음 아테나이는 팔레룸 사람 데메트리우스가 카산드로스의 명령을 받아 무니키아 항구에서 수비대를 주둔시키고 있었다. 그런데 뛰어난 지략과 행운이 맞물려, 데메트리우스 함대는 타르겔리온 달 25일 무사히 항구에 숨어들어 갔다. 적들은 데메트리우스의 함대가 보이자 처음에는 프톨레마이오스의 함대가 오는 줄로 착각하여 환영 준비를 했다. 마침내 이들은 자신들의 잘못을 깨닫고는 몹시 놀라며 다급하게 싸울 준비를 서둘렀다.

그사이 데메트리우스의 군대는 이미 닻을 내릴 준비를 하고 있었다. 그는 항구가 열려 있는 곳으로 배를 곧바로 나아가게 지시하고 갑판 위에 똑바로 서서 모든 이들이 지켜볼 수 있게 했다. 그는 배에서 내리지 않고 침착한 태도로 아테나이 시민들을 바라보았다. 저항하지 말고 자신에게 말할 기회를 달라는 신호였다. 아테나이 시민들이 자신의 뜻을 받아들였다고 여긴 데메트리우스는 전령을 보내 자신은 이곳에서 마케도니아 주둔군을 몰아내고 아테나이 시민들에게 자유를 주기 위해 부왕 안티고노스의 명령을 받들어 아테나이로 왔다고 말했다. 그래서 아테나이가 고대로부터 지켜온 신성한 법률을 다시 되찾기만을 바랄 뿐이라는 말도 전했다.

이 말을 듣자 시민들은 칼과 방패를 내던지고 박수갈채를 보내며 데메트리우스에게 어서 올라오라고 큰 소리로 외쳤다. 그리고 데메트리우스를 구세주이며 은인이라고 불렀다. 상황이 이렇게 되자 팔레룸 사람과 그의 무리들은 데메트리우스의 말을 의심하면서도 그를 맞이할 수밖에 없었다. 팔레룸의 데메트리우스는 사절들을 보내 데메트리우스에게 항복하겠다는 뜻을 밝히고 보호를 요청해 왔는데, 이들은 새로 들어서게 된 정권보다 오히려 시민들을 더 두려워했기 때문이다. 데메트리우스는 사절단을 정중히 맞이하여, 팔레룸 사람의 용기와 명예를 존중하면서 그의 바람대로 안전하게 테바이로 데려다주었다.

데메트리우스는 아테나이 시내를 한번 둘러보고 싶었으나, 이 일은 뒷날로 미루어 두었다. 그는 적군을 몰아내어 아테나이 시민들에게 완전한 자유를 주겠다고 약속했다. 그런 뒤 적을 막기 위해 참호를 파고 나무 울타리로 방어벽을 쌓아 주위에 있는 도시들로부터 무니키아를 완전히 봉쇄한 다음, 메가라에 있는 카산드로스 군대를 무찌르기 위해 배를 타고 나아갔다.

바로 이때 데메트리우스는 파트라이에 사는 크라테시폴리스 부인에게서 그와 단둘이 만나고 싶다는 편지를 받았다. 그녀는 폴리스페르곤의 아들 알렉산드로스의 아내로 미모가 뛰어나다고 알려져 있었다. 데메트리우스는 자기 군대를 메가라에 남겨둔 채 가볍게 무장한 부하 몇 명만 데리고 그녀에게 갔다. 그는 이 도시에 이르자 부하들도 물러나 있게 하고는, 그녀가 사람들 눈에 띄지 않도록 외딴곳에 천막을 쳤다. 그러나 적군 몇 명이 눈치를 채고 데메트리우스를 습격해 왔다. 데메트리우스는 망토 하나만 걸치고 간신히 그곳을 빠져나왔다. 그는 여자를 탐하다가 하마터면 적군에게 사로잡히는 모욕을 당할 뻔했다.

이러한 일이 있었음에도 데메트리우스는 마침내 메가라를 차지했다. 그는 시내에서 적의 수비대를 완전히 몰아낸 뒤 이 지방에 자유를 되찾아 주었다. 군대가 시내를 장악하여 돌아다니자, 데메트리우스는 아테나이 사람들의 간청을 받아들여 약탈은 절대로 하지 말라는 지시를 부하들에게 내렸다.

데메트리우스는 이러한 일들로 바쁘게 보내다가 문득 생각에 잠겼다. 세상과 동떨어져 이곳에서 혼자 조용히 사색을 하며 학문에 열중하고 있다는 스틸폰이라는 철학자가 떠올랐다. 그는 스틸폰에게 사람을 보내어 혹시 이번 싸움에서 잃은 것은 없는지 물어보았다. 스틸폰은 이렇게 대답을 보내왔다.

"없습니다. 내 머릿속에 든 지식을 빼앗아 가려 한 사람은 아직 아무도 없습니다."

데메트리우스는 스틸폰에게 공손하게 작별 인사를 하며 마지막에 이렇게 말했다.

"나는 이곳에 자유를 주고 떠납니다."

그러자 스틸폰이 대답했다.

"맞습니다. 이제 우리 도시에는 노예가 단 한 명도 남아 있지 않으니까요."

이곳 노예들을 데메트리우스 군대가 모두 빼앗아 갔기 때문이었다.

무니키아로 돌아온 데메트리우스는 적군을 내몰고 성벽을 무너뜨렸다. 그리고 시민들의 초대를 받고 아테나이로 들어갔다. 그는 시민들을 불러모아 놓고, 오늘부터 아테나이의 옛 법률을 회복시킨다고 선언했다. 그러고는 그의 아버지 안티고노스에게 청하여 밀 15만 부셸과 함선 100척을 만들 수 있는 목재를 보내도록 하겠다고 약속했다.

아테나이는 이렇게 15년 만에 민주정체를 다시 시행했다. 라미아 전쟁 때부터 크란논 전투 때까지 아테나이는 이름만 공화정이었지, 실제로는 팔레룸의 데메트리우스가 휘두르는 폭정 아래에서 시달리고 있었다.

이 같은 혜택을 입은 아테나이 시민들은 데메트리우스에게 온갖 명예와 영광을 주었다. 하지만 시민들이 데메트리우스 한 사람만을 너무 지나치게 떠받들고 숭배했기 때문에 이로써 그는 오히려 비난의 대상이 되고 말았다.

아테나이 사람들은 헬라스 사람들에게 안티고노스와 데메트리우스를 왕으로 받들자고 제안했다. 이제까지 왕이라는 호칭은 필리포스 왕과 알렉산드로스 대왕 혈통을 이어받은 사람들만 받을 수 있는 거룩한 칭호로 여겼기에, 이 칭호를 사양하는 것이야말로 신을 공경하는 행위라고 생각되었다. 그러므로 이 두 혈통 말고는 이 칭호를 받은 사람은 안티고노스와 데메트리우스밖에 없었다. 아테나이 사람들은 안티고노스와 데메트리우스를 신격화하기 위해 투표로 이 도시의 제도들을 바꾸었다. 이들은 집정관들 이름에 따라 그해 이름을 정하는 오랜 제도를 폐지했다. 그 대신 안티고노스와 데메트리우스를 위해 해마다 사제를 한 사람 뽑은 뒤 모든 공공 기관에서 이 사제 이름으로 그해를 기록하게 했다.

또한 신성한 옷에 여러 신들 얼굴과 함께 안티고노스와 데메트리우스도 수놓게 했다. 그리고 데메트리우스가 전차에서 내려 처음 밟은 땅을 신성한 곳으로 여겨, 이곳에 신전을 지어 '데메트리우스가 내려온 신전'이라 불렀다. 또 이들은 이 두 왕의 이름을 본떠 데메트리우스족과 안티고노스족이라는 새로운 종족을 만들어 낸 뒤 이 종족에 속하는 사람들을 뽑았다. 곧 한 종족에서 50명씩 모두 500명이던 민회 의원수는 이 새 종족들로 인해 모두 600명으로 늘어났다.

이러한 제안들 가운데 가장 많은 비난을 받은 건, 이 모든 지나친 신격화들을 만들어 내는 스트라토클레스의 제안 한 가지를 들 수 있다. 그는 아테나이 시민들은 이제부터 데메트리우스나 안티고노스에게 오는 사절단에게는, 매우 큰 행사인 헬라스 제전이나 국가적 희생식에 참석하기 위해 델포이나 올림피아로 파견되는 사절들에게 주는 것과 똑같은 칭호를 부여하자고 제안을 했다. 스트라토클레스는 아주 뻔뻔스럽고 파렴치한 사람이었다. 평소 그가 곧잘 꾸며대는 그럴듯한 연극과 두둑한 배짱을 보면, 그 옛날 클레온이 시민에게 아첨하던 것들을 그대로 흉내내고 있는 것 같았다. 언젠가 필라키온 태생인 그의 첩이 저녁 준비를 위해 시장에서 목뼈와 머리뼈를 사 온 것을 보자 그는 이렇게 말했다.

"오늘 저녁에는 우리 정치가들의 공놀이 장난감을 먹게 되겠군."

아테나이군이 아모르고스 해전에서 마케도니아 함대에 크게 패했을 때이다. 스트라토클레스는 패전 소식이 도착하기 전에 재빨리 아테나이로 돌아와 월계관을 쓰고 케라메이쿠스 거리로 말을 타고 달려나갔다. 그러고는 아테나이가 위대한 승리를 거두었다고 큰 소리로 외쳤다. 그는 신에게 감사의 제물을 올리고 나서 축제에 쓸 고기들을 종족들마다 일정하게 나누어 갖자고 했다. 그러나 곧 전투에 패하여 부서진 배들이 하나둘 아테나이로 돌아왔다. 그제야 스트라토클레스에게 속은 것을 안 시민들이 화가 나서 그에게 비난을 퍼붓자, 그는 아주 뻔뻔스럽게 말했다.

"내가 뭘 어쨌다는 거요? 나는 그대들을 이틀씩이나 행복하게 해주지 않았소?"

스트라토클레스는 이 정도로 대담한 사람이었다.

그런데 이번에는 그보다 더 비열한 사람이 나타났다. 일찍이 아리스토파네스의 '불보다 더 뜨겁다'는 말에 딱 맞는 바로 그런 사람이었다. 그는 데메트리우스가 아테나이에 올 때마다, 데메테르 신과 디오니소스 신에게 하듯이 성스러운 의식을 올리고, 성대한 잔치를 베푸는 사람에게는 정부에서 상금을 내려 그를 칭찬하고 기념하게 하자고 제안했다. 마침내 모우니키온 달은 데메트리온 달이라는 새 이름으로 바뀌었다. 그리고 이달의 첫날을 '데메트리아스'라 부르게 되었다. 또 디오니소스 축제를 뜻하는 '디오니시아'를 '데메트리아'로 고쳐버렸다.

이렇게 데메트리우스를 지나치게 숭배하여 받들자 신들의 노여움이 여러 징조로 나타나기 시작했다. 새 법률에 따라 제우스, 아테나 신과 더불어 안티고노스와 데메트리우스 부자 얼굴을 수놓은 신성한 옷을 모시고 케라메이쿠스 거리를 지날 때였다. 갑자기 세찬 바람이 불어와 신성한 옷을 두 갈래로 찢어버렸다. 그리고 안티고노스와 데메트리우스를 신으로 모신 제단 주위에는 이제까지 그 고장에서 본 적 없는 독미나리라는 풀이 자라나기 시작했다. 이것은 이웃나라에서도 보기 드문 희귀한 풀이었다.

디오니소스 축제가 있던 날에는 때 아닌 추위로 서리가 내려서 무화과와 포도 농사가 수확을 거두지 못하고, 곡식도 대부분 얼어 죽었다. 이 때문에 디오니소스 축제의 장엄한 행렬이 중단되자, 스트라토클레스의 반대 세력 필리피데스는 다음과 같은 시를 지어 스트라토클레스를 맹렬히 비난했다.

신성한 옷이 찢어진 것은 누구 탓일까?
포도가 서리 맞아 시든 것은 누구 탓일까?
신의 영광을 훔쳐 인간에게 준, 바로 그 사람.
그 사람 탓이려니, 어찌 나의 시가 해가 될까?

필리피데스는 리시마쿠스 왕이 아끼고 총애하는 사람이었다. 리시마쿠스 왕은 마치 필리피데스를 대하듯이, 아테나이 시민들에게 많은 이로운 일을 베풀었다. 리시마쿠스 왕은 어떤 일을 계획하거나 전쟁터로 나가기 앞서 필리피데스를 만나면 행운이 찾아온다고 믿었다. 또 그는 문제를 일으키지 않으며 자기 생각들을 감추지 않으면서도 다른 이의 감정을 상하게 하지 않는 공손하고 예의 바른 사람이라고 리시마쿠스 왕은 생각했다. 언젠가 리시마쿠스 왕은 필리피데스에게 선물을 주려고 그에게 이렇게 물었다.

"필리피데스, 내가 가진 것 가운데 갖고 싶은 게 있소?"

필리피데스가 대답했다.

"전하가 주시는 거라면 무엇이든 좋습니다. 전하의 비밀만 빼고요."

이 이야기는 필리피데스의 전기에도 쓰여 있다.

데메트리우스에게 한 아첨 가운데 가장 터무니없는 것은, 스페투스 사람 데모클레이데스가 내놓은 제안이었다. 어떤 방패에 대해, 그것이 신성한 것인지 아닌지를 묻기 위해 델포이로 간 사자가, 신탁을 받을 것인지 의논하고 있을 때였다. 데모클레이데스가 갑자기 사람들 앞으로 나서더니, 차라리 데메트리우스에게 사자를 보내 그의 신탁을 받아보는 게 좋겠다고 제안했다. 이때 통과된 법령을 보면 다음과 같다.

"행복한 시절을 만나, 아테나이 시민은 구원자에게 보낼 사자로서, 아테나이 시민들 가운데 가장 적합한 인물을 선출하기로 한다. 그는 희생물을 바친 다음 곧바로 우리의 구원자 데메트리우스에게, 가장 신성한 방법으로 간청해야 한다. 그리고 시민들은 그 신탁에 따라서 행동해야 한다."

이제까지 데모클레이데스를 비정상적인 사람으로 여겨왔던 아테나이 시민들은 이 일을 겪고 나서 자신들의 생각을 더욱 강하게 굳혔다.

데메트리우스는 아테나이에 잠시 머무는 동안 에우리디케와 결혼했다. 영웅 밀티아데스의 후손인 에우리디케는 키레네의 오펠타스 왕의 아내가 되었으나, 그가 세상을 떠나자 아테나이로 돌아와 혼자 살고 있었다. 아테나이 시민들은 이 결혼을 아테나이 시의 영광이라고 여기며 매우 기쁘게 받아들였다. 그러나 데메트리우스는 이미 많은 아내를 거느리고 있었기에, 이 결혼을 그리 대단하게 생각하지 않았다. 데메트리우스가 가장 아끼고 사랑했던 아내는 필라였다. 그녀는 안티파트로스의 딸로서 이미 크라테루스와 결혼했었는데, 크라테루스는 그 무렵 알렉산드로스 대왕의 후계자들 가운데 가장 유력한 인물이었다. 그런데 이 크라테루스가 죽고 필라가 과부가 되자, 안티고노스는 아들 데메트리우스를 그보다 훨씬 나이 많은 필라와 결혼시키려 했었다. 데메트리우스가 처음에 이 결혼 제의를 받고 매우 못마땅해하자, 귀에 대고 다음과 같이 에우리피데스의 시를 속삭였다.

> 행운을 얻을 수 있다면
> 결혼도 할 수 있지.

시에는 본디 '복종'으로 되어 있는데, 안티고노스가 '결혼'으로 고쳐 말했다. 데메트리우스는 필라를 비롯해 여러 아내를 두었지만, 기생이나 첩들을 두고 방탕한 생활을 했다. 이런 부분에 있어서 그는 같은 시대 어느 왕보다도 좋지 않은 평판을 들었다.

그러는 사이에 프톨레마이오스가 키프로스 섬을 차지하자, 아버지 안티고노스는 데메트리우스에게 프톨레마이오스를 공격하도록 명령했다. 데메트리우스는 헬라스를 떠나 전쟁터로 나가고 싶지 않았으나 아버지의 명령을 어길 수는 없었다. 따라서 그는 이 전투를 피하기 위한 방법으로, 시키온과 코린토스를 지키고 있던 프톨레마이오스 군대의 사령관에게 편지를 보냈다. 그는 지금 점령한 도시들에서 군대를 철수하고 시민들에게 자유를 준다면 많은 돈을 주겠다고 썼다. 하지만 이 시도가 실패로 돌아갔기 때문에, 데메트리우스는 키프로스를 치기 위해 어쩔 수 없이 대군을 이끌고 떠날 수밖에 없었다. 그는 키프로스에서 프톨레마이오스의 동생 메넬라우스와 싸워 크게 승리했다. 얼마 지나지 않아 곧 프톨마이오스 자신이 군대를 이끌고 나타났다. 그는 육군과 더불어 거대한 함대를 가진 해군까지 동원하여, 데메트리우스 군대를 곳곳으로 에워싸며 거리를 좁혀오고 있었다.

전투에 앞서 두 사람은 말싸움을 벌이며 서로 상대의 기를 꺾으려 했다. 프톨레마이오스가 먼저 데메트리우스에게, 우리 대군이 모여들고 있으니 전멸당하기 싫으면 어서 바다로 도망치라고 외쳤다. 이 말을 듣자 데메트리우스가 한가지 제안을 했다. 시키온과 코린토스를 포기하면 키프로스를 무사히 떠날 수 있게 해주겠다 한 것이다.

그즈음 이 전투는 모든 왕들이 깊은 관심을 가지고 지켜보았는데, 이곳에서 이기는 사람이 키프로스와 시리아는 물론 온 세계에서 가장 큰 권력을 쥔 승리자가 되기 때문이었다.

이때 프톨레마이오스는 함선 150척을 지휘하고 있었다. 전투가 가장 치열할 때 그는 동생 메넬라우스에게 60척을 내주고는, 살라미스 항구를 몰래 빠져나가 적의 후방을 공격하라고 명령했다.

데메트리우스는 겨우 배 10척을 보내어 적군 60척과 맞서게 했다. 왜냐하면 살라미스 항구는 입구가 매우 좁았기 때문에 10척만으로도 봉쇄하기에 충분했기 때문이다. 그다음에는 육군을 바다 쪽으로 삐죽하게 뻗어나온 곳에 여기저기 배치하여 지키게 하고, 자신은 180척을 이끌고 바다로 나아갔다. 데메트리우스는 곧바로 적진으로 쳐들어가 상대를 완전히 물리쳤다. 프톨레마이오스는 겨우 살아남은 8척만 이끌고 도망쳤다. 그의 함대 가운데 70척에 타고 있던 병사들은 사로잡혔고, 나머지는 모두 바다 밑으로 가라앉았다. 수송선을 타고 뒤따르던 프톨레마이오스의 수많은 부하들과 친구들 그리고 부인들 또한 사로잡혀서 무기와 재물, 군기들과 더불어 모두 데메트리우스의 진지로 끌려갔다.

포로들 가운데 라미아라는, 이름이 꽤 알려진 여자가 있었다. 그녀는 플루트를 매우 잘 불었기 때문에 처음에는 음악적 재능으로 주목을 받았지만, 아름다운 외모와 연애 사건으로 점차 더 이름이 알려지게 되었다. 이즈음 그녀는 젊은 시절의 아름다움을 잃어가고 있었고, 나이도 데메트리우스보다 훨씬 더 많았다. 하지만 데메트리우스는 라미아의 매력에 완전히 사로잡혀서 그녀만을 사랑했기 때문에, 다른 여자들은 그녀를 너무나 부러워했다.

데메트리우스가 바다에서 승리한 뒤, 메넬라우스는 더 이상 저항하지 않고 살라미스 항구에서 항복했다. 그는 데메트리우스에게 모든 함선과 기병 1200

기, 보병 1만 2000명과 더불어 모든 영토를 넘겨주었다. 데메트리우스는 이 빛나는 승리의 영광에 너그럽고 인간적인 행동까지 보탬으로써 사람들의 존경을 받았다. 그는 죽은 적군 병사들에게 대단히 명예로운 장례식을 치러주고, 포로가 된 적들을 모두 자유롭게 풀어주었다. 그는 아테나이 사람들에게는 완전하게 갖추어진 갑옷 1200벌을 선물로 보냈다. 또 밀레투스 사람 아리스토데무스를 아버지 안티고노스에게 보내어 이 소식을 전하게 했다. 아리스토데무스는 데메트리우스의 부하들 가운데 아첨을 가장 잘했는데, 그는 사람들이 승리의 기쁨을 더 크게 느낄 수 있도록 한 가지 잔꾀를 떠올렸다.

아리스토데무스는 키프로스 섬을 떠나 배가 육지에 가까워지자 모든 병사들에게 기다리라고 말하고는, 홀로 작은 배를 타고 천천히 노를 저어갔다. 그러고는 혼자 뭍에 올라 안티고노스 궁궐 쪽으로 걸어갔다. 이 전투가 얼마나 위험한 것이었는지 여러 전투 경험으로 이미 알고 있었기에, 안티고노스는 커다란 기대감과 함께 초조한 마음으로 어서 소식이 도착하기만을 기다리고 있었다. 그런데 아리스토데무스가 혼자 오고 있다는 소식을 듣자, 그는 불안감에 어쩔 줄 몰라 했다. 안티고노스는 안절부절못하면서 아들의 승전 소식을 듣기 위해 시종들과 친구들을 잇달아 보냈다.

하지만 아리스토데무스는 이들에게 아무 대답도 해주지 않고 무표정한 얼굴로 천천히 걸어나갔다. 안티고노스는 더 이상 불안감을 감추지 못했다. 그는 수많은 사람들에게 둘러싸인 채 걸어오는 아리스토데무스를 맞이하기 위해 스스로 궁궐 문 앞까지 걸어나왔다. 아리스토데무스는 가까이 다가오면서 그의 오른팔을 앞으로 치켜들고 큰 소리로 외쳤다.

"안티고노스 왕, 만세! 우리는 프톨레마이오스를 바다에서 무찔렀습니다. 그리고 포로 1만 6800명을 사로잡아 키프로스 섬의 주인이 되었습니다."

이 소식을 듣고 안티고노스는 대답했다.

"아리스토데무스! 그대도 정말 수고가 많았소. 하지만 우리를 애태운 벌로 그대가 받을 상도 그만큼 기다려야 하겠소."

이 전투에서 승리를 거두자, 시민들은 처음으로 안티고노스와 데메트리우스를 왕이라고 불렀다. 안티고노스의 친구들은 그에게 왕관을 씌워주고, 이와 동시에 데메트리우스에게도 왕관을 보내며 함께 보낸 편지에서 그를 '왕'이라고 불렀다.

이 소식을 전해듣자 아이귑토스 사람들도 프톨레마이오스를 왕으로 선포했다. 비록 전쟁에서 졌어도 아직 싸울 용기가 남아 있음을 적에게 과시하기 위해서였다. 그러자 곧이어 알렉산드로스 대왕의 다른 후계자들마저 앞다투어 왕이라는 명칭을 사용했다. 이미 야만족들 사이에서 왕으로 불리고 있던 셀레우쿠스도 헬라스 사람들 앞에 나아갈 때 왕관을 썼으며, 리시마쿠스도 경쟁이나 하듯이 왕관을 쓰기 시작했다. 하지만 이야기를 나눌 때나 편지를 받을 때 언제나 왕으로 불렸던 카산드로스만은 편지를 쓸 때에는 왕이라는 명칭은 빼고 자기 이름만 사용했다.

그런데 문제는, 왕이라는 명칭을 사용하는 군주 국가로 불림으로써 단순히 왕이라는 이름이나 체제 이상의 큰 결과를 가져왔다는 사실이다. 왕의 명칭을 얻은 권력자들은 의기양양해져서 거만한 태도를 보이며 자신들의 권위를 더 많이 누리려는 야심을 드러냈다. 이것은 마치 왕의 옷을 입은 연극배우가 포도주를 높이 치켜들고 거만한 목소리로 외치며 왕의 전차를 타고 있는 것과 같았다. 신하들에게 매우 너그럽게 대하며 자신의 권력을 드러내지 않던 왕들은 이제 자신의 가면을 벗어던지고, 정의라는 이름 아래 더 가혹한 처벌을 했다. 한 아첨꾼의 목소리가 이처럼 큰 힘을 발휘하여, 온 세계를 뒤바꾸고 말았다.

안티고노스도 아들 데메트리우스가 키프로스에서 승리를 거둔 뒤에 매우 의기양양해졌다. 그는 스스로 군대를 거느리고 육지에서 프톨레마이오스를 치기로 마음먹었다. 아버지가 땅에서 전투를 이어나가는 동안 아들 데메트리우스는 바다에서 거대한 함대를 이끌고 해안을 따라가면서 공격을 하기로 했다.

그런데 안티고노스의 친구 메디우스는 이 전투의 결과를 미리 경고해 주는 꿈을 꾸었다. 메디우스는 꿈에서 안티고노스가 모든 군대를 이끌고, 달리기 경주하는 사람처럼 앞으로 쏜살같이 달려나가는 것을 보았다. 처음에 안티고노스는 아주 힘차게 빨리 달렸지만, 점차 힘이 빠지면서 마침내 마지막 목표 지점을 남겨두고는 숨을 헐떡거리며 되돌아오기 시작했다.

실제로 안티고노스는 육지에서 많은 어려움에 맞닥뜨렸다. 마침 바닷길로 나아가던 데메트리우스도 무시무시한 태풍을 만나 많은 배들을 잃고서, 바위가 많은 해안으로 떠밀려 와 겨우 목숨만 건졌다. 이들은 아무것도 이루지 못한 채 고생만 하고 돌아왔다. 이때 안티고노스는 몸이 건장하고 의욕에 넘쳤으나, 여든 살이 다 된 노인이었으므로 더 활기차게 행군할 수가 없었다. 따라서 그는 아들 데메트리우스로 하여금 이번 전투를 스스로 지휘하도록 맡겼다. 이미 여러 전투를 승리로 이끈 아들의 행운과 경험을 믿기로 한 것이다.

안티고노스는 아들 데메트리우스가 사랑에 쉽게 탐닉하고 사치를 즐긴다는 사실을 알고도 전혀 불안해하지 않았다. 데메트리우스는 보통 때에는 온갖 즐거움과 향락에 빠져 자제할 줄을 몰랐지만, 전쟁터에 나아가기만 하면 아주 마땅한 일이라는 듯 침착하게 군대를 이끌었기 때문이다. 라미아가 데메트리우스의 마음을 얼마나 사로잡았는지에 대해 전해오는 이야기가 있다. 언젠가 오랜 항해를 마치고 돌아온 데메트리우스가 늙은 아버지를 반갑게 끌어안자 안티고노스는 이렇게 말했다고 한다.

"애야, 네가 지금 라미아를 안고 있는 줄 아느냐?"

며칠 내내 술에 취해 있던 데메트리우스는 며칠 동안 심한 감기에 걸려서 자리에 누워만 있었다고 변명했다. 이 말을 들은 안티고노스가 물었다.

"그 감기는 키오스산(産) 술 때문이냐, 타소스산 술 때문이냐?"

안티고노스는 어느 날 데메트리우스가 열병에 걸렸다는 소식을 듣고 문병을 갔다가 마침 아들 방에서 나오는 어떤 젊은 여자와 맞닥뜨렸다. 안티고노스는 방으로 들어가 침대 곁에서 아들의 몸 상태를 확인하려 데메트리우스의 손을 잡아보았다. 데메트리우스가 이제 막 열이 내렸다고 말하자 그가 대답했다.

"그랬겠지. 방금 문 앞에서 만났다."

안티고노스는 이처럼 너그럽게 아들의 방탕한 생활을 받아주었다. 이는 아마도 데메트리우스가 그 밖의 많은 장점들을 가지고 여러 공적들을 이루어 냈기 때문이리라.

스키티아 사람들은 즐거움에 빠져 있는 사이에도 자신들의 용기를 일깨우려는 듯, 술을 마시고 여자와 향락을 즐기면서도 활을 튕기는 습관이 있었다. 하지만 데메트리우스는 즐길 때에는 오로지 즐기는 일에만 빠져들고, 싸울 때에는 오로지 싸우는 일에만 몰두했다. 그는 자신이 현재 하는 일에만 집중했다. 그러므로 그는 쾌락을 즐기는 동안 전쟁 준비에 대한 생각으로 방해받는 일이 없었다.

데메트리우스는 전쟁을 지휘할 때보다 오히려 그것을 준비하는 동안 더 뛰어난 능력을 보여주었다. 그는 전쟁 준비를 완벽하게 모두 끝마쳤다는 말은 있을 수 없다고 생각했다. 따라서 그는 더 큰 함선이나 성능이 더 뛰어난 엔진을 제조하는 일 등에 언제나 특별한 관심을 보였다. 그는 기계를 뛰어나게 잘 다루는 자신의 재주를 결코 다른 왕들처럼 피리를 불거나 그림을 그리고, 장난감 같은 금속 제품을 만지작거리면서 헛되이 보내지 않았다.

마케도니아의 아이로푸스 왕은 작은 탁자나 램프를 만들면서 여가 시간을 보냈다. 필로메토르라는 별명으로 불리는 아탈루스 왕은 사리풀이나 헬레보레 말고도 독미나리, 부자(附子), 도리크니움 같은 독초들을 재배하며 시간을 보냈다. 그는 왕궁 후원에서 자신이 직접 이 식물들을 심고 가꾸며, 철따라 열매들을 따서 즙을 짜고 저장했다. 또 파르티아 왕은 자신이 직접 화살이나 창끝을 뾰족하게 만드는 일에 대해 자랑스럽게 말하기도 했다.

그러나 데메트리우스가 만든 기계는 참으로 왕답게 언제나 그 크기가 엄청났고, 만든 이의 위대한 발상을 기발하고도 감탄스럽게 보여주었다. 그는 설계하고 돈을 지불할 뿐만 아니라, 스스로 무언가를 만들어 내는 왕이었다. 그의 친구들 적들 할 것 없이 그가 만든 기계들의 규모와 아름다움에 모두들 깜짝 놀랐는데, 이러한 칭찬들은 결코 과장이 아니었다.

그가 설계한 노 젓는 병선들이 열 지어 해안을 따라가면, 적진 사람들까지도 바닷가로 몰려나와 이 놀라운 구조물들을 구경했다. 또 시가 포위된 지역 사람들도 성벽으로 기어올라가, 데메트리우스의 저 유명한 '도시점령자'라는 공성구(攻城具)의 웅장함을 보고 넋을 잃고 말았다.

그즈음 왕들 가운데 데메트리우스와 가장 적대 관계에 있던 사람은 리시마쿠스였다. 그런 리시마쿠스도 킬리키아의 솔리 시가 포위당했다는 소식을 전해 듣고 도와주려고 달려왔다가, 데메트리우스에게 그의 공성구와 병선들을 보여달라고 간청하기까지 했다. 데메트리우스가 그의 호기심을 만족시켜 주자, 리시마쿠스는 그가 만든 기계의 위력에 놀라 싸우기를 포기하고 돌아갔다. 데메트리우스에게 포위당하여 오랫동안 버티던 로도스 사람들도 마침내 그와 휴전협정을 맺으러 오면서, 그에게 새 무기를 좀 달라고 청했다. 이는 데메트리우스의 힘과, 그의 거대한 힘에 맞서 싸운 자신들의 용기를 기념하기 위한 것이었다.

데메트리우스가 로도스 사람들과 전쟁을 한 것은 이들이 프톨레마이오스와 동맹을 맺고 있었기 때문이다. 데메트리우스는 이들과 전투를 하면서 공성구 가운데 가장 큰 것으로 성벽을 공격했다. 이것은 밑바닥이 저마다 48큐빗으로 된 정사각형 모양에 높이는 66큐빗으로, 위로 올라갈수록 폭이 좁아졌다. 그속에는 방들이 여러 층을 이루고 있었는데, 방들마다 적을 감시하고 공격하기 위한 창문들이 나 있었다. 따라서 무장한 병사들은 그곳으로 적을 공격하게 되어 있었다.

더 놀라운 것은, 이 거대한 기계가 움직일 때 결코 흔들리거나 기울어지지 않았다는 사실이다. 이 기계는 완전한 평형을 이루며 앞으로 나아갔다. 적진 사람들은 이 큰 기계가 굉음을 울리며 일정한 간격을 두고 다가오자 두려움과 경이로움을 함께 느꼈다.

이때 키프로스 섬으로부터 데메트리우스가 입을 강철로 된 가슴받이 갑옷 두 벌이 도착했는데, 무게가 저마다 40므나나 되는 무거운 것이었다. 이것은 조일루스가 만든 것으로, 그는 이 갑옷의 강도를 알아보기 위해 스무 걸음 떨어진 거리에서 석궁을 쏘게 했다. 그다음에 갑옷을 살펴보았더니, 작은 조각칼로 할퀸 듯한 작은 자국만 남아 있었다.

데메트리우스는 실험에 사용했던 갑옷은 자신이 입고, 다른 갑옷은 에피루트 사람 알키무스에게 주었다. 알키무스는 그의 부하 장군들 가운데 가장 용감하고 호전적인 사람이었다. 다른 장군들은 1탈란톤 무게가 나가는 갑옷을 입었는데, 알키무스만은 2탈란톤이나 되는 갑옷을 입고 다녔다. 하지만 안타깝게도 로도스 섬을 포위 공격하던 날, 그는 극장 가까운 곳에서 전투를 하다가 죽고 말았다.

로도스 섬 사람들이 끈질기게 저항을 해왔기 때문에, 데메트리우스는 아무런 성과도 얻지 못한 채 화를 삭이며 계속 포위만 하고 있었다. 그를 특히 화나게 만든 것은, 사랑하는 아내 필라가 편지와 옷과 침구류를 실어 보낸 배가 로도스 사람들 손으로 넘어가 프톨레마이오스에게 보내진 일이었다. 로도스 사람들의 이런 행동은 아테나이 사람들의 예법에는 전혀 맞지 않는 행동이었다. 전에 아테나이 군대는 적장 필리포스 왕이 보낸 전령을 사로잡았을 때 다른 편지들은 모두 뜯어서 읽어보았지만, 그의 아내 올림피아스에게 보낸 편지만은 그대로 필리포스에게 돌려보냈었다.

데메트리우스는 이처럼 로도스 사람들이 한 일 때문에 매우 화가 나 있었지만, 얼마 뒤 이들에게 앙갚음할 수 있는 기회가 찾아왔음에도 이들과 똑같은 행동을 하지는 않았다. 카우누스에 살던 프로토게네스는 로도스 사람들의 부탁을 받고 이알리소스의 이야기를 그리고 있었다. 이 작품이 거의 완성될 즈음 교외 어느 마을에서 프로토게네스는 데메트리우스에게 잡혀 그림을 빼앗기게 되었다. 그러자 로도스 사람들은 사람을 보내, 제발 그림만은 망가뜨리지 말고 끝까지 그릴 수 있게 해달라고 간청했다. 그때 데메트리우스는 자기 아버지의 초상화를 태우게 되더라도, 이렇게 뛰어난 예술 작품을 못 쓰게 만들지는 않겠다고 대답했다.

프로토게네스가 이 작품을 완성하는 데에는 7년이라는 세월이 걸렸다고 전해진다. 아펠레스는 이 그림을 처음 보고 너무 놀라서 숨이 막힐 지경이었다 하는데, 한참이 지나서야 그는 마침내 입을 열었다.

"참으로 멋진 작품이다. 얼마나 많은 정성과 노력이 들어갔을까!"

하지만 아펠레스는, 이 그림에는 천국으로 통하는 신성한 기운만은 찾아볼 수 없다고 말했다. 그 뒤 이 그림은 다른 그림들과 함께 로마로 옮겨졌지만 어느 날 불이 나서 다 타버리고 말았다.

로도스 사람들이 끈질기게 저항을 했기 때문에 데메트리우스도 조금씩 지쳐갔다. 그렇다고 아무 이유 없이 물러날 수도 없었다. 때마침 아테나이에서 사절단이 도착하자, 그는 기꺼이 그들의 중재로 평화협정을 받아들였다. 이 협정의 결과로, 로도스 사람들은 안티고노스와 데메트리우스의 동맹군이 되어 프톨레마이오스를 제외한 모든 적들과 맞서 싸우겠다는 약속을 했다.

카산드로스의 공격을 받고 포위를 당하게 되자 아테나이 사람들이 데메트리우스에게 도움을 청해왔다. 데메트리우스는 함선 330척과 수많은 군대를 이끌고 아테나이로 달려갔다. 그는 먼저 카산드로스를 아티카에서 내몰고, 계속해서 테르모필라이까지 쫓아가 적군을 무찔렀다. 그러자 헤라클레아 시는 자발적으로 항복했으며, 6000명이나 되는 마케도니아 군대도 카산드로스를 저버리고 그에게로 도망쳐 왔다.

헤라클레아에서 돌아오자 데메트리우스는 테르모필라이 남부에 사는 헬라스 사람들을 마케도니아의 압제로부터 자유롭게 해주었다. 또 보이오티아와 동맹을 맺어 함께 켄크레아이를 무찔렀고, 아티카 지방의 필레와 파낙툼 요새에 주둔해 있던 카산드로스 군대를 몰아내고 그 지역을 아테나이 시민들에게 돌려주었다.

아테나이 사람들은 그에게 줄 수 있는 모든 명예와 영광을 이제까지 데메트리우스에게 바쳤으나, 이번에 또 다른 새로운 명예를 만들어 내어 그에게 다시 아첨하려 했다. 이는 파르테논 신전 후원에 데메트리우스가 '아테나 여신의 손님'이라는 자격으로 머무르도록 거처를 마련하는 일이었다. 이로써 데메트리우스는, 그의 여주인 되는 아테나 여신과 한 지붕 아래 살 수 있게 된 것이다. 그러나 실제로 데메트리우스는 이토록 순결한 여신의 손님이 될 만큼 행실이 올바른 사람은 못 되었다.

예전에 데메트리우스의 아버지 안티고노스는 아들 필리포스가 어린 여자 셋이 있는 어느 집에 머물고 있다는 소식을 들었을 때, 필리포스에게는 아무 말도 하지 않았으나 필리포스 앞에서 그에게 숙소를 정해준 병참 장교를 불러 놓고는 이렇게 말했다고 한다.

"내 아들에게 좀 더 붐비지 않는 숙소를 찾아주는 게 더 좋지 않겠느냐?"

데메트리우스는 아테나 여신을 자신의 누님이라 불렀으나 조금도 여신을 존경하지 않았으며, 오히려 명문 집안의 미소년들과 아테나이 여자들을 아크로폴리스로 불러들여 온갖 추한 행동을 했다. 차라리 크리시스, 라미아, 데모, 안티키라 같은 창부들을 상대했을 때가 이곳을 더 깨끗하게 유지했다고 말할 수 있을 정도였다.

아테나이 시의 명예를 생각해서 더 자세한 이야기는 그만두고, 이제는 젊은 다모클레스가 보여준 훌륭한 미덕과 정조에 대해 말해보겠다. 다모클레스는 '아름다운 다모클레스'라 불릴 만큼 외모가 아름다운 젊은이로, 데메트리우스의 눈을 피해 갈 수 없었다.

데메트리우스가 이 젊은이에게 빠져서 온갖 선물로, 때로는 위협까지 하며 꾀어내려 했지만 젊은이는 계속 거절하기만 했다. 마침내 다모클레스는 사람들이 모이는 경기장 같은 곳에 가지 않고 목욕도 집에서만 했다. 하지만 기회만 노리고 있던 데메트리우스는 그가 혼자 목욕하고 있을 때 갑자기 들이닥쳐서 그를 붙잡았다. 아무도 도와줄 사람이 없음을 알아차린 다모클레스는 끓는 물속에 뛰어들어 스스로 목숨을 끊어버렸다. 젊은이가 이렇게 삶을 마친 것은 너무나 안타까운 일이지만, 다모클레스의 행동은 그의 나라와 그의 아름다움을 더 가치 있게 드높여 주었다.

하지만 클레오메돈의 아들 클레아이네투스는 이와 반대되는 행동으로 사람들의 비난을 한 몸에 받았다. 그는 자기 아버지가 50탈란톤 벌금형을 받자 스스로 데메트리우스의 침실로 찾아갔다. 그런 다음 그는 벌금을 면제해 주라는 편지를 데메트리우스에게서 받아내어 의기양양하게 아테나이 시에 제출했다. 이렇게 해서 클레아이네투스는 자신의 명예를 더럽혔을 뿐만 아니라, 나라 전체를 비난으로 들끓게 만들었다.

이러한 편지로 클레아이네투스의 아버지가 벌금을 면제받은 뒤 아테나이 사람들은 앞으로는 어떠한 사람이라도 이처럼 데메트리우스의 편지를 제출해서는 안 된다는 법령을 선포했다. 이 소식을 듣고 데메트리우스는 몹시 화가 나서 불쾌감을 나타냈는데, 시민들은 두려운 나머지 이 법령을 다시 거두어들였다. 그러고는 이 법령을 제안한 사람들에게 사형을 내리거나 이들을 다른 나라로 내쫓아 버렸다. 실제로 이들은 다음과 같은 새 법령을 다시 선포하기에 이르렀다.

"아테나이 시민들은 데메트리우스 왕이 내려주는 말씀은 신에 대한 것이든 사람에 대한 것이든 모두 올바르고 합법적인 것으로 받아들여야 한다."

어느 분별력 있는 시민이, 이런 법을 내놓은 스트라토클레스는 틀림없이 미쳤을 거라며 비난했다. 그러자 레우코노이에 사는 데모카레스는 이렇게 말했다.

"미칠 만한 이유가 있었겠지요."

이것은 스트라토클레스가 데메트리우스에게 아첨한 대가로 큰 부자가 된 것을 두고 하는 말이었다. 그러나 이 말이 스트라토클레스의 귀에 들어가게 되면서 데모카레스는 추방을 당하고 말았다. 마케도니아군 손아귀에서 벗어나 자유를 누리게 되었다고 좋아하던 아테나이 사람들은 이제 스스로 이런 행동들을 했다.

얼마 지나지 않아 데메트리우스는 펠로폰네소스로 쳐들어갔다. 적들이 겁에 질려 저항 한번 제대로 못하고 항복해 왔으므로 여러 도시들을 쉽게 손에 넣을 수 있었다. 그는 만티네아를 제외한 아르카디아 전체와 아크테 지방의 통치자가 되었음을 선언했다. 또 뇌물 100탈란톤을 써서 적군을 철수시킴으로써 아르고스, 시키온, 코린토스 시민들에게 자유를 주었다.

그가 아르고스에 있을 때, 마침 이곳에서 헤라 여신에게 제물을 올리고 있었다. 데메트리우스는 여기에 모인 헬라스 사람들과 함께 제사에 참여했다. 그리고 이 자리에서 몰로시아 왕 아이아키데스의 딸이며, 피루스 왕의 누이 데이다메이아와 결혼했다. 시키온에서는 시민들이 본디 시였던 곳에서 떨어져 외곽 지역에 사는 것을 보고 그쪽으로 수도를 옮기도록 선포하고는, 도시 이름을 시키온에서 데메트리아스로 바꾸게 했다. 이스트무스에서 열린 대대적인 민회에서는 전에 필리포스와 알렉산드로스에게 했듯이 데메트리우스를 헬라스의 '최고 사령관'으로 선언했다.

이런 식으로 지난날 어느 영웅들 못지않게 큰 행운과 권력을 얻은 데메트리우스는 스스로도 헬라스의 '최고 사령관'이란 이름에 만족스러워했다. 일찍이 알렉산드로스는 다른 왕에게서 왕의 칭호를 빼앗은 일이 없으며, 자신을 스스로 대왕이라 부르며 뽐낸 적도 없었다. 오히려 그는 여러 사람들을 왕이라 부르고 이에 걸맞는 권위를 그들에게 부여해 주었다. 하지만 데메트리우스는 자기 자신과 아버지 말고 다른 누군가를 왕이라 부르면 매우 비아냥거렸다. 그는 연회가 열린 자리에서 부하들이 자신을 왕이라 부르면서 셀레우쿠스는 코끼리 부대 장군, 프톨레마이오스는 해군 사령관, 리시마쿠스는 재무장관, 아가토클레스는 시킬리아 섬 총독이라 별명을 지어 부르며 자신을 위해 축배를 드는 것을 너무나 즐거워했다.

데메트리우스의 이런 허세에 대해서 여러 왕들은 속으로만 비웃었다. 그러나 리시마쿠스는 자신을 내시로 취급한다면서 노여움을 나타내기도 했다. 그즈음 재무장관은 내시를 쓰는 게 관례였기 때문이다. 실제로 리시마쿠스는 데메트리우스를 굉장히 싫어했기 때문에 라미아와의 연애를 들추어 내며, 창녀가 왕후 흉내를 내는 일은 연극에서도 본 적이 없다고 비웃었다. 이에 대해 데메트리우스는, 자기가 사랑하는 라미아는 리시마쿠스의 페넬로페보다도 훌륭하고 품위 있는 여자라며 그를 비꼬아서 말했다.

아테나이로 돌아가기 전에 데메트리우스는 먼저 편지를 보냈다. 그는 아테나이 사람들에게, 종교적으로 높은 자리에 오르는 과정마다 치르는 의식을 자신이 도착하자마자 한꺼번에 받고 싶다는 뜻을 알렸다. 이제까지 관례적으로 한 번도 이런 적이 없었다. 교인이 되는 작은 의식은 안테스테리온 달에 치르고, 큰 의식은 보에드로미온 달에 치르며, 특별한 의식은 큰 의식을 치른 뒤 만 1년이 지나야 비로소 치를 수 있게 되어 있었다.

아테나이에는 이러한 규칙이 엄연히 존재하고 있었음에도, 민회에서 감히 그 누구도 데메트리우스의 이러한 요구에 대해 반대하지 못했다. 오로지 한 사람,

햇불 드는 사람 피토도루스가 반대했지만 아무 소용이 없었다. 오히려 시민들은 모우니키온 달을 안테스테리온 달로 고쳐 부르자는 스트라토클레스의 제안을 받아들였다. 데메트리우스는 작은 의식을 치르자마자 같은 달 이름을 보에드로미온으로 고친 뒤에 다시 큰 의식을 치를 수 있었다. 이렇게 해서 데메트리우스는 교인이 되는 모든 의식을 눈깜짝할 사이에 치른 다음 최고 자리에 오르게 되었다. 필리피데스는 그의 시에서 다음과 같은 암시로 아첨꾼 스트라토클레스를 비웃었다.

　1년 긴 세월을 한 달로 만들어
　아첨을 했다네.

　또 데메트리우스를 파르테논 신전에 머무르게 하자는 표결에 대해 다음과 같이 비꼬았다.

　신전이 술집으로,
　정결한 여신의 집이 죄의 소굴로 되어버렸네.

　아테나이에 돌아온 데메트리우스가 시민들을 가장 화나게 한 것은, 자신의 공적에 대한 보답으로 250탈란톤이나 되는 큰돈을 즉시 바치라는 터무니없는 명령을 내린 일이다. 관리들은 온갖 수단을 다 써서 시민들의 돈을 긁어모았다. 게다가 이렇게 거두어들인 돈을 마치 푼돈밖에 안 된다는 듯 라미아를 비롯한 여자들 화장품 값으로 내어주게 했다. 아테나이 시민들은 데메트리우스가 자신들의 귀한 돈을 이렇게 써버리자, 돈을 잃은 것 이상으로 심한 굴욕감을 느꼈다.
　어떤 역사가들은, 데메트리우스가 돈을 거두어들인 곳이 아테나이가 아니라 테살리아라고 한다. 이 일 말고도 라미아는 데메트리우스 왕 환영 연회 비용을 마련한다는 명목으로 시민들에게 다시 한 번 돈을 거두어들이게 했다. 이 호화로운 잔치는 사람들 입에 오르내리며 두고두고 이야깃거리가 되었다.
　사모스 사람 린케우스는 이 일에 대해 쓴 역사책까지 따로 남겼다. 이즈음 어느 풍자 시인은 라미아를 '도시점령자'라 불렀고, 솔리 사람 데모카레스는 데메트리우스를 '미투스'라 불렀다. 데메트리우스 곁에 라미아가 늘 붙어다니는 것에 대해, 미투스 전설에 나오는 괴물 라미아에 빗대어 한 말이다.

실제로 데메트리우스가 라미아에게 빠져서 정신을 못 차리게 되자 그의 다른 아내들뿐만 아니라 친구들과 신하들마저도 그녀를 미워하고 질투했다.

데메트리우스의 신하들 몇 명이 리시마쿠스에게 사절로 갔을 때 일이다. 리시마쿠스는 마침 한가로운 때에 자신의 허벅지와 팔에 난 상처들을 보여주었다. 그는 이 상처들은 언젠가 알렉산드로스 대왕이 자기를 사자 우리 속에 쳐넣었을 때 사자와 싸우면서 생긴 것들이라고 말했다. 이 이야기를 듣자 사절들은 미소를 지어 보이면서, 자기들 왕의 목에도 사자만큼 사나운 짐승에게 할퀸 상처가 있다고 말했다. 여기서 사나운 짐승이란 데메트리우스의 아내 라미아를 빗대어 한 말이었다.

놀라운 것은 데메트리우스가 시든 꽃이라며 필라를 거부하면서도, 그녀보다 나이가 훨씬 많은 라미아에게 빠져 있었다는 사실이다. 언젠가 연회에서 라미아가 피리를 불고 있을 때, 데메트리우스는 사람들이 '미치광이'라고 별명 지어 부르는 창녀 데모에게 라미아에 대해 어떻게 생각하는지 물어보았다.

"할머니처럼 보입니다."

데모는 망설이지 않고 대답했다. 맛있는 음식들이 나오자 데메트리우스가 다시 데모에게 말했다.

"라미아는 내게 이렇게 훌륭한 것들을 전해준단다, 알겠느냐?"

"저의 어머니를 왕비로 맞으시면 이 정도 음식은 얼마든지 드시게 해드릴 수 있습니다."

데모는 이렇게 대답했다.

라미아에 대한 또 다른 이야기는 보코리스가 맡은 저 유명한 재판과 관련된 것으로, 다음과 같이 전한다.

어느 젊은 아이귑토스 남자가 토니스라는 창부에게 빠져 있었다. 그녀의 사랑을 얻기 위해, 그는 많은 돈을 주겠다고 토니스에게 약속했다. 그러던 어느 날 이 남자는 토니스를 아내로 맞아들이는 행복한 꿈을 꾸었는데, 그 뒤로 토니스에 대한 사랑이 차갑게 식어버렸다. 그러자 토니스는 그 꿈에 대한 대가를 받기 위해 이 남자를 고소했다. 재판을 맡은 보코리스는 두 사람의 이야기를 듣고 나서, 이 남자에게 토니스가 요구한 돈을 투명한 유리그릇에 담아 오게 했다. 이 남자가 유리그릇을 가져오자, 보코리스는 이 그릇을 이리저리 흔들어 보이면서, 돈의 그림자가 토니스의 몫이라고 판결을 내렸다. 라미아는 이 남자의 욕망은 꿈으로 충족되었으나 돈을 갖고 싶어하는 토니스의 마음은 그림자만으로 채워질 수 없는 것이며, 따라서 이 재판이 정당하지 못하다고 했다.

하지만 이제부터 말하게 될 데메트리우스 이야기는 희극에서 비극으로 바뀐다. 모든 왕들이 안티고노스를 물리치기 위해 계략을 꾸미며 힘을 모으고 있었다. 이 사실을 알고 데메트리우스는 아테나이에서 달려왔다. 아버지 안티고노스는 아들이 온 것에 크게 힘을 얻어 늙은 나이였지만 놀라울 만큼 적극적으로 이들과 맞서 싸울 준비를 했다. 데메트리우스도 아버지의 적극적인 태도에 자극받아 더한층 용기를 얻었다.

이때 안티고노스가 조금만 물러나 지나친 권력욕을 자제했더라면, 그는 삶을 마치는 날까지 최고의 권력을 누리며 아들에게도 알렉산드로스 후계자들처럼 자신의 자리를 물려줄 수 있었으리라. 하지만 그는 본디 거만하여 남을 업신여겼으며, 행동보다도 말이 훨씬 더 거친 사람이었다. 그리하여 안티고노스의 말과 행동은 스스로를 사람들로부터 멀어지게 했는데, 그에게서 무시당했다고 생각하여 화가 나 있던 젊은 장군들과 왕들은 서로 동맹을 맺어서 안티고노스를 물리치려 했다. 이러한 상황 아래서도 그는 들판에 모여든 새들을 겁을 주어 쫓아버리듯이, 지금 그에게 위협을 가하는 연합군 세력을 쉽게 무너뜨릴 수 있다고 호언장담했다.

그는 보병 7만, 기병 1만, 코끼리 75마리를 이끌고 스스로 전쟁터로 나아갔다. 적군 병력은 보병 6만 4000, 기병 1만 500, 코끼리 400마리, 전차 120대로 결코 쉬운 상대는 아니었다. 양쪽 군대가 서로 맞붙어 싸우는 동안, 안티고노스는 전세가 점점 자기편에 매우 불리해지고 있음을 느꼈다. 그는 위기의 순간에도 언제나 자신감을 잃지 않고 큰 소리로 부하들을 지휘하며 적군들을 경멸하는 말도 서슴지 않았다. 하지만 이 전투에서 그는 무슨 생각에 잠겨 아무 말도 하지 않더니, 갑자기 아들 데메트리우스에게 총지휘권을 넘기겠다고 선언했다.

그러나 무엇보다도 사람들을 놀라게 한 것은, 안티고노스가 자기 막사로 데메트리우스만을 따로 불러 작전회의를 했다는 사실이다. 자기 아들이라고는 해도 이제까지 그는 단 한 번도 자신의 비밀스런 생각들을 데메트리우스와 의논한 적이 없었다. 그는 늘 혼자 계획을 세운 다음, 부하들에게 저마다 자기 임무를 수행하도록 명령만 내리던 사람이었다.

데메트리우스가 아직 어린 나이였을 때 이런 일이 있었다. 그는 언제 진격할 것인지 아버지에게 물어보았다. 그러자 안티고노스는 버럭 화를 내면서 소리쳤다.

"너 혼자만 나팔 소리를 못 들을까봐 무서운 것이냐?"

이번 싸움에서는 이것 말고도 몇 가지 불길한 징조들이 잇달아 일어나 이들을 낙담하게 했다. 데메트리우스의 꿈에 알렉산드로스 대왕이 눈부신 갑옷을 입고 나타났다. 알렉산드로스는 이번 전쟁에서 어떤 암호를 쓰게 될 것인지 물었다. 데메트리우스가 '제우스와 승리'라고 말하자, 알렉산드로스는 이렇게 답하고는 갑자기 사라졌다.

"그렇다면 나는 적진으로 가서 이 암호를 알려주겠다."

전투가 있는 날 아침 안티고노스는 군대 배치 상태를 돌아보기 위해 막사에서 나가다가, 얼굴을 땅에 심하게 박으며 넘어졌다. 그는 일어나 하늘을 향해 두 손을 높이 쳐들고, 승리를 안겨주든지 아니면 부하들이 도망가는 것을 보기 전에 고통 없이 죽게 해달라고 신들에게 기도를 올렸다.

전투가 시작되자 데메트리우스는 가장 강한 기병대를 이끌고 나아가 셀레우쿠스의 아들 안티오코스와 맞서 싸워 모두 물리쳤다. 하지만 그는 승리에 도취한 나머지 너무 멀리 적을 뒤쫓아갔다가, 그날 전투를 패배로 끝마치고야 말았다. 적군 코끼리 부대가 그와 주력군 사이를 막고 있었기 때문에, 그는 보병 부대와 다시 합칠 수가 없었다.

셀레우쿠스는 그의 곁을 지켜주는 기병대가 보이지 않자, 자기 기병 부대에게 곧바로 공격을 지시하려는 듯한 몸짓을 해 보였다. 그러나 실제로는 명령을 내리지 않고 시간만 끌면서 안티고노스 군대가 겁을 먹고 자기편으로 넘어오기를 기다렸다. 이 일은 실제로 일어났다. 거대한 안티고노스 보병 무리가 셀레우쿠스에게 넘어가고, 나머지 병사들은 도망쳐 버렸다. 이제 안티고노스는 수많은 적군들에게 포위될 위기에 처했다. 그의 곁을 지키고 있던 부하들이 안티고노스에게 소리쳤다.

"조심하십시오! 적들이 전하 쪽으로 다가오고 있습니다."

그러자 안티고노스가 말했다.

"저들의 목표가 나 말고 또 누가 있겠느냐? 하지만 데메트리우스가 곧 나를 구하러 올 거다."

안티고노스는 아들이 곧 와서 구해주기만을 기대하며 주위를 둘러보다가 빗발처럼 퍼붓는 화살을 맞고 쓰러졌다. 그를 호위하던 신하와 병사들도 모두 달아나 버렸고, 라리사 사람 토락스만이 죽은 안티고노스 곁을 지켰다.

이 전투에서 승리한 왕들은 데메트리우스와 안티고노스의 제국을, 마치 거대한 사냥감의 몸을 가르듯 조각조각 나누어 가졌다.

데메트리우스는 겨우 보병 5000명과 기병 4000기만을 이끌고 에페수스를 향해 전속력으로 도망쳤다. 사람들은 돈이 다 떨어진 데메트리우스가 분명히 신전을 약탈할 것으로 생각했다. 하지만 그는 오히려 자기 부하들이 재물을 약탈하게 될까봐 곧바로 배를 타고 헬라스로 떠났다. 그의 마지막 희망은 이제 아테나이밖에 없었다. 아테나이에는 자신의 해군 함대와 재물들과 아내 데이다메이아가 남아 있었기 때문에, 시민들은 틀림없이 자신의 말에 복종하리라 믿었다. 어려움에 처한 그에게 아테나이만큼 확실한 피난처는 없어 보였다.

하지만 데메트리우스가 키클라데스를 지나고 있을 때 그를 기다리던 아테나이 사절들을 만났는데, 이들은 이제 아테나이 시민들은 어느 왕도 받아들이지 않기로 선언했으니 데메트리우스도 아테나이에 들어올 수 없다는 뜻을 전했다. 또 데메트리우스의 아내 데이다메이아는 메가라까지 정중히 모셔드렸다고 덧붙였다.

자신에게 닥친 불행들을 매우 침착하게 받아들이며 견디고 있던 데메트리우스는 이 말을 듣고 매우 화가 났다. 이제까지 자신에게 보내온 아테나이 시민들의 열광적인 지지와 믿음이 진심이 아니었음을 깨닫게 되자, 그는 배신감을 느끼고 큰 슬픔에 빠졌다.

실제로 시민들이 국왕이나 통치자에게 바치는 영광이 오로지 참된 충성심에서만 나온다고 생각할 수는 없다. 겉으로 보여주는 영광은 흔히 두려움 때문에 나오는 것이지, 존경과 사랑에서 나오는 것만은 아니다. 같은 법률을 놓고 보더라도 진심을 담아 표결에 부치는 것도 있지만, 두려움 때문에 주위 눈치를 보며 어쩔 수 없이 표결하는 것도 있다.

그러므로 분별력 있는 사람이라면 자신을 위해 동상을 세워주거나 자신의 비위를 맞추며 어떤 명예나 영광을 바치려 할 때에도, 자신이 그들을 위해 무슨 일을 했는지 먼저 생각해 보아야 한다. 그는 시민들이 자신을 진심으로 존경하는지, 아니면 두려움 때문에 자신을 존경하도록 강요받고 있는지 돌아보아야 한다. 또 사람들은 자기가 아무리 존경하고 따르던 사람이라도, 그 사람이 탐욕을 부리거나 오만해져서 자유의사를 무시해 버리면 어느새 그에게서 등을 돌려버린다.

데메트리우스는 아테나이 시민들에게 모욕을 당했다고 생각하여 화가 나고 서글펐지만 이제 그에게는 아무 힘이 없었다. 그래서 그는 아테나이에 사람을 보내, 부드러운 말로 그곳에 있는 자기 함선들만이라도 돌려줄 것을 요청했다. 그 배들 가운데에는 13줄의 노를 가진 커다란 함선도 있다고 그는 덧붙였다.

다행히도 아테나이 시민들은 그의 요구를 받아들였다. 데메트리우스는 이 배들을 이끌고 이스트무스로 출발했다. 그러나 이스트무스 항구에서도 상황은 매우 나빠져서, 그의 군대는 모두 흩어지고 도시들은 적의 손에 넘어가 있었다. 어쩔 수 없이 데메트리우스는 헬라스를 피루스에게 맡긴 뒤, 자신은 케르소네소스를 향해 나아갔다. 데메트리우스는 리시마쿠스의 영토를 점령한 다음 재물을 빼앗아서 군자금과 많은 병사들도 모았다. 다른 왕들은 리시마쿠스를 매우 위험한 인물로 생각하여 그의 세력이 커질까봐 두려워하고 있었으므로, 이 일에 끼어들지 않았다.

얼마 뒤 셀레우쿠스는 사절을 보내, 데메트리우스와 필라 사이에서 태어난 딸 스트라토니케에게 청혼을 해왔다. 셀레우쿠스는 이미 아파마라는 페르시아 여자와 결혼하여 안티오코스라는 아들을 두고 있었다. 그러나 셀레우쿠스는 상속자가 둘 이상이여도 될 만큼 드넓은 영토를 가지고 있었다. 게다가 리시마쿠스는 프톨레마이오스의 딸 하나와 결혼했고, 그의 아들 아가토클레스도 프톨레마이오스의 다른 딸과 결혼했기 때문에, 셀레우쿠스 자신은 데메트리우스와 인연을 맺고 싶어했다.

셀레우쿠스가 청혼을 해온 것은 데메트리우스에게 뜻하지 않은 커다란 행운이었다. 데메트리우스는 곧 딸과 함께 모든 함대를 이끌고 시리아로 나아갔다. 그는 항해하면서 식량이 필요할 때마다 여러 곳에 상륙했다. 그 가운데 킬리키아는 안티오코스가 전사한 뒤 카산드로스의 동생 플레이스타르쿠스가 다스리고 있었다.

플레이스타르쿠스는 데메트리우스가 자기 영토를 침범한 것으로 생각하고, 마케도니아로 카산드로스를 찾아갔다. 그는 셀레우쿠스가 데메트리우스와 손잡고, 자신들과 굳게 맺은 우의를 깨뜨리려 한다고 항의했다. 그러자 데메트리우스는 퀸다로 쳐들어가 1200탈란톤을 빼앗고 다시 서둘러 길을 떠났다. 이때 로수스로 가면서 우연히 그의 아내 필라를 만나 함께 항해를 하게 되었다.

데메트리우스는 로수스에서 셀레우쿠스를 만났다. 두 왕은 서로를 조금도 의심치 않고 가슴에서 우러나오는 참된 기쁨을 나누었다. 먼저 셀레우쿠스가 진영 한가운데 자리잡은 자신의 막사로 데메트리우스를 초대했고, 다음에는 데메트리우스가 셀레우쿠스를 13줄의 노를 가진 커다란 함선에 초대하여 연회를 베풀었다. 이 둘은 호위병 없이 무장도 하지 않은 채 며칠 동안 서로 편안하게 이야기를 나누었다. 마침내 셀레우쿠스는 스트라토니케를 아내로 맞아, 화려한 행렬을 이끌고 안티오케이아로 돌아갔다.

이때 데메트리우스는 킬리키아를 점령한 상태였으므로, 아내 필라를 그녀의 오빠 카산드로스에게 보내 화해를 요청했다. 그사이 아내 데이다메이아가 헬라스를 떠나 바다 건너 데메트리우스를 찾아왔으나, 불행히도 얼마 지나지 않아 병들어 죽었다. 데이다메이아가 죽고 난 뒤, 데메트리우스는 셀레우쿠스의 중재로 프톨레마이오스와 화해하게 되면서, 그의 딸 프톨레마이스와 결혼을 약속하기까지 했다. 그런데 이제까지 모든 일을 무리 없이 잘 처리해 오던 셀레우쿠스가 갑자기 데메트리우스에게, 많은 돈을 줄 테니 킬리키아를 자기에게 넘겨달라고 설득했다. 데메트리우스가 거절하자 셀레우쿠스는 화를 내면서, 그러면 티루스와 시돈 두 도시를 넘기라고 요구했다.

이것은 너무나 오만불손하고 너그럽지 못한 행동이었다. 셀레우쿠스는 이미 홍해와 지중해 사이에 있는 모든 나라들을 다스리고 있었음에도, 어려운 처지에 놓인 장인 데메트리우스와 옥신각신하며 이런 요구를 해오고 있었다. 이 상황은 쉼 없이 탐내기만 하면 결핍과 비참함으로부터 결코 자유로워질 수 없으므로 정말로 부자가 되고 싶다면 재산을 늘리기보다 욕심을 줄여야 한다는 플라톤의 말이 진실임을 너무도 분명하게 입증해 준다.

데메트리우스는 조금도 주저하지 않고 그의 요구를 거절해 버렸다. 그는 입소스 전투와 같은 실패를 수만 번 당한다 해도, 셀레우쿠스를 사위로 여기지는 않겠다고 말했다. 그는 셀레우쿠스가 요구한 두 도시에 수많은 군대를 배치하고 철통같은 경계에 들어갔다. 아테나이에서는 이 둘의 관계가 나빠진 틈을 타서 라카레스가 스스로 왕이라 일컬으며 독재를 휘두르기 시작했다. 데메트리우스는 이 기회를 잘 이용하면 아테나이를 쉽게 점령할 수 있으리라 생각했다.

하지만 그는 대군을 이끌고 바다를 건너다 아티카 근처에서 거센 비바람을 만나 배와 병사들을 거의 잃고 말았다. 데메트리우스는 남은 함대를 이끌고 아테나이군과 싸웠으나 아무 성과도 거두지 못했다. 그는 부하들에게 새로운 함대를 모아 오도록 명령하고, 자신은 펠로폰네소스로 나아갔다.

이곳에서 그는 메세네 시를 포위하고 공격을 감행하다가 하마터면 죽을 뻔했다. 적이 발사장치를 이용해 쏜 화살이 턱을 뚫고 입속까지 들어갔다. 하지만 그는 상처가 낫자 다시 전투를 벌여 자신을 배반했던 도시들에게서 항복을 받아냈다. 그는 다시 아티카로 돌아와 엘레우시스와 람누스를 차지하고 약탈했다. 또 밀을 싣고 아테나이로 가던 배 한 척을 빼앗아 선장과 항해사를 목매달아 죽였다. 그러자 다른 상인들은 데메트리우스가 두려워 아무도 아테나이 근처로 무역을 하러 가지 않았다. 이 때문에 아테나이에서는 식량이 부족해지고 물가가 오르면서 시민들이 심각한 굶주림에 시달렸다. 그즈음 소금 1메딤노스는 40드라크메, 밀 1모디우스(됫곡)는 300드라크메에 거래되었다.

프톨레마이오스는 아테나이 시민들을 고통으로부터 구해내기 위해 배 150척을 보냈다. 하지만 데메트리우스가 곧이어 펠로폰네소스와 키프로스로부터 함선 300척을 이끌고 오자, 프톨레마이오스 함대는 물러날 수밖에 없었다. 이 소식을 들은 독재자 라카레스는 도시를 버리고 도망쳐 버렸다.

이제까지 데메트리우스와 평화협정을 맺자고 말하던 아테나이 사람들은, 상황이 이렇게 바뀌게 되자 성문을 활짝 열고 데메트리우스에게 사절을 보내왔다. 이들은 무슨 좋은 협상 조건을 바란 게 아니라, 그저 굶주림의 고통으로부터 벗어나기 위해서 그에게 손을 내밀었다. 이즈음 아테나이 사람들이 얼마나 비참한 상태에 있었는지, 다음 같은 일도 있었다.

어느 아버지와 아들이 거의 굶어 죽게 되었을 때, 갑자기 죽은 쥐 한 마리가 천장에서 떨어졌다. 이 둘은 서로 그 쥐를 먹으려고 싸웠다. 철학자 에피쿠로스는 제자들과 땅콩을 날마다 한 알씩 세어 먹으면서 겨우 목숨을 이어갔다고 한다.

데메트리우스가 아테나이에 들어갔을 때, 시민들은 바로 이처럼 비참한 상황에 처해 있었다. 그는 아테나이 시민들을 모두 극장에 불러모았다. 데메트리우스는 부하들을 무대 뒤쪽에 배치하고 호위병들로 하여금 무대를 지키게 한다음, 배우가 등장하는 입구로부터 나와 무대 위에 섰다. 시민들은 이 과정들을 지켜보며 모두들 두려움으로 몸을 떨었다. 그러나 데메트리우스는 부드러운 목소리로 아테나이 시민들에게 아주 짧게 몇 마디 불평을 하더니, 이들을 모두 용서하겠다고 말했다. 그는 밀 10만 메딤노스를 나누어 주고, 시민들로부터 신임을 얻고 있는 사람들을 골라 자리가 비어 있던 관직에 채용했다.

시민들이 너무나 기뻐하며 그에게 어떻게 감사해야 할지 모르고 있을 때, 웅변가 데모클레이데스가 나서서 데메트리우스 왕에게 페이라이우스와 무니키아를 바치자고 제안했다. 이 제안은 만장일치로 통과되었다. 이 안이 통과되자 데메트리우스는 시민들의 동의를 얻어 무세이온에 군대를 주둔시켰다. 이것은 자신이 다른 지역에 원정 나가 있는 동안, 시민들이 지난번처럼 반란을 일으키지 못하게 미리 막기 위해서였다.

이렇게 아테나이를 완전히 손에 넣게 된 데메트리우스는 스파르타를 공격하기 시작했다. 그는 먼저 만티네아에서 스파르타 왕 아르키다모스를 무찌르고, 이어서 라코니아로 쳐들어가 가장 큰 스파르타 성 앞에서 스파르타군 200명을 죽이고 500명을 포로로 잡았다. 이제까지 한 번도 점령당해 본 적 없던 스파르타는 적군에게 넘어갈 위기에 맞닥뜨렸다.

그러나 데메트리우스만큼 운명이 자주 뒤바뀌는 왕도 없었다. 작은 일로 시작하여 큰일을 이루고, 부와 권력의 정점에 있다가 갑자기 모든 것을 잃었으며, 아주 미약해진 세력이 다시 힘을 얻기도 하면서, 그의 운명은 여러 번 뒤바뀌었다. 데메트리우스 자신도 아이스킬로스의 시를 빌려 자기 운명을 한탄했다고 전해진다.

나를 일으켜 세운 그대여,
언젠가 다시 나를 쓰러뜨리리라.

이처럼 날마다 데메트리우스가 권력과 영토를 끊임없이 넓혀가고 있을 때 갑자기 슬픈 소식이 날아들었다. 아시아에 있는 도시들은 모두 리시마쿠스에게 빼앗기고, 키프로스 섬은 프톨레마이오스에게 빼앗겼으며, 그의 어머니와 자식들이 있는 살라미스도 적에게 포위되었다는 것이다. 데메트리우스의 운

명은 이제 아르킬로코스의 시에 나오는, 한 손에 든 물을 마시라 하여 다가간
다 해도 곧이어 횃불 든 다른 손을 내밀어 보이는 기만적인 여인과 같았다.

이 때문에 데메트리우스는 스파르타 정복의 꿈을 포기해야 했다. 그러나
운명은 곧 그에게 새로운 희망을 안겨주었는데, 바로 다음과 같은 일이 일어
났다.

마케도니아의 카산드로스 왕이 죽고 그의 큰아들 필리포스가 왕위에 올랐
지만, 얼마 지나지 않아 필리포스도 세상을 떠났다. 남은 두 왕자가 서로 왕위
를 차지하려고 싸우는 동안, 둘째 왕자 안티파트로스가 어머니 테살로니카를
죽였다. 이때 셋째 왕자 알렉산드로스는 에피루스의 피루스 왕과 펠로폰네소
스에 있던 데메트리우스에게 도움을 요청했다. 피루스는 이 소식을 듣고 곧
바로 알렉산드로스에게 달려왔다. 하지만 그 대가로 마케도니아 땅 대부분을
자기에게 넘겨달라고 요구했다. 알렉산드로스는 피루스를 불러들인 일을 매
우 후회했다.

이때 데메트리우스가 대군을 거느리고 달려왔다. 알렉산드로스는 한참 세력
을 넓히고 있던 데메트리우스가 틀림없이 피루스보다 더 큰 것을 요구하리라
생각했다. 따라서 그는 급히 디움으로 가서 더 이상 도움이 필요 없게 되었다
고 정중하게 사양하면서 데메트리우스를 저녁 식사에 초대했다.

그런데 데메트리우스가 집을 나서려 할 때 어떤 사람이 나타나, 술자리가 무
르익을 즈음 알렉산드로스가 데메트리우스를 암살하려 한다는 사실을 알려주
었다. 데메트리우스는 전혀 놀라는 기색을 보이지 않고 떠나기에 앞서 부하 장
교들에게 군사를 이끌고 오도록 명령했다. 또 호위병들의 수를 늘리고, 이들에
게 연회 자리에서도 자기가 일어설 때까지 움직이지 말고 그를 지키라고 지시
했다.

알렉산드로스의 부하들은 데메트리우스의 호위병들이 자기들보다 훨씬 숫
자가 많은 것을 보자 어리둥절하여 감히 죽이려 하지 못했다. 게다가 데메트리
우스가 몸이 불편하다며 곧 연회 자리를 떠났기 때문에 알렉산드로스의 시도
는 헛수고로 돌아갔다. 다음 날 데메트리우스는 알렉산드로스에게 갑자기 급
한 일이 생겼으니 다음에 다시 오겠다고 말하고 서둘러 길을 떠났다.

알렉산드로스는 데메트리우스가 전혀 노여운 표정을 짓고 있지 않았기에
그가 정말 급한 일로 가는 줄 알고 데메트리우스를 테살리아 국경까지 배웅하

기로 했다. 라리사에 이르러 이들은 또다시 연회를 열고 서로를 초대했는데, 이때는 데메트리우스와 알렉산드로스 둘 다 서로 암살하려 계획하고 있었다. 알렉산드로스가 먼저, 자신이 던져놓은 덫에 스스로 걸려들고 말았다. 그는 데메트리우스가 자기를 믿게 만들려고 행동을 꾸몄지만, 데메트리우스는 이미 그를 믿지 않았다.

알렉산드로스는 데메트리우스의 초대를 받고 그의 막사로 갔다. 연회가 무르익을 때쯤 데메트리우스는 갑자기 벌떡 일어나 밖으로 나갔다. 알렉산드로스도 놀라서 무슨 일인지 알아보려고 그를 따라 나갔다. 이때 데메트리우스가 호위병들에게 소리쳤다.

"내 뒤에 따라오는 사람을 죽여라!"

명령을 받자마자 호위병들은 뒤따라 나오던 알렉산드로스를 그 자리에서 죽여버렸다. 뒤늦게 달려온 알렉산드로스의 부하들도 모두 죽었는데, 이들 가운데 한 명이 "데메트리우스가 우리보다 하루 빨랐다고" 말했다 전해진다.

모두를 깜짝 놀라게 했던 혼란스러운 밤이 지나갔다. 날이 밝아왔지만 마케도니아 병사들은 데메트리우스 군대가 공격해 올까봐 두려움에 떨고 있었다. 데메트리우스가 사절들을 보내어 자신의 행동에 대해 설명하겠다는 뜻을 전해오자, 이들은 기꺼이 받아들였다. 이들 앞에 모습을 드러냈을 때 데메트리우스는 더 이상 긴 연설을 할 필요조차 없었다. 자기 어머니를 죽이는 안티파트로스 같은 사람은 믿을 수 없다면서, 마케도니아 병사들은 데메트리우스를 왕으로 받들며 그를 마케도니아까지 호위해 갔다.

마케도니아 사람들도 알렉산드로스가 죽은 뒤 일어났던 끔찍한 일들을 알고 있었기에, 새 왕을 거부하지 않았다. 그들은 안티파트로스가 처음 권력을 잡았을 때 펼쳤던 어진 정치를 그리워하고 있었다. 데메트리우스는 이 사실을 잘 이용하기로 했다. 데메트리우스의 아내 필라는 안티파트로스의 딸이었으며, 그 사이에 태어난 아들이 이미 다 자라서 아버지의 뒤를 이어 군대에서 복무를 할 수 있게 되었기 때문이다. 또한 이 아들은 미래에 마케도니아 왕이 될 가능성이 가장 컸다.

이처럼 뜻밖의 행운들이 이어지면서, 온갖 기쁜 소식들이 들려왔다. 먼저 프톨레마이오스가 선물을 주고 예의를 갖추며 자기 어머니와 자식들을 무사히 보내주었다는 것이다. 또 셀레우쿠스에게 시집간 딸이 셀레우쿠스의 아들 안티오코스와 결혼하여 아시아 지역 왕비가 되었다는 소식도 있었다.

이에 대한 이야기는 좀 더 자세히 살펴보기로 한다. 데메트리우스의 딸 스트라토니케는 이미 셀레우쿠스와 결혼하여 둘 사이에 아들까지 두었으나, 여전히 젊고 아름다운 여인이었다. 그런데 왕자 안티오코스가 계모 스트라토니케를 열렬히 사랑하게 되었다. 그는 이루어질 수 없는 사랑임을 알고 처음부터 자기 감정을 억누르려고 온갖 노력을 했으나, 모두 헛수고였다. 그의 열정은 식을 줄을 몰랐다. 마침내 그는 자살하기로 마음먹었다.

그는 서서히 죽어가기 위해, 아프다는 핑계를 대고 아무것도 먹지 않았다. 의사 에라시스트라투스는 안티오코스가 점점 야위어 가는 모습을 지켜보다가 그것이 상사병임을 알아차렸다. 그러나 안티오코스가 사랑하는 사람이 누구인지 도저히 알 길이 없었다. 의사는 하루 종일 안티오코스 곁에서 그를 지켜보면서, 젊은 여인들이 문병을 올 때마다 안티오코스의 태도와 몸 상태를 빈틈없이 살폈다. 그런데 스트라토니케가 자기 의붓아들을 만나러 올 때마다, 혼자서 오든지 남편 셀레우쿠스와 함께 오든지 관계없이, 저 유명한 사포가 발견해 낸 병증이 그의 몸에서 나타났다.

안티오코스는 스트라토니케 앞에서 늘 말을 더듬고 얼굴이 심하게 붉어지면서, 그녀의 눈길을 애써 피하려 했다. 게다가 호흡이 불규칙적으로 빨라지고 식은땀까지 흘리다가, 마침내 감정이 극도의 흥분 상태가 되면서 얼굴에는 핏기가 사라지고 의식이 흐려졌다. 이제 의사 에라시스트라투스는 왕자가 열정을 억누르지 못하여 조용히 굶어 죽기로 결심하게 된 원인이 바로 왕비 때문임을 알게 되었다.

그는 진실을 말했다가는 왕자가 위험한 상황에 맞닥뜨리게 될지도 모른다고 생각하여 차마 왕에게 알릴 수가 없었다. 하지만 셀레우쿠스가 자기 아들을 매우 사랑한다는 사실을 굳게 믿고 있었기에, 어느 날 그는 용기를 내어 셀레우쿠스에게 아들의 병에 대해 말했다. 의사는 젊은 왕자를 혼돈에 빠뜨리는 병이 다름 아닌 상사병이며, 이 사랑이 희망도 없고 치료도 불가능한 상태임을 덧붙여 말했다. 도무지 이해가 안 된다는 듯이 셀레우쿠스는 의사에게 물었다.

"어째서 치료할 수 없다는 건가?"

의사가 대답했다.

"왜냐하면 왕자님은 제 아내를 사랑하고 있으니까요."

그러자 셀레우쿠스가 말했다.

"그래? 에라시스트라투스! 그렇다면 그대가 아내를 포기하고 나의 아들에게 보내주면 안 되겠는가? 왕자는 그대의 친구이며, 왕자를 살릴 방법은 그것뿐이라는 사실을 잘 알고 있지 않나?"

"안 됩니다. 전하께서는 만일 왕자님이 스트라토니케 왕비님을 사랑한다면, 지금 말씀하신 것처럼 하시겠습니까?"

에라시스트라투스의 말을 듣고 셀레우쿠스가 대답했다.

"이보게. 하늘과 땅에 맹세하지, 나는 사람에게나 신에게나 내가 할 수 있는 모든 노력을 다하여, 왕자가 스트라토니케를 사랑하게 만들겠네. 안티오코스를 살릴 수만 있다면, 기꺼이 내 왕관마저 내려놓을 수 있네."

셀레우쿠스의 목소리에 진심이 담겨 있었으며, 그의 두 눈에도 눈물이 맺혔다. 그러자 에라시스트라투스가 셀레우쿠스의 손을 덥석 잡으면서 말하기를, 자신은 더 이상 할 일이 없으며 셀레우쿠스야말로 가정에서 일어난 아픔을 고칠 수 있는 가장 훌륭한 의사라고 했다.

셀레우쿠스는 그가 무슨 말을 하는지 알아차렸다. 그는 신하들을 모두 모이게 한 다음, 안티오코스를 아시아 지역에 왕으로 보내고 스트라토니케를 그의 왕비가 되도록 허락하겠다고 선언했다. 그는 또 신하들에게 왕자는 이제까지 자신에게 순종해 왔으므로 이 결혼 또한 반대하지 않으리라 믿지만 스트라토니케는 도리에 어긋난다는 이유로 자기 말을 따르려 하지 않을 것이니, 왕이 내리는 명령은 모두 옳고 명예로운 일이라고 그녀를 설득해 달라고 부탁했다.

이렇게 해서 안티오코스는 계모 스트라토니케와 결혼하게 되었다.

이즈음 마케도니아의 왕이 된 데메트리우스는 다시 테살리아까지 나아가 자신의 세력을 넓혔다. 또 헬라스에서 메가라와 아테나이는 물론, 펠로폰네소스 반도 대부분을 그의 세력권 안에 두고 있었으므로, 이번에는 보이오티아로 행군하기로 했다.

보이오티아 사람들은 처음에 평화협정을 요청하여 동맹까지 맺었다. 하지만 나중에 스파르타의 클레오니무스 왕이 그들을 돕기 위해 군대를 이끌고 테바이까지 오고, 게다가 테스피아이 시에서 그즈음 가장 큰 영향력을 가지고 있던 피시스도 자유를 부르짖으며 저항하도록 사람들을 격려하자, 이들은 마침내 동맹을 깨고 반란을 일으키며 데메트리우스와 맞서게 되었다.

이때 데메트리우스가 저 유명한 공성구로 이들을 공격해 오자 클레오니무스 왕은 놀라서 몰래 달아나 버렸다. 이렇게 되자 겁에 질린 보이오티아 사람들은 데메트리우스에게 항복해 왔다. 데메트리우스는 모든 도시에 군대를 주둔시키고, 시민들에게서 엄청난 세금을 거두어들였다. 그리고 역사가 히에로니무스를 총독으로 임명했다.

그러나 히에로니무스는 보이오티아 사람들에게 매우 너그럽게 대했는데, 특히 저항을 부르짖던 피시스가 감옥에 갇혀 있다가 그의 앞에 죄수 신분으로 끌려오자 어떠한 해도 끼치지 않았을 뿐만 아니라, 오히려 그에게 친절하게 대하며 그를 테스피아이의 군사담당관에 임명했다.

얼마 지나지 않아 리시마쿠스가 드로미카이테스에게 사로잡혔다. 데메트리우스는 이 기회를 이용하여 왕이 없어 방어가 허술해진 트라키아로 쳐들어갔다. 이렇게 데메트리우스가 다른 곳으로 눈을 돌린 사이에 보이오티아가 다시 한 번 반란을 일으켰다. 게다가 리시마쿠스가 풀려나 자유의 몸이 되었다는 소식까지 들려왔다.

이 소식을 듣고 격분한 데메트리우스는 급히 군대를 돌려 돌아오는 길에 아들 안티고노스가 총력전에서 보이오티아 군대를 무찔렀다는 통쾌한 소식을 듣고, 다시 테바이로 달려가 도시를 포위했다.

이때 피루스는 테살리아를 공격하여 테르모필라이까지 차지하고 있었다. 데메트리우스는 안티고노스에게 테바이를 공격하게 하고, 자신은 테르모필라이로 가서 피루스를 물리친 뒤, 보병 1만 명과 기병 1000기를 테살리아에 남겨두고 다시 테바이를 포위하기 위해 발길을 돌렸다.

테바이에 도착하자 데메트리우스는 이번에는 저 유명한 공성구 '도시점령자'로 공격을 시도했다. 하지만 이 기계는 너무 무거워서 지렛대를 써도 아주 조금씩 움직였기 때문에, 2펄롱을 움직이는 데에만 두 달이 걸렸다. 테바이군은 데메트리우스에게 완강히 저항했다. 데메트리우스는 홧김에, 하지 않아도 되는 무모한 전투를 벌여 부하들을 사지로 몰아넣기도 했다. 이러한 전투들에서 많은 병사들이 죽자, 아들 안티고노스는 우울하게 말했다.

"아버지! 왜 그토록 많은 병사들이 불필요한 곳에 자신의 목숨을 내던져야 합니까?"

그러자 데메트리우스는 날카롭게 대답했다.

"네가 이 일과 무슨 상관이 있느냐? 전사자들이 너에게 전리품이라도 나누어 달라고 하느냐?"

그러나 데메트리우스는 부하들의 목숨은 쉽게 내팽개치면서 자기만 살려고 한다는 소리를 듣게 될까봐 언제나 앞장서서 싸웠다. 그러다가 적이 퍼붓는 화살이 그의 목 주위를 관통했다. 이 상처로 엄청나게 고통스러웠지만 그는 포위 공격을 계속하여 마침내 다시 테바이를 점령할 수 있었다.

데메트리우스가 테바이 시내로 들어오자 시민들은 전에 그에게 모욕을 준 데 대해 보복을 당하게 될까봐 두려움에 떨었다. 하지만 데메트리우스는 시민 13명을 사형시키고 몇 명을 추방하는 것으로 그쳤다. 이렇게 해서 테바이는 재건된 지 10년도 채 안 되어 두 번씩이나 점령당했다.

피티아 제전경기가 열리는 날, 데메트리우스는 이제까지 없던 가장 놀라울 만한 개혁을 시도했다. 델포이 신전으로 가는 길을 아이톨리아 군대가 가로막고 있었기 때문에, 아테나이에서 제사를 치를 수 있게 한 것이다. 아폴론 신은 본디 아테나이의 수호신이며 조상이므로, 아테나이에서 제전을 여는 게 오히려 마땅하다고 그는 주장했다.

그리고 나서 데메트리우스는 마케도니아로 돌아왔다. 하지만 그는 한가롭게 쉬는 생활을 견디지 못했다. 게다가 전쟁 때에는 그의 말을 잘 따르던 마케도니아 사람들은 평화가 찾아오자 툭하면 반란을 일으켰다. 그래서 데메트리우스는 아예 이들을 이끌고 아이톨리아를 공격하러 나아갔다. 그는 이곳을 정복한 뒤에 판타우쿠스에게 많은 군대를 주어 남아 있게 하고, 자신은 남은 군대를 이끌고 피루스 왕을 치기 위해 떠났다.

피루스 또한 데메트리우스를 공격하러 나아가고 있었다. 그러나 두 군대는 서로 다른 길로 가고 있었기 때문에 어긋나서 전투를 하지 못했다. 그러자 데메트리우스는 피루스의 본국 에피루스로 들어가 닥치는 대로 약탈을 했으며, 피루스는 판타우쿠스를 습격했다. 이 전투에서 피루스와 판타우쿠스 둘 다 부상을 당했는데, 마침내 승리는 피루스에게 돌아갔다. 판타우쿠스는 많은 병사를 잃고 5000명이나 되는 병사들을 포로로 넘겨주었다. 이 싸움으로 데메트리우스는 큰 타격을 입었는데, 우군마저도 피루스를 용감한 장군이라고 인정했기 때문이다.

이로써 피루스의 명성은 마케도니아에 널리 퍼져나갔다. 사람들은 피루스야 말로 알렉산드로스 대왕처럼 대범하고 용감한 장군이라며 그를 받들었다. 그에 비하면 다른 왕들, 특히 데메트리우스는 화려한 옷을 걸치고 왕 노릇만 하는 연극배우에 지나지 않는다며 비웃었다.

마치 연극배우처럼 데메트리우스는 지나치게 자신을 과장하며 뽐내고 다녔다. 그는 아름다운 자줏빛 예복을 입고 이중 왕관을 썼으며, 심지어 금실로 수놓은 자줏빛 융단 신발을 신었다. 또 그의 화려한 망토 위에는 오랫동안 공들여 수를 놓고 있었는데, 이 무늬는 우주와 천체를 상징했다. 하지만 이 옷이 완성되기도 전에 그는 왕위에서 밀려나고 말았다. 그 뒤를 이어 마케도니아 왕위에 올랐던 사람들 가운데 이처럼 자기를 과시하고 싶어하는 사람들이 많았지만, 데메트리우스가 두려워서인지 아무도 감히 그 옷을 입지 못했다.

마케도니아 사람들이 이처럼 데메트리우스를 못마땅하게 여긴 것은 그의 지나친 과시욕 때문만은 아니었다. 무엇보다도 사람들을 자극한 것은 그가 너무나 거만한 태도로, 사람들이 자기 앞에 나서서 말하는 것을 받아들이지 않았기 때문이다. 시민들은 좀처럼 왕을 만날 기회가 없었고, 어쩌다 만나게 되어도 데메트리우스는 매우 냉정하게 이들을 대했다.

데메트리우스가 가장 특별히 대접했다는 아테나이 사절단도 무려 2년이나 기다린 뒤에 그를 만날 수 있었다. 그리고 스파르타에서 사절을 한 명만 보내왔을 때에는 자신을 무시하는 거라면서 큰 소리로 물었다.

"스파르타에서 사신이랍시고 그대 한 사람만 보낸 게 사실이오?"

그 사절은 스파르타식으로 영리하게 대답했다.

"그렇습니다. 대왕은 오직 한 분뿐이므로 사절도 한 사람만 오게 되었습니다."

어느 때 데메트리우스는 그날따라 몹시 기쁜 얼굴로 왕궁을 나섰다. 왕이 말을 타고 오는 것을 보자, 수많은 시민들이 몰려와 기다리고 있었다는 듯 여기저기서 탄원서를 올렸다. 데메트리우스는 이들이 내미는 것들을 거절하지 않고 모두 받아들이고는 망토 소매에 집어넣었다. 이를 보고 시민들은 기뻐하며 그의 뒤를 따라갔다. 데메트리우스는 악시우스 강 다리에 이르자, 옷소매를 툭툭 털어서 탄원서들을 몽땅 강물에 떨어뜨려 버렸다. 이것을 보자 마케도니아 사람들은, 왕이 자신들을 다스려 주는 게 아니라 무시해 버린다고 분노하며 그를 비난했다. 게다가 이들은 노인들로부터 필리포스 왕이 매우 너그러웠고, 자신을 보고 싶어하는 사람이라면 누구든지 기꺼이 만나주었다는 이야기를 이미 들었기 때문에 더 노여워했다.

필리포스 왕에 대한 다음 같은 이야기가 전해온다. 어느 날 필리포스가 거리를 지나고 있을 때, 한 노파가 다가와 자신의 억울한 사정을 들어달라고 간청했다. 필리포스는 노파의 말을 들어줄 시간이 없다고 말하면서 냉정하게 물리쳐 버렸다. 그러자 노파가 큰 소리로 외쳤다.

"그러면 왕이 될 시간도 없으시겠군요."

이 말은 필리포스의 가슴을 아프게 했다. 한참 생각에 잠겨 있던 그는 궁궐로 돌아가, 억울한 일이 있는 사람은 모두 찾아와 도움을 구하라고 선언했다. 그런 다음 며칠 동안 다른 일들은 모두 미루어 놓고, 그 노파부터 시작해서 시민들의 억울한 사정을 모두 들어주었다.

왕이 해야 할 일은 시민들에게 억울한 일이 일어나지 않도록 법에 따라 올바른 정치를 하는 것이다. 시인 티모테우스는 아레스 신을 본디 폭군이라 했고, 시인 핀다로스는 법은 모든 것을 다스리는 왕이라고 말했다. 호메로스는 제우스가 세상 모든 왕들에게 내린 것은 공성구나 함선이 아닌, 정의를 지키고 존중하는 임무라고 했다. 이어서 또 말하기를, 제우스가 아끼고 사랑하는 왕은 호전적이고 의롭지 못한 왕이 아니라 가장 정의로운 왕으로서, 이러한 왕들이야말로 제우스의 가장 친한 친구이며 참된 제자라고 했다.

그러나 데메트리우스는 다른 왕들이 '도시의 수호자'라 불리는 데 비해 자신은 '포위자'라는 별명을 얻고도 이를 너무나 자랑스럽게 여겼다. 만약 데메트리우스가 그가 누린 권세만큼 무지하지만 않았다면, 스스로 미덕이라 생각한 것들이 사실은 악덕이며 범죄임을 잘 알았으리라. 데메트리우스가 펠라에서 중병에 걸려 자리에 누워 있을 때였다. 피루스가 쳐들어와 마케도니아 땅을 짓밟고 다니면서 에데사 시까지 공격했다. 얼마 뒤 병이 나은 데메트리우스는 피루스를 몰아낸 뒤 그와 평화협정을 맺었다. 더 큰일들을 계획하고 이루기 위해서는 사소한 국경 싸움에 얽매여서는 안 된다고 생각했기 때문이다.

데메트리우스가 품은 큰 계획이란 아버지가 다스리던 제국을 어떻게 해서든지 모두 되찾겠다는 것이었다. 이에 대한 전쟁 준비도 그의 커다란 야망만큼이나 매우 큰 규모로 이루어졌다.

그는 이미 보병 9만 8000명과 기병 1만 2000기를 모아 군대를 편성하고 있었다. 또 페이라이우스, 코린토스, 칼키스, 펠라 가까이에 있는 여러 항구에 배 500척으로 구성된 함대를 준비했다. 데메트리우스는 스스로 이 항구들을 돌아보면서 모든 일을 지휘하고 감독했다. 사람들은 배들 숫자는 물론, 그 크기와 규모를 보고 더욱 놀랐다. 이제까지 15줄이나 16줄의 노를 가진 배들은 한 번도 만들어진 적이 없었기 때문이다.

프톨레마이오스 필로파토르가 40줄의 노를 가진 큰 배를 만든 적이 있었다고는 하나, 이는 훨씬 뒤의 일이었다. 이 배는 길이가 280큐빗, 높이가 48큐빗이나 되었다. 해군 400명과 노 젓는 사람 4000명, 병사 3000명이라는 병력이 갑판 위에서 전투를 할 수 있었다. 그러나 이 배는 적을 위협하기 위한 것일 뿐, 실제로 싸우는 데에는 크게 도움이 되지는 못했다. 이 배를 움직이기 위해서는 엄청난 수고를 들여야 했는데, 게다가 위험한 순간이 많았다. 이에 비해 데메트리우스가 만든 배는 적에게 두려움만 주는 게 아니라 실제로도 싸우기에 아주 좋았으며, 큰 덩치와는 달리 움직임도 빠른 편이었다.

데메트리우스가 알렉산드로스 대왕 뒤로 가장 큰 아시아 원정 계획을 세우고 있는 것을 보고 위협을 느낀 프톨레마이오스, 셀레우쿠스, 리시마쿠스는 방위동맹을 맺었다. 이들은 피루스에게 사절단을 보내서 마케도니아를 공격하도록 부추겼다. 데메트리우스가 평화협정을 맺은 것은 평화를 유지하기 위해서가 아니라, 다른 나라들을 공격할 시간을 벌기 위한 것에 지나지 않으니 그다지 문제삼지 말라고 그 이유를 덧붙이기도 했다.

피루스가 이들의 제안을 받아들였기 때문에, 데메트리우스는 전쟁 준비를 하다 말고 곳곳에서 달려드는 적들과 싸워야만 했다. 프톨레마이오스는 큰 함대를 이끌고 헬라스로 쳐들어갔고, 리시마쿠스는 마케도니아 국경을 침범했으며, 피루스는 에피루스에서 마케도니아로 달려와 공격을 퍼부었다. 이들은 데메트리우스의 영토를 짓밟고 다니면서 마구 약탈을 했다.

이리하여 데메트리우스는 아들에게 헬라스를 맡긴 뒤 리시마쿠스를 물리치기 위해 마케도니아로 급히 달려가다가, 피루스가 베로이아 시를 점령했다는 소식을 들었다. 이 이야기가 군대 안에 퍼지자, 모든 질서와 규율은 하루아침에 무너져 버렸다.

병사들은 드러내 놓고 데메트리우스를 비난하고 원망했다. 이들은 가족과 친구들을 구하러 가야 한다고 외쳤지만, 마음속으로는 데메트리우스를 배반하고 리시마쿠스 군대로 넘어갈 생각이었다.

데메트리우스는 자기 병사들을 리시마쿠스에게서 되도록 멀리 떼어놓으려 했다. 리시마쿠스는 본디 이들과 같은 나라 사람이었으므로, 데메트리우스보다 리시마쿠스를 따르기가 더 쉬웠기 때문이다. 그러나 피루스는 외국 사람이었기에 데메트리우스 자신과 처지가 비슷했다. 따라서 자신의 부하들도 피루스에 대해서는 기꺼이 싸울 것이라고 생각했다.

하지만 데메트리우스는 자신이 잘못 생각하고 있었음을 곧 깨달았다. 데메트리우스가 군대를 이끌고 피루스 진영으로 다가가 여러 차례 싸우는 사이에, 피루스의 용감한 모습에 감탄하는 병사들이 점점 늘어났다. 가장 용감한 사람이야말로 가장 어진 왕이 될 수 있다는 옛말을 이들은 굳게 믿는 것 같아 보였다. 또한 피루스가 포로들을 매우 너그럽게 대한다는 소식까지 들려오자, 데메트리우스 대신 섬길 수 있는 왕을 찾을 기회만 노리던 병사들은 피루스야말로 충성을 바칠 만한 위대하고 어진 왕이라 여기게 되었다.

따라서 차츰 이탈하는 병사들이 생기더니 마침내 군대 전체가 반란을 일으키고 말았다. 이들 가운데 몇몇은 대담하게도 스스로 데메트리우스를 찾아와, 마케도니아 군대는 이제 데메트리우스 한 사람의 허세를 만족시키기 위해 귀한 목숨을 내던질 생각이 없으니 살고 싶으면 어서 달아나라고 말하기도 했다. 이렇게 무례한 말도, 다른 부하들에 비하면 아주 따뜻한 충고라 할 수 있었다. 데메트리우스는 이들에게 더 이상 왕이 아니었다. 그는 초라한 연극배우처럼 자기 막사로 들어가 평민의 옷으로 갈아입고 몰래 빠져나왔다. 데메트리우스가 떠나자 병사들은 그의 막사로 몰려가 물건들을 서로 차지하려고 다투었다.

얼마 뒤 피루스가 나타나자, 데메트리우스의 부하들은 아무 저항도 하지 않고 진지를 그대로 넘겨주었다. 피루스와 리시마쿠스는 마케도니아 땅을 나누어 가졌다. 이렇게 해서 데메트리우스의 마케도니아 통치는 7년 만에 막을 내렸다.

데메트리우스는 카산드레이아로 가서 몸을 숨겼다. 그의 아내 필라는 남편이 왕위를 빼앗기고 도망자 신세가 되어버리자 절망감에 빠졌다. 그녀는 벗어날 수 없는 운명을 슬퍼하며 독약을 마시고 스스로 목숨을 끊었다. 그러나 데메트리우스는 다시 일어서야겠다는 굳은 각오로, 헬라스로 건너가서 친구와 장교들을 불러모았다.

소포클레스의 희곡 가운데, 메넬라우스가 자신의 뒤바뀐 운명을 노래한 구절이 있다.

> 내 서글픈 운명이여!
> 쉼 없이 돌아가는 수레바퀴처럼
> 얽히고설키어 가는구나.
> 차고 기울기를 되풀이하는 저 달처럼
> 보름까지 조금씩 커가며 세상을 비추었다가,
> 다시 그믐까지 조금씩 여위어져
> 마침내 어둠 속으로 사라지는구나.

이 노래는 끊임없이 바뀌어 가는 데메트리우스의 운명을 그대로 말해주고 있다. 데메트리우스는 이처럼 완전히 힘을 잃고 기울어지다가도, 다시 전처럼 세력을 되찾아 빛을 발하곤 했다.

데메트리우스는 평민으로 변장하고 헬라스 이곳저곳을 떠돌아다녔다. 이즈음 데메트리우스는 왕의 휘장을 달지도 않았다. 테바이에서 그를 만난 누군가가 시인 에우리피데스의 다음 시구를 빌려 데메트리우스의 처지를 표현했다 해도 부당하다고 말하지는 못했으리라.

> 신의 옷을 벗고 인간의 모습으로
> 디르케 샘물이 솟아나는 곳까지 이르렀구나.

데메트리우스는 제국의 형태로 자기 주위에 세력을 모아 다시 왕이 되고자 했을 때에도, 테바이 사람들을 독립국가로 남아 있게 허락해 주었다. 하지만 아테나이 사람들은 그를 저버렸다. 이들은 데메트리우스가 임명한 사제 디필루스를 파면하고, 이전처럼 집정관을 뽑아 나라를 다스리게 했다. 또 마케도니아에 있는 피루스에게 사절을 보내 보호를 요청했다. 이들은 실제로 데메트리우스가 자신들이 생각한 것보다 더 큰 세력을 가지고 있음을 깨달았다.

그러자 데메트리우스는 화가 난 나머지, 아테나이로 군대를 이끌고 들어갔다. 그는 곧장 도시를 포위하고 공격을 시작했다. 당황한 아테나이 시민들은 크라테스라는 유명한 철학자를 데메트리우스에게 보냈다. 이들은 한편으로는 그와 평화협정을 맺으려 했고, 다른 한편으로는 그가 도시를 포위하여 얻고자 하는 것이 무엇인지 알고 싶어했다. 크라테스는 아테나이 시민들의 간절한 마음을 자신의 뛰어난 논리에 담아, 마침내 데메트리우스를 설득해 냈다.

데메트리우스는 아테나이에 대한 포위를 풀어주었다. 그러고는 가능한 한 많은 배들을 모은 다음 보병과 기병을 합쳐 1만 1000에 이르는 군대를 싣고 아시아로 나아갔다. 리시마쿠스에게서 리디아와 카리아 두 지방을 빼앗기 위해서였다. 그런데 밀레투스에 도착하자, 그는 죽은 아내 필라의 언니 에우리디케를 우연히 만나게 되었다. 그즈음 에우리디케는 프톨레마이오스 왕과의 사이에서 태어난 공주 프톨레마이스를 데리고 와 있었다. 프톨레마이스는 셀레우쿠스의 중매로 이미 데메트리우스와 약혼을 한 상태였으므로, 둘은 이곳에서 정식으로 결혼식을 올렸다.

곧이어 그는 자신이 품고 있던 계획을 실행했는데, 행운의 여신이 도왔는지 계획은 순조롭게 진행되어 갔다. 데메트리우스가 이오니아 지방을 손에 넣기 위해 활동을 시작하자, 많은 도시가 반란을 일으킨 뒤 스스로 항복해 왔다. 특히 사르디스를 점령했을 때, 리시마쿠스의 몇몇 부하 장군은 재물과 군사들을 데리고 그에게 넘어왔다.

얼마 뒤 리시마쿠스의 아들 아가토클레스가 대군을 거느리고 쳐들어왔다. 데메트리우스는 아르메니아로 군대를 이동시키기 위해 먼저 프리기아까지 물러났다. 만약 그 옆에 있는 아르메니아를 손에 넣는다면, 메디아에 반란을 일으켜 아시아 내륙 지방을 차지할 수 있을 것이라는 계산된 생각에서였다. 이곳은 지형적인 조건이 좋아서 적의 추격을 받더라도 쉽게 몸을 숨길 수 있는 곳이 많았다.

아가토클레스는 사나운 기세로 데메트리우스 군대를 쫓아왔다. 양쪽 군대는 몇 번이나 싸움을 벌였지만 그때마다 데메트리우스 쪽이 이겼다. 그러자 아가토클레스는 데메트리우스에게 오는 식량 보급로를 끊어 그를 궁지로 내몰았다. 이렇게 되자 데메트리우스의 부하들은, 자신들을 저 멀리 아르메니아와 메디아까지 끌고 가려는 속셈이라며 불만을 터뜨렸다. 게다가 리쿠스 강을 건너가는 길에 많은 병사들이 굶어 죽었다. 이런 상황에 맞닥뜨려서도 병사들은 농담을 주고받았는데, 어떤 병사는 데메트리우스의 막사 문에 〈오이디푸스〉의 한 구절을 고쳐서 이렇게 써 붙였다.

안티고노스의 눈먼 아드님!
지금 우리는 어디로 가나요?

굶주림에 시달리다 보면 아무거나 눈에 띄는 대로 주워 먹게 마련이어서 자연히 전염병이 퍼지게 된다. 데메트리우스 부대에도 무서운 전염병이 돌아, 그렇지 않아도 굶주림으로 고생하던 병사들을 더욱 괴롭혔다. 데메트리우스는 8000명에 가까운 병사를 잃게 되자, 어쩔 수 없이 남은 군대를 이끌고 돌아서야 했다.

타르수스에 도착하자 데메트리우스는, 셀레우쿠스가 다스리는 곳이므로 이곳을 약탈하지 못하도록 병사들에게 지시했다. 잘못 건드렸다가는 셀레우쿠스가 자신들을 공격해 올지도 모를 일이었다. 그러나 굶주림에 지친 병사들을 막을 도리가 없었다. 더군다나 이들이 타우르스 산맥을 빠져나가지 못하도록 아가토클레스가 모든 길을 막고 있었기 때문에, 데메트리우스는 어찌할 바를 몰랐다.

데메트리우스는 어쩔 수 없이 셀레우쿠스에게 편지를 써 보냈다. 지금까지 겪은 온갖 고생에 대해 말하면서, 이제는 적에게도 동정과 친절을 구할 만큼 어려운 상황이니 도와달라는 내용이었다. 셀레우쿠스는 편지를 받고 데메트리우스의 처지를 안타깝게 여겼다. 그래서 그 지방 총독에게 데메트리우스를 왕으로 대우하고, 그의 군대에 충분한 식량을 나누어 주라고 명령을 내렸다.

그런데 셀레우쿠스에게서 크게 신임을 받고 있던 파트로클레스가 그런 큰 군대를 먹여 살린다는 것은 생각해 볼 필요도 없는 일이라고 주장했다. 또 그는 데메트리우스를 이 나라 안에 두는 것은 국가정책에도 어긋난다고 지적했다. 데메트리우스야말로 여러 왕 가운데 가장 거칠고 무모한 사람이라는 것이다. 그는 데메트리우스가 가장 위대하고 온순한 사람을 끌어내어 엄청난 일을 계획하려 한다고 충고했다.

이 말을 들은 셀레우쿠스는 스스로 군대를 이끌고 킬리키아로 갔다. 데메트리우스는 셀레우쿠스가 갑자기 태도를 바꾸자 타우루스 산으로 몸을 피했다.

그러고는 셀레우쿠스에게 다시 사람을 보내어, 외딴 야만족들 있는 곳이라도 상관없으니 자기가 들어가 살 수 있게 해주든가 아니면 겨울 동안만이라도 군대에 식량을 제공해 달라고 요청했다. 그리고 이제 자신은 모든 힘을 잃었으므로, 더는 정복이나 가난 같은 굴곡을 겪지 않고 조용히 남은 삶을 보내게 해달라고 했다. 지금처럼 굶주리고 헐벗은 모습으로, 적진으로 다시 내몰리지 않게 해달라는 호소였다.

그러나 셀레우쿠스는 데메트리우스의 제안들을 탐탁지 않게 여겼다. 그는 데메트리우스 군대가 카타오니아에서 두 달 동안 지내도록 허락하고, 장군들을 모두 인질로 보내라고 요구했다. 그런 다음 시리아로 통하는 길을 모두 막아버렸다.

자신이 이곳저곳에서 포위된 사실을 알게 되자 데메트리우스는 마치 함정에 빠진 짐승처럼 죽기 살기로 덤벼들었다. 데메트리우스는 아무 거리낌 없이 나라 안을 이리저리 짓밟고 다니며 재물을 빼앗았다. 셀레우쿠스 군대와 싸워 작은 승리를 몇 번 거둔 적도 있었다. 데메트리우스는 낫을 붙인 전차부대를 무찔렀으며, 시리아로 가는 길목을 지키고 있던 적군을 몰아내고 길을 텄다. 이에 병사들도 사기를 얻게 되자, 데메트리우스는 이 기회에 셀레우쿠스 제국에 결정적인 타격을 주기로 마음먹었다. 이제는 반대로 셀레우쿠스가 불리한 상황에 놓이게 되었다. 하지만 그는 믿을 수 없는 리시마쿠스에게 도움을 청할 수도 없었고, 미친 듯이 날뛰는 데메트리우스를 홀로 상대하기도 두려웠다. 데메트리우스가 몇 번이나 참담한 상황에 내몰리다가도 다시 세력을 회복하는 것을 지켜보았기에 두려움은 더욱 커가기만 했다.

그러나 이렇게 중요한 순간에 데메트리우스는 목숨이 왔다 갔다 할 만큼 큰 병에 걸려서, 그의 희망이 완전히 꺾이고 말았다. 이제 병사들은 그를 떠나 적에게 투항하거나 뿔뿔이 흩어져 버렸다. 40일 만에 겨우 몸을 추스른 데메트리우스는 남은 군대를 이끌고 킬리키아 쪽으로 나아갔다. 그런데 날이 어두워지자 그는 갑자기 방향을 바꾸고 아마누스 산맥을 넘어서 키레스티카 평원으로 가서 재물을 마구 약탈하고 다녔다.

셀레우쿠스가 곧 이들을 뒤따라와 데메트리우스 군대에서 멀지 않은 곳에 진을 쳤다. 데메트리우스는 한밤중에 셀레우쿠스 군대를 습격하기로 계획을 세웠다. 셀레우쿠스는 이런 줄도 모르고 잠만 자고 있었다. 그런데 데메트리우스 군대에서 도망쳐 나온 병사가 셀레우쿠스에게 가서 이 사실을 알려주었다. 셀레우쿠스는 그제야 깜짝 놀라서 말에 오르기 위해 신발을 신으면서, 부하들에게 사나운 짐승들이 곧 공격해 올 터이니 전투 준비를 하도록 명령했다.

한편 적의 진영이 갑자기 시끄러워지자, 데메트리우스는 비밀이 새어나간 것을 눈치채고 오던 길을 되돌아갔다.

날이 밝자마자 셀레우쿠스는 데메트리우스를 공격했다. 데메트리우스는 장군 하나에게 측면을 맡기고, 자신은 정면에서 적과 맞붙어 싸웠다. 이때 갑자기 셀레우쿠스가 말에서 내리더니 투구를 벗었다. 그러고는 작은 방패 하나만 들고서 데메트리우스의 외국인 부대 쪽으로 다가왔다. 그는 먼저 자기가 누구인지를 밝히고, 이제까지 여러분 부대를 공격하지 않은 이유는 모두 여러분을 아끼기 때문이라고 말했다. 또 지금이라도 늦지 않았으니 자기 쪽으로 넘어오라고 설득했다. 그러자 외국인 부대는 셀레우쿠스가 틀림없이 자기들을 지켜줄 거라 믿고 그에게 투항했다.

데메트리우스는 이것이 자신의 마지막 운명이 되리라 생각했다. 그는 몇몇 부하와 친구들을 데리고 숲 속 깊은 곳으로 들어가 몸을 숨겼다. 밤이 될 때까지 기다렸다가 카우누스로 달아난 다음, 그곳에서 자신의 믿을 만한 함대를 이끌고 더 멀리 도망치리라 마음먹었다. 그러나 남아 있는 돈으로는 하루치 식량밖에 살 수 없다는 사실을 깨닫고는, 이 계획도 곧 포기하고 말았다.

데메트리우스가 이렇게 애를 태우고 있을 때 소시게네스라는 친구가 찾아와, 자기가 황금 400조각을 허리띠에 두르고 왔다고 말했다. 이 말을 듣고 다시 용기를 되찾은 데메트리우스는 날이 어두워지자 드디어 산을 넘기 시작했다. 그러나 산봉우리마다 적이 피운 모닥불이 활활 타오르며 주위를 비추고 있어서 산길을 이용하여 바다로 나아가기는 불가능해 보였다. 그는 어쩔 수 없이 가던 길을 되돌아왔다.

하지만 이 과정에서 따라오던 부하들 숫자가 이미 눈에 띌 만큼 줄어들었고, 그나마 남아 있는 부하들도 절망에 빠져 있었다. 그러자 부하 장군 하나가 용기를 내어 그에게 다가오더니, 이제는 셀레우쿠스에게 항복하는 수밖에 없다고 말했다. 이 소리를 듣고 데메트리우스는 불같이 화를 내면서 그를 죽여버리겠다고 칼을 뽑아 들었다.

그러나 친구들이 데메트리우스를 에워싸고 말리면서, 이제는 항복하는 것만

이 최선의 방법이라고 충고했다. 데메트리우스는 마침내 셀레우쿠스에게 사람을 보내, 무조건 항복하겠다는 뜻을 전했다.

이 소식을 들은 셀레우쿠스는, 데메트리우스가 목숨을 건지게 된 것은 그의 행운이라기보다는, 이로 말미암아 자신의 또 다른 미덕으로서 자기 관대함과 선량함을 세상에 알릴 수 있게 된 행운이라며 매우 기뻐했다. 그는 지방 총독으로 하여금 데메트리우스가 지낼 수 있도록 훌륭한 천막을 세우고 성대한 연회를 마련하게 했다.

셀레우쿠스는 데메트리우스의 옛 친구 아폴로니데스를 그에게 보내어 호위하게 했다. 데메트리우스가 친구를 보면 두려움을 떨쳐버리고 편안한 마음으로 자기에게 다가올 수 있으리라 생각했다. 셀레우쿠스가 이처럼 데메트리우스를 극진히 대우하려는 것을 보고, 사람들은 데메트리우스에게 존경을 표시하기 위해 앞다투어 셀레우쿠스의 뒤를 따랐다. 이들은 데메트리우스가 왕 다음으로 큰 세력을 갖게 되리라 벌써부터 상상하고 있었다.

그러자 데메트리우스에게 가졌던 셀레우쿠스의 동정심은 갑자기 질투로 바뀌어 버렸다. 이간질하기 좋아하는 부하들은 이 사실을 눈치채고 얼른 셀레우쿠스에게 몰려갔다. 그러고는 데메트리우스 같은 자에게는 은혜를 베풀 가치도 없으며, 그가 이곳에 머무르게 되면 전에 그를 섬겼던 병사들이 모두 반란을 일으킬 거라며 간언을 올리기까지 했다.

데메트리우스는 아폴로니데스를 비롯하여 많은 사람들이 자신을 맞으러 나오는 것을 보자 매우 기뻐하며, 셀레우쿠스의 친절한 태도에 감동했다. 그는 자신이 어쩔 수 없는 상황에서 항복하게 된 사실에 대해 부끄러운 마음도 있었으나, 앞으로 희망을 가지고 자신의 미래를 그려나갈 수 있으리라 생각했다.

이때 갑자기 파우사니아스가 1000명이나 되는 근위병들을 이끌고 와서 그를 포위했다. 그리고 그의 부하들을 떼어놓더니, 데메트리우스를 셀레우쿠스 왕에게 데려가지 않고, 시리아의 케르소네소스로 끌고 갔다. 또 수비대로 하여금 데메트리우스를 엄중하게 감시하도록 지시했다.

그렇다 해도 편안한 거처와 오락거리가 그를 위해 준비되어 있었으므로 큰 불편은 없었다. 데메트리우스는 셀레우쿠스가 제공해 준 곳에서 맑은 공기를 마시며 산책을 하고, 사냥도 할 수 있었다. 또 원하기만 하면 망명 시절에 함께 지낸 부하들도 만날 수 있었으며, 셀레우쿠스로부터 머지않아 안티오코스와 스트라토니케가 도착하면 원만한 협의가 이루어질 거라는 뜻을 담은 따뜻한 편지들도 받았다.

하지만 데메트리우스는 자신의 이러한 처지에 대해 자기 아들의 측근들이나 아테나이와 코린토스에 두고 온 부하 장군들에게 몰래 편지를 보냈다. 그는 자신이 직접 써서 도장을 찍은 편지를 받더라도 절대로 믿어서는 안 된다고 했다. 그리고 자신은 죽은 사람이나 마찬가지이니, 저마다 자기가 속해 있는 도시들을 잘 다스려 달라고 부탁했다. 자기 권력을 아들 안티고노스에게 모두 맡기겠다는 내용도 덧붙였다.

안티고노스는 아버지가 포로로 감금되어 있다는 소식을 받고 큰 슬픔에 빠져서 상복까지 지어 입었다. 그는 셀레우쿠스를 비롯한 여러 왕들에게 편지를 보내어 아버지를 자유롭게 해달라고 간청했다. 그는 자기가 가지고 있는 모든 왕궁을 내어놓을 것이며, 아버지 대신 자기가 인질이 되겠다고 제안하면서 데메트리우스를 풀어달라고 했다.

많은 도시들과 왕들이 이 편지에 감동하여 데메트리우스를 도와주기로 했다. 그러나 리시마쿠스 왕은 도리어 데메트리우스를 죽이면 많은 사례금을 주겠다고 셀레우쿠스에게 제안했다. 본디 리시마쿠스를 싫어하던 셀레우쿠스는 이 제안을 받자 그를 잔인한 악당으로 여기고 혐오스러워했다. 그는 데메트리우스를 계속 가두어 두기로 마음먹었다. 그리고 데메트리우스에게는, 안티오코스와 스트라토니케가 오면 자유의 몸이 되게 해줄 테니 그때까지 기다려 달라고 전했다.

처음에는 데메트리우스도 감금 생활을 남자답게 잘 견뎌냈다. 그는 운동도 하고 정해진 곳에서 사냥도 하면서 이러한 생활에 익숙해지기 위해 노력했다. 그러나 시간이 지나면서 그는 점차 이러한 소일거리들에 즐거움을 느끼지 못했다. 나중에는 대부분 시간을 술과 주사위놀이에 빠져서 보냈다. 취하지 않고 제정신일 때에는 자꾸만 자신의 처지가 떠올랐기 때문에, 술로 모든 것을 잊으려 했던 것이다. 하지만 그는 때때로 이런 생활이야말로 자신이 늘 꿈꾸던 거였고, 이제까지 보잘것없는 야망에 휩쓸려 다니며 쓸데없이 시간만 낭비했기 때문에 다른 사람들을 희생시켰을 뿐만 아니라 자신도 죽도록 고생만 했다고 느끼기도 했다. 사람들이 무기를 들고 전쟁터에 나가는 것도 결국은 이렇게 쉴 수 있는 편안한 삶을 꿈꾸기 때문일지도 모른다고 생각한 것이다.

실제로 어리석은 왕들이 자신의 목숨을 내걸고 쉼 없이 전쟁을 해왔지만, 이들에게 남은 것은 과연 무엇인가. 이들은 미덕과 명예보다는 오로지 사치와 쾌락만을 따르며, 참된 가치와 기쁨에 대해 이해하지 못했다.

데메트리우스는 케르소네소스 지방에서 3년 동안 갇혀 지내다가, 운동 부족과 술 때문에 병을 얻어 마침내 세상을 떠나고 말았다. 이때 그의 나이 쉰네 살이었다. 셀레우쿠스는 데메트리우스를 쓸데없이 의심하여 그를 죽게 만들었다는 비난을 들었다. 셀레우쿠스 자신도 데메트리우스를 질투한 것을 뒤늦게 뉘우쳤다. 트라키아의 야만족 드로미카이테스조차도 포로로 잡은 리시마쿠스를 온 마음을 다하여 왕으로 예우했는데, 그는 이 같은 아름다운 본보기를 따르지 못했기 때문이다.

데메트리우스의 장례식 또한 그가 살아 있을 때처럼 매우 극적인 분위기를 자아냈다. 아버지 유골이 시리아에서 온다는 소식을 듣자마자, 안티고노스는 자신의 함대를 모두 이끌고 가까운 섬으로 마중을 나갔다. 안티고노스는 금항아리에 담긴 아버지 유골을 자기가 타고 온 가장 큰 배로 가져갔다. 이 배가 닿는 곳마다 시민들이 줄을 서서 데메트리우스 영전에 꽃을 바치고, 장례식에 참석하여 애도를 표할 대표단을 보냈다.

곧이어 함대가 코린토스 항구에 닿았다. 자줏빛 헝겊으로 덮인 항아리와 그 위에 얹은 왕관이 갑판 높은 곳에 놓여 있었다. 곧이어 무장한 호위병들이 이 항아리를 배에서 내렸다. 이때 유명한 음악가 크세노판투스가 장엄한 노래를 피리로 연주했는데, 이 가락에 맞추어 노를 젓는 소리는 마치 상엿소리의 후렴처럼 들려왔다. 바닷가에 구름처럼 몰려나온 사람들은 안티고노스가 고개를 숙인 채 눈물 흘리는 것을 보고 함께 슬픔을 나누었다.

코린토스에서 왕관을 바치고 몇 가지 명예로운 의식을 올린 뒤에, 유골은 다시 데메트리우스 시로 옮겨졌다. 이곳은 이올코스의 여러 작은 마을에서 이주해 온 사람들이 이룩한 도시로, 데메트리우스의 이름을 따서 붙인 것이다.

데메트리우스는 필라와의 사이에 안티고노스 왕자와 스트라토니케 공주를 두었다. 데메트리우스라는 이름을 가진 왕자도 둘 있었는데, 하나는 일리리아 여자에게서 태어났으며 몸이 말랐다는 뜻의 헬라스어 '렙투스'라는 별명으로 불렸다. 또 하나는 프톨레마이스와의 사이에서 태어났으며 뒷날 키레네의 왕이 되었다. 데이다메이아에게서 태어난 알렉산드로스라는 아들은 평생 아이귑토스에서 살았다. 에우리디케와의 사이에서 코라구스라는 아들을 낳았다고 전하는 사람도 있다. 데메트리우스 후손들은 대대로 마케도니아 왕위를 이어 가다가, 페르세우스가 왕으로 있을 때 로마에 점령당했다.

자 이제 마케도니아 사람에 대한 이야기는 여기서 막을 내리고, 앞으로는 로마 사람들에 대한 이야기를 해보기로 한다.

안토니우스(ANTONIUS)

안토니우스의 할아버지는 이름난 변호사였지만 술라파에 가담했다는 이유로 마리우스에게 살해당했다. 크레테인들과의 전투에서 참패한 뒤에 조롱의 뜻으로 붙여진 크레티쿠스라는 별명을 지닌 아버지 안토니우스는 정치적으로 이름을 떨치지는 못했지만 매우 존경할 만한 바르고 단정한 성품을 지닌 인물이었다. 그는 가난하게 살았음에도 친구를 위해서 돈을 아끼지 않았다. 그래서 언제나 아내에게 잔소리를 들었다고 한다.

언젠가 친구가 안토니우스의 아버지를 찾아와 돈을 빌려달라고 했다. 그런데 그때 안토니우스의 아버지에게는 돈이 한 푼도 없었다. 그는 하인을 불러 은그릇에다 물을 떠오라 일렀다. 하인이 물그릇을 가져오자 그는 면도라도 할 듯이 턱에 물을 묻히며 하인에게 다른 심부름을 시켰다. 하인이 나가자 안토니우스의 아버지는 은그릇의 물을 쏟아버리고 친구에게 주면서 이거라도 팔아 돈을 마련하라고 말했다. 그 뒤 아내가 그 은그릇을 찾느라 하인들을 모두 불러 닦달하자 안토니우스의 아버지는 자기가 한 일을 솔직하게 털어놓고 아내에게 용서를 빌었다.

안토니우스의 어머니인 율리아는 유명한 카이사르 집안 딸이었는데, 어느 귀부인 못지않게 품위 있고 생각이 깊으며 정숙한 여자였다. 안토니우스는 이러한 어머니 손에서 자라났다. 율리아는 남편이 세상을 떠나자 코르넬리우스 렌툴루스와 재혼했다. 그러나 렌툴루스는 카틸리나 음모 사건에 가담한 죄로 키케로에게 잡혀 사형을 당했다. 이 일은 안토니우스가 키케로를 그토록 미워하게 된 원인이었을지도 모른다.

안토니우스의 이야기로는, 키케로는 사형된 렌툴루스의 시신조차 내주지 않았다. 율리아가 키케로의 아내를 찾아가 눈물로 애원해 겨우 시신을 찾아온 뒤에야 땅에 묻을 수 있었다고 한다.

그러나 이것은 지어낸 이야기이다. 키케로가 집정관을 지내는 동안 사형된 사람 가운데, 매장이 금지된 사람은 한 명도 없었기 때문이다.

안토니우스는 매우 잘생긴 청년이었다. 하지만 쿠리오라는 젊은이와 사귀며 엄청난 불행에 빠지게 되었다. 쿠리오는 몹시 방탕한 사람이었다. 그는 환락가 여자들을 찾아다니며 낭비를 일삼게 하는 등 안토니우스를 수렁 속에 빠뜨렸다. 안토니우스는 이런 생활에 빠져 250탈란톤이라는 엄청난 빚을 지게 되었다. 쿠리오가 이 빚에 대한 보증을 섰는데, 이 사실을 알게 된 쿠리오의 아버지는 안토니우스를 집 근처에 얼씬도 못하게 했다.

그 뒤 안토니우스는 한동안 무질서와 폭력을 일삼는 오만불손한 클로디우스 무리와 어울려 다녔다. 그러나 안토니우스는 미치광이처럼 날뛰는 그들에게 곧 싫증을 느꼈다. 더구나 이들을 없애기 위한 반대 세력이 생기자 두려움을 느낀 나머지 이탈리아를 떠났다. 헬라스로 간 그는 그곳에서 군사 훈련을 받고 웅변 공부를 했다. 그때 한창 유행하던 아시아식 웅변술을 배웠는데, 이는 과장이나 자기자랑을 좋아하던 그의 천박한 성격에 아주 잘 맞았다.

그가 헬라스에 머무는 동안 집정관 가비니우스가 시리아를 공격하기 위해 출정하게 되었다. 가비니우스는 안토니우스에게 자신과 함께 가지 않겠느냐고 물었다. 안토니우스는 일반 병사로는 따라나서지 않겠다며 그 요청을 거절했다. 가비니우스가 그에게 기병대장의 임무를 맡기자 그제야 안토니우스는 요청을 받아들여 그와 함께 시리아로 갔다.

시리아에서 안토니우스가 맡은 첫 번째 임무는, 유다이아인을 꾀어 반란을 일으킨 아리스토불루스를 몰아내는 일이었다. 안토니우스는 튼튼하게 지은 적의 성벽 위로 가장 먼저 올라가 아리스토불루스를 쫓아냈다. 그리고 결정적인 전투에서는 몇 배나 많은 적군을 모두 무찌르고, 아리스토불루스와 그의 아들을 사로잡았다.

그 뒤 가비니우스는 프톨레마이오스 왕으로부터 아이귑토스를 공격하고 왕위를 되찾는 일을 도와주면 1만 탈란톤을 주겠다는 제안을 받았다. 병사들 대부분은 이 제안에 반대했고, 가비니우스도 돈은 욕심이 났지만 전쟁은 피하고 싶어했다.

그러나 큰 공을 세울 기회만 노리던 안토니우스는 가비니우스를 설득해 프톨레마이오스의 제안을 받아들이게 했다. 병사들이 가장 두려워한 것은 전쟁 그 자체보다도 펠루시움으로 가는 길에 있는 아크레그마 강과 세르보니스 늪, 그리고 물 없는 사막을 지나가는 일이었다. 아이귑토스 사람들은 세르보니스 늪을 티폰 신의 숨구멍이라 불렀는데, 이 늪은 아마도 홍해가 남기고 간 웅덩이거나 지중해의 물이 좁고 낮은 이곳으로 흘러들어와 만들어진 듯하다.

하지만 이런 우려에도 불구하고, 기병대를 이끌고 전쟁터로 나간 안토니우스는 이 위험한 곳들을 무사히 지났을 뿐 아니라 큰 도시 펠루시움을 손에 넣고, 그곳을 수비하던 적군들도 사로잡았다. 이 덕분에 주력부대는 안전하게 진군할 수 있었으며, 가비니우스는 손쉽게 큰 승리를 거두었다. 이때 적들도 안토니우스의 공명심 덕분에 적지 않은 은혜를 입었다. 펠루시움에 들어선 프톨레마이오스는 옛 원한을 풀기 위해 아이귑토스 사람들을 마구 죽이려 했으나, 명예욕이 강한 안토니우스가 프톨레마이오스를 설득해 그들을 살려주었던 것이다.

그 뒤로도 크고 작은 전투가 수없이 벌어졌지만, 그때마다 안토니우스는 빈틈없는 작전과 뛰어난 용맹성을 보여주었다. 특히 적의 뒤쪽을 포위해, 정면으로 공격하는 우군에게 승리를 안겨줌으로써 많은 포상과 눈부신 명예를 얻었다.

또한 아르켈라우스가 죽었을 때 보여준 따뜻한 인간미는 많은 사람의 가슴을 뭉클하게 만들었다. 사실 안토니우스와 아르켈라우스는 친구 사이였지만, 전쟁터에서는 서로에게 창을 겨눌 수밖에 없었다. 그러나 아르켈라우스의 죽음을 알게 된 안토니우스는 그의 시신을 찾아다가 왕의 예우를 다해 장중한 장례를 치러주었다. 이런 일들로 알렉산드리아 사람들은 안토니우스를 매우 높이 평가했으며, 로마 병사들도 그를 가장 뛰어난 장군이라 칭송하면서 존경을 바쳤다.

안토니우스는 얼굴도 잘생겼지만 몸집도 아주 좋았다. 멋진 수염, 넓은 이마, 높은 코 등은 그림이나 조각에서 보는 헤라클레스 신을 많이 닮았으며 매우 남성적이었다. 사실 안토니우스의 조상은 헤라클레스의 아들 안톤의 후예라는 전설까지 있었다.

안토니우스는 사람들에게 그 전설을 믿게 하려고, 얼굴과 옷차림에 많은 신경을 썼다. 그는 대중 앞에 나타날 때는 언제나 소매 없는 윗옷에 허리띠를 낮게 두르고 넓은 칼을 찬 다음 그 위에 커다란 망토를 걸쳤다.

이 밖에도 그는 자기자랑이 심했고, 남의 흉을 잘 보며, 술을 지나치게 마셨고, 병사들이 식사를 할 때면 곁에서 음식을 집어먹는 버릇이 있었다. 사람들은 그의 이런 행동을 몹시 못마땅하게 생각했다. 그러나 병사들은 오히려 그런 면에 친근감을 느껴 군대에서는 거의 절대적 인기를 얻고 있었다.

안토니우스는 여자를 사귀는 데에도 대단한 재주가 있었다. 그의 친구들 가운데 상당수는 연애 사건을 도와주다 가까워진 사람들이었다. 그는 자신의 연애에 대해 사람들이 놀려도 아무렇지 않게 받아넘겼다. 그리고 친구나 부하들의 부탁이라면 무엇이든 들어주었으므로 친구들 사이에서도 큰 신뢰를 쌓았다. 그렇기 때문에 안토니우스는 그토록 못된 행동들을 많이 저질렀음에도 자기 위치를 굳건히 지킬 수 있었다.

안토니우스의 너그러움에 대해서는 다음 같은 이야기가 있다.

안토니우스는 한 친구에게 25만 드라크메, 즉 로마 돈으로 1데키에스(100만 세스 테르티우스)를 주라고 집사에게 말했다. 그 금액이 너무 엄청났으므로, 집사는 안토니우스가 지나갈 만한 곳에다 일부러 그 금액만큼의 은화를 높게 쌓아놓았다. 그리고 그곳을 지나가던 안토니우스가 쌓인 돈을 보고 무엇이냐고 묻자, 친구에게 주라고 한 돈이라고 대답했다.

안토니우스는 집사가 왜 그 돈을 쌓아두었는지 속마음을 훤히 들여다보고는 이렇게 말했다.

"1데키에스쯤이면 꽤 많을 줄 알았는데 겨우 저것뿐이냐? 안 되겠다. 그 친구에게 갑절의 돈을 갖다주어라."

그 무렵 로마는 두 세력으로 갈라져 있었다. 귀족당은 로마에 있는 폼페이우스를 지지하고, 평민당은 군대를 거느리고 갈리아에 있는 카이사르를 지지했다. 안토니우스의 친구인 쿠리오는 카이사르파에 가담해 안토니우스를 그쪽으로 끌어들였다. 그리고 자신의 웅변 실력과 카이사르가 보내준 엄청난 선거 자금을 이용해 안토니우스를 호민관으로 만들고, 나중에는 복점관에 당선시켰다.

안토니우스가 관직에 오르자 카이사르는 큰 도움을 받게 되었다. 마르켈루스가 지금 있는 군대는 물론, 새로 모집하는 군대까지 모두 폼페이우스가 지휘하게 하자고 제안했을 때, 안토니우스는 이 제안에 강력히 맞섰다. 안토니우스는 이미 모집된 군대는 시리아로 보내 파르티아군과 싸우는 비불루스를 돕게 하고, 새로 모집하는 군대도 폼페이우스에게는 주어서는 안 된다고 주장했다.

또 원로원 의원들이 카이사르의 편지를 원로원에서 읽지 못하게 했을 때, 안토니우스는 자기 권리를 내세워 기어코 그 편지를 읽고야 말았다. 마침내 이 편지의 내용을 들은 많은 의원들은 마음을 바꾸고, 카이사르의 요구가 정당하다고 인정하게 되었다.

폼페이우스 군대를 해산시키느냐 카이사르 군대를 해산시키느냐 하는 중대 안건이 원로원에 올라왔을 때도 안토니우스는 카이사르에게 큰 힘이 되었다. 폼페이우스 군대를 해산시키자는 제안에는 겨우 몇 사람만이 찬성했으나, 카이사르 군대를 해산시키자는 데에는 거의 모든 사람들이 찬성하려고 했다.

그러자 안토니우스는 색다른 제안을 내놓았다. 폼페이우스와 카이사르의 군대 모두를 동시에 해산시키자는 것이었다. 그랬더니 뜻밖에도 모든 의원이 우레와 같은 박수를 보내면서, 투표로써 이 문제를 마무리짓자고 외쳤다. 그러나 두 집정관이 반대하는 바람에 카이사르 쪽에서는 다시 새로운 제안을 내놓았다. 하지만 이번에는 카토가 맹렬히 반대했다.

마침내 집정관 렌툴루스는 안토니우스를 원로원에서 퇴장시켰다. 몹시 화가 난 안토니우스는 저주의 말을 내뱉으며 원로원을 나갔다. 그러고는 하인의 옷으로 갈아입은 뒤, 퀸투스 카시우스와 마차를 타고 카이사르에게 서둘러 달려갔다. 카이사르 군대가 있는 곳에 닿은 두 사람은 로마에서는 이제 법과 질서를 찾아볼 수 없으며, 호민관조차 말할 권리를 잃었고, 바른 소리를 하는 사람들은 모조리 쫓겨나 생명까지 위협받고 있다고 말했다.

이 호소를 들은 카이사르는 군대를 이끌고 이탈리아로 쳐들어갔다. 그래서 키케로는 안토니우스를 비방하는 〈필리포스를 공격함〉이라는 글에서, 트로이 전쟁은 헬레네라는 한 여자 때문에 일어났고, 로마의 내란은 안토니우스라는 한 남자 때문에 일어났다고 주장한 것이다. 그러나 이는 좀 지나친 표현이었다. 카이사르는 절대로 순간적 분노를 참지 못해 섣불리 큰일을 저지르는 사람이 아니었으며, 깊이 생각한 끝에 로마로 진격해 왔기 때문이다. 카이사르는 오랫동안 기회를 노리고 있었고, 안토니우스는 그런 카이사르에게 전쟁을 일으킬 좋은 핑계를 제공한 데에 지나지 않았다.

무엇보다 카이사르를 부추긴 것은 그의 야망과 명예욕이었다. 그는 마치 옛날의 알렉산드로스나 키루스처럼, 세상에서 가장 높은 자리에 앉고 싶어했다. 그리고 이런 야망을 이루기 위해서는 가장 먼저 폼페이우스를 꺾어야 한다고 생각하고 있었다.

카이사르는 로마를 점령하고 폼페이우스를 이탈리아에서 내쫓았다. 그다음 다시 군대를 돌려 이베리아에 있던 폼페이우스의 군단들을 공격했다. 그리고 배가 준비되는 대로 바다를 건너 폼페이우스를 뒤쫓기로 했다. 그동안 로마는 집정관 레피두스에게 맡기고, 호민관 안토니우스에게는 이탈리아와 군대를 맡기기로 했다.

안토니우스는 고된 훈련과 생활을 병사들과 함께함은 물론, 능력이 되는 대로 돈과 재물까지 아낌없이 병사들에게 나누어 주었으므로 병사들의 절대적인 신뢰를 얻었다. 그러나 병사가 아닌 사람들은 그에 대해 원망과 불평을 늘어놓았다. 안토니우스는 무심하게도 억울한 일을 당한 사람의 사정을 돌보지 않았으며, 인내심을 가지고 시민들의 불평을 들어주지 못했기 때문이다. 게다가 다른 사람의 아내까지 건드리는 바람에 그의 평판은 한없이 추락했다.

사실 카이사르 자신은 그다지 폭군다운 면모가 없었으나, 그의 측근들 때문에 혹독한 악평에 시달리고 있었다. 그런 주위 사람들 가운데 가장 큰 신뢰를 받는 동시에 가장 큰 잘못을 저지른 사람이 바로 안토니우스였다.

그러나 이베리아에서 돌아온 카이사르는 안토니우스에 대한 비난들을 모두 무시했다. 안토니우스는 전쟁에서 가장 용감하고 작전도 뛰어났으므로 카이사르에게 꼭 필요한 존재였기 때문이다.

카이사르는 다시 적은 병력을 이끌고 곧바로 브룬디시움 항구를 떠나 이오니아 해를 건넜다. 그리고 배를 돌려보내며, 가비니우스와 안토니우스에게 서둘러 군대를 태우고 마케도니아로 오라고 명령했다. 이때는 겨울철로, 명령을 받은 가비니우스는 풍랑을 염려해 멀리 육지로 돌아서 갔다.

하지만 안토니우스는, 적은 군사를 거느린 카이사르가 적에게 맹렬한 공격을 받을까봐 걱정스러웠다. 그래서 그는 배 몇 척을 끌고 나가서, 브룬디시움 항구를 포위한 리보 장군의 군함을 부수었다. 그러고는 혼란한 틈을 이용해 보병 2만 명과 기병 800기를 이끌고 서둘러 항구를 떠났다. 적들은 안토니우스를 뒤쫓아 왔지만 때마침 강한 바닷바람이 불어와 배가 뒤집히는 바람에 추격을 멈출 수밖에 없었다.

안토니우스의 함대도 풍랑으로 해안 절벽까지 밀려갔지만, 갑자기 바람이 남서풍으로 바뀌면서 다행히 함대는 파도를 타고 바다 쪽으로 나아갈 수 있었다. 이때 해안에는 침몰된 배들이 곳곳에 떠다녔는데, 추격하던 적의 배가 강풍에 부딪혀 산산이 부서진 잔해들이었다. 이렇게 해서 안토니우스는 힘들이지 않고 많은 포로와 전리품을 얻었으며, 리수스 시까지 손에 넣었다. 마침내 많은 군대를 이끌고 도착한 안토니우스는 어려움을 겪고 있던 카이사르에게 큰 용기를 주었다.

이처럼 끊임없이 이어진 많은 전투에서 안토니우스는 언제나 뛰어난 공을 세웠다. 패전해 달아나는 부하들을 돌려세워, 오히려 적을 공격하게 함으로써 두 번이나 승리를 거두기도 했다. 그래서 안토니우스는 군대 안에서 카이사르 다음으로 높은 명성을 떨치게 되었다.

이러한 안토니우스에 대한 카이사르의 믿음은 대단했다. 파르살루스에서 벌어진 마지막 전투에서 카이사르가 직접 오른쪽 날개를 지휘하고 안토니우스에게는 왼쪽 날개를 맡긴 것만 보아도 이를 능히 짐작할 수 있다. 안토니우스는 카이사르 아래에서 가장 뛰어난 장군이었다.

전투에서 승리한 카이사르는 독재관 자리에 오른 뒤, 폼페이우스를 추격하기 위해 군대를 이끌고 떠났다. 그때 카이사르는 안토니우스에게 자신의 대리인이자 기병단 총사령관 자격을 주어 로마로 보냈다. 안토니우스가 얻게 된 지위는 독재관 다음가는 자리로, 독재관이 전쟁으로 본국에 없을 때에는 최고 권력을 갖는 높은 지위였다. 일단 독재관이 선출되면 호민관을 제외한 다른 관리들은 권한을 행사할 수 없었기 때문이다.

호민관 돌라벨라는 개혁에 큰 뜻을 둔 젊은이였다. 그는 모든 빚을 무효로 만들자는 법안을 제출하려고 했다. 그는 시민들 인기를 얻기에 급급한 안토니우스를 찾아가 자신이 제출할 법안에 힘을 보태달라고 부탁했다. 그러나 아시니우스와 트레벨리우스는 절대로 그 법을 지지해서는 안 된다고 안토니우스에게 충고했다.

그 무렵 돌라벨라가 안토니우스의 아내와 몰래 사귀고 있다는 소문이 돌았는데, 소문을 들은 안토니우스는 몹시 화가 나서 아내를 집에서 내쫓고 말았다. 안토니우스의 아내는 그의 사촌 누이였으며, 키케로와 함께 집정관을 지낸 카이우스 안토니우스의 딸이었다. 이런 일이 벌어진 마당에 안토니우스가 돌라벨라를 좋게 여길 리가 없었다. 그래서 그는 아시니우스와 손을 잡고 돌라벨라에게 맞섰다. 돌라벨라는 자기가 제출했던 법안을 어떻게든 통과시키기로 마음먹고 공회당을 점령해 버렸다. 그러자 안토니우스는 무력으로라도 돌라벨라를 억압해야 한다는 원로원 결의를 얻어낸 뒤 그를 공격했다. 이 싸움으로 양쪽 모두 동료 몇 명을 잃었다.

안토니우스는 이 일로 많은 사람들에게 미움을 샀으며, 원망을 듣게 되었다. 또한 강직한 성품을 지닌 부유한 사람들로부터는, 그릇된 행동을 일삼는다는 비난을 받았다. 안토니우스는 날마다 술로 밤을 지새우고, 여자들과 어울려 다니며 돈을 마구 썼던 것이다. 그는 낮에는 낮잠을 자거나 술 냄새를 풍기며 거리를 쏘다녔으며, 밤이 되면 다시 술과 여자에 파묻혀 살았다. 또 연극을 구경하거나, 창녀나 광대 같은 비천한 무리의 결혼식까지 참석하면서 세월을 보냈으므로 사람들로부터 심한 빈축을 샀다.

이에 대해 다음 같은 이야기가 전해진다. 언젠가 안토니우스는 연극배우인 히피아스의 결혼식 피로연에 가서 밤새도록 술을 마셨다. 그런데 그는 다음 날 아침 공회장에 나가 연설을 하기로 되어 있었다. 그는 비틀거리면서 겨우 연설장에 나가기는 했으나 간밤에 마신 술로 속이 몹시 거북해, 연설을 하다가 그만 친구의 옷에 음식물을 토하고 말았다.

안토니우스는 친구들 가운데 세르기우스라는 배우를 가장 좋아했다. 또한 키테리스라는 여배우를 몹시 사랑해서 가는 곳마다 가마에 태우고 다녔다. 수많은 하인이 그 가마 뒤를 따랐는데, 그 성대함은 그의 어머니 행차와 견주어도 결코 뒤지지 않았다.

또한 안토니우스는 여행용이라기보다는 행렬의 장식에나 알맞을 만큼 화려한 금술잔을 지니고 다녔으며, 경치 좋은 숲이나 시냇가에 이르면 천막을 치고 호사스러운 아침 식사를 즐겼다. 뿐만 아니라 사자들이 끄는 수레를 타고 다녔고, 때로는 경건한 노인들이 있는 집에 창녀와 무희들을 재우는 등 온갖 추잡한 행동을 일삼았다.

마침내 사람들은, 카이사르는 먼 외국에 나가 허허벌판에서 잠을 자며 갖은 고생을 다하여 전쟁을 하는데, 그의 세도를 빌려 행세하는 사람이 온갖 사치를 다 부리는 것은 참을 수 없는 모욕이라고 생각하게 되었다. 이런 일들 때문에 로마의 당파 싸움이 나날이 심해지고, 병사들도 마음 놓고 방탕과 약탈을 저지르게 된 것처럼 보였던 것이다. 그래서 로마로 돌아온 카이사르는 돌라벨라를 풀어주었다. 그리고 자신이 세 번째로 집정관이 되었을 때에는 안토니우스 대신 레피두스를 동료 집정관으로 앉혔다. 안토니우스는 카이사르가 리비아를 정벌하러 떠날 때 따라가지 않았는데, 그는 자신이 지난날 여러 번 큰 공을 세우고도 아무런 상을 받지 못했기 때문이라고 말했다.

그러나 카이사르는 많은 잘못을 너그럽게 덮어주면서 안토니우스의 어리석은 행동과 낭비벽을 고쳐주는 데 어느 정도 성공한 듯 보인다. 안토니우스가 지금까지의 좋지 못한 생활을 버리고 정식으로 결혼했기 때문이다. 그의 아내가 된 사람은 선동가 클로디우스의 아내였던 풀비아였다. 그런데 풀비아는 베를 짜거나 조용히 집안일을 하면서 살 수 있는 여자가 아니었다. 더군다나 이름 없는 한 남자의 아내로서 사는 것에 만족하기는커녕 장군이나 정치가들을 자기 마음대로 뒤흔들지 않으면 못 견디는 성격이었다. 그러므로 클레오파트라는 이 점에 대해 풀비아에게 감사할 만하다. 뒷날 안토니우스가 클레오파트라를 만날 때 그녀의 말이라면 무엇이든 순순히 들었던 것은, 풀비아가 길들인 덕분이었기 때문이다.

풀비아를 즐겁게 해주기 위해 안토니우스는 늘 어린아이 같은 장난을 했다. 그런 이야기들 가운데 다음 같은 것도 있다. 카이사르가 이베리아에서 승리를 거두고 로마로 돌아온다는 소식이 전해지자, 많은 시민들이 맞이하러 나갔다. 물론 안토니우스도 이들 틈에 섞여 있었다. 그런데 난데없이 카이사르가 살해당했고 적들이 이탈리아로 쳐들어온다는 소문이 떠돌았다. 그 소문을 들은 안토니우스는 아무도 모르게 변장하고 몰래 로마로 숨어들었다. 그러고는 안토니우스가 보낸 편지를 갖고 온 하인인 척하면서 밤늦게 풀비아를 찾아갔다. 걱정에 휩싸여 있던 풀비아는 안토니우스가 살아 있는지부터 물었고, 변장한 안토니우스는 말없이 편지를 내밀었다. 풀비아가 그것을 받아 막 읽기 시작하자 안토니우스는 갑자기 아내의 목을 끌어안고 뜨거운 키스를 했다.

카이사르가 이베리아에서 돌아올 때 사람들은 모두 멀리까지 마중을 나갔다. 그런데 카이사르에게 가장 큰 대접을 받은 사람은 안토니우스였다. 카이사르는 로마로 올 때까지 줄곧 안토니우스를 자기 전차에 함께 타도록 했던 것이다. 그리고 그 뒤를 따르던 전차에는 브루투수 알비누스와, 자기 조카딸의 아들이자 뒷날 카이사르의 이름을 계승해 한동안 로마를 다스렸던 옥타비아누스가 탔다.

그 뒤 카이사르가 다섯 번째로 집정관이 되었을 때, 그는 망설이지 않고 안토니우스를 동료 집정관으로 선택했다. 하지만 자신의 집정관 자리는 돌라벨라에게 물려주기로 하고, 그 결정을 원로원에 알렸다. 그러나 안토니우스는 온 힘을 다해 이 일에 맞서며 온갖 욕설로 돌라벨라를 비난했고 화가 난 돌라벨라도 똑같이 맞받아치면서 분위기는 갈수록 험악해졌다. 이러한 소란을 더 이상 견디지 못한 카이사르는 할 수 없이 이 일의 결정을 다음으로 미루었다. 얼마 뒤 다시 카이사르가 민중 앞에서 돌라벨라를 집정관으로 뽑으려 했을 때도, 안토니우스는 새들이 보여준 징조가 몹시 불길하다며 또다시 이 일을 방해했다. 이렇게 되자 카이사르는 자신의 생각을 아예 접었고, 돌라벨라는 몹시 노여워했다.

하지만 실제로 카이사르는 안토니우스와 돌라벨라를 모두 미워했던 것 같다. 어떤 사람이 카이사르에게 이 둘에 대해 욕을 퍼부었을 때 카이사르는, 자신이 정말로 두려워하는 것은 살이 찌고 머리카락이 긴 두 사람이 아니라 오히려 핏기 없이 창백하고 야윈 두 사람이라고 말했다 한다.

이것은 브루투스와 카시우스를 빗대서 한 말이었는데, 이들은 뒷날 카이사르를 암살한 사람들이다. 그리고 의도적인 것은 아니었지만 이 암살 음모에 가장 큰 도움을 준 사람이 바로 안토니우스였다. 예부터 로마에는 루페르칼리아라 부르는 큰 제전이 있었다. 카이사르는 개선 행렬 때 입는 화려한 옷을 입고 나와 공회장의 높은 연단에서 이 행사를 구경하고 있었다. 이 행사에는 귀족 젊은이들과 관리들이 몸에 향유를 바르고 손에는 쇠가죽띠를 들고 다니며 만나는 사람마다 때리는 풍습이 있었다. 안토니우스도 이 젊은이들 틈에 섞여 이리저리 뛰어다니고 있었다. 그런데 안토니우스는 옛날부터 내려오는 순서를 생략한 채 카이사르가 있는 연단 아래로 월계관을 가지고 갔다.

그러고는 친구들 어깨 위에 올라타 왕관을 카이사르의 머리에 씌우려 했다. 마치 이 제전이 카이사르의 왕위 선언식이라도 되는 것 같았다. 그러나 카이사르는 월계관을 원하지 않는다는 듯이 고개를 돌렸다. 그러자 시민들 사이에서 요란한 박수가 터져나왔다. 안토니우스가 다시 관을 씌우려 했지만 이번에도 카이사르는 고개를 돌리며 거절의 뜻을 나타냈다. 이런 실랑이가 몇 번이나 되풀이되었다.

시민들은 안토니우스가 월계관을 씌우려 할 때에는 몇 명만 손뼉을 쳤지만, 카이사르가 사양할 때에는 거의 다 박수를 보냈다. 이것은 매우 이상한 일이었다. 시민들은 카이사르가 실제로 왕 노릇을 하고 있는 현실은 받아들이면서도, 그가 왕의 칭호를 직접 인정하는 것은 자신들의 자유를 빼앗기는 일이라 여겼던 것이다.

이 일로 몹시 실망한 카이사르는 자리에서 벌떡 일어나더니 목을 가리고 있던 옷을 벗어젖히고 자기 목을 내밀면서, 자기를 죽이고 싶은 사람이 있으면 어서 치라고 했다. 마침내 이 관은 카이사르의 한 동상에 씌워졌다. 그러나 이를 본 몇몇 호민관이 그 관을 곧 벗겨버렸으며, 함께 몰려온 시민들은 박수를 치며 이에 호응했다. 카이사르는 화를 억누르지 못하고 그 호민관들을 모두 파면시켜 버렸다.

이 일은 브루투스와 카시우스에게 큰 용기를 주었다. 그들은 카이사르를 암살할 동지들을 모아놓고, 안토니우스를 이 일에 참가시킬지 말지를 의논했다. 대부분 안토니우스를 받아들이자고 했지만, 트레보니우스만은 반대하면서 다음 같은 이유를 댔다. 카이사르가 이베리아에서 돌아올 때에, 트레보니우스는 안토니우스와 함께 마중을 나갔다. 두 사람은 그동안 같은 천막에서 함께 자고 길을 걸을 때에도 함께 다녔는데, 이때 트레보니우스는 안토니우스의 마음을 슬쩍 떠보았다. 안토니우스는 그 뜻은 충분히 알아들었지만 그다지 찬성하는 기색은 아니었다. 그러나 카이사르에게는 이 일을 알리지 않고, 끝까지 비밀을 지켜주었다.

이 이야기를 들은 음모자들은 카이사르와 함께 안토니우스도 죽이는 문제에 대해 의논했다. 그런데 이번에는 브루투스가 반대하고 나섰다. 이 일은 부당함으로부터 순수와 지위를 지키는 법과 정의를 위한 일인 만큼, 성스러운 계획을 더럽혀서는 안 된다는 것이었다. 하지만 음모자들은 안토니우스의 막강한 세력과 지위를 두려워했기에, 마침내 한 가지 방법을 생각해 냈다. 카이사르가 원로원에 들어가고 이들이 암살 계획을 진행하는 동안, 몇 사람이 안토니우스를 바깥에서 붙잡아 이야기를 나누면서 회장에 들어가지 못하도록 막자는 것이었다.

이 음모는 계획대로 진행되었고 카이사르는 끝내 원로원에서 쓰러졌다. 그러자 안토니우스는 재빨리 하인으로 변장해 자취를 감추었다. 그러나 그는 음모자들이 더는 다른 사람을 죽일 계획이 없다는 것을 알고, 자기 아들을 음모자들이 숨어 있는 카피톨리움에 인질로 보내 내려오라고 설득했다. 이렇게 해서 그날 저녁 안토니우스는 카시우스를, 레피두스는 브루투스를 저마다 집으로 초대해 함께 저녁을 먹었다.

다음 날 안토니우스는 원로원 회의를 열어 사면령을 선포했다. 거기서 그는 브루투스와 카시우스를 지방 총독으로 임명하자는 제안을 내놓았다. 이 제안은 순조롭게 통과되었고, 카이사르가 생전에 만들어 놓은 법률들도 계속해서 지키기로 결정했다.

회의를 마친 뒤 원로원을 나서는 안토니우스는 이미 로마에서 가장 위대한 인물이 되어 있었다. 내란을 미리 막았을 뿐만 아니라, 곤란하고 복잡하게 얽힌 문제들을 침착하고 현명하게 처리했기 때문이다. 그러자 그는 만약 브루투스만 없앤다면 자신이 로마에서 가장 큰 세력을 갖게 되리라 생각하게 되었다.

그때 옛 풍습에 따라 카이사르의 유해가 공회장에 도착했다. 안토니우스는 그의 죽음을 추모하는 연설을 했다. 그는 카이사르에 대한 칭찬과 아울러 비극적인 고인의 운명을 안타까워하는 연설을 했다. 시민들은 이 연설을 듣고 매우 감동했다. 연설이 끝나자 안토니우스는 칼로 찢기고 피로 물든 카이사르의 옷을 높이 쳐들며, 이런 짓을 한 놈들은 하늘도 노여워할 극악한 살인자들이라고 부르짖었다. 그 연설에 자극받은 군중은 몹시 흥분해, 광장 한복판에 의자와 탁자들을 높이 쌓아올려 카이사르를 화장했다. 그러고는 불붙은 나뭇가지들을 집어 들고, 살인자들의 집을 습격하기 위해 곳곳으로 달려갔다.

일이 이렇게 되자 브루투스파는 로마에서 달아났고, 카이사르파는 안토니우스에게로 모여들었다. 카이사르의 아내인 칼푸르니아는 4000탈란톤이나 되는 재산을 모두 안토니우스에게 맡겼다. 안토니우스는 그 밖에도 카이사르의 중요한 서류들을 맡았는데, 그 가운데는 카이사르가 실행했던 일은 물론 아직 실행되지 않은 계획들도 있었다.

안토니우스는 자기 계획에 맞게 이 서류들을 이용했다. 그는 카이사르가 미리 결정해 놓은 것처럼 제멋대로 서류를 꾸며 마음에 드는 사람을 관리로 임명하거나 원로원 의원으로 삼는가 하면, 추방당했던 사람을 불러들이기도 하고, 감옥에 갇힌 죄수를 마음대로 풀어주기도 했다. 로마 시민들은 이런 특혜를 받은 사람들을 저승으로 가는 강을 건네주는 뱃사공 카론에 빗대어 '카론의 무리'라 부르며 비웃었다. 왜냐하면 그렇게 혜택을 입게 된 근거를 대라고 할 때마다 그들이 죽은 카이사르의 서류를 가리켰기 때문이다.

로마에서의 안토니우스 행동은 독재자와 다를 바 없었다. 자신은 집정관 자리에 있었고, 형제들 가운데 가이우스는 법무관, 루키우스는 호민관이었기 때문에 그는 모든 일을 마음대로 처리할 수 있었다.

로마가 이렇게 돌아가고 있을 때 소(小)카이사르(옥타비아누스)가 로마에 왔다. 그는 카이사르 조카딸의 아들로, 죽은 카이사르의 유언에 따라 정해진 상속자였다. 카이사르가 암살될 때 아폴로니아에 머물고 있던 그는 소식을 듣자마자 한달음에 로마로 달려왔다.

작은 카이사르는 먼저 아버지의 친구인 안토니우스를 찾아가, 맡겨놓은 재산을 달라고 요구했다. 그러고는 유서에 따라 로마 시민 모두에게 각각 75드라크메의 돈을 나누어 주어야 한다고 말했다.

안토니우스는 어린 그를 얕보고는, 카이사르의 유언 집행인이 된다는 것은 어린 사람이 감당하기에는 너무나 무거운 짐이라는 것을 충고해 줄 만한 친구나 후원자도 없느냐고 놀렸다. 그러나 작은 카이사르는 안토니우스의 말에 꺾이지 않고 유산을 돌려달라고 끈질기게 요구했다. 그러자 안토니우스는 온갖 말과 행동으로 모욕을 주기 시작했다. 그는 작은 카이사르가 호민관 후보가 되자 반대하고 나섰으며, 작은 카이사르가 법이 정한 대로 죽은 카이사르를 위해 황금 의자를 만들자고 주장했을 때에는 민중을 선동한다는 이유로 감옥에 가두겠다며 협박했다.

하지만 키케로를 비롯해 안토니우스를 미워하던 사람들은 오히려 작은 카이사르를 후원해 원로원에 추천해 주었다. 카이사르 자신은 민중의 환심을 사려고 애쓰는 동시에, 멀리 외지에 나가 있던 병사들을 모두 불러모았다. 상황이 이렇게 되자 몹시 당황한 안토니우스는 카피톨리움으로 그를 찾아가 화해를 청했다.

그날 밤 안토니우스는 불길한 꿈을 꾸었다. 오른손에 벼락을 맞는 꿈이었다. 며칠 뒤 안토니우스는 작은 카이사르가 자신의 목숨을 노리고 있다는 정보를 얻었다. 카이사르는 전혀 그런 일이 없다고 둘러댔지만 안토니우스는 믿지 않았다. 이 일로 둘은 예전처럼 다시 사이가 나빠졌다.

마침내 두 사람은 이탈리아 곳곳에 흩어져 있는 병사들을 모으기 위해, 서로 더 많은 보수를 경쟁적으로 약속하기에 이르렀다.

그 무렵 로마에서 가장 큰 세력을 가진 사람은 키케로였다. 그는 모든 사람들이 안토니우스를 미워하도록 온갖 방법을 동원했다. 이런 노력 끝에 그는 원로원을 설득하여 안토니우스를 반역자로 몰 수 있었다. 그리고 작은 카이사르에게 법무관의 표장과 명예 휘장 등을 통례에 따라 보냈으며, 집정관 히르티우스와 판사를 시켜 안토니우스를 이탈리아에서 추방하라는 명령을 내렸다. 이렇게 하여 안토니우스 군대와 카이사르 군대가 무티나 근처에서 싸움을 벌이게 되었다. 이 전투에서 카이사르가 승리를 거두었으며 두 집정관은 모두 전사했다.

싸움에서 진 안토니우스는 도망가면서 모진 고난을 겪어야만 했다. 특히 가장 무서운 것은 굶주림과의 싸움이었다. 하지만 안토니우스는 어려운 일이 닥칠수록 현명해지는 특성을 가지고 있었다. 불행을 당하면 그는 현자에 가까운 인물이 되었던 것이다. 어려움에 부딪혔을 때 어떤 것이 바른 길인지를 판단할 수 있는 사람은 흔히 볼 수 있다. 그러나 극단적인 상황에서 옳다고 여겨지는 일을 이성적으로 판단해 행하고, 옳지 않다고 생각되는 일을 피할 수 있는 자는 매우 드물다. 대부분 평소 습관대로 행동하고, 이성을 저버릴 때가 많기 때문이다.

하지만 어려운 상황에 맞닥뜨린 안토니우스는 부하 장병들에게 훌륭한 모범을 보여주었다. 전날까지만 해도 사치스럽게 행동하던 그는 썩은 물을 달게 마시고 야생 열매와 풀뿌리도 맛있게 먹었다. 심지어 알프스 산맥을 넘을 때에는 나무껍질까지 벗겨먹고 이름도 알 수 없는 짐승까지 잡아먹으며 목숨을 이었다고 한다.

안토니우스의 계획은 알프스를 넘어가서 레피두스 군대와 합치는 것이었다. 안토니우스는 전에 카이사르와의 우정을 이용해 레피두스에게 많은 도움을 준 일이 있었으므로, 그가 자기를 도와주리라 생각한 것이다.

그러나 레피두스는 안토니우스를 전혀 달가워하지 않았다. 그래서 안토니우스는 운명을 걸고 마지막 모험을 해보기로 결심했다. 머리카락은 길게 자라 온통 헝클어져 있고, 싸움에서 진 뒤 한 번도 수염을 깎지 않았던 안토니우스는,

초라한 옷을 입고 레피두스 진영으로 들어가 병사들에게 연설하기 시작했다.

병사들은 안토니우스의 모습에, 혹은 그의 연설에 마음이 움직였다. 이것을 본 레피두스는 몹시 불안해져서, 나팔을 불게 해 연설을 방해했다. 하지만 이는 안토니우스에 대한 연민을 더욱 불러일으킬 뿐이었다. 병사들은 라일리우스와 클로디우스를 여자로 변장시켜 몰래 안토니우스에게 보냈다. 두 사람은 안토니우스를 만나자, 걱정 말고 레피두스를 공격하라고 말했다. 그리고 원한다면 레피두스를 죽이겠다고까지 했다.

안토니우스는 레피두스에게 손을 댈 생각은 없었지만, 다음 날 아침에는 군대를 이끌고 강을 건너갔다. 안토니우스가 가장 먼저 강에 뛰어들자 레피두스 진영에 있던 병사들은 스스로 방어벽을 허물었다. 따라서 안토니우스는 힘들이지 않고 레피두스 진영을 점령할 수 있었다.

그러나 안토니우스는 레피두스에게 모든 예의를 갖추었으며, 그를 아버지라 불렀다. 비록 군대의 지휘권은 모두 자기가 가지고 있었지만 레피두스를 여전히 대장으로 대접했다.

안토니우스가 이처럼 훌륭한 조치를 취하자, 멀지 않은 곳에 상당한 병력을 가지고 있던 무나티우스 플란쿠스 장군도 이에 탄복해 안토니우스 군대에 합류해 왔다.

이렇게 하여 안토니우스는 다시 대군을 거느리게 되었다. 그는 보병 17개 군단과 기병 1만 기를 이끌고 다시 알프스를 넘어 이탈리아로 들어갔다. 그 밖에도 6개 군단 병력을 갈리아에 수비대로 남겨 그곳을 지키게 했다. 수비대 지휘관은 바리우스였는데, 바리우스는 안토니우스의 절친한 술친구이며 코틸론이라는 별칭을 갖고 있었다.

한편 작은 카이사르는 키케로가 나라의 자유를 위해 애쓰는 것을 보고는, 더는 이용 가치가 없다고 판단했다. 그래서 그는 친구들의 중재로 안토니우스와 손을 잡기로 결심했다. 카이사르와 안토니우스는 레피두스와 함께 어느 작은 섬에서 만나 사흘에 걸친 비밀회의를 했다. 그리고 모든 문제에서 의견을 모아, 아버지의 유산을 나누는 형제들처럼 제국을 셋으로 나누기로 했다.

그러나 누구를 죽이느냐는 것은 쉽게 결정하기 어려운 문제였다. 그들이 저마다 자기 적들을 처단하고, 친구나 친척들을 구하길 바랐기 때문이다. 마침내 그들은 자신들의 적을 없애기 위해 친구나 친척들까지도 희생시키기로 결정을 내렸다.

작은 카이사르는 안토니우스에게 키케로를 넘기기로 했고, 안토니우스는 외삼촌인 루키우스 카이사르를 포기했으며, 레피두스는 동생 파울루스의 암살을 허락했다. 어떤 사람들은 레피두스가 자신의 동생을 카이사르와 안토니우스에게 직접 넘겨주었다고도 한다.

이런 협상보다 더 잔인하고 야만적인 일은 일찍이 없었으리라. 그들은 자신이 넘겨준 사람과 넘겨받은 사람을 모두 죽인 것이나 마찬가지이며, 더욱이 자신들이 아끼던 사람들을 죽게 한 무서운 죄를 저질렀기 때문이다.

그들과 함께 있던 부하 장병들은 세 사람의 결속을 굳게 다진다는 의미에서 결혼동맹을 제의했다. 안토니우스의 아내 풀비아가 데리고 온 딸 클로디아를 카이사르와 결혼시키자는 것이었다. 두 사람은 곧 결혼했다. 그다음, 추방명령에 따라 시민 300명에게 사형이 내려졌다.

안토니우스는 키케로를 암살하기 위해 부하들을 보내면서, 키케로의 머리와 자기를 공격하는 글을 썼던 오른손을 잘라오라고 명령했다. 부하들이 키케로를 죽여 그의 머리와 오른손을 가져오자, 안토니우스는 껄껄 웃으며 매우 기뻐했다. 그리고 그것들을 싫증이 나도록 본 다음, 공회장 연단 위에 높이 매달게 했다. 그는 이것이 죽은 자를 모욕하는 방법이라 여겼다. 하지만 그것이 오히려 자신의 방종과 오만, 그리고 운명이 자신에게 허락해 준 권력을 감당하지 못할 소인배라는 점을 스스로 폭로한 데에 지나지 않음은 미처 깨닫지 못했다.

안토니우스의 외삼촌인 루키우스 카이사르는 암살자들에게 쫓기자 누나인 안토니우스의 어머니 집으로 달아났다. 뒤쫓아 온 암살자들이 방 안으로 막 뛰어들려고 하자, 안토니우스의 어머니는 방문을 두 팔로 가로막고 서서 이렇게 소리쳤다.

"루키우스 카이사르를 죽이려거든 너희 대장 안토니우스를 낳은 나부터 죽여라."

이렇게 해서 그녀는 자기 동생 목숨을 구해주었다.

안토니우스, 작은 카이사르, 레피두스가 행한 이른바 삼두정치는 로마 시민들의 원성을 샀다. 특히 안토니우스가 미움을 가장 많이 받았는데, 로마 질서가 제자리를 찾자마자 옛날처럼 방탕하고 사치스러운 생활을 했기 때문이다.

안토니우스는 폼페이우스의 집을 차지하고 살았으며, 이것 때문에도 좋지 않은 소리를 많이 들었다. 폼페이우스는 개선식을 세 번이나 올렸을 만큼 공훈이 많았으나, 늘 검소하고 절제 있는 생활 태도를 보여주었으므로 많은 칭송을 받았다. 그런데 안토니우스는 그런 사람 집에 살면서도, 장군이나 고관 또는 다른 나라 사절들이 찾아오면 만나주지도 않고 무례하게 문 앞에서 돌려보내기 일쑤였다. 그 대신 집에는 광대, 창녀, 술취한 아첨꾼들이 우글거렸고, 잔인하고 폭력적인 방법으로 빼앗은 돈을 마구 뿌려댔다.

그가 쓰는 돈은 사형당했거나 추방당한 사람들로부터 빼앗았거나, 유가족이나 과부들에게 죄를 뒤집어씌워 벌금을 매겨서 내게 하거나, 시민들로부터 온갖 종류의 세금을 거두어들인 것이었다. 심지어는 로마 시민들이나 지나가던 외국인들이 베스타 성녀들에게 많은 돈을 맡긴 사실을 알고는 그 돈을 강제로 빼앗기도 했다.

작은 카이사르는 아무리 많은 돈으로도 안토니우스의 욕심을 채울 수 없다는 것을 알고, 마침내 재산을 둘로 나누어 가지자고 요구했다. 또 저마다 브루투스와 카시우스를 공격하기 위해 마케도니아로 떠나며, 군대도 둘로 나누었다. 그동안 로마는 레피두스에게 맡기기로 했다.

로마를 떠난 두 사람은 바다를 건너 적을 향해 거침없이 나아갔다. 안토니우스는 카시우스를, 카이사르는 브루투스를 맞아 싸우게 되었다. 카이사르는 전투에서 별다른 성과를 올리지 못했지만, 안토니우스는 빛나는 승리와 성공을 거두었다. 첫 번째 전투에서 카이사르는 브루투스에게 완전히 패배해 진지까지 빼앗긴 채 겨우 달아나서 목숨을 건졌다. 그러나 그가 쓴 회고록에는, 자기 부하 하나가 불길한 꿈을 꾸었기 때문에 전투가 시작되기 전에 미리 후퇴했던 것이라 적혀 있다.

한편 안토니우스는 카시우스 군대를 완전히 무찔렀다. 하지만 어떤 기록을 보면 안토니우스는 이 전투에 참가하지 않았고, 적이 패해 달아나자 추격만 했다고 전해진다. 브루투스의 승리를 알지 못했던 카시우스는 핀다루스라는 충성스런 몸종의 손을 빌려 자신의 목숨을 끊었다. 브루투스도 며칠 뒤 다시 벌어진 전투에서 지자 자살했다. 카이사르는 병이 들어 이 전투에 참가하지 못했으므로, 승리의 영광은 모두 안토니우스에게 돌아갔다.

브루투스의 시신을 내려다보던 안토니우스는 그가 동생 가이우스를 죽인 일을 원망했다. 브루투스는 키케로의 원수를 갚기 위해 마케도니아에서 가이우스를 죽였던 것이다. 그러나 안토니우스는 브루투스보다 호르텐시우스의 죄가 더 크다고 여겨, 호르텐시우스를 동생의 무덤 위에서 죽였다. 이와 달리 브루투스 시신 위에는 자신의 자주색 망토를 덮어주고, 브루투스 몸종에게 성대하게 장례를 치르라 당부했다. 하지만 나중에 브루투스의 몸종이 망토를 시신과 함께 불사르지 않고 자기가 가졌으며, 장례비 대부분을 빼돌렸다는 사실이 드러나자 안토니우스는 그를 사형에 처했다.

작은 카이사르는 로마로 돌아갔지만 병이 깊어 오래 살 것 같지가 않았다. 안토니우스는 동방 영주들로부터 세금을 거두기 위해 군대를 이끌고 헬라스로 갔다. 그는 병사들에게 한 사람당 5000드라크메의 돈을 주기로 약속했으므로 그것을 조달하기 위해서는 가혹하게 세금을 매기거나 물자를 징발할 수밖에 없었던 것이다.

그것만 제외하면 안토니우스가 헬라스에 베푼 정책은 결코 강압적이거나 야만적이지 않았다. 본디 놀기를 좋아한 안토니우스는 헬라스 학자들이 토론하는 자리나 운동경기, 종교 행사에 즐겨 참석했다. 또한 모든 일을 공정하게 처리한다고 해서 '헬라스를 사랑하는 사람', '아테나이를 사랑하는 사람'이라 불렸는데, 그는 사람들이 이렇게 불러주는 것을 무척 기뻐했다. 그래서 아테나이 시를 위해 여러 재물들을 기증하기도 했다.

하루는 메가라 시민들이 의사당을 자랑하려고 안토니우스를 초대했다. 안토니우스가 의사당을 둘러보자 시민들이 소감을 물었다. 안토니우스는 이렇게 대답했다.

"그리 크지는 않은데 꽤 오래되었나 보군요."

안토니우스는 마치 아폴론 신전을 수리할 것처럼 측량을 시키고는 원로원에도 그 뜻을 밝히기도 했다. 그러나 실제로는 수리에 손도 대지 않았다. 얼마 뒤 안토니우스는 루키우스 켄소리누스를 헬라스에 남겨두고 자신은 아시아로 건너갔다. 그는 이곳에서 산더미 같은 보물들을 손안에 넣을 수 있었다. 여러 왕들과 왕비들이 안토니우스에게 가장 값지고 소중한 선물을 바치느라 문 앞에 줄을 서서 기다렸던 것이다. 작은 카이사르가 로마 내란을 수습하느라 정신없을 때, 안토니우스는 이곳에서 평화로운 나날을 보내며 다시 화려한 생활로 돌아갔다.

류트를 연주하는 아낙세노르, 피리를 부는 크수투스, 춤을 추는 메트로도루스, 그 밖의 아시아 광대들이 떼로 몰려들어 궁정을 장악했다. 이들은 안토니우스가 이탈리아를 떠날 때 함께 데려온 무리들보다 더 뻔뻔스럽고 고약한 패들이었다. 이런 광대들을 위해 재물을 탕진하는 안토니우스를 보고 누구 하나 눈살을 찌푸리지 않는 사람이 없었다. 이렇게 아시아는 졸지에 소포클레스 희극에 나오는 도시처럼 변해갔다.

향을 태우는 자욱한 안개 속에
기쁨의 노래와 절망의 신음.

안토니우스가 에페수스 시내로 들어가자, 여자들은 술의 신 바쿠스 신도처럼 꾸미고, 남자와 아이들은 사티로스와 판 신처럼 분장했다. 온 도시가 그를 환영하느라 난리가 났다. 거리에는 등나무로 꾸민 창과 온갖 악기들로 가득했으며, 시민들은 기쁨과 은혜를 내리실 바쿠스 신이 오셨다고 노래를 불렀다.

안토니우스는 어떤 사람들에게는 정말로 은혜를 내렸다. 그러나 사람들 대부분은 안토니우스를 잔인한 식인귀나 야만인으로 생각했다. 지체 높고 재능 있는 시민들 재산을 빼앗아 간사한 소인배들에게 나누어 주었기 때문이다. 심지어 어떤 자들은 멀쩡히 살아 있는 사람까지 죽었다고 속여 재산을 빼앗기도 했다. 안토니우스는 마그네시아 사람의 집을 빼앗아 자기 요리사에게 준 일이 있는데, 그가 하루 저녁 식사를 훌륭하게 잘 차렸다는 것이 그 이유였다.

안토니우스가 아시아에서 세금을 일 년에 두 번씩 거두려 하자, 웅변가 히브레아스는 아시아 여러 도시들을 대표해 항의했다. 그는 당당하면서도 안토니우스의 비위를 거스르지 않도록 신경 쓰며 이렇게 말했다.

"그렇다면 장군님께서는 일 년에 추수를 두 번 할 수 있도록 여름과 가을도 두 번씩 내려주시겠지요?"

그리고 보다 솔직한 투로 대담하게도, 아시아에서 이미 20만 탈란톤이라는 엄청난 돈을 세금으로 바쳤다는 사실을 지적했다.

"만약 장군님이 그 돈을 못 받으셨다면, 그 돈을 거두어들인 책임자에게 물어보십시오. 그리고 만일 받으시고도 그 돈을 몽땅 써버리셨다면 이제는 저희들도 어떻게 할 방법이 없습니다."

안토니우스(ANTONIUS) 1667

안토니우스는 이 말을 듣고 많은 것을 깨달았다. 사실 그는 그때까지 부하들이 자신의 이름을 빌려 무슨 짓을 하고 다니는지 전혀 모르고 있었던 것이다. 이것은 그가 게을러서가 아니라 주위 사람들을 지나치게 믿었던 탓이었다.

이런 일로도 알 수 있듯이, 그는 성격이 매우 단순하고 자기 잘못을 깨닫는 데에도 둔한 편이었다. 그러나 한번 잘못을 깨달으면 깊이 뉘우치고, 자기가 피해를 준 사람들에게 진심으로 용서를 구하려 했다. 그는 잘못을 처벌하는 일이나 공적을 보상하는 일에서 늘 정확하고 완벽했다. 그렇지만 주로 처벌보다 상을 더 크게 내렸다. 또한 그는 즐겁게 놀 때에는 심한 농담도 자주 했지만, 그 대신 남이 하는 짓궂은 농담도 곧잘 받아주었다. 하지만 이렇게 거리낌 없이 농담을 주고받는 일이 안토니우스에게는 커다란 재난을 가져오는 때가 많았다. 그로서는, 그처럼 솔직하게 농담을 할 줄 아는 사람들이 정작 중요한 사무에서 아첨을 하거나 거짓말을 하리라고는 전혀 생각하지 않았기 때문이다.

음식에 재빨리 소스를 바르듯이, 아첨하는 말에 싫증이 나지 않도록 적당히 바른말을 섞는 일이 얼마나 허다한지 그는 몰랐다. 회의 중에 당당히 아첨을 늘어놓는 자들일수록, 식탁에서는 일부러 마음을 털어놓고 농담을 함으로써 자신이 비굴하지 않으며 신념에 차 있는 것처럼 보이도록 하는 법이다. 그러나 안토니우스는 겉 다르고 속 다른 그들의 간사스러움을 도무지 눈치채지 못했다.

이런 성격이었으므로, 클레오파트라와의 사랑은 그에게 결정적인 불행을 가져왔다. 이 사랑은 지금까지 조용히 가슴속에 잠자고 있던 안토니우스의 열정에 불을 붙였다. 그리고 이 불꽃은 그의 마음 한구석을 채우고 있던 올바른 이성과 선량한 마음을 모두 불살라 버려, 끝내 그를 파멸시키고 말았다.

그가 클레오파트라가 파놓은 사랑의 함정에 빠지게 된 경위는 다음과 같다. 안토니우스는 파르티아와의 전쟁을 준비하며 클레오파트라에게 사람을 보내, 킬리키아로 자기를 찾아와 사과하라고 명령했다. 예전에 안토니우스와 카시우스가 전쟁을 할 때, 클레오파트라가 카시우스 편을 들어 그에게 많은 도움을 주었기 때문이다.

그런데 안토니우스의 명령을 전하러 갔던 델리우스는 그녀의 지혜로운 말솜씨와 다재다능함에 놀라지 않을 수 없었다. 그와 함께 안토니우스가 그녀에게 해를 끼치지는 못할 것임을 깨달았다. 오히려 클레오파트라가 안토니우스의 마음을 사로잡고 말리라 확신한 델리우스는 클레오파트라의 비위를 맞추려 애썼다. 호메로스 시에서 유노 여신이 아름답게 차려입고 유피테르에게 가서 그를 사로잡는 구절을 본떠서, 그는 클레오파트라에게 '아름답게 차려입고' 킬리키아로 '가라'고 권했다. 그리고 안토니우스처럼 너그럽고 친절한 사람은 없으니 겁낼 필요가 없다고 이야기했다.

클레오파트라는 델리우스의 말을 어느 정도 믿었으나, 그보다는 자기 매력을 더 믿었다. 카이사르와, 폼페이우스의 아들 크나이우스를 매혹시켜 사랑받은 일도 있었으므로 안토니우스 정도는 쉽게 사로잡을 수 있으리라 여겼던 것이다. 더욱이 카이사르나 크나이우스를 만날 때에는 아직 어려 세상 물정을 몰랐지만, 지금은 성숙한 여인으로서 한창때의 아름다움을 지녔고 지혜도 넘쳐흘렀다.

그리하여 클레오파트라는 성대하게 여행 준비를 시작했다. 돈과 공예품, 값비싼 장신구 등 부유한 아이귑토스 여왕답게 온갖 예물들을 준비했다. 그러나 무엇보다도 그녀는 자신의 아름다움과 애교를 더욱 믿었다.

클레오파트라는 안토니우스와 그 친구들로부터 여러 번 초대 편지를 받은 뒤에야 호사스러운 배를 타고 키드누스 강을 거슬러 올라왔다. 그 배 고물은 황금빛으로 빛났으며, 자주색 돛을 휘날렸다. 또 은으로 만든 노가 피리와 류트 가락에 맞춰 파도를 헤쳐 나왔다. 클레오파트라는 금으로 반짝이는 비단 차일 아래 비스듬히 몸을 기대고 누워 있었다. 그녀의 옷차림은 그림에서나 볼 듯한 베누스를 떠올리게 했다. 그녀의 양쪽에는 큐피드처럼 아름다운 소년들이 부채질을 하며 서 있었고, 바다의 님프 네레이데스나 아름다운 여신 그라티아아처럼 옷을 갖추어 입은 시녀들이 키와 돛 줄을 잡아 배를 조종했다. 배 안에서 풍기는 신비로운 향기가 강둑까지 퍼져 나왔다.

또한 양쪽 강기슭에는 배가 강에 들어섰을 때부터 따라오던 사람들과, 시내에서 구경하기 위해 달려나온 사람들로 북적거렸다. 그래서 광장에는 사람 그림자조차 볼 수 없었으며, 안토니우스만이 홀로 남아 재판석을 지키고 있었다. 구경꾼들 사이에서는 베누스 여신이 아시아인들에게 행복을 주고자 바쿠스 신과 성대한 향연을 베풀러 왔다는 소문이 널리 퍼졌다.

클레오파트라가 도착하자 안토니우스는 그녀를 만찬에 초대했다. 그런데 클레오파트라는 안토니우스가 먼저 자신을 찾아오는 것이 마땅하다며 고집을 부렸다. 안토니우스는 자신의 아량과 예의를 보여주기 위해 그녀의 요구를 받아들였다.

안토니우스를 맞이하기 위해 클레오파트라는 이루 말할 수 없이 화려하고도 성대한 연회를 준비했다. 특히 안토니우스를 놀라게 한 것은 수없이 빛나고 있는 등불이었다. 현란한 등불들을 교묘하게 나뭇가지 위에 걸어 네모난 모양이나 둥근 모양 무늬를 만든 것이다. 밤하늘을 수놓은 그 광경은 이 세상 무엇과도 비교할 수 없을 만큼 황홀했다.

다음 날에는 안토니우스가 잔치를 베풀어 클레오파트라를 초대했다. 그러나 전날 클레오파트라가 보여준 아름다움과 호화로움에 비해 너무나 초라하고 보잘것없이 느껴졌으므로 마침내 그는 자신이 재치가 없고 촌사람처럼 투박하기만 하다는 사실을 깨닫고 말았다. 하지만 클레오파트라는 안토니우스가 하는 농담이 거칠고 천하며, 왕족이라기보다는 오히려 군인에 가까운 것을 보고는 조금도 주저함 없이 같은 태도로써 어울렸다.

그런데 전해지는 기록에 따르면, 클레오파트라는 세상 사람들이 곧잘 이야기하는 것처럼 그렇게 뛰어난 외모를 지니지는 않았다고 한다. 다만 묘하게 사람을 끄는 매력이 있었으며 몸매, 말씨, 성격, 행동 등이 매혹적이었다.

특히 그녀의 목소리는 듣는 것만으로도 큰 즐거움이었다. 그토록 아름다운 목소리로 그녀는 여러 줄을 가진 악기처럼 유창하게 여러 나라의 말들을 쏟아냈다. 그녀는 변방의 야만국에서 사신이 오더라도 통역하는 사람 없이 상대할 수 있었다. 아이티오피아, 트로글로디테스, 헤브라이, 아라비아, 시리아, 메디아, 파르티아를 비롯해 수많은 민족들 말을 모두 자유롭게 구사해 그들과 직접 회담을 나누었던 것이다. 그녀의 조상인 왕들이 아이귑토스 말조차 배우려 하지 않았고, 심지어 마케도니아 말을 포기한 왕조차 있었다는 점을 생각하면, 그녀의 이런 재주는 정말 놀라운 것이었다.

클레오파트라를 알게 된 안토니우스는 단번에 마음을 빼앗기고 말았다. 로마에서는 아내 풀비아가 자기를 위해 작은 카이사르와 싸우고 있으며, 왕의 장군들이 사령관으로 받든 라비에누스가 지휘하는 파르티아군이 메소포타미아에 모여 시리아를 노리고 있는 상황이었다. 그러나 안토니우스는 모든 일을 저버리고 클레오파트라를 따라 알렉산드리아로 갔다.

거기서 그는 철없는 어린아이처럼 놀기에 바빴다. 안티폰 말처럼 세상에서 가장 귀중한 보물인 시간을 헛되이 보낸 것이다. 두 사람은 하나의 사교 단체를 만들고, '흉내낼 수 없는 생활인'이라는 특별한 이름을 붙였다. 단체 회원들은 날마다 번갈아 가며, 보통 사람들은 상상도 못할 만큼의 막대한 돈을 들인 연회를 베풀었다.

그 무렵 암피사 사람인 필로타스는 알렉산드리아에서 의학을 공부하고 있었다. 그는 나의 할아버지 람프리아스에게 이런 이야기를 들려주었다.

필로타스는 우연히 왕실 요리사와 알게 되었다고 한다. 어느 날 그 요리사가 그에게 만찬을 얼마나 화려하게 준비하는지 보여주겠다고 했다. 필로타스는 요리사를 따라 주방으로 들어갔다. 거기에는 온갖 산해진미가 산더미처럼 쌓여 있었고, 멧돼지를 8마리나 굽고 있었다. 필로타스가 깜짝 놀라서 오늘 밤에 손님이 많이 오느냐고 물었다. 손님은 모두 12명이지만 어떤 음식이든 가장 알맞게 요리해 제때에 드려야 하며, 만약 1분이라도 어기게 되면 그 음식은 그냥 버리고 만다는 것이다. 그런데 안토니우스는 식사를 하려고 하다가도 술을 더 마시거나 새로운 이야기를 꺼내는 때가 있기 때문에 올리려 했던 음식을 못 쓰게 되는 경우가 많으므로 정확한 식사 시간을 알 수 없는 그들로서는 한 번이 아니라 여러 번 먹을 음식을 준비해 두어야 한다고 했다.

필로타스는 다음 같은 이야기도 전해주었다. 그는 세월이 지난 뒤 안토니우스와 풀비아 사이에서 태어난 큰아들의 주치의가 되었다. 이 아들은 안토니우스와 함께 식사를 하지 않을 때에는 필로타스를 비롯한 여러 의사들을 식사에 초대하곤 했다. 어느 날 함께 식사를 하던 한 의사가 듣기 민망할 만큼 자기 자랑을 늘어놓자, 필로타스는 논리적으로 따져서 그의 말문을 막아버렸다.

"열병 기운이 있는 환자에게는 찬물을 주어야 합니다. 그리고 열이 있는 사람은 누구나 열병 기운이 있는 것이지요. 그러므로 열이 있는 사람에게도 찬물을 주어야 합니다."

자기자랑을 늘어놓던 의사는 이 말에 아무런 대꾸도 하지 못했다. 그러자 안토니우스의 아들이 통쾌하게 웃으며 말했다.

"필로타스 선생, 저것들을 모두 가지십시오."

이렇게 말하며 그는 찬장을 가득 채운 값진 그릇들을 가리켰다. 필로타스는 그에게 감사하다고 인사했지만, 내심 그토록 어린 소년이 이런 값진 물건들을 자기 마음대로 처분할 수 있으리라고는 생각지 않았다. 그래서 잠시 뒤에 하인 하나가 그 그릇들을 모두 담아 필로타스에게 주면서 거기에 이름을 새기라 말했을 때, 필로타스는 아무래도 못 받겠다고 사양했다. 그러자 하인은 이렇게 말했다.

"선생님도 참, 왜 사양을 하십니까? 이 그릇을 드리는 사람이 안토니우스의 아들이라는 사실을 잊으셨습니까? 만약 이것이 전부 금으로 만든 것이라 해도 그분은 얼마든지 마음대로 처분할 수 있습니다. 그리고 주제넘은 충고인지 모르겠지만, 이 그릇들을 그냥 받는 것보다는 돈으로 쳐서 달라고 하시는 게 더 나을 겁니다. 이 가운데 혹시라도 꽤 오래된 예술품이 있다면, 나중에 안토니우스님께서 찾으실지도 모르거든요."

나의 할아버지는 필로타스에게 들었다는 이런 이야기들을 자주 들려주셨다.

플라톤에 따르면, 아첨에는 네 가지가 있다고 한다. 그러나 클레오파트라가 가진 아첨 재주는 수천 가지가 넘었다. 안토니우스가 심각할 때나 농담을 하고 싶은 기분일 때나 그녀는 새로운 매력과 즐거움을 주어 그를 완전히 사로잡았다. 그래서 안토니우스는 밤이나 낮이나 클레오파트라 곁을 떠나지 못했다. 클레오파트라는 안토니우스와 함께 주사위놀이도 하고 사냥도 했으며 술도 마셨다. 심지어는 안토니우스가 무술을 연습할 때에도 함께 따라가 곁에서 구경했다.

뿐만 아니라 밤이 되면 둘 다 몸종 옷차림으로 밤거리를 돌아다니며 시민들 문 앞이나 창가에 서서 사람들에게 장난을 치곤 했다. 안토니우스는 이렇게 돌아다니며 거칠게 행동하다가 욕설을 듣거나 심한 매를 맞기도 했다. 하지만 시민들 대부분은 그들이 누구인지 어렴풋이 알고 있었기에 안토니우스의 행동을 너그럽게 받아주었고, 기분 좋게 그의 장난에 동참했다. 그러면서 안토니우스가 로마에 있을 때에는 비극적인 일만 벌였으나, 이곳에서는 즐거운 일을 벌여주니 오히려 고맙다고 했다.

이처럼 어리석은 그의 행동을 말하자면 끝이 없겠지만, 마지막으로 하나만 더 이야기하겠다. 하루는 두 사람이 낚시를 하러 갔는데, 그날은 이상하게 고기가 물리지 않았다. 안토니우스는 체면이 서지 않자 한 가지 꾀를 생각해 냈다. 어부를 시켜 물속에 들어가 이미 잡은 고기를 낚싯바늘에 걸게 한 것이다. 그런데 안토니우스가 낚싯대를 너무 빨리 잡아챘기 때문에 아이귑토스의 요염한 여왕은 이를 금세 눈치챘다. 하지만 그녀는 모르는 척하며 안토니우스의 실력을 칭찬해 주었다.

그런데 다음 날이 되자 클레오파트라는 더 많은 사람들에게 안토니우스의 낚시 솜씨를 자랑하고 싶다면서 친구들과 신하들을 모두 불러들였다. 이렇게 해서 많은 사람들이 함께 배를 타고 강으로 나갔다. 안토니우스가 낚싯대를 던지자, 클레오파트라는 부하를 시켜 소금에 절인 생선을 안토니우스의 낚싯바늘에 걸게 했다. 안토니우스는 낚싯대를 힘차게 들어 올렸지만, 구경꾼들은 소금에 절인 생선을 보고 모두 폭소를 터뜨렸다. 그때 클레오파트라가 말했다. "그 낚싯대는 파로스와 카노푸스의 가난한 영주인 우리에게 맡기세요. 장군께서 낚으실 것은 여러 도시와 왕국들이니까요."

안토니우스가 이런 유치한 장난으로 세월을 보내고 있을 때 두 가지 소식이 날아들었다. 하나는 로마에서 온 것으로, 그의 동생 루키우스와 아내 풀비아가 오랜 싸움 끝에 마침내 손을 잡고 작은 카이사르와 전쟁을 벌였지만, 끝내 패배해 이탈리아에서 쫓겨나게 되었다는 소식이었다. 다른 하나도 이에 못지않은 나쁜 소식이었는데, 라비에누스가 파르티아 대군을 이끌고 쳐들어와 에우프라테스 강에서부터 시리아, 리디아, 이오니아에 이르는 아시아 땅을 모두 정복했다는 것이었다.

이 보고를 받은 안토니우스는 이내 잠과 술기운을 떨쳐버리고, 파르티아 군대를 정벌하기 위해 포이니키아로 진군했다. 그러나 아내 풀비아가 로마로 돌아오라는 애원의 편지를 잇따라 보내오자 안토니우스는 곧 진로를 바꾸어 군선 200척을 거느리고 이탈리아로 갔다.

그는 돌아가는 길에 이탈리아에서 도망쳐 나온 친구들을 만나게 되었다. 안토니우스는 로마에서 벌어진 전쟁이 모두 풀비아 때문이라는 사실을 그들로부터 전해 들었다. 풀비아는 본디 성질이 드센 여자였다. 그녀는 로마에서 소란을 일으키면 남편 안토니우스가 클레오파트라를 버리고 자신에게 돌아오리라 여겼던 것이다.

그런데 풀비아는 안토니우스를 만나러 배를 타고 오다가 병에 걸려 시키온에서 죽고 말았다. 그녀가 죽자 안토니우스와 카이사르는 좀 더 쉽게 화해할 수 있었다. 로마에 닿은 안토니우스에게 카이사르가 내란 책임을 묻지 않았기 때문이다. 안토니우스도 모든 책임을 아내 풀비아에게 돌렸으므로, 두 친구는 구차한 변명을 하느라 시간을 허비하지 않고 곧바로 화해할 수 있었다. 그들은 곧 레피두스와 함께 영토와 세력을 나누고자 협의에 들어갔다.

마침내 그들은 이오니아 해를 경계로 동쪽은 안토니우스가, 서쪽은 카이사르가, 아프리카는 레피두스가 차지하기로 결정했다. 그리고 세 사람이 아무도 집정관이 되기를 원하지 않는다면, 그들의 친구들을 교대로 집정관 자리에 올리기로 약속했다.

이렇게 모든 협상은 잘 마무리되었지만, 그들에게는 좀 더 확실한 결속력이 필요했다. 그런데 마침 좋은 기회가 찾아왔다. 카이사르에게는 옥타비아라는 배다른 손위 누이가 있었는데, 이 누이는 안카리아의 딸이었고, 카이사르는 아티아가 낳은 아들이었다. 카이사르는 배다른 누이인 옥타비아를 무척 아끼고 사랑했다. 그녀는 뛰어난 미모를 가졌다고 한다.

옥타비아는 카이우스 마르켈루스와 결혼했지만, 남편이 죽어 과부가 되어 있었다. 안토니우스도 풀비아를 잃은 홀아비였으므로, 둘의 결혼에는 무리가 없었다. 물론 안토니우스의 가슴속에는 여전히 클레오파트라에 대한 사랑이 불타고 있었지만, 요망하고 간사한 아이귑토스 여인 클레오파트라와는 정식으로 결혼할 생각이 없었다. 그래서 사람들은 안토니우스와 옥타비아의 결혼을 권유했다. 옥타비아는 얼굴도 아름다웠지만 인격과 지혜도 높았다. 만약 그녀와 안토니우스가 결혼한다면 카이사르와 안토니우스는 처남과 매부가 되어 더욱 튼튼한 관계가 되리라 여긴 것이다. 그래서 사람들은 어떻게 해서라도 이 결혼을 성사시키려고 애썼다.

두 사람은 의견을 한데 모았고, 결혼식을 위해 로마로 왔다. 본디 로마에서는 남편이 죽은 지 열 달이 되기 전에는 재혼할 수 없게 되어 있었다. 그러나 원로원은 특별히 옥타비아에게만 이 법을 적용하지 않았다.

이 무렵 섹스투스 폼페이우스는 시킬리아를 점령하고 있었다. 폼페이우스 선단은 해적 메나스와 메네크라테스를 시켜 이탈리아 해안지방을 마구 짓밟고 재물을 약탈했다. 따라서 배들은 그 근처 바다를 마음 놓고 다닐 수가 없었다. 하지만 폼페이우스는 안토니우스에게만은 너그럽게 대해주었다. 또 안토니우스의 어머니가 풀비아와 함께 시킬리아로 달아날 때에도 그들을 잘 보호해 주었다. 그래서 안토니우스는 카이사르에게 폼페이우스와 사이좋게 지내는 게 어떻겠느냐고 제안했다.

이렇게 해서 세 사람은 미세눔 곳에서 만나 회담을 했다. 그동안 폼페이우스 함대는 가까운 바다에 머물고 있었고, 안토니우스와 카이사르 군대는 해안 지역에서 경비를 섰다. 폼페이우스는 사르디니아와 시킬리아를 다스리는 대신, 바다에서 해적들을 몰아내고 해마다 얼마의 곡식을 로마로 보내기로 했다.

회의는 순조롭게 끝났다. 세 사람은 서로 돌아가며 잔치를 마련하기로 했다. 제비뽑기를 해서 폼페이우스가 가장 먼저 연회를 베풀게 되었다. 안토니우스가 어디서 잔치를 열 것이냐고 묻자, 폼페이우스는 여섯 줄의 노를 가진 전함을 가리키며 말했다.

"저기서 하겠소. 내가 돌아가신 아버지로부터 물려받은 집이라고는 저것뿐이니 말이오."

이는 그의 아버지가 살던 집을 안토니우스가 차지한 것을 빗대어 한 말이었다.

폼페이우스는 배를 닻으로 단단히 고정시킨 다음, 곶에서부터 바로 배까지 건너갈 수 있게 구름다리를 놓았다. 그리고 안토니우스와 카이사르를 정중하게 맞이했다. 잔치가 무르익어 클레오파트라와 안토니우스의 연애에 대해 허물없는 농담까지 주고받을 무렵이었다. 해적 메나스가 폼페이우스에게 슬그머니 다가와 속삭였다.

"이 배의 닻줄만 끊어버리면 장군님은 시킬리아와 사르디니아는 물론 로마 전체를 차지할 수도 있습니다. 어떻습니까?"

폼페이우스는 잠시 생각에 잠기더니 이렇게 말했다.

"메나스! 나에게 말하지 말고 알아서 해치웠다면 좋았을 걸 그랬소. 그러나 이미 이야기를 들은 이상, 허락할 수 없소. 남을 속이는 일은 도저히 못하겠소."

폼페이우스는 카이사르와 안토니우스로부터 차례로 초대를 받은 다음 시킬리아로 돌아갔다.

이 협정이 맺어진 뒤 안토니우스는 파르티아가 이탈리아로 진출하는 것을 막기 위해 벤티디우스를 아시아로 보냈다. 그리고 자신은 작은 카이사르에 대한 예의와 겸양을 보여주기 위해 죽은 카이사르를 모시는 제관이 되었다. 이처럼 두 사람은 서로 존경과 우애로써 마음을 합해 나랏일을 잘 이끌어 나갔다. 그러나 사사로운 놀이나 내기를 할 때에는 언제나 카이사르가 이겼는데, 안토니우스는 이를 몹시 꺼림칙하게 생각했다.

안토니우스의 집에는 아이귑토스에서 온 점쟁이가 하나가 묵고 있었다. 그 점쟁이는 사람이 태어난 시각과 별의 위치로 점을 치는 놀라운 재주를 갖고 있었다. 그런데 이 사람은 클레오파트라의 지시를 받아서 그랬는지, 아니면 실제로 점괘가 그렇게 나왔는지는 몰라도 안토니우스에게 그를 지키는 별은 무척 찬란하고 아름답지만 카이사르 별 때문에 빛을 잃게 되어 있으니 될 수 있으면 그 젊은이와 멀리 떨어져 있으라고 경고했다. 그러면서 이렇게 덧붙였다.

"장군님 수호신이 카이사르의 수호신을 두려워하고 있습니다. 그래서 멀리 떨어져 있으면 힘이 솟고 용감해지지만, 가까이 가면 기가 꺾이고 약해지는 것입니다."

그 뒤에 일어난 모든 일은 아이귑토스 점쟁이 말대로 이루어져 갔다. 수탉이나 메추라기에게 싸움을 붙여도 늘 카이사르 편이 이겼고, 하다못해 제비를 뽑거나 주사위놀이를 할 때에도 언제나 안토니우스는 카이사르에게 졌다. 그렇게 되자 안토니우스는 아이귑토스 점쟁이 말을 믿을 수밖에 없었다. 그래서 점쟁이 말대로 로마를 카이사르에게 맡기고, 자신은 딸을 갓 낳은 옥타비아와 함께 헬라스로 갔다.

안토니우스가 아테나이에서 겨울을 지내는 동안, 그가 아시아로 보낸 벤티디우스는 파르티아 군대와 싸워 라비에누스와 파르티아 장군 파르나파테스를 죽이고 큰 승리를 거두었다. 파르나파테스는 파르티아 왕인 히로데스의 장군들 가운데 가장 뛰어난 명장이었다. 이 소식을 들은 안토니우스는 온 헬라스에 잔치를 베풀어 승리를 축하하고, 아테나이에서 열리는 운동경기에서 몸소 진행을 맡기로 했다. 안토니우스는 장군 지위를 나타내는 장식과 휘장들을 모두 집에다 둔 채, 흰 옷과 흰 신발의 평민 차림으로 맨 앞에 서서 행진했다. 또한 투사들이 심하게 맞붙으면 직접 그들의 덜미를 잡아 서로 갈라놓는 등 진행자 역할을 충실히 했다.

얼마 뒤 전쟁터로 갈 때가 되자 안토니우스는 신성한 올리브 나뭇가지로 화관을 만들어 쓰고, 신탁에 따라 신성한 클렙시드라 샘물을 병에 담아 전쟁터로 떠났다.

그때 파르티아의 파코루스 왕자가 대군을 이끌고 시리아로 쳐들어왔다. 그러나 벤티디우스는 키레스티카에서 이들과 맞서 싸워 무찔렀다. 이 싸움에서 수많은 파르티아 병사들이 죽임을 당했으며, 파코루스도 전사했다. 벤티디우스가 거둔 승리는 지금까지 로마군이 이루었던 가장 커다란 공적들 가운데 하나로 손꼽히며, 지난날 크라수스 장군의 지휘 아래 여러 번 참패했던 수치를 깨끗이 씻은 것이었다. 파르티아군은 세 번이나 연거푸 패배하고 메디아와 메소포타미아의 경계 지방에 갇히는 신세가 되었다.

벤티디우스는 달아난 파르티아군을 더는 뒤쫓지 않았다. 너무 큰 공을 여러 번 세우면 안토니우스의 질투를 사게 될까 두려웠던 것이다. 그래서 그는 로마에서 반란이 일어난 곳을 찾아다니며 진압하는 것으로 자신의 할 일을 다 했다.

벤티디우스가 콤마게네 왕인 안티오코스를 사모사타 시에 가두었을 때, 안티오코스는 1000탈란톤을 안토니우스에게 사죄금으로 바치고, 충성을 맹세하겠다며 휴전을 제의해 왔다. 하지만 벤티디우스는 안토니우스에게 직접 사절을 보내 휴전을 제안하라고 답했다. 안토니우스가 벤티디우스에게 사람을 보내, 자기가 그곳에 닿기 전까지는 절대로 휴전을 허락하지 말라고 미리 알려왔기 때문이다. 안토니우스는 어떻게 해서든지 자신이 직접 승리를 거둠으로써, 모든 승리가 부하 장군들 노고로만 얻어진 것이 아님을 민중에게 알리고 싶었던 것이다.

안티오코스 군대는 자신들의 제안이 받아들여지지 않자 격렬하게 저항했으므로 전쟁은 진전 없이 제자리걸음이었다. 그제야 안토니우스는 그들의 제의를 거부한 일을 후회하고, 겨우 300탈란톤의 배상금만을 받고서 안티오코스와 휴전했다.

이렇게 하찮은 몇 가지 일을 처리한 다음, 그는 시리아에서 군대를 거두어 아테나이로 돌아왔다. 그리고 벤티디우스에게 알맞은 명예를 내리고, 로마로 보내 개선식의 영광도 누릴 수 있게 해주었다. 지금까지 파르티아 군대와 싸움을 벌여 승리를 거둔 사람은 오직 벤티디우스뿐이었다. 그는 비천한 집안에서 태어났지만, 안토니우스를 알게 되면서 재능을 드러낼 기회를 얻어 큰 공을 세울 수 있었다. 그리고 그가 세운 공적들은 안토니우스의 명예를 빛내는 데에도 큰 보탬이 되었다.

세상일이 곧잘 그렇듯이, 사실 안토니우스와 카이사르는 스스로 세운 공보다는 부하 장군들이 세워준 공적 덕분에 위대한 장군으로서 명성을 얻었다. 안토니우스에게는 벤티디우스 말고도 시리아에서 큰 승리를 거둔 소시우스가 있었으며, 아르메니아에 남겨둔 카니디우스는 그곳 민족뿐만 아니라 알바니아와 이베리아 군대까지 쳐부수고 멀리 카우카수스 산맥까지 나아갔다. 부하들이 이룬 승리 덕분에 안토니우스는 야만족 나라에까지 자신의 이름을 떨칠 수 있었던 것이다.

그런데 안토니우스는 카이사르에 대한 나쁜 소문을 듣고 다시 그를 미워하게 되었다. 몹시 분노한 그는 카이사르를 공격하기 위해 전함 300척을 이끌고 이탈리아로 갔다. 배가 브룬디시움에 닿았는데, 그곳 시민들이 안토니우스를 항구에 들어오지 못하게 막는 바람에 그는 할 수 없이 배를 돌려 타렌툼에 닻을 내렸다. 헬라스에서부터 따라왔던 아내 옥타비아는 이곳에 도착하자 남편의 허락을 얻어서 이복동생인 카이사르를 찾아갔다. 그녀는 두 사람을 어떻게 해서든지 화해시키려 했다.

그 무렵 옥타비아는 안토니우스와의 사이에서 두 번째 딸을 낳고, 다시 임신해 몸이 무거웠다. 옥타비아는 로마로 가는 길에 카이사르를 만났는데, 마침 카이사르는 친구인 아그리파와 마이케나스 장군과 함께 있었다. 옥타비아는 먼저 두 장군을 별실로 조용히 불러, 이제까지 누구보다 행복하게 지내온 자신을 가장 불행한 여자로 만들지 말아달라고 애원했다. 그리고 자신은 지금 위대한 장군의 아내이며 또 다른 위대한 장군의 누이로서 세상 사람들 부러움을 받고 있다고 말했다. 그런데 만일 주위에서 누군가가 경솔한 충고를 하게 되면, 전쟁이 일어날 수밖에 없다는 것이었다.

"만일 두 사람이 성급하게 전쟁을 일으킨다면, 둘 가운데 누가 이기고 질지는 아무도 모릅니다. 그러나 결과가 어떻든, 내가 세상에서 가장 불행한 여자가 되리라는 건 분명합니다."

이 말을 듣고 마음을 바꾼 카이사르는 안토니우스와 화해하기 위해 타렌툼으로 갔다. 육지에는 수많은 군사가 정렬해 있었고, 바닷가에는 많은 배가 닻을 내리고 있었다. 이런 가운데 위대한 두 장군이 만나 서로 인사를 나누고 친구처럼 정답게 이야기를 나누는 모습은 참으로 아름답고 보기 좋은 광경이었다.

안토니우스는 먼저 잔치를 열어 카이사르를 초대했다. 카이사르도 누나를 위해 그 초대를 고맙게 받아들이고 잔치에 참석했다. 이렇게 해서 두 사람 사이에 하나의 협정이 이루어졌다. 카이사르는 안토니우스에게 파르티아 정벌을 위한 2개 군단을 주고, 그 대신 안토니우스는 카이사르에게 전함 100척을 주기로 했다. 하지만 옥타비아가 남편에게 좀 더 유리한 조건을 얻어냈으므로, 마침내 처음 협정과 달리 동생 카이사르에게는 빠르고 가벼운 배 200척을 주고, 남편에게는 군사 1000명이 돌아가게 되었다.

그 뒤 카이사르는 폼페이우스와 결전을 벌이고 시킬리아를 정복하기 위해 길을 떠났다. 그리고 안토니우스는 옥타비아와 두 딸, 그리고 죽은 아내 풀비아에게서 난 아이들을 카이사르에게 맡기고, 머나먼 아시아 원정길에 올랐다.

그런데 시리아가 차츰 가까워 오자, 안토니우스 마음속에 오랫동안 잠자고 있던 클레오파트라에 대한 사랑의 불씨가 되살아나기 시작했다. 사람 마음이란 걷잡을 수 없는 사나운 짐승과 같다고 했던 플라톤 말처럼, 안토니우스 마음속에 자리잡았던 올바른 정신과 이성은 어느새 사라지고 클레오파트라에 대한 사랑만이 날뛰고 있었다. 참다못한 안토니우스는 폰테이우스 카피토를 시켜 클레오파트라를 시리아로 불러들였다. 클레오파트라가 시리아로 오자, 안토니우스는 포이니키아·코일레시리아·키프로스·킬리키아 땅 대부분과, 유향이 나는 유다이아 지방과, 광활한 아라비아 땅을 모두 그녀에게 선물로 주었다.

안토니우스가 클레오파트라에게 아낌없이 내준 이 선물에 로마 사람들은 모두 눈살을 찌푸렸다. 안토니우스는 전에도 사사로운 감정으로 한낱 평민에게 높은 관직이나 왕국을 나누어 준 적이 있었다. 또 그에게 참수당한 유다이아 왕 안티고노스처럼, 많은 국왕으로부터 영토를 빼앗는 등 온갖 무례한 짓들을 저질렀다. 그러나 이번에 클레오파트라에게 해준 특별대우만큼 로마 사람들 수치심을 자극하고 분노를 자아낸 일은 없었다. 더구나 안토니우스는 클레오파트라에게서 낳은 쌍둥이를 정식으로 자기 아이로서 인정하고, 알렉산드로스와 클레오파트라라 이름 지었으며, 여기에 그치지 않고 저마다 해와 달이라는 칭호까지 내려주었다. 이를 본 로마 사람들 분노는 더욱 커졌다.

하지만 안토니우스에게는 이처럼 부끄러운 일도 아름답게 포장하는 남다른 재주가 있었다. 사람들의 비난이 거세지자 그는 오히려, 로마의 위대함은 남의 것을 빼앗는 데 있는 것이 아니라 남에게 나누어 주는 데 있다고 주장했다. 그리고 자녀들을 많이 낳아 로마의 고귀한 혈통을 온 세계에 퍼뜨리는 일은 다른 나라들에 로마의 피를 이어받은 새로운 왕가를 세우기 위함이라고도 말했다. 그는 자신의 조상인 헤라클레스까지 들먹였다. 헤라클레스는 자손을 번창시키기 위해 여러 여자들을 만났고, 오직 한 여자를 통해서만 후손을 얻지 않았다. 그 무렵 솔론의 법이 이것을 금지하고 있었으나, 헤라클레스는 두려워하지 않고 자연의 이치를 받아들여 많은 여자와 관계를 맺은 결과 지금처럼 여러 훌륭한 가문들의 조상이 되었다는 것이다.

한편 파르티아에서는 프라아테스 왕자가 자기 아버지 히로데스 왕을 죽이고 나라를 빼앗았다. 그러자 많은 파르티아인이 다른 나라로 망명했는데, 그 가운데서도 커다란 덕망과 권세를 가진 모나이세스는 안토니우스를 찾아와 보호를 요청했다. 그때 안토니우스는 모나이세스를 테미스토클레스와 비교하면서, 자신의 부유함과 권력이 그 무렵 페르시아 왕과 같다고 말했다. 그러고는 라리사, 아레투사, 그리고 밤비케라 불렸던 히에라폴리스 세 도시를 모나이세스에게 주고 그를 극진히 대우했다.

그런데 얼마 뒤 파르티아 왕이 모나이세스를 용서할 테니 돌려보내 달라고 요청해 왔다. 안토니우스는 그 요청을 선뜻 받아들였으나, 그 대가로 예전에 크라수스가 파르티아군에게 졌을 때 빼앗긴 로마 깃발과 그때 끌려간 포로들 가운데 살아 있는 자들을 돌려보내라고 요구했다. 하지만 사실 안토니우스는 모나이세스를 돌려보냄으로써 프라아테스로 하여금 평화가 영원히 이어지리라 믿게 한 뒤에 급습하려는 속셈이었다.

이 일을 마무리한 뒤에, 안토니우스는 클레오파트라를 아이컵토스로 돌려보내고, 자신은 아라비아와 아르메니아를 지나 계속해서 나아갔다. 그리고 모든 군대가 한곳에 모이자, 자기 군대와 여러 동맹국 왕들 군대를 정렬시켰다. 동맹국 왕들이 보낸 군대들 가운데 가장 강력한 세력은 아르메니아 왕 아르타바스데스의 군대로, 왕이 직접 기병 6000기와 보병 7000명을 거느리고 있었다. 안토니우스는 먼저 모든 군대를 검열했다. 로마군은 보병 6만 명과 기병 1만 기가 있었고, 이베리아와 갈리아, 그 밖의 다른 민족들로 이루어진 병사들을 합쳐 3만 대군이 질서정연하게 늘어섰다.

이렇게 막강한 군대는 멀리 박트리아 너머 인디아는 물론, 아시아 전체를 공포의 도가니로 몰아넣었다. 그러나 이처럼 엄청난 대군도 클레오파트라 때문에 마침내 아무런 힘도 쓰지 못했다. 안토니우스가 그해 겨울을 클레오파트라와 함께 지내고 싶다는 생각으로 조급하게 전쟁을 서둘렀기 때문이다. 그는 클레오파트라에 대한 그리움 때문에, 마치 주문에 걸리거나 마약에 취한 사람처럼 자제력을 잃고 말았다. 그의 머릿속은 전쟁에서 이겨야 한다는 생각보다는 어서 클레오파트라에게 돌아가야 한다는 생각으로 가득 차 있었다.

그의 가장 큰 잘못은, 병사들에게 충분한 휴식을 제공하지 않은 것이었다. 여느 때의 안토니우스였다면, 8000펄롱이나 되는 먼 길을 행군하느라 지칠 대로 지친 병사들을 겨울 동안만이라도 아르메니아에서 쉬게 했을 것이다. 그리고 충분히 피로를 푼 다음, 이른 봄쯤에 메디아를 침공하는 작전을 택했으리라. 그러나 안토니우스는 그때까지 기다릴 수가 없었다. 그는 왼편에 있는 아르메니아를 버려둔 채, 메디아의 아트로파테네 지방으로 쳐들어가 모든 지역을 약탈하기 시작했다.

두 번째 잘못은, 조급한 마음에 공성구를 모두 남겨두고 떠난 것이었다. 안토니우스는 도시를 공격하는 데 꼭 필요한 공성구를 늘 수레 300대에 싣고 다녔는데, 그 가운데는 길이가 80푸스나 되는 거대한 부품도 있었다. 그런데 이 부품들 가운데 하나라도 잃어버리거나 고장 나게 되면 수리하거나 새로 만드는 일이 불가능했다. 북부 아시아에는 그렇게 길고 단단한 나무가 없었기 때문이다. 그럼에도 안토니우스는 이런 기구들이 전쟁을 빨리 치르는 데 걸림돌이 된다면서, 스타티아누스가 지휘하는 부대에 이 기계들을 남겨놓고 서둘러 떠나버렸다.

안토니우스는 프라아타라는 큰 도시를 공격했다. 이곳은 메디아 왕이 아내와 자식들을 남겨둔 도시였다. 그러나 이 도시는 좀처럼 무너질 것 같지 않았다. 그제야 안토니우스는 공성구를 남겨두고 온 것을 뼈저리게 후회했지만 이제는 엄청난 시간과 노력을 들여 성벽 주위에 둑을 쌓고 기어오르는 수밖에 없었다. 그러는 동안에 대군을 이끌고 달려온 프라아테스 왕은 안토니우스가 공성구를 후방에 두고 왔다는 사실을 알고는 강력한 기마부대를 그곳으로 보냈다. 그리하여 기계를 지키고 있던 스타티아누스 부대를 습격해 병사 1만 명을 죽이고 기계를 모두 불살랐다. 그 밖에도 폴레몬 왕을 비롯한 많은 포로를 잡았다.

이처럼 큰 피해를 입자 안토니우스군 사기는 땅에 떨어졌다. 그러자 아르메니아 아르타바스데스 왕은 로마군이 전쟁에서 도저히 이기지 못하리라 판단했다. 그래서 그는 자기 때문에 시작된 것이나 다름없는 이 전쟁을 포기하고 군대를 철수시켰다. 이렇게 되자 파르티아 병사들은 자신들을 포위하고 있는 로마군 앞에 버젓이 나타나 그들을 마음껏 비웃었다. 안토니우스는 이대로 두면 병사들의 절망과 두려움이 커질 것이라 우려해 새로운 작전을 세웠다. 보병 10

개 군단과 중장병 3개 연대, 그리고 기병부대 모두를 거느리고 나가 근처 지방을 닥치는 대로 약탈하는 계획이었다. 이렇게 해서 적을 화나게 함으로써 성에서 끌어내 싸울 기회를 만들자는 것이었다.

안토니우스는 이 작전을 위해 진영을 떠나 하루 동안 행진했다. 그러자 파르티아 군대가 곧 뒤를 쫓아와 곳곳에서 공격할 기회를 엿보았다. 이것을 눈치 챈 안토니우스는 전투를 알리는 깃발을 진영 밖에 걸도록 명령했다. 그러다 다시 싸움을 포기하고 이동하려는 듯 보이도록 천막을 거두라는 명령을 내렸다. 안토니우스는 부대를 이끌고 반달 모양으로 진을 친 적군 앞을 지나갔다. 그러나 기마 부대는 보병 군단이 적에게 가장 가까이 다가갔을 때에 기습하라는 명령을 받고 기다리고 있었다.

파르티아군은 조용히 서서 로마 군대가 지나가는 모습을 지켜보았다. 일정한 간격으로 대오를 맞추어 창과 칼을 손에 든 채 질서 있게 행진하는 로마군의 위풍당당한 모습에 감탄을 금치 못한 것이다. 그런데 그때 전투 시작을 알리는 깃발이 올라가면서 동시에 기병대가 함성을 지르며 달려나오기 시작했다.

파르티아군은 적과의 거리가 너무 가까워서 제대로 화살을 쏠 수 없었지만 용감하게 맞서 싸웠다. 이때 안토니우스의 중무장 부대가 고함을 지르고 무기를 두드리며 일제히 공격해 왔다. 파르티아군 말들은 이 소리를 듣고 깜짝 놀라 크게 울부짖으며 날뛰었다. 상황이 이렇게 되자 간담이 서늘해진 파르티아군은 달아나기 시작했다.

안토니우스는 이 한 번의 싸움으로 전쟁을 매듭짓고자 결사적으로 적을 뒤쫓았으나 결과는 그다지 만족스럽지 못했다. 보병대가 50펄롱을 뒤쫓고 기병대는 그 세 배나 되는 먼 거리를 추격했지만 포로는 겨우 30명이었고, 적이 버리고 간 시신은 80구에 지나지 않았다. 초라한 결과를 본 장병들은 모두 깊이 낙심하고 말았다. 전투에서는 승리를 거두었지만 얻은 것이라곤 겨우 이것뿐인데, 패배를 당했을 때는 지난번에 기계를 빼앗겼던 때처럼 엄청난 인명 손실을 입었기 때문이었다.

이튿날 안토니우스 부대는 천막을 거두고, 프라아타 시 성벽 앞에 자리한 본진으로 발길을 돌렸다. 그런데 가는 길에 적과 마주쳤다. 적은 처음에는 수가 그다지 많지 않았지만 조금씩 모여들어, 나중에는 질서 정연하고 원기 넘치는 적의 본대와 다시 맞서게 되었다.

적들은 곳곳에서 쏟아져 나와 안토니우스 군대를 공격했다. 이렇게 로마군은 온갖 어려움을 다 겪고서야 겨우 본부가 있는 곳에 다다를 수 있었다. 그러나 돌아와 보니, 둑을 쌓던 병사들은 두려움에 휩싸여 하던 일을 멈춘 상태였다. 이를 보고 몹시 화가 난 안토니우스는 '10명 가운데 1명 처형'이라는 군법을 쓰기로 했다. 이것은 병사 10명을 한 조로 하고, 각 조에서 제비를 뽑아 한 사람씩 사형시키는 법이었다. 남은 병사들에게도 식량으로 밀 대신 보리를 주었다.

이 전쟁은 양편 모두에게 차츰 더 큰 고통이 되고 있었다. 그러나 곧 다가올 위기를 내다본 안토니우스는 더 암담했다. 굶주림의 위협이 눈앞에 닥쳤기 때문이었다. 이제 곧 군량이 떨어지고 굶주림이 심각해지면 양식을 구하러 나서야 하는데, 그러려면 또다시 많은 병사들의 부상과 죽음을 감수해야 했다.

한편 프라아테스도 나름대로 고민에 빠져 있었다. 로마군이 포위를 풀지 않는다면 겨울철에 야영을 하며 전쟁을 계속해야 하기 때문이다. 그렇게 되면 추위에 지친 병사들이 모두 달아날 것은 뻔한 일이었다. 프라아테스는 날씨가 차츰 쌀쌀해지자 불안에 휩싸여 한숨만 푹푹 내쉬었다. 그러다가 마침내 한 가지 작전을 세웠다.

프라아테스는 병사들 가운데서 로마 병사들에게 웬만큼 얼굴이 알려져 있는 자들을 골랐다. 그러고는 로마 병사들이 약탈하러 나오거나 공격을 하더라도 그냥 내버려 두라고 했다. 오히려 로마 군대가 세상에서 가장 용감하다고 칭찬하고, 파르티아 왕도 감탄을 하더라는 소문을 퍼뜨리게 했다.

프라아테스 병사들은 명령대로 한 뒤, 기회를 보아 로마 병사들 옆으로 다가가서 안토니우스를 비난하기 시작했다. 평화를 사랑하는 프라아테스 왕은 이토록 용감한 로마 병사들 생명을 구할 수 있는 방법을 애써 찾고 있는데, 안토니우스는 그 우정 어린 제안을 받아들일 생각도 하지 않은 채 고집만 부린다고 떠벌렸다. 게다가 가만히 앉아서 인간에게 가장 무서운 적인 굶주림과 추위를 기다리고만 있으니, 만일 이 무서운 적들이 한꺼번에 닥친다면 파르티아군이 로마군을 돌봐준다고 해도 살아날 가망이 없으리라 이야기했다.

안토니우스는 이에 대한 보고를 여러 차례 듣자 내심 희망을 품게 되었다. 그러나 프라아테스 왕에게 곧바로 사람을 보내지 않고, 먼저 파르티아 병사들에게 왕이 정말 휴전을 바라고 있는지를 물어보았다. 그들은 왕이 진심으로 휴전을 원하고 있으며, 조금도 의심할 필요가 없다고 말했다. 그제야 안토니우스는 프라아테스 왕에게 몇 사람을 보내, 로마군 깃발과 포로를 돌려달라고 재차 요구했다. 아무것도 요구하지 않고 물러난다면, 적들로부터 무사히 달아나게 해준 것만도 고맙게 여기라는 놀림을 받을까 두려웠던 것이다.

안토니우스의 요구를 들은 프라아테스 왕은 군기와 포로를 틀림없이 돌려주겠으며, 속히 군대를 철수하기만 한다면 퇴로는 절대로 막지 않겠다고 약속했다.

이 대답을 들은 안토니우스는 며칠 뒤에 철수 준비를 명령했다. 그는 본디 군중이나 병사들 앞에 나서면 누구에게도 뒤지지 않을 만큼 힘차고 열띤 웅변을 토했다. 하지만 그때는 자신의 행동이 너무 부끄럽고 비통해 차마 병사들 앞에 나서지 못하고, 모든 일을 도미티우스 아이노바르부스에게 맡겼다. 병사들 가운데는 이런 안토니우스의 뜻을 오해하고, 자신들을 무시하는 행동이라며 흥분하는 사람들도 있었다. 그러나 대부분은 안토니우스의 마음을 짐작하고 오히려 그 깊은 뜻에 감격했으며, 그처럼 훌륭한 장군에게 새로운 존경심을 가졌다.

안토니우스는 왔던 길로 돌아가기로 했다. 그 길은 나무 한 그루 없는 평원이었다. 그런데 파르티아인들의 성격을 잘 아는 마르디 사람이 안토니우스를 찾아왔다. 로마인에 대한 그의 충성심은 공성구를 빼앗기던 전투에서 이미 증명된 바가 있었다. 그는 안토니우스에게 중무장 부대를 데리고 탁 트인 벌판으로 나갔다가는 적 기병대와 궁수들에게 죽게 될 테니 오른쪽에 있는 산을 따라 이동하라고 조언했다. 프라아테스가 평화니 뭐니 한 것은 모두 포위를 풀게 하려는 속셈일 뿐 사실은 돌아가는 길에서 기다리고 있다가 습격할 생각이므로, 자신에게 이 일을 맡겨주면 안전한 길을 안내해 주겠다고 말했다. 또한 자신이 안내할 길에는 식량도 넉넉히 준비되어 있다고 덧붙였다.

이 말을 들고 안토니우스는 잠시 고민했다. 프라아테스와 이미 휴전을 약속해 놓고, 이제 와서 의심한다는 것은 아무래도 꺼림칙한 일이었다. 그러나 길도 가깝고 사람도 많이 사는 곳을 택해 행군하는 편이 현명한 일임은 분명했다. 안토니우스는 마르디 사람에게, 그 말을 어떻게 증명할 수 있느냐고 물었다. 그러자 마르디 사람은, 아르메니아까지 자기를 사슬로 묶어서 데려가라고 말했다.

안토니우스는 그의 말대로 그를 포박하여 앞장세우고는 처음 이틀 동안은 적과 마주치지 않고 나아갔다. 그러나 사흘째가 되자 그는 파르티아군에 대한 생각은 완전히 잊어버리고 자신감에 차서는 무질서하게 행군을 이어갔다. 그런데 강둑이 터져서 물바다가 된 곳에 이르자, 마르디 사람은 파르티아 사람들 짓이 틀림없다면서 가까운 곳에 군대가 숨어 있을 테니 조심하라고 경고했다.

안토니우스는 그제야 흐트러져 있던 대열을 정리해, 창 던지는 부대와 돌 던지는 부대를 공격하기 좋은 간격으로 배치하기 시작했다. 그러나 바로 그 순간 파르티아 군대가 곳곳에서 물밀듯이 몰려들었다. 이를 본 로마 경무장 부대가 먼저 공격 태세를 취했지만 쏟아지는 적의 화살에 큰 어려움을 겪어야 했다. 하지만 적도 로마군이 던진 창과 돌 때문에 적지 않은 병사들이 다쳤다. 상황이 나빠지자 적은 잠시 물러났으나, 이윽고 다시 공격해 왔다. 이번에는 로마군의 갈리아 기병대가 이에 맞서 그들을 무찔렀다. 이렇게 해서 물러난 적은 그날은 다시 모습을 보이지 않았다.

이 전투를 겪으며 안토니우스는 파르티아군이 공격하는 방식을 알게 되었다. 그래서 군대 후미뿐만 아니라 좌우 양쪽에도 창과 돌 던지는 부대를 배치하고 계속해서 앞으로 나아갔다. 그리고 기병 부대에는 적이 오면 공격하되, 너무 멀리까지는 뒤쫓지 말라고 지시했다. 그 뒤 나흘 동안 파르티아군이 습격해 왔지만 오히려 더 심한 피해를 입고 물러났다. 마침내 파르티아군에서는 전의가 차츰 사라지고, 겨울도 깊어가는데 그만 본국으로 돌아가자는 불평의 소리가 높아졌다.

닷새째 행군날에, 뛰어난 용맹으로 이름난 로마 장군 플라비우스 갈루스가 안토니우스를 찾아왔다. 그는 안토니우스 뒤쪽에 있는 보병과 맨 앞에 있는 기병을 자기에게 준다면 그들을 이끌고 나가 큰 공을 세우겠다고 말했다. 안토니우스의 허락을 받은 갈루스는 적을 무찔러 달아나게 만들었다. 하지만 여느 때처럼 곧바로 군대를 거두어 중무장 보병과 합하는 전술을 쓰지 않고, 끝까지 자기 진지를 지키면서 본격적인 전투를 벌였다. 뒤쪽 부대를 지휘하던 장군들은 갈루스가 본대에서 너무 멀리 떨어져서 싸우는 것을 보고, 전령을 보내 그만 물러나라고 전했다. 그러나 갈루스는 들은 체도 하지 않았다.

그러자 재무관 티티우스가 군기를 움켜쥐고 흔들면서 용감한 병사들을 죽음으로 몰아넣지 말라고 갈루스를 꾸짖었다. 하지만 갈루스는 오히려 티티우스를 나무라면서, 부하들에게 절대로 물러서지 말고 끝까지 싸우라고 소리쳤다. 티티우스는 할 수 없이 홀로 되돌아오고 말았다.

갈루스가 적의 앞부분을 공격하고 있을 때, 갑자기 뒤에서 적이 나타나더니 순식간에 그들을 에워쌌다. 갈루스는 곧바로 도움을 요청하는 사람을 보냈다. 그런데 안토니우스의 사랑을 가장 많이 받고 있던 카니디우스 장군과 중무장 보병 부대 장군들은 돌이킬 수 없는 실수를 저지르고 말았다. 중무장 부대를 모두 갈루스 쪽으로 돌려서 적을 몰아붙였어야 하는데 소규모 부대만 띄엄띄엄 내보냈던 것이다. 그들은 앞선 병사들이 모두 쓰러지면 잇따라 소규모 부대를 내보내곤 했다. 이렇게 해서 로마군은 야금야금 궤멸될 지경에 이르렀다.

그때 만약 안토니우스가 직접 중무장 부대를 이끌고 달려오지 않았더라면 로마 병사들은 모두 죽었을 것이다. 안토니우스는 중무장 지원병들 방향을 돌리고는, 쫓기는 우군 속을 헤치고 들어가 적들을 막아냈다.

여기서 로마군은 무려 3000명이 죽고 5000명이 부상당했다. 그 가운데는 갈루스 장군도 끼어 있었는데, 그의 몸 앞부분에 화살이 4개나 꽂혀 있었다. 안토니우스는 다친 병사들이 있는 천막을 하나하나 찾아가 눈물을 흘리며 위로했다. 여기에 감동한 부상병들은 오히려 안토니우스 신변만 안전하다면 자신들은 더 바랄 게 없다고 말하며 그를 '대장군님'이라 불렀다.

이토록 용감하고 강하며 충성스러운 군대를 거느린 장군은 그 무렵 오직 안토니우스 한 사람뿐이었다. 안토니우스 병사들은 힘으로 보나 패기로 보나, 고난과 피로를 견뎌내는 인내심으로 보나, 흠잡을 데가 조금도 없었다. 병사들은 하나같이 안토니우스를 존경하고 따랐으며, 지위 고하를 막론하고 그의 사랑과 칭찬을 받기 위해 애썼다. 이처럼 자신의 목숨보다도 지휘관을 더 귀중하게 생각한 부대는 옛 로마 역사 속에서조차 찾아볼 수 없다.

안토니우스가 이처럼 병사들의 헌신적인 사랑을 받게 된 데에는 몇 가지 이유가 있었다. 그는 좋은 집안에서 태어났고, 훌륭한 웅변가였으며, 솔직하고 활발하면서도 너그러운 성격이었다. 그리고 누구라도 터놓고 이야기하도록 만드는 재주가 있었다. 특히 전시에는 부상자들을 방문해 진심으로 위로했으며, 그들이 필요로 하는 물건은 조금도 아끼지 않고 제공했다. 그렇기 때문에 부상당한 사람들이 멀쩡한 병사들보다 오히려 더 두터운 충성을 바친 것이다.

커다란 승리를 거둔 적들은 무척 기세가 등등했다. 그들은 이제까지 기운이 다 빠져 축 늘어져 있던 태도를 버리고 로마군을 깔보기 시작했다. 파르티아 병사들은 이제 곧 로마군이 천막과 물자를 버리고 달아나리라 믿고 약탈할 속 셈으로 밤새도록 로마군 진지 주위를 맴돌았다.

다음 날 아침에는 새로운 적 군대까지 몰려왔다. 마침내 적군들은 기마 부대만 4만 기에 이르게 되었다. 파르티아 왕은 완전한 승리를 다지기 위해, 자신을 지키던 호위병들까지 모두 싸움터로 보냈다. 이렇게 왕이 직접 전쟁터에 나온 적은 한 번도 없었다.

일이 급박하게 돌아가자 안토니우스는 부하 병사들 용기를 북돋워 주려고 직접 연설하기로 했다. 특별히 더 커다란 감동을 불러일으키기 위해 상복을 입고 병사들 앞에 나가려 했으나, 장교들이 말리는 바람에 이것은 포기했다. 자주색 장군복을 입고 연단에 오른 그는 지금까지 잘 싸운 병사들을 칭찬한 뒤에, 적에게 져서 달아났던 병사들을 심하게 꾸짖었다. 칭찬받은 병사들은 더 용감히 싸워서 반드시 승리하겠다 맹세했고, 질책당한 병사들은 눈물을 흘리며 '10분의 1처형'이라도 달게 받겠노라 외쳤다. 그리고 안토니우스에게 자기들 잘못을 잊어버리고, 이 때문에 낙심하지 말아달라며 간청했다.

이에 안토니우스는 두 손을 높이 치켜들고 신들에게 기도했다. 지금까지 많은 은혜를 내려주셨으나, 이제 벌을 내리시려거든 자기 한 사람에게만 주시고 병사들에게는 승리를 허락해 달라는 내용이었다.

이튿날 로마군은 질서 있게 진군을 시작했고, 전투를 위해서가 아니라 이들을 약탈하기 위해 몰려들었던 파르티아군은 이를 보고 뒤로 물러나지 않을 수 없었다. 가까이 다가갈 때마다 화살이 비 오듯 날아올 뿐만 아니라, 사기를 되찾은 로마군이 용맹하고 자신감에 찬 모습을 보였기 때문이다. 그러나 로마군이 산을 내려갈 때, 파르티아군은 다시 화살을 쏘아대기 시작했다. 로마군 중무장 보병은 경무장 부대 앞으로 달려나와 방패를 앞에 세웠다. 그리고 다음 줄 병사들은 앞줄 병사들을 방패로 막아주고, 그다음 줄도, 또 그다음 줄도 모두 그렇게 했다. 이 모습은 마치 지붕 위에 겹겹이 놓인 기왓장이나 극장 좌석처럼 보였는데, 적의 화살을 막아내는 데에는 더할 수 없이 좋은 방법이었다.

이렇게 해서 로마군은 적의 화살을 모두 피할 수 있었다. 하지만 파르티아군은 로마 병사들이 땅에 앉는 것을 보고는 지쳐서 그러는 것으로 착각해 창을 움켜쥐고 여기저기에서 달려들었다. 그러자 로마군은 기다렸다는 듯 고함을 지르며 일어나 투창으로 맞섰다. 앞장서서 공격하던 부대가 모두 쓰러져 죽는 모습을 본 파르티아군은 허겁지겁 달아나 버렸다.

날마다 이런 작은 전투를 되풀이했으므로 로마군의 진군은 그만큼 늦어졌다. 식량까지 바닥나자 병사들은 굶주림에 시달리기 시작했다. 옥수수 조금 말고는 달리 먹을 것이 없었으며, 그나마도 얻으려면 병사들 간에 치열한 경쟁을 치러야 했다. 그뿐만 아니라, 어렵게 손에 넣은 옥수수를 갈아 빵을 만들 수 있는 기구도 없었다. 짐을 나르던 말들이 대부분 죽은 데다가, 살아남은 말들은 부상병들을 운반하기에도 모자랐기에 빵 만드는 기구들은 도중에 버리고 왔던 것이다.

식량이 귀해져 밀 한 되가 50드라크메에 팔리고, 보릿가루로 만든 거친 빵 한 덩어리가 같은 무게만큼의 은과 맞바꿀 정도가 되었다. 참다못한 병사들은 닥치는 대로 풀뿌리와 나무껍질까지 뜯어먹기 시작했다. 독초인 줄 모르고 먹었다가 미치거나 목숨을 잃는 경우도 있었다. 기억력을 완전히 잃거나, 커다란 돌을 굴리며 이상한 행동을 보이는 병사들도 있었다. 그들은 마치 그것이 세상에서 가장 중요한 일인 양 오직 돌 굴리는 일에만 몰두하다가 심한 구토를 일으키며 죽어갔다. 포도주를 마시면 이 병을 고칠 수 있었지만, 먹을 것도 없는 군대에 그런 술이 남아 있을 리 만무했다.

많은 병사가 죽어가는 동안에도 파르티아군은 끈질기게 추격해 왔다. 안토니우스는 이 모습을 보고 가슴을 치며 몇 번이나 이렇게 소리쳤다.

"아! 1만 명의 병사들이여!"

옛날에 크세노폰이 이끈 헬라스군 1만 명이 바빌로니아에서 물러날 때 이보다 더 먼 길을 지나고, 더 많은 적을 물리치면서 무사히 고국에 돌아온 적이 있었다. 안토니우스는 그 생각을 하며 이 말을 외친 것이다.

하지만 파르티아군은 로마군을 흩어지게 하거나 전투 대열을 허물어뜨릴 수가 없었다. 더구나 몇 번이고 계속해서 패배를 당하자, 파르티아 병사들은 또다시 우호적인 태도를 보이기 시작했다. 그들은 식량을 구하러 나온 로마 병사들에게 친절히 인사를 건네거나 활을 꺾어 보이고, 이제 자신들도 고향으로 돌아가는 길이며 로마인에 대한 앙갚음도 끝났다고 말했다. 몇몇 메디아인 부대가 앞으로 2, 3일 동안 로마군 뒤를 쫓을지도 모르지만, 그것은 결코 로마군을 괴롭히려는 게 아니라 앞길에 있는 2, 3개의 마을을 지키기 위해서라는 것이었다. 로마군은 다시 파르티아인들 말을 믿기 시작했다. 안토니우스도 이 말을 듣고, 마실 물조차 구할 수 없는 험한 산길 대신 평지를 택하기로 결심했다.

그런데 로마군이 한창 평지로 들어설 준비를 하고 있을 때, 모나이세스의 조카인 미트리다테스가 진영으로 찾아왔다. 모나이세스는 예전에 로마 진영을 찾아와 보호를 요청했던 사람으로, 안토니우스로부터 3개 도시를 선물받기까지 했다. 미트리다테스는 진영에 닿자마자 파르티아 말이나 시리아 말을 할 줄 아는 사람을 빨리 불러달라고 소리쳤다. 안토니우스 동료인 안티오키아의 알렉산드로스가 앞으로 나섰다. 미트리다테스는 먼저 자기가 누구인지를 밝히고, 모나이세스가 로마군을 도와주고 싶어한다는 말을 전했다. 그리고는 알렉산드로스에게 저 멀리 있는 높은 산이 보이느냐고 물어보았다. 알렉산드로스가 보인다고 하자, 미트리다테스는 이렇게 말했다.

"저 산 아래에 파르티아 군대가 로마군이 지나가기만을 기다리며 숨어 있습니다. 저 산기슭은 들판까지 이어져 있는데, 여러분이 자기들 말을 곧이곧대로 믿어 산길을 버리고 그 평야로 나오리라 생각하는 겁니다. 물론 산길로 가면 물도 없고 길도 험해서 엄청난 고생을 하겠지요. 그러나 그런 고생은 이미 익숙하지 않습니까? 평야 쪽으로 갔다가는 안토니우스 장군님도 크라수스와 똑같은 운명을 겪어야 할 겁니다."

이야기를 끝낸 미트리다테스는 곧바로 돌아가 버렸다. 안토니우스는 장군들을 불러모아 회의를 열었다. 또한 길 안내를 맡고 있는 마르디 사람에게 의견을 물어보았는데, 그도 미트리다테스와 똑같은 이야기를 했다. 평야는 길이 없어서 자칫하다가는 방향을 잘못 잡아 길을 잃을 수도 있기 때문에 아주 위험한 반면, 산길로 간다면 물이 없어서 고생은 하겠지만 하루만 잘 참으면 된다는 것이었다.

안토니우스는 산길로 방향을 바꾸기로 결심했다. 그리고는 부하들에게 저마다 마실 물을 준비해 두라고 말했다. 병사들 대부분은 물통이 없어서 투구나 가죽 자루에 물을 담아 떠났다. 안토니우스군이 산길로 들어섰다는 소식을 전해 들은 파르티아군은 밤새도록 그들을 쫓아갔다. 그래서 아침 해가 떠오를 즈음에는 로마군의 마지막 행렬이 보이는 곳에 이르렀다. 로마 병사들은 오랜 행군으로 몹시 지친 데다가 잠도 모자라, 공격을 당해도 제대로 막아낼 수 있는 상태가 아니었다.

밤새도록 240펄롱이나 행군해 녹초가 된 로마군은 갑자기 적군까지 나타나자 모두 겁을 먹었다. 더구나 계속 적군과 상대하며 행군하느라 갈증은 더욱 심해져 있었다.

그때 선두 부대가 강을 발견했다. 그런데 그 물은 차고 맑기는 했지만, 맛이 짜고 이상한 냄새가 났다. 그리고 물을 마시면 배가 아프고 설사를 하면서 더욱 갈증이 났다. 마르디 사람은 그 물을 마시지 말라고 경고했지만, 목이 마른 병사들은 미친 듯 물로 뛰어들었다. 안토니우스도 병사들을 말렸다. 조금만 더 가면 먹을 수 있는 시냇물이 있으며, 산길로는 말을 탄 적병들이 뒤쫓아 오지 못할 것이라고 했다. 그리고 적과 싸우고 있던 부대들까지 모두 불러 그 자리에 천막을 치라고 명령했다. 비록 물은 마음껏 마시지 못하더라도 그늘에서 좀 쉬게 하려는 것이었다.

로마군이 천막을 치자 파르티아군도 관습에 따라 일단 뒤로 물러났다. 그때 미트리다테스가 다시 로마 진영으로 와서 안토니우스를 찾았다. 미트리다테스는 여기서 오래 머물면 위험하니 병사들 피로가 풀리는 대로 곧바로 강을 건너가라 말하고, 파르티아군도 그 강 너머까지는 뒤쫓지 않으리라고 덧붙였다. 안토니우스는 미트리다테스에게 많은 금잔을 선물로 주었다. 미트리다테스는 이것을 옷 속에 감추어 넣고는 다시 어디론가 사라졌다.

해가 조금 남았을 때 로마군은 천막을 모두 거두고 다시 행군을 시작했다. 파르티아군도 더는 로마군을 추격하지 않았다. 그러나 그날 밤은 어느 때보다도 무섭고 참담한 밤이 되어버렸는데, 그것은 순전히 로마군 스스로가 저지른 일 때문이었다. 일부 병사들이 전우들을 죽여 재물과 군수품을 빼앗고 안토니우스 물건에까지 손을 댄 것이다. 그들은 금과 은으로 만든 값진 술잔이나 식기들을 빼앗아 조각조각 깨뜨려서 서로 나눠 가졌다.

한밤에 병사들 비명을 들은 안토니우스는 적이 습격해 부대를 짓밟는다고 생각했다. 그는 자신의 호위병인 람누스라는 해방 노예를 불렀다. 그러고는 언제든 자기가 명령을 내리면 자기를 죽인 뒤 목을 잘라, 산 채로 적에게 잡혀가는 수치를 당하지 않게 해달라고 부탁했다. 또한 적이 누구인지 알아보지 못하도록 시신을 훼손하라고 지시했다.

안토니우스가 이렇듯 절망적인 생각에 사로잡히자 함께 있던 장군들도 눈물을 흘리며 탄식했다. 그때 마르디 사람이 달려오더니, 공기가 서늘하고 축축해지는 것으로 보아 곧 강이 나타날 것이라 말했다. 또한 날이 밝을 때가 되었고,

행군한 시간으로 미루어 보아도 강에 이를 때가 되었다는 것이었다.

그때 몇몇 병사가 달려와, 한밤에 있었던 소란은 군대 내부의 폭력과 약탈 때문에 일어난 사고였다고 보고했다. 안토니우스는 병사들의 혼란을 가라앉히고 질서를 바로잡기 위해 잠시 행군을 멈췄다.

아침이 되자 군대는 질서를 되찾았다. 그런데 갑자기 뒤쪽에서 파르티아군이 나타나 화살을 퍼붓기 시작했다. 안토니우스는 경무장 부대에 전투 명령을 내렸으며, 중무장 부대는 전처럼 방패를 들어 몸을 가리고 화살을 막으면서 용감하게 싸웠다. 그러자 적은 그 이상 나아가는 것은 유리하지 못하리라 생각해 가까이 오지 않았다. 이렇게 대치하면서 천천히 행군하고 있을 때 마침내 강이 나타났다. 안토니우스는 강가에 기병대를 배치해 적을 막게 하고는 부상병들부터 먼저 강을 건너게 했다. 뒤쪽에서 전투를 치르던 병사들도 이제는 마음 놓고 목을 축일 수 있었다. 강이 보이는 곳에 이르자 파르티아군이 활시위를 풀고는, 마음 놓고 강을 건너라면서 로마군의 용맹함을 높이 찬양했기 때문이다. 이렇게 해서 로마군은 무사히 강을 건넜고, 얼마쯤 쉬고 난 뒤 다시 행군을 시작했다. 그러나 파르티아군 말을 곧이곧대로 믿을 수는 없었기에 여전히 경계심을 풀지 않았다.

마지막 전투가 벌어진 날로부터 6일 뒤에 로마군은 아락세스 강에 닿았다. 이 강은 메디아와 아르메니아의 경계를 이루었는데, 강이 깊고 물살이 세어서 건너가기가 쉽지 않았다. 더구나 로마군이 강을 건너기 시작할 때를 기다려서 기습하기 위해 파르티아군이 매복해 있다는 소문까지 떠돌았다. 그러나 로마군은 무사히 강을 건너서 마침내 아르메니아 땅을 밟았다. 그들은 폭풍 속에서 항해하다가 육지를 발견한 사람들처럼 서로 얼싸안고 기쁨을 나누었다. 어떤 병사는 땅에 입을 맞추기도 했다. 물자가 풍부한 나라에 닿자 오랫동안 굶주림에 시달리던 병사들은 닥치는 대로 배를 채웠으며, 그 바람에 몸이 붓거나 설사로 고생했다.

안토니우스는 군대를 정렬시키면서 보병 2만 명과 기병 4000기를 잃었다는 사실을 알게 되었다. 그런데 그들은 전장에서 싸우다가 죽은 게 아니라 대부분 병으로 죽은 것이었다. 로마군의 행군은 프라아타를 떠난 뒤 27일간이나 이어졌으며, 그동안 파르티아군과 싸운 것만도 무려 18번이었다. 그러나 싸움에 이기고도 병력이 모자라 적을 끝까지 뒤쫓지 못했기에 그다지 큰 성과는 거두지 못했다. 이런 사실로 짐작해 보면, 안토니우스가 이 전쟁에서 커다란 이익을 놓치게 된 것은 아르메니아 왕 아르타바스데스 때문임을 알 수 있다.

아르타바스데스 군대는 파르티아군과 똑같은 무장을 갖추었으며, 그들과 여러 차례 싸운 적도 있었다. 그런데도 아르타바스데스는 기병 1만 6000기를 메디아에서 철수시켜 안토니우스를 버리고 되돌아갔던 것이다. 만일 아르메니아 군대가 물러나지 않고 끝까지 적을 추격했더라면 그들을 전멸시킬 수 있었으리라. 또한 달아나던 적이 되돌아와 덤벼들지도 못했을 것이다.

병사들은 아르메니아로 진격해 아르타바스데스에게 보복해야 한다고 안토니우스에게 건의했다. 하지만 안토니우스는 이 요구를 받아들이지 않았다. 병사들은 너무나 지쳐 있었고 식량과 필수품도 넉넉하지 못했기에, 등을 돌린 아르메니아 왕을 함부로 비난하지 못했던 것이다. 안토니우스는 아르메니아에 대해 여전히 존중하는 태도를 취할 수밖에 없었다.

그러나 뒷날 다시 아르메니아로 갔을 때, 안토니우스는 온갖 유혹하는 말로 아르타바스데스를 초대하는 척하면서 그를 사로잡아 알렉산드리아로 보내버렸다. 그리고 개선식에 끌어내 구경거리로 만들었다. 하지만 로마 사람들은 가장 영광스럽고 엄숙한 개선식을 고국에서 하지 않고, 클레오파트라에게 빠져서 아이귑토스인들 앞에서 거행했다면서 안토니우스를 욕했다. 그러나 이것은 훨씬 뒤의 일이다.

안토니우스는 군대를 이끌고 서둘러 나아갔다. 벌써 계절은 한겨울로 접어들어 끊임없이 눈보라가 몰아쳤고, 모진 추위 속에서 다시 병사 8000명을 잃고 말았다. 안토니우스는 엄청나게 줄어든 군대를 이끌고 겨우 바닷가에 닿았다. 그곳은 베리투스와 시돈 사이에 있는 '하얀 마을'이라는 곳이었다. 하지만 아무리 기다려도 클레오파트라가 오지 않자, 그는 초조함과 걱정을 잊으려고 술을 마셨다. 또한 술을 마시는 동안에도 참지 못하고 자리에서 벌떡 일어나 밖으로 달려나가곤 했다. 혹시라도 클레오파트라가 오지 않을까 살펴보는 것이었다.

마침내 클레오파트라가 로마군에게 나누어 줄 군복과 돈을 잔뜩 가지고 도착했다. 어떤 기록에는, 군복은 클레오파트라가 가져온 것이지만 돈은 안토니우스의 것인데, 마치 클레오파트라가 가져온 선물처럼 꾸며서 부하들에게 나누어 주었다고 한다.

얼마 뒤에 메디아 왕과 파르티아 왕 프라아테스 사이에 싸움이 일어났다. 로마군으로부터 빼앗은 전리품을 분배하다가 벌어진 일이었다. 메디아 왕은 나라를 빼앗길 것이 두려워 안토니우스에게 사절을 보내 함께 파르티아 왕을 물리치자고 제안했다. 안토니우스는 뛸 듯이 기뻤다. 지난번에 파르티아군을 완전히 무찌르지 못한 것은 기병과 궁수들이 부족해서였는데, 이제 두 가지를 모두 손에 넣게 된 것이다. 안토니우스는 곧바로 아르메니아로 돌아가 아락세스 강에서 메디아 군대와 합세했다. 그곳에서 두 군대는 파르티아군을 공격하기 위한 준비를 시작했다.

로마에 있던 안토니우스의 아내 옥타비아는 안토니우스를 찾으러 가겠다며 카이사르에게 허락을 구했다. 카이사르는 이 부탁을 흔쾌히 들어주었다. 그러나 역사가들 말에 따르면, 그가 청을 들어준 까닭은 옥타비아를 기쁘게 해주기 위함이 아니라, 그녀를 푸대접했다가는 안토니우스가 전쟁을 일으킬까 걱정했기 때문이라고 한다.

로마를 떠나 아테나이에 도착한 옥타비아는 안토니우스의 편지를 받았다. 새로운 전쟁이 있어 떠날 예정이니 잠시 동안 아테나이에 머물러 있으라는 내용이었다. 남편의 말이 한낱 핑계일 것이라 생각한 옥타비아는 편지를 읽고 몹시 우울해졌다. 하지만 아무런 내색을 하지 않고, 가져온 물건들을 어디로 보내면 좋겠느냐는 편지를 썼다. 그녀는 안토니우스 군대에 줄 군복과 가축과 돈은 물론, 장교들에게 줄 선물까지 마련해 왔던 것이다. 또 화려한 무장을 갖춘 병사 2000명을 따로 뽑아 만든 안토니우스 친위대까지 거느리고 왔다. 안토니우스의 절친한 친구인 니게르가 옥타비아의 편지를 안토니우스에게 전달했는데, 니게르는 편지를 전하며 옥타비아에 대한 칭찬을 아끼지 않았다. 옥타비아는 사실 그런 칭찬을 받을 만한 훌륭한 여인이었다.

클레오파트라는 자신의 연적이 눈앞에 다가왔음을 알고 질투와 두려움에 사로잡혔다. 행실 바르고 품위 있는 옥타비아가 안토니우스의 곁에서 날마다 다정한 말과 매력적인 행동으로 그의 마음을 완전히 빼앗아 버린다면, 안주인 자리를 영영 그녀에게 넘겨주고 말 것이기 때문이었다. 불안해진 클레오파트라는 안토니우스에게 자신의 불타는 사랑을 보여주기로 결심했다. 클레오파트라는 일부러 음식을 적게 먹어 몸을 야위게 한 뒤, 안토니우스가 방에 들어오면 황홀한 눈길로 바라보다가, 떠나갈 때면 슬픔으로 넋을 잃은 듯한 표정을 지어 보였다.

그녀는 일부러 안토니우스가 볼 수 있는 곳에 앉아 눈물을 흘렸다. 그러다가 안토니우스가 자신의 우는 모습을 보고 놀라서 다가오면, 마치 그제야 그를 발견한 것처럼 황급히 눈물을 닦으며 고개를 돌렸다. 안토니우스의 마음이 아플까 걱정해 자신의 슬픔을 감춘다는 듯한 태도였다. 안토니우스가 출전준비를 하는 동안, 클레오파트라는 날마다 이런 행동을 거듭했다. 눈치 빠른 그녀의 시종들도 금세 여주인의 마음을 알아차리고는, 온 영혼을 다해 사랑을 바치는 여인을 두고 떠나는 안토니우스는 너무 완고하고 냉정한 사람이라며 비난했다.

한 시종은 다음과 같이 클레오파트라를 옹호하기도 했다. 물론 옥타비아는 안토니우스의 아내이지만 동생 카이사르의 야망을 도와주기 위한 정략결혼이었을 뿐 아니라 안토니우스의 정실이라는 명예까지 얻었다. 그러나 클레오파트라는 온 아이귑토스의 여왕이면서도, 오직 안토니우스 곁에 있는 것만으로 만족하고 있다. 안토니우스를 가까이에서 바라보고 함께 지내며 즐거움을 누릴 수만 있다면, 그녀는 정실이 아님을 수치스럽게 여기지도 않으며 자신의 처지를 경멸하지도 않지만, 그 작은 소망마저 빼앗겨 버린다면 상실감에 스스로 목숨을 끊을지도 모른다고 말한 것이다.

이러한 클레오파트라 일당의 온갖 감언이설과 여러 계책에 넘어간 안토니우스는 군대를 돌려 알렉산드리아로 되돌아왔다. 자신이 클레오파트라를 버리면 정말로 그녀가 자살이라도 할 것처럼 생각되었기 때문이다. 내란으로 소란스러운 파르티아를 정복할 절호의 기회였는데도, 그는 메디아 지방을 정벌하려던 계획마저 다음 여름까지 미루어 버렸다.

안토니우스는 그 뒤 메디아로 가서 클레오파트라와의 사이에서 난 아들을 메디아의 어린 공주와 결혼시켰다. 이로써 동맹이 맺어졌지만, 돌아오는 안토니우스의 머릿속은 오직 내란에 대한 걱정으로 가득했다.

옥타비아는 남편의 얼굴도 보지 못하고 아테나이를 떠나 로마로 돌아와야 했다. 자기 누나가 안토니우스로부터 부당한 대우를 받았다고 생각한 카이사르는 옥타비아에게 별거를 명령했다. 그러나 옥타비아는 안토니우스의 집을 떠나고 싶지 않았다. 그녀는 카이사르에게, 안토니우스와 싸우려는 게 다른 이유 때문이라면 간섭하지 않겠지만 자기 때문이라면 당장 그만두라고 말했다. 가장 뛰어난 두 장군 가운데 한 사람은 여자에게 빠져 있고, 다른 한 사람은 한 여자를 푸대접한 데 대한 노여움으로 나라를 혼란스럽게 만든다면, 이 얼마나 어리석고 부끄러운 일이겠느냐는 것이었다.

이 말이 진심이라는 것을 그녀는 자신의 행동으로 증명해 보였다. 옥타비아는 남편이 없는 동안에도 남편이 집에 있을 때처럼 생활했다. 자기가 낳은 아이들뿐만 아니라 전처인 풀비아의 아이들도 정성껏 보살폈다. 또한 관직을 구하려는 안토니우스의 친구들이나 다른 볼일로 찾아오는 사람들을 친절하게 맞아들였으며, 동생에게 부탁해 그들의 원하는 바를 들어주기 위해 애썼다.

그러나 이처럼 훌륭한 처신은 그녀 자신도 모르는 사이에 안토니우스의 명예를 떨어뜨리는 결과를 낳았다. 안토니우스가 이토록 훌륭한 아내를 저버렸다며 사람들이 그를 더욱더 미워하게 된 것이다.

시민들은 안토니우스가 알렉산드리아에서 자기 아들들에게 땅을 나누어 준 일도 몹시 못마땅하게 여겼다. 조국인 로마를 무시하고 모욕했다고 생각했기 때문이다. 안토니우스는 민중이 모인 큰 광장에 은으로 만든 연단을 꾸미고, 그 위에 금으로 만든 왕좌 2개를 놓게 했다. 그는 거기에 클레오파트라와 나란히 앉고, 조금 낮은 곳에는 다른 왕좌들을 만들어 두 아들을 앉혔다. 그는 먼저 클레오파트라를 아이귑토스, 키프로스, 리비아, 코일레시리아를 다스리는 여왕으로 임명했다. 그런 다음 자신과 클레오파트라 사이에서 난 두 아들에게 '왕 중의 왕'이라는 칭호를 주었다. 큰아들 알렉산드로스에게는 아르메니아와 메디아와 앞으로 정복할 계획인 파르티아를 주고, 작은아들 프톨레마이오스에게는 페니키아와 시리아와 킬리키아를 준다고 선언했다.

이 자리에서 알렉산드로스는 메디아식으로 된 왕의 옷을 입었으며, 머리에는 작은 왕관과 수직으로 된 두건을 쓰고 있었다. 프톨레마이오스는 긴 망토를 걸쳤으며, 테가 넓은 마케도니아식 모자에 왕관을 덧썼다. 다시 말해 알렉산드로스는 메디아와 아르메니아 왕의 옷을 입고, 프톨레마이오스는 알렉산드로스 대왕의 후손들이 입어왔던 옷차림을 했던 것이다. 두 아들이 몸을 돌려 부모에게 인사하자, 마케도니아인과 아르메니아인으로 이루어진 호위대가 그들 주위에 늘어섰다. 클레오파트라는 이시스 여신처럼 차려입고 있었다. 그녀는 민중 앞에 나설 때면 늘 이런 차림이었으며 언제나 자신을 새로운 이시스 여신이라고 소개했다.

카이사르는 이런 일들을 모두 원로원에 보고했다. 그리고 연단에 설 때마다

안토니우스(ANTONIUS) 1695

안토니우스를 비난해 시민들이 그를 미워하도록 만들었다. 그러자 안토니우스도 카이사르를 공격하는 내용의 편지를 로마로 보내 그와 맞섰다. 안토니우스는 다음 같은 이유를 들면서 카이사르를 공격했다.

첫째, 카이사르는 얼마 전 폼페이우스로부터 시킬리아를 빼앗고도 자기에게 나누어 주지 않았다. 둘째, 전쟁을 하기 위해 빌려간 배들을 돌려주지 않았다. 셋째, 동료인 레피두스를 파면하고 그의 군대와 정권, 수입을 모두 빼앗았다. 넷째, 이탈리아 대부분을 자기 부하들에게만 나누어 주었으며 안토니우스의 부하들에게는 아무것도 남기지 않았다.

카이사르는 여기에 대해 하나하나 답변했다. 레피두스를 파면시킨 것은 그가 자신의 권력을 이용해 나쁜 짓을 저질렀기 때문이고, 영토 문제에 대해서는 안토니우스가 전쟁으로 얻은 아르메니아를 나누어 준다면 자신도 그렇게 하겠다고 했다. 또한 안토니우스의 부하들은 장군 지휘 아래 용감히 싸운 대가로 메디아와 파르티아를 이미 나누어 가졌기 때문에 이탈리아 본토에 대해서는 어떤 권리도 주장할 수 없다고 했다.

그때 아르메니아에 있던 안토니우스는 카이사르의 답장을 보고는 곧장 카니디우스에게 16개 군단을 주어 바닷길로 로마를 향해 진군하라는 명령을 내렸다. 그리고 자신은 클레오파트라와 함께 에페수스로 갔다. 거기서 그는 곳곳에 흩어져 있던 배들을 모두 모아 800척의 대함대를 만들었다. 클레오파트라도 배 200척과 전쟁비용 2만 탈란톤, 그리고 전쟁을 치르며 모든 병사가 먹을 식량을 내놓았다. 그러나 안토니우스는 도미티우스를 비롯한 사람들 충고를 받아들여, 클레오파트라에게 아이귑토스로 돌아가 전쟁의 결과를 기다리라고 말했다.

하지만 옥타비아의 중재로 이들이 화해할까봐 걱정이 된 클레오파트라는 카니디우스에게 많은 돈을 주어 안토니우스에게 이런 말을 하게 했다. 카니디우스는, 이번 전쟁을 위해 그렇게 애쓴 사람을 그냥 돌려보낸다는 것은 도리에 어긋나며, 해군 대부분을 이루고 있는 아이귑토스 병사들이 불만을 품게 될 터이므로 이익이 될 게 없다고 주장했다. 그리고 클레오파트라는 지혜롭고 생각도 깊어 다른 어느 나라 왕과 견주어도 전혀 뒤지지 않으며, 오랫동안 아이귑토스라는 큰 왕국을 다스려 왔으니 이런 일에도 많은 경험을 쌓았을 것이라 강조했다. 안토니우스는 마침내 카니디우스의 말을 듣기로 했다. 그러나 운명은 바로 이때부터 카이사르를 위해 움직이기 시작했다.

군대가 모두 모이자 안토니우스는 배를 타고 사모스 섬으로 건너가 큰 잔치를 열고 마음껏 놀았다. 그는 마이오티스 호수, 아르메니아, 일리리아, 시리아 경계선 안에 있는 모든 왕과 귀족, 총독들, 그리고 부족과 도시들에게 전쟁에 필요한 군수품들을 보내거나 직접 가지고 오라는 명령을 내렸다. 또한 모든 배우들을 사모스 섬에 모이게 했다. 이 때문에 온 세계는 신음으로 들끓었으나, 오직 사모스 섬에서만은 밤낮으로 피리와 현악기 소리가 흘러나왔고, 극장마다 사람이 가득했으며, 광대들은 마음껏 재주를 뽐냈다. 모든 도시들이 살찐 소들을 제물로 보내왔고, 안토니우스와 함께 참전한 왕들은 앞다투어 성대한 잔치를 열고 값비싼 선물을 바쳤다. 그러자 사람들은 전쟁을 시작하기도 전에 이토록 사치스러운 향연이 베풀어지는데, 전쟁에서 승리한 뒤에는 도대체 어떤 잔치가 벌어질까 몹시 궁금해했다.

잔치가 모두 끝난 뒤 안토니우스는 배우들에게 프리에네 지방을 주어 그곳에 살도록 했다. 그러고는 아테나이로 건너가 거기서도 유희와 연애에 빠져서 지냈다.

옥타비아는 이전에 안토니우스를 위해 군수품을 가져왔던 일로 아테나이 사람들로부터 큰 사랑과 존경을 받고 있었다. 아테나이 시민들은 그녀의 행동을 칭송하며 정중하게 대접했는데, 클레오파트라는 이 일 때문에 옥타비아에게 심한 질투를 느끼고 있었다. 그래서 온갖 선물과 은혜를 베풀며 아테나이 시민들의 환심을 사려고 애썼다. 이에 대한 보답으로 시민들은 클레오파트라에게 몇 가지 영광을 주기로 결정하고, 대표를 뽑아 그녀의 집으로 보냈다. 아테나이 시민 자격을 가지고 있던 안토니우스도 대표단 속에 끼여 있었다. 그는 클레오파트라 앞으로 다가가 아테나이 시를 대표해 감사 연설을 했다.

마침내 안토니우스는 로마에 사람을 보내 옥타비아를 집에서 내쫓아 버렸다. 옥타비아는 풀비아가 낳은 큰아들을 뺀 나머지 자식들을 모두 데리고 눈물을 흘리며 떠났다고 한다. 큰아들은 그 무렵 안토니우스와 함께 있었기 때문이다. 또한 옥타비아는 자신이 내란의 원인이라는 말을 듣자 몹시 서러워했다고 한다.

그러나 로마 사람들은 오히려 옥타비아보다 안토니우스를 더 측은하게 여겼다. 특히 클레오파트라를 본 사람들은, 그녀가 미모로 보나 마음씨로 보나 옥타비아에게는 미치지 못한다는 사실을 잘 알았으므로 더욱 안타깝게 여겼다.

카이사르는 겨우 며칠 사이에 안토니우스가 그렇게 많은 군대를 모은 것을 보고 몹시 당황했다. 이러다가는 돌아오는 여름에 곧바로 결전이 벌어질 판이었다. 하지만 전쟁을 치르기에는 아직도 군수품이 많이 모자란 데다가, 세금 때문에 민중의 불만은 하늘을 찌를 듯했다. 자유시민은 소득의 4분의 1을, 그리고 해방 노예들은 재산의 8분의 1을 바치라는 명령이 내려지자 온 이탈리아에서 원망의 소리가 터져나왔던 것이다.

이런 기회를 놓친 것은 안토니우스의 큰 실수였다. 안토니우스가 어물거리는 동안, 카이사르는 전쟁 준비를 마무리하고 민중들 소란도 가라앉혔기 때문이다. 세금을 거둘 때에는 거칠게 반항하던 민중도 막상 세금을 다 내고 나자 조용해졌다.

안토니우스의 친구이며 집정관 대우까지 받았던 티티우스와 플란쿠스는 클레오파트라가 전쟁터에 따라오는 것을 심하게 반대하다가 그녀에게 미움을 받게 되었다. 온갖 괴롭힘과 모욕을 견디다 못한 그들은 카이사르를 찾아가 안토니우스의 유서에 적힌 내용을 말해버리고 말았다. 유서는 베스타 성녀들이 가지고 있었는데, 카이사르는 사람을 시켜 그 유서를 보내라고 명령했다. 그러나 성녀들은 필요하다면 직접 와서 빼앗아 가라며 이를 거절했기 때문에, 카이사르는 직접 가서 유서를 손에 넣어야만 했다. 꼼꼼히 유서를 읽은 카이사르는 비난할 만한 대목에 표시를 했다. 그러고는 원로원을 소집해 유서 내용을 폭로했다. 하지만 의원들 대부분은 살아 있는 사람에게 유서 내용에 대한 책임을 묻는 행동은 옳지 못하다며 몹시 노여워했다.

그러나 카이사르는 안토니우스가 자신의 장례식에 대해 적은 부분을 지목하며 맹렬히 공격했다. 안토니우스는 자기가 만약 로마에서 죽더라도 시신은 의복을 단정히 갖추어 공회장을 한 바퀴 돌게 한 다음, 알렉산드리아에 있는 클레오파트라에게 보내라고 적어놓았다. 카이사르의 가장 가까운 친구인 칼비시우스는 다음 같은 일들을 끄집어 내며 안토니우스를 몰아세웠다.

안토니우스가 클레오파트라에게 페르가뭄에 있던 귀중한 책들을 20만 권이나 주었으며, 어떤 잔치에서는 내기에서 지자 많은 손님들 앞에서 클레오파트라의 발을 쓰다듬었다고 했다. 또 안토니우스는 법정에서 왕이나 영주들을 재판하는 도중에도 클레오파트라가 보내온 마노나 수정에 새겨 넣은 연애편지를 받아들고 큰 소리로 읽었으며, 로마의 명망 높고 이름난 웅변가인 푸르니우스가 변론하고 있을 때 클레오파트라의 마차가 지나가는 것을 보고 벌떡 일어나 마차를 따라갔다는 것이었다. 이 밖에도 안토니우스에 대한 비난이 끝도 없이 그의 입에서 쏟아져 나왔다.

그러나 이런 이야기들은 대부분 칼비시우스가 지어낸 것으로 보인다. 로마에 남아 있던 안토니우스 지지자들은 시내를 돌아다니며 안토니우스를 변명하느라 바빴다. 또한 지지자들 가운데 하나인 게미니우스를 안토니우스에게 보내, 머잖아 권력을 뺏기고 나라의 적으로 몰릴지도 모르니 몸조심하라고 전했다.

그런데 헬라스에 도착한 게미니우스는 클레오파트라에게 옥타비아가 보낸 사람으로 오해받았다. 그가 식사를 할 때면 언제나 곳곳에서 비웃는 눈초리가 날아왔으며, 연회석상에서는 가장 외딴 자리에 앉아야만 했다. 게미니우스는 그런 멸시와 푸대접도 아랑곳하지 않고 안토니우스와 이야기할 기회만 노리고 있었다.

어느 날 안토니우스가 식사를 하다가, 무슨 일로 이곳에 왔느냐고 게미니우스에게 물었다. 그러자 게미니우스는 다른 이야기는 맑은 정신일 때 전하겠으나 이 말만은 꼭 해야겠다고 말했다. 클레오파트라를 아이귑토스로 돌려보낸다면 모든 일이 다 잘되리라는 것이었다. 안토니우스는 이 말에 무척 화를 냈다. 그때 클레오파트라가 이렇게 말했다.

"게미니우스! 아주 잘하셨소. 고문당하기 전에 미리 자백했으니 말이오."

탈출할 기회를 엿보던 게미니우스는 간신히 로마로 달아날 수 있었다. 이처럼 클레오파트라를 따르는 자들로부터 무례한 대우를 받아 안토니우스를 떠난 친구들이 많았다.

그런 사람들 가운데는 마르쿠스 실라누스와 역사가 델리우스도 있었다. 델리우스는 의사 글라우쿠스로부터 클레오파트라가 자기를 해치려 한다는 말을 듣고 도망쳤다고 그의 책에 기록했다. 그는 로마에서는 카이사르의 소년 시종 사르멘투스(로마 사람들은 흔히 '델리키아'라고 불렀다) 따위도 팔레르누스의 좋은 포도주를 마시는데, 이곳에 있는 안토니우스의 장군들은 초같이 신 포도주를 술이랍시고 마시냐며 빈정대다가 클레오파트라에게 미움을 받게 된 것이었다.

전쟁 준비를 마친 카이사르는 원로원으로 하여금 클레오파트라와의 전쟁을 선언하게 하는 동시에 안토니우스가 클레오파트라에게 맡긴 권한들을 되찾자는 결의안을 통과시켰다. 또한 안토니우스는 마약에 취해 제정신이 아니며, 따라서 로마군이 싸우게 될 적은 환관 마르디온과 포티누스, 클레오파트라의 미용사인 소녀 이라스나 노파 카르미온 따위에 지나지 않는다고 했다. 안토니우스를 보필하는 중신들이라봐야 그런 저급한 무리들뿐이라는 것이었다.

그런데 전쟁을 앞두고, 이상한 징조들이 나타났다. 가장 먼저 안토니우스가 이민을 보내 만든 도시인 피사우룸이 지진으로 땅속에 묻히는 사건이 일어났다. 알바에서는 대리석으로 만든 안토니우스 석상 하나가 며칠 동안 땀을 흘렸는데, 사람들이 아무리 닦아내도 그치지 않았다. 또 안토니우스가 파르티아 시에 있을 때에는 벼락이 떨어져 헤라클레스 신전이 무너졌으며, 아테나이에서는 거인 전쟁을 그린 여러 그림들 가운데서 디오니소스 초상이 강한 바람에 날려 극장 바닥에 떨어져 버렸다. 그런데 안토니우스는 스스로를 헤라클레스의 후손이라 말하고 다녔으며, 사람들은 그를 어린 디오니소스라 불렀던 것이다.

또한 아테나이에 불어닥친 거센 회오리바람이 다른 조각상들은 그대로 둔 채, 안토니우스 이름이 새겨진 에우메네스와 아탈루스의 커다란 조각상들만 날려 떨어뜨렸다. 클레오파트라 함대의 사령선인 안토니우스호에도 나쁜 징조가 나타났다. 제비들이 배에 둥지를 틀었는데, 어디선가 다른 제비들이 날아오더니 어미를 몰아내고 새끼들을 모두 죽여버린 것이다.

마침내 양쪽 군대는 결전을 준비했다. 안토니우스는 함대 500척을 거느리고 있었는데, 그 가운데는 8줄에서 10줄의 노를 가진 거대한 배들도 여러 척 있었다. 이 배들은 어쩌나 화려한지 마치 개선식에 나온 배들 같았다. 육군은 보병 10만 명과 기병 1만 2000기가 있었으며, 또한 리비아의 보쿠스 왕, 상(上) 킬리키아의 타르콘데무스 왕, 카파도키아의 아르켈라우스 왕, 파플라고니아의 필라델푸스 왕, 콤마게네의 미트리다테스 왕, 트라키아의 사달라스 왕 등이 그를 돕기 위해 군대를 이끌고 와 있었다. 그리고 폰투스의 폴레몬 왕, 아라비아의 말쿠스 왕, 유다이아의 헤로데스 왕, 리카오니아와 갈라티아의 아민타스 왕 등은 군대를 보내왔다. 메디아 왕도 응원군을 보냈다. 한편 카이사르는 배 250척과 보병 8만 명, 그리고 1만 2000기에 이르는 기병 부대를 거느렸다.

그 무렵 안토니우스는 에우프라테스 강에서부터 이오니아 해, 일리리아 지방에 이르는 땅을 지배했다. 카이사르는 일리리아에서 서쪽 대양에 이르는 지역과, 에트루리아 해에서 시킬리아 해 연안에 이르는 지역을 다스리고 있었다. 그리고 아프리카에서는 카이사르가 이탈리아, 갈리아, 헤라클레스의 기둥에 이르는 이베리아의 건너편 해안 일대 땅을 갖고 있었으며, 안토니우스는 키레네에서 아이티오피아에 이르는 여러 주를 지배하고 있었다.

안토니우스는 카이사르보다 훨씬 많은 육군을 거느렸으나, 과감하게 해전을 벌이기로 결정했다. 이미 클레오파트라의 꼭두각시 같은 존재가 된 안토니우스는 오직 그녀의 소원을 들어주기 위해 바다에 운명을 걸기로 한 것이다. 그러나 안토니우스 해군은 숫자만 많을 뿐 제대로 싸울 수 있는 사람이 없었다. 병사가 모자란 나머지 헬라스에서 여행자, 마부, 농부, 심지어는 아이들까지 마구 잡아 싣고 온 오합지졸이었기에 훈련조차 제대로 되어 있지 않았다. 안토니우스도 이런 점을 충분히 알고 있었지만, 그는 끝까지 자신의 어리석음을 고치려 하지 않았다.

이와 달리 카이사르의 배들은 철저히 실용적으로 만들어져 조종도 쉽고 빠르게 달릴 수 있었다. 또한 병사들도 싸움에 능숙했다. 카이사르는 타렌툼과 브룬디시움에 있는 본진에서 안토니우스에게 전령을 보내, 쓸데없이 시간 끌지 말고 어서 나와서 승패를 가리자고 했다. 그러면서 안토니우스의 해군을 위해 배를 댈 수 있는 항구를 제공하고, 육군이 이탈리아에 상륙해 진을 칠 수 있도록 자기 군대를 기병이 하루 동안 달리는 거리만큼 해안으로부터 물러나게 해주겠다는 제안까지 해왔다.

하지만 안토니우스는 나이가 훨씬 많은 자신을 두려워하지 않는다면, 지휘관들끼리 일대일 결투로 승부를 짓자고 했다. 그리고 이 제안을 받아들이지 않겠다면, 옛날에 '폼페이우스와 카이사르'가 싸움을 벌였던 파르살루스에서 운명을 결정짓자고 제의했다.

그러나 안토니우스의 함대가 오늘날의 니코폴리스 시 근처인 악티움에 머무는 틈을 타, 카이사르는 이오니아 해를 건너서 에피루스의 토루네('국자'라는 뜻)를 점령했다. 이에 놀란 안토니우스의 장군들은 육군이 아직 도착하지 않아서 몹시 불안해했다. 그러자 클레오파트라가 그들을 비웃었다.

"카이사르가 기껏 손에 국자를 쥔 것을 가지고 무슨 걱정을 그렇게 하나요?"

아침이 되어 적 함대가 바다를 가르며 달려오자 안토니우스는 마음이 불안했다. 자기 함대는 제대로 된 병사들이 부족했으므로 적에게 배를 빼앗길지도 모른다는 생각이 들었기 때문이다. 그래서 그는 노 젓는 병사들까지 모두 무장시켜 갑판 위로 올려 보내고, 명령만 떨어지면 곧바로 공격할 것처럼 보이게 했다. 그리고 만약의 사태에 대비해 노는 당장에라도 저을 수 있도록 제자리에 붙여놓았다. 마침내 모든 배들이 싸울 준비가 완료된 듯이 악티움 해협 양편에 있는 적을 향해 늘어서자 카이사르는 안토니우스의 이 작전에 속아 뱃머리를 돌리고 말았다.

이곳은 마실 물이 적은 데다가, 그나마 있는 물도 수질이 좋지 않았다. 이를 안 안토니우스는 교묘한 방법을 써 적군에게 물을 대주는 수도관을 끊어버렸다. 그 부근에 다른 물이 있기는 했지만 수질이 나빠 도저히 마실 수가 없었으므로, 카이사르 병사들은 큰 어려움을 겪어야 했다.

그때 열병을 앓고 있던 도미티우스가 작은 배를 타고 카이사르에게 넘어갔다. 이 소식을 들고 안토니우스는 몹시 노여워했지만, 얼마 뒤 클레오파트라의 비위를 건드리면서까지 도미티우스의 물건과 부하와 시종들을 그에게 보내 주었다. 그러나 은혜를 저버린 도미티우스는 곧 세상을 떠났다. 왕들 가운데 아민타스와 데이오타루스도 안토니우스를 배신하고 카이사르에게 넘어갔다.

안토니우스는 해군이 잇따라 패배하자 육지에서 싸우기로 계획을 바꿨다. 여러 군단들을 지휘해 온 카니디우스도 바다에서 싸우는 것은 불리하다며 클레오파트라를 아이귑토스로 돌려보내고 마케도니아로 물러나야 한다고 주장했다. 거기에서 육군으로 결판을 짓자는 것이었다. 대군을 거느리고 오겠다는 게타이의 디코메스 왕 약속도 있었지만, 시킬리아 해전에서 많은 경험을 쌓은 카이사르에게 바다를 내주는 것이 그다지 창피스러운 일은 아니라 여겼기 때문이다. 사실 숙달된 보병들을 거느린 안토니우스가 육지에서의 이점을 버리고, 굳이 병사들을 배에 태워 바다에서 싸운다는 것은 몹시 어리석은 일이었다.

그러나 안토니우스는 카니디우스의 충고를 저버리고 클레오파트라 주장대로 또다시 해전을 벌이기로 했다. 하지만 정작 클레오파트라는 이미 도망갈 준비를 마치고 만일 전쟁에서 지면 어디로 달아날지를 궁리하고 있었다.

안토니우스 진영에 정박한 함대 사이에는 두 줄로 된 긴 장벽이 있었는데, 안토니우스는 호위병도 없이 이곳을 지나다니곤 했다. 카이사르의 시종은 안토니우스가 이곳을 지나갈 때를 기다렸다가 급습하면 아주 쉽게 해치울 수 있을 것이라고 이야기했다. 카이사르는 병사들을 그곳으로 보내 잠복시켰다. 하지만 잠복한 병사들은 너무 성급하게 덤벼들어, 맨 앞에 오던 다른 사람을 잡는 바람에 정작 안토니우스를 놓쳐버리고 말았다.

바다에서 운명을 결정짓기로 한 안토니우스는 아이귑토스 배들을 모두 불사르고 나머지 60척만 남겨두었다. 그러고는 3줄에서 10줄 노를 가진 크고 좋은 배에 중무장군 2만과 궁수 2000을 태우고 바다로 나갔다. 그때 한 보병대장이 지나가던 안토니우스를 붙들고 애원했다. 그는 줄곧 안토니우스를 따라다니며 수많은 전투를 하느라 온몸이 상처투성이였다.

"장군님! 이 칼과 이 상처를 믿지 않고, 썩은 나무로 만든 배에 희망을 거는 이유는 무엇입니까? 포이니키아나 아이귑토스 사람들은 소원대로 바다에서 싸우게 하고, 저희는 땅에서 싸울 수 있게 해주십시오. 저희는 땅 위에 서서 땅을 딛고 싸우며 승리를 거듭해 온 군대입니다."

그러나 안토니우스는 아무 대답도 하지 않고 다만 손짓과 표정으로 잘 싸우라는 뜻만 비추고는 그대로 지나가 버렸다. 그 스스로도 승리는 기대하지 않는 것 같았다. 그는 함대 장군들이 돛을 두고 가자고 했을 때도 허락하지 않고 모두 실으라 명령하며, 적이 도망치면 한 놈도 놓치지 말고 뒤쫓아서 모조리 잡아야 한다고 말했다.

그 뒤 나흘 동안은 풍파가 몹시 심해 전투를 할 수 없었다. 닷새째 되는 날 바람이 그치고 물결이 가라앉자 마침내 싸움이 시작되었다. 안토니우스와 푸블리콜라가 오른쪽 날개를, 코일리우스는 왼쪽을 맡았으며, 가운데는 마르쿠스 옥타비우스와 마르쿠스 인스테이우스가 지휘를 맡았다. 한편 카이사르는 아그리파에게 왼쪽을 맡기고, 자신은 오른쪽 날개를 지휘했다.

안토니우스는 작은 배를 타고서 우군 함대 사이를 돌아다니며, 배를 땅이라 생각하고 저마다 자기 자리에서 용감히 싸우라고 병사들을 격려했다. 그리고 함장들에게는 닻을 내린 것처럼 움직이지 말고 제자리에서 적을 맞아야 하며, 항구가 너무 좁은 곳은 위험하니 접근하지 말라고 명령했다. 카니디우스가 안토니우스의 육군을 맡았고, 카이사르군은 타우루스가 지휘했다. 이 양군은 해안에서 대치한 채 움직이지 않고 서로 기회만 노리고 있었다.

카이사르에 대해서는 이런 이야기가 전해진다. 이른 새벽에 함대를 둘러보려고 천막을 나오던 카이사르는 노새를 끌고 오는 사람을 만나게 되었다. 카이사르가 누구냐고 묻자, 그는 이렇게 대답했다.

"제 이름은 행운이고, 노새 이름은 승자입니다."

뒷날 카이사르는 이 전투의 승리를 기념하기 위해 이 자리에다가 노새와 그 주인의 동상을 세웠다고 한다.

작은 배를 타고 함대를 둘러본 카이사르는 오른쪽으로 돌아가다가 적 함대를 발견하고는 깜짝 놀랐다. 적군의 배가 마치 닻을 내린 것처럼 제자리에 가만히 떠 있었기 때문이다. 그는 이상하게 여겨 한참 동안 살펴보았으나 아무리 봐도 닻을 내린 것처럼 보였다. 그래서 그는 8펄롱 되는 거리까지 다가가서 기다렸다.

한낮이 되자 부드러운 바람이 불었다. 적의 공격을 기다리던 안토니우스 군대는 그때쯤 몹시 지쳐 있었을 뿐 아니라, 웅장한 배를 자랑하고 싶은 생각에 마침내 왼쪽 함대부터 움직이기 시작했다.

이를 본 카이사르는 매우 기뻐하며 오른쪽 함대에 후퇴 명령을 내렸다. 적을 더 좁은 해협으로 끌어들인 다음, 크고 느릿느릿한 적 함대를 날쌔고 작은 배들로 포위하려는 작전이었다.

마침내 전투가 시작되었다. 그러나 양쪽 군대 배가 서로 맞부딪치는 일은 일어나지 않았다. 안토니우스 배들은 너무 거대하고 느려서 충격을 줄 만큼 빠르게 돌진할 수가 없었다. 하지만 뱃머리를 구리로 둘러싸고, 철못을 단단하게 박은 굵은 목재를 써서 튼튼하게 만들어졌기에 카이사르 배들이 먼저 부딪치기를 꺼려했던 까닭도 있었다.

따라서 전투는 육지전과 비슷했는데, 안토니우스군의 배 한 척에 카이사르 군 배 3, 4척이 한꺼번에 달려드는 모습이 마치 성을 공격하는 것과 같았다. 카이사르의 병사들은 방패를 들고 창을 던지며 긴 창으로 찌르고 불화살을 쏘면서 싸웠다. 안토니우스 군대도 나무를 쌓아올린 높은 곳에 올라서서 돌을 마구 던지며 공격했다.

치열한 접전이 벌어지는 동안, 아그리파가 자신의 배들을 넓게 흩뜨려서 적을 포위하려고 했다. 푸블리콜라는 이를 막기 위해 나왔다가 중앙 부대와 멀리 떨어지게 되었다. 한가운데에 있던 우군 부대는 적의 공격을 받아 갈팡질팡했고, 푸블리콜라 부대도 아룬티우스의 공격을 받아 어려운 지경에 처했다.

그야말로 목숨을 건 처절한 전투였다. 그때 클레오파트라가 이끄는 아이귑토스 배 60척이 돛을 올리더니 달아날 준비를 서둘렀다. 이 배들이 커다란 배 뒤에 숨어 있다가 갑자기 튀어나오는 바람에 안토니우스 함대는 더 큰 혼란에 빠졌다. 이윽고 그들은 아수라장이 된 싸움터 한가운데를 지나 순풍을 타고 유유히 펠로폰네소스 쪽으로 달아나 버렸다. 적군들도 말문이 막혀서 그 모습을 물끄러미 바라보기만 할 뿐이었다.

이때에 안토니우스는 사령관으로서는 물론 한 남자로서도 너무나 부끄러운 일을 저지르고야 말았다. 그것은 이성을 아예 잃은 사람의 행동이었다. 사랑에 빠진 사람의 정신은 다른 사람 몸 안에서 산다는 말이 있는데, 안토니우스가 바로 그랬다. 그는 마치 클레오파트라 몸의 일부분인 것처럼, 그녀가 돛을 올리고 달아나자 자신도 그 뒤를 쫓아가기 시작했다. 자신을 위해 싸우고, 자신을 위해 죽어가는 부하들을 모두 잊은 채, 그는 5줄 노를 가진 배에 시리아인 알렉사스와 스켈리우스만을 태우고 달아나 버렸다. 이렇게 그는 이미 그를 망가뜨렸고, 뒷날 그의 인생을 완전히 파멸시킬 클레오파트라를 따라간 것이다.

클레오파트라는 뒤따라오는 안토니우스를 발견하자 자신의 배로 옮겨 타라는 신호를 보냈다. 안토니우스는 클레오파트라의 배에 올라탔다. 그러나 안토니우스는 클레오파트라 곁에 다가가려 하지 않았고, 클레오파트라도 마찬가지였다. 안토니우스는 말없이 뱃머리로 걸어가더니 두 손으로 머리를 감싸 쥐고는 그 자리에 주저앉았다.

카이사르군은 가볍고 빠른 자신들의 배로 이들을 뒤쫓았다. 그러자 안토니우스는 카이사르군에게 자신이 빌려준 배를 돌려달라고 크게 고함을 질렀고, 그 소리를 들은 추격자들은 더는 쫓아오지 못했다. 하지만 라케다이몬 사람인 에우리클레스만은 계속 따라오며 갑판 위에 서서 안토니우스에게 창을 겨누고 있었다. 그를 발견한 안토니우스가 뱃머리에 우뚝 서더니, 누가 감히 안토니우스에게 덤벼들려는 것이냐며 호통을 쳤다.

에우리클레스는 조금도 망설이지 않고 대답했다.

"나는 라카레스의 아들 에우리클레스다. 카이사르 장군님의 행운을 빌려 내 아버지의 원수를 갚겠다!"

라카레스는 예전에 강도죄로 안토니우스에 의해 사형을 당한 사람이었다. 하지만 에우리클레스가 던진 창은 안토니우스 배에 맞지 않았다. 그는 값비싼 그릇들을 실은 배 하나를 빼앗아 돌아갔다. 그가 물러가자 안토니우스는 다시 머리를 감싼 채 주저앉았다. 그는 사흘 동안이나 뱃머리에 혼자 앉아, 배가 타이나루스 항구에 닿을 때까지 꼼짝도 하지 않았다. 클레오파트라에게 화가 났거나, 아니면 그녀를 보기 부끄러워서였으리라.

그러나 타이나루스 항구에 내린 뒤에는 클레오파트라 시종들이 서둘러서 두 사람이 다시 예전처럼 서로 이야기를 나누고, 식사도 잠자리도 함께하도록 해주었다. 그 뒤 운송선 몇 척과, 전투에 지고 달아났던 부하들이 떼를 지어 모여들기 시작했다.

함대는 격멸되었지만 육군은 아직까지 건재하다는 보고를 들은 안토니우스는, 육군을 지휘하던 카니디우스에게 사람을 보내, 곧바로 전군을 이끌고 마케도니아를 지나 아시아로 가라고 명령했다. 그리고 자신은 타이나루스에서 리비아로 가기로 했다. 안토니우스는 많은 돈을 비롯해 금과 은으로 만든 값진 물건들을 가득 실은 배 한 척을 장군들에게 내주면서, 그것을 나누어 가지고 저마다 안전한 곳으로 떠나라고 당부했다.

장군들은 눈물을 흘리며 이를 거절했지만 안토니우스는 끝까지 그들을 설득해 떠나보냈다. 그리고 코린토스에 있는 자신의 집사 테오필루스에게 그들이 카이사르와 화해할 때까지 잘 보살펴 주라는 편지를 보냈다. 안토니우스는 누구보다도 테오필루스를 믿었지만, 그의 아들은 해방 노예들 가운데 가장 먼저 카이사르에게 넘어가 코린토스에서 살던 노예 히파르쿠스였다.

한편 악티움에 있던 안토니우스 함대는, 밀려드는 카이사르군에 오랜 시간 맞서면서 사나운 파도와도 싸워야 했다. 그러나 마침내 오후 4시쯤에 이르러 그 전투는 카이사르군의 승리로 끝이 났다. 안토니우스 함대는 큰 손해를 입었다. 전사한 사람은 5000명을 넘지 않았지만, 카이사르 기록을 보면 그때 빼앗은 배만 해도 300척에 이르렀다고 한다.

안토니우스 함대 대부분은 안토니우스가 도망간 사실을 모르고 있었다. 그리고 도망갔다는 이야기를 들었을 때도 전혀 믿지 않았다. 아직도 육군에는 보병 19개 군단에 기병 1만 2000기나 되는 거대한 병력이 그대로 남아 있었기 때문이다. 더구나 안토니우스는 크고 작은 전투에서 행운과 불행을 번갈아 겪던 사람이며, 전쟁에는 승리도 있고 패전도 있다는 사실을 잘 알고 있었다.

병사들은 안토니우스가 비록 해전에서 패했다 하더라도 비겁하게 달아날 사람은 절대 아니라 여겼다. 그리고 안토니우스가 달아난 것이 사실로 밝혀진 뒤에도, 7일 동안이나 버텼다. 그들은 카이사르가 항복을 권하기 위해 보낸 사자도 만나지 않고 오히려 더 똘똘 뭉쳐 하나가 되었다. 충성심 강한 병사들은 이

지경에 이르렀음에도 안토니우스가 금방이라도 자기들 앞에 나타나리라는 기대를 버리려 하지 않았다. 그러나 마침내 지휘관인 카니디우스가 한밤에 몰래 달아나고, 장교들마저도 그들을 버린 채 달아나 버리자 하는 수 없이 카이사르에게 항복했다.

승리를 거둔 카이사르는 아테나이로 갔다. 그때 헬라스 도시들은 재산, 노예, 가축들을 모두 안토니우스에게 빼앗겨 말할 수 없이 비참한 생활을 하고 있었다. 카이사르는 헬라스의 평화를 약속하고는, 안토니우스가 전쟁을 위해 모아두었던 곡식들을 도시들마다 골고루 나누어 주었다.

나는 증조할아버지인 니카르쿠스로부터 다음 같은 이야기를 여러 번 들었다. 그 무렵 우리 도시 시민들은 채찍을 맞으며 안토니우스군을 위해 안티키라 부근 해안까지 밀을 운반해야만 했다. 그런데 두 번째로 곡식을 짊어지고 떠나려 할 때쯤 안토니우스가 전쟁에서 졌다는 소식이 들려왔다. 이에 놀란 안토니우스 병사들이 모두 달아나자, 시민들은 그들이 두고 간 곡식들을 나누어 가질 수 있었다.

안토니우스는 아프리카 해안에 닿았다. 그는 파라이토니움에서 클레오파트라를 아이컵토스로 보낸 다음 지독히 외로운 나날을 이어갔다. 그는 친구 둘과 함께 이곳저곳을 떠돌아다녔는데, 한 사람은 헬라스인 수사학자 아리스토크라테스이고, 다른 한 사람은 루킬리우스라는 로마인이었다. 루킬리우스는 필리피 전투에서 패배한 브루투스 대신 적들에게 사로잡힘으로써 브루투스를 무사히 달아나게 한 사람이었다. 그때 안토니우스는 그 정신을 갸륵하게 여겨 그를 살려주었는데, 루킬리우스는 은혜를 잊지 않고 끝까지 안토니우스에게 충성했다. 이 이야기는 브루투스 전기에 기록해 두었다.

안토니우스는 아프리카에 둔 자기 군대 지휘관들까지도 모두 카이사르에게 항복했다는 소식을 듣고 스스로 목숨을 끊으려 했다. 그러나 친구들의 만류로 뜻을 이루지 못하고, 그들의 보호를 받으며 알렉산드리아로 떠났다. 하지만 그곳에 도착한 안토니우스는 클레오파트라가 꾸미고 있던 엄청난 계획을 알게 되었다.

홍해와 아이컵토스 부근 바다에 있는 땅은 아시아와 아프리카의 경계를 이루었는데, 가장 좁은 부분은 겨우 300펄롱밖에 되지 않았다. 클레오파트라는 자기 함대를 이끌고 이곳을 지나 아라비아만으로 가려고 했다. 전쟁의 불길과 남의 지배를 받는 수치를 피해 그곳에서 평화로운 여생을 보낼 계획을 세운 것이었다. 그러나 페트라 지방의 아라비아 사람들은 바다를 건너 맨 처음 상륙한 그녀의 배를 주저없이 불태워 버렸다.

일이 이렇게 되자 안토니우스는 클레오파트라가 계획을 포기하도록 그녀를 설득했다. 악티움에 주둔해 있는 자신의 군대가 아직도 무사하리라 생각한 것이다. 그는 아이귑토스로 들어오는 모든 길목에 튼튼한 방벽을 쌓게 하는 한편, 알렉산드리아를 떠나 파로스 섬으로 갔다. 그리고 섬에서 가까운 바다 한가운데에 큰 둑을 쌓고, 그 위에 작은 집을 지었다. 안토니우스는 이제 세상과의 인연을 끊고 티몬처럼 조용히 살고 싶었다. 티몬처럼 자기 친구들로부터 배신을 당하자 더는 사람들을 믿을 수 없게 된 것이다.

아리스토파네스와 플라톤이 쓴 희곡을 보면, 티몬은 펠로폰네소스 전쟁 무렵에 살았던 아테나이 시민이었다는 것을 알 수 있다. 그는 인간을 너무나 싫어했으므로, 사람을 피해 외딴곳에서 홀로 생활했으며 인간과는 연을 끊고 살았다. 그러나 법을 무서워할 줄 모르던 알키비아데스라는 젊은이와는 매우 가깝게 지냈다.

아페만투스라는 사람이 이것을 이상하게 여겨 그 까닭을 묻자, 티몬은 알키비아데스가 뒷날 아테나이를 엄청난 불행으로 몰아넣을 사람이기 때문이라고 말했다. 티몬은 아페만투스만 가끔 만나며 지냈는데, 아페만투스 또한 티몬과 비슷한 사람이며, 그의 생활 방식을 흉내내며 살았기 때문이다. 두 사람은 디오니소스 제전 때 만나 함께 술을 마셨는데, 문득 아페만투스가 이렇게 물었다.

"정말 기분이 좋지 않습니까, 티몬?"

그러자 티몬이 대답했다.

"당신만 없었다면 아마 그랬을 거요."

언젠가 민회가 열렸을 때, 티몬이 연단에 올라왔다. 사람 만나기를 꺼리던 그가 이런 자리에 나오자 시민들은 그 이유가 무척 궁금했다. 그래서 모두 조용히 하고 그가 무슨 말을 할지 기다렸다. 마침내 티몬이 입을 열었다.

"아테나이 시민 여러분! 나는 아주 조그만 땅을 가지고 있으며, 그 땅에는 무화과가 한 그루 서 있습니다. 그 나무는 사람들이 목을 매고 자살을 하는 데에 자주 이용되었지요. 그런데 이번에 내가 그 땅에 집을 짓기로 했습니다. 그러니 자살하실 분은 나무를 베기 전에 어서 오시기 바랍니다."

티몬은 죽은 뒤 바다에서 가까운 할라이에 묻혔다. 그런데 우연하게도 무덤 주위 땅이 가라앉는 바람에 바닷물이 들어와 사람들이 갈 수 없게 되었다. 이 무덤 비석에는 이런 글귀가 새겨져 있었다.

인생의 무거운 짐을 벗고
나 여기에 누웠노라.
아무도 내 이름을 묻지 마라
내 저주를 받아 죽게 될 테니.

여기에 적힌 글은 티몬이 죽기 전에 직접 지은 것이라고 전해진다. 그러나 세상에 더 널리 알려진 것은 칼리마코스의 글이다.

사람을 싫어한 티몬
내가 여기 묻혀 있으니
가거라! 저주받고 싶지 않거든,
잠시도 머물지 말고 떠나라.

티몬에 대해 여러 이야기들이 있지만 이쯤에서 그치기로 하겠다.

안토니우스는 악티움에 있던 카니디우스에게서 군대를 모두 잃었다는 보고를 받았다. 그리고 유다이아의 헤로데스 왕이 여러 군단과 연대를 이끌고 카이사르에게 항복했으며, 아이귑토스를 제외한 다른 왕들도 모두 안토니우스에게 등을 돌렸다는 소식이 잇따라 들려왔다.

그러나 이러한 절망적인 상황에서도 안토니우스는 조금도 흔들리는 기색이 없었다. 그는 이제 모든 희망을 버리게 되어 오히려 홀가분하다는 듯, 바다 가운데 짓고 살던 티모니움 궁을 떠나 클레오파트라 궁전으로 돌아갔다. 알렉산드리아에 닿은 안토니우스는 날마다 온 시내를 살피러 돌아다녔으며, 밤새도록 성대한 잔치를 열고 호화로운 선물을 내리는 등 돈을 물 쓰듯 썼다.

안토니우스는 클레오파트라와 율리우스 카이사르 사이에서 태어난 아들을 귀공자로 대우하고, 풀비아와 자기 사이에서 태어난 아들 안틸루스에게는 자주색 단을 두르지 않은 옷을 입혀 성년식을 올리게 했다. 그리고 나서 알렉산드리아 시가 들썩거릴 만큼 며칠 동안이나 큰 잔치를 베풀었다. 또한 클레오파트라와 더불어 예전에 만들었던 '흉내낼 수 없는 생활인' 모임을 없애고 '함께 죽을 사람들'이라는 이상한 모임을 새로 만들었다. 이 모임은 안토니우스와 클레오파트라와 함께 죽기로 맹세한 사람들이 가입했기에 이런 이름이 붙여진 것이다. 이들은 전보다 더 화려하고 사치스러운 잔치를 벌이며 밤낮을 가리지 않고 방탕하게 놀았다.

그러면서 클레오파트라는 온갖 종류의 독약들을 모았다. 그녀는 어느 약을 먹어야 고통을 가장 적게 받고 빠르게 죽을 수 있는지를 실험하기 위해 사형수들에게 약을 먹였다. 그 결과 효과가 빠른 약은 고통이 심하고, 고통이 적은 약은 죽는 데 시간이 오래 걸린다는 것을 알아냈다. 그래서 이번에는 독을 가진 짐승들을 써서 실험을 계속했다.

날마다 짐승 독을 다른 짐승의 몸에 넣으면서 실험한 결과, '아스프'라는 뱀의 독이 사람을 가장 편안하게 죽인다는 것을 알아냈다. 이 독사에게 물리면 몸이 떨리거나 신음을 내는 일도 없이 졸음이 오는 것처럼 정신이 몽롱해졌다. 그리고 차츰 감각이 없어지고 어떤 괴로움도 느끼지 못한 채 얼굴에 식은땀을 흘리며 조금씩 의식이 없어지다가, 나중에는 깨워도 일어나지 못하는 깊은 죽음 속으로 빠져들었다.

안토니우스와 클레오파트라는 아시아에 머물던 카이사르에게 사람을 보냈다. 클레오파트라는 아이컵토스 왕좌를 자기 아들에게 물려줄 수 있게 해달라고 부탁했고, 안토니우스는 아이컵토스에서 한 국민으로서 살 수 있게 해달라고 요청했다. 이것이 과분한 일이라면, 아테나이로 가서 한낱 시민으로 살 수 있게 도와달라고 했다. 이때 사절로 간 사람은 안토니우스의 아들을 가르치던 에우프로니우스였는데, 안토니우스의 친구들은 이미 모두 흩어져 버렸으므로 믿을 사람이라고는 이 가정교사뿐이었다.

안토니우스에게는 일찍이 로마에 있을 때 티마게네스 소개로 알게 된 알렉사스라는 사람이 있었다. 알렉사스는 라오디케이아 출신이었는데, 안토니우스로부터 주변 어느 헬라스 사람들보다도 두터운 신임을 받고 있었다. 알렉사스는 클레오파트라를 위해 안토니우스 가까이에 있으면서 여러 일들을 도맡아 했다. 그는 클레오파트라의 부탁을 받아, 헤어진 아내 옥타비아를 그리워하는 안토니우스의 마음을 클레오파트라에게 다시 돌리기도 했다.

따라서 알렉사스를 사절로 보내는 것이 가장 좋았을 테지만 그는 헤로데스 왕에게 절대로 배반할 생각을 갖지 않도록 설득하기 위해 유다이아로 가고 없었다. 그러나 알렉사스는 안토니우스를 배신하고 말았다. 유다이아에 도착한 그는 헤로데스 왕의 도움을 받아 카이사르에게 넘어가려고 했지만, 헤로데스 왕은 도와주기는커녕 그를 사슬로 동여매 본국으로 끌고 와 감옥에 가두었다. 알렉사스는 나중에 카이사르 명령으로 헤로데스 왕에게 사형당했다. 은혜를 배반한 죗값을 톡톡히 치른 것이다.

카이사르는 안토니우스의 요청을 들어주지 않았다. 그러나 클레오파트라에게는, 안토니우스를 죽이거나 아이귑토스에서 내쫓기만 한다면 무슨 부탁이든지 다 들어주겠다고 했다. 카이사르는 사절들이 돌아갈 때, 자신의 해방 노예인 티르수스를 함께 보냈다. 티르수스는 클레오파트라가 아무리 미모와 말재주로 유혹해도 절대로 넘어가지 않을 사람이었다.

클레오파트라는 티르수스를 특별하게 대우하며 다른 사람들보다 훨씬 오랫동안 만나주었다. 이에 질투를 느낀 안토니우스는 그를 잡아다가 매질한 뒤, 카이사르에게 쓴 편지를 들려서 돌려보냈다. 티르수스가 분수에 넘치는 무례한 짓을 저질렀으며, 자신은 그것을 참을 만큼 너그러운 사람이 아니라는 내용이었다. 그리고 다음 같은 말을 덧붙였다.

"만일 티르수스를 벌준 일이 못마땅하다면, 나의 노예 히파르쿠스를 보내겠으니 그를 때리시오. 그러면 서로 공평해질 것이오."

이런 일이 생기자 클레오파트라는 안토니우스의 질투심을 누그러뜨리고 자신의 결백을 보여주기 위해 그를 더욱 정성껏 대했다. 그녀는 자기 생일에는 기울어진 신세에 어울리게 소박한 상을 차렸지만, 안토니우스 생일에는 막대한 비용을 들여서 화려한 잔치를 열었다. 손님들은 빈손으로 왔어도 배부르게 먹고 마셨으며 극진한 대접을 받고 돌아갔다.

카이사르는 로마에 남아 있던 아그리파로부터 빨리 돌아오라는 편지를 받고 로마로 갔다. 그리하여 전쟁은 한동안 휴면 상태가 되었다. 그러나 겨울이 지나자 카이사르는 장군들에게 아프리카를 거쳐 시리아로 가라고 명령하고, 자신은 곧바로 시리아로 갔다. 그는 가는 길에 펠루시움 시를 점령했는데, 클레오파트라의 지시를 받은 셀레우쿠스가 그 도시를 적에게 넘겨주었다는 소문이 떠돌았다. 그러자 클레오파트라는 셀레우쿠스의 아내와 자식들을 안토니우스에게 넘겨줌으로써 자신의 결백을 증명했다.

클레오파트라는 이시스 신전 근처에 많은 무덤과 기념탑을 지었는데, 모두 놀랄 만큼 높고 섬세하게 세공된 것들이었다. 그녀는 그 안에다가 금, 은, 에메랄드, 진주, 흑단, 상아, 향료, 그리고 불쏘시개 나무들을 넣어두었다. 카이사르는 혹시 그녀가 절망해 이 귀중한 보물들에 불을 지르지 않을까 염려스러웠으므로, 잇따라 사람을 보내 그녀를 안심시키려고 노력했다.

카이사르가 알렉산드리아 경마장 근처에 진을 치자, 안토니우스는 맹렬히 공격해 카이사르 기병대와 보병대를 다시 참호 속으로 몰아넣었다. 승리를 거둔 안토니우스는 크게 기뻐하며 왕궁에 돌아와서, 갑옷도 벗지 않은 채 클레오파트라를 껴안았다. 그리고 그날 싸움에서 큰 공을 세운 부하 한 사람을 클레오파트라에게 소개하고 상을 내리게 했다. 그녀는 그 부하에게 금 흉갑과 투구를 상으로 주었는데, 그는 그것을 받고는 그날 밤 카이사르군으로 넘어가 버렸다.

그 뒤 안토니우스는 또다시 카이사르에게 자신과 일대일로 겨루자고 제안했다. 하지만 카이사르는 죽을 방법은 그 밖에도 얼마든지 있지 않느냐며 비아냥거릴 뿐이었다. 이 말을 들은 안토니우스는 바다든지 육지든지 죽기를 각오하고 반드시 판가름을 내기로 마음먹었다. 이렇게 된 이상, 죽음만큼은 전장에서 명예롭게 맞이하리라 생각한 것이다.

그날 저녁 안토니우스는 시종과 장군들에게, 모두 이렇게 함께 지내는 것도 오늘이 마지막이고 내일이면 아마 다른 주인을 섬기게 될지도 모른다고 말했다. 또 내일이면 자신은 죽어서 아무것도 남지 않게 될지 모르니 오늘 밤만이라도 충분히 술을 따르고 즐겁게 섬겨달라고 했다. 그 말을 들은 병사들은 모두 눈물을 흘렸다. 이를 본 안토니우스는, 자신이 전투를 하려는 것은 승리하기 위해서가 아니라 명예롭게 죽기 위해서이므로 그들을 데려갈 생각이 없다고 말했다.

밤이 되자, 온 시내는 내일 다가올 운명에 대한 공포로 무거운 침묵에 싸여 있었다. 그런데 갑자기 디오니소스 신 제사를 지내려는 무리처럼 온갖 악기 소리와 함께 노래를 부르며 춤추는 사람들의 고함 소리가 들렸다. 이 시끄러운 행렬은 시내 한복판을 지나 적군이 있는 성문으로 가더니, 거기서 한바탕 요란스러운 소리를 내고는 나타날 때와 마찬가지로 갑자기 사라져 버렸다. 몹시 놀란 사람들은 안토니우스가 평소 그토록 열성적으로 따르던 디오니소스 신이,

이제는 그를 저버리고 떠나가는 소리라며 수군거렸다.

날이 밝아오자 보병들을 이끌고 시내에서 나온 안토니우스는 자기 함대가 적진으로 돌격하는 모습이 잘 보이는 나지막한 언덕 위에 진을 치고는 함대가 싸우는 모습을 내려다보았다. 그런데 적에게 접근한 군사들이 노를 들고 카이사르 함대에 인사하자 적도 똑같이 인사를 보내왔다. 그러고는 두 함대가 하나로 뭉치더니 갑자기 방향을 바꾸어 함께 시내로 쳐들어오는 게 아닌가.

이 광경을 본 기병대도 그를 버리고 카이사르군에 넘어갔으며, 보병 부대도 패배해 달아났다. 안토니우스는 시내로 들어오면서, 클레오파트라를 위한 전쟁에서 오히려 클레오파트라 때문에 패하게 되었다며 고함을 질러댔다.

분노와 절망에 사로잡힌 클레오파트라는 안토니우스가 자신을 해칠까봐 두려웠다. 그녀는 기념탑 안으로 들어가 두꺼운 살창을 내리고 빗장을 질렀다. 그리고 안토니우스에게 사람을 보내 자신이 스스로 목숨을 끊었다고 전하게 했다. 이 말을 그대로 믿은 안토니우스는 자신에게 이렇게 울부짖었다.

"안토니우스! 너는 왜 아직도 살아 있느냐? 네가 구차하게 목숨을 이어가려 했을 때, 사람들이 그럴 수 있을 거라 여겨주던 단 한 가지 평계를 끝내 운명이 빼앗아가 버렸구나!"

그는 자기 방으로 들어가, 입고 있던 갑옷을 벗어 던지며 말했다.

"클레오파트라! 당신을 잃은 것은 슬프지 않소. 곧 당신을 만나러 갈 테니 말이오. 정말 슬픈 일은, 대장군인 내가 한낱 여자인 당신보다도 용기가 없어 아직까지 숨을 쉬고 있다는 사실이오."

안토니우스에게는 에로스라는 충실한 하인이 있었는데, 그는 이 하인에게 만일 어쩔 수 없는 상황이 닥치면 자신을 죽이라는 다짐을 여러 번 해두었다. 안토니우스는 지금이 바로 그때이니 명령을 실행하라고 말했다. 에로스는 칼을 뽑아들고 안토니우스를 겨누었다. 그런데 갑자기 돌아서더니 제 몸을 찔러 자살해 버리고 말았다. 쓰러지는 에로스를 보며 안토니우스는 이렇게 말했다.

"정말 훌륭하다 에로스! 내가 차마 하지 못한 일을 결행해 도리어 나를 가르치는구나."

안토니우스는 곧 칼로 자신의 배를 찌르고 침대 위로 쓰러졌다. 그러나 숨이 끊어지지는 않았으며, 흐르던 피가 멎었으므로 그는 다시 정신을 차렸다. 안토니우스는 자신을 둘러선 사람들에게 제발 자기를 죽여달라 애원했으나 사람들은 모두 밖으로 달아나 버렸다. 안토니우스는 고함을 지르며 고통에 몸부림 쳤다.

그때 클레오파트라의 몸종인 디오메데스가 찾아왔다. 그녀는 안토니우스를 자기가 숨어 있는 기념탑으로 모셔오라는 클레오파트라 지시를 받았다고 말했다. 클레오파트라가 살아 있다는 사실을 알게 된 안토니우스는 하인들을 불러 자기를 클레오파트라가 있는 곳으로 데려가게 했다. 클레오파트라는 창문 같은 조그만 구멍으로 내려다보고 있다가, 안토니우스가 도착하자 문도 열지 않은 채 밧줄 몇 가닥을 내려보내 그의 몸을 묶게 했다. 그러고는 함께 탑 안에 들어와 있던 두 시녀와 힘을 합해 안토니우스를 끌어올렸다. 사람들은 이 처참한 광경을 보고 아무도 입을 열지 못했다. 피투성이가 된 안토니우스는 밧줄 끝에 매달려 숨이 끊어질 듯한 괴로움을 당하면서도, 클레오파트라에게 두 팔을 뻗고 있었던 것이다. 밧줄에 매달린 안토니우스를 여자 힘으로 끌어올린 다는 것은 결코 쉬운 일이 아니었다. 클레오파트라가 머리가 바닥에 닿을 듯 밧줄에 매달려 온 힘을 다해 안토니우스를 끌어올리는 동안, 탑 아래에 있던 사람들은 그녀를 격려하며 클레오파트라의 고통을 함께 나누었다.

마침내 안토니우스가 끌어올려 오자, 클레오파트라는 그를 침대에 눕힌 뒤 자신의 옷을 찢어서 덮어주었다. 그녀는 제 손으로 머리를 쥐어뜯고 가슴을 두드리며 안토니우스의 가슴 위에 얼굴을 부볐다. 안토니우스의 상처에서 흐른 피가 자기 얼굴을 적시는 것도 아랑곳하지 않고 그녀는 남편이라 부르다가 폐하라 부르기도 하면서 그에게 매달렸다.

안토니우스는 클레오파트라에게 손을 뻗으며 울지 말라고 위로했다. 그리고 통증을 잊으려 그랬는지 목이 말라서 그랬는지, 포도주를 좀 가져다달라고 부탁했다. 술을 마시고 난 뒤 안토니우스는 그녀의 안전을 위해서는 수치스러운 일만 아니라면 무엇이든지 좋을 대로 하라고 말하며, 카이사르 장군들 가운데 는 프로쿨레이우스가 가장 믿을 만한 사람이라 덧붙였다. 그리고 자신의 마지막 패배를 슬퍼하지 말라고 했다. 자신은 세상에서 가장 큰 영광과 권력을 누리고 살았으니, 좋은 일들로 행복했던 그를 생각해 달라고도 했다. 로마인으로서 로마인에게 정복된 것은 수치스러운 일이 아니라는 것이었다.

말을 마친 뒤 안토니우스는 숨을 거두었다. 그때 카이사르가 보낸 프로쿨레이우스가 달려왔다. 안토니우스가 클레오파트라에게 옮겨졌을 때, 그의 호위병이었던 데르케타이우스는 안토니우스 배에 꽂혔던 칼을 주워 들고 카이사르에게 달려갔다. 그러고는 피 묻은 칼을 카이사르에게 보여주며 안토니우스의 자살 소식을 처음으로 알렸다. 카이사르는 이 소식을 듣고 자신의 천막으로 들어갔다. 그는 누나의 남편이자 정치적 동지이며, 적과 싸울 때에는 절친한 동료였던 안토니우스를 생각하며 슬픔의 눈물을 흘렸다.

잠시 뒤 그는 안토니우스와 주고받았던 편지를 들고 장교들 앞에 나타났다. 그리고 그것을 읽어주면서, 자기가 안토니우스를 얼마나 정당하고 이성적으로 대했는지, 그리고 안토니우스가 자기에게 얼마나 거만하고 고집스럽게 굴었는지를 증명해 보였다.

작은 카이사르는 프로쿨레이우스를 클레오파트라에게 보내면서, 될 수 있는 대로 그녀를 사로잡아 오라고 명령했다. 그녀의 많은 재물도 탐났지만, 그녀를 끌고 간다면 개선식 때 훨씬 더 빛나는 행렬이 되리라 여긴 것이다.

그러나 클레오파트라는 프로쿨레이우스 손에 쉽게 잡힐 여자가 아니었다. 클레오파트라는 목소리를 서로 잘 들을 수 있도록 장치한 문밖에 그를 세워둔 채 기념탑 안에서 담판을 지었다. 그녀는 자기 아이들이 아이귑토스 왕위를 이어받을 수 있도록 해달라고 요청했다. 프로쿨레이우스는 모든 것을 허락할 테니 카이사르를 믿으라며 되풀이해서 말했다.

프로쿨레이우스 보고를 들은 카이사르는 이번에는 갈리우스를 보냈다. 갈리우스는 문밖에 서서 일부러 이야기를 길게 끌었다. 그러는 동안 프로쿨레이우스는 안토니우스를 끌어올렸던 그 창문에 긴 사다리를 놓고 창문을 통해 안으로 들어갔다. 그러고는 갈리우스와 한창 이야기를 나누던 클레오파트라에게 다가갔다. 그것을 본 시녀 하나가 비명을 질렀다.

"여왕님! 적이 여왕님을 사로잡으려 해요!"

클레오파트라는 얼른 품 안에 있던 칼을 빼들었으나 프로쿨레이우스가 재빨리 달려들어 칼을 든 그녀 손목을 잡았다.

"안 됩니다. 여왕님을 위해서도, 카이사르 님을 위해서도 이래서는 안 됩니다. 카이사르 장군이 당신에게 은혜를 베풀 기회를 놓쳐서, 따뜻한 그분을 오히려 신의 없고 무자비한 분으로 만들어서는 안 되지요."

그는 이렇게 말하며 단도를 빼앗고, 혹시 독약을 감추고 있지 않은가 싶어 그녀의 옷을 검사했다. 카이사르는 에파프로디투스라는 해방 노예를 클레오파트라에게 보냈다. 클레오파트라가 생명의 위협을 느끼지 않도록 잘 보호해 주고, 특히 그녀가 목숨을 끊는 일이 없도록 엄중하게 감시하려는 것이었다.

마침내 알렉산드리아에 도착한 카이사르는 아리우스라는 철학자와 손을 잡고 정답게 이야기를 나누며 들어왔다. 이 철학자는 시민들에게 큰 존경을 받고 있었으므로, 자신이 그 철학자에게 존경받고 있다는 것을 시민들에게 보이면 시민들도 자신을 존경하게 되리라는 기대에서였다.

카이사르는 경기장에 들어가 미리 준비된 높은 연단 위 자리에 앉았다. 시민들은 모두 땅에 엎드려 벌벌 떨고 있었다. 그는 모든 것을 용서할 테니 일어나라 말했다. 그리고 첫째로는 이 도시를 건설한 알렉산드로스 대왕을 위해, 둘째로는 아름답고 웅장한 이 도시를 위해, 셋째로는 이곳에서 태어난 자신의 친구 아리우스를 위해 시민들 죄를 용서하는 것이라 덧붙였다.

이것으로도 알 수 있듯이 아리우스는 카이사르로부터 큰 영광을 받고 있었다. 그뿐만 아니라 아리우스가 애쓴 덕분에 많은 이들이 목숨을 구할 수 있었는데, 그 가운데서도 필로스트라투스라는 사람은 유명했다. 필로스트라투스는 때와 장소를 가리지 않고 어디서든 즉석연설을 훌륭하게 해냈으며, 역사적으로도 모든 변론가들 중에 그를 따를 만한 즉석 연설가는 찾아볼 수 없었다. 그런데 그는 아무 근거도 없이 자신이 아카데메이아 학파라 우겼으므로, 이를 못마땅하게 여긴 카이사르는 아리우스 부탁을 거절하고 그를 죽이려 했다. 그러자 필로스트라투스는 허연 수염을 늘어뜨린 채 상복을 입고 나와 다음 같은 시를 읊으며 다녔다.

참으로 지혜로운 사람이라면
지혜로운 사람을 구한다네.

그는 이런 시를 읊으며 아리우스를 쫓아다녔다. 이 소문을 들은 카이사르는 필로스트라투스를 용서해 주었다. 그러나 이는 필로스트라투스의 비난을 막기 위함이 아니라 아리우스에게 돌아갈 나쁜 소리를 막아주기 위해서였다.

풀비아가 낳은 안토니우스 아들 안틸루스는 그의 가정교사 테오도루스의 배신으로 사형을 당했다. 병사들이 안틸루스의 목을 벨 때 테오도루스는 안틸루스의 값비싼 목걸이를 훔쳐 허리띠 속에 감추었다. 하지만 나중에 이 일이 밝혀져 그는 십자가에 매달려 죽임을 당했다.

클레오파트라의 다른 자녀들은 호위병들 보호와 시종들 시중을 받으며 편안하게 지냈다. 그러나 율리우스 카이사르와의 사이에서 태어난 아들 카이사리온은 어머니 클레오파트라가 준 엄청난 재산을 가지고 아이티오피아를 거쳐 인디아로 달아났다. 그런데 카이사리온의 가정교사인 로돈도 테오도루스 같은 자였다. 로돈은 카이사르가 카이사리온을 왕위에 앉히기로 약속했다고 속여 도중에 돌아오게 만들었다. 그리하여 카이사르가 카이사리온을 어떻게 처리할까 고민하고 있을 때 아리우스는 이렇게 말했다.

"카이사르가 너무 많으면 좋을 게 없지요."

그래서 카이사르는 클레오파트라가 세상을 떠나자 카이사리온을 죽였다.

많은 왕과 장군들은 장례를 치러야 하니 안토니우스 시신을 달라고 요청했다. 그러나 카이사르는 클레오파트라에게서 안토니우스 시신마저 빼앗고 싶지 않았다. 마침내 안토니우스 장례식은, 돈을 얼마든지 써도 좋다는 허락을 받은 클레오파트라 손에 의해 화려하고 성대하게 거행되었다.

안토니우스의 죽음으로 너무나 큰 슬픔과 고통을 겪은 클레오파트라는 수시로 가슴을 쳤다. 나중에는 이것이 원인이 되어 유방에 염증이 생겼고, 클레오파트라는 이를 핑계 삼아 식사를 하지 않았다. 그녀는 그대로 죽을 수 있게 된 것을 기뻐했다. 그녀에게는 올림푸스라는 주치의가 있었는데, 클레오파트라는 그에게 자기 본심을 이야기하며, 어떻게 하면 쉽게 죽을 수 있겠느냐고 물었다. 이런 이야기는 올림푸스가 쓴 기록에 남아 있다.

이 계획을 눈치 챈 카이사르는 클레오파트라의 죽음을 막기 위해, 그녀가 죽는다면 그녀의 아이들도 모두 죽이겠다고 협박했다. 클레오파트라는 할 수 없이 식사를 하고 의사가 주는 약도 먹기 시작했다.

얼마 뒤 카이사르는 클레오파트라를 위로하려 몸소 그녀를 찾아갔다. 마침 클레오파트라는 속옷만 입은 채 침대에 누워 있었다. 카이사르가 왔다는 말을 듣자 그녀는 황급히 일어나 카이사르 발밑에 엎드렸다. 얼굴은 창백하고 머리칼은 제멋대로 헝클어졌으며, 목소리는 바르르 떨리고, 하도 울어서 눈은 퀭하니 꺼져 있었다. 가슴에는 시퍼런 멍이 들었고, 그런 몸의 상처 못지않게 마음도 많이 상해 있었다. 그러나 클레오파트라의 매력과 뛰어난 아름다움은 그런 처지에도 불구하고 아련히 남아 있었다.

카이사르는 클레오파트라에게 바닥에서 일어나 침대에 누우라고 했다. 그리고 그녀가 눕자 그 곁에 조용히 앉았다. 이 기회를 이용해 클레오파트라는 지금까지 자신이 한 일을 변명하고, 모든 일은 안토니우스가 두려워서 한 것이라며 책임을 돌리려 했다. 하지만 카이사르는 그녀의 이야기를 하나하나 지적하며 변명들을 모두 묵살했다. 그러자 클레오파트라는 급히 말투를 바꾸어 사죄하면서, 제발 목숨만 살려달라고 애원했다.

나중에는 자신이 가지고 있는 재산과 보물 목록까지 그에게 내놓았다. 그런데 옆에 서 있던 그녀의 재무관 셀레우쿠스가, 그 목록에는 빠진 것이 많고 분명히 다른 곳에 미리 감추어 두었을 것이라 이야기했다. 클레오파트라는 벌떡 일어나더니, 셀레우쿠스 머리채를 잡고 얼굴을 때렸다. 카이사르가 웃으며 말리자 클레오파트라가 호소했다.

"어떻게 이럴 수가 있습니까? 카이사르 장군님께서도 저의 신세를 가엾게 여겨 여기까지 오셨는데, 제가 부리던 자 입에서 어찌 이런 말이 나올 수 있습니까? 저에게 남아 있는 재물이라 봐야 얼마 안 되는 여자의 노리개로, 그나마 불행한 제 몸을 꾸미기 위해서가 아니라 옥타비아 님과 리비아 님께 선물로 드려 어떻게든 제 몸을 구하려 남겨두었던 것입니다. 그런데 제가 이런 소리를 듣고도 가만히 있어야 되겠습니까?"

이 말을 들은 카이사르는 마침내 클레오파트라가 죽을 결심을 거두었다고 믿었다. 매우 만족한 그는 클레오파트라가 그 물건들을 마음대로 처리할 수 있도록 허락했다. 그리고 지금보다도 훨씬 더 훌륭한 대우를 해주겠다고 약속했다. 그런 다음 그녀를 달랜 것에 만족해하며 그곳을 떠났지만, 클레오파트라는 마음을 바꾼 게 아니었다.

카이사르 친구들 가운데 코르넬리우스 돌라벨라라는 젊은이가 있었는데, 그는 클레오파트라에게 커다란 호의를 베풀었다. 그는 평소에 클레오파트라로부터 부탁받은 대로, 카이사르가 시리아를 통해 귀국할 것이며, 클레오파트라와 그녀의 아이들은 사흘 안에 호송될 것이라는 계획을 몰래 편지로 알려주었다. 이 사실을 알게 된 클레오파트라는 시녀들을 데리고 안토니우스의 무덤을 찾아가 무덤을 끌어안고 눈물을 흘리며 이렇게 말했다.

"안토니우스! 이 손으로 당신을 묻은 지도 얼마 지나지 않았습니다. 그때만 해도 나는 자유로운 몸이었어요. 그러나 지금은 죄인의 몸이 되어 심한 감시를 받으며 당신에게 술을 따르고 있답니다. 나에게는 스스로 목숨을 끊어 이 고통과 설움을 벗어날 수 있는 길도 사라졌습니다. 이대로 노예로 끌려가, 당신을 정복했다고 축하하는 개선식에서 구경거리가 되어야 한답니다. 클레오파트라가 당신에게 술을 따라 드리는 것도 오늘이 마지막입니다. 이제 나는 여기를 떠나 먼 곳으로 끌려갈 테니까요. 살아 있을 때에는 누구도 우리를 갈라놓지 못했는데, 지금은 당신과 나 사이에 죽음이 가로막고 있군요. 로마 사람인 당신은 아이귑토스에 묻히고, 아이귑토스 사람인 나는 당신 나라인 이탈리아에 묻히게 되었으니 말이에요. 이제 무엇 하나 더 좋아지기를 바랄 수 없게 되었습니다. 하늘의 신들은 이미 우리 두 사람을 버렸습니다. 그러나 만일 땅의 신들과 당신이 그럴 수 있다면 있다면 부디 나를 도와주세요. 살아 있는 당신 아내를 저버리지 마세요. 치욕스러운 개선식에 나가지 않도록, 내가 당신 곁에 묻힐 수 있도록 제발 도와주세요. 내가 지금까지 겪은 수천 가지 고통 가운데 당신과 헤어진 뒤에 겪은 이 짧은 시간 동안의 아픔과 괴로움보다 더 크고 무서운 것은 없었어요."

클레오파트라는 이렇게 울부짖으며 무덤에 화환을 바쳤다. 그러고는 무덤을 끌어안고 작별 인사를 했다. 무덤에서 돌아온 클레오파트라는 목욕을 하고, 화려하게 마련된 식탁으로 나갔다. 그런데 그때 시골 사람 하나가 작은 바구니를 들고 찾아왔다. 감시병들이 길을 막으면서 무엇을 갖고 왔느냐 묻자, 그는 바구니를 덮은 잎사귀를 들추고 탐스러운 무화과를 보여주었다. 병사들이 무화과가 너무나 크고 아름다운 것에 놀라자 그는 웃으며 몇 개 가지라고 말했다. 그러나 병사들은 사양하면서 아무 의심 없이 그를 안으로 들여보냈다.

식사를 마친 클레오파트라는 미리 써두었던 편지를 단단히 봉한 다음 카이사르에게 보냈다. 그러고는 두 시녀만 남기고 나머지 시종들을 기념탑 밖으로 모두 내보낸 뒤 문을 잠갔다. 한편 카이사르는 클레오파트라가 보낸 편지를 보고 깜짝 놀랐다. 부디 안토니우스 곁에 묻어달라는 부탁과 함께 자신의 운명을 한탄한 편지였다.

카이사르는 무슨 일이 일어나고 있는지 곧바로 짐작할 수 있었다. 그는 곧장 달려가려다가 마음을 바꾸고 사람을 보냈다. 명령을 받은 사람들은 나는 듯이 클레오파트라에게 달려갔다. 문지기들은 아무것도 모르고 태평하게 서 있었다. 그러나 그들은 문을 여는 것과 동시에, 황금 침대 위에 왕실 옷을 화려하게 차려입고 이미 숨진 채 누워 있는 클레오파트라를 발견하게 되었다. 그녀의 시녀 이라스는 클레오파트라 발밑에 죽어 있었고, 또 다른 시녀인 카르미온은 쓰러질 듯하면서도 안간힘을 다해 클레오파트라의 왕관을 바로잡아 주고 있었다. 이를 보고 누군가가 화가 나서 소리쳤다.

"아주 장한 일을 하셨군, 카르미온!"

"그럼요. 정말 장한 일입니다. 수많은 왕들 후예답게 말입니다."

카르미온도 이 말을 마지막으로 남기고 클레오파트라 침대 옆에 쓰러졌다. 어떤 이야기에 따르면, 앞서 말한 무화과 바구니 안에 독사를 한 마리 감추어 들어왔다고 한다. 클레오파트라는 자기가 의식하지 못하는 순간에 이 독사가 자기를 물도록 하라고 미리 명령해 두었다. 하지만 무화과를 몇 개 젖혔을 때 독사의 모습이 보이자 옷소매를 걷고 자기 팔을 내밀며 이렇게 말했다고 한다.

"자, 이곳이다!"

그러나 다른 설에 따르면, 클레오파트라는 미리 물 항아리 속에 독사를 넣어두었다고 한다. 그리고 금으로 만든 물레가락으로 독사를 건드려 슬슬 약을 올린 다음 자신의 팔을 물게 했다. 또 속이 비어 있는 머리핀 속에 독약을 넣어 머리카락 안에 감추어 두었다는 이야기도 있다.

그렇지만 클레오파트라 시신에서는 독약을 썼다는 증거가 전혀 나타나지 않았다. 그리고 클레오파트라가 죽은 기념탑 어디에서도 독사는 발견되지 않았다. 다만 바다 쪽으로 열린 창이 하나 있었는데, 그쪽 모래밭 위에 독사가 기어간 듯한 흔적이 남아 있었다 말하는 이가 있을 뿐이었다. 또한 클레오파트라 팔에 뭔가에 물린 듯한 자국이 두 군데 있었다 말하는 사람도 있다. 카이사르는 이 이야기를 가장 믿었던 것 같다. 개선식 때 가지고 나온 클레오파트라 초상에 독사 모습이 그려져 있었기 때문이다. 클레오파트라의 죽음에 대한 이야기는 이쯤으로 그치겠다.

카이사르는 클레오파트라의 죽음을 매우 유감스럽게 생각했다. 그러나 그 정신에 대해서는 칭찬을 아끼지 않았다. 그는 클레오파트라의 장례를 왕처럼 성대하게 치러주고 그녀의 유해를 안토니우스 곁에 묻어주었다. 두 시녀에 대해서도 정중하게 장례식을 치러주었다. 이때 클레오파트라는 39세로, 여왕에 오른 지 22년 만이었고, 그 가운데 14년 동안은 안토니우스와 함께 지냈다.

안토니우스는 56세에 죽었다고도 하고, 53세에 죽었다고도 한다. 안토니우스 동상은 그가 죽은 뒤 모두 쓰러졌는데, 클레오파트라 동상들은 그대로 남아 있다. 이는 클레오파트라 친구인 아르키비우스가 카이사르에게 뇌물 2000탈란톤을 바쳤기 때문이라고 한다.

안토니우스는 아내 셋으로부터 자식 일곱을 낳았다. 그 가운데 큰아들인 안틸루스는 카이사르에게 사형당했고, 나머지는 모두 옥타비아가 맡아 길렀다. 클레오파트라가 낳은 딸 클레오파트라는 여러 나라 왕들 가운데에서 가장 뛰어난 유바 왕과 결혼했다. 그리고 풀비아가 낳은 안토니우스는 뒷날 카이사르로부터 큰 사랑을 받았다.

카이사르는 아그리파를 가장 사랑했고, 리비아가 낳은 자기 아들을 두 번째로, 그리고 다음으로 안토니우스를 소중하게 여겼다. 옥타비아에게는 첫 번째 남편 마르켈루스와의 사이에서 낳은 두 딸과 마르켈루스라는 아들 하나가 있었다. 마르켈루스는 카이사르의 양자로 갔다가 나중에는 그의 사위가 되었으며, 딸 가운데 하나는 아그리파에게 시집갔다. 그런데 결혼하고 얼마 뒤에 마르켈루스가 죽자 카이사르는 과부가 된 자기 딸을 자신의 친구들 가운데 한 사람과 재혼시키려 했다. 그러자 옥타비아가 동생 카이사르에게 이런 제안을 했다. 아그리파와 자신의 딸을 이혼시키고, 그 대신 젊은 과부 율리아를 아그리파와 재혼시키자는 것이었다. 이 제안에 아그리파와 카이사르가 모두 찬성하자, 아그리파는 율리아와 결혼하고, 옥타비아는 이혼한 자신의 딸을 안토니우스와 재혼시켰다.

옥타비아와 안토니우스 사이에는 두 딸이 있었다. 그 가운데 하나는 도미티우스 아헤노바르부스와 결혼했다. 그리고 미모와 지혜가 뛰어났던 안토니아는 리비아의 아들이자 카이사르 양자인 드루수스의 아내가 되었다.

드루수스와 안토니아 사이에는 게르마니쿠스와 클라우디우스라는 두 아들이 있었는데, 클라우디우스는 뒷날 황제가 되었다. 게르마니쿠스의 아들들 가운데 카이우스도 나중에 황제가 되어 오랫동안 이름을 날렸다. 그러나 그는 아내와 자식들과 함께 비참한 죽임을 당했다. 클라우디우스 카이사르는, 아헤노바르부스와 결혼해 루키우스 도미티우스라는 아들을 낳았던 아그리피나와 결혼했다. 그리고 아그리피나의 아들을 양자로 삼고 네로 게르마니쿠스라 이름 지었다. 네로는 자신의 어머니를 살해하는 등 여러 미친 짓들을 저질러 로마를 파멸 위기로 몰아넣었다. 네로는 안토니우스로부터 따지면 5대 후손이 된다.

안토니우스(ANTONIUS) 1721

데메트리우스와 안토니우스의 비교

둘은 남달리 변화가 많은 운명을 겪었다. 먼저 그들이 어떻게 해서 권력과 영광을 얻게 되었는지 살펴보기로 하자.

데메트리우스는 사실 아버지가 이룩한 왕국을 물려받은 것뿐이었다. 그의 아버지 안티고노스는 알렉산드로스 대왕 뒤를 이은 왕들 가운데 가장 큰 세력을 가졌고, 데메트리우스가 어른이 되기 전에 이미 아시아 대부분을 정복했다.

이와 달리, 안토니우스의 아버지는 여러모로 훌륭한 사람이기는 했지만 군인은 아니었다. 그래서 안토니우스에게 큰 권력을 물려주지는 못했다. 하지만 안토니우스는 카이사르가 여러 차례 전쟁을 통해 쌓아올린 권력을 스스로의 힘으로 손에 넣었다. 그리 뛰어난 집안에서 태어나지 못했던 그가 로마 판도를 둘로 나누고 그 가운데 하나를 차지한 것이다.

데메트리우스의 공은 거의 다 자신이 스스로 세운 것이었으나, 안토니우스가 세운 공 가운데에서 가장 커다란 전승은 모두 부하 장군들에 의해 얻어진 것이었다. 안토니우스는 몸소 전쟁터에 나가지 않고 장군들을 내보내 파르티아군을 격파했으며, 카우카수스 여러 야만족들을 카스피 해까지 내쫓을 만큼 절대적인 세력을 차지했다. 그가 사람들에게 비난을 받은 것도 그의 권력이 얼마나 대단했던가를 증명한다.

데메트리우스의 아버지 안티고노스는 아들의 힘을 키워 주기 위해, 그를 나이도 맞지 않는 안티파트로스의 딸과 결혼시켰다. 그러나 안토니우스가 선택했던 클레오파트라의 세력과 영광은 아르사케스를 제외하면 그 무렵 어느 나라 왕보다 뛰어났다. 안토니우스는 오히려 본인이 바라던 것보다 더욱 명성이 드높아지게 되었다.

데메트리우스는 왕의 권력을 지나치게 휘둘렀지만 이것은 그다지 나무랄 일이 못 된다. 그 이전부터 시민들은 늘 왕에게 억압받아 왔기 때문이다.

하지만 안토니우스는 카이사르 독재에서 갓 벗어난 로마인들로부터 다시 자유를 빼앗았다는 비난을 받아야 했다. 그의 여러 업적들 가운데 가장 큰 것으로 꼽히는 브루투스와 카시우스 정벌도 결국은 조국과 시민들의 자유를 빼앗으려고 시작한 일이었다.

데메트리우스는 자신이 위험한 지경에 몰리기 전까지는 언제나 헬라스의 자유를 지키기 위해 싸웠다. 그는 헬라스 여러 도시들에서 외국 군대를 몰아냈지만 결코 그것을 자랑삼지는 않았다. 그러나 안토니우스는 로마의 자유를 지키려던 사람들을 멀리 마케도니아까지 쫓아가 죽이고는 그것을 마치 대단한 일인 양 자랑까지 했으니, 이는 서로 견줄 만한 것이 못 된다.

은혜와 상을 많이 베풀었다는 점에서는 안토니우스를 칭찬할 만하다. 하지만 그는 친구나 부하 장군들에게만 은혜를 베푼 반면, 데메트리우스는 적에게까지 큰 은혜를 베풀었다. 그러므로 이것으로도 도저히 둘을 비교할 수가 없다.

안토니우스는 적인 브루투스의 장례를 성대하게 치러주어 큰 칭찬을 받았지만, 데메트리우스는 전사한 적 병사들을 잘 묻어준 것은 물론, 포로들에게도 많은 돈과 선물을 내려 프톨레마이오스 왕에게 돌려보내는 은혜를 베풀었다.

두 사람 모두 권력을 누리는 동안 교만한 모습을 보였으며, 사치와 쾌락에 빠져 살았다. 그러나 데메트리우스는 그런 와중에도 행동해야 할 때를 놓친 적이 없었다. 그는 한가하고 무료한 시간에만 쾌락에 빠졌고, 그가 사랑했던 라미아도 꿈처럼 살면서 놀 때에만 가까이했을 뿐이었다. 일단 전쟁이 일어나면 그는 창에 등나무 덩굴을 감거나, 투구에 향수를 뿌리거나, 화려한 옷과 보석으로 휘감고 침실에서 나온 채 전쟁터로 떠나는 일이 없었다. 저 유명한 시인 에우리피데스 시에 나오는 것처럼, 그는 바쿠스의 지팡이를 내려놓고 금세 무섭고 용맹한 전쟁 신 마르스의 사자가 되어 달려나갔다. 데메트리우스는 게으르고 방탕한 생활 때문에 싸움에 진 일이 단 한 번도 없었다.

이와 달리 안토니우스는 옴팔레에게 곤봉을 빼앗기고 몸에 걸친 사자 가죽이 벗겨진 헤라클레스처럼 언제나 클레오파트라에게 무장해제를 당했으며, 그녀와 함께 카노푸스나 오시리스 무덤이 있는 타포시리스 해안으로 놀러 다니느라 대정복 계획을 모두 놓쳐버렸다. 그리고 마침내 파리스처럼 전쟁에서 달아나 클레오파트라 치맛자락에 파묻혔다. 파리스는 그래도 전쟁에 져서 달아났지만, 안토니우스는 승부가 결정 나기도 전에 비겁하게도 클레오파트라 뒤를 쫓아 달아난 것이었다.

데메트리우스는 여러 여자들과 결혼했으나, 이는 관례에서 벗어나는 일은 아니었다. 필리포스와 알렉산드로스 이후 마케도니아 왕들은 모두 여러 여자들과 결혼했고, 그 무렵 리시마쿠스나 프톨레마이오스도 그렇게 했다. 그리고 데메트리우스는 자기 아내들에게 언제나 예의가 발랐다.

그러나 로마에서는 누구도 안토니우스처럼 두 아내를 동시에 데리고 사는 일이 없었다. 게다가 안토니우스는 정식으로 결혼도 하지 않은 외국 여자를 기쁘게 해주려고 같은 로마인인 자신의 정실을 쫓아내기까지 했다. 데메트리우스는 결혼 때문에 해를 당한 일이 없었지만, 안토니우스는 결국 이런 일 때문에 파멸의 길을 걸어야 했다.

하지만 안토니우스는 적어도 데메트리우스처럼 하늘의 신을 모욕한 적은 없었다. 역사가들 기록에 따르면, 아테나이에서는 신성한 아크로폴리스에 절대로 개가 드나들지 못하게 했다고 한다. 개는 길거리에서 짝을 짓기 때문에 불결한 짐승으로 여겨졌던 것이다. 그러나 데메트리우스는 마치 개처럼, 신성한 신전으로 창녀들을 끌어들였으며, 아테나이 자유시민이던 부인들을 유혹했다.

이처럼 육체적 욕망을 마음껏 즐기는 사람이었던 그가 잔인한 일을 저지르지 않았을 리가 없다. 데메트리우스는 자기 쾌락만을 추구한 나머지, 아테나이 많은 여자들이 절개를 지키기 위해 죽음을 택하는 것을 모르는 척했다. 젊은 여자들은 자살밖에는 달리 데메트리우스의 추행으로부터 벗어날 길이 없었다. 안토니우스의 타락은 자기 자신을 망치게 했지만, 데메트리우스의 타락은 다른 사람을 멸망으로 몰아넣었다.

데메트리우스가 그의 부모와 친척들에게 한 행동은 조금도 흠잡을 데가 없다. 이와 달리 안토니우스는 키케로를 죽이기 위해 자기 외삼촌을 희생시켰다.

키케로를 죽이겠다는 생각부터가 이미 끔찍한 것이며, 만약 외삼촌을 살리기 위해 키케로를 죽였다 해도 그 죄는 용서받을 수 없으리라.

그러면 이제 그들이 했던 약속과 위반에 대해 살펴보기로 하자. 안토니우스는 아르타바스데스를 사로잡았고, 데메트리우스는 알렉산드로스를 암살했다. 아르타바스데스가 메디아에서 안토니우스를 먼저 배신했으므로 안토니우스의 이런 행동은 충분히 이해가 간다. 그러나 많은 역사가들에 따르면, 데메트리우스는 알렉산드로스를 죽이고도 그가 자신에게 원한을 품었기 때문이라면서 오히려 죄를 뒤집어씌웠다고 한다.

다시 한 번 말하지만 데메트리우스의 공적은 모두 자신이 몸소 이루어 낸 것인 데 비해, 안토니우스의 가장 중요한 공적들은 그가 참가하지 않은 전투에서 그의 부하 장군들이 이루어 낸 것이었다.

두 사람의 비참한 최후는 모두 스스로 만들어 낸 결과였다. 하지만 여기에는 조금 차이가 있다. 데메트리우스는 마케도니아 사람들로부터 버림받았지만, 안토니우스는 자신을 위해 목숨 걸고 싸우는 군대를 버리고 도망침으로써 그들을 배반했다는 점이다. 그러나 데메트리우스는 병사들 충성을 이끌어 내지 못했다는 점에서, 안토니우스는 병사들 충성을 저버렸다는 점에서 둘 다 비난을 피할 수는 없으리라.

둘의 죽음은 그다지 칭찬할 만한 것이 아니다. 특히 데메트리우스의 죽음은 매우 수치스러웠다. 그는 스스로 포로가 되어 잡혀 갔으며, 3년 동안이나 배불리 먹고 마실 수 있게 된 것에 고마워했기 때문이다. 먹이를 주면 넙죽 받아먹으면서 길들여지는 짐승처럼, 그는 갇힌 채 생활하며 술에 길들여졌다. 안토니우스는 비록 비겁하고 불쌍하게 죽기는 했지만, 적의 손에 잡히기 전에 스스로 목숨을 끊었다는 점에서는 데메트리우스보다 나았다 말할 수 있다.

디온(DION)

  소시우스 세네키오여! 코린토스군이 트로이를 포위공격하는 데 동참했을 때 시모니데스는, 트로이는 코린토스 사람들을 원망하지 않는다고 말했다 한다. 그것은 트로이 편에 서서 용감하게 싸운 글라우쿠스가 코린토스 출신이었기 때문이다.

  이와 마찬가지로 헬라스나 로마 사람들도 아카데메이아 철학을 욕하지는 않으리라. 왜냐하면 여기서 이야기할 브루투스와 디온은 둘 다 자기 나라를 대표하는 인물로서, 같은 학파 영향을 받았기 때문이다. 디온은 플라톤에게 직접 가르침을 받은 제자였으며, 브루투스는 플라톤이 쓴 글을 공부하면서 성장했다. 말하자면 두 사람은 같은 학파 출신으로, 가장 영광스러운 상을 두고 다툰 동창생이었다. 그러므로 두 사람 행동이 매우 비슷하다 해서 놀랄 필요는 없다. 그들은 정신적 안내자이자 스승이기도 했던 플라톤이 말한 진리들을 몸소 자신들의 삶을 통해 증명했다. 그들은 현명하고 정의로운 사람이 권력과 행운을 갖지 못한다면, 본디의 위대하고 고귀하며 올바른 뜻을 이룰 수 없음을 여실히 보여주었다.

  한때 체조 선생이었던 히포마쿠스는 아무리 멀리 떨어져 있어도, 저녁거리로 고기를 사갖고 오가는 사람들 걸음걸이만으로 자기가 가르친 제자들을 한눈에 알아보았다고 한다. 이렇듯 훌륭한 교육을 받은 사람들은 그에 따른 규율이 몸에 배어 있어 말이나 행동으로 모두 나타나는 법이다. 또한 이런 사람들은 쾌활하면서도 품위를 잃지 않으며 모든 일에서 중용을 지킨다.

이들 두 사람은 자신들이 계획했던 것보다도 우연에 의해 비슷한 운명을 겪었다는 점에서도 서로 닮았다고 말할 수 있다. 그들은 열심히 노력했지만, 둘 다 운이 좋지 못해 계획했던 큰일을 이루지 못한 채 갑자기 죽음을 맞이했다. 가장 놀라운 점은 둘 다 꿈속에서 악령이 나타나 다가오는 죽음에 대한 초자연적인 암시를 해주었다는 사실이다. 어떤 사람들은 그런 일은 있을 수 없으며, 맑은 정신을 가진 사람이라면 절대로 유령이나 환상 따위는 보이지 않는다고 말한다. 어린아이들이나 병에 걸려 정신이 어지럽거나 신체 균형이 깨진 남자들 여자들만이 불길하고 헛된 망상에 사로잡힌다는 것이다. 사실 악령이나 유령, 미신 따위는 바로 자신 안에 존재하는 것이기 때문이다.

그러나 디온과 브루투스는 지성을 갖춘 철학자였기에 결코 그런 착각을 함부로 믿을 사람들이 아니었다. 그런데도 그들이 친구들에게 유령을 보았다고 말했다면, 나는 옛사람들이 말하던 그 이상한 이야기들을 믿지 않을 수 없다. 옛사람들은 착한 사람을 질투하는 나쁜 귀신이 있어서, 사람들이 착한 일을 할 때마다 정신을 어지럽히고 겁을 내게 만들어 일을 방해한다고 이야기했다. 착한 사람들이 평생 동안 아무런 죄도 짓지 않고 깨끗하게 살게 되면, 죽은 뒤에 자기들보다 높은 지위에 앉게 될까봐 시샘해서 그런 짓을 한다는 것이다. 하지만 이 문제는 다른 기회에 다시 논하기로 하고, 여기서는 두 사람 가운데 먼저 태어난 디온의 이야기를 시작해 보기로 한다.

디오니시우스 1세는 왕위에 오르자마자, 시라쿠사 사람 헤르모크라테스의 딸을 왕비로 맞았다. 그러나 정권이 채 자리를 잡기도 전에 시라쿠사 시민들이 폭동을 일으켜 왕비를 폭행하고 욕보였다. 그러자 왕비는 수치심을 이기지 못해 그만 자기 스스로 목숨을 끊고 말았다. 그 뒤 디오니시우스는 왕권을 튼튼하게 다졌으며 두 왕비를 새로 맞아들였다. 한 사람은 로크리에서 태어난 도리스이며 다른 한 사람은 시킬리아에서 태어난 아리스토마케였다. 아리스토마케의 아버지 히파리누스는 시라쿠사에서 가장 덕망 있는 사람으로, 예전에 디오니시우스가 전쟁에 대한 절대통수권자로 뽑혔을 때 함께 일했던 친구이다.

같은 날 두 여자와 결혼한 디오니시우스가 어느 왕비를 먼저 취했는지는 알 수 없다. 그는 두 왕비에게 똑같은 애정을 주었으며, 식사도 두 왕비 모두와 함께하고 잠자리는 하루씩 번갈아 가졌다고 한다. 시라쿠사 사람들은 다른 나라에서 데려온 왕비가 자기 나라 출신 왕비보다 더 많은 사랑을 받는 것을 바라지 않았으리라. 그러나 이방인이라는 설움을 씻어버리기라도 하려는 듯, 도리스가 먼저 왕의 후계자가 될 왕자를 낳았다. 디오니시우스는 아리스토마케로부터도 빨리 아이를 얻고 싶어했다. 하지만 불행하게도 아리스토마케는 오랫동안 아이를 낳지 못했다. 그러자 디오니시우스는 도리스의 어머니가 아리스토마케에게 아이를 낳지 못하게 하는 약을 주었다며, 어이없는 죄를 뒤집어씌워 사형시켜 버렸다.

디온은 처음에는 오로지 아리스토마케 동생이라는 이유로 디오니시우스에게 사랑받았다. 그러나 점차 그의 능력과 인품이 드러나게 되자, 디오니시우스는 진심으로 디온을 사랑하게 되었다. 디온은 디오니시우스로부터 특별한 은혜를 많이 받았다. 특히 디오니시우스는 재무장관에게 명령을 내려, 디온이 달라는 대로 얼마든지 돈을 내주고 자기에게는 금액만 보고하도록 했다.

디온은 본디 씩씩하고 고결한 성품을 가진 인물이었으며, 플라톤의 영향을 받아 더욱 인격을 훌륭히 갈고닦게 되었다. 플라톤이 시킬리아 섬을 찾아온 것은 아주 우연한 일이었다. 그것은 오래전부터 시킬리아 사람들에게 자유를 주고 독재정치에서 벗어나게 할 방법을 찾던 어떤 신이, 플라톤을 불러들여 디온을 가르치게 한 것이라고 생각할 수밖에 다른 어떤 것으로도 설명이 되지 않는다.

디온이 플라톤의 제자가 되었을 때에는 아직 앳된 소년이었다. 하지만 그는 플라톤의 많은 제자들 가운데서 성적이 가장 뛰어났다. 디온은 미덕의 길로 이끄는 스승의 가르침에 누구보다 열심이었다. 이런 사실은 플라톤이 남긴 기록이나 그때 상황들을 살펴보아도 충분히 알 수 있다.

그때까지 독재자 아래에서 살았던 디온은, 윗사람에게는 복종하고 아랫사람에게는 군림하는 생활에 익숙해져 있었다. 그리고 쾌락과 사치를 인생의 가장 큰 행복으로 생각하던 그 무렵 사람들의 생활을 디온 또한 그대로 따르고 있었다. 그러나 철학과 미덕의 세계를 알게 되자 그의 영혼은 뜨겁게 타오르기 시작했다.

디온은 젊은이다운 단순한 생각에서, 플라톤에게서 받는 가르침을 디오니시우스가 받는다면 그도 큰 감동을 느끼리라 생각했다. 그래서 그는 디오니시우스를 열심히 설득해, 마침내 시간을 내어 플라톤을 만나보겠다는 약속을 받아냈다.

플라톤은 디오니시우스를 만나자 그에게 인간의 미덕에 대한 이야기를 해주었다. 특히 이 세상에서 가장 비겁한 사람은 독재자라 말했다. 그리고 정의에 대한 이야기로 넘어가자, 올바른 사람의 일생은 행복하고 정의롭지 못한 사람의 일생은 비참하다는 점을 강조했다.

디오니시우스는 이 말이 자신을 비난하는 것이라고 오해해 몹시 불쾌하게 여겼다. 더구나 같이 이야기를 듣는 다른 사람들이 모두 플라톤의 말에 감동하며 그를 우러러보는 것을 보고는 더 참을 수가 없었다. 화가 머리끝까지 난 디오니시우스는 플라톤에게, 도대체 무엇 때문에 시킬리아에 왔느냐고 물었다. 플라톤이 덕망 있는 사람을 찾으러 왔다고 대답하자 디오니시우스가 말했다.

"아직까지 그런 사람을 찾지 못한 것 같군요."

디온은 디오니시우스의 노여움이 이 정도로는 풀리지 않으리라는 걸 알았다. 그래서 스파르타 사절로 왔던 폴리스가 돌아가려고 하자, 플라톤이 함께 배를 타고 갈 수 있도록 주선해 주었다. 그러나 디오니시우스는 폴리스를 몰래 매수해, 배를 타고 가다가 플라톤을 바다 위에서 죽이거나 노예로 팔라고 부탁했다. 그리고 덧붙이기를, 플라톤은 정의로운 사람이니 노예로 팔리더라도 행복하게 살아갈 수 있을 거라고 했다.

그리하여 폴리스는 플라톤을 싣고 아이기나에 닿자 그를 노예로 팔아버리고 말았다. 아이기나는 마침 플라톤 나라인 아테나이와 전쟁을 하고 있었다. 그 때문에 아테나이 사람이 발견되기만 하면 무조건 노예로 팔아버리라는 법이 공포되어 있었던 것이다.

이런 사건이 있었음에도 디오니시우스는 여전히 디온을 아끼고 믿어 중요한 일들을 맡겼다. 디온은 중대한 사명을 띠고 카르타고에 사절로 가서 큰 성과를 거두어 널리 이름을 알렸다. 또 디오니시우스는 디온이 무슨 말을 해도 끝까지 참고 들어주었는데, 이렇게 자기 생각을 거리낌 없이 디오니시우스에게 말할 수 있었던 사람은 디온뿐이었다고 한다. 이러한 사실은 그가 선왕인 겔론에 대해 바른 소리를 했던 일만 보아도 충분히 알 수 있다. 디오니시우스가 선왕인 겔론의 정치를 비난하여, 겔론은 시킬리아 사람들의 웃음거리가 되었다는 이야기를 했을 때였다. 이 말을 들은 다른 사람들은 옳다는 듯이 고개를 끄덕였다. 그러나 디온은 불쾌한 기색을 숨기지 않고 이렇게 이야기했다.

"전하께서 이렇게 왕좌에 오르신 것은 겔론이 좋은 정치를 하셨기 때문입니다. 그리고 전하께서 하시는 일을 보면, 뒷날 어떤 사람들도 전하를 존경하지는 않을 것 같습니다."

사실 디온의 이 말은 하나도 틀리지 않았다. 절대군주 가운데서 가장 훌륭한 정치를 펼쳤던 이가 바로 겔론이었기 때문이다. 하지만 디오니시우스가 펼치는 독재정치는 최악이었다.

디오니시우스는 도리스로부터 세 자녀를, 아리스토마케로부터 네 자녀를 얻었다. 네 자녀 가운데 둘은 딸이었는데, 그 가운데 소프로시네는 디오니시우스 1세의 맏아들과 결혼했으며, 아레테는 디오니시우스의 동생인 테아리데스와 결혼했다. 그러나 테아리데스가 죽자 아레테는 외삼촌인 디온의 아내가 되었다.

그러다가 디오니시우스가 병이 위독해져 살아날 가망이 없어지자, 디온은 아리스토마케 왕비의 자녀들에 대한 장래 문제를 의논하려고 왕을 뵙고자 청했다. 하지만 디오니시우스를 돌보던 의사들은 이 청원을 들어주지 않았다. 왕위를 이어받을 왕자에게 잘 보이기 위해서였다. 티마이오스가 전하는 이야기로는, 디오니시우스가 불면증 때문에 약을 달라고 하자 의사들이 약을 처방해 주었는데, 디오니시우스는 그 약을 먹고 영영 깨어나지 못했다고 한다.

그 뒤를 이어 디오니시우스 2세가 왕위에 올랐다. 디오니시우스 2세는 측근들을 불러 첫 번째 회의를 열었는데, 그때 디온은 정치 상황을 정확하게 분석했다. 그래서 다른 신하들이 내놓은 정책들은 어린아이 말장난처럼 보였으며, 그들의 말은 국정 고문이 아니라 마치 노예들이 말하는 것처럼 성의 없고 어리석게 들렸다. 더구나 디온이 눈앞에 다가온 카르타고와의 싸움에 대해 이야기했을 때는 모두들 놀라움을 감추지 못했다.

디온은 먼저 카르타고 때문에 이 나라가 얼마나 큰 위험에 빠져 있는가를 설명했다. 그러고는 만일 새 왕이 화평을 원한다면 몸소 아프리카로 건너가 되도록 유리한 조건으로 휴전을 맺을 것이고, 만약 전쟁을 원한다면 자기 재산을 내놓아 군함 50척을 마련하고 군대를 유지하는 비용을 대겠다고 약속했다.

디오니시우스 2세는 디온의 애국심에 몹시 감동해 그 제안을 받아들였다. 그러나 다른 신하들은 디온 때문에 자신들의 세력이 무너질까 두려워 그를 시기하기 시작했다. 그들은 기회가 생길 때마다 디온을 헐뜯으며 왕이 디온을 못마땅히 여기게 하려고 모략을 일삼았다. 그들은 디온이 군함을 마련하고 재산을 내놓겠다 말한 것은, 그 해군력을 이용해 왕을 내쫓고 누이인 아리스토마케가 낳은 아이들에게 큰 권력을 주려는 음모라며 그를 몰아세웠다.

하지만 무엇보다 그들이 디온을 미워하고 시기한 가장 큰 이유는, 디온의 생활방식이 그들과 달랐고 디온이 자신들과 잘 어울리지 않고 혼자 도도하게 행동했기 때문이다. 그들은 사치와 쾌락 속에서 자라난 데다가 젊고 경험 없는 새 왕의 은총과 사랑을 얻기 위해 온갖 아첨을 떨었으며, 왕이 술과 여자를 비롯한 갖가지 추잡한 놀이에 빠져들게 하려 애썼다. 그 결과, 쇳덩어리가 뜨거운 불에 물러지는 것처럼 새 왕의 포악한 정치는 조금씩 느슨해졌다. 그러자 민중은 왕이 한결 너그럽고 부드러워졌다 생각했다. 그러나 사실은 새 왕이 어질고 사랑에 넘쳐서가 아니라, 정치를 돌보지 않았기 때문에 겉으로만 그렇게 보였을 뿐이었다.

디오니시우스 2세는 갈수록 사치와 방탕한 생활에 깊이 빠져들었다. 디오니시우스 1세가 왕권을 지키는 비결처럼 자랑하던 이른바 '끊을 수 없는 쇠사슬' 정책도 점차 틈이 생기고 풀어졌다. 새 왕은 90일 동안이나 향락에 빠져 나랏일을 완전히 잊어버린 적도 있었다. 이렇게 술과 노래, 춤과 추잡한 장난으로 궁전은 온통 난장판이 되었다. 그러므로 분별 있는 신하들은 도저히 궁정 출입을 할 수 없을 지경이었다.

이 소란스러운 생활에 휘말려들지 않고 바르고 정직하게 생활하는 디온이 그들에게 못마땅하게 보인 것은 당연했다. 그들은 디온의 올바른 생활을 교만한 성격 탓이라 몰아붙였고, 왕에게 직언하기를 두려워하지 않는 것은 심술 때문이라며 억지를 부렸다. 디온이 좋은 충고를 해주면 자신들을 꾸짖는다며 그에게 공격을 퍼부었고, 자신들과 어울리지 않으면 자기들을 무시한다고 수군거렸다.

사실 디온은 천성이 고상하고 엄격했기에 사람들과 쉽게 가까워지기 어려웠다. 그리고 말투도 친근하지 못해서, 디오니시우스 2세뿐만 아니라 많은 사람들이 그와 함께 있는 것을 거북스러워했다. 평소에 디온을 진심으로 아끼고 존경하는 사람들도, 정치하는 사람으로서 그의 태도가 너무 직설적이며 예의 없다고 충고할 정도였다.

플라톤도 디온에게 보내는 편지에서 이런 점을 지적했는데, 마치 그의 앞날을 예언한 듯하다. 그 편지에서 플라톤은 너무 완고하고 엄격한 태도를 가진 사람은 일생을 고독하게 보내는 법이니 이를 피하라며 충고했다. 그런 가운데에서도 디오니시우스 2세는 나라에서 가장 훌륭한 인물은 디온이며, 나라의 어려움을 구할 사람도 디온뿐이라 여겨 그에게 높은 지위를 주었다. 디온도 왕이 그토록 중요한 직책을 맡기는 것은 자기에 대한 호의에서가 아니라, 단지 필요하기 때문이라는 사실을 잘 알고 있었다.

디온은 디오니시우스 2세가 정치를 돌보지 않는 것은 그가 제대로 배우지 못했기 때문이라고 생각했다. 그래서 디온은 왕이 고상한 문학에 관심을 가지고, 철학이나 과학 지식을 쌓게 하려고 노력했다. 왕으로 하여금 도덕적인 생활이 어렵고 따분하다는 편견을 버리고, 옳고 훌륭한 행동을 하도록 만들려는 것이었다.

사실 디오니시우스 2세는 태어날 때부터 어리석은 사람은 아니었다. 하지만 그의 아버지인 디오니시우스 1세는 왕자가 교육을 받고 철학자들과 사귀게 되면 어떤 음모를 꾸며 권력을 빼앗지 않을까 염려해 그를 궁 안에만 갇혀 있게 했다. 그래서 디오니시우스 2세는 어릴 때부터 친구도 없이 세상일도 모른 채 궁 안에서 그저 작은 전차, 등잔, 의자, 식탁 등을 만들며 시간을 보내야만 했던 것이다.

디오니시우스 1세는 사람을 믿지 않는 성격이었다. 그래서 그는 사람을 만날 때마다 저자가 혹시 나를 암살하려는 것은 아닐까 의심했다고 한다. 그 좋은 예로, 그는 이발사까지 의심해서 머리를 깎을 때 이발기구 대신 불덩어리로 머리를 그을리게 했다. 심지어는 동생이나 아들이 자기를 만나러 올 때에도, 입고 온 옷을 벗기고 이상한 물건이 없는지 호위병들에게 샅샅이 검사하게 한 뒤 다른 옷으로 갈아입게 한 다음 만날 정도였다.

언젠가 그의 동생 렙티네스가 어떤 곳 지형을 설명하다가, 옆에 있던 호위병에게 창을 빌려 땅에 지도를 그리며 설명했다. 그러자 디오니시우스 1세는 미친 듯이 화를 내며, 창을 빌려준 호위병을 사형시켰다. 그는 아무리 가까운 사람이라도 믿을 수 없다고 말했으며, 그 사람이 올바르고 착하게 행동할수록 더욱 의심했다. 그는 생각이 있는 사람들은 전제군주의 신하가 되기보다는 그 자신이 전제군주가 되고 싶어한다는 것을 잘 알고 있었기 때문이다.

그는 마르시아스라는 신하도 사형시켰다. 마르시아스는 디오니시우스 1세가 신임해서 대부대 지휘를 맡긴 장군이었다. 그런데 그가 디오니시우스 1세를 죽이는 꿈을 꾸었다는 사실이 알려져 억울한 죽임을 당했다. 평소에 그런 생각을 품고 있었기에 그런 꿈을 꿨다는 것이 그를 사형시킨 이유였다.

디오니시우스 1세는 플라톤이 자신을 이 세상에서 가장 용감한 사람이라 칭찬하지 않았다며 화를 냈지만, 사실 그는 이렇게 평생을 두려움과 고통 속에서 보낸 겁쟁이였다.

앞에서도 말했듯이, 디온은 디오니시우스 2세가 그런 생활을 하는 것은 제대로 배우지 못했기 때문이라 생각했다. 그래서 그는 왕에게 가장 뛰어난 철학자로 알려진 플라톤을 시킬리아에 초대하라고 권유했다. 그리고 덧붙여 이렇게 말했다.

"플라톤이 오면 그에게 모든 것을 맡기고 가르침을 받으십시오. 그러면 틀림없이 전하의 성품은 덕의 원리에 따라 고양될 것이며, 어둡고 어지러운 세상에서 질서를 바로잡는 가장 숭고한 본보기가 되실 것입니다. 만약 그렇게 된다면 전하 자신뿐만 아니라 모든 국민에게 위대한 행복을 안겨줄 수 있습니다. 지금 국민들은 왕권의 강요로 어쩔 수 없이 복종하고 있습니다. 그러나 만일 위와 같이 하신다면 국민들은 전하의 정의와 사랑에 감동해, 마음에서 우러나는 기쁨으로써 전하를 아버지처럼 우러르게 될 것입니다. 결코 권력이나 위대한 해군, 또는 1만 명이 넘는 저 육군이 있다고 해서, 일찍이 부왕께서 말씀하신 왕권을 유지하는 '끊을 수 없는 쇠사슬'이 되는 것은 아닙니다. 오직 덕과 정의로 민중들 마음속에 있는 선의와 충성심과 감사함을 이끌어 내는 것이야말로 진정한 사슬이 됩니다. 이런 것들은 언뜻 보기에는 나약한 듯하지만, 사실은 왕권을 튼튼하게 만드는 강한 기둥입니다. 만약 통치자가 화려한 옷을 입고 사치스러운 궁전에 살면서도 평민들보다 어리석고 조리 없는 말을 한다면, 이는 정신적으로 초라하다는 증거이며 국왕의 위엄이 서지 않으니 참으로 부끄러운 일입니다."

디온은 기회가 있을 때마다 플라톤 말을 빌려 이런 이야기들을 왕에게 들려주었다. 그러다 보니 디오니시우스 2세도 어느새 플라톤을 만나 이야기를 듣고 싶은 생각이 간절해졌다. 그리하여 디오니시우스 2세는 아테나이에 있는 플라톤에게 여러 번 편지를 써 보냈다. 여기에다 디온은 자기 의견을 덧붙여서 함께 보냈다.

이탈리아의 피타고라스 학파 철학자들도 플라톤에게 편지를 썼다. 부디 시라쿠사에 와서 이 젊은 절대군주 마음속에 올바르고 신중하며 너그러운 생각이 가득하게 해달라는 내용이었다.

플라톤은 이들의 초청을 기꺼이 받아들였다. 플라톤 고백에 따르면, 자기가 말만 앞세우고 위험한 일은 맡지 않으려 한다는 오해를 받을까봐 그랬다고 한다. 그리고 시민들의 우두머리이며 지도자인 왕의 마음을 바로잡을 수만 있다면, 자기 힘으로 시킬리아 사람들을 그 혼란에서 구할 수 있으리라 여겼던 것이다.

디온을 미워하던 사람들은 디오니시우스 2세의 마음이 변할까 두려웠던 나머지, 추방했던 필리스투스를 다시 불러들이도록 왕의 마음을 구슬렸다. 필리스투스는 지식이 풍부하고 독재적인 왕을 상대해 본 경험도 많았으므로 그를 이용해 플라톤 힘을 꺾으려는 속셈이었다. 사실 필리스투스는 처음부터 전제정치를 세우는 데 큰 역할을 했으며, 오랫동안 시라쿠사에서 가장 중요한 성을 지키는 장군으로 있었다.

또한 그는 디오니시우스 1세의 어머니와 은밀한 관계라는 소문이 있었는데, 왕도 이런 사실을 눈치채고 있었다. 그 무렵 왕의 동생인 렙티네스에게는 어느 유부녀와의 사이에서 얻은 두 딸이 있었으며, 그는 두 딸 가운데 하나를 왕의 허락도 없이 필리스투스와 결혼시켰다. 뒤늦게 이 사실을 안 왕은 몹시 화를 내면서, 렙티네스와 관계했던 유부녀를 감옥에 가둔 다음 필리스투스를 추방해 버린 것이다.

필리스투스는 시킬리아를 떠나 아드리아 해 근처에 있는 친구를 찾아가 한가롭게 생활했다. 그는 이곳에서 대부분의 역사책을 썼다고 한다. 그는 디오니시우스 1세가 살아 있는 동안에는 시라쿠사 땅을 밟지 못했다. 그러다가 디오니시우스 1세가 죽은 뒤, 디온을 미워한 반대파들에 의해 다시 불러들여진 것이다.

시라쿠사로 돌아온 필리스투스는 디오니시우스 2세와 금세 가까워졌고, 전제정치를 더욱 튼튼히 하기 위한 여러 공작들을 꾸미기에 이르렀다. 이때 디온에 대한 온갖 중상과 모략이 다른 사람들의 입을 통해 왕에게 전해졌는데, 그들은 디온이 테오도테스, 헤라클레이데스 등을 비롯한 여러 반란자들과 함께 나라를 뒤엎으려는 음모를 꾸미고 있다고 이야기했다.

사실 디온은 이런 오해를 받을 만했다. 그는 플라톤만 오면 디오니시우스 2세의 가혹한 전제정치를 바로잡아 정의로운 통치자로 만들 수 있다고 굳게 믿었다. 그러나 만일 디오니시우스 2세가 잘못을 고치지 못한다면, 부득이 그를 왕위에서 몰아낸 다음 시라쿠사에 다시 공화정치를 펼칠 계획이었다. 물론 디온은 민주정치를 찬양하는 사람은 아니었으나, 귀족정치가 제대로 돌아가지 않는다면 그렇게 하는 수밖에 없다고 생각한 것이다.

플라톤이 시킬리아에 도착했을 때는 이런 상황이었다. 그는 대단한 환영과 존경을 받으며 섬에 상륙했다. 눈이 부시도록 화려하게 꾸며진 왕실 마차가 바닷가에서 기다리고 있다가 플라톤을 맞아들였다. 디오니시우스 2세는 플라톤이 온 것은 하늘에서 자신의 나라에 은혜를 베풀어 주신 것이라면서 제물을 갖추고 신들에게 제사까지 드리며 감사했다. 그때부터 왕이 베푸는 잔치는 한결 검소해졌으며, 궁전 곳곳에서 예의가 지켜졌다. 또한 왕 자신도 나랏일을 너그럽게 처리하려 애썼다. 시민들은 이제 곧 신속한 개혁이 있으리라 여기고 큰 희망을 품었다.

이렇게 되자 철학 문제를 연구하는 일이 시민들 사이에서도 유행처럼 번져나갔다. 궁전 안에는 기하학 공부를 하는 학생들이 바닥에 모래를 깔고 그 위에 도형을 그려대는 탓에 먼지가 끊일 새가 없었다. 플라톤이 도착하고 며칠 뒤, 시라쿠사에서 제전이 열렸다. 그런데 제관이 왕의 전제정치가 이어지기를 빈다고 외치자, 디오니시우스 2세가 그를 꾸짖었다.

"지금 나한테 저주가 내리기를 비는 거요?"

제관은 이 소리를 듣고 무척 놀랐다. 그러나 그보다 더 놀란 사람들은 필리스투스 무리였다. 플라톤은 겨우 며칠 만에 젊은 디오니시우스 2세를 완전히 다른 사람으로 만든 것이다. 이를 본 필리스투스 일파는 플라톤이 더 오래 머물렀다가는 마침내 자기들 또한 거역하지 못할 권위를 갖추게 되리라 생각해 두려움에 휩싸였다.

이렇게 되자 디온의 정적들은 디온을 더욱 모함하기 시작했다. 그들은 이제 뿔뿔이 흩어져 공작을 꾸미지 않고, 드러내 놓고 힘을 모아 공격했다. 그들 말에 따르면, 디온은 플라톤 궤변을 이용해 디오니시우스 2세 정신을 흐리게 만들어 스스로 왕위를 내놓도록 함으로써, 자신의 누이 아리스토마케의 아들들에게 왕위를 물려주려 했다.

그리고 어떤 사람들은 예전에 강력한 아테나이 함대와 육군이 시라쿠사를 점령하려고 쳐들어왔을 때에는 그들을 모두 무찔렀는데, 지금은 그 아테나이에서 온 궤변가 한 사람이 나라를 뒤엎으려 한다며 분노에 찬 목소리로 떠들어댔다.

어떤 사람은 디온이 왕을 농락해 철학에서 뜬구름 잡는 복지를 찾고 기하학에서 행복을 찾는 위험한 장난을 시킨다고 말했다. 또 그런 장난 때문에 호위대 1만 명, 전함 400척, 기병 1만 기, 수만 명의 보병을 내버려 두는 일은 절대로 있을 수 없다는 것이다. 그리고 그러는 사이에 권력과 재산은 모두 디온과 그 조카들에게 넘어갈 것이라고 떠들어댔다.

처음에 왕은 단지 디온을 의심하는 정도였지만, 나중에는 그에 대한 반감을 노골적으로 드러내기 시작했다. 그러던 중에 디온이 카르타고에 있는 장군들에게 보낸 비밀 편지가 디오니시우스 2세 손에 들어가게 되었다. 그 편지에서 디온은 디오니시우스 왕과 평화조약을 맺기 전에 자신에게 알려달라고 했으며, 자신이 그 회의에 참석하게 되면 장군들의 요구는 아무런 문제 없이 받아들여질 것이라고 했다.

티마이오스 기록을 보면, 디오니시우스는 이 편지를 필리스투스에게 보여주고 디온에 대한 처리 문제를 의논했다. 그리하여 디오니시우스는 필리스투스의 계책대로 디온에게 이제 서로 화해하자며 다정하게 말하고 자신도 그와 의견이 같다고 거짓말을 했다. 그러고는 디온을 데리고 바닷가 성벽 밑으로 갔다. 그러더니 왕은 갑자기 그 편지를 내보이며, 카르타고와 내통해 반역을 일으키려 한다고 호통을 쳤다. 디온이 해명하려 했지만 디오니시우스는 그의 말을 들으려고도 하지 않았고 미리 준비해 둔 작은 배에 디온을 태우게 한 뒤에, 이탈리아 해안으로 데려가라고 선원들에게 명령했다.

이 일이 알려지자, 사람들은 왕의 행동이 너무 지나쳤다며 수군댔다. 특히 디온과 친척이었던 궁전 안 부인들은 눈물을 흘리며 통곡했다. 시라쿠사 시민들은 디온이 추방되었으니 곧 내란이 일어나게 될지도 모른다며 웅성거렸다. 그리고 만일 내란이 일어난다면, 평소 왕에게 불만을 품고 있던 사람들도 이에 호응할 것이므로 틀림없이 큰 혁명이나 전면적 반란이 일어나리라 생각했다.

디오니시우스 2세는 이를 보고 겁을 먹었다. 그래서 디온의 친척인 부인들을 달래기 시작했다. 자기는 본디 성질이 과격한 사람이어서 혹시 디온과 충돌하는 일이 생길까봐 잠시 그를 나라 밖으로 내보낸 것뿐이라 설명했다. 그러고는 디온 친척들에게 배 2척을 내주며, 디온이 펠레폰네소스에 있으니 그의 재산과 노예들을 마음대로 싣고 가서 그를 만나라고 했다.

디온은 재산이 엄청나게 많았고, 그가 사는 집은 궁전 못지않게 화려한 가구와 예술품들로 가득 차 있었다. 디온의 친구들은 그것들을 모두 배에 실어 디온에게 보냈다. 궁전에 있던 부인들과 디온을 지지한 사람들도 많은 재산을 실어서 그에게 보내주었다. 그래서 디온은 곧 헬라스 전역에 부자로 소문이 났다. 사람들은 추방된 사람이 그토록 많은 재산을 가졌으니, 도대체 왕의 재산은 얼마나 될지를 상상하며 매우 놀라워했다.

한편 왕은 플라톤을 성안으로 불러들이고는, 존경하며 대우한다는 뜻으로 호위병을 붙여주었다. 하지만 사실은 플라톤을 감시하기 위한 조치였다. 만약 플라톤이 디온을 따라 떠나버리면, 디온이 디오니시우스로부터 얼마나 부당한 대우를 받았는가가 세상에 알려지리라 여겼기 때문이다. 그러나 들짐승도 사람 손에 길들여지면 순해지기 마련이듯이, 디오니시우스도 플라톤과 대화를 나누며 가까이 지내는 동안 그를 존경하고 따르게 되었다.

그러나 디오니시우스 마음속에는 여전히 폭군다운 열정이 숨어 있었다. 그는 플라톤에게, 자기가 베풀어 준 은혜를 갚으려면 자기에게만 마음을 써야 한다며 억지를 부렸다. 그리고 플라톤이 디온을 따라가지 않고 자기와 계속 있어준다면, 나랏일은 물론 왕위까지도 물려주겠다고 말했다.

플라톤은 왕의 이런 호의를 오히려 두려워했다. 마치 사랑에 빠진 사람처럼 왕은 때때로 화를 내거나 질투했으며, 그러다가도 금방 사과하는 등 자기 기분 내키는 대로 행동했기 때문이다. 왕은 플라톤 말에 열심히 귀 기울이며 철학에 전념하다가도, 누군가 철학을 나쁘게 말하면 금세 마음이 흔들려 자신이 철학을 공부하는 것이 부끄럽게 여겨져, 철학은 자기를 망치는 독약이라고 떠들기도 했다.

그때 마침 전쟁이 일어나자, 디오니시우스는 디온을 여름에 불러들이겠다는 약속과 함께 플라톤을 아테나이로 돌려보냈다. 그러나 디오니시우스는 이 약속을 지키지 않았다. 그 대신 디온에게 그해에 거둔 수입을 보내주었으며, 플라톤에게는 전쟁 때문에 약속을 지키지 못하게 되었으니 용서해 달라고 부탁했다. 그러면서 평화를 되찾으면 곧바로 디온을 불러들일 것이니 헬라스에서 디온이 무슨 일을 일으키거나 자신을 욕하지 못하도록 잘 살펴달라고 말했다.

플라톤은 디오니시우스의 부탁을 들어주고자 디온을 자기 아카데메이아에 머물게 해서 철학에만 전념하도록 했다.

디온은 아테나이 시에 사는 칼리푸스라는 친구 집에 머물고 있었다. 그는 휴양을 위해 시골에 별장을 하나 마련해 두었는데, 나중에 시킬리아로 떠나며 그 집을 스페우시푸스에게 선물로 주었다. 스페우시푸스는 아테나이 시민들 가운데서 디온과 가장 친한 친구였다. 사실 두 사람이 친하게 된 데에는 플라톤의 숨은 노력이 컸다. 플라톤은 디온이 명랑하고 활발한 사람과 사귀다 보면 그의 엄격한 성격이 좀 누그러지리라 여겼던 것이다. 스페우시푸스는 티몬의 시 〈실리〉에서 '농담을 잘한다'고 소개되었을 만큼 밝고 명랑한 사람이었다.

플라톤은 디온에게 아테나이에 소년합창단을 만들어 달라고 부탁했다. 그때 디온은 합창단 편성에서 감독에 이르기까지 모든 일을 맡았으며 모든 비용을 부담했다. 플라톤은 이런 방법으로 디온이 아테나이 시민들 인기를 얻고 그들에게 존경을 받을 수 있도록 만들었다.

디온은 또한 헬라스의 다른 도시들을 찾아다니며 고귀한 인격을 지닌 사람이나 유명한 정치가들을 만났다. 제전이 열릴 때면 그들과 함께 잔치나 오락에 참여하기도 했다. 그러나 어떤 자리에서도 그가 무례하거나 강압적인 태도를 보이는 일은 없었다. 오히려 의젓한 태도, 씩씩한 행동, 거침없는 말솜씨로 철학과 그 밖의 일에 대한 이야기들을 해서 사람들로부터 좋은 평가를 받았다. 도시들은 앞다투어 그에게 명예를 바쳤다. 특히 라케다이몬은 테바이와 전쟁을 하느라 디오니시우스에게 많은 원조를 받고 있었지만, 디오니시우스가 불쾌하게 여길 것도 겁내지 않고 디온에게 스파르타 시민권을 주었다.

이런 이야기가 전해지고 있다. 디온은 메가라에 살고 있는 프토이오도루스의 초대를 받아 그의 집을 찾아갔다. 프토이오도루스는 큰 부자였으며 권력도 대단한 사람이었다. 문 앞에는 늘 그를 만나려고 찾아온 사람들로 북적였다. 디온도 프토이오도루스를 만날 수 없었는데, 그와 함께 갔던 친구들은 이 일에 대해 몹시 화를 냈다. 그러자 디온이 친구들에게 조용히 말했다.

"이 사람을 탓할 게 뭐가 있나? 시라쿠사에 있을 때는 우리도 그러지 않았는가?"

날이 갈수록 디오니시우스는 디온을 점점 더 시기했고, 디온이 헬라스 사람들 사이에서 누리는 인기를 두려워했다. 그래서 디오니시우스는 자신이 임명한 디온의 재산관리자들로 하여금 그 수입을 디온에게 보내지 못하게 함으로써 그의 돈줄을 끊어버렸다. 그리고 플라톤을 푸대접했다는 나쁜 인상을 지우기 위해 유명한 철학자들을 궁전에 많이 초대했다.

그런데 디오니시우스는 철학자들과 토론하게 되면서 그들을 이기고 싶다는 욕심이 생겼다. 그러나 플라톤에게서 배운 지식은 아직 어설퍼 제대로 인용할 수가 없었다. 그런 일로 여러 번 창피를 당한 디오니시우스는 새삼 플라톤이 그리워졌다. 플라톤이 곁에 있을 때 제대로 배우지 못하고 그의 가르침을 소홀히 했던 일이 후회스러웠던 것이다.

원하는 것이라면 무엇이든지 손에 넣고야 마는 폭군들처럼, 디오니시우스는 무슨 수를 써서라도 플라톤을 다시 불러들이려고 했다. 그래서 그는 생각 끝에 피타고라스 학파 철학자인 아르키타스를 시켜 플라톤을 시킬리아로 불러오게 했다.

디오니시우스가 아르키타스를 사귀게 된 것도 플라톤이 소개해 준 덕분이었다. 아르키타스는 아르케데무스를 보내 플라톤을 데려오게 했다. 디오니시우스도 함선 한 척을 내어주며 친구들을 보내 플라톤에게 다시 시킬리아를 방문해 주기를 부탁했다. 그리고 자신도 직접 편지를 보내서 만일 그가 오지 않는다면 디온이 다시는 권리를 누리지 못할 것이고, 시킬리아에 온다면 디온의 요구를 무엇이든 들어주겠다고 했다.

디온의 누이와 아내도 플라톤에게 편지를 보내며, 디오니시우스가 더 이상 나쁜 짓을 못하게 하려면 이 초대를 반드시 받아들여야 한다고 애원했다.

이렇게 해서 플라톤은 옛 시를 읊으며 세 번째로 스킬라 해협을 건넜다.

다시 한 번 모험하기 위해 두려운 카리브디스를 헤치고.

플라톤이 도착하자 디오니시우스는 무척 기뻐했으며, 시킬리아도 새로운 희망에 부풀었다. 사람들은 플라톤과 그의 철학이 필리스투스와 전제정치를 물리치기를 진심으로 바랐다. 궁전 부인들은 플라톤을 정답게 맞이했고, 디오니시우스는 지금껏 누구에게도 베푼 적 없는 친절과 믿음을 보여주었다. 자기 동생이나 아들은 몸을 수색한 뒤에야 만나주었지만 플라톤에게는 그런 검사를 하지 않았던 것이다. 그는 플라톤에게 돈과 값진 선물을 많이 주었으나 플라톤은 한사코 거절했다. 키레네에서 온 아리스티포스는 이 모습을 보고 디오니시우스 왕은 은혜를 베풀어도 정말 현명하게 베푼다고 불평했다. 무엇이든 사양하지 않고 받는 사람에게는 싼 물건을 주고, 싫다고 거절하는 사람에게는 값비싼 선물을 내렸기 때문이다.

플라톤은 디오니시우스와 만나 서로 반갑게 인사를 나눈 다음 곧 디온에 대한 문제를 꺼내고는 해결하려고 했으나 디오니시우스는 그 이야기를 슬슬 피했다. 플라톤이 다시 끈질기게 이야기를 하려고 하자 나중에는 언짢은 표정을 드러냈다. 그러더니 말다툼으로까지 번지게 되었다.

하지만 왕은 이 일을 누구에게도 말하지 않고, 그다음 날에도 플라톤을 아주 극진히 대접했다. 그리고 플라톤이 디온보다 자기를 더 사랑해 주기를 바라는 마음으로 여러 노력들을 기울였다. 플라톤은 왕이 약속을 지키지 않자 무척 화가 났지만, 모든 일이 잘 마무리되기를 조용히 기다리기로 하고 이 일을 비밀로 감추어 두었다.

그러므로 둘 사이가 서먹서먹해졌다는 것을 아무도 모르고 있었다. 그때 플라톤의 제자인 키지쿠스 사람 헬리콘이 일식이 일어나리라는 예언을 했다. 신기하게도 그 예언이 얼마 뒤에 정확히 맞아떨어지자, 디오니시우스는 은 1탈란톤을 선물로 주고 그의 재주를 칭찬했다. 그러자 아리스티포스가 나서더니 자기도 굉장한 예언을 하겠다고 말했다. 사람들이 무슨 예언이냐 묻자, 그는 농담처럼 이렇게 말했다.

"머지않아 플라톤과 디오니시우스 왕이 싸우게 될 겁니다."

얼마 뒤 왕은 디온의 재산을 모두 팔아 그 돈을 자기가 챙겼다. 그리고 왕궁 별채에 살던 플라톤도 용병 부대 숙소가 있는 곳으로 옮기게 했다. 이 부대의 병사들은 플라톤이 디오니시우스를 설득해 왕위를 내놓게 하고, 용병 부대도 해산시키라고 말했으리라 믿었다. 그래서 그들은 처음부터 플라톤을 미워했으며, 틈만 나면 그를 죽일 생각으로 벼르고 있던 터였다.

플라톤의 처지가 위험해지자, 아르키타스와 그 친구들은 왕에게 그를 아테나이로 돌려보내 줄 것을 요구했다. 그들은 플라톤을 시킬리아로 초대한 것은 자기들이니 그의 안전도 자신들이 책임지겠다고 주장했다. 왕은 플라톤을 돌려보내기로 했지만, 그를 시기하는 마음을 사람들에게 들키고 싶지 않았다. 그래서 왕은 그와 헤어지게 된 것을 슬퍼하는 듯이 성대한 이별 잔치를 몇 차례나 열었다. 그러나 어느 날 왕은 이런 말을 자기도 모르게 내뱉고 말았다.

"플라톤, 그대는 귀국하면 동료 철학자들 앞에서 나에 대해 지독하게 비난하겠군요."

그러자 플라톤은 싱긋 웃으며 대답했다.

"우리 아카데메이아는 전하의 이야기를 꺼내야 할 만큼 이야깃거리가 없는 곳이 아닙니다. 그러니 아무 걱정 마십시오."

플라톤 자신이 전하는 것과는 어느 정도 차이가 있지만, 어쨌든 두 사람은 이렇게 헤어졌다고 한다. 한편 디온은 디오니시우스 왕의 이런 태도에 대해 분노를 참을 길 없었다. 그리고 자기 아내에게 왕이 어떻게 행동했는지를 알게 되자 아예 드러내 놓고 디오니시우스를 미워하기 시작했다. 그 일에 대해서는 플라톤도 디오니시우스 왕과 비밀 편지로 연락했는데, 그 내용은 다음과 같다.

디오니시우스 왕은 플라톤을 돌려보낸 뒤, 디온의 아내를 다른 사람에게 시집보내려 했다. 그러나 디온이 어떻게 생각할지 모르니 그의 마음을 알아봐 달라고 플라톤에게 부탁했다. 사실인지, 아니면 디온 반대파들이 지어낸 이야기인지는 모르나, 이는 디온이 자기 결혼에 불만이 많으며 아내와도 사이가 나쁘다는 소문이 한창 나돌 때의 일이었다.

플라톤은 아테나이로 돌아오자마자 디온을 만나 이 일에 대해 이야기를 나누었다. 그리고 왕에게 편지를 보내 그 결과를 알려주었다. 이 편지는 누구나 다 알아볼 수 있게 썼지만 단 한 구절은 왕만 알아볼 수 있었다. 디온과 이야기해 보니, 만일 디오니시우스가 그렇게 한다면 그는 중대한 모욕을 받았다고 생각해 몹시 분노할 것이라는 내용이었다.

그때는 아직 디온과 화해할 희망이 남아 있던 때라 왕은 이 일에 대한 것은 진행하지 않기로 했다. 그리고 디온의 누이인 아레테가 디온의 아이들과 함께 살도록 허락했다.

그러나 나중에 왕과 디온 사이가 도저히 화해할 수 없을 만큼 벌어지고 플라톤이 불쾌한 마음을 안고 돌아가 버리자, 왕은 완강히 거부하는 디온의 누이 아레테를 자기 친구인 티모크라테스와 강제로 결혼시켰다. 디오니시우스 2세의 이런 야비한 행동은, 비록 폭군으로 알려지긴 했지만 너그러운 편이었던 그의 아버지보다는 정의와 관용이 부족했다. 디오니시우스 1세도 그의 누이인

테스테의 남편 폴리크세누스와 사이가 좋지 않았다. 폴리크세누스는 목숨이 위험해지자 몰래 시킬리아를 떠났고, 그 사실을 알게 된 디오니시우스 1세는 누이를 불러서, 남편이 도망갈 것을 알았으면서도 왜 자기에게 알리지 않았느냐며 호통을 쳤다. 그러자 테스테는 겁 없이 말했다.

"왕께서는 제가 남편과 운명을 함께하지 않을 부정한 아내요, 비겁한 여자라고 믿습니까? 저는 정말 몰랐습니다. 만약 진작 알았다면, 남아서 폭군 디오니시우스의 누이라 불리기보다는 그를 따라가 망명자인 폴리크세누스의 아내라 불리는 길을 택했을 겁니다."

테스테가 이렇게 당당하게 말하자, 폭군이었던 디오니시우스 1세도 감탄했다고 한다. 또한 시라쿠사 시민들도 테스테의 용기와 지조에 아낌없는 찬사를 보냈고, 왕정이 무너진 뒤에도 그녀만은 왕족으로 대우했다. 그리고 그녀가 죽었을 때는 모든 시민들이 장례식에 참석했다. 이 이야기는 본론에서 좀 벗어나긴 했지만, 알릴 만한 가치가 있다고 여겨진다.

한편 디온은 그때부터 전쟁을 준비하기 시작했는데, 플라톤은 이 일에 전혀 끼어들지 않았다. 한때 디오니시우스에게 극진한 대접을 받았기 때문이기도 하고, 이미 나이가 많았던 탓도 있었다. 그러나 스페우시푸스를 비롯한 디온의 친구들은 그를 적극적으로 도우며, 시킬리아를 하루빨리 폭군 손에서 해방시키자고 주장했다. 시킬리아 시민들은 구원을 절실히 바라고 있으므로, 디온이 간다면 두 팔 벌려 환영하리라는 사실을 잘 알고 있었던 것이다.

더욱이 그의 친구들은 플라톤과 함께 시라쿠사에 갔을 때, 그보다 훨씬 자유롭게 시민들을 만날 수 있었으므로 민심을 누구보다도 잘 알고 있었다.

시킬리아의 시라쿠사 시민들은 디온이 전쟁을 준비한다는 소식을 들었지만, 처음에는 디오니시우스가 시민들 마음을 떠보려고 일부러 퍼뜨린 헛소문이라 여겼다. 하지만 사실이라는 것을 알고는 디온이 오기만을 손꼽아 기다렸다. 디온이 전함이나 기병이나 육군이나 무기도 없이 혼자 시킬리아에 오더라도 시킬리아 시민들은 모두 떨치고 일어나서 그를 도와 디오니시우스 왕을 몰아낼 생각이었다.

스페우시푸스가 전해준 이 소식은 디온에게 큰 힘을 주었다. 드디어 디온은 목적을 숨기고 용병을 모집하기 시작했다. 그러자 많은 정치가와 철학자들이 도움을 아끼지 않았다. 그 가운데는 키프로스의 에우데무스도 있었는데, 그가 죽었을 때 아리스토텔레스가 《영혼에 대하여》라는 글을 지었을 만큼 유명한 사람이었다. 또한 레우카스의 티모니데스도 도움을 주었고, 예언자이면서 아카데메이아에서 철학을 배웠던 테살리아의 밀타스도 그에게 협력했다. 그런데 디오니시우스로부터 추방당한 사람은 1000명이 넘었지만, 그들 가운데 디온의 계획에 찬성하며 협조한 사람은 겨우 25명뿐이었다. 나머지 사람들은 아직도 디오니시우스를 두려워해 감히 디온을 돕지 못했다.

디온과 그를 돕는 무리들은 자킨투스 섬을 본거지로 모였는데, 병력은 채 800명도 되지 않았다. 그러나 그들 대부분은 여러 번 전투에 참가한 경험이 있었으며, 몸도 튼튼하고 용기도 대단했다. 또한 그들은 시킬리아에 가면 시민들을 이끌고 진군하면서 시민들에게 용기를 줄 수 있는 능력을 갖추었다.

하지만 막상 디온이 멀리 시킬리아까지 가서 디오니시우스와 싸우려 한다고 털어놓자, 처음에는 모두 겁을 내며 가지 않으려 했다. 그들은 디온이 이런 무모한 전쟁에 뛰어들려는 것은 개인적인 감정으로 몹시 흥분한 탓이며, 이는 자신들까지 파멸로 몰아넣으려는 바보 같은 짓이라고 수군댔다. 그러면서 왜 처음부터 전쟁 목적을 사실대로 밝히지 않고 군대를 모집했느냐며 지휘관들에게 분노를 터뜨렸다.

그러자 디온은 시킬리아 정치는 이미 썩을 대로 썩었고, 여러분은 한낱 병사로서 싸우는 게 아니라 시라쿠사를 비롯한 시킬리아 여러 지방 군대들을 지휘하는 장교가 될 것이며, 시킬리아 사람들은 오래전부터 들고일어날 기회만을 기다려 왔다고 연설했다. 또 디온 뒤를 이어서, 아카이아 명문 출신이며 명성 또한 높던 알키메네스가 나왔다. 그는 디온과 같은 내용의 연설로 그들을 설득했다. 그제야 병사들은 마음을 돌리고 출정하기로 찬성했다.

그때는 한여름이라 거센 에테시아 바람이 바다 물결을 일렁이게 하고 있었다. 디온은 아폴론 신에게 제사 드리기 위해 성대하게 제물을 준비한 다음, 무장을 갖춘 군대를 이끌고 신전으로 올라갔다. 맑은 하늘에는 보름달이 모습을 드러내고 있어서 마치 대낮처럼 밝았다. 제사가 끝나자, 디온은 자킨투스 경마장에서 병사들을 위한 큰 잔치를 열었다. 잔치에 나온 금그릇과 은그릇 숫자와 푸짐한 음식들을 볼 때 도저히 한 사람의 재산으로 차렸다고는 생각할 수 없을 정도였다. 이를 본 병사들은 위안을 얻었다. 이미 나이를 꽤 먹었고 이만한 재력도 있는 디온이 굳이 전쟁의 불길 속으로 뛰어든 것은, 본국에 있는 동지들로부터 많은 도움을 받는다는 증거이며 분명히 이길 자신이 있는 것이라고 여겼기 때문이다.

그런데 잔치를 시작하기에 앞서 술잔을 붓고 기도를 끝냈을 때, 보름달이 갑자기 일그러지기 시작했다. 하필이면 그때 월식이 일어났던 것이다. 디온과 그의 친구들에게 월식은 전혀 이상한 일이 아니었다. 달과 해 사이에 지구가 끼어들면 그 그림자 때문에 달이 가려져 나타나는 현상이며, 그것이 언제쯤 일어날 것인지도 계산할 수 있었다. 하지만 병사들은 몹시 불안에 떨었으므로, 디온은 어떻게든 병사들이 두려움을 떨치고 힘을 내도록 만들어야 했다.

그때 예언자인 밀타스가 앞으로 나와 병사들에게 생각을 굳건히 하고, 모든 행복과 성공을 빌라고 말했다. 이는 그들이 완전한 승리를 거두게 되리라는 징조이며, 지금까지 빛을 내던 그 무엇인가가 앞으로 빛을 잃게 되리라는 것을 신께서 미리 알려주신 것이라고 했다. 지금 이 세상에서 가장 밝은 빛을 내고 있는 것은 디오니시우스 왕의 권력뿐이므로 그들이 시킬리아에 도착하면, 디오니시우스 왕은 완전히 빛을 잃고 망하게 되리라는 것이었다.

밀타스의 신념에 찬 말을 듣자 병사들은 다시 용기를 얻었다. 그러나 얼마 뒤에는 뱃머리에 지어진 벌집을 발견했다. 이를 본 밀타스는, 지금 계획하는 일은 일시적으로는 성공해 큰 영광을 누리지만, 그 기간은 매우 짧으며 곧 망하게 될 징조 같아 두렵다고 디온과 그 친구들에게만 몰래 이야기했다고 한다.

한편 디오니시우스에게도 불길한 여러 징조들이 나타났다. 독수리 한 마리가 호위병이 들고 있던 창을 갑자기 낚아채 바다 한가운데에 떨어뜨린 것이다. 그리고 시라쿠사 성벽에 부딪치는 바닷물이 꼭 하루 동안만, 전혀 짠맛 없는 맹물로 변하기도 했다. 더욱 이상한 일은, 다른 데는 다 멀쩡한데 귀만 없는 돼지가 태어난 것이었다.

예언자들은 이 현상들을 반란과 불복종의 징조라 해석했다. 귀 없는 돼지는 민중이 왕의 명령을 듣지 않는다는 것을 뜻하며, 바닷물이 짠맛을 잃은 일은 시라쿠사 시민들의 고생이 끝나고 행복한 시대가 찾아오리라는 것을 의미한다고 말했다. 그리고 독수리는 제우스 신의 신성한 새이며 창은 왕의 권력을 상징하므로, 독수리가 창을 빼앗아 간 것은 제우스 신이 왕을 멸망시키려는 징조라고 해석했다. 이는 모두 테오폼푸스가 쓴 역사책에 실린 이야기들이다.

디온은 커다란 수송선 2척에 병사들을 태우고 떠났다. 뒤로는 작은 배와 30

개 노가 달린 군함이 뒤따르고 있었다. 디온은 부하들이 들고 있는 것 말고도 방패 2000개와 수많은 창과 활은 물론, 충분한 양식들을 준비해 두었다. 그들이 지나가는 육지는 모두 디온을 적으로 여겼고, 또 필리스투스가 함대를 이끌고 디온을 맞아 싸우려고 이아피기아에서 기다린다는 정보를 들었기 때문이다. 그러므로 디온은 항해하는 동안 단 한 번도 육지로는 접근하지 않고, 순풍을 타고 육지에서 멀리 떨어진 바다 한복판을 달리며 나아갔다.

디온은 12일 동안 미풍을 타고 항해를 계속해, 13일째 되는 날 시킬리아 남쪽 끝에 있는 파키누스에 닿았다. 항해장인 프로투스는 닿자마자 육지로 올라가자고 했다. 파키누스에서 상륙하지 않으면 남풍을 만날 때까지 바다 위를 계속 떠다녀야 하는데, 여름에는 남풍이 잘 불지 않는다는 것이었다. 그러나 디온은 적진과 너무 가까워서 이곳에 상륙하는 것은 위험하다고 판단했다. 그는 파키누스 항을 끼고 항해를 계속하라고 명령했다. 그래서 그들은 파키누스 항을 옆으로 끼고 계속 앞으로 나아갔다.

하지만 그때는 마침 아르크투루스 별이 나타나는 계절로, 그들이 그곳에서 얼마 벗어나기도 전에 갑자기 날씨가 변하더니 바다에 강한 북풍이 몰아치고 곧 폭우가 쏟아지기 시작했다. 갑작스러운 북풍을 만난 배는 해안에서 차츰 멀어졌다. 병사들은 두려움에 떨면서 모든 것을 바람에 맡겨둔 채 배가 어디로 가는지조차 모르고 그대로 넋을 놓고 있었다. 얼마 뒤 아프리카 해안에서 조금 떨어져 있는 케르키나 섬 절벽이 나타났다. 그런데 그곳은 여기저기 암초가 많아 파도를 타고 넘어가기에 더욱 험난한 지역이었다.

그들은 배가 절벽에 부딪쳐 산산조각 날 위기를 가까스로 모면하고, 부지런히 노를 저어 힘겹게 나아갔다. 한참을 그렇게 항해하고 나자 마침내 폭풍우가 가라앉았다. 병사들은 지나가던 배를 만나 물어본 뒤에야, 자신들이 '대(大) 시르티스의 머리'라 불리는 곳에 있다는 것을 알게 되었다. 잠잠한 바다에 놓인 배 안에서 병사들은 풀이 죽어 있었으며 서로 말다툼을 벌이기도 했다. 그런데 갑자기 육지에서 부드러운 남풍이 불어왔다. 그들은 남풍이 불리라고는 기대하지도 못했고, 바람 방향이 바뀌었다는 사실도 좀처럼 믿을 수가 없었다. 하지만 남풍은 더욱더 세게 불어왔다. 병사들은 곧 돛을 올리고는 신들에게 감사 기도를 드렸다. 이렇게 해서 그들은 아프리카를 벗어나 다시 시킬리아 쪽으로 항해하기 시작했다.

남풍을 타고 떠난 지 닷새째 되는 날, 디온 일행은 시킬리아 미노아에 닻을 내렸다. 미노아는 카르타고가 다스리는 작은 도시였다. 디온은 이곳 수비대장인 시날루스를 잘 알고 있었다. 그러나 시날루스는 처음에 이들이 디온 군대라는 사실을 전혀 몰랐으므로 육지로 오르는 일을 허락하지 않았다. 그러자 디온 군대는 모든 무장을 갖추고 배에서 쏟아져 나왔다. 이곳 카르타고군 사령관이 자기 친구라는 사실을 아는 디온은 절대로 적군을 다치게 하지 말라고 병사들에게 명령했다. 그래서 병사들은 저항하는 적군을 시내로 밀어붙이기만 하고서 그곳을 점령했다. 곧 두 장군은 서로 만나 반갑게 인사를 나누었다. 디온은 이 도시에 어떤 피해도 끼치지 않았으며, 시날루스도 그 보답으로 디온과 그의 군대를 환영하고 필요한 물자를 제공해 주었다.

이 중요한 때에 디오니시우스 왕은 시라쿠사를 비운 채 다른 곳에 있었다. 그는 배 80척을 이끌고 이탈리아에 가 있었던 것이다. 디온 군대는 이 소식을 듣고는 더욱 사기가 치솟아, 어서 시라쿠사로 쳐들어가자며 아우성쳤다. 디온은 오랜 항해로 고생한 병사들을 쉬게 하고 병력도 증강시킬 생각이었지만, 병사들은 이런 좋은 기회를 놓쳐서는 안 된다며 막무가내였다. 마침내 디온은 시라쿠사를 공격하기로 결정했다. 그는 필요한 무기와 식량만 챙기고 나머지는 미노아에 남겨두기로 했다. 그리고 자신이 요청할 때에 보내달라고 시날루스에게 부탁해 두었다. 이렇게 디온 군대가 진군할 때, 에크노뭄 근처에 사는 아그리겐툼인들이 기병 200기를 이끌고 와서 그들에게 협력하겠다고 말했다. 뒤이어 겔라 사람들도 디온 군대에 가담했다.

한편 디온이 군대를 이끌고 온다는 소식은 시라쿠사에까지 퍼졌다. 그러자 티모크라테스는 급히 디오니시우스에게 이 중대한 소식을 전했다. 티모크라테스는 디온의 아내였던 여자와 결혼한 사람인데, 왕이 없는 동안 시라쿠사를 지키는 중요한 임무를 맡고 있었다.

그는 디오니시우스에게 사람을 보내 디온이 쳐들어온다는 소식을 알리는 한편, 시민들이 반란을 일으키지 못하도록 서둘러 대책을 세웠다. 이미 디온이 온다는 소식을 들은 민중은 동요하기 시작했으나, 이 정보를 완전히 믿을 수는 없었으므로 때가 되기만을 기다렸다. 그때 디오니시우스에게 급히 소식을 전하러 가던 사람이 이상한 사고를 당했다.

그는 바다를 건너 이탈리아에 상륙한 뒤, 디오니시우스가 있는 카울로니아를 향해 레기움 거리를 달리고 있었는데, 뜻밖에도 그곳에서 옛 친구를 만나게 되었다. 마침 그 친구는 제사에 바쳤던 고기를 집으로 가지고 가는 길이었다. 그 친구가 고기를 조금 나누어 주자, 그는 고기를 받아가지고 다시 걸음을 재촉했다. 이윽고 밤이 되자 그는 너무나 피곤한 나머지 길가 숲 속에 누워 잠간 눈을 붙이고 다시 출발하려고 했다.

그런데 그가 자는 사이에 고기 냄새를 맡은 늑대들이 고기를 물고 달아나면서 공교롭게도 편지까지 물고 가버렸다. 잠에서 깨어난 그는 깜짝 놀라 주위를 샅샅이 뒤졌으나, 그 편지는 끝내 찾을 수가 없었다. 이렇게 되자 그는 차라리 몸을 숨기는 편이 낫다고 생각하고는 그 길로 멀리 달아나 버렸다.

이렇게 해서 디오니시우스는 전쟁이 일어난 사실을 훨씬 뒤에야 알게 되었으며, 그것도 다른 사람을 통해서 알게 되었다. 그러는 사이에 디온 군대는 계속 행군해 나아갔다. 이때 카마리나 사람들과 다른 지방에 살던 시라쿠사 사람들도 디온 군대에 합세했으므로 이들의 세력은 날로 커져갔다. 디온은 일부러 레온티니와 캄파니아를 먼저 공격한다는 소문을 퍼뜨렸다. 그러자 에피폴라이를 지키던 티모크라테스 병사들 가운데 레온티니와 캄파니아 출신들은 자기 집과 고향을 지키기 위해 군대를 이탈해 모두 고향으로 돌아갔다. 디온은 아크라이 근처에서 한밤중에 이 소식을 전해 듣고는, 잠자고 있던 병사들을 깨워 아나푸스 강까지 행군했다.

여기서 시라쿠사 시까지는 겨우 10스타디온밖에 되지 않았다. 디온 군대는 강가에 정렬하고는, 막 솟아오르는 아침 해를 바라보며 제사를 드렸다. 이때 점술가들은 신들이 승리의 징조를 보내셨다고 말했다. 제사를 다 지낸 뒤에도 디온이 머리에 쓰고 있던 화관을 벗지 않자 병사들도 그를 따라 화관을 머리에 썼다.

디온 군대에 가담한 병사는 거의 5000명에 이르렀다. 이들은 아무렇게나 무장을 하고 왔으므로 장비는 그리 변변치 못했지만 사기는 부족한 장비를 다 메우고도 남을 정도로 높았다. 마침내 디온이 진격 명령을 내리자, 병사들은 그가 이미 정복자가 되기라도 한 듯 환성을 지르며 자유를 찾는다는 기쁨에 젖어 서로를 격려하면서 시라쿠사로 돌진했다.

시내에 있던 시라쿠사 시민들 가운데서 명망이 높은 사람들과 귀족들은 가장 좋은 옷을 입고 성문까지 나와 디온을 맞이했다. 그리고 일반 시민들도 모두 들고일어나 디오니시우스 왕 무리를 습격했다. 그 가운데서도 가장 먼저 희생당한 사람들은 첩자와 밀고자들이었다. 이들은 늘 시내를 돌아다니며, 누가 어떤 말을 하고 누가 어디에 숨어 있는지를 알아내 디오니시우스에게 일러바치던 자들이었다. 시민들이 이들을 잡아 모조리 죽였으므로, 이들은 가장 먼저 죄의 대가를 치른 셈이었다.

한편 티모크라테스는 성채에 있는 수비대와 합류하지 못하게 되자 말을 구해 타고 성 밖으로 달려나갔다. 그는 약한 군사력에 굴복하여 도시를 버렸다는 비난을 피할 목적으로, 도망치는 와중에도 디온 군대의 숫자를 과장하여 거짓 소문을 퍼뜨렸기 때문에 그가 지나간 곳마다 혼란과 공포에 빠졌다.

그동안 디온은 찬란한 갑옷을 입고 시민들 앞에 나타났는데, 늘 맨 앞에 서서 병사들을 이끌었다. 그의 양옆에는 동생 메가클레스와 아테나이의 칼리푸스가 머리에 화관을 쓰고 뒤따르고 있었다. 그 뒤로는 헬라스에서 데리고 온 외국인 병사 100명이 디온을 호위하며 따라오고, 나머지 부대들도 장군들 지휘로 질서 있게 대열을 이루며 앞으로 나아갔다. 42년 동안이나 전제정치 아래에서 신음하던 시라쿠사 시민들은 자유와 민주정치를 되찾게 되는 이 순간을 경건한 마음으로 바라보며 모두들 환호성을 올렸다.

테메니티스 문을 거쳐 시내로 들어온 디온은 시민들의 소란을 가라앉히기 위해 나팔을 불게 했다. 디온과 메가클레스는 자신들이 전제정치를 무너뜨리고 시민들에게 자유를 주기 위해 이곳에 왔으며, 이제 시라쿠사 시민들을 비롯한 모든 시킬리아 사람들은 독재자로부터 해방되었음을 선언한다는 포고문을 읽도록 했다.

그다음 디온은 시민들에게 연설하기 위해 아크라디나 거리를 지나서 걸어갔다. 그러면서 거리를 바라보니 시민들은 술과 제물을 차려놓고 양편에 늘어서서, 마치 신이라도 지나가는 것처럼 집 앞을 지나가는 그에게 꽃과 장식품을 던지며 축원과 갈채를 보냈다. 5개 대문 또는 펜탈피라를 가진 성 아래에는 디오니시우스가 세운 커다란 해시계가 높이 솟아 있었다.

디온은 그 위에 올라서서 시민들을 내려다보며, 모두가 힘을 합쳐 다시 찾은 자유를 끝까지 지키자고 말했다. 기쁨과 감사의 마음으로 가득 찬 시민들은 디온 형제를 나란히 대장군으로 뽑고 모든 권한을 다 주었다. 그리고 그들의 요청에 의해 지도자 20명을 뽑았는데, 그 가운데 10명은 디온과 함께 쫓겨났다가 같이 돌아온 사람들이었다. 그런데 점술가들은 디오니시우스가 한창 권세를 부릴 때 세운 이 해시계에 디온이 올라서서 시민들에게 연설한 것은 좋은 징조이지만, 해시계 위에서 대장군으로 뽑힌 것은 그의 운명에 갑작스러운 변화가 있을 좋지 못한 징조라고 이야기했다.

대장군이 된 디온은 에피폴라이를 점령하고, 갇혀 있던 시민들을 풀어주었다. 그리고 시라쿠사 성을 포위하고 공격하기 위해 그 주위에 축대를 쌓았다. 디오니시우스는 7일 만에 이탈리아에서 돌아와 성으로 들어갔다. 그즈음 디온이 시날루스에게 맡겨두었던 무기와 군수품을 실은 마차들도 도착했다. 디온은 이 무기들을 시민들에게 나누어 주었고, 무기가 모자라서 받지 못한 사람들은 나름대로 무장을 갖추고 디온 군대에 가담했다.

처음에 디오니시우스는 디온에게 은밀히 사람을 보내, 어떤 조건이라도 좋으니 휴전을 하자고 제안했다. 그러자 디온은 이제 모든 시민들이 자유를 얻었으니 그들 앞에서 공개적으로 제안하라고 답했다. 이 말을 들은 디오니시우스는 시민들에게 사절을 보내 좋은 조건을 제안했다. 세금을 줄이고 병역 부담도 덜어주겠으며, 전쟁도 시민들이 동의하고 디온이 승낙하지 않으면 절대로 하지 않겠다는 내용이었다.

시라쿠사 시민들은 디오니시우스의 제안을 비웃으며 단호하게 거절했다. 디온은 사절들에게 자신은 물론 모든 시민들은 디오니시우스가 왕위를 내놓지 않는 이상 그 어떤 제안도 받아들이지 않겠다고 딱 잘라 말했다. 그러나 만일 왕위를 내놓는다면, 친척 관계를 깊이 염두에 두고 왕의 안전을 보장해 주겠으며, 되도록 너그러운 조건으로 용서하겠다고 했다.

디오니시우스는 이 조건을 받아들일 테니 시라쿠사 시민 대표자들에게 성으로 찾아와 서로 허심탄회하게 의견을 나누며 만족할 만한 휴전조약을 맺자고 제안했다. 이때 성안으로부터 디오니시우스가 왕위에서 내려올 거라는 소문이 새어나왔다. 그 소문에 따르면, 디오니시우스는 디온의 공적을 위함이 아닌, 자기가 그보다 더 훌륭한 지도자로 보이기 위해 스스로 왕위를 내놓을지도 모른다는 것이었다. 그 말을 들은 디온은 곧 시라쿠사 시민 대표들을 뽑아 디오니시우스 성으로 보냈다.

하지만 휴전협정은 시민들을 잠시 안심시키려는 그의 계략일 뿐이었다. 디오니시우스는 성안에 들어온 시민 대표들을 잡아 가두어 버렸다. 그리고 다음 날

아침에 성을 지키는 용병들에게 용기를 북돋워 주기 위해 실컷 포도주를 먹인 다음, 디온군이 쌓은 축대를 공격하게 했다.

이런 일은 생각지도 못했던 디온군은 왕의 군대가 함성을 지르며 용감히 성벽을 습격해 오자 혼란에 빠져 맥을 못 추고 갈팡질팡했다. 다만 디온이 헬라스에서 데려온 군대만이 위급하다는 신호를 듣고 도우려 나섰지만, 이들 또한 어찌할 바를 모르기는 마찬가지였다. 적에게 무너진 시라쿠사 병사들이 아우성을 치며 달아나는 바람에 헬라스 병사들은 장교들이 내리는 명령을 제대로 들을 수조차 없었다.

디온은 아무리 큰 소리로 명령을 내려도 병사들이 자기 소리를 알아듣지 못하자 몸소 행동으로 보여주기로 하고 적진으로 뛰어나갔다. 적들은 디온을 알아보고는 소리를 지르며 그에게 달려들었다. 그러자 디온 병사들도 적들에게 맞서면서 곧 맹렬한 싸움이 벌어졌다.

디온은 그런 백병전을 벌이기에는 많은 나이였으나, 그 용기만큼은 달려드는 적을 쓰러뜨리기에 충분했다. 그러나 한참 싸우다가 한쪽 손이 적의 창에 찔리고 투구도 깨졌으므로, 그를 노리는 적의 창과 칼을 막을 재간이 없었다. 게다가 적이 던지는 투창과 장창이 몇 번이고 그의 방패를 꿰뚫은 뒤라, 방패도 제구실을 하지 못했다. 빗발치는 적의 공격을 막아내는 것은 오직 그의 갑옷뿐이었다. 하지만 그마저도 이내 찢어지고 말았다. 디온은 그만 바닥에 쓰러졌는데, 마침 그의 부하들이 그를 발견해 겨우 구출해 돌아올 수 있었다.

디온은 티모니데스에게 자신의 지휘권을 넘겨준 뒤에 자신은 말을 타고 시내를 다니며 시민들에게 단결을 외치고, 패잔병들을 다시 일으켜 세웠다. 그리고 아크라디나를 지키기 위해 남겨두었던 헬라스군에 출동 명령을 내렸다. 반면에 전투에 지쳐 싸울 마음이 사라져 버린 적들은, 갑자기 투지에 불타는 새로운 군대가 물밀듯이 몰려오자 등골이 오싹해졌다.

적들은 처음에는 단번에 모든 시내를 점령할 계획이었다. 하지만 전쟁에서 잔뼈가 굵은 단련된 용사들과 싸워야 한다는 사실을 깨닫고는, 마침내 성 쪽으로 후퇴하기 시작했다. 그처럼 적이 허둥지둥 달아나는 모습을 보자 헬라스 군대는 맹공격을 퍼부었으며 적들은 서둘러 성안으로 도망쳐 들어갔다. 이 전투에서 디온군은 74명의 전사자를 냈고, 적은 그보다 훨씬 많은 피해를 입었다.

이처럼 디온군이 영광스러운 승리를 거둘 수 있었던 것은 오로지 헬라스군의 용기 덕분이었다. 그래서 시라쿠사 시민들은 헬라스 부대에 상금 100므나를 주었다. 그러자 헬라스 부대는 디온에게 금관을 만들어 바쳤다.

이윽고 디오니시우스는 사람을 보내, 디온의 가족들과 아내가 쓴 편지를 디온에게 전했다. 그 편지들 가운데 하나에는 '아버님께, 히파리누스로부터'라 적혀 있었는데, 히파리누스는 디온 아들의 이름이었다. 그러나 티마이오스가 전하는 바에 따르면, 디온의 아들은 어머니 이름인 아레테에서 따와 아레타이우스라 이름 지었다 한다. 여기서는 디온의 전우이며 충실한 신하였던 티모니데스 말을 믿는 것이 좋겠다.

나머지 편지들은 거의 부인들이 보낸 것이었는데, 모두 눈물로 쓴 애원의 편지였다. 디온은 이 편지들을 시민들이 보는 앞에서 읽게 했다. 시민들은 디온의 아들이 보내온 편지까지는 듣고 싶어하지 않았으나, 디온은 그것까지 뜯어 시민들 앞에서 읽었다. 하지만 그것은 사실 디오니시우스가 쓴 것이므로, 그 내용은 디온에게 썼다기보다는 시라쿠사 시민들에게 보내는 호소문이었다. 자기 자신을 변명하는 내용과 디온에게 보내는 간절한 부탁이 적혀 있는 그 편지 속에는, 시민들이 디온을 의심하게 만들려는 흉계가 숨어 있었다.

디오니시우스는 그 편지에서, 디온이 옛날에 군주제를 적극 지지했다는 점을 강하게 지적하고, 만일 자기 요구를 받아들이지 않으면 디온의 누나와 가족 등 가까운 사람들을 모두 죽이겠다고 협박했다. 그리고 절대 전제정치를 없애지 말 것이며, 이유 없이 자기를 미워하거나 죽이려는 자들에게 권력을 주느니 차라리 디온 자신이 왕이 되어 친척과 친구들을 구하라고 충고했다.

그러자 시민들은 디온이 정의와 명예를 굳게 지키면서 자신의 사사로운 감정을 억제하고 있다는 사실을 잊어버리고, 오히려 그가 이 독재자를 용서하리라는 의심을 품기 시작했다. 그리고 디온은 친척들을 살리기 위해 분명히 왕이 되려 할 것이니 빨리 다른 사람을 지도자로 내세우자고 했다. 그때 마침 헤라클레이데스가 항구로 들어오고 있다는 소식이 들려오자 시민들은 매우 기뻐했다.

헤라클레이데스도 디오니시우스 2세에게 추방당했던 사람으로, 디오니시우스 1세 때에 큰 공을 많이 세웠던 유명한 장군이었다. 그러나 헤라클레이데스는 지조가 없고 변덕이 심해 지도자가 되기에는 적당한 인물이 아니었다. 그는 시킬리아에서 쫓겨나 펠로폰네소스에 있을 때에도 디온과 의견이 틀어지자 홀로 군대를 일으켜 디오니시우스를 정벌하기 위한 전쟁을 벌이기도 했다.

하지만 헤라클레이데스가 전함 7척과 작은 배 3척을 거느리고 시라쿠사에 왔을 때는, 이미 디오니시우스는 성에 갇히고 시민들은 승리의 기쁨으로 한창 들떠 있었다. 그러자 헤라클레이데스는 말재주를 부려 민중에게 아첨을 일삼기 시작했다. 더구나 시민들은 디온의 당당한 태도를 보고는, 만일 그가 정권을 잡는다면 자신들을 억압하리라 걱정하고 있었다. 이렇듯 시민들은 벌써부터 민주정부 기초가 확립되기나 한 것처럼 콧대가 높아져서, 자기들 비위를 맞출 지도자를 기다리고 있었던 것이다. 이런 때에 시민들의 환심을 사서 자신의 야망을 이루기는 참으로 쉬운 일이었다.

시민들은 임시로 민회를 열고는 헤라클레이데스를 해군사령관으로 뽑았다. 그러자 디온은 연단에 올라가 항의했다. 헤라클레이데스가 해군을 지휘하게 되면 결국 자신에게 주어진 절대지휘권이 의미가 없어진다는 주장이었다. 시민들은 디온의 말이 못마땅했지만, 헤라클레이데스의 사령관 임명을 취소할 수밖에 없었다.

디온은 헤라클레이데스를 자기 집으로 조용히 불렀다. 그리고 이런 중요한 시기에 소란을 일으켰다가는 모두가 망할 것이니, 떳떳치 못한 명예에 얽매여서 자기에게 맞서지 말라며 부드럽게 충고했다. 그런 뒤에 정식으로 민회를 열어 헤라클레이데스를 해군사령관으로 뽑고, 시민들에게 요청해 그에게도 자기와 똑같이 호위병을 주었다.

그러자 헤라클레이데스는 겉으로는 자신을 해군사령관으로 임명해 주어 감사하다면서, 앞으로는 디온을 상관으로 모시며, 그의 명령을 잘 따르겠다고 맹세했다. 그러나 속으로는 디온을 아주 못마땅히 여겼다. 그는 여전히 시민들을 부추기면서 교묘한 말로 디온을 이러지도 저러지도 못하는 처지로 몰아넣었다. 그는 디온이 만일 휴전을 하고 디오니시우스를 다른 나라에 가서 살게 한다면, 마땅히 사형을 내려야 할 사람을 두둔하는 것이라는 비난을 받게 했다. 또 이러한 의혹을 면하기 위해 그들의 요구대로 성을 계속 포위하고 있으면, 오래도록 장군 자리에 있으려고 일부러 전쟁을 오래 끈다는 비난을 받게 했다. 결국 어떻게 하든지 디온이 시민들에게 미움을 받도록 계책을 꾸몄다.

그즈음 시라쿠사에는 소시스라는 뻔뻔스럽고 흉악한 자가 살고 있었다. 그는 아무 말이나 생각 없이 마구 지껄이는 사람이었다. 그러나 시민들은 언론의 자유를 누리는 것도 시민 권리에 해당된다 생각해 도리어 그런 소시스를 좋아했다. 그런데 어느 날, 소시스가 민회에 나타나더니 디온을 공격했다. 그는 시민들에게, 술과 여자에 빠진 폭군 대신에 술도 마시지 않고 방심하지도 않는 왕의 지배를 받는다는 것은 참으로 무서운 일이라고 외쳤다. 그러더니 자기는 디온의 적이라 선언하고는 사라졌다.

다음 날이 되자 소시스는 갑자기 벌거벗고 머리와 얼굴이 피투성이가 된 채, 마치 누구에게 쫓기는 것처럼 거리를 뛰어다녔다. 그런 모습으로 광장까지 달려온 그는 사람들을 모아놓고, 디온의 부하들이 자기를 죽이려 한다며 머리에 난 상처를 보여주었다. 이를 보고 흥분한 시민들은 디온에게 몰려가서, 그가 시민의 입을 막으려 협박과 살인을 저지르려 했으며, 이는 포악하고 억압적인 행위라며 마구 욕을 해댔다.

그러자 디온은 억울한 누명을 벗으려고 민회를 열고는 연단에 올라갔다. 그는 먼저 소시스가 디오니시우스 호위병의 동생이라는 것을 밝혔다. 그리고 디오니시우스의 안전을 지킬 방법이 시민들 사이에 다툼과 불신을 일으키는 것밖에 없기 때문에 디오니시우스가 소시스를 이용해 시민들을 부추기고 혼란 속으로 몰아가려는 것이라고 설명했다. 또한 의사들에게 소시스의 상처를 진찰하게 했더니, 의사들은 칼에 찔린 상처치고는 너무 가볍다고 말했다. 병사들이 쓰는 칼로 내리쳤다면 그 무게만으로도 상처 한가운데가 깊게 패였을 테지만, 소시스의 상처는 한 번에 벤 것이 아니라 몇 번이고 벤 흔적이 보이므로, 소시스 자신이 고통을 참아가며 조금씩 자기 손으로 상처를 만든 게 분명하다고 말했다.

그리고 믿을 만한 시민 몇 사람이 면도칼을 들고 광장으로 나와 사람들에게 그 면도칼을 보이며 이렇게 말했다. 자기들은 피투성이가 되어 달려가는 소시스를 거리에서 만났는데, 그는 자신이 방금 디온 부하들에게 습격을 받아 부상당해 황급히 달아나는 중이라고 말했다. 그래서 자기들은 그 디온 부하들을 잡으러 곧바로 달려가 보았지만 거기에는 아무도 없었고, 어떤 돌 밑에 이 면도칼이 있더라는 것이었다.

이때 마침 소시스의 하인이 나타나서는, 소시스가 날이 밝기도 전에 면도칼을 들고 집을 나가는 모습을 보았다고 말했다. 그러자 디온을 공격하고 욕하던 사람들은 모두들 물러나고, 시민들은 투표를 통해 소시스를 사형시키기로 결정했다.

이 사건은 이렇게 끝났지만, 시민들은 디온이 거느린 헬라스 군대를 여전히 믿지 않았다. 전쟁은 주로 바다에서 벌어졌으며, 필리스투스가 이아피기아로부터 많은 함선을 거느리고 디오니시우스를 도우러 왔기에, 육지에서 싸울 디온에게 중무장 부대는 그다지 필요 없을 것 같았기 때문이었다. 또한 자기들은 바다에 익숙했으므로 이제부터는 자기들이 그들을 보호하는 역할을 하게 되었다 판단했던 것이다.

더구나 시라쿠사 시민들은 해전에서 승리해 필리스투스를 사로잡자 더욱 자부심이 강해졌다. 그들은 필리스투스에게 야만적이고 잔인한 행위까지 서슴없이 가했다. 에포로스는 필리스투스가 배를 빼앗기고 싸움에서 지자 스스로 목숨을 끊었다고 전했으나, 이 전쟁에서 처음부터 끝까지 디온과 함께 모든 사건을 지켜보았던 티모니데스는 철학자 스페우시푸스에게 보낸 편지에서 다른 주장을 한다. 필리스투스가 탔던 배가 해안에 부딪히는 바람에 그는 시라쿠사 시민들에게 사로잡혔으며, 시민들은 먼저 그를 무장 해제시키고 갑옷을 벗겨 나체로 만든 다음, 그 나이 많은 노인에게 온갖 모욕을 주었다. 그리고 목을 베어 그 몸뚱이를 아이들에게 주고는 아크라디나 거리로 끌고 다니다가 채석장 골짜기에 갖다 버리라고 했다는 것이다.

또한 티마이오스 기록에 따르면, 필리스투스는 이보다 더 심한 모욕을 받았다고 한다. 필리스투스 시체를 받은 아이들이 그의 다리를 끈으로 묶어 끌고 돌아다녔는데, 어른들은 그것을 보며 마구 웃어댔다. 어른들이 이렇게 웃었던 까닭은, 예전에 그가 했던 말을 떠올렸기 때문이다. 오래전에 디오니시우스 1세가 말을 타고 시라쿠사 시에서 달아나려 할 때였다. 필리스투스는 그에게, 왕위를 버리고 도망가지 말고 다리를 잡아 끌어내릴 때까지는 왕좌에 앉아 있으라고 말했다. 그런데 지금 정작 자신이 바로 그런 꼴을 당해버린 것이다. 하지만 필리스투스 자신은, 디오니시우스에게 그런 말을 했던 사람은 자기가 아닌 다른 신하였다고 했다.

필리스투스가 전제군주에게 충성을 바쳤던 일은 역사가들에게 비난받을 만하다. 그러나 역사가로서 옛사람을 기록할 때, 티마이오스처럼 자기 감정을 섞거나 추측해서 쓰는 일은 옳지 않다. 만약 티마이오스가 필리스투스에게 어떤 학대를 받았었다면 그런 일을 이해할 수 있을지 모른다. 하지만 역사가는 시간이 한참 지난 뒤에 과거의 일을 기록하는 사람이므로, 아무리 선량한 사람이라도 흔히 겪을 수 있는 불운으로 죽은 옛사람을 그렇게까지 모욕한다는 것은 피해야 될 일이다.

그러나 에포로스처럼 전제군주인 필리스투스를 지나치게 칭찬하는 것 또한 바람직한 일이라고 할 수 없다. 에포로스는 필리스투스가 저지른 나쁜 행동들을 마치 착한 동기에서 나온 양 꾸몄다. 그는 필리스투스가 전제군주에게 충성을 바치고 권력과 사치를 누리며 왕녀와 결혼한 일을 마치 대단한 일인 것처럼 내세웠지만, 이는 절대로 올바른 기록이 아니다. 그러므로 역사가는 절대로 필리스투스의 행동들을 무조건 칭찬해서도 안 되고, 그의 불행한 운명을 함부로 모욕해서도 안 될 것이다.

디오니시우스는 필리스투스를 잃고 나자 디온에게 사람을 보내 휴전을 요청했다. 그는 성안에 있는 모든 무기와 양식은 물론, 다섯 달치 봉급과 함께 군대까지 넘겨줄 테니, 그 대신 자신을 이탈리아로 안전하게 보내달라고 제안했다. 자신은 기아르타에서 들어오는 세금만 받으며 살겠다는 것이었다.

기아르타는 시라쿠사 시에 딸린 넓은 영토로, 바닷가에서부터 섬 가운데까지 기름진 평야가 펼쳐져 있었다. 디온은 디오니시우스가 보낸 사람을 만나지 않고, 모든 것을 시민들에게 직접 제안하라고 했다. 그러나 시민들은 디오니시우스를 사로잡을 계획이었으므로 대표들을 그대로 돌려보냈다. 그러자 디오니시우스는 큰아들인 아폴로크라테스에게 성을 지키게 하고, 자기는 가장 가까운 사람들과 값비싼 재물들을 배 몇 척에 싣고 시라쿠사에서 몰래 빠져나갔다.

해군사령관 헤라클레이데스 함대는 이들을 발견하지 못했다. 이 일 때문에 헤라클레이데스는 시민들로부터 심한 비난을 받았다. 처지가 곤란해진 그는 연설가 한 사람을 매수해, 시민들에게 토지를 골고루 나누어 주자는 법안을 제출하게 했다. 자유의 기본은 경제적 평등인데도 가난한 사람들에게는 여전히 노예 같은 생활이 그림자처럼 따라다니므로, 이를 바꾸기 위해서는 시민들이 땅을 고르게 가져야 한다는 것이었다. 헤라클레이데스는 이 제안에 찬성하는 무리들을 이용해 반대파인 디온 무리를 정면으로 공격할 계획이었다.

시민들은 투표를 해서 이 제안을 통과시켰다. 그리고 디온의 헬라스 군대에는 봉급을 주지 않기로 결정하고, 새로운 지휘관을 뽑아 디온의 엄격한 지배에서 벗어나기로 결의했다. 그러나 전제정치라는 병에 너무나 오랫동안 시달려온 시민들이 회복되기도 전에 홀로 서고자 너무 급하게 서두른 바람에 이 커다란 계획은 실패로 끝났다. 그러면서도 그들은 좋은 의사처럼 처방을 내려, 규칙을 지키고 절제를 함으로써 시민들에게 힘을 길러주려고 했던 디온을 미워했다.

시민들이 새 지휘관을 뽑기 위해 회의를 연 것은 한여름이었다. 그런데 이상하게도 보름 동안이나 잇따라 천둥이 무섭게 울리고, 그 밖에도 불길한 징조가 계속 이어져 민회를 방해했다. 그러던 가운데 모처럼 날씨가 개었으므로 시민 지도자들이 그들 당파를 모아 선임 절차를 집행하려 했다. 그러자 또다시 이상한 일이 일어났다. 다른 때에는 아무리 사람이 많아도 무서워하지 않고 짐수레를 잘 끌고 가던 황소 한 마리가 갑자기 멍에를 벗어 던지고 대회장으로 뛰어들더니, 모여 있는 시민들을 들이받아 뿔뿔이 흩어놓았다. 그러고는 다시 길거리로 뛰쳐나가 아무 곳이나 마구 짓밟고 돌아다녔다. 그런데 이 황소가 돌아다닌 곳은 나중에 적이 들어와 짓밟은 곳과 희한하게도 똑같았다고 한다.

그러나 시민들은 이런 불길한 일들을 무시하고, 헤라클레이데스를 비롯해 새로운 장군 25명을 뽑았다. 그뿐만 아니라 디온의 헬라스 군대를 농락할 생각으로, 만일 그들이 디온을 버리고 시민들을 위해 복무한다면 시라쿠사 시민과 똑같은 특권을 주겠다고 꾀어냈다. 하지만 디온의 헬라스 군대는 시민들 제안을 딱 잘라 거절했다. 그리고 장검을 빼어들고, 디온을 부대 한가운데에 세워 보호하며 당당히 시가지를 빠져나갔다.

그들은 시민들을 해치지는 않지만, 은혜를 저버린 비열한 자들이라고 욕을 퍼부어댔다. 그러나 시민들은 군대 숫자가 얼마 되지 않는 데다가 무력을 쓰지 않는 것을 보고는 오히려 그들을 비웃었다. 그러고는 자기들이 마음먹고 힘을 합하면, 디온 군대가 시가지를 벗어나기도 전에 전멸시킬 수 있으리라 여겨 그들을 뒤쫓기 시작했다.

일이 이 지경에 이르자 디온의 처지는 난감해졌다. 자기 나라 시민들과 싸울 수도 없었고, 그렇다고 자신의 충실한 부하들과 함께 죽을 수도 없었기 때문이다. 두 가지 갈림길에서 고민하던 디온은 시민들에게 간청을 했다. 그리고 성벽 위에 올라서서 그들을 내려다보고 있는 적 부대를 손으로 가리켰다.

그러나 흥분한 시민들은 디온의 말에는 귀도 기울이지 않고 그들을 부추기는 자들의 말만 믿고 마치 성난 파도가 밀려드는 것처럼 무리를 지어 디온 군대에게 달려들었다. 디온은 더 이상 어찌할 수 없이 부하들에게 돌격 명령을 내렸다. 하지만 함성을 지르고 무기를 두드리며 전진할 뿐, 절대로 시민들을 해치지는 못하게 했다. 그러자 디온군이 대항하는 큰 소리에 겁을 먹은 시민들은 큰 길, 작은 길 가리지 않고 순식간에 뿔뿔이 흩어져 버렸다. 디온은 달아나는 그들을 뒤쫓지 않고, 곧바로 군대를 돌려 레온티니 시로 나아갔다.

도망친 시민군과 새 장군들은 부녀자들에게 큰 웃음거리가 되었다. 그래서 그들은 떨어진 명예를 회복하기 위해 다시 무장을 갖추고 디온을 뒤쫓았다. 그들 기병대는 디온 군대가 강을 막 건너가는 것을 보고는 곧바로 싸움을 걸었다.

그러자 디온도 더는 부드러운 표정을 짓고 있을 수가 없었다. 그는 지금까지 시민들에게 보여왔던 온화한 표정을 지우고, 무섭고 차가운 태도로 돌변해 부하들에게 공격 태세를 갖추라 명령했다. 새 장군들은 이를 보고 덜컥 겁이 난 나머지 전사자들을 그대로 남겨둔 채 허겁지겁 군대를 후퇴시켰다.

한편 레온티니 사람들은 디온을 정중하게 맞아들였다. 그리고 디온 부하들에게 봉급과 시민권을 주었다. 또한 시라쿠사 시에 사절단을 보내 이 군대에게 정당하게 대우해 줄 것을 요구했다. 그러나 시라쿠사 시는 도리어 디온을 처벌해야 한다는 사절단을 보내왔다. 얼마 뒤 동맹 관계에 있는 도시 대표들이 레온티니에 모여 이 문제를 논의했다. 회의 결과, 시라쿠사 시민들에게 잘못이 있다는 결론이 났다. 하지만 자만심에 가득 차 오만해진 시라쿠사 사람들은 이 결정에 따르지 않았다. 그들은 누구의 지배도 받고 있지 않았고, 지휘관들은 시민들에 대한 두려움으로 민중의 노예나 다름없는 상태였기 때문이다. 디오니시우스는 네아폴리스 사람인 닙시우스를 시켜서, 시라쿠사 성을 지키는 군대에 식량과 급료를 실은 함대를 보냈다. 시라쿠사 시민들은 이 함대가 도착하자 그 가운데 배 4척을 빼앗았는데, 이 승리의 기쁨이 오히려 그들을 망치는 독이 되었다. 시민들이 승리를 축하하는 잔치를 열고 먹고 마시며 방비가 허술해진 사이를 노려 적들이 쳐들어오는 바람에 오히려 자기들 도시를 빼앗겨버렸기 때문이다.

시라쿠사 시민군에게는 규율이 전혀 없었다. 그들은 아침부터 밤까지 술 마시고 노는 것에만 빠져 있었다. 장군이라는 자들도 이들과 섞여 광대 노릇이나

하며 흥을 돋우고 있었으므로, 어느 누구도 이들을 통솔할 사람이 없었다. 이 난장판을 본 닙시우스는 이 기회를 이용해 갑자기 성안으로 뛰어들어 가 시민 군 진지를 습격했다. 그렇게 진지를 돌파한 다음, 야만족으로 구성된 부대를 온 시내에 풀어 마음대로 짓밟고 약탈하도록 했다. 시민들은 그제야 자신들의 어리석은 행동과 실수를 깨달았지만 때는 이미 늦은 뒤였다. 도시는 점령되었고 남자들은 죽임을 당했으며 여자와 아이들은 성안으로 끌려갔다. 새 장군들은 이 사태를 보고도 어떤 행동도 취하지 못했다. 시민들과 적이 뒤섞여 극도로 혼란한 상황이었기에 손 쓸 방법이 없었던 것이다.

시라쿠사가 이렇게 되고 아크라디나까지 위험해지자, 시민들은 비로소 자신들을 구할 수 있는 사람은 디온뿐이라는 사실을 깨달았다. 그러나 그들은 자신들이 그에게 어떤 짓을 해왔는지 너무나 잘 알고 있었으므로 차마 그런 생각을 입 밖에 낼 수가 없었다. 하지만 이런저런 생각을 하며 가릴 때가 아니었다.

가장 먼저 시민군과 기병대 몇몇이 디온과 그의 헬라스 부대를 레온티니에서 불러오자고 외쳤다. 그의 이름을 들은 시민들도 고함을 치며 기쁨의 눈물을 흘렸다. 그들은 디온이 와주기를 기도했으며, 그의 모습을 그리워했다. 또한 디온이 위험에 맞서 보여준 용기와 패기를 떠올렸다. 그는 언제나 마음의 평정을 유지했고 전혀 흔들리지 않았을 뿐만 아니라, 그 자신의 행동으로 부하 병사들에게 커다란 신뢰감을 심어주었으며 병사들이 겁먹지 않고 용감하게 적과 맞서 싸우도록 만들었다.

그리하여 시민들은 아르코니데스와 텔레시데스를 시민군 대표로, 헬라니쿠스와 그 밖의 네 사람을 기병대 대표로 뽑았다. 이들이 말을 타고 전속력으로 달려 레온티니에 닿았을 때는 이미 해가 진 무렵이었다.

일행은 말에서 뛰어내리자마자 디온의 발아래에 엎드리고는, 시라쿠사 시의 비참한 사정을 이야기했다. 이들이 엎드려 애원하는 것을 보고, 중대한 사태가 벌어졌음을 알아챈 레온티니 사람들과 디온 군사들이 그들 곁으로 우르르 달려왔다. 순식간에 많은 사람이 모여들자 디온은 곧 그들을 광장으로 데리고 갔다. 아르코니데스와 헬라니쿠스는 시라쿠사의 비참한 사정을 간단하게 말했다. 그리고 예전에 자기들이 못살게 굴었던 헬라스 군대에게 지난 일은 잊어버리고 부디 자기들을 도와달라며 간청했다. 그리고 시라쿠사는 이미 그 죗값을 톡톡히 치르고 있다면서 용서를 빌었다.

이야기가 끝나자 잠시 동안 아무도 말을 꺼내지 않았다. 한참 뒤에 디온은 그들에게 연설하려고 자리에서 일어섰으나 눈물이 비 오듯 쏟아지고 목이 메어 한마디도 할 수가 없었다. 디온의 마음을 헤아린 부하들이 그를 위로하며 격려했다. 겨우 감정을 가라앉힌 디온이 마침내 입을 열었다.

"펠로폰네소스에서 온 전우 여러분! 그리고 동맹국 시민 여러분! 내가 여러분을 이렇게 모이게 한 것은, 여러분에게 돌아올 이익과 피해를 따져서 어떻게 행동할지를 결정해 달라는 뜻에서입니다. 시라쿠사 시가 멸망할 위기에 빠져 있는데 내 생각만 할 수는 없습니다. 만약 내 나라를 구하지 못한다 해도 나는 시라쿠사에 돌아갈 것이며, 황폐한 조국에 이 몸을 묻을 것입니다. 여러분이 지금까지의 모든 일을 잊고 나의 동포들을 구해준다면, 여러분의 행동은 영원히 명예롭게 기억될 것입니다. 하지만 여러분이 시라쿠사 시민들에게 동정과 원조를 베풀어 주지 않는다 해도, 나는 지금까지 나를 위해 목숨 걸고 용감하게 싸워준 여러분에게 하늘의 보답이 있으리라 굳게 믿습니다. 내 동포들이 여러분을 저버리고 학대했을 때에도 내가 여러분과 생사를 함께했듯이, 동포들이 불행을 당하고 있을 때에도 디온은 그들을 버리지 않았다는 사실을 기억해 주십시오."

디온의 말이 채 끝나기도 전에 펠로폰네소스에서 데리고 온 그의 군사들은 우렁찬 함성을 질렀다. 어서 시라쿠사를 구하러 가자는 뜻이었다. 시라쿠사에서 온 대표들도 감격해, 디온과 그 군대에 하늘의 축복을 내려달라며 기도했다. 디온은 장병들이 조용해지기를 잠시 기다렸다가, 어서 막사로 돌아가 식사를 한 뒤, 행군할 준비를 갖추어 다시 이곳으로 모이라고 명령했다. 그날 밤에 곧바로 시라쿠사 시로 달려가기 위해서였다.

디오니시우스의 용병들은 온종일 시라쿠사 시를 약탈하다가 밤이 되어서야 그들의 성으로 돌아갔다. 그러자 시민들을 부추기던 우두머리들은 디오니시우스 군대가 다시는 성 밖으로 나오지 않으리라 생각했다. 그래서 그들은 디온이 헬라스 군대를 이끌고 시를 구하러 오더라도 절대로 시내로 들어오게 해서는 안 된다며 시민들을 설득했다.

시민들의 명예와 용기가 헬라스군 못지않으니, 시라쿠사를 스스로 지키자는 말이었다. 그리하여 시민들과 우두머리들은 디온에게 사람을 보내 그에게 진군을 멈추고 돌아가라는 말을 전하도록 했다. 하지만 부유하고 지식 있는 사람들과 기병 부대들은 디온에게 빨리 와달라고 재촉하는 사자를 따로 보냈다. 디온은 속도를 조금 늦추었을 뿐, 행군을 멈추지는 않았다. 그날 밤, 디온을 반대하는 무리들은 시내 곳곳에 수비대를 배치해 디온 군대가 시내에 들어오지 못하게 방해했다.

날이 밝자 닙시우스는 전날보다 더 많은 부대를 이끌고 성 밖으로 나왔다. 그리고 아직 남아 있는 시민들의 방어진을 파괴해 버리고 시내로 들어오더니, 곳곳으로 흩어져 약탈하기 시작했다. 그들은 남자들은 물론 여자들과 아이들까지 가리지 않고 닥치는 대로 죽였으며 그 수를 헤아릴 수 없을 정도였다. 그들은 재물을 약탈하는 것보다 사람들을 죽이는 데에 더 혈안이 되어 있었다. 디오니시우스는 이제 왕위를 되찾을 희망이 없다는 것을 깨닫고 시민들에 대한 증오만 불태웠던 것이다. 그래서 디온 군대가 달려와 시민들을 구해주기 전에 시라쿠사를 아예 폐허로 만들어 버리기로 작정했다.

디오니시우스는 빠른 시간 안에 시라쿠사를 완전히 파괴해 버리라는 명령을 내렸다. 병사들은 도시 곳곳에 불을 놓았다. 가까운 곳에는 횃불을 놓고, 먼 곳에는 불을 붙인 화살을 쏘아대자 도시 전체가 금세 불바다가 되었다. 시민들은 불길에 휩싸인 이 지옥 같은 도시에서 어찌할 바를 몰라 갈팡질팡했다. 불붙은 집을 버리고 밖으로 나온 사람들은 병사들에게 붙잡혀 죽었고, 집 안에 갇힌 사람들은 불에 타 죽었다. 어디를 둘러보아도 하늘 높이 치솟는 불길과 아우성치는 시민들과 불에 탄 집들이 무너지는 광경만 보였다.

시민들은 이런 끔찍한 일을 당하자 모두 크게 후회하며, 디온 군대를 맞아들이자고 했다. 그때 디온 군대는 지난밤에 적군이 모두 성안으로 들어갔다는 보고를 받고 행군 속도를 늦추고 있었다. 그런데 다음 날 아침에 다시 연락병이 오더니, 시내가 완전히 점령되었다는 소식을 전해왔다. 이어서 디온 반대파들도 사람을 보내, 서둘러 자신들을 구해달라며 애원했다. 이처럼 사태가 급박해지자 헤라클레이데스는 처음에는 동생을, 나중에는 큰아버지인 테오도테스를 디온에게 보내, 빨리 와서 구해달라고 요청했다. 그들은 이미 적에게 저항할 기운을 잃고 있었으며, 헤라클레이데스도 부상을 당했다. 그러는 사이에도 도시는 맹렬한 불길에 싸여 죽어가고 있었다.

디온이 이 슬프고도 끔찍한 소식을 들었을 때, 그의 군대는 아직도 시라쿠사 시에서 60스타디온이나 떨어진 곳에 있었다. 디온은 부하들에게 이 소식을 전하고, 그때부터 속도를 높여 있는 힘껏 달리기 시작했다. 군대가 줄기차게 달리는 동안에도 시내에서 보낸 전령들이 잇따라 도착해 그들을 재촉했다.

디온은 놀라운 속도로 달려준 병사들 덕분에 빠른 시간 내에 시라쿠사에 도착해서 헤카톰페돈 성문을 지나 시내로 들어갔다. 디온은 곧장 경무장 부대를 풀어 적을 공격하게 했다. 구원군이 도착했다는 사실을 시민들에게 알려, 싸움에 지친 그들에게 희망과 용기를 주려는 것이었다. 그러고는 중무장 부대와 달려온 시민들을 모아 여러 부대들을 만들고 저마다 지휘할 장군을 임명했다. 그는 여러 곳에서 한꺼번에 공격하며 적을 물리치려는 계획을 세웠던 것이다.

이렇게 해서 모든 준비를 갖춘 뒤, 디온은 신들에게 기도를 드렸다. 그리고 곧바로 부대를 이끌고 적을 공격했다. 이 광경을 본 시민들은 기쁨의 함성을 지르며 디온에 대해 감사 기도를 드렸다. 그리고 디온이야말로 자신들의 해방자요 수호신이며, 그가 데리고 온 헬라스 병사들은 자신들의 친구이며 형제라고 외쳤다. 그러자 오직 자기 생각만 하는 가장 비겁한 사람들마저도, 이때만은 자기 안전은 아예 잊고 디온이 무사하기만을 빌었다. 시체로 뒤덮인 거리를 내달리며 적을 찾아내고 군대 선두에 서서 불길을 헤치며 싸우는 디온의 생명이야말로 자기들 목숨을 다 합친 것보다 훨씬 더 귀중하다 여겼던 것이다.

한편 적군은 몹시 의기양양했으며 매우 위압적이었다. 그들은 잇따른 승리로 기세가 하늘을 찌를 듯 높았고 흉포한 감정에 불타오른 데다가, 성과 시내 사이에 있는 성벽 위 유리한 위치를 차지했으므로 좀처럼 접근하기 어려웠다. 게다가 디온 병사들은 그들을 에워싼 무서운 불길과도 맞서야만 했다. 불바다가 된 시내를 진군하려면, 훨훨 타는 들보를 넘고 벽이 언제 무너질지 모르는 위험을 감내해야 하기 때문이었다. 자욱한 연기와 먼지 때문에 대열을 지키는 것도 여간 힘든 일이 아니었다. 이렇게 죽을 고생을 해서 겨우 적진까지 갔지만, 이번에는 길이 너무나 좁고 울퉁불퉁해 군대가 한꺼번에 공격할 수가 없었다. 그러나 얼마 뒤, 디온 병사들은 시라쿠사 시민들의 열렬한 환호 속에 드디어 닙시우스군을 무찌르고 달아나게 만들었다. 적군 대부분은 가까운 성안으로 도망쳤으나, 미처 달아나지 못한 적들은 디온군의 칼에 맞아 곳곳에 쓰러졌다.

이렇게 힘든 상황에서 승리를 거둔 뒤에는 축하 잔치를 열고 기쁨을 나누기 마련이지만, 이때에는 그럴 겨를조차 없었다. 불길에 휩싸인 집들을 구하기 위해 시내를 정신없이 뛰어다녀야 했기 때문이다. 이렇게 해서 다음 날 새벽 무렵에는 완전히 불길을 잡을 수 있었다.

날이 밝자, 시민들을 선동하던 무리들은 차마 그대로 시내에 머무를 용기가 없었다. 그들은 자신들이 저지른 죄를 잘 알았으므로, 그 죄를 인정하는 동시에 목숨을 구하기 위해 모두 자취를 감추었다. 그러나 헤라클레이데스와 테오도테스만은 달아나지 않고 그대로 남아 있었다. 그들은 디온을 찾아가 자신들의 잘못을 인정하고, 그들이 디온을 대접했던 것보다는 너그럽게 대해달라며 애원했다. 그리고 지금까지 그들이 품어왔던 적대감과 경쟁심은 디온의 비길 데 없는 미덕 앞에 완전히 고개 숙였음을 고백했다. 또한 배은망덕했던 자신들에 대한 분노를 누그러뜨리고 인정을 베푸는 것만큼, 뛰어난 재능과 미덕을 겸비한 디온에게 어울리는 일은 없으리라 말했다.

그들이 이렇게 목소리를 낮추며 간절히 탄원하자, 디온 친구들은 헤라클레이데스처럼 신의가 없고 반란을 좋아하는 사람은 절대로 용서해서는 안 된다며 반대했다. 그들은 오히려 헤라클레이데스를 병사들 손에 넘겨 죽여야 하며, 시민들에게 아첨해 민심을 얻으려는 야심을 아예 뿌리 뽑아야 한다고 디온에게 권했다. 그리고 이러한 야심은 독재자가 되려는 열망과 다름없는 무서운 전염병이라 덧붙였다. 그러나 디온은 그런 친구들을 달래며 이렇게 설명했다.

"다른 장군들은 대부분 전쟁으로 평생을 지낸 사람들이오. 하지만 나는 아카데메이아에서 플라톤으로부터 철학을 배웠소. 거기서 분노를 참고 시기심을 이기는 법을 배웠지요. 그것은 자기 친구들이나 칭찬할 만한 사람들에게 친절을 베푸는 것만으로는 이룰 수 없는 것이오. 오히려 자기에게 피해를 준 사람을 용서할 줄 알아야 분노와 시기심을 이길 수 있지요. 나는 재능과 군대 지휘 능력 따위로 헤라클레이데스를 능가하려는 게 아닌, 정의와 너그러움으로 그를 이기고 싶소. 그래야만 참다운 승리를 얻을 수 있는 것이오. 전쟁의 승리는 사람 힘만으로 이룰 수 있는 것이 아니라, 반드시 행운이 뒤따라야 하기 때문이오. 비록 헤라클레이데스가 신의 없고 비열하며 악하다 해도, 그와 똑같은 행동을 해서 내 미덕을 더럽히고 싶지 않소. 법은 내게 해를 끼친 사람을 벌하는 것이 내가 해를 끼치는 죄보다 가볍다 판정하지만, 사물의 본성에서 본다면

이 둘은 모두 근본이 같은 결함과 약점에서 나오는 것이오. 인간이 가지고 있는 나쁜 마음이란 아무리 그것이 악하다 해도 절대로 극복치 못할 만큼 흉악하지는 않으며, 온정으로써 대하고 은혜를 베풀면 그에 감동해 마침내는 착한 사람이 될 수 있는 법이오."

디온은 이렇게 말하면서 헤라클레이데스와 테오도테스를 풀어주었다. 그런 다음 그는 성 주위에 쌓았다가 파괴된 진지를 수리하기 위해 모든 시민들에게 저마다 말뚝 한 개씩을 가져오라고 했다. 시민들이 말뚝을 가지고 오자 디온은 그들을 모두 돌려보내 푹 쉬게 하고, 자기 병사들에게만 일을 시켜 하룻밤 사이에 수리를 모두 끝냈다.

날이 밝자, 그런 큰일을 그토록 빨리 끝낸 것을 보고 시민들은 물론 적들까지도 깜짝 놀랐다. 그 뒤 디온은 전사자들 장례를 치러주었으며, 적에게 잡혀간 포로 2000명을 막대한 돈을 주고 되찾아 왔다. 그러고는 민회를 열었는데, 이 자리에서 헤라클레이데스는 디온을 육해군 전권을 갖는 총사령관으로 뽑자고 제안했다.

시민들은 모두 헤라클레이데스의 제안에 찬성하고, 투표로 이것을 통과시키자고 했다. 그러나 해군과 천민들은 헤라클레이데스가 바다 지휘권을 잃게 되면 자신들이 불리해지리라 여기고 소동을 일으켰다. 그들은 헤라클레이데스가 비록 다른 점에서는 용서할 수 없는 못된 사람이지만, 디온보다는 평민에 가깝고 시민들 의견에 잘 따라준다 여겼기 때문이다. 디온은 그들의 요구를 받아들여 헤라클레이데스가 해군 지휘권을 맡도록 해주었다.

하지만 시민들이 토지와 집을 다시 분배해 달라는 요구를 하자 디온은 딱 잘라서 거절했다. 그는 이 문제에 대해 이미 통과된 법까지도 모두 무효로 만들었으므로 시민들은 몹시 분노했다. 이처럼 디온이 민심을 잃게 되자, 헤라클레이데스는 자기와 함께 메세니아에 가 있던 장병들에게 디온에 대한 험담을 늘어놓으며 비난하기 시작했다. 그는 디온이 시라쿠사 전제군주가 되려는 야심을 품었다며 또다시 병사들을 부추겼다. 그때 헤라클레이데스는 스파르타의 파락스라는 자를 통해 디오니시우스 2세에게로 넘어가려고 몰래 협상하고 있었다. 하지만 이 사실이 시라쿠사 시민들의 귀에 들어가자 군대에서 폭동이 일어났고, 그로 인해 시민들은 식량이 모자라 큰 고생을 하게 되었다. 디온의 동료들은 헤라클레이데스처럼 시기심 많은 악한 자에게 다시 중요한 자리를 맡기는 바람에 이런 일이 생기게 되었다며 디온을 비난했다.

그때 파락스 군대는 아그리겐툼에 있는 네아폴리스에 머무르고 있었다. 디온은 시라쿠사 군대를 모두 이끌고 이곳으로 달려왔지만, 적당한 때를 기다리며 전투를 미루고 있었다. 이를 본 헤라클레이데스와 그의 해군은, 디온이 전투를 미루는 까닭은 디온이 오래도록 군대 지휘권을 쥐고 싶어서라는 터무니없는 소문을 퍼뜨렸다. 디온은 이 소리가 듣기 싫어서 서둘러 전투를 시작했다가 그만 실패하고 말았다. 그러나 큰 피해는 없었으며, 적에게 졌다기보다는 군대 내부에 반란이 일어나 소동이 일어난 정도였다. 저녁이 되자 헤라클레이데스는 함대를 이끌고 시라쿠사로 떠났다. 디온이 없는 틈에 시라쿠사를 점령해 디온 군대를 시내에 못 들어오게 하려는 계획이었다.

이 소식을 전해 들은 디온은 가장 빠르고 강한 병사들을 골라 몸소 지휘하며 밤새 쉬지 않고 700스타디온을 달려, 다음 날 아침 9시쯤 시라쿠사 시에 도착했다. 헤라클레이데스도 함대를 전속력으로 달리게 했지만 디온 군대가 먼저 도착해 있는 것을 보고는, 뱃머리를 돌려 다시 바다로 나왔다. 그렇게 해서 바다 위를 이리저리 떠돌고 있을 때, 우연히 스파르타의 가이실루스 장군을 만나게 되었다. 그는 예전에 길리푸스가 그랬듯이, 시킬리아에 있는 헬라스군 지휘관으로 가는 길이라고 했다. 헤라클레이데스는 그를 만난 것을 몹시 기뻐하며 그가 마치 자신의 수호신이나 되는 듯 그림자처럼 옆에 붙어 다녔다. 그리고 부하들에게 그를 소개하며, 디온과는 비교도 할 수 없을 만큼 훌륭한 장군이라 높이 칭찬했다. 그뿐만 아니라 헤라클레이데스는 시라쿠사에 전령을 보내, 가이실루스를 사령관으로 맞을 준비를 하라고 전했다.

그러자 디온은 시라쿠사에는 이미 지휘관들이 충분하다는 답을 보냈다. 또한 시민들이 굳이 스파르타 장군 지휘를 받고 싶어한다 해도 자신에게 스파르타 시민권이 있으므로 자신이 지휘를 맡으면 된다고 덧붙였다. 이에 가이실루스는 지휘관이 되려는 야심을 깨끗이 버렸다. 그리고 디온을 찾아가 헤라클레이데스와 화해하라고 권유했다. 마침내 둘 사이에 화해가 성립되자, 헤라클레이데스는 이제 다시는 배신하지 않겠다며 엄숙하게 맹세했다. 가이실루스도 만약 헤라클레이데스가 또다시 배신한다면 그때는 자신이 디온을 대신해 처벌하겠다고 굳게 약속했다.

이렇게 되자 시라쿠사 시민들은 필요 없어진 해군을 해산시키기로 결정했다.

많은 돈을 들여 유지한다 해도 별 쓸모가 없었고, 오히려 장군들 사이에 다툼만 생겨날 뿐이라는 것이 그 이유였다.

이리하여 디온은 온 힘을 다해 성을 포위 공격했으며, 시내와 통하는 쪽에는 성벽을 높이 쌓아 완전히 길을 막았다. 그러자 성안에 갇힌 군대는 구원군과 보급이 끊겨 식량이 떨어지고 폭동까지 일어났다. 디오니시우스의 큰아들은 이제 더는 맞설 힘이 없다는 것을 깨닫고 성을 포기하기로 했다. 그는 디온에게 항복하면서, 성안에 있던 모든 무기와 물품들을 내놓았다. 그리고 어머니와 누이들이 가지고 있는 물건들을 배 5척에 나누어 싣고, 자기 아버지가 있는 곳으로 떠나갔다.

디온은 그들이 무사히 떠날 수 있도록 허락했다. 시민들은 한 사람도 빠짐없이 그들이 떠나는 것을 구경하려고 부둣가로 몰려나왔다. 시민들은 이제 자유를 되찾은 시라쿠사에 찬란한 햇살이 비추는 모습을 보며, 이 행복한 순간을 보지 못하고 멀리 떠나는 그들의 이름을 소리쳐 부르며 안타까워했다.

디오니시우스가 왕좌에서 쫓겨나 이토록 허무하게 무너진 것은 인간 운명에 얼마나 굴곡이 많은가를 보여주는 일이었으며, 이는 역사적으로도 보기 드문 예였다. 그 무렵 가장 크고 강했던 디오니시우스 전제정치가 적은 군대에 의해 완전히 무너졌다는 점을 생각하면, 시라쿠사 시민들의 기쁨과 자랑이 얼마나 컸을지 미루어 짐작할 수 있으리라.

디오니시우스의 아들 아폴로크라테스가 떠난 뒤, 디온은 디오니시우스 성으로 들어갔다. 그 안에 남아 있던 여인들은 가만히 기다릴 수가 없어서 성문까지 달려나와 그를 맞이했다. 아리스토마케가 디온의 아들 손을 잡고 앞장섰으며, 그 뒤에는 아레테가 눈물을 흘리고 서 있었다. 아레테는 이제 다른 남자의 아내가 되었으므로, 다시 남편을 만나게 되자 어떻게 대해야 할지를 몰랐던 것이다. 디온은 가장 먼저 누이와 포옹했고, 그다음에는 아들을 끌어안고 반가워했다. 그때 아리스토마케가 아레테 손목을 잡아 끌며 디온에게 다가섰다.

"디온! 당신이 다른 나라를 떠돌며 고생할 때 우리도 고생이 여간 심하지 않았습니다. 그러나 이제 당신이 다시 돌아와 이렇게 승리를 거두었으니 우리의 서러움도 다 사라졌습니다. 다만 각박한 운명을 타고난 이 여인은 당신이 살아 있는데도 억지로 다른 남자를 남편으로 맞아야만 했고, 그 모습을 지켜보던 나까지 불행해졌어요. 이제 우리 운명은 모두 당신 손에 달려 있습니다. 어떻게 하면 좋을까요? 아레테가 당신을 외삼촌이라 불러야 하겠습니까, 아니면 다시 남편으로 맞아야 하겠습니까?"

아리스토마케의 이야기를 들으며 눈물을 글썽이던 디온은 아레테를 다정하게 안아주었다. 그리고 아들 손을 끌어다가 그녀에게 잡게 하고, 그의 집으로 함께 오도록 했다. 그는 디오니시우스 성을 시라쿠사 정부에 넘겨주었다.

이렇게 해서 디온은 모든 일을 훌륭하게 끝냈지만 자기 이익은 조금도 생각하지 않았다. 그는 헬라스 군대와 친구들에게 명예와 표창을 내리고, 자기 재산까지 털어서 상을 주었으나, 정작 자신은 소박한 생활에 만족했다. 시킬리아와 카르타고뿐만 아니라, 헬라스 모든 나라들은 이처럼 높은 디온의 인격에 찬사를 아끼지 않았다.

그들은 디온이야말로 이 시대 가장 위대한 영웅이라며 우러러보았다. 그러나 디온은 집 안에서도, 옷을 입거나 식사를 할 때도 참으로 겸손했다. 마치 아카데메이아에서 플라톤과 함께 철학을 공부하고 있는 것 같았지, 용병 부대의 지휘관들이나 병사들과 어울려 살고 있는 것 같지 않았다. 용병들은 그동안 겪었던 고난과 위험에 대한 보상이라 생각하고, 날마다 온갖 유흥을 즐기며 쾌락에 빠져 지냈기 때문이었다.

플라톤은 디온에게 편지를 보내, 세상 사람들이 모두 디온을 눈여겨보고 있다고 말했다. 여기서 플라톤이 말한 세상이란, 도시 일부분인 아카데메이아를 뜻한 것 같다. 아카데메이아에 모여 있는 학자와 정치가들은 위대한 행동, 용기, 부귀로써 사람을 평가하지 않았다. 그들은 오히려 영광의 절정에 있는 사람이 얼마만큼 절제하고 지혜롭게 평정심을 지키느냐를 더 중요하게 여기고 지켜보는 심판자 역할을 하는 것이다.

디온은 높은 인격과 지조를 굽히지 않고 시민들을 여전히 엄격하게 대했다. 앞서 이야기했지만 플라톤은 예전에 디온에게 보낸 편지에서, 너무 엄격하게 생활하면 고독한 인생을 보내기 쉽다며 충고한 적이 있었다.

디온도 이제는 자기 몸을 낮추고 보다 친절하고 너그러운 모습을 사람들에게 보여주어야 했지만, 그는 그렇게 하지 않았다. 디온은 사회와는 너무나 동떨어진 자기만의 세계에서 살았다. 타고난 성품 자체가 워낙 강직해 남들 비위를 맞추며 살 수 있는 사람이 아니었기 때문이다. 그래서 그는 시민들이 방탕하고 소신 없이 살아가는 것을 보고는, 스스로 좋은 본보기가 되어 시민들 생활 습관을 고쳐주려고 애썼다.

그러자 헤라클레이데스는 다시 디온에게 맞서 반항하기 시작했다. 디온이 평의원 가운데 한 사람으로서 그를 초청했지만, 헤라클레이데스는 자신은 한낱 시민일 뿐이니 민회에만 참석해 의견을 제출하겠다며 이 초대를 거절했다. 디온은 디오니시우스 성을 허물지 못하게 했을 뿐만 아니라, 시민들이 디오니시우스 1세 무덤을 파헤쳐 시체를 욕보이는 것도 허락하지 않았다. 헤라클레이데스는 이런 일들을 지적하며 디온을 비난했다. 또 디온이 국정 운영에 도움을 줄 고문들을 헬라스 코린토스 시에서 불러들인 일도 시라쿠사 시민들을 모욕하고 무시하는 행동이라며 공격했다.

디온이 코린토스 사람 몇 명에게 자신을 도와달라는 편지를 보낸 건 사실이었다. 자신이 계획한 정치 형태를 확립하기 위해서는 그들의 도움이 필요했던 것이다. 디온은 무절제한 시민정치를 억누르고자 했다. 그는 이것을 하나의 정치체제가 아닌, 플라톤의 지적처럼 온갖 정치체제가 진열된 시장이라 여겼기 때문이다. 그래서 디온은 스파르타와 크레테처럼 민주정치와 귀족정치를 조화시켜, 민중이 거의 정치에 참여하지 않는 귀족 중심 정치를 만들려고 했다. 그런데 때마침 코린토스에서 바로 그런 정치를 하고 있었다.

헤라클레이데스가 또다시 반대하고 나서자, 디온은 그가 얼마나 변덕스럽고 자신에게 큰 방해물인가를 깨달았다. 지금까지는 그를 죽이자는 병사들을 말려왔던 디온도 더 이상 그의 배신을 참을 수가 없었기에 이제는 병사들이 마음대로 하도록 내버려 두었다. 디온의 허락이 떨어지자마자 병사들은 헤라클레이데스 집으로 달려가 그를 죽여버렸다.

시라쿠사 시민들은 그의 죽음을 알고 비통해했다. 디온은 헤라클레이데스 장례식을 매우 정중하게 치러주었다. 그는 모든 군대를 이끌고 장례식에 참석해 시민들 앞에서 그의 죽음을 슬퍼하는 연설까지 했다. 시민들도 디온과 헤라클레이데스가 함께 살아 있어서는 도저히 평화롭게 지낼 수 없겠다 여겼으므로 디온의 행동을 용서했다.

한편 디온에게는 칼리푸스라는 친구가 있었다. 플라톤 말에 의하면, 두 사람은 처음에는 그저 얼굴만 아는 사이였으나 나중에는 매우 가깝게 지냈다고 한다. 그런데 이들의 우정은 둘이 철학을 함께 공부해서가 아니라 어떤 비밀종교 집회에 함께 참가하며 비롯되었다고 한다. 칼리푸스는 디온이 원정을 떠날 때마다 따라다녔고, 시라쿠사 시내에 들어갈 때에도 디온과 함께 나란히 머리에 화관을 쓰고 있었으며, 디온의 친구들 가운데서도 맨 앞 자리를 차지하고 있었다. 칼리푸스는 전쟁터에서도 여러 번 공적을 세워 용감한 사람으로 널리 알려져 있었다.

그런데 칼리푸스는 디온이 믿던 많은 친구들이 전쟁으로 죽고 헤라클레이데스까지 암살당하자, 시라쿠사에는 이제 시민들을 대변할 지도자가 없음을 깨달았다. 그래서 그는 자기가 병사들에게 신임받고 있음을 믿고, 변덕이 심한 악한 자들이 흔히 그렇듯, 친구이자 은인인 디온을 죽이고 시킬리아 전권을 잡으려는 흉계를 꾸미기 시작했다. 어떤 사람들은 칼리푸스가 디온 반대파들이 준 20탈란톤에 매수되었다고도 한다. 어쨌든 칼리푸스는 믿을 만한 헬라스 병사 하나를 그 음모에 직접 가담시켰다. 그러고는 다음처럼 끔찍하고 음흉한 계략을 짰다.

칼리푸스는 군대 내에서 누가 무슨 말을 했는지를 날마다 조사해 디온에게 직접 보고했다. 이렇게 해서 디온이 자신을 믿도록 만든 다음, 군대 안에서 누가 디온 반대파이며 누가 반란을 일으키려 불평하는가를 알아낸다는 핑계로, 아무 데서나 드러내 놓고 디온에 대해 욕을 해도 괜찮다는 허락을 받아냈다. 이 방법으로 칼리푸스는 디온에게 정말로 불만을 품고 있는 자들을 가려내 이들을 자기 주위에 모았다. 때때로 음모에 가담하지 않고 디온에게 이 사실을 보고하는 사람도 있었지만, 디온은 칼리푸스가 그저 자기가 시킨 일을 하고 있다고만 여겨 이들의 말을 그냥 흘려버렸다.

그런데 이런 음모가 진행되는 동안, 디온은 몹시 이상한 환상을 보게 되었다. 어느 날 저녁 늦게 자기 집 안마당에 혼자 앉아 골똘히 생각에 잠겨 있는데, 갑자기 마당 한쪽에서 이상한 소리가 들려왔다. 그가 깜짝 놀라 고개를 들어보니, 키가 큰 여자가 마당을 빗자루로 쓸고 있는 것이었다. 그런데 그 여자는 마치 연극에 나오는 복수의 여신 같은 모습을 하고 있었다. 디온은 너무 무서워 친구들을 불렀다. 그리고 친구들에게 자기가 본 것을 이야기하고는 날이 밝을 때까지 그와 함께 있어달라고 부탁했다. 디온은 여느 때와는 달리 무척 겁을 내며, 그런 환상이 다시 나타날까봐 몹시 두려워했다. 그러나 그 여자 모습은 더는 나타나지 않았다.

이 일이 있은 뒤, 디온의 장성한 외아들이 아주 하찮은 일로 무척 상심하다가, 갑자기 지붕 위에서 뛰어내려 목뼈가 부러져 죽고 말았다. 디온이 아들을 잃고 깊은 슬픔에 잠겨 있는 동안, 칼리푸스는 더 빠르게 음모를 진행시켰다. 칼리푸스는 아들을 잃은 디온이 디오니시우스 아들인 아폴로크라테스를 양자로 들이려 한다는 소문을 순식간에 퍼뜨렸다. 아폴로크라테스는 디온 아내의 조카이고 누나의 손자였으므로, 충분히 있을 법한 일이었다. 하지만 일이 이쯤 되자 여러 곳에서 정보가 들어왔으므로, 디온이나 그의 아내, 누나도 칼리푸스 음모를 어렴풋이 눈치채게 되었다.

그즈음 디온은 잇따른 불행과 괴로움에 지쳐버렸으며, 부하들이 헤라클레이데스를 암살하도록 내버려 두었던 일을 무척이나 후회하고 있었다. 그것은 자신의 빛나는 공적을 더럽힌 짓이었다는 생각이 든 것이다. 더구나 그는 친구들까지 의심하며 살아야 한다는 사실이 너무나 비참하게 느껴져, 차라리 누가 자기를 죽여줬으면 좋겠다는 생각까지 하기에 이르렀다.

칼리푸스는 디온 집안 여인들이 자기 음모를 눈치챈 것을 알게 되자, 그들에게 달려가 극구 부인하며 억울하다는 듯이 눈물을 흘렸다. 그리고 자신은 절대로 그런 일을 꾸민 적이 없으며, 디온에 대한 자신의 충성심을 증명할 수만 있다면 어떤 일이라도 하겠다고 말했다. 그러자 부인들은 '큰 맹세'를 하라고 했다. 큰 맹세란, 데메테르와 페르세포네 여신의 자줏빛 옷을 입고 횃불을 높이 들고 맹세하는 의식이었다.

칼리푸스는 이러한 모든 절차대로 신 앞에서 굳은 맹세를 했다. 그러나 그런 맹세를 했건만 그는 신을 두려워할 줄 모르는 자였다. 칼리푸스는 자신이 맹세를 바친 바로 그 페르세포네 제삿날을 기다렸다가 디온을 암살했다. 아마 칼리푸스는 자기가 제관으로 있을 때 여신의 비밀종교집회에 참가했던 사람을 죽이는 것이므로, 이 신 제삿날에 맹세를 어기고 죽이나 그날을 피해 죽이나 신의 노여움을 사기는 마찬가지라 여겼는지도 모른다.

이 음모에 가담한 사람들은 아주 많았다. 그때 디온은 자기 집에서 친구들과 함께 잔치를 열고 있었다. 음모자들은 디온 집을 완전히 에워싸고 그가 달아날 수 없도록 모든 문과 창문을 빠짐없이 지켰다. 디온을 직접 죽이기로 한 사람들은 자킨투스 출신이었는데, 이들은 여느 때와 같은 옷차림으로 칼도 차지 않은 채 집 안으로 들어갔다. 그리고 밖에서 지키던 자들이 문을 굳게 닫자, 안에 들어온 자들은 곧바로 디온에게 달려들어 그의 목을 졸랐다.

그러나 디온이 쉽게 죽지 않았으므로, 이들은 바깥에 대고 칼을 들여보내라고 소리쳤다. 하지만 안에는 디온 친구들이 많았으므로 밖에 있던 사람들은 감히 문을 열지 못했다. 그런데 뜻밖에도 디온의 친구들이란 자들은 자식들까지 해를 입을까봐 아무도 그를 구할 생각을 하지 않았다. 아예 디온을 죽이도록 놔두면 별일이 없을 거라고 생각했던 것이다.

잠시 뒤에 리콘이라는 시라쿠사 사람이 창문을 통해 칼을 들여보냈다. 마침내 디온은 제단에 바쳐지는 희생물처럼 자킨투스 사람들 칼에 죽임을 당했다. 이들은 디온의 누나와 임신 중인 아내를 감옥에 가두었다. 불행한 디온의 아내는 감옥 안에서 사내아이를 낳았다. 두 여자가 제발 이 어린것을 죽이지 말아달라며 간곡히 애원했으므로, 그들은 감옥 안에서 아이를 키우도록 허락했다. 칼리푸스는 이미 여러 복잡한 문제들로 정신이 없었기 때문에 그런 일에까지 신경 쓸 겨를이 없었다.

그리하여 디온을 죽인 뒤, 칼리푸스는 시라쿠사의 모든 권력을 손에 넣고 온갖 세도와 영광을 누렸다. 그는 하늘의 신 다음으로 가장 부끄러워하고 두려워해야 마땅할 조국 아테나이에 버젓이 편지를 보내, 자신의 성공과 영화를 크게 자랑했다. 아테나이는 가장 선한 사람과 가장 악한 사람이 태어나는 곳이라는 이야기가 예전부터 전해오는데, 과연 이 말은 틀리지 않은 것 같다. 사실 아테나이는 가장 향기로운 꿀과 함께 가장 무서운 독초가 나는 곳으로도 유명하다.

칼리푸스는 악독한 배신 행위로 마련한 재물과 권세를 크게 누렸지만, 그 영화는 그다지 오래가지 못했다. 그는 얼마 되지 않아 마땅한 형벌을 받았다. 그가 카타나를 공격하러 나간 사이에 시라쿠사 시를 빼앗긴 것이다. 그때 그는 실속 없는 것을 구하러 나갔다가 수도를 빼앗겼다면서 자신의 실수를 한탄했다고 한다. 그리고 얼마 뒤에는 메세니아에 쳐들어갔다가 부하들을 거의 잃었는데, 그 가운데는 디온을 살해한 자들도 있었다.

그리하여 시킬리아의 모든 도시들이 칼리푸스를 미워하며 받아주지 않자, 그는 이탈리아로 건너가 레기움을 점령했다. 그러나 이미 얼마 되지 않은 군대조차 먹여 살릴 수가 없었으므로, 렙티네스와 폴리스페르콘이 칼리푸스를 죽여버렸다. 칼리푸스를 죽인 칼은 디온을 죽일 때 썼던 바로 그 칼이었다. 아마도 그 칼은 복수의 칼이었으리라. 그것은 스파르타식 단검이었는데, 자루 끝에 공들여 새긴 조각이 있어서 디온을 죽일 때 썼던 칼이라는 것을 한눈에 알 수 있었다.

한편 아리스토마케와 아레테는 감옥에서 풀려나, 시라쿠사 사람이자 디온 친구인 히케테스 집으로 옮겨졌다. 히케테스는 디온 친구임을 보여주기 위해 처음에는 그들을 극진히 대접했다. 하지만 나중에 디온 반대파 사람들의 꾐에 넘어가, 그들을 펠로폰네소스로 보낼 것처럼 꾸며서 배에 태우고는 그 배의 선원들에게는 바다 한가운데에 이르면 여인들을 죽여서 바다에 던지라고 명령했다. 그러나 뱃사람들이 여자들과 함께 갓난아기까지 산 채로 바다에 던져버렸다고 말하는 사람들도 있다.

그런데 이 히케테스도 나중에 자기가 저지른 죗값을 치르게 되었다. 그는 티몰레온에게 잡혀 죽임을 당했으며, 시라쿠사에 남아 있던 히케테스 두 딸은 시라쿠사 시민들에게 끌려가 처형당했다. 디온과 그 집안 모든 원수는 다 갚은 셈이었다. 이 이야기는 티몰레온 편에서 자세하게 이야기했다.

마르쿠스 브루투스(MARCUS BRUTUS)

　마르쿠스 브루투스의 조상은 유니우스 브루투스이다. 유니우스 브루투스는 타르퀴니우스를 쫓아내고 왕정을 몰락시킴으로, 로마인들은 그가 칼을 빼들고 선 동상을 카피톨리움에 있는 왕들 동상 사이에 세웠다. 성격이 지나치게 강직한 그는 남들과 타협하지 않았으며 학문으로도 그런 성격을 누그러뜨리기는커녕 오히려 독재자에 대한 증오와 분노를 참지 못하고, 독재자와 공모한 자기 아들들까지 모두 사형시켰다.

　그러나 이제부터 쓰려는 브루투스는 성격이 유순한 데다가 철학과 학문을 갈고닦아 더할 나위 없이 조화롭고 훌륭한 인격을 갖춘 인물이다. 그는 이러한 성품으로 나랏일에 헌신했으며, 그 때문에 사람들은 카이사르가 암살당한 뒤에 좋은 일들은 모두 브루투스 공으로 돌리고, 나쁘거나 잔인한 일들은 브루투스의 친척이자 친구인 카시우스 잘못으로 돌렸다. 그만큼 카시우스는 정직함이나 동기의 순수함에서 브루투스를 따라가지 못했다.

　브루투스의 어머니 세르빌리아는 세르빌리우스 아할라의 후손이다. 세르빌리우스는 예전에 스푸리우스 마일리우스가 민중을 선동해 왕이 되려 할 때, 칼을 품고 공회당으로 들어가 그를 찔러 죽였다. 이런 어머니 쪽 집안 이야기에 대해서는 모든 사람들이 인정한다.

　하지만 브루투스 아버지 쪽에 대해서는 여러 이야기들이 전해온다. 카이사르를 암살했다는 이유로 브루투스를 미워하던 사람들은, 그가 타르퀴니우스 왕정을 무너뜨린 그 브루투스의 후손이 아니라고 말한다. 유니우스 브루투스는 자기 아들들을 모두 처형했기 때문에 그 집안은 대가 끊어지고 말았다는 것이다. 그러므로 브루투스 조상은 사실 보잘것없는 평민으로, 남의집살이를 하다가 뒷날 말단 관리를 지낸 사람이라 말한다.

그러나 철학자 포세이도니우스의 의견은 달랐다. 유니우스 브루투스에게는 사형당한 두 아들 말고도 어린 아들이 하나 더 있었는데, 이 셋째 아들이 집안을 이어 마르쿠스 브루투스에까지 이르렀다는 것이다. 또 포세이도니우스가 살았던 시대에는 브루투스 집안 출신의 이름난 사람들이 많았으며, 그 가운데는 유니우스 브루투스 얼굴과 닮은 이도 드물지 않았다고 한다.

브루투스의 어머니 세르빌리아는 철학자 카토와 남매 사이였다. 브루투스는 로마 사람들 가운데 외삼촌인 카토를 가장 존경했으며, 뒷날 카토의 딸 포르키아를 아내로 삼았다.

브루투스는 헬라스 철학이라면 가리지 않고 공부했는데, 무엇보다 플라톤 철학에 남다른 관심이 있었다. 하지만 신아카데메이아 학파나 중기 아카데메이아 학파에 대해서는 그다지 관심이 없었고, 오직 고대 아카데메이아 학파 연구에만 몰두했다. 그래서 브루투스는 아스칼론 출신 안티오코스를 무척 존경했으며, 안티오코스의 동생인 아리스투스를 집으로 불러들여 우정을 나누었다. 아리스투스는 비록 학식에서는 다른 학자들보다 조금 모자랐지만, 그의 아름다운 인격과 곧은 지조는 어느 누구도 따를 수 없었다.

이 밖에 브루투스가 친구들에게 보낸 편지에 자주 등장하는 엠필루스도 그의 집에 머물렀는데, 수사학자였던 그는 〈브루투스〉라는 제목으로 카이사르 암살 사건에 대해 간결하면서도 훌륭한 글을 남겼다.

브루투스는 라틴어를 열심히 공부해, 공식적인 자리에서도 라틴어로 연설할 수준에까지 이르렀다. 헬라스어를 쓸 때도 스파르타식의 간결한 말투를 즐겨 썼는데, 그가 쓴 편지에도 이런 점이 분명히 드러난다. 예를 들어 브루투스가 전쟁 중에 페르가뭄 사람에게 보낸 편지에는 이렇게 쓰여 있다.

"돌라벨라에게 군자금을 주었다 들었소. 주고 싶어 준 것이라면 나를 해친 것과 다름없으니 내게 사과하고, 협박이 두려워 할 수 없이 주었다면 나에게도 군자금을 주어서 그것을 증명하시오."

또 사모스 사람들에게 쓴 편지에는 이렇게 적었다.

"당신들은 말도 신통치 않은 데다 행동까지 느리군. 그렇다면 결과는 어찌 되겠소?"

파타라 사람들에게는 이런 편지를 썼다.

"크산투스 사람들은 내 뜻을 의심해 온 나라를 무덤으로 만들었지만, 파타라 사람들은 나를 믿었으므로 자유를 누리고 있다. 파타라인들 결단과 크산투스인들의 불행 가운데 어느 것을 선택할 것인가는 그대들에게 달렸다."

브루투스는 소년 시절, 키프로스 섬의 프톨레마이오스 왕을 치러 가는 외삼촌 카토를 따라 로마를 떠났다. 그런데 프톨레마이오스가 갑자기 자살하고 말았다. 때마침 사정이 생겨 로도스 섬을 떠날 수 없었던 카토는 부하인 카니디우스를 키프로스로 보내 왕의 재산을 지키라고 했다. 그러나 카니디우스를 믿을 수가 없던 카토는 팜필리아에 있던 브루투스에게 어서 키프로스 섬으로 가라는 편지를 보냈다.

브루투스는 카토가 카니디우스를 함부로 대하는 듯해서 그를 안쓰럽게 여겼고 게다가 한창 공부와 독서에 열중하던 때라 그런 임무가 영 달갑지 않았다. 하지만 마지못해 키프로스 섬으로 간 그는 맡은 일을 잘 처리해 카토에게 칭찬을 받았다. 이로써 카토는 왕의 보물들을 모두 돈으로 바꿔서 배에 싣고 로마로 돌아왔다.

그때 로마는 폼페이우스와 카이사르의 싸움으로 몹시 위태로운 상태였다. 많은 사람들이 브루투스가 카이사르와 손을 잡으리라 생각했다. 브루투스 아버지가 얼마 전 폼페이우스에게 사형당했기 때문이다. 그러나 브루투스는 사사로운 감정보다는 모두의 이익을 중요시하는 사람이었다. 그는 카이사르보다는 폼페이우스가 더 떳떳한 사람이라고 여겨 폼페이우스 편에 섰다.

브루투스는 그 전까지 폼페이우스를 만나도 이야기는커녕 인사도 제대로 하지 않았다. 아버지 목숨을 빼앗아 간 사람과 대화를 나누는 것은 죄악을 저지르는 일이라 여겼기 때문이다. 하지만 그의 편에 서기로 한 순간부터는 폼페이우스를 나라를 구할 최고의 장군으로서 충실히 받들었다.

얼마 뒤 브루투스는 속주 총독으로 떠나는 세스티우스의 부하 장군으로 부임해 그와 함께 킬리키아로 갔다. 그러나 킬리키아에서는 그다지 할 일이 없었고, 마침 폼페이우스와 카이사르가 곧 결전을 벌이게 되었다는 소식이 들려오자 브루투스는 나라를 구하는 전쟁에 참여하고 싶다는 생각에 위험을 무릅쓰고 마케도니아로 달려갔다. 브루투스가 도착하자 폼페이우스는 몹시 놀라며 기뻐했다. 그는 마치 자신의 지휘관이라도 온 듯 자리에서 일어나, 모든 병사들이 지켜보는 가운데 브루투스를 끌어안으며 반갑게 맞았다고 한다.

브루투스는 폼페이우스와 대화할 때 말고는 늘 진지 안에서 책을 읽었는데 천하의 운명을 건 큰 싸움이 있기 바로 전날까지도 손에서 책을 놓지 않았다. 때는 한창 찌는 듯한 여름이었다. 폼페이우스 군대는 호수 주변에 막사를 쳤는데, 브루투스의 천막을 실은 마차가 매우 늦게 도착했다. 그러므로 그사이에 브루투스는 힘든 상황을 견뎌야만 했다. 한낮이 되어 다른 병사들이 누워서 낮잠을 자거나 앞일에 대해 골똘히 생각하고 있을 때에야 브루투스는 몸에 향유를 바르고 간단한 식사를 할 수 있었다. 그런데도 그는 몸이 피곤한 줄도 모르고 그대로 저녁때까지 앉아서 폴리비우스 역사에 대한 글을 썼다.

카이사르도 브루투스를 무척 아꼈다고 한다. 카이사르는 부하들에게, 전투를 할 때에도 브루투스는 죽이지 말라는 특별 명령을 내렸다. 그리고 만일 그가 항복하면 자기에게 데려오고, 끝까지 저항하더라도 절대로 다치게 하지 말고 도망가도록 놓아두라고 했다. 카이사르가 이렇게까지 한 것은, 브루투스 어머니인 세르빌리아 때문이었다고도 한다. 카이사르는 젊은 시절에 세르빌리아를 알게 되어 한때 서로 깊이 사랑했던 사이였다. 브루투스가 태어난 것도 바로 그 무렵 일이었으므로 카이사르는 어쩌면 그가 자기 아들일지도 모른다고 생각한 것이다. 여기에 대해서는 다음과 같은 이야기가 전해진다.

언젠가 로마를 뒤엎으려는 카틸리나의 음모를 밝히기 위해 원로원에서 회의가 열렸을 때였다. 서로 반대 의견을 주장하던 카토와 카이사르는 열띤 논쟁을 벌였다. 그때 카이사르에게 쪽지 한 장이 전해졌고, 이를 본 카토는 분명히 적과 내통하는 자들로부터 온 편지일 것이라며 카이사르를 공격했다. 다른 의원들까지 카이사르를 몰아세웠으므로 카이사르는 하는 수 없이 그 쪽지를 카토에게 넘겨주었다. 그런데 그것은 카토의 누이인 세르빌리아가 카이사르에게 보낸 사랑의 편지였다. 카토는 그 편지를 카이사르에게 도로 던져주며 이렇게 말했다.

"에이, 술주정꾼 같으니라고. 어서 가져가게."

카토는 다시 회의에 정신을 쏟았다. 카이사르와 세르빌리아의 사랑 이야기는 이처럼 세상 사람들에게 모두 알려졌을 만큼 유명했다.

파르살루스 전투에서 진 폼페이우스는 배를 타고 멀리 달아났다. 폼페이우스 진영이 카이사르에게 포위당하자, 브루투스는 한밤에 진지를 몰래 빠져나가 물풀이 우거진 늪지대를 지나 라리사에 도착했다. 그곳에서 브루투스는 카이사르에게 편지를 보냈는데, 이를 받아 본 카이사르는 그가 무사함을 알고 무척 기뻐했다. 그리고 브루투스를 로마로 불러 용서해 주고, 자기 부하 장군들과 똑같이 대우해 주었다.

한편 폼페이우스가 어디로 도망갔는지는 누구도 모르는 상황에서 장군들은 억측만 늘어놓고 있었다. 어느 날 브루투스와 함께 산책을 나간 카이사르는, 그에게 폼페이우스가 어디로 간 것 같으냐고 넌지시 물어보았다. 둘은 여기에 대해 한참 이야기를 나누었다. 카이사르는 브루투스의 짐작이 옳다고 여겨 다른 사람들 주장을 모두 뿌리치고, 폼페이우스를 뒤쫓기 위해 곧바로 아이귑토스로 떠났다. 브루투스 짐작대로 폼페이우스는 아이귑토스에 있었으나 그들이 아이귑토스에 도착했을 때는 이미 살해당한 뒤였다.

그 뒤로 브루투스는 카이사르에게 애원해 친구인 카시우스에 대한 용서를 받아냈다. 또한 너무나 지은 죄가 많아서 도저히 목숨을 부지할 가망이 없던 리비아 왕도 브루투스의 간곡한 부탁과 변호 덕택에 살아날 수 있었으며 자기 영토까지 대부분 그대로 유지할 수 있었다.

브루투스가 처음 민중 앞에서 연설했을 때, 이를 지켜보던 카이사르가 곁에 있던 친구들에게 이런 말을 했다고 한다.

"저 젊은이가 어떤 생각을 가졌는지는 모르겠지만 어쨌든 한번 마음먹은 일은 끝까지 해낼 사람이군."

브루투스는 타고난 성품이 진지했다. 남의 말에 쉽게 굽히지 않았으며, 늘 깊이 생각한 뒤에 빈틈없이 행동하는 사람이었다. 그래서 목표로 삼은 일을 실행함에 있어서는 실수가 없고, 옳지 않은 일은 누구의 부탁이라 해도 절대로 들어주지 않았다. 그는 거절할 줄 모르는 사람은 훌륭한 일을 할 수 없다 여겼다.

카이사르는 카토와 스키피오를 치기 위해 아프리카로 떠나면서 알프스 안쪽 갈리아 지방을 브루투스에게 맡겼는데, 이는 그곳 사람들에게는 무척 다행스러운 일이었다. 다른 지방 주민들은 탐욕스럽고 잔인한 총독 아래에서 노예나 포로처럼 시달렸지만, 갈리아는 브루투스처럼 어진 통치자를 만나 많은 어려움을 해결할 수 있었기 때문이다. 그러나 브루투스는 주민들이 보내는 감사의 마음을 모두 카이사르 덕택으로 돌렸다.

아프리카에서 돌아온 카이사르는 이탈리아 지방들을 돌아보았는데, 브루투스가 다스리는 도시들을 지나면서 자신의 영광이 한층 더 빛나고 있음을 보고 매우 기뻐했다.

그즈음 법무관 자리가 몇 개 비어 있었다. 법무관들 가운데서도 가장 권위있는 자리는 로마 담당 법무관이었는데, 사람들은 브루투스나 카시우스 중에한 사람이 이 자리에 앉으리라 생각했다. 한편 카시우스는 브루투스의 누이인유니아의 남편이었지만, 둘은 하찮은 일로 예전부터 사이가 벌어졌었다. 그런데 이 지위를 누구에게 줄 것이냐 하는 문제까지 걸리자 두 사람 사이는 더욱나빠졌다.

카시우스가 파르티아 전투에서 세운 공에 비하면, 브루투스에게는 명예와지위만 있을 뿐이었다. 그런데 카이사르는 둘의 정견을 들어본 뒤 막료들에게이렇게 이야기했다.

"카시우스 주장이 더 옳지만, 그 자리에는 브루투스가 앉아야겠군."

카시우스도 다른 곳 법무관이 되기는 했지만, 가장 높은 자리를 브루투스에게 빼앗겼다는 생각에 억울해했다.

브루투스는 이제 여러 일들에서 카이사르의 권력을 대신 할 수 있었다. 마음만 먹는다면 그 어떤 사람들보다 더 큰 권력을 휘두를 수도 있는 상황이었다. 이렇게 되자 카시우스와 그의 친구들은 브루투스를 카이사르에게서 떼어놓으려 갖은 애를 썼다.

브루투스는 법무관 문제로 카시우스와 껄끄러운 사이가 되었지만, 카시우스와 그의 친구들 말에는 귀를 기울였다. 그들은 브루투스에게 카이사르의 달콤한 말에 넘어가지 말라고 계속 충고하며, 독재자가 베푸는 친절은 상대를 존중해서가 아니라 용기를 꺾으려는 술책이니 조심하라고 경고했다.

카이사르도 브루투스를 완전히 믿지는 않았으며 못마땅하게 여기는 점도많았다. 또한 카이사르의 곁에는 브루투스를 비난하는 사람들도 꽤 있었다. 그는 브루투스의 고상한 인격과 많은 친구들이 두려웠지만, 그의 도덕성과 정의로움을 믿으려 했다. 언젠가 안토니우스와 돌라벨라가 음모를 꾸미고 있다는말을 들었을 때, 카이사르는 살찌고 머리카락이 긴 놈들보다 창백하고 여윈 놈

마르쿠스 브루투스(MARCUS BRUTUS) 1777

들이 더 두렵다고 말했다. 카이사르는 이렇게 브루투스와 카시우스를 두려워했다.

누군가 브루투스를 조심하라며 경고하자 카이사르는 깜짝 놀라면서 가슴에 손을 얹고 이렇게 말했다.

"무슨 소리냐? 브루투스가 내 이 허약한 몸이 끝날 때까지도 기다리지 못할 것 같은가?"

카이사르는 자신의 권력을 이어받을 사람이 브루투스라 여긴 것이다. 사실 브루투스가 카이사르 곁에서 그의 권세가 기울어질 때까지 기다렸다면 그는 틀림없이 로마 최고 자리에 올랐으리라.

그러나 성질이 사나운 데다가 카이사르를 미워했던 카시우스는 틈만 나면 브루투스를 부추겼다. 브루투스가 카이사르의 억압적인 정치를 미워한 것과는 달리 카시우스는 카이사르라는 인간 자체를 미워했다. 나라를 위함이라기보다는 사사로운 원한에 따른 미움이었다.

카시우스는 여러 문제들 때문에 카이사르에 대한 감정이 좋지 않았다. 그가 조영관 자리에 올랐을 때 선물받은 사자들을 카이사르에게 빼앗긴 일도 그 가운데 하나였다. 칼레누스가 지휘하는 군대가 메가라 시를 점령했을 때 카시우스의 사자들을 빼앗아 카이사르에게 보냈던 것이다.

그런데 이 사자들 때문에 메가라 시민들은 큰 재난을 당했다. 적들이 메가라 시로 들어오자, 사람들은 사자 우리를 열어 적들에게 맞서게 하려 했다. 하지만 사자들은 오히려 아무 무기도 없는 시민들에게 달려들어 그들을 물어뜯어 죽였다. 그 광경이 너무나 처참해 적군들조차 도저히 눈 뜨고 바라볼 수 없을 정도였다.

카시우스가 카이사르를 암살하기로 결심한 것이 바로 이 일 때문이라 주장하는 이들도 있지만 그것은 잘못된 생각이다. 카시우스는 어릴 때부터 독재자에 대한 증오심을 품고 있었다. 그는 어릴 때 술라의 아들 파우스투스와 같은 학교에 다녔는데, 어느 날 파우스투스가 아이들 앞에서 자기 아버지 권력을 내세워 한껏 자랑을 늘어놓자 카시우스는 갑자기 그에게 달려가 뺨을 갈겼다. 이 일로 파우스투스 친척들은 카시우스의 잘못을 철저히 조사해 법으로 처리해야 한다며 난리를 피웠으나 폼페이우스는 이들을 가로막으며 두 아이를 함께 불러서 이 문제를 조사하려 했다. 그때 카시우스는 파우스투스에게 이렇게 말했다.

"야, 파우스투스! 다시 한 번 지껄여 봐. 똑같이 때려줄 테니까."

이 이야기만으로도 카시우스가 얼마나 날카로운 성미를 가졌는지 짐작할 수 있으리라.

그러나 브루투스가 카이사르 암살 음모를 꾸미게 된 까닭은 카시우스와는 좀 다르다. 그와 가까운 친구들과 시민들이 끊임없이 그를 설득했을 뿐만 아니라, 많은 익명의 편지들이 그에게 쏟아졌던 것이다. 어떤 시민은 옛날에 왕정을 뒤엎었던 유니우스 브루투스 동상에 이런 글을 새기기도 했다.

"브루투스, 지금도 살아 계셨더라면!"

"브루투스, 우리는 당신이 필요해요."

그리고 법무관인 브루투스가 법정에 나갈 때면, 그의 자리에는 다음 같은 글이 적힌 쪽지들이 수북하게 쌓였다.

"브루투스, 아직도 잠자고 있는가?"

"당신이 진정한 브루투스인가?"

하지만 브루투스가 카이사르를 암살하기로 마음먹게 된 결정적 까닭은 카이사르에게 아첨하는 이들의 경솔한 행동 때문이었다. 그들은 민중의 이름을 빌려 카이사르에게 온갖 영광을 주려 했고, 한밤에 몰래 카이사르 동상 위에 왕관을 씌워놓아, 집정관을 넘어서 왕으로 내세우려 했다. 그러나 이런 행동들은 의도와는 전혀 다른 결과를 가져왔는데, 이것은 카이사르 전기를 보면 잘 알 수 있다.

카시우스가 친구들에게 카이사르를 암살하는 일에 협조해 달라고 부탁하자 친구들은 만약 브루투스가 나선다면 그러겠다고 말했다. 이 일에는 그 어떤 수단이나 결단력보다도 브루투스처럼 존경과 권위를 가진 인물이 필요하다 여겼기 때문이다. 그래야만 이 음모가 신성한 행동처럼 보일 것이라고 그들은 생각했다. 만약 브루투스가 이 일에 끼어들지 않는다면 이 계획을 실행할 용기도 나지 않을 뿐더러 사람들로부터 의심을 살 것이며, 정말 카시우스의 계획이 옳고 명예롭다면 브루투스 또한 결코 거절할 이유가 없다는 게 그들의 말이었다.

카시우스는 친구들 말을 깊이 생각한 뒤에, 오랜만에 브루투스를 찾아갔다. 두 사람 사이가 벌어진 뒤 처음 있는 일이었다. 둘은 오랫동안 이야기를 나누며 서로 오해를 풀었다. 카시우스가 브루투스에게 3월 1일에 카이사르 부하들이 그를 왕으로 내세우자고 제안할 거라는 소문이 있는데 그날 원로원에 나갈 생각인지 물었다. 브루투스는 나가지 않겠다고 말했다. 그러자 카시우스가 다시 이렇게 물었다.

"그들이 부르러 온다면 어떻게 하겠소?"

브루투스의 대답은 단호했다.

"그때는 더 이상 참지 않고 이 나라 자유를 위해 싸우다 죽을 것이오."

카시우스는 브루투스의 대답을 듣고는, 속으로 '됐다' 생각하며 이렇게 말했다.

"그러나 로마 사람이라면 누구라도 당신의 죽음을 가만히 보고만 있지는 않을 거요. 당신의 법무관석 주위에 쪽지를 뿌린 사람들은 날품팔이나 술꾼들이 아니라, 로마의 권력 있는 시민들이라는 사실을 모르시오? 그들은 다른 법무관들에게는 기껏해야 선물이나 구경거리를 기대하지만, 당신에게는 나라를 구해달라 요청하고 있소. 그것이야말로 당신이 할 일이라 생각하는 것이오. 당신이 이를 진정한 임무로 받아들인다면, 그들은 당신을 위해 기꺼이 목숨까지도 내놓을 거요."

이야기를 마친 카시우스는 두 팔을 벌려 브루투스를 끌어안았다. 그리고 저마다 친구들을 만나 그들의 뜻을 물어보기로 약속하고 헤어졌다.

폼페이우스의 친구 가운데 카시우스 리가리우스라는 사람이 있었다. 그는 오직 폼페이우스의 친구라는 이유만으로 억울한 재판을 받았으나, 카이사르가 특별히 풀어주었다. 그런데 그는 자신이 풀려난 사실을 고마워하기는커녕 오히려 카이사르의 독재 때문에 이런 일을 당했다면서 카이사르를 몹시 미워했다. 리가리우스와 가까운 친구 사이였던 브루투스는 아파서 누워 있다는 이야기를 듣고 그를 찾아갔다.

"리가리우스! 지금이 어느 때인데 이렇게 누워만 있는가?"

이 말에 리가리우스가 힘겹게 몸을 일으키면서 말했다.

"브루투스, 자네가 자네다운 큰일을 계획한다면 나도 금세 일어날 수 있을 것만 같네."

그때부터 이들은 믿을 만한 사람들을 하나둘씩 모으며 동지들을 늘려갔다. 가까운 친구들뿐만 아니라 목숨 걸고 용감하게 일할 수 있는 사람이라면 누구든 계획에 참여시켰다. 그러나 오직 한 사람, 키케로에게만은 이 일을 비밀로

했다. 그들은 누구보다 키케로를 존경하고 믿었지만, 그는 너무 조심성이 많은 데다가 나이가 들어서 아무리 확실한 일이라도 꼼꼼히 따지려 했으므로, 이 점이 아무래도 마음에 걸렸다. 그러다 보면 대담하고 빠르게 처리해야 될 이 일을 망쳐놓을지도 모르고, 다른 동지들의 용기와 의지까지 꺾을 우려가 있기 때문이다.

그 밖에도 그들은 브루투스의 친구이자 에피쿠로스 학파 철학자 스타틸리우스와, 카토를 숭배하는 파보니우스에게도 이 음모를 숨겨야만 했다. 브루투스는 이 둘을 만나 마치 철학적 논쟁을 하는 듯이 그들의 마음을 떠본 적이 있었다. 그때 파보니우스는 내란은 합법적인 군주제보다 더 해로운 일이라 주장했고, 스타틸리우스 또한 지혜로운 사람은 결코 사악하고 어리석은 무리들 때문에 스스로를 위험에 빠뜨리는 일은 하지 않는다고 했다. 이 말을 들은 브루투스는 두 사람에게는 음모를 알리지 않기로 마음먹었다. 그런데 그 자리에 함께 있던 라베오는 이 둘의 의견에 반대했다. 이에 대해 논쟁이 격해지자 브루투스는 이런 문제는 간단히 결론지을 수 없다면서 토론을 매듭짓고 나중에 라베오를 조용히 불러 그 비밀을 털어놓았다. 이렇게 해서 라베오도 이 일에 가담하게 되었다.

알비누스라는 별칭으로 불리던 또 한 명의 브루투스도 그들을 돕기로 했다. 그는 적극적이거나 용감한 사람은 아니었지만 시민들이 구경할 경기를 열기 위해 많은 검투사들을 거느렸으며 카이사르의 두터운 신임을 받고 있었다. 처음에 카시우스와 라베오가 그를 찾아가 계획을 털어놓았을 때 그는 아무 말도 하지 않았다. 하지만 그 뒤 브루투스와 조용히 만나고, 그가 바로 이 계획 주동자임을 확인하자 자신도 돕겠다고 약속했다.

이것으로도 알 수 있듯이, 동지들 가운데 몇몇 이름난 자들은 브루투스 이름만 듣고 이 일에 가담했다. 그들은 어떠한 의식을 통해 엄숙한 선서를 하거나 맹세한 일은 없었지만, 모두들 철저하게 비밀을 지키며 매우 조심스럽게 행동했다. 그렇기 때문에 카이사르는 신들이 불길한 징조나 예언으로 경고했음에도 이 일을 전혀 눈치채지 못했다.

브루투스는 이제 용맹과 문벌에서 로마 으뜸가는 인물들 운명이 모두 자기 한 사람에게 달려 있다는 사실을 깨달았다. 그래서 집 밖에서는 행동을 조심하면서 여느 때처럼 일을 처리했지만, 일단 집 안에 들어온 뒤에는 여러 문제들로 고민하며 밤을 꼬박 새기도 했다. 그러나 한방을 쓰는 아내가 이를 눈치채지 못할 리가 없었다. 그의 아내는 남편이 중대한 문제로 고민하고 있거나, 아니면 매우 위험한 일을 계획하고 있음을 알아챘다.

브루투스의 아내 포르키아는 카토의 딸로, 두 사람은 사촌 간이었다. 포르키아는 젊었을 때 첫 남편이 죽자, 어린 아들 비불루스를 데리고 브루투스와 재혼했다. 비불루스는 뒷날 《브루투스 회상록》을 남기기도 했다.

남편과 마찬가지로 철학을 사랑했으며, 용기도 뛰어나고 이해심도 넓었던 포르키아는 남편에게 비밀을 묻기 전에 먼저 자기 의지력을 시험하기로 했다. 그녀는 시녀들을 모두 밖으로 내보낸 다음 손톱을 깎는 날카로운 칼로 자신의 허벅지를 세게 찔렀다. 많은 피가 쏟아졌고, 심한 통증에 포르키아는 온몸을 덜덜 떨었다. 포르키아는 자신을 간호하는 브루투스에게 통증을 참으며 이렇게 말했다.

"브루투스, 나는 카토의 딸이에요. 내가 당신과 결혼한 것은 당신과 잠자리나 하려던 것이 아니라 운명을 함께하기 위해서였지요. 이제껏 우리는 잘 지내왔고 당신도 잘못한 게 없었어요. 그러나 지금 당신은 무언가로 무척 괴로워하면서도 내게는 말 한 마디 안 하고 있어요. 물론 당신이 나를 걱정하기 때문이라는 걸 잘 알아요. 그런 중대한 일이라면 비밀과 믿음이 꼭 지켜져야 하겠지만, 나는 무슨 일인지 알아야겠어요. 당신에게 나의 사랑을 증명할 기회를 주세요. 본디 여자들은 마음이 약해 비밀을 잘 지키지 못한다는 건 나도 알아요. 그러나 좋은 집안에서 태어나 바른 교육을 받고 훌륭한 사람들과 함께 지내다 보면 여자들도 달라지는 법이에요. 나는 카토의 딸이고, 브루투스의 아내예요. 그리고 나는 이 사실을 매우 자랑스럽게 생각해요. 그 전에는 내가 정말 그럴 만한 자격이 있는지 의심스러웠지만, 이제 나 스스로 시험해 보니 어떤 고통도 참고 이겨낼 수 있다는 걸 알게 되었어요."

그러고는 허벅지 상처를 남편에게 보여주며, 이것은 자신의 의지를 시험한 증거라 털어놓았다. 브루투스는 깜짝 놀라더니, 포르키아에게 부끄럽지 않은 남편이 되고, 자기 계획에 신의 축복이 있기를 기도했다. 그리고 포르키아에게 자신의 계획을 모두 알려주었다.

마침내 원로원 소집 날짜가 정해지고 카이사르도 참석한다는 소식이 들려왔다. 음모자들은 바로 이날에 계획을 실행하기로 결정했다. 그런 날에는 사람들이 모여들어도 의심받지 않을 것이며, 계획이 성공해 자유를 선언하게 되면 그곳에 참석한 로마의 많은 유명인사들에게도 지지를 얻을 수 있으리라 여겼기 때문이다.

원로원 의원들이 모이기로 한 장소도 마치 하늘이 그들을 도우려고 정해놓은 듯했다. 그곳은 큰 극장과 연결된 건물이었는데, 바로 앞에 폼페이우스 동상이 서 있었기 때문이었다. 이 동상은 폼페이우스가 극장과 도시를 아름답게 만든 일을 기념해 세워진 것이었다. 바로 이곳에서 3월 15일에 원로원 회의가 열리기로 결정되었으니, 이런 기막힌 우연은 마치 폼페이우스 원수를 갚기 위해 운명이 카이사르를 끌어당긴 것만 같았다.

그날 아침이 되자 브루투스는 아내 말고는 아무도 모르게 옷 속에 단검을 품고 집을 나섰다. 다른 사람들은 모두 카시우스 집에 모여 있었다. 카시우스는 마침 이날 성년식을 올린 아들을 뒤따르게 했다. 그들은 서둘러 폼페이우스 기념관으로 들어가 카이사르가 오기를 기다리며, 매우 침착하고도 자연스럽게 행동했다.

이들 가운데 대부분은 법무관으로 그날도 판결할 일들이 적지 않았다. 이들은 여느 때와 다름없이 판결받으러 온 사람들을 만났다. 그들은 큰일을 눈앞에 둔 사람답지 않게 소송자들 이야기를 냉정하고 성실하게 들어주었으며, 정확한 판결을 내리고 제대로 격식을 갖추어 모든 일을 거침없이 처리했다. 그때 한 사람이 브루투스가 내린 판결에 불만을 품고, 여러 증거들을 내밀면서 카이사르에게 다시 판결을 받겠다며 외쳤다. 그러자 브루투스는 주위 사람들을 둘러보며 이렇게 말했다.

"나는 법률에 따라 판결을 내렸으니 카이사르도 어쩔 도리가 없을 거요. 그리고 앞으로도 그럴 겁니다."

그러나 큰일을 앞두고 몇 가지 일들이 마음을 졸이게 했다. 무엇보다도 시간이 많이 지났는데도 카이사르가 나타나지 않은 것이다. 그때 카이사르는 제사 때 제물에 나타난 징조가 좋지 않아 아내에게 붙들려 있었으며 제관도 그가 밖으로 나가지 못하도록 막고 있었다.

또한 함께 일을 하기로 한 카스카에게 어떤 사람이 와서 이렇게 말했다.

"당신은 말 안 했지만, 나는 브루투스에게 모든 이야기를 들었소."

이 말에 카스카가 깜짝 놀라자 그 사람이 빙그레 웃으며 말했다.

마르쿠스 브루투스(MARCUS BRUTUS) 1783

"어떻게 돈을 벌었기에 조영관 선거에 나가려는 거요?"

자칫 카스카는 상대의 애매한 말에 모든 비밀을 고백할 뻔했다.

또 포필리우스 라이나스라는 원로원 의원은 브루투스와 카시우스를 보더니, 여느 때와는 달리 무척 반갑게 인사를 건넸다. 그러고는 두 사람에게 소곤거렸다.

"뜻하신 일이 성공하기를 바랍니다. 하지만 더는 망설이지 말고 반드시 행동으로 옮겨야 할 겁니다. 그 비밀은 이미 세상이 다 알고 있으니까요."

그러자 두 사람은 혹시 계획이 틀어지는 게 아닐까 싶어 몹시 불안해졌다. 게다가 마침 브루투스 집에 있는 하인이 달려와 포르키아가 위독하다는 소식을 전했다.

남편 일이 걱정되어 방 안에 가만히 있을 수 없던 포르키아는 안절부절못하다가 밖에서 무슨 소리만 들리면 마치 미친 사람처럼 달려나갔다. 그리고 공회당에서 돌아오는 사람마다 붙들고는 브루투스는 어떻더냐며 물어보았다. 그러면서 틈만 나면 공회당으로 사람을 보내 남편 소식을 알아오게 했다. 시간이 지날수록 포르키아는 초조와 불안으로 가슴이 터질 듯했고, 마침내 큰일을 앞둔 두려움을 견디지 못해 그 자리에 쓰러지고 말았다. 그녀는 시녀들 간호를 받아 곧 정신을 차렸지만 밖에서는 벌써 포르키아가 죽었다는 소문이 퍼져나가고 있었다.

브루투스는 이 소식을 듣고 너무 걱정스러워 마음이 쉽게 진정되지 않았다. 그러나 나라의 자유를 얻을 중요한 순간을 앞두고 있기에 자신의 사사로운 슬픔은 잊어야 한다고 생각했다. 바로 그때 카이사르가 마차를 타고 온다는 소식이 전해졌다.

카이사르는 제사에 나타난 불길한 징조 때문에 마음이 편치 않아서, 원로원 회의를 미루러 나오는 길이었다. 그런데 그가 마차에서 내리자 포필리우스 라이나스가 카이사르에게 가깝게 다가섰다. 브루투스에게 성공하기를 바란다고 말했던 바로 그 사람이었다. 라이나스는 한참 동안 그의 귀에 무언가 속삭였으며, 카이사르는 그 말을 조용히 듣고 있었다. 음모자들은 그가 무슨 말을 하는지 들을 수는 없었지만, 틀림없이 자신들의 계획을 고발하는 것이라 여겼다. 계획이 실패했다고 판단한 그들은 이 자리에서 잡힐 바에는 차라리 스스로 목숨을 끊자는 뜻을 눈빛으로 주고받았다.

카시우스를 비롯한 몇 사람이 옷 속에 숨겨둔 칼을 막 뽑으려는 순간, 브루투스는 라이나스의 표정이나 몸짓이 뭔가 다르다는 사실을 눈치챘다. 그는 음모를 알려주는 게 아니라 무엇인가 간절하게 부탁하는 태도였다. 브루투스는 곧 밝은 표정을 지어 보이며 카시우스에게 용기를 내라고 격려했다.

잠시 뒤에 라이나스가 카이사르 오른손에 입을 맞추고는 뒤로 물러났다. 이로써 라이나스가 카이사르와 주고받았던 이야기는 어떤 사사로운 부탁이었음이 분명해졌다.

마침내 원로원 의원들은 모두 회의장으로 들어갔다. 음모자들은 저마다 카이사르에게 무슨 부탁할 일이라도 있는 것처럼 그의 곁으로 모여들었다. 그때 카시우스는 폼페이우스 동상을 보며, 마치 신에게 말하듯이 도와달라고 기도했다. 그러는 동안 트레보니우스는 문 밖에서 안토니우스를 붙잡고 말을 걸면서, 그를 안으로 들어가지 못하게 했다.

카이사르가 안으로 들어서자 모든 의원들이 일어나 그에게 인사를 건넸다. 음모자들은 카이사르가 자리에 앉자 그의 곁으로 몰려갔다. 그들 가운데 툴리우스 킴베르가 먼저 일어나, 추방당한 동생을 도와달라고 카이사르에게 말하자 다른 음모자들도 모두 그를 위해 동조하듯이 카이사르 손을 잡거나 가슴이나 머리에 입을 맞추었다. 카이사르는 그들의 부탁을 물리치다가, 계속 귀찮게 굴자 화가 치밀어 자리에서 일어났다. 그때 틸리우스가 재빨리 두 손을 뻗어 카이사르 옷을 잡아당겼다. 그 순간 카이사르 뒤에 서 있던 카스카가 가장 먼저 칼을 뽑아 카이사르의 어깨를 내리쳤으나, 그 칼은 깊숙이 꽂히지 못했다. 놀란 카이사르가 카스카의 칼자루를 붙잡으며 소리쳤다.

"카스카, 이 못된 놈! 이게 무슨 짓이냐?"

그러자 음모자들이 한꺼번에 카이사르에게 우르르 달려들었다. 카이사르는 빠져나갈 길을 찾으려 주위를 돌아보다가 브루투스가 칼을 쥐고 다가오는 것을 발견했다. 순간 카이사르는 카스카를 붙잡았던 손을 놓고 입고 있는 옷을 머리에 뒤집어썼다. 그러고는 적들 손에 자신의 몸을 맡겼다.

음모자들은 한동안 카이사르를 마구 찌르느라 정신이 없었다. 그러다가 저희들끼리 서로 다치게 하기도 했는데, 브루투스도 손에 깊은 상처를 입었다. 이렇게 음모자들은 모두 피투성이가 되어버렸다.

독재자 카이사르 암살 계획이 성공하자, 브루투스는 연설을 하기 위해 사람들 가운데로 걸어 나아갔다. 원로원 의원들을 안심시키려는 것이었다. 그러나 겁이 난 의원들은 서로 밀치며 도망치느라 모두들 정신이 없었다. 음모자들은 카이사르만 죽이기로 결정했으므로 다른 의원들은 해치지 않았다.

사실 카이사르와 함께 안토니우스도 죽여야 한다는 의견도 많았다. 안토니우스는 군주제를 찬성했을 뿐 아니라 몹시 교만하며, 카이사르와 나란히 집정관으로 있었기 때문에 세력도 커졌다는 이유에서였다.

하지만 브루투스는 안토니우스를 죽이는 일은 정의에 어긋나고, 그도 끝내는 마음을 바꿀 것이라면서 그 일에 반대했다. 안토니우스는 융통성도 있고 명예욕도 강했으므로 먼저 카이사르가 죽고 나면 나라의 자유를 되찾는 데 큰일을 했다는 말이라도 듣기 위해서 자신들에게 협조하리라 여긴 것이다. 이렇게 해서 브루투스는 안토니우스 목숨을 구해주었다. 그러나 이때 카이사르가 암살당하는 것을 본 안토니우스는 겁에 질려 평민으로 변장하고 달아나 버렸다.

브루투스와 그 동지들은 피 묻은 칼을 들고 카피톨리움으로 나아가며 시민들에게 자유를 되찾았다는 소식을 알렸다. 이 소식을 들은 시민들은 너무 놀라 소란을 일으키기도 했으나 재물을 약탈하거나 피를 흘리는 일은 없었다. 원로원 의원들과 사람들은 안심하며 카피톨리움으로 올라갔다.

브루투스는 군중이 몰려들자 현재의 나라 상황을 설명하고 자신들에 대해 지지를 요청하는 연설을 했다. 연설을 들은 군중은 박수로써 지지를 보내며 그에게 내려오라고 했다. 브루투스가 내려오자 많은 유명인사들이 그를 공회당 연단까지 안전하게 호위했다. 소란스럽던 일부 시민들도 브루투스의 위엄 있는 모습을 보자 모두들 입을 다물고 질서를 지켰다.

군중은 브루투스 말에 조용히 귀 기울였으나 로마 모든 시민들이 브루투스 일파의 행동에 찬성하는 것은 아니었다. 잠시 뒤에 킨나가 카이사르를 비난하는 연설을 하자 군중은 갑자기 성난 불길처럼 일어나 킨나에게 심한 욕설을 퍼부었다. 이를 본 음모자들은 시민들이 카이사르를 죽인 일을 달가워하지 않는다는 사실을 깨닫고 다시 카피톨리움으로 올라갔다. 브루투스는 시민들이 그곳을 포위할지도 모른다는 생각에 함께 따라온 유명인사들을 모두 내려보냈다.

다음 날 원로원은 텔루스 여신 신전에서 회의를 열었다. 그곳에서 안토니우스, 플란쿠스, 키케로는 암살자들이 지은 죄를 용서하고 그들과 화해하자는 의견을 내놓았다. 이 제안은 어렵지 않게 통과되었으며, 집정관은 그들에게 표창과 명예까지 내리기로 결정했다. 원로원 회의가 끝나자 안토니우스는 카피톨리움에 있는 음모자들에게 자기 아들을 보내, 그를 인질로 삼아 화해하자고 전했다. 브루투스 무리는 그제야 안심하고 그곳에서 내려왔다. 그날 밤 안토니우스는 카시우스를 집으로 초대해 잔치를 열었고, 레피두스는 브루투스를 초청하는 등 모두가 저마다 가까운 사람들을 불러 잔치를 베풀었다.

이튿날 아침 원로원은 다시 회의를 열었다. 의원들은 먼저 내란을 막고자 화해를 이끌어 낸 안토니우스에게 감사를 표한 다음 브루투스와 그의 동지들에게는 로마 속주들을 나누어 주었다. 브루투스는 크레테 섬을, 카시우스는 아프리카를, 트레보니우스는 아시아를, 킴베르는 비티니아를, 또 다른 브루투스는 파두스 강 근처 갈리아 땅을 선물로 받았다. 사건은 이렇게 매듭지어졌다.

이제 카이사르 유서에 대한 처리와 장례를 어떻게 치르느냐 하는 문제가 남았다. 안토니우스는 카이사르 유서를 시민들에게 공개하자고 했다. 그리고 장례식을 소홀하게 치르는 것은 불명예스러우며, 그것은 시민들을 더욱 자극하는 일이라 말했다. 카시우스는 그의 의견에 맹렬히 반대했으나, 브루투스는 이 문제를 안토니우스에게 양보했다. 그런데 이것이 바로 브루투스가 저지른 두 번째 실수가 되고 말았다. 첫 번째 실수는 카이사르 암살을 계획할 때 자신들에게 가장 위협적인 존재였던 안토니우스를 살려두기로 한 결정이었고, 이번에는 카이사르 장례식을 안토니우스 주장대로 진행하게 둠으로써 치명적인 실수를 저지른 것이다.

왜냐하면 카이사르 유서에는 자신이 죽으면 시민들에게 저마다 75드라크메씩을 나누어 주고, 티베리스 강 건너편에 있는 자기 정원을 모두에게 열어주라고 적혀 있었기 때문이다. 이를 알게 된 시민들은 카이사르의 은혜에 감동해 그의 죽음을 새삼 안타까워했으며, 마침내 암살자들을 미워하기에 이르렀다.

얼마 뒤 카이사르 유해가 공회당으로 옮겨지고, 안토니우스가 관례에 따라 카이사르 공적을 기리는 연설을 시작했다. 그런데 그 연설을 들은 군중이 모두 감동하는 모습을 보자, 안토니우스는 갑자기 피투성이가 된 카이사르 옷을 집어 들어 그가 얼마나 칼에 많이 찔렸는지를 보여주며 상처를 하나하나 헤아리기까지 했다. 이에 군중은 미친 듯이 아우성치며, 암살자들을 모두 잡아 죽이라고 울부짖었다. 그리고 여기저기서 책상과 의자를 끌어다가 광장에 쌓아 올

마르쿠스 브루투스(MARCUS BRUTUS) 1787

린 뒤, 카이사르 시신을 올려놓고 불을 붙여 화장했다.

불길이 치솟자 군중이 구름처럼 몰려들더니, 암살자들 집을 찾아 불을 지르기 시작했다. 그러나 음모자들은 이미 이런 상황을 예상했기 때문에 위험을 피할 수 있었다.

그 무렵 킨나라는 시인이 있었는데, 카이사르 친구였던 그는 카이사르의 암살 사건과는 아무 관련도 없는 사람이었다. 그는 전날 밤, 카이사르가 자기를 저녁 식사에 초대하는 꿈을 꾸었다. 꿈속에서 킨나가 초대를 거절하자, 카이사르는 그를 넓고 컴컴한 곳으로 억지로 끌고 갔다. 킨나는 겁이 나면서도 어쩔 수 없이 카이사르에게 끌려갔다.

킨나는 그날 밤 내내 열이 나서 고생을 했지만, 다음 날 아침 카이사르 시체를 옮겨 가는 요란한 소리가 들리자 부리나케 광장으로 달려갔다. 마침 그때 안토니우스 연설을 들은 군중이 몹시 흥분하고 있었으므로 킨나가 나타났다는 소문이 퍼지자, 시민들은 그를 이전에 카이사르를 비난하던 그 킨나로 잘못 알고는 모두들 한꺼번에 달려들어 찔러 죽였다.

안토니우스의 교묘한 술책으로 상황이 급변하자 브루투스와 동지들은 두려움에 휩싸였다. 마침내 그들은 목숨에 위협을 느끼고 로마를 떠나 안티움으로 피신했다. 그러다가 시민들 흥분이 가라앉고 질서가 잡히면 다시 로마로 돌아올 생각이었다. 본디 시민들은 격렬하게 흥분하며 과격한 행동을 저지르다가도 얼마 안 있으면 곧 진정되곤 했기 때문이다. 원로원도 킨나를 죽인 자들은 처벌하지 않았지만, 브루투스와 카시우스 집에 불을 지른 사람들은 찾아내 모두 감옥에 가두었다. 이렇듯 브루투스 일행은 원로원이 자기들을 지지하는 한은 시민들 감정도 머지않아 누그러지리라고 여겼다.

한편 시민들은 안토니우스가 권력을 독차지할 계책을 꾸민다고 의심해 그의 행동을 못마땅하게 여기고 있었다. 이 때문에 시민들은 브루투스가 법무관 자리로 빨리 돌아오기를 바랐다.

그러나 예전에 카이사르를 따라 전쟁에 참가해 그로부터 많은 땅과 도시들을 나눠받은 병사들이 다시 로마로 몰려들고 있다는 소식을 들은 브루투스는 로마로 돌아가기를 포기해 버렸다. 그 대신 온갖 성대한 행사를 열어 로마 시민들에게 좋은 구경거리를 제공했다.

브루투스는 보기 드문 여러 야수들을 구해 로마로 보내는 한편, 배우들을 섭외하려 직접 네아폴리스까지 가기도 했다. 카누티우스라는 유명한 배우를 초청할 때는 헬라스에 있는 친구들에게 편지를 써서 도움을 요청하기도 했다. 또한 키케로에게도 자기 대신 행사에 참석해 자리를 빛내달라는 편지를 보냈다.

그런데 그때 작은 카이사르가 로마에 돌아오면서 여러 변화들이 생기기 시작했다. 그는 카이사르의 조카딸이 낳은 아들이었지만, 카이사르가 그를 양자로 삼으면서 그의 상속자가 되었다. 카이사르가 암살당했을 때 그는 아폴로니아에서 철학을 공부하고 있었다. 카이사르가 파르티아 원정을 가면서 자기가 있는 곳에 들르리라 생각했으나, 뜻밖에도 카이사르가 죽었다는 소식을 듣고는 급히 로마로 달려온 것이다.

로마에 도착한 그는 먼저 카이사르에게서 물려받은 재산을 시민들에게 아낌없이 나누어 주면서 그들의 환심을 얻는 데 힘을 쏟았다. 그는 마침내 안토니우스에게 대항할 세력으로 떠올랐으며 예전에 카이사르를 섬기던 병사들을 선물과 돈으로 매수해 자신의 군대로 만들기에 이르렀다. 그러자 안토니우스를 미워하던 키케로는 작은 카이사르를 지지하며 나섰고, 이에 브루투스는 키케로에게 다음 같은 편지를 써서 그를 비난했다.

당신이 싫어한 것은 전제자 그 자체가 아니라, 당신을 미워하던 그 사람이었소. 당신이 글이나 연설로 작은 카이사르를 찬양하는 것을 보아도 어떤 목적으로 그런 행동을 했는지를 잘 알 수 있소. 그러나 로마 조상들은 아무리 너그러운 전제자라 할지라도 전제정치 자체를 인정하지 않소. 그리고 나는 전쟁과 평화 가운데 어느 것을 선택해야 할지 아직 결정내리지 못했지만, 자유를 잃어버린 노예만은 되지 않을 것이오. 나는 내란은 무서워하면서도 비굴한 평화를 두려워하지 않는 당신을 이해할 수 없소.

로마는 완전히 두 갈래로 나누어져 어떤 사람들은 안토니우스 쪽에, 또 다른 사람들은 작은 카이사르 편에 섰다. 병사들도 돈을 더 많이 주겠다는 쪽으로 팔려갔다. 이를 본 브루투스는 정치를 단념하고 그곳을 떠나기로 마음먹었다.

로마를 떠난 브루투스는 루카니아를 지나 엘레아 해안으로 갔다. 이곳에서 그는 아내 포르키아를 로마로 되돌려 보내는 게 낫겠다고 생각했다. 포르키아는 가슴이 몹시 아팠지만 애써 슬픔을 참으려 했다. 그러나 우연히 보게 된 한 폭의 그림 앞에서 그녀는 참아왔던 슬픔을 터트리고 말았다.

헬라스 옛이야기를 담은 그 그림은, 전쟁터로 떠나는 헥토르가 아내 안드로마케에게 아들을 맡기고 작별을 고하자 아내가 그를 보며 눈물을 글썽이는 장면이었다. 포르키아는 이 그림이 마치 자신의 모습을 있는 그대로 그린 것 같아 하루에도 몇 번씩 그 그림을 보며 눈물을 쏟았다. 그녀는 곁에 있던 브루투스 친구 아킬리우스에게, 안드로마케가 헥토르에게 이야기하는 장면을 표현한 호메로스 시 한 구절을 들려주었다.

헥토르, 당신은 나의 아버지요 어머니이며,
오빠이자 사랑하는 남편입니다.

아킬리우스가 이 말을 브루투스에게 전하자, 브루투스는 엷은 웃음을 띠며 이렇게 말했다.

"그러나 나는 헥토르가 말한 것처럼 내 아내에게 '당신 마음을 베틀에 묶고 집안일을 잘 보살펴 주시오' 이렇게 이야기할 수는 없소. 포르키아는 몸이 약해 우리처럼 힘든 일은 못 하거든. 하지만 그녀는 나라를 위해서라면 누구 못지않게 씩씩한 정신을 보여줄 여자라오."

이것은 포르키아의 아들인 비불루스가 《브루투스 회상록》에 남긴 이야기이다.

그 뒤 브루투스는 배를 타고 아테나이로 갔다. 아테나이 시민들은 그를 환호하며 반갑게 맞아주었고 여러 명예를 주었다. 그는 친구 집에 머무르면서 아카데메이아 철학자인 테옴네스투스와 소요학파 철학자인 크라티푸스와 가까이 지내며 그들의 철학을 열심히 공부했다. 그러자 사람들은 이제 브루투스가 정치에 대한 야망을 모두 버리고 학문 연구에만 몰두한다고 여겼다. 그러나 브루투스는 아무도 모르게 전쟁을 준비하고 있었다.

브루투스는 헤로스트라투스를 마케도니아로 보내 그곳 장군들을 자기편으로 끌어들이는 한편, 아테나이에 와서 공부하는 로마 사람들을 설득해 모두 자기편으로 만들었다. 그 가운데는 키케로의 아들도 있었다. 브루투스는 특히 그 젊은이를 칭찬하면서, 이렇게 전제정치를 증오하는 사람은 꿈속에서라도 칭찬하지 않을 수 없다고 말하기도 했다.

마침내 브루투스가 공식적인 활동을 시작할 때쯤, 마침 아시아에 갔던 로마 배들이 많은 재물을 싣고 돌아오고 있다는 소식이 들려왔다. 브루투스는 그 배를 지휘하는 사람이 자기 친구라는 이야기를 듣자 그 친구를 만나기 위해 아테나이를 떠나 카리스투스로 갔다. 다행히 그 친구는 브루투스를 도와주기로 약속했다. 마침 그날이 브루투스 생일이라 그들은 어느 때보다 화려한 잔치를 열었다. 사람들이 브루투스와 로마의 자유를 위해 축배를 들자고 제안하자 브루투스는 그 자리에서 동지들의 용기를 더욱 북돋우기 위해, 커다란 술잔에 술을 가득 따른 뒤 이런 시를 읊었다.

> 사나운 운명과 라토나의 아들이 손을 잡고
> 나의 죽음을 준비했구나.

이 시는 트로이에서 헥토르의 창에 찔려 죽어가던 파트로클로스 장군이 남긴 말이다. 라토나는 유피테르의 첫 번째 아내이고, 그의 아들은 아폴로였다. 그런데 묘하게도 브루투스가 필리피에서 마지막 전투를 벌일 때 썼던 암호가 바로 아폴로였다. 브루투스는 이 시를 읊어 자신의 앞날을 예언한 셈이다.

로마 함대 사령관 안티스티우스는 이탈리아로 싣고 가던 돈 가운데서, 50만 드라크메를 브루투스에게 건넸다. 전쟁이 끝나고 테살리아 지방에 흩어져 살던 폼페이우스의 병사들도 모두 브루투스에게 몰려들었다. 브루투스는, 킨나가 아시아의 돌라벨라에게 데리고 가던 기병 500기를 빼앗고, 데메트리아스를 점령한 뒤 안토니우스에게 보내기 위해 이곳에 저장했던 군수물자를 빼앗았다. 이 무기들은 죽은 카이사르가 파르티아 전쟁에 대비해 마련해 둔 것들이었다. 이를 시작으로 얼마 뒤, 마케도니아 총독 호르텐시우스를 비롯해 그 부근 왕과 장군들도 모조리 브루투스를 돕겠다고 나섰다.

한편 안토니우스의 형제인 카이우스가 이탈리아를 떠나, 에피담누스와 아폴로니아에 있던 바티니우스 군대를 향해 진군하고 있다는 소식이 들려왔다. 그러자 브루투스는 그들을 방해하기 위해, 카이우스보다 먼저 아폴로니아에 도착해야 한다고 판단했다. 험한 산과 매서운 눈보라가 앞을 가로막았지만 그는 군대를 이끌고 거침없이 달려나갔다. 그러나 이 때문에 뒤따라오던 식량 보급

부대와의 거리는 점점 멀어지게 되었다.

에피담누스를 눈앞에 두고 극심한 피로와 추위에 시달리던 브루투스 군대에 먹어도 먹어도 배고픈 '불리미아'라는 병이 돌았다. 이것은 동물들도 걸리며, 추운 곳에서 심한 고생을 하면 생기는 병으로, 추위와 굶주림으로 몸이 쇠약해지면서 몸 안에 있던 영양이 모두 소진되어 발생하거나, 눈이 녹을 때 생긴 수증기가 땀구멍으로 빠져나가며 체온을 떨어뜨려 발병하는 것으로 알려져 있다.

끝내 브루투스마저 쓰러졌지만 부대에는 먹을 만한 음식이 하나도 없었다. 이처럼 군대가 굶어죽을 위기에 놓이자, 몇몇 병사들은 적에게 투항하기 시작했다. 병사들은 브루투스만이라도 먹여야겠다는 생각에 도시 성문으로 가 그곳 파수병들에게 먹을 것을 좀 나누어 달라고 애원했다. 브루투스 군대가 겪고 있는 고생을 전해들은 파수병들은 저마다 자기 몫으로 받은 식량을 들고 그곳으로 달려갔다. 파수병들의 이런 호의에 감동한 브루투스는 뒷날 이 도시를 점령한 뒤에도 그 파수병들뿐만 아니라 그곳 시민들에게 큰 친절을 베풀었다고 한다.

아폴로니아에 도착한 카이우스 안토니우스는 그곳에서 병사들을 모아 자기 군대와 합치려 했다. 그러나 이미 많은 병사들이 브루투스 군대에 합세했으므로, 그는 할 수 없이 부트로툼으로 옮겨갔다. 하지만 그의 군대는 이동하는 길에 브루투스의 습격을 받아 3개 연대 병력을 잃었다. 이에 카이우스는 브루투스 군대가 점령한 비블리스 부근 요새를 빼앗으려 했지만, 도리어 브루투스 부하였던 키케로 군대에 격파되고 말았다. 브루투스는 그 뒤에도 이 젊은 장군의 눈부신 활약으로 많은 성과를 올렸다.

얼마 뒤 브루투스는 아군 부대와 떨어진 채 어느 늪 근처에 머물던 카이우스를 공격하기 시작했다. 그러나 그는 머지않아 적이 항복하리라는 생각에, 되도록 적군을 죽이지 않는 선에서 기병대로 적 진지를 포위하도록 했다. 그러자 예상대로 적군 병사들뿐만 아니라 장군들까지 모두 투항해 왔고, 마침내 브루투스는 엄청난 수의 군대를 거느리게 되었다.

키케로를 비롯한 로마 사람들은 브루투스에게 편지를 보내 카이우스를 죽이라고 권유했다. 그러나 브루투스는 카이우스에게 관직을 주는 등 극진한 대우를 이어갔다. 하지만 카이우스는 장군들을 자기편으로 끌어들여 반란 음모를 꾸몄으며, 그제야 브루투스는 그를 배에 태워 감시하기 시작했다.

한편 아폴로니아로 달아나 카이우스 진영으로 들어갔던 병사들 가운데 일부가 브루투스에게 회담을 요청했다. 그러나 브루투스는 로마 군대는 지금까지 죄를 지은 자와 회담을 한 전례가 없다며 직접 찾아와 용서를 빌라고 말했다. 병사들은 그의 말대로 다시 돌아왔고, 브루투스는 그들을 모두 용서해 주었다.

그런데 브루투스가 아시아로 이동할 즈음에, 로마에 새로운 변화가 생겼다는 보고가 들어왔다. 작은 카이사르(옥타비아누스)가 원로원 지지에 힘입어 안토니우스를 이탈리아에서 쫓아내고, 엄청난 세력을 모았다는 소식이었다. 또한 그는 로마법을 무시한 채 집정관이 되기 위해 엄청난 규모의 군대를 모으고 있다고 했다.

당황한 원로원은 브루투스에게 기대를 걸고, 그에게 몇몇 속주를 맡기기로 결정했다. 이렇게 되자 적지 않은 위협을 느끼게 된 카이사르는 서둘러 안토니우스에게 화해를 요청하는 한편, 브루투스의 공격을 막고자 자기 군대로 로마를 포위하게 한 뒤 집정관 자리에 올랐다. 그는 스스로 회상록에 기록한 것처럼, 겨우 스무 살의 나이로 집정관이 된 것이다.

집정관에 오른 카이사르는 최고 지위에 있던 사람을 재판도 없이 죽인 혐의로 브루투스와 그 일파를 살인죄로 몰았다. 그러고는 루키우스 코르니피키우스와 마르쿠스 아그리파를 저마다 브루투스와 카시우스의 고소인으로 내세웠으며, 이 두 고소인이 법정에 나오지 않았음에도 두 사람에게 유죄를 선고했다.

재판이 있던 날, 법정에서 서기가 큰 소리로 브루투스 출두를 외쳤을 때 시민들과 귀족들은 가느다란 신음 소리를 내며 슬픔을 감추려 고개를 떨구었다고 한다. 그러나 푸블리쿠스 실리키우스만은 참지 못하고 눈물을 흘렸는데, 그 모습이 카이사르 눈에 띄어 어이없게도 사형을 당하고 말았다.

이 일이 있은 뒤 카이사르, 안토니우스, 레피두스는 로마를 셋으로 나누어 가졌다. 그리고 키케로를 포함한 200명의 명단을 만들어 사형하거나 추방시켰다. 이 소식을 들은 브루투스는 친척인 알비누스 브루투스와 친구 키케로가 사형당한 데 대한 보복으로 카이우스 안토니우스를 처형하기로 하고, 호르텐시우스에게 이 명령을 전달했다. 나중에 마르쿠스 안토니우스가 필리피 전투에서 호르텐시우스를 포로로 잡았을 때, 그를 카이우스 안토니우스 무덤으로 끌고 가서 죽인 것이 바로 이 일에 대한 복수였다.

브루투스는 키케로가 사형당한 일을 슬퍼하기보다는, 그렇게 된 까닭이 너무나 부끄럽다고 말했다. 그리고 법을 어기고 키케로를 죽인 폭군보다도, 멀리 있던 자신이 듣기만 해도 참을 수 없는 일이 눈앞에서 벌어지는데도 비겁하게 지켜보며 가만히 있던 친구들이 더 원망스럽다고 했다.

크게 늘어난 군대를 이끌고 아시아로 간 브루투스는 비티니아와 키지쿠스 근처에서 함대를 마련하기 시작했다. 그는 도시마다 돌아다니면서 물가를 안정시키는 등 도시 질서를 바로잡았고, 많은 왕들과 장군들을 만나보기도 했다. 그리고 아이귑토스에 가 있던 카시우스에게 사람을 보내 계획을 바꿔 시리아로 건너오라고 했다. 자기가 이렇게 바쁘게 군대를 모으는 것은 세력을 넓히기 위해서가 아니라 독재자를 무찌르고 나라를 되찾기 위함이니, 서둘러 이탈리아로 돌아가 압박받는 시민들을 구하자는 것이었다.

이에 카시우스는 스미르나로 달려와 브루투스와 만났다. 아테나이 페이라이우스 항구에서 헤어진 뒤 처음 만나는 것이었다. 그들은 기쁨에 겨워 두 손을 맞잡은 채 서로가 거느린 군대 규모를 보고 앞날에 대한 큰 기대와 믿음을 갖게 되었다. 로마에서 달아날 때 두 사람은 돈도 무기도 없었고 배 한 척, 병사 한 명, 도시 하나 가지고 있지 않았다. 그랬던 그들이 이제는 로마와 맞서 싸울 정도로 많은 함대와 보병대 및 기병대, 그리고 자금을 모아 다시 만난 것이다.

카시우스는 브루투스에게 자신과 동등한 권한을 주고 싶어했으나 브루투스는 언제나 한발 앞서서 카시우스를 찾아갔다. 카시우스가 나이도 많고 몸도 약했기 때문이었다. 사람들은 카시우스가 전략은 노련하지만 성질이 지나치게 단호해 남을 호령하고 누르는 것을 좋아한다고 생각했다. 하지만 그런 그도 친구들과 함께 있을 때에는 재미있는 농담을 즐겼다.

그와 달리 브루투스는 높은 덕으로 민중에게는 존경을, 친구들에게는 사랑을, 귀족들에게는 찬사를 받았으며, 심지어 적들까지 브루투스를 미워하지 않았다고 한다. 이처럼 브루투스는 부드럽고 따뜻한 성격을 지닌 데다가 의지력도 강했고, 쉽게 분노하지도 않았으며, 쾌락과 권력에 대한 욕심도 없었다. 그는 자신의 판단에 따라 정의와 명예를 지킬 줄 아는 사람이었다. 그가 이처럼 큰 존경과 사랑을 받게 된 것도 큰일을 위해 사사로운 감정을 이겨낼 줄 알았기 때문이다.

폼페이우스 마그누스가 만약 카이사르를 끌어내렸다고 해도 법에 따라 순순히 자신의 군대를 해산시키지는 않았을 것이며, 그렇게 하기는커녕 집정관제나 독재관제 또는 덜 불쾌한 어떤 체제를 택해서 민중을 달래며 권력을 유지해 나갔을 것이다. 이것은 로마 시민 모두의 생각이었다. 사람들은 카시우스에 대해서도 마찬가지 생각을 했다. 카시우스는 성격이 불같이 과격하고 자기 이익을 위해서라면 정의에 어긋나는 행동도 서슴지 않았다. 그러므로 그가 지금껏 이렇듯 힘든 길을 걸어온 것도 시민들 자유를 위해서가 아닌, 오직 그 자신을 위해 로마를 차지하기 위해서라고 말이다. 이는 예전에 킨나, 마리우스, 카르보 같은 장군이 나라를 전리품이나 포상 정도로 여기며 자기 손안에 넣기 위해 맹렬하게 싸웠던 것과 다를 바 없었다.

하지만 브루투스는 그의 적들마저도 그가 반드시 원칙을 지킬 것이라 믿었다. 그렇기 때문에 안토니우스는, 카이사르를 암살한 사람들 가운데 영광과 정의를 위해 그 일을 했던 이는 오직 브루투스 하나뿐이고, 나머지는 카이사르에 대한 사사로운 미움이나 시기심 때문이었다고 말했다. 이는 브루투스가 다른 사람에게 보낸 여러 통의 편지에서, 권력에 대한 욕심이 아니라 오직 명예를 위한 싸움이었다고 여러 번 쓴 것을 보아도 알 수 있다. 그는 자기가 뜻하는 바를 이뤄 로마 시민들에게 자유를 되찾아 주리라 말했으며, 만약 실패한다면 죽을 결심까지 하고 있었다. 그는 물론 모든 계획이 차질 없이 잘 진행되고 있지만, 앞으로 자유를 손에 넣게 될지 아니면 실패해 죽음을 맞게 될지는 알 수 없다고 말했던 것이다. 브루투스는 또한 마르쿠스 안토니우스가 자기 잘못에 대해 마땅한 벌을 받고 있다고 생각했다. 브루투스, 카시우스, 카토 등과 함께 명예로울 수 있는 기회를 버리고 옥타비우스에게 넘어가 한낱 부속물처럼 다루어지고 있으며, 그와 함께 패배하지 않으면 곧 옥타비우스와 싸워야 하는 처지에 놓여 있었기 때문이다.

스미르나에서 카시우스를 다시 만난 브루투스는, 그가 가진 군자금 가운데 일부를 나눠달라고 청했다. 브루투스는 함대를 만드느라 돈을 모두 써버렸던 것이다. 그러나 카시우스 동료들은 브루투스에게 군자금을 나누어 주는 일을 반대했다.

"장군께서는 그 돈을 모으느라 온갖 시기와 원망의 소리를 모두 들었습니다. 그런데 그런 돈을 브루투스에게 쉽게 내주어 그가 군대의 신임과 기대를 얻게 한다는 것은 결코 현명한 행동이 아닙니다."

하지만 카시우스는 자기가 가진 군자금 3분의 1을 브루투스에게 선뜻 떼어 주었다. 그리고 브루투스와 헤어진 뒤, 로도스 섬을 점령하고 시내로 들어갔다. 그때 어떤 사람이 그를 왕이라 부르자, 카시우스는 이렇게 말했다.

"나는 왕이 아니라 왕을 벌하고 죽이는 사람이오."

브루투스는 리키아에 군자금과 병사들을 요청하려고 사람을 보냈다. 그런데 이곳 사람들은 리키아 지도자인 나우크라테스 명령에 따라 그에게 맞서며 반란을 일으켰다. 그들은 산악 지대 몇 군데를 점령하고는 브루투스 군대의 행군을 막았다.

그러자 브루투스 기병대는 리키아 군대를 습격해 병사 600명을 죽였다. 브루투스는 도시들을 모조리 점령했지만 포로들은 모두 풀어주었다. 주민들에게 은혜를 베풀어 민심을 얻으려는 것이었다. 그러나 리키아 사람들은 값싼 동정일 뿐이라며 더욱 거세게 저항했다.

브루투스는 가장 사납게 저항하는 용맹한 리키아 부대를 골라 크산투스까지 추격한 뒤 적들을 강에 몰아넣고 포위했다. 포위당한 적군들은 온갖 방법으로 도망치려 했지만 브루투스군이 쳐놓은 방울 달린 그물에 걸려 모두 잡히고 말았다. 이 그물은 사람이 걸리면 소리가 나도록 만들어 놓았으므로 도저히 빠져나갈 수 없었다.

그러자 크산투스 사람들은 모두 힘을 모아 한밤에 브루투스군을 공격했다. 그들은 공성구를 빼앗아 불을 지르다 들통이 나자 시내로 쫓겨 들어갔는데, 이때 바람이 강하게 불면서 공성구의 불이 마을 쪽으로 옮겨 붙었다. 불이 크게 번질 것을 우려한 브루투스는 병사들에게 불을 끄도록 지시했다.

그러나 리키아 사람들은 모두 죽으려고 결심한 듯 격렬하게 저항하기 시작했다. 그들은 여자와 아이, 노예와 자유민, 노인과 젊은이들 할 것 없이 모두 성벽 위로 올라가 미친 듯이 소리를 지르며, 불을 끄려고 달려온 브루투스 병사들에게 짚, 나무, 갈대처럼 불에 탈 만한 물건들을 던져댔다. 시가지는 삽시간에 불바다가 되었으며, 불길은 하늘을 찌를 듯 치솟아 올랐다.

이 광경을 본 브루투스는 마치 하늘이 무너지는 것처럼 절망했다. 그는 말을 타고 시내를 돌아다니면서, 제발 온 힘을 다해 도시를 구하자고 애원했다. 하지만 그의 말을 귀담아듣는 사람은 아무도 없었다.

이어서 크산투스 사람들은 남녀노소 할 것 없이 앞을 다투어 스스로 목숨을 끊기 시작했다. 더러는 불길 속으로 뛰어들기도 하고, 성벽 위에서 몸을 던지기도 했으며, 심지어는 아버지의 칼에 목을 맡기는 이도 있었다. 이렇게 온 시가지에 죽음의 광풍이 휘몰아쳤다. 브루투스군은 불길이 완전히 꺼진 뒤에 시내로 들어갔다가 비참한 광경을 보았다. 목을 매고 자살한 한 여인이 그 줄 끝에 죽은 어린아이를 매단 채 손에는 집에 불을 질렀던 횃불을 쥐고 있는 것이었다.

이런 광경들을 보다 못한 브루투스는 눈물을 흘리며 크산투스인의 목숨을 구하는 자에게는 상을 내리겠다고 병사들에게 말했다. 그러나 병사들이 구해낸 사람은 채 150명도 되지 않았다. 크산투스인들은 페르시아의 침략을 받았을 때에도 시가지를 불태우고 모두 자살한 일이 있었다. 그들은 오랜 시간이 지난 이때, 다시 그런 끔찍한 일을 되풀이한 것이다.

그 뒤에는 파타라 시가 반란을 일으켰다. 그곳에서도 크산투스에서와 같은 불행한 일이 일어날까봐 매우 마음을 졸인 브루투스는 파타라를 포위하지 않고, 포로로 잡은 여자들을 아무 조건 없이 모두 풀어주었다. 그 여자들은 그곳 고위관직에 있던 사람들의 딸과 아내들이었다.

파타라 시로 돌아간 여자들은 브루투스가 얼마나 너그럽고 정의로운 사람인가를 설명하고, 그에게 도시를 맡기자고 했다. 이렇게 해서 파타라는 브루투스에게 투항했고, 이를 전해 들은 다른 도시들도 잇따라 항복해 오기 시작했다. 그 뒤 사람들은 브루투스가 자신들이 상상하던 것보다 훨씬 더 친절하고 너그럽다는 사실을 알고 모두들 놀라워했다.

그 무렵 로도스 섬을 정복한 카시우스는 금과 은을 빼앗아 돈 8000탈란톤을 마련하고, 다시 세금 500탈란톤을 거두어들였다. 그러나 브루투스는 리키아에서 고작 150탈란톤의 세금을 거두어들였을 뿐, 그 밖에는 아무런 피해도 끼치지 않고 이오니아로 떠났다.

브루투스는 이 원정 기간 동안 상과 벌을 정당하게 내려 그가 얼마나 훌륭하고 정의로운 인물인지를 보여주었다. 그 가운데 로마 사람들은 물론 자기 자신도 자랑스럽게 여기는 일이 있었는데, 그 이야기는 이러하다.

카이사르에게 패배한 폼페이우스가 아이귑토스로 도망쳐 펠루시움에 이르렀을 때였다. 그때 아이귑토스는 아직 어린 왕을 대신해 신하들이 나랏일을 돕

마르쿠스 브루투스(MARCUS BRUTUS) 1797

고 있었다. 신하들은 폼페이우스가 오자 그를 어떻게 대해야 하는지에 대해 회의를 했다. 어떤 신하는 그를 따뜻하게 맞아들여야 한다고 했으며, 또 어떤 신하는 아이귑토스에서 내쫓아야 한다고 주장했다.

이렇게 신하들 의견이 엇갈리고 있을 때 테오도투스라는 사람이 일어났다. 키오스 출신인 그는 어린 왕에게 수사학을 가르치고 있었는데 그 무렵에는 워낙 뛰어난 인물이 없었기 때문에 그도 회의에 참석했던 것이다. 테오도투스는 폼페이우스를 받아들여서도, 내쫓아서도 안 되며, 먼저 받아들인 다음에 죽이는 게 가장 좋은 방법이라면서 이런 말로 마무리했다.

"죽은 사람은 물지 못하는 법이지요."

이 의견이 통과되어 폼페이우스는 죽임을 당하고 말았다. 이는 도저히 상상하지 못할 끔찍한 사건이었지만, 궤변 철학자 테오도투스는 뻔뻔스럽게도 이 일을 자신의 지혜 덕분이라며 자랑삼아 이야기하곤 했다.

아이귑토스에 도착한 카이사르는 폼페이우스를 죽인 자들을 모조리 잡아다 처형했다. 그러나 이 사건을 저지른 장본인인 테오도투스만은 용케 빠져나가 온갖 고생을 다하며 이곳저곳을 숨어 다녔다. 하지만 끝내는 브루투스 눈에 띄어 죽임을 당했으며, 이로 인해 그는 죽어서 이름을 날린 인물이 되었다.

브루투스는 사르디스에 머물면서 카시우스에게 사람을 보내 여러 문제에 대해 의논하자며 만남을 요청했다. 카시우스가 그 제안을 받아들이자 브루투스는 동료들과 함께 그를 맞으러 나갔는데, 이때 모든 병사들이 줄지어 서서 두 장군을 총사령관이라 부르며 경례를 했다.

그러나 세상의 모든 동업자들이 그렇듯, 이 두 사람에게도 서로에 대한 질투와 의심이 남아 있어 회담 도중에 문제가 생겼다. 그들은 먼저 단둘이 회담하기로 하고 방으로 들어가 문을 닫았다. 하지만 처음에는 충고와 조언으로 시작했던 이야기가 점차 과격해지더니 욕설과 폭언으로 변했고, 나중에는 소리치며 울부짖는 소리까지 들렸다.

문밖에 서 있던 사람들은 그들의 고함 소리에 놀라 무슨 일이 일어나지는 않을까 몹시 불안해했다. 그러나 방에는 절대로 들어가지 못하게 되어 있었으므로, 부하들은 걱정만 하고 있었다. 이들 가운데에는 카토를 몹시 존경하던 마르쿠스 파보니우스라는 사람이 있었는데, 그는 겉으로는 철학자 행세를 했지만 사실은 성질이 몹시 사나웠으며, 한번 마음먹으면 무슨 수를 써서라도 뜻한 일을 밀어붙이는 사람이었다. 그의 그런 거친 기질은 일단 튀어나오면 아무도 말리지 못했다. 그런데 바로 이 파보니우스가 문을 가로막은 병사들을 밀치더니 방으로 들어갔다. 그러고는 호메로스 〈일리아드〉 가운데 네스토르가 한 말을 읊었다.

내 말을 들으시오.
그대들은 둘 다 나보다 젊으니까요.

카시우스는 이 말을 듣고 웃음을 터뜨렸지만, 브루투스는 건방진 가짜 철학자라 욕을 해대며 파보니우스를 바깥으로 내쫓았다. 결국 이 작은 소동으로 카시우스와 브루투스는 싸움을 잠시 멈췄다.

그날 밤, 카시우스는 브루투스를 초대해 잔치를 벌였다. 파보니우스도 목욕을 마치고 잔치에 참석했다. 브루투스는 파보니우스에게, 초대하지 않은 손님이니 가장 낮은 자리에 가서 앉으라고 했으나 파보니우스는 고집을 부리며 가장 높은 자리로 가서 앉았다. 하지만 그날은 우스갯소리와 철학적인 논쟁으로 즐거운 밤이 되었다.

다음 날, 사르디아 사람들은 루키우스 펠라라는 로마인을 공금횡령 혐의로 고발했다. 그러자 브루투스는 자신의 친구이자 감찰관 출신인 펠라에게 유죄 판결을 내리고 그의 직위를 박탈했다.

이 일은 카시우스 처지를 몹시 곤란하게 만들었다. 바로 얼마 전에 카시우스의 친구도 2명이나 똑같은 죄로 고발당했던 일이 있었는데, 그때 카시우스는 친구들을 조용히 꾸짖기만 하고 풀어주면서 직위도 그대로 두었기 때문이다. 그래서 카시우스는 브루투스가 여러 은혜와 정책들을 함께 베풀어야 할 때에 지나치게 법과 정의만 고집한다며 비난을 퍼부었다. 그러자 브루투스는 카시우스에게 자신들이 카이사르를 죽였던 3월 15일을 기억하라고 말했다. 카이사르가 직접 민중을 짓누르고 재산을 빼앗은 것은 아니지만 그런 짓을 일삼는 놈들을 그냥 두었기 때문에 그런 일을 당했던 거라면서, 만일 정의를 내팽개쳐도 괜찮다면 자기 친구들 죄를 모른 척하는 것보다는 카이사르 친구들이 저지른 죄를 모른 척하는 게 더 나을 거라고 주장했다.

"카이사르 친구들의 죄를 처벌하지 않았다면 비겁하다는 소리로 끝날 테지

마르쿠스 브루투스(MARCUS BRUTUS) 1799

만, 자기 친구들의 죄를 모른 척한다면 분명히 정의롭지 못하다는 말을 듣게 될 테니 말이오."

우리는 이런 이야기로도 브루투스의 사상과 가치관을 엿볼 수 있다.

그런데 브루투스는 아시아에서 헬라스로 건너갈 때 매우 이상한 일을 겪었다. 본디 잠이 적은 그는 그 무렵 훈련과 의지력으로 더욱 잠을 줄이고 있었다. 그는 평생 동안 한 번도 낮잠을 잔 일이 없으며, 밤에도 누구보다 늦게까지 깨어 있었다고 한다. 그런데 그즈음에는 전쟁이 시작된 뒤라 모든 일을 혼자 처리해야 했으므로, 초저녁에 잠깐 눈을 붙이고는 밤새도록 일했다. 일을 모두 끝낸 뒤에는, 각 부대 지휘관들이 명령을 받으러 오는 새벽 3시까지 책을 읽으며 시간을 보냈다.

어느 날 모두들 잠이 들어 온 세상이 조용한 가운데, 브루투스는 희미한 등잔 아래서 이런저런 생각에 잠겨 있었다. 그런데 그때 누군가가 천막을 들치고 안으로 들어오는 듯했다. 브루투스가 고개를 들어 쳐다보니, 이제껏 한 번도 본 적이 없는 괴상한 모습의 유령이 다가오는 것이었다. 그는 그 유령을 향해 용감하게 물었다.

"누구냐? 신이냐, 사람이냐? 여기는 왜 왔느냐?"

그러자 그 유령이 대답했다.

"브루투스! 나는 너의 악령이다. 필리피에서 나를 다시 만날 것이다."

브루투스는 침착하게 대꾸했다.

"좋다. 그때 만나자!"

잠시 뒤에 유령이 사라지자 그는 황급히 호위병들을 불렀다. 그리고 혹시 이상한 소리를 듣거나 유령 같은 것을 보지 못했느냐 물었다. 호위병들은 모두 그런 일은 없었다고 대답했다.

브루투스는 뜬눈으로 밤을 지새고는 날이 밝자마자 카시우스에게 가서 지난밤에 있었던 일을 이야기했다.

카시우스는 에피쿠로스 철학을 믿는 사람으로, 이런 문제에 대해 때때로 브루투스와 이야기를 나눈 적도 있었다. 카시우스는 그가 겪은 일에 대해 자신의 생각을 말했다.

"브루투스! 우리가 배운 철학에 따르면, 사람이 보거나 느끼는 게 모두 사실이거나 진실은 아니오. 감각이라는 것은 속임수이기 때문에 완전하게 믿을 수는 없소. 그리고 인간의 정신은 매우 예민해서, 감각에 영향을 주면 없는 것도 있는 듯이 착각하고 때로는 그 형태까지도 변화시킬 수 있소. 우리가 초를 가지고 장난하는 것처럼 어떤 모양이든 마음대로 만들어 낼 수 있다오. 말하자면 사람 머리에는 온갖 형태를 만들 수 있는 재료와 능력이 들어 있고, 그것이 작용하면 별의별 모양이 다 나타나게 되는 것이오. 꿈속에서 일어나는 엄청난 변화들처럼 말이오. 무척 사소한 일이라도 꿈속에서는 희한한 변화를 일으키지 않소? 사람 두뇌는 늘 움직이고 있고, 그 움직임이 가끔은 환상이나 환청으로 나타나는 것이오. 장군은 요즈음 계속 일에 시달려 몸이 지쳤기 때문에 그런 환상을 보게 된 듯하오. 유령이란 있을 수도 없고, 또 만일 있다 하더라도 사람 모습을 하고 있거나 사람 목소리를 내지는 않을 거요. 그리고 그들이 인간에게 어떤 해를 끼칠 수는 없다고 생각하오. 만약 그런 힘이 있다면 우리가 무엇 때문에 그렇게 많은 무기와 말과 배를 마련하겠소? 가만히 있어도 가장 정의롭고 명예로운 전쟁을 하는 우리를 신이 도와주실 텐데 말이오. 안 그렇소?"

카시우스는 이런 말로 브루투스 마음을 달래주었다.

그런데 병사들이 배에 막 오르려 할 때, 어디선가 독수리 두 마리가 날아와 깃발 위에 내려앉았다. 독수리는 병사들이 모이를 주자, 그것을 다 받아먹으면서 필리피까지 계속 따라왔다. 그러나 이상하게도 전투가 있기 바로 전날, 어디론가 모두 날아가 버리고 말았다.

브루투스는 예전에, 이 지방을 중심으로 근처의 많은 도시들을 정복했으며, 그때 내버려 두었던 도시들도 그 뒤로 모두 항복해 왔다. 그가 타소스 섬이 건너다보이는 해안 지방까지 넓은 영토를 정복하게 된 것이 바로 이때이다. 이곳 심볼룸 산 근처에는 노르바누스가 지휘하는 군대가 진을 치고 있었다. 그러나 브루투스와 카시우스가 이곳을 포위하자 노르바누스는 진지를 버리고 달아나 버렸다. 작은 카이사르는 병이 나서 한참 뒤처져 있었으므로, 만약 안토니우스가 재빨리 도우러 나서지 않았다면 노르바누스 군대는 완전히 전멸당했으리라.

카이사르는 열흘이 지난 뒤에야 도착해 브루투스 진영과 마주한 곳에 진을 쳤고, 안토니우스는 카시우스 군대가 있는 맞은편에 진을 쳤다. 양쪽 군대 사이에는 필리피 평원이 자리잡고 있는데, 이렇게 엄청난 수의 군대가 결전을 벌이게 된 것은 역사적으로 처음 있는 일이었다.

브루투스 군대는 카이사르 군대보다 수가 훨씬 적었으나, 무기만은 브루투스가 아낌없이 나누어 준 금과 은으로 장식되어 있어 좋은 편이었다. 브루투스는 언제나 병사들에게 절약을 강조했지만 무기만은 달랐다. 어느 병사든지 값진 갑옷을 입고 비싼 무기를 들고 싸우게 되면, 그 명예를 지키기 위해서나 값비싼 무기를 잃지 않기 위해서라도 더욱 용기를 낼 것이라 여겼기 때문이다.

카이사르는 참호 속에서 신에게 제사를 올린 뒤 병사들 모두에게 약간의 곡식과 함께 5드라크메씩을 주었다. 그에 비해 브루투스는 모든 군사들을 평원에 데리고 나와 성대한 제사를 지낸 뒤, 병사들마다 카이사르 쪽보다 10배 더 많은 50드라크메와 충분한 양의 고기를 나누어 주었다. 그리하여 브루투스 병사들 사기는 하늘을 찌를 듯 높아졌다.

그런데 브루투스 군대가 제사를 올릴 때, 카시우스는 불길한 징조를 보게 되었다. 한 의장병이 제사용 월계관을 들고 와서 카시우스에게 거꾸로 바친 것이다. 그리고 엄숙한 행렬에 참석했을 때에는, 금으로 만든 신상을 들고 가던 병사가 그만 카시우스 앞에서 그 신상을 떨어뜨리고 말았다. 그 밖에도 육식을 하는 사나운 새들이 날마다 진지 위를 맴돌았고, 참호 한쪽 구석에는 벌떼들이 집을 짓고 있었다. 점쟁이들은 다른 사람들이 이를 보고 겁낼까봐 그 장소를 군대 진영에서 완전히 차단시켰다. 카시우스는 에피쿠로스 철학을 공부했으므로 미신을 믿지는 않았지만, 이런 일들이 자꾸 생기자 불안해지기 시작했고 병사들도 차츰 용기를 잃어갔다. 그리하여 카시우스는 필리피에서의 결전을 조금 뒤로 미루자고 주장했다. 식량은 넉넉하지만 무기와 병사 수가 적게 뒤진다는 것이 그 이유였다.

그러나 브루투스는 카시우스 의견에 반대했다. 하루라도 빨리 전쟁을 매듭지어 조국의 자유를 되찾아야 하며, 전쟁 비용 때문에 시달리는 많은 사람들을 생각해서라도 시간을 늦출 수 없다는 것이 그의 주장이었다. 또한 브루투스 기병대는 작은 전투에서 계속 승리를 거두고 있었으므로 그의 결심은 더욱 굳어졌다.

카시우스 진영에서는 카이사르에게 넘어가는 병사들이 자꾸만 늘어나고 있었다. 그래서 카시우스 동료들은 브루투스 의견에 찬성하는 수밖에 없었다. 그런데 카시우스 진영에 있는 아틸리우스라는 사람이 그의 의견에 반대하면서,

전투를 겨울까지 미루자고 했다. 브루투스가 일 년이 지나면 뭐가 나아지느냐 묻자 아틸리우스는 이렇게 말했다.

"글쎄요. 그만큼 더 오래 살게 되겠지요."

이 말에 카시우스와 다른 장군들은 모두 불쾌해하며 화를 냈다. 이렇게 해서 그들은 마침내 다음 날에 결전을 벌이기로 결정했다.

그날 밤 브루투스는 몹시 기분 좋게 식사를 마쳤으며 친구들과 철학에 대한 이야기를 나누다 막사로 들어갔다. 그러나 카시우스는 친구 몇 명과 저녁 식사를 했는데, 메살라 기록에 따르면 그는 여느 때와 달리 무척 우울해하며 말이 없었다고 한다. 카시우스는 다정하게 이야기할 때에는 헬라스어를 썼는데, 이날 식사를 마친 뒤 메살라의 손을 꼭 잡고는 헬라스어로 이렇게 말했다.

"메살라! 나는 폼페이우스처럼 난처한 지경에 놓여 있소. 원치 않는 전쟁에 목숨을 걸고 싸워야 하니 말이오. 그러나 모든 것을 운명에 맡기고 용기를 냅시다. 계획이 옳든 그르든 간에 이제는 운명을 따를 수밖에 없지 않겠소?"

카시우스는 이런 말로 메살라와 마지막 작별 인사를 했다. 뒷날 전해지는 이야기로는, 그다음 날이 카시우스의 생일이라 그날 밤 친구들과 메살라를 저녁 식사에 초대한 것이라고 한다. 아침이 되자 브루투스와 카시우스 진지에는 전투의 시작을 알리는 진홍색 깃발이 올라갔다. 카시우스는 진영 중간에서 브루투스를 만나 이렇게 말했다.

"브루투스 장군! 오늘 전쟁에서 승리를 거두어 남은 인생을 행복하게 보냈으면 좋겠소. 하지만 사람 앞일은 알 수 없는 것이오. 만일 전투 결과가 좋지 않으면 이제 우리는 다시 만나기도 어려울 거요. 그때는 어떻게 하실 생각이오?"

그러자 브루투스가 대답했다.

"젊고 경험도 없었을 때에는 삶의 중요한 문제들을 가볍게 생각했소. 그저 철학적인 결론을 내리고는 그걸로 만족하고 있었지요. 그래서 나는 카토가 자살했을 때에도 그를 비난하기만 했소. 자기에게 주어진 운명을 피해 등을 돌리는 것은 비겁한 짓이라 여겼기 때문이오. 그러나 이제는 생각이 달라졌소. 만일 운명이 우리가 원하는 방향과 다르게 흘러간다면 나는 모든 희망이나 기대를 버리고 내 운명에 만족하며 스스로 목숨을 끊기로 결심했소. 3월 15일에 나는 이미 나라를 위해 죽었던 사람이오. 그날 이후 나는 새롭게 태어나 지금까지 자유와 영광을 누리며 살아왔소."

마르쿠스 브루투스(MARCUS BRUTUS) 1803

카시우스는 얼굴 가득히 미소를 지으며 브루투스를 힘껏 끌어안았다.

"좋습니다! 우리 그런 각오로 적과 싸웁시다. 이기든 지든 두려움 없이 싸우도록 합시다!"

두 장군은 동료들과 함께 전투 계획에 대해 서로 의견을 나누었다. 나이나 경험으로 보더라도 카시우스가 오른쪽 날개를 맡는 것이 마땅했지만, 그는 브루투스의 희망대로 그 자리를 양보했다. 또한 카시우스는 가장 용감하고 잘 싸우는 병사들을 메살라에게 주면서, 브루투스를 도우라고 했다. 그리하여 브루투스는 기병대와 보병대를 이끌고 싸움터로 나아갔다.

안토니우스 군사들은 카시우스 군대가 해안 쪽으로 들어오지 못하게 하려고, 진지 근처에 있는 호숫가부터 들판까지 깊은 도랑을 팠다. 병에 걸려 직접 나서지 못하게 된 카이사르는 안토니우스 군대를 응원하기 위해 그 근처에 군대를 주둔시켰다. 그러나 카이사르 병사들은 적이 본격적으로 공격해 오리라고는 상상도 하지 못했다. 그저 자신들 도랑 파는 작업을 겨냥해 창으로 위협하다 돌아가리라 생각했다. 그래서 그들은 적이 눈앞에까지 다가왔을 때에도 대수롭게 여기지 않았으며, 도랑 쪽에서 고함 소리가 들려도 그저 무슨 일인지 궁금하게 여길 뿐이었다.

브루투스는 부하 장군들에게 암호가 적힌 쪽지를 나누어 준 뒤, 말을 타고 부대마다 돌아다니며 병사들을 격려했다. 장군들은 암호를 알려주기 위해 저마다 부대를 멈추게 했으나, 병사들 대부분은 그 명령에 따르지 않고 함성을 지르며 곧바로 적에게 달려나갔다. 그러자 대열이 흩어져 군데군데 끊어진 곳이 생겨났다. 이때 메살라 군단이 앞장서서 달리자, 그 주위 다른 군단들도 잇따라 달려나갔다. 이들은 함께 적의 왼쪽으로 돌아 들어가 적들을 수없이 죽이고 달아나는 병사들을 뒤쫓아 카이사르 진영으로 들이닥쳤다.

그러나 카이사르는 이미 다른 곳으로 떠난 뒤였다. 그의 동료인 마르쿠스 아르토리우스가 꿈속에서 카이사르가 진지를 떠나야 한다는 예언을 들었기 때문이다. 하지만 이런 사실을 알 수 없었던 브루투스 병사들은 카이사르의 빈 마차를 창으로 무수히 찌르고는 그가 죽은 줄로만 여겼다. 습격을 받은 카이사르 진영은 시체로 가득했고, 카이사르를 지원하러 왔던 라케다이몬군 2000명마저도 전멸했다.

한편 카이사르 군대를 포위하지 않았던 나머지 부대들은 정면 돌파를 시도

했다. 그들은 적이 우왕좌왕하는 틈을 타서 적 3개 군단을 모두 무찔렀고, 그 기세를 몰아 달아나는 적병들을 그들의 진지까지 쫓아갔다. 이 부대는 브루투스가 지휘했다.

그때 적 진지로 너무 깊숙이 들어간 브루투스군은 자신들이 다른 부대와 멀리 떨어졌다는 사실을 전혀 알아채지 못했다. 적군은 이 허점을 노리고 브루투스군의 오른쪽을 공격하기 시작했고, 브루투스군이 끈질기게 저항하면서 더욱 치열해진 전투는 오랫동안 계속되었다. 그러나 카시우스의 왼쪽 날개는 이런 상황을 전혀 모르고 있다가 약점을 노린 적들에게 그만 진지를 빼앗기고 말았다.

한편 이러한 상황에서 안토니우스와 카이사르는 모두 이곳에 없었다.

소문에 따르면 안토니우스는 전투가 시작되자마자 적의 공격을 피하기 위해 늪 근처로 피신했고, 병을 앓고 있던 카이사르는 언제 사라졌는지 아무도 찾을 수가 없었다고 한다. 그런데 병사들은 브루투스에게 피묻은 칼을 내보이며 카이사르를 죽였다고 보고했으며, 그 증거로 카이사르의 생김새와 나이 정도를 설명하기도 했다. 중앙 부대도 적군을 격파해 많은 적을 죽였다고 알려왔다. 그래서 브루투스는 자신들이 완전한 승리를 거두었다 여겼지만, 카시우스는 완전히 패배했다고 생각했다.

이러한 저마다의 생각은 이들을 파멸로 몰아넣은 직접적인 원인이 되었다. 브루투스는 카시우스도 당연히 이긴 것으로 생각해 그들을 도우러 가지 않았고, 카시우스는 브루투스 군대도 패배했으리라 여겨 도움을 청하지 않았던 것이다. 그러나 메살라는, 이 전투에서 브루투스군은 적 깃발을 3개나 빼앗았지만 그들의 깃발은 하나도 빼앗기지 않았으므로 브루투스가 승리한 것이라 말한다.

적 진지를 마음껏 휩쓸고 돌아오던 브루투스는, 카시우스 진지나 그 밖의 다른 진지들이 전혀 눈에 띄지 않아 의아하게 생각했다. 사실 그때 카시우스 부대는 대부분 적군에게 짓밟혀 파괴된 상태였다. 눈이 좋은 자들은 카시우스 진지에서 많은 투구와 은방패가 번쩍거리는 것이 보이기는 하나, 진지를 지키는 부대라 하기에는 갑옷이 너무 많고 그 모양도 달라 보인다고 말했다. 많은 병사들이 전사했다면 시체가 많아야 하는데 그렇지 않은 것도 좀 이상하다는 것이다.

마르쿠스 브루투스(MARCUS BRUTUS) 1805

갑자기 불길한 예감이 든 브루투스는 빼앗은 적 진지를 지킬 수비대를 얼마쯤 남겨두고, 카시우스군을 돕기 위해 달려갔다.

한편 카시우스는, 브루투스 군대가 명령도 받지 않고 멋대로 공격을 시작한 것 때문에 몹시 화가 나 있었다. 더구나 승리를 거둔 브루투스 군대가 달아나는 적군을 포위할 생각도 하지 않고 곧바로 적 진지로 달려가 약탈하는 것을 보고는 더욱 화가 났다.

카시우스는 그렇게 시간을 끌다가 그만 적에게 포위당하고 말았다. 그러자 기병대는 바다로 달아나 버렸고, 곧이어 보병들도 무너지기 시작했다. 카시우스는 도망가는 병사들을 돌려세우기 위해 고함을 지르며, 기수가 들고 있던 깃발을 빼앗아 땅에 꽂았다. 그러나 곁에 있던 호위병들까지 달아나 버렸으므로, 할 수 없이 몇몇 부하들만 데리고 싸움터를 내려다볼 수 있는 언덕으로 올라갔다. 하지만 카시우스는 눈이 나쁜 탓에 자신의 진지가 파괴된 것도 제대로 볼 수가 없었다. 그때 주위에 있던 부하들이 브루투스 기병대가 달려오는 것을 보았다. 그러나 카시우스는 그들을 뒤쫓아오는 적이라 착각하고, 티티니우스를 보내 정찰을 해오도록 명령을 내렸다. 빠르게 달려오던 브루투스 기병대는 카시우스 부하 장교인 티티니우스가 달려오자 말에서 뛰어내려 그를 부여안으며 반갑게 맞았다.

그런데 이 장면이 다시없을 큰 불행을 가져오고 말았다. 멀리서 이 광경을 보던 카시우스가, 티티니우스가 적에게 사로잡힌 줄로 오해했기 때문이다.

"내 목숨을 아끼다가 친구를 적에게 넘겨주었구나."

카시우스는 이렇게 한탄하더니 해방 노예인 핀다루스를 데리고 천막 안으로 들어갔다. 그는 예전에 크라수스가 적에게 사로잡혀 죽임당하는 것을 보고, 만약 자신이 그런 일을 당하게 되면 자기를 죽여달라고 핀다루스에게 미리 부탁해 두었던 것이다. 카시우스는 겉옷을 머리끝까지 뒤집어쓰고 핀다루스에게 목을 내밀었다. 그는 목이 잘리면서 곧 싸늘한 시체로 변해버렸고, 그 뒤 핀다루스는 어디로 가버렸는지 다시는 눈에 띄지 않았다. 그렇기 때문에 어떤 사람은, 카시우스가 명령을 내리지도 않았는데 핀다루스가 그를 죽였던 게 아닐까 의심하기도 했다.

잠시 뒤에 티티니우스가 머리에 월계관을 쓰고 기병대와 함께 돌아왔다. 그러나 병사들이 목놓아 우는 것을 보고, 카시우스가 착각으로 불행한 최후를 맞았음을 알게 된 티티니우스는 자기 때문에 카시우스가 죽은 것이라 생각해 스스로 칼을 뽑아 목숨을 끊었다.

그때 브루투스는 카시우스를 돕기 위해 서둘러 달려오고 있었다. 카시우스 진지 가까이에 이르러서야 그가 자살했다는 소식을 듣게 된 브루투스는 그의 시신을 끌어안고 울부짖었다. 그는 카시우스야말로 로마의 마지막 영웅이고, 그런 위대한 정신을 지닌 사람은 다시는 태어나지 못할 것이라며 몹시 슬퍼했다.

브루투스는 병사들이 동요하지 않도록 특별히 카시우스 시신을 타소스 섬으로 보내 장례를 치르도록 했다. 그리고 전투에 지친 카시우스 병사들을 위로하기 위해 2000드라크메씩을 주기로 약속했다. 병사들은 이 말을 듣고 용기를 내어 다시 전투를 시작했고, 브루투스를 최고의 장군이라며 치켜세웠다.

몇 안 되는 군단으로 적을 물리친 브루투스를 본 사람들은 그의 승리를 예상했다. 그러나 만일 브루투스 군대가 모두 전투에 참가했거나, 전리품 약탈에 덜 매달렸다면 적군을 완전히 무찌를 수 있었으리라.

브리게스라 부르던 노예 부대까지 합친다면, 브루투스군 전사자는 모두 8000명이었다. 메살라 기록에 따르면, 적군 전사자는 이 수의 두 배를 넘었으며, 이 때문에 안토니우스는 너무나 상심해 싸울 용기조차 잃었다고 한다.

그런데 그날 밤에 카시우스의 하인인 데메트리우스가 안토니우스를 찾아와 죽은 카시우스의 옷과 칼을 그에게 보여주었다. 이를 본 안토니우스는 다시 용기를 내었으며, 날이 밝기를 기다려 전투 대열을 갖추었다.

브루투스가 이끄는 병사들은 매우 불안하고 혼란스러운 상태였다. 브루투스 군대는 불온하고 거친 포로들을 감시해야 했고, 카시우스 군대는 장군을 잃은 슬픔, 패배의 쓰라림, 승리한 부대에 대한 질투심 때문에 사기가 떨어져 있었다. 그래서 브루투스는 전투 준비를 마쳤음에도 싸움을 미루는 게 좋겠다고 생각했다.

그는 포로들 가운데 노예들은 모두 죽이라고 명령했다. 병사들 사이를 돌아다니며 수상한 짓을 하는 자들이 많았기 때문이었다. 그러나 자유민들 일부는 풀어주었는데, 참모와 병사들이 이 일에 대해 못마땅하게 여기자 브루투스는 부하들 몰래 그들이 무사히 도망치도록 도와주었다.

포로들 가운데에는 볼룸니우스라는 배우와 사쿨리오라는 광대가 끼어 있었고, 브루투스는 이들에게 그다지 관심을 두지 않았다. 그런데 브루투스 참모들이 두 사람을 끌고 오더니, 포로 주제에 익살을 부리며 천박한 소리를 지껄인다며 고발했다. 하지만 다른 일로 정신이 없던 브루투스는 이들의 고소에 대해 한 마디도 대꾸하지 않았다.

그러자 메살라 코르비누스는 둘을 막사로 데려가 매질을 하거나, 발가벗긴 뒤 적 장군들에게 돌려보내거나, 아니면 진영으로 데리고 가서 술친구 삼아 은밀히 어울려 노는 것이 어떻겠느냐고 물어보았다. 몇몇 장군들은 웃음을 터뜨렸으나 카이사르를 암살할 때 가장 먼저 칼을 뽑았던 카스카는 이렇게 말했다.

"카시우스 장군의 영혼을 위해 우리가 할 수 있는 일이 겨우 이 따위 광대놀음입니까? 브루투스 장군! 카시우스 장군을 비웃고 조롱했던 이놈들을 죽이든지 살리든지 마음대로 하십시오. 그것으로 장군이 카시우스를 어떻게 생각하고 있는지는 알 수 있을 테니 말이오."

이 말을 들은 브루투스는 몹시 화가 나서 소리 질렀다.

"이것 보시오, 카스카 장군! 왜 이 문제를 나한테 떠맡기는 거요? 당신이 하고 싶은 대로 하면 되지 않소?"

그들은 이 말을 두 광대를 죽여도 좋다는 허락으로 받아들였다. 그래서 볼룸니우스와 사쿨리오를 끌고 가서 죽여버렸다.

브루투스는 병사들에게 약속했던 돈을 주었고, 명령을 기다리지 않고 무질서하게 적을 공격했던 병사들에게는 가벼운 징계를 내렸다. 그리고 다음 전투에서 큰 승리를 거두면, 테살로니카와 스파르타를 약탈해도 그냥 넘어가겠다고 약속했다. 그러나 이것 또한 브루투스가 저지른 가장 큰 실수가 되었다. 한편 카이사르와 안토니우스는, 자기 병사들에게 이보다 더 잘못된 방법으로 승리의 대가를 주었다. 그들은 이탈리아 대부분의 땅에서 오래전부터 살아온 주민들을 모조리 내쫓고, 그곳 땅과 도시들을 자기 병사들에게 나누어 주었던 것이다.

안토니우스와 카이사르가 이 전쟁을 시작한 까닭은 영토와 함께 세력을 넓히기 위함이었다. 하지만 이와 달리 훌륭한 인격을 갖춘 브루투스는, 정의나 명예를 위한 목적 말고는 전쟁을 일으키지 않았다. 더욱이 과격한 방식을 주장하던 카시우스마저 죽은 뒤였으므로, 그런 생각은 더욱 굳어졌다.

브루투스는 많은 군대를 이끌어 가야 할 중요한 상황에 놓여 있었지만, 제대로 자기를 도와줄 뛰어난 참모가 없었다. 그래서 할 수 없이 기존 참모들과 일하며 그들의 의견을 받아들였다. 브루투스는 먼저 지휘관을 잃고 중심을 잡지 못하는 카시우스 군대의 규율을 바로잡아야만 했다. 그들은 명령도 잘 따르지 않는 데다 성질도 사나워 다루기가 무척 힘들었으며, 예전에 패배한 경험 때문에 매우 비겁하게 몸을 사렸다.

카이사르와 안토니우스 군대의 상황도 그다지 나을 게 없었다. 식량도 넉넉하지 못했으며, 낮은 대지에 진지를 마련해 겨울나기를 고민해야 했다. 그들 진지는 늪지대에 있었기 때문에, 전투가 끝난 뒤부터 쏟아지기 시작한 비로 바닥에는 흙탕물이 흥건히 고였고 기온이 떨어지자 금세 얼음판으로 변했다. 더구나 바다에 있는 그들의 함대가 참패했다는 소식까지 들려왔다. 이탈리아에서 출발한 이 지원부대는 브루투스 함대의 습격을 받아 전멸했는데, 그 해전에서 살아남은 병사들도 식량이 없어서 배의 밧줄과 돛을 삶아 먹으며 가까스로 목숨을 이어가는 형편이었다.

이 소식을 들은 카이사르와 안토니우스는, 브루투스가 이 사실을 알기 전에 빨리 전투를 벌여서 결판을 내고 싶었다. 우연히도 같은 날에 바다와 땅에서 전투가 벌어졌기 때문에, 브루투스가 해전에 대한 보고를 미처 받지 못했을 수도 있다고 여긴 것이다. 사실 브루투스는 부하들 실수 때문이었는지, 아니면 중간에 무슨 사고가 있어서인지는 몰라도 20일이나 지난 뒤에야 해군의 승리를 보고받았다.

만약 브루투스가 그 보고를 미리 받았더라면, 그렇게 서둘러서 두 번째 전투를 치르지는 않았으리라. 그의 군대는 식량도 충분하고 진지도 튼튼하게 갖추어져 있어서, 전쟁이 오래 지속되더라도 무리 없이 겨울을 지낼 수 있었기 때문이다. 또한 브루투스 진지는 적군이 감히 접근하지 못할 정도로 유리한 고지에 자리잡고 있었다. 그리고 바다에서는 완전히 주도권을 쥐고 승리를 거듭했다.

그러나 그때 로마는 민중에 의한 정치보다는 한 사람이 이끄는 군주정치가 필요했는지도 모른다. 그래서 하늘의 신은 로마 군주정치를 반대하는 유일한 사람인 브루투스를 방해하기 위해, 그의 함대가 승리했다는 기쁜 소식을 도중에 가로챈 것처럼 보인다.

사실 브루투스는 이 소식을 제때에 들을 수도 있었다. 전투가 있기 전날 밤에 클로디우스라는 적 병사가 탈출해 와서는, 카이사르가 패전 소식을 듣고 그

마르쿠스 브루투스(MARCUS BRUTUS) 1809

것이 브루투스에게 알려지기 전에 서둘러 싸우려 한다는 소식을 전했던 것이다. 그러나 브루투스의 참모들은 클로디우스가 떠도는 소문을 들었거나, 아니면 자신들의 호감을 사려고 일부러 지어낸 이야기라고만 여겼기 때문에 브루투스에게는 이 소식을 알리지 않았다.

전투가 시작되기 전날 밤 브루투스는 예전에 보았던 그 유령을 다시 보았는데, 이번에는 아무 말도 없이 가만히 서 있다가 사라져 버렸다. 하지만 처음부터 브루투스와 함께 다녔던 푸블리우스 볼룸니우스가 말하는 이야기는 조금 다르다. 맨 앞에 있던 군대 깃발에 벌떼가 달라붙었으며, 어떤 장교의 팔에서는 장미꽃 향기가 나기 시작해 팔을 여러 번 씻었는데도 그 향기가 온종일 사라지지 않았다고 했다. 그리고 전투가 막 시작될 때쯤 하늘에서 독수리 두 마리가 나타나더니 서로 싸우기 시작했다. 벌판에 있던 병사들은 모두들 숨을 죽이고 그 광경을 지켜보았는데, 끝내 브루투스 쪽에 있던 독수리가 싸움에 지고 날아갔다. 특히 유명한 이야기는 아이티오피아 사람에 대한 것이다. 이 사람은 군대가 깃발을 앞세워 진지를 나설 때 그 앞에서 얼쩡거리고 있었다. 그러자 병사들은 재수 없는 놈이라면서 그를 칼로 찔러 죽였다.

병사들을 이끌고 나간 브루투스는 적을 공격하기 위한 준비를 모두 갖춘 뒤에도 곧바로 공격하지 않고 망설였다. 브루투스가 부대를 돌아보고 있을 때 누군가 그에게 다가와 수상한 사람이 있다는 말을 했기 때문이다.

브루투스는 먼저 기병대 움직임을 살피러 갔다. 그들은 보병 부대가 앞서 공격하기를 기다리며 눈치만 보고 있었다. 이어서 브루투스가 보병대 움직임을 살피고 있을 때 브루투스의 총애를 받던 카물라투스라는 부하 장군이 갑자기 말을 타고 달려나오더니 그의 옆을 지나 적에게 투항했다. 이를 본 브루투스는 병사들의 배반에 분노와 강한 두려움을 느꼈다. 그래서 그는 곧바로 군대에 공격 명령을 내렸다.

이미 해가 막 기울어지기 시작한 오후 3시쯤이었다. 브루투스는 부대를 거느리고 맹렬히 적에게 돌격했다. 그러자 그들에게 맞서 싸우던 적의 왼쪽 날개가 무너지기 시작했다. 적이 쓰러지는 것을 본 기병대는 앞으로 달려나가 보병대와 합세했다. 한편 적의 포위를 막기 위해 일부러 길게 늘어서 있던 중앙 부대는 점점 세력이 약해지면서 적의 돌격을 감당해 내지 못했다. 마침내 적들은 곧바로 달려나와 브루투스가 지휘하는 부대를 포위했다.

브루투스는 위험한 고비를 넘기기 위해 침착하게 움직였다. 그는 훌륭한 작전으로 눈부신 활약을 펼쳤지만 첫 번째 전투와는 달리 큰 피해를 입고 말았다. 첫 번째 전투에서는 브루투스 군대가 승리를 거두었고, 카시우스 군대도 지기는 했지만 전사자는 그다지 없었다. 그러나 이번 전투에서는 카시우스 군사들이 느끼는 패배에 대한 두려움이 모든 병사들에게 전염되었던 것이다.

그러는 와중에도 카토의 아들인 마르쿠스를 비롯한 명문 집안의 훌륭한 젊은이들은, 파도처럼 밀려드는 적들과 맞서 용감히 싸우다가 전사했다. 적 앞에서 한 걸음도 물러서지 않았던 마르쿠스는 자기 이름을 당당히 밝히고, 쓰러져 갈 때도 아버지 이름을 외치며 장렬하게 최후를 맞았다.

브루투스를 지키기 위해 용감하게 자신의 목숨을 바친 자들도 있었다. 브루투스의 장군 가운데 하나인 루킬리우스는, 적 기병대가 브루투스에게 똑바로 달려오는 것을 보자 일부러 말의 속도를 늦추고는 자기가 브루투스라고 크게 소리쳤다. 적군은 카이사르는 못 믿겠으니 안토니우스에게 데려가 달라는 그의 말을 듣고는 그가 브루투스임에 틀림없다 생각하고 뛸 듯이 기뻐했다. 그들은 안토니우스에게 사람을 보내 이 사실을 알리고, 어둠이 내릴 무렵에 루킬리우스를 진지로 데려갔다.

안토니우스는 이 보고를 받고 몹시 기뻐했으며, 브루투스가 잡혀 온다는 소식을 들은 병사들도 그의 얼굴을 보기 위해 앞다투며 밀려나왔다. 그들 가운데 일부는 마침내 브루투스의 운명이 다 했음을 가엾게 여기기도 했고, 또 어떤 병사는 목숨을 부지하기 위해 사로잡혀 온 그를 조롱하기도 했다. 한편 안토니우스는 브루투스를 만나면 어떻게 해야 할지를 생각하면서 그를 기다렸다. 그러나 침착하게 끌려오는 사람은 브루투스가 아니라 루킬리우스였다. 루킬리우스는 안토니우스에게 이렇게 말했다.

"안토니우스 장군! 마르쿠스 브루투스는 여지껏 포로로 잡힌 일도 없고 앞으로도 그럴 겁니다. 하늘이 그분을 보살펴 주실 것이며, 그분은 살아서든 죽어서든 결코 자신의 이름을 더럽힐 분이 아닙니다. 하지만 장군의 군대를 속이고 잡혀 온 저는 어떤 벌을 받아도 좋습니다."

병사들은 루킬리우스 말에 모두들 어이없다는 표정을 지었다. 그러나 안토니우스는 루킬리우스를 데리고 온 병사들을 돌아보며 이렇게 말했다.

"자네들은 이 사람에게 속은 일을 분하게 생각하는 것 같군. 하지만 자네들

마르쿠스 브루투스(MARCUS BRUTUS) 1811

은 생각보다 훨씬 좋은 성과를 거두었네. 나를 위해 친구를 데려왔기 때문이지. 만약 브루투스를 잡아 왔다면 나는 그를 어찌 대해야 할지 무척 고민했을 테지만 이제는 안심할 수 있겠군. 이 사람은 적으로 두기보다는 친구로 삼고 싶네."

말을 마친 안토니우스는 루킬리우스를 와락 끌어안았다. 뒷날 루킬리우스는 안토니우스의 진정한 친구가 되어 그에게 충성을 바쳤다.

한편 전쟁에서 진 브루투스 일행은 도망치다가 숲 속 바위 사이를 흐르는 시냇물을 건너게 되었다. 시냇가에는 나무들이 빽빽이 들어찼고 언덕은 가팔랐다. 날이 어두워지자 그들은 큰 바위가 있는 어느 동굴 안으로 들어갔다. 브루투스는 그곳에서 하늘 가득 총총히 박힌 별을 보며 두 편의 시를 읊었는데, 볼룸니우스는 그 가운데 한 편만을 기록했다.

하늘에 계신 유피테르 신이여!
재앙을 만들어 낸 그 사람에게 벌을 내리소서.

브루투스는 눈앞에서 죽어간 친구들 이름을 하나하나 부르며 서글퍼했으며, 특히 공병 부대 대장이었던 플라비우스와 자신의 장군이었던 라베오의 죽음을 몹시 슬퍼했다.

그때 일행 가운데 한 사람이 목이 무척 마르다고 했다. 브루투스도 마침 갈증이 나던 참이었으므로, 부하들과 함께 투구를 벗어들고 시냇가로 내려갔는데 건너편 쪽에서 소란스러운 소리가 들려왔다. 이에 볼룸니우스는 다르다누스와 함께 정찰을 나갔다. 잠시 뒤 돌아온 두 사람이 물을 좀 마시고 싶다고 하자 브루투스는 웃으며 이렇게 말했다.

"물은 다 마시고 없소. 더 떠 오도록 하시오."

그래서 조금 전에 물을 떠 왔던 사람들이 다시 시냇가로 내려갔다. 그런데 그들은 뜻밖에도 그곳에서 적을 만나 싸우다가 상처를 입고 겨우 도망쳐 왔다.

브루투스는 스타틸리우스에게 진지를 둘러보고 오라는 명령을 내리고 별 탈이 없다면 횃불을 올려 신호를 보내라고 했다. 스타틸리우스는 적 사이를 뚫고 진지로 갔으며, 얼마 뒤에 횃불이 올랐다. 그는 무사히 그곳으로 갔고, 진지에도 아무 일이 없었던 것이다. 그러나 아무리 기다려도 그가 돌아오지 않왔다.

"스타틸리우스가 살아 있다면 반드시 돌아올 텐데."

브루투스는 이렇게 말하며 몹시 초조해했다. 하지만 스타틸리우스는 돌아오는 길에 적을 만나 이미 죽임당한 뒤였다.

밤이 깊어지자 브루투스는 땅바닥에 앉아 호위병 클레이투스에게 무언가를 소곤거리고 있었다. 그러자 클레이투스는 눈물을 흘리기 시작했다. 브루투스는 이번에는 다르다누스를 부르더니 또 뭐라고 소곤거렸다. 그리고 마지막으로 볼룸니우스를 불렀다. 그와는 헬라스어로, 예전에 공부했던 일과 훈련받았던 일들을 서로 이야기했다.

이야기를 끝내자 브루투스는 자신이 자살할 수 있도록 좀 도와달라고 부탁했으나 볼룸니우스는 그럴 수 없다며 거절했다. 주위에 있던 사람들도 모두 그의 청을 거부했다. 그때 한 사람이 일어나더니 여기서 이러고 있을 게 아니라 멀리 떠나자고 말했다. 그러자 브루투스가 자리에서 벌떡 일어나며 대답했다.

"물론 달아나야 하네. 그러나 발이 아니라 손으로 떠나야 하오."

브루투스는 밝은 얼굴로 그들과 일일이 손을 맞잡았다. 그리고 어느 한 사람도 자기를 배신하지 않아서 정말 고맙다고 말했다. 나라를 구하지 못한 운명이 원망스럽기는 하지만 세상에 이름을 남길 일을 했으니, 비록 남에게 정복되기는 했을지라도 정복자보다 더 큰 행복을 느끼고 있다고 이야기했다. 또한 이런 영광은 많은 무기와 재물로도 얻을 수 없는 것이라고 자랑스럽게 말했는데, 후세 사람들은 지금의 승리자들이 옳지 못한 방법으로 권력을 빼앗고, 그것으로 세상을 짓밟았다 말할 것이기 때문이라 했다.

이어서 브루투스는 친구들을 둘러보며 부디 저마다 안전한 길을 찾아 행복하게 살기를 바란다 말하고, 수사학을 함께 배웠던 스트라톤을 비롯한 친구들과 다른 곳으로 자리를 옮겼다.

그곳에서 브루투스는 칼자루를 두 손으로 잡고는 그 위로 몸을 던져 목숨을 끊었다. 누군가는 브루투스가 스스로 찌른 게 아니라 그의 애원에 못 이긴 스트라톤이 칼을 잡았다고 한다. 스트라톤에게 칼을 잡고 서 있게 한 뒤에 브루투스가 칼을 향해 달려들어 죽었다는 것이다.

나중에 브루투스의 친구였던 메살라는 카이사르와 화해하고 가까이 지내게 되었다. 어느 날 메살라는 눈물을 글썽이면서, 스트라톤을 카이사르에게 데려

마르쿠스 브루투스(MARCUS BRUTUS) 1813

왔다.

"사랑하는 내 친구 브루투스를 끝까지 지켜준 이가 바로 이 사람입니다."

그 뒤 스트라톤은 카이사르로부터 특별한 대우를 받았고, 스트라톤 또한 목숨을 걸고 카이사르를 도우며 여러 어려운 일들을 도맡아 했다. 스트라톤은 뒷날 악티움 전투에서 큰 활약을 펼친 헬라스인으로도 꼽힌다.

카이사르는 메살라에게, 필리피 전투에서는 브루투스를 위해 싸웠지만 악티움 전투에서는 자신을 위해 가장 열심히 싸워주었다는 말을 한 적이 있었다.

그러자 메살라가 대답했다.

"저는 언제나 가장 올바른 쪽을 위해 싸우는 사람입니다."

한편 브루투스의 시신은 안토니우스에게 발견되었다. 안토니우스는 그의 시신을 가장 값진 자줏빛 옷으로 감싸도록 했으며, 그 뒤 그의 유골은 어머니인 세르빌리아에게 보냈다.

브루투스의 아내 포르키아는 몇 번이나 목숨을 끊으려 했지만, 친구들 감시 때문에 도저히 죽을 수가 없었다. 끝내 그녀는 벌겋게 달아오른 숯덩이를 입에 물고 질식해 죽고 말았다. 이 이야기는 철학자 니콜라우스와 역사가 발레리우스 막시무스 기록에 나와 있다.

그런데 브루투스가 죽기 전에 쓴 편지를 보면 그가 아내의 죽음을 애통해하면서, 포르키아가 병에 시달리다 자살할 때까지 그녀를 잘 돌보아 주지 않은 그의 친구들을 꾸짖는 내용이 나온다. 이것으로 볼 때 니콜라우스가 말하는 포르키아 사망 시점은 잘못 기록된 듯 보인다. 만일 이 편지를 브루투스가 쓴 것이라면, 그녀는 남편에 대한 사랑과 병에 시달리다 죽은 것이 분명하기 때문이다.

디온과 브루투스의 비교

이 두 사람의 삶에는 몇 가지 존경할 만한 점이 있다. 먼저 둘 모두 매우 보잘것없는 위치에서 시작하여 가장 높은 자리에까지 올랐다는 것이다. 그리고 이 점에서는 카시우스 도움을 받은 브루투스보다는 스스로 과업을 이룬 디온을 더 높이 평가할 수 있겠다.

카시우스는 덕성이나 영예에서는 브루투스를 따라가지 못했지만, 용감하고 끈기 있게 전쟁을 치르며 그에 못지않은 공적을 세웠다. 또한 카이사르 암살도 카시우스가 계획하고 실행한 것이며 브루투스는 오직 가담했던 것뿐이므로, 모든 영광을 카시우스에게 돌려야 한다는 의견도 있다.

그러나 디온은 무기, 군함, 병사들은 물론 큰일을 함께할 동지들까지 자신의 힘으로 구했으며, 더욱이 브루투스처럼 전쟁이나 반란을 일으켜 재물과 권력을 모은 게 아니라, 오히려 전쟁을 하기 위해 자기 재산을 내놓은 사람이었다. 그는 시라쿠사 시민들에게 자유를 주고자 자신의 엄청난 재산을 아낌없이 내놓았다.

하지만 무엇보다 디온이 훌륭한 평가를 받는 이유는 따로 있다. 브루투스와 카시우스는 로마를 떠난 뒤에 사형선고를 받은 도망자 신세였기에 살기 위해서라도 어쩔 수 없이 무기를 들어야만 했다. 그러나 시킬리아에서 추방당한 디온은 자기를 쫓아낸 전제군주보다 오히려 더 여유로운 생활을 즐기고 있었지만 조국이 자신을 부르자 시킬리아를 해방하기 위해 목숨까지 내던졌다.

뿐만 아니라 시라쿠사 사람들을 디오니시우스 전제정치로부터 해방시킨 것은 로마를 위해 카이사르를 없앤 일과는 비교조차 할 수 없다. 디오니시우스는 스스로 전제군주라 칭하며 시킬리아 시민들을 괴롭혔지만, 카이사르는 최고 권력을 손에 쥐고 있을 때에도 반대파를 괴롭히지 않았으며, 정권을 잡은 다음에는 온건한 정책을 썼다. 그리고 독재자라는 것도 이름뿐이었을 뿐, 단 한 차례도 잔인하고 흉측한 짓을 저지른 적이 없었다. 그래서 로마 사람들은 그가 죽자 절망하며 그를 죽인 자들에게 격렬히 대항해 사형선고를 내린 것이다. 그러나 시라쿠사 시민들이 디온을 원망한 부분은, 도망치는 디오니시우스를 놓쳤다는 점과 그 선대 전제군주의 무덤을 파헤치지 않았다는 것 정도였다.

디온은 전쟁을 치를 때에도 두루 완벽한 장군이었다. 자신의 작전을 훌륭하게 수행해 빛나는 승리를 거두었을 뿐만 아니라, 다른 사람 농간으로 위험에 처했을 때에도 두려워하지 않고 재빨리 수습했다.

하지만 브루투스는 최후의 결전을 벌일 때 결정적 역할을 하지 못했으며, 지고 난 다음에도 그 패배를 대갚음할 노력을 하지 않고 스스로 목숨을 끊었다. 이는 그의 신념이 약했다는 증거이기도 하다. 그때 브루투스에게는 아직도 많은 병력과 전쟁 비용이 남아 있었고, 바다에서도 그의 함대가 해상권을 쥐고 있었기에 희망이 있었다. 그런데도 그는 폼페이우스처럼 마지막 승부도 겨루려고 하지 않은 채 모든 것을 포기하고 말았다.

브루투스가 비난받은 가장 큰 이유는 카이사르가 자신과 자기 친구들까지 살려준 데다 높은 지위까지 내려주었는데도 그 은혜를 저버리고 끝내 그를 암살했기 때문이다.

그러나 디온은 브루투스와는 근본적으로 달랐다. 그는 친척이자 친구로서 디오니시우스에게 많은 도움을 주었으며, 그를 위해 온 힘을 기울였다. 그리고 자신이 시킬리아에서 쫓겨난 뒤 아내가 수치스러운 일을 당하고 재산마저 몰수당하고 나서야 비로소 합법적이고 정의로운 전쟁을 시작했다.

하지만 이 점에 대해서는 다른 시각으로 볼 수도 있지 않을까? 두 사람은 모두 전제정치와 불의에 대한 증오심을 갖고 있었다. 그 가운데 브루투스는 카이사르에게 아무런 나쁜 감정은 없었으며, 오직 민중에게 자유를 되찾아 주기 위해 자기 목숨을 내던지기로 결심했으므로 동기 자체는 매우 순수했다. 이와 달리 디온은 디오니시우스로부터 직접적인 피해를 입지 않았더라면 아마 그와 싸우지 않았을 것이다. 이는 플라톤이 쓴 편지로도 알 수 있다. 플라톤은 이 편지에서, 디온이 전쟁을 시작하고 독재자를 몰아낸 것은 디오니시우스에게 쫓겨난 뒤였다고 분명하게 밝히고 있다.

더구나 브루투스는 나라를 위해 사사로운 분노를 버린 사람이다. 그는 아버지를 죽인 폼페이우스에 대한 원한을 억누르고 그와 함께 일을 하기로 결심했다. 사실 폼페이우스와 카이사르는 개인적으로나 정치적으로 적대 관계였다. 그러나 브루투스는 어느 쪽이 더 정의로운가를 생각한 뒤에 폼페이우스를 선택했다.

반면에 디온은 디오니시우스의 총애를 받는 동안에는 그에게 도움을 주었지만, 자신의 충성심이 의심받게 되자 전쟁을 일으켰다. 그렇기 때문에 디온의 친구들은, 디온이 디오니시우스를 몰아내고 왕좌에 올라 전제라는 이름만 버린 채 똑같이 민중을 억누르지 않을까 의심했다. 하지만 브루투스의 경우에는 그가 오로지 로마의 오랜 정치체제를 되살리기 위해 싸웠다는 사실을 적군들조차 잘 알고 있었다.

사실 디온이 디오니시우스와 싸운 것과, 브루투스가 카이사르와 싸운 것을 서로 비교한다는 것은 말도 안 되는 일이다. 디오니시우스는 언제나 술과 놀이와 여자에 빠져 방탕한 세월을 보냈기에 가까이 있는 사람들조차 그를 업신여겼다. 하지만 카이사르는 지혜롭고 힘이 강했으며 늘 행운이 뒤따르는 사람이었기 때문에, 세상 저 끝에 있는 파르티아나 인디아 왕들도 그의 이름을 들으면 놀라 잠에서 깨어날 정도였다. 이러한 카이사르를 브루투스가 감히 쓰러뜨리려 했다는 것만 봐도 그가 얼마나 대담하고 비범한 정신을 가진 사람인지 알 수 있다.

디온이 시킬리아에 도착했을 때에는 수많은 사람들이 디온 편에 서서 자발적으로 디오니시우스에게 칼을 들이댔다. 그러나 카이사르의 이름은 죽은 뒤에도 힘을 잃지 않았으며, 그 이름을 물려받은 한 소년이 로마 최고 영웅이 되어 안토니우스의 권력과 야망을 꺾었다.

때로, 디온은 어려움을 견디면서도 디오니시우스와 싸워 그를 몰아냈지만 브루투스는 무방비 상태의 카이사르를 죽이지 않았느냐 말하는 이들도 있다. 하지만 그런 큰 세력을 가진 사람이 무장하지 않았을 때 암살했다는 사실 자체가 오히려 얼마나 완벽한 작전이었는가를 보여준다. 이는 결코 몇몇 사람이 충동적으로 일으킨 사건이 아니었다. 이 계획은 오래전부터 수많은 동지들이 한 사람도 비밀을 누설하거나 배신하지 않은 채 치밀하게 준비해 온 것이다. 그러므로 이는 브루투스가 정의로운 사람을 알아보는 눈이 있었거나, 아니면 모든 이들이 브루투스 마음에 감동을 받아 정의로운 사람이 되었다고 말할 수 있다.

그러나 디온은 판단을 잘못해 믿어서는 안 될 사람을 믿기도 했고, 때로는 본디 착한 사람들이 그와 관계를 맺는 동안에 사악한 자로 바뀌기도 했다. 이런 점에서 본다면 디온은 지혜가 모자랐던 사람이었다 말할 수밖에 없다. 그래서 플라톤도 그가 사람을 잘못 선택했다고 평가했으며, 끝내 디온은 자기가 믿었던 사람들에 의해 죽임을 당했다.

또한 디온이 죽고 난 뒤에는 그의 원수를 갚기 위해 앞장선 사람이 하나도 없었던 반면, 안토니우스는 브루투스와 사이가 좋지 않았음에도 그의 장례를 정성껏 치러주었고, 카이사르(아우구스투스)도 사람들이 그에게 바친 영광이 오랫동안 지켜지기를 빌어주었다.

알프스 내륙의 갈리아 지방에는 오늘날까지도 브루투스 동상이 그대로 남아 있다. 카이사르는 브루투스가 죽고 나서 몇 년 뒤에 이곳을 지나다가 그 동상을 발견했는데, 브루투스 얼굴과 너무나 비슷한 훌륭한 작품이었다. 카이사르는 문득 걸음을 멈추더니 여러 시민들이 보는 앞에서 그곳 관리를 꾸짖었다. 이 도시가 적을 숭배하고 있으니 도저히 용서할 수 없다는 것이었다. 관리들은 절대 그런 일이 없다면서 서로 얼굴만 쳐다보았다. 그러자 카이사르는 브루투스 동상을 가리키며 눈살을 찌푸렸다.

"보시오! 저기에 우리의 적이 서 있지 않소?"

이 말을 들은 관리들은 더욱더 어찌할 바를 모른 채 아무 말도 하지 못했다. 그러자 카이사르는 얼굴에 미소를 띠면서, 불행한 처지에 놓인 친구라 할지라도 그 사람에 대한 의리를 잃지 않는 것은 아름다운 일이라며 갈리아 사람들을 칭찬했다. 그리고 그 동상을 영원히 보존하라고 명령했다.

아라토스(ARATOS)

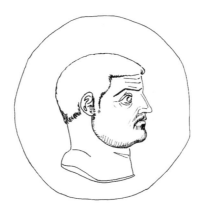

폴리크라테스여!

철학자 크리시포스는 예부터 전해오는 속담을 인용하면서, 아무래도 본디 구절이 귀에 거슬렸는지 잘 이해할 수 있도록 고쳐서 말한 것 같네.

"훌륭한 아들들이 아니라면, 누가 자기 아버지들을 자랑하겠는가?"

그러나 트로이젠의 디오니소도루스는 이를 다시 본디대로 고쳐놓았다네.

"못난 아들들이 아니라면, 누가 제 아버지들을 자랑하겠는가?"

디오니소도루스의 이 말은 보잘것없는 사람들일수록 조상의 공적을 내세워 자신의 부족함을 감추고, 마치 그 일을 자신이 이룬 것처럼 자랑한다는 이야기일세.

하지만 핀다로스가 그의 시에서 "조상의 훌륭한 정신을 이어받은 사람이여" 노래했듯이, 진실로 조상의 훌륭한 공적을 이어가려는 사람은, 선조들 영광을 떠올리거나 다른 이들로부터 그런 이야기를 듣는 것을 자랑스러워할 것이네. 그런 사람들은 자기 자신이 그다지 내세울 것 없는 사람이라서 조상의 영광을 자랑하는 게 아니라, 조상이 남긴 업적을 거울삼아 그들을 존경하려는 것이기 때문이지.

따라서 내가 지금 아라토스 전기를 쓰는 것은, 그대가 이미 자세하게 연구해 잘 알고 있다는 사실을 몰라서가 아니며, 그대의 두 아들인 폴리크라테스와 피토클레스가 조상의 훌륭한 발자취 따르기를 바라는 마음 때문이네. 덧붙

아라토스(ARATOS) 1819

여 말하면, 사람들이 자기 자신을 완전하게 생각하고 더 이상 배울 것이 없다고 여기는 것은, 자만심이 지나치고 덕이 부족하기 때문일 걸세.

도리아식 귀족정치를 유지하던 시키온 시는, 파벌 싸움이 계속되면서 사사로운 투쟁으로 체제가 흔들리기 시작했고, 많은 참주들이 번갈아 나타났다. 마침내 마지막 참주였던 클레온이 시민들 손에 죽임을 당하자 가장 훌륭한 시민이었던 티모클레이데스와 클레이니아스가 함께 권력을 쥐게 되었다.

그러나 이렇게 시키온 정세가 겨우 안정되어갈 즈음, 티모클레이데스가 죽고 말았다. 그러자 파세아스의 아들 아반티다스는 홀로 권력을 차지하기 위해 클레이니아스를 죽이고, 그것도 모자라 그의 친척과 친구들까지 모조리 죽이거나 나라 밖으로 쫓아냈다. 마침내 권력을 손에 쥔 아반티다스는, 클레이니아스의 일곱 살 난 어린 아들 아라토스까지 죽이려고 했다.

집안에서 일어난 끔찍한 일들을 목격한 아라토스는 겁이 나서 무작정 길을 떠나 이리저리 헤매고 다니다가 우연히 소소라는 여자의 집으로 들어가게 되었다.

소소는 아반티다스의 누이로, 클레이니아스 동생 프로판투스의 아내였다. 동정심 강한 소소는 아라토스가 자기 집으로 들어온 일을 그를 구해주라는 신의 뜻이라 여기고, 남모르게 숨겨두었다가 한밤에 몰래 아르고스로 보내주었다.

어린 아라토스는 그때부터 전제군주들에 대한 증오심을 뼈저리게 느끼게 되었으며, 이런 마음은 나이가 들면서 점점 더 깊어져 갔다. 그 뒤로 그는 아르고스에서 아버지 친구들의 따뜻한 보호를 받으며 자랐다. 주변의 도움으로 충분한 교육을 받게 된 아라토스는 날이 갈수록 건실하게 자라났으며, 운동으로 몸을 단련시켜 5종 경기(원반던지기, 멀리뛰기, 씨름, 달리기, 창던지기)에서 우승하기도 했다. 그의 동상에 나타난 강인한 몸매는 바로 이런 생활로 다져진 것이었으며, 그의 지혜롭고 위엄 있는 표정은 그가 성실한 생활을 한 사람이었음을 말해준다.

아라토스는 이렇게 운동에 열중한 나머지 웅변술을 배우는 데는 소홀했다. 그러나 그가 죽은 뒤에 남긴 회상록을 보면, 아라토스는 우리가 알고 있는 것보다는 연설을 매우 잘하는 편이었다. 그는 머릿속에 떠오르는 생각들을 빠르고 정확하게 글로 옮겼기 때문에, 그다지 긴 시간과 노력을 들이지 않았음에도 그처럼 훌륭한 회상록을 남길 수 있었다.

긴 세월이 흐른 뒤, 데이니아스와 논리학자 아리스토텔레스는 아반티다스를 암살할 계획을 세웠다. 어느 날 두 사람은 광장에서 시민들에게 강의를 하고 있었는데 이런 자리를 늘 즐겨 찾던 아반티다스도 마침 그곳에 나와 그들 이야기에 귀를 기울이고 있었다. 그 모습을 본 둘은 기회를 엿보다가 아반티다스를 죽여버렸다. 그 뒤에 아반티다스의 아버지 파세아스가 정권을 잡았지만 그 또한 니코클레스에게 암살당하고 말았다.

파세아스를 죽인 니코클레스는 이제부터는 자기가 시키온을 다스리는 통치자라고 선언했다. 그런데 니코클레스는 키프셀로스의 아들 페리안드로스와 생김새가 매우 비슷했다. 페르시아의 오론테스가 암피아라우스의 아들 알크마이온과 닮았고, 스파르타의 어느 젊은이가 트로이의 헥토르와 똑같이 생겼던 것처럼 말이다. 미르틸로스 기록에 따르면, 헥토르와 똑같이 생긴 스파르타 젊은이는 자신의 얼굴을 구경하러 온 수많은 구경꾼들에게 깔려 죽었다고 한다.

하지만 넉 달의 통치 기간 동안 니코클레스가 내놓은 정책들은 매번 실패를 거듭했고, 아이톨리아군에게 도시 전체를 빼앗길 뻔하기도 했다. 그 무렵 아라토스는 이미 훌륭한 젊은이가 되어 있었다. 좋은 집안 출신에 교양을 갖춘 그는 어느새 존경받는 자리에 올랐으며, 매사에 신중하고 젊은 사람답지 않게 깊은 지식을 갖추었기 때문에 많은 사람들의 본보기가 되었다. 그러므로 시키온에서 추방된 망명자들은 모두 관심을 갖고 아라토스를 지켜보게 되었다.

이런 사실을 알게 된 니코클레스는 불안한 마음에 사람을 보내서 아라토스를 감시하게 했다. 그러나 그것은 아라토스가 무슨 음모를 꾸밀 것이라 생각해서가 아니었다. 다만 아라토스의 아버지 친구들 가운데는 알렉산드로스 대왕의 후계자들이 있었으므로, 혹시나 그들과 무슨 연락을 하고 있지 않을까 의심했던 것이다.

사실 아라토스도 처음에는 그런 사람들로부터 도움을 받아보려는 생각을 했었다. 하지만 도와주기로 한 안티고노스는 약속을 하고도 계속 시간만 끌었다. 그다음에 아이귑토스의 프톨레마이오스 왕에게도 도움을 청할까 했지만, 거리가 너무 멀어 시간만 낭비할 것 같아 그만두었다. 그래서 아라토스는 혼자 힘으로 참주를 없애기로 결심했다.

그는 자신의 계획을 먼저 아리스토마쿠스와 엑델루스에게 이야기했다. 아리스토마쿠스는 시키온에서 쫓겨난 망명자였고, 엑델루스는 아르카디아 지방에 있는 메갈로폴리스에 사는 사람이었다. 엑델루스는 결단력 있는 용사로서, 아카데메이아 학파 철학자인 아르케실라우스와도 가까운 사이였다.

아리스토마쿠스와 엑델루스는 아라토스의 계획을 듣고 무척 기뻐하며 찬성했다. 그래서 아라토스는 더욱 용기를 내어 다른 망명자들을 만나러 다녔다. 그들 가운데 몇몇은 나라가 힘들 때 가만히 있는 것은 부끄러운 일이라며 적극적으로 나섰지만, 대부분 사람들은 하나같이 아라토스를 말렸다. 나이도 어리고 경험도 별로 없는 아라토스가 위험한 일을 자처하는 것이 걱정스러웠던 것이다.

아라토스는 시키온 시내에 요새를 만들어 그곳을 싸움의 근거지로 삼기로 했다. 그 무렵 크세노클레스라는 망명자의 동생이 시키온 감옥에서 탈출해 아라토스를 만나러 왔다. 그는 자기가 뛰어넘어 온 성벽은, 안쪽이 평평하고 바깥쪽은 낭떠러지라 사다리를 놓으면 충분히 넘어갈 수 있다고 알려주었다.

이 말을 들은 아라토스는 자신의 하인 세우타스와 테크논을 크세노클레스에게 딸려보내 그 성벽을 살펴보고 오게 했다. 아라토스는 세력도 없는 자신이 참주를 꺾기 위해서는, 싸움을 오래 끌지 않고 단번에 해치울 수 있는 방법이 좋으리라고 여겼다. 성벽을 조사하러 간 크세노클레스는 성벽 높이와 그 부근 지형을 조사하고 돌아왔다. 그는 성벽을 넘어가는 것은 생각보다는 간단하지만, 근처 과수원 주인이 사나운 개를 여럿 키우고 있어서 몰래 성벽에 접근하기는 어려울 것 같다고 말했다. 이 보고를 들은 아라토스는 성벽을 넘을 준비를 서둘렀다.

그 시대에는 주민들이 이웃 도시를 습격해 재물을 빼앗는 일이 흔해서 웬만한 집에는 다 무기가 있었으므로 아라토스는 쉽게 무기를 구할 수 있었다. 또한 에우프라노르라는 망명자는 본디 직업이 목수라 그가 사다리를 만들어도 이상하게 볼 사람은 없었다.

이 일에 가담한 사람은 그다지 많지 않았다. 아르고스에 있는 친구들이 저마다 병사 10명씩을 보내왔고, 아라토스의 하인들이 30명이었다. 여기에 그 무렵 이름난 도둑인 크세노필루스로부터 부하 몇 명을 돈을 주고 빌렸다. 그들은 이 계획을 단순히 시키온에 있는 안티고노스 왕의 말을 훔치러 가는 것으로 알고 있었다.

크세노필루스의 부하들은 폴리그노투스 탑으로 가서 지휘자를 기다리라는 명령을 받았다. 그리고 아라토스의 명령에 따라 카피시아스가 가볍게 무장한 병사 4명을 데리고 먼저 길을 떠났다. 카피시아스 일행은 땅거미가 질 무렵에 과수원을 찾아가, 길을 가다가 날이 저물어서 들른 나그네인 것처럼 꾸며 주인과 개를 붙잡아 두었다. 몰래 성벽을 넘어가려면 이렇게 할 수밖에 없었다. 그러고는 사다리를 접어서 상자에 넣고 이를 수레에 실어서 먼저 보냈다.

그런데 이즈음 니코클레스가 아르고스에 사람을 보내 아라토스의 행동을 감시하고 있다는 소문이 나돌았다. 이 소문을 들은 아라토스는 일부러 아침 일찍 광장에 나가 친구들과 온종일 이야기를 나눈 뒤 저녁에는 몸에 향유를 바르고, 술을 마시던 친구들과 함께 집으로 돌아갔다.

그러고는 하인 몇 명을 광장으로 보내 꽃과 장작을 사고 가무를 즐길 기생들에게 값을 흥정하게 했다. 그러자 감시자들은 아라토스가 밤새워 술을 마시려는 것으로 여기고, 서로 웃음을 터뜨리며 이렇게 이야기했다.

"니코클레스는 정말 겁쟁이야. 그렇게 큰 도시와 군대를 갖고 있으면서도 저런 애송이 같은 놈을 겁내니 말이야. 거참, 남의 나라로 쫓겨와서 입에 풀칠하기도 어려울 텐데 저렇게 대낮부터 술이나 마시고 있잖아? 그런데도 저렇게 형편없는 젊은 놈을 겁내다니 정말 웃기는군."

그렇게 감쪽같이 속아 넘어간 감시자들은 곧 니코클레스에게로 돌아갔다.

가까스로 감시의 눈길을 따돌린 아라토스는 저녁 식사를 마치자마자 아르고스 시를 떠나 폴리그노투스 탑 아래서 병사들을 만나 네메아로 들어갔다. 그는 네메아에 도착하자 병사들에게 자신의 계획을 털어놓았다. 그리고 그 계획이 성공하면 엄청난 상금을 주겠노라 약속하면서 용기를 북돋웠다.

아라토스는 이들에게 '행운의 아폴론'이라는 암호를 정해주고, 달의 움직임에 따라 속도를 조절하면서 시키온으로 달려갔다. 그들은 달이 산 너머로 사라질 무렵, 마침내 과수원에 도착할 수 있었다.

아라토스를 만난 카피시아스는, 먼저 도착해 과수원 주인은 잡아서 묶어두었지만 개들은 놓쳐버렸다고 털어놓았다. 이 말을 들은 병사들은 이미 계획이 실패한 것이나 다름없으니 그만 포기하고 돌아가자고 말했다. 그러나 아라토스는 먼저 시도해 보고 개들이 덤벼든다면 그때 가서 행동을 멈추자며 이들을 달랬다.

아라토스는 먼저 엑델루스와 므나시테우스를 사다리 부대와 함께 출발시킨 뒤 자신은 남은 사람들을 이끌고 소리가 나지 않도록 조심하며 뒤따라갔다. 그때 엑델루스 부대를 본 개들이 마구 짖어대기 시작했다. 하지만 이미 그들은 성벽 아래쪽에 재빨리 사다리를 세우고, 맨 앞사람이 한창 사다리를 올라가고 있었다. 그런데 야간 보초들과 교대하고 돌아가던 보초들이 횃불을 들고 종을 흔들면서 그쪽으로 다가왔다. 일행은 모든 것을 운명에 맡긴 채, 사다리 위에 몸을 움츠리고 숨죽였다. 다행히 보초들은 이들을 보지 못하고 그냥 지나쳐 갔다. 그런데 이번에는 반대쪽에서 또 한 무리의 보초들이 다가오는 소리가 들렸다.

그들은 이번에는 분명히 들키리라 생각했다. 그러나 이번에도 보초들은 아슬아슬하게 그냥 지나쳐 갔다. 다시 용기를 얻은 므나시테우스와 엑델루스는 곧바로 사다리를 타고 성벽을 기어오르기 시작했다. 가까스로 성벽 위에 모두 올라간 그들은 통로마다 병사들을 배치하고, 테크논을 보내 아라토스 부대를 불러오게 했다.

사실 과수원에서 그리 멀지 않은 망루에도 큰 사냥개들이 있었지만, 그 개들은 너무 늙어서인지 아니면 전날 훈련이 힘들어 깊은 잠에 빠져서인지 사다리 부대가 오는데도 꼼짝도 하지 않았다. 그런데 성 아래 있던 과수원집 개가 자꾸 짖어대자 망대 위 개들도 잠에서 깨어나 하나둘씩 으르렁거리기 시작했다. 아라토스 부대는 순간 머리카락이 쭈뼛 서고 온몸에 소름이 돋았다. 이들 부대가 가까이 다가오자 개들은 더욱 시끄럽게 짖어댔다.

그러자 망대 위에 있던 보초가 개를 지키는 사람에게 개들이 왜 이렇게 사납게 짖는지, 무슨 일이 일어난 게 아닌지 소리쳐 물었다. 개를 지키던 사람은, 방금 보초들이 횃불을 들고 종을 흔들면서 지나갔는데 아마 그것 때문인 것 같다고 대답했다.

아라토스 일행은, 개를 지키는 사람이 자기네들이 들어오는 것을 보고도 모르는 척하는 것이라 생각하고, 어쩌면 시내에도 이처럼 자신들을 도와줄 사람들이 많을지도 모른다고 기대했다. 이렇게 생각하자 아라토스 무리는 더욱 용기가 생겼다.

그러나 사다리를 타고 성벽을 올라가는 데는 꽤 오랜 시간이 걸렸다. 또한 급히 만든 사다리였으므로 몹시 위험했으며 한 사람씩 조심해서 오르지 않으면 심하게 흔들리기까지 했다. 어느덧 시간이 흘러서 첫닭이 홰를 치고 우는 소리가 들려왔다. 이제 곧 시장 상인들이 몰려올 시간이었다. 마음이 다급해진 아라토스는 자기가 먼저 사다리를 타고 올라갔다. 성벽 위에 올라간 사람은 40명이었고, 나머지는 계속 사다리를 올라가고 있었다.

마침내 그들이 모두 성벽 위로 올라오자, 아라토스는 서둘러 니코클레스 궁전으로 가서 호위대를 습격했다. 호위병들은 난데없이 공격당한 터라 별 저항도 못해보고 이들에게 붙잡혔다. 아라토스가 시내에 있는 동지들에게 빨리 모이라는 신호를 보내자 곳곳에서 동지들이 모여들었다.

날이 밝자 광장에는 시민들이 구름처럼 모여들었는데, 무슨 영문인지 몰라서 모두들 불안해했다. 잠시 뒤 아라토스가 보낸 전령이 달려와 아우성치고 있는 시민들 앞에 서서, 클레이니아스의 아들 아라토스가 시민들의 자유를 되찾아 주러 왔으니 모두 힘을 합쳐 싸우자고 했다.

그 말을 듣자 시민들은 그토록 기다리던 날이 이제야 왔다면서 모두 환호성을 질렀다. 그리고 그들은 곧바로 참주의 궁전으로 달려가 불을 질렀는데, 불길은 이내 멀리 코린토스에서도 보일 정도로 거세게 치솟았다. 이를 본 코린토스 시민들은 그 불길이 시키온 시를 모조리 삼키는 줄 알고, 시키온을 구하러 달려올 생각까지 했을 정도였다.

니코클레스는 지하통로를 통해 간신히 바깥으로 도망쳐 목숨을 부지할 수 있었다. 하지만 그의 병사들은 시민들과 함께 불을 끈 다음 참주의 재산을 모두 다 빼앗았다. 아라토스는 이들의 행동을 말리는 대신 니코클레스가 모아두었던 다른 재물들까지 찾아내 모두 시민들에게 나누어 주었다.

이번 계획은 한 사람의 희생도 없이 완벽한 성공을 거두었다. 운명의 여신이 시민들 피를 한 방울도 흘리지 않도록 도와주었기 때문이리라. 이는 아라토스의 위대한 업적이었으며, 그로 인해 이 영광스러운 일은 더욱 빛나게 되었다.

아라토스는 니코클레스에게 추방당했던 사람들을 다시 불러들였는데, 그 수가 80명쯤이었고, 니코클레스 이전 참주들에게 내쫓겼던 망명자들도 다 불러들이니 거의 500명이나 되었다. 그 가운데는 50년이나 외국을 떠돌던 사람도 있었다.

그런데 이 망명자들은 돌아오자마자, 예전에 있던 자기 땅과 재산을 내놓으라고 요구했다. 이 일로 아라토스는 고민이 이만저만 아니었다. 나라 밖에는 자신이 민주정권을 세운 것을 보고 시기하는 안티고노스가 있었으며, 안에서는 싸움과 무질서가 끝도 없이 이어지고 있었다.

아라토스는 시키온을 구할 길은 하루빨리 아카이아 동맹에 가입하는 것밖에 없다는 사실을 깨달았다. 이 때문에 본디 도리아인인 시키온 사람들은 자진해서 아카이아 사람들 정책을 따르기로 했다.

그 무렵 아카이아인들은 시키온 사람들보다 세력도 별로 크지 않았고 이름도 그리 알려져 있지 않았다. 그들은 대부분 좁은 산자락이나 황폐한 땅에 무리 지어 살았는데, 해안에는 바윗돌만 둘러싸고 있을 뿐 배를 댈 수 있는 항구조차 없었다.

그럼에도 아카이아 사람들은, 훌륭한 지도자만 있다면 헬라스 어떤 나라보다도 훨씬 질서 있고 평화롭게 잘살 수 있다는 것을 보여주었다. 아카이아는 한창 번영할 시절의 헬라스에 비하면 참으로 보잘것없는 나라로, 헬라스 도시 하나 정도의 국력도 갖추지 못했다. 그러나 그들은 지혜로운 정책과 평화를 누렸으며, 훌륭한 지도자를 잘 따랐다. 이 때문에 아카이아는 강대국 사이에서도 독립을 지켜나갈 수 있었고, 거듭 침략을 당하던 헬라스 다른 나라들이 자유를 찾을 수 있도록 도와주었다.

아라토스는 마치 정치가가 되기 위해 태어난 사람 같았다. 그는 너그럽고 정의로웠으며, 사사로운 이득보다는 민중들 이익에 더 마음을 썼다. 또한 나라와 나라 사이 관계를 더욱 다지고, 종족과 종족을 서로 화합시켰으며, 정치가와 시민이 모두 한마음이 되어야 한다고 가르쳤다. 아라토스는 행복이나 은혜보다 이런 것들을 더욱 중요하게 여기고 소망하는 사람이었다.

하지만 그는 무기를 들고 전투를 벌이는 데에는 이상하게 서툴렀다. 그 대신 남모르게 계획을 세워서 참주를 몰아내고 도시를 빼앗을 때에는 뛰어난 재능을 발휘하곤 했다. 그는 남들이 무모하다고 생각하는 일들을 훌륭하게 성공시켰지만 뜻밖에 간단해 보이는 싸움에서는 몇 번이나 어이없게 지기도 했다.

밤에는 잘 보지만 낮에는 잘 보지 못하는 짐승들이 있는데, 그런 동물들은 눈의 광채가 너무 강해 밝은 햇빛 아래에서는 오히려 잘 보지 못한다. 이처럼 사람들 가운데서도 대낮에 적을 공격할 때는 안절부절못하다가도, 밤에 적을 습격하거나 몰래 세운 계획을 실행할 때에는 대담해지는 이가 있다.

위대한 인물이 이런 모습을 보이는 것은 철학적 깊이가 없기 때문이다. 참된 지식도 없이 어떤 큰일을 해냈다면, 그것은 마치 야생의 나무가 어쩌다가 좋은 열매를 맺은 것과 다름없다. 예를 들어보자.

아라토스는 시키온을 아카이아 동맹에 가입시킨 뒤, 자신은 동맹군 기병대에 들어갔다. 그리고 그곳에서 명령에 기꺼이 복종함으로써, 지휘관들로부터 큰 사랑을 받았다. 이렇듯 아라토스는 아카이아 동맹을 위해 큰일을 하면서도, 사령관에게는 부하 병사로서 절대적인 충성을 바쳤던 것이다. 만약 그 사령관이 디마이 시나 트리타이아 시, 혹은 더 작은 도시 출신이었다 해도 아라토스는 그를 절대적으로 따랐으리라.

언젠가 아이귑토스 왕에게 25탈란톤을 받았을 때에도 그는 어려운 시민들을 돕고 노예로 팔린 동포들의 자유를 되찾는 데 이 돈을 아낌없이 썼다.

한편 다시 돌아온 망명자들은 끈질기게 자신의 재산과 땅을 요구했다. 이들의 투쟁은 끝이 보이지 않는 데다가 점차 사나워졌으므로, 그대로 두었다가는 시키온이 망할 지경이었다. 그래서 아라토스는 아이귑토스 프톨레마이오스 왕에게 돈을 빌려서라도 나라를 구해야겠다고 생각했다.

아라토스는 모토네 항구에서 말레아 곶을 거쳐 아이귑토스로 가려고 했다. 그러나 파도가 심하게 일고 맞바람까지 치는 바람에, 선장은 해안가를 따라가다가 어쩔 수 없이 아드리아에 배를 댔다. 그런데 불행히도 이곳은 안티고노스가 이끄는 마케도니아 군대가 점령한 적지였다.

아라토스는 친구인 티만테스와 함께 적들 눈에 띄지 않게 조심하면서 배에서 내려 바닷가에서 한참 떨어진 어느 숲에서 불안한 하룻밤을 보냈다. 얼마 뒤 마케도니아 병사들이 아라토스를 잡으러 달려오자 아라토스의 하인들은, 아라토스가 에우보이아 섬으로 이미 떠났다고 거짓말을 했다. 마케도니아군은 이 말에 속아 넘어갔지만, 배와 짐들을 모두 빼앗아 가버렸다.

아라토스는 며칠을 숲 속에 숨어 있으면서 탈출할 방법을 골똘히 궁리했다. 그런데 신의 도움인지 어느 날 아라토스가 숨어 있던 곳 가까이에 시리아로 가는 로마 배 한 척이 정박하게 되었다. 그는 자기를 카리아에서 내려달라고 부탁하고는 그 배에 올랐다. 가는 내내 바람과 파도 때문에 많은 고생을 했지만 마침내 아라토스는 무사히 카리아에 도착해 거기서 곧장 아이귑토스로 걸음을 재촉했다.

프톨레마이오스는 아라토스를 깍듯하게 대접했다. 아라토스에 대해 좋은 이야기를 많이 들은 데다가, 그에게 유명한 헬라스 화가들의 그림을 선물받은 적도 여러 번 있었기 때문이다. 그림에 조예가 깊었던 아라토스는 유명한 화가들 그림을 많이 사들였는데, 프톨레마이오스 왕에게도 팜필루스와 멜란투스 작품을 몇 번 선물했었다.

그 무렵 시키온 사람들 그림은 아무리 오래되어도 그 색이 변치 않는 것으로 유명했다. 아펠레스라는 이름난 화가도 그 비법을 배우기 위해 1탈란톤이나 되는 돈을 내면서까지 이곳 화가들을 찾을 정도였다. 그러나 그는 그림 그리는 기술을 배우기 위함보다는, 시키온에서 공부했다는 이력으로 유명세를 타볼 생각이었다.

한편 시키온을 해방시킨 아라토스는 참주들 초상화를 모두 없애버렸는데, 유독 필리포스 왕 시대 참주였던 아리스트라투스 초상화 앞에서는 오랫동안 망설였다. 이 그림은 전차를 탄 승리의 여신 옆에 아리스트라투스가 서 있는 모습이었는데, 멜란투스의 모든 제자들이 모여 그린 작품이었다. 지리학자 폴레몬 말로는, 아펠레스도 그 가운데 일부분을 직접 그렸다는 명작이다.

아라토스는 이 뛰어난 작품을 보고 처음에는 그것을 떼어낼 엄두를 내지 못했다. 하지만 아리스트라투스가 참주였다는 사실을 떠올리자 불같은 미움이 일어나서, 마침내 그 그림도 없애버리려 했다. 그런데 그 순간 아라토스 친구이며 화가인 네알케스가 그 그림을 제발 없애지 말아달라고 눈물로 애원했다. 아라토스가 그 부탁을 거절하자 네알케스는 이렇게 말했다.

"우리는 참주와 싸워야 하오. 그러니 승리의 여신은 그대로 둡시다. 내가 참주 아리스트라투스 모습을 지워버릴 테니 말이오."

이렇게까지 말하자 아라토스는 마지못해 그의 청을 들어주었고, 네알케스는 아리스트라투스 모습 위에 종려나무를 새로 그려 넣었다. 그런데 그때 깜박하고 남겨두었던 아리스트라투스 발 그림이 오늘날까지 전차 아래에 어렴풋이 남아 있다고 한다.

아무튼 이런 까닭으로 프톨레마이오스 왕은 아라토스에게 좋은 감정을 갖고 있었다. 뿐만 아니라 그를 가까이 사귀게 되면서부터 더욱 그를 사랑하게 되어, 시키온 시를 위해 150탈란톤을 내주기도 했다. 처음 40탈란톤은 아라토스에게 직접 건넸고, 나머지는 그 뒤에 사람을 시켜 나눠 보내왔다. 이로써 아라토스는 아이귑토스까지 찾아간 처음 목적을 이룬 셈이다.

그 무렵은 왕들이 곧잘 다른 나라 장군이나 정치가들을 돈으로 매수하던 때였다. 그러나 아라토스는 이 돈을 자기 이익을 위해 쓰지 않고, 부자와 가난한 사람을 화해시켜 내란을 미리 막는 데에만 사용했다. 또한 아라토스는 막강한 권력을 가졌으면서도 늘 겸손했으므로, 많은 사람들로부터 절대적인 존경과 사랑을 받았다.

그는 망명자들 재산을 처리할 때에도 홀로 모든 권리를 위임받았으나, 위원 15명을 뽑아 그들과 함께 공정하게 일을 처리했다. 그 결과 평화를 되찾은 시민들은 아라토스에게 감사의 마음을 전하고 싶어했다. 그래서 망명자들은 그 마음을 담아 아라토스 동상을 세우고 거기에 이런 시를 새겨 넣었다.

> 지혜롭고 용감한 아라토스는 수없이 많은 공을 세우고
> 헤라클레스 기둥에까지 그 이름을 떨치고 있다네.
> 오랜 세월 동안 남의 땅을 떠돌던 우리는
> 이제야 조국의 품으로 돌아와 그대의 동상을 세우고 우러러보네.
> 시키온에 찾아온 평화와 행복은
> 모두가 그대를 도와 하늘의 신이 베풀어 주신 선물이라네.

이처럼 아라토스는 시민들 존경을 한 몸에 받으며 모든 사람들의 지지를 이끌어 냈다. 그러나 그의 명성이 높아질수록 안티고노스는 늘 못마땅하고 불안해했다. 안티고노스는 아라토스를 자기편으로 만들거나 아니면 프톨레마이오스로부터 떼어놓아야겠다고 생각했다.

그래서 안티고노스는 아라토스에게 아무 이유도 없이 자꾸만 선물을 보냈다. 심지어는 코린토스 시에서 신에게 제사를 드릴 때 제물로 썼던 고기를 시키온에 있는 아라토스에게 일부러 보내기도 했다. 그러고 나서 안티고노스는 그날 밤 잔치에 온 손님들에게 큰 소리로 이렇게 말했다.

"나는 시키온의 그 젊은이가 순수하게 자유를 사랑하고 시민을 아끼는 사람이라고만 생각했었소. 그런데 알고 보니 그는 왕들 성격은 물론 그들의 정치까지도 제대로 분석할 줄 아는 영리한 사람이오. 처음에는 나를 제쳐놓고 저 멀리 있는 아이귑토스 왕만 대접하는가 싶었지만, 이제는 달라졌소. 프톨레마이오스가 많은 코끼리와 배를 갖고, 화려한 궁전에서 산다는 이야기를 듣고는 아

마 잘못 판단한 것이겠지요. 그러나 직접 아이귑토스에 가서 그 소문이 모두 과장된 이야기임을 알고는 곧바로 나에게 기울어지더군요. 그래서 나는 그 사람을 내 부하로 생각하고 잘 대해주려 하니 여러분도 모두 그를 친구로 생각해 주시오."

이 이야기는 곧 아라토스를 시기하던 무리들 귀에 흘러들어 갔고, 신이 난 그들은 프톨레마이오스 왕에게 편지를 보내 아라토스를 비방했다. 그러자 아라토스가 믿음을 저버렸다고 생각한 프톨레마이오스는 그를 비난했다. 이처럼 왕이 누군가를 아끼고 사랑하면, 언제나 왕의 사랑을 빼앗으려는 패거리들이 험담을 늘어놓으며 욕하고 몰아세우기 마련이다.

한편 아라토스는 처음으로 아카이아 동맹 장군으로 뽑혔다. 그는 아카이아와 해협을 마주 보고 있던 칼리돈과 로크리스를 공격해 재물을 빼앗고, 또한 병사 1만 명과 함께 보이오티아를 지원하러 나섰다. 하지만 그가 도착했을 때에는 이미 보이오티아군은 카이로네이아 전투에서 아이톨리아군에 져서 아보이오크리투스 장군을 비롯한 군사 1000명을 모두 잃은 뒤였다.

그다음 해에 다시 장군으로 뽑힌 아라토스는 코린토스의 요새인 아크로코린토스를 빼앗기로 했다. 이는 헬라스 전체를 노리고 있던 안티고노스의 수비군을 몰아내고, 헬라스를 해방시키기 위함이었다. 예전에 아테나이 장군 카레스는 마케도니아군과 싸워 승리를 거두자 조국에 편지를 보내, 마라톤의 승리와 비교해도 좋을 만큼 큰 승리였다고 말한 일이 있었다.

아라토스가 아크로코린토스를 빼앗은 이 승리는, 테바이의 펠로피다스나 아테나이의 트라시불루스가 저마다 제 나라 전제자들을 무찔렀던 것과 견주어도 손색없을 것이다. 물론 이들이 몰아낸 전제자는 제 나라 사람이었지만, 아라토스가 몰아낸 사람은 다른 나라 지배자였다는 차이가 있다.

코린토스 해협은 두 바다를 가로막아 우리 대륙의 두 땅덩이를 연결해 준다. 이 헬라스 한가운데에 높이 솟아 있는 아크로코린토스를 먼저 차지하는 쪽은 펠로폰네소스 전체의 경제적·군사적 교통을 완전히 장악하는 것이므로 온 헬라스를 손에 쥘 수 있었다. 필리포스 왕이 코린토스를 가리켜 '헬라스의 족쇄'라 했던 것도 그냥 던진 말이 아닌 것이다.

그래서 옛날부터 지금까지 많은 왕들이 이곳 아크로코린토스를 손에 넣고 싶어했다. 그 가운데서도 특히 안티고노스의 욕심은 대단했다. 그러나 드러내

놓고 침략할 수는 없었으므로, 늘 이곳을 몰래 차지하기 위한 계략을 꾸미고 있었다.

그러던 터에 아크로코린토스를 점령하고 있던 알렉산드로스가 갑자기 세상을 떠났다. 일설에 따르면, 안티고노스가 알렉산드로스에게 독약을 먹였다고도 한다. 그리하여 알렉산드로스의 아내 니카이아가 정권과 함께 이곳을 물려받았다. 그러자 안티고노스는 젊고 건강한 자기 아들을 니카이아에게 보내 그녀와 결혼시키겠다고 했다. 남편을 잃은 데다가 여자로서 이미 전성기가 지난 니카이아에게 이것은 무척 반가운 제안이었으리라.

이처럼 안티고노스는 자신의 욕심을 위해 아들까지 걸었지만, 니카이아는 아크로코린토스를 그에게 넘겨주지 않고, 전과 다름없이 군대를 두어 지키게 했다.

안티고노스는 먼저 자신의 야심을 감추고 코린토스에서 정식으로 아들의 결혼식을 올리기로 했다. 그는 날마다 화려한 축하연을 열며 이 결혼에 무척 기뻐하는 듯이 행동했다.

그러나 아모이베우스 노래를 들으러 가자면서 니카이아를 극장으로 데리고 간 안티고노스는 곧 속셈을 드러냈다. 눈부시게 아름다운 마차를 타고 가면서 온통 행복에 취해 있던 니카이아는 안티고노스의 계략을 꿈에도 생각지 못했다. 안티고노스는 아크로코린토스로 가는 갈림길에서 니카이아에게 먼저 극장에 들어가 있으라 말하고는, 아들 결혼식은 내팽개친 채 재빨리 아크로코린토스로 달려갔다. 그가 굳게 닫힌 성문을 지팡이로 두드리며 문을 열라고 소리치자 겁에 질린 파수병들은 얼른 성문을 열었다.

마침내 아크로코린토스를 손에 넣은 안티고노스는 너무 기뻐서 어쩔 줄을 몰랐다. 오랫동안 수많은 일을 겪어왔지만, 이런 기쁨 앞에서는 도저히 침착할 수가 없어서 그는 술에 취한 채 머리에 월계관을 쓰고 거리로 뛰쳐나왔다. 그러고는 노래하는 소녀들을 옆에 끼고 비틀거리며 돌아다니면서 만나는 사람마다 손을 잡고 인사를 나누었다.

이처럼 손쉽게 아크로코린토스를 손에 넣은 안티고노스는 가장 믿을 만한 부하들을 골라 이곳을 지키도록 했다. 그리고 철학자 페르사이우스에게 관리를 맡겼다.

한편 아라토스는 알렉산드로스가 살아 있을 때부터 아크로코린토스를 빼앗으려 마음먹고 있었다. 그러나 알렉산드로스가 아카이아 동맹에 가입하자 다시 새로운 계획을 세웠다.

그때 코린토스 시에는 시리아인 4형제가 살고 있었다. 그 가운데 하나인 디오클레스는 수비병이 되어 요새에서 일했고, 나머지 셋은 안티고노스 왕의 금덩이를 조금씩 훔쳐내 시키온에 있던 아이기아스라는 은행가에게 팔았다. 아라토스는 이 은행가를 자기 계획에 끌어들였다.

얼마 뒤부터는 4형제 가운데 에르기노스라는 사람만 이따금씩 와서 금을 돈으로 바꿔가곤 했다. 에르기노스는 은행가 아이기아스와 가까워지자 때때로 아크로코린토스에 대한 이야기를 해주었다. 요새에서 일하는 동생을 만나려면 언덕으로 올라가야 하는데, 중턱에 좁은 바위틈이 있어서 그 길로 가면 성벽 가장 낮은 곳이 나온다는 것이었다. 생각지도 않던 말을 듣게 된 아이기아스는 웃으면서 농담처럼 말했다.

"에이, 거기까지 가서 겨우 이 정도 금을 훔쳐옵니까? 머리만 잘 쓰면 하루아침에 큰 부자가 될 수 있잖습니까? 왕의 물건을 훔쳐내는 것도 반역과 같으니 잡히면 죽는 것은 마찬가지입니다."

에르기노스는 이 말을 듣고 무슨 뜻인지 알겠다는 듯 웃음을 지어 보였다. 그러고는 요새에 있는 자기 동생을 만나야겠다고 말하며, 다른 두 형제는 그런 큰일을 함께 할 사람이 못 된다고 덧붙였다.

얼마 뒤 에르기노스는 다시 은행가를 찾아오더니, 아라토스를 성벽이 가장 낮다는 곳으로 안내했다. 성벽은 과연 15푸스 정도밖에 되지 않았다. 에르기노스와 동생 디오클레스는 할 수 있는 만큼 아라토스를 돕겠다고 약속했다.

이에 아라토스는, 만일 일이 성공하면 60탈란톤을 주고, 실패하더라도 자기가 죽지만 않는다면 집 한 채와 1탈란톤을 주겠다고 굳게 약속했다. 그러자 에르기노스는 그 돈을 은행가인 아이기아스에게 미리 맡겨두면 좋겠다고 이야기했다. 당장 큰돈이 없었던 아라토스는 다른 사람에게 돈을 빌리면 의심받을 것 같아 할 수 없이 돈 대신 집안 물건과 아내의 패물을 아이기아스에게 맡겼다.

아라토스는 이처럼 신의가 있으며, 명예로운 일을 하고자 하는 욕망도 컸다. 그는 포키온이나 에파메이논다스와 같은 인물이 헬라스에서 가장 정의롭고 명예로운 사람으로 존경받는 까닭이 뇌물에 흔들리지 않았기 때문이라는 점을 잘 알고 있었다. 그래서 아라토스는 이 계획에 들어가는 돈은 모두 자신이 마련하기로 했다. 게다가 자기가 무슨 일을 하는지도 모르는 시민들을 위해 목숨까지 걸기로 결심했다. 그토록 비싼 값을 치르고 그토록 커다란 위험을 사들인 사람의 의로운 마음을, 오랜 세월이 흐른 오늘날에도 누가 칭찬하지 않고 존경하지 않을 수 있겠는가? 아라토스는 밤사이 적진으로 들어가 목숨 걸고 싸울 수 있도록 가장 값나가는 재산을 저당잡혔으나, 오로지 고귀한 업적을 이룰 기회 말고는 그 어느 것도 담보로 받지 않았다.

이 계획은 순조롭게 진행된다 해도 매우 위험한 일이었는데, 처음에는 실수까지 했다. 아라토스는 부하 테크논을 보내, 요새에서 일하는 디오클레스를 만나게 했다. 그런데 테크논은 한 번도 디오클레스를 본 적이 없었으므로, 에르기노스가 디오클레스 생김새를 일러주었다. 그래서 테크논은 머리가 곱슬곱슬하고 검은 얼굴에 수염이 없는 자를 만나러 나섰다.

테크논은 에르기노스와 디오클레스를 만나기 위해 코린토스 변두리에 있는 약속 장소로 갔다. 그런데 때마침 에르기노스와 디오클레스의 형인 디오니시우스가 우연히 그곳을 지나가고 있었다. 테크논은 그가 틀림없이 디오클레스일 것이라 여겨 혹시 에르기노스의 가족이냐고 물었다. 이에 디오니시우스가 자신은 에르기노스의 형이라 대답하자 테크논은 그가 디오클레스라고 믿었다. 그래서 계획에 대해 전혀 모르고 있던 디오니시우스에게 악수를 청하면서 그 일에 대해 묻기 시작했다.

그러자 디오니시우스는 자기가 디오클레스인 것처럼 시치미를 떼고는 테크논을 데리고 코린토스 시로 걸어갔다. 이윽고 성문 앞에 이르렀을 때, 디오니시우스는 테크논을 잡으려고 손을 뻗었다. 그때 마침 에르기노스가 나타났다. 재빨리 상황을 파악한 에르기노스는 테크논에게 빨리 도망가라는 신호를 보냈고, 이렇게 해서 달아난 에르기노스와 테크논은 무사히 아라토스에게 돌아갈 수 있었다. 그러나 이 보고를 들은 아라토스는 조금도 흐트러짐 없이 에르기노스에게 돈을 건네면서, 디오니시우스를 찾아가 그 돈을 주고 입막음한 뒤 자기에게로 데려오게 했다. 잠시 뒤 그들이 오자 아라토스는 디오니시우스를 가두어 놓고 다시 계획대로 움직이기 시작했다.

모든 준비가 끝나자 아라토스는 병사들에게 무장을 갖추고 대기하라는 명령을 내렸다. 그러고 나서 정예부대 400명을 이끌고 아크로코린토스로 떠났다.

하지만 병사들 가운데 목적지를 아는 사람은 몇 명 되지 않았다. 아라토스는 이들을 헤라 신전과 가까운 코린토스 성문으로 이끌고 갔다.

그때는 한여름인 데다 마침 맑은 하늘에 보름달까지 떠 있어, 무기가 달빛에 번쩍거려서 자칫하면 적 파수병 눈에 띌 위험이 있었다. 그러나 맨 앞 부대가 성벽에 다가갈 즈음에는 다행히도 바다에서 피어오른 안개가 시가지와 그 주변을 뿌옇게 덮었다. 성벽 아래까지 이른 병사들은 모두 신발을 벗었다. 사다리를 오를 때 소리를 내지 않고 미끄러지지 않기 위함이었다.

한편 에르기노스는 나그네로 변장한 병사 7명을 이끌고 성문으로 갔다. 그리고 기회를 엿보아 순식간에 보초와 문지기를 죽여버렸다. 그와 동시에 반대편에서는 병사들이 사다리를 성벽에 세웠다. 아라토스는 병사들 100명을 먼저 성벽 위에 올라가게 하고, 나머지 병사들도 뒤따라 올라가게 했다. 그리고 이들이 완전히 성벽을 넘자 사다리를 치웠다.

아라토스는 먼저 올라온 병사 100명과 함께 시가지를 거쳐 요새로 달려갔다. 그는 마침내 요새를 확실히 손에 넣었다고 믿었다. 하지만 요새를 저만치 앞두고 갑자기 횃불을 든 파수병 4명과 마주쳤다. 달이 구름 속에 들어가 어두웠으므로 그들의 눈을 피할 수도 있었지만, 이쪽으로 똑바로 걸어온다면 들킬 것이 분명했다.

아라토스는 부하들을 낡은 건물과 성벽 그림자 뒤에 숨긴 뒤, 파수병들이 다가오자 재빨리 뛰어나가 그 자리에서 3명을 죽였다. 그러나 머리에 칼을 맞고 도망친 나머지 한 사람이, 성안에 적이 들어왔다고 크게 소리를 질러댔다.

곧 나팔 소리가 곳곳으로 울려퍼지고 온 시내가 발칵 뒤집혔다. 골목마다 병사들이 뛰쳐나와 아우성쳤으며, 수많은 횃불들이 시내와 요새 위까지 가득 채웠다. 그리고 귀를 찢을 듯이 요란한 소리가 캄캄한 밤하늘에 멀리 퍼져나갔다.

그동안 아라토스는 절벽을 기어오르고 있었다. 처음에는 깊이 패어 있는 바위 그림자를 따라 가파른 길을 올라갔는데, 너무 위험해서 도저히 더 나아갈 수 없는 곳까지 이르렀다. 바로 그때 달이 구름에서 빠져나와, 가장 오르기 힘든 곳에서 고생하던 그들의 앞길을 환하게 비추었다. 덕분에 아라토스는 계획했던 곳까지 무사히 다다랐고, 달은 다시 구름 속으로 사라졌다.

한편 헤라 신전 근처에 남겨두었던 병사 300명은 상황도 모른 채 어리둥절해

하고 있었다. 시내가 발칵 뒤집히고 여기저기에서 횃불이 번쩍거렸으므로 그들은 먼저 들어간 부대처럼 시내를 뚫고 지나갈 수도 없었다. 그래서 낭떠러지 아래에 숨어서 두려움과 불안에 떨고 있는데, 아라토스가 먼저 데리고 간 부대가 적들과 싸우는 소리가 들렸다. 그러나 그 소리는 곳곳에서 메아리가 되어 돌아왔으므로 도저히 어디에서 싸우는지 방향을 가늠할 수 없었다. 어디로 가면 좋을지 몰라 병사들은 안절부절못하고 있을 뿐이었다.

그때 안티고노스군 지휘관 아르켈라우스가 많은 군사를 이끌고 그들 앞을 지나갔다. 이들은 아라토스 부대를 공격하기 위해 나팔을 불며 달려가고 있었다. 이를 본 병사들 300명은 일제히 아르켈라우스 군대에게 달려들었다. 아라토스 군사들은 앞장선 적들을 죽이고, 겁에 질린 아르켈라우스와 적 병사들을 물리치며 시내로 들어갔다. 이 때문에 적군은 뿔뿔이 흩어지고 말았다.

바로 그때 요새 위에서 싸우다가 빠져나온 에르기노스가, 아라토스가 지금 불리한 상황에 처해 있으니 도와달라고 소리쳤다. 이에 병사들은 에르기노스의 안내로 절벽을 올라가면서 함성을 질러 아군에게 자신들이 왔음을 알렸다. 좁은 언덕길을 길게 줄지어 오르는 동안 보름달이 다시 나타나 그들의 창과 칼을 비추었다. 적들은 창과 칼에 반사되는 달빛과 커다란 함성에 놀라, 엄청난 대군이 올라온다고 생각했다. 한밤이라서 이들이 지르는 고함 소리는 몇 배나 더 크게 울려, 마치 천지가 뒤흔들리는 듯했으므로 적들은 더욱 겁을 먹었다. 아라토스 병사들은 앞선 부대와 힘을 합쳐 적을 완전히 무찌르고 마침내 요새를 빼앗았다.

그럴 때쯤 서서히 날이 밝아오면서 그들 머리 위에 새로운 태양이 눈부시게 떠올랐다. 시키온에서 아라토스 본대까지 도착하자 코린토스 시민들은 성문을 활짝 열고 그들을 반갑게 맞이했다. 그리고 그들을 도와 마케도니아 수비대를 모조리 잡아들였다.

이제 안전하다고 생각한 아라토스는 요새에서 내려와 극장으로 갔다. 그곳은 이미 시민들로 가득 차 있었다. 그는 연단 양쪽에 아카이아 병사들을 호위대로 세우고 나타났다. 아라토스는 미처 갑옷도 벗지 못한 채 연단으로 올라섰는데, 밤새도록 적과 싸우느라고 몹시 지쳐 있어서 얼굴에는 전혀 핏기가 없었다. 승리의 기쁨도 피로에 묻혀서 그의 얼굴은 전혀 만족스러워 보이지 않았다.

그가 연단 위에 나타나자 시민들은 열광적으로 환성을 질렀다. 아라토스는

아라토스(ARATOS) 1835

창을 오른손으로 옮겨 잡고 몸을 기댄 채, 잠시 동안 박수와 환호를 묵묵히 듣고 있었다. 군중의 환호가 그치기를 기다려 아라토스는 몸을 일으켜 세웠다. 그는 아카이아 동맹에 대해 이야기한 뒤 코린토스도 아카이아 동맹에 가입하라고 권유했다. 그러고 나서 그는 필리포스 왕이 쳐들어온 뒤로 남의 손에 넘어갔던 성문 열쇠들을 코린토스 사람들에게 돌려주었다.

아라토스는 안티고노스의 여러 장군들 가운데서 아르켈라우스를 풀어주었다. 그러나 자기 직책을 내놓기를 거부한 테오프라스투스는 끝내 사형당했다. 한편 페르사이우스는 요새가 함락되었을 때 켄크레아이로 도망쳤는데, 그 뒤에 누군가 현명한 사람만이 진정한 장군이 될 수 있다고 말하자 다음처럼 대꾸한 바 있다.

"제논의 격언 가운데에서 내가 가장 좋아한 것이 바로 그 말이었소. 하지만 시키온의 한 젊은이에게 모욕을 당한 뒤부터는 생각이 달라졌다오."

페르사이우스의 이 말은 여러 역사가들의 기록에 남아 있다.

그 뒤 아라토스는 헤라 신전과 레카이움 항구를 차지하고, 안티고노스의 배 25척과 말 500마리를 빼앗았으며, 시리아인 400명을 노예로 팔아버렸다. 그런 다음 아크로코린토스에 아카이아 동맹군 중무장 부대 400명, 군대에서 기르는 개 50마리, 그 개들을 부리는 병사 50명을 두어 요새를 지키게 했다.

로마 사람들은 필로포이멘을 헬라스 마지막 위인이라고 말했다. 이제 헬라스에서 다시는 그런 훌륭한 인물이 나오지 않으리라는 뜻이었다. 그러나 아크로코린토스를 빼앗은 아라토스야말로 헬라스의 마지막 위인이며, 가장 큰일을 한 사람이었다. 이는 일을 치를 때 그에게 닥쳤던 위기와 하늘의 도움, 그리고 그 결과를 보아도 알 수 있다. 또한 이 일이 있은 뒤 메가라는 안티고노스를 등지고 아라토스 편에 섰으며, 트로이젠과 에피다우루스도 아카이아 동맹에 가입했다.

그 뒤 아라토스는 처음으로 나라 밖으로 나가 아티카를 공격했으며, 거기서 다시 바다를 건너가 살라미스 섬을 점령했다. 이렇게 되자 그때까지 펠로폰네소스 반도에 갇혀 있던 아카이아 동맹군들이 한꺼번에 본토로 몰려왔다. 아라토스는 포로로 잡은 자유인들을 아무런 대가도 받지 않고 모두 풀어주었는데, 이 또한 아테나이를 아카이아 동맹에 끌어들이기 위함이었다.

아라토스는 아이귑토스의 프톨레마이오스 왕을 아카이아 동맹에 가입시키고 육군과 해군을 모두 지휘하는 대장군으로 추대했다. 이로써 아카이아 동맹에서 아라토스의 세력은 더욱 막강해졌다. 아카이아의 도시들은 한 해 건너 아라토스를 장군으로 뽑았다. 같은 사람을 해마다 장군으로 뽑는 일이 법률로 금지되어 있었기 때문이다. 그러나 모든 결정은 아라토스 지시에 따라 이뤄졌다. 그가 자신과 자신의 나라만을 염두에 두지 않고 아카이아 동맹국 전체의 영광과 발전을 생각한다는 것을 모두 알고 있었기 때문이다.

아라토스는 도시들이 따로 떨어져서는 강한 힘을 발휘할 수 없지만, 커다란 전체의 한 부분으로서 의견을 함께하면 강해지는 것을 잘 알고 있었다.

이렇게 이웃 도시들은 모두 아카이아 동맹에 가입해 자유를 누렸으나, 아르고스는 여전히 참주 아래에서 괴로움을 당하고 있었다. 이를 본 아라토스는 무척 안타까운 마음이 들어서 전제자 아리스토마쿠스를 몰아내고 아르고스를 해방시키기 위한 계획을 세웠다. 아르고스는 본디 아라토스의 고향이었으므로, 그는 아르고스인들에게 자유를 되찾아 주고 아카이아 동맹에 가입시키는 것이야말로 고향에 보답하는 길이라 여겼다.

아이스킬로스와 예언자 카리메네스를 비롯한 많은 아르고스인들이 그 뜻에 찬성했다. 하지만 참주 아리스토마쿠스가 일반인들이 무기를 갖는 것을 금지했다는 게 문제였다. 아라토스는 할 수 없이 코린토스에서 무기를 가져와야만 했다. 그는 무기를 넣은 자루를 말에 싣고, 다른 물건들로 그 위를 덮어 몰래 아르고스로 보냈다.

그런데 아이스킬로스를 비롯한 몇몇 사람들은 카리메네스를 몹시 못마땅하게 여겨 그와의 관계를 끊고 자기네들끼리만 일을 추진하기 시작했다. 이를 알고 몹시 화가 난 카리메네스는 적에게 그들의 계획을 모두 밀고하고 말았다. 참주를 공격하려던 사람들은 비밀이 탄로나자 급히 코린토스로 도망쳤다. 아리스토마쿠스는 얼마 뒤 부하들 손에 암살당했으나, 뒤이어 아르고스에서는 그보다 더 잔인하고 극악한 아리스티포스가 정권을 잡았다.

이 소식을 들은 아라토스는 젊은이들을 모두 불러모아 아르고스로 떠났다. 그는 아르고스에 가면 시민들이 함께 나서주리라 여겼지만, 기나긴 억압 생활에 젖어 있었던 탓인지 아무도 아라토스를 도와주려 하지 않았다. 끝내 아라토스는 군대를 거두어 되돌아와야만 했다.

그러자 아카이아 동맹은 평화로운 때에 그 어떤 까닭도 없이 남의 나라를

아라토스(ARATOS) 1837

함부로 침략했다는 죄명으로 만티네아에서 재판까지 받게 되었다. 그러나 아라토스가 법정에 나가지 않는 바람에 자연히 아리스티포스가 이겼고, 재판에 진 아카이아 동맹은 벌금으로 30므나를 내놓게 되었다.

아리스티포스는 아라토스를 미워하면서도 한편으로는 두려워했다. 그리하여 아라토스를 죽이기 위해 몹시 끔찍한 계획을 세우고 안티고노스 왕의 도움을 받기로 했다. 이렇게 해서 아라토스 뒤에는 늘 수많은 암살자들이 따라다니게 되었다.

정치가의 가장 확실한 방어 수단은 민중의 충성과 사랑이다. 민중이 지도자를 두려워하지 않고 오히려 지도자 신변에 무슨 일이 생길까봐 두려워한다면, 그 지도자는 수많은 눈으로 보고 수많은 귀로 듣는 것이나 마찬가지이며 어떤 음모든지 곧장 정보를 얻기 마련이다. 그러므로 여기서 잠깐 이야기를 멈추고, 모든 사람들이 그토록 부러워하고 우러러보는 절대 권력의 지위를 누렸던 참주 아리스티포스의 삶에 대해 말하고자 한다.

아리스티포스는 안티고노스 왕과 손을 잡았지만 언제나 호위병을 두고 경계를 늦추지 않았으며, 자기에 대해 불평하는 이가 있으면 한 사람도 살려두지 않았다. 그는 많은 호위병들을 궁전 가까운 곳에 두고 날마다 저녁을 먹은 뒤에는 하인들을 모두 내보내고 직접 문을 잠갔다. 그런 다음 천장 위에 만들어 놓은 비밀문에 사다리를 놓고, 애첩과 함께 그 위에 있는 다락방으로 올라갔다. 그곳이 바로 그의 침실이었다. 아리스티포스는 그곳에서도 불안에 떨었으며, 잠을 자다가도 늘 깜짝깜짝 놀라서 깨어나곤 했다.

둘이 다락방으로 올라가면 애첩의 어머니가 사다리를 들어서 다른 방에 넣고 열쇠로 잠갔다가 아침이 되면 다시 사다리를 그곳에 세우고 두 사람을 내려오게 했다. 그러면 그는 마치 굴에서 나오는 뱀처럼 어슬렁거리며 아래로 내려왔다.

그러나 아라토스의 생활은 그와는 전혀 달랐다. 그는 언제나 보통 사람들처럼 소박한 옷을 입고 다니며, 참주들을 모두 자신의 원수라 말했다. 아라토스는 오랫동안 장군 자리에 있었는데 이는 무력이 아닌 정당한 방법으로 얻은 영광스러운 자리였다.

아라토스는 온갖 수단을 동원해 아르고스를 아리스티포스 손에서 해방시키려 했으나 한 번도 성공하지 못했다. 언젠가는 부하들 몇 명을 데리고 아르고스 성에 몰래 들어가 성벽에다 사다리를 세운 뒤 대담하게 성으로 올라가 그곳 수비병들을 죽였다. 하지만 아리스티포스 군대가 곳곳에서 달려들자 곧 위기에 처했다. 시민들 반응 또한 뜻밖에 차가웠다. 그들은 자기들의 해방을 위해 피 흘리는 이들의 모습을 마치 네메아 경기대회를 구경하는 것처럼 아무 표정 없이 담담하게 지켜보기만 할 뿐이었다.

아라토스는 전투 중에 허벅지에 창이 꽂혔지만 용감히 싸웠다. 그들은 아르고스 시 일부를 완전히 점령하고 밤이 될 때까지 한 발자국도 뒤로 물러나지 않았다. 그때 아리스티포스는 이미 자기 재산과 보물들을 배로 옮기고 도망칠 준비를 하고 있었지만 시민들은 아무도 그런 사실을 아라토스에게 알려주지 않았다. 만약 그런 사실을 미리 알았더라면 그는 충분히 이길 수 있었으리라. 끝내 마실 물도 떨어지고 상처도 치료해야 했던 아라토스는 아리스티포스가 이미 도망친 사실도 모른 채 할 수 없이 군대를 철수시켰다.

이번에는 방법을 바꾸어, 아라토스는 아예 아르고스 시로 버젓이 들어가 재물을 마구 약탈했다. 그리하여 아라토스군은 카레스 강에서 아리스티포스 군대와 격전을 벌이게 되었다. 아라토스군의 한 부대는 승리를 거두고 적을 멀리까지 뒤쫓았지만, 아라토스가 직접 지휘하던 부대는 심한 피해를 입었다. 아라토스는 싸움이 계속되면 전멸당할 것 같아 이번에도 할 수 없이 군대를 철수시키고 말았다.

적을 뒤쫓다가 돌아온 아라토스의 다른 부대는 아라토스가 철수했다는 소식을 듣고, 손안에 들어온 승리를 놓친 격이라며 그에게 비난을 퍼부었다. 그들은 아라토스 장군이 제대로 싸우지 못했기 때문에 적군보다 더 많은 전사자를 냈으며, 싸움에서 패배한 적이 도리어 승리의 기념비를 세우게 됐다고 불평을 늘어놓았다.

이 말을 들은 아라토스는 충격에 얼굴을 바로 들 수가 없었다. 그는 다음 날 다시 군대를 이끌고 싸움터로 나갔다. 그러나 아라토스는 이번에도 군대를 되돌릴 수밖에 없었다. 그동안 적군은 더 많은 부대를 불러모아 막강한 세력을 갖추었고, 사기 또한 높아져 있었던 것이다. 이를 본 아라토스는 굳이 싸우는 것보다 물러가는 편이 앞날을 위해 훨씬 유리하리라 여겼다. 그래서 그는 휴전을 요청하고 전사자들 시신을 찾은 뒤 군대를 되돌렸다.

하지만 아라토스는 전투에서 입은 손해를 정치적인 방법으로 메꿀 수 있었다. 그는 클레오나이 시를 아카이아 동맹에 끌어들였으며, 그곳에서 네메아 경기대회를 열었다. 예로부터 이곳은 네메아 경기대회를 주관하는 곳이었기 때문이다. 아르고스 사람들도 이 대회에 참석했는데, 이때 운동경기에 참가한 선수들 안전이 처음으로 짓밟히게 되었다. 아르고스 선수들이 대회에 참가하기 위해 아카이아 땅에 들어오자, 아카이아 동맹군은 그들을 모조리 잡아서 노예로 팔았던 것이다. 참주에 대한 아라토스의 분노는 이토록 가혹하고 무자비했다.

이 일이 있고 얼마 뒤 아라토스는 아리스티포스가 그를 두려워해 클레오나이 정벌을 망설이고 있다는 뜻밖의 소식을 들었다. 다시 용기를 얻은 아라토스는 곧 군대를 모았다. 그리고 책임자들에게 며칠분 식량을 준비하게 한 다음, 서둘러 켄크레아이로 떠났다. 아라토스는 아리스티포스가 이 기회를 이용해서 클레오나이를 공격하리라 여겼다.

그의 예상은 맞아떨어졌다. 아리스티포스는 아라토스가 켄크레아이로 떠났다는 정보를 듣자마자, 군대를 이끌고 클레오나이로 나아갔다. 그러나 이를 짐작한 아라토스는, 밤이 깊어지자 군대를 돌려 몰래 코린토스로 되돌아왔다. 그리고 모든 길마다 병사들을 숨겨둔 뒤, 나머지 군대를 이끌고 클레오나이로 갔다.

아라토스가 군대를 질서 있게 재빨리 이끌고 왔기 때문에 아리스티포스 군대는 이들의 움직임을 전혀 눈치 채지 못했다. 아라토스는 클레오나이에 도착하자 군사들을 모두 무장시켜 시내 곳곳에 배치했다. 물론 아리스티포스는 아라토스가 시내에 잠복해 있으리라고는 상상도 하지 못했다.

아침이 밝아오자 아라토스 군대는 함성을 지르고 나팔을 불면서 성문으로 돌진했다. 적은 난데없는 공격에 모두 뿔뿔이 흩어져 도망치기 시작했고, 아라토스는 아리스티포스가 달아났을 만한 길을 찾아서 곧바로 달려갔다. 데이니아스 기록에 따르면, 아라토스군은 미케나이까지 적들을 쫓아갔으며 그곳에서 아리스티포스와 마주쳤는데, 크레테 출신 트라기스쿠스라는 병사가 달려가 그를 죽였다고 한다.

이 싸움으로 1500명에 달하는 적 병사들이 죽임을 당했지만, 아라토스 군대는 단 한 명의 병사도 잃지 않았다. 하지만 그사이에 아기아스와 아리스토마쿠스가 마케도니아 군대를 이끌고 달려와 아르고스를 점령해 버리는 바람에, 아르고스인을 해방시키겠다는 아라토스 꿈은 물거품이 되고 말았다.

아라토스는 이 일을 계기로 자신을 욕하고 비웃던 아첨꾼들의 입을 막을 수 있었다. 이 아첨꾼들은 전제자들에게 사랑받기 위해, 아카이아 동맹군 장군이라는 사람은 싸움터에만 나가면 꼭 속이 불편해지고, 나팔 소리가 울리면 어지러워지며, 게다가 군대를 배치한 다음에는 장군들을 불러다가 이제 주사위는 던져졌으니 잘 부탁한다면서 자신은 뒤로 물러나 비겁하게 승패를 지켜보았다고 말했다.

이처럼 터무니없는 이야기들은 여러 사람들 입에서 입으로 전해져 퍼져나갔다. 그래서 철학자들은, 급박한 상황에서 가슴이 두근거리고 얼굴이 새파랗게 질리는 것이 두려움 때문인지, 아니면 병이나 오한 때문인지를 토론할 때면 언제나 아라토스를 예로 들었다. 아라토스는 훌륭한 장군이라 불렸지만, 싸움터에 나갈 때마다 이런 증상에 시달렸다고 한다.

아라토스는 아리스티포스를 죽인 뒤, 메갈로폴리스 참주가 된 리디아데스를 몰아낼 궁리에 몰두했다. 리디아데스는 본디 좋은 집안에서 태어나 큰 뜻을 품은 사람으로, 다른 참주들처럼 쾌락에 빠져서 이기적인 욕심을 부리거나 무서운 범죄를 저지르지는 않았다. 오로지 젊었을 때부터 명예욕이 강했으며, 참주정치만이 시민들이 행복할 수 있는 길이라 굳게 믿을 뿐이었다. 하지만 마침내 참주 자리에 앉게 되자, 그 또한 지배자의 권력을 마음껏 휘두르기 시작했다.

리디아데스는 아라토스의 성공을 부러워하는 한편, 그를 무서워했다. 그래서 자기가 할 수 있는 가장 훌륭한 조치를 취했다. 그는 시민들의 미움과 호위병들에게 둘러싸여 다니는 생활에서 해방되고, 나라의 이익이 되는 일을 하기 위해 아라토스에게 정권을 넘겨주었으며, 메갈로폴리스를 아카이아 동맹에 가입시켰다. 아카이아 사람들은 리디아데스 행동을 칭찬하면서 그를 아카이아 동맹군 장군으로 뽑았다. 그러자 리디아데스는 타고난 명예욕을 억누르지 못하고 아라토스보다 더 많은 공적을 세우고자 필요하지도 않은 계획을 세우기 시작했다. 또한 라케다이몬을 상대로 원정을 선포하기도 했는데, 아라토스가 이를 반대하자 시민들은 오히려 그가 리디아데스를 질투하는 것이라 비난하면서 리디아데스를 다시 한 번 장군으로 선출했다. 아라토스는 다른 사람을 장군으로 추천했지만, 시민들이 그의 의견을 완전히 무시해 버리고 리디아데스를 장군으로 뽑은 것이다. 앞서 말했듯이 아라토스는 한 해 걸러 한 번씩 장군이 되었는데, 리디아데스 또한 교묘한 수단으로 아라토스와 번갈아 가면서 세 번이나 장군이 되었다.

이렇게 되자 리디아데스는 아라토스에 대한 미움을 노골적으로 드러냈다. 그는 아카이아 동맹국 시민들 앞에서 아라토스를 비난하기도 했다. 그제야 시민들은 아라토스의 미덕은 진심에서 우러나온 것이지만, 리디아데스는 그렇지 않다는 것을 비로소 깨닫게 되었다. 이는 '아이소푸스 우화'에 나오는 이야기와도 같다. 뻐꾸기가 작은 새들에게 왜 나를 보면 도망치느냐고 묻자, 작은 새들은 언젠가 솔개가 될 것이기 때문이라고 대답했다. 이처럼 시민들은 리디아데스가 비록 참주 자리를 내놓기는 했지만, 언젠가 또다시 사나운 참주로 돌아올지 모른다고 생각했다.

아라토스는 아이톨리아 전쟁에서도 크게 이름을 떨쳤다. 그때 아카이아 동맹은 아이톨리아군과 메가라 국경 지대에서 전쟁을 벌이려고 했다. 그래서 라케다이몬의 아기스 왕도 군대를 이끌고 아라토스 군대를 지원하러 오고 있었다. 아기스는 아라토스에게 서둘러 싸울 것을 요청했다. 그러나 아라토스가 전쟁을 반대하고 나서자, 시민들은 그에게 온갖 욕설과 비난을 퍼부었다. 하지만 한 번 옳다고 생각한 일은 어떤 일이 있더라도 굽히지 않는 아라토스는 그 모든 모욕을 꿋꿋이 참아냈다.

아이톨리아 군대가 게라네아를 넘어 펠로폰네소스 반도로 들어온다는 소식에도 꿈쩍하지 않던 아라토스는 그들이 펠레네를 점령했다는 소식이 들리자 기다렸다는 듯이 갑자기 군대를 움직이기 시작했다. 적군은 승리의 기쁨에 들떠서 긴장이 완전히 풀려 있었기에 아라토스는 적들을 간단히 무찌를 수 있었다.

펠레네에 들어온 아이톨리아군은 서로 시민들 재산을 차지하려고 싸우기 시작했고, 사령관과 부하 장군들은 펠레네 여성들을 닥치는 대로 붙잡아 자신의 전리품으로 삼았다. 그들은 자기 투구를 여자들 머리에 씌워 자신의 것임을 표시했다. 한참 이런 만행이 벌어지고 있을 때 아라토스 군대가 공격해 온다는 보고가 전해지자 순간 적군들은 온몸이 얼어붙는 것 같았다. 그때 성문을 지키던 병사들이 아카이아군에 쫓겨 들어오면서 시내에 있던 군대까지 온통 아수라장이 되었다.

이 혼란 속에서 다음 같은 일이 있었다. 아이톨리아군에 잡힌 여자들 가운데는 에피게테스라는 이름난 사람의 딸이 있었다. 큰 키에 아름다운 용모를 가진 그녀는 정예부대 대장에게 붙잡힌 뒤 3겹 깃털을 꽂은 그의 투구를 머리에 쓰고, 아르테미스 신전 정문에 세워져 있었다. 그런데 그 모습이 마치 아르테미스 여신처럼 보였다. 그녀를 본 적군들은 여신이 자기들을 벌주러 내려온 줄 알고 두려움에 떨다가 마침내 싸울 용기를 완전히 잃어버렸다.

　펠레네 사람들에 따르면, 그때 여자 제관들이 진짜 아르테미스 신상을 들고 나와 적군의 사기를 떨어뜨렸다고 한다. 나무로 깎아 만든 아르테미스 신상은 아무도 손댈 수 없었다. 특별한 일이 있어 이 신상을 옮길 때면 여자 제관들이 그 일을 맡아 했는데, 그때도 시민들은 감히 그 신상을 쳐다보지 못하고 고개를 돌려야만 했다. 이 여신을 쳐다보는 사람은 반드시 무서운 벌을 받고, 여신이 지나간 길에는 나무도 열매를 맺지 못하고 죽는다는 믿음 때문이었다. 그래서 전투가 시작되자 여자 제관들이 이 여신상을 들고 나와 적들이 더 이상 싸울 수 없게 한 것이라 전해진다.

　그러나 아라토스가 직접 쓴 회고록에는 이런 이야기가 전혀 나오지 않는다. 그는 시내로 들어가 아이톨리아군 700명을 죽이고 승리했다. 이는 아라토스가 거둔 승리들 가운데 가장 영광스러운 것으로 알려졌다. 그래서 화가 티만테스는 이 전투 광경을 생생하게 그려 후세 사람들에게 남겼다.

　그럼에도 많은 주변국들이 아카이아 동맹을 깨뜨리기 위해 힘을 모으자 아라토스는 할 수 없이 아이톨리아 동맹국과 휴전을 맺고, 그 나라 지도자인 판탈레온의 도움을 받아 두 동맹국 간의 평화조약을 맺었다.

　아라토스는 아테나이를 해방시키려 애쓰다가 아카이아 동맹국들로부터 심한 비난을 받았다. 아카이아가 이미 마케도니아와 휴전조약을 맺고 있었음에도 아라토스가 페이라이우스 항구를 공격했기 때문이다. 그러나 아라토스는 자신의 회고록에서 그 일을, 아크로코린토스를 점령할 때 그를 도와준 에르기노스의 책임으로 돌렸다.

　아라토스 말에 따르면, 에르기노스는 홀로 페이라이우스 항을 공격했으며, 성을 넘어 들어갈 때 사다리가 부서지는 바람에 도망갔는데, 그때 아라토스 이름을 불러대면서 적이 쫓아오지 못하게 했다는 것이다. 하지만 이 변명은 믿기 어렵다. 한낱 평민에다가 시리아 태생인 에르기노스가, 아라토스가 시키지도 않은 그런 큰일을 홀로 했다는 것은 믿을 수 없기 때문이다. 그러므로 아마 아라토스가 그에게 군대와 물자를 내주고 그 일을 뒤에서 조종하지 않았나 하는 생각이 든다.

그것은 아라토스의 행동을 봐도 알 수 있다. 그는 몇 번이나 같은 공격을 되풀이했는데, 계속 실패하면서도 그때마다 조금만 더 힘이 있었더라면 분명히 성공했으리라는 생각으로 잇따라 공격을 시도한 것이다. 한 번은 적진에서 도망치다가 트리아시아 평원에서 다리를 다치게 되었다. 그 뒤 여러 번 수술했지만 차도가 없어서 그는 오랫동안 마차를 타고 전쟁터에 나가야만 했다.

안티고노스가 죽자, 그의 아들 데메트리우스가 왕위를 이어받았다. 그러자 아라토스는 아테나이에 미련을 못 버리고 또다시 마케도니아로 쳐들어갔는데, 필라키아 근처에서 데메트리우스가 보낸 비티스 장군에게 패배하고 말았다. 이 일로 인해 아라토스가 적에게 포로로 잡혔거나 아니면 전사했으리라는 소문이 나돌았다. 페이라이우스 항구를 지키던 디오게네스는 이 소문을 듣자 코린토스로 편지를 보내, 아라토스가 죽었으니 아카이아인들은 모두 그곳에서 물러가라고 명령했다. 그러나 이 편지가 도착했을 때 아라토스는 코린토스에 있었으므로, 편지를 가져온 전령은 실컷 비웃음만 당하고 돌아갔다.

마케도니아 왕 데메트리우스는 아라토스의 시신을 묶어서 실어오라는 명령과 함께 배 한 척을 보내왔다. 아테나이 사람들도 마케도니아에 잘 보이려고, 아라토스가 전사했다는 소문을 듣고는 월계관을 쓰며 축제 분위기를 내기도 했다. 이런 이야기를 듣고 몹시 화가 난 아라토스는 다시 아테나이를 공격하려고 아카데메이아까지 갔다가 시민들 애원에 못 이겨 되돌아왔다.

데메트리우스가 죽자, 아테나이 사람들은 자유를 되찾기 위해 아라토스에게 도움을 요청했다. 그때 아라토스는 아카이아 사령관도 아니었고 병까지 앓고 있었지만 자리를 떨치고 일어났다. 마차를 타고 곧바로 아테나이로 달려간 그는 마케도니아 사령관 디오게네스를 만나 설득하기 시작했다. 마침내 마케도니아는 150탈란톤을 받고 페이라이우스, 무니키아, 살라미스, 수니움을 아테나이에 돌려주기로 했다. 이 일로 아라토스는 20탈란톤을 수고비로 받는데, 그는 이 돈을 다시 아테나이에 기부했다.

그 뒤 아이기나와 헤르미오네가 아카이아 동맹에 들어왔으며, 아르카디아의 거의 모든 국가도 여기에 가입했다. 마케도니아는 이웃 나라와 전쟁을 치르느라 몹시 바빴으므로 아카이아에는 신경 쓸 겨를이 없었다. 그사이 아카이아는 아이톨리아와 동맹을 맺으면서 점차 그 힘이 커졌다.

아라토스는 자신의 처음 계획을 실행에 옮기기 위해, 여전히 참주 그늘 아래에서 신음하는 아르고스로 눈을 돌렸다. 그는 아리스토마쿠스에게 사람을 보내서 조그마한 도시의 참주 자리 때문에 괴로움을 당하며 살 바에는 아르고스를 시민들에게 돌려주고, 리디아데스처럼 아카이아 동맹의 위대한 장군이 되라고 권유했다.

아리스토마쿠스는 아라토스의 이러한 권유를 받아들이는 대신 한 가지 조건을 내놓았다. 자신이 모집한 용병들을 해산시킬 테니 그들에게 줄 봉급 50탈란톤을 내달라는 것이었다. 아라토스는 그 조건을 들어주기로 하고 서둘러 돈을 구했다.

한편 아카이아의 리디아데스 장군은 자기가 그 조약을 성공시킨 것처럼 보이려는 욕심에, 아라토스는 본디 참주를 원수처럼 여기는 사람이니 자기가 이 일을 중재하겠다고 아리스토마쿠스에게 제안하고, 아카이아 회의에 이 내용을 제출했다.

그 무렵 아카이아 위원들 행동을 보면, 그들이 얼마나 아라토스를 존경하고 아꼈는지 잘 알 수 있다. 그들은 아라토스가 이 제안을 듣고 반대 연설을 하자 리디아데스 제안을 무시해 버렸다. 그러나 한참 뒤 아리스토마쿠스와 화해한 아라토스가 같은 내용의 제안을 했을 때는 아무런 이견 없이 곧바로 받아들였다. 위원들은 아르고스와 플리우스를 아카이아 동맹에 가입시켰으며, 이듬해에는 아리스토마쿠스를 아카이아 동맹국 군대 장군으로 뽑았다.

아리스토마쿠스는 아카이아 사람들로부터 존경받게 되자 자신의 능력을 뽐내고 싶어졌다. 그래서 그는 라코니아를 공격할 계획을 세우고, 아테나이에 가 있던 아라토스가 돌아오기를 기다렸다. 하지만 아라토스는 클레오메네스가 용감한 장군이며 이제까지 수많은 승리를 거두었으므로, 섣불리 싸움을 거는 것은 위험한 일이라고 판단했다. 그래서 그는 아리스토마쿠스에게 편지를 보내 그 계획을 중단하라고 했다. 그러나 아리스토마쿠스가 고집을 꺾지 않고 라코니아에 쳐들어갈 기세였으므로, 아라토스는 할 수 없이 급히 아카이아로 돌아와 아리스토마쿠스와 함께 출전했다.

클레오메네스 왕은 팔란티움에서 싸움을 걸어왔다. 아리스토마쿠스는 곧

아라토스(ARATOS) 1845

바로 대응하려고 했지만 아라토스는 그를 말렸다. 리디아데스는 이런 아라토스의 행동을 몹시 비난했다. 하지만 다음 해에 리디아데스가 아라토스와 함께 장군 후보로 나왔을 때, 아카이아 사람들은 리디아데스를 버리고 아라토스를 열두 번째 장군으로 뽑았다.

아라토스는 그해 리카이움 산 근처에서 클레오메네스 군대와 싸우다가 안타깝게도 패배하고 말았다. 그 뒤 한밤에 도망치다가 자취를 감추었는데, 이 일 때문에 또다시 죽었다는 헛소문에 시달리게 되었다. 그러나 아라토스는 무사히 도망쳤으며, 자신의 소문이 나돌 때를 이용해 흩어졌던 군사를 힘겹게 끌어모아 클레오메네스 편을 들던 만티네아 시를 습격했다.

만티네아를 점령한 아라토스는 이곳에 자신의 군대를 머물게 하는 한편, 그곳에 살던 외국인들에게 시민권을 주었다. 이렇게 해서 그는 전투에 지고도 승리에 못지않은 성과를 올려 다시 한 번 아카이아 동맹을 떠들썩하게 만들었다.

그 뒤 라케다이몬이 메갈로폴리스 시를 공격하자, 아라토스는 서둘러 그곳으로 달려갔다. 하지만 아라토스는 클레오메네스가 아무리 싸움을 걸어도 가만히 있었으며, 오히려 싸우려고 일어서는 메갈로폴리스군을 말렸다. 본격적으로 벌판에서 맞붙는 싸움에는 자신이 없었고, 그때는 적군에 비해 병력도 한참 부족했기 때문이었다. 더구나 나이를 먹을 만큼 먹은 자신이, 용감하고 젊은 장군과 정면으로 맞서는 것은 어리석은 일이라 판단했다. 클레오메네스는 공명심 때문에 날뛴다 치더라도 자기는 지금의 영광을 보존하는 것이 훨씬 현명한 행동이라 여겼던 것이다.

그때 경무장 부대가 달려나가 라케다이몬 군대를 무찌르고 그들 진지까지 뒤쫓아갔다. 그러나 아라토스는 여전히 중무장 부대를 잡아두었다. 그는 중무장 부대에게 시냇가에 진을 치게 하고는 절대 그 시내를 건너지 못하게 했다. 그러자 몹시 화가 치민 리디아데스는 아라토스를 비난하다가 마침내 기병대 병사들을 불러모아, 경무장 부대를 도와서 목숨을 걸고 용감하게 싸우자고 외쳤다. 그러자 많은 병사들이 리디아데스를 따라 적의 오른쪽을 공격했으며, 적군들이 더 이상 맞서지 못하고 도망치자 그들을 뒤쫓아 갔다. 공명심에 눈이 멀었던 리디아데스는, 곳곳에 도랑이 파인 과수원까지 쫓아 들어가고 말았다. 그때 클레오메네스가 갑작스럽게 리디아데스 군대를 공격해 왔다. 리디아데스는 용감하게 싸웠지만 끝내 자신의 고향 성문 앞에서 죽음을 맞았다.

리디아데스의 전사 소식을 들은 부하들은, 아라토스 중무장 부대가 있는 시냇가로 도망쳐 왔다. 그러나 이들이 도망쳐 오는 모습을 본 중무장 부대는 당황한 나머지 뿔뿔이 흩어져 도망치고 말았다. 이렇게 해서 이 싸움은 결국 아카이아 동맹군의 패배로 끝났다.

이 일로 아라토스는 용감한 리디아데스를 죽게 내버려 두었다는 비난에 시달려야만 했다. 화가 난 병사들이 모두 아이기움으로 물러가 버렸으므로, 아라토스도 그들을 따라갈 수밖에 없었다. 그들은 아이기움에 도착하자 곧 회의를 열고 이 문제에 대해 의논했다. 그리고 이제부터 아라토스에게는 전쟁 비용과 군대를 주지 말고, 만일 군대가 필요하다면 자기 돈으로 군대를 모집하도록 하라는 결정을 내렸다.

이런 어이없는 모욕을 당한 아라토스는 당장이라도 장군 자리를 내던져 버리고 싶었다. 하지만 모든 것을 참고 다시 아카이아군을 지휘해 클레오메네스의 의붓아버지인 메기스토노우스의 군대를 공격했다. 여기서 그는 적병 300명을 죽이고 메기스토노우스를 사로잡았다.

그때까지 아라토스는 2년마다 장군으로 임명되었으나, 다음 해에 자기 차례가 왔을 때는 그 자리를 애써 거절했다. 그래서 티모테누스가 대신 그해의 장군으로 임명되었다. 아라토스가 장군 자리를 거절한 것은 시민들에 대한 노여움에서라기보다는 나날이 위태로워지는 아카이아 동맹의 운명 때문이었다.

마침내 클레오메네스는 지금까지의 소극적인 정책을 버리고, 본격적으로 세력을 늘리기 시작했다. 그는 에포로스를 죽이고 토지제도를 개혁했으며, 다른 나라 사람들에게 시민권을 나누어 주었다. 그리고 아카이아 동맹에 대해 맹렬한 공격을 퍼부으며 아카이아군 지휘관 자리를 원했다. 이렇게 되자 장군직을 거절했던 아라토스는 폭풍을 만난 배의 선장이 다른 사람에게 임무를 맡겨 책임을 피하는 것과 마찬가지라며 또다시 비난을 받게 되었다. 시민이 원치 않는다고 해서 반드시 해야 할 일을 하지 않는 건 비겁한 짓이라는 것이다.

또 어떤 사람은 만일 아카이아 동맹이 감당 못할 일이었다면 차라리 클레오메네스와 휴전을 맺었어야 했는데도 아라토스는 야만인 같은 마케도니아에게 협력해 펠로폰네소스를 통째로 넘겨주었고, 게다가 아크로코린토스를 일리리아와 갈리아 놈들 세상으로 만들어놓았다고 비난했다.

아라토스에게 퍼붓는 욕설은 여기에서 그치지 않았다.

아라토스(ARATOS) 1847

"이제껏 마음대로 지배하면서 자기 회고록에서도 그렇게 비난하던 놈들을, 이제 와서 동맹군이라는 명목으로 불러들이다니 이게 말이나 되는 일이오?"

"아라토스 말대로 클레오메네스가 전제자라고 해도, 그는 스파르타 출신에 우리와 같은 헤라클레스 후손이 아니오? 진정한 헬라스인이라면, 마케도니아에서 가장 뛰어난 인물보다는 스파르타의 변변치 않은 사람을 장군으로 뽑는 일이 오히려 더 마땅할 것이오."

"클레오메네스는 장군이 되면 바다와 땅에서 아카이아 이름을 널리 떨쳐 보답하겠다고 약속했소. 그러나 안티고노스는 총사령관 자리를 주었을 때에는 거절하더니 아크로코린토스를 받아 챙기고 나서야 그 자리를 받아들였소. 이것이 아이소푸스 이야기에 나오는 사냥꾼과 다를 게 있겠소? 안티고노스는 아카이아 사절단과 결의문도 거절하더니, 결국 코린토스 성에 수비대를 배치해 놓고 우리가 제 발로 들어오기만을 기다린 것이오."

이런 비난을 받자 아라토스는 온갖 변명들을 늘어놓았다. 폴리비우스 기록을 보면, 클레오메네스를 경계하던 아라토스는 예전부터 안티고노스와 협력 관계에 있었다고 한다. 뿐만 아니라 메갈로폴리스 사람들에게, 아카이아는 반드시 안티고노스 도움을 받아야 한다며 그들을 설득했다. 아라토스는 메갈로폴리스가 계속 클레오메네스에게 공격을 받아왔으므로 그를 미워한다는 사실을 잘 알고 있었기 때문이다.

필라르쿠스 기록에도 이와 비슷한 이야기가 전한다. 이는 폴리비우스도 같은 내용을 썼기 때문에 믿는 것이지, 만일 필라르쿠스 혼자 전했다면 아무도 이 이야기를 믿지 않았으리라. 필라르쿠스는 클레오메네스에게 호감을 가지고 따르는 사람이었다. 게다가 그가 쓴 글을 보면 역사서라기보다는 변호 글이 아닌가 하는 착각이 들 정도로 시종일관 아라토스를 비난하고 클레오메네스만을 치켜세우고 있기 때문이다.

아카이아군은 클레오메네스에게 만티네아 시를 빼앗기고, 헤카톰바이온 부근 전투에서도 크게 패하자 더 이상 싸울 용기가 없었다. 그래서 클레오메네스에게 사람을 보내, 아르고스에 와서 아카이아군을 지휘해 줄 것을 요청했다. 클레오메네스는 이 요청을 받아들였다.

아라토스는 클레오메네스가 군대를 이끌고 레르나를 지나고 있다는 소식을 듣자 초조해지기 시작했다. 그래서 그는 클레오메네스에게 사람을 보내, 지원병력을 300명으로 줄여 동맹군 자격으로 와달라고 전했다.

이에 아라토스가 자신을 얕잡아본다고 생각한 클레오메네스는 군대를 이끌고 다시 본국으로 돌아가 아라토스에게 심한 비난과 욕설을 적은 편지를 보냈다. 그리하여 두 사람은 서로 욕설이 적힌 편지를 주고받았는데, 나중에는 상대편 아내의 행실까지 들먹이는 추잡한 내용으로 치달았다.

마침내 화가 머리끝까지 난 클레오메네스는 아카이아 동맹에 선전포고를 하는 한편, 시키온 시를 부추겨 반란을 일으키게 하고 그곳을 점령할 계획을 세웠다. 그러나 이 계획은 아쉽게 실패하고 말았다.

그러자 클레오메네스는 다른 곳으로 군대를 돌려 아카이아 장군이 내버린 펠레네 시를 차지한 뒤 페네우스와 펜텔레움을 차례로 손에 넣었다. 이에 두려움을 느낀 아르고스는 싸움을 포기하고 클레오메네스 아래로 들어왔으며, 플리우스도 스파르타군이 머물 수 있도록 허락해 주었다. 이리하여 아카이아는 이제까지 정복한 땅들을 모두 잃을 지경이 되었다. 이렇게 클레오메네스의 침략으로 온 펠로폰네소스 반도가 들썩거리자, 도시들에서는 저마다 아카이아 동맹에서 빠져나오자는 의견이 분분했다.

심지어 시키온과 코린토스 시민들 가운데서도 클레오메네스와 내통하는 사람들이 생겼다. 그들은 정권을 잡고 싶은 욕심이 있었으므로 아카이아 동맹에 대해 쌓여왔던 불만을 터뜨리고 이 기회를 이용하려 했다.

하지만 여전히 절대적인 권력을 쥐고 있던 아라토스는 시키온에서 반역 행위를 저지른 자들을 잡아들여 모두 처형해 버렸다. 그가 코린토스에서도 반역자 색출에 나서자 아카이아 동맹의 지배를 거부하는 시민들이 아폴론 신전 앞에 모여서 반란을 일으켰다. 아라토스를 죽이든지 아니면 그를 붙잡아 가두자는 것이었다.

아라토스는 반란을 일으킨 시민들이 자기를 찾는다는 소식을 듣자 말고삐를 끌고 그들이 모여 있는 신전으로 갔다. 그러나 그의 얼굴에서는 걱정이나 의심의 빛을 전혀 찾아볼 수 없었다. 아라토스는 자기에게 욕설을 퍼붓는 군중을 진정시키면서, 문간에 서 있던 사람들도 모두 들어와 앉으라고 했다. 그러고는 천천히 그곳을 나왔다.

아라토스는 가는 길에 만나는 사람들에게 아폴론 신전 앞에 가 있으라고 매우 침착하게 이야기했다. 이런 식으로 해서 아라토스는 조심스럽게 성문 가까이까지 갈 수 있었다. 그리고 거기서 성을 지키는 클레오파트로스 장군에게 뒷일을 부탁하고는 재빨리 말 등에 올라타 시키온으로 내달렸다. 그때 그가 데리고 간 부하는 겨우 30명뿐이었으며, 코린토스에 남아 있던 군대는 저절로 흩어져 버렸다.

코린토스 사람들은 나중에야 아라토스에게 속았음을 알고 급히 그를 찾아 나섰지만 그때는 이미 그가 시키온으로 도망쳐 버린 뒤였다. 이리하여 마침내 코린토스는 클레오메네스 손에 넘어갔으나, 그는 코린토스를 얻은 일보다 아라토스를 잃은 것을 더 아쉬워했다. 이어서 바닷가 부근 아크테 주민들로부터 도시들을 넘겨받은 클레오메네스는 아크로코린토스 주위에 방벽과 울타리를 쳐서 완전히 포위했다.

아라토스가 시키온으로 돌아오자 아카이아 동맹국은 그를 장군으로 임명하고 호위대를 붙여주었다.

아라토스는 이제까지 33년 동안이나 아카이아 동맹을 이끌어 오면서 헬라스에서 가장 높은 명성과 지위를 갖고 있었으나 이제 모든 것이 무너져 버리자, 시키온만을 의지하는 처지가 되었다. 그는 아이톨리아에 도움을 청했지만 거절당했고, 아테나이 사람들에게 동정을 받기는 했으나 에우클레이데스와 미키온의 반대로 또다시 도움을 받지 못했다.

코린토스에는 아라토스의 집과 땅이 있었는데, 클레오메네스는 아라토스의 부하들을 불러 그의 재산을 잘 보살피라 명령하고, 아라토스에게 회계 보고서까지 보내주었다. 그리고 처음에는 아라토스에게 트리필루스를 보내다가 나중에는 자신의 의붓아버지인 메기스토노우스를 보내서, 여러 혜택들과 함께 해마다 12탈란톤을 주겠다고 약속했다. 이는 1년에 6탈란톤을 보내겠다던 아이귑토스의 프톨레마이오스 왕보다 갑절이나 많은 액수였다. 클레오메네스는 그 대신 아카이아 장군 자리를 자기에게 넘기고, 아크로코린토스에 아카이아와 스파르타 부대가 주둔할 수 있게 해달라고 요구했다. 그러나 아라토스는 클레오메네스 제안에 대해, 자신은 정치를 하는 사람이 아니라 정치를 받는 사람이라며 한발 물러났다.

이에 분개한 클레오메네스는 군대를 이끌고 시키온으로 달려왔다. 하지만 아라토스는 그들이 포위하고 있던 석 달 동안 단 한 번도 시내에 나오지 않았다. 그러는 동안 아라토스는 아크로코린토스를 안티고노스에게 넘겨주는 조건으로 그에게 도움을 청한다면 어떤 손익이 있을지를 하나하나 따져보았다. 다른 조건으로는 안티고노스가 자기들을 도와줄 리가 없었기 때문이다.

아카이아 사람들은 아이기움에서 회의를 열고 아라토스에게 참석해 달라고 요청했다. 그러나 클레오메네스가 시키온 시를 포위하고 있었기 때문에 아라토스는 도저히 회의에 갈 수가 없었다. 게다가 시민들이 자기들을 지켜달라고 애원했으며, 여자와 어린아이들까지 아라토스에게 매달리며 그의 갈 길을 막았다.

아라토스는 시민들을 달랜 뒤 동료 10명과 자기 아들을 데리고 바닷가로 가서 준비해 둔 배를 타고 아이기움으로 갔다. 그리고 회의 결과, 안티고노스에게 도움을 청하고 그 대가로 아크로코린토스를 넘겨주기로 결정했다. 또한 아라토스는 자기 아들을 안티고노스에게 볼모로 보냈다. 이 소식을 들은 코린토스 사람들은 몹시 화가 난 나머지 아라토스의 집과 땅을 모두 빼앗아 클레오메네스에게 선물로 바쳤다.

안티고노스는 마케도니아 보병 2만 명과 기병 1만 3000기를 이끌고 아라토스를 도우러 왔다. 아라토스와 아카이아 동맹군 장교들은 적의 눈을 피하기 위해 배를 타고 페가이로 가서 안티고노스를 만났다.

그러나 아라토스는 여전히 안티고노스와 마케도니아 군대에 대해 불안감을 갖고 있었다. 사실 자기가 크게 이름을 떨치고, 정치적 명성을 얻은 것이 안티고노스를 공격했기 때문임을 그도 잘 알고 있었다. 하지만 다른 방법이 없었기 때문에 아라토스는 모든 것을 운명에 맡기기로 했다.

아라토스의 걱정과 달리 안티고노스는 그를 무척 반겨주었으며 그의 일행에게도 친절하게 대해주었다. 안티고노스는 아라토스와 차츰 가까워지면서 그가 정의롭고 지혜로운 사람이라는 것을 알게 되었고, 나중에는 마음을 터놓는 사이로까지 발전했다. 아라토스는 정치적으로도 그에게 큰 힘이 되었지만, 개인적으로도 누구보다 좋은 친구가 되어주었다.

안티고노스는, 아라토스가 비록 나이는 많지 않지만 왕에게 아첨하는 사람들과는 다르다는 것을 한눈에 알아보았다. 그래서 아카이아 사람들 가운데서 아라토스를 가장 존중했으며, 자기 부하들보다도 그를 더 아꼈다.

사실 예전에 아라토스가 신에게 감사 제사를 올릴 때, 이런 일이 있으리라는 징조가 있었다. 아라토스는 제사를 올리면서 짐승을 제물로 바쳤는데, 그

아라토스(ARATOS) 1851

짐승 간 속에 희한하게도 쓸개주머니가 2개나 있었다. 이를 본 점술가는 머지 않아 가장 미워하던 적이 다정한 친구가 될 징조라고 이야기했다. 하지만 아라토스는 그때는 이 말을 대수롭지 않게 여겼다. 예언이나 징조보다는 논리적인 생각과 이치를 더 믿었기 때문이다.

그 뒤 전쟁이 순조롭게 진행되어 가던 어느 날, 안티고노스는 코린토스에서 큰 잔치를 열었다. 그때 안티고노스는 담요를 가져오게 하더니, 옆에 앉은 아라토스에게 춥지 않으냐고 다정하게 물었다. 아라토스가 너무 춥다고 대답하자 왕은 자기 옆에 바싹 다가앉으라고 말한 뒤 부하가 가져온 담요를 두 사람 무릎 위에 함께 덮었다. 그러자 아라토스는 문득 예전에 들었던 그 예언이 생각나 크게 웃으며 안티고노스에게 그 이야기를 해주었다. 그러나 이는 훨씬 뒤의 일이다.

아라토스와 안티고노스는 서로 협약을 맺고, 곧바로 적을 향해 나아갔다. 양쪽 군대는 코린토스 부근에서 여러 차례에 걸쳐 격렬한 전투를 벌였다. 그러나 클레오메네스는 코린토스 시민들 도움으로 단단하게 진지를 구축하고 아라토스 군대를 막아냈다.

이때 아라토스의 친구인 아리스토텔레스가 아르고스에서 뜻밖의 편지를 보내왔다. 아르고스 시민들이 클레오메네스에게 반란을 일으킬 눈치를 보이고 있으므로, 마케도니아 군대를 조금만 데려온다면 아라토스 계획은 쉽게 성공하리라는 내용이었다. 아라토스는 이 편지 내용을 안티고노스에게 전했다. 안티고노스도 이 일에 찬성했으므로 아라토스는 곧 마케도니아 군사 1500명을 데리고 배에 올라 서둘러 에피다우루스로 떠났다.

그즈음 아르고스에서는 이미 반란이 일어나 시민들이 클레오메네스 군대를 성안에 몰아넣은 상태였다. 이 소식을 들은 클레오메네스는, 아르고스를 적에게 빼앗긴다면 본국으로 돌아갈 길이 막힌다는 것을 깨닫고는 코린토스를 내팽개치고 곧바로 아르고스로 나아갔다.

아라토스보다 먼저 도착한 클레오메네스는 처음에는 어느 정도 유리한 상황을 만들었다. 하지만 아라토스가 쳐들어온 뒤에 안티고노스까지 진격해 오자 그대로 만티네아로 달아나 버렸다.

이렇게 해서 아르고스는 아카이아군 손에 들어갔으며, 아크로코린토스는 안티고노스에게 넘겨졌다. 한편 아르고스 시민들이 아라토스를 장군으로 뽑자, 아라토스는 그곳 참주와 앞잡이들의 재산을 모두 빼앗아 안티고노스에게 바쳤다. 그리고 켄크레아이에서 아리스토마쿠스를 붙잡아 고문한 뒤 바다에 던져 죽여버렸다.

그러나 이 사건으로 인해 아라토스는 시민들에게 적지 않은 비난을 듣게 되었다. 아리스토마쿠스는 인격이 높고 예전에는 아라토스와도 가까이 지냈으며, 아라토스의 권유로 참주 자리까지 스스로 내놓고 아카이아 동맹에 들어왔던 사람이었다. 그런데 아라토스는 그런 아리스토마쿠스를 법도 무시한 채 잔인하게 죽인 것이다. 이에 아카이아 시민들뿐만 아니라 많은 도시 시민들도 아라토스를 비난했다.

곧이어 사람들은 다른 모든 일도 아라토스 잘못으로 돌리기 시작했다. 코린토스를 하찮은 마을 정도로 생각해 안티고노스에게 아무런 조건 없이 넘겨준 일, 안티고노스가 오르코메누스 시를 점령하고 군대를 배치할 때도 그냥 보고만 있었던 일, 안티고노스 허락을 받지 않으면 다른 나라 왕들에게 사절단은 물론 편지도 보낼 수 없게 하는 법령을 아카이아가 승인하도록 유도한 일, 안티고노스에게 잘 보이려고 제사를 올리고 경기대회까지 열었던 일, 아라토스의 조국인 시키온 사람들이 앞장서서 안티고노스를 맞이한 일 등을 모두 아라토스 탓으로 여겼다.

아라토스에게 쏟아지는 이런 비난은, 이미 정권이 그를 떠나 안티고노스에게 넘어간 것을 몰랐기 때문에 나온 말들이었다. 아라토스는 그때 혀밖에 가진 것이 없었으나, 그 혀조차 마음대로 움직일 수 없는 비참한 상황이었다. 그가 자기 신세를 한탄했음은 동상 문제만 보아도 알 수 있다.

안티고노스는 아르고스에서 사라진 참주들 동상을 다시 세웠다. 하지만 코린토스에서는 아크로코린토스를 빼앗았던 영웅들 동상을 모조리 부수고, 아라토스 동상만을 남겨두었다. 아라토스는 다른 영웅들 동상도 없애지 말라고 간절하게 부탁했지만, 안티고노스는 그의 말을 무시해 버렸다.

또한 아카이아군이 만티네아에서 저지른 만행도 끔찍하기 그지없었다. 아카이아군은 안티고노스의 지원으로 만티네아를 점령하자, 그곳에 있던 지도자와 유명인사들을 모조리 잡아다 죽여버렸다. 나머지 사람들은 팔거나 사슬에 묶어 마케도니아로 보내기도 했으며, 여자와 어린아이들은 모두 노예로 만들었다. 그렇게 해서 생긴 돈 가운데 3분의 1은 아카이아 병사들끼리 나누어 가지고,

나머지 3분의 2는 마케도니아에 바쳤다.

이런 행동들은 적에 대한 복수라 여길 수도 있으리라. 시모니데스 말처럼, 엄청난 정치적 위기 속에서는 잔인한 행위도 복수라는 이름 아래 달콤한 법이고, 분노로 가득한 마음을 달래주고 가라앉혀 주기도 한다. 하지만 만티네아에서 저질러진 행동들은 그 어떤 이유를 붙인다고 해도 절대 덮어줄 수 없는 것이었다. 안티고노스가 이 도시를 아카이아 사람들에게 넘겨주자, 그들은 이곳을 이민 도시로 만들고, 아라토스를 도시 건설자로 세우기로 결정했다. 그러자 아라토스는 이 도시 이름을 만티네아 대신 안티고네이아로 고쳤다. 이렇게 해서 호메로스가 말한 '아름다운 만티네아'의 이름은 영영 사라지고, 그 대신 도시를 파괴하고 수많은 시민들을 죽인 사람 이름이 오늘날까지 남게 되었다.

그 뒤 클레오메네스는 셀라시아에서 크게 패배하자, 스파르타를 버리고 아이귑토스로 달아났다. 그리고 안티고노스는 아라토스에게 온갖 친절과 호의를 베풀고 나서 마케도니아로 돌아갔다. 이후 그곳에서 병으로 앓아눕게 된 안티고노스는 자기 대신 아들인 필리포스를 펠로폰네소스로 보냈다. 그는 아들이 아라토스의 도움을 받아 여러 도시들을 다스리면서 아카이아 사람들과 친분을 쌓기를 원했다. 아라토스도 필리포스를 진심으로 잘 이끌어 주었다. 이 때문에 필리포스는 마케도니아로 돌아간 뒤에도 헬라스에 대해 매우 좋은 감정을 가졌으며, 헬라스를 도와주고 싶다고 생각하게 되었다.

그런데 안티고노스가 세상을 떠나자 아이톨리아 사람들은 아카이아인들을 얕보게 되었다. 사실 아카이아 사람들은 오랫동안 다른 나라에게 보호를 받아 왔기 때문에 게으르고 방탕한 생활에 젖어 있었다. 그러다가 안티고노스를 잃게 되자, 규율은 모두 무너지고 질서 없는 생활에 빠져든 것이다. 이렇게 혼란한 틈을 타 아이톨리아가 펠로폰네소스로 쳐들어갔다. 그들은 파트라이와 디메를 손에 넣고, 메세니아로 쳐들어가 마구 짓밟았다.

이 소식을 들은 아라토스는 끓어오르는 분노를 참을 수 없었다. 그때 아카이아 장군은 티목세누스였는데, 그는 메세니아를 구하러 가기는 했지만 임기가 얼마 남지 않았기 때문에 그다지 열심히 싸우지 않았다. 이윽고 티목세누스가 장군 자리에서 물러나자 아라토스가 그 뒤를 이었다.

아라토스는 서둘러 아카이아 병사들을 소집했다. 그러나 병사들은 그동안 훈련도 제대로 받지 않았을 뿐만 아니라, 싸울 힘과 의지도 별로 없었다. 아라토스는 이들을 이끌고 카피아이로 나아갔지만, 적군에게 무참하게 패배하고 말았다. 사람들은 전쟁에서 진 까닭이 아라토스가 경솔했기 때문이라며 비난을 퍼부었다. 그러자 사기를 잃은 아라토스는 이제 적을 공격할 만한 좋은 기회가 와도 가만히 있기만 했다.

이런 상황이 되자 아이톨리아군은 펠로폰네소스에서 온갖 못된 짓을 다 하고 다녔다. 이에 아카이아는 다시 마케도니아에 도움을 요청하고, 필리포스를 헬라스로 불러들였다. 그들은 필리포스가 아라토스에게 존경과 신뢰를 가지고 있었으므로 여러모로 도움을 주리라 여겼다.

필리포스는 아펠레스와 메갈레아스를 비롯한 부하들 말에 귀 기울이곤 했는데, 뜻밖에도 그들은 필리포스에게 아라토스를 너무 믿지 말라고 충고했다. 사실 그들은 아라토스 반대파와 손을 잡고, 에페라투스를 아카이아 장군 자리에 앉히려는 음모를 꾸미고 있었다. 그러나 아카이아 사람들은 에페라투스를 경멸하는 데다 아라토스도 전혀 도움을 주지 않았으므로 에페라투스는 장군으로 뽑힐 수 없었다.

그제야 자신의 실수를 깨달은 필리포스는 그때부터 아라토스 편으로 완전히 돌아서서, 그의 말에 귀 기울이며 그가 하라는 대로만 움직였다. 필리포스는 자신의 명성과 업적이 점차 쌓여가는 것이 모두 아라토스 덕분이라고 여겼다.

사실 아라토스는 민주정치를 발전시킨 사람이자 왕의 정치에 있어서 좋은 스승이었다. 필리포스 왕은 아라토스의 훌륭한 충고들을 받아들여 모든 일을 처리했다. 필리포스가 반기를 든 라케다이몬을 다독이며 너그럽게 대하고, 크레테에서 온 사절들과 며칠 동안 회담한 끝에 그 섬을 손에 넣었으며, 아이톨리아와 싸워 빛나는 승리를 거두었던 일들이 바로 그것이다.

하지만 이렇게 아라토스와 필리포스 왕 사이가 가까워지자, 신하들은 아라토스를 시샘했고 마침내는 드러내 놓고 그를 미워하기 시작했다. 신하들은 잔치자리에서 아라토스에게 괜한 트집을 잡거나 욕설을 퍼붓기도 했는데, 어떤 때는 잔치가 끝나고 막사로 돌아가는 아라토스에게 돌을 던지기도 했다. 이런 이야기를 들은 필리포스는 화가 나서 신하들에게 벌금 20탈란톤을 내라고 명령했다. 그러나 신하들이 계속 아라토스를 괴롭히자, 마침내 왕은 그들을 잡아다가 모조리 사형시켜 버렸다.

하지만 큰 성공을 거듭하게 된 필리포스 마음속에는 서서히 탐욕과 야심이 꿈틀대기 시작했다. 그때까지 억누르고 있던 악한 성질이 점점 모습을 드러낸 것이다. 필리포스는 아라토스의 아들인 아라토스 2세의 아내를 범했다. 그렇지만 필리포스는 그 무렵 아라토스 집에 머물며 좋은 대접을 받고 있었기 때문에, 이 일은 훨씬 뒤에야 밝혀졌다. 또한 필리포스는 헬라스 사람들을 억압하면서 아라토스를 없앨 계획까지 세웠다. 이런 필리포스의 속내는 메세네 반란 때 뚜렷이 모습을 드러냈다.

메세네가 반란을 일으키자, 아라토스는 곧바로 그곳으로 달려갔다. 그런데 아라토스가 메세네에 이르러 보니, 필리포스 왕이 하루 먼저 그곳에 도착해 내란을 부추기고 있었다. 필리포스는 귀족들을 조용히 불러내 시민들 횡포를 억누를 법률이 없느냐고 물은 다음, 이번에는 시민들을 불러내 귀족들 독재를 뒤엎을 방법이 없느냐고 물었던 것이다. 이 말을 듣고 용기를 낸 귀족들은 시민군 주동자들을 습격했고, 이에 맞선 시민들도 200명에 가까운 귀족들을 죽였다. 필리포스는 이런 비열한 방법을 써서 메세네인들끼리 싸우도록 부추긴 것이다.

메세네에 도착한 아라토스는 피비린내 나는 잔인한 싸움을 보고 슬픔을 감추지 못했다. 또한 그의 아들 아라토스 2세도 필리포스 왕을 몹시 원망하고 비난했다. 그 무렵 아라토스 2세는 필리포스 왕의 애인이라는 말을 들을 정도로 왕을 좋아했지만, 그때는 이렇게 끔찍한 일을 저지른 왕이 더 이상 아름답게 보이지 않으며 너무나 혐오스럽다고 말했다.

필리포스는 이 말을 듣고 아무런 대꾸도 하지 않았다. 그러나 그는 노여움을 억지로 참고 있는 것뿐이었다. 필리포스는 가까스로 좋은 충고로 받아들이겠다는 듯한 표정을 지으면서, 마치 자신이 대단히 슬기롭고 참을성 있는 사람인 것처럼 행동했다. 그러고 나서 필리포스는 다정하게 아라토스의 손을 잡더니 극장으로 데리고 갔다.

그들은 제우스 신에게 제사를 지내고, 시가지 지형을 살펴보기 위해 이토메 산에 올랐다. 이 산은 아크로코린토스 못지않게 중요한 요새였으므로, 군대를 주둔시켜 이곳을 지키게 하면 다른 나라는 감히 넘볼 수도 없고 함락될 염려도 없는 곳이었다.

필리포스가 제사를 올린 뒤, 점술가가 제물로 썼던 황소 내장을 들고 왔다.

왕은 그것을 두 손으로 받아들고 아라토스와 파로스의 데메트리우스에게 보여주면서 자기가 성을 점령할 징조인지, 아니면 메세네에 성을 돌려주어야 할 징조인지를 물었다. 그러자 데메트리우스는 웃으면서 이렇게 말했다.

"참쟁이 수준의 정신을 가지셨다면 성을 돌려주시고, 왕다운 정신을 가지셨다면 황소의 두 뿔을 꽉 움켜쥐십시오."

황소는 펠로폰네소스를 가리키는 말이었으므로, 두 뿔은 메세네와 아크로코린토스를 뜻했다. 다시 말해 필리포스가 이 두 성을 가지고 있으면, 어느 누구도 꼼짝하지 못하리라는 이야기였다.

필리포스는 아라토스가 잠자코 있는 것을 보고 그에게 의견을 말해보라고 재촉했다. 그러자 아라토스가 말했다.

"크레테 섬에는 이름난 산들이 많습니다. 보이오티아와 포키스에는 암초가 많고, 아카르나니아에도 바다와 산에 요새들이 많지요. 하지만 그곳 국민들은 왕께서 굳이 점령하지 않으시더라도 여전히 왕을 잘 따르고 있습니다. 도둑들은 곧잘 높은 산이나 험한 낭떠러지에 살지만, 왕의 성벽은 국민들의 충성과 사랑으로 무장되어 있습니다. 왕께서 크레테 뱃길을 열고 펠로폰네소스를 손에 넣은 것도 모두 그 때문입니다. 그리하여 왕께서는 젊은 나이에 크레테 주인이 되고, 펠로폰네소스 지도자가 될 수 있었던 것입니다."

아라토스가 채 이야기를 마치기도 전에 필리포스는 갑자기 내장을 점술가에게 건네준 다음 아라토스 손을 꽉 잡았다.

"자! 이제 그만 돌아갑시다."

필리포스는 마치 아라토스의 말을 듣고 정신을 차려 메세네를 정벌하지 않기로 한 듯 보였다.

그 뒤 아라토스는 필리포스와의 만남을 줄이기 시작했다. 필리포스가 에피루스를 함께 처러 가자고 했을 때에도, 아라토스는 이를 사양하고 집에서 나오지 않았다.

필리포스는 바다에서 로마군의 습격을 받아, 엄청난 수의 함대를 잃고 펠로폰네소스로 되돌아왔다. 그리고 그곳에서 다시 메세네 사람들을 농락해 도시를 빼앗으려 했지만 실패했다. 그러자 필리포스는 아예 노골적으로 메세네 땅으로 쳐들어가 시민들 재산을 마구 약탈하기 시작했다.

그 무렵 아라토스는 필리포스가 자기 며느리에게 몹쓸 짓을 했다는 사실을 알게 되었고, 그 뒤로 필리포스와의 관계를 완전히 끊어버렸다. 하지만 아라토스는 차마 아들에게는 이 일을 알리지 못했으며, 아무런 힘이 없었기에 필리포스에게 복수하지도 못했다.

이즈음 너그럽고 착한 젊은이처럼 행동하던 필리포스는 서서히 방탕하고 잔인한 전제자로 변하기 시작했다. 그러나 이는 변한 것이 아니라, 여태까지 감추어 왔던 악한 기질을 겉으로 드러내기 시작한 것이었다.

필리포스는 아라토스에 대해 두려움과 존경의 감정을 함께 갖고 있었다. 하지만 아라토스가 살아 있는 동안에는 자기 본성이 원하는 자유를 맘껏 누릴 수 없으리라는 생각에 마침내 그를 죽여버리기로 마음먹었다. 그러나 무조건 아라토스를 끌어다가 사형시킬 수는 없는 노릇이었다.

한참을 고민하던 필리포스는, 자기 부하인 타우리온을 불러서 아라토스를 죽이라고 명령했다. 그리고 될 수 있으면 아무도 몰래 죽이되, 만약 그게 어려우면 자기가 없는 틈에 독약을 먹이라고 지시했다.

타우리온은 아라토스에게 접근해서 마침내 그에게 독약을 먹이는 데 성공했다. 그런데 이 독약은 사람을 서서히 죽이는 약으로, 처음에는 열과 함께 기침이 조금 나다가, 나중에는 몸이 점점 약해지면서 마침내 죽음에 이르게 하는 것이었다. 아라토스는 이 음모를 알게 되었지만 들추어 내도 아무 소용이 없다는 것 또한 잘 알고 있었다. 그래서 그는 독약을 먹었다는 사실을 감추고, 그저 병을 앓는 것처럼 행동했다. 그러다가 친구와 함께 있는 자리에서 많은 피를 토했는데, 그 친구가 놀라는 것을 보고 아라토스는 이렇게 말했다.

"케팔론! 이것이 바로 내가 왕을 도와준 대가라네."

마침내 아라토스는 아이기움에서 세상을 떠났다. 이것은 그가 열일곱 번째로 아카이아 동맹 장군 자리에 올랐을 때의 일이었다. 아카이아 사람들은 그곳에서 아라토스의 장례식을 치르고, 그가 이루어 놓은 업적에 맞는 웅장한 기념비를 세우려고 했다. 그러자 아라토스의 조국 시키온 사람들은, 아라토스가 다른 나라 땅에 묻힌다는 것은 말도 안 되는 일이라며 그의 주검을 요구했다.

그런데 시키온에는 성벽 안에 어떤 시신도 묻을 수 없다는 법률이 있었다. 그 법률은 매우 강한 종교적 믿음을 바탕으로 했기에 사람들은 델포이에 사람을 보내 아폴론 신의 뜻을 물어보기로 했다. 델포이에 갔던 사람들은 다음 같은 답을 갖고 돌아왔다.

> 아름다운 시키온이여!
> 수없이 구원 받아온 너는 대답하라.
> 나라의 영웅을 잃은 네가 어찌 몸을 아끼느냐?
> 그의 몸 위에 있기를 싫어하는 땅이 있다면
> 혹은 그의 몸 아래에 있기를 거절하는 땅이 있다면
> 그곳은 영원토록 하늘과 바다의 저주를 받으리라.

아카이아인들은 이런 신의 대답을 듣고 매우 반가워했으며, 시키온 사람들의 기쁨은 그보다 몇 배나 더 큰 것이었다. 그들은 기쁨에 겨워, 흰옷을 입고 월계관을 쓴 채 아라토스 시신을 아이기움에서 시키온으로 옮겨왔다. 그들은 이 행렬을 엄숙하게 이어갔으며, 노래 부르고 춤추는 사람들이 그 뒤를 따랐다.

그들은 시내에서 가장 좋은 자리를 골라, 나라를 구한 영웅 아라토스를 묻었다. 이 무덤은 아라테움이라 불리며, 오늘까지 남아 있다.

시키온 시는 일 년에 두 번 제사를 지낸다. 그 가운데 소테리아라는 제사는 아라토스가 시키온 참주를 몰아내고 나라를 해방시킨 일을 기념하는 행사로, 제우스 소테르 신의 제관이 다이시우스 달 5일에 행한다. 아테나이 사람들은 이 달을 안테스테리온이라 부르며, 2월의 뜻으로 정하고 있다. 또 다른 제사는 아라토스가 태어난 날을 기념하는 것이다. 아라토스 신전 제관이 흰 바탕에 자줏빛 무늬가 들어간 띠를 머리에 두르고 거행하는 행사인데 오늘까지도 전해진다.

제사를 지낼 때에는 디오니소스 제사 의식 가수들이 하프 가락에 맞추어 노래를 부른다. 그리고 체육학교 교장이 젊은이들을 이끌고 앞장서면, 월계관을 쓴 의원들이 뒤따르고, 그 뒤에는 수많은 시민들이 따라온다. 이 행사 절차 가운데 일부는 종교 양식으로 굳어져 오늘날까지도 그대로 남아 있다. 그러나 아라토스를 위한 행사들은 세월이 흐르면서 많이 잊혀서 오늘날에는 거의 자취가 남아 있지 않다.

아라토스의 삶과 업적에 대해 역사책이 전하는 이야기는 이와 같다. 그 뒤 잔인하고 악한 필리포스 왕은 아라토스의 아들까지 독약을 먹였는데, 그 약은

아라토스(ARATOS) 1859

괴상한 증상을 나타내는 것으로 아라토스 2세를 폐인으로 만들어 버렸다. 아라토스 2세는 미친 듯이 화를 내고, 정신없이 싸움을 벌이기도 하며, 집요하게 여자를 밝히다가 젊은 나이에 죽고 말았다.

필리포스는 자기에게 우정을 베풀고 도움을 준 사람을 배신한 대가를 톡톡히 치렀다. 그는 로마군과 싸우다가 크게 져서 마침내 항복했는데, 이 일로 필리포스는 그 넓은 영토를 다 잃고, 배는 5척만 남기고 모조리 빼앗겼으며, 1000탈란톤이나 되는 배상금을 물어주고, 사랑하는 아들까지 인질로 보내야만 했다. 그에게 남은 것이라고는 마케도니아 본토와 거기에 딸린 매우 작은 땅덩어리가 전부였다.

그러나 필리포스는 그 뒤로도 정신을 못 차리고, 가장 가까운 친척과 신하들을 잇달아 사형시켜 온 나라를 공포와 원망으로 들끓게 만들었다. 그에게는 다행히 훌륭한 덕성을 타고난 아들이 하나 있었는데, 필리포스는 로마 사람들이 자기 아들을 존경하자 그마저 질투해 자기 아들까지 죽이고 페르세우스에게 자신의 왕국을 물려주었다.

전하는 이야기에 따르면, 페르세우스는 필리포스와 그나타이니온이라는 여자 재봉사와의 사이에서 낳은 사생아였다고 한다. 페르세우스는 뒷날 로마 장군 파울루스 아이밀리우스에게 잡혀가 개선식 전리품이 되었고, 이렇게 안티고노스 집안은 완전히 막을 내리고 말았다.

그러나 아라토스 자손들은 시키온과 펠레네에서 대를 이어 내려갔으며, 그 후손들은 오늘날까지도 계속 이어지고 있다.

아르타크세르크세스(ARTAXERXES Ⅱ)

아르타크세르크세스 1세는 페르시아 왕들 가운데 가장 어질고 너그러운 왕으로 알려져 온다. 그는 크세르크세스의 아들이며, 오른손이 왼손보다 조금 더 길어서 '긴 손 왕'이라 불리기도 했다. 이제 소개하려는 아르타크세르크세스 2세는 므네몬, 곧 '기억하는 사람'이란 별칭을 가진 왕으로, 아르타크세르크세스 1세의 손자이다. 아르타크세르크세스 1세는 파리사티스라는 딸을 두었는데, 그녀는 다리우스와 결혼해 네 아들을 낳았다. 아르타크세르크세스, 키루스, 오스타네스, 옥사트레스가 바로 그들이다. 둘째 아들 이름은 옛 왕 키루스에게서 따왔으며, 페르시아어로 '태양'이라는 뜻이다.

크테시아스 기록에 따르면, 아르타크세르크세스의 본디 이름은 아르시카스인데, 역사가 데이논은 오아르세스가 본명이라고 한다. 그러나 크테시아스는 자신의 책에 온갖 터무니없는 이야기들만 써 놓았으므로 그의 말을 모두 믿기는 어렵다. 그래도 왕실 주치의였기 때문에 왕의 이름쯤은 기억하고 있으리라 여겨져 그의 말을 믿기로 한다.

아르타크세르크세스의 동생 키루스는 어릴 때부터 고집이 무척 세고 성격도 거칠었다. 그와 달리 형인 아르타크세르크세스는 부드럽고 침착한 기질을 보였다. 그는 부모 뜻을 따라 착하고 아름다운 여자와 결혼했으며, 뒤에 부모가 자신의 아내를 못마땅하게 여길 때에도 끝까지 아내를 지켜냈다. 다리우스 왕은 며느리의 오빠를 사형시켜야 할 일이 생기자 그 동생인 며느리마저 죽이려고 했다. 그러자 아르시카스는 제발 아내를 살려달라고 어머니 앞에 엎드려 눈물을 흘리며 애원했던 것이다. 이렇게 해서 아르시카스는 아내의 목숨을 지켜냈으며, 계속 함께 살 수 있었다.

파리사티스 왕비는 둘째인 키루스를 유난히 사랑해 큰아들 대신 키루스가 왕위를 물려받기를 바랐다. 다리우스 왕이 병들어 세상을 떠날 때가 되자, 왕비의 속셈을 눈치채고 있던 키루스는 다스리던 바닷가 지방에서 하던 일을 제쳐두고 허둥지둥 왕궁으로 달려왔다. 자기가 왕위를 물려받으리라 기대했기 때문이다. 파리사티스 왕비 또한 키루스를 왕위에 올리기 위해 그럴듯한 주장을 내세웠다. 그것은 예전에 크세르크세스 왕이 데마라투스의 의견에 따라 주장한 것과 비슷한 내용이었다. 왕비는 맏이 아르시카스를 낳을 때만 해도 다리우스가 평범한 사람이었지만, 키루스는 다리우스가 왕이 된 뒤에 낳은 첫 번째 아들이므로, 그가 왕위를 이어야 한다고 강조했다.

그러나 다리우스는 파리사티스 왕비의 의견을 무시하고, 맏아들 아르시카스에게 왕위를 물려주었으며 이름도 아르타크세르크세스로 바꾸게 했다. 키루스는 왕위를 포기하고 다시 리디아 지방관이자 바닷가 지방 사령관으로 지내야만 했다.

다리우스가 죽은 뒤, 아르타크세르크세스는 대관식을 올리기 위해 파사르가다이로 갔다. 그곳에는 아테나 여신과 비슷한 전쟁의 신을 모신 신전이 있었는데, 새로 왕이 될 사람은 그 신전에 들어가 예전 키루스 대왕이 왕이 되기 전에 입었던 옷으로 갈아입어야만 했다. 그런 다음 무화과로 만든 과자를 먹고, 소나무 열매를 씹으며 우유 한 잔을 마셔야 한다. 그 밖에 어떤 의식을 행했는지는 알려지지 않았다.

아르타크세르크세스가 막 의식을 시작하려 할 때, 티사페르네스가 제관 하나를 데리고 왔다. 그 제관은 한때 동생 키루스에게 페르시아의 사제 계급인 마고스 철학을 가르쳤던 스승이었다. 그는 키루스가 지금 신전 안에 숨어 있으며, 아르타크세르크세스가 옷을 갈아입을 때 습격할 것이라는 음모를 미리 알려주었다. 키루스는 이처럼 제관의 밀고로 암살에 실패했다고도 하고, 신전 안에 숨어 있다가 제관의 눈에 띄어서 잡혔다는 이야기도 있다. 이 일로 키루스는 사형선고를 받았는데, 그때 어머니 파리사티스가 달려와서 자신의 머리카락으로 키루스의 목을 칭칭 감고 눈물을 흘리며 둘째를 살려달라고 애원했다.

그러자 아르타크세르크세스는 키루스를 용서하고 다시 바닷가 지방으로 보냈다. 그러나 키루스는 여전히 왕이 되려는 야망을 버리지 않았으며, 오히려 잡혀서 죽을 뻔했던 일을 몹시 분해하면서 언젠가 반드시 왕이 되리라 굳게 결심했다.

어떤 이들은 키루스가 반란을 일으킨 까닭이 생활비가 부족해서라고 말했지만, 그가 정말 형편이 어려웠다면 파리사티스가 가만히 보고만 있었을 리가 없다. 오히려 크세노폰의 기록을 살펴보면, 키루스는 많은 군대를 끌어모아 친구나 친척들에게 숨겨놓았다고 한다. 이것만 따져보아도 키루스가 큰 재산을 가지고 있었다는 것을 짐작할 수 있다. 키루스는 전쟁 준비를 하고 있다는 사실을 숨기고자 군대를 여러 곳에 나누어 놓고, 부하들을 보내 지휘하도록 했다.

한편 파리사티스는 아르타크세르크세스 왕 곁에 머물면서 키루스에 대한 그의 의심을 풀려고 노력했으며, 키루스도 직접 편지를 보내 형에 대한 거짓 충성심을 나타냈다. 그는 편지에서 때로는 왕에게 은혜를 간청하기도 하고, 때로는 티사페르네스를 욕하기도 했다. 왕에게 불만이 있는 게 아니라 티사페르네스를 미워하여 그와 다투는 것처럼 보이려는 교활한 계획이었다.

시민들은 아르타크세르크세스 왕의 너그럽고 어진 성품을 존경했다. 왕은 모든 사람에게 친절했고, 상 내리기를 즐겼으며, 죄인에게도 무거운 벌을 주지 않으려 애썼다. 또한 누가 무엇을 바친다고 해서 특별히 잘해주지 않았으며, 오히려 아무리 보잘것없는 물건이라도 정성이 담겨 있으면 무척 기뻐했다.

언젠가 오미수스라는 사람이 매우 큰 석류를 바치자 아르타크세르크세스는 이렇게 말했다.

"그것 참 신기하구나! 이 사람은 작은 마을을 맡겨도 큰 도시로 만들어 놓을 인물이군."

아르타크세르크세스가 지방을 둘러볼 때였다. 가난한 농부 하나가 왕에게 드릴 선물이 없자, 두 손에 강물을 떠다가 바쳤다. 아르타크세르크세스는 농부의 정성에 몹시 기뻐하면서 금잔 하나와 1000다레이코스를 내려주었다.

한번은 라케다이몬의 에우클레이다스라는 사람이 무척 건방진 태도로 아르타크세르크세스에 대해 연설한 적이 있었다. 그때 아르타크세르크세스는 장군을 시켜서 이런 말을 전하게 했다.

아르타크세르크세스(ARTAXERXES Ⅱ) 1863

"어떤 말이든 하고 싶은 대로 해라. 그러나 나 또한 어떤 말이나 행동도 할 수 있음을 잊지 말도록 하라."

언젠가 아르타크세르크세스가 사냥 나갔을 때였다. 테리바주스라는 사람이 왕의 옷이 찢어진 것을 알려주었다. 왕이 테리바주스에게 어떻게 하면 좋겠는가 묻자 그는 이렇게 대답했다.

"전하는 다른 옷으로 갈아입으시고, 그 찢어진 옷은 제게 주셨으면 좋겠습니다."

"그래? 그렇다면 너에게 주겠으나 절대로 입지는 마라."

아르타크세르크세스는 그 자리에서 옷을 벗어 테리바주스에게 주었다. 그러나 덤벙거리고 경솔한 성품을 가진 테리바주스는 아르타크세르크세스가 떠나자마자, 아무 생각 없이 왕이 준 옷을 입고 여자들의 금목걸이를 왕의 패물처럼 목에 두른 뒤 이곳저곳을 돌아다녔다. 그것은 법에 어긋나는 일이었으므로 신하들은 그 모습을 보고 모두 눈살을 찌푸렸다. 그러나 아르타크세르크세스는 테리바주스의 모습을 보고는 껄껄 웃으면서 이렇게 말했다.

"목걸이를 걸고 있으니 어여쁜 여자 같고, 그 옷을 입으니 마치 바보처럼 보이는구나. 그렇지만 굳이 그렇게 하고 싶다면 말리지 않을 테니 네 마음대로 해라."

본디 페르시아에서는 왕이 식사할 때면 왕의 어머니가 윗자리에 앉고, 왕비가 아랫자리에 앉은 뒤 다른 자리는 모두 비워두는 것이 예법이었다. 하지만 아르타크세르크세스는 두 동생 오스타네스와 옥사트레스도 식탁에 함께 앉아 밥을 먹게 했다. 또 한 가지 페르시아 사람들이 아르타크세르크세스에게 고마워했던 일은 스타티라 왕비가 마차를 타고 외출할 때마다 마차의 발을 걷게 한 것이었다. 이리하여 왕비는 시민들의 인사를 받을 수 있었고, 그들이 가까이 다가올 수도 있게 허락해 모두를 기쁘게 했다.

그러나 뭇 야심가들은, 전쟁을 좋아하고 우정을 중요하게 여기는 키루스를 왕으로 원했다. 그들은 키루스가 지혜롭고 가슴에 품은 뜻도 원대하기 때문에 드넓은 페르시아 왕국을 이끌어 가기에 적당한 인물이라며 드러내 놓고 떠들어댔다. 그리하여 키루스는 자기가 다스리는 사람들은 물론, 다른 지방 사람들도 모두 자기를 왕으로 원한다고 굳게 믿게 되었다.

마침내 그는 전쟁을 하기로 결심하고, 라케다이몬에 편지를 보내 지원을 요청했다. 자신을 도우러 오는 군대가 걸어온다면 말을 줄 것이고, 말을 타고 오면 전차를 줄 것이며, 밭을 가졌던 사람들에게는 마을을 주고, 마을을 가졌던 사람에게는 도시를 주겠다는 내용이었다. 또한 키루스는 이 편지에서 자기는 형보다 용감하고 마고스의 지식도 더 많으며, 신에 대한 믿음도 훨씬 강하고 술도 더 잘 마신다면서 자기 자랑을 늘어놓는 한편, 형인 아르타크세르크세스를 속이 좁은 겁쟁이라며 마구 욕하고 헐뜯었다.

키루스의 편지를 받은 라케다이몬은 클레아르쿠스 장군에게 편지를 보내 키루스를 도와주라고 명령했다. 이렇게 해서 키루스는 자신의 군대와, 돈을 주고 끌어들인 헬라스 군사 1만 3000명을 합친 대군을 이끌고 아르타크세르크세스를 공격하러 페르시아로 나아갔다.

티사페르네스가 아르타크세르크세스 왕에게 이 사실을 알리자, 왕궁 안은 발칵 뒤집혔다. 아르타크세르크세스는 파리사티스가 반란을 주동했을 것이라 생각해 그녀와 가까이 지내는 자들을 모두 반역자로 몰았다. 그러자 스타티라 왕비는 파리사티스에게 이렇게 말했다.

"어머님께서 분명히 키루스를 믿어도 좋다고 하셨잖습니까? 그런데 이게 무슨 일입니까? 그렇게 애원하시기에 살려두었더니, 끝내 이런 전쟁을 일으켜서 나라를 망치려 하지 않습니까?"

이 말에 분노한 파리사티스는 스타티라에게 앙심을 품고 그녀를 죽이려고 마음먹었다. 파리사티스는 본디 성격이 드세고 복수심이 매우 강한 여자였다.

데이논의 기록에 따르면, 파리사티스는 전쟁이 한창일 때 스타티라를 죽였다고 하지만, 크테시아스는 스타티라가 죽은 것은 전쟁이 끝난 뒤였다고 말한다. 그런데 크테시아스는 그 일이 벌어진 때에 그곳에 있었으므로 그의 주장이 더 믿을 만하다. 비록 크테시아스의 글에는 사실과 다르게 지어낸 이야기가 더 많기는 하지만, 그는 사건을 직접 본 사람이기에 굳이 날짜를 바꿀 이유도 없으므로 이 점에 대해서는 데이논의 말보다는 크테시아스의 말을 더 믿기로 한다.

키루스의 군대가 페르시아로 가까이 다가오는 동안, 아르타크세르크세스는 많은 소문과 보고를 듣게 되었다. 그러나 그는 성급히 전쟁터로 나가지 않고, 나라 안 곳곳에 흩어져 있던 군사들이 모여들기만을 기다리며 페르시아에 머물러 있었다. 그리고 한편으로는 깊이와 넓이가 열 길에 길이가 400스타디온이

나 되는 큰 참호를 파놓고, 키루스의 군대가 이 참호를 지나 바빌론으로 들어오기만을 기다리고 있었다.

그때 테리바주스가 아르타크세르크세스 왕을 찾아와 조언을 했는데, 그는 자신의 의견을 페르시아 왕에게 말한 첫 번째 사람이었다고 한다. 왕에게는 키루스군보다 훨씬 강력한 군대가 있으며, 게다가 적군보다 훌륭한 작전가와 장군들이 넘쳐나는데도 메디아와 바빌론, 수사까지 모두 다 버리고 저 멀리 페르시아까지 물러나는 것은 옳지 않다고 한 것이다.

이 말을 들은 아르타크세르크세스 왕은 마음을 돌려 키루스군을 무찌르기로 결심했다. 마침내 아르타크세르크세스가 화려하게 무장한 90만 대군을 이끌고 출정하자, 이제까지 왕의 군대를 얕잡아 보던 반란군은 잔뜩 겁을 집어먹고 우왕좌왕하기 시작했다. 그때 키루스군의 전투 대열이 갑자기 흐트러지더니 곧 엉망으로 헝클어져 버리고 말았다. 그러나 아르타크세르크세스 군대는 전혀 흔들림 없이 질서 있게 대열을 유지하며 재빠르게 앞으로 나아갔다. 아르타크세르크세스는 전차 부대를 맨 앞에 내세웠는데, 양쪽 군대가 맞붙기 전에 전차로 먼저 공격해 적군을 혼란스럽게 만들려는 작전이었다.

이 전투는 많은 역사가들이 자세하게 다루고 있으며, 그 가운데서도 크세노폰의 기록은 마치 눈에 보이듯 생생하게 그려져 있다. 크세노폰의 생동감 넘치는 묘사는 직접 전쟁터에 나가서 본 것처럼 느껴질 정도이다. 나는 여기서 크세노폰이 빠뜨린 사실을 보충하는 정도로만 기록하겠다.

두 군대는 바빌론에서 500스타디온쯤 떨어진 쿠낙사에서 만났다. 클레아르쿠스는 전투가 시작되기 전에 키루스에게, 아무래도 위험하니 뒤쪽으로 물러나 있으라고 말했다. 그러자 키루스는 이렇게 대꾸했다.

"무슨 소리요? 왕국을 얻기 위해 싸우는 이 순간에, 나더러 겁쟁이처럼 뒤꽁무니에나 숨어 있으라는 거요?"

이때 키루스는 전투를 벌이는 동안 적진 한가운데로 뛰어들어가는 큰 실수를 저질렀는데, 클레아르쿠스도 또한 키루스에 못지않은 큰 실수를 했다. 클레아르쿠스는 이끌고 온 헬라스 군대로 아르타크세르크세스를 과감하게 공격하지 않고, 적에게 포위당할 것이 무서워 자신의 오른쪽 날개 부대만 이끌고 강가에 진을 친 것이다. 이처럼 두려움에 떨면서 살아날 궁리부터 할 바에는 아예 싸움터에 나오지 않는 편이 더 나았으리라. 클레아르쿠스는 키루스를 페르시아 왕으로 만들기 위해 바다에서 1만 스타디온이나 떨어진 이곳까지 왔지만, 죽음이 두려워 안전한 곳으로 숨으려고만 했다. 그러고는 적을 보자마자 겁에 질려 싸워야 하는 목적도 다 잊었으니, 그의 행동은 약속을 배반한 것과 다름없었다.

사실 아르타크세르크세스의 호위병들은 헬라스군을 막아낼 힘이 없었다. 만약 이때 클레아르쿠스의 헬라스군이 아르타크세르크세스 호위 부대를 공격했더라면 아마 쉽게 승리했을지도 모른다. 그랬더라면 아르타크세르크세스 왕은 마침내 죽거나 달아났을 테고, 키루스는 완전한 승리를 거두어 그토록 바라던 왕이 되었으리라. 그러므로 이 전투에서 키루스가 죽고 그의 계획이 완전히 무너진 것은 키루스의 무모한 계획 때문이 아니라, 클레아르쿠스의 지나친 조심성 탓이라 할 수 있다.

클레아르쿠스의 군대는 오로지 안전만을 생각하며, 아르타크세르크세스의 군대와 멀리 떨어진 곳에 진을 쳤다. 그래서 아르타크세르크세스는 자신의 군대가 승리를 거둔 사실도 전혀 모르고 있었다. 더구나 그때는 이미 키루스가 전사한 뒤였으므로 클레아르쿠스가 승리하더라도 아무런 소용이 없었다.

눈치 빠른 키루스는 처음에 클레아르쿠스의 군대를 중앙에 배치하려고 했다. 그러나 클레아르쿠스는 자기가 알아서 할 테니 걱정 말라고 해놓고는 모든 일을 다 망쳐놓은 것이다.

헬라스군은 맞붙은 적들을 쉽게 무너뜨렸으며, 달아나는 적을 멀리까지 뒤쫓아갔다. 크테시아스에 따르면, 그때 키루스는 파사카스라는 명마를 타고 있었는데, 이 말은 고집이 세고 무척 사나웠다. 그런데 그때 카두시아 부대의 장군인 아르타게르세스가 달려오더니 키루스에게 소리쳤다.

"이 어리석고 못된 놈! 위대한 아르타크세르크세스 대왕의 이름을 더럽힌 걸로도 모자라 헬라스 놈들을 불러들여 페르시아 땅을 짓밟으려 하다니! 재물이라도 훔치러 온 거냐? 어디서 감히 형님이며 대왕이신 분을 해치려고 덤벼드느냐? 대왕님이 거느리신 대군은 너희 같은 놈들은 흉내도 못 낼 뛰어난 장수와 병사들이다. 대왕의 얼굴을 보기 전에 네 머리가 먼저 바닥으로 떨어질 것이다."

그는 말을 마치기 무섭게 키루스에게 창을 날렸다. 그러나 그 창은 키루스의 가슴막이 갑옷에 맞아 도로 튕겨 나왔다. 키루스는 상처를 입지는 않았지만, 창이 워낙 강하게 부딪쳤기에 말 위에서 잠시 휘청거렸다.

놀란 아르타게르세스가 말 머리를 돌려 도망가려는 순간, 이번에는 키루스가 그에게 창을 던졌다. 창은 아르타게르세스에게 날아가 그의 목에 깊숙이 박혔고, 아르타게르세스는 그 자리에서 죽고 말았다.

그러나 크세노폰은 키루스의 죽음에 대해 너무 간단하게 기록했다. 그는 이 전투에 직접 참가하지 않았기 때문에 자세하게 쓸 수 없었던 것이다. 그러므로 여기서는 데이논과 크테시아스의 책에 적힌 이야기들을 정리해 신도록 하겠다.

데이논에 따르면, 아르타게르세스를 죽인 키루스는 그 기세를 몰아 아르타크세르크세스의 호위 부대를 공격했다고 한다. 키루스가 아르타크세르크세스의 말을 찌르자 왕이 말에서 떨어졌고, 이를 보고 급히 달려온 테리바주스가 아르타크세르크세스를 일으켜 세워 다른 말에 태우면서 이렇게 말했다.

"대왕님! 오늘 일을 절대로 잊지 마십시오."

키루스는 계속해서 아르타크세르크세스에게 덤벼들었다. 키루스가 세 번째로 달려들었을 때 마침내 왕은 머리끝까지 화가 치밀었다. 아르타크세르크세스는 이제 죽음이 두렵지 않다고 고함치며 키루스에게 달려갔다. 키루스는 왕을 죽여야겠다는 조급한 생각 때문에 아르타크세르크세스가 창을 움켜쥔 것도 알아채지 못했다. 아르타크세르크세스가 키루스에게 힘껏 창을 던지자, 그와 동시에 그의 호위병들도 키루스를 향해 일제히 창을 던졌다. 마침내 키루스는 수많은 창에 맞아 말에서 떨어져 버렸다. 이렇게 해서 키루스는 아르타크세르크세스의 손에 죽임을 당했다고 한다.

그러나 다른 이야기에 따르면, 카리아에서 온 병사 하나가 키루스를 죽였다고 한다. 아르타크세르크세스는 그 병사의 공적을 칭찬하면서, 금으로 만든 수탉을 창 끝에 달고 군대의 맨 앞에 설 수 있는 영광을 주었다. 페르시아 사람들은 카리아인들을 수탉이라고 불렀는데, 카리아인들이 수탉의 꽁지깃을 투구에 꽂고 다녔기 때문이다.

한편 크테시아스가 전하는 이야기를 간추리면 이렇다.

키루스는 아르타게르세스를 죽인 뒤 말을 타고 아르타크세르크세스에게 달려갔다. 그러자 아르타크세르크세스도 키루스에게 조용히 다가갔다. 두 사람은 아무런 말도 하지 않고 서로를 가만히 노려볼 뿐이었다. 바로 그때, 키루스의 친구인 아리아이우스가 아르타크세르크세스를 노리고 창을 던졌다. 그러나

이 창은 빗나갔고, 이번에는 아르타크세르크세스가 키루스에게 창을 던졌다. 이 창 또한 키루스를 지나쳐 키루스의 친구인 사티페르네스에게 날아가 그를 쓰러뜨렸다.

친구가 죽는 것을 보고 화가 치민 키루스는 다시 아르타크세르크세스에게 창을 던졌고, 이 창은 아르타크세르크세스 갑옷의 가슴 부위를 뚫고 들어가 깊은 상처를 입히고 말았다. 창을 맞고 말에서 굴러떨어진 아르타크세르크세스를 본 그의 호위병들은 겁을 집어먹고 허둥지둥 달아나 버렸다. 아르타크세르크세스는 겨우 일어나서 가까운 언덕 아래로 몸을 숨겼다. 이때 그의 곁에는 몇 사람밖에 남지 않았는데, 그 가운데 크테시아스도 끼어 있었다.

한편 키루스는 자기가 탄 말이 사납게 날뛰는 바람에 적진 깊숙이 들어가게 되었다. 그러나 이미 날이 어둑어둑해져서 아무도 키루스를 알아보지 못했다. 키루스의 호위병들은 모두 흩어져서 키루스를 찾아다녔지만 도저히 찾을 수가 없었다. 그런데 승리에 도취되어 있던 키루스는 적진을 마구 헤치고 나가며 페르시아 말로 세 번씩이나 이렇게 외쳤다.

"길을 비켜라, 이놈들아!"

이 말을 듣고 몇몇은 길을 비켜주기도 했지만, 워낙 많은 병사들이 몰려 있어서 혼잡했기 때문에, 키루스는 그만 머리에 쓰고 있던 원뿔 모양 투구를 떨어뜨리고 말았다. 그때 미트리다테스라는 젊은 페르시아 병사가 그 곁에 있다가, 그가 누구인지도 모른 채 무턱대고 창을 던졌다. 이 창은 키루스의 관자놀이를 꿰뚫었고, 순식간에 피가 펑펑 쏟아졌다.

정신을 잃은 키루스가 말에서 떨어지자 주인 잃은 말도 미친 듯이 날뛰었다. 그때 말안장에 깔았던 피묻은 헝겊이 떨어지는 것을 본 미트리다테스의 친구가 그것을 주웠다.

이윽고 키루스가 정신을 차리자, 그를 찾아낸 호위병들이 그를 말에 태워 가려고 했다. 그러나 기운이 없던 키루스는 걸어가겠다고 말했다. 호위병에 기대 걸어가던 그는 계속 눈앞이 아찔해지고 다리가 휘청거렸다. 그때 달아나던 적군들이 키루스를 왕이라 부르면서 살려달라고 애원하는 소리가 들려왔다. 그 소리를 들은 키루스는 자신이 완전히 승리했다고 믿었다.

그런데 아르타크세르크세스 군대를 따라다니며 잡일을 하던 카우노스 사람 몇 명이 키루스 군대를 자기편으로 착각하고 섞여 들어오게 되었다. 얼마쯤 가

아르타크세르크세스(ARTAXERXES Ⅱ) 1869

던 카우노스 사람들은, 옷을 보고 자신들과 함께 걷는 무리가 적군이라는 사실을 알게 되었다. 아르타크세르크세스 군대는 흰옷을 입었는데, 키루스 군대가 입은 옷은 자주색이었던 것이다. 그러자 카우노스 사람들 가운데 하나가 키루스 뒤에 숨어 있다가, 그가 누구인지도 모른 채 대뜸 창으로 찔렀다. 창은 키루스의 무릎에 꽂혀 동맥을 끊었고, 키루스는 그 자리에 쓰러지면서 관자놀이를 돌에 부딪혀 곧바로 죽어버렸다. 무척 지루하게 들리지만, 이것이 크테시아스가 전한 이야기이다.

키루스가 죽은 뒤, 그곳을 지나가던 아르타시라스가 통곡하고 있는 호위병들을 보았다. 아르타시라스는 그들 가운데 낯익은 병사에게 물었다.

"파리스카스! 누가 죽었기에 그렇게 슬피 울고 있는 거요?"

"아르타시라스 님! 어찌 키루스 전하를 몰라보십니까?"

아르타시라스는 뜻하지 않은 소식에 너무나 기뻤다. 그는 호위병들을 달래면서, 시신을 잘 지키라 부탁하고는 아르타크세르크세스에게 쏜살같이 달려갔다.

한편 다친 곳이 계속 아픈 데다 싸움에서도 지고 말았다는 생각에 괴로워하던 아르타크세르크세스는, 아르타시라스가 활짝 웃으며 나타나 키루스가 죽었다는 소식을 전하자 자리에서 벌떡 일어났다. 그는 키루스의 시신을 직접 확인하러 가고자 했다. 그러나 여전히 헬라스군이 맹렬하게 공격해 오고 있다는 소식이 들려왔으므로, 할 수 없이 부하들을 보내 시신을 확인하게 했다. 이렇게 해서 병사 30명이 횃불을 들고 길을 나섰다.

아르타크세르크세스는 계속 갈증이 나서 죽을 것만 같았다. 그 모습을 보다 못한 시종 사티바르자네스가 물을 구하러 나갔으나 물은 어디에도 보이지 않았다. 이리저리 헤매던 사티바르자네스는 우연히 흙탕물을 담은 가죽 자루를 들고 있는 카우노스 사람을 만났다. 사티바르자네스는 그 흙탕물을 얻어다가 아르타크세르크세스에게 바쳤고, 아르타크세르크세스는 맛있게 물을 마셨다. 사티바르자네스가 왕에게 물맛이 어떠냐고 묻자 아르타크세르크세스는 여태까지 이토록 향기롭고 맛있는 물은 마셔본 적이 없다고 대답했다. 그러고는 하늘을 향해 기도를 올렸다.

"하늘에 계신 신이시여, 제게 이 물을 준 사람을 찾아 저를 대신해 영광과 축복을 내려주십시오."

그때 조금 전 보냈던 병사 30명이 돌아와서는, 키루스가 죽었다는 소식이 사실이었다고 보고했다. 그동안 군사들도 많이 모여들었으므로, 아르타크세르크세스는 다시 용기를 내어, 횃불로 앞길을 밝히면서 산을 내려갔다.

그들이 키루스의 시신이 있는 곳에 이르렀을 때, 시신은 페르시아 풍습대로 오른손과 머리가 잘려진 뒤였다. 아르타크세르크세스는 키루스의 머리채를 잡아들고, 여전히 도망칠 궁리를 하던 자기 군대 병사들에게 보여주었다. 병사들은 모두 놀라 바닥에 머리를 조아렸고, 7만 명이나 되는 많은 군사들이 삽시간에 모여들었다. 아르타크세르크세스는 그들을 이끌고 자신의 진영으로 돌아갔다.

크테시아스에 따르면, 다음 날 아침에 아르타크세르크세스가 싸움터에 데리고 나온 군대는 40만 명이라 했으나, 데이논과 크세노폰의 기록에는 그보다 더 많았다고 적혀 있다. 그때 아르타크세르크세스에게 보고한 전사자 수는 9000명이었는데, 크테시아스가 직접 본 것만 해도 2만 명은 되었다고 한다.

여기에서 이 두 가지 기록에 따라 덧붙여 둘 말이 있다. 크테시아스는 자신이 자킨투스 사람인 팔리누스를 비롯한 몇 명과 함께 아르타크세르크세스 왕의 사신으로 헬라스를 방문했다고 했지만 그건 사실이 아니다. 크테시아스가 페르시아 왕의 신하였다는 것을 크세노폰이 알고 있기 때문이다. 크세노폰은 크테시아스에 대해 글을 썼으며, 또 그가 쓴 것을 읽은 사람이므로, 크테시아스가 그처럼 중대한 사명을 띠고 헬라스에 갔었다면 그의 이름이 기록되지 않았을 리가 없다. 워낙 허영심이 많은 크테시아스는 라케다이몬 사람과 클레아르쿠스를 찬미해서, 라케다이몬과 클레아르쿠스를 칭찬하는 글을 쓸 때마다 자기 이름도 같이 기록해 함께 행동하는 것처럼 보이려고 했기 때문이다.

전쟁이 끝나자 아르타크세르크세스 왕은, 키루스에게 죽임당한 아르타게르세스 장군의 아들에게 가장 아름답고 값비싼 선물을 주고, 크테시아스를 비롯한 부하들에게도 푸짐한 상을 내렸다. 그리고 자신에게 물을 주었던 카우노스 사람을 찾아내 많은 재물을 주었다. 몹시 가난하고 비천한 신분이었던 그는 흙탕물 한 대접으로 큰 부자가 되었다.

아르타크세르크세스는 죄지은 사람들에게도 그에 맞는 벌을 내렸다. 아르바케스라는 메디아인은 싸우는 도중에 키루스 편이 유리하자 그쪽으로 넘어갔다가, 키루스가 죽자 다시 되돌아왔다. 아르타크세르크세스는 그가 다만 여자처럼 겁이 많아 그랬던 것뿐이라 생각했다. 그래서 반역죄에 걸맞는 큰 벌을 내리는 대신, 벌거벗은 창녀를 어깨에 메고 온종일 거리에 서 있게 했다.

아르타크세르크세스는 사람들에게 자신이 키루스를 죽였다는 사실을 알리고 싶었다. 그래서 맨 처음에 키루스에게 상처를 입힌 미트리다테스 병사에게 큰 상을 내리고, 심부름꾼을 시켜 이런 말을 전하게 했다.

"이 상은 키루스의 안장에 깔았던 헝겊을 주워서 바쳤기 때문에 전하께서 내리시는 선물입니다."

그러자 키루스의 무릎을 찔렀던 카리아 사람이, 자기에게도 상을 달라고 했다. 아르타크세르크세스는 그 사람에게도 상을 내리면서, 이번에는 이런 말을 전하게 했다.

"이 상은 대왕님께 기쁜 소식을 두 번째로 전해준 사람에게 내리는 선물입니다. 맨 처음에 키루스가 죽었다는 소식을 알려준 사람은 아르타시라스였고, 그 다음이 바로 당신이니까요."

미트리다테스 병사는 억울한 생각이 들었지만, 아무 말도 못하고 돌아갔다. 그러나 불쌍한 카리아 사람은 섣부른 짓을 하다가 그만 목이 달아나고 말았다.

카리아 사람은 그 정도의 상으로는 만족할 수가 없었다. 그래서 왕이 내린 상을 거절하고, 키루스를 죽인 것은 바로 자기라고 외쳤다. 그리고 그 자리에 함께 있던 다른 병사들을 찾아가 억울함을 호소했다. 이 이야기를 들은 아르타크세르크세스는 그의 목을 베라고 명령했다. 그러자 옆에 있던 파리사티스가 말했다.

"그 괘씸한 카리아인에게는 어울리지 않는 벌입니다. 그 따위 소리를 떠들고 다니는 자에게 맞는 적당한 벌이 있으니, 내게 맡기세요."

그래서 아르타크세르크세스는 그 일을 파리사티스에게 맡겼다. 파리사티스는 사형을 집행하는 사람에게 카리아 사람을 잡아다 밧줄로 묶게 했다. 그리고 열흘 동안이나 무시무시한 고문을 가한 뒤 눈알을 빼내고, 귀에 쇳물을 부어서 죽였다.

미트리다테스 또한 며칠 뒤에 말실수를 하는 바람에 끝내 죽임을 당하고야 말았다. 그는 아르타크세르크세스와 파리사티스, 궁중의 시종들이 모두 참석한 화려한 잔치에 초대받자, 아르타크세르크세스가 선물한 옷과 패물로 한껏 꾸미고 그 자리에 나타났다. 그런데 술잔이 한창 돌아가고 있을 때, 가장 높은 시종이 미트리다테스에게 말했다.

"정말 멋진 옷이군요. 대왕께서 내리셨다는 옷과 목걸이, 그리고 팔찌가 바로 이것인가 보군요. 특히 그 언월도는 도대체 값이 얼마나 나갈지 상상도 못하겠소. 대왕께서 당신에게 참으로 큰 은총을 베푸셨군요. 모두들 당신을 무척 부러워하고 있어요."

술기운이 돌기 시작한 미트리다테스는 그 말을 듣고 이렇게 대꾸했다.

"이것 보시오, 스파라미제스! 사실 그날 내가 세운 공을 생각하면 이 정도로는 어림도 없소. 그 힘들었던 전투는 대왕께서도 직접 보셨을 거요."

그 말을 듣자 스파라미제스는 미소 지으며 말했다.

"그대가 지나친 상을 받았다는 이야기는 아니오. 그런데 미트리다테스! 취중진담이라고, 이 기회에 그 이야기 좀 들어봅시다. 말 등에서 떨어진 헝겊을 주운 것보다 더 큰 공이라는 게 도대체 어떤 거요?"

그는 술을 마신 미트리다테스를 충동질해 분별없는 소리를 하게 만들려는 것이었다. 그의 계략에 넘어간 미트리다테스는 아무 생각 없이 계속 떠들어댔다.

"안장 같은 시시껄렁한 이야기는 집어치우시오. 사실 키루스를 죽인 건 바로 나요. 내가 아르타크세르크세스처럼 허공에 창을 던질 사람으로 보이시오? 내가 던진 창은 키루스의 관자놀이를 정확히 맞혔지요. 키루스는 피를 흘리며 땅바닥에 굴러떨어졌고요. 그래서 죽은 거요, 알겠소?"

이 말을 듣고 있던 사람들은, 미트리다테스의 목숨도 이제 끝났다고 생각하고는 고개를 수그린 채 잠자코 있었다. 그때 잔치를 열었던 주인이 앞으로 나오면서 이렇게 말했다.

"미트리다테스! 대왕의 장수와 영광을 빌며 마음껏 술이나 마십시다. 우리 신분으로 좀 지나친 이야기는 이제 그만두고 말입니다."

스파라미제스는 미트리다테스가 한 말을 모두 파리사티스에게 전했고, 파리사티스는 이것을 다시 아르타크세르크세스에게 그대로 전했다. 아르타크세르크세스는 자기를 거짓말쟁이로 만들고, 자신의 명예에 먹칠을 한 미트리다테스를 도저히 용서할 수 없었다.

마침내 아르타크세르크세스는 미트리다테스를 배에 싣고 가서 사형시키라고 명령했다. 처형은 다음 같은 방법으로 이루어졌다. 서로 꼭 들어맞는 작은

아르타크세르크세스(ARTAXERXES Ⅱ) 1873

배 2척을 만들어, 배 하나에 죄인을 눕혀 놓고 그 위에 다른 배 하나를 뚜껑처럼 덮어 꽁꽁 묶는다. 그리고 배에 난 구멍으로 죄인의 머리와 두 손을 바깥으로 내놓는다. 그러고 나서 죄인에게 계속 음식을 먹이는데, 만약 안 먹으면 눈을 찔러서라도 억지로 먹였다. 그다음에는 꿀과 우유를 섞어 죄인의 입에 붓고 얼굴에도 찐득찐득하게 칠했다. 그러면 하늘을 보고 누워 있는 그의 얼굴 위로, 파리 떼가 새까맣게 달라붙고, 죄인이 내놓은 배설물도 모두 배 안에서 썩어가며 구더기가 생기게 된다. 구더기들은 점점 늘어나 마침내 사람의 내장까지 파먹어 죽음에 이르게 했다. 이렇게 하여 죄인이 죽으면, 그제야 배의 뚜껑을 벗기는 것이다. 미트리다테스는 이런 방법으로 17일 동안이나 괴로워하다가 죽었다.

그런데 파리사티스가 복수하고 싶은 이가 아직 한 사람 남아 있었다. 그는 바로 아르타크세르크세스의 시종인 마사바테스로, 키루스의 머리와 손을 잘랐던 사람이었다. 그러나 마사바테스는 파리사티스의 덫에 좀처럼 걸려들지 않았다. 그래서 파리사티스는 한 가지 꾀를 생각해 냈다.

파리사티스는 주사위놀이에 남다른 재주를 가지고 있었다. 그녀는 전쟁 전에도 아르타크세르크세스와 자주 주사위놀이를 했는데, 전쟁이 끝나고 화해한 뒤에는 더욱 많은 놀이로 내기를 했다. 그러면서 그녀는 아르타크세르크세스의 말동무가 되거나 다른 여자를 붙여주면서, 될 수 있으면 아르타크세르크세스 왕과 스타티라 왕비가 함께 있는 시간을 줄이려고 했다. 그 정도로 파리사티스는 스타티라를 미워했던 것이다. 또 한편으로는 스타티라가 자기와 맞먹는 힘을 키울까봐 겁이 나기도 했다.

그러던 어느 날, 아르타크세르크세스와 파리사티스는 1000다레이코스를 걸고 어떤 내기를 했다. 파리사티스는 처음에 일부러 지고는 왕에게 1000다레이코스를 주었다. 그러고는 몹시 분하다는 듯이 시종 한 사람을 걸고 다시 내기를 하자고 했다. 아르타크세르크세스는 흔쾌히 그 제안을 받아들였다. 그리하여 이긴 사람은 상대가 가장 아끼는 시종 5명만 빼고 그 밖의 시종들 가운데서 누구든지 골라 가지기로 했다.

이런 조건으로 두 사람은 주사위놀이를 시작했다. 파리사티스는 온 정신을 집중해 주사위를 던졌고, 운이 좋았는지 마침내 이기게 되었다. 내기에서 이긴 파리사티스는 왕에게 마사바테스를 넘겨줄 것을 요구했다. 그리고 아르타크세르크세스가 자신의 속셈을 알아차리기 전에 재빨리 마사바테스를 사형집행인에게 넘겼다. 파리사티스는, 마사바테스를 산 채로 살가죽을 벗긴 뒤 몸은 3개의 말뚝에 꽂아 놓고 살가죽만 따로 걸어두게 했다.

나중에야 이 사실을 알게 된 아르타크세르크세스는 무척 슬퍼하는 한편, 몹시 분노했다. 그러자 파리사티스는 그를 비웃었다.

"늙은 시종 하나 잃은 게 그리도 아까우십니까? 왕이라는 사람이 그렇게 속이 좁아서야 되겠소? 나는 1000다레이코스를 잃고도 가만히 있는데 말이오."

아르타크세르크세스는 자기가 속았다는 사실이 억울하기는 했지만, 더는 아무 말도 하지 않았다. 그러나 다른 일에서도 때때로 파리사티스와 부딪혔던 스타티라 왕비는 이번 일을 그냥 넘길 수가 없었다. 스타티라는 아크타크세르크세스 대왕에게, 가장 충성스러운 시종을 반역자 키루스 때문에 제물로 바친 파리사티스의 행동은 인간적으로나 법적으로 도저히 용서받을 수 없는 일이라며 비난했다.

그 뒤 티사페르네스는, 속임수를 써서 클레아르쿠스와 그 밖의 장군들을 잡아 가두었다. 크테시아스가 전하는 이야기로는, 그때 클레아르쿠스는 크테시아스에게 머리빗이 필요하다고 했다. 그래서 빗을 갖다주었더니, 머리를 다 빗고는 자기가 끼고 있던 반지를 건네주었다. 이것은 라케다이몬에 있는 자기 친구나 친척들에게 크테시아스가 자기를 도와주었음을 알려주려 한 것이었다. 이 반지에는 카리아티데스가 춤추는 그림이 새겨져 있었다. 클레아르쿠스와 함께 갇힌 병사들은 그가 먹을 음식을 훔쳐 먹고 조금만 남겨주었다. 그래서 크테시아스는 클레아르쿠스에게 많은 음식을 따로 갖다주었다. 이렇게 그들에게 호의를 베풀 수 있었던 것은, 그들을 구하려 애쓰던 파리사티스 덕분이었다. 특히 클레아르쿠스에게는 음식 말고도 따로 고기를 넣어주었는데, 파리사티스는 그 고기 안에 칼을 몰래 넣으라고 크테시아스에게 부탁하면서, 클레아르쿠스가 잔인하게 죽임당하기 전에 스스로 목숨을 끊을 수 있게 해주라고 이야기했다. 하지만 크테시아스는 너무나 무서워서 칼을 넣어주지 못했다고 고백했다.

아르타크세르크세스는 파리사티스가 간절하게 애원하자 클레아르쿠스를 살려주기로 했다. 그러나 다시 스타티라 왕비의 요청에 넘어가, 메논을 뺀 모든 사람들을 사형시켰다.

크테시아스의 말에 따르면, 파리사티스가 스타티라를 죽일 결심을 한 것은 이 일 때문이었다고 한다. 하지만 이런 일로 왕좌를 이어받을 자기 손자들의 어머니인 왕비를 죽였다는 주장은 아무래도 믿기 어렵다. 그러므로 크테시아스 역사책에 실린 이야기들은 모두 재미를 위해 꾸며낸 것이거나, 아니면 클레아르쿠스를 존경하는 마음 때문에 지어낸 것이라고 생각된다. 이는 크테시아스가 전하는 다음 이야기로도 충분히 알 수 있다.

적의 장군들이 모두 사형당한 뒤 그들의 시신은 아무렇게나 내버려졌다. 시신들은 대부분 짐승들에게 뜯어먹히고 말았는데, 오직 클레아르쿠스의 시신만은 강한 바람이 일면서 흙으로 덮였고, 마침내는 그 위에 아름다운 숲이 생겨났다. 이를 본 아르타크세르크세스는, 클레아르쿠스가 신의 사랑을 받은 사람이라 여겨 그를 죽인 일을 몹시 후회했다고 한다. 크테시아스는 이런 터무니없는 이야기들을 자신의 역사책에 기록했다.

파리사티스는 매우 오래전부터 스타티라를 미워하고 있었다. 그녀는 자신의 세력은 아르타크세르크세스 왕의 존경에서 나온 것이지만, 스타티라의 세력은 왕의 사랑과 믿음에서 나온 것이라 더욱 강력하다고 생각했다. 그래서 파리사티스는 자신의 목숨을 걸고서라도 스타티라를 죽이기로 마음먹었다.

파리사티스가 가장 아끼는 시녀는 기기스였다. 데이논의 기록에 따르면, 파리사티스가 독약을 만들 때 기기스가 옆에서 거들었다고 한다. 그러나 크테시아스는, 기기스는 그런 음모를 우연히 눈치챈 것뿐이며 독약을 먹인 것은 벨리타라스라는 남자였다고 한다. 한편 데이논은, 그의 이름을 벨리타라스가 아닌 멜란타스라고 기록했다.

그즈음 파리사티스는 스타티라와 화해했으며, 서로 자주 만나서 식사도 함께했다. 그러나 그토록 미워하던 사람들이 마음을 터놓고 지낸다는 것은 몹시 어려운 일이다. 그래서 마음속으로는 여전히 서로를 미워하고 질투했으며, 상대에 대한 감시의 눈길을 거두지 않았다.

페르시아에는 내장에 똥 대신 노란 비계가 들어 있는 새가 살았는데, 사람들은 이 새가 바람과 이슬만 먹고 산다고 여겨 '린타케스'라 이름 붙였다.

크테시아스의 기록에 따르면, 파리사티스가 한쪽에만 독을 바른 칼로 이 새를 반으로 잘라, 독이 발린 쪽은 왕비에게 주고 독이 없는 쪽은 자기가 먹었다고 한다. 하지만 데이논은, 독이 묻은 쪽을 스타티라에게 준 사람은 파리사티스가 아니라 멜란타스였다고 한다. 어쨌든 독이 묻은 새고기를 먹은 스타티라는 무시무시한 고통과 경련을 일으키며 바닥에서 나뒹굴었고, 그제야 그녀는 자신이 독약을 먹었다는 사실을 알게 되었다.

스타티라가 죽자 아르타크세르크세스는 어머니를 의심했다. 그는 어머니가 누구보다 복수심이 강하다는 것과, 왕비와 사이가 나빴다는 사실을 잘 알고 있었다. 아르타크세르크세스는 곧바로 이 사건을 조사하기 시작했다. 그는 먼저 왕비의 시신을 해부했으며, 그날 식탁에 있었던 어머니의 시녀들을 모조리 잡아다 고문하기 시작했다.

그러나 파리사티스는 기기스를 자기 방에 숨겨두었으므로, 아르타크세르크세스도 기기스에게만은 손댈 수 없었다. 그러던 어느 날 기기스가 자기 집으로 가겠다고 하자, 파리사티스는 어두운 밤을 틈타 몰래 그녀를 내보내기로 했다. 하지만 이런 사실을 미리 알고 있던 아르타크세르크세스는 그녀가 지나가는 길목에 미리 사람을 숨겨두었다. 그리고 기기스가 잡혀오자 곧바로 사형시켜 버렸다.

그 무렵 페르시아에서는 사람에게 독약을 먹인 죄인은, 평평한 돌 위에 눕혀 놓고 다른 돌로 머리를 눌러 죽였는데, 기기스도 이렇게 죽임당했다.

그 뒤 아르타크세르크세스는 어머니와 아무런 대화도 하지 않았고, 그렇다고 벌을 내리지도 않았다. 그러다가 마침내 그녀가 바빌론으로 가길 원하자 그곳으로 보내 가둬 버렸으며, 어머니가 살아 있는 동안에는 절대로 바빌론에 가지 않겠다고 선언했다. 아르타크세르크세스의 집안 싸움은 이렇게 끝이 났다.

키루스를 정벌한 아르타크세르크세스는, 키루스를 따라온 헬라스 군사들을 손에 넣고자 했다. 그러나 온갖 애를 썼음에도 실패하고 말았다. 헬라스 군사들은 키루스와 장군들이 모두 죽어버리자 왕궁을 한 번 휩쓴 다음 멀리 달아나 버렸던 것이다.

그들은 황금과 미녀들이 많다고 자랑하는 페르시아 왕국이 사실은 그것 말고는 빈 껍데기뿐이라고 세상에 알리기까지 했다. 이렇게 되자 헬라스 사람들은 다시 용기를 얻어, 페르시아를 깔보기 시작했다. 특히 라케다이몬은, 소아시아에 있는 헬라스 사람들을 페르시아 손아귀에서 해방시키지 못한다면 나라의 수치라고까지 생각했다.

그래서 라케다이몬은 팀브론과 데르킬리다스, 두 장군을 앞세워 차례로 페르시아를 공격하게 했다. 그러나 그들이 별 성과를 거두지 못하자, 아게실라우스 왕에게 이 전쟁을 맡기기로 했다. 아게실라우스는 바다를 건너 아시아에 도착하자마자 큰 승리를 거두었다. 그는 티사페르네스군을 물리치고 헬라스의 이민 도시들을 해방시켜 페르시아에게 반기를 들게 했다.

아르타크세르크세스는 헬라스군을 무찌르기 위해 어떤 작전을 써야 할지 신중히 궁리한 끝에 한 가지를 생각해 냈다. 그는 로도스 사람인 티모크라테스에게 많은 돈을 주어 헬라스로 보냈다. 그 돈으로 헬라스 여러 도시에 있는 정치인들을 매수해 라케다이몬과 전쟁을 벌이게 하려는 것이었다. 이 작전은 크게 성공했다. 헬라스 여러 도시들은 서로 동맹을 맺어 하나가 되었으며 펠로폰네소스에는 큰 혼란이 일어났다. 그러자 라케다이몬은 아시아에 가 있던 아게실라우스 왕의 군대를 급히 불러들였다.

전하는 바에 따르면, 아게실라우스는 아시아에서 물러가면서 친구들에게 이런 말을 했다고 한다.

"페르시아 궁수 3만 명이 쏘는 화살에 쫓겨, 아시아에서 물러나게 되었소."

아르타크세르크세스가 헬라스에 뿌린 페르시아 금화에 활을 쏘는 병사의 그림이 새겨져 있었으므로, 이렇게 비꼬았던 것이다.

아르타크세르크세스는 아테나이 사람인 코논을 불러들여, 파르나바주스 장군과 함께 라케다이몬 해군을 물리치게 했다. 코논은 아이고스포타미 전투가 끝난 뒤, 키프로스 섬으로 건너가 한낱 시민으로서 평범하게 살고 있었다. 그는 몸을 사리는 게 아니라 세상이 달라지기를 기다리고 있었다.

코논에게는 좋은 전술이 있었지만 군대가 없었고, 페르시아 왕에게는 많은 군대가 있었지만 그것을 지휘할 장군이 없었다. 이에 코논은 자신의 계획을 아르타크세르크세스에게 보냈다. 코논은 그 계획서를 되도록 왕에게 직접 전하지 말고, 크레테 사람인 제논이나 멘데 사람인 폴리크리투스의 손을 거쳐서 왕에게 올리도록 부탁했다. 그리고 만약 두 사람이 없으면 크테시아스에게 맡기라고 이야기했다. 제논은 왕실의 무용단장이었고, 폴리크리투스는 왕실에서 일하는 의사였으며, 크테시아스도 의사였다.

마침내 이 편지는 크테시아스의 손에 전해졌다. 그때 크테시아스는 코논의 편지를 몰래 뜯어보고는, '바다에 대한 일은 크테시아스가 잘 알고 있으니 그를 보내달라'는 내용을 덧붙여 왕에게 가져갔다. 그러나 그는 이 일을 숨기고, 왕이 자신의 능력을 인정해 보낸 것이라고 자랑했다.

아르타크세르크세스는 코논과 파르나바주스 장군을 앞세워 크니도스 해전에서 큰 승리를 거두고, 라케다이몬으로부터 바다 패권을 빼앗았다. 이렇게 해서 아르타크세르크세스는 헬라스에서 큰 세력을 갖게 되었고, 그 유명한 안탈키다스 평화조약을 맺었다.

스파르타 사람인 안탈키다스는 레온의 아들이었다. 그러나 그는 이 조약을 맺을 때 페르시아 왕의 이익을 위해 애썼다. 안탈키다스는 라케다이몬이 아시아에 있는 헬라스 이민 도시들과 섬 모두를 페르시아 왕에게 넘겨주는 데 찬성하게 만들었다. 이것이 아르타크세르크세스가 내세운 평화조약이었다. 하지만 이 조약은 온 헬라스에 대한 모욕이었으며, 지금까지 전쟁에서 패하고 맺었던 그 어느 조약보다도 수치스러운 것이었다.

데이논의 말에 따르면, 아르타크세르크세스는 스파르타 사람이라면 무조건 원수이며 파렴치한 자라고 생각했지만, 페르시아로 온 안탈키다스만은 정성을 다해 대접했다고 한다.

어느 날 저녁에 잔치가 끝나자, 아르타크세르크세스는 월계관을 하나 집더니 가장 비싼 향수에 그것을 적셔서 안탈키다스에게 선물했다. 사람들은 아르타크세르크세스가 그런 영광스러운 선물을 주는 것을 보고 모두 깜짝 놀랐다. 그러나 안탈키다스는 확실히 그런 선물을 받을 만했다. 그는 페르시아의 사치에 물들어, 레오니다스나 칼리크라티다스 같은 라케다이몬 영웅들을 욕되게 하는 일을 서슴지 않았기 때문이다. 그래서 어떤 사람은 이렇게 한탄했다.

"헬라스 운명도 이제 다 끝났나 보오. 라케다이몬 사람들이 모두 페르시아인처럼 되어가니 말이오."

이 말을 들은 아게실라우스는 다음과 같이 대꾸했다.

"아니지요. 오히려 페르시아 사람이 라케다이몬 사람처럼 되어가는 것이지요."

하지만 이렇게 지혜로운 그의 말로도, 안탈키다스가 맺었던 조약의 수치스러움을 씻어낼 수는 없었다. 라케다이몬이 세력을 잃은 것은 레우크트라 전투에서 패배한 다음부터지만, 사실 이 조약을 맺을 때부터 이미 스파르타는 빛을 잃기 시작한 셈이다.

스파르타가 헬라스를 이끌어 나갈 때에는, 아르타크세르크세스는 안탈키다스를 왕의 손님이며 친구로 극진히 대우했다. 그러나 스파르타가 레우크트라

아르타크세르크세스(ARTAXERXES Ⅱ) 1879

전투에서 패배해 나라의 위상이 땅에 떨어지자, 그에 대한 대우가 달라지기 시작했다.

전쟁에서 진 아게실라우스 왕이 돈을 벌기 위해 아이귑토스에 가서 싸움을 대신 해주고 있을 때, 안탈키다스가 다시 아르타크세르크세스를 찾아와 도움을 청했다. 하지만 아르타크세르크세스는 그의 부탁을 차갑게 거절해 버렸다. 이처럼 모욕을 당하고 돌아간 안탈키다스는 스파르타에서도 온갖 비웃음과 모욕에 시달려야 했다. 더구나 에포로스의 움직임도 뭔가 이상하게 느껴지자, 마침내 안탈키다스는 두려움을 이기지 못하고 스스로 굶어 죽고 말았다.

그 뒤 테바이의 이스메니아스와, 레우크트라 전투에서 승리한 펠로피다스가 아르타크세르크세스를 찾아왔다. 펠로피다스는 자신의 명예를 지키기 위해 페르시아식 예를 올리지 않았지만, 이스메니아스는 일부러 반지를 떨어뜨리고 그것을 줍는 척하면서 왕에게 고개를 숙였다.

이때 아르타크세르크세스는 아테나이 사람 티마고라스가 전해준 비밀 정보를 비서관 벨루리스를 통해 듣게 되었다. 그러자 아르타크세르크세스는 몹시 기뻐하면서, 티마고라스에게 1만 다레이코스를 선물로 주었다. 그리고 티마고라스가 병들어 우유를 필요로 하게 되자 그에게 젖소 80마리를 보내주었으며, 그 밖에도 침대와 가구, 그리고 그것을 설치해 줄 하인들까지 딸려 보냈다.

그리고 티마고라스가 떠날 때에는 가마에 태워서 바닷가까지 가도록 했다. 물론 티마고라스가 왕궁에 머물고 있을 때에는 그를 위한 큰 잔치가 벌어졌다. 그 성대한 잔치를 본 아르타크세르크세스의 동생 오스타네스는, 티마고라스에게 이렇게 말했다.

"티마고라스! 이 잔칫상을 기억해 두시오. 그대가 한 일이 있으니 이런 성대한 잔치가 벌어진 것 아니겠소?"

이것은 아르타크세르크세스가 베푼 은혜를 고맙게 여기라는 뜻이 아니라, 티마고라스가 자기 나라를 팔아먹은 일을 비꼬는 말이었다. 티마고라스는 아테나이로 돌아가자마자, 적국의 왕에게 뇌물을 받았다는 혐의로 사형당했다.

아르타크세르크세스는 헬라스 사람들에게 여러 일들로 큰 원망을 받았지만, 헬라스를 기쁘게 한 적도 한 번 있었다. 바로 헬라스 사람들이 가장 미워하던 티사페르네스를 잡아 죽인 일이었다. 그런데 이것은 어머니 파리사티스의 힘으로 이루어진 일이었다.

그 무렵 아르타크세르크세스는 다시 어머니를 궁전으로 불러들였다. 어머니의 정치적 조언이 이따금 도움이 되기도 했고, 무엇보다 이제는 사이가 나빠질 이유가 없었기 때문이다. 이렇게 해서 궁전으로 돌아온 파리사티스는 아르타크세르크세스에게 잘 보이려 노력하며, 그가 하려는 일은 무조건 지지했다. 또한 아르타크세르크세스도 어머니의 부탁이라면 무엇이든 들어주었기에 파리사티스는 다시 예전의 세도를 되찾게 되었다.

파리사티스는 아르타크세르크세스가 자신의 두 딸 가운데 아토사를 몹시 사랑한다는 사실을 눈치챘으며, 왕의 체면 때문에 그런 내색을 보이지 못하고 있다는 것도 알게 되었다.

역사가들 가운데는, 그때 이미 아르타크세르크세스가 아토사와 관계를 맺고 있었다고 보는 사람도 있다. 파리사티스는 이 사실을 알고는 아르타크세르크세스를 만날 때마다 아토사의 칭찬을 늘어놓았다. 그리고 마침내 왕을 설득해 아토사를 왕비로 삼게 했다.

파리사티스는 이 일이 헬라스의 도덕이나 풍습에 어긋나는 일이긴 하나, 페르시아에서는 왕이 곧 법이기 때문에 아토사를 왕비로 맞이한 것은 절대로 수치스러운 일이 아니라며 위로했다. 키메 사람인 헤라클레이데스 같은 역사가는, 아르타크세르크세스는 아토사뿐만 아니라 아메스트리스라는 자신의 작은 딸도 아내로 맞았다고 한다. 하지만 그 이야기는 뒤로 미루기로 하자.

아토사는 왕비가 되어 왕의 총애를 받으며 살다가 어느 날 한센병에 걸리고 말았다. 그러나 아르타크세르크세스는 그녀를 조금도 멀리하지 않았다. 그는 헤라 여신 신전을 찾아가 아토사를 위해 직접 기도드리고, 도시마다 관리들을 시켜 헤라 여신께 제물을 바치게 했다. 헤라 신전에서 궁전까지는 16스타디온쯤 되었는데, 그때 이 길이 금과 은, 자줏빛 비단을 싣고 다니는 말들로 가득 채워졌다고 한다.

그 뒤에 아르타크세르크세스는 파르나바주스와 이피크라테스, 두 장군을 앞세워 아이귑토스 정벌에 나섰다. 하지만 두 장군이 서로 사이가 좋지 않았던 탓에 전쟁에서 지고 말았다. 이에 아르타크세르크세스는 보병 30만 명과 기병 1만 기를 직접 이끌고 카두시아를 치러 나아갔다.

그런데 이곳은 지형이 험하고 안개도 매우 짙어 곡식 농사가 불가능한 곳이었으므로, 이곳에 사는 거칠고 용맹스러운 민족들은 나무 열매를 따먹으며 살고 있었다. 그래서 이곳에 깊숙이 쳐들어온 아르타크세르크세스 군대는 먹을 것을 구하지도 못했고 밖에서 가지고 올 방법도 없어 짐을 싣고 온 짐승들을 잡아먹으며 하루하루 목숨을 이어갔다. 이렇다 보니, 당나귀 한 마리 가격이 60드라크메까지 치솟았다. 그런 탓에 아크타크세르세스 왕은 거의 식사도 못할 지경이었다. 뿐만 아니라 군대가 타고 온 말까지도 거의 다 먹어버려 겨우 몇 마리만이 남아 있을 뿐이었다.

바로 이때 테리바주스가 위기에 처한 왕과 군대를 구해냈다. 그는 페르시아에 있을 때 큰 공을 세워 아르타크세르크세스의 총애를 받기도 했지만, 분별 없는 행동을 저질러서 초라한 지위로 떨어졌을 때도 있었다. 그런데 초라한 지위에 있던 그가 다음과 같은 방법으로 아르타크세르크세스 왕을 괴로움에서 구해냈던 것이다.

이곳 카두시아에는 왕이 2명이었다. 그때 두 왕은 군대를 이끌고 나와 각기 다른 곳에 진지를 마련하고 있었다. 이 사실을 알게 된 테리바주스는, 아르타크세르크세스에게 자기 계획을 설명한 뒤 허락을 받았다. 자기는 두 왕 가운데 한쪽 왕에게 가고, 자기 아들은 다른 왕에게 보내 두 왕을 속이자는 것이었다. 두 부자는 저마다 자기가 맡은 왕에게 가서, 무슨 커다란 비밀이라도 알려주는 것처럼 속삭였다.

"저쪽에 있는 왕은 아르타크세르크세스에게 사절단을 보내 혼자서만 휴전조약을 맺으려 하고 있습니다. 그러니 왕께서 먼저 휴전을 맺으셔야 합니다. 만일 그렇게 하신다면 제가 모든 일을 도와드리겠습니다."

두 왕은 이 말에 감쪽같이 속아 넘어갔다. 그래서 서로 자기가 먼저 평화조약을 맺으려고 두 부자에게 사람을 딸려 보냈다. 이렇게 해서 양쪽 왕이 보낸 사신은 저마다 테리바주스 부자를 따라 아르타크세르크세스를 찾아왔다.

한편 아르타크세르크세스는 아무리 기다려도 테리바주스가 돌아오지 않자, 그를 의심하기 시작했다. 더구나 주위 사람들까지 테리바주스는 믿지 못할 사람이라며 비난했으므로, 아르타크세르크세스는 그에게 속은 줄로 알고 매우 낙심했다.

그러나 얼마 뒤 테리바주스와 그의 아들이 적의 사신을 한 사람씩 데리고 돌아오자 휴전은 순풍에 돛단 듯 쉽게 이루어졌다. 이렇게 해서 테리바주스는 크게 이름을 떨쳤으며, 아르타크세르크세스를 따라 귀국한 뒤에는 다시 높은 지위에 오르게 되었다.

아르타크세르크세스는 이번 전투에서 부하들에게 본보기를 보였다. 비겁함이나 나약함은 그 사람의 덕이 모자랄 때 생겨나는 것이지, 사치나 쾌락에서 비롯되는 게 아니라는 점을 일깨워 준 것이다. 아르타크세르크세스는 늘 황금으로 몸을 치장했는데, 그 값이 무려 1만 2000탈란톤이나 되었다. 하지만 그는 군대에서는 다른 병사들과 똑같이 굶주림을 겪었으며, 힘든 노동을 해냈고, 무장을 한 채 언제나 군대의 맨 앞에 서서 험난한 산길을 걸어갔다. 병사들은 왕이 자기들과 함께 고생하는 것을 보고 더욱 힘을 내 하루에 200스타디온이나 되는 길을 날마다 행군할 수 있었다.

날씨가 몹시 추워지던 어느 날, 군대는 마침내 왕실 영지에 다다랐다. 그러나 이곳은 황무지여서, 공원에만 나무들이 있었다. 아르타크세르크세스는 정원에 있는 나무들을 아끼지 말고 베어서 장작으로 사용하라고 했다. 하지만 병사들은 그 나무들이 너무 아름다워서 감히 베지 못했다. 그러자 왕은 앞장서서 가장 크고 아름다운 나무를 도끼로 찍어내기 시작했다. 그제야 병사들도 나무를 베어 불을 지피고 따뜻한 밤을 지냈다.

아르타크세르크세스는 이 싸움에서 많은 병사들과 군마를 잃었다. 그는 전쟁의 실패로 인해 자신에게 쏟아질 백성들의 비난이 두려웠다. 특히 귀족들의 반응이 두려웠던 그는 전장에서 일부러 많은 귀족들을 죽였는데, 더러는 노여움 때문이고 더러는 두려움 때문이었다.

이처럼 왕들은 두려움이라는 잔인한 감정에 사로잡힐 때가 많았다. 이와 달리 믿음은, 너그럽고 의심하지 않는 마음에서 생겨난다. 이는 동물도 마찬가지로, 겁이 많고 잘 놀라는 동물일수록 길들이기 어려우며, 용감한 동물일수록 지능이 높아 사람이 길들이기 쉽다.

아르타크세르크세스 왕이 나이가 들자 왕자들은 신하나 귀족들과 힘을 합쳐, 저마다 왕좌를 노리게 되었다. 그러나 원칙을 중시하는 신하들은 아르타크세르크세스가 그랬던 것처럼, 맏아들인 다리우스가 왕위를 물려받아야 한다고 생각했다.

다리우스의 동생인 오쿠스는 성질이 몹시 사나웠지만 이상하게도 많은 신하들이 그를 따르고 있었다. 이들과 손잡은 오쿠스는 왕비인 아토사의 마음을 움직이려고 온갖 애를 썼다. 심지어는 아토사가 자기를 왕위계승자로 지지해

주면, 아르타크세르크세스가 죽은 뒤 왕비로 맞이하겠다는 말까지 했다. 아직 아르타크세르크세스가 살아 있는데도, 아토사와 오쿠스가 이미 깊은 관계라는 소문까지 나돌았다.

아르타크세르크세스는 이런 사실을 전혀 모르고 있었지만, 오쿠스가 삼촌 키루스처럼 전쟁을 일으켜 나라를 혼란에 빠뜨리는 일이 생길까봐 걱정스러워했다. 그래서 서둘러 스물다섯 살의 다리우스를 왕위계승자로 정해 선포해 버렸다. 예전부터 페르시아에서는 왕이 후계자를 정하면, 그 후계자는 왕에게 한 가지 선물을 청할 수 있었다. 더욱이 그것이 영토 안에 있는 것이라면 반드시 들어주어야만 하는 법률이었다.

다리우스는 왕에게 아스파시아를 달라고 청했다. 아스파시아는 예전에 키루스가 아끼던 첩이었지만 지금은 아르타크세르크세스가 데리고 있었다. 이오니아에서 자유민의 딸로 태어난 그녀는 뛰어난 교양을 갖추고 있었다.

아스파시아는 키루스를 어느 잔치에서 처음 만났다. 그때 다른 여자들과 함께 키루스에게 불려나간 아스파시아는 다른 여자들이 떠들어대는 것과 달리 혼자 아무 말 없이 가만히 서 있기만 했으며, 키루스가 불러도 가까이 가려 하지 않았다. 키루스의 시종들이 그녀를 억지로 끌고 가려 하자 그녀는 이렇게 쏘아붙였다.

"누구든지 내 몸에 손을 댔다가는 반드시 후회하게 될 것이다."

이 말을 들은 사람들은 아스파시아를 예의도 모르는 경박한 여자라 생각했다. 그러나 키루스는 몹시 기분 좋은 얼굴로, 그녀를 데리고 온 사람에게 말했다.

"자네가 데리고 온 여자들 가운데서 귀부인은 이 여자뿐일세. 자네 눈에는 그렇게 안 보이나?"

이렇게 해서 아스파시아를 자기 여자로 만든 키루스는 그녀를 누구보다도 아끼고 사랑했다. 그러자 다른 사람들도 그녀를 '지혜로운 아스파시아'라고 불렀다. 그러나 키루스가 전사한 뒤, 그녀는 다른 전리품들과 함께 아르타크세르크세스에게 넘겨졌다.

아르타크세르크세스는 다리우스가 아스파시아를 달라고 하자 몹시 화가 났다. 질투가 심한 페르시아 사람들은 늘 여자들을 감시하며 쾌락을 즐겼다. 그러므로 왕의 후궁은 어느 누구도 함부로 가까이할 수 없었으며, 심지어 후궁이 탄 마차 옆을 지나가기만 해도 사형시킬 정도였다. 게다가 아르타크세르크세스는 유독 여자를 좋아해 아토사 말고도 360명이나 되는 후궁들을 거느리고 있었다.

아르타크세르크세스는 다리우스의 청을 듣자, 아스파시아는 자유민의 딸이니 그녀의 의견을 직접 물어보자고 했다. 그녀가 좋다면 내주겠지만, 싫다면 어쩔 도리가 없다는 것이었다. 그러나 아스파시아는 아르타크세르크세스의 예상과 달리 다리우스를 선택했으므로, 아르타크세르크세스는 다리우스의 청을 들어줄 수밖에 없었다. 아무리 왕이라 해도 정해진 법을 어길 수는 없었던 것이다.

하지만 뒤에 아르타크세르크세스는 아스파시아를 에크바타나에 있는 아나이티스, 즉 아르테미스 여신의 신전에 신녀로 보내 버렸다. 아스파시아는 그곳에서 남은 삶을 홀로 쓸쓸히 보내야만 했다.

아르타크세르크세스는 다리우스의 버릇을 고치기 위해 이런 일을 꾸몄는데, 다리우스는 이 일을 몹시 불쾌하게 여겼다. 이는 아마도 다리우스가 아스파시아를 무척 사랑했거나, 그렇지 않다면 아르타크세르크세스가 자신을 골탕 먹였다고 생각했기 때문일 것이다.

테리바주스는, 다리우스가 화를 내자 기회를 잡았다 생각하고는 그를 부추겼다. 자기도 예전에 똑같은 일을 당한 적이 있었기 때문이다. 아르타크세르크세스는 그의 딸 가운데 아파마를 파르나바주스와, 로도구네를 오론테스와, 아메스트리스를 테리바주스와 결혼시키기로 약속했었다. 그런데 처음의 두 사람은 약속대로 결혼시켰지만, 테리바주스에게 주기로 했던 아메스트리스는 갑자기 아르타크세르크세스가 아내로 삼아버렸다. 그러고는 그 대신 막내딸 아토사를 주겠다고 약속했지만 얼마 뒤 아토사도 아르타크세르크세스의 아내가 되었다.

이렇게 되자 테리바주스는 아르타크세르크세스에게 깊은 원한을 품게 되었다. 그는 조심성이 없고 앞뒤 분간을 못하는 성격이라 지위도 오르락내리락했다. 가장 높은 지위에 올랐다가도, 교만을 부려 금세 자리를 빼앗기고 이름조차 묻힐 때도 있었다. 하지만 그럴 때에도 그는 조용히 참지 못하고 더욱 덤벙거리며 설쳐대곤 했다.

그러므로 테리바주스는 이때다 싶어 다리우스를 따라다니면서 그의 성난

아르타크세르크세스(ARTAXERXES Ⅱ) 1885

가슴에 불씨를 던지고 부채질을 해댔다. 테리바주스가 말하기를, 왕관을 썼다고 모든 일이 뜻대로 되는 것은 아니며, 더구나 오쿠스는 여자의 힘까지 빌려 왕이 될 계략을 꾸미고 있고 또 대왕의 마음도 자꾸만 흔들리고 있는 상황에서 가만히 기다리기만 하면 왕위를 물려받게 되리라 믿는 것은 어리석다고 했다. 한낱 헬라스 여자 하나 때문에 페르시아 국법까지 어긴 대왕이 왕위계승에 대한 약속을 제대로 지킬 리가 없다는 것이었다.

더군다나 오쿠스가 왕위를 물려받지 못하는 것과 다리우스가 왕위를 빼앗기는 것은 완전히 경우가 달랐다. 오쿠스는 왕이 되지 않더라도 누구의 방해도 받지 않고 평범한 삶을 살아갈 수 있겠지만, 다리우스는 왕위계승자로 이미 선언된 만큼 왕이 되거나 죽거나 둘 가운데 하나만을 선택할 수 있었다.

그러고 보면 "간사한 말일수록 빨리 귀에 들어간다" 했던 소포클레스의 이야기는 옳은 듯하다. 욕망의 대상으로 향하는 길은 매끄러운 내리막길이고 거의 모든 사람들은 지혜롭지 못하고 어리석어서 그 길을 택하기 마련이다.

페르시아 왕국이 크다는 사실과 다리우스가 오쿠스를 시샘하고 있다는 사실은, 테리바주스가 다리우스의 감정을 부추기는 데 큰 도움이 되었다. 게다가 아스파시아를 빼앗긴 일에 대한 분노까지 더해져 다리우스의 마음은 걷잡을 수 없이 흔들렸다.

그때부터 다리우스는 테리바주스가 시키는 대로 했고, 많은 사람들이 그들의 음모에 가담했다. 그러나 그들의 계획을 알게 된 한 시종이 이를 낱낱이 아르타크세르크세스 왕에게 일러바쳤다.

아르타크세르크세스는 시종의 말을 듣고도 어떻게 해야 할지를 몰랐다. 그런 중요한 일을 모르는 채 가만히 둘 수도 없었고, 그렇다고 아무런 증거도 없는 시종의 말을 곧이곧대로 믿을 수도 없었다. 고민 끝에 아르타크세르크세스는 그 시종에게 계속 그들을 감시하면서 상황을 보고하라고 명령했다. 그리고 자신의 침대 뒤에 벽을 뚫어 문을 내고, 그것을 장막으로 가려놓았다.

시종으로부터 어느 날 몇 시에 암살 음모가 있으리라는 보고를 받은 아르타크세르크세스는 그 시간이 되자 침대에 누웠다. 얼마 뒤 암살자들이 들어오자 그들의 모습을 모두 확인한 왕은 얼른 침대에서 일어났다. 마침내 암살자들이 칼을 빼고 달려들자, 아르타크세르크세스는 재빨리 장막을 걷고 옆방으로 달아나며 호위병들을 불렀다. 암살자들은 계획이 실패하자 모두 궁전 밖으로 도망쳤다. 그러나 테리바주스는 아르타크세르크세스의 호위병들에게 포위되었고, 용감하게 맞서 싸웠으나 멀리서 날아온 창에 맞아 끝내 숨을 거두고 말았다.

곧 특별재판이 열리고 다리우스와 그의 아들들이 끌려나왔다. 아르타크세르크세스는 대리인을 재판에 참여하게 하고, 서기에게 판결문을 써오라고 시켰다. 다리우스는 만장일치로 사형을 선고받아 감옥에 갇혔다.

하지만 칼을 들고 나타난 사형집행인은 도저히 왕자의 목을 벨 수 없다며 울부짖었다. 이를 본 판사들이 호통을 치자, 그는 어쩔 수 없이 감옥으로 들어가 다리우스의 목을 베었다.

어떤 역사책에는, 아르타크세르크세스가 직접 법정에 나가서 다리우스를 고발했다고 적혀 있다. 아르타크세르크세스는 살려달라고 애원하는 다리우스를 보고 화를 내면서 칼을 뽑아 그를 직접 찔러 죽였다. 그러고 나서 법정을 나온 그는 해를 향해 절한 다음, 백성들에게 이렇게 선언했다고 한다.

"페르시아 국민들이여! 이제 안심하고 돌아가서 모든 사람들에게 이렇게 전하라! 저 찬란한 오로마스데스께서 배신자들을 심판하셨다고."

암살 음모 사건은 이렇게 끝이 났다. 한편 아토사를 믿고 있던 오쿠스는 자기가 왕위를 물려받으리라는 기대에 부풀었지만, 전 왕비 스타티라가 낳은 아들인 아리아스페스 왕자와 아르사메스 왕자가 마음에 걸렸다. 아리아스페스는 오쿠스보다 나이가 많고 성격도 너그럽고 온화했기 때문에 백성들의 큰 지지를 받았고, 아르사메스 또한 매우 총명해 아르타크세르크세스로부터 특별히 사랑받고 있었다.

잔인한 오쿠스는 두 왕자를 모두 죽이기로 마음먹었다. 그는 자신의 시종들을 아리아스페스에게 보내, 아르타크세르크세스 왕이 아리아스페스를 죽이려 한다는 거짓말을 하도록 했다. 그것도 너무나 잔인하게 이러이러한 방법으로 죽일 것이라는 이야기까지 덧붙였다. 그들이 계속 찾아와 이런 무서운 소리를 전하자, 아리아스페스는 너무나 두렵고 절망스러워 독약을 먹고 스스로 목숨을 끊고 말았다.

아르타크세르크세스는 아리아스페스가 죽었다는 소식을 듣고 무척 애통해했지만, 이미 너무 늙어버린 그는 아리아스페스가 자살한 까닭을 밝혀낼 기력이 없었다. 이제 아르타크세르크세스는 아르사메스에게 온 사랑을 쏟았으며, 모든 일을 그와 함께 의논하고 결정했다. 그러자 다급해진 오쿠스는 테리바주

아르타크세르크세스(ARTAXERXES Ⅱ) 1887

스의 아들인 아르파테스를 시켜 아르사메스를 죽이게 했다.

　나이가 너무 들어서 목숨만 겨우 붙어 있던 아르타크세르크세스는, 아르사메스가 죽었다는 소식을 듣고 슬픔과 한탄에 휩싸여 그대로 숨을 거두어 버리고 말았다.

　아르타크세르크세스는 그때 아흔네 살로, 62년 동안 왕으로 있으면서 어진 정치를 베풀었다. 하지만 그의 뒤를 이은 오쿠스는 페르시아 어느 왕들보다도 잔인무도한 왕이 되었다.

갈바(GALBA)

아테나이 장군 이피크라테스는, 병사를 뽑을 때에는 돈과 쾌락을 좋아하는 자를 고르라고 입버릇처럼 말했다. 그런 자들은 욕심을 채우기 위해 목숨을 걸고 싸운다는 것이었다. 그러나 많은 사람들은, 군대 기둥이 되는 병사들은 머리인 지휘관에게 반드시 복종해야 하며 제멋대로 움직여서는 안 된다고 여겼다.

마케도니아 군대 지휘를 맡게 된 파울루스 아이밀리우스는 병사들이 저마다 마치 자기가 장군인 것처럼 떠들고 나서자, 병사들은 몸을 단련시키고 칼을 날카롭게 가는 일에만 전념하고 그 밖의 일은 모두 자신에게 맡기라고 말했다.

철학자 플라톤은 아무리 뛰어난 장군이나 정치가라도 잘 훈련된 병사와 스스로 복종하는 민중이 없으면 아무 소용없다고 말했다. 그리고 스스로 복종하는 미덕은 사람을 다스리는 미덕처럼 고귀한 정신과 철학적 깊이가 있어야 생겨난다고 주장했다. 플라톤은 네로 황제가 죽은 뒤에 로마가 겪어야 했던 혼란을 그 대표적인 예로 들었다. 그때 로마에서 맹목적이고 분별 없이 날뛰던 군대를 통제할 수 있는 건 아무것도 없었다.

알렉산드로스 대왕이 죽은 뒤 미친 듯이 날뛰는 마케도니아 군대를 본 데마데스는, 이들을 외눈박이 괴물 키클롭스에 비유했다. 또 네로 황제가 죽은 뒤 로마는 마치 하늘과 싸움을 벌이는 거인족과 같았다. 로마는 갈기갈기 찢어져 서로 쫓고 쫓기다가 끝내 자멸했기 때문이다. 더욱이 그것은 누가 황제 자리에 앉느냐 때문이 아니라, 야심에 불타던 군대가 황제를 제멋대로 갈아 치웠기에 벌어진 일이었다. 그들은 마치 박힌 못 위에 새로 못을 박아 넣듯, 어떤 이를 황제로 뽑자마자 폐위시키고 다시 다른 누군가를 황제 자리에 올렸다.

디오니시우스는 열 달 동안 테살리아 왕좌에 있다가 암살된 페라이의 알렉산드로스를 가리켜 비극 속 왕이라 표현했다. 그러나 로마 팔라티움 궁전은 이보다 더 짧은 기간 동안 네 번이나 황제가 바뀌었던 곳이다. 병사들은 계속 황제를 바꾸면서 궁전을 마치 배우들이 오르락내리락하는 연극 무대처럼 만들었던 것이다.

이처럼 불행을 당했던 로마 사람들에게 오로지 하나 만족스러운 일이 있었다면, 자기들을 짓밟았던 폭군들이 죗값을 치르는 광경을 지켜볼 수 있었던 일이다. 그들은 서로를 죽이고 서로에게 죽임당했다. 맨 처음 죽임당한 사람은, 황제를 쫓아내면 큰돈을 벌 수 있다는 약속으로 군대를 매수해 네로를 없애는 영광스러운 일을 부끄러운 반란으로 만들었던 자이다.

님피디우스 사비누스라는 사람은 궁전을 지키는 수비대 장군이었다. 그는 절망적인 사태를 눈치챈 네로가 아이귑토스로 도망갈 준비를 하는 것을 보고는, 네로가 이미 폐위된 것처럼 몰아 갈바를 황제로 앉히려 했다. 그는 이 대가로 호위대에는 각각 7500드라크메를, 지방에 있는 군대에는 저마다 1250드라크메를 나누어 주겠다고 약속했다. 사실 이 돈은 황제가 마련하기에도 벅찰 만큼 엄청난 액수로, 네로보다 몇 배나 더 심하게 민중을 착취하고 쥐어짜도 겨우 모을까 말까 한 돈이었다.

이 약속은 네로를 곧바로 무덤으로 보냈지만, 뒤이어 갈바까지 멸망시키는 계기가 되었다. 돈을 받기 위해 네로를 배신했던 군대는 그 돈을 받지 못하자 갈바마저 죽여버렸던 것이다. 병사들은 다시 그만큼 돈을 줄 사람을 찾느라 눈에 불을 켰으며, 탐내던 돈을 얻기도 전에 자기들끼리 배신하고 반란을 일으켜 마침내 자멸해 버리고 말았다.

그때 일어났던 모든 사건을 그대로 기록하는 일은 역사가들이 할 일이므로 나는 황제들이 어떤 말과 행동을 했는지, 그리고 그들이 어떻게 자신의 행동에 대한 대가를 치루었는지에 대해서만 간단히 쓰기로 하겠다.

세르비우스 술피키우스 갈바는, 평범한 시민에서 로마 황제 자리에까지 올랐던 사람들 가운데 가장 큰 부자였다고 한다. 갈바는 대대로 이름을 떨쳤던

세르비우스 집안 출신으로, 카툴루스와 친척 사이였다. 카툴루스는 이미 정치에서 물러나 있었지만 그 무렵 가장 훌륭한 사람으로 손꼽히던 로마 시민이었으므로, 갈바는 그런 친척을 둔 것을 자랑스럽게 여겼다. 갈바는 아우구스투스 황제의 아내인 리비아와도 친척이었는데, 아우구스투스 황제가 갈바를 집정관으로 삼은 것도 이런 이유 때문이었다.

갈바는 게르마니아에서 훌륭한 지휘관으로 이름 높았으며, 리비아 총독 시절에는 많은 활약을 펼치기도 했다. 그는 조용하고 검소한 생활을 하며 규칙과 절제를 중요하게 여겼지만, 황제가 된 뒤에는 너무 인색하다는 조롱을 받기도 했다. 네로가 아직 이름 높은 신하들을 경계할 필요를 못 느끼던 때, 갈바는 이베리아 총독으로 보내졌다. 네로는 갈바가 성격이 부드럽고 나이도 많았으므로, 결코 무모한 일을 저지를 사람이 아니라 여겼던 것이다.

갈바가 이베리아 총독이 된 뒤, 네로는 세금관리인을 보내 민중의 재산을 마구 긁어모았다. 갈바는 재물을 잃은 사람들을 위로하고, 그들의 서러움과 고생을 동정하는 일밖에는 아무것도 할 수 없었다. 그러나 억울한 처벌을 받고 노예로 팔려가는 사람들에게는 이것만으로도 큰 위로가 되었다.

갈바는 네로 황제를 욕하는 노래들이 곳곳에서 울려퍼져도 그것을 금지하지 않았다. 이 때문에 시민들은 그에게 더욱 호감을 가지게 되었다.

그런데 갈바가 이베리아에 온 지 8년째 되던 해에, 갈리아에 와 있던 유니우스 빈덱스 장군이 네로 황제 폭정에 반란을 일으켰다. 빈덱스 장군은 반란을 일으키기 전에 갈바에게 편지를 보냈지만, 갈바는 찬성도 반대도 하지 않았으며 네로에게 이 사실을 알리지도 않았다. 똑같은 편지를 받은 다른 지방 총독들은 이 사실을 네로에게 알리고 빈덱스 계획을 방해하려 했다. 그러나 이들은 막상 반란이 일어나자 반란군 편에 섰다.

빈덱스는 네로에게 선전포고를 하는 동시에 갈바에게 편지를 보내, 자기가 도와줄 테니 로마 황제가 되어 갈리아 지역을 다스려 달라고 부탁했다. 그때 갈리아에는 이미 10만 명이 넘는 대군이 무장을 갖추고 있었다.

갈바는 곧 친분이 있는 동료들을 불러모아 회의를 열었다. 그 가운데는 좀 더 지켜보고 결정하자는 의견도 있었지만, 호위부대 지휘관인 티투스 비니우스만은 확신에 넘쳐 말했다.

"왜 망설이십니까? 이렇게 가만히 있다가는 네로에게 충성을 바친다는 의심을 받게 됩니다. 그러니 네로를 우리 적으로 생각한다면 빈덱스가 내민 손을 얼른 잡으십시오. 그렇지 않다면, 폭군 네로를 없애고 갈바 장군을 내세우겠다 떠들어대는 빈덱스를 당장 끌어내 죄를 물어야 합니다.”

그래서 갈바는 노예들을 해방하는 날을 정하고 그 날짜를 널리 알렸다. 사람들은 기다리던 날이 다가오자 여기저기 나도는 소문들을 듣고 혁명을 일으키기 위해 모여들었다. 마침내 갈바가 높은 연단으로 올라가자 군중은 모두 그를 황제라 불렀다. 그러나 갈바는 군중이 황제라 부르는 것을 선뜻 받아들이지 않은 채 먼저 네로가 저지른 악행들을 낱낱이 들추어 내기 시작했다. 그리고 네로가 죽인 여러 인물들의 운명을 한탄하며, 자신의 목숨을 바쳐서라도 나라를 구하겠다고 이야기했다. 그리고 자신은 황제로서가 아니라 원로원과 민중을 대표하는 한 사람의 장군으로서 일하겠다면서 연설을 끝마쳤다.

빈덱스가 갈바를 새로운 황제로 선택한 것이 옳은 판단이었다는 사실은 곧 드러나게 되었다. 네로는 그 무렵 빈덱스를 경계하지도 않았고, 갈리아의 반란에도 그다지 신경 쓰지 않고 있었다. 하지만 갈바가 반란을 일으켰다는 소식을 듣자 너무 놀란 나머지 먹고 있던 아침 식사를 엎지르고 말았다.

그러나 원로원이 갈바를 적(敵)으로 선포하자 네로는 이유 없는 자신감을 드러내려는 듯 친구들 앞에서, 마침 돈이 좀 필요했는데 잘됐다고 농담처럼 말하며 갈바가 모두의 적이 되었으니 이제 그놈의 재산을 팔아서 쓰면 되겠다고 했다. 곧 네로는 갈바의 재산을 빼앗아서 모두 경매에 부쳐 팔았다. 이 소식을 들은 갈바 또한 이베리아에 있는 네로의 재산을 모두 팔아버렸다.

마침내 많은 사람들이 네로에게 반기를 들고 갈바 주위로 몰려들었다. 그러나 아프리카에 있던 클로디우스 마케르와 갈리아에 있던 게르마니아군 지휘관 베르기니우스 루푸스 장군은 갈바의 반란에 참여하지 않았는데, 그렇게 한 데에는 저마다 이유가 있었다.

마케르는 탐욕스럽고 잔인한 인물로 사람들을 죽이고 재산을 빼앗는 일이 허다했다. 그래서 그는 군사를 내놓을 수도 없었고, 이들을 이끌고 전쟁을 하기도 두려워 망설였다. 한편 루푸스는 로마에서 가장 강한 군대를 지휘하는 인물로, 그의 부하들은 그를 황제라 불렀다. 하지만 루푸스는 언제나 원로원 허락 없이는 어느 누구도 황제가 될 수 없다고 말했다.

사태가 이러하므로 갈바는 처음부터 몹시 불안한 마음이 들었다. 그런데 얼마 뒤, 빈덱스와 베르기니우스 군대가 서로 싸우는 통에 갈리아군 2000명이 죽고 빈덱스가 자살하는 사건이 일어났다. 베르기니우스가 이처럼 큰 승리를 거두자, 그의 부하들이 베르기니우스를 황제로 추대하거나 아니면 네로를 지지하게 되리라는 소문이 나돌기 시작했다.

이렇게 되자 더욱 괴로워진 갈바는 베르기니우스에게 편지를 보냈다. 로마를 구하고 민중의 자유를 지키기 위해 자신과 힘을 합치자는 것이었다. 그런 다음 그는 부하 장군들을 데리고 이베리아에 있는 클루니아 시로 돌아갔다. 그리고 그곳에서 지금까지 경솔하게 행동했던 것을 반성하면서, 옛날처럼 한가롭고 평화롭게 살기 위해 꼼짝도 하지 않았다.

어느 초여름 저녁, 갈바 덕분에 노예에서 해방된 이켈루스가 갑자기 갈바를 찾아왔다. 이켈루스는 로마에서 클루니아까지 일주일 동안이나 쉬지 않고 달려왔다고 했다. 그는 말리는 하인들을 뿌리치고 자고 있던 갈바의 방으로 들어갔다. 그러고는 네로가 아직 살아 있는데도 호위대가 갈바를 황제로 선언하자 원로원과 민중도 이를 받아들였으며, 이제는 네로가 죽었다는 소문까지 떠돈다는 말을 전했다. 이켈루스 자신은 처음엔 믿기 힘들었지만 두 눈으로 직접 네로 시신을 확인하고 이 기쁜 소식을 전하기 위해 서둘러 달려왔다고 말했다.

이 소식이 전해지자 사람들은 다시 갈바에게 눈을 돌렸다. 이켈루스가 로마에서 겨우 7일 만에 이곳까지 달려왔다는 말이 의심스럽긴 했지만, 많은 사람들은 그의 말을 믿었다. 그리고 갈바 집 앞으로 모여들어 그에게 너도나도 축하의 말을 했다.

이틀 뒤에는 티투스 비니우스를 비롯한 몇몇 사람들이 갈바를 찾아와 원로원의 움직임을 자세히 전해주었다. 이 때문에 비니우스는 높은 자리에 올랐으며, 이켈루스는 금반지와 함께 마르키아누스라는 성을 얻게 되었다. 그 뒤 마르키아누스는 갈바가 해방시킨 노예들 가운데 가장 높은 지위에 올랐다.

한편 로마에서는 님피디우스 사비누스가 단번에 나라 권력을 장악해 버렸다. 님피디우스는 일흔세 살의 갈바는 너무 늙어서 로마에 도착하기도 전에 죽고 말 것이라고 말했다. 또한 자기는 로마 군대를 언제나 아껴왔다면서 모든 병사들에게 많은 돈을 주겠다고 약속했다. 그러자 병사들은 님피디우스를 은인처럼 받들고 갈바는 빚쟁이로 몰아세우며, 그 빚을 받을 사람은 님피디우스뿐이라 떠들어댔다.

갈바(GALBA) 1893

님피디우스는 자신의 이익을 따져본 다음, 자기 동료인 티겔리누스의 관직을 강제로 빼앗았다. 그러고는 집정관이나 법무관이었던 사람들을 모두 집으로 초대해 큰 잔치를 베풀었다. 또한 많은 군대를 돈으로 매수해, 자기를 영원한 로마 군대 장군으로 임명하고, 홀로 모든 군대를 지휘하게 해달라는 청원을 갈바에게 보내도록 했다.

원로원은 님피디우스를 로마의 은인으로 대우하고 날마다 찾아가 굽실거렸으며, 그에게 모든 법률과 명령을 일일이 허락받았다. 이렇게 되자 님피디우스의 콧대는 하늘을 찔렀고, 그와 가까이 지내던 사람들마저 차츰 그를 두려워하게 되었다.

그 무렵에는 집정관들이 원로원 결의문을 황제에게 보낼 때, 도장을 찍어서 만든 여행허가서를 사절단에게 주는 것이 관례였다. 이 서류가 있으면 각 도시의 지방관들은 사절단에게 필요한 말이나 마차 등을 내주게 되어 있었다. 그런데 님피디우스는 집정관들이 그 서류에 자신의 도장을 찍지 않고, 사절단 또한 자기 부하들 가운데서 뽑지 않은 일로 무척 화가 났다. 이에 대해 집정관들이 사과하자, 님피디우스가 이번만은 용서해 주겠다며 거만하게 말한 일까지 있을 정도였다.

님피디우스는 시민들의 환심을 얻기 위해, 네로의 부하들이 시민들 손에 맞아 죽은 일도 눈감아 주었다. 검투사였던 스피쿨루스는 네로 동상 아래에서 끌려 다니다가 공회당에서 맞아죽었고, 법관이었던 아포니우스는 시민들에 의해 마차에 깔려 죽었다. 그 밖에도 많은 사람들이 온갖 잔인한 방법으로 죽임을 당했는데, 그 가운데는 죄 없는 억울한 이들도 많았다.

이에 로마에서 가장 훌륭한 인격을 지니고 있던 마우리쿠스가 원로원에서, 이런 일이 계속된다면 시민들은 차라리 네로가 다시 살아나는 편이 낫겠다고 여기게 될 거라고 말했다.

상황이 이렇게 되자, 님피디우스는 이제 목적을 이룰 날도 얼마 남지 않았다고 생각했다. 그래서 그는, 자신이 티베리우스 황제의 후계자인 카이우스 카이사르의 사생아라는 소문이 떠돌아도 못들은 척하며 그냥 두었다. 이 소문에 따르면, 카이우스 황제는 젊었을 때 님피디우스의 어머니와 가까이 지냈다고 한다. 님피디우스의 어머니는 카이우스 황제가 풀어준 해방 노예 칼리스투스의 딸로 바느질을 잘했지만 소문만큼 예쁘지는 않았다. 그러나 카이우스가 그녀와 가까이 지낸 것은 님피디우스가 태어난 뒤의 일이었다.

님피디우스의 아버지는 검투사였던 마르티아누스였다. 님피디우스의 어머니 님피디아는 이 검투사의 뛰어난 칼솜씨에 매력을 느껴 그를 사랑했다. 님피디우스가 그 검투사 얼굴과 많이 닮은 것을 보면 이 이야기는 아마 사실인 것 같다.

한편 님피디우스는 네로를 죽인 것은 자기 혼자서 해낸 일이라 자랑했으며, 그 공적에 비하면 지금 자기가 얻은 명예와 재산은 턱없이 부족하다고 말했다. 그는 네로 시신을 화장하는 불이 채 꺼지기도 전에 네로의 여자였던 스포루스를 자기 아내로 맞아들이고 포파이아라는 새 이름을 주었다. 그리고 황제 자리에 앉기 위해 그의 친구들과 원로원 의원들, 귀부인들을 끌어들여 세력을 키우는 한편, 겔리아누스라는 친구를 이베리아에 보내 갈바의 움직임을 감시하게 했다.

네로가 죽자 사람들의 마음은 모두 갈바에게 향했다. 그러나 베르기니우스 루푸스의 속내를 확신할 수 없던 갈바는 마음이 편치 못했다. 베르기니우스는 뛰어난 군사들을 이끌고 있었고, 빈덱스를 정복한 뒤로는 로마 제국에 속해 있던 갈리아를 다스리고 있었다. 그러므로 베르기니우스를 황제로 받들자는 소리가 곳곳에서 들리기 시작했으며, 갈리아 정세도 그에게 유리하게 돌아갔다. 그는 잔인한 폭군 손에서 시민들을 해방시키고, 갈리아를 전쟁 불길에서 구해 내는 데도 큰 역할을 했으므로 널리 이름을 떨쳤던 것이다.

그러나 그때까지도 베르기니우스는 황제를 뽑는 일은 원로원의 몫이라며 한사코 부하들 요청을 거절해 왔다. 하지만 네로가 죽고 나자, 부하들은 다시 베르기니우스를 황제로 추대하려 했고, 심지어는 칼을 뽑아들고 그의 막사로 들어가 죽음과 황제가 되는 일 가운데 어느 쪽을 선택하겠느냐며 협박하는 자도 있었다. 그러나 이 무렵 베르기니우스의 장군인 파비우스 발렌스는 갈바에게 충성을 맹세했으며, 로마에서 갈바를 황제로 인정한다는 원로원 결의문이 날아들었다. 그러자 베르기니우스는 자기 부하들을 설득해 갈바를 황제로 받들게 했다.

갈바는 플라쿠스 호르데오니우스를 베르기니우스에게 보내, 자신에게 군대 지휘권을 넘기라고 했다. 그래서 베르기니우스는 자신의 군대를 넘겨주고, 로마로 돌아가는 길에 갈바를 찾아가 인사를 올렸다. 그러나 갈바는 티투스 비

갈바(GALBA) 1895

니우스의 질투 때문에 베르기니우스에게 어떠한 명예도 내릴 수 없었다. 하지만 비니우스가 베르기니우스의 명예를 질투한 것은, 결과적으로는 베르기니우스를 도운 셈이 되었다. 다른 장군들이 전쟁의 불길에 휩싸여 죽을 고생을 할 때, 베르기니우스는 끝까지 자신의 신념을 지키며 평화롭게 남은 삶을 보냈기 때문이다.

갈바가 갈리아에 있는 나르보 시에 도착하자 로마 원로원에서 보낸 사절들이 그를 기다리고 있었다. 그들은 갈바를 환대하며 새로운 황제를 애타게 기다리고 있는 로마 시민들에게 가야 한다고 말했다. 갈바는 사절단을 위해 잔치를 베풀고 그들을 친절하게 대했다. 그런데 님피디우스가 보내준, 네로가 쓰던 호화로운 그릇들을 사용하지 않고 자기가 쓰던 수수한 그릇들만을 내놓았다. 이런 소식이 전해지자, 사람들은 갈바가 소박하고 뛰어난 인격을 가진 인물이라며 칭찬을 아끼지 않았다.

그러나 비니우스는 갈바의 이런 행동을 역이용했다. 갈바의 검소한 행실이 시민들의 인기를 모으기 위한 속임수이며 황제로서의 위엄을 떨어뜨리는 행동이라 비난한 것이다. 이 말을 들은 갈바는 곧 네로가 쓰던 호화로운 그릇들을 사용하기 시작했고, 잔치를 열 때마다 풍성한 음식을 베풀며 마음껏 사치를 부렸다. 그는 이렇게 해서 완전히 비니우스의 꼭두각시가 되었다.

비니우스는 지나치게 욕심이 많을 뿐 아니라 돈과 여자 좋아하기로는 어느 누구도 따를 수 없는 인물이었다. 그는 젊었을 때 칼비시우스 사비누스를 따라 처음으로 전쟁터에 나갔다. 그런데 장군 아내의 행동이 단정치 못한 것을 보고, 그녀를 병사처럼 꾸며 부대 안으로 데리고 들어와 프린키피아 장군 천막에서 함께 잠을 자다가 그만 들키고 말았다. 카이우스 카이사르 황제는 그를 감옥에 가두었지만, 황제가 죽자 곧 풀려났다.

그 뒤로도 비니우스는 클라우디우스 카이사르 황제의 초대로 참석한 연회에서 은잔을 훔친 적이 있었다. 이 사실을 알게 된 카이사르는 다음 날 일부러 비니우스를 다시 초대해, 그의 앞에만 은그릇 대신 질그릇을 놓게 했다. 이 일은 너그러운 카이사르가 화를 내지 않고 웃어넘긴 덕분에 조롱거리에 그쳤다. 하지만 비니우스가 갈바를 자기 마음대로 조종하는 동안에는, 그는 여러 비극적인 사건들과 커다란 재앙의 원인이자 계기가 되고 말았다.

한편 님피디우스는 갈바를 감시하러 갔던 겔리아누스가 돌아오자 몹시 불안해했다. 코르넬리우스 라코가 호위부대 대장으로 임명되었고, 비니우스는 갈바를 쥐락펴락하고 있으며, 갈바는 겔리아누스를 만나주지도 않았다는 보고를 들었기 때문이다.

이에 님피디우스는 자기 군대를 불러모았고, 갈바는 어질고 점잖은 노인이지만 자기 뜻대로 움직이는 게 아니라 비니우스와 라코가 시키는 대로 모든 일을 처리하고 있다고 말했다. 따라서 티겔리누스가 병권을 빼앗겼던 일을 되풀이하지 않도록 막아야 하며, 갈바에게 사람을 보내서 그 둘을 물리치고 로마로 돌아온다면 시민들이 더 크게 환영하리라 전해야 한다고 주장했다.

그러나 병사들은 님피디우스의 제안을 거절했다. 갈바처럼 경험 많은 노장에게 누구를 멀리 해라 어쩌라 이야기하는 것은 크나큰 실례라 여겼기 때문이다. 그러자 님피디우스는 방법을 바꾸어서, 갈바를 놀라게 할 내용을 적은 여러 통의 편지를 보냈다. 로마는 여전히 질서가 잡히지 않아 몹시 불안하다든가, 클로디우스 마케르가 모든 배의 출입을 금지시켜 아프리카에서 오는 식량이 끊어졌다든가, 게르마니아 군대가 반란을 일으킬 조짐이 보인다든가, 시리아와 유다이아 지방에서도 반란이 일어났다는 등의 내용이었다.

하지만 갈바는 이런 소식을 그다지 믿지도 않았고, 마음 쓰지도 않았다. 그러자 님피디우스는 갈바가 로마에 오기 전에 서둘러 황제가 되어야겠다고 마음먹었다. 님피디우스의 친구 가운데는 안티오키아 출신인 클로디우스 켈수스라는 사람이 있었다. 켈수스는, 님피디우스를 황제라 부를 사람은 로마에 단한 명도 없다면서 그를 말렸다. 하지만 그 무렵에는 갈바를 우습게 여기는 이들도 많았다. 특히 폰투스의 미트리다테스 왕은, 갈바의 대머리와 주름 가득한얼굴을 로마 시민들이 직접 본다면 그런 자를 황제로 모셨다는 사실을 부끄러워하게 되리라며 비웃었다.

마침내 님피디우스는 밤 12시에 일행을 거느리고 군영으로 가서, 스스로 황제라 선언하기로 마음먹었다. 그러나 그날 저녁에 최고 군사 호민관 안토니우스 호노라투스는 부하들을 불러모은 뒤, 그렇게 짧은 시간에 몇 번씩이나 마음을 바꾼 자기 자신과 부하들을 꾸짖었다. 어떤 계획이나 좀 더 나은 선택에 따라서가 아니라, 단지 악한 영혼의 부추김으로 배신에 배신을 거듭하려 했다는 이유 때문이었다.

이어서 호노라투스는 부하들에게, 자신들이 네로를 배신했던 것은 그가 저지른 범죄로 정당화될 수 있었지만 갈바는 자기 어머니나 아내를 죽이지도 않았고 또한 사람들 앞에서 연주가나 비극 배우 흉내를 내면서 왕으로서의 명예를 떨어뜨린 적도 없는데 어떻게 갈바를 배신할 수 있겠느냐고 물었다.

"더군다나 네로 황제가 그런 잘못을 저질렀을 때에도 우리는 황제를 버리는 데 동의하지 않았다. 네로 황제가 먼저 우리를 버리고 아이귑토스로 달아나려 한다는 소식을 님피디우스로부터 듣고 설득당하기 전까지는 말이다. 자 그럼 이제, 네로 다음으로 갈바를 죽이고 님피디아의 아들을 황제로 떠받들기 위해서 아그리피나의 아들을 죽인 것처럼 리비아 집안의 아들까지 죽여야겠는가? 죄 많은 님피디우스를 죽여 네로의 원수를 갚아주고, 우리들 모두는 갈바를 보호하는 호위대가 되어야 마땅하지 않겠는가?"

병사들은 이 말에 모두 찬성했다. 그리고 다른 병사들에게도 황제에게 충성을 다하자며 서로 격려했다.

님피디우스는 진지에서 시끄러운 함성이 들리자, 횃불을 들고 밖으로 나왔다. 그는 킨고니우스 바로가 쓴 연설문을 들고 있었는데, 이미 그것을 모두 외고 있었다.

성문은 굳게 닫혀 있었으며, 성벽 위에는 무장을 갖춘 병사들이 빽빽이 서 있었다. 님피디우스는 이것을 보고 불안감에 가슴이 두근거렸지만 애써 무서움을 억누르며, 무슨 일인지 누구 명령으로 무장까지 갖추고 있는 것인지 물었다.

이에 답이라도 하듯 병사들은 일제히 함성을 지르며, 우리의 황제는 갈바라고 외쳤다. 님피디우스가 성벽 가까이 다가가자, 병사들은 님피디우스와 그의 일행 가운데 몇 사람을 성안에 들어오게 했다. 그러나 님피디우스가 몇 걸음 걷기도 전에 어디선가 창이 날아왔다. 셉티미우스가 방패로 재빨리 그 창을 막았지만 이번에는 더 많은 병사들이 칼을 뽑아 들고 달려들었다. 님피디우스는 황급히 막사 안으로 달아났으나, 병사들은 거기까지 따라와 끝내 그를 죽이고야 말았다. 님피디우스 시신은 광장으로 끌려나왔고 주위에는 창으로 울타리가 쳐졌다. 다음 날 그의 시신은 시민들의 구경거리가 되었다.

님피디우스가 죽었다는 소식을 전해 들은 갈바는, 님피디우스에게 협조했던 자는 스스로 목숨을 끊으라고 권하면서, 그러지 않으면 사형시키겠다는 명령을 내렸다. 이렇게 해서 님피디우스에게 연설문을 써준 킨고니우스 바로와 미트리다테스는 죽음을 맞게 되었다. 갈바의 이 결정은 법에 어긋나는 일은 아니었다. 그러나 이름난 인물들을 재판도 거치지 않고 죽였기 때문에 많은 사람들에게 비난을 받았다. 이때까지 모진 시달림을 당했던 시민들은 새로운 정치를 갈망하고 있었으므로, 그의 조치에 대해 매우 실망했던 것이다.

특히 집정관인 페트로니우스 투르필리아누스가 오직 네로에게 충성했다는 이유로 사형되자, 시민들은 무척 노여워했다. 또한 갈바는 트레보니우스를 시켜 아프리카에 있던 마케르를 죽이고, 파비우스 발렌스를 시켜 게르마니아에 있던 폰테이우스를 죽였다. 대군을 거느린 장군들은 반란을 일으킬 위험이 있어 죽일 이유가 충분하다 해도, 투르필리아누스처럼 힘도 못 쓰는 노인을 재판도 없이 죽인 것은, 너그러운 정치를 펴겠다 선언했던 처음 약속을 저버린 행동이었다.

갈바가 로마에서 25스타디온쯤 떨어진 곳에 이르렀을 때, 어디선가 나타난 한 무리 해군들이 갈바 일행의 앞을 가로막았다. 그들은 예전에 네로가 편성한 함대에서 병사로 있던 자들이었다. 그들은 이제 새 황제가 왔으니 정식으로 자신들을 임명해 주고, 군대 깃발과 지낼 거처도 마련해 달라며 길을 막고 떠들어댔다. 그리하여 새로운 황제를 환영하러 마중 나왔던 시민들은, 황제의 이야기를 듣기는커녕 멀리서 구경조차 할 수 없었다.

갈바는 나중에 이야기할 테니 일단은 물러가라고 말했다. 그러자 그 무리들은 갈바가 거절한 것이라 생각해 계속 난동을 부렸다. 그 가운데는 칼까지 뽑아든 성질 급한 자도 있었다. 이를 본 갈바는 기병 부대에게 그들을 쫓아버리라고 명령했다. 해군들은 뿔뿔이 흩어져 달아났으며, 몇몇은 기병대의 공격을 받고 쓰러져 죽임을 당했다. 새로운 황제가 로마로 들어오는 길에 이처럼 많은 사람들 피를 흘리게 한 일은 매우 불길한 징조였다. 그때까지 갈바를 맥도 못 추는 늙은이라 비웃던 사람들도 이제는 모두 그를 두려워하게 되었다.

갈바는 예전에 네로가 상금을 후하게 내리면서 사치스럽게 생활했던 풍습을 없애려고 노력했다. 그런데 사치를 막은 것까지는 좋았으나 그는 때때로 예의에 어긋나는 행동을 하기도 했다. 언젠가 피리 잘 불기로 소문난 카누스가 황제를 위해 피리를 분 적이 있었다. 그때 갈바는 신하에게 지갑을 가져오게 하더니 거기서 금돈 몇 푼을 꺼내주면서, 이것은 나랏돈이 아니라 자기가 주는 돈이라 이야기했다.

갈바(GALBA) 1899

또한 예전에 네로가 배우나 레슬링 선수들에게 주었던 상금을 10분의 1만 남기고 나머지는 도로 내놓으라는 명령을 내렸다. 그러나 상금을 받았던 사람들은 앞뒤 생각 없이 돈을 쓰며 사는 자들이었으므로, 이제 와서 반납할 돈이 없었다. 그러자 갈바는 돈의 쓰임새를 샅샅이 조사했다. 이렇게 해서 많은 사람들이 이 일에 걸려들게 되자 모두들 갈바를 원망하게 되었다.

이런 일을 갈바에게 시킨 비니우스도 시민들로부터 심한 미움을 받게 되었다. 비니우스는 갈바를 이렇게 인색한 사람으로 만들고는, 정작 자신은 권력을 이용해 다른 사람들 재산까지 빼앗아 사치스럽게 생활했다.

술통을 열었으면 끝까지 몽땅 마셔라.

헤시오도스의 이 시처럼, 비니우스는 갈바가 늙어서 살날이 얼마 남지 않은 것을 보고 자기 욕심을 채우기에 급급했다.

그러므로 황제가 된 갈바는 여기저기서 튀어나오는 온갖 비난의 소리를 들어야만 했다. 비니우스는 늙은 황제 이름을 팔아 온갖 못된 짓을 일삼았고, 갈바가 정치를 바로잡으려 할 때마다 어떻게든 훼방을 놓았다. 네로에게 아부하던 자들을 처벌할 때에도 이런 사정은 마찬가지였다.

갈바는 헬리우스, 폴리클레이투스, 페티누스, 파트로비우스 같은 잔인한 사람들을 사형시킨 뒤 그 시체들을 광장으로 끌고 나가게 했다. 이를 본 시민들은 뛸 듯이 기뻐하며 하늘의 신들도 이 광경을 보면 좋아하리라고 말했다. 더구나 네로가 폭정을 저지르도록 부추겼던 티겔리누스는 죽어 마땅하다며 소리쳤다. 하지만 정작 그는 비니우스에게 뇌물을 바치고 형벌을 면제받았다. 투르필리아누스는 폭군인 네로를 배반하지 않았다는 이유만으로 죽임을 당했는데, 네로에게 못된 짓을 가르쳐 잔인한 폭군이 되게 이끌고도 그를 배반한 티겔리누스는 살아남았던 것이다. 이는 비니우스에게 뇌물만 주면 어떤 일이든 할 수 있다는 증거였다.

이를 본 시민들은 티겔리누스가 죽는 꼴을 보아야만 속이 시원하겠다며 몹시 분개했다. 그러고는 극장이나 광장에 모일 때마다 티겔리누스를 죽이라고 소리쳤으므로 갈바는 연단에 올라서서, 흥분한 시민들을 진정시켜야만 했다. 티겔리누스는 병으로 점점 쇠약해지고 있으므로 어차피 오래 못 살 테니 자신이 잔인한 정치를 했다는 말을 듣지 않도록 해달라고 부탁한 것이다.

갈바의 말을 들은 시민들은 크게 실망했다. 더구나 티겔리누스는 이런 시민들을 비웃듯 얼마 뒤 병이 다 나았다면서 신에게 제사를 올리고, 큰 잔치까지 베풀어 황제의 은혜에 감사드렸다.

비니우스는 황제와 식사를 한 뒤, 과부가 된 자기 딸과 함께 티겔리누스에게 갔다. 그러자 티겔리누스는 비니우스에게 감사의 뜻으로 25만 드라크메를 건네주고, 자기 첩이 걸고 있던 15만 드라크메짜리 목걸이를 벗겨서 비니우스의 딸에게 주었다.

이런 일이 있은 뒤부터 갈바는 아무리 옳은 일을 해도 시민들에게 좋은 소리를 듣지 못했다. 그는 빈덱스와 함께 반란을 일으켰던 갈리아인들에게 세금을 감면해 주고 로마 시민권까지 주었으나 그들은 이를 황제의 은혜로 여기지 않고, 비니우스가 돈에 욕심을 낸 결과라 생각했다.

이처럼 시민들은 점점 더 새로운 황제를 원망하고 싶어했다. 또한 군대는 갈바가 약속했던 돈을 아직 구경조차 하지 못했다. 처음에 그들은 적어도 네로가 주었던 만큼은 줄 것이라 기대하면서 참고 지내다가 조금씩 불만을 드러내기 시작했다. 그러자 갈바는 그들에게, 자신은 군대를 모집해서 썼지 돈을 주고 산 일은 한 번도 없다고 큰소리를 쳤다.

이 말을 들은 병사들은 몹시 화를 냈다. 마땅히 주어야 할 돈을 주지 않았을 뿐만 아니라, 이렇게 굳어져 버리면 앞으로 정권이 바뀌어도 계속 돈을 받지 못하게 될까봐 두려웠기 때문이다. 그러나 병사들 마음속에 이런 미움이 들끓고 있었음에도 로마에는 어떤 반란도 일어나지 않았다. 반란을 일으킬 만한 용기도 없었고, 그럴 만한 적당한 기회도 찾아오지 않았기 때문이다.

한편 예전에 베르기니우스 장군 아래에 있다가 지금은 플라쿠스 밑으로 들어간 게르마니아 군대는, 빈덱스를 무찌른 일을 큰 자랑으로 여기고 있었다. 그런데 이에 대해 아무런 보상을 받지 못하자 장군 명령도 듣지 않게 되었다. 더구나 플라쿠스 장군은 일 년 내내 신경통을 앓았고, 전쟁 경험도 전혀 없었기 때문에 병사들은 그를 우습게 여겼다.

그러던 어느 날 군대 축하연이 열렸을 때였다. 그곳에서 장군들이 모여 황제를 위해 기도를 올리자, 병사들은 당장 집어치우라며 고함을 질러댔다. 그래도 장군들이 멈추지 않자 그들은 이렇게 외쳤다.

"그에게 그런 기도를 받을 자격이 있다면."

이처럼 황제를 무시하는 사건은 비텔리우스 군대에서도 일어났다. 뒤이어 여러 지방에서도 비슷한 보고가 올라오자, 갈바는 덜컥 겁이 나기 시작했다. 그리고 이렇게 비웃음거리가 되는 것은 자신이 나이가 많고 아들도 없기 때문이라 여겼다. 그래서 갈바는 인품이 훌륭한 젊은이를 골라, 아들로 삼으려고 생각했다.

그 무렵 로마의 유명한 집안에 마르쿠스 오토라는 젊은이가 있었는데, 그는 어릴 때부터 사치스럽고 방탕한 생활에 젖어 있었다. 호메로스는 자신의 시에서 파리스를 두고, 칭찬할 구석이 하나도 없는 그저 '아름다운 헬레네의 연인'이라고만 이야기했다고 한다. 그와 마찬가지로 오토도 그저 '포파이아와 결혼한 사람'으로서만 알려져 있었다.

포파이아는 예전에 크리스피누스와 결혼했음에도 네로는 그때부터 그녀를 사랑하고 있었다. 그러나 그즈음에 네로는 자기 아내를 존중했고 어머니의 질책을 두려워했으므로 직접 나서지는 못하고, 오토의 도움을 받아 이 여자를 유혹하려고 했다.

오토는 사치와 방탕을 일삼던 사람이었는데, 네로는 바로 그런 점을 마음에 들어했던 것 같다. 그래서 네로는 오토가 자신을 구두쇠라 비웃어도, 농담이라 여기며 친하게 지냈다.

언젠가 네로는 값비싼 향수를 자기 몸에 뿌리면서 오토에게도 살짝 뿌려주었다. 오토는 다음 날 네로를 저녁 식사에 초대했다. 그러더니 금으로 만든 파이프를 써서 어제와 같은 향수를 네로에게 물처럼 퍼부었다. 전날에 네로가 인색하게 행동했던 것에 대한 앙갚음이었다. 그만큼 오토는 심술궂은 사람이었다.

오토는 먼저 포파이아를 만나, 크리스피누스와 이혼하고 네로와 정식으로 결혼하라며 설득했다. 하지만 막상 포파이아가 이혼을 하자, 그녀를 자기 집으로 데려와 자신의 아내로 삼아버렸다. 그녀를 네로에게 내주기 싫었던 것이다.

포파이아도 오토가 없을 때 네로의 유혹을 물리쳤다고 한다. 오토가 두려워서 그런 행동을 했다는 말도 있고, 황제를 애인으로 두는 것은 좋지만 왕비가 되는 일은 원치 않아 그랬다는 이야기도 있다.

어쨌든 오토가 이런 행동을 한 것은 몹시 위험한 일이었다. 네로는 오로지 포파이아를 맞아들이기 위해 자기 아내와 누이마저 죽였기 때문이다. 그러나 오토의 친구인 세네카가 네로에게 간절히 부탁해, 오토는 루시타니아 지방 총독으로 갈 수 있었다. 명목상으로는 총독으로 임명된 것이지만, 네로에게 쫓겨난 것이라는 사실을 오토도 잘 알고 있었다. 하지만 그는 그곳에서 시민들에게 너그러운 정치를 베풀어 큰 존경을 받았다.

갈바가 이베리아에서 네로에게 반란을 일으키자, 가장 먼저 갈바를 도와준 사람도 다름 아닌 오토였다. 오토는 자기가 가진 물건 가운데 금과 은으로 만든 것들을 모두 갈바에게 보내 돈 대신 쓰게 하고, 황제를 섬길 만한 신하들까지 보냈다. 또한 여러 면에서 갈바에게 충성을 바쳤으며, 일을 처리하는 데에도 남다른 능력을 발휘했다. 그리하여 갈바가 로마에 들어올 때에는 며칠 동안이나 마차를 함께 타고 올 정도로 가까워졌다.

오토는 새로운 황제와 가까이 지내면서 비니우스와도 굳게 손을 잡았다. 그는 언제나 첫째 자리를 비니우스에게 양보하고 자신은 둘째 자리로 물러났다. 둘째 자리에 있으면서 다른 사람들의 질투도 피하고, 귀찮은 일도 줄이려는 속셈이었다.

때때로 사람들이 어떤 부탁을 하러 올 때면 오토는 대가를 받지 않고 그 부탁을 들어주었다. 그리고 모든 사람에게 친절하게 대했으며 특히 병사들 요청은 꼭 들어주려고 했다. 그는 갈바나 비니우스에게 부탁해 병사들에게 관직을 주기도 했으며, 어떤 때에는 갈바의 사랑을 받는 이켈루스나 아시아티쿠스 힘까지 빌려 원하는 사람들에게 자리를 마련해 주기도 했다.

오토는 갈바를 집에 초대해 잔치를 열기도 했다. 그럴 때마다 오토는 황제 호위병들에게 금돈 한 닢씩을 나누어 주며, 갈바에 대한 충성심을 드러내려 했다. 그러나 사실 이는 갈바에게 독이 되는 행동으로, 그의 호위병들에게 인기를 얻기 위한 오토의 계략이었다.

갈바가 후계자에 대해 이야기를 꺼냈을 때, 비니우스는 선뜻 오토를 추천했다. 하지만 이것도 이미 두 사람 사이에 계획된 일이었다. 만일 갈바가 오토에게 제위를 물려주면, 비니우스의 딸과 오토가 결혼하기로 미리 약속되어 있던 것이다.

그러나 갈바는 자기 자신보다 나라를 먼저 생각하는 인물이었으므로, 이 때에도 국익을 먼저 생각했다. 그는 오토가 사치스럽고 빚이 500만 드라크메나

갈바(GALBA) 1903

있다는 사실을 잘 알고 있었기에, 오토에게 황제 자리는 물론 자기 재산도 물려줄 생각이 전혀 없었다. 그러므로 갈바는 비니우스 말을 듣기만 할 뿐 결정은 뒤로 미루었으며, 쉽게 마음을 정하지 않았다. 그 뒤 스스로 집정관 자리로 물러난 갈바는 비니우스를 동료 집정관으로 임명했다. 이에 시민들은 황제 계승자가 새해에 정해지리라 생각했으며, 군인들은 오토가 제위를 이어받기를 바라고 있었다.

그런데 갈바가 이 문제를 결정짓지 못하고 머뭇거리는 동안, 게르마니아에서 병사들이 반란을 일으켰다. 이때는 모든 군대가 돈 문제로 갈바에게 불만을 품고 있었다. 특히 게르마니아 군대는 돈을 받지 못한 것 말고도, 자기들 사령관이었던 베르기니우스 루푸스를 파면시킨 일을 크나큰 모욕으로 여기고 앙심을 품고 있었다. 그래서 갈바가 빈덱스에게 가담한 자들에게만 상을 주어, 마치 빈덱스가 홀로 그를 로마 황제로 추대한 것처럼 고마워한다며 떠들어댔다.

그러던 가운데 새해 첫날이 되자, 플라쿠스 장군은 황제에 대한 충성을 다 짐하는 의식을 올리려 병사들을 모두 불러모았다. 그러나 병사들은 갈바 동상을 밀어 넘어뜨린 다음 원로원과 시민들에 대한 충성만을 맹세한 뒤에 뿔뿔이 흩어져 버렸다. 장군들은 이렇게 가다가는 폭동이 일어나리라 염려했다. 마침내 한 장군이 병사들 앞에 나아가 이렇게 말했다.

"여러분! 우리는 지금의 황제를 인정하지도 않고 새로운 황제를 세우고자 하지도 않습니다. 마치 갈바에게 충성을 바치기 싫다는 것이 아니라 그 누구에게도 복종하지 않겠다는 것처럼 보입니다. 플라쿠스 호르데오니우스 장군은 갈바의 그림자에 지나지 않을 뿐이니 그 사람을 모시는 것은 아무 소용없는 말입니다. 그러나 이곳에서 하루쯤 가면 게르마니아 사령관 비텔리우스가 있습니다. 그의 아버지는 감찰관이었으며, 그 자신도 집정관을 세 번이나 지냈습니다. 그가 가난하다 해서 흠을 잡는 사람도 있지만, 이는 오히려 그의 정신이 맑고 탐욕스럽지 않음을 나타냅니다. 그러니 어서 그를 받들어, 이베리아나 루시타니아 사람들보다 황제를 잘 택했다는 것을 세상에 보여줍시다."

이 제안에 대해 찬성과 반대가 결정되기도 전에, 기마병 하나가 진지를 몰래 빠져나가 비텔리우스에게 이 말을 전했다. 그때 비텔리우스는 많은 장군들과 함께 저녁을 먹고 있었다. 이 소식은 곧 모든 군대 안에 퍼졌다. 그리고 다음 날에는 파비우스 발렌스가 기병대를 이끌고 와서, 비텔리우스에게 황제가 된 것을 축하한다고 말했다.

　그때까지 비텔리우스는 나라의 운명을 짊어지는 중대한 일은 맡기 힘들다며 황제 자리를 한사코 거절해 왔다. 그러나 그날은 점심에 많은 음식과 술을 마셔서 뱃심이 커졌는지 이들의 요청을 흔쾌히 받아들였다. 하지만 황제라는 칭호는 사양하고, 대신 병사들이 바친 게르마니쿠스라는 이름을 쓰기로 했다.

　그러자 플라쿠스 군대는 오직 나라와 원로원을 위해 충성을 바치겠다던 약속은 모두 잊은 채, 비텔리우스를 황제로 받들어 그에게 무조건 복종하겠다고 다시 맹세했다. 이렇게 해서 비텔리우스는 게르마니아에서 로마 황제로 선포되었다. 이 소식을 들은 갈바는 이제 더는 후계자 결정을 망설일 수가 없었다. 그는 오토 지지자들과 돌라벨라 지지자들 의견을 무시하고 조용히 피소를 불러들였다.

　피소는 네로에게 죽임당한 크라수스와 스크리보니아의 아들이었다. 그는 고상한 인격과 지조를 가졌으며, 엄격한 생활을 하는 젊은이였다. 갈바는 그를 호위부대 진영으로 데려가 황제로 선언하려 했다.

　그러나 갈바가 궁전을 떠날 때부터 나쁜 징조가 나타나기 시작했다. 병사들을 세워놓고 연설을 시작하려 했을 때에는 난데없이 번개가 치면서 폭우가 쏟아졌다. 이것은 피소에게 황제 지위를 물려주는 일을 신이 달가워하지 않으며, 그 결과 또한 불길하리라는 징조였다. 그런데 병사들은 이런 와중에도 돈 문제 때문에 얼굴을 찡그리고 있었다. 그러나 그들은 피소의 태도에는 존경심을 나타냈다. 피소는 황제의 은혜로 큰 행운을 얻었지만 그런 기색을 조금도 드러내지 않았으며, 말소리나 행동도 여느 때와 같이 침착했다.

　한편 오토는 자기 생각과 달리 후계자로 지명되지 않자 실망과 분노로 얼굴이 일그러져 있었다. 그는 자기 말고는 후계자가 될 사람이 없음에도 갈바가 자기를 지명하지 않은 것은, 분명히 자기를 미워하기 때문이라 여겼다. 그래서 앞일에 대한 생각에 불안해진 오토는, 피소와 갈바와 비니우스에 대해 몹시 화를 내며 로마로 돌아갔다.

　하지만 오토가 데리고 다니던 점쟁이들은 그에게 아직 희망을 버리지 말라고 말했다. 특히 그 가운데 프톨레마이오스는 자신이 했던 예언을 강조했다. 네로는 오토를 죽이지 못하며, 네로가 먼저 죽고 오토는 황제가 된다는 게 그 예언이었는데, 프톨레마이오스는 이 예언의 반은 이미 이루어졌으니 나머지 반

갈바(GALBA) 1905

도 맞을 것이라 말했다.

무엇보다 오토가 견딜 수 없었던 것은 그를 찾아와 그의 불행을 위로하는 사람들이었다. 그들은 님피디우스와 티겔리누스를 지지했다가 몰락해 초라하게 지내는 자들로, 날마다 오토를 찾아와 그의 복수심을 부추겼다.

이런 사람들 가운데는 베투리우스와 바르비우스가 있었다. 베투리우스는 군대 부대장이었고, 바르비우스는 전령이었다. 그들은 오토의 해방 노예인 오노마스투스와 함께 병사들을 찾아다니면서, 재물과 좋은 자리를 주겠다며 자기편으로 끌어들였다.

이미 썩을 대로 썩어서 갈바를 배신할 핑계만 찾던 병사들은 이들의 꼬임에 쉽게 넘어왔다. 그리하여 온 군대가 반란에 가담하는 데에는 나흘밖에 걸리지 않았다. 조금이라도 충성심을 지닌 군대였다면, 갈바가 피소를 후계자로 선언한 지 나흘 만에 암살당하는 일은 없었으리라. 그는 정확히 6일 만인 1월 15일에 잔인하게 죽임을 당했다.

이날 갈바는 이른 아침에, 많은 신하들을 궁전에 불러모아 신에게 제물을 드리고 있었다. 그런데 제물 내장을 보던 제관 움브리키우스가 중얼거리는 소리로, 큰일이 일어날 징조이며 누군가 황제의 목숨을 노리고 있다고 말했다. 신은 오토의 마음을 이미 꿰뚫어 본 것이다. 제관 뒤에 서서 그 말을 듣고 있던 그의 얼굴은 하얗게 질렸다.

그런데 오토의 해방 노예인 오노마스투스가 슬며시 다가오더니 집에 건축가가 기다리고 있다고 전했다. 이는 군대가 기다리고 있다는 암호였다. 오토는 이 말을 듣자, 얼마 전에 산 낡은 집을 수리하기 위해 건축가를 불렀다며 둘러댄 뒤 얼른 그곳을 빠져나왔다. 그리고 티베리우스 건물을 지나 시민들이 모인 광장을 거쳐서, 금빛 기둥이 서 있는 이탈리아 모든 길의 끝에 다다랐다.

그곳에서 병사 23명이 그를 기다리고 있었다. 오토는 사치와 방탕에 빠져 있는 데다 몸도 허약했지만, 뱃심 좋고 기상이 꿋꿋한 사람이었다. 그러나 이때는 병사들 수가 너무 적었으므로 아무래도 겁이 났다. 병사들은 오토가 머뭇거리는 것을 보자 칼을 뽑아들고, 그의 마차를 출발시켰다. 오토는 달리는 마차 안에서 몇 번이나 "나는 끝장났군" 이렇게 중얼거렸다.

지나가는 사람들은 그렇게 적은 숫자로 큰일을 벌일 수 있을까 생각해 걸음을 멈추고 그들을 지켜보았다. 하지만 광장을 지나가는 동안 병사들이 자꾸 끼어들더니 곧 그 수가 빠르게 불어났다. 이들은 모두 칼을 뽑아들고는, 오토를 황제라 부르짖으며 호위부대 진영으로 달려갔다. 부대 문 앞을 지키던 마르티알리스는 이 음모에 가담한 사람이 아니었지만, 너무나 갑작스런 일을 당하자 덜컥 겁이 나서 문을 열어주었다.

일단 그들이 진영 안에 발을 들여놓자, 감히 아무도 맞서려 들지 않았다. 이 음모에 가담한 자들이 벌써 몇 명씩 둘러싸고 있었으므로, 음모를 몰랐던 병사들은 처음에는 겁을 냈다. 그러나 반란군의 설명을 듣고 나서는 모두 찬성하며 그들에게 합세했다.

반란이 일어났다는 소식은, 곧 갈바가 있는 팔라티움까지 전해졌다. 그때 갈바는 제물로 쓴 내장을 손에 들고 있었다. 그러므로 희생물에 나타난 징조를 믿지 않았던 사람들도 모두 신의 위력에 놀라게 되었다.

그러는 사이에 온 시민들이 밀물처럼 달려왔다. 비니우스와 라코, 그리고 갈바의 해방 노예들은 황제를 지키기 위해 모두들 칼을 들고 서 있었다. 피소는 호위병들에게 황제를 지키라 소리치며, 용감하기로 이름난 마리우스 켈수스를 시켜 비프사니우스 주랑에 모인 군대를 불러오라고 명령했다.

그러자 갈바는, 바깥으로 나가 시민들에게 호소하는 것이 어떻겠느냐 물었다. 켈수스와 라코는 이 의견에 찬성하며 이를 반대하는 비니우스를 나무랐다. 그런데 바로 그때, 오토가 호위대 진영 안에서 살해당했다는 소식이 들려왔다. 잠시 뒤에는 율리우스 아티쿠스라는 자가 달려와 자신이 갈바 황제의 적을 해치웠다며 피 묻은 칼을 갈바에게 보여주었다.

"누구 명령을 받고 오토를 죽였느냐?"

갈바의 질문에 아티쿠스는, 황제에게 충성을 맹세했으니 할 일을 한 것뿐이라고 답했다. 주위에 있던 호위병들은 이 말을 듣고 환호하며 아티쿠스를 칭찬했다.

갈바는 유피테르 신에게 감사 제사를 올리기 위해 마차를 타고 나갔다. 그런데 광장에 이르렀을 때, 아티쿠스 말과는 전혀 다른 소식이 들려왔다. 군영을 점령한 오토가 병사들을 이끌고 쳐들어온다는 것이었다. 그러자 광장에 모여 있던 수많은 군중은 의견이 갈리어서 어떤 사람들은 궁전으로 돌아가라 하고 어떤 사람들은 계속 나아가라 했으며, 용기를 내라고 하는 이들도, 조심하라는 이들도 있었다.

갈바(GALBA) 1907

이에 갈바를 태운 마차는 어찌할 바를 몰라 마치 성난 바다 위에 뜬 조각배처럼 이리저리 흔들렸다. 바로 그때, 한 무리의 기병대가 달려왔다. 그 뒤를 보병들이 따르고 있었다. 그들은 "길을 비켜라" 소리 지르며 파울루스의 바실리카를 가로질러 쏜살같이 달려오고 있었다. 그 모습을 본 시민들은 재빠르게 뿔뿔이 흩어졌다. 무서워서 달아난 게 아니라, 앞으로 벌어질 광경을 구경하기 위해 기둥 꼭대기나 광장 높은 곳으로 서둘러 올라간 것이다.

먼저 아틸리우스 베르길리오가 광장에 세워진 갈바 동상을 땅바닥에 쓰러뜨리자, 이를 신호로 수많은 창들이 갈바가 탄 마차를 향해 날아들었다. 그러나 창이 모두 빗나가자 이번에는 칼을 뽑아들고 달려들기 시작했다.

갈바 옆에는 오직 한 사람만이 황제를 지키기 위해 칼을 들고 서 있었다. 그는 셈프로니우스 덴수스라는 백인대장이었다. 그날 그는 로마를 비추던 태양 아래에서 로마인답게 용감하게 싸우다 장렬한 최후를 맞았다. 그는 갈바로부터 특별한 은혜를 받은 일은 없지만, 자신의 명예와 충성심을 지키고자 끝까지 그의 옆에 남았다. 그는 처음에는 부하들에게 벌을 내릴 때 쓰던 포도덩굴 채찍을 휘두르며, 가까이 오는 병사들을 막아냈다. 그러다가 반란군이 그를 밀치며 마차로 뛰어들자 칼을 뽑아들었다. 그는 한참 동안 반란군들과 싸우다가 땅에 쓰러지고 말았다.

마침내 갈바의 마차는 라쿠스 쿠르티우스라는 연못 근처에서 뒤집혔다. 갑옷을 입은 채 땅바닥에 쓰러진 갈바는 금세 반란군들에게 둘러싸였다. 그러자 갈바는 목을 내밀더니 이렇게 말했다.

"로마를 위한 일이라면 내 목을 쳐라."

그리하여 갈바는 목이 잘려서 숨을 거두었다. 역사가들 기록에 따르면, 갈바를 죽인 사람은 제15군단에 소속된 카무리우스라는 병사였다고 한다. 그러나 어떤 이들은 테렌티우스나 레카니우스, 또는 파비우스 파불루스였다 말하기도 한다.

파불루스는 갈바가 머리카락이 없어 머리채를 잡아 들고 가기가 힘들자, 자신의 옷으로 싸서 가져갔다고 한다. 하지만 병사들이 용감한 행동을 보여달라며 외치자, 파불루스는 너그러운 황제이자 집정관이었던 노인의 머리를 창에 꽂아 높이 쳐들고 다녔다. 그러고는 피가 줄줄 흘러내리는 창자루를 잡고 사람들에게 그것을 보여주었다.

갈바의 머리를 본 오토는 이렇게 말했다.

"이것은 아무것도 아니다. 피소의 머리를 가져와라."

이 말이 떨어지기가 무섭게 그는 오토의 눈앞으로 피소의 머리를 내밀었다. 부상을 입고 도망가는 피소를 무르쿠스라는 병사가 상금을 노리고 베스타 신전까지 쫓아가 죽인 것이다. 비니우스는 자신도 갈바를 죽이는 음모에 가담했으므로 자기를 죽이는 일은 오토의 뜻에 어긋난다며 외쳤지만 끝내 죽임을 당하고 말았다. 라코도 상금에 눈이 어두워진 병사들에게 살해당했으며, 그 머리는 오토에게 바쳐졌다.

　　적을 죽였다는 사람은 1000명이나 되는데
　　막상 시신을 세어보니 일곱뿐이라네.

아르킬로코스는 이렇게 노래했는데, 사실 이 음모에 가담하지 않았던 병사들도 칼과 손에 피를 묻히고 가서 상금을 달라고 요구했다. 나중에 비텔리우스가 조사한 바에 따르면, 이런 짓을 한 사람은 120명이나 되었으며, 오토는 이들을 모두 붙잡아 사형시켰다.

많은 사람들은 마리우스 켈수스를 가리키며, 그가 갈바를 위해 싸우라고 부추겼다면서 그도 죽이라고 했다. 오토는 켈수스를 죽이고 싶지 않았지만 그렇다고 병사들 요구를 꺾을 힘도 없었다. 그래서 오토는 조사할 것이 많아 곧바로 죽일 수는 없다 답하고는, 믿을 만한 부하를 시켜 켈수스를 보살피게 했다.

이어서 원로원 회의가 열렸다. 원로원 의원들은 오토에게 충성을 다짐했다. 오토는 갈바에게 충성을 맹세하고는 뒤돌아서서 배신한 자였음에도, 원로원은 그 오토에게 신의 이름으로 충성을 맹세했으며, 그에게 카이사르와 아우구스투스라는 이름까지 바친 것이다.

그사이에도 집정관 옷을 입은 시신은 광장 바닥에 뒹굴고 있었다. 음모자들은 죽은 사람 머리는 쓸모없다면서, 비니우스 머리를 그의 딸에게 2500드라크메에 팔았다. 또한 피소 머리는 그의 아내에게 주었으며, 갈바 황제 머리는 파트로비우스의 시종들에게 주었다.

시종들은 갈바 머리에 온갖 모욕을 가한 다음, 오토의 명령에 따라 사형된 시신을 버리는 세소리움에 던졌다. 갈바 시신은 오토의 허락을 받아 프리스쿠

갈바(GALBA) 1909

스 헬비디우스에 의해 옮겨졌으며, 갈바의 하인이었던 아르기부스가 그를 조용히 묻어주었다.

갈바의 운명은 이렇게 끝이 났다. 그는 집안이나 재산에서 그 무렵 최고의 인물이었으며, 다섯 황제를 섬기면서 이름을 떨쳤고, 힘이나 권력이 아니라 명성만으로 네로 황제를 쓰러뜨린 인물이었다. 갈바 말고도 황제 자리를 노리던 사람은 많았다. 하지만 그 가운데 어떤 사람도 그만한 인물이 못 되었고, 어떤 이는 스스로 야망을 꺾기도 했다.

갈바는 황제 칭호를 받아 그 이름을 빈덱스에게 빌려주었기에 반란은 내란으로 불리게 되었다. 그러나 결국 황제 자리에 올랐으므로, 갈바가 황제 자리를 탐냈다기보다는 오히려 로마가 그를 필요로 했던 셈이다.

또한 갈바는 님피디우스와 티겔리누스가 돈으로 더럽혀 놓은 군대를 옛날의 스키피오나 파브리키우스나 카밀루스 등이 거느렸던 군대처럼 정의롭고 청렴하게 만들고자 했다. 비록 나이가 많아 힘이 달리기는 했지만, 갈바는 스스로 그런 훌륭한 장군이 되어 군대를 이끌어 나갔다.

하지만 갈바는 기력이 쇠한 뒤에는 비니우스와 라코에게 모든 것을 넘겨준 채 그들의 꼭두각시가 되어버렸다. 돈에 눈이 먼 그들은 네로에게 그랬던 것처럼 갈바를 이용하려 했다. 그러므로 갈바의 죽음을 슬퍼하는 이들은 많았지만, 어느 누구도 그의 정치를 그리워하지는 않았다.

오토(OTHO)

새 황제가 된 오토는 아침 일찍 카피톨리움에 올라가 제물을 바쳤다. 그리고 마리우스 켈수스를 불러와 안부를 묻고 따뜻한 말을 건넸다. 감옥에 갇혔던 이유는 잊고 풀려난 사실만 기억하라고 한 것이다.

오토의 이 말에 켈수스는 자신이 갈바 황제에게 충성을 바친 것이 죄라 하지만 자신은 그에게 어떤 호의도 받은 일이 없으므로 이는 오히려 자신의 무죄를 증명하는 것이라며 비겁하지도 무례하지도 않은 태도로 대답했다.

이 모습을 지켜보던 사람들은 오토와 켈수스의 행동에 감탄했다.

오토는 원로원에 가서도 부드럽고 너그러운 태도로 연설했다. 그는 얼마 동안 집정관 직책도 겸해야 했지만, 곧 베르기니우스 루푸스에게 그 자리를 넘겨주었다. 그리고 네로와 갈바 황제가 뽑았던 집정관들은 그대로 두고, 나이가 많고 믿음이 두터운 사람들을 골라 제관으로 임명했다. 네로에게 추방당했다가 갈바가 불러들인 원로원 의원들에게도, 몰수당한 재산 가운데서 아직 팔리지 않은 것은 모두 돌려주었다. 이렇게 하자 로마 귀족이나 관리들은 오토를 우러러보며, 그에게 나라의 미래와 희망을 기대하게 되었다.

그 밖에도 티겔리누스에게 정당한 벌을 내리는 것을 보고, 시민들은 매우 기뻐하며 더욱 오토를 지지했다. 티겔리누스는 오토가 내리는 벌을 받기 전에 이미 하늘의 벌을 받아 불치병을 앓고 있었다. 그런데 그는 병으로 고생하면서도 여자를 좋아하는 본디 버릇만은 버리지 못하고, 죽어가면서도 추잡한 짓을 일

오토(OTHO) 1911

삼았다. 몇몇 사람들은 이를 보면서 그가 이미 충분한 벌을 받았다고 생각했지만, 많은 사람들은 그렇게 수없이 사람들을 죽이고도 버젓이 햇빛을 보며 살아가는 그에게 참을 수 없는 분노를 느꼈다.

마침내 오토 황제는 티겔리누스가 살고 있는 시골 별장으로 병사들을 보내 그를 잡아오라고 명령했다. 그때 티겔리누스는 시누에사 앞바다에 배를 띄워놓고 언제라도 도망칠 수 있도록 준비를 해두고 있었다. 그는 처음에 오토가 보낸 사람들을 돈으로 매수해 어떻게든 달아나려 했지만 아무런 소용이 없었다. 그러자 그는 값비싼 선물을 주면서 잠깐 면도라도 할 수 있게 해달라고 사정했다. 그러고는 면도칼을 써서 스스로 목숨을 끊었다.

이처럼 오토는 시민들이 바라는 일이라면 어쩌다 자기 자신에게 손해가 오더라도 모두 들어주었다. 그는 처음에 시민들이 극장에서 그를 네로라 불렀을 때에도 그들을 존중하는 마음에서 내버려 두었고, 사람들이 네로 동상을 세워도 간섭하지 않았다. 클루비우스 루푸스 기록에 따르면, 이베리아로 보낸 황제의 편지들 가운데 오토와 네로 이름을 나란히 쓴 것이 있었다고 한다. 그러나 시민들이 이를 못마땅하게 여기자 오토는 이런 행동을 곧바로 그만두었다.

오토가 이처럼 온건한 정책으로 나라를 다스리자 용병들은 불만을 품기 시작했다. 그래서 그들은 오토가 귀족계급을 의심하고 억압하게 만들려 애를 썼다. 그것이 오토의 안전을 위해서였는지, 아니면 그것을 핑계 삼아 내란을 일으키려 했던 것인지는 알 수 없다.

언젠가 오토가 오스티아에 있던 제17연대에게 이동하라는 명령을 내린 적이 있었다. 명령을 받은 크리스피누스는 날이 밝기도 전에 무기들을 실으며 이동할 준비를 했다. 그런데 그때 병사들이 몰려오더니 크리스피누스가 나쁜 심부름을 하려고 하며, 원로원이 꾸민 반란에 가담하고 황제를 죽이기 위해 무기를 싣고 있다고 소리쳤다.

이 소문이 널리 퍼지자 순식간에 병사들이 달려나와 폭동을 일으켰다. 병사들은 무기를 실은 마차를 빼앗고, 크리스피누스를 비롯해 저항하는 백인대장 둘을 죽였다. 그러고는 황제를 구하자고 외치며 로마로 달려갔다.

그들이 로마에 도착했을 때 오토는 원로원 의원 80명과 함께 저녁 식사를 하고 있었다. 이 소식을 들은 병사들은 이제야말로 황제의 적들을 한꺼번에 없앨 수 있는 좋은 기회라 외치며 궁전으로 달려들어 갔다. 이 때문에 도시는 약탈의 두려움에 떨었고, 궁전 안에서는 걷잡을 수 없는 혼란이 일어났다.

오토는 어떻게 해야 할지 몰라 갈팡질팡했다. 그들 가운데는 아내와 함께 온 원로원 의원들도 있었는데, 오토는 혹시라도 그들이 자기를 의심하지 않을까 걱정스러웠다. 두려움으로 새파랗게 질린 의원들은 오토만 바라보고 앉아 있었다. 잠시 뒤에 오토는 호위대장들에게 병사들을 진압하라 명령하고, 그사이에 의원들을 뒷문으로 몰래 내보냈다. 병사들은 의원들이 모두 나간 뒤에야 안으로 밀려들어와 황제의 원수들은 모두 어디 갔느냐며 소리를 쳤다.

오토가 의자 위에 올라서서 어떻게 된 일인지 사정을 설명했지만, 흥분한 병사들은 계속 웅성거리기만 했다. 마침내 오토가 눈물을 흘리며 애원하자 그들은 그제야 비로소 마음을 가라앉히고 돌아갔다.

다음 날 오토는 군대를 찾아가 병사들에게 저마다 1250드라크메씩을 상금으로 나누어 주었다. 그는 자신에 대한 병사들의 높은 충성심을 칭찬했다. 하지만 병사들 가운데는 분명 음모자가 있어서 황제가 베푸는 너그러움에 불만을 품고 병사들의 충성심까지 오해하게 만들고 있으니 그들을 찾아낼 수 있도록 도와달라고 부탁했다.

연설을 마친 오토는 오직 두 사람만 목을 베겠다 말했고, 이런 조치에 병사들 또한 만족스러워했다. 이처럼 너그러운 행동에 대해 사람들은 감사와 존경의 마음으로 오토를 우러러보았다. 그러나 어떤 이들은 그가 전쟁이 두려워 로마인의 지지를 얻기 위해 일부러 너그럽게 행동한 것이라 말한다. 그즈음 비텔리우스가 자신을 황제라 내세우며 게르마니아에서 세력을 키우고 있다는 소식이 전해졌기 때문이다.

하지만 판노니아, 달마티아, 미시아에 있던 군대들이 오토를 지지하겠다 약속했고, 곧이어 시리아와 유다이아에 있던 무키아누스와 베스파시아누스 두 장군도 오토에 대한 지지와 충성을 다짐하는 편지를 보내왔다.

그러자 큰 용기를 얻은 오토는 비텔리우스에게 편지를 보냈다. 다른 마음을 품지 않고 자신에게 충성을 바친다면, 많은 돈과 함께 일생을 편안하게 지낼 도시 하나를 주겠다는 내용이었다. 비텔리우스는 이 편지를 받더니 벌컥 화를 내면서 험한 독설로 가득 찬 답장을 보냈다. 이렇게 두 사람은 서로를 비웃고 욕하면서 상대의 허물을 낱낱이 들추어 냈다. 그러나 사실 둘은 서로를 욕할 처지가 아니었다. 누가 더 사치스럽고, 누가 더 여자를 밝히고, 누가 더 비겁

오토(OTHO) 1913

하고, 누가 더 빚이 많은가만 따지고 있었는데, 이 점에 대해서는 누가 더 나을 것도 없었기 때문이다.

그 무렵 이상한 일들이 자꾸만 일어난다는 소문이 시내에 떠돌기 시작했다. 사람들 대부분은 그것이 누구에게서 나온 말인지도 모르는 채 마구 떠들어댔다. 책에 있는 기록을 살펴보아도 여러 의견으로 나누어져 있어 이 소문들을 정확하게 믿을 수는 없다. 하지만 카피톨리움에서 일어났던 일은 여러 사람들이 직접 눈으로 보았다.

카피톨리움에는 전차를 탄 승리의 여신상이 서 있었는데, 갑자기 그 여신이 잡고 있던 고삐가 떨어져 버리는가 하면, 거센 바람이나 지진이 일어난 것도 아닌데 티베리스 강에 있는 섬에 세워둔 카이우스 카이사르 동상이 서쪽에서 동쪽으로 돌아섰다. 이 일들은 모두 베스파시아누스가 자신을 황제라 선언하자 일어났다.

그 밖에도 티베리스 강이 넘치는 광경을 본 시민들은 나쁜 조짐이라 여겼다. 마침 강물이 불어날 때이기는 했지만, 그렇게 심한 홍수가 일어난 것은 처음이었다. 이 때문에 온 로마 시가 물속에 잠기는 등 피해가 많았는데, 특히 식량창고에 물이 들어가 시민들은 한동안 굶주림으로 고생해야만 했다.

그때 비텔리우스의 장군인 카이키나와 발렌스가 알프스를 점령했다는 소식이 들려왔다. 그러자 오토는 음모를 꾸미고 있다는 의심을 받고 있던 돌라벨라를 아퀴눔 시로 보냈다. 그의 음모가 두려워서였는지, 아니면 그를 믿을 수가 없어서였는지는 모르지만, 오토는 그를 로마에서 멀리 떨어뜨려 놓은 것이다. 그리고 자신이 정벌하러 나갈 때는 늘 루키우스와 함께했다. 루키우스는 비텔리우스의 동생이었지만, 오토는 그를 나쁘게 보지도 않았고 잘해주지도 않았다. 그는 비텔리우스의 아내와 어머니에게는 여러 은혜들을 베풀어 그들이 편히 살 수 있게 도와주었다.

오토는 플라비우스 사비누스를 로마 총독으로 임명했다. 그는 베스파시아누스의 형제로, 네로 황제 때에도 이 지위에 있었지만 갈바 때문에 내려오게 되었다. 오토가 다시 그를 총독으로 임명한 것이 네로를 기억하기 위함이었는지, 아니면 베스파시아누스에 대한 믿음을 보이기 위해서였는지는 알 수 없다.

오토는 이탈리아 파두스 강 가까이에 있는 브릭실룸에 잠시 머물렀다. 여기서 그는 마리우스 켈수스, 수에토니우스 파울리누스, 갈루스, 스푸리나 장군

등에게 군대 지휘권을 맡기고 앞으로 나아가라고 명령했다. 그들은 모두 경험 많은 장군들이었지만 병사들은 황제가 아니면 누구 명령도 듣지 않겠다며 반항했으므로, 도저히 통제할 수가 없었다.

이런 면에서는 적군도 나을 게 없었다. 그들은 로마 병사들과 똑같은 이유로 장군의 명령을 무시하며 오만하게 굴었다. 그러나 적군들은 전쟁 경험이 많았기에 어려움을 견디는 데에는 익숙했다. 하지만 오토 군사들은 오락과 놀이로 시간을 보냈던 자들이었으므로 힘든 일은 무조건 피하려고만 했으며 매우 허약했다. 그러면서도 그들은 힘든 일을 하면 체면이 깎이는 것처럼 허풍을 떨었고, 그런 일을 하는 것은 부끄러운 일이라며 변명을 늘어놓기도 했다.

한번은 이를 무시한 스푸리나 장군이 병사들에게 강제로 일을 시켰다가 병사들이 전부 죽을 뻔한 적이 있었다. 병사들은 그에게 온갖 욕설을 퍼부으면서 황제를 배반하고 피해를 주는 놈이라며 몰아세웠다. 뿐만 아니라 어떤 병사는 술에 취한 채 그의 천막에 뛰어들어, 황제에게 고발하러 갈 테니 여비를 내놓으라며 큰 소리로 협박까지 했다.

그러므로 병사들이 플라켄티아에서 적군에게 모욕을 당한 것은 오토나 스푸리나 장군에게는 매우 다행스러운 일이었다. 군대가 이곳에 와서 머물고 있을 때 비텔리우스 군대가 성 아래까지 몰려와 성 위에 있는 오토 병사들을 배우, 춤꾼, 올림피아 경기와 피티아 경기 구경꾼에 비교했을 뿐만 아니라 전쟁을 해본 적도 없으며, 갈바처럼 무장도 하지 않은 늙은이나 죽이고 자랑할 줄만 알지 남자들끼리의 싸움이나 전투는 무서워서 시작도 못한다고 비아냥거렸던 것이다.

이에 분통을 터뜨리던 오토 병사들은 곧 스푸리나 장군에게 달려와서는 어떤 힘든 일이라도 할 것이며, 어떤 위험이나 괴로움도 참고 견디겠다고 맹세했다. 그 뒤 스푸리나 군대는 적군이 기계까지 동원해 성을 공격했음에도 용감히 싸워 적들을 모두 물리쳤다. 이렇게 해서 그들은 이탈리아에서 가장 이름나고 화려한 이 도시를 아무 탈없이 지켜낼 수 있었다.

오토의 장군들은 비텔리우스의 장군들에 견주어 보면 여러 도시나 시민들에게 피해를 훨씬 덜 주었다고 한다. 비텔리우스 부하 가운데서도 특히 카이키나는 말씨나 옷차림도 전혀 로마 사람답지 않았다. 그는 커다란 몸집에 갈리아 사람들처럼 긴소매가 달린 승마복을 입고 다녔으며, 로마 장교나 관리들을 만날 때에도 몹시 예의 없는 태도를 보였다. 카이키나의 아내 또한 화려한 차림으로 호위 기병대까지 거느리며 남편을 따라다녔다.

파비우스 발렌스 장군은 어찌나 탐욕이 강한지, 적군으로부터 재물을 빼앗거나 동맹국으로부터 뇌물을 자기 분수에 넘치게 받고도 만족할 줄 몰랐다. 그는 플라켄티아 전투에 나가는 길에도 재물을 빼앗느라 시간을 끌다가, 전투가 다 끝난 뒤에야 도착했다고 한다. 그러나 어떤 사람들은 카이키나가 홀로 승리의 영광을 차지하려고 공격을 서둘렀던 게 패배의 원인이라 말한다.

플라켄티아에서 크게 패한 카이키나는 크레모나라는 부유한 도시를 공격하려고 그곳으로 나아갔다. 한편 안니우스 갈루스는 플라켄티아에 있는 스푸리나 군대를 도우러 가는 길에 적군이 크레모나 시로 옮겨갔다는 소식을 들었다. 그는 곧 크레모나로 달려가 적군과 가까운 곳에 진지를 만들었다. 여기에 많은 지원부대까지 도착하자, 갈루스 군대의 기세는 더욱 당당해졌다.

카이키나는 지형이 험하고 나무가 울창한 숲 속에 강력한 보병 부대를 숨겨두었다. 그리고 기병대를 내보내, 적군을 보병 부대가 숨어 있는 쪽으로 꾀어 들이는 작전을 세웠다. 그러나 도망친 카이키나의 부하 하나가 켈수스에게 이 사실을 모조리 알려주었고, 켈수스는 강력한 기병대를 이끌고 조심스럽게 나아가, 숨어 있는 복병들을 모조리 물리쳤다. 만일 그때 진영에 남아 있던 보병 부대가 곧바로 투입됐다면 카이키나군은 전멸했을 테지만, 보병대를 거느린 파울리누스가 늑장을 부리는 바람에 기회를 놓쳐버리고 말았다. 파울리누스는 그 일로 조심성이 지나쳤다는 비난을 받게 되었다. 심지어 병사들은 파울리누스를 오토에게 고발했으며, 눈앞에 있는 승리를 그 때문에 놓쳤다고 떠들어댔다.

오토는 병사들 말을 곧이곧대로 믿지는 않았다. 그래서 자기 동생 티티아누스를 군사령관으로 임명하고 호위부대 지휘관 프로쿨루스와 함께 싸움터로 보냈지만, 실제로는 프로쿨루스에게 모든 권한을 주었다. 켈수스와 파울리누스는 황제의 친구로 알려져 있으나, 사실은 아무런 권력도 없는 고문관일 뿐이었다.

그 무렵 적군 내부에도 소란이 일어나고 있었는데, 발렌스가 이끄는 부대에서 특히 심했다. 그들은 카이키나 부대가 당한 이야기를 듣고 몹시 슬퍼하며, 발렌스가 적을 무찌를 기회조차 주지 않았다고 화를 냈다. 그리고 좀 더 일찍 달려가지 않았기 때문에 그토록 많은 전우들이 죽었다면서 발렌스를 돌로 때려죽이려 했다. 일이 이 지경에 이르자 발렌스는 겨우 부하들을 달래고는 카이키나 군대에 합류했다.

그때 오토는 크레모나 가까이에 있는 베드리아쿰이라는 작은 도시에 진지를 만들었다. 그곳에서 열린 군사회의에서 프로쿨루스와 티티아누스는, 이번 승리로 병사들 사기가 매우 높으니 이럴 때 서둘러 결판을 내야 한다고 주장했다. 그러면서 갈리아에 있는 비텔리우스가 올 때까지 기다릴 필요가 없다고 덧붙였다. 그러나 파울리누스의 생각은 이들과 달랐다. 적군은 지금 군사를 모두 모았기 때문에 더는 뒤따라올 부대가 없으나 자신들에게는 지금의 부대에 못지않은 군사들이 더 있으며, 그들은 미시아와 판노니아에서 이쪽으로 달려오고 있으므로 서두르지 말고 기회를 기다리자고 주장한 것이다. 지금도 이렇게 사기가 높으니 지원군과 합쳐진다면 병사들은 더욱 큰 용기를 낼 것이고, 뿐만 아니라 식량도 충분하니 시간을 오래 끌수록 유리하다고 하면서, 적들은 너무 깊숙이 들어왔으므로 식량이 부족해 얼마 안 있어 큰 어려움을 당할 것이라 덧붙였다.

마리우스 켈수스는 파울리누스 의견에 찬성했다. 안니우스 갈루스는 말에서 떨어져 부상을 당해 회의에 나오지 못했기에 오토가 그에게 편지를 보내 의견을 물어보았다. 갈루스는, 서두르지 말고 미시아에서 이리로 오고 있는 군대를 기다리라고 했다. 그러나 오토는 이 말을 듣지 않고, 지금 있는 부대만으로 곧장 전쟁을 벌이기로 마음먹었다.

오토가 이런 결정을 내린 가장 큰 까닭은 오토의 호위부대가 평화롭고 환락적인 로마 생활을 그리워해 당장 전쟁을 시작하자고 주장했기 때문이다. 그들은 전투만 시작하면 곧바로 적군을 무찌르고 승리해 로마로 돌아갈 수 있으리라 믿었다.

오토도 빨리 운명을 결정짓고 싶었다. 사실 그는 오랫동안 사치스럽게 살아왔기에 전쟁이 어떤 것인지 잘 몰랐다. 그래서 다가올 위험에 침착하게 대비할 줄을 몰랐고, 어떤 식으로든 어서 운명이 결정되기만을 바랐다. 오토의 비서였던 수사학자 세쿤두스는 이를 두고 마치 절벽에서 뛰어내리는 사람이 너무나 무서워 눈을 감는 것과 같은 심정이라고 말했다.

그 밖에도 다른 이유가 더 있었다고 한다. 그때 양쪽 군대는 서로 협정을 맺고 행동을 함께하기로 했다. 이들은 여러 장군들 가운데 가장 경험 많은 사람을 황제로 뽑기로 하고, 만일 이것이 불가능하면 황제를 뽑을 권한을 원로원에 주기로 약속했다. 군대 안에서 능력 있고 생각 깊은 사람들에게서 이런 의견이 나온 것은 어쩌면 마땅한 일이리라. 오토 황제나 비텔리우스는 말과 행동이 다른 사람들이었기 때문이다.

로마 시민들은 지난날 술라와 마리우스, 또는 카이사르와 폼페이우스가 서로 싸우면서 피를 뿌렸던 일을 몹시 안타까워하고 있었다. 그러므로 이제 더는 누가 황제가 될 것이냐로 피 흘리는 싸움을 보고 싶지 않았다. 그리고 비텔리우스의 탐욕과 술주정, 또는 오토의 사치와 방탕함으로 발생하는 국고 낭비 또한 도저히 두고 볼 수 없었다. 마리우스 켈수스도 이런 생각으로 적군과 싸우지 않고 문제를 해결할 때까지 시간을 끌려 했지만 이를 눈치챈 오토가 그전에 빨리 전쟁을 벌이려 했던 것이다.

군사회의가 끝난 뒤 오토는 브릭실룸으로 되돌아갔다. 그런데 이는 큰 실수였다. 황제가 함께 있었다면 병사들은 그에게 존경을 바치고 칭찬을 받기 위해 더욱 용감하게 싸웠으리라. 그러나 오토는 가장 빠르고 용감한 병사들을 호위병으로 뽑아 브릭실룸으로 데리고 가버렸으므로 남은 군대는 날이 무뎌진 칼과 다름없었다.

곧 파두스 강 근처에서 양쪽 부대 사이에 전투가 벌어졌다. 카이키나 군대가 다리를 만들어 강을 건너오려 하자, 오토 군대가 이것을 방해하면서 벌어진 싸움이었다. 오토 군대는 도저히 적을 막아낼 수가 없자, 적이 만든 다리를 불태우려 했다.

오토 군대는 작은 배 몇 척에 유황과 기름을 가득 싣고 거기에 불을 붙여 떠내려 보냈다. 그런데 갑자기 거센 바람이 불어오면서 불길이 높이 치솟아 처음에는 검은 연기만 나던 불은 곧 하늘에 닿을 듯한 열기를 뿜어내기 시작했다. 그러자 오토 병사들은 놀라서 강물에 뛰어들거나 배가 뒤집히는 등 큰 난리를 겪었다. 이렇게 해서 그들은 비웃음을 받으며 죽기도 하고 더러는 적의 손에 잡히기도 했다. 강 한복판에 있던 섬을 서로 차지하기 위한 싸움이 일어났을 때에도, 게르마니아 군대가 오토 부대를 물리치며 큰 승리를 거두었다.

이 소식을 듣고 몹시 화가 난 오토의 군사들은 어서 싸우자며 날뛰었다. 그리하여 프로쿨루스가 이끄는 군대가 50펄롱쯤 나아가 진영을 세웠으나 전투 경험이 없었던 이들은 물을 구하기 힘든 곳에 진영을 만드는 실수를 저질렀다.

프로쿨루스는 다음 날 군대를 이끌고 100펄롱을 나아간 다음 곧바로 적을 치려 했다. 그러나 파울리누스가 그럴 수 없다며 반대했다. 먼 길을 행군하느라 몹시 피곤한 군대가, 충분히 쉬면서 만반의 전투태세를 갖춘 적군과 싸워서 어떻게 이길 수 있겠느냐는 것이었다. 더구나 짐을 실은 짐승과 일꾼들이 함께 뒤섞인 상태에서 적과 맞붙으면 큰 손실을 입을 것이라고도 했다.

이처럼 장군들의 의견 대립으로 싸움이 늦춰지고 있을 때 누미디아 출신 전령 하나가 말을 타고 달려왔다. 그는 오토가 지금 즉시 전투에 돌입하라는 명령을 내렸다고 전했으며, 이에 장군들은 곧바로 군대를 출동시켰다.

카이키나는 오토의 군대가 쳐들어온다는 보고를 듣고 너무나 놀라고 당황한 나머지 강가에 있던 진영을 버리고 재빨리 본진으로 돌아갔다. 발렌스는 병사들을 모두 무장시키고 전투에 쓸 암호를 알려준 다음, 정예 기병대를 맨 먼저 내보냈다. 그리고 뒤에 있는 보병대를 저마다 자기 위치에 배치시켰다.

그런데 오토 부대는 떠도는 소문을 듣고, 적 장군들이 항복해 오리라 믿고 있었다. 그리하여 그들은 비텔리우스 군대와 가까워지자 '전우'라 부르며 정답게 인사를 건넸는데, 적군들은 오히려 욕설을 퍼부어댔다. 이 일로 오토 부대는 잠시 혼란에 빠져들었다.

그 뒤의 전투는 뚜렷한 작전도 없이 펼쳐졌고, 마차와 짐 나르는 일꾼들이 병사들 사이에 섞여서 우왕좌왕하느라 큰 소란이 일어났다. 더구나 땅이 울퉁불퉁하고 도랑이 많이 파여 있어서 혼란은 더욱 심해졌다.

양쪽 군대에서 오직 한 부대씩만이 제대로 맞붙어 싸울 수 있었다. 이들은 싸우기 편한 들판에서 맞붙었는데 비텔리우스 쪽은 라팍스, 곧 '약탈'이라는 이름을 가진 부대였고 오토 쪽은 아드유트릭스, 즉 '구원'이라는 이름을 가진 부대였다. 오토 군대는 힘이 세고 싸우려는 의욕에 불탔지만 전투를 많이 경험하지 못했고, 비텔리우스 부대는 전투 경험은 많았지만 혈기가 없는 병사들뿐이었다.

처음 공격에서 오토 군대는 맨 앞에 서 있던 적병들을 무찌르고 적의 깃발을 빼앗았다. 그러나 곧바로 비텔리우스 군대가 달려와 무서운 반격을 시작해 오토군 사령관 오르피디우스를 죽이고 깃발도 여러 개 빼앗았다.

게르마니아 기병대들 가운데는 어느 누구도 당해낼 수 없다는 바타비아 부대가 있었는데, 알페누스 바루스라는 로마 사람이 이들을 지휘하고 있었다. 그런데 바로 이들이 오토의 검투사 부대를 습격했다. 몇몇 검투사들은 온 힘을 다해 싸웠으나, 대부분은 강가로 도망쳤다. 하지만 거기서 적의 다른 부대를 맞닥뜨리거나 추격을 당해 끝내 전멸하고 말았다.

로마군 가운데 가장 부끄러운 꼴을 보인 것은 황제의 호위부대였다. 그들은 적이 가까이 오기도 전에 정신없이 도망쳐 멀쩡한 우군 부대까지 온통 휘저어 놓았다. 그러나 적을 용감하게 무찌르며 그 사이를 뚫고 진지로 돌아온 부대도 많았다.

오토의 장군들 가운데 프로쿨루스와 파울리누스는 전투에서 진 뒤 징계를 당할 것이 두려워 도망치고 말았다. 병사들이 패배 책임을 모두 장군들에게 돌리며 덤벼들자 겁이 났던 것이다. 오로지 안니우스 갈루스만이 흩어졌던 병사들을 다시 모아 베드리아쿰으로 돌아왔다. 그는 이곳에 모여든 병사들에게, 이번 싸움은 진 것이 아니라 비긴 것이며, 어떤 면에서는 크게 이겼다고도 볼 수 있다며 용기를 북돋워 주었다.

뿐만 아니라 마리우스 켈수스는 장군들을 불러모으고는, 나라의 이익을 먼저 생각해야 한다고 주장했다. 오토 황제가 올바른 생각을 가진 사람이라면 이처럼 많은 병사들을 잃고 또다시 자신의 운명을 시험해 보지는 않으리라 말했다. 로마의 자유를 위해 열심히 싸운 카토나 스키피오가 비난을 면치 못했던 까닭은 파르살루스에서 진 다음에도 카이사르에게 굽히지 않고 아프리카까지 가서 병사들을 희생시켰기 때문이며, 사람이라면 누구든지 운명의 힘을 따를 수밖에 없다고 했다. 또한 자신들은 전쟁에서 패배했으므로 무엇이 지혜로운 행동인지 잘 알 수 있을 거라고 덧붙였다.

장군들은 켈수스 말에 동감했다. 그들 또한 평화를 바라고 있었던 것이다. 그래서 티티아누스는, 켈수스와 갈루스를 대표로 보내 카이키나와 발렌스에게 휴전을 제의하도록 했다. 켈수스와 갈루스는 적 진영으로 가는 길에 몇몇 적장들을 만났는데, 그들은 자신들 군대는 이미 베드리아쿰 시를 공격하러 떠났지만, 사령관이 휴전을 제안해 보라고 해서 왔다고 했다. 그러자 켈수스와 갈루스는 그들에게 자신들을 카이키나에게 데려다 달라고 했다.

그런데 켈수스는 적 군대 가까이에 접근하다가 한 차례 죽을 고비를 간신히 넘겼다. 예전에 켈수스에게 당했던 복병들이 그를 보자 함성을 지르며 달려들었던 것이다. 그러자 적 장군들이 켈수스 앞을 가로막으며 병사들에게 고함을 쳤다. 이 소란에 놀라 달려나온 카이키나는 곧 무슨 일이 벌어졌는지를 알아차리고는 병사들을 진정시켰다. 그리고 켈수스를 친절하게 맞이해 함께 베드리아쿰으로 떠났다.

그러는 동안 티티아누스는 휴전을 위해 사절단을 보낸 일을 후회하고 있었다. 그래서 그는 싸울 생각이 있는 병사들을 성벽 위에 배치하는 한편, 다른 장군들을 설득하는 데 나섰다. 그러나 막상 카이키나가 성벽 아래에 와서 손을 높이 들어올리자 아무도 싸우려는 사람이 없었다. 어떤 이는 성벽 위에 서서 환호성을 질렀고, 또 어떤 사람은 성문을 열고 달려나가 적군과 손을 맞잡으며 기뻐했다. 그리하여 이들은 모두 비텔리우스에게 충성을 약속한다고 외치며 그의 병사가 되었다.

이것이 이 전투에 참가했던 사람들이 말하는 내용이다. 하지만 이들도 그때는 혼란스러웠고 무질서했기에 정확하게는 알 수 없었으리라. 나중에 나는 이 싸움터를 지나간 적이 있다. 그때 집정관 대우를 받았던 메스트리우스 플로루스와 함께였는데, 그는 매우 오래된 신전을 보고 나에게 이런 말을 했다. 전쟁이 끝난 다음에 보니 주검이 이 신전 꼭대기까지 쌓여 있었으며, 어떻게 해서 그렇게 많은 사람이 죽었는지 도저히 알 수가 없었다는 것이다.

내란이 일어난 경우에는 포로를 잡아와도 포상금이 없기에 다른 전쟁 때보다 많은 사람이 죽기 마련이지만, 그토록 많은 시체가 그곳에 쌓이게 된 이유는 설명하기 어렵다.

오토는 처음에는 이 전투에 대해 애매모호한 소문만 듣다가 전쟁터에서 돌아온 부상병들로부터 싸움에 졌다는 말을 듣고서야 비로소 그 사실을 인정했다. 그의 친구와 신하들은 모두 실망하는 빛을 보였지만, 뜻밖에도 병사들은 용기를 가다듬고 오토에게 더 큰 충성을 바쳤다. 신기한 사실은 도망가거나 적군에게 항복하는 병사가 하나도 없었으며, 오히려 절망에 빠진 오토를 위해 목숨까지 내놓으려 했다는 것이다. 병사들은 오토의 막사 앞으로 몰려가 황제의 이름을 불렀고, 그가 나오자 서로 그의 손을 잡으려 했다. 그들은 무릎을 꿇고 눈물을 흘리며 제발 자신들을 저버리지 말라고 애원했다. 그리고 몸과 마음을 모두 바치겠으니 끝까지 싸우자며 호소했다. 한 병사는 칼을 뽑아들고 단호하게 말했다.

오토(OTHO) 1921

"부디 저희들의 충성심을 알아주십시오. 저희들은 목숨도 아끼지 않습니다."

병사는 말을 마치고는 갑자기 스스로 자기 목을 찔러 죽고 말았다. 그러나 오토는 전혀 당황하지 않고 침착한 얼굴로 그들을 돌아보며 이렇게 말했다.

"여러분! 오늘 여러분이 이처럼 뜨거운 충성심을 보여주니 내가 황제가 된 날보다 더 뿌듯한 것 같습니다. 그러므로 여러분처럼 훌륭한 병사들을 위해 내 생명을 바치는 일은 더욱 큰 기쁨이 될 것입니다. 부디 나에게서 이런 기쁨을 빼앗지 말기 바랍니다. 적어도 로마 제국 황제라면 나라를 위해 목숨을 내놓을 줄도 알아야 합니다. 나는 적이 완전한 승리를 거두었다고는 생각지 않습니다. 미시아를 떠난 우리 군대도 아드리아 해를 지나 며칠 뒤면 이곳에 도착할 것입니다. 또한 아시아, 시리아, 아이귑토스, 그리고 유다이아에서 싸우고 있는 군대도 나를 지지하노라 밝혔습니다. 적군의 아내와 자식들도 모두 우리 손안에 있고, 원로원도 우리와 함께 있습니다. 그러나 우리가 싸우는 적은 한니발도 아니고, 피루스도 아니며, 킴브리족도 아닌, 바로 우리 로마군입니다. 같은 로마군끼리 서로 싸움을 벌이고 있는 것입니다. 어느 쪽이 승리를 거두든 피해를 입는 것은 로마이며, 승자가 얻는 것만큼의 고통을 이 나라는 당하게 됩니다. 그러니 여러분, 한 번만 더 깊이 생각해 보십시오. 나는 이 나라를 다스리는 것보다 차라리 나라를 위해 죽는 것이 더 영광스럽고 명예로운 일이라 생각합니다. 내가 승리함으로써 로마에 줄 수 있는 평화는 무척 작습니다. 하지만 내 목숨을 버리고 얻는 평화, 이 나라가 오늘과 같은 불행을 다시는 겪지 않게 하는 평화는 그보다 훨씬 클 것입니다."

연설을 마친 오토는 그 누구의 말도 들으려 하지 않았다. 그리고 그곳에 있던 친구와 원로원 의원들에게 떠나라고 명령했으며, 그곳에 없는 사람들에게는 유서를 남겼다. 그런 다음 오토는 여러 도시들에 편지를 보내, 그들이 무사히 로마로 돌아갈 수 있게 도와달라는 부탁의 말을 전했다.

오토는 자신의 조카인 코케이우스라는 소년을 불렀다. 그리고 조카에게, 자신은 비텔리우스의 어머니와 아내를 가족처럼 잘 보살펴 주었으니 비텔리우스를 두려워하지 말고 그에게 가서 편히 살라고 말했다. 그리고 그를 아들처럼 여기면서도 양자로 삼지 않은 까닭은, 전쟁에서 이긴다면 몰라도 진다면 오히려 해를 끼칠 수도 있기 때문이라고 했다. 그리고 이렇게 덧붙였다.

"너의 큰아버지가 황제였다는 사실을 너무 깊이 생각해서도, 그렇다고 아예 잊어버려서도 안 된다. 이것이 내 마지막 부탁이다."

그때 밖에서 떠들썩한 소리가 들렸다. 원로원 의원들이 떠나려 하자 병사들이 그들을 가로막으면서, 황제를 버리고 떠난다면 모두 죽이겠다며 협박하고 있었던 것이다. 오토는 할 수 없이 다시 병사들 앞에 모습을 드러냈다. 그러나 아까처럼 부드러운 태도가 아니라, 몹시 화가 치민 얼굴로 모두 물러나라고 소리를 질렀다. 그제야 병사들은 고개를 숙이고 뒤로 물러났다.

날이 저물자 오토는 늘 지니고 있던 단도 두 자루를 꺼내 칼날을 자세히 살펴본 다음, 하나는 버리고 다른 하나는 옷 속에 감추었다. 그리고 하인들을 불러 돈을 나누어 주었다. 아무렇게나 나누어 주는 것이 아니라 공로에 따라 더 많이, 또는 더 적게 주었다. 그러고 나서 그는 하인들을 모두 내보내고 잠자리에 들었다.

오토는 다음 날 아침 일찍 일어나, 원로원 의원들의 시중을 들던 사람을 불러서 그들을 잘 보냈느냐고 물었다. 그 사람이 그렇다고 대답하자 오토가 말했다.

"그러면 너는 나가서 병사들과 함께 있도록 해라. 여기 있다가는 내가 자살하는 것을 도와주었다는 오해를 받아 다른 사람에게 죽임을 당할지도 모르니까."

오토는 그를 내보낸 다음, 두 손으로 칼을 곧게 세우고 그 위에 쓰러졌다. 신음 소리 한 번 내지 않고 그대로 숨이 끊어졌으므로 문 밖에 서 있던 사람들조차 그의 죽음을 눈치채지 못했다.

잠시 뒤 오토가 자살한 것을 발견한 시종들은 목놓아 통곡했다. 오토의 죽음을 알게 된 병사들과 시민들도 모두 깊은 슬픔에 잠겼다. 침실로 달려온 병사들은 황제를 지켜주지 못했음을 뼈에 사무치게 후회했으며, 호위병들은 적군이 가까이 다가오는 것을 보고도 아무도 달아나지 않고 오토의 시신을 지켰다.

그들은 화장에 쓸 나무를 높이 쌓고 오토의 관을 옮겨왔다. 오토 시신을 옮긴 사람들은 누구나 그 일에 동참한 사실을 커다란 영광으로 여겼다. 사람들은 그의 몸에 입을 맞추거나 손을 잡기도 했으며, 그조차 할 수 없었던 사람들은 관이 지나가는 길 옆에 엎드려 슬피 울었다.

나무에 불을 붙였을 때에는 몇몇 병사가 스스로 목숨을 끊기도 했다. 그들

오토(OTHO) 1923

은 특별히 오토의 은혜를 받은 일도 없었고, 적에게 죽임당할까봐 두려워 그런 것도 아니었다. 세상 어떤 왕이나 참주가 가졌던 광기 어린 지배욕도, 오토의 다스림과 지휘를 받고자 했던 병사들의 열정만큼 강하지는 못했으리라. 그들의 불타는 충성심은 오토의 죽음과 함께 사라진 것이 아니라 가슴속에 깊숙이 새겨져, 비텔리우스에 대한 미움으로까지 이어졌기 때문이다.

사람들은 오토의 장례가 끝나자 기념비를 세웠다. 나 또한 브릭실룸에 갔을 때, 그 소박한 기념비와 비문을 읽은 일이 있다. 비문 내용은 이러했다.

'마르쿠스 오토를 기억하며.'

오토는 황제에 오른 지 석 달 만에 서른일곱의 나이로 세상을 떠났다. 많은 사람들은 그의 삶을 비난하면서도 그의 죽음은 존경했다. 살아 있는 동안에는 네로와 다를 바가 없었지만, 그의 죽음만큼은 너무나 고귀했기 때문이다.

그가 죽고 난 뒤, 두 사령관 가운데 하나였던 폴리오는 비텔리우스에게 충성을 바치자고 말했다가 병사들에게 엄청난 미움을 받았다. 병사들은 브릭실룸에 남아 있던 원로원 의원들을 무사히 로마로 돌아갈 수 있게 해주었다. 어떤 병사들은 무장을 갖추고 베르기니우스 루푸스를 찾아가, 황제 자리에 오르거나 아니면 대표로 적군을 찾아가 평화를 맺게 해달라고 요청했다.

베르기니우스는 전쟁에서 이겼을 때에도 황제 자리를 거절했으므로, 싸움에서 패배한 지금에 와서 그들 요청을 받아들인다는 것은 몹시 우스꽝스러운 일이라 여겼다. 그리고 평화를 맺기 위해 적군을 찾아가고 싶은 생각도 없었다. 지난날 그가 게르마니아 부대 사령관이었을 때, 그곳 병사들에게 그들이 바라지 않는 일을 강제로 시킨 적이 있었기 때문이다. 이런 이유로 베르기니우스는 병사들을 피해 자기 집 뒷문으로 빠져나가 자취를 감추어 버렸다. 이를 알게 된 병사들은 마침내 비텔리우스를 새 황제로 앉히고 충성을 맹세했다.

플루타르코스 영웅 명연설들

페리클레스
Perikles
(기원전 495?~429)

도시국가 아테나이의 정치가이자 군인이었던 페리클레스는 아테나이 민주주의 기틀을 마련하고 델로스 동맹을 이끌어 헬라스를 번영시켰으며, 파르테논 신전을 세우는 등 아테나이 황금시대를 이룩했다. 무려 28년 동안 이어졌던 펠로폰네소스 전쟁(기원전 431~404) 첫해 겨울에 아테나이 전사자들을 기리는 장례식이 치러졌는데, 이때 페리클레스는 추도 연설을 했으며 그 내용을 투키디데스가 《펠로폰네소스 전쟁사》에 기록으로 남겼다. 그의 장례식 연설은 역사상 가장 위대한 연설 가운데 하나로 손꼽힌다.

장례식 추도사

아테나이에는 조국을 위해 싸우다 숨진 사람들을 기리는 추도사를 하도록 규정되어 있습니다. 지금 우리는 그에 따라 이 자리를 마련했고, 나보다 앞서 이 자리에서 말씀하신 여러분들은 그 법률을 만든 이를 칭송했습니다. 나는 전쟁터에서 쓰러진 이들이 장례식에서 이러한 영광을 마땅히 누려야 한다고 생각합니다. 아울러 좋든 나쁘든 그들의 공적이 어떤 사람의 연설에 따라 자의적으로 결정되어야 하는 경우에, 그 한 사람의 조작에 의해 많은 사람들의 미덕이 위협을 받아서는 안될 것입니다. 사실임직한 진리마저도 찬성을 얻기 힘든 상황에서 일어나는 문제를 슬기롭게 다루기란 참으로 어렵습니다. 오래 사귀어 잘 알고 있으며 사랑하는 사람을 대상으로 했을 때에는, 자신이 바라는 바와 알고 있는 바를 비교하여 망설임 없이 모든 말이 실제보다 불리하다고 단정하는 반면, 낯선 사람을 대상으로 했을 때에는 자신이 이룰 수 없는 행적을 부러워하는 나머지 모든 말이 과장되었다고 잘라 말할 것입니다. 따라서 그들이 듣고 있는 위업을 자기도 이룩할 수 있노라 상상이라도 할 수 있는 때에야 비로소 다른 사람들에게 보내는 찬사를 받아들이게 됩니다. 그들은 자신이 도저히 다다를 수 없는 경지를 샘내며, 곧장 거짓이라 단정짓고 맙니다. 그러나 이 엄숙한 행사는 우리 조상들로부터 그 권능을 인정받았으므로 그 법률을 지키고, 내 능력이 허락하는 한 모든 참석자의 호의와 찬성을 얻는 것이 나의 의무라 하겠습니다.

그러므로 나는 먼저 우리 조상들로부터 실마리를 풀어가려고 합니다. 이 자리를 빌려 우리가 그들의 영광된 과거를 되돌아보는 것은 적절하고 올바른 일이기 때문입니다. 이 나라 안에서 그들은 언제나 변함없이 확고히 터전을 잡고 있었으며, 용맹스럽게 이 나라를 지키고 아무런 대가도 받지 않고 다음 세대들에게 물려주었습니다. 진실로 그들은 마땅히 찬양을 받아야 하고, 더구나 우리의 바로 윗대는 조상의 유산을 확대하여 지금 우리가 차지하고 있는 이 드넓은 제국을 쌓아올렸으며, 그들의 피땀 어린 열매를 그 아들인 우리에게 물려주었으므로 한층 더 값진 위업을 이룩했다고 하겠습니다. 나아가서 우리는 여기서 여러 성공 사례들을 제시하고, 아직도 전성기의 체력과 정신력을 지니고 있는 우리가 그 두 가지 힘을 숭고하게 갈고닦아 아테나이 시민들로 하여금 전쟁과 평화의 모든 상황에 충분히 대처할 수 있는 길을 열어놓았습니다. 나는 여기서 이런 목적을 이루기 위해서 지금껏 쌓아올린 전공(戰功)이나 강력한 야만인과 다른 헬라스 종족의 침략에 맞서 우리 자신이, 그리고 우리의 바로 윗대가 펼쳤던 결연한 자기 방어 노력을 일일이 되뇔 뜻은 없으며, 여러분 스스로가 잘 알고 있으므로 길게 늘어놓지도 않겠습니다. 그러나 나는 먼저 우리가 어떤 방법으로 이런 영광과 권력의 정상에 오르게 되었고, 어떤 정체(政體)와 어떤 행동으로 이처럼 강대해졌는가를 설명한 다음, 세상을 떠난 사람들에게 보내는 찬사를 드리고자 합니다. 나는 이들이 이 자리에서 거론하지 못할 만큼 무례하거나 부당한 화제는 아니리라고 믿습니다. 이들을 논의하는 것은 아테나이인과 이방인들이 이처럼 많이 모인 자리에서는 오히려 유익하다고 하겠습니다.

우리는 우리의 정부 형태에 크게 만족하고 있습니다. 이 정부는 이웃 나라들의 법률을 부러워하지 않으며, 다른 나라에 대해서는 본보기가 되어왔을 뿐만 아니라 아테나이의 독창적인 정치적 소산이기 때문입니다. 그리고 몇몇 사람이 아니라 시민 전체에 이바지하는 우리의 이 정치 형태를 민주주의라 부르고 있습니다. 개인적인 능력에서는 아무리 큰 차이가 있더라도 우리 모두가 우리 법률이 보전하고자 하는 전체적인 평등을 다 같이 누리고 있습니다. 그리고 우리 개개인이 뛰어난 실적을 올리면 올릴수록 그에 비례하여 높은 명예를 누리게 되는 것입니다. 공공 행정직은 어느 특별한 가문에 국한되지 않고, 오로지 실적에 의해서만 차지할 수 있습니다. 조국에 이바지할 수 있는 사람이라면 누구나 타고난 신분이 보잘것없어도 높은 자리로 오르는 데 아무런 지장이 없으므로, 가난이 장애가 되지는 않습니다. 우리는 서로 이렇다 할 마찰 없이 국가 공직을 거칠 수 있으며, 사생활에서는 서로 의심하지 않고 정을 나누며 함께 살고 있습니다. 자신의 기질 따라 살아가는 이웃 사람들에게 화를 내지 않고, 형벌이 되지는 않더라도 고통을 줄 수 있는 불만의 표정을 짓지 않습니다. 따라서 사생활에서는 우리가 망설임이나 피해를 주지 않으면서 서로 대화를 나누고 있으며, 어떤 이유로도 시민 대중을 거슬리지 않고, 행정 사법관들을 존경하며, 주로 상처 입은 사람들을 보상하는 성문법과 아울러 그것을 어기면 수치라고 생각되는 불문법을 존중하고 있습니다.

더구나 우리 법률은 한 해 동안 골고루 집단적인 휴양과 희생 제의(祭儀)를 지정하여, 우리가 정신적인 피로에서 벗어날 수 있는 기회를 제공하고 있습니다. 그 행사는 고유의 위풍을 갖추어 기품 있게 치러지고 날마다 즐거움을 안겨주어 우리의 울적한 마음이 사라지게 마련입니다. 우리 아테나이의 장엄한 위력에 끌려 전 세계 산물들이 이곳으로 몰려들고, 그로 말미암아 우리는 이 나라에서 키운 것에 못지않은 외국 산물로 산해진미를 맛보고 있습니다.

전쟁을 치를 때 우리의 전략 전술은 적군보다 훨씬 뛰어납니다. 우리가 단 한 번도 숨긴 적이 없는 실상을 마음껏 보고 우리를 해치지 않도록 아테나이를 모든 사람들에게 널리 개방하고, 보다 나은 것을 찾아 또는 호기심으로 이 나라에 온 이방인들을 절대로 내쫓지 않습니다. 우리는 전쟁에 대한 준비 태세와 장비보다는 우리를 행동으로 뛰어들게 하는 우리의 뜨거운 영혼에 더 큰 신념을 가지고 있습니다. 교육이라는 관점에서는 우리 젊은이들이 어른과 마찬가지로 고된 노역과 훈련을 버틸 수 있도록 힘겨운 운동을 하고 있습니다. 그러나 우리 또한 안락하고 우아한 생활을 누리면서도 그들에게 뒤지지 않는 용기로 전쟁의 온갖 위험에 맞서고 있습니다. 라케다이몬 사람들은 그들의 독자적인 군사력만으로 우리 영토를 침략한 적이 한 번도 없었으며, 그들의 모든 동맹국들을 모아 쳐들어왔습니다. 그와는 달리 우리가 이웃 나라로 쳐들어갈 때에는 삶의 터전을 지키려는 적군을 그들의 영토 안에서 어렵지 않게 정복하는 경우가 많습니다. 우리는 해군 원정이나 여러 곳에서 지상전에 참가하고 있어 군사력을 나누어 놓았기 때문에, 어떤 적군도 지금까지 우리의 전체적인 군사력과 맞서 싸운 경험이 없었습니다. 그럼에도 그들은, 어느 지역에서 그들이 우리 군사력의 작은 일부와 맞붙어 싸워 이길 때면 늘 전면적인 승리라고 우쭐댑니다. 그들이 패배하는 경우에는 우리의 단합된 힘에 눌린 것만은 분명합니다.

우리는 고된 훈련으로 갈고닦지 않더라도 용맹성을 지니고 있습니다. 이런 우리가 위험에 대처하기 위해서 무엇을 익히고 있습니까? 위험한 상황에 처할 때 우리는 적어도 다음과 같은 자세만은 갖추고 있습니다. 어떤 불행이 닥쳐올지도 모를 불안에 짓눌려도 굽히지 않고, 위험과 맞설 때에는 꾸준히 단련된 사람들에 못지않은 용기를 지니고 있습니다. 이런 측면에서, 그리고 아직 거론되지 않은 여러 측면에서 우리 아테나이 공동체의 모든 구성원은 마땅히 찬양받을 자격이 있습니다.

우리의 독특한 생활양식을 지키기만 하면, 검소한 정신으로 담금질된 우리의 고귀한 품성이 드러나고, 심오한 철학을 가꾸어 나가면서도 우리 정신은 무기력해지지 않을 것입니다. 우리는 헛된 말씨름이 아니라, 자선을 베풀 때에 우리의 넉넉함을 드러내 보입니다. 가난을 고백하는 것은 누구에게도 부끄러운 일이 아니며, 그것을 이기려는 노력을 하지 않는 자세가 부끄러운 일입니다. 자신의 개인적인 일과 시민 모두의 일에 똑같이 관심을 기울이는 사람들이 있고, 고된 생활에 빠져 있는 사람들이라 할지라도 정치에 상당한 기량을 지니고 있는 경우가 있습니다. 우리 아테나이 시민들은 나랏일에 참견하지 않는 사람을 게으르다 보지 않고 아무 짝에도 쓸모가 없다고 생각하는 유일한 백성입니다. 그렇지만 우리는 가장 건실한 판단을 내리고, 사물의 올바른 이해에 다다르는 데 민첩하며, 말이 행동에 장애가 되지 않는다 생각하며, 실천하기 전에 토론을 통하여 충분히 대비하지 못함을 탓하고 있을 따름입니다. 우리는 행동해야 할 때가 되면 가장 위대한 용기를 발휘하면서도 우리의 전략이 과연 유익한가를 미리 토의하는 점에서 다른 국민이나 민족과 구별되는 우수성이 있습니다. 다른 민족이나 국가의 용기는 무지(無知)의 소산입니다. 따라서 신중하게 생각할 때면 그들은 겁쟁이가 되고 맙니다. 그리고 전쟁의 비참한 상태와 평화의 아름다운 모습을 가장 날카롭게 의식하면서도 위험과 대결하는 것을 조금도 망설이지 않는 사람들은 틀림없이 가장 위대한 정신을 가지고 있습니다.

한 걸음 더 나아가서 우리는 자선을 베풀 때에도 다른 민족이나 국민들과는 다른 점이 있습니다. 우리는 다른 사람들로부터 호의를 받지 않고 그들에게 호의를 베풂으로써 친구가 됩니다. 이는 우리의 우정을 보다 더 신뢰할 수 있게 합니다. 왜냐하면 우리는 우리에게 신세를 진 사람들한테 끊임없이 친절을 베풂으로써 그들에게서 언제나 감사를 받기 때문입니다. 그리하여 늘 그들보다 높은 위치에 서게 됩니다. 반면에 우리에게 은혜를 입은 사람들은, 나중에 그 은혜를 갚을 때 무언가 베푼다는 느낌보다는 마치 빚을 갚고 있다는 생각이 들기 마련이므로 열의가 부족한, 한결 김빠진 역할을 맡을 수밖에 없습니다. 그리고 우리만이 이익을 얻고자 하는 계산된 마음에서가 아니라 순수한 자비의 가치를 생각하며 다른 사람들에게 멋진 은혜를 베풀 수 있습니다. 이 모든 것을 간추려서 나는, 아테나이는 '헬라스의 학교'라 말하고자 합니다. 그리고 우리 시민들 하나하나는 가장 고귀한 예절과 어떤 사태이든 가장 신속하게 대처하는 습성을 적절히 활용하여 실생활의 다양한 상황에 뛰어나게 적응하는 자질을 지니고 있습니다.

나는 이 자리에서 으리으리한 언어를 끌어들이지 않고, 오로지 사실을 바탕으로 한 진실을 지적했을 뿐이며, 이 나라가 그런 행실을 통해서 높은 경지에 이르렀음을 확고하게 뒷받침하는 증거를 제시하고 있습니다. 지금 우리는 평판보다는 체험을 통해 더욱 위대하게 된 세계 유일의 국민이며, 침범해 들어오는 적군을 물리치고도 패자들에게 분노의 핏발을 세우지 않고, 마치 명령할 값어치도 없는 인간들에게 하듯 속국들에게 불만을 안겨주지 않는 오직 하나의 국가입니다. 우리가 지금 손에 쥔 권력을 누릴 자격이 있다는 것은 굳이 뒷받침할 증거가 필요하지 않은 진실입니다. 우리가 현대만이 아니라 미래에도 찬양받을 만하다는 중대하고도 상징적인 증거가 있습니다. 우리는 호메로스가, 우리가 받고 있는 찬사를 알리는 전령이 되어주기를 바라지 않습니다. 그리고 영웅적인 행적이 너그럽지 못한 언어의 틀에 얽매여 상처를 입는 운문(韻文)의 매력으로 역사를 장식할 시인을 구하지도 않습니다. 우리 함대는 모든 바다를 열어놓았고, 우리 보병대는 모든 땅을 파고들었으며, 이런 우리의 군사력은 어

플루타르코스 영웅 명연설들 1931

디를 가나 우리의 적의와 우의를 표상하는 영원한 기념비들을 뒤에 남겨놓았습니다.

　이런 나라 아테나이를 의롭게 지키고자 스스로를 희생한 이들이 파멸의 위협을 비웃으며 대담하게 싸웠고, 용감하게 죽어갔습니다. 그리고 살아 있는 사람들은 하나도 빠짐없이 그런 대의명분을 위해 생명을 바치겠노라 나에게 맹세했습니다. 지금까지 국가적인 차원의 문제에 대해 이토록 길게 이야기한 이유는, 비교될 만한 것이 전혀 없는 도시와 우리와의 싸움에서는 그 목적이 마땅히 다르다는 것을 보여주고, 또 내가 이제 말할 전사자들에 대한 예찬의 확실한 논거를 설명하기 위해서였습니다. 그리고 이 전사자들에게 얼마나 큰 찬사를 보내야 하는가는 앞선 나의 이야기로 이미 밝혀진 것이나 다름없습니다. 왜냐하면 내가 찬양한 이 도시를 빛낸 것은, 오로지 여기에 잠든 사람들의 용기로 쌓아올린 공적이기 때문입니다. 그리고 만약 그들이 아닌 다른 헬라스인들에게 그런 찬사를 보냈다면, 지나치게 높은 평가를 내린 거짓말이라고 할 수 있을 것입니다. 이들 씩씩한 영혼들에게 돌려진 그 운명의 시기는 그들의 가치를 뒷받침하는 가장 확실한 증거, 그들의 삶에서 시작되어 그들의 죽음에서 완성된 하나의 증거입니다. 비록 용기를 제외한 다른 모든 미덕에서는 남들에게 뒤떨어지더라도 조국을 위해 싸우다 몸 바친 사람들에게는 드높은 명예를 돌리는 것이 정의롭게 빚을 갚는 길입니다. 그들의 마지막 봉사는 지난날의 모든 결함을 지워버리고, 그 공로는 시민 모두에게 미치고 있습니다. 그리고 그들의 개인적인 잘못이란 겨우 몇몇 사람들에게 폐를 끼쳤을 따름입니다. 이들 가운데 어느 한 사람도 평화롭고 풍요로운 사람의 즐거움을 탐하여 위험에서 움츠러들지 않았고, 가난에서 벗어나 잘살 수 있다는 달콤한 희망에 미련을 품고 목숨을 아끼는 일도 없었습니다. 그들 마음속에서 이런 욕구보다 더 뜨겁게 타오르던 하나의 정열, 그것은 그들의 원수에게 복수하겠다는 열망뿐이었습니다. 그들은 이것을 생명을 내던질 만한 가장 명예로운 보상으로 삼고, 원수를 갚아 풍요로움과 즐거움을 초월한 정열을 만족시키기 위해 위험을 무릅쓰고 표적을 향해 달려갔습니다. 그들은 반드시 해내어야 할 일을 자신의 눈으로 또렷이 그려 보였으며, 그것을 성취하기 위해 있는 용기를 다했습니다. 그리고 항복하여 살아남기보다는 스스로를 지키다가 죽는 편이 보다 영광스럽다고 믿었습니다. 사실 그들은 비겁하다는 질책을 피하여 온몸을 내던져 전열을 지켰습니다. 그들은 공포를 잊은 채 개선의 희망을 품고 승패가 불분명한 돌격을 감행하다가 그 자리에서 쓰러졌고, 조국에 지고 있던 의무를 다했습니다.

이리하여 그들은 아테나이에 어울리는 용사가 되었습니다. 그들 뒤에 살아남은 여러분은 보다 나은 운명을 기원해야 하겠지만, 적에게 맞서려는 똑같은 정신과 뜨거운 용기를 간직하는 것 또한 여러분의 임무라 생각해야 할 것입니다. 여러분도 잘 알고 있는 것을 들먹이고, 원수에게 대항해 용감하게 싸우는 것이 얼마나 큰 이익이 되는가를 되풀이해 강조하며 막힘없이 열변을 늘어놓는 사람도 있을 것입니다. 그러나 그런 이야기만으로 만족하지 말고, 차라리 하루하루 우리 아테나이 힘을 실제로 체험하고 그것을 진심으로 사랑하게 되어야 합니다. 그리고 그 힘이 위대하다는 것을 느낄 때마다, 대담하고 용감한 사람들이 전쟁터에서 무엇이 부끄러운 일인지를 알고 자기 의무를 깨달아 비겁하지 않음으로써 지금의 커다란 영광을 얻게 되었음을 잊어서는 안 될 것입니다. 그들은 시도하는 바가 실패할 때마다 용기를 다하여 다시 일어나 싸우는 것이 결코 조국의 불명예가 되지 않는다고 확신했으며, 그것을 가장 영광된 선물로 삼았습니다. 그리하여 자신의 목숨을 나라를 위해 바침으로써 그들은 영원히 썩지 않을 찬사를, 언제나 찬란하게 빛날 무덤을 마련하게 되었습니다. 그 무덤 안에서는 그들의 뼈가 썩어가지 않고, 오히려 그들의 명성이 고이 간직되어 있으며, 말이나 행동으로 그들의 명예를 기릴 때마다 변함없이 소중히 추모되고 있습니다. 온 지구가 영웅들의 무덤입니다. 고국에 있는 그들의 비명(碑銘)만이 아니라, 어느 외국에서나 비록 형태가 없고 글로 쓰이지는 않더라도 인류의 가슴속에 기념비로 세워져 있을 것이기 때문입니다. 바로 이 순간부터 이들을 본보기 삼아 자유 속에서 행복을, 그리고 용맹으로 자유를 지키며 전쟁의 온갖 위험에 대처할 준비를 갖추십시오. 불운으로 인해 이미 비참한 생활을 하며 절망하고 있는 사람들보다는, 그 위험스러운 사업에 실패할 경우 안락한 생활과 이 세상이 제공하는 모든 축복의 즐거움을 송두리째 잃을 위험을 무릅써야 하는 사람이 목숨을 아끼지 않을 때 그 희생은 더욱 숭고해지는 것입니다. 인생의 전성기에 모든 사람들의 기대를 모으면서 자기도 모르는 사이에 받아들인 죽음의 일격보다는 오랫동안 안락과 풍요를 누리다가 닥쳐온 역경이 기품 있는 인간의 가슴속에 더욱 깊이 스며들게 마련입니다.

그러므로 여기 모인 전사자들의 부모에게 나는 애도의 말씀은 드리지 않겠습니다. 그보다는 차라리 위로를 드리겠습니다. 그들이 태어난 순간부터 그들을 덮칠 불행한 사고들이 얼마나 많았던가를 잘 알고 있을 것입니다. 여러분 슬픔의 근원이 되고 있는 이들이 지금 다다른 인생의 가장 영광된 시기, 그 시기에 이른 사람들에게만 행복은 돌아가게 됩니다. 이들은 그 삶이 계속될 동안에도, 그리고 그 끝을 맺을 적에도 다 같이 행복했으므로 아낌없이 채워졌다고 하겠습니다. 한때 누렸던 행복을 이제 다른 사람에게서 보아야만 할 때 여러분은 수없이 추억을 떠올리며 슬퍼할 것임을 나는 잘 알고 있습니다. 우리는 일찍이 겪어보지 못한 훌륭한 사물에서가 아니라 우리에게 친숙한 것을 잃었을 때에 고통을 느끼게 되는 법입니다. 출산의 나이를 넘기지 않은 사람들은 이 뒤에 다시 자녀를 가질 수 있으리라는 희망으로 위로를 받아야 하겠습니다. 새로 태어난 자녀들은 벌써 세상을 떠나버린 아들을 잊을 수 있는 사람들에게는 개인적인 은혜가 될 것이고, 이 나라의 적막함을 막고 안전을 보장함으로써 조국에는 이중의 은혜가 될 것입니다. 조국의 안전을 위해 위험을 무릅쓴 자식이 없는 사람들은 일반적으로 판단하여 아테나이 공동체 안에서 동등한 가치를 지닌 구성원이라 볼 수 없습니다. 그러나 이미 나이가 많아 자녀를 낳지 못하는 사람들은 그토록 큰 소득을 얻어내면서 오랜 세월에 걸쳐 누렸던 훨씬 큰 행복의 몫을 되새기고, 괴로워해야 할 시간이 얼마 남지 않았음을 명심하여, 이들이 거두어들인 영광의 자리를 밝게 비추어야 할 것입니다. 영원히 늙지 않는 것은 위대한 영혼뿐이며, 기력이 쇠퇴하는 인생의 황혼에 기쁨을 주는 것은 재산이 아니라 명예입니다.

이 자리에 몇 명이 참석했는지는 모르겠으나, 전사자들의 아들과 형제 여러분들에게는 대담한 투쟁을 요구하는 싸움터가 열려 있습니다. 벌써 이 세상을 떠난 이들에게는 모두가 망설임 없이 찬사를 보낼 준비가 되어 있습니다. 그러나 여러분이 그 보상이나 공적을 어느 수준으로 끌어올리든, 여러분은 그에 걸맞다는 평가를 받기 어렵고, 으레 그보다는 약간 뒤떨어진다는 저울질을 받을 따름입니다. 목숨이 남아 있는 경쟁자들에게는 언제나 시기심이 따라다니게 됩니다. 하지만 죽음이 그 경쟁을 끝내게 되면 한없는 사랑으로 박수갈채를 보내게 될 것입니다.

이제 미망인이 된 분들에게 부덕(婦德)에 관해 말씀을 드려야 할 때가 왔습니다. 이에 대해서는 짧게 한마디로 충고를 드리고자 합니다. 여러분은 여성의 본분에서 벗어나지 않고, 좋든 나쁘든 여러분의 행실이 남자들의 입에 오르지 않는 것이 가장 큰 영광이라 하겠습니다.

이제 나는 법률이 허용하는 내 몫을 다했으며, 이 의식에 가장 적합하다고 생각되는 말을 마쳤습니다. 이 세상을 떠난 우리 벗들은 이미 사실을 바탕으로 영광을 차지했습니다. 이날부터 그들의 자녀들은 성인이 될 때까지 국가 재정으로 교육을 받게 될 것입니다. 우리 아테나이는 이들과 국가 사회를 위해 싸움터에서 사라져 갈 모든 후세들에게 아주 너그러운 보상을 배정해 놓았습니다. 어느 덕행에 대해서 가장 큰 보상이 마련되어 있는 곳에서는 어디를 가나 가장 뛰어난 애국자를 찾을 수 있습니다. 이제 모든 사람들이 저마다 떠나간 친구들을 위해 마음껏 슬퍼하고, 이 자리를 물러가야 할 때가 왔습니다.

감정보다 이성에 호소하여 성공한 최초의 정치 연설로 일컬어지는 〈여러분 자신에게 화를 내지 마십시오〉는 차분한 논조로 페리클레스 자신의 처지를 밝히는 한편, 분노한 군중이 냉정을 되찾도록 설득하고 있다. 스파르타와의 전쟁 여부를 놓고 민회가 열렸을 때 그는 이 연설을 했는데, 그때 아테나이 사람들은 모두 전쟁을 두려워했다. 스파르타의 군사력이 막강했다기보다는 전쟁으로 입게 될 피해가 두려웠기 때문이다. 그래서 시민들은 전쟁을 주장하는 페리클레스를 미워했고 공공연히 저주했으며, 그의 집안 모욕까지도 서슴지 않았다. 페리클레스는 이렇게 격앙된 시민들 앞에서 연설을 시작했다. 그리고 연설이 끝난 뒤에 시민들은 페리클레스에게 물렸던 벌금을 취소하고, 다시 그를 사령관으로 뽑아 국정의 모든 책임을 맡겼다.

여러분 자신에게 화를 내지 마십시오

나는 여러분이 나에게 이렇게 화를 내리라는 것을 짐작하고 있었습니다. 그 이유를 이해하고 있으니까요. 내가 이번 민회를 연 목적은 다음과 같습니다. 첫째, 여러분이 스스로 내린 지난번의 결의사항을 상기시키고 여러분에 대한 나의 반론을 제기하려는 것입니다. 나에 대한 분노가, 그리고 불운에 빠져 자제력을 잃은 여러분의 태도가 과연 옳은 것인지 따져보려 합니다. 국가가 정당한 길을 가고 있을 때는, 국민 개개인에게도 그만큼 좋은 것입니다. 나라가 망해가는 판국에 개개인의 이익을 만족시키는 것보다는 말이지요. 아무리 한 사람의 생활이 풍요롭다고 하더라도 나라가 무너지면 큰 영향을 받게 될 테고 나라가 안전하다면 한 사람이 불운을 딛고 다시 일어설 기회는 그만큼 많아집니다. 고통받는 국민을 도울 수 있는 것이 국가이긴 하지만 국가가 짊어질 짐을 혼자서 감당해 낼 사람이 아무도 없다면 우리 모두가 국가를 수호하는 일에 앞장서야 하지 않겠습니까? 지금 여러분처럼 행동하는 것이 잘못된 일은 아닐까요? 여러분은 집에서 일어난 재앙에 상심한 나머지 공동(국가)의 안전에 대한 중요성을 제대로 인식하지 못하고 있습니다. 여러분은 내가 전쟁을 지지한 사실을 공격하고, 여러분 스스로가 그에 찬성 투표한 사실을 공격하고 있습니다.

여러분은 나에게 화를 내지만 나야말로 누구 못지않게 무엇이 필요한지 볼 수 있는 식견이 있고, 본 것을 설명할 능력이 있으며, 조국을 사랑하고 뇌물로부터 초연한 사람입니다. 알아야 할 것을 알기는 하되, 뚜렷하게 설명할 수 없는 사람은 전혀 모르는 것이나 다를 바 없습니다. 그리고 지식과 표현력이 있어도 애국심이 없다면 국민을 위한 말은 하지 않을 것입니다. 또한 비록 애국심은 있지만 뇌물을 물리치지 못한다면 그 결함 하나 때문에 무엇이든 팔아버리고 말 것입니다. 그러니까 만약 여러분이 나의 충고를 받아들여 전쟁터에 나섰다면 나의 이런 자질에 대한 기록을 검토한 결과 다른 사람들보다 조금은 낫다고 판단했기 때문일 것이며, 따라서 내 결정이 잘못이라는 비난은 억지입니다.

만약 누구의 방해도 받지 않고 편안하게 살 수 있는 선택의 자유가 있음에도 전쟁을 하려고 나섰다면 그것은 어리석은 짓이겠지요. 그러나 굴복하고 당장 노예가 되든지, 아니면 위험을 무릅쓰고 버텨내든지 둘 가운데 하나밖에 선택할 수 없다면 어떻게 하겠습니까? 위험을 무릅쓰고 들고일어난 사람을, 위험을 피하여 도망친 사람보다는 낫다고 여길 것입니다. 나로 말하면 그전이나 지금이나 똑같고 변한 것이 없지요. 변한 것은 여러분입니다. 설명하자면 이렇습니다. 불행이 닥치지 않았을 때는 나의 충고를 받아들인 당신들이 이제 사정이 나빠지자 자신의 행동을 후회하게 된 것입니다. 여러분의 결심이 약하니까 내 정책이 잘못된 것으로 보이는 것입니다. 정책에는 고통을 뒤따르기 마련이고 여러분은 이미 그 고통이 어떻다는 것을 다 알고 있을 겁니다. 하지만 그 궁극적인 보상은 아직 멀리 있으며 모두의 눈에 뚜렷이 보이는 것도 아닙니다. 그런 때에 갑자기 예기치 못한 재난이 닥쳐왔고, 여러분 자신이 처음에 마음먹은 대로 끝까지 밀고나갈 힘이 빠진 것입니다. 뜻밖의 사태에 부딪치면 인간은 상심하기 마련인데 엎친 데 덮친 격으로 여러분에게는 병마까지 몰아닥쳤습니다. 그러나 여러분은 반드시 기억하고 있어야 합니다. 여러분은 위대한 도시(국가)의 시민이며 위대한 도시에 걸맞는 생활 속에서 성장했다는 사실을 말입니다. 따라서 여러분은 최악의 결과를 겁내지 않고 대처해야 할 것이며 자신의 영광을 결코 희생시키지 않겠다는 결심을 다져야만 할 것입니다. 우리는 그럴 자격이 없는 자가 명성이 제 것인양 거드름 피우는 모습을 혐오하지만 그와 마찬가지로 이미 자기 것이 된 명성을 도덕적인 끈기가 모자라서 지켜내지 못하는 그런 인간도 똑같이 혐오하게 될 것입니다. 그러므로 여러분 한 사람 한 사람은 사사로운 슬픔을 억누르고 우리 모두의 안전을 위한 일에 힘을 보태야 합니다.

　전쟁으로 인한 고통이 더욱 심해지는데도 승리가 좀처럼 가까이 다가오지 않는다면 어떻게 하겠습니까? 그런 일에 겁낼 필요는 없다고 내가 여러 번 다른 곳에서 이야기한 것을 떠올리고 그것으로 만족해야 할 것입니다. 또 하나, 덧붙여야 할 것 같습니다. 여러분의 제국이 위대하다는 것을 생각할 때 지금까지 여러분이 전혀 고려해 본 적이 없는 유리한 점이 하나 있기 때문입니다. 사실 여러분이 까닭 없이 기죽어 있지만 않았다면 괜히 자랑하는 것 같아서 이런 것을 따지려고 들지는 않았을 것입니다. 여러분은 지금 제국 안에 여러분의 동맹자밖에는 남아 있지 않다고 생각합니다. 하지만 우리 눈앞에 있는 세계는 물과 바다라는, 다같이 인간에게 소중하고 유용한 두 부분으로 나눌 수 있습니다. 이 둘 가운데 하나를 여러분은 완전히 장악하고 있습니다. 지금 지배하고 있는 영역뿐이 아니라 원하기만 하면 다른 곳도 지배할 수 있습니다. 오늘 이 지상에 여러분의 해군을 막을 자는 아무도 없습니다. 페르시아 왕이나 이 태양 밑에 존재하는 어떤 세력도 여러분이 바라는 곳으로 항진해 들어가는 것을 막지는 못할 것입니다. 여러분의 이런 힘이야말로 집이나 땅을 차지하는 데서 오는 유리한 점과는 전혀 다른 범주에 속하는 장점입니다. 집과 땅을 잃으면 엄청난 상실이라고 여길지 모르지만 사실 그럴 필요는 없습니다. 그것을 여러분이 가진 힘의 진정한 원천과 비교하여 이익과 손해를 따져봐야겠습니다. 그리고 정작 비교해 보면 그것들(지상의 재산)은 부(富)에 뒤따르는 정원이나 그 밖의 우아한 물건 이상의 값어치는 없다는 것을 알아야 합니다. 이것도 기억해 두십시오. 우리 힘으로 우리의 자유를 지킬 수만 있다면 그 자유는 우리가 전에 누린 지위를 쉽게 찾아주리라는 것을 말입니다. 하지만 다른 사람의 뜻에 복종한다면 지금 우리가 가지고 있는 것마저 잃어버리게 됩니다. 결코 여러분의 아버지가 누린 지위에서 밑으로 떨어질 수는 없습니다. 그분들은 피땀 흘려 제국을 이루어 놓았을 뿐만 아니라 그 제국을 우리가 물려받을 수 있도록 잘 지켜주셨지요. 가진 것을 빼앗기는 일은 새로운 사업에 실패하는 것보다 더 큰 불명예입니다. 따라서 용기만 보여줄 것이 아니라, 여러분이 적보다 뛰어나다는 자부심을 안고서 싸우러 나가야 할 것입니다. 무식하고 운이 좋은 데서 오는 자신감 따위는 비겁한 자들도 가질 수 있습니다. 그러나 이 우월감은 오직 우리처럼 적보다 유리한 위치에 서 있는 자만이 가질 수 있는 것입니다. 그리고 우리와 상대 둘 모두의 기회가 같다면 용기를 굳혀주는 것은 정보입니다. 적을 내려다볼 수 있게 하는 정보, 그것은 최선을 기대하며 무턱대고 힘쓰는 데서 나오는 그런 것이 아니라(그런 방법은 될 대로 되라는 상황에서나 쓸모 있겠지요) 여러 사실을 평가하여 예상되는 사태를 좀 더 뚜렷이 내다볼 수 있는 데서 나오는 지략입니다.

아테나이 제국의 위험을 지지하는 것이 여러분의 도리지요. 여러분의 자랑이 거기 있습니다. 제국의 짐을 여러분이 나누어 지고 나가지 않는다면 그 특권을 계속 누릴 수 없는 것이지요. 그리고 우리가 싸우는 목적이 단순히 자유를 얻느냐, 아니면 노예가 되느냐 하는 문제에 있다고 생각하지는 마십시오. 제국의 존망이 여기 달려 있으며, 또한 우리가 제국을 통치하는 데서 일어난 증오 감정을 다뤄야 하는 위험이 도사리고 있습니다. 갑자기 공포에 질린 채 정치적인 냉담과 무관심에서 제국을 포기하는 것이 정말 괜찮고 고상한 일이라고 생각하는 사람도 있을지 모릅니다. 여러분의 제국을 놓아버린다는 것은 참으로 위험합니다. 제국을 포기하자고 말하거나 그런 자기 견해를 따르라고 설득하는 사람들은 곧 우리 도시를 파멸에 몰아넣을 것입니다. 저들만은 외톨이로 살아간다 하더라도 파멸을 몰고올 사람들이지요. 왜냐하면 정치적으로 냉담한 인간들이 살아남을 수 있는 것은 오직 행동할 수 있는 사람들의 지원을 받을 때라야 비로소 가능하기 때문입니다. 그런 부류의 인간은 다른 사람들이 지배하는 도시에서는 안전한 노예가 될지 모르지만 제국을 지배하는 도시에는 전혀 쓸모없는 인간입니다.

여러분은 그런 부류의 사람들에게 끌려다녀서는 안 됩니다. 그리고 여러분과 더불어 전쟁을 벌여야 한다는 똑같은 결론에 이르렀다고 해서 나에게 화를 내어서도 안 됩니다. 항복할 것을 거부하자 정말 적군이 우리 영토를 침범한 것은 사실이며 예상했던 짓들을 저질렀습니다. 그리고 예상하지 못한 병마까지 휩쓸고 지나갔습니다. 사실 모든 일 가운데서 이것만이 우리가 예상 못했던 것이지요. 그리고 주로 이것 때문에 나는 인기를 잃었습니다. 여러분이 예상 못했던 좋은 일들 또한 내 덕으로 돌리지 않는다면 그것은 참으로 불공평합니다. 신들이 보낸 것을 체념으로 받아들이고 적과 맞서 용감하게 싸우는 것이 정당한 태도입니다. 아테나이가 전세계에서 가장 위대한 명성을 떨치게 된 것은 적대자에게 한 번도 굴복한 일이 없기 때문이지요. 우리는 다른 어느 나라보다 더 많은 목숨과 노력을 전쟁에 바침으로써 역사상 가장 강한 세력을 손에 넣었으며, 우리가 무릎을 꿇는 날이 온다 하더라도 (이 땅에 태어난 모든 것은 쇠망하도록 운명지워졌기 때문) 후세 사람은 우리를 영원히 기억할 것입니다. 헬라스 문명국 가운데서 가장 넓은 땅을 다스렸고, 그들의 연합 세력 모두를 상대로 하거나 하나하나를 상대로 한 큰 전쟁에서 당당히 싸우고 모든 방면에서 완벽한 준비를 갖춘 헬라스 최대의 도시에서 살아온 우리를 잊지는 못할 것입니다.

물론 이 모든 것을 정치에 무관심한 자들은 헐뜯을 것입니다. 그러나 우리처럼 행동하는 인생을 택하는 사람은 우리를 본받으려고 할 것이며, 그러고도 우리가 이룩한 바에 미치지 못한다면 우리를 부러워할 것입니다. 다른 사람을 다스리는 지배자가 된 사람은 한때 증오의 표적이 되고 인기를 잃습니다. 하지만 만약 가장 큰 목표를 세운 사람이라면 질투의 부담을 받아들이는 것이 현명하지요. 증오는 오래가지 않지만 오늘의 영광은 모든 사람이 기억하는 미래의 영광이 될 것입니다. 미래의 영광을 지킬 것인가 아니면 불명예스럽게도 수수방관할 것인가는 모두 여러분이 마음먹기에 달려 있습니다. 바야흐로 여러분의 힘을 보일 때입니다. 두 가지 목표를 동시에 이룰 때입니다. 스파르타에 사신을 보내지 마십시오. 지금의 고통에 이기지 못하고 무릎을 꿇었다는 인상을 주지 마십시오! 한 점 구름도 없는 맑은 마음으로 재앙을 똑바로 바라보고 민첩하게 반격하는 것이야말로 한 도시, 한 개인의 진정한 역량이라 할 것입니다.

클레온
Kleon
(기원전 ?~422)

레스보스 섬 도시들 가운데 가장 부유하고 인구도 많은 미틸레네가, 펠로폰네소스군이 아테나이를 침입한 직후 다른 도시들을 부추겨 아테나이와 동맹을 깨뜨린 사건이 일어났다. 아테나이는 미틸레네 반란군을 진압한 뒤 미틸레네를 처벌하는 문제를 두고 민회를 열었는데, 여기서 두 가지 상반된 주장을 놓고 클레온(강경파)과 디오도투스(온건파) 사이에 격론이 벌어졌다. 페리클레스가 죽고 민주파 지도자가 된 클레온은 페리클레스의 참다운 후계자가 되기에는 인격적 자질이 부족했으나 감정에 호소하는 연설로 민중을 움직였다. 그와 디오도투스의 '미틸레네 논쟁'은 가장 오래된 인권 논쟁의 하나로 평가받고 있으며, 의회 연설의 본보기이기도 하다.

미틸레네 문제에 대하여

민주주의가 남을 다스리는 도구로 알맞지 않다는 사실을 나는 이미 여러 차례 말한 바 있습니다. 여러분이 미틸레네 사람들을 어떻게 해야 할 것인가 하는 문제를 놓고 변덕이 죽 끓듯 하는 것을 보고 그런 신념은 깊어집니다. 여러분은 여러분 사이에서의 일상적인 관계에 두려움과 음모가 없다고 해서 여러분의 동맹자 사이에도 그런 것은 없으리라고 생각하는 모양인데, 그것은 잘못 보고 있는 것입니다. 그들이 여러분을 설득하여 그릇된 결정을 내리게 되고 동정심 때문에 양보하게 되면 진실은 못 봅니다. 동정심은 여러분에게 위험하며, 그것 때문에 적의 사랑을 받을 수도 없는 약점만을 드러내는 꼴이 됩니다. 여러분이 이해하지 못하는 것은 이 제국이 독재국가라는 사실이며, 제국을 싫어하는 신민(臣民)들을 통치하고 있고 그들은 언제나 반역 모의를 하고 있다는 사실입니다. 환심을 사기 위해 여러분 자신의 이익을 희생한다고 해서 그들을 복종시킬 수는 없습니다. 여러분의 지도력은 그들보다 강한 힘에 있지, 그들이 보장한 선의에 있는 것은 아닙니다. 그리고 일단 법을 통과시키고 그것을 지키지 않는다는 것은 최악의 통치 방식입니다. 좋은 법률을 으레 뜯어고치는 것보다는 악법이라도 엄격히 지키는 것이 낫고, 무식과 상식을 합친 편이 비현실적으로 영리한 것보다 쓸모 있으며, 보통 정부는 지식인보다 시정인(市井人)에 의해 더 잘 운영된다는 사실을 우리는 이해해야 합니다. 법보다 자기가 더 잘나 보이기를 바라고 토의할 때마다 자기 방법을 고집하는 그런 부류의 인간은, 좀 더 중요하고 심각한 문제에서는 지능을 과시할 수 없다고 느끼기 때문에 그렇게 하는 것입니다. 결과적으로 그들의 말을 듣다가는 흔히 나라가 망합니다. 그러나 다른 부류 사람들, 즉 자신의 타고난 지능에 별로 자신이 없는 그런 사람들은 법이 나보다 현명하다는 것을 선뜻 인정합니다. 웅변가의 연설을 하나하나 따져서 산산조각으로 논파할 능력이 없음을 스스로 인정하는 이들은 무슨 경기에 뛰어든 사람마냥 덤비질 않고 편견 없는 판단을 내릴 수 있는 사람들이기 때문에 그들에게 통치를 맡기면 대체로 세상은 조용해집니다. 우리 정치가들도 약삭빠르게만 놀지 말고, 똑똑하다는 제 자랑을 하고 싶은 마음에 들뜬 나머지 자기도 믿지 않는 충고를 국민에게 주는 따위의 노릇을 집어치우며, 마땅히 그들을 본받도록 애써야 할 것입니다.

나로 말하면 의견이 한결같습니다. 미틸레네 문제를 다시 생각하자는 의견을 내놓아, 잘못이 있는 쪽을 유리하게만 만들어 줄 이런 지연을 가져오는 사람들을 보고 놀랄 따름입니다. 시간이 조금 지나면 불의를 저지른 자들을 처벌해야만 피해자의 분노가 수그러듭니다. 따라서 범죄에 상응한 가장 훌륭한 징벌은 즉각적인 보복이라 할 것입니다. 미틸레네 사람들이 우리에게 입힌 상해가 참으로 우리에게는 좋은 약이었노라 주장하며 나의 말을 반박하는 사람이 나온다면 그것은 놀라운 노릇입니다. 그렇게 말할 사람이 정말 있다면 뛰어난 말솜씨로 여러분을 설득할 자신이 있는 사람일 것입니다. 이미 최종 결정을 내린 사항을 놓고 전혀 결정된 바 없노라고 우길 사람입니다. 아니면 뇌물을 받고 교묘한 말재주를 부림으로써 여러분을 정상 궤도에서 벗어나게 하려는 자임에 틀림없습니다. 그러나 이런 말장난 경기에서는 공적은 엉뚱한 데로 돌아가고 위험부담은 모두 국가가 떠맡게 됩니다. 어리석게도 그것은 말재주 경쟁을 시킨 여러분의 책임입니다. 주로 연설만 듣다 보니까 행동에 대해서는 그 결과만 들으면 된다는 식이 된 것입니다. 앞으로 어떤 행동을 취하지 않을 수 없을 때 가서도 여러분은 그에 대한 명연설을 들어봄으로써 그 가능성의 옳고 그름을 결정할 것입니다. 과거의 예를 보면 여러분은 눈으로 직접 본 사실보다는 그 사실을 영리하게 말로 옮겨서 비평하는 사람의 말을 더 신뢰하고 있습니다. 토론을 밀고 나가는 말재주가 신기하면 당장 속아 넘어갑니다. 하지만 토론 끝에 그것을 받아들이기 싫어지면 정상적인 것을 오히려 의심하는 눈으로 보고 온갖 역설을 믿고 싶은 역설의 노예가 되곤 합니다. 여러분 개개인의 가장 큰 소망은 훌륭한 연설가가 되는 것입니다. 그것이 안 되면 그런 연설을 할 수 있는 사람 앞에서 그가 제시하는 견해에 귀를 기울이는 동안 절대로 못 알아들은 표정을 짓지 않고, 박수를 칠 대목이 미처 안 나왔는데도 박수를 보내며, 결론이 어떻게 나올지 따라가기 어려우니까 차라리 눈치로 줄거리의 향방을 미리 때려잡습니다. 그러는 편이 망신당하는 것보다는 낫고 체면이 서니까요. 여러분은 연설을 듣는 재미에 스스로 도취된 피해자일 뿐입니다. 직업 웅변가의 발밑에 모인 청중이지 나랏일을 의회에서 논하는 책임감은 없습니다.

나는 여러분의 그런 태도를 막아보려는 것입니다. 어떤 도시도 미틸레네만큼 우리에게 큰 피해를 준 적이 없습니다. 개인적으로 나는 반란을 일으킨 자들을 이해합니다. 여러분의 통치를 참을 수 없었거나 적의 행동에 대한 대응책으로 그럴 수밖에 없었던 까닭입니다. 그러나 그들이 취한 행동은 내가 반란이라 부르는 것과는 다릅니다(시민의 반란은 오직 포악한 정치 아래에서만 일어나는 것이니까요). 그것은 우리를 무너뜨릴 목적으로 우리의 가장 큰 원수와 손을 잡은 계산된 공격이었습니다. 그것은 그자들이 오로지 자신의 세력을 늘리기 위하여 전쟁을 벌여온 것보다 더 고약한 짓입니다. 과거에 반란을 일으켰다가 진압당한 이웃들한테서 그들은 배운 바가 없었고 번영을 누리고 있었기 때문에 망설임 없이 위험을 무릅썼습니다. 미래를 확신하고 우리에게 선전포고를 했습니다. 욕심은 더 컸습니다. 하지만 참으로 그들 능력으로는 감당할 수 없는 그런 소망을 품었던 것입니다. 힘을 앞세우고 정의는 뒷전으로 밀어놓을 결심을 했습니다. 승리의 깃발을 잡았다고 여가 시간에 가만히 있는 우리에게 공격을 해왔습니다.

한 나라가 예상치 않은 부귀영화를 갑자기 누리게 되면 흔히 거만한 풍조를 낳습니다. 대부분 엄청나게 큰 성공보다는 보통 규모의 성공을 누리는 것이 안전합니다. 어려움을 물리치는 일이 행복을 유지하려 애쓰는 일보다 쉽습니다. 오래전에 미틸레네인들은 다른 자들을 처리했던 것과 똑같은 방법으로 처치했어야 마땅했습니다. 그랬더라면 그렇게 버릇없이 굴지는 않았을 것입니다. 인간의 성질을 대체로 보면 자기를 잘 대접해 주는 사람을 경멸하고 조금도 양보하지 않는 사람을 우러러봅니다. 그러므로 이제 그들로 하여금 죗값을 치르게 합시다. 귀족에게 책임을 돌리고 평민은 죄가 없다는 소리를 하지 마십시오. 사실을 밝히자면 그들 모두가 거들어 여러분을 공격했었습니다. 그때 우리 편이 되었더라면 지금쯤 다시 돌아가서 자기가 살던 도시를 다스렸을 것입니다. 그러나 저들은 위험을 함께 무릅쓰기로 하고 귀족계급의 반란을 도왔습니다.

여러분의 동맹자들을 생각하십시오. 사주를 받아 강요에 못 이겨 반란을 일으킨 자와 자의로 반란을 일으킨 자에게 똑같은 형벌을 내린다고 하면 아주 자잘한 핑계만 생겨도 모두가 반란을 일으키리라는 것을 모르십니까? 성공하면 자유를 얻고 실패하더라도 그다지 심한 형벌을 안 받을 테니 말입니다. 그동안 우리는 많은 돈을 들여 병사들 목숨을 잃게 될 위험을 안고 싸워야 하는 것입니다. 우리의 노력이 성공했다 해도 폐허가 된 도시를 되찾는 것이 고작이고, 그리하여 우리 미래의 세원(稅源)이 없어지는 것입니다. 그것은 우리 세력의 근거지입니다. 그런데 만약 진압에 실패하기라도 한다면, 이미 적이 된 자들 말고도 적대 세력이 더 늘어날 것이 뻔합니다. 그렇게 되면 현재의 적들과 싸우는 데 써야만 할 시간을 동맹국과의 전쟁에 빼앗기게 될 것입니다. 따라서 누가 연설 하나를 잘했다고 해서, 아니면 큰 뇌물을 받았다고 해서 우리가 저들을 용서해 줄 것 같다는 희망을 미틸레네 사람들이 갖게 하진 맙시다. 잘못을 저지르는 것도 '인간이니까 어쩔 수 없지' 하고 맙니다. 그들의 가해행위는 본의 아니게 그렇게 되었다고 변명할 여지가 없는, 의식적이고도 미리 계획된 행위입니다. 나는, 이미 여러분이 내린 결정을 번복하지 않는 것이 얼마나 중요한가를 처음에 강조했고, 지금도 강조하며, 앞으로도 강조할 것입니다. 연민의 정을 품는다는 것, 영리한 토론에 귀 기울이는 쾌감에 도취된다는 것, 강자의 체면에 어디 그럴 수 있느냐는 체면론에 호소하는 것은 제국의 국가 이익에 전혀 맞지 않는 세 가지 태도입니다. 그런 감정에 얽매이지 마십시오. 동정이라는 것은, 우리와 똑같은 사람이며 그들도 우리에게 동정을 베풀 그런 사람들에게 주어야만 올바로 쓰이는 것이고, 우리에게 친근감을 갖기는커녕 언제나 별 수 없이 우리의 적이 되어야만 하는 자들에게 보여주는 것은 옳지 못한 일입니다. 웅변가들에게 한마디 합시다. 공론을 펼 때 그처럼 유쾌한 기분을 자아내는 그들이니 별로 중요하지 않은 주제를 놓고 말솜씨를 겨루는 게 좋습니다. 그 가벼운 오락 때문에 끝내는 국가가 무거운 벌금을 물게 되는 그런 주제가 아니라면 말입니다. 그리고 앞으로 우리 친구가 될 사람에게 체면을 차리면 그만이지 개과천선의 가망이 없는 우리 원수에게까지 그럴 필요는 없습니다.

요컨대 여러분이 나의 충고에 따른다면 미틸레네 문제를 정당히 처리함은 물론 여러분 자신의 이익을 위한 행동이 될 것입니다. 하지만 만일 그렇게 하지 않으면 그들을 우리 편으로 끌어들이지 못할 뿐만 아니라 여러분 자신을 재판하는 꼴이 될 것입니다. 왜냐하면 그들의 반란이 정당화되면 권력을 잡은 여러분은 틀림없이 잘못한 것이 되기 때문입니다. 잘잘못이야 어떻든 권력을 유지할 의향이 있다면 옳건 그르건 그자들에게 벌을 줘야만이 여러분의 이익이 보장됩니다.

대안은 하나밖에, 제국을 포기하는 길밖에 없습니다. 그래도 괜찮다면 실컷 선심을 베푸십시오. 아니라면 그들이 알아듣도록 보복해야 합니다. 그들의 음모를 가까스로 피한 여러분이 음모를 꾸민 자들보다 민첩하지 못하다는 인상을 심어놓지는 마십시오. 만약 그들이 전쟁에 이겼더라면 여러분을 어떻게 다뤘을까 생각해 보셨습니까? 공격을 해온 그들이 말입니다. 그럴 이유가 없는데도 이웃을 공격하는 자들은 적이 살아남는 데서 오는 위험이 크다고 보기 때문에 이웃이 멸망할 때까지 공격의 손을 늦추지 않을 것입니다. 별다른 이유 없이 피해를 입은 적은 더 위험합니다. 그가 도망쳐 빠져나간다면 가해자이면서 피해를 입은 적보다 더 위험한 적이 될 것입니다.

그러므로 나는 여러분 자신을 배반하는 그런 배반자가 되지 말 것을 강력히 요청하는 것입니다. 처음 여러분이 공격에 밀렸을 때를 떠올리십시오. 어떻게 해서든 그들을 꺾어놓으리라 결심했던 것을 잊었습니까? 이제 빚을 갚으십시오. 위기에 처했던 그 순간의 위험을 잊어버리고 지금 이 순간에 여러분이 우유부단해질 수는 없습니다. 그들 잘못에 마땅한 벌을 내리십시오. 다른 동맹국들에게 반란을 일으키면 죽는다는 본보기를 똑똑히 보여주십시오. 일단 그 교훈을 그들이 이해하게 되면 자기 동맹국과 싸워야 하는 지경에 몰려 진정한 적을 상대로 한 전쟁을 소홀히 하는 사태는 거의 일어나지 않을 것입니다.

디오도투스
Diodotus
(기원전 ?~?)

디오도투스는 아테나이 정치가이자 온건한 성향의 웅변가였는데, 그에 대해 기록된 책은 투티디데스의 《펠로폰네소스 전쟁사》뿐이며 구체적인 생애는 밝혀진 바가 없다. 미틸레네의 운명을 결정짓는 토론에서 그는 클레온에 맞서 냉철하고 객관적인 논리로 사람들을 설득해, 아주 적은 차이였지만 시민들의 지지를 이끌어 냈다. 토론 첫날 클레온의 감동적인 연설에 흔들려 미틸레네 남자들은 모두 죽이고 여자와 아이는 노예로 팔기로 결정했던 아테나이 시민들은, 마음을 바꾸어 디오도투스의 주장을 받아들였다. 그리하여 첫 번째 결정문을 번복하는 두 번째 결정문을 실은 배가 아슬아슬하게 레스보스에 닿았고, 대량 학살의 비극을 막을 수 있었다.

클레온의 의견에 반대하여

나는 미틸레네 문제를 다시 토의하자고 제안한 사람들을 비난하지 않습니다. 또한 중요한 문제에 대한 토론을 자주 하는 것은 좋지 않다고 진술한 견해에도 동의하지 않습니다. 서두르거나 화를 내는 것은 현명한 논의를 가로막는 가장 큰 장애물이라고 생각합니다. 서둘다 보면 흔히 바보가 되고, 화를 낸다는 것은 원시적이고 너그럽지 못한 심성의 표시입니다. 언어가 행동의 지침이 될 수 없다고 주장하는 사람은 바보이거나 아니면 개인의 이해관계를 앞세우기 때문에 그러는 것이요. 미래의 불확실성을 언어가 아닌 다른 수단으로 다룰 수 있다고 생각한다면 바보일 것이요, 여러분을 부추겨 불명예스러운 짓을 하게 만들 목적이라면 사사로운 이익을 내세운 사람일 것입니다. 불의(不義)란 그럴듯한 연설로도 감출 수 없음을 잘 아는 그는 교묘하게 사실을 왜곡함으로써 반대론자와 청중에게 겁을 주려고 시도합니다. 더 견딜 수 없는 부류의 인간은 말을 하는 사람이 자기과시를 하고 싶어서, 돈을 받아먹어서 저런다고 비난하는 사람들입니다. 비난이 무식하다는 욕에 그쳤다면 토론에서 자기 주장을 관철하지 못한 사람일지라도 그냥 물러설 수 있습니다. 별로 머리가 좋지는 않지만 그 정직성까지 의심받지는 않을 것이기 때문이지요. 그러나 뇌물이 오갔다는 소리를 듣게 된다면 토론에서 이겨도 의심받을 것이며, 만약 진다면 정직하지 못한 데다 머리까지 좋지 못하다는 평판이 따르게 될 것입니다. 이런 일은 나라를 위해서 좋지 않습니다. 평의원들은 말하기를 꺼리게 되고 나라는 그들의 봉사를 빼앗아 버리는 결과가 될 뿐입니다.

훌륭한 시민은 반대자에게 으름장을 놓으며 겁을 주려고 할 것이 아니라 공정한 토론으로 자기 주장의 정당성을 증명해 보여야 합니다. 현명한 정부는 우수한 평의원을 특별하게 예우하지도 않고, 그들이 이미 누리고 있는 명예를 빼앗으려고 하지도 않습니다. 그 사람의 충고를 받아들이지 않았다고 해서 그의 명예에 흠이 가게 해서는 안 될 것이며 더구나 벌을 내린다는 것은 말도 안 되는 일입니다. 그래야 훌륭한 웅변가는 인기를 위해 마음에도 없는 소리를 하려고 들지 않을 것이고, 말발을 제대로 못세운 사람이라도 아첨으로 국민의 환심을 사려고 들지 않을 것입니다. 그러나 지금 우리가 여기서 보여주고 있는 행동은 그와는 정반대입니다. 최선의 충고를 하는 사람이 만에 하나라도 개인적인 이익 때문에 그런다는 의심을 받는다면(전혀 근거 없는 소리라면) 그가 결국 '제 실속을 차리려고 저러는구나' 괘씸한 생각이 들게 되고, 나라가 그의 훌륭한 충고를 받아들이지 못하게 할 것입니다. 그리하여 훌륭한 건의가 철저히 나쁜 것으로 의심받게 되면 국정은 어지러워질 테고, 그 결과 사악한 정책을 주장하는 자가 시민을 속여야 하듯이 훌륭한 제언을 내세우는 사람 또한 자신의 의견을 믿게 하려고 거짓말을 할 수밖에 없게 됩니다. 나라가 얄궂은 자리에 놓이고, 아무도 거짓말을 않고는 나라를 위해서 좋은 충고를 터놓고 할 수 없게 됩니다. 정정당당한 애국 행위일지라도 그 노고에 대한 대가로 부수입이 따른다는 인식이 생기기 때문입니다. 하지만 그럼에도 지금 우리는 가장 중대한 나랏일을 토의하고 있습니다. 여러분에게 충고를 하는 우리는 오직 표면에 주의를 집중시킨 사람들보다 먼 앞날을 내다볼 결심을 다져야 합니다. 우리가 제의한 충고에 우리는 책임을 지게 되겠지만 여러분은 어떻게 받아들여도 책임이 없으니까요. 여러분이 충동적인 감정으로 저지른 일이 파국으로 치달았을 때 여러분은 처음 그런 제안을 한 사람을 공격하고 자기 자신은 쏙 빠집니다. 여러분은 인원수도 많고 그에 못지않게 잘못을 저지른 것이 사실인데도 말입니다.

그러나 내가 미틸레네에 대해서 말을 하기로 한 것은 누구를 반박하거나 비난하고 싶어서가 아닙니다. 우리가 노망한 사람들이라면 미틸레네인들이 유죄인지 무죄인지, 우리가 내린 결정이 정당한지 부당한지는 문제되지 않을 것입니다. 그 사람들이 세상에서 가장 죄가 많다는 증명을 해보일 수도 있겠지만, 그렇다고 그것이 여러분의 이해와 일치하지 않는다고 해서 사형을 제의하지는 않을 것입니다. 그들을 사면해야 마땅하다는 주장을 펼 수도 있겠지만, 그것이 국가에 최선의 결과를 가져올 것 같지 않다면 사면을 제의하지도 않을 것입니다.

나는 우리가 현재보다는 미래에 대해 토론을 하고 있다고 생각합니다. 클레온이 주장하는 요점의 하나는 다른 도시들의 반란을 예방하는 조치로 사형을 내리는 것이 미래의 우리를 위해 유리하다는 것입니다. 하지만 그에 못지않게 미래를 걱정하는 나는 그렇지 않다는 것을 확신합니다. 그의 주장이 겉으로 그럴듯하다고 해서 나의 주장에 담긴 쓸모 있는 말을 거부하지 않기를 부탁드립니다. 그의 연설은 매력이 있었을 것입니다. 미틸레네에 대해서 지금 여러분이 품고 있는 분노에 더 잘 어울리니까요. 그러나 여기는 잘잘못을 가리는 법정이 아닙니다. 이것은 정치 집회이며 미틸레네를 아테나이에 가장 유용하게 만들 수 있는 길은 무엇인가를 찾는 자리입니다.

인간 사회에서 사형은 이것보다 덜 중대한 많은 범죄에도 적용되고 있습니다. 하지만 제법 자신감이 있을 때 사람들은 여전히 위험에 도전합니다. 성공할 자신 없이 범죄를 저지른 사람은 아직 세상에 없습니다. 국가의 경우도 마찬가지입니다. 자체 자원이나 동맹국의 자원이 충분치 못하다는 것을 알면서도 반란을 꾀한 도시는 아직 없었습니다. 도시나 개인이나 모두 성격상 잘못을 저지를 수는 있습니다. 그러나 범죄자를 막는 더 큰 안전장치를 찾아보고, 사람이 온갖 종류의 형벌을 시험해 보며, 형벌 종류를 끊임없이 늘리고 있는 사실에서 볼 수 있듯이 법으로만 반란을 막을 수도 없는 노릇입니다. 옛날에는 대단히 큰 범죄에도 오늘날처럼 가혹한 형벌은 내리지 않았는데, 그래도 자꾸 법을 어기니까 시간이 지나면서 여러 나라가 사형제도를 들여오게 되었을 것입니다.

죽음의 공포보다 더 효력이 큰 공포심을 찾아내든지, 아니면 범죄 예방 조치가 적절치 못하다는 것을 인정해야만 할 것입니다. 가난이 사람을 대담하게 만들고 돈을 가진 자의 거만함이 야심을 부추기며, 약을 써도 고칠 수 없는 정열 따위의 노예가 되다 보면 계속 위험한 짓을 충동적으로 저지르기 마련입니다. 인류 대재앙의 원인이 된 것은 사그라들 줄 모르는 희망과 욕망입니다. 희망이 계획을 짜면 욕망은 그것이 성공하리라 속삭이는데, 이 눈에 안 보이는 요소들이야말로 우리 눈에 보이는 공포보다 더 강력한 것이지요. 그리고 운명이 내 편이라는 생각이 과신을 낳습니다. 우연히 운명의 여신이 도와줄 때도 있기 때문입니다. 준비 없이 일을 저지르도록 사람을 유혹하는 것이지요. 그리고 전 국민이 관련될 경우, 특히 그런 것은 운명에 건 도박 밑천이 가장 크기 때문이지요. 그것은 그들이 자유를 얻느냐 아니면 남을 지배하느냐 하는 엄청난 판돈이 걸린 반란 승부입니다. 공동체의 한 구성원으로 행동할 때 사람들은 저마다 자신의 실력을 실제보다 더 믿는 비이성적인 면이 있습니다. 한 마디로 인간의 본성은 어떤 길로 나가겠다는 결심을 일단 굳히고 나면 법률의 힘이나 별의별 위협 수단을 동원해도 그것을 막아낼 수가 없습니다(아주 순진한 사람만이 이 말을 부정하겠지요).

그러니까 우리는 극형의 효력을 너무 믿은 나머지 그릇된 결론을 내리면 안 됩니다. 반란을 꾀한 이들에게 잘못을 뉘우칠 기회조차 주지 않고 절망적인 상태로 그들을 몰아넣어서는 안 됩니다. 생각해 보십시오. 반란을 일으켰던 도시가 성공할 수 없다는 것을 깨달으면 전쟁 배상금을 낼 깜냥이 여전히 있고 계속 조공을 바칠 능력이 있을 때 휴전을 하려고 들 것입니다. 그러나 만약 클레온의 방법을 택한다면 모든 도시가 반란 준비를 훨씬 더 철저하게 하게 될 뿐만 아니라 도성이 무너지는 마지막까지 맞서 싸우리라는 것은 뻔하지 않겠습니까? 일찍 항복하거나 늦게 항복하거나 전멸당하기는 매한가지일 테니까요. 그것은 두말할 것 없이 우리 이익에 어긋납니다. 협상이 불가능해지니까 성과 요새 포위에 더 많은 돈을 들여야 하고 폐허가 된 도시를 차지해 보았자 앞으로 조공을 받을 길이 없습니다. 전쟁을 하는 우리의 전력은 바로 그런 조공 확보에 달려 있지 않습니까?

그러므로 우리가 할 일은 범인을 철저히 조사하는 법관처럼 굴다가 손해 보는 게 아니라 형벌을 줄여줌으로써 앞으로 중요한 조공을 바치게 될 이 도시들을 우리 목적에 충분히 이용할 수 있는 방법을 찾는 데 있습니다. 우리 국가 안보의 적절한 기초는 형벌을 두려워하게 만드는 데 있지 않고 훌륭한 행정에 있음을 깨달아야 할 것입니다. 그러나 지금 우리는 그와 정반대되는 행동을 하고 있습니다. 힘으로 누른 자유도시가, 예상했던 바대로 반란을 일으켜 독립을 되찾으려고 들면 그것을 진압한 우리는 가장 엄한 형벌로 그 도시를 벌해야 옳다고 생각하고 있습니다. 하지만 자유로운 국민을 대하는 올바른 길은, 반란을 일으킨 다음에 그들을 호되게 혼내주는 것이 아니라 그런 사태가 일어나기 전에 정성껏 그들을 돌봐주는 것입니다. 반란을 일으키려는 생각조차 못하게 만들어야지요. 그리고 만약에 폭력을 쓸 수밖에 없다면 아주 적은 사람에게 그 책임을 묻는 것으로 그쳐야 합니다.

여러분이 클레온의 충고를 받아들인다면, 바로 이 점에서 여러분은 얼마나 큰 실수를 저지르는 것입니까? 현재 상황을 보면 모든 도시에서 민주파는 여러분에게 우호적입니다. 과두파의 반란에 가담하지 않았거나 강요에 못 이겨 함께한 경우라 하더라도 반란 주모자들에게는 계속 적대적입니다. 반란을 일으킨 무리와 전쟁을 벌이면 그 국민은 여러분 편이 될 것입니다. 그러나 반란에 참여한 적이 없고 무기를 손에 넣자마자 자발적으로 도성을 여러분에게 내어준 미틸레네의 민주세력을 모조리 없애버린다면 첫째로 여러분은 여러분을 도와준 사람들을 죽이는 죄를 범하게 되고, 둘째로 반동적인 계급이 가장 원하는 바로 그 일을 저지르게 되는 것입니다. 앞으로 반란을 일으키면 국민은 처음부터 저들 편에 붙겠지요. 죄가 있는 자와 없는 자를 아울러 똑같이 벌주리라는 것을 이미 분명히 보여주었기 때문입니다. 그러니 설사 그들이 죄가 있다 하더라도 아직 여러분에게 반대하지 않는 사람들을 여러분 편에 묶어두기 위해서는 눈감아 주어야 할 것입니다. 제국의 판도를 유지하려면 잘못한 사람을 법에 따라 죽이는 것보다 잘못한 것을 우리가 먼저 용서해 주는 것이 훨씬 유리한 정책입니다. 클레온은 이런 복수 행위에 정의와 국가 이익이 결합되어 있다고 주장했습니다만, 그의 말대로 하자면 그런 결합은 불가능해집니다.

그러므로 나는 여러분에게 호소합니다. 나의 제안이 보다 나으니 이 제안을 받아주십시오. 연민이나 우정, 체면을 차리는 보통 사람의 기분에 좌우되진 마십시오. 클레온과 마찬가지로 나 또한 여러분이 그런 감정 때문에 판단이 흐려지는 것을 바라진 않습니다. 여러분이 지금까지 들은 여러 의견에 근거하여 판단을 내려주십시오. 천천히 시간을 들여서 파케스가 유죄로 판결하여 아테나이에 보낸 자들을 재판하고, 나머지는 저들의 도시에서 그냥 살아가도록 허락해 주십시오. 이렇게 함으로써 여러분은 미래를 위해 현명한 조치를 취한 것이 되며, 적들이 여러분을 두려워하게 만들 것입니다. 적들은 경솔하게 미친 듯이 강력한 행동을 하는 사람들보다는 현명한 결정을 내리는 사람들을 더 강한 존재로 대하기 때문입니다.

소크라테스
Socrates
(기원전 470?~399)

위대한 철학자 소크라테스는 문답법을 통하여 상대의 무지(無知)를 깨닫게 하고, 시민의 도덕의식을 개혁하는 일에 힘썼다. 하지만 신을 모독하고 젊은이들을 타락시켰다는 혐의로 독배(毒杯)를 받고 죽었다. 다음 변론은 소크라테스가 사형선고를 받은 뒤 재판관 앞에서 용기와 확신에 차 당당히 자신이 무죄임을 밝힌 마지막 진술로서, 소크라테스 영혼의 고백이자 인류의 귀중한 자산이다. 그의 제자 플라톤이 쓴 《소크라테스의 변명》에 실려 있다.

사형선고에 대한 항변

아테나이 시민 여러분, 길지 않은 시간으로 말미암아 여러분은 이 도시국가를 헐뜯으려는 사람들로부터 지혜로운 자 소크라테스를 사형에 처한 인물이라는 꾸짖음을 듣게 될 것이오. 여러분을 헐뜯으려는 사람들은 사실은 그렇지 않은데도 내가 지혜롭다고 우길 테니까 말이오. 달리 생각해 보면 여러분이 조금만 기다렸더라면, 이런 일은 저절로 일어났을 거요. 내 나이를 보시오. 나는 이미 오래 살아서 죽을 날이 가깝소. 그런데 나는 이 말을 여러분 모두가 아니라, 나에게 사형선고를 내린 사람들에게만 하고 있소.

그리고 이 말 또한 그들에게만 하는 거요. 아테나이 시민 여러분, 당신들은 내 변론이 부족해서 유죄판결을 받았다고 생각할지도 모르겠소. 처벌을 피하기 위해서는 무슨 짓 무슨 말을 해도 좋다고 내가 생각했더라면 여러분을 설득할 수 있었을지도 모른다는 생각을 할 수도 있겠지요. 천만의 말씀이오. 물론 내게 부족한 무엇인가가 있어서 유죄판결을 받은 것은 사실이오. 하지만 이것은 변론이 아니라, 여러분 귀에 가장 솔깃한 말을 할 대담성과 뻔뻔스러움, 그리고 그럴 의사가 부족했던 거요. 내가 울고불고, 나와는 전혀 어울리지 않는, 여러분이 다른 사람들에게서 익히 들어온 그 밖의 다른 말이나 행동을 했더라면 사정은 달라졌겠지요. 그러나 나는 위험을 피하기 위해서 자유인답지 않은 말이나 행동을 해야 한다고 생각해 본 적도 없을뿐더러, 내 나름대로 변론한 것을 가지고 지금 후회하고 있지도 않습니다. 오히려 나는 그런 짓을 해서 살기보다는 떳떳이 자기 변호를 하고 죽음을 택할 것이오.

법정이나 싸움터에서 나나 다른 사람들이나 죽음을 모면하려고 수단과 방법을 가리지 않는 것은 옳지 않기 때문이오. 싸움터에서는 무기를 버리고 뒤쫓아오는 적군 앞에 엎드려 빌면 목숨을 건지는 일이 많지요. 그리고 사람이 수단과 방법을 가리지 않을 배짱이 있다면, 어떤 위험에 놓이더라도 죽음을 피할 수 있는 여러 가지 수단이 있습니다. 하지만 시민 여러분, 죽음을 피하기란 어렵지 않으나, 타락을 모면하기는 훨씬 어렵지요. 타락이 죽음보다는 훨씬 빨리 달리니 말이오. 그런데 지금 나는 나이가 들고 느려서, 그 둘 가운데에서도 느린 쪽이 나를 따라잡은 거요. 그런데 나를 고발한 사람들은 힘이 있고 민첩하여 보다 빠른 쪽, 사악함이 그들을 따라잡은 것이오. 이제 나는 여러분의 사형선고를 받고 이 자리를 떠나며, 그들은 부패와 불의를 저질렀다는 진실의 판결을 받았소. 이 일들은 그래야만 마땅하고, 가장 좋은 결과라는 생각이 듭니다.

다음으로 나는 나에게 사형선고를 내린 여러분이 어떤 운명을 당할 것인가를 예언하고 싶소. 지금 나는 인간이 가장 예언하기를 좋아하는 조건, 다시 말하면 죽음을 앞두고 있는 처지에 있소. 그러나 시민 여러분, 나에게 사형을 선고한 여러분은 내가 죽은 직후에 내가 뒤집어쓴 것보다 훨씬 가혹한 제우스의 처벌을 받게 되리라는 말을 하고 싶소. 여러분은 자신의 생활을 해명해야 할 필요가 없어지리라는 생각으로 이런 판결을 내렸소. 하지만 나는 장담하는데, 그와는 정반대되는 일이 여러분에게 일어날 것이오. 여러분을 고발하는 사람들은 나보다 훨씬 많을 거요. 당신들은 미처 느끼지 못했겠지만, 나는 지금까지 그들을 억눌러 왔소. 더구나 그들은 나이가 훨씬 어리고, 여러분은 나와는 달리 분노에 휩싸이게 될 거요. 누군가를 사형시킴으로써 올바른 생활을 하지 않는 여러분을 비난하는 사람의 입을 막을 수 있다고 생각한다면, 그건 큰 잘못이오. 이런 방법으로는 달아날 수도 없고, 떳떳한 일도 아니오. 다른 사람들의 행동을 가로막지 않고, 어떻게 하면 흠 없이 살아갈 수 있느냐를 궁리하며 몸조심하는 것이 가장 쉽고도 명예로운 길이오. 나를 사형에 처한 여러분에게는 이 정도로 예언하고, 이제 작별을 고하겠소.

그런데 지금 재판관들이 분주하고, 나도 죽어야 할 자리로 끌려가지 않았으므로, 나에게 무죄 투표를 해주신 여러분과 이 자리에서 무슨 일이 일어났던가 기꺼이 이야기를 나누고 싶소. 그러니 시민 여러분, 이 자리에 머물러 주시오. 허락된 시간이니까 서로 이야기를 나누는 데에는 아무런 지장이 없을 것이오. 여러분은 나의 벗이니만큼, 방금 내게 주어진 사태의 의미가 무엇인지를 여러분에게 알리고 싶소. 재판관 여러분—내가 당신들을 재판관이라 부르는 것은 옳은 말이오—나한테 이상한 일이 벌어졌다오. 이전에는 내가 잘못을 저지르게 될 듯하면 언제나, 심지어 아주 자질구레한 일에도 나의 수호신이 으레 다이모니온(예언의 목소리)으로 나를 가로막았지요. 그러나 이번에는 여러분이 목격한 일이 벌어졌고, 그것은 누가 보더라도 재앙의 극치라고 생각할 터이며, 그 생각은 당연하다고 해야겠소. 그럼에도 내가 오늘 아침 집을 떠날 때, 또는 심판을 받는 이 자리로 올라올 때, 그리고 진술을 하려고 말문을 열 때에도 수호신이 나를 말리지 않았소. 그런데 다른 경우에는 내가 말을 하는 도중에도 말문을 막는 일이 많았던 거요. 이번에는 내가 무얼 하거나 무슨 말을 해도, 이 재판이 진행되는 동안 단 한 번도 나를 막지 않았다오. 그렇다면, 이렇게 된 원인이 무어라고 생각해야 하지소? 여러분에게 말하도록 하지요. 나에게 일어난 일은 오히려 축복이 되리라는 생각이 들고, 죽음을 불행이라 보는 것은 옳지 않다고 생각하오. 내가 좋은 일을 하려던 게 아니었다면, 내가 익히 알고 있는 수호신이 신호를 보내어 나를 막았을 게 분명하오. 이 사실이 내 주장을 뒷받침하는 커다란 증거가 되고 있소.

나아가서, 지금부터 우리는 죽음이 축복이라는 큰 희망을 가질 수 있게 되었소. 죽는다는 것은 두 가지 가운데 어느 한쪽일 거요. 죽은 이가 완전히 사라져 감각이나 의식이 전혀 없어지는 게 하나이고, 그 영혼에 어떤 변화가 일어나 이곳에서 저곳으로 떠나가는 게 다른 하나입니다. 이를테면 그것이 모든 감각이나 의식의 소멸이고 꿈이 없는 잠이라면, 죽음은 놀라운 이득이라고 할 수 있을 거요. 어떤 사람이 꿈도 꾸지 않고 잠을 푹 잔 하룻밤을 골라 그의 삶에 남아 있는 모든 낮과 밤을 통틀어 견주어 본다는 생각을 해봅시다. 그의 일생에 이 하룻밤보다 더 멋지고 즐거운 낮과 밤이 몇 번이나 있었던가를 헤아린다면, 평범한 시민만이 아니라 대왕마저도 다섯 손가락에 꼽기가 힘이 들 것이오. 그러므로 만약 죽음이 이런 것이라면, 그건 이득이라고 할 수밖에 없소. 따라서 모든 나날들은 단 하룻밤에 지나지 않는 거요.

그와는 달리 만약 죽음이 이승에서 저승으로 옮아가는 것이고, 죽은 사람들은 빠짐없이 그곳에 있다는 말이 진실이라면, 재판관 여러분, 그보다 더 좋은 일이 어디 있겠소? 사실은 재판관도 아니면서 재판관인 체하는 이들로부터 풀려나 하데스가 지배하는 죽음의 세계에 도착하자마자 참된 재판관들을 만났다고 합시다. 그런 말이 있지 않소. 미노스와 라다만토스, 아이아코스와 트립톨레모스, 그 밖에 그들이 살아 있을 때 의로웠던 반신(半神)들이 그곳에서 재판관으로 있는데, 그곳으로 가는 게 과연 슬픈 일이겠소? 오르페우스와 무사이오스, 헤시오도스와 호메로스를 만나기 위해서라면 무슨 대가인들 못 치르겠소? 이게 사실이라면, 정말이지 나는 몇 번을 죽어도 후회하지 않을 거요. 팔라메데스와 텔레몬의 아들 아이아스와 그 밖에 부당한 판결로 목숨을 잃은 옛사람들을 만날 수 있다면, 그곳에 머무는 것이 나에게는 영광이라오. 내 고난을 그들과 비교하는 것은 결코 불쾌한 일이라고는 생각하지 않소. 그러나 이곳에서 내가 해온 바와 마찬가지로 저승의 사람들 가운데 누가 지혜롭고, 누가 그런 체하지만 사실은 지혜롭지 않은지를 물어보고 따지면서 세월을 보내는 것보다 더 즐거운 일이 없을 거요. 대군을 이끌고 트로이로 쳐들어간 사람, 오디세우스나 시시포스, 그리고 남녀를 가리지 않고 사람들이 들먹이기를 좋아하는 수많은 인물들을 심문할 수 있는 기회가 있다고 합시다. 재판관 여러분, 무슨 대가를 치르더라도 한번 해볼 만한 일이 아니오? 그들과 대화를 나누고 사귀며 사정을 캐내는 일이야말로 생각하기조차 어려운 행복일 거요. 그랬다고 저승의 재판관들이 사형에 처할 리는 없으니까 말이오. 적어도 들리는 말이 옳다면, 다른 측면에서도 저승 사람들은 이승 사람들보다 행복하고, 죽을 일도 없지 않소.

그러므로 재판관 여러분, 여러분은 죽음에 대해서는 큰 희망을 품어야 할 것이오. 그리고 당신들은 죽음에 대한 한 가지 진리, 착한 사람에게는 죽거나 살거나 불행이란 있을 수 없으며, 그의 근심 걱정을 여러 신들이 절대로 소홀히 하지 않는다는 것을 깊이 생각해야 할 것이오. 나에게 덮친 일은 결코 우연의 결과가 아니라오. 그런데 지금 내가 죽어서 이 걱정을 털어버리는 편이 퍽 다행스러운 것만은 틀림없소. 이렇게 따져보면, 어느 모로 보든 수호신의 경고가 나를 저버리지 않았던 거라고 하겠소. 나는 사형을 선고한 사람이나 고발한 사람들에게 원한을 품고 있지 않소. 하지만 그들이 나를 구원할 목적에서가 아니라 나를 해치려 고발하고 사형선고를 내렸던 것은 부정할 수 없소. 이런 점에서 그들은 마땅히 비난받아야 하는 것이오.

그들에게 이런 부탁을 하고 싶소. 내 자식들이 자라서, 내가 여러분을 괴롭히듯 그들에게 괴로움을 주고, 덕성보다는 재산이나 다른 것을 앞세우며, 아무것도 아닌 주제에 무엇인 체하거나 제 할 일은 돌보지 않고 내가 여러분에게하듯 그들을 나무라고, 아무런 가치도 없으면서 스스로 잘난 체할지도 모를일이오. 재판관 여러분, 내 자식들이 그런 짓을 할 때에는 처벌해 주기를 바라겠소. 여러분이 이렇게 해준다면, 나와 내 자식들은 여러분의 손에 정당한 대접을 받게 되는 것이오.

이제 떠날 때가 되었소. 우리는 우리의 길을 가야 하오—나는 죽기 위해, 그리고 여러분은 살기 위해서 말이오. 그렇지만 우리 가운데 어느 쪽이 더 좋은지는 오로지 하느님만이 알고 계실 것이오.

데모스테네스
Demosthenes
(기원전 384~322)

인류 역사상 가장 위대한 웅변가 가운데 한 사람으로 손꼽히는 데모스테네스는 아테나이의 자유와 독립을 지키기 위해 마케도니아에 반대하는 연설을 했으며, 뒷날 마케도니아군이 쳐들어와 사형선고를 받자 스스로 목숨을 끊었다. 그가 남긴 연설문들은 기원전 4세기 아테나이 문화와 정치에 대한 귀중한 자료이다. 그중 〈조국의 영광에 대하여〉는 '고대 웅변사에서 가장 완벽하고 화려하며 비감 어린 걸작'으로 평가받고 있다. 다음은 기원전 330년 아테나이에서 했던 연설의 한 부분이다.

조국의 영광에 대하여

이 저주받은 낙서가여! 그대가 나에게 쏟아지는 우리 민족의 지지와 사랑을 빼앗고, 지금 벌어지고 있는 이 재판과는 조금도 관련이 없는 전리품과 전투와 옛 행적을 들먹이다니, 이게 무슨 짓입니까? 그런데 나는 어떻게 되었소! 아, 그대 삼류 배우여! 이 나라에서 특별한 위치를 그대로 지킬 수 있는 방법이 무엇인가를 조언하는 자리에 올랐던 내가 아니었습니까? 그렇다면 내가 어떤 마음가짐으로 연단에 올라섰겠습니까? 아무런 가치도 없는 조언을 하려는 마음가짐이었을까요? 그렇다면 나는 마땅히 사라져야 할 것입니다! 아테나이 시민 여러분, 여러분은 동일한 원칙에 따라 사법적인 소송과 공법적인 소송을 함께 심판하려 해서는 안 될 것입니다. 일상생활이 가득 담긴 사건들은 여러분이 특수한 법률과 상황을 기준으로 심판해야 하며, 정치가들의 조치와 업적은 조상들의 존엄한 규범에 따라 그 잘잘못이 가려져야 합니다. 그리고 그들에 대해서 의로운 판단을 내리는 것이 의무라고 생각한다면, 여러분이 공공의 문제를 심리하기 위해서 이 법정에 들어올 때, 자신의 권장(權杖) 및 투표권과 함께 아테나이의 국가 정신이 여러분에게 전해진다는 사실을 잊지 말기 바랍니다.

아테나이 시민 여러분, 나보다 앞서 위대하고도 뛰어난 웅변가들이 많이 나와서 연설을 했습니다. 유명한 칼리스트라투스, 아리스토폰, 케팔로스, 트라시불루스, 그 밖에도 수백 명이 나왔으나 그 가운데 어느 한 사람도 나랏일에 남김없이 헌신한 적이 없었습니다. 예를 들어 결의안 발의자는 사절이 되지 않았고, 그 사절은 결의안을 내놓지 않았습니다. 저마다 자신이 숨 쉴 구멍을 남겨두었으며, 아울러 어떤 일이 벌어지면 빠져나갈 핑계를 마련해 두었습니다. 그렇다면 나에게 이런 질문을 던질 수 있을 겁니다. 당신은 힘과 대담성에서 다른 사람들보다 그토록 뛰어나 무슨 일이든 할 수 있었다는 말인가? 그렇다고는 대답하지 않겠습니다. 하지만 우리에게 곧 위험이 닥쳐오리라 확신했기 때문에 개인의 안전을 고려할 여유가 없다고 생각했습니다. 자기 임무를 조금도 소홀함 없이 수행하는 것만으로도 천만다행이라고 해야 할 처지였습니다. 나 자신으로 말하면, 나보다 더 훌륭한 결의안을 발의할 사람이 없고, 그 결의안들을 보다 훌륭하게 집행할 사람이 없으며, 나보다 더 열성적이고 정직하게 활동할 사절이 없으리라는 설득을 당했으니, 어리석은 설득에 넘어갔다고 해야 하지 않을까요? 그래서 나는 모든 임무를 스스로 떠맡았습니다.

필립포스가 규탄해 마지않는 나의 정책으로 인해 테바이인들은 필립포스와 야합하여 이 나라를 치지 않고, 오히려 우리 대열에 가담하여 필립포스를 막았습니다. 전쟁은 아티카에서가 아니라 그 도시에서 700펄롱 떨어진 보이오티아 영토 안에서 벌어졌습니다. 에우보이아 섬에서 출물하는 해적선들이 우리를 약탈하지 못했고, 아티카는 전쟁이 시작되어 끝날 때까지 해안지대에서 평화를 누렸습니다. 필립포스는 비잔티움을 차지하여 헬레스폰투스의 주인이 되지 못했으며, 비잔티움인들은 우리의 외인부대가 되어 그에게 맞섰습니다. 이처럼 이 나라에 봉사한 사실을 헤아리는 것이 여러분 눈에는 변명을 늘어놓는 것으로 보이십니까? 이런 일들을 저울에 올려 달아본다면 영원히 기억해야 할 일로 보이지 않을까요? 나는 이 자리에서 스스로 인정한 행위를 일일이 들먹이지 않겠습니다. 필립포스가 자기 손아귀에 모든 시민을 휘어잡았을 때 깜짝 놀랄 잔혹한 행위를 수없이 저질렀고, 다른 사람들은 지금까지도 그 시련을 겪고 있습니다. 또한 앞으로 이용할 목적으로 관대한 조치를 내리고, 아테나이에 대해서도 너그러운 시늉을 했을 뿐만 아니라, 그대는 행복하게도 그 열매를 즐겨오지 않았습니까? 그렇지만 나는 그걸 거들떠보지도 않은 채 지나치고 있습니다.

그대 아이스키네스여, 테바이인들과의 공정한 관계, 또는 비잔티움인들이나 에우보이아인들과의 공정한 조건을 이야기하거나 평등한 조건에 대한 문제를 지금 논의하려 든다면, 먼저 나는 이 말을 해두겠습니다. 그대는 헬라스를 방어하던 종전의 노예선 함대의 숫자를 잘 모르고 있습니다. 그 함대 300척 가운데 우리 아테나이가 200척을 제공했지만, 그렇게 했다고 이 나라가 피해를 보았다는 생각은 전혀 없었고, 적어도 그게 그 무렵 분위기였습니다. 그런 건의를 했다고 기소를 당하지도 않았을 뿐만 아니라 불만을 표시한 적도 없었습니다. 만약 그랬다면, 이 나라의 부끄러운 일이 아니고 무엇이겠습니까? 오히려 온 헬라스에 위험이 닥쳐왔을 때, 아테나이가 전지역을 보전하기 위해서 다른 나라들보다 두 배나 되는 선박을 제공했다고 여러 신들에게 감사를 드렸습니다. 더구나 그대가 나를 모함해서 우리 시민들에게 선심이라도 쓴다고 생각한다면, 한심한 일이 아닐 수 없습니다. 과거에 무슨 일을 어떻게 했어야 한다는 말을 우리에게 한다고 해서 그것이 도대체 무슨 소용이 있습니까? 당신이 이 나라에 있었는데도 왜 그때에는 제안을 하지 않았습니까? 우리 기분에 따라서가 아니라 환경이 요구하는 방안을 받아들일 수밖에 없는 위기에 처했을 때, 참으로 쓸모 있는 제안이 있었다면 왜 내놓지 않았겠습니까? 우리에게 맞서서 우리가 거부했던 제안들을 열렬히 환영하고 덤으로 돈까지 내놓을 자세가 되어 있는 사람이 있었다는 사실을 잊어서는 안 됩니다.

지금 나를 내 행적에 따라 고소한다고 하는데, 그렇다면 내가 힘들여 협상하여 여러 나라가 달아나서 필립포스와 한통속이 되고, 필립포스는 한꺼번에 에우보이아와 테바이와 비잔티움을 손아귀에 넣었다는 말입니까? 한번 생각해 보십시오. 이 경건하지 못한 사람들이 그럴 경우 무슨 말이나 행동을 했겠습니까? 틀림없이 이렇게 말했을 겁니다. 우리와 합세하고 싶었지만 쫓겨갔으며, 그에 따라 여러 나라들이 버림을 받아 필립포스가 비잔티움인들을 시켜 헬레스폰투스를 장악했고, 헬라스 곡물 무역을 휘어잡았으며, 테바이인들을 이용하여 아티카에 이웃나라의 치열한 전쟁을 끌여들였고, 에우보이아 섬을 들락거리는 해적으로 인해서 바다는 항해할 수 없게 되었노라고! 그들은 틀림없이 이 모든 말을 둘러댈 테고, 그 밖에도 엄청난 평계를 끌어댈 것입니다. 아테나이 시민들이여, 간교하고도 간교한 존재는 언제나 중상모략을 일삼고, 무슨 일에도 악의를 품고 있으며, 흠잡기에 여념이 없게 마련입니다. 그런데 이 짐승은 천성이 독사와 같고, 처음부터 정직하거나 너그러운 일이라고는 전혀 한 적이 없습니다. 마치 원숭이처럼 흉내나 내는 비극배우, 마을 어릿광대, 거짓으로 꾸며진 변론가! 그대의 웅변이 조국에 무슨 이익이 되었습니까? 그런데 이제 와서 우리에게 과거 이야기를 하려는 겁니까? 마치 그것은 의사가 환자의 집으로 왕진을 가서 질병을 고칠 지시나 처방은 전혀 하지 않고, 막상 그 사람이 죽어 마지막 의식이 진행되자 그 시신을 따라 무덤에 가서는 이 불쌍한 사람이 이러저러했으면 절대로 죽지 않았을 텐데 하고 미주알고주알 주워섬기는 것과 마찬가지가 아닙니까! 어리석은 그대여, 지금에야 말을 하려는 겁니까?

그대, 저주받은 자여, 마땅히 괴로워 신음해야 할 일을 앞에 두고 기뻐 날뛰다니! 내가 지금까지 해온 어떤 일을 따져보아도 우리가 전쟁에서 패한 원인은 찾아내지 못할 것입니다. 그러니 아테나이 시민들이여, 곰곰히 생각해 보십시오. 여러분의 명령에 따라 부임한 어느 대사관에서도 나는 필립포스의 사절들에게 지고 나온 적이 없었습니다. 테살로니카, 암브라키아, 트라키아의 여러 왕, 비잔티움, 그 밖의 어느 곳, 얼마전 마지막으로 있었던 테바이에서도 나는 패배하고 물러나지는 않았습니다. 그러나 필립포스의 사절들이 논쟁에 져서 말문이 막히면, 필립포스가 군대를 끌고 와서 휩쓸어 버렸습니다. 그런데 이걸 가지고 내게 책임을 묻고 있습니다. 오로지 이 한 몸으로 필립포스의 군사력을 꺾으라고, 그것도 말만 가지고 그 일을 하라고 시켜놓고는, 바로 그 사람이 비겁하다고 조롱하면서도 부끄러워할 줄도 모르고 있습니다! 내 지휘 아래 그 밖에 무엇이 있었습니까? 개인의 정신 자세, 육군의 운명이나 전쟁 수행에 있어서 그 어느 것도 마땅히 나에게 책임을 물을 수는 없을 것입니다. 참으로 어리석은 그대여!

하지만 나를 이해해 주십시오. 정치가가 무엇에 책임을 져야 하는지를 나는 빈틈없이 조사하기로 하겠습니다. 나는 그걸 무시하거나 비난하지 않습니다. 정치가의 역할은 무엇입니까? 처음부터 사물을 관찰하여 미리 앞을 내다보고, 남들에게 알려주는 것입니다. 나는 이 일을 해왔습니다. 또한 모든 사회에 존재하며 피할 수 없는 지체·후진성·무지·시기·비행 등을 찾아낼 때마다 그들을 가장 좁은 테두리 안에 묶어두고, 다른 한편으로는 임무를 수행할 때 합의와 우의와 열성을 드높이는 것입니다. 이 모두를 나는 남김없이 실천에 옮겼습니다. 내가 조금이라도 소홀히 했다는 증거를 그 누구도 찾아낼 수 없을 것입니다. 어느 사람에게든 필립포스가 무슨 방법으로 그 많은 성공을 거두었는지 물어보시오. 그러면 군대를 동원하고, 집권 세력에게 뇌물을 주어 타락시켜서라고 하는 대답을 듣게 될 것입니다. 잘 알다시피 이 나라 군사력은 내 지휘나 통제를 받지 않았습니다. 그러므로 그 분야의 어떤 일로도 나를 신문할 수는 없습니다. 그런데 나는 타락의 대가를 거부하여 필립포스를 꺾었습니다. 뇌물이라는 것은 받는 사람이 주는 사람에게 짓밟히게 되는 법입니다. 따라서 그것을 거절한 사람은 뇌물을 내놓은 사람을 정복한 것입니다. 그러므로 나에 대해서만 말한다면 아테나이 공화국은 패배한 일이 없습니다.

나로서는 그의 운수가 어떻다고 하여 자기 동료나 민족을 나무라는 사람은 정신이 나갔다고 생각합니다. 자기 처지에 가장 만족하고 있으며, 자신의 운수가 아주 뛰어나다고 생각하는 사람일지라도 그날 저녁까지 운수가 그대로 유지되리라고 확신할 수는 없는 법입니다. 그렇다면 남의 운수를 끌어대거나, 그걸로 남을 꾸짖는 게 옳은 일입니까? 그럼에도 아이스키네스는 오만불손하게도 이 문제(와 나머지 많은 문제)에 멋대로 참견해 왔습니다. 아테나이 시민 여러분, 차분히 살펴보십시오. 그의 주장보다는 나의 운수론에 훨씬 더 큰 진리의 인간성이 담겨 있음을 깨닫게 될 것입니다.

나는 우리 아테나이의 운수가 좋다고 생각하며, 도도나의 제우스와 프티아의 아폴론의 신탁도 우리에게 그런 뜻을 알리고 있습니다. 지금 세계를 지배하고 있는 전 인류의 운수는 잔인하고도 무서운 것입니다. 헬라스의 어느 국가, 어떤 야만족이든 이 시대에 수많은 재앙을 당하지 않은 경우가 있었습니까? 아테나이는 가장 숭고한 정책을 선택했고, 그에 따라 우리를 버리면 번영을 누리게 되리라 생각했던 헬라스의 다른 나라들보다 잘 지내고 있습니다. 나는 이것을 아테나이가 누리고 있는 행운의 일부로 헤아리고 있습니다. 만약 아테나이가 어려움에 처하고, 모든 일이 우리가 바라는 바와는 다르게 흘러간다면, 우리 모두에게 닥쳐온 전반적인 운수의 제 몫을 아테나이가 받아들인 것이라고 나는 생각합니다. 내 운수나, 또는 우리 저마다의 운수는 개인적인 문제와 관련지어 판단해야 할 것입니다. 운수 문제에 대한 내 의견은 그렇고, 나로서는 그게 올바르고 공정하다 생각하고 있습니다. 아울러 여러분도 내 의견에 동의하리라 믿습니다. 아이스키네스는 내 개인적인 운수가 이 나라의 그것, 그리고 나의 작고 비천한 것이 이 나라의 훌륭하고도 위대한 운수와 같이 따라다닌다는 말을 하고 있습니다. 어째서 그럴 수 있다는 말입니까?

그러나 아이스키네스여, 그대가 나의 운수를 꼬치꼬치 캐기로 마음먹었다면, 그대 자신의 운수와 비교하여 내 운수가 당신보다 낫거든 헐뜯는 짓을 멈추시오. 그리고는 바로 처음부터 살펴보도록 하시오. 나는 누구의 악취미를 만족시키기 위해서 처형당하는 일이 없도록 기도하고 간청하는 바입니다. 가난을 모욕하거나 부유한 가정에서 자라난 것을 자랑하는 인간이 슬기롭다고는 생각지 않습니다. 이 무자비한 인간의 중상모략과 악의에 밀려 나는 이 문제를 따져보지 않을 수 없습니다. 그러면서도 나는 사정이 허락하는 한 절제하며 논리를 펴나갈 작정입니다.

아이스키네스여, 나는 어린 시절에 정규학교에 다닐 만한 여유가 있었고, 가난 때문에 비굴한 짓을 하지 않아도 될 만큼 용돈을 받았습니다. 어른이 되고 난 뒤에는 내 가문에 어울리는 생활을 했으며, 합창단 지휘자, 함장(艦長), 납세자로 제 구실을 해냈을 뿐만 아니라 공적으로나 사적으로나 사회봉사 활동에 뒤지지 않았고, 이 나라와 친구들에게 쓸모 있는 사람이 되고자 노력했습니다. 내가 나랏일에 참여하면서 훌륭한 정치 노선을 선택하여 우리나라와 헬라스의 수많은 사람들로부터 다 같이 여러 번 영광을 입었습니다. 따라서 나의 적수인 여러분도 내가 선택한 노선이 명예롭지 못했다고 감히 헐뜯을 수 없는 처지에 있습니다. 내 일생의 운수란 바로 그러했습니다. 내 운수를 둘러싸고 덧붙일 것이 더 있습니다만, 자랑을 늘어놓다 보면 비위를 거슬리지 않을까 해서 이만하겠습니다.

그런데 남에게 침을 뱉고 위엄을 자랑하는 그대여, 나의 운수에 비해 당신의 운수가 어떤지를 살펴보십시오. 소년 시절에 그대는 처참한 가난 속에서 자랐고, 아버지와 함께 자신이 다니던 학교에서 먹을 갈았으며, 의자를 걸레질했고, 방을 쓸면서 자유인이라기보다는 천민의 일을 했습니다. 자라나서는 그대 어머니의 뒤를 따라 성인식에서 책을 읽고 온갖 의식을 거들었습니다. 그리고 밤이면 초심자들을 새끼 사슴 가죽에 싸서 진흙 왕겨 비누로 닦고 문지르고 씻고 깨끗이 손질한 다음 일으켜 세우면서 "도망칠 때에는 엉망이더니, 찾아놓고 보니 훌륭하구나" 소리를 쳤습니다. 그 누구보다도 목청 좋게 고함을 질렀노라 자랑하고 있으니, 나야 믿어야지요, 믿고말고요! 하지만 목청이 크다고 멋들어진 직업 울음꾼이라고는 생각지 마시오! 낮이면 그대는 그 고상한 난봉꾼들을 앞장서서 회향풀과 황철나무관을 쓰고, 턱이 불거진 독사를 꽉 집어서 머리 위로 휘두르며 "새끼 독사야" 고함지르고 온갖 수다를 떨었으며, 심술궂은 노파들로부터 앞잡이니, 지휘자니, 함잡이, 부채잡이를 비롯하여 별의별 소리를 듣고 그 보상으로 파이와 비스킷과 빵을 얻어먹었습니다. 누군들 그쯤 되면 자신과 자신의 운수를 축복하지 않고 배기겠습니까!

그대가 다른 시민들과 함께 일자리를 구할 때였습니다. 내가 무슨 수로 문제를 따지지 않고 견딜 수 있겠습니까? 일자리를 구한다고 등록을 하자마자 그대는 가장 명예로운 자리, 하급 사법관의 서기인 조수 자리를 골랐습니다. 그런데 이 자리에서 한때 물러났지요. 다른 사람들은 기소했던 갖가지 비행을 그대 스스로 저질렀으니까요. 물론 그 뒤로는 자신의 생활 태도로 인해서 선조를 욕되게 하는 일은 없었다고 해도 좋겠지만, 이른바 시끄러운 공연자들이라는 시밀루스 및 소크라테스와 한 무리가 되어 배역의 세 번째 자리를 차지했습니다. 그런데 단원 모두의 생계가 걸려 있던 공연보다는 남들의 농장에서 과일장수를 하듯 모아들인 무화과와 포도와 올리브가 더 많았지요. 사실은 그 단원들과 관객들 사이에는 도저히 가라앉힐 수 없는 싸움이 끊임없이 벌어져, 그대는 무수한 상처를 입지 않았습니까? 그러니 당신이 그런 싸움판의 경험 없는 사람들을 겁쟁이라고 놀리는 것도 놀라운 일은 아닐 것입니다.

그러면 가난에 돌려야 할 문젯거리들은 그냥 지나치기로 하고, 나는 그대의 인격에 관계되는 죄목들을 모아서 제기하려고 합니다. 그대는 명확한 정치 철학도 없이 어물쩍거리다가 마침내 그럴듯한 생각이라도 하게 되었을 때에는 아주 해괴한 정책 노선을 지지했습니다. 그리고 조국이 번영할라치면 자신의 양심이 고발하는 범죄로 인해 몽둥이 세례를 받을까 언제나 겁을 먹고 몸을 떨며 토끼 같은 생활을 했습니다. 하지만 나머지 시민들이 불행에 처해 있을 때에 그대는 실로 대담하게 휘두르고 다니는 것을 모든 시민들이 보았습니다. 수많은 시민들의 죽음을 보고도 의기양양한 사람이 살아 있는 이들의 손으로 어떤 대접을 받아야 하겠습니까? 여기에 대해서는 굉장히 많은 이야깃거리가 있지만, 제외하기로 하겠습니다. 내 목적이 그의 비열한 행위와 더럽혀진 명예를 모조리 내 입으로 늘어놓는 데 있지는 않으니, 내가 거론하기에 부끄럽지 않은 것만을 말해두기로 하지요.

아이스키네스여, 이제 그대의 생활과 내 생활환경을 조용히 신중하게 대조해 보시오. 그런 다음에 이 사람들에게 누구의 운수를 선택하겠느냐고 물어보시오. 그대가 글읽기를 가르치고 있을 때, 나는 학교에 다녔습니다. 그대가 성인식을 돕고 있을 때, 나는 그 의식에 참가했지요. 그대가 합창무용단에서 춤을 추고 있을 때, 나는 그 단체를 후원했습니다. 그대가 집회의 서기였을 때, 나는 연설자였습니다. 그대가 삼류의 단역을 맡았을 때 내가 그 자리에 있지 않았습니까? 그대가 무릎을 꿇었을 때, 나는 격분했었습니다. 당신은 적국의 정치가 노릇을 해왔지만, 나는 조국을 위해 일했습니다. 그 밖의 다른 일은 그냥 넘기기로 하겠습니다. 그런데 바로 오늘 나는 영광된 시험을 받고 있으며, 아무 죄도 없이 결백한 몸이라는 인정을 받고 있습니다. 한편 그대는 이미 엉터리 변론가라는 심판을 받았고, 그 장사를 계속하느냐 아니면 투표자의 5분의 1의 찬성을 얻지 못해 영원히 입을 닫느냐는 문제가 당신 앞에 놓여 있습니다. 그런데도 내 운수가 비참하다며 비아냥거렸으니, 그대는 그동안 정말 운수 대통했구려!

그럼 이제 사적인 이야기는 그만두고, 공적인 화제를 놓고 한두 마디 하지요. 아이스키네스여, 헬라스인이든 야만인이든 이 태양 아래에서 지난날에는 필립포스의 권세, 지금은 알렉산드로스의 권세에 시달리지 않고 당당하게 살아간 사람을 단 하나라도 들 수 있겠습니까? 백 걸음을 물러서서 내 운수 또는 불운(그대가 이 말을 좋아한다면)이 모든 일의 원인이 되어왔다는 것을 인정하기로 합시다. 그러나 나를 보지도 않았고 내 목소리를 들은 적도 없는 숱한 사람들이 개인으로서만이 아니라 국가와 국민 전체로서 중대한 시련을 겪어왔습니다. 그렇다면 이런 재난들은 사실상 모든 사람의 공동 운명, 압도적이고도 애통한 사태의 큰 물결에 그 원인을 돌리는 것이 얼마나 공평하고 정당한 자세이겠습니까? 이 모든 사실을 무시하고 그대는 그대의 모략중상의 전부는 아니더라도 그 일부가 시민들과, 특히 당신 자신에게 떨어지고 있다는 것을 처음부터 끝까지 알면서도 우리 민족을 위해 몸바쳐 온 나를 고발하고 있습니다. 만약 우리가 협의한 내용을 오로지 나 혼자 절대적인 권한을 쥐

플루타르코스 영웅 명연설들 1963

고 방향 설정을 했다면, 다른 발언자들도 나를 고발해야 마땅할 것입니다. 하지만 여러분도 모든 모임에 빠짐없이 참석했고, 국가의 요청에 따라 가장 적절한 방안이 무엇인가를 공개 토론했을 뿐만 아니라, 그때에는 모든 사람들이 특히 그대가 이들 조치를 가장 훌륭하다고 믿었습니다. 물론 그대는 나의 정책으로 말미암아 내가 희망과 찬사의 명예를 누리게 된 것을 달가워하지 않았으며, 그보다 더 뛰어난 구상이 없었고 진실이 그랬으니만큼 마지못해 받아들인 것만은 분명했습니다. 아무튼 그때 더 좋은 방법을 내놓을 수 없었던 그대가 지금에 와서 이 조치들에 불만을 표시한다는 것은 부당하고도 터무니없는 일이 아닙니까?

아이스키네스여, 그대는 어떤 부당 행위에 대한 보상을 받기 위해서가 아니라 자신의 웅변술과 성량(聲量)을 과시하기 위해서 이 사건을 제기했다는 결론을 내리지 않을 수 없습니다. 그런데 아이스키네스여, 가치 있는 것은 어느 웅변가의 언어나 그 목소리 음질이 아니라, 시민들과 견해를 같이하며 조국이 미워하는 자를 미워하고 조국이 사랑하는 이를 사랑하는 데 있는 것입니다. 그런 정신 자세를 가진 사람이라면, 그의 모든 말에는 충성스러운 뜻이 담겨 있을 것입니다. 아테나이 공화국에 위험을 끼칠지도 모르는 인물들의 비위를 맞추는 사람은 우리 시민들과 공동 운명체가 될 수 없고, 따라서 똑같은 안전을 기대할 수도 없습니다. 당신은 이걸 아시겠습니까? 나는 우리 시민들 편에 서 있습니다. 왜냐하면 내 목표가 우리 시민들의 목표와 같기 때문입니다. 나의 이익은 그들의 이익과 다르거나 구분될 수가 없습니다. 과연 당신도 그렇습니까? 모든 사람이 알고 있는 바와 같이, 그대는 오래전에 필립포스를 찾아가 협상하는 사절의 자리를 집요하게 거절했었습니다. 하지만 전투가 끝난 직후에 그대는 이 나라를 파멸로 몰아가는 위기감을 불러일으키던 필립포스를 사절 자격으로 만났습니다. 어떻게 그럴 수가 있었습니까?

그리고 국가를 속인 자는 누구입니까? 바로 자기 생각과는 다른 말을 하는 사람입니다. 포고를 알리는 소리꾼이 누구에게 저주를 보내고 있습니까? 바로 그런 인간에게 보내고 있습니다. 웅변가로서는 그의 의견과 언어가 같지 않다고 규탄을 받는 것보다 더 큰 죄가 어디 있겠습니까? 그대의 성격이 바로 그러하다는 것이 드러난 것입니다. 그럼에도 그대는 입을 열고, 이 사람들을 감히 똑바로 바라볼 수 있습니까? 그들이 당신의 정체를 모른다고 생각합니까? 그렇지 않으면 그대가 필립포스와는 아무런 관계가 없고, 내가 근거도 없이 개인적인 원한으로 제소했노라고 저주와 욕설을 퍼부으며 집회장에서 했던 그 연설을 기억하지 못할 만큼 깊은 망각의 잠 속에 빠져 있다는 말입니까? 전쟁 소식이 전해지자마자 그대는 그 모두를 잊어버렸습니다. 그대는 이 사실을 인정하고, 필립포스와 그대 사이에는 우호와 친선의 관계가 이루어졌다고 다짐했으니, 당신이 필립포스와 고용계약을 맺었다는 것을 가리키는 증거가 아니고 무엇입니까? 탬버린 연주자 글라우코테아의 아들 아이스키네스가 마케도니아 왕 필립포스와 어떻게 해서 평등하고도 정의로운 친구나 친지가 될 수 있다는 말입니까? 도무지 알 수 없는 노릇입니다. 아니, 그럴 수 없습니다! 당신은 민족의 이익을 송두리째 뒤엎을 적군의 앞잡이가 되었던 것입니다. 그대는 공공연히 반역죄를 저지르다가 들통이 났으며 사실에 따라 고소를 당했음에도, 당신이라면 나보다 재빨리 소송을 제기할 잘못을 저지르고도 나에게 욕설을 퍼부으며 책임을 돌리고 있습니다.

아이스키네스여, 아테나이 공화국은 내 힘을 빌려 지금까지 위대하고도 영광된 사업을 적지 않게 펼치고 성공을 거두어 왔습니다. 우리 조국은 그걸 잊지 않았습니다. 여기 그 증거가 있습니다. 그 일이 있고 나서 장례식 추도사를 할 사람을 뽑으면서 당신이 어떠냐는 제의가 있었지만, 우리 시민들은 당신의 훌륭한 목소리를 알면서도 거부했습니다. 방금 강화조약을 매듭지었던 데마데스와 헤게몬과 그 밖에 그대의 패거리들은 모두 떨어지고, 결국 내가 뽑혔습니다. 그리고 당신과 피토클레스가 난폭하고 무례하게 앞으로 나와서(아, 하늘이 자비로웠구나!) 당신이 지금 나에게 퍼붓고 있는 바로 그 죄상을 강조했을 때에도, 우리 시민들은 조금도 굴하지 않고 나를 선택했습니다. 그 이유— 그대도 모르지는 않겠지만—를 말해주겠소. 아테나이 시민들은 그대와 그 일당이 언제나 정직하지 못했던 반면, 나는 충성과 열의를 다하여 그들이 맡긴 나랏일을 수행했다는 것을 알고 있었습니다. 이 나라가 번영할 때에는 절대로 인정하지 않던 무엇을, 그대는 이 공화국이 불운에 처하자 털어놓았습니다. 그러므로 그들은 시민들에게 파멸의 재난을 안겨주면서 자신의 정치적 안정을 꾀하는 인간들은 오래전에 이미 그들의 원수였으며, 그 뒤에도 단연코 그리리라 믿었습니다. 아울러 그들은 조국을 위해 쓰러진 용사들의 명예를 기리고 그들의 용기를 찬양해야 할 사람은 그들의 적들과 같은 지붕 아래, 또는 같은 식탁 앞에 앉아서는 안 된다고 생각했습니다. 그런데 그자는 그 자리에서 잔치를 벌이고 살인자들과 어울려 헬라스의 대참사를 읊조리는 찬가를 불렀습니다. 그런 인간이 이곳으로 돌아와서 다시 명예를 누려서는 안 됩니다. 그는 아테나이의 운명을 목소리로 슬퍼하지 말고, 가슴으로 애도해야 합니다. 이같이 진실된 애도의 정을 아테나이 시민들은 자기 마음속에서, 그리고 나에게서 느낄 수 있었지만, 아이스키네스 무리의 어느 누구에게서도 그걸 찾지 못했습니다. 그리하여 시민들은 당신이 아닌 나를 뽑은 것입니다. 한편 장례식 집행자로 시민들의 선택을 받은 전사자들의 아버지와 형제들도 일반 시민들과 생각이 같습니다. 관례에 따라 전사자들의 가장 가까운 친척 집에서 장례식 연회를 열게 되었을 때, 그들은 그것을 우리집에서 열도록 명령했습니다. 거기에는 그럴 만한 이유가 있었습니다. 참석자들은 저마다 나보다는 훨씬 가까운 친척이 있었지만, 집단적으로 그들 모두에게 그처럼 가까운 사람은 아무도 없었습니다. 그들의 안전과 성공에 더할 수 없이 깊은 관심을 가진 사람은 그들의 가슴 아픈 재난을 앞에 놓고 그들 모두에게 한결같이 가장 큰 슬픔을 느꼈던 것입니다.

이 비열하고도 악랄한 음모와 부도덕 행위—아테나이 시민들이여, 차라리 헬라스의 자유에 대한 배반이라고 해야 할 행위—를 둘러싸고 아테나이는 나의 조언에 힘입어 인류의 이름으로 무죄가 선언되었습니다. 그리고 나는 여러분에 의해 무죄임이 밝혀졌습니다. 아이스키네스여, 그러면 당신은 내가 무슨 공적으로 영광을 차지하겠다 덤비느냐고 물을 작정입니까? 그러면 말해드리리다. 그대를 비롯하여 헬라스의 모든 정치가들이 과거에는 필립포스에 의해, 그리고 지금은 알렉산드로스에 의해 타락하고 말았지만 좋은 기회, 멋진 연설, 거창한 약속, 희망이나 공포 그 어느 것으로도, 조국에 유리하고 정당하다고 생각하는 그 무엇으로도 나를 배반하도록 꾀어낼 수는 없었습니다. 시민들에게 어떤 일을 하도록 권할 때, 나는 여러분처럼 이익만을 추구하는 쪽에 기울어져 의견을 내놓는 법이 절대로 없었습니다. 내가 제기한 온갖 소송은 꿋꿋하고 양심적이며 부패하지 않은 영혼의 산물이었습니다. 나는 우리 시대의 그 누구보다 규모가 큰 정사(政事)을 맡아 모두를 양심적이고 성실하게 집행했습니다. 그러므로 나는 명예를 요구하고 있는 것입니다.

아이스키네스여, 이들을 비롯하여 이와 비슷한 조치들이 명예로운 시민에게는 어울리는 일들입니다(그들이 성공했다면—아, 하늘과 땅이여!—우리는 논란의 여지없이 가장 위대한 국민이 되었을 테고, 그럴 자격이 있었습니다. 하지만 실패했어도 그 결과는 영광스럽고, 그 누구도 아테나이나 그 정책을 헐뜯지 않으며, 모두가 정세를 이렇게 몰아간 운수에 그 책임을 돌리고 있습니다). 어떤 처지에서도 명예로운 시민은 이 나라의 이익을 저버리지 않으며, 적국의 앞잡이가 되지 않고, 조국의 강점보다는 적군의 강점을 찾아내어 제 몸을 사리는 일은 결코 하지 않습니다. 그뿐만 아니라 명예로운 시민은 국가에 값진 대응을 제안하는 용기를 갖고, 그 방안을 꾸준히 밀고 나갈 수 있는 결의를 지닌 사람에게 의심스러운 눈길을 보내지 않으며, 만약 누가 개인적인 문제로 비위를 거스른다 하더라도 그것을 고이 간직하고 있을 뿐입니다. 그리고 그대는 걸핏하면 슬쩍 뒤로 물러나 범죄적이요 반역적이라고 할 수밖에 없는 행동을 하지만, 명예로운 시민은 결코 그런 자세로 자신을 더럽히지 않습니다. 물론 나라에 유익하고 정의로운 물러남이 있고, 그럴 경우에야 시민들 거의가 아무런 피해를 입지 않고 그걸 반길 수가 있지요. 그러나 아이스키네스가 뒤로 물러나 있는 것은 그와는 다릅니다. 그런 경우와는 거리가 멀어도 한참 멀다고 해야 하겠습니다. 그는 제멋대로(이럴 경우가 많습니다) 공인으로서의 활동에서 몸을 빼내어 여러분이 늘 떳떳한 마음으로 말하는 사람에게 지쳐버리고, 어찌하여 운수가 뒤집어지거나 뜻밖의 사태(인명 손상이 많지요)가 일어날 때를 노리며 얼마동안 기다리고 있습니다. 그러다 그런 위기가 오면, 그는 물러나 있던 자리에서 바람처럼 일어나 웅변가로서 한몫을 하는 것입니다. 그는 이런 말, 저런 구절을 끌어모았다가 목청을 돋우어 숨도 쉬지 않고 늘어놓습니다. 하지만 그의 웅변은 그 어떤 이익이나 어진 목적도 없고, 시민들의 일부 또는 전부에게 손해를 끼치며, 모든 시민에게 치욕을 안겨줄 따름입니다.

아이스키네스여, 만일 이런 노고와 열성이 이 나라의 안녕과 복지를 걱정하는 양심적인 인간의 가슴에서 우러나왔다면, 모든 사람과 모든 분야에 풍부하고도 고귀하며 유익한 열매를 맺었을 것입니다. 이를테면 우리에게 유리한 국가 동맹이 이루어지고, 자금 공급이 원활해지며, 상업과 무역이 활발해지고, 쓸모 있는 법률이 제정·공포되었을 것이며, 우리가 공적(公敵)에 저항하는 힘을 길러낼 수 있었을 것입니다. 그 이전에는 이 모두를 찾으려는 노력이 있었습니다. 그리고 지난날에는 착하고 진실된 사람이 자기 깜냥을 뽐낼 기회가 있었습니다. 그 무렵에는 어디에서도 그대와 같은 사람을 찾아볼 수 없었습니다. 첫째, 둘째, 셋째, 넷째, 다섯째, 아니 여섯째 그리고 그 어느 대열에서도, 그대의 조국이 분명 드높여질 희생과 봉사의 대열 그 어느 곳에서도 그대의 모습을 찾을 수 없었다는 말입니다. 그대가 힘써서 이 나라에 유익한 어떤 동맹이 이루어졌습니까? 어떤 지원이 있었으며, 우호 관계나 상호 신뢰의 바탕을 마련한 적이 있었습니까? 그대가 가 있던 대사관이나 국가기관의 힘으로 이 나라의 명성이 높아진 일이 있었습니까? 그대가 책임지고 있던 국내, 헬라스 문화권 또는 대외 업무가 그대의 노력으로 개선된 적이 있습니까? 선박이 늘어났습니까? 군수품, 병기창을 만들었습니까? 성벽을 고쳤습니까? 기병대가 증강되었습니까? 도대체 이 세상에서 당신이 쓸모 있었던 곳은 어디입니까? 부자든 가난뱅이든 다른 시민에게 그대가 공익 정신으로 또는 자비로운 마음으로 돈을 주어본 적이 있습니까? 전혀 없습니다. 그런데 어진 그대여, 이렇게까지는 하지 못했더라도, 어떤 일에나 열성과 충성심은 있었음직하지 않습니까? 언제, 어디서 그런 일이 있었습니까? 이 뻔뻔스러운 자여! 그 연단에서 말을 한 모든 사람들이 국가의 안전을 위해 무엇인가를 내놓았을 때에도, 그리고 아리스토리코스가 공민권을 되찾기 위해서 모아두었던 돈을 몽땅 털어 바쳤을 때에도 그대는 단 한 푼도 내놓지 않았습니다. 그럴 깜냥이 없어서였을까요? 아닙니다. 그대는 장인 필론으로부터 5탈란톤이 넘는 유산을 받았고, 그대가 해군법을 훼방놓은 대가로 그 위원회 의장으로부터 2탈란톤을 기부받았습니다. 그런데 이것저것 이야기하다가는 문제 핵심을 놓칠 우려가 있으니 여기서 멈추기로 하겠습니다. 그대가 가난해서 기부금을 내놓지 않은 것이 아니라는 점은 이미 드러났습니다. 그것은 그대의 정치 생활을 잡고 흔드는 사람들의 비위를 거슬리지 않으려고 조바심했기 때문이었습니다. 그렇다면 도대체 어떤 경우에 그대의 용기를 보여주겠습니까? 언제 당신의 능력을 빛낼 수 있겠습니까? 바로 그대가 우리 시민들에게 불리한 말을 할 때가 아니겠습니까? 그때가 되면 당신의 목소리는 우렁차고, 기억은 완벽하며, 뛰어난 배우, 비극적인 테오크리네스가 되는 것입니다.

여러분은 옛날의 어진 사람들을 거론하고 있습니다. 그건 옳은 일입니다. 그러나 아테나이 시민들이여, 아이스키네스가 여러분이 죽은 이들에게 보내는 존경심을 이용하여 나를 옛 위인들과 비교하고 대조하는 것은 공정하지 못한 일입니다. 나는 여러분과 함께 살아 있는 인간입니다. 인간은 무지하여, 살아 있는 이들에 대해서는 정도의 차이는 있지만 언제나 악의를 품고 있는 사람이 있는 반면, 죽은 이들에 대해서는 원수마저도 증오를 품지 않는 사람이 있는 게 아니겠습니까? 인간의 본성이 그런데도 나를 선인(先人)들의 기준에 따라 심판해서야 되겠습니까? 하늘이 용서하지 않을 것입니다! 아이스키네스여, 정의롭지도 않고, 공평하지도 않은 짓은 그만두십시오. 나를 그대와, 또는 아직도 살아 있는 한 무리의 다른 사람들과 비교해 보십시오. 그리고 이걸 생각해 봅시다. 비록 우리의 어떤 표현력으로도 그려낼 수 없는 비범한 것이 있었다 하더라도 과거에 이룩한 업적 때문에 지금 세대가 아무런 보상도 받지 못하고 퇴짜를 받는 것과, 자신의 어진 목적만 입증되면 모든 이가 시민들로부터 나름대로 명예와 존경을 받는 것, 이들 가운데 과연 어느 쪽이 국가를 위해 보다 값지고 훌륭한 자세이겠습니까? 굳이 말을 한다면, 공정하게 평가할 경우 나의 정치와 그 원칙은 쟁쟁한 선조들의 그것과 비슷하고 목표도 똑같다는 것을 알 수 있습니다. 그와는 달리, 아이스키네스여, 그대의 정치 원리는 우리의 위대한 선인들을 모략중상하던 자들의 그것과 같다는 것을 잊지 마시오. 그 무렵에도 그대와 마찬가지로 악랄한 목적으로 살아 있는 이들을 깔아뭉개고 세상을 떠난 사람들을 찬양하는 자들이 있었기 때문입니다.

그대는 내가 그 선인들과는 같지 않다고 말합니다. 아이스키네스여, 그러면 그대는 그들과 같다고 생각합니까? 당신의 형제나 우리 연설가들 가운데 어느 사람이 그럴까요? 나는 아무도 그럴 수 없다고 단정합니다. 당신은 어느 경우에나 경쟁자끼리, 다시 말하면 시인은 시인과, 무용가는 무용가와, 운동선수는 운동선수와 비교하여 평가하게 마련입니다. 그러므로 나의 어진 동료여(그대에게 달리 호칭을 붙일 수가 없어서 이렇게 불렀습니다), 살아 있는 사람은 살아 있는 사람과, 경쟁자끼리 비교하여 심판하시오. 필라몬은 카리스투스의 글라우코스와 그 밖에 이미 사라진 시대의 다른 우승자들보다는 뒤떨어지지만, 올림피아 월계관을 쓰지 못한 채 떠나지는 않았습니다. 그는 경기장에서 자기에게 덤비는 모든 적수들을 물리쳤기 때문에, 월계관을 쓰고 정복자의 영광을 누렸습니다. 그러므로 나는 그대 자신과 그대가 좋아하는 사람들을 비롯하여 오늘날 살아 있는 다른 웅변가들과 나를 비교하라고 요구하는 바입니다. 나는 그 누구에게도 지지 않겠습니다. 아테나이 공화국이 국가 이익을 위해 마음껏 선택할 수 있었고, 애국심이 평가의 기준이 되었을 때, 나는 어떤 사람보다 뛰어난 자문역으로 내 능력을 보여주었으며, 나랏일은 내가 제정한 규정과 법률과 협상 결과에 따라 이끌었습니다. 아테나이 시민들에게 못된 짓을 할 필요가 있을 때가 아니면, 아이스키네스 일당의 어떤 사람도 눈에 띄지 않았습니다. 충고를 할 수 있는 사람이 아니라, 명령에 복종하기만 하고 적국에 매수되어 조국을 배반하며 이방인들에게 기꺼이 아첨할 자들을 부르는 통탄할 사태가 벌어진 뒤—그때 가서야 그대 아이스키네스 무리의 모든 인간들이 관직에 오르고 으리으리한 마차와 시종을 거느린 권력가가 되었습니다. 그대보다 우리 시민들에게 더 깊은 애정을 가졌지만, 나는 힘이 없었다고 고백하지 않을 수 없습니다.

아테나이 시민 여러분, 선량한 시민에게는 두 가지 특징이 있습니다. 여기서 누구의 비위를 거슬리지 않기 위해서 나 자신을 중심으로 말하고자 합니다. 권력의 자리에 올라 있을 때에 그는 이 나라의 존엄과 우월성을 지키는 것을 언제나 목표로 삼아야 합니다. 그리고 언제 어디서나 충성스럽고 성실한 마음가짐을 잊어서는 안 될 것입니다. 이것은 타고난 자질이 결정해 줍니다. 내가 늘 이런 정신을 성실하게 마음속에 간직해 왔다는 사실을 여러분은 알게 될 것입니다. 두고 보십시오. 내 몸을 요구했을 때, 그들이 암픽티오니아에 나를 제소했을 때, 그들이 나를 위협하고 나에게 약속을 했을 때, 그들이 마치 사나운 짐승과도 같은 이 악한들을 내게 보냈을 때—그 어느 때, 어느 모로도 나는 여러분에 대한 애정을 버리지 않았습니다. 나는 처음부터 정직하고 꾸밈 없는 정치 노선을 선택하여 조국의 명예와 권세와 영광을 뒷받침하고, 이들을 드높이며, 이들 가운데서 나의 존재 의의를 굳혀왔습니다. 나는 저 이방인이 번영을 누려왔기에 떠들썩하게 북적대고 있는 장터를 돌아다니지 않습니다. 거기에는 내가 오른손을 내밀어 축하의 인사를 건네서는 안 될 사람들이 있습니다. 내 생각으로는, 그들은 저쪽에다 우리의 사정을 몰래 알려주고, 우리 아테나이가 성공했다는 소식을 들으면 몸을 떨며 신음하고 고꾸라지면서 자신에게 하는 짓인지도 모르고 아테나이를 향해 독설을 퍼붓는 지조 없는 인간들입니다. 그들은 외국이나 쳐다보다가 외국인들이 헬라스의 수난을 밑천 삼아 번창하면 고마워 어쩔 줄 모르고, 우리가 언제까지나 그들의 번영을 지켜나가야 한다는 헛소리를 늘어놓고 있습니다.

아, 우리의 신들이여, 우리는 당신들이 저들의 소망을 절대로 받아들이지 않기를 빌고 있습니다. 가능하다면, 이들에게마저 좀 더 올바르고 건실한 깨달음과 감정을 불어넣어 주십시오! 그러나 만약 절대로 고칠 수 없다면, 스스로 멸망하도록 이끌어 주십시오. 땅과 바다에서 그들을 남김없이 쓸어가십시오. 그리고 지금 우리를 덮고 있는 이 공포에서 하루빨리 남아 있는 우리를 벗어나게 해주시고, 우리가 영원한 해방의 자유를 누리게 하소서!

한니발
Hannibal
(기원전 247~183)

카르타고의 정치가이자 위대한 장군인 한니발은 아버지 하밀카르 바르카스를 따라 어렸을 때 히스파니아로 건너갔으며, 이곳에서 로마에 대한 복수심을 키웠다. 최고사령관이 된 그는 기원전 218년에 대군을 거느리고 로마로 진격했다(제2차 포에니 전쟁). 이때 한니발은 배를 타고 지중해를 건너지 않고, 누구도 예상하지 못했던 알프스 산맥을 넘었다. 하얀 눈과 얼음으로 뒤덮인 알프스 산맥의 살을 에는 추위는 따뜻한 기후에서만 지내왔던 카르타고군에게는 모진 시련이었다. 동요하는 병사들 앞에 선 한니발은 피를 토하는 연설로 그들의 용기를 북돋아 주었다

장병들에게 고하노라

장병 여러분, 여러분은 얼마 전에 다른 군대의 운명을 직접 보면서 어떤 감정을 느꼈을 것입니다. 여러분이 머지않아 자신의 운명을 판가름하는 순간에 그와 똑같은 감정을 그대로 간직할 수 있다면, 우리는 이미 승리를 거둔 것이나 마찬가지입니다. 그 어느 쪽도 단순히 하나의 구경거리에 그치지 않았고, 사실상 여러분이 처한 상황의 어떤 표현이었기 때문입니다. 그리고 운명이 여러분의 포로들보다는 오히려 여러분 자신에게 한층 더 억센 사슬을 감고 보다 절박한 어려움을 내려주었는지도 모릅니다. 오른쪽과 왼쪽으로는 바다가 에워싸고 있으며, 여러분이 도망갈 수 있는 배는 한 척도 없습니다. 여러분 주위에는 로다누스 강보다 더 크고 위험한 파두스 강이 흐르고 있습니다. 생생한 활력에 넘치던 때에도 여러분이 넘기 어려웠던 알프스 산맥이 등뒤에서 여러분을 가로막고 있습니다.

장병 여러분, 여러분이 적군과 처음으로 대결한 이곳에서 싸워 승리를 거두

지 못한다면 여러분은 모두 죽음을 맞이할 수밖에 없을 것입니다. 그리고 승리를 거둔다면 전투를 했던 바로 그 운명이, 불멸의 신들에게서마저 얻기 힘든 커다란 보상을 해줄 것입니다. 우리가 용기를 내서 아버지 세대가 빼앗겼던 시킬리아와 사르디니아를 되찾기만 한다면, 그 보상은 충분하다고 하겠습니다. 수많은 승리를 통해 손에 넣고 쌓아올린 로마인들의 모든 것은 그 주인들과 함께 여러분의 소유가 될 것입니다. 그러므로 이처럼 풍요로운 보상을 얻기 위하여, 신의 보살핌을 받으며 서둘러 무기를 잡아야 합니다.

여러분은 루시타니아와 켈티베리아의 황량한 산악지대에서 가축을 쫓으며 오랫동안 수많은 고생과 위험을 겪었지만, 이렇다 할 보수를 받지 못했습니다. 여러분은 그토록 많은 산과 강을 지나고 무력으로 맞서는 그 수많은 국가들을 가로질러 오랜 여행을 마치고, 이제 풍요롭고 유익한 전투를 펼쳐 여러분이 치른 노고에 위대한 보상을 치를 때가 왔습니다. 여기서 운명은 여러분의 고생을 끝낼 수 있는 기회를 주었습니다. 운명의 여신은 여러분이 바친 봉사에 걸맞은 대가를 내리실 것입니다. 비록 이 전쟁에서 대결할 상대 국가의 명성이 높다 하더라도, 그에 비례하여 승리가 어려우리라고 생각할 이유가 없습니다. 경멸하던 적군은 흔히 포악한 항전을 해왔지만, 이름난 국가와 군주들은 아주 사소한 노력 앞에서도 무릎을 꿇었습니다.

로마라는 화려한 이름만 제쳐놓는다면, 여러분과 견줄 만한 게 뭐가 남겠습니까? 그처럼 뛰어난 용맹과 승전에 빛나는 봉사의 20년을 침묵으로 보낸 뒤 여러분은 헤라클레스의 기둥에서, 대양과 이 세계의 가장 구석진 변경을 떠나 갈리아와 히스파니아의 가장 난폭한 족속과 국가들을 수없이 무찔러 이곳까지 진격해 왔습니다. 여러분이 싸워야 할 군대는 바로 올 여름 갈리아 족속들에 포위되어 두들겨맞고 정복되었을 뿐만 아니라, 지휘해야 할 장군과 지휘를 받을 사병들이 서로 알지 못하는, 서툴기 이를 데 없는 무리들입니다. 나는 누구입니까? 가장 눈부신 지휘관이던 아버지의 천막에서 태어나다시피 하고, 그 안에서 자랐으며, 스스로 히스파니아와 갈리아를 복속시키고 알프스의 여러 나라, 나아가서는 알프스 산맥 그 자체를 정복했습니다. 그런 나와 자기 부대를 버리고 달아난 지 6개월밖에 되지 않는 이 장군을 비교해 볼까요? 만약 군기(軍旗)를 빼앗아 버리고 지금 카르타고군과 로마군을 그에게 보여준다면, 자기가 집정관이었던 군대가 어느 쪽인지도 가려내지 못할 것이 분명한 인물이 바로 이 장군입니다.

장병 여러분, 나의 눈앞에서 여러 차례 전공을 세우지 않은 사람은 여러분 가운데 단 한 사람도 없습니다. 나는 이 사실이 결코 작은 일이라고 생각지 않습니다. 그 장병과 마찬가지로 그의 용맹을 직접 보았던 나로서는 시간과 장소를 가려내어 그의 용감한 행적을 일일이 열거할 수가 없습니다. 나는 사령관이 되기 이전에 여러분과 같은 생도였습니다. 나의 칭찬과 선물을 수천 번이나 받은 장병들과 더불어 나는, 스스로를 알지 못하는 무지한 군대를 향해 전투대형을 갖추어 진격해 나갈 것입니다.

어느 쪽으로 눈길을 돌려도 용기와 활력이 넘치는 장병들이 눈에 들어올 따름입니다. 노련한 보병이 있습니다. 가장 용맹스러운 민족들로 구성된 기병들은 고삐 있는 말과 없는 말을 탈 수 있는 장병들로 짜여 있습니다. 그리고 여러분, 우리의 가장 믿음직하고 용감한 동맹군 카르타고 부대 장병 여러분, 여러분은 가장 정의로운 원한을 품고 조국을 위해 싸우게 될 것입니다. 우리는 이 싸움터에서 공세를 취하고 있으며, 적의에 가득 찬 군기를 나부끼며 이탈리아로 쳐내려왔습니다. 공격군의 자신과 용기는 방어군의 그것보다 훨씬 큰 법, 우리는 적군보다 더욱 대담하고 씩씩하게 전투에 임할 것입니다. 그뿐만 아니라 고통과 부상과 모욕은 우리의 사기에 불을 질러 이글거리게 할 것입니다. 적군은 처음에 여러분의 지휘관인 나를, 그다음에 사군툼을 포위 공격한 여러분을 처벌하라 요구했습니다. 만약 우리가 중도에 포기하고 말았다면, 그들은 혹독한 고문으로 우리를 괴롭혔을 것입니다.

가장 잔인하고 오만한 국가는 모든 것을 그들의 소유라고 생각하여 제멋대로 처분하려 들며, 우리가 누구와 전쟁을 벌이고 평화를 유지해야 하는지를 규제할 권리가 있다고 생각하고 있습니다. 그들은 우리가 넘지 말아야 할 산과 강을 경계선으로 삼아 우리를 가두어 두지만, 막상 그들은 그 경계선을 존중하지 않습니다. 이베리아 산맥을 넘지 말고, 사군툼인들과 교류하지 말라고 합니다. 사군툼은 이베리아 산맥에 있으니까, 여러분은 단 한 걸음도 움직이지 말라는 뜻입니다. 내가 가장 먼저 점령했던 속주 시킬리아와 사르디니아를 빼앗겠다니, 이게 작은 일입니까? 히스파니아마저 빼앗아간다면, 어떻게 하겠습니까? 거기서도 다시 물러나 아프리카로 건너갈 작정입니까?

건너가겠느냐고 내가 물었던가요? 그들은 이미 올해의 집정관 2명 가운데 하나는 아프리카로, 다른 하나는 히스파니아로 보냈습니다. 우리가 스스로 무기를 들고 확보하지 않는 한 어느 땅도 우리에게 남아 있지 않을 것입니다. 무엇인가 되돌아볼 거리가 있는 사람들은 비열한 겁쟁이가 될지도 모릅니다. 그들은 안전한 길을 따라 거침없이 달아나 고향과 고국으로 돌아갈 수 있을 것입니다. 그러나 여러분은 용감해야 할 이유가 있습니다. 승리와 죽음을 제외한 모든 것은 필연적으로 절망을 불러들이므로 정복을 하느냐, 아니면 달아나기보다는 차라리 싸움터에서 운명이 다하여 죽음을 맞이하느냐 하는 길이 남아 있을 뿐입니다. 이 모두를 여러분이 마음속으로 굳게 다짐한다면, 다시 한 번 말하건대 여러분은 이미 정복에 성공한 것이나 다름없습니다. 불멸의 신들이 그보다 더 강력한 승리에 대한 동기를 인간에게 부여한 적은 일찍이 없기 때문입니다.

(대)카토
Marcus Porcius Cato(the Elder)
(기원전 234~149)

마르쿠스 포르키우스 카토는 흔히 감찰관(Censorius) 카토로 불리며, 그의 손자인 소(小)카토와 구분하기 위해 대(大)카토라고도 한다. 그는 로마가 헬라스화하는 것에 반대했고, 중소농민을 보호하고 반(反)카르타고 정책을 펼 것을 주장했으며, 라틴 산문문학을 일구는 데 기여했다(《농업론》과 《기원론(起原論)》등). 로마와 카르타고가 지중해 패권을 놓고 다투던 시절에 그는 늘 "카르타고는 멸망해야 합니다!" 말했으며, 카르타고나 포에니 전쟁과는 별 상관없는 연설을 할 때도 끝에 이 말을 덧붙였다고 한다. 범법자들을 고발하고 심판하는 일에 관심이 많았던 그는 많은 연설을 했는데, 여기서는 여성 탄압 법안을 지지하는 연설 일부를 실었다.

오피우스법을 지지하노라

로마인 여러분, 우리 모두가 자기 아내에 대한 남편의 특권과 권위를 지키는 것을 원칙으로 삼았다면, 이 나라에서는 남녀를 가리지 않고 문제가 훨씬 줄어들었을 것입니다. 그러나 지금 가정에서는 여성들의 명령 불복종으로 시들어 버린 우리의 특권이 이곳 포룸에서마저 경멸을 당하고 발아래 짓밟히고 있습니다. 우리가 그들 하나하나를 이길 수 없는 까닭에 이제는 그들의 집단적인 힘을 두려워하고 있습니다. 나는 예전에는 어느 섬에서 여성들의 음모로 남성들이 완전히 사라졌다는 이야기를 터무니없게 꾸며냈다고 생각했었습니다.

그러나 비밀결사를 만들어 음모를 꾀한다면, 남녀 어느 쪽을 가리지 않고 다 같이 아주 위험한 사태에 처할 수도 있습니다. 사실 나로서는 그 행위 자체와 그것이 남길 선례 가운데 어느 것이 더 파멸적인 성향을 지니고 있느냐를 마음속으로 결정하기 어렵습니다. 이 가운데 뒤쪽이 우리 집정관들과 그 밖의 재판관들에게 특별히 관련이 있으며, 앞쪽은 여러분 시민들과 깊은 관계가 있습니다. 왜냐하면 여러분에게 검토하라고 내놓은 이 조치가 국가에 이익이 되느냐 않느냐를, 표결권을 가지고 있는 여러분이 결정해야 하기 때문입니다.

이 여성들의 괘씸한 행위가 그들이 스스로 저지른 짓이든, 마르쿠스 푼다니우스와 루키우스 발레리우스 그대들이 부추긴 것이든 간에 재판관들에게도 그 책임이 있음은 의심할 여지가 없습니다. 나는 이 행위가 여러분 호민관들과 집정관들 가운데 어느 쪽에게 더 수치스러운 일인지 모르겠습니다. 만일 그대들이 호민관 반란을 일으킬 목적으로 여성들을 이곳으로 데려왔다면, 분명히 그대들의 책임이 클 것입니다. 그와는 달리 지난날 평민들이 그랬던 바와 마찬가지로, 여성들이 이탈하여 우리가 법률을 적용할 수밖에 없었다면, 우리에게 더 큰 책임이 돌아오게 되는 것입니다. 방금 내가 한 무리의 여성들을 뚫고 이 포룸으로 올 때, 가슴 아픈 수치감이 북받쳐 오르는 것을 억누를 수 없었습니다.

그 자리에 있던 모든 여성이 아니라 그 가운데 몇 사람의 예절과 품위를 존중하고, 집정관에게 그들이 질책당하는 모습을 보고 싶지 않아 참지 않았다면, 나는 이렇게 호통치지 않을 수 없었을 겁니다. "밖으로 뛰어나와 거리를 에워싸고, 다른 남편들에게 말을 걸다니 이게 무슨 짓이오? 각자가 집에서 자기 남편에게 똑같은 요구를 할 수는 없었다는 말인가요? 은밀한 곳보다는 공개된 장소에서, 자신의 남편보다는 다른 여인의 남편에게서 여러분의 알랑거림은 매혹적으로 보인다는 뜻인가요? 여성들이 스스로 권리의 한계 안에서 예절을 지킨다 하더라도, 이곳 원로원에서 통과시키거나 폐기해야 할 어떤 법률에 관여하는 것은 그것이 집에서일망정, 여러분에게는 합당치 않은 일입니다." 우리 선조들은 여성들이 감독자 없이는, 설령 개인적인 사업이라 하더라도 해서는 안 되며, 언제나 부모, 형제나 남편의 지배를 받아야 한다고 생각했습니다. 지금 우리는 그들이 나랏일에 간섭하고, 로마의 포룸, 일반 집회와 선거집회에 뛰어드는 것을 감수해야 하는 처지에 있는 듯합니다. 이 순간 그들은 여러분의 큰길과 골목에서 무엇을 하고 있습니까? 호민관들의 동의안(同意案)을 지지하는 여성이 있는가 하면, 법률 폐기를 요구하며 다투고 있는 여성들이 있지 않습니까?

여러분은 갈피를 잡지 못하는 그들의 천성에 고삐를 맡긴 다음, 여러분의 개

입 없이도 그들이 자신의 방종에 어떤 한계를 스스로 그으리라고 생각하십니까? 이것은 관례나 법률로 그들에게 내려진 최소한의 금지 명령이지만, 여성들은 그걸 참지 못해 안달하고 있습니다. 그들은 완전한 자유를 갈구하고 있습니다. 아니, 사실을 말하자면 자유가 아니라, 어느 구석에도 제약이 없는 무한정의 방종을 요구하고 있는 것입니다. 지금 그녀들이 승리를 거둔다면, 앞으로 무슨 짓을 못하겠습니까? 우리 조상들이 그들의 부도덕한 행위를 억누르고 그들을 남편에게 종속시키기 위해 만들었던 여성 관계의 모든 제도와 관습을 되돌아보십시오. 심지어 이 모든 규제들의 도움을 받고 있음에도 그들을 어떤 틀 안에 가두어 두기란 거의 불가능합니다. 그럼에도 여러분이 여성들로 하여금 이들을 하나하나씩 벗어던지고, 모조리 갈가리 찢어버리며, 마침내 여러분과 같은 발판 위에 올라서도록 내버려 둔다면, 그보다 더한 일을 여러분은 참고 견딜 수 있겠습니까? 일단 그들이 여러분과 동등한 위치에 오르도록 내버려 둔다면, 그 순간부터 그들은 여러분의 상전이 되고 말 것입니다.

그러나 사실 그들은 현재 심의하고 있는, 그들에게 불리한 새로운 법안에 반대하고 있을 뿐입니다. 그들은 심판이 아니라 그 준엄한 처벌을 헐뜯고 있는 것입니다. 여러분이 그 가치를 인정하고, 참정권을 통해 자리를 잡았으며, 오랜 세월의 활용 및 경험에 의해 그 가치가 확인되고 있는 법률을 지금에 와서 폐기하기를 바라고 있는 겁니다. 그런데 어느 법률을 없애게 되면, 나머지 법률 모두의 힘이 약해지고 맙니다. 어느 법률도 공동체 구성원 모두의 요구를 빈틈없이 채워주지는 못합니다. 전체적으로 보아 그 법률이 절대다수의 국민에게 이익이 되느냐를 검토하는 데 그쳐야 합니다. 만약 한 사람의 비위에 거슬린다고 해서 어떤 법률을 취소하고 무효화시킨다면, 더구나 특별히 그 적용 대상이 되어야 할 사람들이 금방 그 법률을 폐기할 수 있다면 어느 사회나 국가가 법률을 제정하여 공포할 필요가 있겠습니까? 하지만 여기서, 결혼한 여인들이 이처럼 볼썽사나운 모습으로 거리로 뛰어나와 이 포럼과 민회로 밀고 들어오려고 서두르는 중대한 문제가 무엇인지를 따져보기로 합시다.

한니발의 포로가 되어 있는 부모, 남편, 자녀와 형제의 몸값을 갚아달라 청원하고 있습니까?

결코 그렇지 않습니다. 이 로마 공화국은 그처럼 불행한 상황과는 거리가 멉니다. 그런데 사태가 진짜 그러했을 때에는 여러분이 그들의 의무였다고 할 요청을 받아들이지 않았습니다. 그러나 이제 문제는 그들의 친구를 위한 의무나 청원이 아닙니다. 그들을 이곳으로 모여들게 한 것은 종교입니다. 그들은 프리기아의 페시누스에 기원을 두고 있는 이다의 어머니신(神)을 받아들이려 하고 있습니다.

이런 여신을 되살리는 동기가 도대체 무엇입니까? 그 대답을 들어봅시다.

우리가 황금 패물을 차고, 자줏빛 화려한 옷을 마음대로 입고 번쩍거릴 수 있다는 것입니다. 여러분의 참정권을 빼앗고, 법률을 짓밟아 없애고 나서 축제날과 평상시를 가리지 않고 호화로운 수레를 타고 시내를 돌아다닐 수 있으며, 우리의 소비와 사치에는 한계를 두지 않는다는 것입니다.

여러분은 내가 여성들의 지나치게 헤픈 씀씀이에 대해서 자주 불만을 털어놓는 것을 들어왔습니다. 사적인 신분을 가진 남자들만이 아니라 재판관들에 대해서도 자주 불만을 토로해 왔습니다. 두 가지 반대되는 악폐, 사치와 탐욕이 국가를 위태롭게 하고 있으며, 이 흉악한 질병이 위대한 국가를 멸망시키는 원인이 되었다는 말을 끊임없이 해오고 있습니다. 우리 공화국의 처지가 날마다 번창하고 행복해짐에 따라 나는 이런 사태를 더욱 두려워하고 있습니다. 우리 제국의 영역이 확대되고, 우리의 욕정에 불을 당기는 온갖 유혹이 가득 차 있는 헬라스와 아시아로 넘어 들어가며, 왕궁의 보물마저 손에 넣기 시작함에 따라, 그들이 우리의 볼모가 되기보다는 이런 상황들 때문에 우리가 오히려 그들의 볼모가 되지 않을까 걱정하고 있습니다.

내 말을 믿으십시오. 시라쿠사의 조각품들이 로마로 들어와서는 파괴적인 영향을 끼치게 되었습니다. 아테나이와 코린토스의 장식을 우러러보고 칭송하며, 로마 신전 앞에 서 있는 우리 신들의 토상(土像)을 비웃는 말을 벌써부터 너무 많이 들었습니다. 나로서는 이들이 상서롭기도 하여 이런 신들을 더 좋아하고 있으며, 그들의 대저택 앞에 그대로 남아 있기를 바라 마지않습니다.

우리 선대들이 생생히 기억하고 있는 바와 마찬가지로, 피루스는 그의 사절 키네아스를 통하여 선물을 내놓아 우리 남성들만이 아니라 여성들의 기질을 시험했습니다. 그 무렵에는 여성의 사치를 억제하기 위한 오피우스법이 제정되지 않았었습니다. 그렇지만 어떤 여성도 선물을 받지 않았습니다. 여러분은 그 이유가 무엇이라고 생각합니까? 우리 선조들이 이 문제를 다룰 법률 조항을 만들 필요가 없었던 것은 억제할 사치 풍조가 없었기 때문이었습니다.

질병이 있어야만 치료법을 개발하는 것과 마찬가지로, 강력한 욕망이 일어야만, 그것을 규제할 법률이 제정되는 것입니다. 사유지를 넓히려는 끝없는 욕망이 없었다면, 사유지를 500유게룸으로 한정하는 리키니우스법이 제정되었겠습니까? 평민들이 원로원의 가신(家臣)과 종복이 되지 않았다면, 공물(貢物)과 뇌물에 대한 킨나법이 만들어질 이유가 있었겠습니까? 그러므로 받아달라고 그들 앞에 황금과 자줏빛 비단을 내던져도 거절하던 시절에, 여성의 지출을 한정하는 오피우스법이나 그 밖의 다른 법률의 필요를 느끼지 않았던 것은 조금도 놀라운 일이 아닙니다. 만일 키네아스가 지금 선물을 들고 이 도시를 돌아다닌다면, 한길에서 그걸 받으려고 서 있는 여성들을 수없이 보게 될 것입니다.

거기에는 도저히 설명할 길이 없는 원인이나 동기가 있는 욕정들이 있게 마련입니다. 남들이 실컷 누리고 있는 자유를 누리지 못하는 사람들은 어느 정도 부끄러움이나 분노를 느끼는 것이 당연할는지도 모르겠습니다. 그러나 옷차림이 모두 같다면, 외모가 좀 떨어진다고 누가 부끄러워할 까닭이 있습니까? 온갖 부끄러움 가운데서도 마땅히 검소나 가난을 부끄러워하는 것이 가장 나쁩니다. 하지만 이 두 가지 때문에 법률의 제재를 받지는 않습니다. 여러분은 불법적인 것만을 바라고 있습니다.

이런 평등화를 도저히 참을 수 없다고 부유한 마님이 말하고 있습니다. 황금과 자줏빛 비단으로 자신이 남과는 다르게 차리지 못할 이유가 무엇이냐고 다그칩니다. 이런 법률의 덮개 아래 다른 사람들의 가난을 왜 감추어 두느냐, 그러니까 가난한 자들이 지금은 살 수 없는 것을 법률이 허용하기만 하면 손에 넣을 수 있다고 착각을 하지 않느냐고 따집니다. 로마 시민 여러분, 여러분은 아내들이 이따위 따라하기 열풍에 휩쓸리기를 바라고 있습니까? 부자들은 남들이 가질 수 없는 것을 손에 넣으려 기를 쓰고, 가난한 이들은 경멸을 당하지 않으려고 분수에 넘치는 돈을 써야 하는 사태를 빚어야 하겠느냐는 말입니다. 어느 여성이 일단 부끄러워하지 말아야 할 것을 부끄러워하기 시작하면, 마땅히 부끄러워해야 할 일을 부끄러워하지 않게 된다는 것만은 명심하기 바랍니다. 자기 주머니에 돈이 있는 여성은 제 돈으로 사들일 것이고, 그럴 능력이 없는 여성은 남편에게 요구할 것입니다.

그런 요구에 응하든 응하지 않든, 그 지경에 빠진 남편들은 불행합니다. 그가 스스로 줄 수 없는 것을 다른 남편들이 줄 것이기 때문입니다. 이쯤 되면 그녀들은 다른 여성의 남편에게 공공연히 호감을 사려고 달려들게 됩니다. 나아가서는 법률을 제정하고 투표를 해달라고 간청하기에 이릅니다. 어떤 사람들로부터는 그 목적을 달성하게 됩니다. 그러나 여러분, 여러분의 재산이나 자녀들을 생각해 볼 때, 여러분이 거기서 무얼 얻기는 어렵습니다. 법률이 아내의 지출을 제한하지 못하면, 여러분은 결코 그들을 막을 수 없을 것입니다. 나중에도 이 문제가 법률 제정 이전과 똑같은 상태로 머물러 있으리라 생각해서는 안 됩니다. 악한 사람은 무죄판결을 받기보다는 아예 기소를 당하지 않는 편이 더 안전합니다. 그리고 사치는 요즘처럼 사슬에 묶였다가 풀려나 야수와도 같이 날뛰기보다는 과거처럼 아예 손을 대지 않았을 때가 훨씬 견디기 쉽습니다. 오피우스법은 어떤 이유로도 폐기하지 말아야 한다는 것이 나의 의견입니다. 여러분이 어떤 결정을 내리든, 모든 신이 기꺼이 받아들일 수 있기를 간절히 바랍니다.

카틸리나
Lucius Sergius Catilina
(기원전 108~62)

로마 공화정 끝무렵 정치가인 카틸리나는 선대가 집정관을 지낸 유서 깊은 귀족 가문 출신이지만, 카틸리나 때에 이르러 경제적 정치적으로 가세가 크게 기울었다. 동맹시 전쟁에 참전했으며, 술라 내전 때 술라 아래에서 활약했다. 기원전 68년 법무관이 되었고, 그 뒤 2년 동안 아프리카 총독을 지냈다. 그는 기원전 65년, 64년, 63년 모두 세 번에 걸쳐 집정관에 입후보했으나 번번이 떨어졌다. 많은 돈을 선거에 썼던 그는 엄청난 빚을 지게 되었다. 그리하여 그는 부채 탕감을 바랐던 많은 지지자들을 모아 공화정을 뒤엎을 음모를 꾸몄다. 다음 글은 카틸리나가 자기 집에서 전체회의를 열고 동지들에게 한 연설이다.

거사의 동지들이여

여러분의 용기와 충절이 나를 통해서 입증되지 않았다면, 이 절호의 기회도 아무 소용이 없었을 것입니다. 우리 손아귀에 들어온 웅대한 희망과 절대 권력을 헛되이 하지 않으려면, 내가 확고한 것보다는 만일의 사태를 노리고서 우물쭈물 변덕이나 부려서는 안 될 것입니다. 중대한 고비마다 이미 여러 번 여러분의 대담성과 나에 대한 애착을 경험했기 때문에, 나는 가장 중요하고 영광된 사업에 감히 참여하게 되었습니다. 여러분에게 영향을 주는 이익이나 해악이, 나에게도 똑같은 영향을 준다는 사실을 나 또한 잘 알고 있습니다. 그리고 바라는 대상과 혐오하는 대상이 동일하다는 것은 우정의 유대를 확고히 다지는 바탕이 되고도 있습니다.

내가 지금까지 그려온 구상은 여러분이 이미 개별적으로 들은 바 있습니다. 우리가 요구한 자유를 우리 스스로가 확보하지 않는 한 앞으로 우리의 생활 조건이 어떠하리라는 걸 생각할 때, 행동으로 보여줘야겠다는 나의 정열은 나날이 더욱 뜨거워지고 있습니다. 정권이 소수의 지배와 통제를 받게 된 뒤로, 왕과 제후들은 계속해서 봉신(封臣)으로 전락해 왔습니다. 여러 민족과 국가들이 그들에게 세금을 바치고 있습니다. 그러나 그들은 자신들을 뺀 나머지 우리 모두를, 귀족이건 평민이건 가리지 않고 아무리 용감하고 훌륭하더라도, 관심도 권위도 없는 단순한 폭도로 보았으며, 국가가 건전한 상태에 있다면 우리가 공포의 대상이 될 인간들에게 우리는 예속되어 왔습니다. 그러므로 모든 영향력, 권세, 명예와 경제력이 그들의 손아귀에 들어 있고, 그들은 어디서나 마음대로 그것들을 처분하고 있습니다. 최고의 용맹을 자랑하는 여러분, 여러분은 언제까지 그런 굴욕을 참고 견딜 작정입니까? 오만불손한 인간들의 놀림감이 되고 비참한 천덕꾸러기로 수치스러운 생활을 하기보다는 영광된 거사에 참가하여 죽는 편이 낫지 않겠습니까?

그러나 성공(나는 여러 신들과 인간을 그 증인으로 삼겠습니다!)은 이미 우리 손에 들어와 있습니다. 우리는 인생의 전성기에 있고, 우리의 패기는 조금도 금이 가지 않았습니다. 그와는 달리 우리를 탄압하는 자들은 나이와 부(富)에 찌들어 모두 노쇠한 기미가 뚜렷합니다. 따라서 우리가 일을 시작하기만 하면, 그 뒤의 사태는 저절로 풀려나갈 것입니다.

이 세상에서 사나이의 감정을 지닌 그 누가 이처럼 참담한 현실을 견딜 수 있겠습니까? 그들은 재산이 넘쳐 바다 위에 집을 짓고 산을 허물어 평지를 만드는 데 다 써버리고 있으나, 우리는 목숨을 부지할 생활필수품조차 모자란 형편입니다. 그들은 집을 두 채만이 아니라 얼마든지 합쳐서 살아가는데, 우리는 우리의 것이라고 할 만한 화덕 하나 없습니다. 그들은 그림과 조각과 예술적인 금은 그릇들을 사들이고, 멀쩡한 새 집을 헐고 다시 지으며, 온갖 방법으로 재산을 물 쓰듯 하지만, 아무리 변덕을 부리고 애를 써도 그 재산은 바닥이 나지 않습니다. 그런데도 우리 집안에는 가난이 찌들고, 밖으로는 빚더미입니다. 우리는 지금의 처지가 좋지 않을 뿐만 아니라, 전망은 더욱 암담하기만 합니다. 거기에다 한마디로 우리가 남긴 것이 무엇입니까? 가난에 찌든 생활뿐입니다.

사정이 이런데도 여러분은 일어나 행동에 나서지 않겠습니까? 보십시오, 여러분이 그토록 갈망하던 저 자유, 저 자유가 부와 명예와 영광과 더불어 여러분의 눈앞에 놓여 있습니다. 운명의 여신이 이 모든 상품을 승리자에게 내놓았습니다. 그러므로 내 말보다는 이 거사 자체가, 이 기회가, 여러분의 재산이,

여러분의 위험과 전쟁의 영광된 전리품이 여러분에게 활력을 불어넣도록 합시다. 나를 여러분의 지도자 또는 전우(戰友)로 이용하십시오. 내 가슴과 내 손을 여러분에게 맡기겠습니다. 나의 기대가 나를 속이지 않고, 여러분이 주인보다는 노예가 되기를 바라지 않는 한, 나는 여러분과 힘을 모아 집정관 자리에서 이 목표를 이룰 수 있기를 희망합니다.

카틸리나는 그에게 패배와 죽음을 안겨준 전투 직전에 장병들을 모아놓고 연설을 했다. 아래 글은 그 연설을 옮긴 것이다.

장병들에게 고하노라

장병 여러분, 나는 말만으로는 용기를 북돋울 수 없으며, 지휘관의 연설만으로는 무기력한 군대나 겁쟁이 군대에 싸우고자 하는 의욕을 불어넣을 수 없다는 사실을 잘 알고 있습니다. 천성이나 습관에 의해 한 사람의 가슴속에 도사리고 있는 바로 그 용기가 싸움터에서 그 사람을 통해 나타나는 것입니다. 영광이나 위험이 움직일 수 없는 인간에게는 아무리 훈계를 하더라도 헛될 뿐입니다. 왜냐하면 그의 가슴속에 있는 공포심이 그의 귀를 막기 때문입니다.

그러나 나는 여러분에게 몇 가지 지시를 내리고, 동시에 내가 이런 노선을 선택한 이유를 설명하고자 여러분을 한자리에 모았습니다. 장병 여러분, 렌툴루스가 비겁하게 행동을 취하지 않아 자신과 우리에게 가져온 가혹한 형벌이 얼마나 컸던가를 모두가 잘 알고 있을 겁니다. 그리고 로마시에서 보충 병력이 오기를 기다리며 내가 갈리아 지방으로 나아갈 수 없었던 사정도 알고 있을 것입니다. 우리의 거사가 지금 어떤 상황에 놓여 있는가를 나에 못지않게 여러분 모두가 잘 알고 있습니다. 로마 쪽에 하나, 그리고 갈리아 지방에 하나씩, 2개의 적군 부대가 우리의 전진을 가로막고 있습니다. 식량과 그 밖의 필수품이 부족하다면, 우리가 아무리 바라더라도 지금 위치를 지킬 수 없습니다. 우리가 어디로 가든, 우리는 우리의 칼로 길을 열어야 합니다. 따라서 나는 여러분이 담대하고도 결연한 의기를 가다듬어야 한다고 강조합니다. 그리고 싸움터로 나아갈 때에는 여러분의 오른손에 재산과 명예와 영광과 더불어 여러분의 자유와 조국의 발전이 달려 있음을 잊지 말아야 합니다. 우리가 승리를 거두면 모든 일이 안전할 것입니다. 우리에게는 넉넉한 먹을거리가 들어오게 되고, 식민지와 자유도시들은 우리 앞에 그들의 성문을 열게 될 것입니다. 하지만 용기가 모자라 우리가 승리를 놓친다면, 그들은 우리에게 등을 돌리고 말 것입니다. 자신의 무기로 스스로를 보호하지 못하는 사람은 어느 장소도, 어떤 친구도 보호해 주지 않을 것이기 때문입니다. 장병 여러분, 더구나 우리를 압박하고 있는 긴급사태가 우리의 적수들에게는 아무런 압력이 되지 않고 있습니다. 우리는 조국을, 우리의 자유를, 그리고 우리의 생명을 위해 싸우고 있습니다. 한편 적군은 그들과는 거의 상관이 없는 무엇, 소수 집단의 권력을 위해 싸움터에 나서고 있습니다. 그러므로 우리는 지난날 이룩한 자랑스러운 전공(戰功)을 마음에 새겨, 더 큰 확신을 가지고 적군을 공격합시다.

우리가 지나칠 정도로 치욕스러움을 감수했다면, 남은 삶을 망명지에서 보낼 수도 있었습니다. 여러분 가운데 몇몇은 재산을 잃은 뒤에 다른 사람의 도움을 기다리며 로마에 눌러 있을 수도 있었습니다. 그러나 그런 생활은 기백 있는 인간에게는 혐오스러워 견딜 수 없는 것이기에, 여러분은 현재의 행동 노선을 따르기로 뜻을 모았습니다. 그런 굴욕적인 생활을 끝내려면, 여러분은 있는 힘을 다하여 그 결의를 실천에 옮겨야 할 것입니다. 오로지 정복자들만이 전쟁을 평화로 바꾸어 왔기 때문입니다. 여러분이 자신을 지키던 무기를 거두어 적군에게 등을 돌리고 달아나면서 안전하기를 기대한다는 것은 미친 짓이나 다름없습니다. 싸움터에서는 가장 두려워하는 자가 가장 큰 위험에 처하게 됩니다. 하지만 용기는 방벽과도 같습니다.

장병 여러분, 내가 여러분을 생각하고 지난 전공을 되새길 때 승리의 힘찬 희망이 마음속에 꿈틀거립니다. 여러분의 패기와 나이와 용기가 나에게 더할 수 없는 자신감을 주고 있습니다. 비겁한 자들마저 용사로 바꿔놓는 가난함에 대해서는 말하지 않기로 합시다. 우리의 상황은 한정되어 있지만, 많은 적군이 우리를 포위하지 못하게 예방하기에는 충분합니다. 그러나 운명의 여신이 여러분의 용맹에 부당한 판정을 내린다면, 복수도 하기 전에 자신의 목숨을 잃지 않도록 조심하시오. 가축처럼 잡혀 도살당하지 말고, 사나이답게 싸워 적군에게 애통하고도 피비린내 나는 승리를 안겨줍시다.

키케로
Marcus Tullius Cicero
(기원전 106~43)

정치가, 웅변가, 철학자, 저술가로서 뛰어난 능력을 보여주었던 키케로는 집정관으로 있을 때 카틸리나의 음모를 폭로했으며, 나라를 구한 공로를 인정받아 국부(國父)라는 칭호를 얻었다. 그의 문체는 라틴어의 본보기로 일컬어진다(《국가론》, 《법률론》, 《의무론》 등). 키케로는 원로원 회의에서 '카틸리나를 반박하며'라는 긴 연설(제1차 연설)로 카틸리나를 탄핵했다. 이에 카틸리나는 특별한 반론도 하지 않고 에트루리아로 도망쳤으며, 키케로는 시민들에게 그를 반박하는 제2차 연설을 했다. 그 가운데 첫 번째 연설을 여기에 옮겨 실었다.

카틸리나를 반박하며

오, 카틸리나! 언제쯤에야 그대는 우리의 인내력을 악용하는 이 못된 짓을 그만둘 작정이오? 이 뒤에도 얼마나 오랫동안 그대의 광기로 우리를 모욕하겠소? 지금과 같이 거들먹거리는 그대의 고삐 풀린 뻔뻔함이 언제 끝이 나겠소? 팔라티움 언덕에 배치한 강력한 수비대, 로마시 전역에 깔려 있는 파수병들, 시민들의 경계와 선량한 사람들의 단결된 힘, 가장 튼튼하게 방비를 갖춘 이곳에서 열린 원로원의 예비 조치, 그리고 이 자리에 참석한 이 근엄한 원로원 의원들의 모습과 표정이 그대에게는 아무런 영향도 끼치지 않는단 말이오? 그대의 계획은 이미 탄로가 났다는 걸 느끼지 못하고 있는 거요? 여기 있는 모든 사람이 알고 있는 까닭에 그대의 음모는 이미 제동이 걸리고 무력해졌음을 깨닫지 못하겠소? 지난밤에, 그리고 지지난밤에 그대가 무엇을 했으며, 어디에 있었는지, 그대가 만나려고 불러들인 자가 누구이며, 그대가 어떤 흉계를 꾸몄는지를 우리가 모르고 있다 생각하시오?

이 시대와 이 시대의 행동 규범들이 모두 어디 갔는지 부끄럽구려! 원로원이 이 사정을 알고 있으며, 집정관들이 보고 있지만, 이 사람은 살아 있소. 살아 있다는 말이오! 그렇소. 그는 이 원로원에 들어오기까지 했소. 그는 공개 토론에 참석하고 있소. 그는 우리 하나하나를 살피면서 학살할 인물을 점찍어 지워 나가고 있소. 그런데도 우리는 그의 광기 어린 공격을 피하기만 한다면 공화국에 대한 우리의 의무를 다하고 있노라 생각하고 있는 것이오.

오, 카틸리나여, 그대는 이미 오래전에 집정관의 명령에 따라 처형장으로 끌려갔어야 마땅하오. 그대가 우리를 겨냥하여 오랫동안 모의해 왔던 그 파멸이 당신의 머리 위에 벌써 떨어졌어야 하는 거요.

그 이유는 무엇인가? 가장 명망 있는 최고 제사장 푸블리우스 스키피오가 개인적인 시민의 자격으로 헌법을 조금 훼손하는 행위를 했다는 이유로 티베리우스 그라쿠스를 처형하지 않았소? 그런데 우리 집정관들이 불과 살육으로 온 세상을 파괴하려고 공공연히 기도하고 있는 카틸리나를 용서할 줄로 아시오? 카이우스 세르빌리우스 아할라가 이 나라에서 혁명을 모의하던 스푸리우스 마일리우스를 자기 손으로 베었다든가 하는 좀 오래된 실례들은 그냥 넘기기로 하겠소. 지난날 한때 원한에 사무친 적군보다 더 가혹한 처벌로 못된 짓을 하는 시민들을 억누르던 미덕이 이 공화국에는 있었소. 카틸리나여, 우리 원로원은 그대를 규제하려는 강력하고도 권위 있는 법령, 원로원 결의안을 채택한 바 있소. 우리 공화국의 지혜가 병들지 않았고, 이 원로원의 존엄성도 시들지 않았소. 서슴지 않고 말하거니와 우리, 우리 집정관들만이 우리 임무를 소홀히 하고 있소.

지난날 원로원은 집정관 루키우스 오피미우스가 공화국에 피해를 입히는 일이 없도록 조치하라는 법안을 통과시켰소. 여러 세대에 걸쳐 흠 없는 명성을 누려온 가문 출신의 가이우스 그라쿠스도 목숨을 끊었소. 집정관 서열에 있던 마르쿠스 풀비우스와 그의 모든 자녀들도 목숨을 잃었소. 그런 원로원 법령에 따라 공화국 안전을 집정관 카이우스 마리우스와 루키우스 발레리우스에게 맡겼소. 이 공화국의 복수가, 처형의 명령이 단 하루의 지체도 없이 호민관 루키우스 사투르니누스와 법무관 카이우스 세르빌리우스를 따라잡지 않았소? 그러나 이번 20일 동안 우리는 원로원 권위의 칼날이 무디게 내버려 두어 왔소. 우리는 그와 비슷한 원로원 법령을 가지고 있지만, 양피지에 그냥 담아 두고 자물쇠를 채워두었소. 말하자면 칼집에 넣어둔 것이오. 이 법령에 따르면 카틸리나여, 그대를 지금 당장 사형에 처해야 하오. 그대는 살아 있고, 그것도 그냥 가만히 물러서 있는 것이 아니라 살아서 뻔뻔스러운 행패를 끈질기게 계속하고 있소.

원로원 의원 여러분, 여러분이 자비롭기를 바라고 있소. 하지만 나는 국가의 중대한 위기를 맞아 게을렀다는 인상을 주고 싶지 않소. 따라서 나는 지금 나 자신을 직무 유기와 부작위(不作爲)로 제소하는 바이오. 이탈리아 영토 안, 에트루리아 어귀에는 우리 공화국에 적대적인 진영이 설치되어 있소. 그 적군 숫자는 날마다 늘어나고 있소. 그런데 그 진영의 장군, 적군 지휘관은 성안 아니 바로 이 원로원 안에까지 들어와서 날마다 이 나라에 내부손상을 입히려 일을 꾸미고 있소. 오, 카틸리나여, 지금 당장 그대를 체포하여 사형에 처한다고 하더라도, 내 행동이 잔인했다기보다는 너무 늦었다고 선량한 모든 시민이 다 그칠까 두려워해야 할 판이오. 하지만 오랫동안 이러지를 않았으며, 지금도 당장 이런 조치를 취하지 않는 데에는 그럴 만한 이유가 있소. 그대처럼 사악하고 파렴치한 인간을 단 하나도 찾아내지 못하여 그 조치의 정당성이 입증되어야만 비로소 나는 그대를 사형에 처할 것이오. 단 한 사람이라도 감히 그대를 변호하려는 한 그대는 살아 있을 것이오. 그런데 그대가 살 수 있는 것은, 그대가 로마 공화국을 해치려 손가락 하나 까딱하지 못하도록 내가 신뢰하는 많은 친위대가 에워싸고 있는 지금의 상태에서라야만 할 것이오. 비록 그대는 느끼지 못하더라도, 지금까지 그랬던 바와 마찬가지로 숱한 눈과 귀들이 변함없이 그대를 살피고 지켜볼 것이오.

오, 카틸리나여, 밤이 그 어둠으로 그대의 흉악한 모임을 가릴 수 없고, 집들이 그 벽과 담으로 그대 음모의 목소리를 감싸줄 수 없어 모든 것이 드러나 보이는데, 무엇을 더 기대할 수 있단 말이오? 그대가 마음을 바꾸시오. 나를 믿고, 그대가 꿈꾸고 있는 살육과 방화를 잊어버리시오. 그대는 사방으로 갇혀 있고, 그대의 모든 계획이 우리에게는 낮보다 밝게 보인다는 걸 그대에게 깨우쳐 주겠소. 내가 10월 21일 원로원에서, 어떤 날─10월 27일이라 알고 있었소만─에 그대의 뻔뻔한 추종자요 하수인인 만리우스가 무기를 들고 일어나리라고 했던 말을 그대는 기억하고 있소? 카틸리나여, 그토록 중요하고, 그토록 잔혹하며, 그토록 믿을 수 없는 사실만이 아니라 더욱 놀라운 것은 그 날짜까지도 내가 말한 대로가 아니었던가요? 아울러 나는 원로원에서 그대가 10월

28일에 귀족들을 대량 학살하기로 작정했노라고 말했소. 그날 원로원 주요 인사들이 많이 로마를 떠났소만, 제 목숨을 부지하려고 해서가 아니라 그대의 흉계를 확인하기 위해서였소. 바로 그날 그대는 내가 취한 경계 조치와 내 친위대에게 갇혀 공화국을 해칠 손가락 하나 움직일 수 없었다는 사실을 부인할 수 있겠소? 그대가 나머지 사람들이 달아났더라도 남아 있는 우리를 없애는 것만으로 만족하겠노라 한 것이 언제였소? 사태가 어떠했었소? 그대가 11월 1일 한밤 공격으로 프라이네스테를 차지할 수 있을지를 조사했을 때 그 식민지도 내 명령, 내 수비대, 나의 경계 조치와 배려로 요새화되어 있다는 걸 발견하지 않았소? 내가 당신의 구석구석까지 듣고 보고 있는 한 내가 알지 못하는 당신의 행동, 당신의 계획, 당신의 생각이란 하나도 없다는 걸 명심하시오.

내가 그 전날밤 이야기를 할 테니 들어보시오. 공화국을 무너뜨리려는 그대의 행동보다는 공화국 안전을 지키기 위한 내 움직임이 훨씬 적극적이라는 것을 곧 알게 될 거요. 나는 그대가 그 전날밤(나는 흐리멍덩한 말을 할 생각이 없소) 낫을 파는 거리에 있는 마르쿠스 레카의 집에 갔다는 말을 했소. 똑같이 미치고 악랄한 그대의 공범 가운데 적지 않은 사람들 또한 그곳에 갔지요. 감히 내 말을 부인하겠소? 왜 말이 없소? 그대가 부인한다면, 내가 입증해드리리다. 그대와 함께 그곳에 있었던 몇 사람이 이 원로원 안에 있소.

불멸의 신들이여, 도대체 우리가 어디 있소? 우리가 어느 도시에 살고 있소? 무엇이 우리의 헌법이오? 원로원 의원 여러분, 이곳—바로 이곳 원로원 안에, 전세계에서도 가장 거룩하고 존엄한 이 회의장 안에 나의 죽음을, 그리고 우리 모두의 죽음을, 이 도시와 온 세계를 파멸시키겠다고 일을 꾸미는 사람들이 있소. 집정관인 내가 그들을 보고 있소. 내가 공화국에 대한 그들의 견해를 묻고 있으며, 칼로 베어 죽여야 마땅할 그자들을 아직 말로써도 공격을 하고 있지 않소. 카틸리나여, 그대는 바로 그날 밤 그때 레카의 집에 있었소. 그대는 이탈리아를 여러 토막으로 나누고, 누가 어디로 가야 하는가를 결정했소. 그대는 누가 로마에 남고, 그대와 함께 갈 사람이 누구인가를 가려내었소. 이 도시 가운데 불을 질러야 할 곳을 그대가 지정해 주었소. 그대는 곧장 이 도시를 떠나려 했지만, 내가 살아 있기 때문에 지체할 수 없노라 말했소. 그대는 이 걱정거리를 덜기 위해서 로마 기사 둘을 찾아냈으며, 그들은 바로 그날 밤 동이 트기 전에 잠자리에 있는 나를 죽이겠노라고 약속했소. 나는 이 모두를 그 회의가 끝나기도 전에 알고 있었소. 나는 보다 강력한 친위대로 내 집을 요새와도 같이 튼튼하게 해두었소. 그대가 아침에 나한테 인사를 드리러 보낸 사람들이 왔을 때, 나는 그들을 만나주지 않았소. 뿐만 아니라 나는 그들이 바로 그 시간에 찾아오리라고 로마의 많은 저명인사들에게 미리 알려두었다오.

그러므로 사태가 이러하니만큼, 카틸리나여, 그대가 이미 시작했으니 그대로 일을 계속하시오. 결국 이 도시를 떠나는 거외다. 성문이 활짝 열려 있으니 출발하시오. 그대 하수인인 만리우스의 진영이 그대를 장군으로 맞아들이려 기다리고 있는 시간이 너무 길었소. 그리고 그대의 동조자들을 모두, 또는 가능한 한 많이 데리고 가시오. 이 도시에서 그대의 자취를 깨끗이 씻어내시오. 나와 그대 사이에 담이 쳐진다면, 그대는 나를 이 엄청난 공포에서 풀어주게 될 것이오. 우리 사이에서 그대는 이제 살아남을 자리가 없소—내가 그걸 참지 않고, 내가 그걸 허용하지 않으며, 내가 그걸 용서하지 않을 것이오. 불멸의 신들에게, 그리고 바로 이 유피테르 스타토르에게 큰 감사를 드리는 바이오. 우리는 로마의 가장 역사 깊은 수호신 신전에 있으며, 여기서 지금까지 공화국의 아주 비열하고 무섭고 치명적인 적수를 피할 수 있었던 것이 한두 번이 아니었소. 그러나 공화국의 안전을 한 사람이 손에 쥐고 흔들도록 내버려 두는 일이 너무 잦아서는 안 되겠소. 카틸리나여, 그대가 집정관 당선자인 나를 죽이려는 음모를 꾀하고 있을 때, 나는 국가의 정규 수비대가 아니라 나 자신의 개인적인 노력으로 내 몸을 지켰소. 그 뒤 내가 집정관 자리에 오르고 집정관 회의에서 그대가, 나와 마르티우스 진영에 있는 그대의 경쟁자들까지 죽이려고 했을 때, 나는 공권력을 이용하여 소란을 피우지 않고 내 동지들의 지원과 장비로 그대의 흉악한 기도를 가로막았소. 요컨대 그대가 나를 공격할 때마다 나는 내 힘으로, 나의 파멸이 공화국에 엄청난 재난으로 이어질 수 있다는 것을 알면서도, 나의 힘으로 그대에게 맞섰소. 그런데 지금 그대는 로마 공화국 전체를 거리낌 없이 공격하고 있지 않소?

그대는 불멸의 신들이 머무르고 있는 신전들을, 이 도시의 집들을, 모든 시민의 생명을, 한마디로 이탈리아 전체를 무너뜨리고 폐허로 만들려 하고 있소. 이런 상황에서 내가 맡은 권한과 조상의 규율에 속하는 최선의 조치를 취하기에 앞서, 그 준엄성을 헤아려 한결 자비롭고 국가의 편의를 도모할 방안을 제시하고자 하오. 이를테면 내가 그대에게 사형선고를 내리더라도, 나머지 반역자들은 여전히 공화국 안에 남아 있을 것이오. 그런데 내가 오랫동안 충고해 온 대로 그대가 로마를 떠난다면, 공화국의 가치 없는 쓰레기인 그대의 공범들마저 이 도시를 떠나게 되지 않겠소. 카틸리나여, 무슨 미련이 남아 있소? 그대가 이미 스스로 시작한 일인데, 내가 명령을 한다고 머뭇거릴 이유가 뭐요? 집정관이 한 사람의 적에게 이 도시를 떠나라 명령하고 있소. 그대가 유배를 가야 하느냐고 나에게 묻고 싶소? 나는 그런 명령을 내리지는 않겠소. 하지만 만약 그대가 나에게 상의한다면, 그렇게 하라고 권고하는 바이오.

오, 카틸리나여, 그대가 이 도시에서 즐거움을 누릴 수 있는 무엇이 남아 있다고 생각하시오? 그대들 타락한 반역의 무리를 제외하고는 그대를 두려워하지 않는 이가 이 도시에는 없소—그대를 증오하지 않는 사람은 하나도 없소. 그대의 생애에 찍히지 않은 이 나라의 비열한 낙인이 무엇이라고 생각하오? 그대의 사생활에 오명(汚名)을 불러들였던 치욕적인 상황으로도 모자라는 게 있다는 말이오? 지금까지 그대의 눈이 피했던 방탕한 행위가, 그대의 손이 피했던 잔혹한 행위가, 그대의 온몸이 피했던 부정한 행위가 단 하나라도 있었소? 그대가 타락의 유혹으로 휘감아 들인 젊은이 가운데 파렴치한 범죄의 칼을, 부도덕한 간계의 횃불을 내밀지 않은 사람이 하나라도 있었단 말이오?

생각해 보시오. 얼마 전 그대의 아내가 죽고 집을 비워 새로운 아내를 맞아들일 채비를 했을 때, 그때는 이 간계에 또다시 믿을 수 없는 간계를 보태지 않았소? 그러나 이 도시에서 그처럼 무시무시한 범죄를 저질렀다면 절대로 벌을 받지 않고 그냥 넘어갈 수 없다는 사실을 보여주기 위해서라도 나는 그걸 침묵 속에 묻어버리기로 하겠소. 그대도 알다시피 바로 다음 달 보름날까지 그대의 머리 위에 걸려 있을 파멸의 운명을 들먹이지 않고 넘어가기로 하겠소. 나는 그대의 개인적 타락의 오명이나 가정의 어려움과 천박한 행실이 아니라 공화국의 안녕과 우리 모두의 생명 및 안전에 대한 이야기를 하고자 하는 거요.

카틸리나여, 레피두스와 툴루스가 집정관으로 있던 그해 마지막 날, 그대는 무장을 하고 회의장에 서 있었소. 여기 모인 사람들 가운데 그 사실을 모르는 이가 하나도 없음을 그대가 알고 있는 이때, 이 생명의 빛이, 이 분위기의 숨결이 과연 그대에게 유쾌할 수 있겠소? 그대는 집정관과 이 나라의 주요 인사들을 죽이려고 솜씨를 갈고 닦았으며, 그대의 범죄와 광기를 그나마 막을 수 있었던 것은 그대의 이성이나 공포가 아니라 이 공화국의 운명이지 않았소? 이런 일들은 모르는 사람이 없으니 더 이상 말하지 않기로 하겠소. 내가 집정관 당선자로 있을 때와 집정관 자리에 오른 뒤에도 그대가 나를 죽이려고 한 게 도대체 몇 번이었소? 도저히 피할 길이 없어 보일 만큼 절묘하게 겨냥한 그대의 화살을 내 몸이 옆으로 살짝 구부리거나 교묘히 비켜 피한 것이 과연 몇 번이었소? 그대가 구상하여 시도하고 집행했던 것 치고 제때에 나한테 들키지 않은 음모는 단 하나도 없소. 그렇지만 그대는 모의와 흉계의 기도를 멈추지 않고 있소. 그리고 그대의 손에 쥐어졌던 비수를 빼앗긴 것은 무릇 몇 번이었으며, 우연히 미끄러졌거나 떨어뜨린 것 또한 몇 번이었소? 그럼에도 그대는 이제 비수 없이는 행세를 못하게 되었소. 무슨 거룩하고 신비로운 사업에 그 비수를 바치고 있는지 나는 모르겠지만, 그대는 그걸 집정관 몸에 깊숙이 박아야 한다고 생각하고 있소.

그런데 지금 그대가 꾸려가고 있는 그대 삶이 어떤 모습이오? 나는 당연히 느껴야 할 증오보다는 오히려 측은한 마음으로 그대에게 말을 하지 않을 수 없소. 그대에게는 증오와 측은한 마음 둘 다 어울리오. 그대는 조금 전에 원로원에 들어왔소. 이처럼 많은 사람이 모인 곳에서, 그토록 많은 친지와 연관이 있는 사람들 가운데 누가 그대에게 인사를 했소? 어떤 사람에게도 이런 일이 일어났다는 기억이 없고, 가장 저항하기 어려운 침묵의 압도적인 심판을 내렸음에도 그대는 입에서 나오는 말로 모욕을 주기를 기다리고 있소? 그대가 도착하자 저 자리가 모두 비어 있었던 게 아무런 문제가 되지 않는다는 거요? 그대가 살해할 표적으로 곧잘 점을 찍었던 집정관 서열의 모든 인사들이 그대가 자리에 앉는 순간 자리를 비워놓은 채 떠나버리지 않았소? 어떤 기분으로 이 사태를 참아야 한다고 그대는 생각하시오? 내 명예를 걸고 말하겠소. 만약 내 종들이, 모든 시민들이 그대를 두려워하듯 나를 두려워한다면 나는 내 집을 떠나야 한다고 생각할 것이오. 그대는 이 도시를 떠나야 한다고 생각지 않소? 나라면 설령 내가 시민들에게 부당한 의심과 증오를 받고 있다는 것을 알더라도, 모든 사람의 적의에 찬 눈길을 마주 보기보다는 차라리 그들의 눈 밖으로 달아나고 싶소. 게다가 그대는 자신의 교활함을 의식하고 있는 까닭에 모든 사람들의 증오가 정당하고 오래전부터 그럴 만했다는 것을 알고 있소. 그런데도 그대가 마음과 감정을 거슬리고 있는 사람들 앞을 떠나 그들의 눈길을 피하는 일을 망설이고 있다는 말이오? 그대의 부모가 그대를 두려워하고 증오

한다고 합시다. 그리고 그대는 어떤 방법으로도 그들의 마음을 달랠 수가 없다면, 그대가 그들 눈에 띄지 않을 어느 곳으로 떠나야 한다고 생각하오. 우리 모두의 공통된 어버이인 그대의 조국이 지금 그대를 미워하고 두려워하고 있을 뿐만 아니라, 존속살해 모의를 하고 있다는 생각을 하고 있소. 도대체 그대는 국가의 권위에 경외를, 그의 판단에 경의를, 그 권능에 두려움을 느끼지 못하는 게 아니오?

오, 카틸리나여, 조국은 그대에게 간곡히, 그리고 조용히 말하고 있소. 지금까지 많은 세월이 흘렀지만, 그대가 아니고는 아무도 범죄를 저지르지 않았고, 극악무도한 행위치고 그대가 들어가지 않은 것이 없으며, 그대만이 처벌을 받거나 심문을 당하지 않은 채 시민들을 죽이고, 우리 동맹국을 괴롭히고 약탈했으며, 그대만이 모든 법률과 수사(搜查)를 무시하는 데 그치지 않고 그걸 뒤엎고 뚫고 나아갈 수 있는 권력을 누려왔다고. 그래서는 안 되는 줄 알면서도 나는 그대가 과거에 저지른 잘못을 되도록 참으려 애썼소. 그러나 지금 나는 오로지 그대에 대한 공포만으로 가득 차 있으며, 소리만 나도 카틸리나를 두려워하고, 나를 해치려는 흉계치고 그대의 간교한 마음에서 우러나지 않은 것이 없으니 더는 참을 수가 없소. 그러니 떠나시오. 그리고 나를 이 공포에서 풀어주시오. 그것이 정당하다면 내가 파멸당하지 않을 것이고, 상상일 뿐이라면 언젠가 그 공포가 끝날 것이오.

앞서 지적한 대로 그대의 조국이 그런 말을 했다면, 설사 강제적으로 실천에 옮길 능력이 국가에 없다 하더라도, 그 요구를 채워주는 게 마땅한 일이 아니겠소? 그대가 스스로 구금당했던 사실을 어떻게 풀이해야 하겠소? 혐의를 밝히기 위해서 기꺼이 마르쿠스 레피두스의 집에서 살겠노라고 한 그대의 말을 어떻게 받아들여야겠소? 그리고 레피두스가 그대를 받아주지 않자, 감히 나에게 찾아와 내 집에 들여달라고 빌지 않았소? 그대와 함께 같은 집에 있으면 안전할 수 없고, 우리가 같은 도시에 있는 한 큰 위험을 느낀다는 내 대답에 그대는 법무관 퀸투스 메텔루스를 찾아갔소. 그마저 퇴짜를 놓자 그대는 그대의 친지요 가장 뛰어난 인물 마르쿠스 마르켈루스에게 건너갔소. 그 사람이야말로 그대를 수호하는 데 가장 부지런하고 그대를 의심하는 데 가장 현명하며 그대를 처벌하는 데 가장 대담하다고 그대가 생각했으리라 짐작하고 있소. 아무튼 스스로 구금되어 마땅하다는 판단을 이미 내려놓은 사람을 체포하지 않고 감옥에 가두지 않은 채 얼마나 기다려도 좋다고 생각하시오?

카틸리나여, 상황이 이러하며, 그대가 조용히 이곳에 남아 있을 수 없는데도 먼곳으로 떠나 공정하고도 당연한 형벌을 면함으로써 목숨을 부지하고 홀로 도피 생활을 하지 않고 망설이는 이유가 무엇이오? 원로원에 동의안을 내시오(그게 그대가 요구하는 바니까 말이오). 그리고 만일 이 협의체가 그대에게 망명을 해야 한다고 표결을 한다면, 복종하겠노라 말하시오. 내가 그런 제안을 하지는 않겠소. 내 원칙에 어긋나니까 말이오. 그러나 이분들이 그대를 어떻게 생각하는지 보여주겠소. 오, 카틸리나여, 이 도시를 떠나 로마 공화국을 공포에서 풀어주시오. 그대가 기다리던 말이 그거라면, 망명을 떠나시오. 카틸리나여, 지금 어떻게 하겠소? 그대는 이분들의 침묵을 느끼지 못하고, 보지 못하는 것이오? 그들은 침묵을 허용하며, 아무 말도 하지 않고 있소. 그들의 침묵 속에 있는 그들의 소망을 보고 있으면서, 그들의 말의 권위를 기다리는 이유가 무엇이오?

그러나 만약 이에 앞서서 내가 이 고귀한 젊은이 푸블리우스 섹스티우스, 또는 저 용감한 사람 마르쿠스 마르켈루스에게 똑같은 말을 했다면, 원로원은 바로 이 성전 안에서 집정관 신분을 가진 나일지라도 당연히 준엄한 조치를 취했을 것이오. 하지만 그대 카틸리나에게 그들은 말없이 동의하고, 나에게 말을 시켜 투표를 하고 있으며, 침묵하는 가운데 소리 높여 웅변을 토하고 있소. 그들의 생명은 중요하지 않더라도 그들의 권위만은 그대에게 분명 소중할 원로원 의원들이 아니오. 가장 명예롭고 뛰어난 저 로마 기사들도 마찬가지요. 지금 원로원을 에워싸고 있으며, 그 수효가 얼마나 되는지 그대가 볼 수 있었고, 그들의 소망이 무엇인지를 알 수 있었으며, 조금 전까지만 하더라도 그들의 목소리를 들을 수 있었던 덕성스러운 그 밖의 로마 시민들—그렇소, 내가 이날까지 얼마 동안 그들이 그대에게 손과 무기를 휘두르지 못하게 막느라 참으로 힘이 들었소. 그러나 만약 그대가 그토록 오랜 세월을 두고 폐허를 만들겠다고 벼르던 이 자리를 떠난다면, 나는 이들 또한 쉽게 설득하여 그대를 성문까지 바래다줄 것이오.

그런데 내가 왜 이런 말을 하고 있겠소? 어떻게 해서든 그대의 목적을 바꾸게 하려고? 행여나 그대의 생활을 바로잡을 수 있을까 싶어서? 그대가 달아날 궁리를 하거나 자진해서 망명할 생각을 할까 싶어서? 나는 여러 신들이 그대에게 그런 마음을 주었으면 하오. 하지만 만일 내 말에 놀라 그대가 망명하기로 마음먹는다면, 인기가 폭락하는 태풍이 나에게 휘몰아칠 것이오. 그대의 사악한 흉계를 기억하고 있는 현재로서야 그렇지 않겠지만, 이 뒤에는 무슨 일이 일어날 때마다 나를 비난하는 소리가 높아지리라 믿소. 그러나 그게 나 자신의 개인적인 불운에 그치고 나라의 위험과는 아무런 연관이 없는 한 그런 책임을 뒤집어쓰더라도 그만한 값어치는 있지요. 하지만 우리로서는 그대가 자신의 악덕에 관심을 기울이고, 법률의 처벌을 두려워하며, 국가의 요구에 굴복할 것을 기대할 수가 없다오. 카틸리나여, 그대는 부끄러움을 알아 욕된 행위를 하지 않고, 두려움을 알아서 위험한 행위를 하지 않으며, 이성의 힘으로 광기를 막아낼 수 있는 인물이 아니기 때문이오.

어쨌든 앞서 내가 말한 대로 가시오. 그리고 그대의 적이라 부르고 있는 나의 인기를 떨어뜨리고 싶거든, 바로 망명의 길을 떠나시오. 그대가 떠날 때 쏟아져 나올 온갖 말들을 내가 참아내기란 참으로 어려울 것이오. 그대가 집정관 명령에 따라 망명길에 오른다면, 나에게 지워질 인기 폭락의 무거운 짐을 견디는 일이 무척 힘들겠지요. 그와는 달리 내 신임과 명성을 키우려 한다면, 그대가 거느리고 있는 불길한 난봉꾼 일당을 데리고 만리우스 진영으로 가시오. 거기서 버림받은 시민들을 부추겨 착한 시민들과 그들 일당을 분리하고, 조국에 맞서 전쟁을 벌이며, 부도덕한 강도짓을 저지르고 기뻐 날뛰시오. 그러면 나에게 쫓겨 낯선 땅으로 가지 않고, 그대의 동지들로부터 초청을 받은 것과 같은 인상을 줄 게 아니겠소.

그런데 나야 그대를 초대할 이유가 있겠소? 나는 그대가 이미 무장한 부하들을 아우렐리우스 포룸에 잠복시켜 둔 것을 알고 있소. 그대가 만리우스와 서로 짜고 어느 날을 지정해 둔 것도 알고 있소. 그대의 집에는 은빛 독수리가 있으며, 그 앞에는 범죄의 제단을 마련해 두었소. 그대와 그대의 동조자들에게 결정적인 치명타를 안겨줄 이 은빛 독수리를 그대가 이미 내보냈다는 것을 나는 알고 있소. 그대가 살인을 하러 나갈 때마다 예배를 드렸고, 그 제단에서 그대의 불경스러운 손을 옮겨 시민을 죽인 것이 한두 번이 아니었던, 그 대상 없이 오랫동안 견딜 수 있다고 해서 내가 두려워할 까닭이 있겠소?

마침내 그대는 그대의 고삐 풀리고 미쳐 날뛰는 욕망이 오래전부터 몰아대던 곳으로 가게 될 것이오. 이 덕분에 그대는 슬퍼하기보다는 차라리 그지없는 기쁨을 느낄 것이오. 천성이 그대의 틀을 잡았고, 욕망이 그대를 단련했으며, 운명이 그대를 지금까지 보전하여 이 광기를 부리고 있는 것이오. 그대는 조용히 있기를 바란 적이 한 번도 없을 뿐만 아니라, 언제나 범죄적인 전쟁만을 추구했소. 그대는 온갖 감정만이 아니라 희망마저 저버린 쓸모없는 흉악범 패거리들만 모아왔소.

그렇다면 그대가 누릴 행복이 무엇이겠소! 그대는 어떤 기쁨에 춤출 수 있겠소! 그대가 무슨 쾌락에 잠길 수 있겠소! 그렇게도 많다는 친구들 가운데서 선량한 인간은 단 하나도 볼 수 없고 들을 수 없으니 말이오. 그대가 거쳐왔다는 온갖 노고가 한결같이 이따위 생활을 겨냥해 왔소. 그대가 땅바닥에 엎드려 있을 때에는 그대의 불결한 욕망를 채우는 데 그치지 않고 범죄를 저지르기 위해서였소. 잠자고 있는 남편들을 암살하려는 음모를 할 때만이 아니라 살해된 희생자들의 재산을 빼앗으려 모의할 때에도, 그대는 언제나 이런 짓을 하려고 한시도 경계를 늦추지 않았소. 이제 그대는 굶주린, 추위와 온갖 궁핍을 멋지게 견뎌낼 수 있는 능력을 과시할 기회를 잡게 되었소. 하지만 그대는 오래지 않아 그 때문에 닳을 대로 닳게 될 것이오. 그대가 나의 집정관 선출을 거부했을 때 나는 모든 정황으로 미루어, 그대가 집정관 자리에 있으면서 이 나라를 괴롭히기보다는 망명객으로 나가 그대의 조국에 해를 끼칠 음모를 꾸미도록 내버려 둬야겠다는 결론을 내렸소. 그리고 그대가 사악한 책략으로 벌여놓은 행위는 전쟁이라기보다는 해적질이라고 불러야 마땅하다는 것이오.

원로원 의원 여러분, 나는 합리성이 전혀 없는 자신의 불만을 회피하고 물리치고자 노력할 테니, 내 말에 귀를 기울이고, 그 말을 여러분의 가슴과 마음속 깊숙이 간직하기를 간청하는 바이오. 사실 나의 조국은 나에게 내 목숨보다 더 귀중하오. 이런 내 조국이, 온 이탈리아가, 공화국 전체가 나에게 명령하고 있소. "마르쿠스 툴리우스여, 당신은 지금 무엇을 하고 있소? 당신이 이 나라의 적으로 확인한 저 사람이 떠나가는 것을 허락하겠소? 내전(內戰)의 사령관이 될 준비를 하고 있는 사람을? 당신도 알다시피 적군의 최고지휘관이 될 것이며, 이 모든 흉계의 장본인이자, 음모의 괴수, 노예와 타락한 시민들의 선동자가 될 그가 당신에 의해 이 도시에서 쫓겨나기보다는 풀려나 이 도시에 위해를 끼칠 것 같지 않소? 당신은 명령을 내려 그를 가두고, 서둘러 형장으로 끌고 가 가장 빠르고도 준엄하게 처형하지 않겠소? 당신을 가로막는 것이 무엇이오? 우리 조상들의 관습이오? 그러나 이 공화국에서는 평범한 사람들마저도 악질적인 시민들을 자주 처단해 왔소. 로마 시민의 처벌 규정을 담은 법률 때문이오? 이 도시에서는 공화국에 반역한 사람들은 절대로 시민권을 누릴 수 없었소. 당신은 후손들이 미워하게 될까 두려워하고 있소? 당신은 일찍이 젊은 시절부터 여러 계층의 명예를 거쳐 가장 높은 자리에 이르렀고, 이름난 조상이 없으면서도 스스로의 행적으로 명성을 얻었소. 그런 당신이 인기를 잃거나 위험에 빠질까 두려워 시민들의 안전을 소홀히 한다면, 당신을 길러준 로마인들에게 훌륭한 보답을 하고 있다고 하겠소? 인기를 잃을까 두려워하는 당신의 자세를 대담한 박력에 그 원인을 돌릴 수 있겠소, 아니면 가장 걱정해야 할 무사안일과 우유부단한 마음가짐에 돌려야 하겠소? 이탈리아가 전쟁으로 짓밟히고, 도시는 공격을 받고 집들은 불길에 휩싸일 때, 당신은 커다란 증오의 불길 속에 남김없이 타버리지 않으리라 생각하시오?”

우리 공화국의 이 거룩한 질문과 똑같은 의견을 품고 있는 사람들의 감정에 호응하여 나는 다음과 같이 짧게 대답하려 하오. 원로원 의원 여러분, 카틸리나를 사형에 처해야 한다면, 이 검투사에게 살아 있을 단 한 시간의 말미도 주지 않는 것이 최선의 방법이라 생각하오. 실제로 그 뛰어난 인사들과 가장 찬란한 도시들이 스스로를 더럽히지 않고, 심지어 사투르니우스, 그라쿠스 형제, 플라쿠스를 비롯하여 다른 수많은 선인(先人)들의 피로 스스로의 영광을 쌓은 것이 분명하다면, 내가 시민들을 살육한 이 존속살인범을 죽여서 후손들에게 인기를 잃을까 두려워할 이유가 없소. 그리고 이 뒤에 그것이 나를 아무리 위협하더라도, 나는 덕성과 영광으로 말미암아 인기를 잃었을 때에는 그것을 인기의 추락이라고 생각하지 않소.

다가오고 있는 위험을 보지 않거나 보고도 못 본 체하는 사람이 이 자리에 있소. 그들은 나약한 마음가짐으로 카틸리나의 희망을 살찌워 왔고, 그걸 믿지 않아 오히려 점차 커가고 있는 음모를 부추겼소. 만약 내가 그를 처단한다면, 그의 권위에 눌린 많은 사람들이 간교해서가 아니라 무지하여, 내가 폭군과도 같이 잔인한 행동을 했다고 비난할 것이오. 그러나 그가 지금 찾아가고 있는 만리우스의 진영에 도착하면, 이미 음모가 진행되고 있었다는 사실을 깨닫지 못하리만큼 어리석거나, 그것을 털어놓지 않을 만큼 굳어버린 사람은 하나도 없으리라는 걸 나는 알고 있소. 하지만 만일 이 사람만을 사형에 처한다면, 우리 공화국의 이 질병은 잠시 사라질 뿐, 영원히 뿌리 뽑을 수는 없으리라는 것을 나는 알고 있소. 그러나 만약 그가 망명을 떠나면서 동조자들을 남김 없이 데려가고, 이 나라 구석구석에 있는 모든 파렴치범들을 한자리에 모아둔다면 공화국에 널리 퍼진 이 악역(惡疫)을 송두리째 쓸어버릴 수 있을 뿐만 아니라, 다가올 모든 죄악의 뿌리와 씨앗을 뽑아 없애게 될 것이오.

원로원 의원 여러분, 우리는 이미 오랫동안 이런 음모의 위험과 책동에 시달리며 살아왔소. 어떻게 된 영문인지 내가 집정관 자리에 오르자, 사악한 모든 병폐와 이처럼 오래된 광기와 뻔뻔함이 활짝 피어나 그 절정에 이르렀소. 그런데 만일 이 사람만을 이 해적 무리에서 제거한다면 아마도 얼마 동안은 우리의 공포와 불안에서 풀려나는 듯한 인상을 받겠지만, 사실은 이 나라의 혈관과 내장에 그 위험이 깊숙이 가라앉아 숨어 있게 될 것이오. 중병에 걸린 사람들이 고열에 시달릴 때 찬물을 마시면 처음에는 수그러드는 듯하지만, 뒤에 더욱 심한 고통이 닥치는 것을 흔히 볼 수 있소. 그처럼 공화국의 이 질병도 이 사람을 처단하면 조금 누그러지겠지만, 남은 무리가 여전히 살아 있는 한 더욱 악화될 따름인 것이오.

그러므로 원로원 의원 여러분, 쓸모없는 자들은 떠나게 하시오. 그들을 선량한 시민들과 떼어놓고, 앞에서 여러 번 말했듯이 그들과 우리 사이에 담을 쌓아 분리하고, 자기 집에 있는 집정관을 죽이려는 흉계를 꾸미지 못하게 합시다. 그리고 로마시 법무관의 재판소를 포위하거나 원로원을 칼 든 자들로 에워싸지 못하게 하며, 이 도시를 태워 없앨 불붙은 막대기와 횃불을 준비하지 못하도록 하시오. 요컨대 우리 공화국에 대한 자신의 심정이 어떤지를 모든 시민의 눈썹 위에 쓰도록 하시오. 원로원 의원 여러분, 우리 집정관은 정성을 다하고, 여러분은 권위를 다하며, 로마 기사들은 덕성을 다하고, 선량한 모든 시민들은 의견을 모아 카틸리나가 떠나면 또렷하게 드러날 그 모든 것을 조사하고 처벌할 것을 약속합시다.

이런 좋은 조짐들이 있으니, 카틸리나여, 그대는 불손하고도 흉악한 싸움터로 가고, 이 공화국에는 위대한 안전을 보장하며, 그대 자신의 불운과 굴욕을 감수하고, 온갖 사악하고 뻔뻔한 행동을 함께했던 자들을 파멸의 구렁텅이로 몰아넣으시오. 오, 유피테르여, 로물루스가 이 도시와 똑같은 길조로 거룩하게 받들었으며, 당연한 일이지만 우리가 이 도시와 제국의 기둥이라 부르고 있는 당신이 이 사람과 그의 동조자들을 당신의 제단을 비롯하여 다른 신전에서, 이 도시의 집과 성안에서 모든 시민들의 생명과 재산을 해치지 못하도록 물리쳐 주십시오. 아울러 선량한 시민들의 모든 원수들, 이 공화국의 적수들, 이탈리아를 약탈하는 강도들, 죽었든 살았든 간에 범죄의 조약으로 악명 높은 동맹을 맺은 인간들을 영원한 형벌로 심판해 주시옵소서.

카이사르
Gaius Julius Caesar
(기원전 100~44)

로마의 장군이자 정치가인 카이사르는 크라수스 및 폼페이우스와 더불어 제
1차 삼두정치를 이끌었으며, 갈리아와 브리타니아를 정복했다. 크라수스가 죽은
뒤 폼페이우스를 몰아내고 독재관이 되었으나 공화정치를 옹호한 카시우스 롱
기누스와 브루투스 등에게 죽임을 당했다. 카이사르는 뛰어난 행정 능력뿐만 아
니라 문학적 능력까지 갖추고 있었으며, 위기의 순간에 간략하지만 핵심을 찌르
는 연설로 로마인들의 마음을 움직였다. 다음은 기원전 63년, 그가 원로원에서
카틸리나 반란 음모 가담자들 처리 문제를 두고 했던 연설이다.

반역자들을 어떻게 다룰 것인가

원로원 의원 여러분, 의심스러운 문제를 다룰 때에는 증오와 애정과 분노와
연민의 정에 휩쓸리지 않는 자세가 중요하다고 생각합니다. 그런 감정이 시야
를 가로막고 있는 사람 마음으로는 옳은 것을 가려내기가 쉽지 않습니다. 그
런 순간에는 어떤 인간도 자신의 격렬한 감정과 이익 때문에 사리를 올바로 가
리지 못합니다. 정신을 자유로이 부려 쓸 수 있을 때라야만 그 논리가 건전합
니다. 그러나 마음이 격정에 사로잡히게 되면 인간은 폭군으로 바뀌고, 이성은
무력해지는 법입니다.

원로원 의원 여러분, 원한이나 동정심에 흔들려 신중하지 못한 행동 노선을
선택한 군주와 국가의 실례를 들기란 어려운 일이 아닙니다. 하지만 나는 차라
리 우리 조상들이 격정의 충동을 억누르고 슬기와 건전한 정책으로 대처했던
사례들을 이야기하고자 합니다.

우리가 페르세우스 왕에게 맞서 싸웠던 마케도니아 전쟁에서 강대국 로도
스는 로마인의 도움으로 융성하게 된 지난날 은혜를 저버리고 우리 로마에 적

대했습니다. 그럼에도 우리 선조들은 전쟁이 끝나고 로도스인들의 행위를 검토하면서 그들의 배신을 벌하기보다는, 그들의 재산을 빼앗기 위해서 전쟁을 일으켰다는 말을 듣지 않으려고 그들에게 아무런 해도 입히지 않고 넘어갔습니다. 카르타고인들은 평화로운 시기와 휴전 기간에 다 같이 수많은 불법행위를 저질렀으나, 포에니 전쟁 기간에도 우리 선조들은 결코 보복의 기회를 노리지 않고, 비록 떳떳하더라도 적군에게 고통을 줄 수 있는 길보다는 오히려 로마군이 해야 할 값진 행동이 무엇인가를 신중히 생각했습니다.

원로원 의원 여러분, 여러분도 그런 주의를 기울여 렌툴루스와 그 밖의 가담자들이 저지른 죄에 여러분 자신의 위엄보다 큰 무게를 두지 않으며, 여러분의 의분보다 여러분의 인격을 한층 더 중요하게 여기기를 바랍니다. 실은 그들의 범죄에 적합한 형벌을 찾아낸다면, 나는 그 비상조치에 찬성하겠습니다. 그러나 만일 그들의 범죄가 극악하여 우리가 고안할 수 있는 어떤 비상조치의 경계도 넘어선다면, 법률에 규정된 형벌만을 부과해야 한다고 나는 생각합니다.

나보다 앞서 자신의 의견을 밝힌 여러 의원들은 신중히 선택한 감동적인 언어로 이 공화국을 위협하고 있는 슬픈 운명을 개탄한 바 있습니다. 그분들은 전쟁의 야만성과 피정복자들에게 떨어질 고통을 자세히 설명했습니다. 처녀들은 능욕을 당하고 청년들은 학대를 받았다는 말을 했습니다. 결혼한 여성들은 정복자들의 쾌락을 채우는 도구가 되었으며, 신전과 집들은 약탈을 당했습니다. 대량 학살과 방화가 잇따르고, 가는 곳마다 무기·시체·피와 통곡으로 가득 차 있었습니다. 그런데 영원한 신들의 이름으로 묻겠습니다! 그런 열변이 겨냥한 목적은 무엇입니까? 음모 사건에 여러분의 의분을 터뜨리는 데 그 뜻이 있었습니까? 아주 무섭고 괴기한 현실로도 자극을 받지 않는 사람이라 하더라도 웅변으로 불길을 당길 수 있는 것만은 의심할 여지가 없습니다! 자신에게 겨누어진 죄악이란 그 누구에게도 가벼운 문제로 보이지 않는 법입니다. 그와는 반대로 많은 사람들이 실제보다 더 그걸 심각하게 받아들이게 됩니다.

하지만 원로원 의원 여러분, 사람이 달라지면 그에게 허용되는 방종적인 자유의 정도 또한 달라지는 것입니다. 예컨대 세상에 알려지지 않은 채 일생을 보내고 있는 사람들이 지나친 분노 때문에 어떤 잘못을 저지른다면, 그들의 운수와 마찬가지로 그들의 명성이 한정되어 있으므로, 그 사실을 깨닫는 사람은 아주 한정되게 마련입니다. 그러나 높은 자리에서 폭넓은 권력을 누리며 살고 있는 사람들이라면, 온 세상이 그 진행 과정을 알게 됩니다. 그러므로 최고 지위에 오르면, 행동의 자유가 크게 제약을 받는 것입니다. 편파성이나 혐오에 빠져들지 않고, 악의만은 극도로 억제하는 것이 우리에게 어울리는 자세라 하겠습니다. 왜냐하면 다른 사람들의 경우라면 원한이라고 부를 것을, 권세가들의 경우에는 폭력과 잔인성이라 부르기 때문입니다.

원로원 의원 여러분, 극단적인 고문으로도 그들의 죄악을 처벌하기에는 모자란다는 것이 나의 솔직한 의견입니다. 그러나 사람들이란 흔히 마지막에 일어난 일만을 강조하게 되며, 범죄자들은 그들이 지은 죄는 잊어버린 채 형벌이 지나치게 가혹할 경우 그들의 형벌만을 이야기하게 됩니다. 아울러 나는 기개와 결단력을 지니고 있는 데키무스 실라누스가 내놓은 제안은 국가에 대한 열의에서 우러났으며, 그런 중요한 문제를 다룰 때 호감이나 증오에 얽매이지 않았다는 것을 확신하고 있습니다. 그분의 인격이 그렇고, 그분의 자유로운 판단이 그렇다는 것을 나는 잘 알고 있습니다. 그렇지만 설령 그의 제안이 잔인하다고 하지는 않더라도(그런 범죄자들에게 내리는 조치로 잔인하다고 할 수 있는 게 과연 있겠습니까?), 우리의 정책에 비추어 이질적이라는 인상을 주고 있습니다. 실라누스여, 그대의 공포 또는 그들의 반역 행위가 집정관 당선자인 그대로 하여금 이런 종류의 형벌을 제안하도록 이끌었을 것만은 분명합니다. 저 고귀한 분, 우리의 집정관이 신속한 조치를 취하면 방대한 군대를 동원할 수 있으므로, 굳이 공포에 대해서는 이야기할 필요가 없습니다. 그리고 형벌에 관해서라면, 난관과 위기에 처한 인간에게 죽음은 고통이라기보다는 고난으로부터의 해방이라고도 할 수 있을 것입니다. 죽음은 인간의 모든 고뇌에 마침표를 찍고, 그 너머에는 슬픔이나 기쁨을 들먹일 자리가 없습니다.

그렇다면 실라누스여, 그대는 도대체 무엇 때문에 그들을 사형에 처하기 전에 태형(笞刑)으로 벌하자는 항목을 그대의 제안에 넣지 않았습니까? 포르키우스법이 그걸 금지하고 있어서? 하지만 다른 법률들은 유죄판결을 받은 시민들의 생명을 빼앗지 못하게 금지하고 있으며, 그들을 추방할 수 있는 길을 열어놓았습니다. 그렇지 않으면 태형이 사형보다 더 가혹한 형벌이라서? 그런데 그런 대역죄를 저지른 자들에게 너무 엄격하다거나 가혹하다고 할 수 있는 조치가 있을까요? 만약 태형이 사형보다 가벼운 것이라면, 보다 큰 문제를 다룰 때 법률을 무시하는 판국에 보다 자잘한 문제를 다룰 때 법률을 일관되게 준수하리라는 보장이 있습니까?

그러나 다시 이런 질문이 나올 수 있겠지요. 국가에 대한 존속살인을 처벌하는 법령의 가혹함을 비난할 사람이 누구냐고 말입니다. 시간, 사태 흐름, 그리고 그 변덕으로 국가와 민족을 지배하는 운수가 그걸 비난할 수도 있다고 나는 대답하고자 합니다. 반역자들에게 떨어지는 어떤 조치도 정당하다고 할 수 있을 것입니다. 하지만 원로원 의원 여러분, 다른 사람들에게 부과하게 될 조치를 의결하는 동안 여러분은 반드시 신중에 신중을 기해야 합니다. 뒷날 나쁜 영향을 끼치게 된 모든 선례들은 본디 좋은 동기에서 출발했습니다. 그러나 정부가 무지하고 원칙 없는 사람들의 손에 넘어갈 때, 당연하고도 적절한 대상에 부과하기 위해 의결된 새롭고도 준엄한 본보기가, 그럴 이유가 없고 부적합한 대상에게도 확대 적용되고 있습니다. 라케다에몬이 아테나이를 정복했을 때, 이 나라를 다스릴 30인 위원회를 뽑았습니다. 이 30인이 정무(政務)를 시작하면서 악질이라고 이름이 높거나 대중이 혐오하는 모든 인사를 재판도 거치지 않고 처형했습니다. 이 조치에 시민들은 기뻐 날뛰었으며, 정의로운 심판에 찬사를 보냈습니다. 하지만 그뒤 그들의 무법적인 권력이 점차 커지면서 그들이 제멋대로, 좋고 나쁨도 가리지 않고 마구잡이로 시민들을 죽임으로써 모든 사람들에게 공포를 안겨주었습니다. 따라서 막강한 권력의 노예가 된 이 국가와 국민은 경솔하게 들떠 있다가 무거운 대가를 치르게 되었습니다.

우리 또한 그런 실례를 생생히 기억하고 있습니다. 승리를 거둔 술라는 국가에 고통을 주면서 득세했던 다마시푸스를 비롯하여 그와 비슷한 인물들을 사형에 처했습니다. 그때 모두 그 조치를 찬양했습니다. 분열 책동으로 나라를 어지럽혔던 악질적인 파벌주의자의 생명을 빼앗은 것은 정당했다고 모든 사람들이 환호를 보냈습니다. 그렇지만 이 조치는 대대적인 유혈 사태의 시작이었습니다. 어디서나, 남의 집이나 별장, 심지어 그릇이나 옷을 탐내게 될 때마다, 권세가들이 피해자들을 추방 대상자로 지목했습니다. 그러므로 다마시푸스의 죽음을 기뻐했던 그들이 오래지 않아 끌려 나가 죽임을 당했습니다. 거기에다 술라가 불법으로 얻은 재산으로 자기 일당의 배를 남김없이 채워주었을 때까지는 살육이 끊이지 않았습니다.

사실 나로서는 마르쿠스 툴리우스가, 또는 이 시대에 그런 지나친 조치가 있을까 걱정하지는 않습니다. 그러나 우리처럼 큰 나라에는 성향이 다른 사람들이 나오게 마련입니다. 지금처럼 대군(大軍)을 거느리고 있는 어느 집정관이 또 다른 시기에 가서 조작된 죄목으로 처단하더라도 그것이 진실이라고 믿게 될지도 모르는 일입니다. 우리의 실례를 핑계 삼아 그 집정관이 원로원의 권위를 빌려 칼을 뽑을 때, 누가 그걸 막거나 그 분노를 가라앉힐 수 있겠습니까?

원로원 의원 여러분, 우리 선조들은 품행이나 용기에 결코 모자람이 없었습니다. 그리고 그들은 자부심 때문에 존중할 가치가 있는 나라의 관습을 기꺼이 배우는 일을 주저하지도 않았습니다. 그들은 전쟁 때 쓸 갑옷과 무기를 삼니움족으로부터, 그리고 권위를 상징하는 표상들을 거의 에트루리아인으로부터 빌려왔습니다. 간단히 말해서 그들은 그럴듯한 것이라면 무엇이든 재빨리 국내에 받아들였고, 값진 것은 시기하기보다는 오히려 본받으려는 의욕이 훨씬 앞섰습니다. 하지만 그와 동시에 그들은 헬라스 관례를 채택하여 시민들을 태형으로 다스렸으며, 법정에서 판결을 받은 사람에 한해서 극형에 처했습니다. 그러나 우리 공화국이 강대해지고 수많은 시민들 사이에 파벌이 득세하게 되자 죄 없는 사람들을 처형하기 시작했고, 그 밖에도 비슷한 위법행위가 판을 치게 되었습니다. 그러자 포르키우스법을 비롯하여 다른 법률이 제정되어, 극형을 선고받은 시민들을 추방할 수 있는 길이 열렸습니다. 원로원 의원 여러분, 나는 이런 우리 선조들의 너그러운 처분을, 새로이 가혹한 방안을 채택하지 말아야 할 아주 강력한 이유로 보고 있습니다. 그들이 그토록 명예롭게 얻은 것을 가까스로 보전하고 있는 우리보다는 소박한 수단으로 대제국을 건설했던 우리 선조들이 더 큰 지혜와 장점을 지니고 있을 것이 틀림없기 때문입니다. 그러면 여러분은 이렇게 묻겠지요. 그럼 당신은 반역자들을 풀어주고 카틸리나의 군사력이 커지도록 내버려 두어야 한다고 생각하느냐고 말입니다. 결코 그렇지 않습니다. 나는 그들의 재산을 모두 빼앗고, 그런 비용을 부담하기에 가장 알맞은 도시에 그들을 가두어 놓으라고 건의하고자 합니다. 이제부터는 그 누구도 이 문제를 원로원에 제기하지 못하며, 시민들에게 이 문제를 거론하지 못하게 해야겠습니다. 그리고 이제 원로원은 이와 반대되는 행위를 하는 사람은 누구든 우리 공화국과 국민 전체의 안전에 어긋난다는 견해를 뚜렷이 밝혀야 하리라 믿습니다.

안토니우스
Marcus Antonius
(기원전 83~30)

로마의 장군이며 정치가인 안토니우스는 옥타비아누스 및 레피두스와 함께 제2차 삼두정치를 이끌었다. 그는 동방 원정에 힘을 쏟아 여러 곳을 차지했으며, 군사적 경제적으로 막강한 세력을 쌓았다. 그가 율리우스 카이사르의 시신을 앞에 두고 한 조사(弔辭)는 웅변사에서 걸작으로 평가되고 있다. 아래 글은 셰익스피어의 희곡 《줄리어스 시저》를 그대로 옮겼으나, 카시우스 디오 코케이아누스(Cassius Dio Cocceianus)와 플루타르코스의 역사적인 저술을 바탕으로 했다.

율리우스 카이사르의 시체를 앞에 두고

안토니우스 : 친구들, 로마 시민들, 그리고 동포 여러분 내 말에 귀를 기울여 주십시오. 나는 카이사르를 찬양하기 위해서가 아니라 그를 묻으러 이 자리에 왔습니다. 사람들이 저지르는 죄악은 그들이 떠난 뒤에도 살아 있지만, 그 선행은 그들의 뼈와 함께 묻히는 경우가 적지 않습니다. 카이사르라고 해서 그러지 않을 수 있겠습니까? 고귀한 브루투스는 카이사르를 야심가였다고 방금 여러분에게 말했습니다. 그렇다면 그것은 비통한 실수였고, 카이사르는 슬프게도 그 대가를 치렀습니다. 여기 브루투스와 그 일파의 허락을 받아—브루투스는 존경할 만한 사람이며, 다른 분들도 모두 존경할 만한 사람들이기 때문이지요—나는 카이사르의 장례식에서 조사를 하기 위해 왔습니다. 그는 나의 친구였고, 나에게 성실하고도 공정했습니다. 그러나 브루투스는 그가 야심가였다 말하고 있습니다. 카이사르는 수많은 포로들을 고국 로마로 데려왔으며, 그들의 몸값으로 국고를 가득 채웠습니다. 카이사르의 이런 행동이 야심에서 우러난 것이겠습니까? 가난한 이들이 소리내어 울었을 때, 카이사르는 소리 없이

울었습니다. 야심이란 그보다 좀 더 냉혹한 마음에서 생기는 것입니다.

그렇지만 브루투스는 그가 야심가라 말합니다. 그리고 브루투스는 명예로운 사람입니다. 루페르칼리아 축제에서 내가 세 번이나 카이사르에게 왕관을 바쳤으나, 그는 세 번에 걸쳐 마다했던 것을 여러분 모두가 보았습니다. 이것이 과연 야심이라고 할 수 있겠습니까? 하지만 브루투스는 그가 야심가라 말하고 있습니다. 그리고 그는 분명히 명예로운 사람입니다. 나는 브루투스의 말을 반박하려는 것이 아닙니다. 다만 내가 알고 있는 바를 여기서 말하고자 합니다. 여러분은 한때 카이사르를 사랑했고, 그럴 만한 이유가 있었습니다. 그렇다면 무슨 이유로 여러분은 그를 위해 애도하기를 망설입니까? 아, 정의의 신이여, 당신은 흉포한 야수에게로 도망쳐 버렸고, 사람들은 자신의 이성을 잃고 말았습니다. 잠깐만 용서하십시오. 내 심장이 저기 저 관 속에 있는 카이사르에게로 가버렸으니, 나에게 다시 돌아올 때까지 내 말을 멈추어야 하겠습니다.

시민 1 : 안토니우스 말에도 일리가 있는 것 같구먼.

시민 2 : 잘 생각해 보면, 카이사르에게 큰 잘못을 저지른 거야.

시민 3 : 그게 사실입니까? 나는 그 자리에 훨씬 나쁜 사람이 들어설까봐 걱정이군요.

시민 4 : 저 사람의 말을 못 들었나? 카이사르가 왕관을 마다했으니, 그가 야심가가 아니라는 것만은 분명하다네.

시민 1 : 그게 사실이라면, 사람들은 그 말을 고이 간직하게 될 거요.

시민 2 : 가여운 사람! 울어서 저 사람 두 눈이 불꽃처럼 새빨갛게 되었구먼.

시민 3 : 로마에는 안토니우스보다 더 고귀한 사람이 없지요.

시민 4 : 자, 들어봅시다. 다시 말을 시작했어요.

안토니우스 : 어제까지만 해도 카이사르의 말은 온 세상과 맞설 수 있었습니다. 그러나 지금 그는 저기 누워 있고, 아무리 변변치 못한 사람이라도 그에게 경의를 표하려 하지 않습니다. 여러분, 만일 내가 여러분의 가슴과 마음을 뒤흔들고, 격분을 자아내어 폭동을 일으키려 한다면, 브루투스에게 잘못을 저지르고 카시우스에게도 잘못을 저지르게 되는 것입니다. 여러분 모두가 알다시피 그들은 명예로운 사람들입니다. 나는 그처럼 명예로운 사람들보다는 차라리 죽은 사람을, 나 자신과 여러분을 욕되게 하겠습니다. 그런데 여기 카이

사르의 도장이 찍힌 양피지 문서가 있습니다. 그의 밀실에서 찾아냈는데, 이것은 그의 유서입니다. 평민들이라도 이 유언을 듣는다면―그러나 용서하시오. 이걸 읽을 생각은 없습니다. 만약 그것을 들으면 그들은 숨진 카이사르를 찾아가 그의 상처에 입을 맞추고, 그의 거룩한 피에 손수건을 적시고, 뿐만 아니라 기념으로 그의 머리카락 한 올을 달라고 간청해서 세상을 떠날 때에는 그들의 유서에 남겨, 후손들에게 귀중한 유산으로 물려주겠노라 할 것입니다.

시민 4 : 그 유언을 듣고 싶습니다. 마르쿠스 안토니우스여, 그 유서를 읽어주십시오.

시민 일동 : 유언을, 유언을 들려주시오! 카이사르의 유언을 듣고 싶소.

안토니우스 : 참으십시오, 여러분. 그 유언을 읽어서는 안 됩니다. 카이사르가 여러분을 얼마나 사랑했던가를 알게 되면 여러분에게 좋지 않습니다. 여러분은 나무나 돌이 아니라 사람입니다. 그리고 사람인 까닭에 카이사르의 유언을 들으면, 여러분은 그 불길에 휩싸여 미쳐 날뛰게 될 것입니다. 여러분이 그의 상속자라는 사실을 알게 되면 좋을 게 없습니다. 여러분이 그것을 알게 되면, 어떤 사태가 벌어질지 두렵습니다.

시민 4 : 그 유언을 읽으시오. 안토니우스여, 그 유언을 들어야겠습니다. 당신은 그 유언을, 카이사르의 유언을 우리에게 읽어주어야 합니다.

안토니우스 : 여러분, 좀 참아주시겠습니까? 잠시 기다리시겠습니까? 내가 여러분에게 그 이야기를 한 것은 실수였습니다. 나는 카이사르를 단검으로 찌른 저 명예로운 사람들에게 폐를 끼칠까 두렵습니다. 나는 그걸 두려워하고 있습니다.

시민 4 : 명예로운 사람들이라고! 그들은 반역자입니다.

시민 일동 : 그 유서를! 그 유언을 들려주시오!

시민 2 : 그들은 악한이요, 살인자들입니다. 그 유서를! 유서를 읽어주시오.

안토니우스 : 그 유서를 기어코 읽어달라는 겁니까? 그러면 카이사르의 주검 주위에 둘러서십시오. 그 유언을 남긴 분을 여러분에게 보여드리겠소. 내가 내려갈까요? 허락해 주시겠습니까?

시민 일동 : 내려오시오.

시민 2 : 내려오십시오.

시민 3 : 허락합니다.

(안토니우스가 연단에서 내려온다.)

시민 4 : 빙 둘러서시오.

시민 1 : 상여에서 물러나시오. 시신에서 물러서시오.

시민 2 : 가장 고귀한 안토니우스, 그분에게 자리를 내줍시다.

안토니우스 : 아니, 너무 밀지 마시오. 썩 물러서시오.

시민 일동 : 물러서시오. 자리를 냅시다. 물러섭시다.

안토니우스 : 여러분에게 눈물이 있다면, 지금 흘릴 채비를 하십시오. 여러분은 모두가 이 망토를 알고 있습니다. 나는 카이사르가 이 옷을 처음 입었을 때를 지금도 기억하고 있습니다. 그것은 어느 여름날 저녁, 그가 네르비족을 정복했던 그날 그의 천막에서였습니다. 보십시오. 이 자리로 카시우스의 비수가 뚫고 들어갔습니다. 시기심 강한 카스카가 어떻게 옷을 찢었는가를 보십시오. 이곳으로는 카이사르의 따뜻한 사랑을 받은 브루투스가 비수를 꽂았습니다. 브루투스가 그의 저주받은 쇳날을 뽑자, 카이사르의 피가 그 뒤를 쫓아간 자국을 보십시오. 그때 카이사르는 그처럼 무례하게 문을 두들긴 자가 브루투스였는가를 확인하려고 밖으로 달려나가는 길이었습니다. 왜냐하면 여러분도 알다시피, 브루투스는 카이사르의 총아(寵兒)였기 때문입니다. 아, 여러 신들이여, 카이사르가 그를 얼마나 지극정성으로 사랑했던가를 판가름하십시오. 이거야 말로 그 무엇보다도 매정한 칼질이었습니다. 고귀한 카이사르는 칼질을 하고 덤비는 브루투스를 보자, 반역자들의 칼날보다 더 무서운 배은망덕에 넋을 잃었으며, 그의 억센 심장은 터지고 말았습니다. 그리고 자신의 망토로 얼굴을 가린 채, 폼페이우스의 조각 밑둥까지 줄곧 피를 흘리던 위대한 카이사르는 쓰러졌습니다. 아, 동포 여러분, 그 자리에 무엇이 쓰러졌겠습니까! 그때 나와 여러분, 우리 모두가 쓰러졌고, 피비린내 나는 반역이 우리를 뒤덮었습니다. 여러분의 가슴속에 동정의 기운이 꿈틀거리기 시작했으니, 이제 우십시오. 그것은 자애로운 눈물입니다. 마음씨 고운 영혼들이여, 여러분이 본 것은 우리 카이사르의 찢어진 옷일 뿐인데도 울고 있습니까? 여기를 보십시오. 보다시피 반역자들이 난도질한 그의 주검이 있습니다.

시민 1 : 아, 저 가련한 광경이여!

시민 2 : 오, 고귀한 카이사르여!

시민 3 : 이 비통한 날이여!

시민 4 ： 반역자들아, 이 악한들아!

시민 1 ： 아, 저렇게도 잔인할 수가 있을까!

시민 2 ： 복수를 하자.

시민 일동 ： 원수를 갚자! 가자! 찾아라! 태워라! 불 질러라! 죽여라! 베어버려! 반역자는 한 놈도 남기지 마라!

안토니우스 ： 여러분, 잠시 기다리시오.

시민 1 ： 조용히 하시오! 고귀한 안토니우스의 말을 들어봅시다.

시민 2 ： 그의 말을 듣고, 그를 따릅시다. 그리고 그와 함께 목숨을 바칩시다.

안토니우스 ： 착한 친구들, 마음씨 고운 친구들이여, 내가 한 말 때문에 흥분해서 이렇게 갑자기 폭동을 일으켜서는 안 됩니다. 이런 일을 한 그들은 명예로운 사람들입니다. 무슨 사사로운 원한이 있어서 이런 짓을 했는지는, 아, 나는 모릅니다. 그들은 현명하고 인격이 높은 사람들이므로, 틀림없이 그 이유를 이치에 맞게 설명해 줄 것입니다. 친구들이여, 나는 여러분의 마음을 훔치러 온 것이 아닙니다. 나는 브루투스와 같은 웅변가가 아닙니다. 여러분 모두가 알다시피 나는 다만 평범하고도 아둔한 인간이며, 친구를 사랑할 뿐입니다. 그들도 이 사실을 충분히 알고 있기에, 내가 공개석상에서 카이사르에 대한 이야기를 할 수 있도록 허락해 준 것입니다. 나에게는 사람의 피를 끓게 할 기지도 없고, 말도 잘하지 못하며, 위풍당당하게 손짓 몸짓도 할 줄 모르고, 그런 목소리도 설득력도 없습니다. 나는 그냥 솔직하게 말을 이어갈 따름입니다. 나는 여러분 자신이 알고 있는 사실을 이야기하고 있습니다. 여러분에게 자애로운 카이사르의 상처들을, 가엾고도 가엾게 말 못하는 그의 상처들을 보여드리고, 나를 대신하여 말하게 할 뿐입니다. 그러나 내가 브루투스요, 브루투스가 안토니우스라면, 안토니우스는 여러분의 기개를 북돋우고, 카이사르의 상처마다 혀를 달아, 로마의 돌마저 감동하여 일어나 폭동을 일으키게 할 것입니다.

시민 일동 ： 우리는 항거하겠습니다.

시민 1 ： 브루투스의 집을 불태우겠습니다.

시민 3 ： 자, 가자! 반역자들을 찾아내자!

안토니우스 ： 동포 여러분, 내 말을 들으시오. 내가 말할 테니 들어주시오.

시민 일동 ： 조용히 합시다! 안토니우스의 말을 들읍시다. 가장 고귀한 안토

니우스!

　안토니우스 : 여러분, 여러분은 알지도 못하고 일을 하러 가고 있습니다. 카이사르가 여러분의 사랑을 받을 만한 일이 무엇이었다고 생각하십니까? 오호라, 여러분은 모르고 있습니다. 그러니 내가 말해드리지요. 여러분은 카이사르의 유서를 잊어버렸습니다.

　시민 일동 : 아, 그렇군요! 그 유서를! 여기서 그 유언을 들어봅시다!

　안토니우스 : 여기 카이사르의 도장이 찍힌 유서가 있습니다. 그는 모든 로마 시민들에게, 그들 한 사람 한 사람에게 75드라크메를 남겼습니다.

　시민 2 : 가장 고귀한 카이사르여! 그의 원수를 갚겠습니다.

　시민 3 : 아, 위대한 카이사르!

　안토니우스 : 참고 내 말을 더 들어주시오.

　시민 일동 : 자, 조용히 합시다!

　안토니우스 : 거기에다 그분은 티베리스 강 이쪽에 있는 자기 산책로, 개인의 정자와 새로 심은 과수원을 모두 여러분에게, 그리고 여러분의 후손들에게 영원히 남겨주셨습니다. 여러분이 밖으로 나가 산책을 하며 쉴 수도 있으며, 또 그것은 여러분 모두의 기쁨이 될 것입니다. 여기 한 사람의 카이사르가 있었습니다! 언제 또 그런 사람이 나오겠습니까?

　시민 1 : 절대로, 절대로 나오지 않을 겁니다. 자, 갑시다, 갑시다! 그의 주검을 거룩한 자리에서 불태우러 갑시다. 그리고 그 불꼬챙이로 반역자의 집에 불을 지릅시다. 주검을 듭시다.

　시민 2 : 가서 불을 가져오시오.

　시민 3 : 의자를 뜯어냅시다.

　시민 4 : 걸상, 창문, 닥치는 대로 뜯어냅시다.

　(시민들 주검을 들고 퇴장.)

　안토니우스 : 자, 이제 두고 보기로 하자. 너 재앙아, 일어섰으니, 네 갈 곳으로 가거라.

《플루타르코스 영웅전》
연표

1. 이 연표는 《플루타르코스 영웅전》에 등장하는 주인공들의 활약 연대를 나타낸 것이다.
2. 연표에 처음 나올 때에는 고딕체로 표시했다.
3. 전설적으로 내려오는 테세우스, 로물루스, 리쿠르고스 등은 이 연표에서는 제외되었다.

연대	그리스 (헬라스)	연대	로마
B.C. 1900년쯤	헬라스인 (아카이아인) 발칸 반도 남부로 들어옴		
1400년쯤	미케나이의 번영기		
1100년쯤	도리아인 침입, 혼란의 시대, 소아시아 서안으로 이동 시작, 철기시대 시작	B.C. 1000년쯤	이탈리키 (이탈리아인계)가 반도에 침입, 철기시대 시작, 에트루리아인도 반도로 들어옴 (~800년쯤)
		800년쯤	포이니키아인의 카르타고 건설
750년쯤	헬라스 본토의 소아시아 연안에 폴리스 성립, 식민시대 시작 (~550년쯤)	700년쯤	남이탈리아와 시킬리아에서의 헬라스인의 식민
621	드라콘 법		
594	**솔론**의 개혁 (~593)		
561	페이시스트라토스의 독재정치 (~527)		
509	클레이스테네스의 개혁 (~507)		
		508	로마인들이 에트루리아인 왕을 내쫓고 공화정 세움
493	**테미스토클레스**가 집정관이 됨, 피레우스 항 구축	494	파트리키 (귀족)와 플레브스 (평민)의 싸움, 호민관 제도 제정
490	제1차 페르시아 전쟁, 마라톤 전쟁, 밀티아데스의 지휘		
483	라우리움 은산에서 대광맥 발견, 테미스토클레스가 이곳의 수익을 함선 건조를 위한 자금으로 쓸 것을 제안		

	88	제1차 미트리다테스 전쟁(~84), 술라가 집정관으로 뽑혀 토벌권을 얻음, 술라 군대가 로마 시내에 진주함, 내란기의 개막
	82	술라가 독재관이 됨(~79) 세르토리우스 전쟁(~72) **폼페이우스의 명성이 높아짐**
	74	제3차 미트리다테스 전쟁(~64)
	73	스파르타쿠스의 반란(~71), **크라수스**가 진압에 성공
	66	폼페이우스에게 미트리다테스 토벌권이 주어져 동방의 평정에 힘을 쏟음(~63)
	63	**키케로**가 집정관에 뽑힘, 카틸리나 사건, **카이사르**가 최고제사장이 됨
	60	제1회 삼두정치(카이사르, 폼페이우스, 크라수스)
	59	카이사르가 집정관에 뽑힘
	58	카이사르의 갈리아 지배(~50)
	53	크라수스가 파르티아 원정 중에 죽음, 카이사르와 폼페이우스의 대립
	49	카이사르가 루비콘 강을 건넘
	48	파르살루스 전투, 폼페이우스가 아이귑토스로 패주했다가 암살됨
	46	타프수스 전투, 카이사르가 원로원파를 무찌른 뒤 독재자 지위에 오름
	44	카이사르가 브루투스 등에게 암살됨
	43	제2회 삼두정치(옥타비아누스, **안토니우스**, 레피두스)
	42	필리피 전투, 브루투스파 궤멸됨
	36	레피두스의 실각
	31	악티움 해전, 옥타비아누스가 승리를 거둠
	30	안토니우스와 클레오파트라의 자살, 내란이 끝남, 옥타비아누스의 치세(~A.D. 14), 로마 제정시대 열림

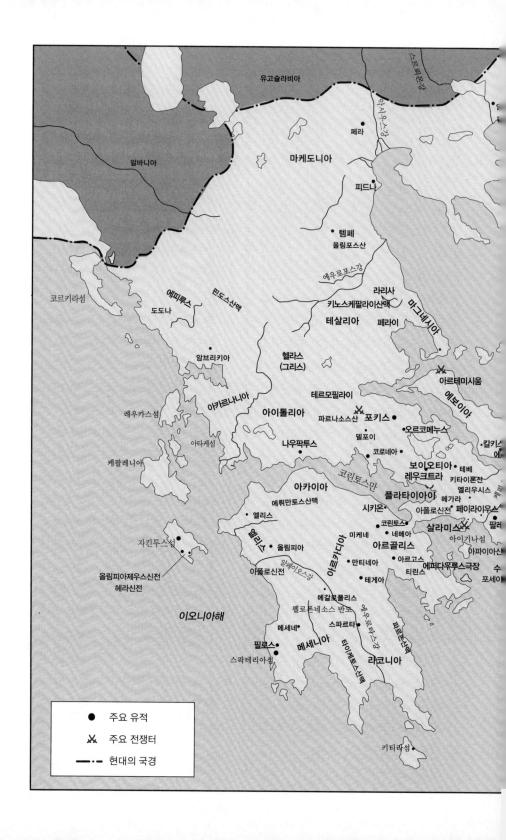

유고슬라비아

알바니아

마케도니아

페라

피드나

템페
올림포스산

에우로포스강

코르키라섬

에피루스
도도나

핀도스산맥

라리사

키노스케팔라이산맥

미그네시아

테살리아

페라이

암브리키아

헬라스
(그리스)

아카르나니아

아이톨리아

아르테미시움

테르모필라이

파르나소스산

포키스

에보이아

레우카스섬

델포이

오르코메누스

칼키에

아타케섬

나우팍투스

코로네아

보이오티아

테베

케팔레니아

레우크트라

키타이론산

엘리우시스

코린토스만

아카이아

에뤼만토스산맥

플라타이아이

메가라

시키온

아폴로신전

페이라이우스

엘리스

올림피아

알페이오스강

아르카디아

미케네

코린토스

네메아

살라미스

아이기나섬

아파이아산

아르고스

에퍼다우로스극장

자킨투스섬

만티네아

아르골리스

수

올림피아제우스신전
헤라신전

아폴로신전

테게아

티린스

포세이

메갈로폴리스

펠로폰네소스 반도

이오니아해

메세네

에우로타스강

스파르타

파르논산맥

필로스

메세니아

타이게토스산맥

라코니아

스팍테리아섬

키티라섬

● 주요 유적

✕ 주요 전쟁터

▬·▬·▬ 현대의 국경

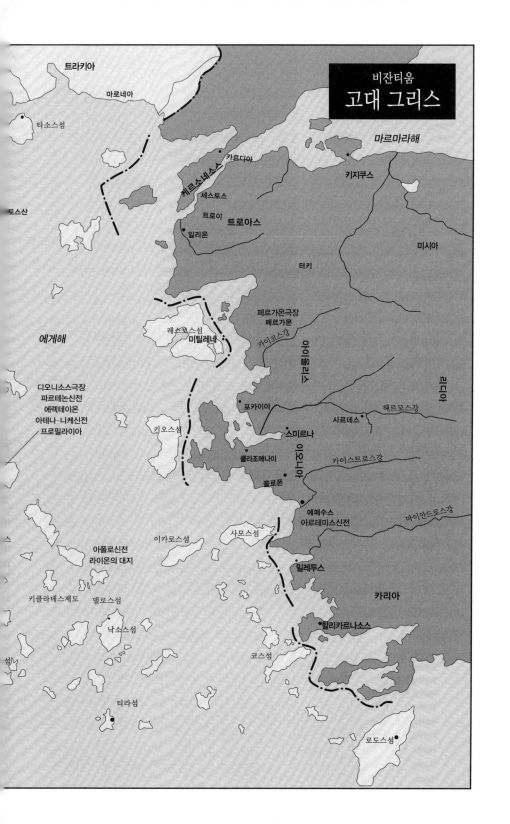

비잔티움
고대 그리스

트라키아

마로네아

타소스섬

토스산

에게해

디오니소스극장
파르테논신전
에렉테이온
아테나·니케신전
프로필라이아

아폴로신전
라이온의 대지

키클라데스제도

델로스섬

낙소스섬

티라섬

케르소네소스

카르디아

세스토스

트로이
트로아스
일리온

레스보스섬
미틸레네

키오스섬

이카로스섬

사모스섬

마르마라해

키지쿠스

미시아

터키

페르가몬극장
페르가몬

카이코스강

카이로스강

헤르모스강
사르데스

포카이아

스미르나

클라조메나이

콜로폰

에페수스
아르테미스신전

밀레투스

코스섬

할리카르나소스

카리아

로도스섬

마이안드로스강

카이스트로스강

리디아

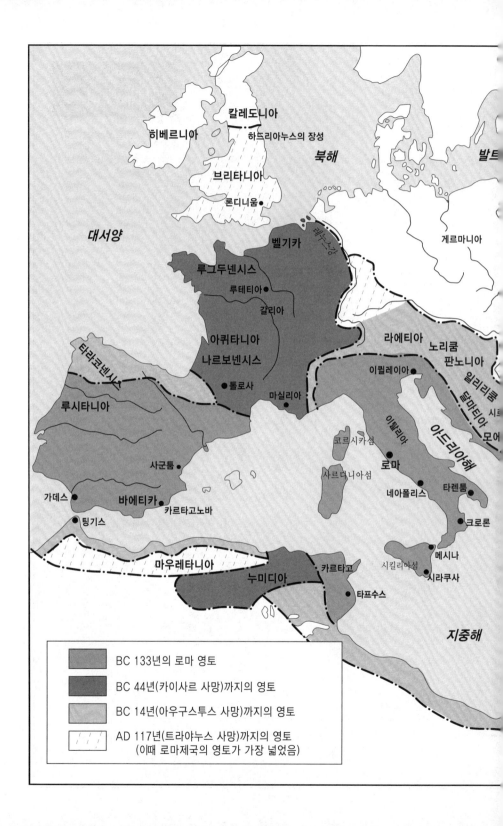

칼레도니아

히베르니아

하드리아누스의 장성

북해

발트

브리타니아

론디니움

게르마니아

대서양

벨기카

루그두넨시스

루테티아

갈리아

라에티아

노리쿰

판노니아

아퀴타니아

나르보넨시스

이퀼레이아

일리리쿰

달마티아

시

타라코넨시스

톨로사

마실리아

아드리아해

모어

루시타니아

이탈리아

코르시카섬

사군툼

사르디니아섬

로마

타렌툼

가데스

바에티카

네아폴리스

틴기스

카르타고노바

크로톤

메시나

마우레타니아

카르타고

누미디아

시킬리아섬

시라쿠사

타프수스

지중해

	BC 133년의 로마 영토
	BC 44년(카이사르 사망)까지의 영토
	BC 14년(아우구스투스 사망)까지의 영토
///	AD 117년(트라야누스 사망)까지의 영토 (이때 로마제국의 영토가 가장 넓었음)

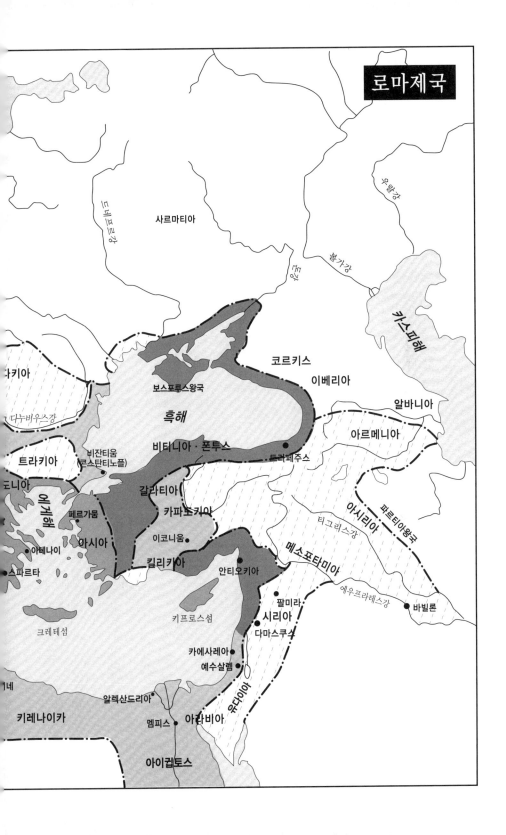

로마제국

박현태(朴鉉兌)

서울대학교 법대 졸, 동 대학원 문학석사, 한양대학교 대학원 법학박사. 서울경제신문 편집
국장, 제11대 국회의원, KBS 사장, 수원대 법정대학장, 동명대학교 총장 역임. 저서 《하이에나
저널리즘》《21세기를 바로 보지 못하면 우리의 미래는 없다》《천박한 국민 천박한 정치 천박
한 언론》《문제는 정치야 바보들아!》, 옮긴책에 헤로도토스 《헤로도토스 역사》 등이 있다.

World Book 245

Plutarchos
BIOI PARALLELOI

플루타르코스 영웅전 III

플루타르코스/박현태 옮김

초판 1쇄 발행/2015년 12월 1일

발행인 고정일
발행처 동서문화사
창업 1956. 12. 12. 등록 16-3799
서울 중구 다산로 12길 6(신당동 4층)
☎ 546-0331~6 (FAX) 545-0331
www.dongsuhbook.com

✳

이 책의 출판권은 동서문화사가 소유합니다.
의장권 제호권 편집권은 저작권 법에 의해 보호를 받는 출판물이므로
무단전재와 무단복제를 금합니다.

✳

사업자등록번호 211-87-75330

ISBN 978-89-497-1392-2 04080
ISBN 978-89-497-0382-4 (세트)